Springer-Lehrbuch

David Müller

Investitionsrechnung und Investitionscontrolling

2. Auflage

Springer Gabler

David Müller
Brandenburgische Technische Universität
Cottbus-Senftenberg
Cottbus, Deutschland

ISSN 0937-7433
ISSN 2512-5214 (electronic)
Springer-Lehrbuch
ISBN 978-3-662-57608-3
ISBN 978-3-662-57609-0 (eBook)
https://doi.org/10.1007/978-3-662-57609-0

Die Deutsche Nationalbibliothek verzeichnet diese Publikation in der Deutschen Nationalbibliografie; detaillierte bibliografische Daten sind im Internet über http://dnb.d-nb.de abrufbar.

Springer Gabler

Springer Gabler ist ein Imprint der eingetragenen Gesellschaft Springer-Verlag GmbH, DE und ist ein Teil von Springer Nature.
Die Anschrift der Gesellschaft ist: Heidelberger Platz 3, 14197 Berlin, Germany

Vorwort zur 2. Auflage

Das vorliegende Lehrbuch wurde in seiner ersten Fassung von den Lesern gut angenommen, worüber ich mich sehr gefreut habe. Jedoch sind seit der Erstauflage mittlerweile vier Jahre vergangen, so dass diese Auflage nicht mehr aktuell ist. Darüber hinaus hat die Zusammenarbeit mit den Studierenden Überarbeitungsbedarf in didaktischer Hinsicht aufgezeigt.

Im Rahmen der Überarbeitung wurde das Buch vollkommen neu strukturiert, so dass Reihenfolge und Anzahl der Kapitel verändert wurden. Die größten Veränderungen erfuhren die Darstellungen der kollektiven Entscheidungen und der kooperativen Spieltheorie – diese Abschnitte wurden grundlegend neu gestaltet. Die Ausführungen zur kooperativen Spieltheorie wurden in Tiefe und Breite wesentlich erweitert und in einem eigenständigen Kapitel zusammengefasst. Damit kann auch in diesem Bereich der aktuelle und – aus ökonomischer Sicht – relevante Stand des Wissens präsentiert werden.

Darüber hinaus wurde in den übrigen Kapiteln die Literatur aktualisiert und es wurden einige Abbildungen und Erläuterungen verbessert.

Das Lehrbuch beinhaltet neben den theoretischen Ausführungen 60 Aufgaben und Lösungen. Damit richtet es sich sowohl an Studierende in Bachelorstudiengängen (Kap. 1, 2, 3 und 5) als auch in Masterstudiengängen (Kap. 4, 6 und 7). Darüber hinaus ist es für die betriebswirtschaftliche Aus- und Weiterbildung geeignet.

Ich hoffe, mit der vorliegenden Auflage die Lesbarkeit und die Verständlichkeit verbessert zu haben und auf diese Weise den Leserkreis erweitern zu können.

Ich möchte mich herzlich bei Frau K. WAGNER, M. A., Herrn Dipl.-Kfm. M. MÜLLER sowie Frau M. MEYZER, M. Sc. bedanken, die mich bei der Überarbeitung unterstützt haben.

Den Lesern wünsche ich eine angenehme Lektüre und erfolgreiches Arbeiten.

Cottbus
August 2018

David Müller

Vorwort zur 1. Auflage

Investitionen sind eine wesentliche Grundlage unternehmerischer Tätigkeit. Im Führungsprozess von Investitionen tritt eine Reihe von Fragen auf, deren korrekte Beantwortung für den Unternehmenserfolg essentiell ist. Die Unterstützung der Unternehmensführung bei der Beantwortung dieser Fragen ist zentrale Aufgabe des Controllings. Das vorliegende Lehrbuch ist deshalb demjenigen Teilgebiet des Controllings gewidmet, das sich vorrangig mit derartigen Fragestellungen beschäftigt, dem Investitionscontrolling.

Ausgangspunkt der Darstellungen ist der Führungsprozess von Investitionen. Darauf aufbauend werden Verständnis, Aufgaben, Instrumente und Institutionen des Investitionscontrollings vorgestellt.

Entscheidungen über Investitionen sind in den seltensten Fällen Individualentscheidungen. In der Regel sind mehrere Mitarbeiter und Abteilungen in die Entscheidungsprozesse eingebunden. Aus diesem Grund liegt es nahe, die Erkenntnisse sowohl der Theorie der Individualentscheidungen als auch der Theorie der Kollektiventscheidungen zu berücksichtigen. Beide Teilgebiete ruhen auf zwei Pfeilern: einem präskriptiven und einem deskriptiven Teil. Diese Teilgebiete ergänzen einander und bilden die zwei Seiten des Entscheidungsverhaltens ab: So wie es sein soll und so wie es in der Realität ist. Deshalb werden individuelle und kollektive Entscheidungen im vorliegenden Buch aus präskriptiver und aus deskriptiver Sicht vorgestellt.

Neben der Entscheidungstheorie bildet die Investitionstheorie das klassische Fundament zur Unterstützung von Investitionsentscheidungen. Im vorliegenden Buch werden die grundlegenden Verfahren für Situationen unter Sicherheit ebenso vorgestellt wie die Verfahren für Entscheidungen unter Unsicherheit.

In der Summe ist ein Werk entstanden, das die verfügbaren Werke zu dieser Themenstellung umfangreich ergänzt, jedoch nicht sämtliche Aspekte des Investitionscontrollings en detail vorstellen kann.

An dieser Stelle möchte ich all jenen herzlich danken, die mich bei der Erstellung des Lehrbuches unterstützt haben. Das Lehrstuhlteam mit den Herren Dr. M. Lüdtke, Dipl.-Volksw. B. Woskowski und Dipl.-Kfm. M. Müller unterstützte mich durch akribisches Korrekturlesen und ideenreiche Schöpfung von Übungsaufgaben. Frau P. Mauersberger und Herrn C. Borck danke ich für die schnelle und umfangreiche Zuarbeit von graphischen Darstellungen und Programmierungsbausteinen. Der Lektorin Frau M. Becker möchte ich für die schnelle und präzise Unterstützung danken. Die Verantwortung für Fehler in den Darstellungen, die sich trotz größter Sorgfalt eingeschlichen haben, verbleibt beim Autor.

Den Lesern wünsche ich eine angenehme und erhellende Lektüre!

Cottbus
August 2014

David Müller

Inhaltsverzeichnis

Abbildungsverzeichnis

Tabellenverzeichnis

1 Management von Investitionen im Lebenszyklus

1.1 Grundlegende Einordnungen und Begriffe

Führung bzw. Management bezeichnet die Willensbildung und Willensdurchsetzung gegenüber anderen Personen durch die soziale Beeinflussung zur Zielerreichung bei gleichzeitiger Übernahme der damit verbundenen Verantwortung.[1] Der Begriff „Führung" als zentraler Bestandteil der Unternehmensführung ist mit zwei Bedeutungen verbunden: Führung als Prozess der Willensbildung und -durchsetzung sowie Führung als Institution.[2]

Wird **Führung als Institution** betrachtet, ist zwischen einer Führungs-, einer Leitungs- und einer Ausführungsebene zu unterscheiden. Die Führungsebene bildet das oberste Entscheidungszentrum des Unternehmens. Aufgabe der Unternehmensleitung ist es, durch Anordnen, Anleiten und Kontrollieren die von der Unternehmensführung vorgegebenen Ziele zu erreichen. Entscheidungen der Unternehmensleitung sind aus den Entscheidungen der Unternehmensführung abgeleitete Entscheidungen.[3]

Träger von Führungsentscheidungen sind entweder die Unternehmenseigentümer selbst oder die von den Eigentümern bestellten Führungsorgane. Bei Eigentümer-Unternehmen liegen Eigentum und Unternehmensführung in einer Hand. Fallen Anteilbesitz und Geschäftsführungsfunktion auseinander, so handelt es sich um Manager-Unternehmen. Die Teilung der beiden Unternehmerfunktionen in Eigentümer und Manager ist vor allem dadurch bedingt, dass Großunternehmen Kapitalbeträge benötigen, die eine oder wenige Personen nicht aufbringen können. Gesellschaften dieser Art müssen schon wegen der großen Anzahl der Entscheidungsträger ein handlungsfähiges Führungsgremium wählen.[4]

[1] Vgl. Weibler (2016: 22).
[2] Vgl. Hammer (2015: 4–6). Im weiteren Verlauf werden die Begriffe „Führung" und „Management" synonym verwendet.
[3] Vgl. Dyckhoff/Souren (2008: 17–18).
[4] Vgl. Steinmann/Schreyögg/Koch (2013: 6).

D. Müller, *Investitionsrechnung und Investitionscontrolling*, Springer-Lehrbuch,
https://doi.org/10.1007/978-3-662-57609-0_1

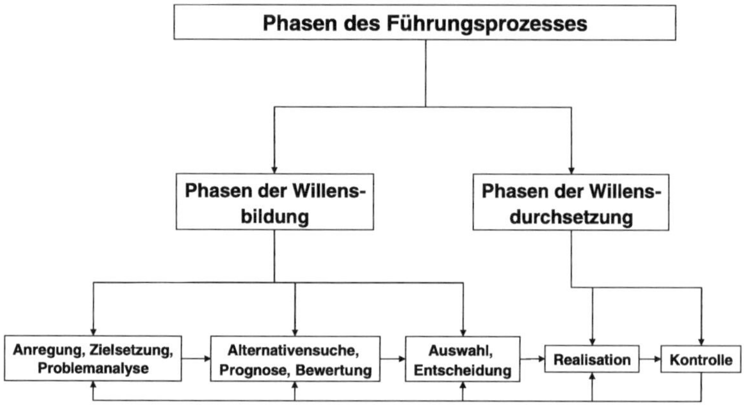

Abb. 1.1 Phasen des Führungsprozesses. Quelle: Bathe/Müller (2002: 332)

Führung als Prozess verstanden beschreibt die Vorbereitung zielgerichteten Handelns durch Auswahl einer als zweckoptimal betrachteten Alternative und deren Realisierung sowie Kontrolle. Planung ist ein Bestandteil des Führungsprozesses, welcher die Vorbereitung zielgerichteten Handelns durch die Auswahl einer als zweckoptimal betrachteten Alternative und deren Realisierung sowie Kontrolle beschreibt. Der Führungsprozess wird in die Phasen der Planung bzw. Willensbildung (mit den Stufen Anregung, Zielbildung, Problemanalyse, Alternativensuche, Prognose, Bewertung, Entscheidung) und der Willensdurchsetzung (mit den Bereichen Realisierung und Kontrolle) aufgeteilt (vgl. Abb. 1.1).[5]

Führungsprozesse werden durch externe oder interne Anregungsinformationen initiiert. Die anschließende Zielsetzung definiert das konkrete Ziel und analysiert und verdichtet die bei der Zielfindung auftretenden Probleme. Durch Informationsgewinnung wird die Suche nach mehreren Wegen zur Problemlösung vorbereitet und gleichzeitig sichergestellt, dass nicht der erstbesten Alternative der Vorzug gegeben wird. Tätigkeiten und Phasen der Willensbildung werden unter dem Begriff der **Planung** zusammengefasst. Die Unternehmensplanung wird als systematische Vorbereitung der Zukunftsgestaltung des Unternehmens zum Zweck der Risikoerkennung und -reduktion, der Zielorientierung, der Komplexitätsreduktion und der Flexibilitätserhöhung betrachtet.

Die **Entscheidung** folgt in der Abb. 1.1 zeitlich nach der Planung, was impliziert, dass die Entscheidung immer am Ende der Planungsphase zwischen Planungs- und Realisationsphase angesiedelt ist.[6] Jedoch konnte schon vor längerer Zeit in komplexen Entscheidungsprozessen ein wiederholtes Suchen und Bewerten von Alternativen sowie eine Folge von Vor- und Zwischenentscheidungen nachgewiesen werden. Somit sind Entscheidungsprozesse multi-operativer, multi-temporaler und multi-personaler Natur. Dasselbe gilt für den gesamten Führungsprozess, welcher in der zeitlichen Reihenfolge nicht nur linear

[5] Vgl. Hungenberg (2014: 22).
[6] Vgl. Abb. 1.1.

nacheinander abläuft, sondern durch bestehende Rückkopplungen zwischen den einzelnen Phasen der Willensbildung und -durchsetzung (z. B. durch Kontrollen schon während der Planung) einzelne Stufen mehrfach und parallel durchläuft. Die gesamte Planungsphase ist mit Entscheidungen und Kontrollen durchsetzt, was ebenso auf die Phasen Realisation und Kontrolle zutrifft (so z. B. die Entscheidung über eine Vorauswahl im Rahmen der Alternativensuche und -bewertung). Zusätzlich ist festzustellen, dass Entscheidungen auch ungeplant getroffen werden können.[7]

Während die Zielsetzung, die Planung und die Entscheidung der Willensbildung dienen, steht bei der **Realisation** die Willensdurchsetzung im Vordergrund, also die praktische Umsetzung des Gewollten.[8] Generelle Regelungen für die Verteilungs- und Arbeitsplatzbeziehungen (Organisation) und ein Einwirken auf die Mitarbeiter (Mitarbeiterführung) sollen die Umsetzung der Planung sicherstellen.

Die **Kontrolle** stellt das abschließende Element der Führungsfunktion dar. Aufgabe der Kontrolle ist es, die angestrebten Ergebnisse mit den tatsächlich realisierten Ergebnissen zu vergleichen. Die Kontrollergebnisse führen wiederum zu neuen Entscheidungsprozessen. Die Abb. 1.1 macht deutlich, dass Kontrollen nicht erst zum Abschluss, sondern schon mit Beginn der ersten Planungsschritte durchgeführt werden.

1.2 Planung

1.2.1 Grundverständnis und Differenzierungsmöglichkeiten

Die Hauptaufgabe der Planung besteht in der Festlegung der betrieblichen Ziele sowie in der Festlegung der dafür erforderlichen Aktivitäten und Ressourcen. Im Rahmen der Planung werden das Entscheidungsfeld abgesteckt und Vorentscheidungen getroffen.[9]

Planung wird als:[10]

- reflexiver,
- informationsverarbeitender,
- systematischer und
- rationaler Prozess

der Willensbildung mit den Aufgaben der:

- Zielorientierung,
- Risikoidentifizierung und -reduktion,
- Komplexitätsreduktion,
- und Flexibilitätserhöhung

[7] Vgl. Witte (1968: 644); Chmielewicz (1970: 261); Voigt (1992: 19–20).

[8] Vgl. Hahn/Hungenberg (2001: 48).

[9] Vgl. Horváth/Gleich/Seiter (2015: 68–70); Laux/Gillenkirch/Mathes (2014: 11).

[10] Vgl. Klein/Scholl (2011: 1–3); Müller (2017: 394).

definiert. Ergebnis der Planung ist ein **Plan**, dessen Realisierung die Zielerreichung ermöglichen soll. Die Notwendigkeit der Planung für eine erfolgreiche Unternehmensführung wird immer wieder hervorgehoben, wenngleich empirische Daten diesen Zusammenhang nicht eindeutig belegen. Der Einsatz der Planung führt zu einer Entlastung des Akteurs und wirkt im Sinne einer Art Stressprophylaxe, indem Maßnahmen vorausschauend entwickelt und zusätzlich alternative Vorgehensweisen frühzeitig geplant werden. Mit diesem relativ aufwendigen Vorgehen können belastende Situationen im Voraus vermieden werden. Die wesentlichen Bestandteile eines Planungs- und Entscheidungsproblems sind:[11]

- Entscheidungsfeld und
- Entscheidungsregel.

Das **Entscheidungsfeld** besteht aus den verfügbaren Alternativen (Alternativenraum), den möglichen Umweltzuständen (Zustandsraum) und dem Ergebnis jeder Alternative für jeden möglichen Zustand. Die **Regel**, nach welcher zu entscheiden ist,[12] beinhaltet immer das zu verfolgende Ziel sowie die Vorschrift, nach der dieses Ziel zu verfolgen ist.[13] Darüber hinaus beinhaltet diese Regel auch die Vorschrift zur Bewertung von Alternativen und deren Ergebnissen, da der Entscheider jedes Ergebnis auch derart bewerten können muss, dass er schlussendlich eine Alternative aufgrund der bewerteten Ergebnisse einer anderen Alternative vorziehen kann.

Eine Grundanforderung an Planung besagt, dass diese rational sein soll. Dem Begriff der Rationalität kommt in der Betriebswirtschaftslehre eine zentrale Bedeutung zu. Die Idee der rationalen Entscheidung steht im Zentrum aller Bemühungen zur Entwicklung von Problemlösungs- und Entscheidungsmethoden.[14] In Abhängigkeit vom Betrachtungskontext sind **drei klassische Dimensionen** und Ausprägungen von Rationalität zu unterscheiden:[15]

- substanzielle ⇔ formale Rationalität,
- objektive ⇔ subjektive Rationalität,
- individuelle ⇔ kollektive Rationalität.

Die **instrumentelle Rationalität** ist auf die Mittel-Zweck-Beziehungen ausgerichtet und wird deshalb auch als Zweck- oder Formalrationalität bezeichnet. Diese Form der Rationalität ist mit jedem beliebigen Zielsystem vereinbar und wird im Zusammenhang wirtschaftlichen Handelns als ökonomisches Prinzip bezeichnet. Diese grundlegende Ra-

[11] Vgl. Laux/Liermann (2005: 65).
[12] Zu den unterschiedlichen Entscheidungsregeln vgl. Abschn. 3.1.
[13] Vgl. Abschn. 1.2.2.2.1.
[14] Vgl. Fischer (2004: 14–27); Küpper (2011: 112–125).
[15] Vgl. Heinen (1990: 325–326). Zu weiteren Formen der Rationalität vgl. Abschn. 3.2.2.

tionalitätsform wird schon seit Langem als allgemeingültig für das „vernünftige" Handeln im Unternehmen postuliert.[16]

Im Gegensatz zu dieser wertfreien Rationalitätsform zeichnet sich die **substanzielle Rationalität** dadurch aus, dass das verfolgte Ziel selbst einem definierten Zielsystem, welches als Beurteilungsmaßstab dienen kann, entsprechen muss. Diese normative Form der Rationalität legt also die Werturteile der Entscheidungsträger zugrunde, weshalb sie auch als **ethische Rationalität** bezeichnet wird.[17]

Objektiv rational ist eine Entscheidung dann, wenn sie allgemein anerkannten Standards und Vorgehensweisen entspricht. Die Einschätzung über diese Entsprechung obliegt dabei einem anderen Beobachter und geschieht *„unter Verwendung alles objektiv verfügbaren Wissens."*[18] Es ist zu schlussfolgern, dass die in der Wissenschaft entwickelten Methoden und Modelle als Vergleichsmaßstab dienen. Zur Beurteilung der Rationalität von Akteurshandlungen ist die Kenntnis des Wissens und der Motivation des Akteurs erforderlich. Für eine Erklärung sei hier kurz das Beispiel des Bauern angeführt, welcher trotz der Existenz moderner Erzeugungstechniken an althergebrachten Traditionen festhält.[19] Hält der Bauer an den traditionellen Produktionsverfahren aufgrund ihrer höheren Traditions- und Kulturwerte fest, handelt er wertrational und demzufolge auch objektiv rational. Glaubt der Bauer hingegen an die – nicht gegebene – technische Überlegenheit der traditionellen Methode, so handelt er **subjektiv rational**, objektiv betrachtet jedoch irrational.[20] Mit der Akzeptanz und Einführung der subjektiven Rationalität wird dem Umstand Rechnung getragen, dass ein Individuum den strengen Anforderungen an rationale Entscheidungsprozesse nur bedingt entsprechen kann. Darüber hinaus ist aus dem Bereich der Entscheidungstheorie bekannt, dass die Verwendung verschiedener rationaler Verfahren bei identischen Ausgangsdaten zu unterschiedlichen Ergebnissen führt.[21] Rationalität ist deshalb subjektiv. Planung bedeutet demzufolge die Vorbereitung und den Vollzug von Entscheidungen unter Erfüllung des Postulates der subjektiven Formalrationalität.[22]

[16] So formulierte GUTENBERG schon 1929: *„An sich liegt nun das Denken in der Zweck-Mittel-Relation allem menschlichen Entschlüssefassen oder ‚vernünftigen' Handeln zu Grunde, und zwar nicht nur im wirtschaftlichen Leben, sondern im menschlichen Leben überhaupt. ‚Unvernünftig handeln' heißt überhaupt unzweckmäßig handeln, heißt die Mittel nicht richtig auf den Zweck, dessen Erreichung sie dienen sollen, abgestimmt haben. Welcher Art dieser Zweck sei, der zu realisieren ist, bleibt dabei ohne Belang."* Gutenberg (1988: 30).

[17] Vgl. Schneider (1993: 122).

[18] Gäfgen (1974: 33).

[19] Vgl. Gäfgen (1974: 33–34).

[20] Dabei stellt sich jedoch die Frage, wodurch der Beobachter zu einem derartigen Urteil qualifiziert wird bzw. wie die Übereinstimmung des subjektiven Wissensstandes dieses Beobachters mit dem kollektiven Wissensstand festgestellt wird. An dieser Stelle kann auf die detaillierte Diskussion der Schwierigkeit der Feststellung des objektiven Wissensstandes im Abschn. 2.1.3.1.3 verwiesen werden.

[21] Vgl. Tab. 3.38.

[22] Vgl. Voigt (1992: 59).

Individuelle Rationalität ist lediglich auf das Einzelindividuum bezogen, also den Einzelakteur, der seinen individuellen Nutzen maximiert und seine Entscheidungen weder mit anderen Akteuren abzustimmen braucht noch mit diesen Akteuren Koalitionen bilden kann. **Kollektive Rationalität** hingegen zielt auf die Maximierung des Nutzens einer sozialen Einheit, also einer Gruppe, eines Unternehmens oder einer Nation. Die kollektive Rationalität wird im vorliegenden Buch sowohl im Zusammenhang mit Abstimmungsregeln[23] als auch im Rahmen der kooperativen Spieltheorie[24] diskutiert.

Für die hier darzustellenden Führungs- und Entscheidungsprozesse ist lediglich die prozedurale Rationalität von Interesse. Damit der Entscheidungsprozess auf Rationalität geprüft werden kann, sind Anforderungen grundsätzlicher Art an ihn zu stellen.[25] Um zu einer rationalen Entscheidung zu gelangen, sind folgende Kriterien zu erfüllen:[26]

- Streben nach Rationalität,
- prozedurale Rationalität,
- Dekomposition,
- Berücksichtigung unvollständigen Wissens,
- Berücksichtigung von Subjektivität sowie
- Konsistenz.

Der Entscheidungsträger muss zu Beginn des Entscheidungsprozesses eine rationale Entscheidung anstreben. Nächster Schritt des Entscheidungsprozesses ist die exakte Problembeschreibung und die klare Darstellung des Problems, welches gelöst werden soll. Die Prozedur, die letztendlich zu einer Entscheidung führt, muss auf ihre Rationalität hin geprüft werden. Dies verlangt, dass:

- der Akteur das richtige Problem löst,[27]
- die Informationsbeschaffung und -verarbeitung auf effizientem Wege erfolgt,
- ein objektives Erwartungsbild erstellt wird und
- die Ziele und Präferenzen klar definiert sind.

Weiterhin ist es in realen Situationen häufig erforderlich, das Ausgangsproblem in seine charakteristischen Grundbestandteile zu zerlegen. Dies wird als **Dekomposition** bezeichnet und dient der Komplexitätsreduktion. Dadurch wird das Problem handhabbar und

[23] Vgl. Kap. 4.
[24] Vgl. Kap. 6.
[25] Die Rationalitätsforderung betrifft vorrangig neben der Entscheidungsregel auch Teile des Entscheidungsfeldes, wie z. B. die Überprüfung von Alternativen auf Dominanz (vgl. Definition 3.1 im Abschn. 3.1.2.2.1 und Definition 3.2 im Abschn. 3.1.3.1) oder die Anforderungen an die Präferenzen des Akteurs (vgl. Anforderung 1.1 bis Anforderung 1.3 im Abschn. 1.2.2.2.2).
[26] Vgl. Klein/Scholl (2011: 63–64); Eisenführ/Weber/Langer (2010: 4–14).
[27] Die Lösung des falschen Problems wird als Fehler der dritten Art bezeichnet. Vgl. Szyperski/Winand (1974: 38).

lösbar gemacht. Diese Vorgehensweise wird in einem späteren Abschnitt wieder aufgegriffen.[28]

Die Bildung der vom Entscheidungsträger verwendeten Erwartungen ist daraufhin zu überprüfen, ob die für die Zukunft relevanten und objektiven Informationen eingeflossen sind und ob Wahrnehmungsverzerrungen vermieden wurden. Gleichzeitig ist zu berücksichtigen, dass das Wissen über zukünftige Zustände immer nur unvollständig sein kann. Der Akteur stellt sich Ziele und definiert seine Präferenzen. Da jede Person unterschiedliche Vorstellungen der Zukunft und unterschiedliche Präferenzen haben kann, wohnt jedem Entscheidungsmodell ein Teil an **Subjektivität** inne.

Die **Konsistenz** des Entscheidungsprozesses wird in die **formale Konsistenz** und die **inhaltliche Konsistenz** unterteilt. Die **formale Konsistenz** wird durch die Verwendung problemspezifisch geeigneter Methoden und Instrumente der Informationsverarbeitung sowie der Relevanz, Vollständigkeit und Zuverlässigkeit der verwendeten Informationen erreicht. Ziel ist die Beschaffung und Verarbeitung der richtigen Menge und der richtigen Qualität an Informationen. Die Beurteilung der erforderlichen Quantität und Qualität der Informationen ist personen- und situationsabhängig. Die Beschaffung und Verarbeitung zu vieler Informationen ist ebenso wenig effizient wie die Beschaffung und Verarbeitung zu weniger Informationen.[29] Die **inhaltliche Konsistenz** wird beschrieben durch:[30]

1. Zukunftsorientierung der Betrachtung,
2. Vergleichbarkeit der Alternativen,
3. Invarianz von der Darstellungsform,
4. Transitivität und Vollständigkeit der Präferenzen sowie
5. Unabhängigkeit von irrelevanten Alternativen.

Die Entscheidung ist nur auf Basis derjenigen Konsequenzen, die sich in der Zukunft aus dieser Entscheidung ergeben, zu treffen. Keine Rolle bei der rationalen Entscheidungsfindung dürfen Ereignisse aus der Vergangenheit bzw. Wirkungen in die Vergangenheit (z. B. die Rechtfertigung früherer Entscheidungen) spielen. Diese Forderung wird realiter häufig verletzt.[31] Die Alternativen müssen miteinander vergleichbar sein. Dies betrifft die verwendeten Rahmendaten sowie die betrachteten Zeiträume. Im Rahmen der Investitionsrechnung wird dies als Vergleich vollständiger Alternativen bezeichnet.[32] Die Bewertung der Handlungsalternativen muss von der Darstellungsform der Alternativen unabhängig sein. Ein und dieselbe Alternative muss auch bei unterschiedlicher Form der Präsentation identisch bewertet werden. Die Anforderungen an die Präferenzen und die Rolle der irrelevanten Alternative werden im Abschn. 1.2.2.2.2 detailliert dargestellt.

[28] Vgl. Abschn. 2.1.3.1.2 und 3.1.2.3.
[29] Vgl. Hirsch/Volnhals (2012: 24–26).
[30] Vgl. Eisenführ/Weber/Langer (2010: 7–10).
[31] Vgl. Abschn. 3.2.2.2.
[32] Vgl. Abschn. 5.1.1.

Tab. 1.1 Wichtige Typen betriebswirtschaftlicher Entscheidungen. Quelle: Eigene Darstellung, in Anlehnung an: Heinen (1990: 23)

Kriterien				
Träger der Entscheidung	**Entscheidungs-konsequenzen**	**Verlauf des Entscheidungs-prozesses**	**Struktur des Entscheidungs-problems**	**Kognitiver Aufwand**
– Individuum oder Gremium – Zentrale oder Bereiche	– sicher oder unsicher – lang-, kurz- oder mittelfristig – strategisch, operativ oder taktisch – einfache oder mehrfache Zielsetzung	– simultan oder sukzessiv – Top-down-, Bottom-up-, Gegenstrom-Verfahren	– wohl-strukturiert – wohl-definiert – scharf-definiert	– routinisierte Entscheidung – stereotype Entscheidung – reflektierte Entscheidung – konstruktive Entscheidung

In Abhängigkeit vom Betrachtungsstandpunkt und der jeweiligen Unternehmenssituation werden verschiedene Arten von Entscheidungen unterschieden (vgl. Tab. 1.1).

Diese Entscheidungstypen werden im Folgenden kurz erläutert. Der **Träger der Entscheidung** kann ein Einzelindividuum oder eine Gruppe von Individuen sein. Die Entscheidungstheorie geht in ihren Grundmodellen von einem Einzelakteur aus.[33] Entscheidungen in Gruppen weisen einige Besonderheiten auf, die zu berücksichtigen sind.[34] Unabhängig von der Anzahl an Entscheidungsträgern kann die Entscheidung in einer dezentralen Einheit oder in der Unternehmenszentrale getroffen werden. Diese Problematik wird im vorliegenden Buch nicht betrachtet.

Wenn die Entscheidungskonsequenzen als Differenzierungskriterium verwendet werden, ist ein wichtiger Aspekt die Sicherheit oder Unsicherheit, mit welcher die Konsequenzen eintreten können.[35] Die Fristigkeit der Entscheidungskonsequenzen erlaubt die Unterteilung in kurz-, mittel- oder langfristige Entscheidungen. Für das weitere Vorgehen werden Zeiträume bis zu einem Jahr als kurzfristig, Zeiträume zwischen einem Jahr und vier Jahren als mittelfristig und Zeiträume größer als vier Jahre als langfristig definiert.

Vom Zeithorizont ist der Wirkungsbereich von Entscheidungen zu trennen. Dieser kann strategischer, taktischer oder operativer Natur sein. Strategisch ist eine Handlung bzw. eine Planung dann, wenn durch sie das Handlungsfeld des Unternehmens und seiner Gegenspieler beeinflusst wird. Damit ist das Einwirken auf die Wettbewerbssituation gemeint.[36]

[33] Vgl. Kap. 3.
[34] Vgl. Kap. 4.
[35] Vgl. Abschn. 1.2.2.3.
[36] Vgl. Voigt (2008: 32–38); Dillerup/Stoi (2016: 42–45). Zu einer umfassenden Diskussion des Begriffes „Strategie" vgl. Baum/Coenenberg/Günther (2013: 1–2); Gälweiler (2005: 55–72).

Im Vordergrund der strategischen Betrachtungen stehen die Beziehungen des Unternehmens zur Umwelt und der Aufbau neuer Beziehungen. Dies erfordert eine Analyse der Stärken und Schwächen des Unternehmens sowie der Chancen und Risiken, welche sich zukünftig ergeben können. In Abhängigkeit von der Betrachtungsweise können unterschieden werden:[37]

- Unternehmensstrategien,
- Geschäftsbereichsstrategien und
- Funktionsbereichsstrategien.

Eine Strategie legt die Ziel- und Aktionsräume eines Unternehmens zur Nutzung und Erhaltung bestehender und zur Schaffung neuer Erfolgspotenziale bzw. Kapazitäten fest und besteht aus einer Reihe von verschiedenen Maßnahmen. Erfolgspotenziale stellen langfristig wirksame Erfolgsvoraussetzungen dar. Aufbauend auf der Unternehmensvision und den festgelegten Zielen werden in der strategischen Planung die weiteren Schritte wie folgt konkretisiert:[38]

- Geschäftsfeldplanung: Diese umfasst Schrumpfungs-, Wachstums- bzw. Umstrukturierungsprozesse mit dem Ziel, den ergebnisoptimalen Entwicklungspfad des Unternehmens aufzufinden und zu realisieren. Dazu zählen die Planung zukünftig herzustellender Produktarten und -programme und die zu deren Erstellung notwendigen Potenziale. Der Produktprogrammplan führt zur Ermittlung der benötigten Kapazitäten, woraus die Investitions- und Liquidationspläne hervorgehen.
- Zusätzlich zu der Geschäftsfeldplanung ist die Organisations-, Rechtsform- und Rechtsstrukturplanung sowie
- die Führungssystemplanung mit den dazugehörigen Führungskräfte- und Anreizsystemplänen durchzuführen.

Die in der Strategie gefällten Grundsatzentscheidungen werden in der operativ-taktischen Ebene konkretisiert, die sich durch einen geringeren Grad an Planungsdefekten auszeichnet. Die Quantifizierungsprobleme im taktischen Bereich sind geringer als auf der strategischen Ebene, es lassen sich vermehrt quantitative Modelle anwenden und der Grad der Unsicherheit nimmt ab. Wie bei der strategischen Planung liegen auch bei der taktischen Planung keine exakten Informationen über die Wirkung von Entscheidungen vor, und auch hier weisen die Variablen eine hohe Aggregationsstufe auf. Im sich anschließenden operativen Bereich erfolgt die Umsetzung der strategischen und taktischen Maßnahmen, wobei der Rahmen für die operativen Entscheidungen und Handlungen durch die Strategie und Taktik weitgehend determiniert ist. Die bestmögliche, effektive und effiziente Nutzung der vorhandenen Erfolgspotenziale zählt zur originären Aufgabenstellung

[37] Vgl. Burr/Stephan/Werkmeister (2011: 91).
[38] Vgl. Hahn/Hungenberg (2001: 369–373).

der operativen Planung. Operative Maßnahmen zeichnen sich durch eine vergleichsweise geringe, kurzfristige und relativ sichere Erfolgswirkung aus.[39]

Mit einer Entscheidung kann entweder ein Ziel oder es können mehrere Ziele verfolgt werden. Dies wird im weiteren Verlauf an anderer Stelle detaillierter betrachtet.[40]

Wird der **Verlauf des Entscheidungsprozesses** betrachtet, sind einstufige von mehrstufigen Entscheidungen zu differenzieren. Einstufige Entscheidungen sind dadurch gekennzeichnet, dass nach dem Treffen der Entscheidung und der Realisierung der Maßnahme das Ergebnis eintritt. Danach ist die Handlungssequenz abgeschlossen, da das Problem gelöst ist. Darüber hinausgehende Konsequenzen werden nicht betrachtet. Oftmals resultieren aus einer heutigen Entscheidung, die zu Konsequenzen in der Zukunft führt, weitere Entscheidungsmöglichkeiten bzw. -notwendigkeiten. Es liegen also mehrstufige Entscheidungen vor, welche im vorliegenden Werk an späterer Stelle ebenfalls betrachtet werden.[41]

Je nachdem, von welcher Unternehmensebene die Pläne der vor- oder nachgelagerten Planungsebene abgeleitet werden, wird in die Top-down-, Bottom-up- oder Gegenstromplanung unterschieden.[42]

Bei der **Top-down-Planung** verläuft die Planung von der oberen zur unteren Führungsebene. Die von der obersten Führungsebene vorgegebenen Rahmenpläne werden von den untergeordneten Führungsebenen in Teilplänen präzisiert. Vorteil dieser Vorgehensweise ist, dass die Teilpläne in hohem Maße der Zielsetzung des Gesamtunternehmens entsprechen. Es besteht jedoch die Gefahr, dass die vorgegebenen Planwerte nicht erfüllbar sind und es durch die fehlende Beteiligung untergeordneter Stellen zu deren Demotivation kommen kann.

Stellen Führungskräfte untergeordneter Ebenen die Pläne für ihren Verantwortungsbereich zusammen und geben sie den übergeordneten Ebenen weiter, handelt es sich um eine **Bottom-up-Planung**. Dieses Verfahren hat den Vorteil, dass hier die Planung direkt von den Betroffenen ausgeht und damit auch realistische Pläne erstellt werden. Die Motivation der Beteiligten wird durch die Identifizierung mit dem von ihnen erstellten Plan gefördert. Nachteilig hingegen ist, dass sich die Pläne einzelner Bereiche überschneiden oder auch widersprechen können.

Mit dem **Gegenstromverfahren** können die Nachteile der beiden Verfahren verringert werden. Bei diesem Verfahren stellt die oberste Planungsebene einen vorläufigen Rahmenplan auf, von dem die vorläufigen Teilpläne abgeleitet werden. Von der untersten bis hin zur obersten Planungsebene werden dann die Planungsvorgaben überprüft.

---

[39] Vgl. Hahn/Hungenberg (2001: 461); Küpper et al. (2013: 138).

[40] Vgl. Abschn. 3.1.2.2.

[41] Vgl. Abschn. 7.5.

[42] Vgl. Burr/Stephan/Werkmeister (2011: 122).

Tab. 1.2 Merkmale von Entscheidungsklassen. Quelle: Eigene Darstellung, in Anlehnung an: Jungermann/Pfister/Fischer (2017: 31)

Unterscheidungskriterium \ Entscheidungsart	**routinisiert**	**stereotyp**	**reflektiert**	**konstruktiv**
Bewusstheit	nein	niedrig	hoch	sehr hoch
Anforderung an Aufmerksamkeit	sehr gering	gering	hoch	sehr hoch
Generierung neuer Informationen	keine	wenige	viele	sehr viele
Benötigte Zeitdauer	sehr gering	gering	mittel bis lang	lang bis sehr lang
Vorstrukturiertheit	sehr hoch	hoch	mittel bis hoch	sehr gering

In Abhängigkeit von dem durch den Entscheider erbrachten kognitiven Aufwand lassen sich folgende Entscheidungen differenzieren:[43]

- routinisierte Entscheidung,
- stereotype Entscheidung,
- reflektierte Entscheidung sowie
- konstruktive Entscheidung.

Die einfachste Art der Entscheidung stellt die **routinisierte Entscheidung** dar. Diese Entscheidungen zeichnen sich dadurch aus, dass die Alternativenmenge stets dieselbe ist und dass der kognitive Aufwand lediglich in dem Abgleich mit ähnlichen, bereits erlebten Situationen besteht. Je passender die gespeicherten Situationen sind, desto leichter ist der Abgleich. Aus diesen Situationen sind die erfolgreichen bzw. erfolgversprechenden Alternativen bekannt, weshalb auf diese zurückgegriffen werden kann. Derartige habituelle Präferenzen schränken das Alternativenfeld ein und ermöglichen eine schnelle Entscheidung. Ein Beispiel für diese Entscheidungsform ist der tägliche Weg zur Arbeit. Diese Entscheidungsform kann jedoch auch zu Fehlentscheidungen führen, wenn der Situationsabgleich nicht korrekt vorgenommen wird (vgl. Tab. 1.2).

Die **stereotype Entscheidung** – auch als adaptive Entscheidung bezeichnet – erfordert einen höheren kognitiven Bearbeitungsaufwand, greift aber ebenfalls auf gespeicherte Situationen und die dort verankerte Vorgehensweise zurück. Die Entscheidung wird intuitiv gefällt, weshalb dies auch als Affekturteil bezeichnet wird. Beispiel hierfür ist die Auswahlentscheidung im Restaurant.

[43] Vgl. Kirsch (1971: 143–145); Jungermann/Pfister/Fischer (2017: 26–31).

Ein höherer Aufwand ist im Fall der **reflektierten Entscheidung** erforderlich. In diesem Fall sind keine habitualisierten Präferenzen verfügbar, weshalb der Akteur bewusst darüber nachdenken muss. Der Suchprozess nach Informationen kann ebenfalls nicht nach bekannten Schemata erfolgen. Die Alternativenmenge hingegen ist dem Akteur schon gegeben. Beispiel hierfür sind die Entscheidungen, welche in der präskriptiven Entscheidungstheorie betrachtet werden.[44] In diesen Fällen ist das Entscheidungsfeld schon abgesteckt, lediglich die Präferenzen sind zu bestimmen und die optimale Alternative ist zu wählen.

Den höchsten kognitiven Aufwand verlangen **konstruktive Entscheidungen**. Bei diesen muss die Alternativenmenge erst durch den Akteur generiert werden, und auch die Präferenzen müssen expliziert werden und es ist ein aufwendiger Informationssuch- und -verarbeitungsprozess erforderlich. Beispiel hierfür sind Entscheidungen zum Familienurlaub, Hausbau oder die Investitionsentscheidung.

Es wird deutlich, dass die Einteilung in eine der Klassifikationsgruppen abhängig ist von der Akteurs-Problem-Beziehung. Je nachdem, welche Problemsituationen der Akteur bereits gespeichert und in erfolgreicher oder auch erfolgloser Weise gelöst hat, kann er darauf zurückgreifen. Wurden viele derartige Situationen erlebt und erfolgreich gelöst, entsteht Expertise. Die vorstehenden Erläuterungen verdeutlichen, dass diese jedoch auf bestimmte Problemklassen beschränkt ist. Für die weiteren Darstellungen wird deshalb festgehalten, dass lediglich reflektierte und/oder konstruktive Entscheidungen betrachtet werden. Nur in diesen Fällen ist der Akteur gezwungen, planerisch tätig zu werden. Dies bestätigt die notwendige Differenzierung zwischen Planung und Entscheidung.[45]

Als letztes Differenzierungskriterium ist die Struktur des Entscheidungsproblems zu nennen. Diese wird im weiteren Verlauf detailliert dargestellt.

1.2.2 Ablauf und Elemente

1.2.2.1 Merkmale und Formulierung von Problemen

Genereller Ausgangspunkt von Planungen und Entscheidungen ist eine Diskrepanz zwischen angestrebtem Zielzustand und aktuellem Ist-Zustand bzw. zukünftigem Wird-Zustand. Wenn dem Akteur nicht klar ist, wie er den Zielzustand erreichen kann, liegt ein Entscheidungsproblem vor. Wesentliche Merkmale des Entscheidungsproblems sind:[46]

- Bedeutung,
- Dringlichkeit,
- Grad der Irreversibilität,
- Komplexität und Dynamik sowie
- Strukturierungsgrad.

---

[44] Vgl. Abschn. 3.1.

[45] Vgl. Abschn. 1.1.

[46] Vgl. Müller (2009a: 482).

Zur Beschreibung der Bedeutung des Problems muss unterschieden werden zwischen **wahrgenommener** und **tatsächlicher Bedeutung**. Einerseits wird Problemen oftmals eine Bedeutung zugeschrieben, die sie originär nicht besitzen. Andererseits werden bedeutende Probleme unterschätzt und ihre tatsächliche Bedeutung wird nicht erkannt. Dies liegt zum einen in der Subjektivität der Betrachtung begründet und zum anderen in der Veränderung des Informationsstandes während des Zeitablaufes. Als Kennzeichen der Bedeutungsbestimmung werden häufig Kriterien wie z. B. das Investitionsvolumen beschrieben. Große Volumina mit langfristigen Wirkungen stellen höhere Anforderungen an die Modellierung.

Ein weiteres Merkmal stellt die **Dringlichkeit** dar. Kennzeichen jedes Entscheidungsproblems ist, dass kein unendlicher Zeitraum zur Lösung verfügbar ist, sondern exogene oder endogene Begrenzungen der Lösungszeit in mehr oder weniger ausgeprägter Form bestehen, was dem Problem einen bestimmten Grad an Dringlichkeit verleiht.

Um das Problem lösen zu können, sind Entscheidungen erforderlich. Die Natur des Problems definiert den möglichen Entscheidungsrahmen und auf diese Weise den Zeitraum, welcher von der Problemlösung berührt wird. In diesem Zusammenhang ist der Grad der **Irreversibilität** der Entscheidung relevant. Beispielsweise ist das Entscheidungsproblem eines Kraftwerkstandortes mit anderen Zeiträumen verbunden als das Entscheidungsproblem der Produktionsprogrammplanung. Als Gradmesser der Umkehrbarkeit ökonomischer Prozesse können entweder die **Zeit** oder die **Kosten** herangezogen werden. Je größer der Zeitraum und/oder die Kosten ist, welche erforderlich sind um eine Entscheidung rückgängig zu machen, desto größer ist der Grad der Irreversibilität. Diese Problemeigenschaft ist besonders im Bereich der Umweltökonomie als zentrales Merkmal herausgestellt und schon frühzeitig diskutiert worden.[47] Besonders deutlich wird das Merkmal der Irreversibilität bei der Entscheidung über die Nutzung ökologisch einmaliger bzw. seltener Ressourcen. Werden einmalige Ressourcen verbraucht, ist der Prozess vollkommen irreversibel. Werden hingegen Baumbestände mit einem Alter von 1.000 Jahren gerodet, so ist dieser Prozess nicht vollkommen irreversibel. Jedoch beträgt der erforderliche Zeitraum, um die Rodungsentscheidung rückgängig zu machen 1.000 Jahre, weshalb der Grad der Irreversibilität sehr hoch ist. Dieses Merkmal spielt bei der Investitionsbewertung unter Unsicherheit eine zentrale Rolle.[48]

Als weiteres wichtiges Merkmal ist die **Komplexität** anzuführen. Ausgangspunkt zur Betrachtung der Komplexität des Problems ist die Betrachtung der Komplexität von Systemen.[49] Die Komplexität eines Systems wird beschrieben durch die Anzahl und möglichen Zustände der Elemente sowie durch die Anzahl und Art der Verknüpfungen zwischen

[47] Vgl. Krutilla (1967); Weisbrod (1964).

[48] Vgl. Abschn. 7.6.

[49] Damit wird hier dem strukturorientierten Ansatz zur Komplexitätsbeschreibung gefolgt. Der verhaltensorientierte Ansatz entstammt der theoretischen Informatik und definiert die Komplexität mit Blick auf die zur Problemlösung erforderliche Zeit. Dazu wird untersucht, ob und in welcher Zeit ein bestimmtes Problem mit einem – zur Zeit bekannten – Algorithmus lösbar ist. Der Bearbeitungszeit entsprechend erfolgt die Zuordnung zu einer Komplexitätsklasse. Vgl. Berens/Delfmann/Schmitting

diesen Elementen und der das System umgebenden Umwelt, welche als Schnittstellen bezeichnet werden.[50] In der Literatur wird – neben anderen Definitionen von Komplexität – diese Art als **strukturelle Komplexität** bezeichnet und von der **prozessualen Komplexität** unterschieden.[51] Die prozessuale Komplexität beinhaltet zusätzlich zu der strukturellen Komplexität die Zeitdimension als Beschreibungsmerkmal des Systems und drückt die Variation der Systemzustände aus. Die prozessuale Komplexität beschreibt somit die Fähigkeit eines Systems, auf Ereignisse der Umwelt entsprechend zu reagieren.

Trotz der Schwierigkeiten bei der Feststellung der Komplexität besteht in der Literatur Konsens über eine Messgröße, mittels der Komplexität beschrieben werden kann. Diese Messgröße wird als Varietät bezeichnet und beschreibt die Anzahl der unterscheidbaren Zustände bzw. Elemente eines Systems.[52]

Nun stellt sich die Frage, wie die Komplexität eines Prozesses beschrieben oder wie ein System „Problemlösung" definiert werden kann. Dies führt zu der Frage, ob es sich bei einem Prozess um ein System in dem bisher diskutierten und verwendeten Sinn handelt. Eine wesentliche Rolle bei der Systemdefinition spielt die Systemgrenze, welche die Systemelemente von deren Umwelt abgrenzt. Von der Grenzfestlegung hängt die Komplexität ab, jedoch ist für Prozesse und Unternehmen eine derartige Grenze schwer festzustellen. Als Kriterien zur Grenzfeststellung nicht-physischer Systeme wird vorgeschlagen, die Grenze dort zu ziehen, wo die:[53]

- Kopplung zur Umwelt schwächer ist als die Binnenkopplung im System oder
- Kopplungen zur Umwelt nicht relevant für die Funktion des Systems sind oder
- Einwirkungen auf das System nicht durch das System selbst bestimmt oder durch Rückkopplung verändert werden können.

Diese Kriterien zeigen jedoch, dass schon vor der Grenzziehung festzulegen ist, welches Element Bestandteil des Systems ist und welches nicht. Die Grenzfestlegung wird deshalb nicht durch die Prüfung dieser Kriterien möglich. Es wird deutlich, dass die Definition des Systems die Definition der Umwelt beinhaltet. Die Festlegung der Grenze zwischen Umwelt und System ist abhängig vom Betrachter selbst und dem Betrachtungszweck und somit immer zu einem gewissen Grad relativer und subjektiver Natur.[54]

Wenn die Frage nach der Grenzziehung beantwortet wurde, kann die Komplexität von Problemen beschrieben werden. Dazu werden an Stelle von Systemelementen die zu erreichenden Ziele sowie die Anzahl und Art der Verknüpfungen zwischen diesen Zielen

(2004: 112–114); Domschke/Scholl/Voß (1997: 47–51). Für reale Probleme ist diese Sichtweise jedoch wenig geeignet. Vgl. Zelewski (1989: 94–97).

[50] Vgl. Krieg (1971: 40–41).

[51] Vgl. Denk/Pfneissl (2009: 18–19). Zu weiteren, anders gefassten Definitionen von Komplexität in verschiedenen Wissenschaftsdisziplinen vgl. Bliss (2000: 91–123).

[52] Vgl. Herrmann (2009: 101); Schwaninger (2005: 31); Krieg (1971: 55).

[53] Vgl. Bossel (2004: 38).

[54] Vgl. Müller (1996: 203); Wolf (2013: 158–160).

herangezogen oder es werden die Art und Anzahl von Elementen und Relationen verwendet. Aufbauend auf dieser Vorgehensweise kann als zusätzliches Merkmal die **Dynamik** des Problems definiert werden. Diese ergibt sich aus dem Umfang und der Geschwindigkeit der Veränderungen.[55] Für die Definition der Komplexität eines Problems werden die folgenden Charakteristika herangezogen:[56]

a) Anzahl der Akteure,
b) Anzahl der Ziele,
c) Relationen zwischen den Zielen,
d) Art und Relationen zwischen den Präferenzen,
e) Anzahl der Elemente des Entscheidungsfeldes (Alternativen, Ereignisse, Umweltzustände),
f) Grad der Strukturiertheit des Entscheidungsfeldes,
g) Transparenz bzw. Erkennbarkeit der Merkmale a bis f sowie
h) Dynamik – Grad der Veränderbarkeit und Geschwindigkeit der Veränderung der Merkmale a bis f.

Trotz dieser Variablen zur Beschreibung der Komplexität von Entscheidungsproblemen muss darauf hingewiesen werden, dass es sich bei der Komplexität **nicht** um eine **objektiv** bestimmbare Größe handelt. Vielmehr ist die Einstufung der Komplexität stark vom Betrachter abhängig.[57]

Das Zielsystem ist durch die Art und Menge der verfolgten Zielgrößen sowie die festgelegten Präferenzrelationen gekennzeichnet.[58] Das Entscheidungsfeld wird durch die Menge der möglichen Aktionen (Aktionenraum), die Menge der relevanten Umweltzustände (Zustandsraum), die Art der Handlungskonsequenzen sowie die Eintrittswahrscheinlichkeiten beschrieben.[59] Die Anzahl und mögliche Ausprägung dieser Parameter sowie die Anzahl und Art der Relationen zwischen diesen Parametern in Verbindung mit der Anzahl der beteiligten Akteure beschreiben die Komplexität des Entscheidungsproblems.

Zur Bestimmung des **Strukturierungsgrades** wird das klassische Planungsschema als Ausgangspunkt verwendet (vgl. Abb. 1.2). Die dort dargestellte Situation des Entscheidungsträgers und das Planungsproblem wird als **wohlstrukturiert** bezeichnet. Diese ist durch folgende Merkmale gekennzeichnet:[60]

- Das zu lösende Problem ist nach Art und Umfang scharf definiert, so dass Art und Anzahl der Variablen ebenso bekannt sind wie die Beziehungen zwischen den Variablen.

---

[55] Vgl. Specht/Beckmann/Amelingmeyer (2002: 332); Lenders (2009: 17); Voigt (1998: 171).

[56] Vgl. Riesenhuber (2006: 26–30).

[57] „*It will be noticed that a set's variety is not an intrinsic property of the set: the observer and his powers of discrimination may have to be specified if the variety is to be well defined.*" Ashby (1956: 125). Vgl. die Darstellungen zur Berücksichtigung von Komplexität in Abb. 2.20.

[58] Vgl. Abschn. 3.1.2.2.

[59] Vgl. Abschn. 1.2.2.3 sowie Abschn. 3.1.3.

[60] Vgl. Witte (1979: 73–76); Adam (1997: 9–10).

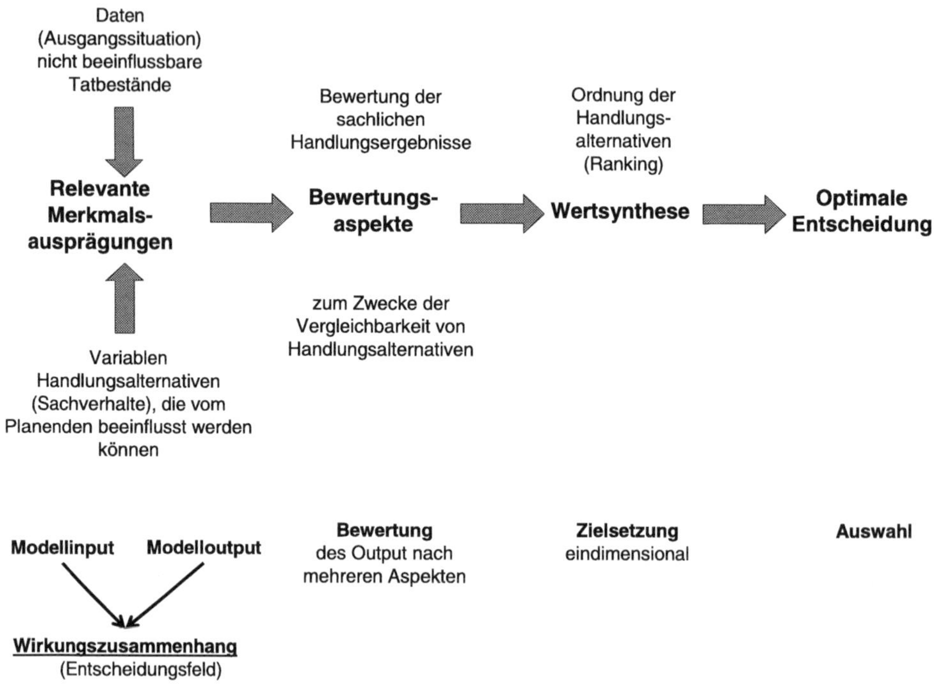

Abb. 1.2 Vorgehensweise im klassischen Entscheidungsschema. Quelle: Adam (1997: 8)

Damit ist die Menge der Lösungen bekannt und das Entscheidungsfeld ist geschlossen. Dies beinhaltet, dass der Wirkzusammenhang vollständig und nachprüfbar angegeben werden kann.

- Es existiert eine eindeutige, operationale Zielfunktion, welche die Entscheidungsalternativen eindeutig in eine Rangfolge ordnen kann. Dazu ist der Bewertungszusammenhang vollständig und exakt zu formulieren.
- Es ist eine allgemeingültige systematische und effiziente Methode zur Bestimmung der besten Lösung bekannt. Dieser Aspekt zielt auf die Verfügbarkeit eines effizienten Lösungsverfahrens, das die beste Alternative in einer angemessenen Zeit identifiziert. Das Verfahren besteht aus einer endlichen Menge an Regeln, welche bei Anwendung auf die Entscheidungssituation zu einer eindeutigen Folge an Lösungsschritten führen, so dass der gesamte Lösungsvorgang nach Ablauf einer akzeptablen Zeitspanne beendet ist.

Die präskriptive Entscheidungstheorie[61] basiert auf diesem Idealmodell der Planung. Jedoch werden reale Entscheidungssituationen damit kaum zutreffend erfasst. Reale Situationen müssen durch Entscheidungen und Festlegungen des Akteurs erst zu diesem

[61] Vgl. Abschn. 3.1.

Tab. 1.3 Strukturstufen von Planungsproblemen. Quelle: Berens/Delfmann/Schmitting (2004: 19)

Art und Anzahl der Variablen und Daten der Ausgangssituation	bekannt	scharf definiert	wohldefiniert	wohlstrukturiert	(z. T.) nicht bekannt → ***Abgrenzungsdefekt***
Wirkungszusammenhänge	bekannt				(z. T.) nicht bekannt → ***Wirkungsdefekt***
Bewertung der Handlungsergebnisse	durchführbar				(z. T.) nicht durchführbar → ***Bewertungsdefekt***
Zielfunktion	operational				nicht operational → ***Zielsetzungsdefekt***
Lösungsverfahren	effizient				nicht effizient → ***Lösungsdefekt***

idealtypischen Schema geformt werden. Aber auch wenn diese Transformation das Ziel des rationalen Akteurs ist, lassen sich nicht alle Situationen dergestalt umformen.

Deshalb werden die folgenden Planungssituationen unterschieden (vgl. Tab. 1.3):[62]

- abgrenzungsdefektes Problem,
- wirkungsdefektes Problem,
- bewertungsdefektes Problem,
- zielsetzungdefektes Problem sowie
- lösungsdefektes Problem.

Ein Problem ist **abgrenzungsdefekt**, wenn die Handlungsalternativen bzw. die Daten der Ausgangssituation nicht bekannt sind. Reale Situationen sind i. d. R. abgrenzungsdefekt, da die Menge an Lösungsalternativen selten vorgegeben ist, sondern vom Akteur erst erarbeitet werden muss.

Wenn die Zusammenhänge von Handlungsalternativen und deren Ergebnissen unklar sind, liegt ein **wirkungsdefektes** Problem vor. Dies kann daran liegen, dass die Grundstruktur dieser Zusammenhänge vollkommen unklar ist, oder daran, dass lediglich das Verhältnis von Aufwand (Handlungsalternative) und Nutzen (Handlungsergebnis) unbekannt ist.

Die Auswahl der Handlungsalternativen erfolgt auf Basis eines Vergleiches. Um einen derartigen Vergleich durchführen zu können, sind die Ergebnisse der Alternativen in eine Rangfolge zu bringen, was i. d. R. durch Quantifizierung der entscheidungsrelevanten

[62] Vgl. Berens/Delfmann/Schmitting (2004: 18–19); Adam (1997: 10–15); Voigt (1992: 84–86).

Merkmale erfolgt. Diese Quantifizierung ist oftmals schwer oder gar nicht realisierbar, so dass **bewertungsdefekte** Probleme entstehen. Dies kann darin begründet liegen, dass sich Eigenschaften von Personen oder Produkten nicht messen lassen (z. B. Qualität, Motivation, Flexibilität). Es kann aber auch an der notwendigen Zerlegung eines komplexen Problems in mehrere Teilprobleme liegen, durch welche die ursprünglichen – also realen – Beziehungen zwischen den Variablen verlorengehen.

Ziele zeichnen sich durch den Zielinhalt, die Präferenzen für die Ausprägungen des angestrebten Zustandes und den zeitlichen Bezug aus.[63] Wenn eines dieser drei Merkmale nicht festgelegt werden kann bzw. mehrere Ziele mit konkurrierenden Inhalten existieren, liegt ein **zielsetzungsdefektes** Problem vor.

Als geringster Grad an Strukturmängeln werden lösungsdefekte Probleme eingeordnet. In diesen Fällen sind sämtliche Annahmen über die Struktur des Planungsproblems erfüllt, mit Ausnahme der Existenz des effizienten Lösungsverfahrens.

Aus diesen Darstellungen ergibt sich das sog. **Planungsdilemma**: Entscheidungsmodelle sind i. d. R. **entweder** wirklichkeitsnah und lösungsdefekt **oder** wirklichkeitsfern und lösbar.[64]

Nach der Darstellung der Wesensmerkmale von Problemen werden die wesentlichen Merkmale des Entscheidungsträgers und des Entscheidungsfeldes dargelegt.

1.2.2.2 Zielvorgaben und Werturteile des Akteurs

1.2.2.2.1 Ziele und Zielsysteme

Ausgangspunkt einer Planung sind zu erreichende Ziele. Ein Ziel ist die Formulierung eines zukünftig zu erreichenden Zustandes und ist gekennzeichnet durch:[65]

- den Zielinhalt,
- die Präferenzen für die Ausprägungen des angestrebten Zustandes,
- den zeitlichen Bezug und
- die Orientierung auf den angestrebten Zustand und nicht auf die zur Erreichung erforderlichen Mittel und Wege.

Die Präferenzen für die Ausprägungen des angestrebten Zustandes und deren Relationen muss der Entscheidungsträger im Zusammenhang mit der Zielformulierung festlegen.

[63] Vgl. Abschn. 1.2.2.2.1.

[64] Vgl. Rollberg (2012: 172). Witte argumentierte: *„Überspitzt lässt sich sagen, wohlstrukturierte Probleme sind schon per definitionem gelöst.“* Witte (1979: 75).

[65] Vgl. Küpper et al. (2013: 140–141); Graumann (2004: 18–19).

In Abhängigkeit von der konkreten Situation ist die Festlegung von:

- Höhen-,
- Arten-,
- Zeit- und
- Sicherheitspräferenz

erforderlich.

Die Festlegung einer **Höhenpräferenz** ist in jeder Zielbildung erforderlich, um das angestrebte Ausmaß der Zielgröße festzulegen. Folgende Höhenpräferenzen sind für Formalziele möglich:[66]

- **Extremierung:** In diesem Fall wird die Maximierung einer Zielgröße oder die Minimierung einer Zielgröße angestrebt.
- **Satisfizierung:** Wird ein Anspruchsniveau definiert, welches mindestens zu erreichen ist, so liegt Satisfizierung vor.
- **Meliorisierung:** Neben diesen Vorgehensweisen besteht die Möglichkeit, Ziele, die in der Vergangenheit schon erreicht wurden, als Ausgangs- bzw. Referenzpunkt der aktuellen Zielbildung zu verwenden. Im Rahmen der aktuellen Zielbildung wird lediglich die Richtung festgelegt, in welche eine Veränderung von diesem Referenzpunkt zu erfolgen hat.

Werden gleichzeitig Ziele angestrebt, die wenigstens teilweise im Konflikt zueinander stehen, sind **Artenpräferenzen** zu formulieren, welche die Rangfolge zwischen diesen Zielen beschreiben. Fallen die Ergebnisse von Handlungsalternativen zu unterschiedlichen Zeitpunkten an, ist es erforderlich, die Vorziehenswürdigkeit dieser zeitlich unterschiedlichen Ergebnisse zu regeln, was durch die **Zeitpräferenz** ausgedrückt wird. Als spezielle Form der Artenpräferenz, die jedoch gesondert betrachtet wird, ist die **Sicherheitspräferenz** anzuführen, welche in Entscheidungssituationen unter Unsicherheit die Präferenz des Entscheidungsträgers für unterschiedliche Kombinationen von Zustandsgrößen und deren Eintrittswahrscheinlichkeiten festlegt.[67] Die Unternehmensziele können in **Sachziele** und **Formalziele** unterschieden werden. Ein Sachziel beschreibt die Menge von Endzuständen, die angestrebt werden, und bezieht sich auf physische Objekte, Prozesse oder Ergebnisse der Unternehmenstätigkeit (z. B. Art und Menge der abzusetzenden Produkte, Marktanteil). Das Formalziel beinhaltet Beurteilungsmaßstäbe, also die Präferenz des Unternehmens für die möglichen Endzustände, und gibt den Sinn, d. h. das Ziel des unternehmerischen Handels in – von physischen Objekten und Prozessen – abstrahierter

[66] Vgl. Corsten/Gössinger (2013: 14); Zelewski (2008: 13).

[67] Vgl. Sieben/Schildbach (1975: 20–22); Bamberg/Coenenberg/Krapp (2012: 29–31); Adam (1997: 104–105).

Form wieder (z. B. Jahresüberschuss, Rentabilität). Grundlegend kann festgestellt werden, dass Unternehmen sowohl Sach- als auch Formalziele verfolgen.[68] Demzufolge liegt ein Zielsystem (auch als Zielkonzeption bezeichnet) vor, welches folgende Ansprüche zu erfüllen hat:[69]

- **Realisierbarkeit und Durchsetzbarkeit:** Ziele sollen erreichbar und durchsetzbar sein, was im Rahmen von Prognosen zu überprüfen ist.
- **Operationalität:** Ziele müssen hinreichend präzise sein, d. h. Zielinhalt, angestrebtes Ausmaß, zeitlicher Bezug und erforderliche Präferenzen sind so konkret wie möglich festzulegen.
- **Ordnung:** Zwischen den einzelnen Zielen muss eine Hierarchie festgelegt werden, die beschreibt, welche Ziele über-, unter- oder gleichgeordnet sind.
- **Konsistenz:** Ziele sollten aufeinander abgestimmt und widerspruchsfrei sein, womit jedoch nicht ausgeschlossen wird, dass zwischen den Zielen Konflikte auftreten können.
- **Vollständigkeit:** Alle wichtigen Ziele sind in das Zielsystem aufzunehmen.
- **Organisationskongruenz:** Zielsystem und Organisationsstruktur sollen insoweit kongruent zueinander sein, dass die Ziele durch entsprechende Organisationseinheiten bearbeitet werden können, dass die Ziele nicht im Konflikt mit organisatorischen Gegebenheiten stehen und dass eine eindeutige sowie klare Zuordnung von Zielen zu Verantwortlichkeiten möglich ist.
- **Transparenz und Überprüfbarkeit:** Das Zielsystem muss verständlich, übersichtlich und überprüfbar sein.
- **Redundanzfreiheit:** Es ist sicherzustellen, dass nicht mehrere Ziele mit demselben Inhalt, jedoch unterschiedlichen Formulierungen in dem System enthalten sind.
- **Präferenzunabhängigkeit:** Dem Entscheider muss es möglich sein, seine Präferenzen in Bezug auf die Ausprägungen einer Zielvariablen unabhängig davon zu formulieren, welche Ausprägungen andere Zielvariablen aufweisen.[70]

Die vorstehenden Ausführungen verdeutlichen, dass zwischen den Formal- und Sachzielen eines Unternehmens die Festlegung einer Ordnung erforderlich ist. Im Folgenden wird von einer Ordnung zwischen diesen Zielen ausgegangen, in der die Formalziele des Unternehmens über Sachziele dominieren und als Fundamentalziele eingestuft werden, während die Sachziele die Instrumentalziele bilden.[71]

Diese Einordnung ist dahingehend zu präzisieren, dass im Unternehmen nicht nur ein Formalziel vorliegt, sondern aus einem oder mehreren normativ festgelegten obersten Formalzielen untergeordnete, instrumentelle Formalziele sowie damit korrespondierende

[68] Vgl. Schiemenz/Seiwert (1979).
[69] Vgl. Wild (1974: 55–57); Klein/Scholl (2011: 135–136); Eisenführ/Weber/Langer (2010: 68–69).
[70] Diese Eigenschaft wird später noch detailliert dargestellt. Vgl. Abschn. 1.2.2.2.2.
[71] Vgl. Kosiol (1968: 262); Chmielewicz (1968: 31–32).

Sachziele abgeleitet werden. Die Ableitung dieser instrumentellen Formalziele ist durch unterschiedliche Vorgehensweisen realisierbar.[72]

Eine Möglichkeit besteht in der logischen Herleitung von Instrumentalzielen aus dem Fundamentalziel durch die Nutzung von **definitionslogischen Beziehungen** (z. B. bei der Bildung von finanziellen Kennzahlensystemen). Da diese Vorgehensweise keine Schlussfolgerung darüber zulässt, welche Aktivitäten, Prozesse und Tätigkeiten zur Entstehung dieser Instrumentalziele in welchem Ausmaß beitragen, ist eine Verbindung mit empirischen Faktoren erforderlich, was durch eine empirisch-theoretische oder empirisch-induktive Vorgehensweise möglich ist. Die **empirisch-theoretische Ableitung** basiert auf der Verwendung theoretischer Aussagen und Hypothesen (z. B. aus der Produktions- und Kostentheorie) und den auf deren Grundlage gewonnenen empirischen Erkenntnissen über Art und Menge der Faktoren, welche die definitionslogisch hergeleiteten Instrumentalziele beeinflussen sowie die Richtung und das Ausmaß der Beeinflussung (z. B. durch die Identifikation von Kostenbestimmungsfaktoren bzw. Kosteneinflussgrößen) festlegen. Diese Bestimmungsfaktoren stellen i. d. R. Sachziele dar, deren Erreichung die Erreichung der übergeordneten fundamentalen Formalziele beeinflusst.

Neben dieser Form der Ableitung ist die **empirisch-induktive Form** der Herleitung von Instrumentalzielen möglich. Dabei werden die Instrumentalziele auf Basis empirisch gewonnenen Wissens bzw. gesammelter Informationen ermittelt. Als Grundlagen können Plausibilitätsüberlegungen oder statistische Analyseverfahren (z. B. Faktoren-, Kausal- oder Clusteranalyse) verwendet werden. Die in der Literatur diskutierte Variante der modellgestützten Ableitung von Instrumentalzielen basiert auf den hier vorgestellten Varianten, ermöglicht jedoch mit der Formulierung eines dynamischen Entscheidungsmodells eine weitergehende Analyse der Instrumentalziele und der Zielrelationen. Zur Ableitung von instrumentellen Sach- und Formalzielen empfiehlt sich die Kombination der dargestellten Verfahren, um die Vorteile der Methoden zu kombinieren.

Die Ziele des so entstandenen Zielsystems sind darauf hin zu überprüfen, in welcher Beziehung die angestrebten Zustände zueinander stehen. Stehen die Ziele in keinem Zusammenhang, handelt es sich um **Zielneutralität**. Wird durch die Erreichung eines Zieles auch die Erreichung eines anderen Zieles unterstützt, liegt **Zielkomplementarität** vor. Führen Maßnahmen zur Erreichung eines Zieles zu negativen Wirkungen auf die Erreichung eines anderen Zieles, liegt **Zielkonkurrenz** bzw. liegen **Zielkonflikte** vor. Im Extremfall schließen sich die Ziele gegenseitig aus, was als **Zielantinomie** bezeichnet wird.[73] Die Probleme, welche im Zusammenhang mit der Zielbildung auftreten können, werden detailliert an anderer Stelle dargelegt.[74]

---

[72] Vgl. Küpper et al. (2013: 482–494).
[73] Vgl. Klein/Scholl (2011: 100); Wild (1974: 63–64).
[74] Vgl. Abschn. 2.1.3.1.1.

1.2.2.2.2 Präferenzen

Mit den Präferenzen des Akteurs wird festgelegt, welche Ziele verfolgt werden und welchen Nutzen der Akteur welchen Ergebnissen beimisst. Die Präferenzen des Akteurs sind daraufhin zu überprüfen, ob sie konsistent geordnet sind und nicht beliebig verändert werden. Weitere Minimalforderungen an eine konsistente Entscheidungsfindung bestehen in der Vollständigkeit und der Transitivität von Präferenzen.

Anforderung 1.1 (Vollständigkeit) *Der Akteur muss alle relevanten Alternativen erfassen und muss alle Alternativen miteinander vergleichen. Dieser Vergleich hat so zu erfolgen, dass bei paarweiser Betrachtung die Beziehung zwischen den Alternativen eindeutig festgelegt werden kann. Entweder gilt* $a \succ b$*, oder* $b \succ a$ *oder* $a \sim b$.

Anforderung 1.2 (Transitivität) *Die Ordnung der Präferenzen muss transitiv sein. Transitivität bedeutet, dass bei einer Betrachtung der drei Alternativen* a*,* b *und* c *für die Präferenzbeziehungen folgende Relationen gelten müssen:*[75]

$$a \succ b \text{ und } b \succ c \Rightarrow a \succ c$$
$$a \sim b \text{ und } b \sim c \Rightarrow a \sim c$$
$$a \succ b \text{ und } b \sim c \Rightarrow a \succ c$$
$$a \sim b \text{ und } b \succ c \Rightarrow a \succ c$$

Anforderung 1.3 (Unabhängigkeit von irrelevanter Alternative) *Für eine Präferenzordnung, welche lautet* $a \succ b \succ c \succ d$*, muss bei Wegfall der Alternative* c *weiterhin gelten* $a \succ b \succ d$.

Dieses Axiom gibt eine **zentrale Anforderung** an einen rationalen Prozess wieder.

Die Präferenzunabhängigkeit als Anforderung an Entscheidungen bei mehrfacher Zielsetzung wurde schon angeführt. Nun werden die drei Arten von Präferenzunabhängigkeit vorgestellt. Zur Erläuterung der verschiedenen Stärken der Präferenzunabhängigkeit wird folgende Konstellation betrachtet: Es liegen zwei Alternativen a und b mit einer Reihe von n Merkmalen vor, welche sich nur in einem Merkmal unterscheiden. Dann kann formuliert werden:[76]

$$a = \left(m_{1_{(a)}}, \ldots, m_{i-1_{(a)}}, m_{i_{(a)}}, m_{i+1_{(a)}}, \ldots, m_{n_{(a)}}\right)$$
$$b = \left(m_{1_{(a)}}, \ldots, m_{i-1_{(a)}}, m_{i_{(b)}}, m_{i+1_{(a)}}, \ldots, m_{n_{(a)}}\right)$$

Werden nun zwei weitere Alternativen c und d betrachtet, welche sich ebenfalls nur in einem Merkmal unterscheiden, jedoch in diesem einen Merkmal dieselben Ausprägungen

[75] Vgl. Ponick (2007: 10).

[76] Vgl. Eisenführ/Weber/Langer (2010: 134); Klein/Scholl (2011: 111). Diese Eigenschaft wird auch als „schwache Präferenzunabhängigkeit“ bezeichnet. Vgl. Schneeweiß (1991: 96–97).

Tab. 1.4 Beispiel einfacher Präferenzunabhängigkeit

	Ästhetik	Grundstücksgröße	Wohnfläche	Lage
Objekt A	modern	$1.500m^2$	$150m^2$	zentral
Objekt B	modern	$1.000m^2$	$150m^2$	zentral
Objekt C	traditionell	$1.500m^2$	$100m^2$	dezentral
Objekt D	traditionell	$1.000m^2$	$100m^2$	dezentral

aufweisen wie die Alternativen a und b, kann formuliert werden:

$$c = \left(m_{1_{(c)}}, \ldots, m_{i-1_{(c)}}, m_{i_{(a)}}, m_{i+1_{(c)}}, \ldots, m_{n_{(c)}}\right)$$
$$d = \left(m_{1_{(c)}}, \ldots, m_{i-1_{(c)}}, m_{i_{(b)}}, m_{i+1_{(c)}}, \ldots, m_{n_{(c)}}\right)$$

Der Akteur bevorzugt die Alternative a gegenüber der Alternative b aufgrund der Ausprägung des Merkmales i.

Einfache Präferenzunabhängigkeit: Einfache Präferenzunabhängigkeit eines Merkmales von den anderen Merkmalen liegt vor, wenn die Alternative c der Alternative d ebenfalls vorgezogen wird. In dem Fall gilt: $a \succ b \Leftrightarrow c \succ d$, da der Nutzen $U(a)$ größer ist als der Nutzen $U(b)$. Dieselbe Relation gilt für den Vergleich von $U(c)$ und $U(d)$.

Es sei das Beispiel des Hauskaufes betrachtet. Der Akteur hat die folgenden vier Merkmale für den Vergleich unterschiedlicher Objekte definiert: Ästhetik, Grundstücksgröße, Wohnfläche und Lage. Für diese Merkmale hat er für vier Objekte die Ausprägungen festgestellt (vgl. Tab. 1.4).

Bevorzugt der Entscheider prinzipiell Grundstücke mit einer Größe von $1.500\,m^2$, so ist dieses Merkmal präferenzunabhängig von den anderen Merkmalen. Es sei hier noch einmal darauf hingewiesen, dass es sich bei diesen Unabhängigkeitsrelationen um die subjektive Präferenzordnung des Akteurs handelt. Der Akteur ist in der Lage, die Ausprägung eines Merkmales zu bewerten, unabhängig davon, wie die übrigen Merkmale der Alternative ausgeprägt sind. Wird diese Unabhängigkeit auf mehrere Merkmale ausgeweitet, rückt die wechselseitige Präferenzunabhängigkeit in den Mittelpunkt.

Wenn jede Teilmenge von Attributen präferenzunabhängig von der Menge der restlichen Attribute ist, liegt **wechselseitige Präferenzunabhängigkeit** – auch als starke Präferenzunabhängigkeit bezeichnet – vor.[77] Für das obige Beispiel würde das bedeuten, dass z. B. „Ästhetik“ und „Grundstücksgröße“ präferenzunabhängig von den Kriterien „Lage“ und „Wohnfläche“ sind. Gleichzeitig müsste die Kombination der Merkmale „Lage“ und „Ästhetik“ präferenzunabhängig von den verbleibenden Merkmalen „Größe“ und „Wohnfläche“ sein. Allgemein betrachtet ist die starke Präferenzunabhängigkeit jedoch selten erfüllt.[78]

[77] Vgl. Schneeweiß (1991: 126-127).

[78] ZANGEMEISTER formulierte „... *dürfte die Annahme vollkommener Nutzenunabhängigkeit (Nutzenorthogonalität) der Kriterien bei einer multidimensionalen Bewertung von Alternativen eine irrationale Hypothese darstellen.*“ Zangemeister (1976: 78).

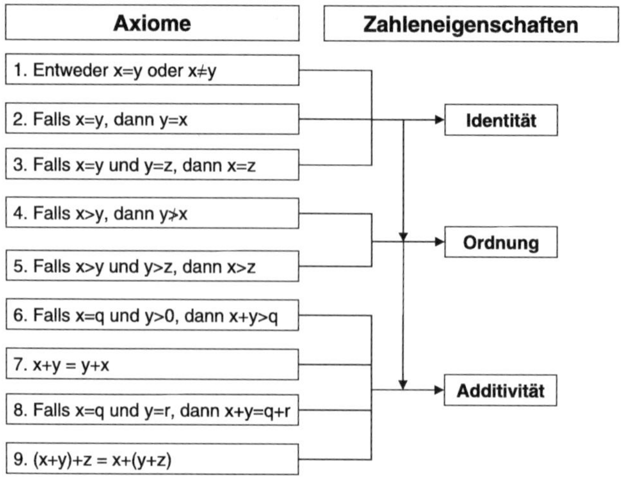

Abb. 1.3 Axiomatische Zuweisung von Zahleneigenschaften. Quelle: Zangemeister (1976: 150)

Neben der Präferenzunabhängigkeit ist die Differenzunabhängigkeit zu erwähnen. **Differenzunabhängigkeit** eines Merkmales von den anderen Merkmalen liegt vor, wenn für die betrachtete Ausgangskonstellation gilt:

$$(a \to b) \sim (c \to d)$$

Dann entspricht die Nutzendifferenz $U(a) - U(b)$ der Nutzendifferenz $U(c) - U(d)$.

Für das Beispiel des Hauskaufes bedeutet dies, dass die Nutzenänderung, welche die Alternativen durch die Änderung der Grundstückgröße um $100\,\mathrm{m}^2$ erfahren, identisch groß ist, unabhängig von den Merkmalen „Lage", „Ästhetik" und „Wohnfläche". Für viele reale Konstellationen liegt die Differenzunabhängigkeit selten vor.

Als weitere Charakteristik von Präferenzen ist die verwendete Bewertungsskala anzuführen. Um die Eigenschaft der verwendeten Skala beurteilen zu können, ist die Kenntnis der axiomatischen – also zugewiesenen – Eigenschaften der in der Skala verwendeten Zahlen erforderlich (vgl. Abb. 1.3).

In Abhängigkeit von der axiomatischen Zuweisung können folgende Skalenarten unterschieden werden:[79]

- Nominalskala,
- Ordinalskala,
- Intervallskala, } Kardinalskalen
- Verhältnisskala. }

[79] Vgl. Schwarz (2002: 118–123); Zangemeister (1976: 149); Rosenkranz/Missler-Behr (2005: 197–199).

Die **Nominalskala** als einfachste Skala beruht auf der Verwendung einer Zahl, um die Zugehörigkeit zu einer Klasse auszudrücken und diese Klasse zu benennen. Die zugewiesenen Zahlen können nicht für sinnvolle Rechenoperationen verwendet werden. Es werden lediglich Aussagen über den Unterschied oder die Gleichheit der Eigenschaften, z. B. des Nutzens gemacht. Anstelle der Zahl als Bezeichnungsmerkmal kann jedoch auch eine verbale Kennzeichnung dienen. Für Planungs- und Entscheidungszwecke ist diese Skala im Allgemeinen kaum geeignet. Streng genommen ist der Begriff der Skala in diesem Zusammenhang irreführend, da keine Ordnung oder Relation hergestellt werden kann, welche über die Zugehörigkeits- bzw. Bezeichnungsaussage hinausgeht.[80] Die verwendeten Zahlen basieren lediglich auf den Axiomen 1, 2 und 3 der Abb. 1.3.

Bessere Verwendungsmöglichkeiten im Zusammenhang mit Planungsproblemen weist die **Ordinalskala** auf. Diese Skala drückt die Richtung von Bewertungsunterschieden aus und kann deshalb zur Erstellung einer Rangordnung verwendet werden. Dies ist möglich, da den Zahlen auch die Merkmale 4 und 5 der Abb. 1.3 zugewiesen werden. Die Ordinalskala eignet sich deshalb lediglich für das Aufstellen einer Reihenfolge. Darüber hinausgehende Operationen sind nicht möglich.[81]

Die **Intervallskala** unterstellt, dass neben den verwendeten Größen auch die verwendeten Intervalle ordnungsfähig sind. Deshalb ist es möglich, den Abstand zwischen den Intervallen zu messen. Auf diese Weise können die Ausprägungswerte, z. B. der Nutzwert, derart verglichen werden, dass Aussagen möglich sind, um wieviele Einheiten der Skala sich die Werte unterscheiden. Nachteilig an dieser Skalenform ist der Umstand, dass der Fix- bzw. Nullpunkt der Skala subjektiv gewählt wird. Es sind lediglich die Verhältnisse der Wertdifferenzen vergleichbar, nicht jedoch die Verhältnisse der Werte selbst. Das ist darauf zurückzuführen, dass die Werte nicht invariant gegenüber Nullpunktänderungen sind. Es sind zwar Aussagen möglich, um wie viele Einheiten der Nutzen eines Ergebnisses größer ist als der Nutzen eines Vergleichsergebnisses, nicht jedoch in Bezug auf das Verhältnis dieser Werte, wie z. B. Nutzen U_1 ist doppelt so groß wie Nutzen U_2.

Die Skala, welche diese Bildung von Verhältnissen der Merkmalswerte selbst erlaubt, wird aufgrund dieser Eigenschaft als **Verhältnisskala** bezeichnet. Diese Form bietet die stärkste Form der Skalierung, da die verwendeten Zahlen alle in der Abb. 1.3 aufgeführten Eigenschaften besitzen. Der Nullpunkt dieser Skala ist eindeutig festgelegt. Mit den Werten können alle mathematischen Operationen ohne Einschränkung durchgeführt werden. Als Verständnisbeispiel kann hier auf die verschiedenen Skalen zur Temperaturmessung hingewiesen werden. Celsius-Skala und Fahrenheit-Skala sind Intervallskalen, wohingegen die Kelvin-Skala eine Verhältnisskala ist. Die Messung von Nutzenwerten in monetären Einheiten ermöglicht die Verwendung einer Verhältnisskala, weshalb diese Form der Skalierung vorzuziehen ist.[82]

[80] Vgl. Gäfgen (1974: 144–150).
[81] Vgl. Gäfgen (1974: 150–155); Zangemeister (1976: 153–154).
[82] Vgl. Zimmermann/Gutsche (1991: 12); Schneeweiß (1991: 45–46).

Zuzüglich zu der Festlegung der Zahleneigenschaften und somit des Skalentyps ist die Art der Nutzenmessung im Hinblick auf die betrachtete Menge von Alternativen zu konkretisieren. Werden jeweils zwei Alternativen oder Ziele miteinander verglichen, liegt ein sog. **Paarvergleich** vor. Dieser kann auf Basis von Ordinal-, Intervall- oder Verhältnisskalen erfolgen. Dieses Verfahren ist bei zunehmender Elementezahl jedoch relativ aufwendig, so dass auf eine **holistische Bewertung** ausgewichen wird.

1.2.2.3 Entscheidungsfeld

Das Entscheidungsfeld besteht aus:

- Alternativen,
- Umweltzuständen sowie
- Handlungsergebnissen.

Die möglichen Aktionen zur Problemlösung werden als **Alternativen** bezeichnet. Diese sind i. d. R. nicht vorgegeben, sondern in der Suchphase zu identifizieren. Dabei ist sicherzustellen, dass eine ausreichend große Anzahl an Alternativen in die Betrachtung einbezogen wird. In vielen Fällen ist die Anzahl der Alternativen dadurch eingeengt, dass der Akteur die Zahl der Alternativen aus Unkenntnis oder aufgrund scheinbarer Abwegigkeit unzulässig eingrenzt. Dadurch und/oder durch zu spät begonnene Planungsmaßnahmen können Zwangssituationen künstlich hervorgerufen werden, da der Zeitpunkt für die Generierung und Prüfung von Alternativen verstrichen ist bzw. keine Alternativen zur Wahl stehen.

Der Prozess der Suche nach Entscheidungsalternativen ist nicht ausschließlich quantifizierenden Analysen zugänglich und setzt deshalb ein hohes Maß an Phantasie und schöpferischen Fähigkeiten zur Ideenfindung und zur Abstraktion voraus. Die Nutzung allein quantitativer Methoden zur Alternativenfindung garantiert deshalb auch nicht den Erfolg des Entscheidungsprozesses. Notwendig ist ebenfalls die Berücksichtigung qualitativ-intuitiver Techniken. Auf welche der zur Verfügung stehenden Verfahren zurückgegriffen wird, hängt von der jeweiligen Entscheidungssituation ab.

Nachdem verschiedene Alternativen gefunden wurden, sind aussichtsreiche Varianten zu identifizieren. Dazu ist eine Vorauswahl und eine vorläufige Einordnung und Bewertung durch den Entscheidungsträger notwendig. Diese Such- und Bewertungsprozesse führen häufig nicht unmittelbar zu zufriedenstellenden Lösungen. Die Prozesse der Alternativensuche und der Vorauswahl sind mit verschiedenen Konfliktsituationen und unterschiedlichen Lösungswegen verbunden.[83]

Planung bezieht sich auf zukünftige Zustände. Aus diesem Grunde ist es möglich, dass verschiedene **Umweltzustände** eintreten können. Rahmendaten und Eingangsinformationen über die Zukunft können sicher oder unsicher sein. Sicherheit liegt vor, wenn dem Akteur bekannt ist, welche Umweltsituation eintreten wird bzw. eingetreten ist. Das Er-

[83] Vgl. Abb. 2.12 in Abschn. 2.1.3.1.

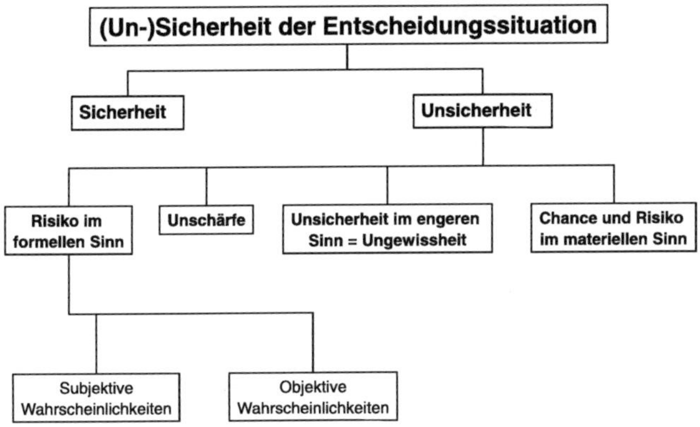

Abb. 1.4 (Un-)Sicherheit in der Planung. Quelle: Eigene Darstellung, in Anlehnung an: Adam (1997: 334–335)

gebnis der Planung hängt nur noch vom Entscheidungsträger ab. Der Planungshorizont entspricht der Lebensdauer des Unternehmens, alle Handlungsalternativen sind mit ihren Konsequenzen bekannt, so dass ein geschlossenes Entscheidungsfeld vorliegt. Da es sich bei einer solchen Konstruktion zukünftiger Umweltzustände[84] nur um eine Modellannahme handeln kann, muss diese interpretiert werden als Planung einer einzigen Zukunftslage unter vorläufiger Vernachlässigung aller anderen. Die Datenbasis betrieblicher Planung ist nur dann sicher, wenn man annimmt, dass sie sicher wäre, und nur diese eine Datenkonstellation, unter Ignoranz der anderen möglichen Umweltzustände, der Planung zugrunde legt. Im Zeitablauf treten jedoch immer neue Handlungsalternativen in das Entscheidungsfeld ein und der Informationsstand bezüglich bekannter Alternativen ändert sich, das Entscheidungsfeld ist offen. Ist die Planung dadurch charakterisiert, dass bei mindestens einer Alternative mehrere Umweltzustände möglich sind, so ist dies eine Planung unter Unsicherheit. Die Verwendung der Begriffe „Unsicherheit" und „Ungewissheit" ist in der Literatur sehr unterschiedlich. Abb. 1.4 zeigt eine Übersicht zum grundsätzlichen Verständnis der Begriffe.[85]

Hält der Entscheidungsträger mehrere zukünftige Umweltzustände für möglich, sind aber die Eintrittswahrscheinlichkeiten der einzelnen Umweltzustände unbekannt, liegt eine Entscheidung unter Unsicherheit im engeren Sinne, auch als Ungewissheit bzw. Datenunsicherheit vom Typ I bezeichnet, vor. Lassen sich die Wahrscheinlichkeiten der möglichen zukünftigen Konstellationen quantifizieren, basieren sie aber auf persönlicher Erfahrung und können subjektive Schätzungen ermöglichen, handelt es sich um Datenunsicherheit vom Typ II. Liegt eine große Zahl gleichartiger Fälle vor, Datenunsicherheit vom Typ III, lässt sich für die relative Häufigkeit des Eintritts jeder Situation eine mathema-

[84] Der Begriff „Umweltzustände" wird in der Entscheidungs- und Investitionstheorie für die Zustände der gesamten Umwelt, nicht nur der ökologischen Umwelt verwendet.
[85] Vgl. Schneider (1992: 35–37).

tische Wahrscheinlichkeit ermitteln, wobei im Idealfall bei hinreichend vielen Wiederholungen eine bekannte Wahrscheinlichkeitsverteilung verwirklicht wird. Unschärfe als eine weitere Form der Unsicherheit liegt vor, wenn sich die Menge der Elemente, für die eine Aussage zutrifft, nicht exakt von der Menge abgrenzen lässt, für die diese Aussage nicht gilt. Es lassen sich unscharfe Relationen oder unscharfe Beschreibungen von Phänomenen feststellen. Mit Hilfe der Theorie der unscharfen Mengen (Fuzzy-Sets) lassen sich unscharfe Beschreibungen oder Relationen erfassen.[86]

Nach der Einführung in die unterschiedlichen Dimensionen der Unsicherheit ist zu klären, in welcher Beziehung diese zum Risiko stehen. In der Literatur werden unterschiedliche Abgrenzungen des Risikobegriffes in Abhängigkeit von dem disziplinären Weltbild und der damit verbundenen spezifischen Risikowahrnehmung vorgeschlagen. Mit dem Terminus „Risiko" sind in der Betriebswirtschaftslehre kontroverse Diskussionen verbunden, die, basierend auf den Ausführungen von KNIGHT, zwischen zwei Risikobegriffen unterscheiden: dem **materiellen Risikobegriff** und dem **formalen Risikobegriff**.[87]

Der **formale Risikobegriff** wird oft als Oberbegriff für die Datenunsicherheiten vom Typ II und vom Typ III in der Entscheidungstheorie und der klassischen Portfoliotheorie verwendet. Die Vorstellung der Schwankung von zukünftigen Umweltzuständen um einen Erwartungswert in die positive und in die negative Richtung ist bei diesem Begriffsverständnis grundlegend. Das materielle Risikoverständnis dagegen stellt auf die negativen Wirkungen von Entscheidungen ab, was umgangssprachlich eine weite Verbreitung gefunden hat. Vertreter des **materiellen Risikobegriffes** weisen darauf hin, dass umgangssprachlich der Begriff „Risiko" mit Verlustgefahr assoziiert wird. Verfechter der formellen Begriffsauslegung heben dagegen hervor, dass ein Risiko auch Chancen beinhaltet, wenn aus der unvollkommenen Information eine Entwicklung resultiert, welche keinen Verlust erzeugt, sondern einen Gewinn. WITTMANN unterscheidet zwischen Risiko und Chance, wobei ein Risiko dann vorliegt, wenn die Gefahr besteht, dass durch Abweichungen des tatsächlichen vom geplanten Verlauf eine Leistung nicht oder nur durch zusätzlichen Mitteleinsatz erreicht wird.[88] Bei der Erläuterung zur Datenunsicherheit vom Typ III wurde gezeigt, dass der Zielbeitrag aller geplanten Maßnahmen dem mathematischen Erwartungswert zustrebt und im Idealfall keine Zielabweichungen zu befürchten sind, ein Risiko also nicht vorliegt.

Das aus den Fällen der Datenunsicherheit vom Typ I, II und III resultierende Risiko wird als entscheidungslogisch handhabbares Risiko bezeichnet, da Regeln aufgestellt werden können, wie sich ein Akteur entsprechend seiner Risikoneigung zu verhalten hat

[86] Vgl. Götze (2014: 453).
[87] Vgl. Knight (1933: 224–233); Eckert (1985: 34–35); Schäfer (2005: 10–12). Zu einer interdisziplinären und geschichtlichen Diskussion des Risikobegriffes vgl. Burschel (1995: 261–270).
[88] Vgl. Wittmann (1959: 36).

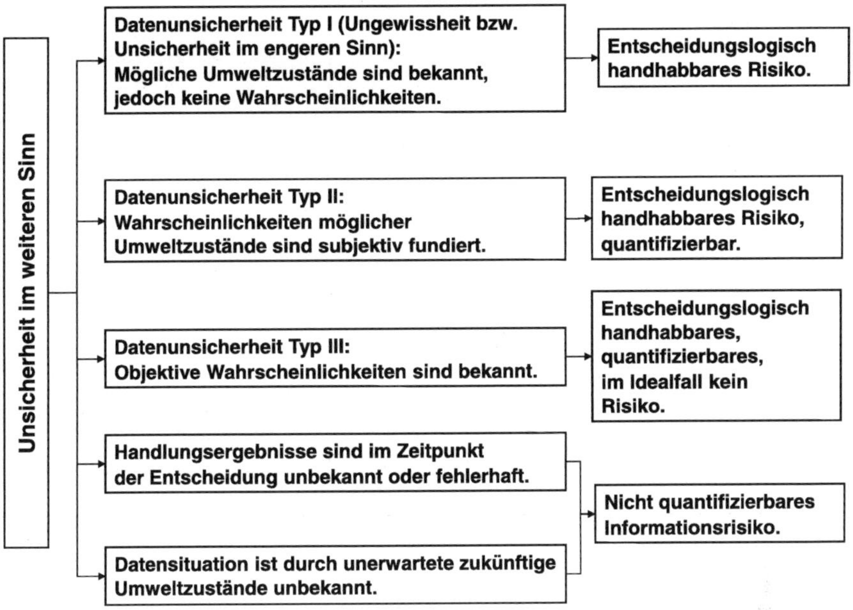

Abb. 1.5 Beziehung von Unsicherheit und Risiko. Quelle: Eigene Darstellung, in Anlehnung an: Adam (1997: 334–335)

(vgl. Abb. 1.5). Aus den Datenunsicherheitstypen II und III entstehende Risiken lassen sich durch Wahrscheinlichkeitsverteilungen quantifizieren.[89]

Von diesen drei Typen der Datenunsicherheit sind folgende Entscheidungsszenarien zu unterscheiden: bisher wurde angenommen, der Akteur kenne die möglichen Umweltzustände bzw. Datensituationen in der Zukunft. Bei realen Entscheidungsproblemen kommt es aber auch vor, dass neben den für wahrscheinlich angesehenen Umweltzuständen andere Situationen auftreten, die nicht vorhersehbar waren bzw. es ist andererseits möglich, dass die den Handlungsalternativen zugeordneten Ergebnisse nur unzulänglich bekannt sind oder in Unkenntnis der Wirkungsrelationen falsch vorausgesagt wurden. Es besteht keine Sicherheit über die Unsicherheit. Risiken, welche aus diesen Konstellationen resultieren, werden als Informationsrisiken bezeichnet. Diese Risiken lassen sich nicht quantifizieren. Langfristige Investitionsentscheidungen sind im Regelfall mit Informationsrisiken behaftet.[90] Aus diesen Gründen wird der Begriff „Unsicherheit" in der folgenden Betrachtung im weiteren Sinn verwendet.

Es ist jedoch festzuhalten, dass das Unvorhersehbare immer schon das Vorhersehbare voraussetzt, denn nur im Abgleich mit der vom Akteur ex ante vorgefertigten Situationsdefinition und Handlungsschemata kann ein Vorgang als vorhersehbar oder nicht

[89] Vgl. Neuberger (2000: 201).
[90] Vgl. Schneider (1992: 38–40).

Tab. 1.5 Kombinationen von Informationsständen. Quelle: Bamberg/Coenenberg/Krapp (2012: 24)

Informationsstand	**Informationsstand bezüglich der Ergebnisse**		
bezüglich der Zustände	Sicherheit	Risiko	Ungewissheit
Sicherheit	Sicherheit	Risiko	Ungewissheit
Risiko	Risiko	Risiko	Ungewissheit
Ungewissheit	Ungewissheit	Ungewissheit	Ungewissheit

vorhersehbar eingestuft und eine Ex-post-Überraschung festgestellt werden. Dies rekurriert auf die Qualität der Planung bzw. auf deren Einschätzung durch den planenden Akteur.

Den unterschiedlichen Kombinationen aus Alternativen und Umweltzuständen sind **Ergebnisse** zuzuweisen. Es ist festzulegen, bei welcher Alternative in welchem Umweltzustand mit welchem Ergebnis gerechnet wird. Dabei kann der Fall eintreten, dass die Informationen über die möglichen Ergebnisse selbst wiederum unsicher oder sicher sind (vgl. Tab. 1.5).

Die Tab. 1.5 verdeutlicht die verschiedenen Ursachen für die Sicherheit bzw. Unsicherheit einer Entscheidungssituation. Eine sichere Situation ist lediglich dann gegeben, wenn sowohl in Bezug auf die Eintrittswahrscheinlichkeiten als auch in Bezug auf die Ergebnisse Sicherheit besteht.

1.2.2.4 Planungs- und Entscheidungsprozess

Der grundlegende Ausgangspunkt der Planungstheorie besteht in dem klassischen Planungsschema (vgl. Abb. 1.6).

Dieses Schema, welches in variierter Form auch die Grundlage des Ausgangspunktes der Betrachtungen geliefert hat,[91] verdeutlicht zum einen nicht, dass sich die Planung auf unterschiedliche Wirkungshorizonte erstreckt. Zum anderen wird nicht deutlich, dass sich Planung (entsprechend der Definition im Abschn. 1.2.1) sowohl auf die Festlegung der zu erreichenden **Ziele** als auch auf die Festlegung der zu deren Erreichung notwendigen **Maßnahmen** und **Ressourcen** bezieht. Deshalb wurde diese Darstellung um diese Elemente erweitert (vgl. Abb. 1.7).

Diese Darstellung zeigt die Mehrdimensionalität der Planung in einem realistischeren Maße. Um die Realität der Darstellungen von Planungs- und Problemlösungsprozessen zu erhöhen, können darüber hinaus weitere Entscheidungsstufen in dem Prozess unterschieden werden. Dies geschieht aufgrund der bisherigen Darstellung der Problemstruktur mit Blick auf die Diskrepanz und Differenz zwischen Real- und Formalproblem. Ausgehend von der Problemwahrnehmung entsteht durch die empfundene Diskrepanz zwischen Ist-Zustand bzw. Wird-Zustand und Soll-Zustand die Problembeschreibung (vgl. Abb. 1.8). Dies geschieht jedoch nur, wenn der Akteur das Problem als wichtig genug erachtet, um gelöst zu werden. In der Problembeschreibung wird das reale Problem dargestellt, weshalb es als Realproblem bezeichnet wird. Damit dieses Realproblem gelöst werden kann,

[91] Vgl. Abb. 1.1.

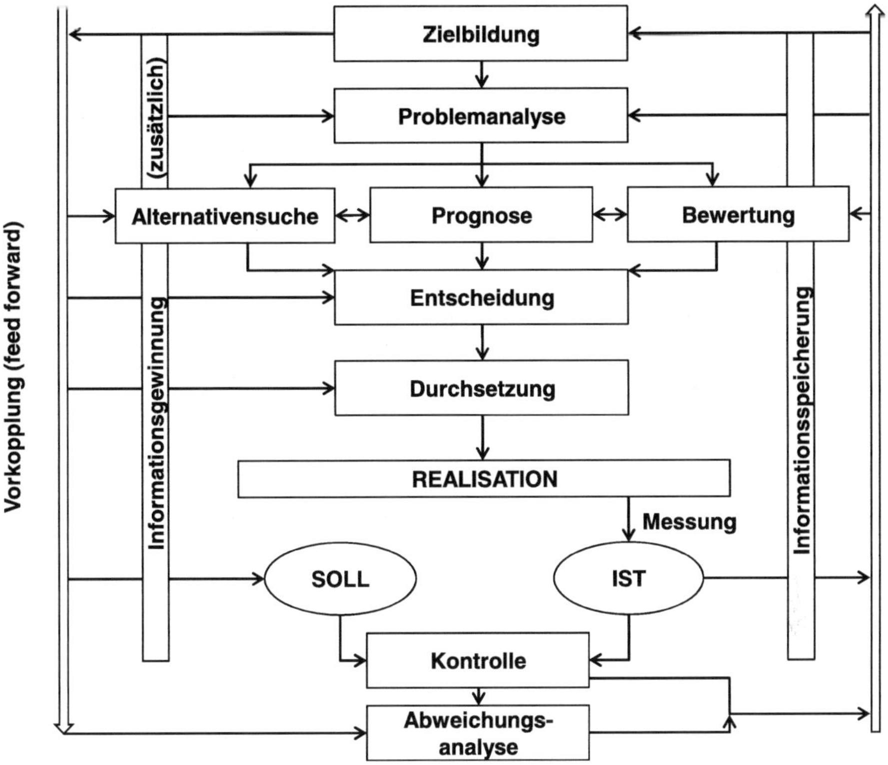

Abb. 1.6 Einfaches idealtypisches Planungsschema. Quelle: Wild (1974: 37)

muss es in ein Formalproblem transformiert werden. Durch die Validierung kann überprüft werden, ob das Formalproblem mit dem ursprünglich beschriebenen Realproblem in einer akzeptablen Weise übereinstimmt. Ist das nicht der Fall, muss das Formalproblem überarbeitet werden.[92]

Zur Lösung des Formalproblems werden Methoden eingesetzt, welche dem Akteur als geeignet erscheinen. Ergebnis dieses Methodeneinsatzes ist entweder die Lösung des Formalproblems oder die Erkenntnis der Unlösbarkeit desselben. Ein unlösbares Formalproblem kann durch einer veränderte Problembeschreibung und/oder durch eine veränderte Formalisierung in ein lösbares Problem transformiert werden. Denkbar ist auch der Einsatz von anderen Lösungsmethoden. Für den Fall, dass das Formalproblem gelöst ist, muss festgehalten werden, dass damit das Realproblem noch nicht gelöst ist. Vielmehr ist aus Sicht des Realproblems zu prüfen, ob die verwendeten Vereinfachungen und Annahmen des Formalproblems zu einer akzeptablen Lösung des Realproblems geführt haben. Unter Umständen kann die Lösung des Formalproblems zu neuen Erkenntnissen über die Eigen-

[92] Zu der Frage, wer über den Grad dieser Adäquatheit entscheidet, vgl. Abschn. 2.2.2.

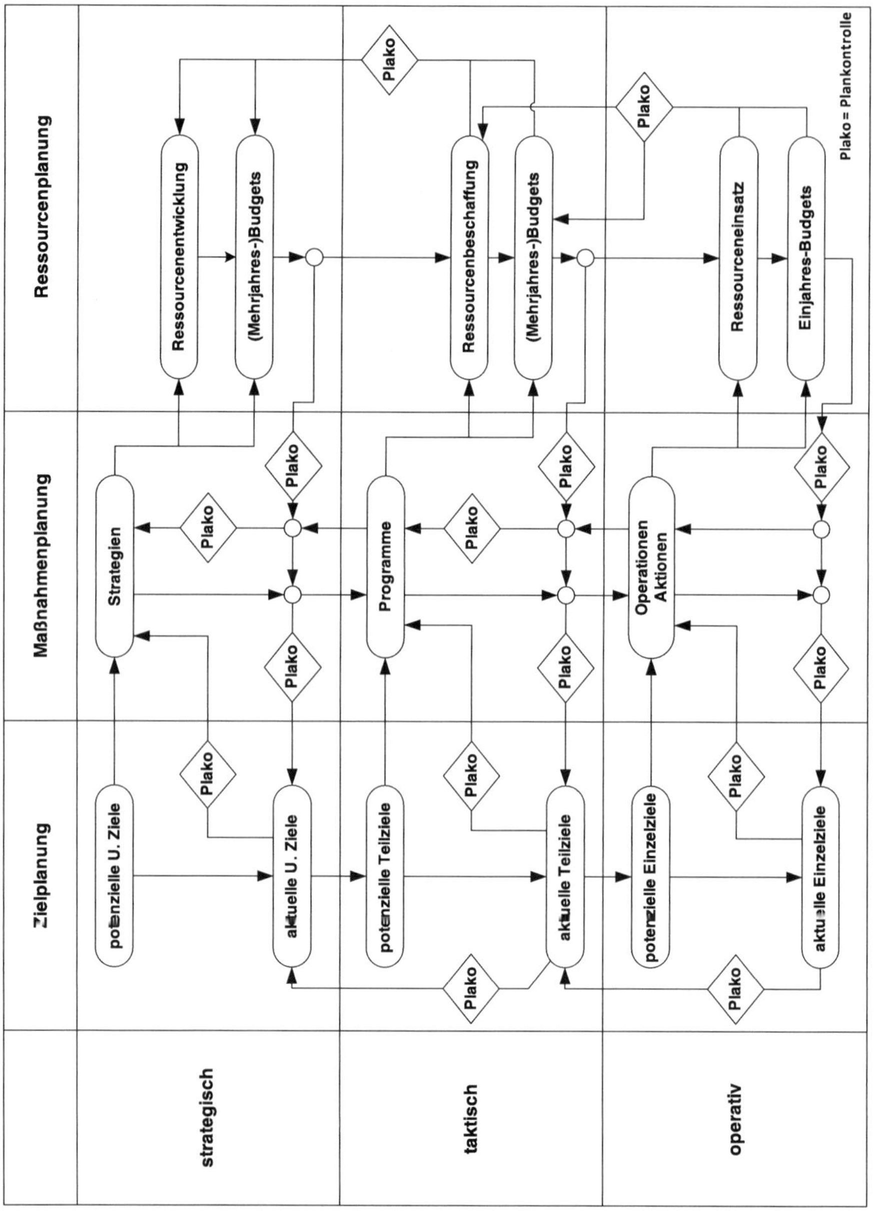

Abb. 1.7 Erweiterte Phasen des Führungsprozesses. Quelle: Horváth (2011: 177)

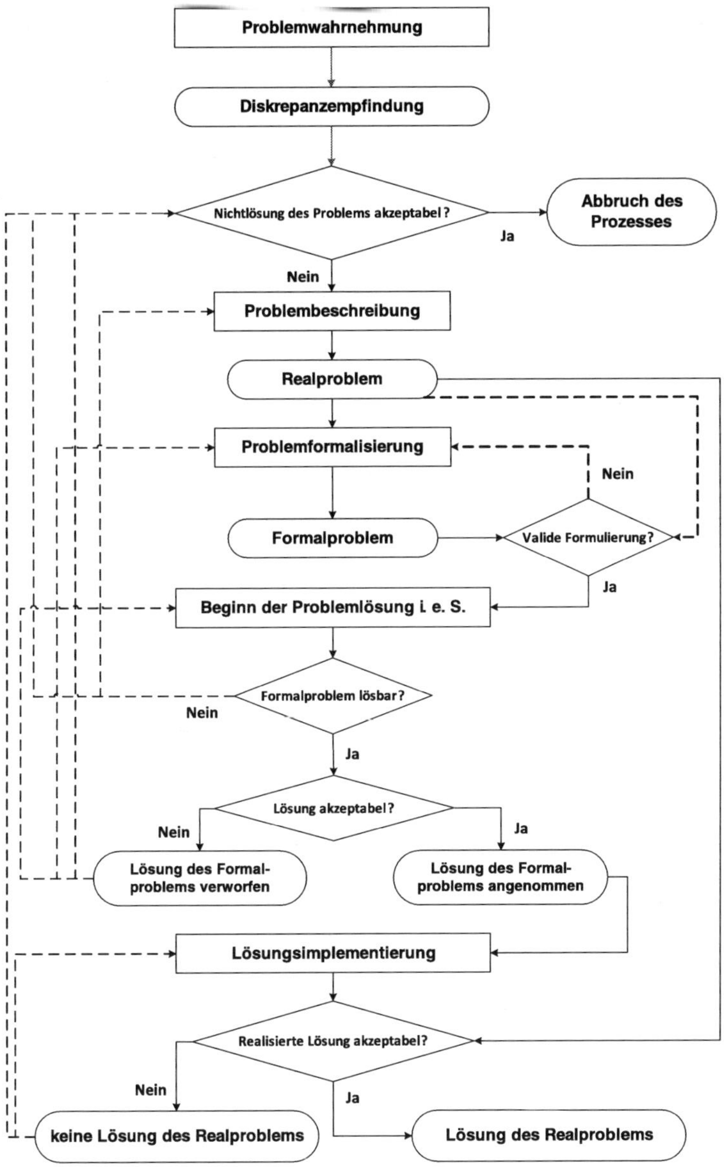

Abb. 1.8 Realtypische Phasen der Problembearbeitung. Quelle: Eigene Darstellung, in Anlehnung an: Zelewski (2008: 39)

schaften des Realproblems führen, so dass die Beschreibung des Realproblems verändert werden muss.

Nach der erfolgreichen Formallösung ist über deren Realisation zu entscheiden. Erfolgt ein Negativ-Entscheid, muss an eine frühere Bearbeitungsstelle zurückgekehrt werden. Fällt die Entscheidung positiv aus, wird die Lösung umgesetzt, wobei auf eine planmäßige Umsetzung zu achten ist. Unter Umständen zeigt sich erst in dieser Phase, dass die verwendeten Annahmen und Prämissen sowie Lösungsmethoden unzutreffend waren und die Lösung prinzipiell nicht umsetzbar ist. Auch in diesem Fall ist erneut mit einer vorgelagerten Bearbeitungsstufe fortzufahren.

Prinzipiell kann nach jedem Negativ-Entscheid die Bearbeitung abgebrochen werden, wenn dies aus Sicht des Akteurs akzeptabel ist. In diesem Fall hätte die bisherige – erfolglose – Bearbeitung zumindest gezeigt, an welcher Stufe des Problemlösungsprozesses der Prozess abgebrochen werden musste. Dies ist eine Erkenntnis, die auch als Ergebnis interpretiert werden kann, selbst wenn es sich nicht um das ursprünglich intendierte Ergebnis handelt.

Die Beschreibung des Problemlösungsprozesses in Abb. 1.8 ist trotz der erhöhten Detailtreue und Realitätsnähe eine Darstellung des vollkommen rationalen Lösungsprozesses. Wichtig für das weitere Vorgehen sind einerseits die vielfältigen notwendigen Entscheidungen im Zusammenhang mit der Modellierung und andererseits die Eröffnung des Prozesses mit der Wahrnehmung des Problems.[93]

1.2.3 Planungsgrenzen

Die bisher vorgestellten Vorgehensweisen können jedoch nicht darüber hinwegtäuschen, dass die Entstehung und Umsetzung von längerfristigen Maßnahmen häufig auch ungeplant bzw. anders als geplant verläuft. Aus diesem Grunde werden im Folgenden kurz die Planungsgrenzen (vgl. Abb. 1.9) betrachtet.[94]

Die **Prozessdimension** umfasst **3 Arten** von Grenzen. **Prinzipielle Grenzen** ergeben sich aus Spannungsverhältnissen zwischen Planung und Wissen sowie zwischen Planung und Zufall. Die Zukunftsbezogenheit der Planung bedingt, dass zukunftsbezogenes Wissen über die Feststellung hinaus, dass die Zukunft unsicher ist, nicht möglich ist. Mit dieser Antinomie verbunden ist das Verhältnis von Planung und Zufall. Trotz aller Verfahren zur Berücksichtigung von Unsicherheit können Informationsrisiken existieren, wenn neben den als wahrscheinlich angesehenen Umweltzuständen andere Situationen auftreten, die nicht vorhersehbar waren.[95] Neben diese prinzipiellen Grenzen treten **Implementierungsgrenzen**, welche im Wesentlichen aus der Trennung von Planung und Realisierung resultieren. Erst während der Phase der Realisierung zeigt sich, ob der Plan umsetzbar ist

[93] Vgl. Abschn. 3.2.1.2.

[94] Vgl. Hammer (2015: 87–89).

[95] Dies erkennt auch schon GUTENBERG. Vgl. Gutenberg (1983: 149–150).

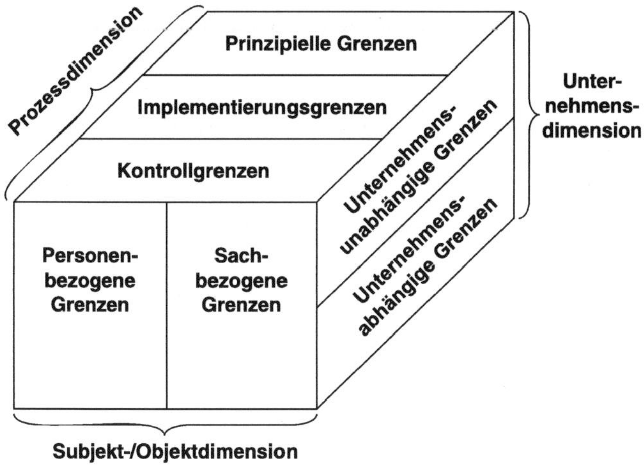

Abb. 1.9 Dimensionen der Planungsgrenzen. Quelle: Horváth/Gleich/Seiter (2015: 80); Müller (2017: 395)

und wie zutreffend die verwendeten Annahmen, Prognosen und Lösungsprozeduren der Planung letztendlich gewesen sind. Als letzte Grenze ist die **Kontrollgrenze** zu erwähnen. Dinge, die nicht kontrolliert werden können, können auch nicht geplant werden.[96]

In der **Subjekt-/Objektdimension** sind Planungsgrenzen zum einen durch Merkmale des Planungsproblems selbst und zum anderen durch die Person des planenden Akteurs zu beachten. Objektbezogene Grenzen werden durch die Effizienzforderung deutlich, die an die Planung gestellt wird und die besagt, dass der durch Planung verursachte Aufwand geringer als der Planungsnutzen sein soll. D. h. in **jedem Plan** sind **immer improvisierte Bestandteile** enthalten, da das Entwerfen eines vollständigen, allumfassenden Plans – selbst wenn dies möglich wäre – wirtschaftlich nicht vertretbar ist.

Subjektbezogene Grenzen ergeben sich aus der Motivationswirkung von Plänen bzw. der Planerstellung auf Individuen, aus der Planungsmentalität von Personen sowie aus dem begrenzten Wissen des Akteurs in Bezug auf Planungsinstrumente und aus der fehlerhaften Planerstellung.[97] Es sei mit Blick auf die unterschiedlichen nationalen Kulturen darauf verwiesen, dass die Einstellung zur Planung zwischen den Kulturen sehr unterschiedlich ist.[98]

Unternehmensbezogene Planungsgrenzen resultieren aus unterschiedlichen Beschreibungsmerkmalen von Unternehmen, wie z. B. Unternehmensgröße, Internationalität oder Branche. Eine klassische Grenze der Unternehmensplanung besteht in der mit der Unternehmensgröße korrelierenden Planungskapazität. Damit wird darauf hingewiesen,

[96] Vgl. Fischer/Möller/Schultze (2015: 80).
[97] Vgl. Weber/Schäffer (2016: 273).
[98] Zu einer umfassenden Diskussion von Aspekten nationaler Kultur vgl. Abschn. 3.2.1.1. Für einen Vergleich zwischen französischer und deutscher Planungskultur vgl. Boucoiran (2010: 130–139).

dass es eine Reihe von Unternehmen gibt, welche nicht über die erforderliche Planungskapazität verfügen.

Als entsprechende Alternative zur Planung kann deshalb die Improvisation eingestuft werden. Improvisation wird als ein informationsverarbeitendes, gestaltungs- und auch zukunftsorientiertes Problemlösungsverhalten[99] definiert, bei dem:

- Konzeption und Realisierung der Maßnahme simultan erfolgen, so dass
- die Realisierung der Maßnahme ohne eine vollständige Reflexion von Alternativen und deren Konsequenzen beginnt und
- die Zwischenergebnisse der bisherigen Realisierung durch simultane Rückkopplung in der weiteren Problemlösung berücksichtigt werden.

Improvisation kann, wie auch Planung und deren Umsetzung, erfolgreich oder erfolglos sein. Ein Alternativenvergleich von Planung und Improvisation ist nur dann konsistent, wenn nicht nur die Planung und als dessen Ergebnis der Plan, sondern auch die sich daran anschließende Realisierung der Improvisation gegenübergestellt wird. Improvisation ist eine Einheit aus Willensbildung und -realisierung. Demzufolge ist nicht nur der Plan als Ergebnis der Planung, sondern auch dessen Umsetzung in einen Vorteilhaftigkeitsvergleich zu integrieren.

Dass die Betriebswirtschaftslehre die Planung der Improvisation eindeutig vorzieht, liegt in der Natur der Improvisation: diese ist immer zu einem gewissen Grade unvorhergesehen und nicht prognostizierbar.[100] Eine ausschließliche Betrachtung der Planung bzw. ihres Ergebnisses, des Plans, führt zwangsläufig zur Feststellung der Überlegenheit im Vergleich zur Improvisation, da die Realisierbarkeit des Plans noch nicht bewiesen wurde und noch keine Ergebnisse der Planrealisierung vorliegen, während im Fall der Improvisation die Ergebnisse sofort vorliegen und beurteilt werden können.[101]

Die Betrachtung der Planungsgrenzen zeigt, dass zwischen **vorhergesehener** und **unvorhergesehener Improvisation** unterschieden werden kann. Vorhergesehene Improvisationen sind dadurch gekennzeichnet, dass der vorher durchgeführte Aufwand-Nutzen-Vergleich der Entscheidungsalternative „Planung und Realisierung“ zur Feststellung der Vorteilhaftigkeit der Entscheidungsalternative „Improvisation“ führte. Das ist oftmals der

[99] Vgl. Müller (2007: 261).

[100] So formulierte schon KORTZFLEISCH: *„Das betriebswirtschaftliche Planen ist eine Geistesarbeit, die das Wirtschaften in den Betrieben dadurch erleichtern soll, dass sie Wahl und Entscheidung aus den Bereichen der unsystematischen Intuitionen und der Improvisationen mit ungewissem Ausgang in das Licht der Vernunft rückt.“* Kortzfleisch (1959: 9).

[101] Es kann hier darauf hingewiesen werden, dass in der Forschung zur strategischen Planung sehr wohl erkannt wurde, dass es neben den geplanten auch ungeplante Strategien gibt. Diese ungeplanten Strategien werden als „emergent“ bezeichnet. Vgl. Mintzberg (1994: 25); Mintzberg/Waters (1985: 258); Mintzberg (1978: 945); Welge/Al-Laham/Eulerich (2017: 21–22). Da der Begriff der Emergenz sehr unscharf ist und keinen Erkenntnismehrwert verspricht, wird er hier nicht verwendet. Vgl. Müller (2009b: 286–289).

Fall bei Problemen mit geringer Komplexität und geringer Reichweite oder in Ermangelung von Planungskapazität.

Neben die vorhergesehene tritt die unvorhergesehene Improvisation, bei der die Problemkonstellation als Überraschung auftritt und eine sofortige Problemlösung zu realisieren ist. Improvisation ist demzufolge nicht nur als Problemlösungsform in Situationen hoher Dynamik, Unsicherheit und Komplexität (Situationen mit prozessdimensionierten Planungsgrenzen), sondern aus Wirtschaftlichkeits- oder Kapazitätsgründen auch in anderen Situationen (Situationen mit subjekt-/objekt- bzw. unternehmensdimensionierten Planungsgrenzen) erforderlich.[102]

1.3 Realisierung und Kontrolle

1.3.1 Kontrolle, Revision und Überwachung

Im Zusammenhang mit dem Führungsprozess sind die Begriffe Revision, Prüfung, Kontrolle und Überwachung zu unterscheiden. Revision und Prüfung stellen Synonyme dar. Überwachung ist der Vergleich eines angestrebten mit einem tatsächlichen Zustand und beschreibt die Gesamtheit von Kontrolle und Revision. Kontrolle ist von der Revision anhand der Kriterien:[103]

- Integration des Kontrollträgers in den untersuchten Prozess,
- Weisungsbefugnis des Kontrollträgers gegenüber dem Ausführenden und
- Einflussnahme auf das Verhalten des Ausführenden

abzugrenzen. Eine Revision liegt dann vor, wenn die Überwachungsmaßnahme von einer Person durchgeführt wird, welche von dem zu überwachenden Prozess unabhängig und gegenüber dem Ausführenden nicht weisungsbefugt ist. Auf das Verhalten des Ausführenden wird im Rahmen einer Revision dadurch eingewirkt, dass die Untersuchungsergebnisse den leitenden Unternehmensorganen mitgeteilt werden, die weitere Maßnahmen veranlassen können.[104] So ist die interne Revision als unabhängige Prüfungsinstitution in Form einer eigenständigen unabhängigen Abteilung tätig. Es erfolgt eine indirekte Einflussnahme.[105]

Im Rahmen einer Kontrolle hingegen ist der Überwachende in den Führungsprozess eingebunden und gegenüber dem Ausführenden weisungsberechtigt. Die Einflussnahme geschieht direkt durch Anordnung von Korrekturmaßnahmen, Motivation oder auch Sanktion gegenüber dem Ausführenden. Die Kontrolle bildet einen wesentlichen Bestandteil

[102] Vgl. Müller (2007: 262–263).
[103] Vgl. Küpper et al. (2013: 678–679).
[104] Vgl. Freidank (2012a: 14–16).
[105] Vgl. Horváth/Gleich/Seiter (2015: 460–431).

des Führungsprozesses, da sie Informationen über die Zielerreichung liefert und gleichzeitig die Grundlage für Anpassungs- und Lernprozesse darstellt.[106] Kontrolle wird überwiegend als Soll-Ist-Vergleich beschrieben, womit aber nicht die Gesamtheit der Kontrollen erfasst wird. Allgemeingültiger ist die Definition von Kontrolle als Lernprozess, der seinen Ursprung in antizipierten oder realisierten Abweichungen hat.[107] Aufgabe der Kontrolle ist es, zu überwachen, ob die Ergebnisse des betrieblichen Handelns mit den Planungen übereinstimmen und ob die organisatorischen Regelungen effizient sind und auch eingehalten werden. Aus dieser allgemeinen Aufgabe leiten sich folgende Detailaufgaben der Kontrolle ab:[108]

- **Informationen für Anpassungsmaßnahmen**: Die Kontrolle liefert Informationen über die Planerreichung oder Abweichung, mit deren Hilfe der Entscheidungsträger über die Notwendigkeit zu ergreifender Korrekturmaßnahmen urteilen und durch die Abweichungsanalyse Hinweise auf geeignete Maßnahmen erhalten kann.
- **Grundlage für die Mitarbeiterbeurteilung**: Abweichungen können beeinflussbare und nicht beeinflussbare Ursachen aufweisen. Für die Leistungsbeurteilung der Mitarbeiter ist die Unterscheidung zwischen diesen Ursachen von großer Bedeutung. Hätte der Mitarbeiter die Abweichungen vermeiden können, weil er die Ursache-Wirkungs-Zusammenhänge genau kannte und in der Lage war, die Ursache zu steuern, so ist seine Leistung anders zu beurteilen, als wenn er die Abweichungen hätte nicht beeinflussen können.
- **Grundlage für Lernprozesse**: Mängel in der Maßnahmenplanung und -realisierung werden aufgedeckt und können bei zukünftigen Projekten vermieden oder bei laufenden Projekten korrigiert werden. Zusätzlich tragen durch Kontrollen ausgelöste Lernprozesse (vergrößerte Erfahrung) zu einem Erkenntnisgewinn und damit zu einer Verringerung der Unsicherheit (objektbedingte, planungsprozessbedingte oder personenbedingte Unsicherheiten) für zukünftige ähnlich strukturierte Entscheidungsprobleme bei.
- **Verhaltensbeeinflussung von Mitarbeitern**: Das Verhalten der Mitarbeiter kann einerseits durch die bloße Wahrnehmung laufender Kontrollen oder auch insofern beeinflusst werden, als dass der Mitarbeiter die Folgen mangelhafter Arbeitsweise gedanklich antizipiert, wenn er weiß, dass das Ergebnis seiner Tätigkeit einer Kontrolle unterzogen wird.

Über die Zuordnung einzelner Kontrollaufgaben zu Stellen und Aufgabenträgern, also die Festlegung von kontrollierter Person und Kontrollträger, entscheidet die Organisation entsprechend verschiedener Kriterien (z. B. Bedeutung der zu kontrollierenden Prozesse für die Unternehmung, Art und Qualifikationsanforderungen der Kontrollaufgaben).[109]

[106] Vgl. Macharzina/Wolf (2018: 428–429).
[107] Vgl. Schäffer (2001: 59).
[108] Vgl. Bea/Haas (2013: 238–239); Schäffer (2004: 491–492).
[109] Vgl. Bea/Haas (2013: 252–253); Staehle (1999: 552).

Darüber hinaus ist die inhaltliche Festlegung des Kontrollumfangs notwendig.[110] Das Aufwand-Nutzen-Verhältnis besitzt zur Bestimmung des Kontrollumfangs erhebliche Bedeutung. Unter dem Kontrollnutzen werden Vorteile verstanden, die als Folge der Kontrolle entstehen. Nach der inhaltlichen Bestimmung des Kontrollumfangs ist dessen zeitliche Begrenzung festzulegen. Diese Dimension setzt sich aus der Kontrollhäufigkeit und den Kontrollzeitpunkten zusammen.

Aus der Aufwand-Nutzen-Beziehung lässt sich theoretisch ein Optimum sowohl bezüglich der Kontrollhäufigkeit als auch bezüglich des Kontrollumfangs herleiten. Dem steht aber praktisch eine Asymmetrie der Messbarkeit von Aufwand und Nutzen entgegen. Der Kontrollaufwand lässt sich leicht quantifizieren, wohingegen der Kontrollnutzen nur schwer messbar ist.[111]

Darüber hinaus hängt der Nutzen der Kontrolle nicht nur von der Kontrollhäufigkeit, sondern auch von dem Kontrollzeitpunkt ab. Die Kontrollen sind dann durchzuführen, wenn die Wahrscheinlichkeit für das Auftreten von Unwirtschaftlichkeiten oder Fehlentwicklungen besonders groß ist. Dies wiederum ist auch abhängig von der zu kontrollierenden Person bzw. Personengruppe.[112]

Neben der Identifizierung von Anpassungsmaßnahmen sind Kontrollen die Grundlage für Mitarbeiterbeurteilung, Verhaltensbeeinflussung und dem damit verbundenen Lernprozess. Das Erreichen dieser Ziele hängt in einem hohen Maße von der Reaktion des Kontrollierten ab, der Kontrollen häufig als Einschätzung seiner Persönlichkeit wertet, was zu einem großen Konfliktpotenzial sowie zur bewussten oder auch unbewussten Abneigung gegenüber Kontrollen führt. Faktoren, die das Verhalten des Kontrollierten beeinflussen, bestehen in den Merkmalen des Kontrollierten, des Kontrollträgers und des Kontrollprozesses (vgl. Abb. 1.10).[113] Wesentlichen Einfluss auf die Wirkung von Kontrollen haben die Persönlichkeitsaspekte des Kontrollträgers und des Kontrollierten (Motivation, Qualifikation etc.) sowie der Führungsstil.[114]

Zusätzlich zu den Persönlichkeitsaspekten bestimmen die Merkmale des Kontrollprozesses das Verhalten des Kontrollierten. Einfache und objektive Kontrollen mit präzisen Vorgaben, die bei Bedarf an nicht geplante Zustände angepasst werden, erhöhen die Akzeptanz der Kontrolle beim Kontrollträger. Ebenso wird die Einbindung des Kontrollierten in den Kontrollprozess dessen Einsicht und Akzeptanz erhöhen. Wird der Beteiligte schon bei Festlegung der Normwerte integriert, steigert sich sein Wissen über die Folgen seiner Handlungen und die Werte erscheinen in seinen Augen nicht einfach von oben vorgegeben.

Ebenso wichtig für die Einstellung des Kontrollierten zur Kontrolle ist die Verwendung der in deren Rahmen gewonnenen Informationen. Dem Kontrollierten muss mitgeteilt

[110] Vgl. Götze (2014: 28–30).
[111] Vgl. Freidank (2012b: 217–219).
[112] Vgl. Jung (2011: 458).
[113] Vgl. Schweitzer et al. (2016: 634).
[114] Vgl. Abschn. 3.2.1.1.

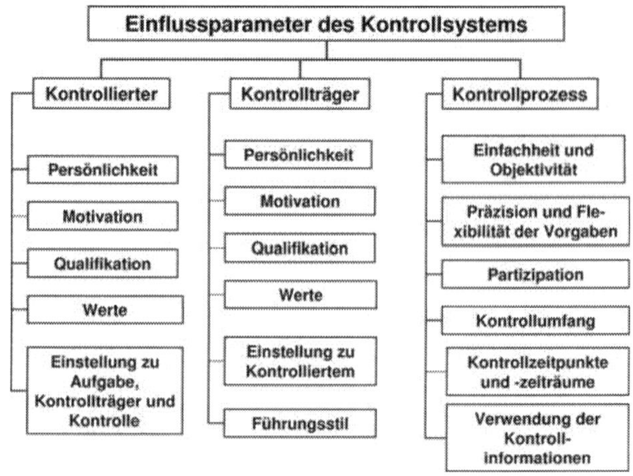

Abb. 1.10 Einfluss des Kontrollsystems auf den Kontrollierten. Quelle: Küpper et al. (2013: 354)

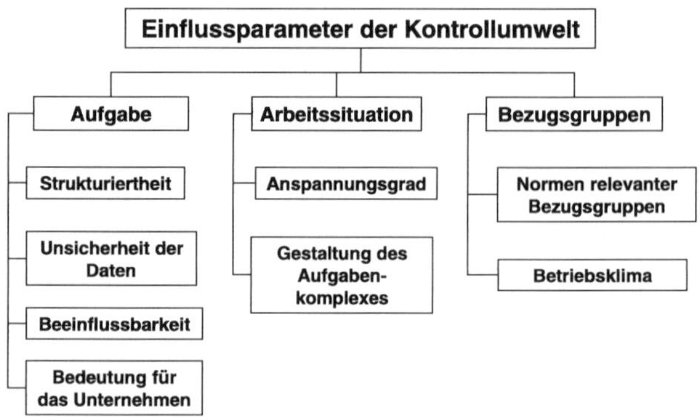

Abb. 1.11 Einfluss der Kontrollumwelt auf den Kontrollierten. Quelle: Küpper et al. (2013: 351)

werden, welchem Zweck die Kontrollinformationen dienen, ansonsten wird er der Kontrolle ablehnend gegenüberstehen.[115]

Neben den bisher dargestellten Einflussgrößen ist die Kontrollumwelt als verhaltensbestimmend zu berücksichtigen (vgl. Abb. 1.11). Je klarer die Struktur der zu erledigenden Aufgabe, je geringer die Unsicherheit in Bezug auf die Daten und Lösungsmöglichkeiten, je größer die Bedeutung der Aufgabe für das Unternehmen und je größer die Beeinflussbarkeit des Ergebnisses durch den Kontrollierten, desto besser wird der Kontrollierte die Kontrolle akzeptieren. Neben den Normen und Einstellungen des Kontrollierten beeinflussen eventuell existierende Gruppennormen[116] das Verhalten des Kontrollierten. Die Ablehnung der Kontrolle durch andere Gruppenmitglieder führt i. d. R. auch zu einer Ablehnung durch die kontrollierte Person. Neben den Gruppennormen ist auch ein positives Betriebsklima für die positive Einstellung gegenüber der Kontrolle ausschlaggebend.[117]

[115] Vgl. Schweitzer et al. (2016: 635–638).

[116] Vgl. Abschn. 4.3.1.

[117] Vgl. Staehle (1999: 553–554).

1.3.2 Strategische und operative Kontrolle

Entsprechend der Unterteilung des Planungs- und Umsetzungsprozesses in die strategische und die operative Ebene wird auch die Kontrolle in einen strategischen und einen operativen Bereich gegliedert. Die Umsetzung der Strategie erstreckt sich über einen längeren Zeitraum. Geschieht die Kontrolle erst nach der vollständigen Umsetzung, sind die Reaktionsmöglichkeiten des Unternehmens nur noch gering. Aus der Langfristigkeit von Strategien folgt darüber hinaus, dass wichtige Rahmendaten bei der Auswahl und Bewertung einer Strategie noch unsicher sind. Für eine erfolgreiche Umsetzung ist es erforderlich, die Entwicklung dieser Rahmenbedingungen im Zeitablauf zu kontrollieren.[118] Aus diesen Gründen umfasst die strategische Kontrolle die Prämissen- und Konsistenzkontrolle, die Durchführungskontrolle, die Ergebniskontrolle und die strategische Überwachung (vgl. Tab. 1.6).

Gegenstand der Prämissenkontrolle sind die im Rahmen der strategischen Planung eingesetzten Annahmen. Da sich die als Prämissen verwendeten Ausgangsdaten im Zeitablauf ändern können, ist zu kontrollieren, ob die verwendeten Prämissen noch gültig sind. Dabei sind nur die für die Zielerreichung relevanten Prämissen von Bedeutung. Zur Feststellung zielkritischer Prämissen sind folgende Fragen zu beantworten:[119]

- In welchem Maße ist die betrachtete Prämisse entscheidungsrelevant? Wie groß ist bei einer Abweichung die mögliche Auswirkung auf die ursprünglich gefasste Entscheidung?
- Mit welcher Wahrscheinlichkeit wird die zukünftige Entwicklung vom prognostizierten Wert abweichen?

Tab. 1.6 Strategische Kontrollfelder. Quelle: Eigene Darstellung, in Anlehnung an: Fischer/Möller/Schultze (2015: 83); Küpper et al. (2013: 259)

Kontrollart	Kontrollobjekt	Kontrollzeitpunkt
Prämissen- und Konsistenzkontrolle	Planannahmen, -methodik und -inhalte	Kontinuierlich, beginnend mit der Planung der Maßnahme
Planfortschrittskontrolle	Aktuelle und zukünftige Erreichung von Zwischenzielen	Kontinuierlich, beginnend mit der Realisierung der Maßnahme
Strategische Überwachung (Frühaufklärung)	Unternehmen und dessen Umwelt	Kontinuierlich, beginnend mit der Planung der Maßnahme
Ergebniskontrolle	Abschließende Zielerreichung	Nach Abschluss der Maßnahme

[118] Vgl. Macharzina/Wolf (2018: 428–430).
[119] Vgl. Hungenberg (2014: 370–371).

- Über welche Zeiträume und Ressourcen verfügt der Entscheidungsträger, um auf die Änderung der Prämissen zu reagieren?

Darüber hinaus ist die Konsistenz der gewählten Strategie zu kontrollieren. Die Strategie muss mit den Unternehmenszielen und den Strategien anderer Geschäftsfelder übereinstimmen. Daraus ergibt sich, dass Prämissen- und Konsistenzkontrolle schon mit Beginn der strategischen Planung durchzuführen sind (vgl. Abb. 1.12).

Die Strategieumsetzung ist Gegenstand der **Planfortschrittskontrolle**. Dazu zählen die vorausschauende und die aktuelle Planfortschrittskontrolle. Im Rahmen der vorausschauenden Planfortschrittskontrolle ist die Soll-Wird-Gegenüberstellung zu verwenden, welche dem frühzeitigen Erkennen wahrscheinlich in Zukunft auftretender Abweichungen dient. Diese Kontrollform besitzt in dynamischen Umfeldentwicklungen mit großen Unsicherheiten eine hohe Bedeutung, die in der Frühzeitigkeit der Ergebnisse liegt. Die Abweichungserkennung sollte zu einem Zeitpunkt erfolgen, zu dem der Akteur noch über ausreichend Zeit und Ressourcen zur Realisierung von Anpassungsmaßnahmen verfügt. Neben der Soll-Wird-Kontrolle ist die Soll-Ist-Kontrolle von bereits umgesetzten Maßnahmen durchzuführen, um zu überprüfen, ob die Zwischenziele erreicht worden sind.

Sowohl das Unternehmensumfeld als auch das Unternehmen selbst entwickeln sich im Zeitverlauf ständig weiter. Aus dieser Entwicklung können sich für das Unternehmen Chancen und Risiken ergeben. Die Kontrolle von Unternehmen und Umfeld auf bedrohende oder erfolgversprechende Entwicklungen steht im Mittelpunkt der strategischen Überwachung oder Frühaufklärung. Deren Aufgabe liegt in der kontinuierlichen Beobachtung der externen und internen Unternehmensumwelt. Die **strategische Frühaufklärung** bildet den Ausgangspunkt für die strategische Planung. **Frühwarnsysteme** basieren auf der Annahme, dass Veränderungen der Unternehmensumwelt nicht plötzlich auftreten, sondern sich durch Frühwarnindikatoren ankündigen. Aufgabe der Frühaufklärung ist deshalb die Auswahl und Kontrolle entsprechender Frühwarnindikatoren.[120] Informationen über zukünftige Entwicklungen können als starke oder schwache Signale vorliegen. **Starke Signale** bezeichnen Informationen, deren Wirkungszusammenhang bekannt und eindeutig ist, so dass konkrete Anforderungen an die strategische Planung abgeleitet werden können. **Schwache Signale** hingegen sind Informationen, deren strategische Konsequenzen schlecht einschätzbar sind. Schwache Signale treten zeitlich vor den starken Signalen auf und geben Hinweise auf bestimmte künftige Umweltzustände lange vor deren Eintreten. Je früher und eindeutiger neuartige Entwicklungen erkannt werden, desto größer ist der mögliche Handlungsspielraum. Es stellt sich jedoch die Frage, was schwache Signale überhaupt sind und wie diese zwischen irrelevanten Informationen erkannt werden können.[121] Zusätzlich können viele schwache Signale erst im Nachhinein als Hinweise auf eine neuartige Entwicklung erkannt werden.[122]

[120] Vgl. Rosenkranz/Missler-Behr (2005: 168–170).
[121] Vgl. Liebl (1996: 175–187).
[122] Vgl. Baum/Coenenberg/Günther (2013: 380–391).

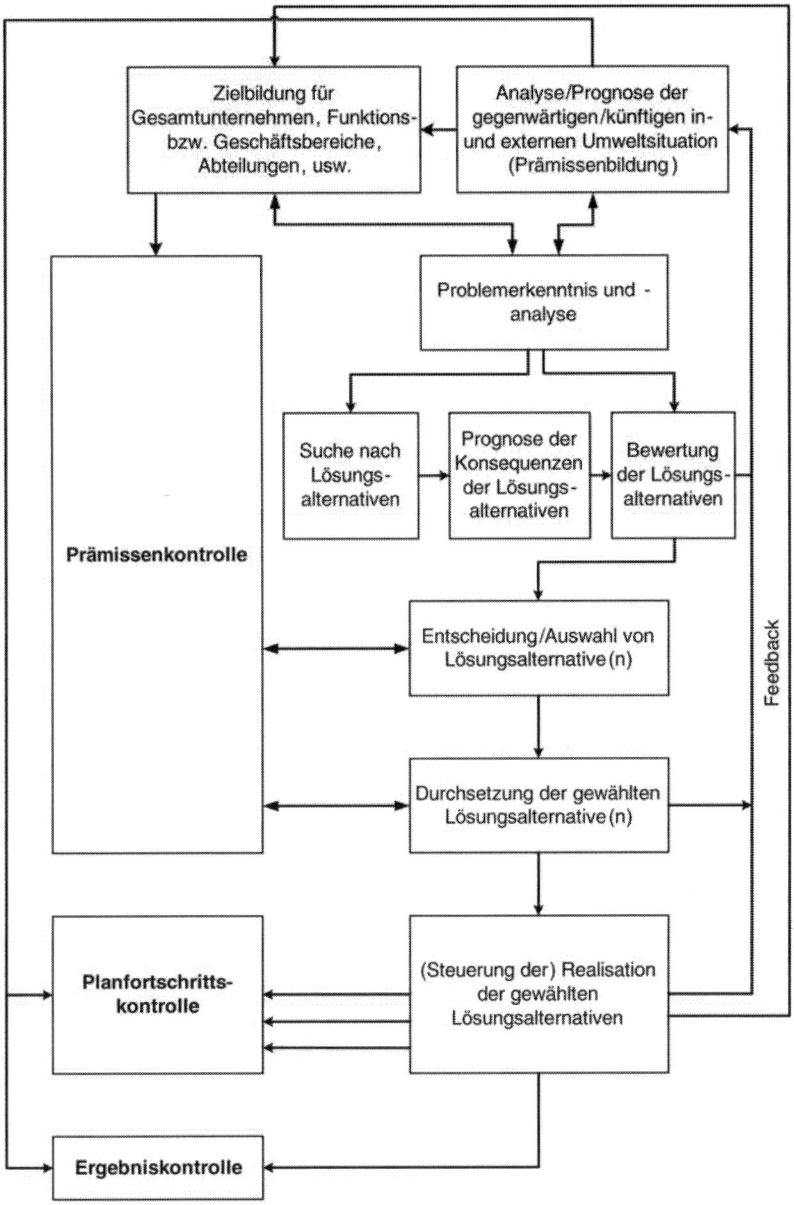

Abb. 1.12 Formen der Kontrolle. Quelle: Horváth/Gleich/Seiter (2015: 73)

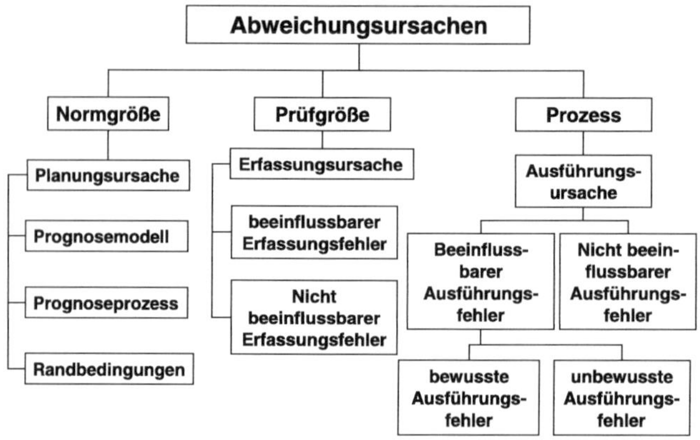

Abb. 1.13 Mögliche Ursachen für Abweichungen. Quelle: Eigene Darstellung, in Anlehnung an: Küpper et al. (2013: 272)

Der Soll-Ist-Vergleich nach der Strategieumsetzung ist Gegenstand der Ergebniskontrolle. Zieldefinition und Zielerreichung werden verglichen und bestehende Abweichungen analysiert. Ziel der strategischen Kontrolle ist die Sicherstellung der **Effektivität** („die richtigen Dinge tun").[123] Im Gegensatz dazu liegt das Hauptaugenmerk der operativen Kontrolle auf der Sicherstellung der **Effizienz** („die Dinge richtig tun"), also auf der Durchführungskontrolle durch den Soll-Ist-Vergleich.[124] Werden Abweichungen festgestellt, sind deren Ursachen zu analysieren.

Die **Abweichungsanalyse** zielt darauf ab, durch einen Soll-Ist-Vergleich die Abweichungsursachen festzustellen und so zu beeinflussen, dass die Differenzen in Zukunft verringert werden können.[125] Eine exakte Bestimmung der Abweichungsursachen stellt die Voraussetzung zur Einleitung von Anpassungsmaßnahmen dar. Ursachen von Abweichungen können nicht nur im kontrollierten Prozess, sondern auch in der fehlerhaften Ermittlung der Prüfgröße bzw. der Normgröße liegen (vgl. Abb. 1.13).

Normgrößen können durch fehlerhafte Prognosemodelle, Verwendung unzutreffender Rahmenbedingungen sowie einen fehlerhaften Prognoseprozess falsch ermittelt worden sein. Die Prüfgröße kann durch Erfassungsfehler ebenfalls falsch ermittelt worden sein, wobei zwischen vermeidbaren und nicht vermeidbaren Erfassungsfehlern zu unterscheiden ist. Als letzte Abweichungsursache ist der Prozess der Aufgabenerstellung selbst zu untersuchen und dahingehend zu analysieren, ob der Aufgabenträger Fehler bei der Ausführung verursachte und ob diese Fehler vermeidbar sind. Wenn es sich um vermeidbare Fehler handelt, ist zu klären, ob sich der Aufgabenträger der fehlerhaften Erledigung bewusst war oder nicht. Diese Frage ist sowohl im Hinblick auf die zukünftige Formulierung

[123] Vgl. Fischer/Möller/Schultze (2015: 7).
[124] Zu einer umfassenden Diskussion der Begriffe „Effizienz" und „Effektivität" vgl. Abschn. 2.1.1.
[125] Vgl. Freidank (2012b: 218–220).

der Aufgabenstellung als auch im Hinblick auf die Leistungsbeurteilung des Aufgabenträgers von Interesse.

1.4 Management von Investitionen

1.4.1 Begriff und Differenzierungen von Investitionen

Der Begriff der Investition wird in unterschiedlichen Zusammenhängen verwendet und mit verschiedenen Inhalten versehen. PACK begründete eine Unterteilung der Investitionsbegriffe in drei Gruppen, welche grundlegenden Charakter für die deutsche betriebswirtschaftliche Literatur hat. Er unterschied zwischen der Gruppe des vermögensbestimmten, des ausgabenbestimmten und des kombinationsbestimmten Investitionsbegriffes.[126] Für das vorliegende Werk wird festgehalten:[127]

Eine Investition ist ein Zahlungsstrom, welcher mit einer Auszahlung oder mit mehreren Auszahlungen beginnt und in späteren Zeitpunkten Einzahlungen bzw. eine Reduktion von Auszahlungen erwarten lässt.

Die Leistungserstellungs- und Führungsprozesse realer Investitionen sind über physische oder finanzielle Verknüpfungen mit vielen Unternehmensbereichen verbunden (vgl. Abb. 1.14).

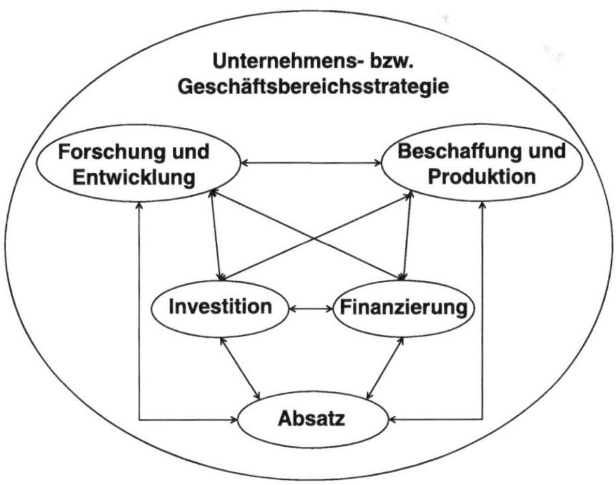

Abb. 1.14 Bezug des Investitionsbereiches zu anderen Bereichen. Quelle: Eigene Darstellung. In die Übersicht wurden nicht alle Verbindungen aufgenommen. Andere durchaus existierende Verknüpfungen, z. B. zum Personalbereich, wurden aufgrund geringer Betrachtungsrelevanz vernachlässigt

[126] Vgl. Pack (1959: 17–37).
[127] Vgl. Schneider (1951: 4); Rehkugler (2007: 21).

Den Rahmen für die Investitionstätigkeit liefert die Unternehmens- bzw. Geschäftsbereichsstrategie.[128] Im Vordergrund dieser stehen die Erfolgspotenziale des Unternehmens, die Beziehung des Unternehmens zur Umwelt und der Aufbau neuer Beziehungen zwischen diesen, verbunden mit der Analyse der Stärken und Schwächen. Die Informationsquellen zu diesen Betrachtungen befinden sich in erster Linie in der Unternehmensumwelt.[129]

Weitere Schnittstellen des Investitionsbereiches ergeben sich aus den physischen Verbindungen mit der Beschaffung und der Produktion. Die Steuerung der Produktion zielt auf die Wirtschaftlichkeit des Produktionsprozesses, wozu Produktionsplanung, -steuerung und -kontrolle aufeinander abzustimmen und mit anderen Unternehmensbereichen zu verbinden sind.

Unter finanziellen Gesichtspunkten sind mit Investitionen Finanzströme in zwei Richtungen verbunden: die finanzmittelbeschaffende und die finanzmittelverwendende Richtung. Die zu planenden und zu realisierenden Investitionsmaßnahmen müssen auf ihre Finanzierbarkeit hin geprüft bzw. Möglichkeiten der Finanzierung gezielt erschlossen werden. Das ist der Bereich der Finanzierung, dessen wesentliche Zielsetzungen in der Aufrechterhaltung der Liquidität und Autonomie des Unternehmens sowie in der Erwirtschaftung einer erforderlichen Rentabilität bestehen. Damit wird die Herkunft der zu investierenden Mittel betrachtet. Als dessen finanzierungsseitiges Komplement dient der Investitionsbereich, der sich mit der Planung, Realisierung und Kontrolle der Investitionen beschäftigt.

Die Erwirtschaftung finanzieller Mittel erfolgt durch den Absatz der produzierten Güter. Dies erfordert eine Abstimmung der Absatzzahlen mit den Investitionsaktivitäten, um die Kapazitäten an die Absatzmengen anzupassen.

Investitionen können nach unterschiedlichen Kriterien gegliedert werden, von denen als eines der wichtigsten das Kriterium des Investitionsobjekts gilt.[130] Danach kann zwischen Real- und Finanzinvestition (letztere wird auch als Nominalinvestition bezeichnet) unterschieden werden (vgl. Abb. 1.15). Finanzinvestitionen können z. B. in Form von Bankeinlagen oder Firmenbeteiligungen vorliegen. Die Realinvestitionen werden in materielle Realinvestitionen (auch güterwirtschaftliche Investitionen genannt) und in immaterielle Realinvestitionen (Potenzialinvestitionen) unterteilt. Die Potenzialinvestitionen lassen sich selbst nochmals in bilanzierungsfähige und nicht bilanzierungsfähige Potenzialinvestitionen unterscheiden. Zu den Potenzialinvestitionen zählen auch Investitionen in Innovationen (dazu gehören die Grundlagenforschung, die Technologieentwicklung, die Vorentwicklung sowie die Produkt- und Prozessentwicklung), in die Aus- und Weiterbildung und in die Werbung. Im vorliegenden Buch werden ausschließlich Realinvestitionen betrachtet.

---

128 Vgl. PricewaterhouseCoopers (2010: 17).

129 Zur Darstellung der strategischen Planung vgl. Abschn. 1.2.1.

130 Für einen umfassenden Überblick über die in der Literatur unterschiedenen Investitionsarten vgl. Pack (1959: 87–179).

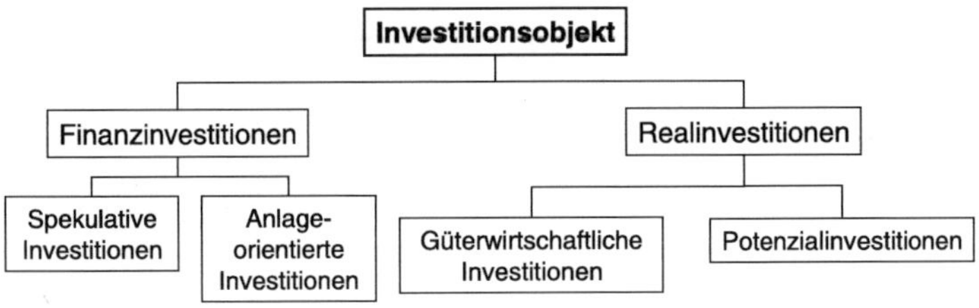

Abb. 1.15 Differenzierung der Investitionen nach der Objektart. Quelle: Eigene Darstellung, in Anlehnung an: Götze (2014: 8)

Mit der Durchführung einer Investition werden unterschiedliche Ziele verfolgt. Dazu gehören u. a.:

- **Technische Ziele:** Flexibilität, Integrierbarkeit, Standortanforderungen, Kapazität, Qualität, Instandhaltbarkeit etc.
- **Wirtschaftliche Ziele:** einzusetzende Finanzmittel, Einzahlungen, Nutzungsdauer, Gewinn, Kostenreduktion, etc.
- **Soziale Ziele:** Gesundheit und Wohlbefinden, Arbeitssicherheit, Mensch-Maschine-Beziehung etc.
- **Ökologische Ziele:** Energie- und Rohstoffverbrauch, Emissionen, Recyclingfähigkeit etc.

Realinvestitionen sind häufig durch **langfristige Betrachtungszeiträume** und eine damit verbundene **Unsicherheit** gekennzeichnet. Aufgrund hoher Investitionsvolumina und/oder vielfältiger Verflechtungen sind diese Prozesse oftmals **sehr komplex** und entwickeln eine gewisse **Eigendynamik.**

Investitionsentscheidungen sind deshalb in der Regel multikriterielle Entscheidungen. Typischerweise werden folgende Entscheidungsprobleme unterschieden:[131]

- Entscheidung über die Durchführung oder Unterlassung einer Investition. Dabei ist die Frage zu klären, ob eine einzelne, isoliert betrachtete Investition durchgeführt werden soll oder nicht.
- Auswahl des optimalen Investitionsobjektes aus einer Menge von alternativen Maßnahmen. Alternativen sind in diesem Zusammenhang sich gegenseitig ausschließende Handlungsmöglichkeiten.
- Entscheidung über die ökonomisch optimale Nutzungsdauer eines Investitionsobjektes zu Beginn der Nutzungsdauer.
- Wenn das Investitionsobjekt schon im Unternehmen genutzt wird, stellt sich die Frage, zu welchem Zeitpunkt der Ersatz des Objektes optimal ist. Die zu Beginn der Nutzung ermittelte optimale Nutzungsdauer wird auf diese Weise vor dem Hintergrund der veränderten Rahmenbedingungen überprüft.

[131] Vgl. Busse von Colbe/Laßmann/Witte (2015: 18–19).

Darüber hinaus treten weitere Entscheidungen, wie z. B. über die Fortführung oder den Abbruch eines Projektes, auf. Um die Vielzahl der Entscheidungen näher analysieren zu können, werden im folgenden Abschnitt die typischen Lebenszyklen von Realinvestitionen vorgestellt.

1.4.2 Führungsprozesse und Lebenszyklen

1.4.2.1 Lebenszyklen von Realinvestitionen

1.4.2.1.1 Güterwirtschaftliche Investitionen

Der in der Biologie entstandene Begriff des Lebenszyklus beschreibt das Entstehen, Wachsen, Verändern und Vergehen lebender Systeme in physischer und psychischer Hinsicht. Auf Basis der im Zeitablauf entstehenden spezifischen Merkmale und Merkmalskombinationen ist es möglich, verschiedene Entwicklungsphasen lebender Systeme zu unterscheiden und die Entwicklung dieser Systeme innerhalb bestimmter Bandbreiten zu prognostizieren. Diese Sichtweise wurde – beginnend mit theoretischen Ansätzen des Marketings – in unterschiedliche sozialwissenschaftliche Bereiche übertragen, in der Betriebswirtschaftslehre hauptsächlich auf Produkte, Potenziale, Unternehmen und Branchen.[132]

Ziel dieser Übertragungen ist es, Modelle in Anlehnung an den biologischen Lebenszyklus zu entwickeln, welche entsprechende Entwicklungsprognosen und Handlungsempfehlungen ermöglichen. In Anlehnung an den Lebenszyklus von Individuen wird der Zeitraum zwischen der Markteinführung eines Produktes und der Eliminierung dieses Produktes aus dem Produktprogramm – der sogenannte Marktzyklus – betrachtet. Ausgangspunkt der Modellierung ist die Tatsache, dass ein neues Produkt in einen Markt eintritt und sich dort verbreiten wird. Wird von einem normalverteilten Verbreitungsprozess ausgegangen, lässt sich die Verbreitung der Gesamtheit der erzeugten Produkte in einem Markt – was als Diffusion bezeichnet wird – prognostizieren und gestalten.[133]

Dieser Zeitraum wird in unterschiedliche Phasen unterteilt. Eine häufig verwendete Einteilung besteht in der Aufteilung in die Einführungs-, Wachstums-, Reife-, Sättigungs- und Degenerationsphase. Die Einteilung in diese Phasen geschieht anhand vordefinierter Eigenschaften der Größen „Umsatz“ und „Gewinn“, welche aus dem Absatz aller Einheiten dieses Produktes resultieren. In der weiteren Entwicklung ist diese Betrachtungsweise erweitert worden, indem eine Beobachtungsphase bzw. eine Entstehungsphase sowie eine

[132] Vgl. Pfingsten (1998: 63–64); Dean (1950); Trender (2000: 57).

[133] Vgl. Patton (1968: 322–323); Rogers (2003: 279–282). Zur Ableitung von Handlungsempfehlungen auf Basis des Lebenszyklusmodells vgl. Clifford (1965: 36–37); Levitt (1965: 86–91); Levitt (1966: 21–23). Zur Verwendung des Standarddiffusionsmodells vgl. Polli/Cook (1969: 386).

Nachlaufphase hinzugefügt wurden.[134] Aus dieser Modellerweiterung resultiert der Begriff des „integrierten Produktlebenszyklus" (vgl. Abb. 1.16).[135]

Ein wesentlicher Hauptpunkt der Kritik an dieser Form der Analogiebildung zwischen Biologie und Betriebswirtschaftslehre ist die Tatsache, dass biologische Systeme genetisch determinierte Entwicklungsphasen durchlaufen, natürlichen Gesetzmäßigkeiten unterliegen und auf diese Weise eine entsprechende Prognose der Entwicklung möglich ist, was für Produkte und technische Potenziale jedoch nicht zutrifft. Auch wenn diese Analogien zwischen Betriebswirtschaftslehre und Biologie nicht erfüllt sind, besteht die Möglichkeit, dass Produktlebenszyklusmodelle den ihnen zugewiesenen Zweck erfüllen. Deshalb ist zu unterscheiden, für welche Zielsetzung diese Modelle eingesetzt werden. Produktlebenszyklusmodelle werden sowohl zu **Beschreibungs-**, **Erklärungs-** als auch zu **Entscheidungszwecken** eingesetzt.[136] Der **Zweck der Beschreibung** unterschiedlicher Größen im Zeitablauf kann von den entwickelten Lebenszyklusmodellen noch am ehesten erfüllt werden. Jedoch ist durch die Vielzahl von empirisch festgestellten Varianten von absatzmarktorientierten Lebenszyklusverläufen kaum die Ableitung von generalisierbaren Aussagen möglich, die über die Feststellung hinausreichen, dass die meisten Produkte eine begrenzte Lebensdauer aufweisen und verschiedene Phasen durchlaufen.[137]

Um Produktlebenszyklusmodelle zur **Erklärung** einsetzen zu können, ist es notwendig, den Verlauf unterschiedlicher Größen begründen zu können. Die Anforderungen, die eine Aussage zu erfüllen hat, um als Erklärung zu gelten,[138] zeigen jedoch, dass diese Anforderungen durch Produktlebenszyklusmodelle kaum erfüllt werden. Die Vielzahl möglicher, wesentlicher Bestimmungsmerkmale des Entwicklungsverlaufes eines Produktes wird bei den ökonomischen Lebenszyklusmodellen auf den Faktor „Zeit" reduziert, in dessen Abhängigkeit ausgewählte Ergebnisgrößen dargestellt werden.

Die Formulierung von Gesetzmäßigkeiten ist prinzipiell zwar möglich, der Informationsgehalt – beschrieben durch die Dimensionen „Geltungsbereich" und „Bestimmtheit" – darauf basierender Erklärungen bzw. Prognosen ist jedoch gering. Beispielsweise ist im Zusammenhang mit der angestrebten Phaseneinteilung unklar, ob sich die Zielgrößen so entwickelt haben, weil sich das Produkt in einer bestimmten Lebenszyklusphase befindet,

---

[134] Vgl. Pfeiffer et al. (1997: 24). Zu einem Überblick über die Vielzahl von verwendeten Phaseneinteilungen vgl. Höft (1992: 18–21).

[135] Vgl. Coenenberg/Fischer/Günther (2016: 611–614); Lambkin/Day (1989: 201–207); Zehbold (1996: 21–25).

[136] Vgl. Pfingsten (1998: 77); Penrose (1952: 806–809); Meffert (1974: 105). Zum Thema der Biologisierung der Sprache in der Betriebswirtschaftslehre vgl. Kroeber-Riel (1969: 102–107).

[137] Vgl. Lambkin/Day (1989: 9); Schneider (2001: 481–482). Vgl. außerdem Cox (1967: 382), welcher schon damals sechs unterschiedliche Verlaufsformen empirisch feststellte sowie Cunningham (1969: 34–39); Rink/Swan (1979: 222) und Lambkin/Day (1989: 7) zu weiteren Diffusionsformen.

[138] Vgl. Abschn. 2.2.2.

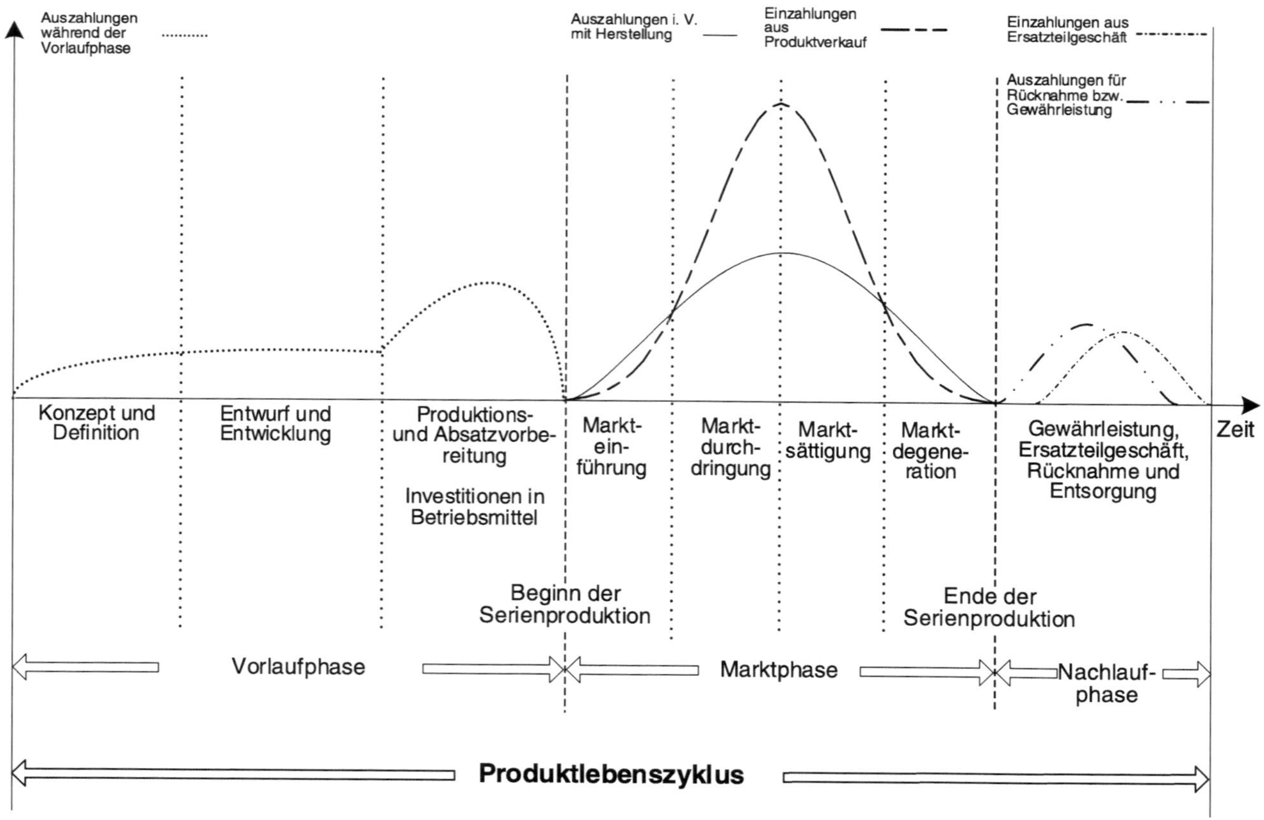

Abb. 1.16 Idealtypischer Produktlebenszyklus. Quelle: Eigene Darstellung, in Anlehnung an: Götze (2010: 303); Riezler (1996: 9)

oder ob sich das Produkt in dieser Lebenszyklusphase befindet, weil sich die Zielgrößen entsprechend entwickelt haben.[139]

Als weitere Funktion von Lebenszyklusmodellen wurde die **Abgabe von Handlungsempfehlungen** angeführt. Durch die normative Interpretation von Entwicklungsphasen ist hierbei die Möglichkeit gegeben, dass die Entwicklung des Produktes gemäß einer sich selbst erfüllenden Prophezeiung verläuft.[140] Das grundlegende Problem besteht in der Tatsache, dass das Lebenszyklusmodell zur Erfüllung von zwei Aufgaben herangezogen wird: Es wird zur Prognose der zukünftigen Absatzentwicklung eingesetzt und gleichzeitig werden auf Basis dieser Prognoseergebnisse die zukünftigen absatzpolitischen Maßnahmen abgeleitet. Da diese Maßnahmen selbst wiederum der Grund für die zukünftige Absatzentwicklung sind, ergibt sich ein Zirkelschluss.

In der Anwendung der Lebenszyklussichtweise auf **Potenziale** ist zu unterscheiden zwischen Technologie- und Anlagenlebenszyklusmodellen. **Technologielebenszyklen** lassen sich unterscheiden in eine Darstellungsform der Ausbreitung einer Technologie in Abhängigkeit von der Zeit, die dem beschriebenen absatzmarktorientierten Produktlebenszyklus sehr ähnlich ist und in eine Darstellung der Leistungsfähigkeit einer Technologie in Abhängigkeit von den getätigten kumulierten Aufwendungen für die Entwicklung dieser Technologie, welche auch als S-Kurven-Darstellung bezeichnet wird. Ziel dieser Modelle ist es, ähnlich wie bei dem traditionellen und dem integrierten Produktlebenszyklus, neben der ex post-Betrachtung auf der Basis idealtypischer Wertverläufe Handlungsempfehlungen abzuleiten.[141]

Anlagenlebenszyklusmodelle konzentrieren sich auf die Betrachtung physisch-technischer Produkte aus Nutzersicht. Demzufolge stehen die Installation und Nutzung eines Produktes mit den Phasen

- Auswahl,
- Objektbeschaffung bzw. -erstellung,
- Nutzung (inkl. Instandhaltung und Rationalisierung) und
- Stilllegung bzw. Liquidation (einschließlich Verwertung und/oder Entsorgung)

im Fokus.

Auch für diese Sichtweise wurden Modelle entwickelt, welche in Anlehnung an den absatzmarktorientierten Produktlebenszyklus die Werte „Umsatz", „Gewinn" oder „Kosten" in Abhängigkeit von der Zeit darstellen. Welche Parameter als zeitabhängig betrachtet werden, hängt von dem Entscheidungsproblem und der Aggregationsebene ab. SIERKE wählt für seine Darstellung des Lebenszyklus die Phasen der Anregung, der Entscheidung, der Durchführung, der Nutzung und der Degeneration als Investitionslebenszyklusab-

[139] Vgl. Day (1981: 65).
[140] Vgl. Dhalla/Yuseph (1976: 105).
[141] Vgl. Zehbold (1996: 51–58); Tiefel (2007: 40–45).

schnitte.[142] BORGHOFF und OTT übernehmen diese Darstellung.[143] Auch diese – auf dem absatzmarktorientierten Produktlebenszyklusmodell – aufbauenden Ansätze des Anlagenlebenszyklus sind dahingehend zu kritisieren, dass das Erfolgs- bzw. Nutzenpotenzial einer Anlage sich nicht gesetzmäßig verändert, sondern durch externe und interne Faktoren beeinflusst wird und als im Zeitablauf variabel und nicht stetig anzusehen ist.

Eine Sichtweise, die zwar aus dem technischen Bereich stammt, jedoch als allgemeingültig einzustufen ist, liegt dem nachfolgenden Modell zugrunde, das die verschiedenen Phasen der physischen Entwicklung eines technischen Systems mit den grundlegenden Phasen des Problemlösungsprozesses kombiniert (vgl. Abb. 1.17). Auf die Notwendigkeit einer wiederholten Realisierung einzelner Schritte des Problemlösungsprozesses bzw. mehrfacher Durchläufe desselben wird hingewiesen, so dass die in der Abbildung nicht erkennbare Berücksichtigung eines iterativen Vorgehens und von Rückkopplungen gegeben ist. Nachteilig ist an der Darstellung, dass die Lebensphase mit dem Systemwechsel endet. Die Entsorgung des Systems wird somit nicht betrachtet. Positiv ist an der Darstellung die Orientierung auf den Lebenszyklus sowie die klare Trennung zwischen Schritten des Problemlösungsprozesses und der Lebenszyklusphasen hervorzuheben.

Basierend auf den bisherigen Ausführungen wird im Nachfolgenden dem Verständnis des integrierten Anlagenlebenszyklus gefolgt. Über die Aussage hinaus, dass technische Produkte typische Phasen durchlaufen, werden keine Aussagen in Bezug auf eine idealtypische Entwicklung getroffen bzw. keine normativen Handlungsempfehlungen für einzelne Zeitabschnitte vorgegeben. Der Lebenszyklus eines technischen Produktes aus Herstellersicht wird deshalb unterteilt in die Phasen:

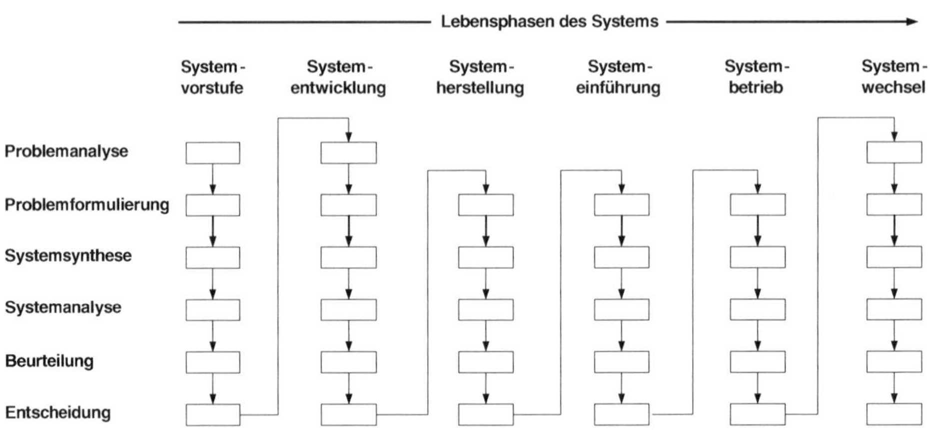

Abb. 1.17 Lebensphasen technischer Systeme und Problemlösungsphasen. Quelle: VDI 2221 (1993: 3)

[142] Vgl. Sierke (1990: 98–103).
[143] Vgl. Borghoff (1994: 76–77); Ott (2000: 84–88).

- Produktplanung,
- Produktentwicklung,
- Produktion,
- Nutzung beim Kunden
- Entsorgung.

Der Lebenszyklus von güterwirtschaftlichen Investitionen aus Nutzersicht umfasst die Phasen:

- Auswahl,
- Beschaffung bzw. Bereitstellung,
- Nutzung (inklusive Instandhaltung und Rationalisierung),
- Stilllegung bzw. Liquidation (einschließlich Verwertung und Entsorgung).

Im Zusammenhang mit der Liquidation wird auch oftmals von der **Desinvestition** gesprochen. Bei einer Liquidation wird das Investitionsobjekt endgültig stillgelegt und veräußert oder anderweitig entsorgt. Die Stilllegung kann als Vorstufe der Liquidation gesehen werden, welche zum vorübergehenden oder finalen Einstellen des Leistungserstellungsprozesses führt. Die Desinvestition ist jedoch als ablauftheoretisches Komplement zur Investition zu betrachten und bezeichnet die Freisetzung der vorher durch eine Investition gebundenen Mittel, verbunden mit dem leistungswirtschaftlichen Verzehr von Nutzungspotenzial oder der Desintegration von Desinvestitionsobjekten aus deren ursprünglichem Verwendungszweck. Somit ist die Desinvestition untrennbar mit dem gesamten Nutzungszeitraum des Investitionsobjektes verbunden, und nicht nur mit der Endphase des Lebenszyklus.[144]

1.4.2.1.2 Potenzialinvestitionen

Als Potenzialinvestitionen werden Investitionen bezeichnet, die primär immaterielle Resultate erbringen.[145] Im Folgenden werden Innovationen als wichtiger Teilbereich der Potenzialinvestitionen betrachtet. Ausgangspunkt der Betrachtung des Verlaufes von Innovationen ist die **Erfindung**, auch als Invention bezeichnet, als Ursprung neuen Wissens. Die Invention stellt eine neue technische bzw. technologische Lösung eines Problems dar und erweitert das bisher verfügbare Wissen. Wissen wird hier verstanden als die Gesamtheit der bisherigen, begründbaren, individuellen oder kollektiven Erfahrungen, Erkenntnisse und Einsichten. Daraus folgt, dass Wissen in einer Form als gesichert gilt, die es ermöglicht, Handlungen durchzuführen bzw. Handlungsempfehlungen abzugeben.

Wichtig ist in diesem Zusammenhang die Unterscheidung zwischen dem **individuellen** und dem **kollektiven Wissen**, die sich auf die prinzipielle Verfügbarkeit bzw. Existenz des

---

[144] Vgl. Thissen (2000: 13–189); Pfaff/Bärtl (2000: 102–103); Wöhler (1981: 19). HEINEN spricht bei der Desinvestition von dem Verbrauch der Produktionsmittel und einer im Absatz realisierten Wiedergeldwerdung. Vgl. Heinen (1957: 96–97).

[145] Vgl. Abschn. 1.4.1.

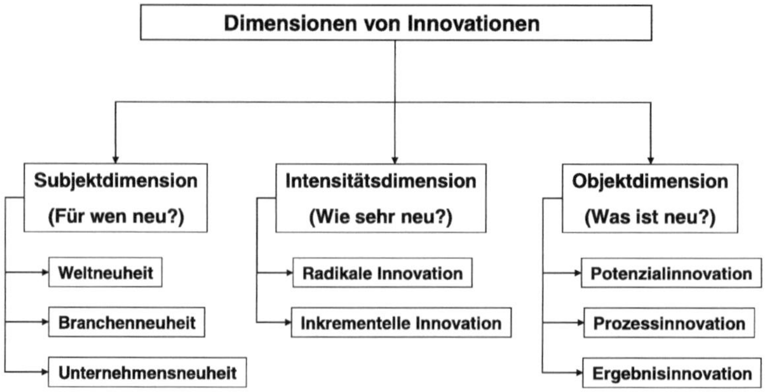

Abb. 1.18 Dimensionen von Innovationen. Quelle: Eigene Darstellung, in Anlehnung an: Bruhn/Hadwich (2017: 186)

Wissens und nicht auf dessen rechtliche Zuordnung und daraus resultierende Nutzungsmodalitäten bezieht. Das aktuelle, individuelle Wissen lässt sich prinzipiell durch den sofortigen Abgleich mit dem aktuellen, kollektiven Wissen verbessern, wozu die Informationssuche und -verarbeitung dient. Das zukünftige kollektive Wissen wird durch den Erkenntnisfortschritt in den unterschiedlichen Wissenschaftsdisziplinen erweitert, so dass der zukünftige, individuelle Wissensstand durch einen Abgleich mit diesem erweiterten Wissensstand verbessert werden kann.

Ziel und gleichzeitig Ergebnis der Invention ist die Schaffung neuen Wissens. Deshalb weisen Forschung und Entwicklung immer stochastischen Charakter auf.[146] Die Ergebnisse von Forschung und Entwicklung verändern und korrigieren die bisher existierende Ordnung und Sichtweise in gewissem Maße. Diese Korrektur ist demzufolge ein konstitutives Element der Invention.[147] In Bezug auf die **Neuheit** des mit einer Invention verbundenen Wissens ist zu klären, welche Möglichkeiten es gibt, mit Sicherheit auszuschließen, dass die Erfindung nicht im Verlauf der Geschichte schon einmal publiziert oder genutzt wurde.[148] Es ist immer zu klären, für wen etwas neu ist, wie neu etwas ist und was neu ist (vgl. Abb. 1.18).

Forschung und Entwicklung werden im Allgemeinen in drei Gebiete gegliedert, die inhaltlich eng miteinander verflochten sind und sich gegenseitig beeinflussen, so dass die eindeutige Abgrenzung bzw. Isolierung als problematisch angesehen wird.[149] Am Beginn des Prozesses der Erkenntnisgewinnung steht die **Grundlagenforschung**. Die Aktivitäten

[146] Vgl. Rheinberger (1999: 416–418); Zobel (2006: 12–19).
[147] Vgl. Pfeiffer (1971: 55–58).
[148] Zu einer detaillierten Diskussion der Möglichkeiten der Wissenserweiterung vgl. Abschn. 2.1.3.1.3.
[149] Vgl. Schätzle (1965: 24); Brockhoff (1999: 51–52).

der Grundlagenforschung zielen darauf ab, bislang nur beobachtete oder prognostizierte oder unbekannte Realphänomene experimentell darzustellen. Eine praktische Anwendbarkeit der Forschungsergebnisse wird i. d. R. nicht angestrebt bzw. kann aufgrund der – dem Forschungsprozess innewohnenden, großen – Ungewissheit nicht unmittelbar vorgesehen werden. Zum Zeitpunkt der Durchführung dieser Forschung fehlt ein Anwendungsbezug. Auf den Erkenntnissen der Grundlagenforschung baut die **angewandte Forschung** auf, indem ein Anwendungsbezug in mehr oder weniger starker Form hergestellt wird bzw. schon vor Beginn der Forschungsarbeiten bestand. Die existierenden experimentellen Darstellungen von Realphänomenen werden auf deren Anwendungsbedingungen und -möglichkeiten hin untersucht. Als dritte Stufe ist die **Entwicklung** zu nennen. Sie dient der Nutzung und Verarbeitung wissenschaftlicher Erkenntnisse, um zu neuen oder wesentlich verbesserten Produkten, Verfahren und Systemen zu gelangen, die i. d. R. mit dem Ziel einer wirtschaftlichen Nutzung entwickelt werden. Dazu werden unterschiedliche Einzelphänomene zu Phänomenenkomplexen kombiniert.[150]

Aufbauend auf der Invention findet die Innovation statt. Eine **Innovation im engeren Sinn** umfasst lediglich die Markteinführung neuer Produkte, Dienstleistungen oder Technologien und stellt damit auf die erstmalige Anwendung einer neuen Problemlösung in einem wettbewerbswirtschaftlich orientierten Umfeld ab. Damit wird deutlich, dass eine Innovation nicht nur durch Invention, sondern auch durch den Erwerb von Nutzungsrechten oder durch Imitation entstanden sein kann. Im **weiteren Sinn** beinhaltet der Begriff der Innovation die Invention zuzüglich der anschließenden Produktionseinführung, Markteinführung und Marktdurchsetzung der Produkte.[151]

Ein Modell, welches wesentliche Phasen und die möglichen Entwicklungsergebnisse des Innovationsprozesses beinhaltet, wurde von BROCKHOFF entwickelt (vgl. Abb. 1.19). Der Innovationsprozess im weiteren Sinn wird mit der Auswahl einer Projektidee aus einer Menge von verfügbaren Ideen zur Bedürfnisbefriedigung initiiert. Ist eine Alternative gewählt worden, beginnt die Phase der Forschung und Entwicklung, welche die Bereiche Grundlagenforschung, angewandte Forschung und Entwicklung beinhaltet. Diese Aktivität ist durch **drei mögliche Ergebnisse** gekennzeichnet. Entweder es gelingt aufgrund technischer Schwierigkeiten nicht, die Idee umzusetzen, oder die Umsetzung gelingt und es resultiert die Invention. Diese Invention kann der Erwartungshaltung entsprechen, welche die beteiligten Akteure zu Beginn dieses Prozesses hatten, ist demzufolge geplant, oder ist in der vorliegenden Form nicht geplant bzw. erwartet worden. Wenn die Invention nicht die ursprünglichen Ziele erfüllt, sondern anders als geplant realisiert wird, wird von einem Serendipitäts-Effekt gesprochen. An die Invention schließt sich die Phase der Innovation im engeren Sinn mit der Markteinführung des Produktes an. An die erfolgreiche

[150] Vgl. Gläser (2001: 86–87); Werner (1997: 8); Scholz (1976: 11).

[151] Vgl. Brockhoff (1999: 38); Specht/Beckmann/Amelingmeyer (2002: 13–14); Geiger (2000: 143).

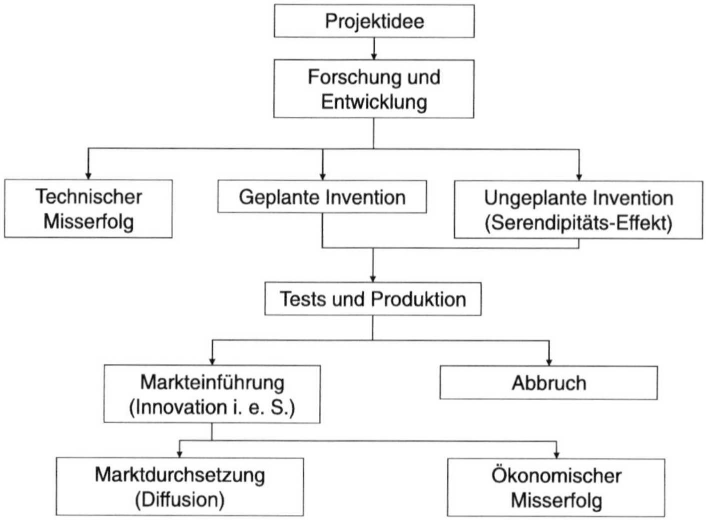

Abb. 1.19 Innovationsprozessmodell nach BROCKHOFF. Quelle: Brockhoff (1999: 36)

Markteinführung schließt sich die Diffusionsphase an, wohingegen bei einer erfolglosen Markteinführung das Projekt abgebrochen wird.[152]

Besondere Kennzeichen dieses Modells sind die explizite Darstellung der prinzipiell möglichen Entwicklungsschritte und die Darstellung von Abbruchsmöglichkeiten innerhalb des Erkenntnisgewinnungs- und -verarbeitungsprozesses. Positiv hervorzuheben ist die große Allgemeinheit der Darstellung. Negativ einzustufen ist die geringe Bestimmtheit.

Ein weiteres Modell des Innovationsprozesses wurde von COOPER und KLEINSCHMIDT entwickelt (vgl. Abb. 1.20). Kennzeichnend für diesen sog. **Stage-Gate-Prozess** ist die Unterteilung in Phasen, die als **stages** bezeichnet werden, und die als **gates** bezeichneten Meilensteinprüfungen nach Abschluss der Phasen. Im Rahmen der Meilensteinprüfungen werden die im Modell abstrakt beschriebenen und im Unternehmen zu konkretisierenden Kriterien durch ein einzurichtendes Gremium auf ihre Erfüllung abgefragt. Werden die Kriterien erfüllt, kann die nächste Stufe begonnen werden. Im Fall der Nichterfüllung von Kriterien besteht die Möglichkeit, das Projekt auszusetzen oder ganz abzubrechen. Dieses Modell berücksichtigt die Entscheidungsmöglichkeiten innerhalb des Innovationsprozesses und verdeutlicht, dass über die Fortführung, den Aufschub oder den Abbruch des Prozesses auf der Basis von entsprechenden Informationen und durchzuführenden Bewertungen zu entscheiden ist.[153]

[152] Zu Erfolgsraten der Markteinführung ausgewählter Produktgruppen vgl. Kuhn (2007: 2–3); Sander (2011: 376–378).
[153] Vgl. Cooper/Kleinschmidt (1993: 73).

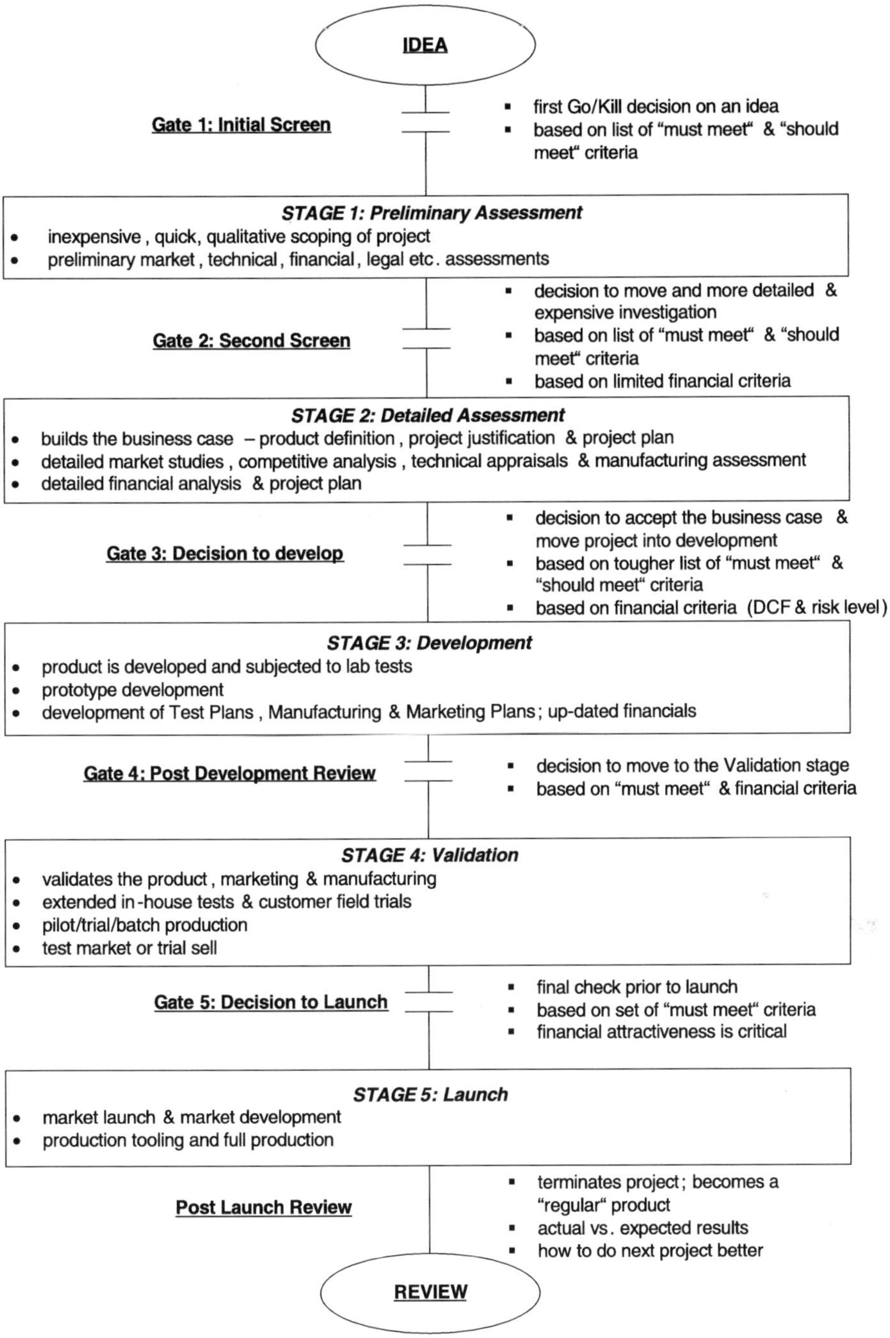

Abb. 1.20 Stage-Gate-Modell des Innovationsprozesses. Quelle: Cooper/Kleinschmidt (1993: 76)

Als letztes Modell wird das integrierte Modell von SCHNEIDER und DITTRICH vorgestellt (vgl. Abb. 1.21). Dieses Modell vereint den detaillierten Produktentwicklungsprozess mit den übergeordneten Hauptphasen und ökonomischen Entscheidungsfragen. In dieser Darstellung ist ein iteratives Vorgehen und die damit verbundenen Rückkopplungen und Verflechtungen zwischen den unterschiedlichen Aufgaben explizit berücksichtigt. Es wird deutlich, dass je nach Unternehmen und Produkt einige Phasen komplett und einmalig oder komplett und mehrfach, andere Phasen hingegen nur teilweise durchlaufen werden und dass in jedem Arbeitsschritt mehrere Lösungsvarianten zu erzeugen, zu untersuchen, zu erproben und zu beurteilen sind. Diese Darstellungsweise zeigt deutlich eventuell bestehende Rückkopplungen zwischen den einzelnen Phasen sowie die erforderlichen Entscheidungsprozesse und Handlungsalternativen in den unterschiedlichen Arbeitsphasen.

1.4.2.2 Führungsprozess

Zur Beschreibung, Analyse und Gestaltung der Führungsprozesse von Investitionen liegt eine ganze Reihe von Beiträgen vor (vgl. Abb. 1.22).

Es wird deutlich, dass die grundlegende Struktur des Führungsprozesses – bestehend aus Planung, Realisierung und Kontrolle – auf den Investitionsprozess übertragen und in einigen Fällen angepasst wird.

Von diesen Darstellungen weicht die Charakterisierung des Investitionsprozesses durch LACHHAMMER in größerem Umfang ab. Er differenziert zwischen einer individuellen Phase und einer kollektiven Phase des Prozesses. Die individuelle Phase ist gekennzeichnet durch:[154]

- die originäre Motivationsphase mit Informationsaufnahme, Konflikt und Motivation zur Investitionsentscheidung,
- die Phase der Bedürfnisbefriedigung, in welcher Alternativen gesucht und Konsequenzen prognostiziert werden,
- die derivative Motivationsphase, die durch eine mögliche kognitive Dissonanz sowie eine erneute Motivation gekennzeichnet ist,
- die Phase der Reduktion eventueller kognitiver Dissonanzen durch eine erneute Informationssuche und -auswertung
- die abschließende Emotionsphase, die den Akteur entweder zum Ausgangspunkt des Prozesses zurückführt oder den Prozess in die kollektive Entscheidungsphase überführt.

Die kollektive Phase des Investitionsprozesses ist ein durch Abstimmungen und Interessenkonflikte gekennzeichneter Teilprozess, der wiederum zu individuellen Entscheidungsprozessen führen kann.[155] Interessant ist an diesem Ansatz die explizite Berücksichtigung

[154] Vgl. Lachhammer (1977: 77–78).
[155] Vgl. Lachhammer (1977: 88–94).

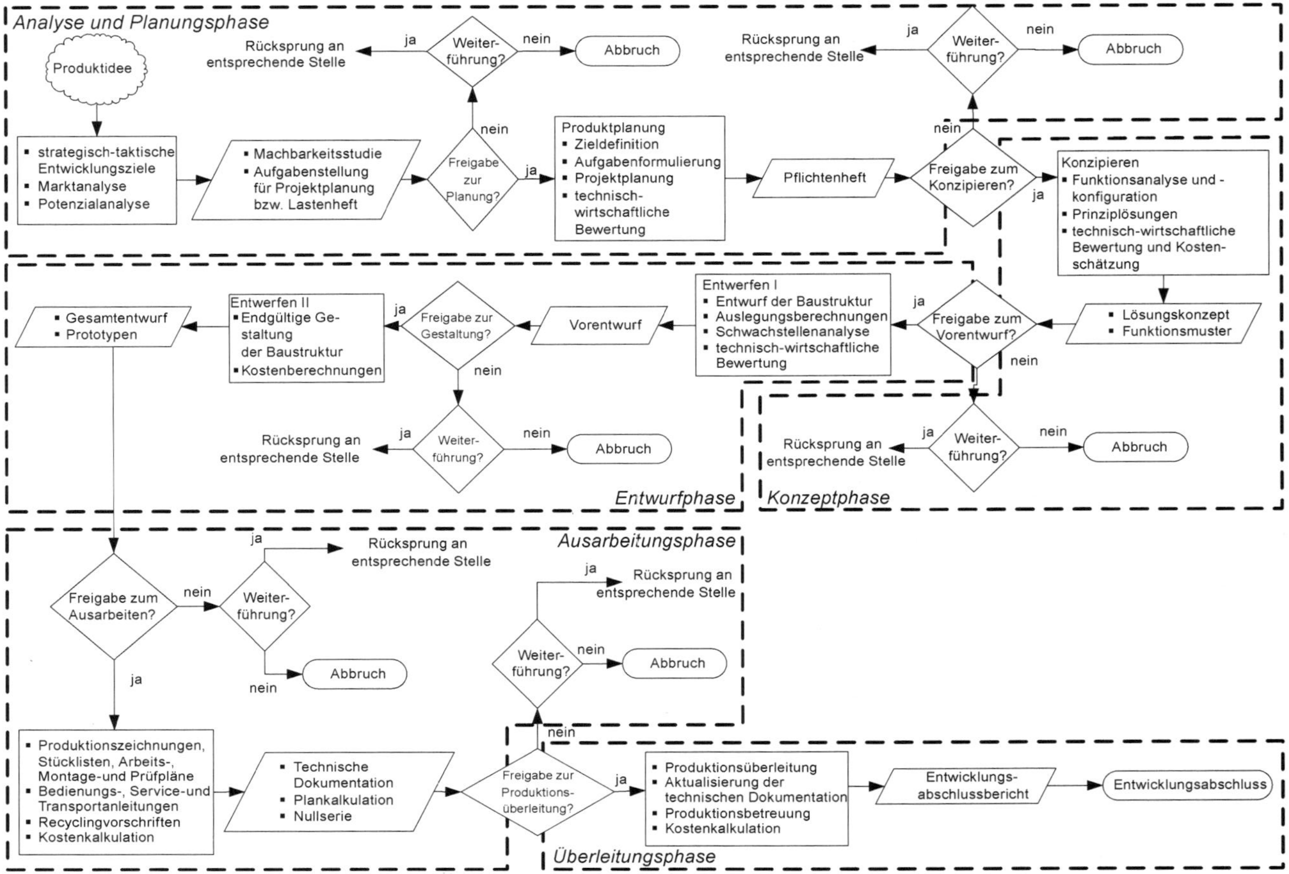

Abb. 1.21 Entwicklungsprozess nach SCHNEIDER und DITTRICH. Quelle: Eigene Darstellung, in Anlehnung an: Schneider/Dittrich (2000: 106–108)

Autor(en)	Phasen des Investitionsprozesses								
Adam (2000: 11)	Planung, Entscheidung	Realisation, Steuerung	Kontrolle	Nachbesserung					
Altrogge (1996: 2-4)	Anstoß	Projektvorschlag	Alternativen-darstellung	Konkretisierung, Analysen, Bewertung	Alternativen-auswahl	Realisierung	Verfolgung	Beendigung	
Blohm/Lüder/Schaefer (2012: 5)	Investitions-vorschlag	Alternativensuche	Vorauswahl	Datenermittlung & Investitionsrechnung	Abstimmung mit Gesamtplanung	Investitions-entscheidung	Realisation & Realisationskontrolle	Ergebniskontrolle	
Bomm (1992: 113)	Analyse	Suche	Entscheidung	Realisierung	Kontrolle				
Borghoff (1994: 73)	Vorbereitung	Durchführung	Nutzung						
	Anregung	Bewertung	Entscheidung	Realisation	Nutzung	Desinvestition			
Busse von Colbe/ Laßmann (1990 : 15-17)	Anregung	Suche	Optimierung	Planung der Durchführung	Durchführung	Kontrolle			
Götze (2008: 14-15)	Planung	Realisation	Nutzung						
	Anregung	Entscheidung	Detailplanung	Errichtung	Nutzung				
Heinen (1957: 95-96)	Denkvorgänge	Ausführungsvorgänge							
	Beobachten	Bildung und Bewertung einer Idee	Entschluss zur Verwirklichung der Idee	Investitionsplanung	Finanzierung	Investitionsrealisierung			
Jaspersen (1997: 108-109)	Planung, Entscheidung	Umsetzung	Evaluation						
Kruschwitz (2011: 7-8)	Planung	Realisation	Kontrolle						
	Problemstellung	Suche	Beurteilung	Entscheidung	Realisation	Kontrolle			
May (1983: 36)	Willensbildung	Willensdurchsetzung							
	Investitionsanregung	Investitionsgrobplanung	Vorentscheid	Investitionsfeinplanung	Investitionsentschluss	Investitionsanordnung	Investitionskontrolle		
Müller-Hedrich et al. (2006: 29)	Investitionsanregung	Vorbereitung der Investitionsentscheidung	Investitionsentscheidung	Realisierung und Kontrolle der Investition					
Olfert (2012: 53)	Anregung	Suche	Entscheidung	Durchführung	Kontrolle				
Rösgen (2000: 46)	Zielsetzung, Anregung, Problemanalyse	Alternativensuche, -bewertung	Entscheidung	Realisation und Nutzung	Soll-Vorgabe, Ermittlung Ist-Werte	Soll-Ist-Vergleich	Abweichungsanalyse, Anpassung		
Schultz (2005: 122)	Willensbildung	Willensdurchsetzung							
	Bedarfsprüfung	Alternativensuche	Bewertung & Entscheidung	Beantragung	Bewilligung	Budgetvorgabe	Realisierung	Budget-kontrolle	Budget-adaption
Schuppisser (1978: 30)	Investitions-anregung	Zwischen-entscheid	Investitions-grobplanung	Vorentscheid	Investitionsfeinplanung	Investitionsentschluss	Investitionsanordnung	Investitionskontrolle	
Sierke (1989: 93-98)	prädisponierender Prozess	realisierender Prozess							
	Anregung	Entscheidung	Durchführung	Degeneration					
Trost/Dechant (2000: 152-160)	Planung	Realisation	Nutzung						
	Zielformulierung	Investitionsanregung	Alternativensuche und -formulierung	Investitionsbewertung und -entscheidung	Realisation	Nutzung			

Abb. 1.22 Darstellungen des Investitionsprozesses in der Literatur. Quelle: Eigene Darstellung, in Anlehnung an: Schultz (2005: 120)

individueller und **kollektiver** Elemente des Prozesses von Investitionsentscheidungen. Diese Betrachtungsweise wird im vorliegenden Buch aufgegriffen.[156]

Gemeinsam ist den vorangestellten Prozessmodellen eine Überlagerung von Führungsprozessen und Phasen des Lebenszyklus. Die Lebenszyklen von Investitionen interferieren in diesen Darstellungen mit den Phasen des Führungsprozesses. Dabei wird eine Hauptaufgabe der Investitionsplanung in der Auswahl des geeigneten Investitionsobjektes und eine Hauptaufgabe der Investitionskontrolle in der Kontrolle der Investitionsdurchführung gesehen. Der Investitionsprozess wird wie ein Führungsprozess in die Phasen Planung, Realisation und Kontrolle eingeteilt. Eine Vermischung dieses Prozesses der Willensbildung und -durchsetzung mit dem Prozess des Investitionslebenszyklus erweist sich jedoch als wenig zweckmäßig. Jeder Phase des Investitionslebenszyklus lassen sich Tätigkeiten wie Planung von Entscheidungen, Realisation und Kontrolle derselben zuordnen. Wahlakte sowie die Planung, Durchsetzung und Kontrolle von Entscheidungen sind während des gesamten Investitionslebenszyklus notwendig und möglich. Um dies zu berücksichtigen, wird im nächsten Abschnitt die entscheidungsorientierte Phasenstruktur vorgestellt.

1.4.2.3 Entscheidungsorientierte Phasenstruktur

Nach den isolierten Darstellungen des Führungsprozesses und der Phasen des Investitionslebenszyklus werden beide Prozesse miteinander vernetzt. Als Ergebnis der Verknüpfung der Führungsprozesse mit dem Investitionslebenszyklus entsteht eine Matrix für die Planung, Durchsetzung und Kontrolle von Entscheidungen bei Realinvestitionen, wie sie allgemeingültig formuliert werden kann (vgl. Tab. 1.7). Die Investitionsplanung hat die entsprechenden Phasen der Führungsprozesse in den einzelnen Phasen des Investitionslebenszyklus zum Inhalt. Die Anregung zur Initiierung eines investitionsbezogenen Entscheidungsprozesses kann in jeder Phase des Lebenszyklus bereits bestehender Investitionen erfolgen bzw. den Lebenszyklus einer Investition eröffnen. Neben der Entscheidung zur Auswahl des Investitions- bzw. Innovationsobjektes zählen also die Entscheidungen zur Durchführung von Instandhaltungsmaßnahmen oder zur Bestimmung des optimalen Ersatzzeitpunktes von güterwirtschaftlichen Anlagen genauso zum Planungsbereich wie die Planung der Zeitpunkte zur Erreichung der Innovationsmeilensteine in Abhängigkeit vom Innovationsfortschritt oder die Entscheidung über den Rückzug aus einem Innovationsprojekt. Da die Führung von Realinvestitionen die Planung, Realisierung und Kontrolle von Entscheidungen zum Inhalt hat, bietet es sich an, von einer entscheidungsorientierten Phasenstruktur zu sprechen. Die Investitionsplanung umfasst demnach die Planung jeder investitionsbezogenen Entscheidung und die Investitionskontrolle die Kontrolle aller investitionsbezogenen Willensbildungs- und -realisierungsprozesse im Verlaufe des Investitionslebenszyklus.

Um allgemeingültige Aussagen über die Lebenszyklusphasen der Realinvestitionen treffen zu können, werden diese in entsprechende Phasen zusammengefasst. Dazu wird ein konstitutives Merkmal von Investitionen zur Aggregation der Lebenszyklen verwen-

[156] Vgl. Kap. 3, 4 und 6.

Tab. 1.7 Allgemeingültiges entscheidungsorientiertes Phasenschema. Quelle: Müller (2004: 57). Vgl. auch Sierke (1990: 106)

Lebenszyklusphasen / Führungsprozess		Bindungsdominierte Phase	Freisetzungsdominierte Phase
Anregung, Zielsetzung, Problemanalyse	Planung		
Alternativensuche und Prognose			
Beurteilung und Entscheidung			
Realisation			
Kontrolle			

det. Mit einer Investition ist die Bindung finanzieller Mittel und im Anschluss daran die Freisetzung dieser Mittel verbunden. Allen Investitionen ist gemeinsam, dass in den ersten Phasen des Lebenszyklus finanzielle Mittel in einem Objekt oder Projekt gebunden werden und im Laufe der Nutzung dieses Objektes und seiner Liquidation oder bei erfolgreicher Realisierung des Projektes wieder freigesetzt werden. Deshalb kann der Lebenszyklus von Realinvestitionen allgemeingültig in eine Phase der Dominanz der Bindung der finanziellen Mittel (im Folgenden als **bindungsdominierte Phase** bezeichnet) und eine Phase der Dominanz der Freisetzung der gebundenen finanziellen Mittel (**freisetzungsdominierte Phase**) unterteilt werden. Diesen Hauptphasen können die spezifischen Unterabschnitte der Investitionsobjektarten zugeteilt werden.

Die bindungsdominierte Phase besteht für güterwirtschaftliche Investitionen aus den Phasen der Auswahl des Investitionsobjektes und der Investitionsobjektbeschaffung bzw. -errichtung einschließlich seiner Inbetriebnahme. Die freisetzungsdominierte Phase stellt die Phase der Objektnutzung, der finalen Stilllegung und der Liquidation dar. Im Falle von Potenzialinvestitionen erstreckt sich die bindungsdominierte Phase von der Forschung und Entwicklung über den Aufbau der Produktion bis zur Markteinführung. Die freisetzungsdominierte Phase besteht aus der erfolgreichen Markteinführung und der Marktdurchdringung. Denkbar ist im Falle von Potenzialinvestitionen auch eine Begrenzung der bindungsdominierten Phase auf die Erstellung und Gewinnung von Inventionen und die Gestaltung der freisetzungsdominierten Phase durch die Veräußerung von Patenten oder Lizenzen. Zur Konkretisierung der Ausführungen werden in Tab. 1.8 für eine güterwirtschaftliche Investition die relevanten Entscheidungen während des Investitionsprozesses dargestellt.

Im gesamten güterwirtschaftlichen Investitionsprozess ist eine Vielzahl von Entscheidungsplanungen, -realisierungen und -kontrollen notwendig. Zum Beispiel wird im Rahmen der Instandhaltungsplanung die Instandhaltungsstrategie (korrektiv oder präventiv)

Tab. 1.8 Phasenstruktur einer güterwirtschaftlichen Investition. Quelle: Müller (2005: 48)

	Bindungsdominierte Phase		Freisetzungs-dominierte Phase	
Lebenszyklusphasen / Führungsprozess	Auswahl	Objektbeschaffung bzw. -erstellung	Nutzung und Instandhaltung	Stilllegung und Liquidation
Planung				
Realisation				
Kontrolle				

festgelegt.[157] Die Instandhaltungskontrolle hat die Durchführung der Instandhaltungsmaßnahmen nachträglich zu überprüfen. Hauptaugenmerk liegt dabei auf den Stillstandszeiten und den Instandhaltungskosten. Festgestellte und für relevant befundene Soll-Ist-Abweichungen werden analysiert. Nach der Aufdeckung von Schwachstellen werden Anpassungsmaßnahmen ergriffen. Auch für die Anlagenausmusterung wird mittels der Anlagenstilllegungsplanung festgelegt, ob und wann vorhandene Betriebsmittel ausgemustert werden sollen. Dies führt zur Bestimmung der optimalen Nutzungsdauer, die regelmäßig durch die Anlagenausmusterungskontrolle überprüft und falls nötig korrigiert wird, so dass letztlich der optimale Ersatz- oder Stilllegungszeitpunkt gefunden wird.

Entsprechend der Tab. 1.8 werden mit dem Begriff Investitionsplanung Handlungen der antizipativen Willensbildung zu investitionsbezogenen Entscheidungen in den unterschiedlichen Lebenszyklusphasen einer Investition bezeichnet. Die Investitionsplanung umfasst:

- Festlegung des Zielzustandes, Identifikation der mit der Zielerreichung verbundenen Probleme,
- Suche nach Alternativen zur Problemlösung, Prognose zukünftiger Einflussfaktoren und Bewertung der Alternativen,
- Auswahl der als vorteilhaft identifizierten Alternative und Treffen der Entscheidung.

Die Investitionskontrolle setzt sich aus einem Soll-Ist-Vergleich und einer Abweichungsanalyse der investitionsbezogenen Willensbildungs- und Realisierungsprozesse im Verlaufe des Investitionslebenszyklus zusammen.

Auch für Potenzialinvestitionen kann eine Reihe von Führungsprozessen für jede der Innovationsphasen festgestellt werden (vgl. Tab. 1.9). Im Verlauf des Innovationsprozesses ist eine ganze Anzahl von Entscheidungen zu planen, zu kontrollieren und zu realisieren, wobei sich vielfältige Handlungsmöglichkeiten ergeben. Da das Unternehmen nicht gezwungen ist, die Innovation bis zur Marktdiffusion zu realisieren, besteht

[157] Vgl. DIN EN 13306 (2010) sowie DIN 31051 (2012) zur Instandhaltung.

Tab. 1.9 Phasenstruktur einer Potenzialinvestition. Quelle: Eigene Darstellung, in Anlehnung an: Müller/Münnich (2011: 575)

	Bindungsdominierte Phase				Freisetzungs-dominierte Phase
Innovationsphasen / Führungsprozess	Projektidee und auswahl	Forschung und Entwicklung	Tests und Produktionsvorbereitung	Produktionsbeginn und Markteinführung	Patent- bzw. Lizenzverkauf und/oder Marktdurchdringung
Planung					
Realisation					
Kontrolle					

auch bei Produktinnovationen in jeder Phase die Möglichkeit des Projektabbruchs. Bevor das Projekt jedoch vollständig abgebrochen wird, wird das Unternehmen prüfen, ob und wie weit die Entscheidung über die nächste Innovationsstufe aufgeschoben werden kann, um in dieser Zeit neue Informationen bezüglich des Produktes und des Marktes zu sammeln. Dazu werden von den Unternehmen häufig Tests durchgeführt. In einigen Bereichen macht die Testphase einen Großteil des Innovationsprozesses aus und besteht selbst wiederum aus mehreren Phasen. Wurde das Projekt bis zur erfolgreichen Markteinführung gebracht, ergeben sich zusätzliche vielfältige Optionen bezüglich der Produktion.[158]

Die Entscheidungsträger können nach und während jeder Prozessstufe die weitere Vorgehensweise in Abhängigkeit der dann verfügbaren Informationen bestimmen. So besteht die Möglichkeit, mit der Investitionsauszahlung entweder nur die Rückflüsse aus einem Projekt zu erwerben oder gleichzeitig auch die Möglichkeit zum Abbruch des Projektes.[159] Darüber hinaus ist es vorstellbar, dass mit der Investitionsauszahlung erst einmal keine Rückflüsse erworben werden, sondern lediglich das Recht, in der nächsten Phase gegen Zahlung der nächsten Investitionstranche Rückflüsse zu erwerben. Existiert ein Innovationsprojekt schon, verfügt der Akteur über verschiedene Möglichkeiten der Fortführung oder des Abbruchs dieses Projektes.

Literatur

Adam, D. (1997): Planung und Entscheidung: Modelle – Ziele – Methoden. Mit Fallstudien und Lösungen. 4. Aufl., Wiesbaden: Gabler.

Ashby, W. R. (1956): An introduction to cybernetics. London: Chapman & Hall.

Bamberg, G./Coenenberg, A. G./Krapp, M. (2012): Betriebswirtschaftliche Entscheidungslehre. 15. Aufl., München: Vahlen.

Bathe, J./Müller, D. (2002): Zur entscheidungsorientierten Phasenstruktur des Investitionscontrollings. In: Zeitschrift für Planung & Unternehmenssteuerung, 13 (4): 323–343.

[158] Vgl. Kramer/Müller (2004: 288).

[159] Vgl. Abschn. 7.6.1.

Baum, H.-G./Coenenberg, A. G./Günther, T. (2013): Strategisches Controlling. 5. Aufl., Stuttgart: Schäffer-Poeschel.
Bea, F. X./Haas, J. (2013): Strategisches Management. 6. Aufl., Stuttgart: Lucius & Lucius.
Berens, W./Delfmann, W./Schmitting, W. (2004): Quantitative Planung. 4. Aufl., Stuttgart: Schäffer-Poeschel.
Bliss, C. (2000): Management von Komplexität: Ein integrierter, systemtheoretischer Ansatz zur Komplexitätsreduktion. Gabler: Wiesbaden.
Borghoff, T. (1994): Systemorientiertes Investitions-Controlling: Ein Beitrag unter Berücksichtigung internationaler Direktinvestitionen im Sozialkontext des Unternehmens. Bovenden: Unitext.
Bossel, H. (2004): Systeme, Dynamik, Simulation: Modellbildung, Analyse und Simulation komplexer Systeme. Norderstedt: Books on demand.
Boucoiran, T. (2010): Einfluss nationaler Kultur auf das Controlling: Eine Exploration deutscher und französischer Controllingpraxis aus Sicht deutscher Unternehmen. Hamburg: Dr. Kovač.
Brockhoff, K. (1999): Produktpolitik. 4. Aufl., Stuttgart: Lucius & Lucius.
Bruhn, M./Hadwich, K. (2017): Produkt- und Servicemanagement. 2. Aufl., München: Vahlen.
Burr, W./Stephan, M./Werkmeister, C. (2011): Unternehmensführung: Strategien der Gestaltung und des Wachstums von Unternehmen. 2. Aufl., München: Vahlen.
Burschel, C. (1995): Das moderne Risiko – ökonomisches und ökologisches Denken im Widerstreit. In: Joussen, W./Hessler, A. G. (Hg.): Umwelt und Gesellschaft. Berlin: Akademieverlag, S. 257–279.
Busse von Colbe, W./Laßmann, G./Witte, F. (2015): Investitionstheorie und Investitionsrechnung. 4. Aufl., Berlin u. a.: Springer.
Chmielewicz, K. (1968): Grundlagen der industriellen Produktgestaltung. Berlin: Duncker & Humblot.
Chmielewicz, K. (1970): Die Formalstruktur der Entscheidung. In: Zeitschrift für Betriebswirtschaft, 40 (4): 239–268.
Clifford, D. K. (1965): Managing the product life cycle. In: Management Review, 54 (6): 34–38.
Coenenberg, A./Fischer, T. M./Günther, T. (2016): Kostenrechnung und Kostenanalyse. 9. Aufl., Stuttgart: Schäffer-Poeschel.
Cooper, R. G./Kleinschmidt, E. J. (1993): Screening new products for potential winners. In: Long Range Planning, 26 (6): 74–81.
Corsten, H./Gössinger, R. (2013): Produktions- und Logistikmanagement. Konstanz: UVK-Verl.-Gesellschaft.
Cox, W. E. (1967): Product life cycles as marketing models. In: Journal of Business, 40 (4): 375–384.
Cunningham, M. (1969): The application of product life cycles to corporate strategy: some research findings. In: European Journal of Marketing, 3 (1): 32–44.
Day, G. (1981): The product life cycle: analysis and applications issues. In: Journal of Marketing, 45 (4): 60–67.
Dean, J. (1950): Pricing policies for new products. In: Harvard Business Review, 28 (6): 45–53.
Denk, R./Pfneissl, T. (2009): Komplexität und Komplexitätsmanagement. In: Denk, R./Pfneissl, T. (Hg.): Komplexitätsmanagement. Wien: Linde, S. 13–49.
Dhalla, N. K./Yuseph, S. (1976): Forget the product life cycle concept! In: Harvard Business Review, 54 (1): 102–112.
Dillerup, R./Stoi, R. (2016): Unternehmensführung. 5. Aufl., München: Vahlen.
Domschke, W./Scholl, A./Voß, S. (1997): Produktionsplanung: Ablauforganisatorische Aspekte. 2. Aufl., Berlin u. a.: Springer.
Dyckhoff, H./Souren, R. (2008): Nachhaltige Unternehmensführung. Heidelberg u. a.: Springer.

Eckert, D. (1985): Risikostrukturen industrieller Forschung und Entwicklung: Theoretische und empirische Ansatzpunkte einer Risikoanalyse technologischer Innovationen. Berlin: Schmidt.

Eisenführ, F./Weber, M./Langer, T. (2010): Rationales Entscheiden. 5. Aufl., Berlin u. a.: Springer.

Fischer, K. (2004): Aspekte einer empirisch fundierten betriebswirtschaftlichen Entscheidungslehre. Wiesbaden: DUV.

Fischer, T. M./Möller, K./Schultze, W. (2015): Controlling: Grundlagen, Instrumente und Entwicklungsperspektiven. 2. Aufl., Stuttgart: Schäffer-Poeschel.

Freidank, C.-C. (2012a): Unternehmensüberwachung: Die Grundlagen betriebswirtschaftlicher Kontrolle, Prüfung und Aufsicht. München: Vahlen.

Freidank, C.-C. (2012b): Kostenrechnung: Grundlagen des innerbetrieblichen Rechnungswesens und Konzepte des Kostenmanagements. 9. Aufl., München u. a.: Oldenbourg.

Gäfgen, G. (1974): Theorie der wirtschaftlichen Entscheidung: Untersuchung zur Logik und Bedeutung des rationalen Handelns. 3. Aufl., Tübingen: J. C. B. Mohr.

Gälweiler, A. (2005): Strategische Unternehmensführung. 3. Aufl., Frankfurt/M.: Campus.

Geiger, O. (2000): Kennzahlenorientiertes Entwicklungscontrolling: Ein ganzheitliches, kennzahlenbasiertes Planungs-, Steuerungs- und Kontrollinstrument zur Analyse des Entwicklungsbereichs industrieller Unternehmen. Aachen: Shaker.

Gläser, J. (2001): Modus 2a und Modus 2b. In: G. Bender (Hg.): Neue Formen der Wissenserzeugung. Frankfurt/Main u. a.: Campus, S. 83–99.

Götze, U. (2014): Investitionsrechnung. 7. Aufl., Berlin u. a.: Springer.

Götze, U. (2010): Kostenrechnung und Kostenmanagement. 5. Aufl., Berlin u. a.: Springer.

Graumann, M. (2004): Ziele für die betriebswirtschaftliche Theoriebildung: Ein entscheidungstheoretischer Ansatz. Berlin: Duncker & Humblot.

Gutenberg, E. (1983): Grundlagen der Betriebswirtschaftslehre. Bd. 1: Die Produktion. 24. Aufl., Berlin u. a.: Springer.

Gutenberg, E. (1988): Die Unternehmung als Gegenstand betriebswirtschaftlicher Theorie. Unveränderter Nachdruck der Ausgabe von 1929. Vaduz: Topos.

Hahn, D./Hungenberg, H. (2001): PuK: Wertorientierte Controllingkonzepte. 6. Aufl., Wiesbaden: Gabler.

Hammer, R. (2015): Planung und Führung. 9. Aufl., München u. a.: Oldenbourg.

Heinen, E. (1990): Grundtatbestände betrieblicher Entscheidungen. In: Heinen, E. (Hg.): Industriebetriebslehre. Wiesbaden: Gabler, S. 323–383.

Heinen, E. (1957): Zum Begriff und Wesen der betriebswirtschaftlichen Investition. Zweiter Teil. In: Betriebswirtschaftliche Forschung und Praxis, 9 (o. A.): 85–98.

Herrmann, L. (2009): Innovationsmanagement in Business-to-Business-Geschäftsbeziehungen: Eine informationsbezogene Perspektive. Wiesbaden: Gabler.

Hirsch, B./Volnhals, M. (2012): Information overload im betrieblichen Berichtswesen – ein unterschätztes Phänomen. In: Die Betriebswirtschaft, 72 (1): 23–55.

Höft, U. (1992): Lebenszykluskonzepte: Grundlagen für das strategische Marketing- und Technologiemanagement. Berlin: Schmidt.

Horváth, P. (2011): Controlling. 12. Aufl., München: Vahlen.

Horváth, P./Gleich, R./Seiter, M. (2015): Controlling. 13. Aufl., München: Vahlen.

Hungenberg, H. (2014): Strategisches Management in Unternehmen. 8. Aufl., Wiesbaden: Gabler.

Jung, H. (2011): Personalwirtschaft. 9. Aufl., München u. a.: Oldenbourg.

Jungermann, H./Pfister, H.-R./Fischer, K. (2017): Die Psychologie der Entscheidung. 4. Aufl., Heidelberg u. a.: Spektrum, Akademie Verlag.

Kirsch, W. (1971): Entscheidungsprozesse. Bd. 2: Informationsverarbeitungstheorie des Entscheidungsverhaltens. Wiesbaden: Gabler.

Klein, R./Scholl, A. (2011): Planung und Entscheidung. 2. Aufl., München: Vahlen.

Knight, F. H. (1933): Risk, uncertainty and profit. Boston u. a.: Houghton Mifflin.
Kortzfleisch, G. von (1959): Zum Wesen der betriebswirtschaftlichen Planung. In: Ries, J./Kortzfleisch, G. von (Hg.): Betriebswirtschaftliche Planung in industriellen Unternehmungen. Berlin: Duncker & Humblot, S. 9–19.
Kosiol, E. (1968): Einführung in die Betriebswirtschaftslehre: Die Unternehmung als wirtschaftliches Aktionszentrum. Wiesbaden: Gabler.
Kramer, M./Müller, D. (2004): Realoptionsmodelle als Instrumente des Investitionscontrollings von Umweltinnovationen. In: Schwarz, E. (Hg.): Nachhaltiges Innovationsmanagement. Wiesbaden: Gabler, S. 275–306.
Krieg, W. (1971): Kybernetische Grundlagen der Unternehmungsgestaltung. Bern u. a.: Paul Haupt.
Kroeber-Riel, W. (1969): Wissenschaftstheoretische Sprachkritik in der Betriebswirtschaftslehre: Semantische und pragmatische Untersuchungen betriebswirtschaftlicher Sprachen. Berlin: Duncker & Humblot.
Krutilla, J. V. (1967): Conservations reconsidered. In: American Economic Review, 57 (4): 777–786.
Küpper, H.-U. (2011): Unternehmensethik: Hintergründe, Konzepte, Anwendungsbereiche. 2. Aufl., Stuttgart: Schäffer-Poeschel.
Küpper, H.-U./Friedl, G./Hofmann, C./Hofmann, Y./Pedell, B. (2013): Controlling: Konzeption – Aufgaben – Instrumente. 6. Aufl., Stuttgart: Schäffer-Poeschel.
Kuhn, J. (2007): Markteinführung neuer Produkte. Wiesbaden: DUV.
Lachhammer, J. L. (1977): Investitionsrechnung und Investitionsentscheidungsprozess – Bd. 1: Elemente eines verhaltenswissenschaftlichen Erklärungsmodells. München u. a.: Ernst Reinhardt.
Lambkin, M./Day, G. S. (1989): Evolutionary processes in competitive markets: beyond the product life cycle. In: Journal of Marketing, 53 (3): 4–20.
Laux, H./Gillenkirch, R. M./Schenk-Mathes, H. Y. (2014): Entscheidungstheorie. 9. Aufl., Berlin u. a.: Springer.
Laux, H./Liermann, F. (2005): Grundlagen der Organisation: Die Steuerung von Entscheidungen als Grundproblem der Betriebswirtschaftslehre. 6. Aufl., Berlin u. a.: Springer.
Lenders, M. J. E. (2009): Beschleunigung der Produktentwicklung durch Lösungsraum-Management. Aachen: Shaker.
Levitt, T. (1965): Exploit the product life cycle. In: Harvard Business Review, 43 (6): 81–94.
Levitt, T. (1966): Putting the product life cycle to work. In: Management Review, 55 (1): 19–23.
Liebl, F. (1996): Strategische Frühaufklärung: Trends – Issues – Stakeholders. München u. a.: Oldenbourg.
Macharzina, K./Wolf, J. (2018): Unternehmensführung: Das internationale Managementwissen. Konzepte – Methoden – Praxis. 10. Aufl., Wiesbaden: Gabler.
Meffert, H. (1974): Interpretation und Aussagewert des Produktlebenszyklus-Konzepts. In: Hammann, P./Kroeber-Riel, W./Schnutenhaus, O. R. (Hg.): Neuere Ansätze der Marketingtheorie. Festschrift zum 80. Geburtstag von Otto R. Schnutenhaus. Berlin: Duncker & Humblot, S. 85–134.
Mintzberg, H. (1994): Rethinking strategic planning part II: new roles for planners. In: Long Range Planning, 27 (3): 22–30.
Mintzberg, H. (1978): Patterns in strategy formation. In: Management Science, 24 (9): 934–948.
Mintzberg, H./Waters, J. (1985): Of strategies, deliberate and emergent. In: Strategic Management Journal, 6 (3): 257–272.
Müller, D. (2004): Realoptionsmodelle und Investitionscontrolling im Mittelstand. Wiesbaden: DUV.
Müller, D. (2005): Modell der Tauschrealoptionen als Instrument des Investitionscontrollings. In: Zeitschrift für Controlling und Management, 49 (1): 47–62.

Müller, D. (2007): Bestimmungsfaktoren der Improvisation im Unternehmen. In: Zeitschrift für Planung & Unternehmenssteuerung, 18 (3): 255–277.

Müller, D. (2009a): Einsatz und Beurteilung formaler und mentaler Modelle des Investitionscontrollings. In: Müller, D. (Hg.): Controlling für kleine und mittlere Unternehmen. München u. a.: Oldenbourg, S. 475–505.

Müller, D. (2009b): Betrachtung emergenter Strategien durch das Prisma der Improvisation. In: Zeitschrift für Management, 4 (3): 283–304.

Müller, D. (2017): Analyse der Improvisation als Problemlösungsalternative in KMU. In: Müller, D. (Hg.): Controlling für kleine und mittlere Unternehmen. 2. Aufl., München: DeGruyter-Oldenbourg, S. 394–428.

Müller, D./Münnich, A. (2011): Konsequenzen internationaler Rechnungslegung für das F&E-Controlling. In: Funk, W./Rossmanith, J. (Hrsg.): Internationale Rechnungslegung und Internationales Controlling. Wiesbaden: Gabler, 2. Aufl., S. 569–594.

Müller, K. (1996): Allgemeine Systemtheorie: Geschichte, Methodologie und sozialwissenschaftliche Heuristik eines Wissenschaftsprogramms. Opladen: Westdt. Verl.

Neuberger, O. (2000): Dilemmata und Paradoxa im Managementprozess – Grenzen der Entscheidungsrationalität. In: Schreyögg, G. (Hg.): Funktionswandel im Management. Berlin: Duncker & Humblot, S. 173–220.

Ott, F. (2000): Strategisches Investitionscontrolling in internationalen Konzernen: Konzeption und Umsetzung in der chemischen Industrie. Wiesbaden: DUV.

Pack, L. (1959): Betriebliche Investition. Wiesbaden: Gabler.

Patton, A. (1968): Top management's stake in the product life cycle. In: Britt, S./Boyd, H. (Hg.): Marketing management and administrative action. New York: McGraw-Hill, S. 321–331.

Penrose, E. (1952): Biological analogies in the theory of the firm. In: American Economic Review, 42 (5): 804–819.

Pfaff, D./Bärtl, O. (2000): Akquisition und Desinvestition aus wertorientierter Sicht. In: Wagenhofer, A./Hrebicek, G. (Hg.): Konzepte und Umsetzungen zur Unternehmenswertsteigerung. Stuttgart: Schäffer-Poeschel, S. 65–94.

Pfeiffer, W. (1971): Allgemeine Theorie der technischen Entwicklung als Grundlage einer Planung und Prognose des technischen Fortschritts. Göttingen: Vandenhoeck & Ruprecht.

Pfeiffer, W./Weiß, E./Volz, T./Wettengl, S. (1997): Funktionalmarkt-Konzept zum strategischen Management prinzipieller technologischer Innovationen. Göttingen: Vandenhoeck & Ruprecht.

Pfingsten, F. (1998): Shareholder-Value im Lebenszyklus: Methoden einer marktwertorientierten Unternehmensführung. Wiesbaden: DUV.

Polli, R./Cook, V. (1969): Validity of the product life cycle. In: Journal of Business, 42 (4): 385–400.

Ponick, E. (2007): Gremienentscheidungen unter Beachtung nicht vergleichbarer Alternativen. Köln: Wissenschaftsverlag.

PricewaterhouseCoopers (Hg.) (2010): Investitionscontrolling: Ergebnisse einer Umfrage unter Verantwortlichen kapitalmarktorientierter und mittelständischer Unternehmen in Deutschland. Düsseldorf: o. A.

Rehkugler, H. (2007): Grundzüge der Finanzwirtschaft. München u. a.: Oldenbourg.

Rheinberger, H.-J. (1999): Strukturen des Experimentierens: Zum Umgang mit dem Nichtwissen. In: Bödeker, H. E./Reill, P. H./Schlumbohm, J. (Hg.): Wissenschaft als kulturelle Praxis, 1750–1900. Göttingen: Vandenhoeck & Ruprecht, S. 415–423.

Riesenhuber, M. (2006): Die Fehlentscheidung: Ursache und Eskalation. Wiesbaden: DUV.

Riezler, S. (1996): Lebenszyklusrechnung: Instrument des Controlling strategischer Projekte. Wiesbaden: DUV.

Rink, D. R./Swan, J. E. (1979): Product life cycle research: a literature review. In: Journal of Business Research, 7 (3): 219–242.

Rogers, E. (2003): Diffusion of innovations. 5. Aufl., New York u. a.: Free Press.
Rollberg, R. (2012): Operativ-taktisches Controlling. München: Oldenbourg.
Rosenkranz, F./Missler-Behr, M. (2005): Unternehmensrisiken erkennen und managen. Berlin u. a.: Springer.
Sander, M. (2011): Marketing-Management. 2. Aufl., Stuttgart: UVK-Verlag.
Schäfer, H. (2005): Unternehmensinvestitionen. 2. Aufl., Heidelberg: Physica.
Schäffer, U. (2001): Kontrolle als Lernprozess. Wiesbaden: DUV.
Schäffer, U. (2004): Rationalitätssicherung durch Kontrolle. In: Scherm, E./Pietsch, G. (Hg.): Controlling: Theorien und Konzeptionen. München: Vahlen, S. 487–500.
Schätzle, G. (1965): Forschung und Entwicklung als unternehmerische Aufgabe. Köln u. a.: Westdt. Verlag.
Schiemenz, B./Seiwert, L. (1979): Ziele und Zielbeziehungen in der Unternehmung. In: Zeitschrift für Betriebswirtschaft, 49 (7): 581–603.
Schneeweiß, C. (1991): Planung. Bd. 1: Systemanalytische und entscheidungstheoretische Grundlagen. Berlin u. a.: Springer.
Schneider, D. (1992): Investition, Finanzierung und Besteuerung. 7. Aufl., Wiesbaden: Gabler.
Schneider, D. (1993): Betriebswirtschaftslehre. Bd. 1: Grundlagen. München u. a.: Oldenbourg.
Schneider, D. (2001): Betriebswirtschaftslehre. Bd. 4: Geschichte und Methoden der Wirtschaftswissenschaft. München u. a.: Oldenbourg.
Schneider, E. (1951): Wirtschaftlichkeitsrechnung. Tübingen: J. C. B Mohr.
Schneider, H./Dittrich, H. (2000): F&E-Management. In: Schneider, H. (Hg.): Produktionsmanagement in kleinen und mittleren Unternehmen. Stuttgart: Schäffer-Poeschel, S. 89–148.
Scholz, L. (1976): Definition und Abgrenzung der Begriffe Forschung, Entwicklung, Konstruktion. Beitrag 2020. In: Moll, H./Warnecke,H. (Hg.): RKW-Handbuch Forschung, Entwicklung, Konstruktion (F&E). Bd. 1. Berlin: Erich Schmidt, S. 1–26.
Schultz, M. B. (2005): Anreizorientiertes Investitionscontrolling mit vollständigen Finanzplänen: Ein Referenzmodell für Investment Center. Berlin: Logos.
Schwaninger, M. (2005): Systemorientiertes Design – ganzheitliche Perspektive in Innovationsprozessen. In: Schäppi, B./Andreasen, M./Kirchgeorg, M./Radermacher, F.-J. (Hg.): Handbuch Produktentwicklung. München, Wien: Hanser, S. 29–56.
Schwarz, R. (2002): Controlling-Systeme: Eine Einführung in Grundlagen, Komponenten und Methoden des Controlling. Wiesbaden: Gabler.
Schweitzer, M./Küpper, H.-U./Friedl, G./Hofmann, C./Pedell, B. (2016): Systeme der Kosten- und Erlösrechnung. 11. Aufl. München: Vahlen.
Sieben, G./Schildbach, T. (1975): Betriebswirtschaftliche Entscheidungstheorie. Tübingen: J. C. B. Mohr.
Sierke, B. R. A. (1990): Investitions-Controlling im Controlling-System: Darstellung eines integrierten Ansatzes mit Hilfe ausgewählter linearer Dekompositionsverfahren. Korbach: Bing.
Specht, G./Beckmann, C./Amelingmeyer, J. (2002): F&E-Management. 2. Aufl. Stuttgart: Schäffer-Poeschel.
Staehle, W. (1999): Management: Eine verhaltenswissenschaftliche Perspektive. 8. Aufl., München: Vahlen.
Steinmann, H./Schreyögg, G./Koch, J. (2013): Management: Grundlagen der Unternehmensführung: Konzepte – Funktionen – Fallstudien. 7. Aufl., Wiesbaden: Gabler.
Szyperski, N./Winand, U. (1974): Entscheidungstheorie. Stuttgart: Poeschel.
Thissen, S. (2000): Strategisches Desinvestitionsmanagement: Entwicklung eines Instrumentariums zur Bewertung ausgewählter Desinvestitionsformen. Berlin: Peter Lang.
Tiefel, T. (2007): Technologielebenszyklus-Modelle – eine kritische Analyse. In: Tiefel, T. (Hg.): Gewerbliche Schutzrechte im Innovationsmanagement. Wiesbaden: DUV, S. 25–49.

Trender, L. (2000): Entwicklungsintegrierte Kalkulation von Produktlebenszykluskosten auf Basis der ressourcenorientierten Prozeßkostenrechnung. Karlsruhe: o. A.

Voigt, K.-I. (1992): Strategische Planung und Unsicherheit. Wiesbaden: Gabler.

Voigt, K.-I. (1998): Strategien im Zeitwettbewerb: Optionen für Technologiemanagement und Marketing. Wiesbaden: Gabler.

Voigt, K.-I. (2008): Industrielles Management: Industriebetriebslehre aus prozessorientierter Sicht. Heidelberg u. a.: Springer.

Weber, J./Schäffer, U. (2016): Einführung in das Controlling. 15. Aufl., Stuttgart: Schäffer-Poeschel.

Weibler, J. (2016): Personalführung. 3. Aufl., München: Vahlen.

Weisbrod, B. A. (1964): Collective-consumption services of individual-consumption goods. In: Quarterly Journal of Economics, 78 (3): 471–477.

Welge, M. K./Al-Laham, A./Eulerich, M. (2017): Strategisches Management: Grundlagen – Prozess – Implementierung. 7. Aufl., Wiesbaden: Springer Gabler.

Werner, H. (1997): Strategisches Forschungs- und Entwicklungs-Controlling. Wiesbaden: DUV.

Wild, J. (1974): Grundlagen der Unternehmungsplanung. Opladen: Westdt. Verlag.

Witte, E. (1968): Phasen-Theorem und Organisation komplexer Entscheidungsverläufe. In: Schmalenbachs Zeitschrift für betriebswirtschaftliche Forschung, 20 (10): 625–647.

Witte, T. (1979): Heuristisches Planen. Wiesbaden: Gabler.

Wittmann, W. (1959): Unternehmung und unvollkommene Information: Unternehmerische Voraussicht, Ungewissheit u. Planung. Köln, u. a.: Westdt. Verlag.

Wöhler, H. (1981): Betriebliche Desinvestitionsplanung: Untersuchungen zum Ablauf desinvestitionsorientierter Entscheidungsprozesse. Düsseldorf: Mannhold.

Wolf, J. (2013): Organisation, Management, Unternehmensführung: Theorien und Kritik. 5. Aufl., Wiesbaden: Gabler.

Zangemeister, C. (1976): Nutzwertanalyse in der Systemtechnik: eine Methodik zur multidimensionalen Bewertung und Auswahl von Projektalternativen. 4. Aufl., München: Wittemann.

Zehbold, C. (1996): Lebenszykluskostenrechnung. Wiesbaden: Gabler.

Zelewski, S. (1989): Komplexitätstheorie als Instrument zur Klassifizierung und Beurteilung von Problemen des Operations Research. Braunschweig: Vieweg.

Zelewski, S. (2008): Grundlagen. In: Corsten, H./Reiß, M. (Hg.): Betriebswirtschaftslehre. Bd. 1: Grundlagen, internes Rechnungswesen, externes Rechnungswesen, Beschaffung, Produktion und Logistik, Marketing, Investition und Finanzierung. 4. Aufl., München u. a.: Oldenbourg.

Zimmermann, H.-J./Gutsche, L. (1991): Multi-Criteria Analyse: Einführung in die Theorie der Entscheidungen bei Mehrfachzielsetzungen. Berlin u. a.: Springer.

Zobel, D. (2006): Systematisches Erfinden. 4. Aufl., Renningen: expert-Verl.

Normen und Richtlinien

DIN 31051 (09/2012): Grundlagen der Instandhaltung.

DIN EN 13306 (12/2010): Instandhaltung – Begriffe der Instandhaltung.

VDI 2221 (10/1993): Methodik zum Entwickeln und Konstruieren technischer Systeme und Produkte.

Grundlagen des Investitionscontrollings **2**

2.1 Konzeptionen des Investitionscontrollings

2.1.1 Begriff und Konzeptionen des Controllings

Controlling hat sich seit Beginn des 20. Jh. als Ergebnis des Versuchs herausgebildet, Unternehmen besser lenken und steuern zu können. Gespeist wurden diese wissenschaftlichen Anstrengungen aus den Sozialwissenschaften, dem Rechnungswesen, der Kybernetik (die erst später eine Rolle spielte) und der Managementlehre (vgl. Abb. 2.1).

Ausgehend von englischsprachigen Darstellungen aus dem Gebiet der Unternehmensführung und der Unternehmenssteuerung wurde aus dem Englischen das Wort „to control“ in die deutsche Sprache übernommen.[1] Dabei wurde jedoch das Wort „Controlling“ geschaffen und als „englische“ Bezeichnung deklariert. Diese Übernahme verfolgte unterschiedliche Intentionen und schuf demzufolge sehr unterschiedliche Erklärungen und deutschsprachige Interpretationen.[2] Im Englischen existieren lediglich die Begriffe „Controllership“ und „Controller“.

Auf eine Darstellung sämtlicher Entwicklungslinien des Controllings wird nicht weiter eingegangen, sondern auf die weiterführende Literatur verwiesen.[3] Zur Diskussion des Controlling-Begriffs werden deshalb nur die wichtigsten Entwicklungen in der jüngsten Vergangenheit in Deutschland skizziert.

[1] Frühe Ansätze der Management-Literatur klassifizieren den Führungsprozess in die folgenden Bestandteile: planning – control – co-ordination – motivation. Vgl. Brech (1963: 13). Interessanterweise wurden auch schon zum damaligen Zeitpunkt im englischsprachigen Diskurs mögliche (Fehl-)Interpretationen des Begriffes „to control“ diskutiert. „*The true nature of control in business is frequently misunderstood. This is due partly to ambiguity as to the meaning of the word, and partly owing to the difficulty of getting a comprehensive picture of the way control operates.*“ Betham (1963: 637).

[2] Vgl. Harbert (1982: 4–33); Richter (1987: 15–37).

[3] Vgl. Lingnau (1998); Schwarz (2002: 22–52).

D. Müller, *Investitionsrechnung und Investitionscontrolling*, Springer-Lehrbuch,
https://doi.org/10.1007/978-3-662-57609-0_2

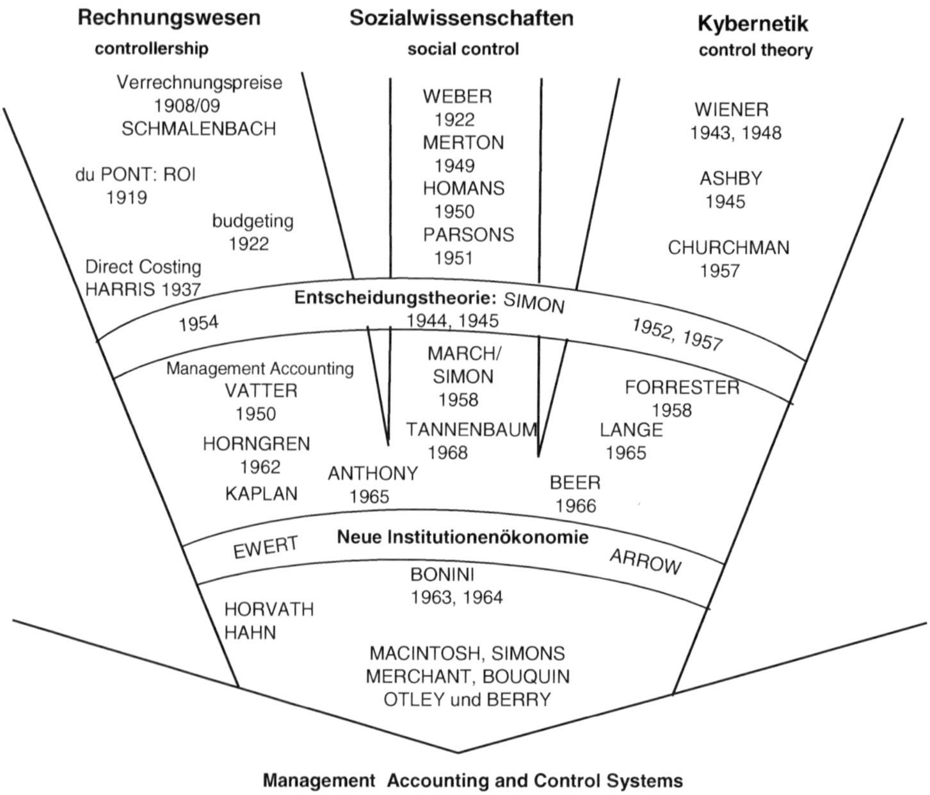

Abb. 2.1 Historische Entwicklungslinien des Controllings. Quelle: Schwarz (2002: 51)

Eine einheitliche Definition des Ausdrucks „Controlling" ist in der Literatur und in der Praxis nicht zu finden.[4] Dies ist auch kaum zu erwarten, denn aus dem Fehlen einer allgemein akzeptierten Definition kann nicht auf die Notwendigkeit der Existenz einer solchen geschlossen werden.[5] Es ist jedem Forscher freigestellt, Definitionen so zu treffen, wie er es für seine Untersuchung für zweckmäßig hält. Die Zweckmäßigkeit einer Definition lässt sich objektiv nicht beurteilen, jedoch kann die Definitionsgüte an ihrer Überzeugungskraft unter den Adressaten gemessen werden.[6] Überzeugungskraft ist dahingehend zu verstehen, dass darzulegen ist, welchen Vorteil die Einführung und Verwendung eines Begriffes bietet.

Die hohen Erwartungen und die weite Verbreitung des Begriffes in der Praxis standen in den ersten Jahren im Gegensatz zu der Zurückhaltung und der teilweisen Ablehnung des

[4] Vgl. Horváth/Gleich/Seiter (2015: 13–31); Buchholz (2013: 10–14); Franz (2017).
[5] Vgl. Schaub (1997: 15).
[6] Vgl. Boysen/Ringle (2008: 13).

Begriffes in der Wissenschaft.[7] Der Terminus wird in unterschiedlichen Zusammenhängen und zu differenten Zeitpunkten verschieden definiert.[8]

Dies ist durch den Prozess des Sprachwandels in der Praxis bedingt, in dem sich eine ständige Veränderung der Controlling-Funktion im Zeitablauf widerspiegelt und der Begriff „Controlling" mit einer Vielzahl von Explikationen verbunden wird. Auch aus diesem Grund sind Versuche, eine zutreffende Bedeutung des Begriffes „Controlling" durch etymologische Analysen abzuleiten, zum Scheitern verurteilt. Dies umso mehr, da derartige Untersuchungen zur Definitionsbildung völlig ungeeignet sind.[9]

Zum anderen gehen die theoretischen Bemühungen zur Abgrenzung des Begriffes einher mit Versuchen zur Schaffung einer Konzeption, um auf diesem Wege eine Klärung des Begriffes zu erreichen. Bezeichnenderweise erklären viele Definitionsversuche nicht, was dem Controlling eigen ist.[10] Eine Konzeption hat drei Anforderungen zu erfüllen:[11]

- Es muss eine eigenständige Problemstellung erkennbar sein.
- Für diese Problemstellung müssen theoretische Ansätze entwickelt werden.
- Diese Ansätze müssen sich in der Praxis bewähren.

Der Prozess der Konzeption des Controllings verlief jedoch umgekehrt. Er ging von der Praxis aus und ist auf diese ausgerichtet. Die Theorie reagiert erst nach einer gewissen Zeitverzögerung mit theoretischen Erklärungs- und Strukturierungsbeiträgen.[12] Die Frage nach der eigenständigen Problemstellung konnte in der Theorie – noch – nicht erschöpfend beantwortet werden. Als Ergebnis dieses Prozesses wurden verschiedene grundsätzliche Ausrichtungen entwickelt, von denen sich (noch) keine durchsetzen konnte.[13] Ziel der Begriffsbestimmungen ist es, das Wesentliche des Controllings herauszuarbeiten. Es soll auf diese Weise der Kern bestimmt werden (vgl. Abb. 2.2), der das Controlling derart kennzeichnet, dass es eineindeutig beschrieben und von anderen Teilgebieten der Betriebswirtschaftslehre abgegrenzt werden kann.

Je nach Auflösungs- und Differenzierungsgrad kann eine unterschiedliche Zahl bestehender Controlling-Konzeptionen festgestellt werden. Aus dieser Vielzahl werden einige der grundlegenden Konzeptionen herausgestellt (vgl. Tab. 2.1).[14]

---

[7] Vgl. Küpper (1993: 648); Schäffer/Binder/Gmür (2006).

[8] Vgl. Weber/Kosmider (1991: 32–33). Die in der Praxis festgestellten großen Unterschiede im Entwicklungsstand des unternehmerischen Controllings sind signifikant kontextabhängig, wobei externe und interne Einflussfaktoren prägend sind. Vgl. Niedermayr (1995: 168).

[9] Vgl. Fischer-Winkelmann (1975: 102); Buchner (1981: 175).

[10] Vgl. Richter (1987: 50–54).

[11] Vgl. Küpper et al. (2013: 10–11).

[12] Vgl. Binder (2006: 142–147).

[13] Es bleibt darauf hinzuweisen, dass die Durchsetzung von Begriffen eng mit der Durchsetzung von Theorien verknüpft ist. Vgl. Chmielewicz (1994: 52).

[14] In diese Übersicht sind nicht sämtliche Konzeptionen aufgenommen worden. Daneben existieren noch weitere Konzeptionen, wie z. B. die wertschöpfungsorientierte Konzeption von BECKER. Vgl. Becker/Baltzer/Ulrich (2014: 49–69).

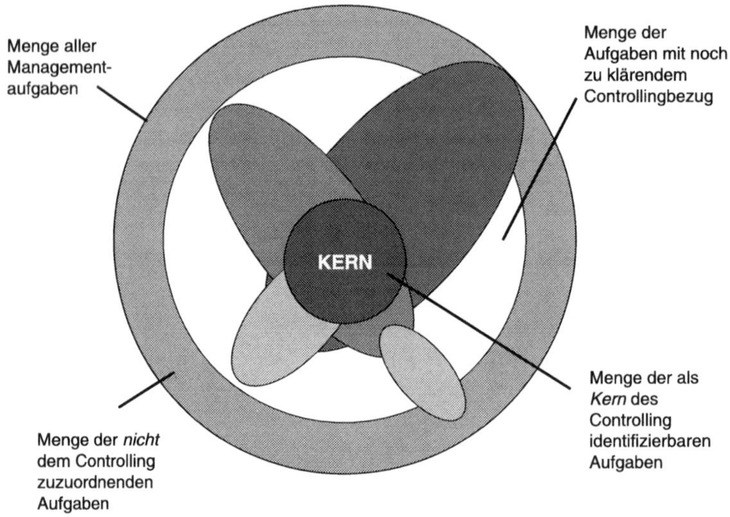

Abb. 2.2 Kernaufgaben des Controllings. Quelle: Dyckhoff/Ahn (2002: 115)

Im Folgenden wird nur ein kurzer Überblick über die wichtigsten Entwicklungen gegeben. Zur ersten Gruppe zählen die frühen Definitionsversuche, die die Informationsversorgungsfunktion des Controllings im Mittelpunkt sehen. Dabei zählen die Beschaffung, Aufbereitung und Prüfung von Informationen zum Zweck der Unternehmenssteuerung zu den Wesensmerkmalen. Reichmann vertritt noch in der aktuellen Diskussion diese Konzeption und sieht die primäre Aufgabe des Controllings in der entscheidungsproblembezogenen Informationsversorgungsfunktion der Führungskräfte.[15]

„Controlling ist die zielbezogene Unterstützung von Führungsaufgaben, die der systemgestützten Informationsbeschaffung und Informationsverarbeitung zur Planerstellung, Koordination und Kontrolle dient, es ist eine rechnungswesen- und vorsystemgestützte

Tab. 2.1 Konzeptionen des Controllings. Quelle: Eigene Darstellung, in Anlehnung an: Guenther (2013: 275–283); Friedl (2013: 96); Wall (2008: 467); Mäder/Hirsch (2017: 95)

Controlling-Konzeption		Beispielhafte Vertreter
Informationsorientierte Konzeptionen	– rein informationsorientiert	– Reichmann
	– planungsorientiert	– Hahn/Hungenberg
	– regelungsorientiert	– Baum/Coenenberg/Günther
Koordinationsorientierte Konzeptionen	– planungs- und kontrollsystemorientiert	– Horváth
	– führungssystemorientiert	– Küpper
	– metaführungsorientiert	– Weber
Rationalitätsorientierte Konzeption		– Weber/Schäffer
Kognitionsorientierte Konzeption		– Lingnau

[15] Vgl. Reichmann (1985: 889–891); Reichmann/Kißler/Baumöl (2017: 12–25).

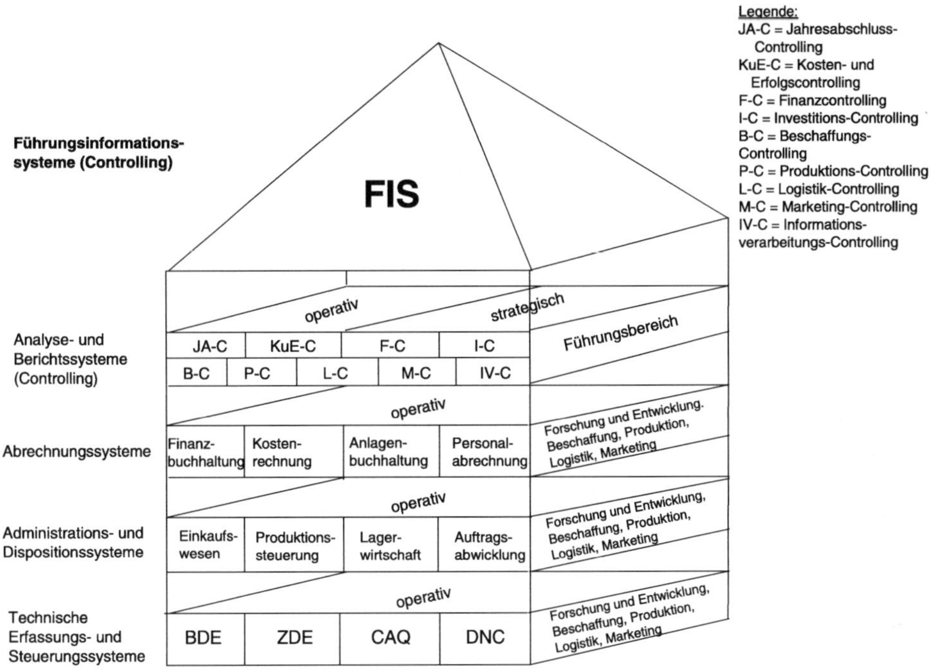

Abb. 2.3 Bausteine der Controllingkonzeption von REICHMANN. Quelle: Reichmann/Kißler/Baumöl (2017: 13)

Systematik zur Verbesserung der Entscheidungsqualität auf allen Führungsstufen der Unternehmung."[16]

Controlling entspricht aus dieser Betrachtung einem umfassenden System zur Information der Führungsebene bzw. bei Führungshandlungen (vgl. Abb. 2.3).

HAHN/HUNGENBERG spezifizieren diesen Ansatz für die Koordination der Unternehmensplanung mit Blick auf die Einzelpläne.[17] Dieses Verständnis wird von BAUM/COENENBERG/GÜNTHER adaptiert mit der Konzentration auf die informationstechnische Vernetzung und zielorientierte Regelung dezentraler Einheiten.[18]

Die Interpretation von Controlling als Informationsversorgung der Führung kann als die älteste Auffassung eingeordnet werden. Diese Sichtweise wurde dahingehend erweitert, dass in dezentral organisierten Unternehmen mit der Aufgabe der bedarfsgerechten Bereitstellung entscheidungsrelevanter Informationen die Notwendigkeit der **Verringerung von Informationsasymmetrien** verbunden ist und die Motivation der dezentralen

[16] Reichmann/Kißler/Baumöl (2017: 19).
[17] Vgl. Hahn/Hungenberg (2001: 272–275).
[18] Vgl. Baum/Coenenberg/Günther (2013: 6).

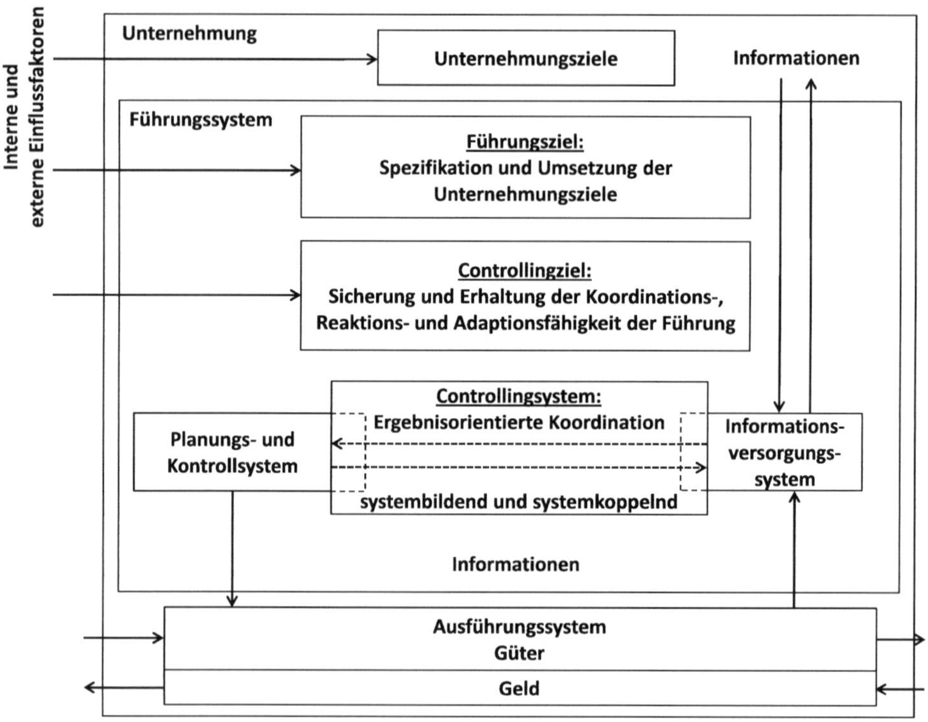

Abb. 2.4 Koordinationsorientierte Sichtweise. Quelle: Horváth/Gleich/Seiter (2015: 57)

Entscheidungsträger zu unternehmenszielkonformem Verhalten eine weitere Controllingaufgabe darstellt.[19]

Mit dem Ansatz, Controlling als unterstützendes Subsystem der Führung zu definieren, das die Planung, die Kontrolle und die Informationsversorgung koordiniert, entwickelten MÜLLER und HORVÁTH die **koordinationsorientierte Sichtweise**.[20] Aufbauend auf systemtheoretischen Überlegungen interpretiert HORVÁTH das Unternehmen sowie dessen Bereiche als Systeme (vgl. Abb. 2.4). Um das System „Unternehmen“ steuern zu können, bedarf es in einem **ersten Schritt** der Herausbildung von Teilsystemen, die im **zweiten Schritt** miteinander zu koppeln sind.

Je komplexer und dynamischer die Unternehmensumwelt ist und je stärker die einzelnen Teilsysteme des Unternehmens ausdifferenziert sind, umso größer ist die Notwendigkeit der Koordination. Aus dieser allgemeinen Funktion wird auf der sekundären Ebene eine Reihe von konkreten Funktionen abgeleitet (Abb. 2.5).

KÜPPER entwickelte den begrenzt führungsgestaltenden Koordinationsansatz von HORVÁTH zu einem umfassenden Koordinationsansatz weiter. Auch WEBER baute in

[19] Vgl. Schaefer/Lange (2004); Dahlhaus (2009: 50–51).
[20] Vgl. Müller (1974); Horváth (1978).

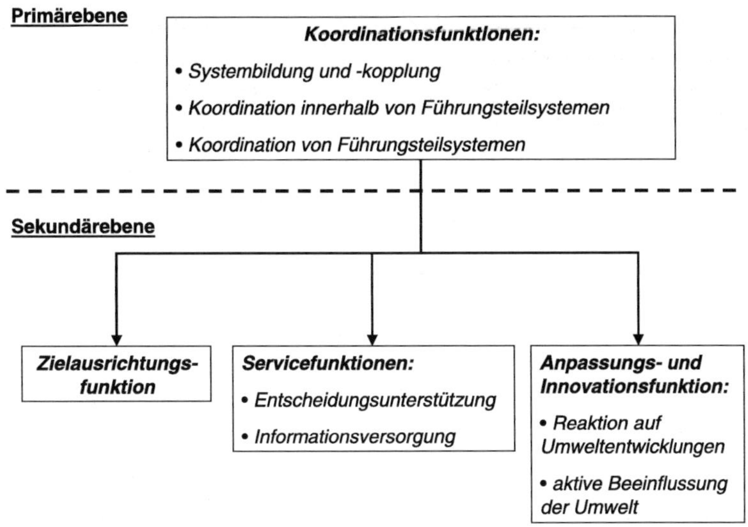

Abb. 2.5 Controllingfunktionen in der koordinationsorientierten Sichtweise. Quelle: Eigene Darstellung, in Anlehnung an: Horváth (2011: 127); Ossadnik (2009: 33); Troßmann (2018: 17)

seinen frühen Arbeiten auf der koordinationsorientierten Sichtweise auf und erweiterte diese zu einem Metaführungsansatz.[21]

Die Eigenständigkeit des Controllings auf Basis des Koordinationsansatzes wird von Kritikern mit der Begründung zu widerlegen versucht, die systembildenden Aufgaben stellten elementare Problemfelder der Organisation und nicht des Controllings dar.[22] Zusätzlich wird festgestellt, dass mit der Aufgabe der Koordination der Führung eine Führung der Führung, die Meta-Führung entsteht. Auf diese Weise wird dem Controlling zu viel zugemutet.[23]

Auch gegen die anderen skizzierten Sichtweisen wird der Vorwurf erhoben, schon besetzte Gebiete der Betriebswirtschaft mit einem neuen Begriff zu belegen, womit die Eigenständigkeit des Controllings generell in Frage gestellt wird. Diese Kritik wird seit längerer Zeit und auch aktuell immer wieder vorgetragen.[24] So bescheinigt SJURTS den bis dahin existierenden Ansätzen einen eklektischen Charakter.[25] ROLLBERG urteilt:*„Aus rein funktionaler Sicht bleibt es also dabei, dass das ‚deutsche' Wort ‚Controlling' ein*

[21] Vgl. Weber (1995: 31–50).
[22] Vgl. Wall (2000: 302); Buchner (1981: 175).
[23] Vgl. Messner (2008: 231).
[24] Vgl. Kappler (2002). Vgl. weiterhin die Kontroverse zwischen Schneider (1991) und Weber (1991).
[25] Vgl. Sjurts (1995: 249).

***verzichtbarer englisch klingender Oberbegriff** ist, weil alle diskutierten Elemente des Controllings der Unternehmensführung zu subsummieren sind.*"[26] LINGNAU konstatiert eine konzeptionelle Orientierungslosigkeit in diesem Bereich.[27]

Aus den rezipierten Kritiken heraus und auf der Basis eigener Kritik des koordinationsorientierten Controllings, dessen Verständnis und Verbreitung er selbst maßgeblich geprägt hatte, wählt WEBER eine integrative Sichtweise des Controllings, womit er eine neue Konzeption begründen möchte. Grundlage des Ansatzes von WEBER ist der Gedanke, dass Controlling die **Rationalität sicherzustellen** hat. Der Gedanke, die Rationalitätssicherung als eine Teilaufgabe des Controllings zu betrachten, wurde schon verschiedentlich vorgetragen. Jedoch ist die umfassende Konzeption des Controllings als Rationalitätssicherung in der Literatur so explizit noch nicht dargestellt worden. In Abhängigkeit vom Betrachtungskontext werden in der Betriebswirtschaftslehre verschiedene Arten von Rationalität unterschieden.[28]

In der Controlling-Konzeption von WEBER wird die Rationalität als Zweckrationalität verstanden.[29] Die Sicherung der Rationalität besteht aus Handlungen zur Erhöhung der Wahrscheinlichkeit, dass die Realisierung der Akteure den antizipierten Zweck-Mittel-Beziehungen entspricht. Rationales Handeln wird in der betrieblichen Praxis durch zahlreiche Gründe erschwert, was zu Entscheidungsanomalien führt und die Sicherstellung der Rationalität notwendig macht. Die Rationalität wird durch interne oder externe Engpässe beschränkt.[30] Unter Rückgriff auf den idealtypischen Führungszyklus, der sich aus den Phasen Willensbildung, Willensdurchsetzung und Kontrolle (die Phase der Ausführung wird mit eingebunden, stellt jedoch keine eigenständige Phase dar) zusammensetzt, wird diese Konzeption konkretisiert, wobei sich der Fokus bei WEBER auf die Willensbildung richtet. Ein als Rationalitätssicherstellung verstandenes Controlling ist im Umfang und in der Ausprägung abhängig von der Existenz und Feststellbarkeit von Rationalitätsengpässen. Diese Engpässe führen zu Ergebniseinbußen, so dass sie zu identifizieren, bewerten und gegebenenfalls zu verringern oder zu beseitigen sind.[31]

In dieser Betrachtungsweise existieren zwei Kategorien von Defiziten, die das rationale Führungshandeln erschweren können: **Wollensdefizite** und **Könnensdefizite**. Wollensdefizite resultieren aus der mangelnden Motivation der Führung. Könnensdefizite hingegen basieren auf einer unzureichenden funktionalen und/oder extra-funktionalen **Qualifikation** oder auf Defiziten in der **Wahrnehmung** von Problem und Situation durch die Führung.[32] Wahrnehmungsdefizite können vielfältige Ursachen und Ausprägungen haben.[33]

---

[26] Rollberg (2012: 5) Hervorhebungen im Original.
[27] Vgl. Lingnau/Koffler (2013a: 23).
[28] Zur Diskussion der verschiedenen Arten von Rationalität vgl. Abschn. 1.1.
[29] Vgl. Weber/Schäffer (2016: 47–50).
[30] Vgl. Weber/Schäffer/Langenbach (1999: 30); Weber (2000: 1931–1932).
[31] Vgl. Weber/Schäffer (1999a: 207–211); Pritsch/Weber (2001: 176).
[32] Vgl. Irle (2011: 77–81); Riesenhuber (2006: 161).
[33] Zu einer ausführlichen Darstellung von Wahrnehmungsdefiziten vgl. Abschn. 3.2.1.2.

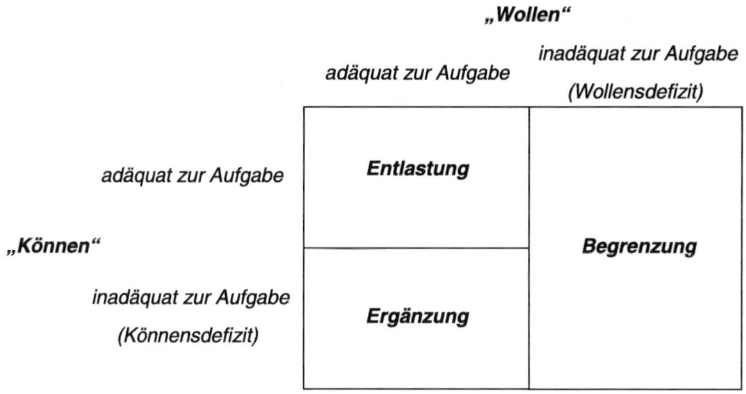

Abb. 2.6 Prinzipielle Controller-Aufgaben in Abhängigkeit von Manager-Eigenschaften. Quelle: Weber/Schäffer (2016: 43)

Könnens- und Wollensdefizite können isoliert oder in Kombination auftreten, was zu unterschiedlichen Controlling-Aufgaben führt (vgl. Abb. 2.6).

Entlastungsaufgaben ergeben sich, wenn Qualifikation und Motivation der Aufgabe entsprechen. Der Manager könnte in kognitiver Hinsicht die Aufgabe lösen und ist auch motiviert, dies zu tun. Jedoch delegiert er die Aufgabe aus Gründen der Effizienz an den Controller, der in diesem Fall eine reine Dienstleistungsfunktion erfüllt.

Ergänzungsaufgaben resultieren aus der mangelnden Qualifikation des Managers und/oder einer unzutreffenden Wahrnehmung des Problems bzw. der Situation durch den Manager bei gleichzeitig vorhandener Motivation. Damit ist eine wesentliche Rolle des Controllers beschrieben. Der Controller dient als kritische, kognitive Instanz, die die Ideen, Annahmen, Modelle und Ergebnisse des Managers auf Fehler und Abweichungen hin prüft. Der Controller stellt Fakten- und Methodenwissen bereit, über das der Manager nicht verfügt bzw. an dem der Manager sein Wissen gegenchecken kann.

Begrenzungsaufgaben entstehen aus Abweichungen der Ziele des Managers von den Zielen, die ihm von der Zentrale vorgegeben wurden. Wird der Manager als eigennutzenmaximierender Akteur betrachtet, treten oftmals Differenzen zwischen dem Manager-Nutzen und dem Unternehmens-Nutzen auf. Diese Abweichungen zu erkennen und durch Begrenzung der Manager-Handlungen in Übereinstimmung zu bringen, ist eine weitere Aufgabe des Controllers.

Die grafische Darstellung in Abb. 2.6 suggeriert eine Trennschärfe, die in der Realität nicht vorhanden ist. Es wird in den wenigsten Fällen gelingen, Wollens- und Könnens-Defizite voneinander zu trennen bzw. werden diese kaum in Reinform vorliegen. Demzufolge werden auch die Controller-Aufgaben nicht derart scharf abgrenzbar sein.

Neben den bisher geschilderten Fällen sind **„Dürfensdefizite“** als Grundlage für Ergänzungsaufgaben des Controlllers zu erwähnen. Diese liegen in der mangelnden formalen Kompetenz des Managers begründet und fordern den Controller als ergänzenden

Partner. Dies ist z. B. bei Investitionsanträgen häufig der Fall. Dieses Defizit ist jedoch nicht als klassisches Rationalitätsdefizit einzuordnen, da es nicht auf den Fähigkeiten des Managers basiert, sondern auf der mangelnden ihm zugewiesenen formalen Kompetenz.

Durch das Prisma der Rationalität betrachtet, lassen sich die verschiedenen Controlling-Ansätze den unterschiedlichen Engpässen der jeweiligen Entstehungs- und Verbreitungszeit von Controlling-Konzeptionen zuordnen.[34] Für die unterschiedlichen Aufgabenstellungen und Zeitabschnitte stellen die Versuche zur Konzeption und Definition des Controllings Maßnahmen zur Rationalitätssicherung der Führung in ihren kontextspezifischen Ausprägungen dar.

Ausgangspunkt der Verbreitung und Akzeptanz des Controllings in Deutschland war das Verständnis, dass das Controllings eine Informationsversorgungsfunktion ausübt. Damit wurde in einer Zeit, als die Verfügbarkeit von entscheidungsproblembezogenen Daten (die damals noch in den klassischen kaufmännischen Informationen des Rechnungswesens gesehen wurden) keine Selbstverständlichkeit war, die Beseitigung eines rationalitätsbezogenen Engpasses angestrebt, woraus sich die informationsorientierte Sichtweise des Controllings entwickelte. Daran schloss sich ein Entwicklungsabschnitt an, der von dem kybernetischen Verständnis von Planung und Kontrolle und den daraus resultierenden Regel- und Steuerungskreismodellen geprägt wurde. Damit wurden Rationalitätsengpässe im Zusammenspiel der unterschiedlichen Führungsphasen in den Mittelpunkt gestellt.

Die Entstehung der **koordinationsorientierten Ansätze** fällt in einen Zeitabschnitt, in dem die Unternehmen mit einer wachsenden Dynamik in ihrem Umfeld konfrontiert wurden, was ein zunehmendes Bedürfnis nach Koordination der sich aus der äußeren und inneren Dynamik und aus der steigenden Komplexität ergebenden Aufgaben hervorrief. Der damit verbundene Rationalitätsengpass wurde in der Abstimmung unterschiedlichster Teilbereiche der Unternehmung im Rahmen der Reaktions- und Anpassungsmaßnahmen gesehen, was zu einer koordinationsorientierten Konzeption des Controllings führte.

Der rationalitätsorientierte Controlling-Ansatz ist nicht ohne **Kritik** geblieben.[35] So wird der Standpunkt vertreten, dass mit diesem Ansatz keine eindeutige Bestimmung der Controllingfunktion möglich sei. Stattdessen wird ein Controllingverständnis im Sinne eines Steuerungssystems vorgeschlagen, das sowohl die Koordination als auch gestaltende Eingriffe in Planung, Informationsversorgung, Kontrolle und andere Führungsaufgaben mit dem Ziel der Rationalitätssicherung und -generierung in unterschiedlichen Ebenen und Bereichen der Unternehmung einschließt. Auch wird die Eingrenzung bzw. Orientierung auf die Sicherstellung der Rationalität als Beschreibungsmerkmal kritisiert.[36] Wenn dies die originäre Aufgabe des Controllings sei, müssten äußerst viele Aktivitäten bzw. Bereiche dem Controlling zugeordnet werden. Darüber hinaus ist festzustellen, dass sich diese Funktion institutionell nicht umsetzen und instrumentell nicht eingrenzen lässt.[37]

[34] Vgl. Weber/Schäffer (1999b: 740).
[35] Vgl. Kappler (2002: 378–380); Irrek (2002: 50); Horváth (2011: 131).
[36] Vgl. Küpper et al. (2013: 23–24).
[37] Vgl. Schönbohm (2005: 94–95); Messner (2008: 236–237).

Andere Autoren greifen die rationalitätsorientierte Sichtweise des Controllings auf und operationalisieren die Sicherstellung der Führungsrationalität durch die Sicherstellung von Effektivität und Effizienz der Führung als ein Wesensmerkmal der rationalitätsorientierten Controlling-Konzeption.[38] Die in der Literatur verfügbaren Definitionen von Effizienz und Effektivität sind äußerst umfangreich und unterschiedlich, lassen sich jedoch prinzipiell in drei Gruppen untergliedern:[39]

- In einer Gruppe von Konzeptionen dient Effektivität der Kennzeichnung der Erreichung langfristiger Ziele, wohingegen Effizienz in diesem Verständnis die Input-Output-Relationen bezeichnet.
- Konzeptionen, die die Effektivität als Maßstab zur Eignung eines Mittels zur Erreichung eines übergeordneten Zieles beschreiben, bilden die zweite Gruppe. Effizienz wird in dieser Konzeption im Sinne einer Mittel-Zweck-Beziehung definiert, wobei der Effektivität eine untergeordnete Bedeutung zugemessen wird und lediglich die Effizienz als Vergleichsmaßstab herangezogen wird.
- Konzeptionen der dritten Gruppe definieren Effektivität als Maßstab des Beitrags, der zur Erreichung eines übergeordneten Ziels geleistet wird. Effizienz hingegen wird durch das Aufwand-Nutzen-Verhältnis ausgedrückt und spiegelt sich im ökonomischen Prinzip in den zwei möglichen Ausprägungen – Erreichung eines vorgegebenen Zieles mit dem geringsten möglichen Aufwand oder Erzielung eines bestmöglichen Ergebnisses mit den zur Verfügung stehenden Mitteln – wider.

Die Nähe der Ansätze der ersten und der dritten Gruppe ist ersichtlich, jedoch sind die Ansätze der dritten Gruppe durch eine gleichrangige Einordnung der Relevanz von Effizienz und Effektivität gekennzeichnet, während die Vertreter der ersten Gruppe der Effektivität eine größere Bedeutung als der Effizienz zuweisen. In Erweiterung dieser Einteilung identifiziert AHN fünf Klassen von Definitionsansätzen zur Effizienz. Dieser Einteilung zufolge können Definitionen unterschieden werden, die Effizienz gleichsetzen mit der:[40]

- Verfolgung des ökonomischen Prinzips,
- Identifizierung nicht dominierter Alternativen,
- Verbesserung der Zielerreichung,
- Realisierung einer günstigen Input/Output-Relation sowie
- Forderung ‚to do things right'.

Es wird deutlich, dass mit diesen Bemühungen zur Konkretisierung des Rationalitätsbegriffs neue Definitionsschwierigkeiten verbunden sind.

[38] Vgl. Bathe/Müller (2002); Dyckhoff/Ahn (2001: 119); Pietsch/Scherm (2000: 406–408); Hahn/Hungenberg (2001: 275–276); Ahn/Dyckhoff (2004).

[39] Vgl. Schön (2001: 48–50); Ahn (1997: 26–28); Dyckhoff/Spengler (2010: 116–119).

[40] Vgl. Ahn (2003: 90–92).

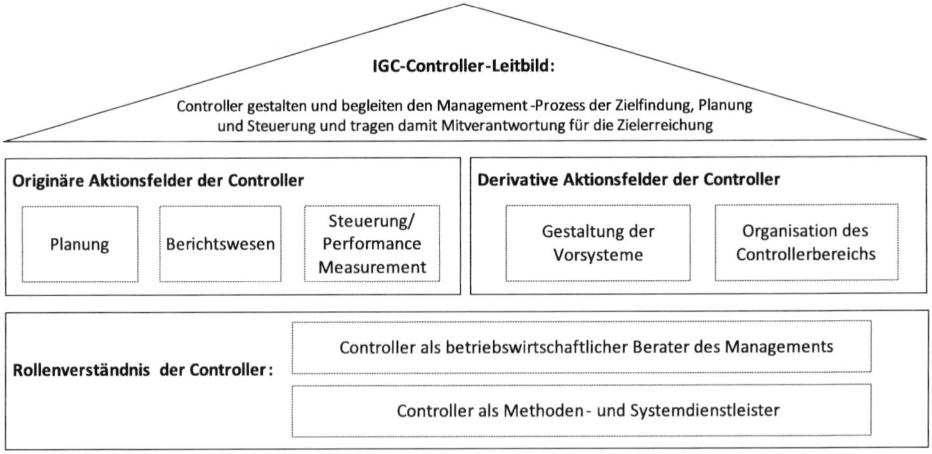

Abb. 2.7 Rollenverständnis und Aktionsfelder der Controller. Quelle: International Group of Controlling (2006: 21)

In Konkurrenz bzw. Erweiterung der rationalitätsorientierten Sichtweise schlägt LINGNAU einen **kognitionsorientierten Ansatz** vor.[41] Im Mittelpunkt dieser Konzeption steht die optimale Gestaltung des Problemlösungsprozesses. LINGNAU weist dem Controlling die Aufgabe zu, den Entscheidungsträgern sekundäres Wissen zur Verfügung zu stellen, das das primäre Wissen ergänzt.[42] Auf diese Weise soll die Qualität von Entscheidungen verbessert werden.

Kritisiert wird dieser Ansatz dahingehend, dass die Wollensdefizite des Entscheidungsträgers nicht mit berücksichtigt werden. So ist es unter Umständen möglich und in der Praxis relativ oft anzutreffen, dass ein Akteur trotz des vorhandenen primären Wissens nicht zielorientiert hinsichtlich der Problemlösung handelt. Genau aus diesem Grunde wurden die unterschiedlichsten Anreizsysteme entwickelt. Darüber hinaus werden durch die Bezugnahme auf das Wissen neue definitorische Abgrenzungsprobleme geschaffen.[43]

In einem neueren Ansatz entwickelt LINGNAU unter Rückgriff auf die Privatwirtschaftslehre von RIEGER die Interpretation von Controlling als genuine eigenkapitalorientierte Unterstützung des Managements.[44] Ob und in welche Richtung diese Interpretation aus der von ihm konstatierten Orientierungslosigkeit herausführt, wird die zukünftige Diskussion zeigen.

[41] Vgl. Lingnau (2004).

[42] „*Als Aufgabe des Controllings in KMU kann damit die Verfügbarmachung von sekundärem Fakten- und Methodenwissen gesehen werden, also desjenigen Wissens, das dem Manager bzw. der Unternehmensführung in KMU nicht zur Verfügung steht.*“ Hoogen/Lingnau (2009: 122).

[43] Vgl. Mäder/Hirsch (2017: 96).

[44] Vgl. Lingnau/Koffler (2013a: 25–26).

Einigkeit besteht trotz aller Unterschiede in folgenden Punkten (vgl. Abb. 2.7):[45]

- Controlling ist nicht mit Kontrolle gleichzusetzen.
- Controlling ist Führungsunterstützung durch Entscheidungsunterstützung und Verhaltenssteuerung.
- Controlling ist immer an den Unternehmenszielen ausgerichtet.
- Um diese Funktion zu erfüllen, bedarf es der Information, Planung, Kontrolle und Koordination.
- Die konkreten Ziele und Aufgaben des Controllings in einem Unternehmen sind kontextabhängig festzulegen und auszugestalten.

Neben dem Begriff „Controlling" ist der Terminus „Controllership" zu klären. Auch hier existieren unterschiedliche Verständnisse in der deutschen und der englischen Sprache. Der Begriff „Controllership" bezeichnet im Englischen diejenige Funktion, die im Deutschen mit dem Begriff „Controlling" belegt ist. Diejenigen Tätigkeiten, die in den Bereich des „Controllerships" fallen, sind im englischsprachigen Raum schon seit längerer Zeit eingegrenzt (vgl. Abb. 2.8). Controllership ist demzufolge das englische Pendant zum Controlling.[46] Im akademischen Bereich sind Fragestellungen des „deutschen" Controllings den Bereichen Management Accounting, Managerial Accounting bzw. Management Control zuzuordnen.[47]

Mit dem Begriff „Controller" wird diejenige Person bezeichnet, die Träger der Controlling-Funktion ist.

In Abhängigkeit von internen und externen Bestimmungsfaktoren (vgl. Abb. 2.9) müssen die zu erfüllenden Ziele und Aufgaben festgelegt, die Instrumente ausgewählt und die institutionellen Voraussetzungen geschaffen werden.

Aufbauend auf dieser Darstellung der grundlegenden Controlling-Konzeptionen werden im folgenden Kapitel die Ansätze des Investitionscontrollings vorgestellt.

2.1.2 Konzeptionen des Investitionscontrollings

Es verwundert nicht, dass, abgeleitet aus den verschiedenen Controlling-Konzeptionen und differierenden Auffassungen vom Investitionsbegriff, unterschiedliche Sichtweisen zur Konzeption des Investitionscontrollings vorzufinden sind. RÖSGEN klassifizierte die vorhandenen Konzeptionen in sechs Gruppen (vgl. Tab. 2.2).

WILDEMANN und VIKAS/ZEHETNER sehen das strategisch ausgerichtete Investitionscontrolling als einen Kernbaustein der systemorientierten Controllingkonzeption.[48]

[45] Vgl. Fischer/Möller/Schultze (2015: 29); Berens et al. (2013: 224–225); Weber (2013); Urigshardt (2010: 28–31); Littkemann (2018: 49–50).
[46] Vgl. Richter (1987: 17); Binder (2006: 13–14).
[47] Vgl. Guenther (2013).
[48] Vgl. Wildemann (1986: 1–3); Wildemann (1997: 58–66); Vikas/Zehetner (1999: 213).

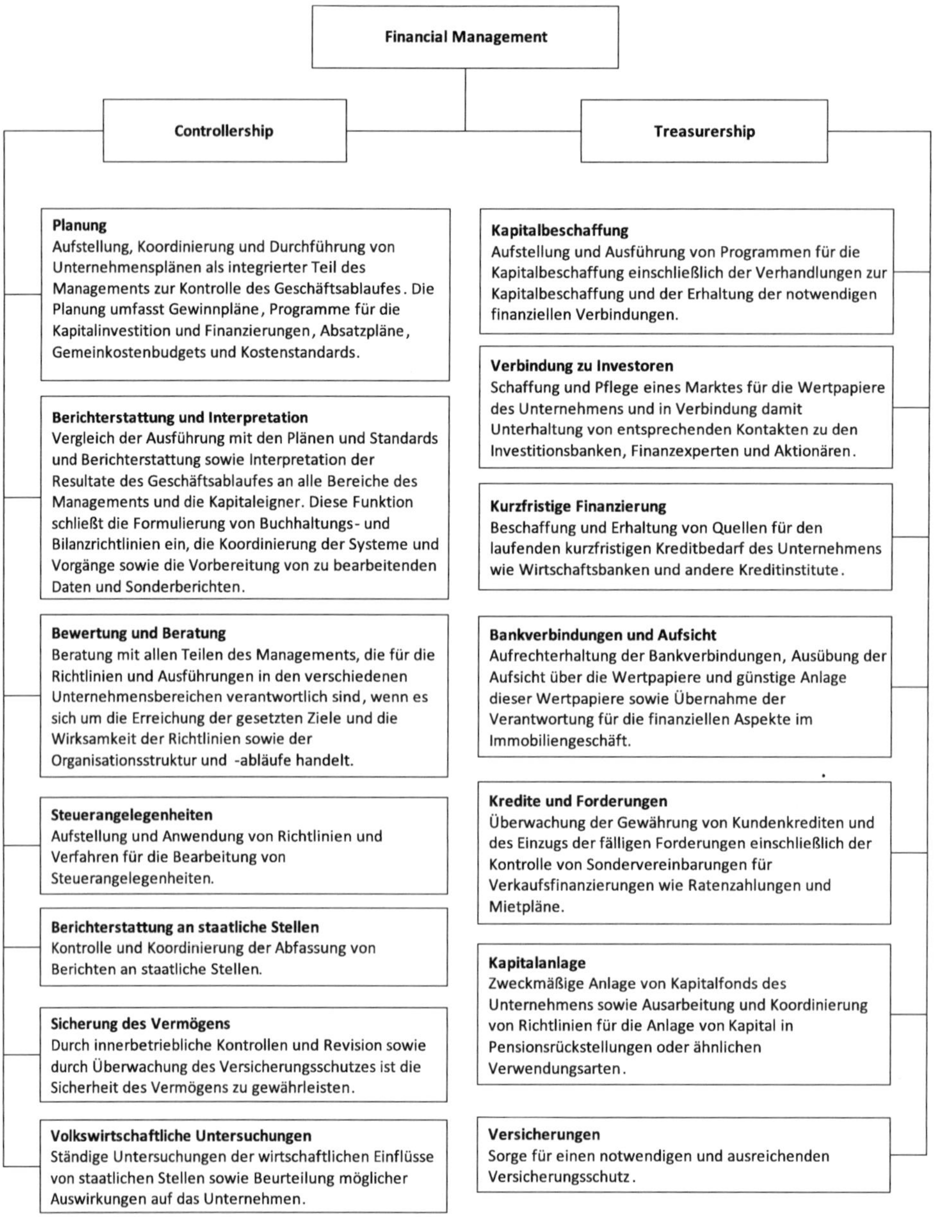

Abb. 2.8 Abgrenzung und Beschreibung des Controllerships. Quelle: Financial Executives Institute (1962: 289)

Entsprechend dieser Konzeption hat das Investitionscontrolling als Bestandteil des strategischen Controllings die Investitionsvorhaben zu steuern.

Die anlagenwirtschaftlichen Ansätze werden von PEEMÖLLER und BAUMANN und in früheren Arbeiten von MÄNNEL vertreten. MÄNNEL definiert, ausgehend von den Phasen

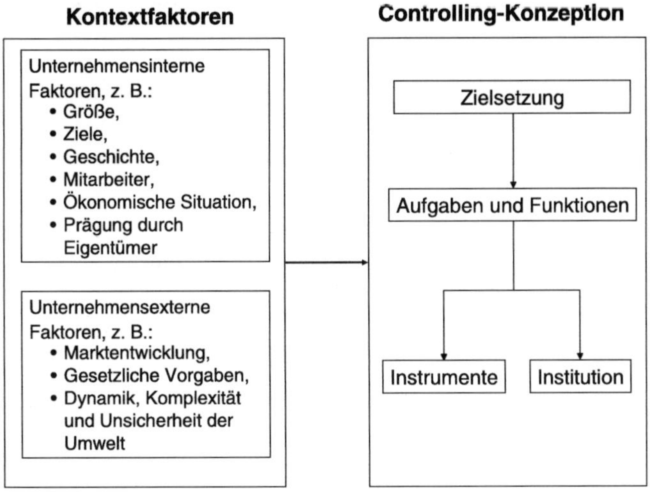

Abb. 2.9 Kontextfaktoren unternehmerischer Controlling-Konzeptionen. Quelle: Eigene Darstellung, in Anlehnung an: Janzen (1996: 40)

Tab. 2.2 Sichtweisen des Investitionscontrollings und ausgewählte Vertreter. Quelle: Eigene Darstellung, in Anlehnung an: Bathe/Müller (2002: 325). Vgl. ebenfalls Dahlhaus (2009: 26–31). Die Zuordnung zu den Gruppen ist nicht überschneidungsfrei, sondern einzelne Ansätze vereinen Aspekte sowohl der einen als auch der anderen Gruppe in sich, z. B. Horváth (2011: 456–458); Baumann (1991) oder Huege (1994). KOCH verschmilzt den koordinations- mit dem informationsorientierten Ansatz und konzentriert die weiteren Ausführungen auf die koordinationsorientierte Sichtweise. Vgl. Koch (2013: 182–188)

Ansätze des strategischen Investitionscontrollings: WILDEMANN; VIKAS/ZEHETNER
Anlagenwirtschaftliche Sichtweise: BAUMANN; MÄNNEL; PEEMÖLLER
Informationsorientierte Sichtweise: REICHMANN; LANGE; HUSMANN; SCHWELLNUSS; SCHAEFER, S.; EILENBERGER/ERNST/TOEBE; BIEG/KUßMAUL/WASCHBUSCH; DAHLHAUS
Koordinationsorientierte Sichtweise: KÜPPER; HORVÁTH; EWERT/WAGENHOFER; ADAM; SCHAEFER, C.; GÖTZE; KOCH; HUEGE
Ansätze auf Basis der Steuerungs- und Regelungsfunktion: SIERKE; BORGHOFF
Rationalitätsorientierte Sichtweise: BATHE/MÜLLER; SCHULTZ
„Praxisbezogene" Sichtweise: LIEBSCH; KRUG
Kognitionsorientierte Sichtweise: KANTOWSKI

des Anlagenlebenszyklus, die Aufgabe des Investitionscontrollings als Planung, Koordination, Realisierung, Steuerung und Kontrolle des Investitionsobjektes bei der Realisierung von Einzelinvestitionen und Investitionsprogrammen.[49] Aus der Sicht von PEEMÖLLER und BAUMANNN ist das Investitionscontrolling ein Bestandteil des Anlagencontrollings. Daraus erwächst die Auffassung, dass das Investitionscontrolling nur für die Planung, Realisierung, Inbetriebnahme und Kontrolle von Anlagen, nicht jedoch für ihre Instandhaltung und ihre Verschrottung zuständig sei.[50]

REICHMANN erarbeitet mit LANGE eine auf der von ihm entwickelten Controllingkonzeption und auf den Aufgabenbereichen Entscheidungsunterstützung, Informationsversorgung, Koordination und Kontrolle basierende Konzeption des Investitionscontrollings. Der Aufgabenbereich des Investitionscontrollings beginnt nach der Beurteilung der strategischen Orientierung der Unternehmung mit der Anregung neuer Investitionen und erstreckt sich auch auf die Bereitstellung der entscheidungsrelevanten Daten. SCHWELLNUSS und SCHAEFER schließen sich dieser Sichtweise an und konzentrieren die Betrachtungen auf die damit verbundenen Teilfunktionen der Kontrolle und der Datenverarbeitung.[51] Diese Konzeption wird von EILENBERGER/ERNST/TOEBE adaptiert und um ergänzende Details erweitert.[52] BIEG/KUSSMAUL/WASCHBUSCH bauen ihre Betrachtungen ebenfalls auf der Konzeption von REICHMANN auf.[53] HUSMANN und auch DAHLHAUS verwenden die REICHMANN'sche Konzeption, um den Bereich der Informationsasymmetrie und Anreizsysteme in den Aufgabenbereich des Investitionscontrollings zu integrieren.[54] In diesem Zusammenhang tritt das Problem der „**entscheidungsrelevanten Daten**" auf. Es müssen vom Controlling alle Informationen geliefert und aufbereitet werden, die für die Investitionsentscheidung erforderlich sind, gleichzeitig ist jedoch zu verhindern, dass die Entscheidungsträger durch zu viele Informationen überlastet werden.[55]

KÜPPER leitet aus seinem Grundverständnis des Controllings, dem führungssystemorientierten koordinationsbasierten Ansatz, eine Konzeption des Investitionscontrollings ab, in der die Koordinationsaufgaben im Mittelpunkt stehen.[56] GÖTZE übernimmt diese Konzeption.[57]

---

[49] Vgl. Männel (1991: 200–203). In späteren Arbeiten legt MÄNNEL das Augenmerk auch auf eine rentabilitätsorientierte Ausrichtung des Investitionscontrollings. Vgl. Männel (1998: 173); Männel (2000: 325).

[50] Vgl. Baumann (1991: 216); Peemöller (1993: 364–368); Peemöller (1995: 643–654). LANGE weist im Gegensatz dazu explizit darauf hin, dass der Gegenstandsbereich des Investitionscontrollings mehr umfasst als das Anlagencontrolling. Vgl. Lange (1993: 311).

[51] Vgl. Reichmann/Lange (1985: 454–456); Schwellnuss (1991: 155–198); Schaefer (1993: 26–34); Bomm (1992: 16–19); Reichmann/Kißler/Baumöl (2017: 296–301).

[52] Vgl. Eilenberger/Ernst/Toebe (2013: 149).

[53] Vgl. Bieg/Kußmaul/Waschbusch (2016: 46–48).

[54] Vgl. Husmann (1996: 4–9); Dahlhaus (2009: 50–51).

[55] Vgl. Hirsch/Volnhals (2012: 27–28).

[56] Vgl. Küpper (1991: 169–174); Küpper et al. (2013: 618–619).

[57] Vgl. Götze (2014: 30–35).

HORVÁTH vertritt, basierend auf seinem planungs- und kontrollorientierten Controllingansatz, eine entsprechende Sichtweise des Investitionscontrollings, die mit dem Schema von REICHMANN kombiniert wird.[58] GÖTZE schließt sich dieser Sichtweise an und stellt verschiedene Koordinationsaufgaben heraus.[59] HUEGE betrachtet die Koordination und die Informationsversorgung als zentrale Aufgaben und die Unterstützung von Planung und Kontrolle als abgeleitete Aufgaben des Investitionscontrollings, das er für strategische Investitionen spezifiziert.[60] ADAM stellt als spezielle Funktionen des Controllings die Koordinations-, die Anpassungs-, die Innovations- sowie die Servicefunktion fest. Aus diesen Teilfunktionen leitet er die integrierte Beurteilung von Investitionen als Controllingaufgabe ab. Das Investitionscontrolling erfüllt eine Servicefunktion für alle an einem Investitionsprozess Beteiligten.[61]

EWERT und WAGENHOFER bauen ihre Überlegungen ebenfalls auf dem koordinationsorientierten Ansatz auf. Im Zentrum der Betrachtungen stehen die Ermittlung von optimalen Investitionsbudgets und die Berücksichtigung von Informationsasymmetrien.[62]

SIERKE als ein Vertreter der steuerungs- und regelungsfunktionsorientierten Sichtweise erkennt die Hauptaufgabe in der langfristigen Erzielung einer optimalen Unternehmensrentabilität.[63] BORGHOFF und OTT vertreten eine ähnliche Sichtweise, konzentrieren sich bei dem systemorientierten Ansatz jedoch stark auf die Planungs- und Kontrollaufgaben innerhalb des Investitionsprozesses.[64]

Die „Praxisvertreter" tragen zur Definitionsbestimmung auf der Basis von Umsetzungsproblemen und -fragen aus der Unternehmenspraxis bei.[65] So werden personelle und organisatorische Anforderungen abgeleitet und die Notwendigkeit der Einbettung der Aufgaben des Investitionscontrollings in den Prozessablauf der Unternehmung dargestellt.[66]

RÖSGEN charakterisiert das Investitionscontrolling als einen Mix, bestehend aus der Investitionsplanung, der Steuerung der Investitionsprojekte, laufenden Kontrollen, Koordination der Ressourcen und der Informationsversorgung der Unternehmensführung.[67]

Wie den grundlegenden Controllingansätzen ist auch den Sichtweisen des Investitionscontrollings eine Heterogenität eigen, die nicht nur aus der Vielfalt der analysierten Investitionsprojekte resultiert. Eine grundlegende Eigenschaft der Ansätze besteht in ihrer

[58] Vgl. Horváth (2011: 456–458).
[59] Vgl. Götze (2014: 30–35).
[60] Vgl. Huege (1994: 18–31).
[61] Vgl. Adam (2000: 17–29).
[62] Vgl. Ewert/Wagenhofer (2014: 455–456).
[63] Vgl. Sierke (1992: 214); Sierke (1990: 80).
[64] Vgl. Borghoff (1994: 78–105); Ott (2000: 84–88).
[65] Die Bezeichnung „Praxisvertreter" suggeriert, dass sich die Vertreter der übrigen Konzeptionen nicht mit praktischen Fragestellungen und Problemen beschäftigen. Das ist jedoch nicht der Fall. Zur Abgrenzung von den anderen Konzeptionen wird der Begriff in dem Wissen um seine geringe definitorische Leistungsfähigkeit jedoch beibehalten.
[66] Vgl. Liebsch (1987: 36–40); Krug (1991: 11–14).
[67] Vgl. Rösgen (2000a: 45); Rösgen (2000b: 252–253).

Anlehnung an die jeweiligen Controlling-Konzeptionen. Die Betrachtung der Konzeptionen des Investitionscontrollings unter dem Gesichtspunkt der Rationalität ergibt ein ähnliches Bild wie das des Controllings: Für die unterschiedlichen Betrachtungsobjekte, Aufgabenstellungen und Zeitabschnitte stellen die Definitionsversuche Maßnahmen zur Rationalitätssicherung der Führung von Investitionsentscheidungen in ihren kontextspezifischen Ausprägungen dar.[68]

In einer Zeit, als die Verfügbarkeit von entscheidungsproblembezogenen Daten keine Selbstverständlichkeit war, entwickelte sich die informationsorientierte Sichtweise des Controllings und des Investitionscontrollings. Die Entstehung der koordinationsorientierten Ansätze fällt in einen Zeitabschnitt, in dem die Unternehmen mit einer wachsenden Dynamik in ihrem Umfeld konfrontiert wurden, was ein zunehmendes Bedürfnis nach Koordination der sich aus der äußeren und inneren Dynamik ergebenden Aufgaben hervorrief. Die damit und mit der steigenden Komplexität und Nutzungsdauer der Anlagen verbundene wachsende Bedeutung der strategischen Unternehmensführung in Theorie und Praxis führte zu einer Strategieorientierung der Konzeption des Investitionscontrollings.

Mit den Eigenschaften der Erkenntnisobjekte eng verbunden ist die Ausrichtung auf anlagenwirtschaftliche Aspekte. Die Auswahl güterwirtschaftlicher Investitionen als Betrachtungsgegenstand begründete verständlicherweise die Anlagenorientierung der jeweiligen Betrachter. Einzelne Fragestellungen, die nicht mit den bestehenden Konzeptionen beantwortet werden konnten, initiierten speziell für diese Probleme passende Konzeptionen des Investitionscontrollings.

Im Zuge der Verbreitung wertorientierter Managementansätze als Reaktion auf die Ertragsorientierung der Anteilseigner fand eine Konzentration des Investitionscontrollings auf die Aspekte der Rentabilität und Wertorientierung statt.

Als Nebenaufgabe des Investitionscontrollings hebt schon BORGHOFF die Notwendigkeit der Rationalitätssicherung im Prozess der Investitionsentscheidungen hervor. Dabei stellt er auf die Unterscheidung zwischen objektiver und subjektiver Rationalität ab und sieht in der Subjektivität der Entscheidungsträger eine Gefahr für das Finden unternehmenszielkonformer Investitionsentscheidungen. Durch manipulative und unbewusste Informationsselektion werden Investitionssituationen falsch eingeschätzt. Als Gegenmaßnahmen schlägt BORGHOFF die objektive Investitionsanalyse, unternehmensweite Informations- und Kontrollsysteme sowie manipulationsvermeidende Organisationsstrukturen vor.[69]

Trotz unterschiedlicher Auffassungen des Begriffes „Investitionscontrolling" besteht allgemeiner Konsens darüber, dass der Prozess der Führung von Investitionen durch das Investitionscontrolling zu unterstützen ist. Unterschiede bestehen darüber, welche Aufgaben das Investitionscontrolling zu übernehmen hat und welche Bereiche es abdecken soll.

---

[68] Vgl. Weber/Schäffer (1999b: 740–743).

[69] Vgl. Borghoff (1994: 165–190).

Tab. 2.3 Grundlegendes Phasenschema von Realinvestitionen. Quelle: Müller (2004: 57). Vgl. auch Sierke (1990: 106). Für eine ausführliche Diskussion sowie die möglichen Spezifikationen des Modells vgl. Abschn. 1.4.2

Lebenszyklusphasen / Führungsprozess		Bindungsdominierte Phase	Freisetzungsdominierte Phase
Anregung, Zielsetzung, Problemanalyse	Planung		
Alternativensuche und Prognose	Planung		
Beurteilung und Entscheidung	Planung		
Realisation			
Kontrolle			

Bathe und Müller diskutieren erstmals die Konsequenzen einer rationalitätsorientierten Sichtweise des Controllings für das Investitionscontrolling (vgl. Tab. 2.3). Investitionscontrolling wird demzufolge verstanden als engpassorientierte Sicherstellung der Zweckrationalität der Unternehmensführung in den Phasen der Willensbildung, -durchsetzung und -kontrolle von Investitionen. Engpässe in der aufgaben- und entscheidungsträgerbezogenen Führungsrationalität, die in Abhängigkeit von den Unternehmen, deren Aufgaben und Handlungsträgern auftreten, müssen durch das Investitionscontrolling identifiziert und überwunden werden.[70] Diese Interpretation wurde mehrfach aufgegriffen und spezifiziert.[71]

Kantowski baut seine Überlegungen zum Investitionscontrolling auf dem kognitionsorientierten Ansatz auf. Dies begründet er mit einer besseren Passgenauigkeit des Ansatzes unter funktionellen, institutionellen und instrumentellen Gesichtspunkten.[72]

Die in der Literatur häufig angeführten spezifischen Aufgaben des Investitionscontrollings (z. B. Koordinations-, Informationsversorgungs-, Planungs- oder projektbezogene Aufgaben sowie Schnittstellenproblematik) lassen sich als aus der Herausforderung der Rationalitätssicherung abgeleitete, kontextspezifische, engpassorientierte Aufgaben interpretieren. Die Eigenheiten des Prozesses der betrieblichen Leistungserstellung bedingen zahlreiche Interdependenzen zwischen dem Investitionsbereich und anderen Teilbereichen des Unternehmens. Wenn diese Bereiche inhaltlich, organisatorisch und personell getrennt voneinander arbeiten, treten in den Beziehungen zwischen dem Investitionsbereich und anderen Bereichen häufig Informations- und Koordinationsmängel auf. Die aus der Zielsetzung der engpassorientierten Rationalitätssicherungsfunktion des Investitionscontrollings abgeleiteten Funktionen bestehen in diesem Fall in der Bereitstellung der

[70] Vgl. Bathe/Müller (2002).

[71] Vgl. Schultz (2005: 77–79); Kramer/Müller (2004); Müller (2005: 47–48); Müller (2009: 479–481).

[72] Vgl. Kantowski (2011: 28).

entscheidungsbezogenen Informationen und in der entscheidungsorientierten Koordination. Die Engpässe in der Informationsversorgung und der Koordination müssen durch das Investitionscontrolling erkannt und behoben werden.

Im weiteren Verlauf wird das rationalitätsorientierte Verständnis des Controllings verwendet. Dies geschieht aufgrund zweier Argumentationspunkte:

- Mit Blick auf die vielfältigen Entscheidungen im Verlaufe des Lebenszyklus einer Realinvestition wird die Rationalität dieser Entscheidungen in den Mittelpunkt gerückt (vgl. Tab. 2.3).
- In der Entscheidungstheorie sind sowohl normative Vorgaben für rationale Prozesse entwickelt worden als auch Beobachtungen des realen Entscheidungsverhaltens analysiert und interpretiert worden. Diese Ergebnisse liefern die Richtschnur zur Identifikation rationalen Verhaltens.

Aus der grundsätzlichen Zielsetzung des Investitionscontrollings werden die unternehmens- und situationsspezifischen Aufgaben abgeleitet. In Abhängigkeit von Wahrnehmungs-, Willens- und Fähigkeitsbarrieren der beteiligten Akteure und den unternehmensspezifischen Ressourcenengpässen im Rahmen der zu treffenden und durchzusetzenden Entscheidung ist die Rationalitätssicherungsfunktion des Investitionscontrollings an die Rahmenbedingungen anzupassen.

Ziel des Investitionscontrollings ist die Sicherstellung der Rationalität investitionsbezogener Führungsentscheidungen und -handlungen.

Diese Zielstellung erfordert die folgenden zwei Ergänzungen:

- Aus den einführenden Darstellungen zu den Rationalitätsformen ist deutlich geworden, dass zwischen subjektiver und objektiver Rationalität zu unterscheiden ist.[73] Dies wird hier noch einmal betont und mit einem Verweis auf die verschiedenen Regeln individueller Entscheidungen und kollektiver Abstimmungen versehen. Diese rationalen Regeln können bei identischen Ausgangssituationen zu unterschiedlichen Ergebnissen führen.[74] Eine rationale Problemlösung kann demzufolge zu Ergebnissen führen, die nicht identisch aber trotzdem rational sind.
- Unter Vorgriff auf die Darstellungen zu rationalen Abstimmungen muss an dieser Stelle schon festgestellt werden, dass in bestimmten Situationen keine Lösung existiert, die sämtliche Anforderungen an rationale Entscheidungen erfüllt.[75]

[73] Vgl. Abschn. 1.2.1.

[74] Vgl. Tab. 3.38 und Tab. 4.14.

[75] Dies wird durch das ARROW-Theorem und durch das GIBBARD–SATTERTHWAITE-Theorem (vgl. Abschn. 4.2.2.3) zum Ausdruck gebracht.

Es wird deutlich, dass jeder rationalen Entscheidung ein gewisses Maß an Subjektivität innewohnt bzw. u. U. keine rationale Entscheidung möglich ist. Das Investitionscontrolling kann deshalb lediglich den Prozess, der zu der Entscheidung führt, auf Rationalität untersuchen. Die prozedurale Rationalität ist demzufolge wesentlicher Bestandteil der zugrundeliegenden instrumentellen Rationalität, die Ausgangspunkt der Darstellung von Führungsprozessen war.[76]

Aus den bisherigen Darstellungen lassen sich Übereinstimmungen des Investitionscontrollings mit dem Projektcontrolling resp. dem Anlagencontrolling (hier im Sinne technischer Anlagen) feststellen. Wird für die Ableitung der Aufgaben des Projekt- und des Anlagencontrollings von der rationalitätsorientierten Controllingkonzeption ausgegangen, bestehen bezüglich der Ziele grundsätzlich keine Unterschiede. Daraus und aus der Tatsache, dass Investitionen in Innovationen häufig Charakteristika eines Projektes aufweisen bzw. güterwirtschaftliche Investitionen meist durch Anlagen verkörpert werden, folgen deutliche Überschneidungen der Aufgabenbereiche. Handelt es sich bei dem Betrachtungsobjekt z. B. um eine einzelne güterwirtschaftliche Anlage, so erweisen sich das Anlagen- und das Investitionscontrolling als deckungsgleich. Handelt es sich jedoch um mehrere Anlagen und um Investitionsprogrammentscheidungen, ist das Investitionscontrolling weiter gefasst als das Anlagencontrolling.

Aufbauend auf diesen Darstellungen sind die Funktionen und Aufgaben des Investitionscontrollings festzulegen. Diese Funktionen dienen der Erreichung der Zielstellung. Mit Controlling-Aufgaben werden in diesem Zusammenhang einzelne Aktivitäten zur Realisierung der Controlling-Ziele im Kontext der Controlling-Funktion beschrieben. Über die Zuordnung und Gestaltung der aus den Zielen abgeleiteten Aufgaben werden die notwendigen Mittel (Instrumente) und Träger (Institutionen) festgelegt.

2.1.3 Aufgaben des Investitionscontrollings

2.1.3.1 Investitionsplanung

2.1.3.1.1 Grundlegende Aufgaben

Allgemeine Aufgaben des Controllings in der Planungsphase dienen zur Ableitung von Aufgaben des Investitionscontrollings. Dazu sind die Aufgaben des Managements von denen des Controllings zu trennen (vgl. Abb. 2.10). Es wird hier noch einmal darauf hingewiesen, dass die Aufgaben des Controllings von der Situation des Unternehmens und Person des Managers abhängig sind.[77]

[76] Vgl. Abschn. 1.1.

[77] Vgl. Abb. 2.6.

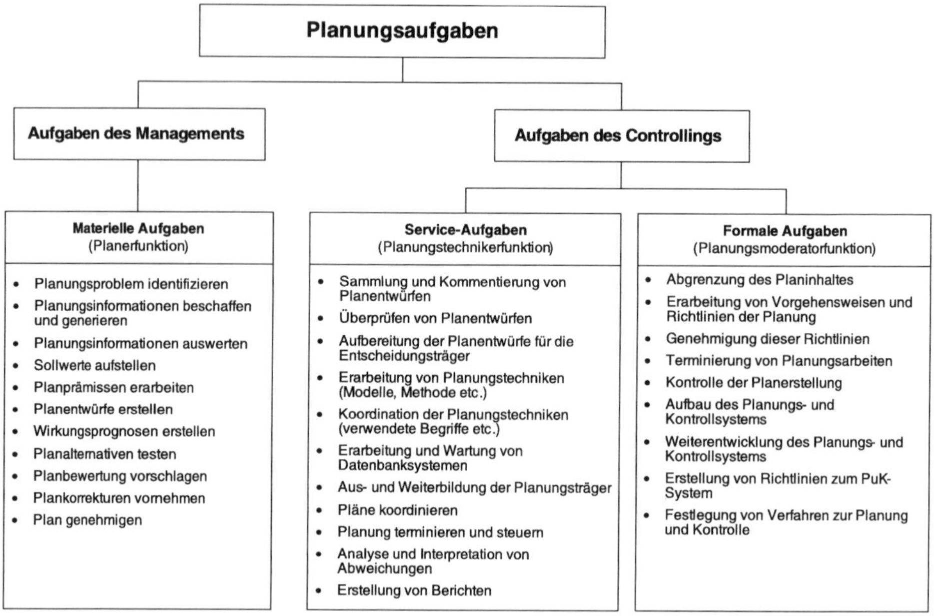

Abb. 2.10 Differenzierung von Planungsaufgaben. Quelle: Fischer/Möller/Schultze (2015: 68)

Diese allgemeinen Aufgaben sind für die Planung von Investitionsprozessen zu spezifizieren. Im Sinne des rationalitätsorientierten Verständnisses sind folgende Elemente festzulegen:[78]

- Rationalitätsobjekt,
- Rationalitätssubjekt,
- Rationalitätsgrad sowie
- Rationalitätsmaßstab.

Objekte der Rationalitätsicherung stellen allgemein die Führungsprozesse im Verlauf des Lebenszyklus von Realinvestitionen dar. Welche Phase des Führungsprozesses in welcher Lebenszyklusphase der Investition im Zentrum der Betrachtung steht, ist kontextabhängig. Prinzipiell ist festzuhalten, dass die Rationalitätssicherung nicht nur auf die einzelnen, isoliert betrachteten Entscheidungen beschränkt bleiben darf, sondern die Auswirkungen der Entscheidung in einer Investitionslebensphase auf die Entscheidungsprozesse in den nachfolgenden Lebensabschnitten berücksichtigt werden müssen. Mit der Betrachtung von zeitlich nachgelagerten Entscheidungen sequenzieller Projekte werden auch zeitlich vorgelagerte Entscheidungen beeinflusst. Diese Interdependenz der Entscheidungen ist zu berücksichtigen.[79]

[78] Vgl. Irle (2011: 67).

[79] Vgl. Jacob (1964: 24–29); Kramer/Müller (2004: 286–287).

In Bezug auf das **Rationalitätssubjekt** ist eine Differenzierung erforderlich. Investitionen werden in den Unternehmen von den einzelnen Abteilungen und Bereichen bei der zuständigen übergeordneten Instanz beantragt. Vom Investitionscontrolling sind die inhaltlichen und formellen Kriterien für den Beantragungsprozess zu definieren. Dazu zählen Festlegungen über den Zeitpunkt der Beantragung, den Ablauf des Verfahrens, die Klassifizierung von Antragsvolumina entsprechend der einzubindenden Gremien u. ä.[80]

In diesem Zusammenhang können **Informationsasymmetrien** zwischen Genehmigungsinstanz und Antragsteller auftreten.[81] Diese können von den Antragstellern genutzt werden, um bewusst unwahre Angaben zu dem Projekt zu machen. Dies kann die unterschiedliche Auslegung und Interpretation qualitativer Kriterien oder Falschangaben quantitativer Kriterien betreffen.[82] Diese unwahren Angaben führen zu einer nicht optimalen Kapitalallokation und sind deshalb aus Unternehmenssicht zu vermeiden. Die **Gestaltung optimaler Anreize und Verträge** kann in diesen Fällen als Aufgabe des Investitionscontrollings angeführt werden.

Als wesentliches organisatorisches Element des Investitionsprozesses sind Gremien anzuführen, die über Investitionsanträge beraten und diese ablehnen oder genehmigen (z. B. Lenkungsausschuss, Bewilligungsausschuss, Investitionsausschuss, Vorstand).[83] Die **Entscheidung** über einen Investitionsantrag selbst stellt eine **originäre Managementaufgabe** dar.[84] Jedoch ist die Rationalität auch dieser kollektiven Entscheidungen durch unterstützende Maßnahmen zu hinterfragen und sicherzustellen, was durch das Controlling zu geschehen hat. Spätestens mit der Beratung über eingereichte Anträge wird die kollektive Phase des Investitionsprozesses begründet. In der Regel findet schon die Erarbeitung des Investitionsantrags im Kollektiv statt.

In diesem Zusammenhang ist zu klären, in welchem Maße diejenigen Vertreter eingebunden werden, die explizit der Controlling-Abteilung angehören. Damit werden die Rechte der Controlling-Abteilung im Genehmigungsprozess sowie die Gremienzusammensetzung berührt. Es ist festzulegen:

- welche Abteilungen bzw. Instanzen wie viele Vertreter in dieses Gremium entsenden dürfen und
- welche Rechte diese Mitglieder ausüben dürfen.

[80] Vgl. Hauser/Panzau (2012: 134–136); Weber et al. (2006: 22–23).
[81] Vgl. Husmann (1996: 29–46); Friedl (2007: 11–14).
[82] Vgl. Bamberg/Trost (1998: 214–215); Ewert/Wagenhofer (2014: 504–506); Arbeitskreis „Finanzierung“ (1994: 904–905).
[83] Vgl. Arbeitskreis „Finanzierung“ (1994: 901–904); Weber et al. (2006: 41–43); Kesten/Berkemeier/Schönteich (2013: 4–6); Warkotsch (2010: 71).
[84] Vgl. Husmann (1996: 5) sowie Abb. 2.10.

Aus Sicht der Controlling-Vertreter stellt sich die Frage des Teilnahme-, Mitsprache-, Abstimmungs- oder gar Veto-Rechtes.[85]

Zu klären bleibt nun noch der **Rationalitätsmaßstab** und der **Grad der Erfüllung** der Rationalitätsforderung. Die in den ersten Arbeiten zum rationalitätsorientierten Controlling verwendete Zweck-Mittel-Rationalität wurde von WEBER mit dem Konstrukt der **Soll-Rationalität** weiter spezifiziert.[86] Die Bestimmung der Soll-Rationalität ist abhängig vom aktuellen Stand des Fachwissens, der Standards zur Problemlösung definiert, die als Soll-Rationalität bezeichnet werden. An diesem Fachwissen werden die Existenz und der Einsatz individuellen Wissens gemessen und möglicherweise Rationalitätsengpässe identifiziert. Damit wird jedoch das Problem der Feststellung des aktuellen, objektiven Wissensstands berührt, auf das an späterer Stelle noch ausführlich eingegangen wird.[87]

Es muss somit festgestellt werden, dass die Bestimmung von Soll-Rationalität zeit- und problemabhängig ist.[88] Ein von Fachleuten gebildeter Konsens stellt eine gewisse Qualitätskontrolle sicher, führt letztlich jedoch auf die Definition des Fachmannes bzw. des Wissenschaftlers zurück. Der Status eines Fachmannes muss erst erlangt bzw. zugestanden werden, was durch andere Wissenschaftler im wissenschaftlichen Diskurs geschieht, so dass die Ergebnisse wiederum ständiger Kontrolle und Falsifizierungsversuchen unterliegen.[89] Als Beispiel wird hier im Vorgriff auf die weiteren Ausführungen die Umweltrationalität erwähnt.[90] Gemäß dieses Konzeptes ist eine Entscheidung dann rational, wenn der Akteur ein – mit der Entscheidungsumwelt korrespondierendes – probabilistisches mentales Modell konstruiert und eine darauf aufbauende Heuristik nutzt. Umweltrationalität ist demzufolge eine Teilmenge der Soll-Rationalität und wäre als Rationalitäts-Maßstab zu verwenden. Der Grad der Erfüllung muss wiederum fallspezifisch festgelegt werden.

Im Bereich der präskriptiven Entscheidungstheorie wurde eine Reihe von Anforderungen an rationale Prozesse entwickelt, die zu erfüllen sind. Diese werden ergänzt von

[85] Zu den verschiedenen Rechten und Abstimmungsregeln vgl. Kap. 4.

[86] Vgl. Weber (2004: 472–474).

[87] Vgl. dazu Abschn. 2.1.3.1.3.

[88] Vgl. dazu die einführenden Erläuterungen zu grundlegenden Formen der Rationalität im Abschn. 1.1.

[89] SCHNEIDER bemerkt zu diesem Fundamentalproblem: *„Solange jedoch keine Kriterien genannt werden für die Anzahl und das Gewicht des ‚Kreises von Fachleuten' (der ‚community of science'), die in ihrer wissenschaftlichen Tätigkeit einem Paradigma folgen, bleibt offen, wie paradigmaschaffende wissenschaftliche Revolutionen von dem anmaßenden Wahrheitsanspruch irgendeines Provinz-Hochschul-Monopolisten abgegrenzt werden sollen, der seine Schüler mit Arbeiten über den ‚Sack als Verpackungsmaterial' oder mit noch schlimmeren Einseitigkeiten traktiert."* Schneider (2001: 407).

[90] Zu einer ausführlichen Darstellung dieses Konzeptes vgl. Abschn. 3.2.2.4.

Anforderungen durch Modelle aus dem Bereich der Investitionsrechnung. Dazu zählen Anforderungen an:

- rationale Zielformulierungen (z. B. Inhalte, Umfang, Relationen),[91]
- rationale Präferenzen (z. B. Transitivität, Unabhängigkeit von irrelevanten Alternativen),[92]
- rationale Bewertungsprozesse (z. B. formale und inhaltliche Konsistenz,[93] Wahrscheinlichkeitsdominanz erster und zweiter Ordnung[94]),
- faire und gerechte Abstimmungsprozesse,[95]
- absolute und relative Vorteilhaftigkeit von Investitionsobjekten,[96]
- faire und gerechte Aufteilungsmechanismen.[97]

Aufgabe des Investitionscontrollings ist es, in den entsprechenden Entscheidungsstufen die Erfüllung dieser Anforderungen zu überprüfen und zu hinterfragen. Zusätzlich wurden im Bereich der deskriptiven Entscheidungstheorie systematische Fehler im individuellen und kollektiven Entscheidungsverhalten festgestellt.[98] Diese können ebenfalls vom Investitionscontrolling zur Überprüfung der Entscheidungsprozesse herangezogen werden.

Speziell für Investitionsprozesse wurde eine Reihe von typischen Schwachstellen festgestellt (vgl. Abb. 2.11), die als Rationalitätsengpässe interpretiert werden können.

Aufgabe des Investitionscontrollings ist die Überprüfung, ob in dem Betrachtungsunternehmen einer dieser Engpässe existiert. Wenn das der Fall ist, so müssen Maßnahmen zur Beseitigung vorgeschlagen und initiiert werden. Zusätzlich zu diesen Schwachstellen können folgende Rationalitätsengpässe im Fall international tätiger Unternehmen auftreten:[99]

- unterschiedliche Ausgestaltung der Rechnungssysteme,
- verschiedene Definitionen und Bewertungsverfahren sowie
- kulturelle Prägung des Akteurs.

Mit Blick auf die entscheidungstheoretischen Grundlagen wird darauf hingewiesen, dass Investitionsprobleme häufig strukturdefekte Probleme sind, die gekennzeichnet sind

[91] Vgl. Abschn. 1.2.2.2.1.
[92] Vgl. Abschn. 1.2.2.2.2.
[93] Vgl. Abschn. 1.2.1.
[94] Vgl. Abschn. 7.4.
[95] Vgl. Kap. 4.
[96] Vgl. Kap. 5.
[97] Vgl. Kap. 6.
[98] Vgl. z. B. Abschn. 3.2.2.
[99] Vgl. Müller/Münnich (2008: 531); Hoffjan (2009: 45–53); Boucoiran (2010).

Abb. 2.11 Schwachstellen im Investitionsbereich. Quelle: Eigene Darstellung, in Anlehnung an: Matschke (1993: 49); Blohm/Lüder/Schaefer (2012: 5–36)

durch:[100]

- Abgrenzungsdefekte,
- Wirkungsdefekte,
- Bewertungsdefekte,
- Zielsetzungsdefekte sowie
- Lösungsdefekte.

Abgrenzungsdefekte ergeben sich aus den vielfältigen finanziellen und physischen Verflechtungen von Investitionsobjekten.[101] Um die Verfahren der Investitionsrechnung für ein einzelnes Objekt durchführen zu können, ist eine künstliche Abgrenzung desselben vorzunehmen. Für die Berücksichtigung mehrerer Investitionsprojekte und deren Finanzierung bieten sich die Instrumente der simultanen Investitionsplanung an. Diese sind geeignet, die optimale Folge und Zuordnung von Finanzierungs- und Investitionsmaßnahmen zu bestimmen.[102] Aber auch für diese Modelle ist eine Abgrenzung erforder-

[100] Vgl. Schultz (2005: 83). Zu einer detaillierten Erläuterung dieser Defekte vgl. Abschn. 1.2.2.1.
[101] Vgl. Abb. 1.14.
[102] Vgl. Götze (2014: 342–353); Kruschwitz (2014: 211–283).

lich, welche vom Investitionscontrolling zu leisten bzw. zu unterstützen ist. Ein weiteres Beispiel für die mangelnde Abgrenzung ist das Problem der **fehlenden Alternativen**. Demzufolge muss vom Investitionscontrolling in diesem Fall eine ausreichende Menge an qualifizierten Alternativen erarbeitet werden. Die Alternativengenerierung ist eine wesentliche Aufgabe des Investitionscontrollings, die umso wichtiger ist, je größer das Entscheidungsfeld und die gewährten Freiräume für die Formulierung eigenständiger Investitionsideen sind. Der Erfolg von Entscheidungen im Investitionslebenszyklus wird jedoch häufig durch eine unzureichende Basis von Handlungsvorschlägen und damit durch mangelnde Alternativen begrenzt.

Für die Alternativengenerierung sind die Initiativen aller Mitarbeiter und die Mobilisierung aller Kreativitätsreserven notwendig, kann doch eine Entscheidung zur Auswahl einer Investition nur genauso gut sein, wie die beste der identifizierten Investitionsalternativen. Auch bei Entscheidungen in den übrigen Phasen des Investitionslebenszyklus ist die Erstellung vieler Alternativen notwendig. Sind durch die allgemeine Unternehmensplanung oder die Planung der Fachressorts große Freiräume bei der Formulierung konkreter Maßnahmen gewährleistet, müssen durch eine entsprechende Vorgehensweise die unternehmensrelevanten Investitionsalternativen identifiziert werden.

Vom Investitionscontrolling sind für die jeweiligen Entscheidungsprobleme geeignete Kreativitätstechniken auszuwählen. Zu berücksichtigen ist, dass innovative Problemlösungsalternativen häufig im Ergebnis von Konflikten entstehen, Konflikte also die Grundlage von Innovationen darstellen. Konflikte sind demzufolge nicht per se negativ, produktive Konflikte sind für die Alternativengenerierung zu nutzen. Die zielführende Gestaltung solcher Konfliktprozesse mit entsprechenden Lösungsstrategien ist ebenfalls durch das Investitionscontrolling sicherzustellen.

Eine Aufgabe des Investitionscontrollings ist es, die zur Alternativengenerierung benötigte Zeit und die Suchkosten an den zur Verfügung stehenden Rahmen anzupassen. Da für die Lösung des Entscheidungsproblems nicht unendlich viel Zeit zur Verfügung steht und mit der Suche nach möglichst vielen detaillierten Informationen entsprechende Kosten verbunden sind, sind bei der Alternativengenerierung die Faktoren „Zeit“ und „Kosten“ ebenfalls vom Investitionscontrolling zu überprüfen und durch geeignete Vorgaben festzulegen.

Im Zusammenhang mit der Suche und Bewertung von Alternativen kann eine Reihe von Konflikten auftreten (vgl. Abb. 2.12). Diese Konflikte lassen sich grundsätzlich durch Verleugnung beseitigen. Die bewusste oder unbewusste Ignoranz des Konfliktes durch die dazu geeignete Auswahl oder Interpretation von Informationen ist während des gesamten Problemlösungsprozesses möglich.[103] Eine spezifische Form der Konfliktleugnung besteht in der Umdefinition des ursprünglich zu lösenden Problems. Die bewusste Wahrnehmung und Lösung von Konflikten ist der Ausgangspunkt für einen zielführenden Alternativensuch- und -bewertungsprozess. Sind die bisher gefundenen Lösungen nicht zufriedenstellend (Konflikt der Nichtakzeptierbarkeit), werden weitere Alternati-

[103] Vgl. Hannig (1969: 477–480).

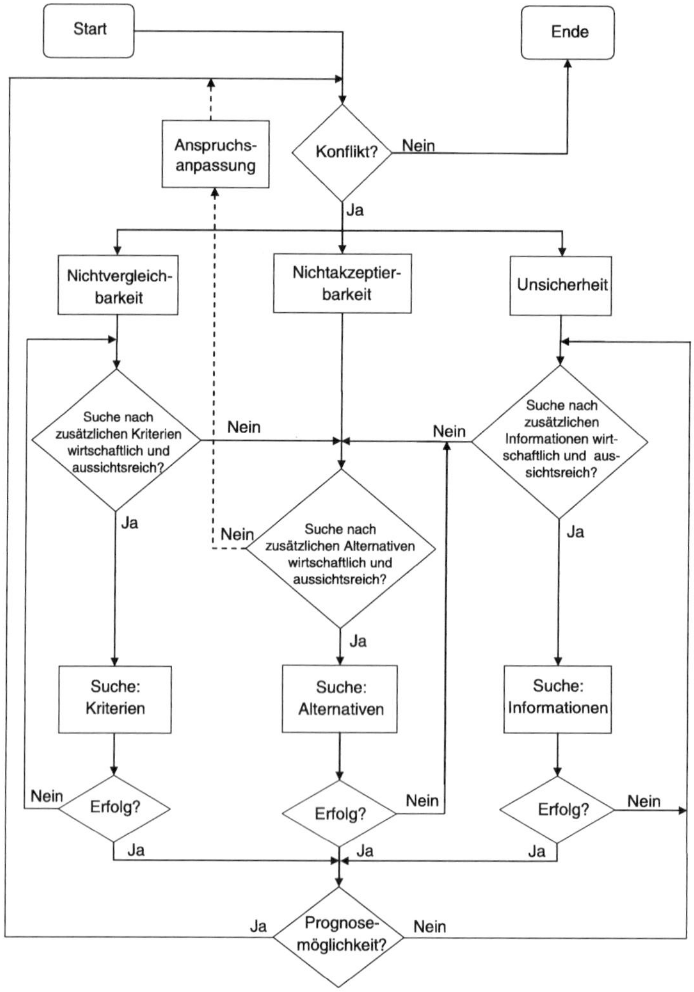

Abb. 2.12 Konflikte im Alternativensuchprozess. Quelle: Eigene Darstellung, in Anlehnung an: Rehkugler/Schindel (1990: 236)

ven generiert. Erscheint dem Entscheidungsträger die Suche nach weiteren Lösungen als nicht aussichtsreich, kann er die Suche abbrechen und seine Ansprüche an die gefundene Alternative anpassen. Beim Konflikt der Nichtvergleichbarkeit fehlen dem Akteur Entscheidungsregeln zur Auswahl einer Alternative. Dieser Konflikt kann durch die Suche nach zusätzlichen Kriterien behoben werden, wenn diese Kriterien dazu beitragen, den Konflikt zu beseitigen. Nicht selten wird aber auch diese Suche nicht dazu führen, den Konflikt beseitigen zu können, was wiederum zur Suche nach weiteren, eindeutiger als vorteilhaft einzustufenden Alternativen führt. Der Unsicherheitskonflikt resultiert aus den unzureichenden Informationen über die zu erwartenden Wirkungen der gefundenen

Alternative. Dies kann zur Suche nach weiteren Alternativen führen, wenn sich für die ursprüngliche Alternative keine zusätzlichen Informationen gewinnen lassen.

Trotz der Forderung nach möglichst umfangreicher Prüfung aller Alternativen ist eine Vorauswahl und Beschränkung auf der Basis vorab vom Investitionscontrolling festzulegender Beurteilungskriterien notwendig. Die Festlegung der Vorauswahl ist nicht unproblematisch: Es muss ohne vollständige Bewertung festgestellt werden, ob eine Alternative aussichtsreich genug ist, um eine detaillierte Analyse zu rechtfertigen. Deshalb hat das Investitionscontrolling die Vergleichbarkeit von Alternativen durch entsprechende Entscheidungskriterien zu ermöglichen. Zusätzlich zu diesen Aufgaben ist durch konzeptionelle Beschränkungen (z. B. Vorgabe der zeitlichen Prognosegrenzen) der Alternativensuchprozess und die Prognose zielführend zu gestalten. Der Übergang der Phasen „Alternativensuche“ und „Bewertung und Entscheidung“ ist nicht so klar und scharf, wie es die gewählte Gliederung suggeriert. Vielmehr sind alternativengenerierende Such- und Bewertungsprozesse durch Vor- und Rückkopplungen miteinander verbunden.

Wirkungsdefekte treten häufig bei Entscheidungen zu Potenzialinvestitionen auf. Es ist z. B. fraglich, ob die Ergebnisse im Bereich „Forschung und Entwicklung“ mit den geplanten Investitionsmitteln erreicht werden bzw. ob sie prinzipiell erreicht werden. Diese Defekte sind vom Investitionscontrolling zu identifizieren und – wenn möglich – zu reduzieren.

Bewertungsdefekte sind charakteristisch für Realinvestitionen. Viele Effekte einer Investitionsmaßnahme lassen sich nur schwer quantitativ abbilden. Um diese Effekte jedoch trotzdem berücksichtigen zu können, ist der Einsatz unterschiedlicher Verfahren möglich.[104] Vom Investitionscontrolling ist zu prüfen, welches dieser Verfahren am besten geeignet ist und deshalb zur Reduktion von Bewertungsdefekten einzusetzen ist.

Investitionsentscheidungen weisen i. d. R. **Zielsetzungsdefekte** auf, die sowohl durch die qualitative als auch quantitative Struktur sowie die Langfristigkeit von Wirkungen und die Komplexität der Handlungssituation bedingt sind. Mangelnde Operationalität durch die Beachtung mehrerer Zielgrößen oder durch die mangelnde Konkretisierung einer der drei Dimensionen Zielinhalt, angestrebtes Ausmaß und zeitlicher Bezug führt zu zielsetzungsdefekten Problemsituationen.

Zur Lösung dieser Zielsetzungsdefekte bietet sich die Ableitung operationaler Unterziele (sog. Instrumentalziele) aus dem oder den Oberzielen (sog. Fundamentalziele) an. Wenn mit einem Fundamentalziel (möglich sind auch mehrere Fundamentalziele) verschiedene Instrumentalziele verbunden sind, muss durch die Vorgabe von Zielhierarchien die Vergleichbarkeit der Alternativen ermöglicht werden. Die Unternehmensstrategie fungiert in dieser Phase als Fundamentalziel des investitionsbezogenen Entscheidungsprozesses. Das Investitionscontrolling hat daraus entsprechende Instrumentalziele und Zielhierarchien abzuleiten. Die strikte Unterscheidung zwischen Fundamental- und Instrumentalziel ist für die Alternativengenerierung und den weiteren Entscheidungsprozess

[104] Vgl. Abschn. 3.1.2.2.

von entscheidender Bedeutung, denn bei unkorrekter Zuordnung werden die Ursache-Wirkungs-Beziehungen vernachlässigt.

In der Unternehmenspraxis gelingt die Formulierung konsistenter und widerspruchsfreier Instrumentalziele selten oder nur unvollkommen.[105] Dies kann durch eine Reihe von Verhaltensanomalien im Zielbildungsprozess begründet liegen. HIRSCH führt derartige Anomalien auf, die sowohl den Zielinhalt als auch das Zielausmaß betreffen.[106]

Zusätzlich muss festgehalten werden, dass im Zusammenhang mit langfristigen Projekten, wie z. B. Investitionsmaßnahmen, häufig Veränderungen der ursprünglich festgelegten Ziele auftreten. Die wesentlichen Gründe für die Zielvariation bestehen einerseits in dem fortlaufenden Erkenntnisgewinn während des Investitionsprozesses und andererseits in der fortlaufenden Entwicklung und Veränderung der übrigen Rahmenparameter. Für Produktentwicklungsprojekte wird beispielsweise festgestellt, dass die Zielbildung in diesem Prozess parallel zum und in Abhängigkeit vom Erkenntnisgewinnungsprozess verläuft. Damit erweisen sich der Problemlösungs- und der Zielbildungsprozess als hochgradig interdependent. In diesen Prozessen wird versucht, ursprünglich gesetzte Ziele zu erreichen, die jedoch durch die Erkenntnisse aus dem Prozess selbst wiederum beeinflusst werden. Empirisch konnte ein stark negativer Effekt von Zieländerungen während der Maßnahmenrealisierung nachgewiesen werden.[107] Diese Zielvariationen können unterschiedlicher Natur sein und werden unterteilt in die:[108]

- Zieldifferenzierung,
- Veränderung der Zielgewichtungen,
- Reformulierung des Zielsystems sowie
- „Entgleisung" der Zielbildung.

Es wird deutlich, dass eine Zielvariation vorliegt, wenn sich Art bzw. Anzahl der verfolgten Zielgrößen verändern, woraus Konsequenzen für die damit verbundenen Höhen-, Arten-, Zeit- und Risikopräferenzen resultieren. Darüber hinaus ist es möglich, dass Art und Anzahl der verfolgten Ziele während des Prozesses konstant bleiben und sich lediglich die Präferenzrelationen verändern. Je konkreter einer dieser Parameter zu Beginn festgelegt ist, umso größer ist die Wahrscheinlichkeit, dass er während des Prozesses revidiert wird.[109] Dies führt zu der Forderung nach einer flexiblen und eher offenen Formulierung der Parameter zu Beginn des Prozesses und einer darauffolgenden Konkretisierung.[110]

[105] Vgl. Adam (1997: 100).
[106] Vgl. Hirsch (2007: 125–143).
[107] Vgl. Derfuß/Littkemann (2005: 169–172); Corsten/Gössinger/Schneider (2006: 243); Dvir/Lechler (2004: 9–12).
[108] Vgl. Hauschildt/Salomo (2007: 378–379); Grün (2004: 70–74).
[109] Vgl. Hauschildt/Salomo (2007: 37).
[110] Vgl. Derfuß/Littkemann (2005: 172–173).

Lösungsdefekte treten im Zusammenhang mit Investitionsmaßnahmen auf, wenn versucht wird, mit Totalmodellen ein Gesamtoptimum zu ermitteln. Darüber hinaus ist denkbar, dass durch die Nicht-Berücksichtigung von Modellprämissen keine oder eine ökonomisch unsinnige Lösung resultiert.[111]

In den bisherigen Darstellungen wurde darauf hingewiesen, dass für unterschiedliche Fragen und Phasen des Investitionsprozesses (z. B. Alternativensuche oder Investitionsbewertung) eine Vielzahl von Verfahren zur Verfügung steht. Besonders zur Unterstützung der Auswahlentscheidung können viele Modelle zum Einsatz kommen. Das Investitionscontrolling hat diejenigen Bewertungsverfahren auszuwählen und bereitzustellen, die für die vorliegende Entscheidung geeignet sind. Entsprechend dem rationalitätsorientierten Controlling-Verständnis ist die Rationalität des Modells auf unterschiedlichen Ebenen zu überprüfen (vgl. Abb. 2.13). Diese Ebenen betreffen im Wesentlichen das Vorschlagen, Anwenden und Interpretieren von Bewertungsmodellen.[112]

Die Beurteilung der Eignung eines Modells wird im weiteren Verlauf noch ausführlich diskutiert.[113]

In den Ausführungen zu den Eigenschaften von Investitionsvorhaben wurden die Komplexität und die Unsicherheit als Charaktermerkmale herausgestellt.[114] Aus diesem Grund wird in den folgenden Abschnitten beschrieben, welche prinzipiellen Alternativen bestehen, um diese Eigenschaften zu beeinflussen.

2.1.3.1.2 Umgang mit Komplexität

Im Umgang mit Komplexität sind verschiedene Ansätze realisierbar, die grundsätzlich auf die Analyse von ASHBY zurückführbar sind, weshalb diese kurz skizziert wird.[115] Ziel und Inhalt der entsprechenden Analyse von ASHBY war die Gestaltung der Regelung von Systemen. Dies führte zu der Frage, wie ein **Regelungssystem** zu konzipieren ist, um auf Störungen aus der Umwelt dergestalt zu reagieren, dass der Zustand eines zu regelnden Systems, im Folgenden als **Zentralsystem** bezeichnet, nach der Störungseinwirkung dem Zustand vor der Einwirkung entspricht bzw. einen bestimmten Toleranzbereich nicht verlässt. Sowohl die störenden Einflüsse als auch die Reaktionsaktivitäten des Regelungssystems können eine unterschiedliche Vielfalt aufweisen. Diese Vielfalt wird durch die Anzahl der Elemente und durch die Anzahl der Zustände, die jedes einzelne Element aufweisen kann, bestimmt und in diesem Kontext als Varietät bezeichnet.[116] ASHBY stellt fest, dass das Regelungssystem seine Funktion nur dann erfüllen kann, wenn es auf je-

[111] Als Beispiel sei hier das Interne-Zinssatz-Verfahren angeführt. Vgl. Abschn. 5.3.3.
[112] Vgl. Duscher/Meyer/Spitzner (2012: 46).
[113] Vgl. Abschn. 2.2.2.
[114] Vgl. Abschn. 1.4.1.
[115] Vgl. Ashby (1956). WILLIAM R. ASHBY (1903–1972).
[116] Vgl. Ashby (1956: 126); Ashby (1968: 130); Beer (1995: 45–50).

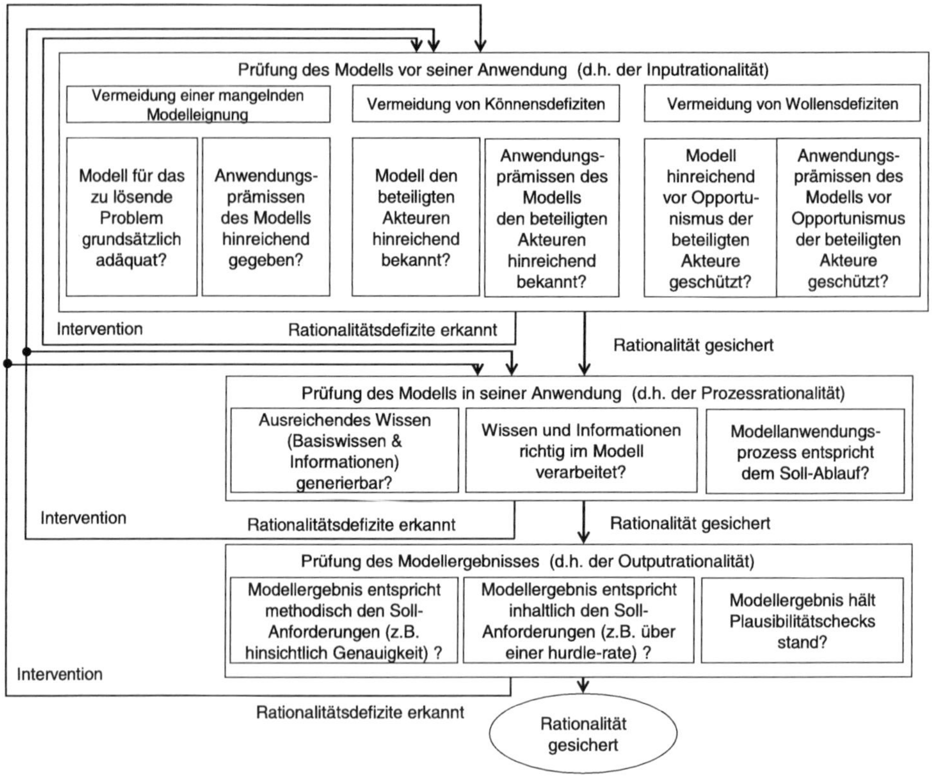

Abb. 2.13 Idealtypische Rationalitätssicherung eines Willensbildungsmodells. Quelle: Weber/Schäffer (2016: 57)

de Störungsvariante mit einer entsprechenden Regelungsvariante reagieren kann, um den störenden Einfluss zu reduzieren.[117]

In der Tab. 2.4 sind die drei Elemente (Störungen, Regelungssystem und Zentralsystem als Summe der Ergebnisse) dargestellt. Die Varietät der Ergebnisse (Zentralsystem) V_Z steht in folgendem Verhältnis zur Varietät der Störungen V_S und der Varietät der Reaktionen V_R:

$$V_Z \geq \frac{V_S}{V_R}$$

Dabei entspricht V_S der Anzahl der Zeilen und V_R der Anzahl der Spalten in der Tab. 2.4. Unter Verwendung des logarithmischen Entropiemaßes H für die Varietät ergibt sich fol-

[117] Vgl. Ashby (1956: 198–201). „*Regulation blocks the flow of variety.*“ Ashby (1956: 199). Diese Relation demonstriert ASHBY zusätzlich an zwei Spielern, die über eine vorgegebene Reihe an Spielzügen verfügen. Nur dann, wenn beide in der Lage sind, dieselben Aktionen zu initiieren und darauf zu reagieren, haben beide dieselbe Erfolgswahrscheinlichkeit.

Tab. 2.4 Zusammenhang zwischen Störungen und Systemreaktionen. Quelle: Eigene Darstellung, in Anlehnung an: Krieg (1971: 60)

Störung \ Reaktion	r_1	r_2	r_3	$\cdots$	r_n
s_1	e_{11}	e_{12}	e_{13}	$\cdots$	e_{1n}
s_2	e_{21}	e_{22}	e_{23}	$\cdots$	e_{2n}
s_3	e_{31}	e_{32}	e_{33}	$\cdots$	e_{3n}
$\vdots$	$\vdots$	$\vdots$	$\vdots$	$\cdots$	$\vdots$
s_m	e_{m1}	e_{m2}	e_{m3}	$\cdots$	e_{mn}

gende Darstellung:[118]

$$H(Z) \geq H(S) - H(R)$$

Wird von einer gegebenen und konstanten Varietät der Systemstörungen ausgegangen, kann die Varietät des Zentralsystems ausschließlich durch eine Erhöhung der Varietät des Regelungssystems gesenkt werden.[119] Diese Feststellung fasst ASHBY in dem **Gesetz der erforderlichen Varietät** bzw. **law of requisite variety** zusammen, das besagt, dass Varietät nur durch Varietät kompensiert bzw. zerstört werden kann.[120]

Die bisherigen Ausführungen verdeutlichen, dass die Handlungsalternativen, Spielzüge oder Reaktionsmöglichkeiten des Regelungssystems in ihrer Vielfalt denen der Störungseinflüsse entsprechen müssen, wenn das Zentralsystem einen zuvor definierten Zielzustand aufweisen oder beibehalten soll.[121] Aus diesen Betrachtungen resultieren drei grundlegende Handlungsalternativen im Umgang mit einer derart definierten Komplexität. Diese Vorgehensweisen bestehen in der:[122]

- Anpassung des Zustands des Zentralsystems,
- Reduktion der Varietät der Störeinflüsse sowie
- Erhöhung der Varietät des Regelungssystems.

Zweck der Regelung war die Aufrechterhaltung eines Zielzustands des Zentralsystems. Wenn die Regelung diesen Zweck nicht erfüllen kann, verbleibt die Anpassung des Zustands des Zentralsystems. Für das Unternehmen als Zentralsystem würde dies z. B. in einer Senkung des Gewinns oder der Rentabilität bestehen. Diese Entwicklungen sollten jedoch durch die Regelung verhindert werden.

Als Handlungsmöglichkeiten verbleiben demzufolge die **Senkung der Varietät der Störeinflüsse** und/oder die **Erhöhung der Varietät** des Regelungssystems. Denkbar sind

[118] Vgl. Krieg (1971: 61).
[119] Vgl. Ashby (1956: 202–208); Ashby (1968: 134).
[120] „*In general, then, an essential feature of the good regulator is that it* ***blocks the flow of variety from disturbances to essential variables.***“ Ashby (1956: 201). Hervorhebungen im Original.
[121] Vgl. Röpke (1977: 38–40); Wilms (2001: 101–104); Malik (2015: 173–178); Müller (1996: 223).
[122] Vgl. Ashby (1956: 209–213); Malik (2015: 178); Herrmann (2010: 106–107); Krieg (1971: 60–61).

auch Kombinationen aus diesen Alternativen. Diese Analyse und deren prinzipielle Erkenntnisse werden im Rahmen systemtheoretisch geprägter Analysen auf das Unternehmen bzw. einzelne Prozesse innerhalb des Unternehmens übertragen. Auf eine umfassende Kritik dieser Vorgehensweise wird hier verzichtet und stattdessen auf die Literatur verwiesen.[123]

Wichtig in diesem Zusammenhang ist die **Unterscheidung** zwischen Zentralsystem, Regelungssystem und Störeinflüssen und die Konkretisierung, über die Komplexität welcher dieser Elemente zu entscheiden ist. Entsprechend dem kybernetischen Unternehmensverständnis kann das Gesamtunternehmen als Zentralsystem und das Investitionscontrolling als Regelungssystem interpretiert werden. Die vorstehenden Ausführungen haben gezeigt, dass es das Ziel des Regelungssystems ist, das Zentralsystem innerhalb definierter Grenzen in einem stabilen Zustand zu halten. Dazu muss auf die Störeinflüsse adäquat reagiert werden können bzw. sind diese Störeinflüsse zu reduzieren. Das Investitionscontrolling muss demzufolge eine dieser Vorgehensweisen auswählen und diese auch realisieren können. Es muss Handlungsalternativen bzw. Reaktionsmöglichkeiten entwickeln, die in ihrer Vielfalt denen der Störungseinflüsse entsprechen müssen, wenn das Unternehmen einen definierten Zielzustand erreichen soll. Aufbauend auf der Analyse von ASHBY werden für den Umgang mit Komplexität im Unternehmen in der Literatur mehrere Möglichkeiten vorgeschlagen. Dazu zählen sowohl Ansätze, die im Rahmen eines Komplexitätsmanagements die Komplexitätsreduktion und/oder -erhöhung fordern als auch Ansätze, die eine Varietätsgestaltung („variety engineering") durch Varietätserhöhung- und/oder -reduktion entwickeln.[124] Die diesbezüglich geschlussfolgerte Handlungsalternative der Komplexitäts- bzw. Varietätsreduktion ist jedoch interpretationsbedürftig. In den Beiträgen wird eine steigende Umweltkomplexität konstatiert und gleichzeitig werden implizit die Unternehmensziele als nicht variierbar unterstellt. Dies entspricht einer steigenden Störungsvarietät bei gleichzeitig angestrebter konstanter Zentralsystemvarietät, womit gemäß dem Varietätstheorem lediglich die Erhöhung der Regelungssystemvarietät als Alternative verbleiben würde. In den Beiträgen wird jedoch die Argumentation entwickelt, dass die auf das System einwirkende Varietät zu dämpfen ist, wohingegen die Varietät des Systems selbst zu erhöhen ist bzw. es werden ohne Unterscheidung von Systemvarietät und Umweltvarietät wahlweise varietäts- bzw. komplexitätsreduzierende oder -erhöhende Maßnahmen vorgeschlagen.[125] Damit wird jedoch die ursprüngliche Argumentationsbasis von ASHBY verlassen, weshalb diesem Vorgehen hier nicht gefolgt wird.

Prinzipiell sind in diesem Zusammenhang die drei Möglichkeiten Maximierung, Minimierung und Ausbalancieren der Komplexität zu unterscheiden.[126] Aus der skizzierten Analyse von ASHBY wird häufig die Forderung nach einer **Komplexitätsmaximierung** mit dem Argument abgeleitet, dass Komplexität nur durch Komplexität begegnet werden

[123] Vgl. Hahmann (2000: 199); Wolf (2013: 165–180).
[124] Vgl. Puhl (1999: 22–23); Wilms (2001: 103–106); Malik (2015: 178).
[125] Vgl. Herrmann (2010: 106–107); Nagel (2003: 21–22).
[126] Vgl. Keuper (2005).

kann. Dies bedeutet, eine steigende Komplexität der Umwelt verlangt auch eine steigende Komplexität des Systems „Unternehmen".

Dabei wird der ursprüngliche Gedanke ASHBYS vom separaten Regulierungssystem aufgegeben und argumentiert, dass die interne Regulierung nicht als eine dem Zentralsystem vorstehende bzw. das Zentralsystem regulierende Einheit zu interpretieren ist. Demzufolge beschreibt eine interne Regulierung als konstituierender Teil das Zentralsystem selbst und dessen Struktur.[127] Diese Argumentation verwendet jedoch den Komplexitätsbegriff und die Systembeschreibung von LUHMANNN, weshalb sich die Frage stellt, wie diese Begriffe und die Sichtweise auf die Argumentation von ASHBY übertragen werden können.[128] Es ist anzumerken, dass der von LUHMANNN zugrunde gelegte Komplexitätsbegriff sehr unklar ist[129] und aus diesem Grund die darauf aufbauende zentrale Schlussfolgerung bzw. das Postulat, dass nur Komplexität Komplexität reduzieren kann, im Gegensatz zu der Aussage von ASHBY keine eindeutige Interpretationsmöglichkeit zulässt.[130]

Die **Minimierung der Komplexität** besteht in der Reduktion der internen Unternehmenskomplexität bzw. der externen Komplexität. Dabei ist jedoch fraglich, ob die Komplexität eines Systems reduziert werden kann, ohne gleichzeitig die Komplexität eines anderen Systems zu erhöhen.[131] Zusätzlich stellt sich die Frage, inwieweit die externe Komplexität beeinflussbar ist. Aussichtsreicher ist die Alternative der Komplexitätsreduktion bei Produkten, Struktur oder Prozessen des Unternehmens, z. B. durch die Standardisierung von Baugruppen oder die Plattformbauweise.[132] Für die Komplexität von realen Entscheidungsproblemen wird ebenfalls die Reduktion empfohlen, was durch die Zerlegung bzw. Dekomposition des Problems erreicht wird.[133] Dies wird als Dekomposition bezeichnet und wurde im grundlegenden Kapitel schon erwähnt.[134] Zu unterscheiden sind dabei die:[135]

- vertikale Dekomposition und
- horizontale Dekomposition.

---

[127] Vgl. Bliss (2000: 156–163); Keuper (2004: 102–126).

[128] Zu einer ähnlichen Kritik vgl. Hahmann (2000: 199).

[129] Vgl. Luhmann (1993: 34–70); Weinberger (2000: 316–318); Willke (2005: 316–319).

[130] *„Ein erstes Problem ist die ‚Weltformel' von der ‚Reduktion der Komplexität', die Luhmann vom Anfang bis zum Ende beibehält, ja die mit der Zeit noch immer mehr ‚autologisch' wird und mit der er sich aus einer empirisch interessierten, organisationstheoretisch begründeten und mathematisch modellierten Systemtheorie herauskatapultiert hat."* Bühl (2000: 244), Hervorhebungen im Original.

[131] Vgl. Rößl (1994: 74). Zum logischen Ursprungsproblem der Reduktion von Komplexität durch Systeme vgl. Schreyögg (1993: 248–250).

[132] Vgl. Cronjäger (2005: 44–49).

[133] Vgl. Rieper (1985: 775–781); Berens/Delfmann/Schmitting (2004: 115–116); Gäfgen (1974: 469–475).

[134] Vgl. Abschn. 1.2.1.

[135] Vgl. Adam (1997: 358–377); Rollberg (2012: 184–185).

Eine **vertikale Dekomposition** des Problems geschieht durch die Aufspaltung des Problems entlang einer hierarchischen Struktur. Dabei kann es sich z. B. um die Unternehmensstruktur oder um die Produktstruktur handeln. Die vertikale Dekomposition führt häufig zur **zeitlichen Dekomposition**. Ausgehend von übergeordneten langfristigen Betrachtungsräumen werden kurzfristigere Zeiträume abgeleitet. Die übliche Unterteilung in strategische und operativ-taktische Planung entspringt der zeitlichen Dekomposition. Das Optimalitätsprinzip von BELLMAN nutzt diese Form der Komplexitätsreduktion.[136]

Die **horizontale Dekomposition** ist das Resultat der inhaltlichen Aufspaltung eines Problems auf derselben Zeitachse in mehrere inhaltliche Problembereiche. Dies ergibt sich häufig aus den vielfältigen Verbindungen des Investitionsprozesses zu anderen betrieblichen Teilbereichen, wie z. B. dem Produktions- und Absatzbereich. Diese Bereiche müssen eigene Entscheidungsfelder für ihre Problemstellungen aufstellen.

In diesem Zusammenhang tritt das Problem der aufgehobenen („zerschnittenen") Interdependenzen auf. Durch die Dekomposition gehen unter Umständen die inhaltlichen Verbindungen der Entscheidungsfelder verloren. Dies kann im Ergebnis zu optimalen Lösungen der Teilprobleme führen, die jedoch keine optimale Lösung für das ursprüngliche Gesamtproblem darstellen.

Die dritte Handlungsalternative, das Balancieren von Komplexität, beschreibt das Ziel, die Unternehmenskomplexität in Bezug auf die Umweltkomplexität situativ und satisfizierend zu gestalten und zu handhaben. Diese Umgangsform ist in dem Spannungsfeld von Maximierung und Minimierung der Komplexität angesiedelt,[137] erscheint jedoch für Entscheidungsprobleme kaum umsetzbar.

Die Ausführungen machen deutlich, dass für den Umgang mit Komplexität mehrere Alternativen zur Auswahl stehen. In Abhängigkeit von den Kontext-Faktoren muss das Investitionscontrolling die Vorteilhaftigkeit dieser Alternativen beurteilen.

2.1.3.1.3 Reaktionsformen bei Unsicherheit

Welche Alternativen bieten sich dem Entscheidungsträger, um auf das Unsicherheitsproblem zu reagieren? Im Wesentlichen stehen drei Vorgehensweisen zur Auswahl (vgl. Abb. 2.14): Ignoranz, Reduktion und/oder Akzeptanz der Unsicherheit.[138] Theoretisch möglich und in der Praxis häufig anzutreffen ist die bewusste oder unbewusste Ignoranz von Unsicherheit. Der Akteur wiegt sich in Sicherheit, unsicherheitsindizierende Informationen werden unterdrückt oder aus dem Entscheidungsfeld des Betrachters ausgeblendet. Dies geschieht vordergründig mit dem Ziel, die Entscheidung zu erleichtern, oder aus Unkenntnis der Situation. Eine Aussage über die Vorteilhaftigkeit der Unsicherheitsignoranz ist nur bei Kenntnis der Charakteristika der jeweiligen Entscheidungssituation (Dringlichkeit, Irreversibilität, Komplexität, Höhe der gebundenen Ressourcen) und der resultierenden Folgen möglich. Damit wird eine Grundvoraussetzung im Umgang mit Unsicherheit

[136] Vgl. Abschn. 3.1.2.3.
[137] Vgl. Keuper (2004: 105–106).
[138] Vgl. Adam (1997: 220); Müller (2004: 24).

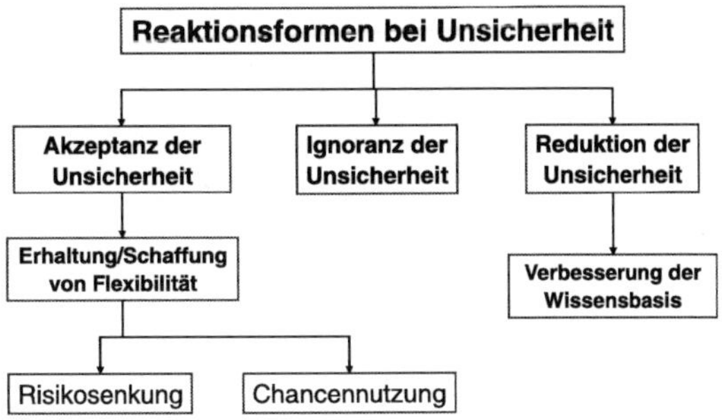

Abb. 2.14 Reaktionsformen bei Unsicherheit. Quelle: Eigene Darstellung in Anlehnung an: Voigt (1992: 493); Schäfer (2005: 11)

deutlich: die **Wahrnehmung der Unsicherheit** als Entscheidungsdeterminante.[139] Um adäquat entscheiden zu können, muss der Akteur Unsicherheiten wahrnehmen.

Eine weitere Möglichkeit besteht darin, die **Unsicherheit zu reduzieren**. Dazu bietet sich eine Verbesserung der Wissensbasis durch Informationssammlung zum Zeitpunkt der Entscheidung selbst und bzw. oder zu zukünftigen Zeitpunkten an. Zum einen lässt sich prüfen, ob eine Verbreiterung der Wissensbasis zum gegenwärtigen Zeitpunkt möglich ist, was zu einer verringerten Unsicherheit führt. Dies geschieht z. B. durch Prognoseverfahren oder Früherkennungssysteme.

Wissen umfasst die Summe der Vorstellungen eines Individuums bzw. eines Kollektivs über sich selbst und die Umwelt. Die Grundlage von Wissen ist eine Menge von in den Kontext eines Problemzusammenhangs gestellten Daten, die als Informationen bezeichnet werden und die zweckorientiert zusammengeführt und verarbeitet werden.[140] Zu unterscheiden ist deshalb zwischen dem individuellen und dem kollektiven Wissen sowie zwischen dem aktuellen und dem zukünftigen Wissen. Die Unterscheidung zwischen individuellem und kollektivem Wissen bezieht sich auf die prinzipielle Verfügbarkeit bzw. Existenz des Wissens und nicht auf dessen rechtliche Zuordnung und daraus resultierende Nutzungsmodalitäten. Das aktuelle, individuelle Wissen lässt sich prinzipiell durch den sofortigen Abgleich mit dem aktuellen, kollektiven Wissen verbessern, wozu die Informationssuche und -verarbeitung dient.

Wissen kann weiterhin unterteilt werden in explizites und implizites Wissen, wobei explizites Wissen den Bestandteil des Wissens darstellt, der in artikulierter, transferierbarer und archivierbarer Form vorliegt. Dieser Wissensbestandteil stellt ein Abbild aus der Gesamtmenge des Wissens dar. Explizites Wissen wird demzufolge durch Informationen repräsentiert.[141] Diese Sichtweise entspringt einer oftmals zitierten Definition der Relation von Wissen und Information von WITTMANN, der Information als das dem Handeln zugrundeliegende Wissen, also zweckorientiertes Wissen bezeichnete.[142]

[139] Zur Darstellung der Wahrnehmung vgl. Abschn. 3.2.1.2.
[140] Vgl. Scheuble (1998: 16–17); Herrmann (2009: 22–23).
[141] Vgl. Pearson (1990: 30–31).
[142] Vgl. Wittmann (1959: 14); Schauer (2004: 293); Wolf (2013: 303–304).

Die Wissenserzeugung bzw. -erweiterung wird oftmals aufbauend auf NONAKA/TAKEUCHI mit unterschiedlichen Transformationsformen der expliziten und impliziten Bestandteile des Wissens erklärt. Gemäß dieser Argumentation, die auch als SECI-Konzept bezeichnet wird, entsteht durch die Umwandlung von explizitem zu implizitem Wissen, womit die Sozialisation bezeichnet wird, ebenso Wissen, wie durch die Umwandlung von implizitem zu explizitem Wissen, was als Externalisierung beschrieben wird. Darüber hinaus wird durch die Kombination unterschiedlicher Bereiche expliziten Wissens Wissen geschaffen sowie durch die Internalisierung von explizitem Wissen zu implizitem Wissen.[143]

Neues Wissen wird jedoch nicht ausschließlich aus dem vorhandenen Wissen transferiert, sondern das aktuelle kollektive Wissen wird durch den Erkenntnisfortschritt in den unterschiedlichen Wissenschaftsdisziplinen erweitert, so dass neues Wissen entsteht. Der Begriff der Neuheit bezieht sich dabei auf den sog. **Stand der Technik**, der alle Kenntnisse umfasst, die bis zu diesem Zeitpunkt durch schriftliche oder mündliche Beschreibung, durch Benutzung oder in sonstiger Weise der Öffentlichkeit zugänglich gemacht wurden. Die Definition des Standes der Technik lässt darauf schließen, dass damit nur der bisher explizierte Wissensbestandteil erfasst wird und die Neuheit einer Erfindung im Vergleich mit diesem Wissensbestandteil beurteilt wird. Eine Erfindung gilt dann als neu, wenn diese mindestens ein Merkmal aufweist, das dem Stand der Technik bis zu diesem Zeitpunkt, nach Einschätzung des einschlägigen Durchschnittsfachmannes, fehlt. Dabei ist zu klären, welche Möglichkeiten es gibt, mit Sicherheit auszuschließen, dass die Erfindung nicht im Verlauf der Geschichte schon einmal publiziert oder genutzt wurde.[144]

Es wird deutlich, dass bei allen Bemühungen um Objektivität trotz allem subjektive Werturteile erforderlich sind. Aus diesen Gründen kann zwar der Versuch unternommen werden, die Neuheit einer Erfindung nach dem objektiven Stand des Wissens zu beurteilen, letztendlich wird diese Einschätzung jedoch auf Basis der Vorstellung der Akteure über diesen Wissensstand beurteilt. Ausschlaggebend ist demzufolge das persönliche bzw. unternehmensindividuelle Wissen über das kollektive Wissen. Der Begriff der Neuheit beschreibt in diesem Zusammenhang das aus subjektiver, also unternehmerischer Sicht Neue und nicht eine objektive, historische Neuartigkeit. Dies impliziert eine Zeitabhängigkeit der Einschätzung über die Neuartigkeit, da sich das kollektive Wissen ebenso ändert wie das unternehmensindividuelle Wissen.[145]

Die Verbesserung des individuellen Wissensstandes durch den Abgleich mit dem kollektiven Wissensstand geschieht im Rahmen einer entsprechenden Informationssuche und -sammlung. Ob diese Informationssammlung dazu geeignet ist, die Unsicherheit zu re-

[143] Vgl. Nonaka/Takeuchi (1997: 74–87); Rehäuser/Krcmar (1996: 33–36); Heckert (2002: 104–105); Schanz (2006: 24–27).

[144] Als Beispiel ist hier die „Neu-Erfindung" eines Herstellungsverfahrens in der Chemie im Jahr 2006 anzuführen, das jedoch schon seit 103 Jahren existierte. Vgl. Yamaguchi et al. (2006); Christl (2007).

[145] Vgl. Corsten/Gössinger/Schneider (2006: 17); Helm (2001: 51); Schätzle (1965: 16); Hauschildt/Salomo (2007: 26).

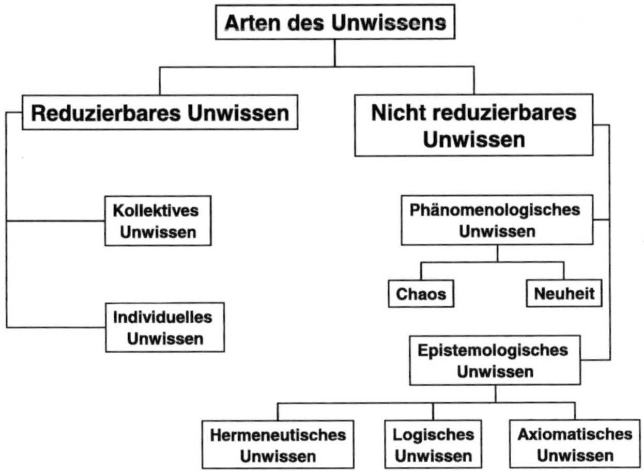

Abb. 2.15 Arten des Unwissens als Quelle der Unsicherheit. Quelle: Eigene Darstellung, in Anlehnung an: Faber/Proops (1998: 118–121); Schiller (2002: 64)

duzieren, hängt wiederum von der Qualität der gesammelten Informationen ab. Die Informationssammlung kann auch zu einer wachsenden Unsicherheit führen, wenn die Informationen nicht eindeutig sind. Neben diesem Faktor ist zu berücksichtigen, dass die Informationssuche, -sammlung und -verarbeitung Zeit und Ressourcen beansprucht, weshalb entsprechende Aufwand-Nutzen-Betrachtungen durchzuführen sind.

Jedoch lässt sich nicht immer die Wissensbasis des Entscheidungsträgers zum Entscheidungszeitpunkt verbessern. Zu unterscheiden ist, ob die Unsicherheit durch individuelles Unwissen entsteht, was durch Lernprozesse zu reduzieren ist, oder ob kollektives Unwissen die Ursache darstellt, was nicht ohne Weiteres prinzipiell, jedoch durch den wissenschaftlichen Fortschritt reduzierbar ist.

Davon zu unterscheiden ist Unwissen, das nicht reduziert werden kann (vgl. Abb. 2.15). Das kann an phänomenologischen Gründen, also an der Struktur des Problems, liegen oder auf epistemologischen Ursachen zurückzuführen sein, die durch die Struktur des Wissens bedingt werden. Phänomenologisches Unwissen ist durch die Unmöglichkeit bedingt, die Entwicklung von Systemen mit beliebiger Genauigkeit und unter Berücksichtigung sämtlicher Interaktionen zu prognostizieren, da nicht vorhersehbare Änderungen von Randbedingungen auch das Systemverhalten verändern können, wodurch Neuheit generiert wird. Unmöglichkeit der beliebig genauen Analyse komplexer Systemdynamik führt wiederum zum Verlust der Prognosefähigkeit, was sich in chaotischem Verhalten niederschlägt. Die andere Teilmenge von nicht reduzierbarem Unwissen ist durch die erkenntnistheoretische Vorgehensweise im Entdeckungsprozess bedingt. Wissenschaft arbeitet auf der Grundlage nicht verifizierbarer und auch nicht falsifizierbarer Axiome, was zu axiomatischem Unwissen führt. Letztendlich ist in jedem axiomatischen System, das in sich logisch geschlossen ist, mindestens ein Theorem prinzipiell weder falsifizierbar noch verifizierbar. Mit der Ungenauigkeit von Definitionen und Begriffsklärungen ist auch die Unschärfe der mit diesen Sprachregelungen erzielten Ergebnisse untrennbar verbunden, was als hermeneutisches Unwissen bezeichnet wird. Aus dieser Darstellung ist ersichtlich, dass ex ante oftmals nicht vorhersehbar ist, welches Unwissen sich reduzieren lässt und welches nicht. Besonders große Relevanz besitzt das phänomenologische Unwissen bezüglich komplexer und dynamischer Systeme.

Bei Wahrnehmung und Akzeptanz von Unsicherheit steht als eine weitere Alternative die **Flexibilisierung der Entscheidungen** und/oder der Investition zur Verfügung. Ebenso ist es denkbar, dass irreversible Entscheidungen aufgeschoben, also in die Zukunft verlagert werden, wenn dies ohne Einbußen an Zeit oder Gewinnen möglich ist.[146] Wenn kein Aufschub möglich ist, kann versucht werden, in einem ersten Schritt lediglich stark reversible Entscheidungen zu treffen. Ebenso kann der Akteur eine Strategie zur Realisierung seines Zieles auf Basis des gegebenen Informationsstandes entwickeln. Dazu ist es möglich, aus den Eintrittswahrscheinlichkeiten der zukünftigen Umweltzustände, dem Risikoprofil des Entscheidungsträgers und entsprechenden Entscheidungskriterien die optimale Strategie zu ermitteln.[147] Streng genommen wird im Fall der Verbesserung des Wissensstandes die Unsicherheit nicht reduziert, sondern lediglich akzeptiert und durch den Aufschub oder die Flexibilisierung der Entscheidung bzw. der Reduktion der Folgen und der Erhöhung der Reversibilität die dritte Kategorie von Handlungsalternativen, die Akzeptanz berührt.

Im einführenden Kapitel zum Führungsprozess ist auf die unterschiedlichen Begriffsverständnisse des Risikos eingegangen worden.[148] Der Umgang mit dem aus der Unsicherheit resultierenden **Risiko im materiellen Sinn** bedarf hier einer gesonderten Erklärung. Dieses Risiko entsteht durch die Möglichkeit der negativen Abweichung von einem Erwartungswert und ist Gegenstand von Konzepten des Risiko-Managements bzw. des Risiko-Controllings. Auf diese Führungsteilsysteme wird hier nicht eingegangen, sondern auf die weiterführende Literatur verwiesen.[149]

Ausgangspunkt der Steuerung von Risiken ist deren Identifikation (vgl. Abb. 2.16). Handlungsalternativen zur Berücksichtigung von Risiken bei der Investitionsentscheidung bieten sich zum Zeitpunkt der Entscheidung auf zwei Ebenen: auf der Ebene bereits identifizierter und auf der Ebene noch nicht identifizierter Risiken.

Identifizierte Risiken können bewusst ignoriert werden, wenn die Bewertung ergab, dass eine Beschäftigung mit diesen Risiken nicht erforderlich ist. Da es kein Kriterium für die Feststellung der vollständigen Identifikation von Risiken gibt, erweist sich die Aufdeckung aller Risiken jedoch als schwierig. Die Bewertung von Risiken ermöglicht die Ordnung von Risiken nach deren Priorität und es werden Informationen generiert, die die gezielte Risikosteuerung unterstützen. Es lassen sich ursachen- und wirkungsbezoge-

[146] Vgl. Schneider (1971: 834–837).
[147] Vgl. dazu Abschn. 3.1.3 sowie Kap. 7.
[148] Vgl. Abb. 1.4.
[149] Vgl. Rosenkranz/Missler-Behr (2005: 19–48); Reichmann/Kißler/Baumöl (2017: 633–666).

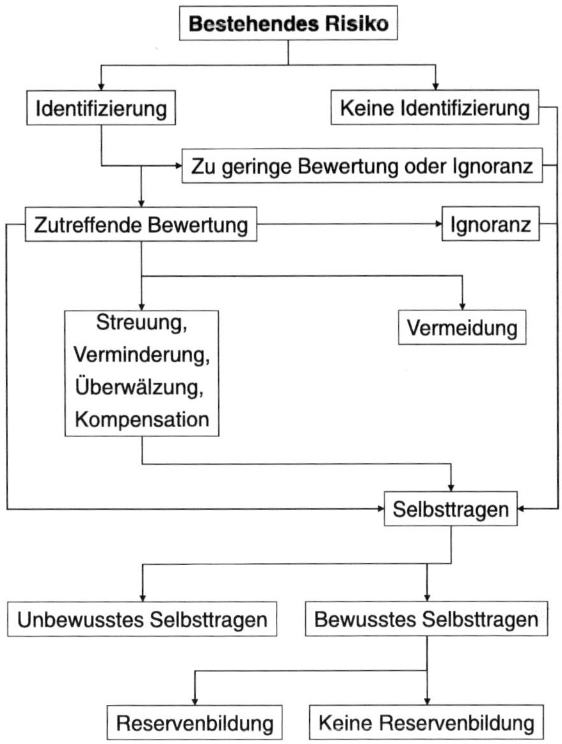

Abb. 2.16 Alternativen im Umgang mit Risiken. Quelle: Eigene Darstellung, in Anlehnung an: Rücker (1999: 121–129)

ne Maßnahmen des Risikomanagements unterscheiden, die einzeln oder in Kombination miteinander einsetzbar sind. Der Akteur kann durch ein aktives Risikomanagement Risiken vermeiden, vermindern und bzw. oder die Ursachen der Risiken streuen. Ist dies nicht oder nicht in voller Risikohöhe möglich, sind wirkungsbezogene Maßnahmen zu ergreifen. Die Stärkung der Risikotragfähigkeit durch Reservenbildung, die Risikokompensation, die Verminderung der Risikofolgen und die Überwälzung von Risiken stellen wirkungsbezogene Maßnahmen dar.

Für das Investitionscontrolling resultiert die Aufgabe, Risiken von geplanten und bestehenden Investitionsmaßnahmen zu identifizieren und Alternativen im Umgang mit diesen zu entwickeln und zu bewerten.

In diesem Zusammenhang muss darauf hingewiesen werden, dass der aktive und bewusste Umgang mit sowie die Steuerung von Risiken für die Unternehmen in einer Reihe von Gesetzen und Normen **zwingend vorgeschrieben** ist.[150] Diese Regelungen erfordern eine systematische Erfassung, Steuerung und Kommunikation der Unternehmensrisiken. Die Erfüllung dieser Aufgaben erfordert die Unterstützung des Investitionscontrollings.

Darüber hinaus sind im Investitionsprozess weitere normative Rahmenbedingungen zu beachten. Diese können durch:

[150] Vgl. Diederichs (2018: 23–56).

- weitere gesetzliche Vorgaben,
- vertragliche Vereinbarungen mit Dritten,
- vertragliche Vereinbarungen innerhalb des Unternehmens,
- freiwillige Vereinbarungen

begründet sein. Sämtliche Aktivitäten, die dazu dienen, dass derartige Vorschriften bzw. Gesetze eingehalten werden, werden unter dem Begriff **Compliance** bzw. **Compliance-Management** zusammengefasst. Dies kann im Fall von Auslandsinvestitionen die ausländische Gesetzeslage sein, oder es können die Vorschriften des eigenen Unternehmens sein.[151] Compliance ist ein Bestandteil des Corporate Governance.[152] Als Aufgabe des Investitionscontrollings resultiert, dass es die relevanten Informationen bereitstellt und die Einhaltung der normativen Forderungen mittels Compliance-Management sicherstellt.

2.1.3.1.4 Einordnung intuitiver Elemente

Im Zusammenhang mit der Entwicklung der rationalitätsorientierten Controlling-Konzeption bestimmen WEBER/SCHÄFFER Intuition und Reflexion als gleichberechtigte Formen der Willensbildung,[153] was eine wesentliche Änderung der Wertung und Einordnung der Intuition in der Betriebswirtschaftslehre darstellt.[154]

Die bis zu diesem Zeitpunkt herrschende Meinung ordnete die Intuition als irrational, unerwünscht und als im Unternehmen zu eliminierende Vorgehensweise ein. Das ist vor dem Entwicklungshintergrund der Betriebswirtschaftslehre zu sehen und auch verständlich. Ebenso nachvollziehbar ist das Bestreben, in der Betriebswirtschaftslehre als Teil der Sozialwissenschaften den Fokus auf die sozialen Einflussfaktoren zu richten.

Intuition wird als ein Prozess unbewusster Schlussfolgerung in komplexen Situationen angesehen, der durch eine unbewusste Verarbeitung von Informationen gekennzeichnet ist.[155] Die intuitive Verarbeitung von Informationen stellt ein kognitives System dar, in dem Urteile assoziativ, d. h. auf der Grundlage von Ähnlichkeit und zeitlicher Nähe gebildet werden. Plötzliche Erkenntnisse und solche, deren Herkunft oder Entstehung nicht ohne Weiteres erklärt werden können, werden häufig als Intuition bezeichnet.[156]

Die Reflexion als der der Intuition entgegengesetzte Prozess stellt den bewussten und in seinem gesamten Ablauf der Beobachtung zugänglichen Prozess des Denkens dar. Beide Prozesse ergänzen einander und sind untrennbare Bestandteile der menschlichen Problemlösungsfähigkeit.[157]

[151] Vgl. Berwanger/Kullmann (2012: 39); Weidlich/Neumüller (2013).
[152] Vgl. Kißler (2017: 691–692); Fischer/Möller/Schultze (2015: 483–487).
[153] Vgl. Weber/Schäffer (1999a: 208).
[154] Vgl. Schneider (2011: 86–87).
[155] Zu unterschiedlichen Definitionen der Intuition vgl. Dane/Pratt (2007: 35).
[156] Vgl. Schneider (2011: 112–113).
[157] Vgl. Keller/Bohner/Erb (2000: 90); Weber/Schäffer (1999a: 209–211); Hauser (1991: 16–41); Ahn/Dyckhoff (2004: 511–512).

Verschiedene Untersuchungen deuten darauf hin, dass die Intuition eine wichtige Managementkompetenz ist.[158] Ebenso wird in empirischen Studien festgestellt, dass die Intuition in höheren Führungsebenen häufiger genutzt wird als in den untergeordneten Ebenen, und dass sich die Entscheidungsträger dann auf die Intuition verlassen, wenn variable Größen, ein Mangel von Fakten oder ein hohes Maß an Unsicherheit vorliegen. Intuition kann also nicht per se mit Irrationalität gleichgesetzt werden. Die Intuition basiert auf Mustererkennung und -bewertung, nutzt das Wiedererkennen von Situationen und Modellen, das auf früheren Erfahrungen beruht (Assoziation), greift also auf unbewusst vorhandenes, implizites Wissen zurück. Die Intuition ist subjektiver Natur, auch weil sie sich prinzipiell im Zusammenspiel von Sinneseindrücken, Erfahrungen und neurologischen Prozessen entfaltet.[159]

Werden Intuition und Reflexion als unterschiedliche Wahrnehmungsformen des menschlichen Erkenntnisprozesses akzeptiert,[160] ist zu klären, wie die Intuition ausgebildet und weiterentwickelt werden kann. Eine Form, die Intuition zu entwickeln, besteht in der Explikation von bisher unbewussten Phasen und Vorgängen der Erkenntnisgewinnung. Intuition ist in dem Maße entwickelbar, wie die persönlichen Erkenntnisvorgänge beobachtet und kognitive Prozesse akzeptiert werden, die sich einer direkten Beobachtung entziehen.

Die Ergebnisse der reflexiven und der intuitiven Betrachtung während der Willensbildung sollten zueinander kongruent sein, Dissonanzen möglichst aufgelöst werden. Zur Auflösung von Dissonanzen sind dabei drei Wege möglich:[161]

- Reflexive Ergebnisse werden intuitiven Ergebnissen angepasst: Die Reflexion wird durch das Störgefühl des Entscheidungsträgers nochmals einer Überprüfung unterzogen. Rechnungen, Modelle, Annahmen, Daten, etc. werden noch einmal kontrolliert.
- Intuitive Ergebnisse werden reflexiven Ergebnissen angepasst: Intuitive Schlussfolgerungen werden kritisch hinterfragt, mögliche Ursachen für eine abweichende Intuition werden aufgezeigt. Gerade in der logisch-analytisch geprägten Betriebswirtschaftslehre wird dieser Weg am häufigsten gegangen, ist doch z. B. ein negativer Kapitalwert ein eindeutiges Kriterium gegen eine Investitionsmaßnahme, gegen das sich schlecht intuitiv argumentieren lässt.
- Gegenseitige Anpassung: Die Mischung aus den zwei zuvor beschriebenen Möglichkeiten im Verlauf eines kritischen Diskurses führt zu einer Anpassung von Reflexion und Intuition.

Bei sehr geringen und auch bei sehr großen Wissensdefiziten der Entscheidungsträger findet die Willensbildung unter Dominanz der Intuition statt, was als Paradoxon der Intuition bezeichnet wird. Genauso wie die Reflexion kann die Intuition bei der Lösung

[158] Vgl. Holtfort (2013: 68–71); Woiceshyn (2009: 300–302).

[159] Vgl. Schanz (1997: 642–651); Nippa (2001: 235); Schneider (2011: 114).

[160] Vgl. Dane/Pratt (2007: 35–36).

[161] Vgl. Weber/Schäffer (1999a: 211–212); Weber/Schäffer (2016: 292–294).

von Aufgaben und Problemen nur in den Bereichen dienlich werden, in denen sie vorher entwickelt werden konnte. Die Herausbildung eines erfolgreichen intuitiven Informationsverarbeitungsvermögens beansprucht große Zeiträume und setzt umfangreiches Expertenwissen des Entscheidungsumfeldes voraus.[162] Im Bereich der deskriptiven Entscheidungstheorie sind unterschiedliche Modelle zur Erklärung intuitiver Urteile und Entscheidungen entwickelt worden.[163] Diese deuten darauf hin, dass derartige Urteile durchaus rational sind und demzufolge im Rahmen einer rationalitätsorientierten Sichtweise akzeptiert und integriert werden. Das Investitionscontrolling muss beide Wege der Entscheidungsfindung integrieren und in Übereinstimmung miteinander bringen.

2.1.3.2 Investitionsrealisierung und -kontrolle

Da die Kontrolle für die Identifizierung von Rationalitätsengpässen unerlässlich ist, wird sie hier ausführlich betrachtet. Kontrolle wird überwiegend als Soll-Ist-Vergleich beschrieben.[164] Damit ist aber nicht die Gesamtheit der Kontrollen erfasst. Allgemeingültiger ist die Definition von Kontrolle als Lernprozess, der seinen Ursprung in antizipierten oder realisierten Abweichungen hat. Kontrolle bezieht sich auf die gewünschten Zustände des kontrollierenden Akteurs bezüglich einer Realisationshandlung, mit dem Ziel der Erhöhung des Handlungspotenzials und der besseren Ausrichtung des Realisationshandelns auf die vom Entscheidungsträger beabsichtigten, antizipierten Zustände. Planung und Kontrolle weisen ein kompensatorisches Verhältnis auf, die Kontrolle wird zur Bedingung der Durchführbarkeit von Planung.[165] Eine grundlegende Darstellung von Funktionsformen und Gestaltungsparametern der Kontrolle hat in den bisherigen Ausführungen bereits stattgefunden.[166]

Mit der Durchführung der Ist-Analyse und dem Vergleich mit den Plan- oder Soll-Daten wird das Entscheidungsproblem resp. der Rationalitätsengpass festgestellt. Das Investitionscontrolling hat geeignete Zeitintervalle zur Durchführung der Vergleiche festzulegen. Zu einer Problemlösung ist die tiefergehende Analyse des Entscheidungsproblems notwendig, da in den meisten Fällen nicht genügend Informationen zur Verfügung stehen. Ziel ist in jedem Fall die Beseitigung der Differenz. Das kann durch die Realisierung von investitionsbezogenen Entscheidungsprozessen oder durch Entscheidungsprozesse auf der Ebene der Unternehmensplanung (z. B. durch Planrevision aufgrund der Abweichungsanalyse und neuer Informationen) stattfinden. Die letztgenannte Form der Annäherung der Plan- oder Soll-Daten an die Ist-Situation wird hier nicht weiter betrachtet.[167]

[162] Vgl. Kuo (1998: 90); Leybourne/Sadler-Smith (2006: 490).
[163] Für eine ausführliche Diskussion dieser Modelle vgl. Abschn. 3.2.2.4.
[164] Zu einem umfassenden Überblick über das Verständnis von Kontrolle vgl. Sjurts (1995: 120–125).
[165] Vgl. Schäffer (2001: 59).
[166] Vgl. Abschn. 1.3.2.
[167] Vgl. Borghoff (1994: 93–100).

Aus dem Verständnis eines rationalitätsorientierten Investitionscontrollings folgt darüber hinaus die Sicherstellung der Rationalität als Fundamentalziel der Investitionskontrolle. Auf dessen Bedeutung wurde schon frühzeitig hingewiesen.[168] Folgende drei Kontrollhorizonte zur Sicherung der Rationalität werden unterschieden:[169]

- Der erste und kürzeste Horizont dient der Sicherstellung einer rationalen Realisierung der antizipierten Zweck-Mittel-Beziehung. Diese Durchführungskontrollen, Kontrollen erster Ordnung, stellen Ex-post-Kontrollen dar.
- Innerhalb des zweiten Kontrollhorizontes wird die rationale Antizipation sichergestellt. Die Effektivität der Zweck-Mittel-Beziehung wird in Kontrollen zweiter Ordnung überprüft, was in den strategischen Bereichen dominant ist.
- Die Effektivität des zugrunde liegenden Modells der relevanten Innen- und Umwelt ist Gegenstand des dritten Kontrollbereiches. Dabei wird überprüft, ob das Modell, auf dem die Antizipation aufbaut, der Realität entspricht und für die gegebenen Aufgaben und Fragen zielführend ist. Dieser Kontrollbereich, die Kontrolle dritter Ordnung, ist wie der zweite auf der strategischen Ebene anzusiedeln, geht es doch um grundlegende Fragen der Wahrnehmung von Umweltzuständen und der Informationsverarbeitung.

Kontrolle dient unmittelbar der Identifikation von Schwachstellen des der Entscheidung zugrunde liegenden Modells, der Antizipation und der Durchsetzung. Auf diese Weise trägt Kontrolle mittelbar zu einer rationalen Realisation der antizipierten Zweck-Mittel-Beziehung bei.[170] Die Ziele der Investitionskontrolle leiten sich aus den Kontrollhorizonten der Sicherstellung eines rationalen Modells, einer rationalen Durchführung und einer rationalen Antizipation ab. Die Hauptaufgabe besteht in der Verbesserung und Unterstützung der Zielerreichung der in der Investitionsplanung festgelegten Entscheidungen. Dazu zählt die Kontrolle der Konsistenz, der Vollständigkeit und der Prämissen der Willensbildung. Zusätzlich ist die Überprüfung der Durchführung Gegenstand der Investitionskontrolle.[171]

Die in der Literatur häufig angeführten Ziele werden hier als aus der rationalitätsorientierten Sichtweise des Investitionscontrollings abgeleitete Instrumentalziele der Investitionskontrolle verstanden. Anregung, Ausarbeitung, Bewertung und Durchführung von Anpassungsmaßnahmen sind demzufolge Instrumentalziele der Investitionskontrolle.[172] Die unterschiedlichen Sichtweisen, wie die Dominanz des Korrekturzieles, die Dominanz der Identifizierung von Schwachstellen in der Investitionsplanung und die Dominanz

---

[168] Vgl. Lüder (1966: 1141).

[169] Vgl. Schäffer (2001: 45–49). Vgl. dazu ebenfalls die unterschiedlichen Formen der Kontrolle in Tab. 1.12 im Abschn. 1.3.2.

[170] Vgl. Schäffer (2001: 60).

[171] Zu einer alternativen Definition der Investitionskontrolle vgl. Linder (2006: 44).

[172] Vgl. Schwellnuss (1991: 177–204); Sierke (1990: 193–199); Reichmann/Lange (1985: 485); Borghoff (1994: 97–103); Rösgen (2000b: 263–265); Ott (2000: 212–214).

Tab. 2.5 Elemente von Kontrollsystemen. Quelle: Eigene Darstellung, in Anlehnung an: Küpper et al. (2013: 261)

Eingangsgrößen	Prozessvariablen	Ergebnisgrößen
- Kontrollobjekt - Kontrollträger - Kontrollzwecke - Kontrollinformationen, insbes. Norm- und Toleranzgrößen - inhaltlicher und zeitlicher Kontrollumfang - Kontrollform	- Aufdeckung eines Kontrollproblems - Festlegung des Vergleiches - Durchführung des Vergleiches - Beurteilung der Abweichungen - Entwicklung von Anpassungsmaßnahmen	- Informationen über Abweichungen - Informationen über die Abweichungsursachen - Anpassungsmaßnahmen

individueller Lerneffekte,[173] ordnen sich dem Fundamentalziel unter. Aus dem Fundamentalziel leiten sich folgende Instrumentalziele ab:[174]

- Der Zwang zu einer realistischen Investitionsplanung und deren Realisierung wird durch die Notwendigkeit der Rechenschaftslegung erreicht.
- Mängel in der Investitionsplanung und -realisierung werden aufgedeckt und können bei zukünftigen Investitionsprojekten vermieden oder bei laufenden Projekten korrigiert werden.
- Manipulationen durch Mitarbeiter sollen verhindert und die Basis für die Beurteilung der Entscheidungsträger geschaffen werden.
- Durch investitionsbezogene Entscheidungskontrollen ausgelöste Lernprozesse (vergrößerte Erfahrung) tragen zu einem Erkenntnisgewinn und damit zu einer Verringerung der Unsicherheit (objektbedingte, planungsprozessbedingte oder personenbedingte Unsicherheiten) für zukünftige ähnlich strukturierte Entscheidungsprobleme bei.

Das Investitionscontrolling muss die Eingangsgrößen des Kontrollprozesses festlegen (vgl. Tab. 2.5).

Zur Strukturierung des Kontrollprozesses ist vom Investitionscontrolling die Festlegung der **Kontrollobjekte** durchzuführen. Die Bestimmung der zu überwachenden Objekte hängt von der Zielsetzung der jeweiligen Unternehmung ab. Zu unterscheiden sind die globale und die objektweise Investitionskontrolle.[175] Inhalt der globalen Investitionskontrolle sind Gruppen von Investitionsobjekten oder Investitionen eines Unternehmensbereiches. Die objektweise Kontrolle betrachtet nur einzelne Investitionsobjekte.

[173] Vgl. Meier (1970: 100–101); Osterloh (1974: 17–19); Küpper (1992: 122).
[174] Vgl. Borer (1978: 54–63); Lüder (1980: 367–371); Schaefer/Streitferdt (2005: 324–325); Müller (2004: 70).
[175] Vgl. Lüder (1966: 1141); Osterloh (1974: 36–48).

Da das Investitionscontrolling die Rationalitätssicherung bezweckt, ist es zielführend, die **Kontrollträger** aus dem Kreis der Träger der Rationalitätssicherungsaufgabe zu wählen.

Außerdem ist die Festlegung des **inhaltlichen Kontrollumfangs** notwendig. Das Aufwand-Nutzen-Verhältnis ist zur Bestimmung des Umfanges der investitionsbezogenen Entscheidungskontrollen von erheblicher Bedeutung. Zur Definition des Nutzens der investitionsbezogenen Kontrollen werden unter dem „Nutzen" Vorteile verstanden, die als Folge der Kontrolle unter Einsatz unternehmerischer Ressourcen entstehen. Daraus ergeben sich in Anlehnung an das ökonomische Prinzip zwei Wege: Einerseits die Maximierung des Nutzens bei gegebenem Mitteleinsatz und andererseits die Minimierung des Mitteleinsatzes bei gegebener Zielkonzeption der Kontrolle. Mit der subjektiven Festlegung der nutzenmaximierenden Kontrollzielsysteme und der Optimierung der dafür verwendeten Ressourcen wird die Aufwand-Nutzen-Relation im investitionsbezogenen Kontrollprozess bestimmt.[176] Aus Wirtschaftlichkeitsgründen ist es nicht möglich und auch nicht sinnvoll, jede festgestellte Abweichung detailliert zu untersuchen. Aus diesem Grund sind zielkritische Abweichungsarten und analyserelevante Toleranzbereiche festzulegen.[177] Als Orientierung zur Auswahl der zu untersuchenden Abweichungen dienen die absolute Abweichungshöhe oder die relativen Abweichungen. Hohe absolute Abweichungen enthalten ein höheres Korrekturpotenzial und beinhalten demzufolge einen höheren zielkonformen Nutzen, sind häufig aber komplexer Natur und deshalb mit einem höheren Analyseaufwand verbunden. Bei der Orientierung an der relativen Abweichung besteht die Gefahr der Analyse von nicht zielkritischen Abweichungen. Ein Rückgriff auf statistische Signifikanztests zur Identifikation von Toleranzschwellen, wie für das Controlling von Produktionskosten empfohlen wird, ist aufgrund der Komplexität und Einmaligkeit der Entscheidungssituationen bei Investitionsentscheidungen nicht möglich. Das Investitionscontrolling hat demzufolge die inhaltlichen Dimensionen der Kontrollen und daraus resultierenden Analysen zu bestimmen.[178]

Zusätzlich sind die analyserelevanten **Abweichungstoleranzschwellen**, also die Grenzen der tolerierbaren Abweichungsbeträge bzw. -dimensionen zu ermitteln. Dabei ist zu beachten, dass nach der Einleitung von Anpassungsmaßnahmen die Ist-Werte um die Vergleichswerte oszillieren können. Dies ist entweder auf eine Überkompensation durch die Anpassungsmaßnahme, auf einen Verzögerungszeitraum zwischen dem Einleiten der Anpassungsmaßnahme und dem Eintreten der beabsichtigten Effekte oder auf eine Informationsverzögerung zwischen Entschluss und Realisierung der Anpassungsmaßnahme zurückzuführen.

Nach der Bestimmung der inhaltlichen Limitierung des Kontrollumfangs ist die **zeitliche Begrenzung** des Kontrollumfangs festzulegen. Diese Dimension setzt sich aus

[176] Vgl. Borer (1978: 85).

[177] Vgl. Reichmann/Kißler/Baumöl (2017: 368).

[178] Vgl. Langen (1964: 93–94); Osterloh (1974: 108); Schwellnuss (1991: 157–158); Reichmann/Kißler/Baumöl (2017: 343).

der **Kontrollhäufigkeit** und den **Kontrollzeitpunkten** zusammen.[179] Aus der Aufwand-Nutzen-Beziehung lässt sich rein theoretisch ein zeitliches Optimum bezüglich der Kontrollhäufigkeit herleiten. Dem stehen aber auf der praktischen Seite die Nichtmessbarkeit von Aufwand und Nutzen entgegen. Darüber hinaus hängt der Nutzen der Kontrolle nicht nur von der Kontrollhäufigkeit, sondern auch vom Kontrollzeitpunkt ab. Die Kontrollen sind dann durchzuführen, wenn die Wahrscheinlichkeit für das Auftreten von Unwirtschaftlichkeiten oder Fehlentwicklungen besonders groß ist. Diese kontrollbedürftigen Zeitpunkte können u. a. das Ende der Plan-Amortisationszeit, der Zeitpunkt des Ablaufs von Garantiefristen, das Ende der Anlaufperiode oder der Zeitpunkt des Auftretens neuer Konkurrenten sein. Das führt zu der Auffassung, die zur Bestimmung der optimalen Kontrollhäufigkeit getroffenen Annahmen seien unrealistisch und der Versuch der Ex-ante-Bestimmung eines zeitlichen Kontrolloptimums sei in der Praxis nicht bestimmbar.[180]

Die soeben beschriebenen Aktivitäten werden im Rahmen des sog. Investitionsmonitorings für genehmigte und laufende Investitionsmaßnahmen durchgeführt. Vom Investitionscontrolling sind folgende Parameter festzulegen:[181]

- die zeitlichen Berichtsintervalle,
- der Verfasser des Berichts,
- die Berichtsempfänger,
- die zu berichtenden Größen und Kriterien,
- das prinzipielle Verfahren im Fall erforderlicher Nachschüsse sowie
- Abbruchkriterien bzw. Maßnahmen für Abweichungen außerhalb der Toleranzgrenzen.

Für bereits genehmigte und laufende Investitionsmaßnahmen ist festzulegen, wie im Fall der Nichterreichung von ursprünglich geplanten Ergebniszielen zu verfahren ist. So ist es einerseits denkbar, dass die ursprünglich beantragten Investitionsmittel nicht ausreichen, was einen Nachschuss erfordern würde. Andererseits ist es möglich, dass sich die Erträge aus dem Projekt nicht wie geplant entwickeln. In jedem Fall müssen Kriterien bzw. Verfahren festgelegt werden, die den Abbruch, also die Liquidation derartiger Projekte regeln. Die in diesem Zusammenhang häufig auftretenden irrationalen Verhaltensmuster[182] müssen erkannt und interpretiert werden. Das Investitionscontrolling muss diesen Entwicklungen durch geeignete Maßnahmen entgegenwirken.[183]

Investitionskontrollen liefern Informationen, die unter Umständen zu Anpassungsmaßnahmen führen. Die Ausarbeitung, Bewertung, Entscheidung und Durchführung von Anpassungsmaßnahmen findet wiederum als Entscheidungsprozess statt. Demzufolge sind

[179] Vgl. Schaefer/Streitferdt (2005: 326–327).
[180] Vgl. Lüder (1969: 70–73); Borer (1978: 151–154).
[181] Vgl. Hauser/Panzau (2012: 138–140).
[182] Vgl. Abschn. 3.2.
[183] Vgl. Zayer/Hirsch (2007: 654–656).

Modelltheoretischer Bereich	Organisatorisch-koordinativer Bereich	Bereich der Informationsversorgung
• Prüfung der Entscheidungsprozesse auf: - Erfüllung der Axiome der präskriptiven individuellen und kollektiven Entscheidungstheorie - Anomalien entsprechend der deskriptiven individuellen und kollektiven Entscheidungstheorie • Identifikation und Reduktion von: - Abgrenzungs-, - Wirkungs-, - Bewertungs-, - Zielsetzungs- und - Lösungsdefekten • Bereitstellung von Modellen und Verfahren für sämtliche Phasen des Investitionslebenszyklus, so z. B. für: - Generierung und Bewertung von Alternativen vor der Realisierung - Ersatzzeitbestimmung während der Nutzung - Bewertung von Liquidations-alternativen • Prüfung von Modellen und Verfahren auf: - die Eignung vor deren Einsatz, - die korrekte Verwendung während des Einsatzes • Prüfung der Interpretation und Verwendung der Modellergebnisse	• Koordination bestehender und geplanter Projekte mit strategischem Rahmenplan und Zielvorgaben • Koordination sämtlicher Investitions- und Liquidationsmaßnahmen • Koordination des Investitionsbe-reiches mit angrenzenden Bereichen • Formulierung von Richtlinien für die Beantragung von Investitionen und Liquidationen • Festlegung der Beantragungs- und Genehmigungsprozesse hinsichtlich: - Klassifizierung von Projekten, - zeitlichem Rahmen, - Genehmigungs- und - Zustimmungspflichten • Festlegung der Zusammensetzung und der Rechte der Mitglieder von Entscheidungsgremien • Entwurf und Einsatz von Anreizsystemen zur wahrheitsgemäßen Berichterstattung • Letztendliche Festlegung der Budgets • Festlegung von Nachschussregelungen und Abbruchkriterien für laufende Maßnahmen	• Beschaffung, Bereitstellung und Verarbeitung der erforderlichen finanzwirtschaftlich-ökonomischen Informationen für Planung, Realisierung und Kontrolle der Projekte • Bereitstellung von Informationen über investitionsrelevante interne und externe juristisch-normative Anforderungen (Risikomanagement und Compliance) • Festlegung formeller und inhaltlicher Vorgaben für Investitionsanträge • Durchführung: - periodenbezogener und - projektbezogener Planungs- und Kontrollrechnungen • Entwicklung und Umsetzung geeigneter Berichtsformen und Berichtssysteme • Festlegung und Überwachung der Dokumentationspflichten • Festlegung von Form, Inhalten und Terminen des Investitionsmonitorings • Ermittlung und Analyse von Abweichungen • Indikation von: - Investitionsmöglichkeiten - Liquidationsmöglichkeiten

Abb. 2.17 Ausgewählte Aufgaben des Investitionscontrollings. Quelle: Eigene Darstellung, in Anlehnung an: Schultz (2005: 83); Schaefer/Streitferdt (2005: 334); Weber et al. (2006: 17–27); Schulte/Körner/Shalchi (2018: 473–478); Bieg/Kußmaul/Waschbusch (2016: 48); Reichmann/Kißler/Baumöl (2017: 296); Hauser/Panzau (2012); Küpper et al. (2013: 619–627); Eilenberger/Ernst/Toebe (2013: 148–149)

die Kontrollen selbst Auslöser für darauffolgende Entscheidungsprozesse, die wiederum zu kontrollieren sind.

2.1.3.3 Zwischenfazit

Die wichtigsten Aspekte der bisherigen Darstellungen sind in der Abb. 2.17 zusammengefasst. Die Aufstellung kann keinen Anspruch auf Vollständigkeit erheben, was aus den Ausführungen zur Kontext-Abhängigkeit des Controllings folgt.[184] So dürfte z. B. der Bereich der Koordination und Information in kleinen und mittelständischen Unternehmen geringer ausgeprägt sein. Investitionsmaßnahmen in diesen Unternehmen sind oftmals per se „Chefsache", da diese Maßnahmen aufgrund des finanziellen Rahmens und der nicht routinisierten Problemstellung eine herausragende Stellung haben und vom Unternehmer selbst oder einem kleinen Kreis von Akteuren getroffen werden.

[184] Vgl. Abb. 2.9 im Abschn. 2.1.1.

Die Aufgaben wurden in drei Bereiche gegliedert, wobei als Hauptaufgabe die Sicherstellung der Rationalität der Investitionsentscheidungsprozesse diente. Diese Aufgabe wird konkretisiert durch den:

- **modelltheoretischen Bereich:** Die in der präskriptiven Theorie individueller und kollektiver Entscheidungen entwickelten Anforderungen sind als Richtschnur der Investitionsentscheidungen zu betrachten. Die Überwachung bzw. Gestaltung der Prozesse entsprechend dieser Anforderungen ist eine wesentliche Aufgabe des Investitionscontrollings. Sie wird praktisch umgesetzt, indem diese Anforderungen für alle Unternehmensmitglieder verfügbar und verbindlich gemacht werden. Dazu dient z. B. die Erstellung von Richtlinien zur Beantragung und Bewertung von Investitionen sowie die Gestaltung der Beantragungs- und Genehmigungsprozesse und die Konstitution von Gremien. Für die Sicherstellung der kollektiven Rationalität sind sämtliche Einzelinvestitionsmaßnahmen aufeinander abzustimmen und es sind Maßnahmen des Investitionsbereiches mit anderen Unternehmensbereichen zu koordinieren.
- **organisatorisch-koordinativen Bereich:** Damit die Entscheidungen auch kollektiv rational sind, muss das Investitions- und Liquidationsgeschehen im Unternehmen koordiniert werden. Dies betrifft sowohl die Koordination von Planung und Umsetzung mehrerer Investitionsprojekte miteinander als auch die Koordination der Projekte mit übergeordneten Zielsetzungen und anderen Unternehmensbereichen.
- **Bereich der Informationsversorgung:** Zur Entscheidungsfindung und zur Koordination der Entscheidungen sind Informationen erforderlich, die vom Investitionscontrolling beschafft und bereitgestellt werden müssen. Neben den finanzwirtschaftlich-ökonomischen Informationen sind sämtliche Informationen zur Verfügung zu stellen, die die geplanten oder laufenden Investitionsprojekte betreffen. Dies sind z. B. Informationen zu juristisch-normativen Sachverhalten oder Informationen zur Entwicklung der mittelbaren und unmittelbaren Unternehmensumwelt. Auf Basis dieser Informationen sind neue Investitionen anzuregen oder die Liquidation bestehender Projekte ist zu überprüfen.

Die Ausführungen verdeutlichen, dass die Zuordnung von Aufgaben zu den Bereichen nicht überschneidungsfrei geschehen kann. So sind z. B. die Anreizsysteme einerseits zur Koordination von individuellen und kollektiven Zielen erforderlich, andererseits dienen diese Systeme auch der Informationsversorgung. Ähnliches gilt für Teile des modelltheoretischen Bereiches, wie der Sicherstellung eines rationalen Modelleinsatzes. Dieser wird mittels Formulierung von Richtlinien kommuniziert, welche Bestandteil der Informationsversorgung sind.

Zur Erfüllung der Aufgaben dienen Instrumente und Institutionen des Investitionscontrollings. Diese werden in den folgenden Abschnitten dargestellt.

2.2 Instrumente des Investitionscontrollings

2.2.1 Grundverständnis

Die Diskussion zu den Instrumenten des Controllings wird ebenso kontrovers geführt wie die Diskussion zu entsprechenden Konzeptionen, was nur konsequent ist, stellen doch die Instrumente die Mittel zur Erreichung der Ziele in den unterschiedlichen Konzeptionen dar. Originär für das Controlling oder im Rahmen einer eigenständigen Konzeption entwickelte Instrumente existieren nicht. Die Vertreter der unterschiedlichen Controlling-Konzeptionen definieren die Controlling-Instrumente entsprechend dem jeweiligen Verständnis. So konstatierten KÜPPER/WEBER/ZÜND als Vertreter der koordinationsorientierten Auffassung (wozu WEBER zu dem damaligen Zeitpunkt zählte): *„Das Controlling setzt ein umfangreiches Instrumentarium ein. Dieses bezieht sich entsprechend der Hauptaufgabe des Controllings in erster Linie auf die Sicherstellung der Koordination des Führungssystems."*[185] REICHMANN verwendete den Begriff der „Controlling-Applikationen" zur Beschreibung aller verfügbaren Methoden und Techniken, die durch die Controlling-Konzeption für einen bestimmten Controlling-Bereich zusammengefasst werden.[186]

HORVÁTH definiert: *„Die Controllinginstrumente umfassen alle ideellen und realen (technischen) Hilfsmittel, die im Rahmen der systembildenden und systemkoppelnden Koordination zur Erfassung, Strukturierung, Auswertung und Speicherung von Informationen bzw. zur organisatorischen Gestaltung eingesetzt werden."*[187]

TROSSMANN schlussfolgert aus der von ihm verwendeten koordinationsorientierten Controlling-Konzeption auf die Existenz eines einheitlichen Instrumentariums, das jedoch breit gefächerte Einzelausprägungen aufweist.[188]

Auf Basis dieser Definitionen werden unterschiedlichste Verfahren und Methoden als Controlling-Instrumente klassifiziert.[189] In Abhängigkeit von den Kontextfaktoren werden bestehende Verfahren, Methoden und Modelle für Controlling-Zwecke eingesetzt.[190] So wird z. B. der Einsatz von Anreizsystemen zur wahrheitsgemäßen Berichterstattung als Instrument des Investitionscontrollings aus unterschiedlichen Konzeptionen geschluss-

---

[185] Küpper/Weber/Zünd (1990: 288).
[186] Vgl. Reichmann/Kißler/Baumöl (2017: 29–31).
[187] Horváth (2011: 128).
[188] Vgl. Troßmann (2018: 37–40).
[189] Vgl. Knauer/Nuss/Wömpener (2012: 69); Jacobs et al. (2017: 45–53); Hahn/Hungenberg (2001: 287).
[190] Vgl. Lingnau/Koffler (2013b: 397).

folgert: aus der informationsorientierten Konzeption[191], aus der koordinationsorientierten Konzeption[192] wie auch aus der rationalitätsorientierten Konzeption.[193]

Als Zwischenfazit kann festgehalten werden:[194]

- Fast sämtliche betriebswirtschaftlichen Methoden wurden mittlerweile als Controlling-Instrument eingestuft.
- Das Spektrum der Controlling-Instrumente ist fast unübersehbar geworden.

Als Erklärung und gleichzeitig Kritik an diesem Zustand bringt SCHNEIDER vor: *„An selbständig entwickelten Controllinginstrumenten fehlt es nicht etwa deshalb, weil die Probleme neu sind, sondern weil bei dem hier vorgestellten Verständnis von Controlling zu viele offene Probleme anderer Teilgebiete einbezogen werden, ohne bisher Lösungsansätze bieten zu können.“*[195]

Im Zusammenhang mit der Definition von Controlling-Instrumenten taucht häufig die Frage auf, ob ein Controlling-Instrument ausschließlich durch das Controlling eingesetzt wird. Wenn dies so wäre, könnte dies als ein wesentliches Definitionsmerkmal für den Begriff des Controlling-Instrumentes herangezogen werden. Jedoch ist schon frühzeitig festgestellt worden, *„dass es keinerlei inhaltliche oder logische Möglichkeiten zur Monopolisierung bzw. Vereinnahmung irgendwelcher Managementinstrumente oder -methoden durch das Controlling gibt oder geben kann.“*[196]

Für das Investitionscontrolling stellt ADAM fest, dass es keine spezifisch nur für diesen Bereich entwickelten Instrumente gibt.[197] Die Unterstützung bei investitionsbezogenen Entscheidungen durch formalisierte Bewertungsverfahren erfährt in der Literatur eine besonders große Beachtung. Dies mag mit der Höhe der finanziellen Mittel und der Langfristigkeit der Entscheidungsfolgen bei Investitionsprojekten zusammenhängen. Allgemein nutzbare Entscheidungsalgorithmen und Bewertungsschemata werden für die Aufgaben des Investitionscontrollings spezifiziert. Für jede Phase des Führungsprozesses werden unterschiedliche Methoden und Verfahren eingesetzt. So kommen unter anderem folgende Instrumente zum Einsatz:[198]

- Kennzahlen und Kennzahlensysteme,
- Checklisten,
- Kreativitätstechniken,

---

[191] Vgl. Husmann (1996: 4–9); Dahlhaus (2009: 51–54).
[192] Vgl. Ewert/Wagenhofer (2014: 456).
[193] Vgl. Schultz (2005: 79).
[194] Vgl. Baltzer (2013: 63).
[195] Schneider (1991: 771).
[196] Kappler (2002: 378).
[197] Vgl. Adam (2000: 29).
[198] Vgl. Adam (2000: 29–36); Rösgen (2000a: 84); Schultz (2005: 169–196); Reichmann/Kißler/Baumöl (2017: 302–335); Küpper et al. (2013: 622–629); Weber et al. (2006: 41–43); Kesten/Berkemeier/Schönteich (2013: 5).

- Prinzipal-Agenten-Modelle,
- lineare und dynamische Programmierungen,
- Kosten- und Leistungsrechnung,
- Investitionsrechenmodelle,
- Modelle der Entscheidungstheorie.

Die Verfahren müssen dabei in das zielorientierte System der Investitionsentscheidungsprozesse der jeweiligen Unternehmung eingebettet werden. RÖSGEN klassifizierte die Instrumente des Investitionscontrollings in Instrumente zur:[199]

- Beurteilung der Sachzielerreichung,
- Beurteilung der Erfolgszielerreichung,
- Informationsversorgung,
- Gestaltung durchgängiger Kontrollmethoden und
- Bewältigung phasenspezifischer Anliegen des Investitionscontrollings.

Diese Unterteilung wird hier nicht verwendet, da die Verwendung und demzufolge Einordnung eines Instrumentes kontextabhängig ist. Demzufolge kann ein und dasselbe Instrument, wie z. B. ein Investitionsrechenverfahren, für Zwecke der Informationsversorgung eingesetzt werden, jedoch gleichzeitig auch zur Beurteilung der Erfolgszielerreichung dienen und in einer Ex-post-Betrachtung zur Kontrolle verwendet werden.

Stattdessen folgen die weiteren Ausführungen dem nutzungszweckbasierten Verständnis. Dieses interpretiert die Verwendung von Strukturen, Modellen und Ergebnissen von bereits existenten Instrumenten unter dem Gesichtspunkt der Ziel-Mittel-Relation und damit möglicherweise unter neuem Betrachtungswinkel.[200]

„Ein Instrument ist nicht qua status nascendi ein Controllinginstrument, sondern wird zu einem solchen durch die Nutzung mit dem Ziel der Informationsversorgung, ergebnisorientierter Steuerung, der Koordination oder der Sicherstellung rationaler Führung."[201] Ähnlich definiert BALTZER ein Instrument dann als Controlling-Instrument, wenn es eine inhärente Effektivität aufweist, also einen Beitrag zur Erfüllung von Aufgaben der zugrundeliegenden Controlling-Konzeption leistet.[202]

Existierende Verfahren und Modelle, die zur Erreichung der jeweiligen Zielstellung des Controllings eingesetzt werden, stellen Controlling-Instrumente dar. Dieses Verständnis ermöglicht die Nutzung bewährter Instrumente der Betriebswirtschaftslehre und – soweit sinnvoll und erforderlich – anderer Disziplinen.

---

[199] Vgl. Rösgen (2000a: 71–84). SCHULTE/KÖRNER/SHALCHI übernehmen diese Klassifikation, weisen jedoch auf die Unmöglichkeit der trennscharfen Einordnung hin. Vgl. Schulte/Körner/Shalchi (2018: 479).

[200] Vgl. Janzen (1996: 65); Faaß (2007: 91–92).

[201] Schäffer/Steiners (2003: 18).

[202] Vgl. Baltzer (2013: 71).

Auf eine umfassende Darstellung aller potenziellen Instrumente des Investitionscontrollings wird hier deshalb verzichtet. Es wird darauf hingewiesen, dass die Auswahl und Bewertung von Verfahren und Modellen ohne Kenntnis der konkreten Zielstellungen und des Unternehmens sinnvollerweise nicht möglich ist. Damit wird auf die erwähnte Kontextabhängigkeit des Controllings verwiesen.[203] Die Darstellungen in dem vorliegenden Buch beschränken sich auf Modelle aus folgenden Bereichen:

- Modelle der Investitionsrechnung,[204]
- präskriptive und deskriptive Modelle von Individual- und von Kollektiventscheidungen[205] sowie
- Modelle der kooperativen Spieltheorie.[206]

2.2.2 Modellverständnisse

Allgemein kann festgestellt werden, dass ein Modell ein Bild von etwas für jemanden ist.[207] In Abhängigkeit davon, in welchem Bereich das Abzubildende angesiedelt ist und welcher Geltungsanspruch damit erhoben wird, kann zwischen theoretischen und praktischen Modellen bzw. Real- und Idealmodellen unterschieden werden.[208] Für das weitere Vorgehen sind jedoch ausschließlich Realmodelle von Interesse, da mit deren Konstruktion und Verwendung ein Ziel oder mehrere Ziele verfolgt werden, die in einem real existierenden Objektbereich angesiedelt sind. Entsprechend dem Einsatzzweck kann zwischen Beschreibungs-, Erklärungs- und Entscheidungsmodellen unterschieden werden.

Erklärungsmodelle können zu Erklärungs- und Prognosezwecken eingesetzt werden.[209] Beschreibungsmodelle ordnen die Objekte eines Gegenstandsbereiches und unterstützen die Informationsgewinnung in der ersten Stufe des Prozesses der Erkenntnisgewinnung. In derartigen Modellen werden die beobachtbaren Zusammenhänge abgebildet, ohne jedoch erklärt zu werden, so dass diese Modelle lediglich deskriptiven Charakter haben. Diese Form von Modellen, die auch als Erfassungs- oder Ermittlungsmodelle bezeichnet werden, ist für die Beschreibung sowohl vergangener als auch zukünftiger Sachverhalte geeignet.[210]

Auf der Basis von Beschreibungsmodellen können Erklärungsmodelle formuliert werden, die sachlogische Zusammenhänge durch die Formalisierung der Relationen zwischen abhängigen und unabhängigen Variablen abbilden. Eine Erklärung früherer oder gegen-

[203] Vgl. Abb. 2.9.
[204] Vgl. Kap. 5 und 7.
[205] Vgl. Kap. 3 und 4.
[206] Vgl. Kap. 6.
[207] Vgl. Zschocke (1995: 251); Richter (2012: 71).
[208] Vgl. Bitz (1977: 51–55); Rieper (1992: 88).
[209] Vgl. Richter (2013: 282); Klein/Scholl (2011: 33–34); Schweitzer (1972: 29–30).
[210] Vgl. Stölzle/Pfohl (1997: 53); Rieper (1992: 88–89).

wärtig vorliegender bzw. festgestellter Sachverhalte ist eine Menge empirischer Aussagen, die folgende Anforderungen zu erfüllen hat:[211]

- Das zu Erklärende (Wirkung, Explanandum, Explikandum) muss aus dem Erklärenden (Ursache, Explanans, Explikans) logisch ableitbar sein.
- Das Explanans muss mindestens ein empirisches Gesetz enthalten und es muss einen empirischen Gehalt (Informationsgehalt) aufweisen.
- Die Aussagen des Explanans müssen faktisch wahr sein.

Werden diese Bedingungen in einem Modell erfüllt, liegt ein Erklärungsmodell, auch als Kausalmodell, bezeichnet vor. Für eine Prognose ist aus dem vorliegenden Explanans das in der Zukunft liegende Explanandum abzuleiten. Die zu erfüllenden Anforderungen an Explanans und Explanandum sind dieselben wie für die Erklärung, da eine Prognose die zur Erklärung inverse Operation darstellt. Prognosemodelle werden deshalb auch als Erklärungsmodelle bezeichnet, wobei das zu Erklärende in der Zukunft liegt.[212]

Aufbauend auf einem Erklärungsmodell kann ein Entscheidungsmodell gebildet werden. Dazu werden die Umweltsituationen, die Handlungsalternativen und -ergebnisse der Alternativen so abgebildet, dass der Akteur den Ergebnisbeitrag der Alternativen unter Berücksichtigung der von ihm definierten Ziele und deren Relationen bewerten kann. Auf der Grundlage dieser Bewertung ist die Entscheidung für eine der Handlungsalternativen möglich, die dann auch realisiert werden kann. Ziel der Bildung und des Einsatzes von Entscheidungsmodellen ist demzufolge die Zukunftsgestaltung. Ein Erklärungsmodell kann als Entscheidungsmodell eingesetzt werden, wenn eine Zielgröße festgelegt wird, an der die Entscheidung und deren Umsetzung ausgerichtet werden soll.[213]

In der Betriebswirtschaftslehre sind zwei grundlegende Auffassungen von Modellen entstanden:[214]

- Modelle als Abbildungen der Realität (passivistische Sichtweise) und
- Modelle als Konstruktionen der Realität (aktivistische Sichtweise).

Im **passivistischen Verständnis** wird durch ein Modell die Realität abgebildet, das Modell korrespondiert mit der Realität und beide stimmen zu einem gewissen Grad überein. Alle für die zu treffende Entscheidung wesentlichen Elemente und Relationen sind im Modell möglichst genau abzubilden. Die Abbildungsgüte eines Modells kann, diesem Verständnis folgend, mittels Ähnlichkeitsmaßen wie z. B. Homomorphie und Isomorphie festgestellt werden (vgl. Abb. 2.18).[215] Homomorph ist ein Modell dann, wenn sämtliche

---

[211] Vgl. Hammann (1969: 457–460); Pfeiffer (1971: 39–41); Chmielewicz (1994: 150–154).
[212] Vgl. Fischer-Winkelmann (1971: 52–55); Chmielewicz (1994: 154–157); Rieper (1992: 91).
[213] Vgl. Adam (1997: 87–88).
[214] Vgl. Schlitt (2003: 18–20); Schütte (1998: 46).
[215] Vgl. Bitz (1977: 54–59); Kersten (1996: 16).

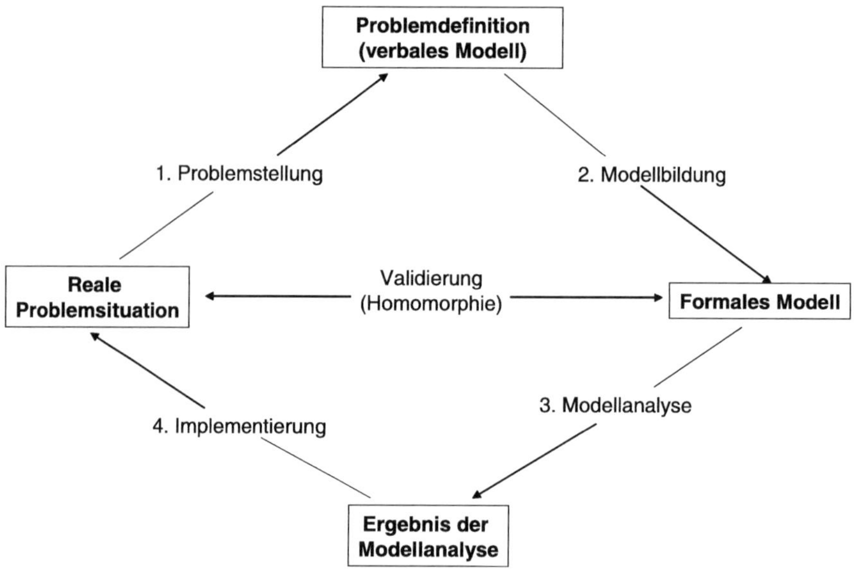

Abb. 2.18 Modellbildung gemäß der Abbildungssichtweise. Quelle: Reihlen (1997: 4)

Elemente des Originals in dem Modell wiederzufinden sind und die Beziehungen zwischen den Elementen des Modells auf Beziehungen zwischen den Elementen des Originals zurückführbar sind. Isomorphie liegt vor, wenn diese Beziehung auch für die Umkehrbeziehung des Modells gilt.[216] Eine isomorphe Abbildung der Realität im Modell ist nicht möglich und auch nicht erstrebenswert, weshalb durch Vorentscheidungen der abzubildende Ausschnitt der Realität und damit der Abstraktionsgrad bzw. Komplexionsgrad des Modells zu bestimmen ist.

Die passivistische Perspektive, die in der Betriebswirtschaftslehre dominiert, ist jedoch schon seit geraumer Zeit Gegenstand der Kritik geworden. Zentraler Kritikpunkt ist der Gedanke, die Realität sei nur zu entdecken bzw. abzubilden. Die Unmöglichkeit der vollständigen Reduktion auf objektives Wahrnehmen und logisches Schließen im Rahmen der modellgestützten Lösung eines Problems resultiert aus dem Umstand, dass Probleme der Realwissenschaften im Gegensatz zu Problemen der Formalwissenschaften keine unabhängig gegebenen Strukturkomplexe sind, die ihre Lösungen als logische Implikationen beinhalten.[217] Die Konstruktionsthese interpretiert Modelle deshalb als Konstruktionen der Realität und integriert Wahrnehmung und Interpretation von Problemen in die Betrachtung. Perspektive, Einstellungen, Qualifikation, Werte und Interessen des Entschei-

[216] Vgl. Ashby (1956: 94–98).

[217] Dies ist schon bei der Darstellung der realtypischen Problemlösung deutlich geworden. Vgl. Abb. 1.8.

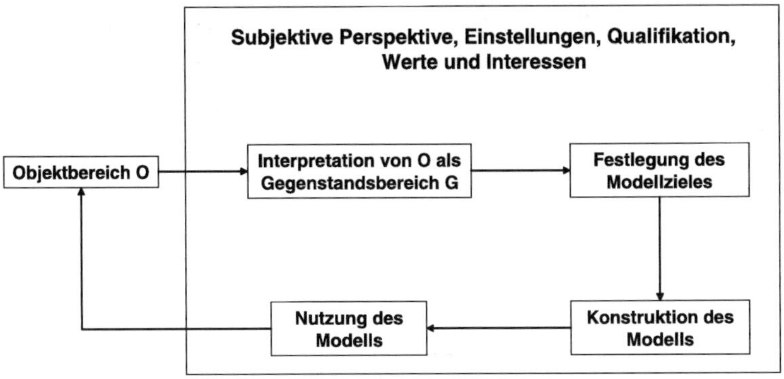

Abb. 2.19 Modell als Konstruktion. Quelle: Eigene Darstellung in Anlehnung an: Reihlen (1997: 9)

dungsträgers bestimmen Identifikation und Definition des Entscheidungsproblems und des Modells.[218]

Für die weitere Diskussion wird der Konstruktionssichtweise gefolgt und als Modell ein Instrument verstanden, das einen Beitrag zur Erreichung eines Zieles in Bezug auf den real existierenden Objektbereich leistet, der als Gegenstandsbereich interpretiert wird. Das Modell wird unter Berücksichtigung des Modellzieles konstruiert und zur Zielerreichung eingesetzt (vgl. Abb. 2.19). Ein Investitionsrechenmodell ist demzufolge ein Instrument, das einen Beitrag zur Zielerreichung (z. B. Bestimmung absoluter bzw. relativer Vorteilhaftigkeit von Alternativen, Ermittlung der optimalen Nutzungsdauer) in Bezug auf den real existierenden Objektbereich leistet.

Grundlage für die Modellkonstruktion ist die Problemerkenntnis, also die Interpretation des Objektbereiches als Gegenstandsbereich, die jedoch immer in einer räumlichen, sachlichen, zeitlichen und persönlichen Situation stattfindet. Die Ähnlichkeit zwischen Modell und Realität kann demzufolge nicht durch einen objektiven Vergleichsindikator wie den Homomorphiegrad beurteilt werden, sondern ist vor dem subjektiven Verständnis des Akteurs zu interpretieren.

Die Entscheidungssituation beschreibt die Gesamtheit der wahrnehmbaren Gegebenheiten, die den Zustand des Entscheidungsträgers bestimmen. Demzufolge sind die diskutierten Problemmerkmale – Komplexität, Dringlichkeit, Bedeutung – durch eine unternehmens-, situations- und personenspezifische Subjektivität gekennzeichnet. Aufgrund subjektiven Wissens, subjektiver Aufmerksamkeit und bewusster subjektiver Entscheidungen wird z. B. die real existierende Komplexität nur zu einem Teil wahrgenommen und im Modell berücksichtigt (vgl. Abb. 2.20).

Der abzubildende Realitätsausschnitt und damit der Abstraktionsgrad bzw. Komplexionsgrad des Modells ist vom Akteur zu bestimmen. Die Beantwortung der Frage nach dem optimalen Komplexionsgrad von Modellen ist prinzipiell zeit-, situations- und personen-

[218] Vgl. Reihlen (1997: 8–15); Bretzke (1980: 28–33); Schmidt/Schor (1987: 19–20).

Abb. 2.20 Mögliche Differenzen zwischen tatsächlicher und berücksichtigter Komplexität. Quelle: Eigene Darstellung in Anlehnung an: Peffekoven (2004: 571)

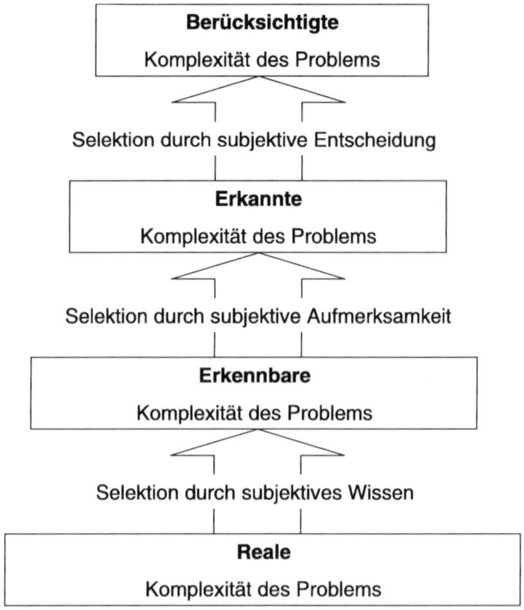

abhängig. Die Wahl des zur Lösung eines konkreten Entscheidungsproblems verwendeten Modells kann letztendlich nur auf Basis subjektiven Ermessens und der Eigenschaften von Modellkonstrukteur und -nutzer erfolgen. Da in dem Modell nicht die Realität als solche abgebildet wird, sondern eine abstrahierte Vorstellung von der realen Welt, ist die Sichtweise des Modellkonstrukteurs als Beobachter bestimmend für Modellbildung und Komplexionsgrad.

Für eine Reihe von Modellen ist darüber hinaus kennzeichnend, dass Modellkonstrukteur und Modellnutzer zwei unterschiedliche Subjekte sind. So wurden z. B. Investitionsrechenmodelle oder die Modelle der kooperativen Spieltheorie in einem ersten Schritt in der Theorie entwickelt, um später in der Praxis eingesetzt zu werden.

Die Modelldefinition wird deshalb dahingehend erweitert, dass unter einem Modell das Instrument eines Modellnutzers verstanden wird, das einen Beitrag zur Erreichung eines Zieles des real existierenden Objektbereiches leistet. Der Nutzer interpretiert den Objektbereich O und formuliert darauf aufbauend den Gegenstandsbereich G_N und das mit dem Modell zu erreichende Ziel Z_N (vgl. Abb. 2.21). Der vom Nutzer formulierte Gegenstandsbereich und dessen Ziel werden vom Modellkonstrukteur wiederum interpretiert. Zusätzlich wird vom Konstrukteur der Objektbereich interpretiert, so dass als Ergebnis der Gegenstandsbereich G_K resultiert. Dieser muss nicht zwangsläufig mit dem Gegenstandsbereich des Nutzers G_N übereinstimmen, da sich Perspektive, Einstellungen, Qualifikation, Werte und Interessen der Subjekte unterscheiden können. Im Anschluss daran wird das Modell M konstruiert, das vom Nutzer wiederum interpretiert und ggf. zur Zielerreichung im Gegenstandsbereich G_N verwendet wird.

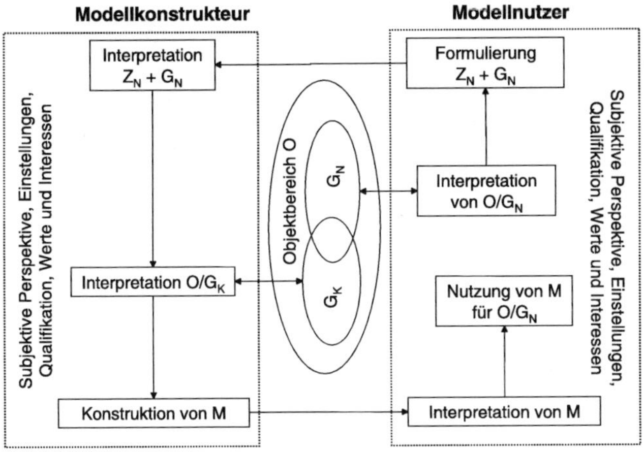

Abb. 2.21 Konstruktion und Nutzung eines Modells. Quelle: Müller (2009: 489)

Das Modell wird von einem Konstrukteur auf Basis des von ihm interpretierten Gegenstandsbereiches sowie des von ihm interpretierten Nutzergegenstandsbereiches und Nutzerzieles konstruiert. Die Darstellung verdeutlicht die möglichen Quellen der Differenz zwischen Nutzer und Konstrukteur. Ziel des Konstrukteurs ist die zutreffende Interpretation von Zielen und Gegenstandsbereich des Nutzers sowie des Objektbereiches. Jedoch ist es schon bei der Formulierung der Nutzerziele und des Nutzergegenstandsbereiches möglich, dass der Nutzer andere Dinge formuliert, als sie vom Konstrukteur intendiert waren. Aus der Abb. 2.21 wird ersichtlich, dass zur Beurteilung der Modellqualität kein objektiver Maßstab verwendet werden kann, sondern lediglich ein Konsens der am Modellbildungsprozess Beteiligten bzw. ein Konsens zwischen Modellkonstrukteur und Modellnutzer herbeigeführt werden kann. Dieser Konsens stellt ein quasi-objektives Urteil über die Problemmodellierung dar. Mit der Verwendung der Konstruktionssichtweise wird die Bedeutung der Spezifika des Anwenders und des Unternehmens deutlich.

Für Vertreter der Theorie ist es sicherlich unbefriedigend, wenn entwickelte Modelle und Methoden praktisch nicht zum Einsatz kommen. Die Schlussfolgerung, es handele sich um ein Defizit, das durch einen verstärkten Einsatz dieser Modelle zu beheben sei,[219] scheint nahe zu liegen, ist jedoch nicht in jedem Fall zutreffend. Jedoch ist zu klären, ob in deren geringem Verbreitungsgrad ein Defizit zu sehen ist.[220] Welche Schlussfolgerungen lassen sich generell aus der Divergenz zwischen theoretischer und praktischer Relevanz von Modellen ziehen? Prinzipiell sind zwei Antworten möglich:[221]

[219] Vgl. Legenhausen (1998: 107); Dechant (1998: 48–49); Rautenstrauch/Müller (2006: 100).
[220] Vgl. Martin/Bartscher-Finzer (2006: 206–208).
[221] Vgl. Schneider (2001: 394–395).

- Zum einen richtet sich ein Widerspruch zwischen den Modellen als Vertretern normativer Theorie und deren Einsatz in der Praxis erst einmal nicht gegen die Modelle, da der Sinn normativer Theorie gerade in der Verbesserung der Praxis besteht.
- Zum anderen jedoch ist der Widerspruch zwischen normativer Theorie und Praxis dann als Einwand gegen die Theorie einzustufen, wenn die Modellprämissen nicht mehr den praktischen Einflussgrößen entsprechen.[222] Modellannahmen können in:
  - vernachlässigbare,
  - vereinfachende und
  - kernbildende

  Annahmen unterschieden werden.

  Vernachlässigbare Prämissen resultieren aus der Konzentration auf den Untersuchungsgegenstand. **Vereinfachende Annahmen** reduzieren zu Beginn der Theoriebildung die Komplexität. Sie können bei der Weiterentwicklung der Theorie aufgegeben werden und lassen sich als veredelbare Approximationen einstufen.[223] Demzufolge sind unrealistische vernachlässigbare und vereinfachende Annahmen kein Gegenargument zur Theorie. **Kernbildende Prämissen** hingegen sind erforderlich, um das Modellergebnis für die Problemstellung herleiten zu können, weshalb realitätsferne, kernbildende Annahmen gegen die Theorie gerichtet sind.

So wird z. B. die Aussage, die Nichtverwendung von finanzmathematischen Modellen, die auf der Annahme des vollkommenen Kapitalmarktes basieren (z. B. interner Zinssatz), sei ein Defizit für eine Unternehmensgruppe, durch den Hinweis auf die mangelnde empirische Validität kernbildender Annahmen dieser Modelle widerlegt.[224]

Andererseits sind Akzeptanz und Verbreitung eines Modells in der Praxis nicht als Nachweis der Qualität dieses Modells zu verstehen. Die Verbreitung eines Modells inklusive dessen Annahmen, von dem einige Theoretiker und Praktiker überzeugt sind, schafft selbst wiederum Realität, mit welcher andere Theoretiker und Praktiker verglichen werden.[225] Der Hinweis auf den hohen Verbreitungsgrad einiger Modelle in bestimmten Unternehmensgruppen kann demzufolge nicht als Grundlage der Defizitaussage verwendet werden.

Um die Defizitthese für ein Modell zu belegen, ist der Zusammenhang zwischen verwendetem Modell und dem damit erzielten Ergebnis zu untersuchen. Die Nichtverwendung des Modells müsste, der Defizitthese entsprechend, mit negativen Auswirkungen verbunden sein, denn wie sonst lässt sich das Defizit als solches identifizieren? Um die Defizitaussage zu bestätigen, ist theoretisch und praktisch nachzuweisen, dass der Entscheidungsträger im Unternehmen bei Verwendung eines bestimmten Modells eine besse-

[222] Vgl. Fischer (1981: 161).
[223] Vgl. Schmidt/Schor (1987: 20).
[224] Vgl. Schneider (2001: 758–761); Kruschwitz (2014: 92–96); Hering (2017: 102–129).
[225] Vgl. Ferraro/Pfeffer/Sutton (2005).

re Entscheidung trifft und auch getroffen hat, als dies mit den anderen vom Unternehmen verwendeten Modellen der Fall gewesen ist. Eine Schwierigkeit beim Defizitnachweis besteht in der Zuordnung der Auswirkung des Modelleinsatzes zum Ergebnis.

Diese Zuordnung ist einerseits praktisch nicht realisierbar, da aufgrund der vielfältigen Einflussgrößen der Unternehmenstätigkeit der Effekt der Modellverwendung nicht eindeutig zuordenbar ist. Auch wenn diese Zuordnung praktisch durchgeführt werden könnte, verbleibt als weitere Schwierigkeit das Problem der Nutzenmessung eines Modelleinsatzes. Der Nutzen eines Modells kann nicht durch den Zielbeitrag der auf seiner Basis ermittelten Problemlösung ermittelt werden, da dieser Zielbeitrag erst durch die Prämissenkonfiguration des Modells, also durch das verwendete Realitätskonstrukt, messbar wird.[226] Zwei Modelle mit unterschiedlichen Realitätskonstruktionen können nicht in einer Weise verglichen werden, die eines dieser Modelle als relativ vorteilhaft identifiziert, da die Modelle von unterschiedlichen Realitätskonstruktionen ausgehen. Das noch nicht erwähnte Problem des für eine Defizitfeststellung darüber hinaus erforderlichen Nachweises der besseren Aufwand-Nutzen-Relation eines Modells tritt dabei in den Hintergrund.

Als Fazit ergibt sich, dass die Defizitaussage nicht objektiv beweisbar ist. Zwischen alternativen Modellen lässt sich nur insoweit eine Entscheidung begründen, als Vor- und Nachteile der Modelle aufgezeigt werden. Die letztendliche Entscheidung ist subjektiv begründbar, nicht jedoch objektiv mess- und beweisbar.[227] Ein übergeordnetes Meta-Modell könnte zur Bewertung der verwendeten Modelle nur dann eine Lösung bieten, wenn es perfekt in dem Sinne wäre, dass es Fehler der unvollkommenen Modelle messbar machen würde. Da ein solches Modell jedoch nicht konstruierbar ist – die Konstruktionssicht verdeutlicht die Gründe dieser Unmöglichkeit – kann die Defizitaussage nicht bewiesen werden.

2.2.3 Schlussfolgerungen

Der praktische Einsatz von Modellen wird bestimmt durch Merkmale des:

- Unternehmens,
- Problems und
- Modells.

Zur Erläuterung der Problemmerkmale wird ebenso auf die vorangegangenen Ausführungen verwiesen[228] wie zur Darstellung der Modellmerkmale.[229] Unternehmenseigen-

[226] Vgl. Bretzke (1980: 202).
[227] Vgl. Adam (1997: 66).
[228] Vgl. Abschn. 1.2.2.1.
[229] Vgl. Abschn. 2.2.2 des vorliegenden Kapitels.

schaften, die den Modelleinsatz beeinflussen, sind:[230]

- organisationale Struktur,
- am Entscheidungsprozess beteiligte Akteure sowie
- Unternehmenskultur.

Zu den Faktoren, die die organisationale Struktur beschreiben, zählen Unternehmensgröße, Zentralisierungs- und Formalisierungsgrad, funktionale Differenzierung und Spezialisierung. Eine geringe Unternehmensgröße führt häufig zu einem geringeren Spezialisierungsgrad als in Großunternehmen, woraus geringere Anforderungen an die formale Koordination folgen. Es resultieren flache Hierarchien und somit ein geringerer Grad an Entscheidungsdelegation. Im Gegensatz zu Großunternehmen, in denen die zu verwendenden Investitionsmodelle und Bewertungsprocedere zentral vorgegeben sind, ist eine derartige Formalisierung in kleinen und mittleren Unternehmen selten vorzufinden.

Eingebettet in die organisationale Struktur sind die am Entscheidungsprozess beteiligten Akteure. Deren Eigenschaften – Werte, Einstellungen, Qualifikation und Motivation – beeinflussen den Einsatz von Investitionsrechenmodellen. Diese Akteurseigenschaften werden im weiteren Verlauf noch gesondert analysiert.[231]

Mit zunehmender Größe der Unternehmen wachsen auch die Ressourcen und die Wissensbasis, wodurch die Aufnahme und Verbreitung innovativer Verfahren verbessert wird. Eine hohe funktionale Differenzierung und ein hoher Spezialisierungsgrad verstärken diese Effekte positiv. Dagegen wirken sich eine starke Zentralisierung und Formalisierung negativ auf die Verbreitung neuer Modelle aus. Die Erfahrung sowie die Breite und Tiefe des Wissens der Akteure stehen in einer positiv korrelierten Beziehung zur Verbreitung und zum Einsatz neuer Verfahren. Die Unternehmenskultur mit der Ausprägung der Risikobereitschaft, der Offenheit gegenüber Veränderungen und der Kommunikationskultur bildet einen weiteren wichtigen Einflussfaktor.

Als weitere Bestimmungsgrößen sind Faktoren aus der Unternehmensumwelt, wie z. B. gesetzliche Vorschriften oder Trends anzuführen. Diese beeinflussen die Nutzung von Modellen ebenso wie Faktoren, die in den Eigenschaften der Unternehmen und der betreffenden Akteure begründet liegen.

Mit Blick auf diese Faktoren muss über die adäquate Nutzung des Modells entschieden werden. Die Sicherstellung des adäquaten Einsatzes von Bewertungsmodellen wurde als eine Aufgabe des Investitionscontrollings im Planungsprozess bereits identifiziert.[232] Die Angemessenheit eines Modell wird im Folgenden mit den Merkmalen **Problemadäquanz** und **Nutzeradäquanz** konkretisiert.

Das Modell muss prinzipiell in der Lage sein, das vorliegende Problem abzubilden. Dies wird als Problemadäquanz bezeichnet. Dass die Beurteilung der Problemadäquanz

[230] Vgl. Pritsch (2000: 360–363).
[231] Vgl. dazu Abschn. 3.2.1.1.
[232] Vgl. Abb. 2.17.

zu einem Teil subjektiver Natur ist, ist aus den bisherigen Darstellungen offensichtlich geworden. Die Nutzeradäquanz von Verfahren wird von folgenden Faktoren determiniert:[233]

- Selbsterklärung und Komplexität der Ergebnisse,
- Kompatibilität und Kommunizierbarkeit des Verfahrens,
- Beschaffung der Inputdaten,
- Transparenz der Rechenvorgänge,
- Modellkosten sowie
- Aussagequalität.

Mit steigender Komplexität und Dynamik der abzubildenden Entscheidungssituation wachsen auch die Anforderungen an die Modellierung und somit an den Anwender. Als Beispiel für die wachsende Spezifität und die steigenden Anforderungen von Modellen seien hier prozessorientierte Simulationsmodelle genannt. Der verbreiteten Verwendung dieser Modelle steht die Singularität sowie die daraus resultierende Nichtkommunizierbarkeit entgegen, sind doch diese Modelle aufgrund der hohen methodischen Anforderungen meist nur einer Einzelperson oder kleinen Expertengruppe verständlich.[234]

Je leichter ein Verfahren nachzuvollziehen ist, je unkomplizierter Änderungsvorgänge sind und je geringer die Anforderungen an das Wissen des Nutzers sind, um so verständlicher sind die Ergebnisse und das Verfahren lässt sich auch besser kommunizieren. Je mehr ein Verfahren mit den bisher in den Unternehmen herrschenden Denkstrukturen, mentalen Modellen und Wertesystemen übereinstimmt, umso größer ist das Verständnis bei den Akteuren. Für Investitionsrechenmodelle von besonderer Bedeutung ist die Sicherstellung des Ergebnisverständnisses. Die zutreffende Interpretation des Bewertungsergebnisses ist ebenso wichtig wie dessen exakte Ermittlung. Der Entscheidungsträger muss in der Lage sein, aus dem Ergebnis die richtige Schlussfolgerung zu ziehen, was die Kommunizierbarkeit der Verfahren voraussetzt.[235]

Die Beschaffungsmöglichkeiten und -kosten der Inputdaten sowie die Kosten der Einführung und Nutzung der Modelle bestimmen ebenfalls die Nutzerfreundlichkeit von Bewertungsmodellen. Modellkosten setzen sich zusammen aus Kosten für Entwicklung, Wartung, Änderung, Implementierung, Nutzung, Ausbildung, Hard- und Software, Informationsbeschaffung sowie Datensicherungs- und Datenschutz.

Die Feststellung der Nutzeradäquanz ist demzufolge abhängig von dem Entscheidungsproblem, dem Entscheidungsträger und der jeweiligen Situation. Im Rückgriff auf die Darstellung von Modellkonstruktion und -nutzung[236] kann geschlussfolgert werden, dass Modellkonstrukteur und Modellnutzer den Objektbereich verschieden interpretieren, so dass unterschiedliche Gegenstandsbereiche resultieren. Die Nutzung eines Modells, das

[233] Vgl. Müller (2009: 494).
[234] Zur Kritik der Schnittstelle zwischen Konstrukteuren und Anwendern von prozessorientierten Simulationsmodellen vgl. Hinners-Tobrägel (2000: 42).
[235] Vgl. Pritsch/Weber (2001: 191–194).
[236] Vgl. Abb. 2.21.

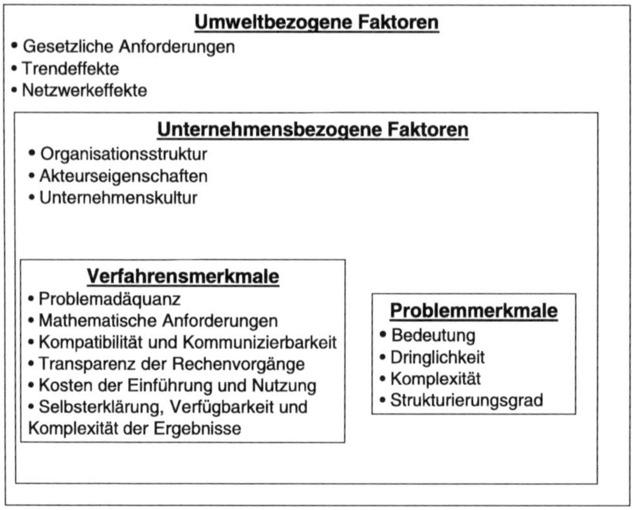

Abb. 2.22 Bestimmungsfaktoren des Modelleinsatzes. Quelle: Eigene Darstellung, in Anlehnung an: Pritsch (2000: 358); Müller (2004: 80)

für einen anderen Gegenstandsbereich geschaffen wurde, wird nicht der gewünschten Zielerfüllung des Nutzers dienen. Der geringe Einsatz des Modells ist somit erklärbar. Daraus ist nicht zu schlussfolgern, theoretische Überlegungen und Arbeiten in dieser Richtung seien deshalb nutzlos. Der Nutzen theoretischer Überlegungen sollte vielmehr in der Offenlegung von Schwachstellen theoretischer und praktischer Modelle und dem damit verbundenen offenen Diskurs zwischen Theorie und Praxis gesehen werden. Ziel dieser Auseinandersetzung ist der Konsens von an der Modellkonstruktion und -nutzung Beteiligten.[237]

Die für den Modelleinsatz im Unternehmen relevanten Faktoren sind in der Abb. 2.22 zusammenfassend dargestellt.

Die Konstruktion und der Einsatz eines Modells basieren auf der Beobachtung der Realität durch den Modellkonstrukteur bzw. Modellnutzer. Diese Beobachtung geschieht durch die Verwendung einer Unterscheidung zur Bezeichnung einer Seite der beobachteten Realität.[238] Die Unterscheidung selbst bleibt bei diesem Vorgang unbeobachtet. „*Jede Beobachtung ist in ihrer Unterscheidungsabhängigkeit sich selber latent. Genau das kann aber mit Hilfe einer anderen Unterscheidung beobachtet werden.*“[239] Der Beobachter verwendet demzufolge im ersten Schritt eine Sichtweise auf Entscheidungsprobleme, ohne die dabei verwendeten Unterscheidungen zu beachten, was zu einem blinden Fleck an dieser Stelle führt. Aus diesem Grund ist im zweiten Schritt eine Beobachtung der Beob-

[237] Vgl. Müller (2009: 494).
[238] Vgl. Kappler (2004: 588); Schneider (2011: 87–88).
[239] Luhmann (1990: 91).

achtung, die Beobachtung zweiter Ordnung, erforderlich. Mit dieser Beobachtung kann der blinde Fleck der Beobachtung erster Ordnung festgestellt werden. Die verwendeten mentalen Modelle, die zur Wahrnehmung der Welt verwendet werden, bestimmen in hohem Maße die daraus resultierenden Handlungen. Während die Beobachtung erster Ordnung auf die Welt gerichtet ist, ist die Beobachtung zweiter Ordnung auf die Beobachtung der ersten Ordnung gerichtet. Mit der Einführung der zweiten Beobachtungsebene ist noch nichts über die beteiligten Personen gesagt. Die Beobachtung der zweiten Ebene kann sowohl als Selbst- als auch als Fremdbeobachtung durchgeführt werden.[240] Ergebnis der Beobachtung des Einsatzes von Investitionsrechenmodellen ist ggfs. eine Divergenz von Problem- und Nutzeradäquanz. Diese Divergenz ist zu identifizieren und zu beseitigen.

In diesem Verständnis kann geschlussfolgert werden, dass dem Controller die Rolle des **Beobachters der zweiten Ordnung** zuteil wird, da dieser für die Identifikation und Beseitigung blinder Flecken des Einsatzes von Modellen zuständig ist.[241] Diese blinden Flecken stellen im rationalitätsorientierten Controllingverständnis Rationalitätsengpässe dar. Ausgangspunkt ist der Vergleich des vom Beobachter der ersten Ebene gewählten Investitionsmodells mit dem Entscheidungsproblem und dem Unternehmen sowie die Identifikation von Divergenzen, die aus Sicht des Beobachters zweiter Ordnung die Suche nach einem alternativen Modell erforderlich machen. Anzustrebendes Ergebnis der Beobachtung zweiter Ordnung ist die Konvergenz von Problem- und Nutzeradäquanz. Die Beobachtung der Beobachtung dient nicht der Erfüllung des Vier-Augen-Prinzips, sondern stellt sicher, dass der Beobachter erster Ordnung von einem Beobachter der zweiten Ordnung überwacht wird, um die verwendete Sichtweise auf die Realität zu überprüfen.

2.3 Institutionen des Investitionscontrollings

Als letzter Baustein der Controlling-Konzeption[242] folgt nun die Herausstellung der institutionellen Aspekte. Dieser Bestandteil der Controlling-Konzeption dient zur Klärung folgender Fragen:[243]

- An welcher Stelle und in welcher Form wird die Controlling-Funktion in die Unternehmensorganisation eingebunden?
- Welche Anforderungen ergeben sich an die Träger?

Die Einbindung des Controllings ist verbunden mit der Einordnung des Controllings in die Unternehmensorganisation, mit der Kompetenzzuweisung zu diesem Bereich sowie, wenn notwendig, mit seiner Binnenstruktur. Zu beantworten bleibt die Frage nach der

[240] Vgl. Wittenbecher (1999: 65).
[241] Vgl. Müller (2008).
[242] Vgl. Abb. 2.9.
[243] Vgl. Janzen (1996: 74).

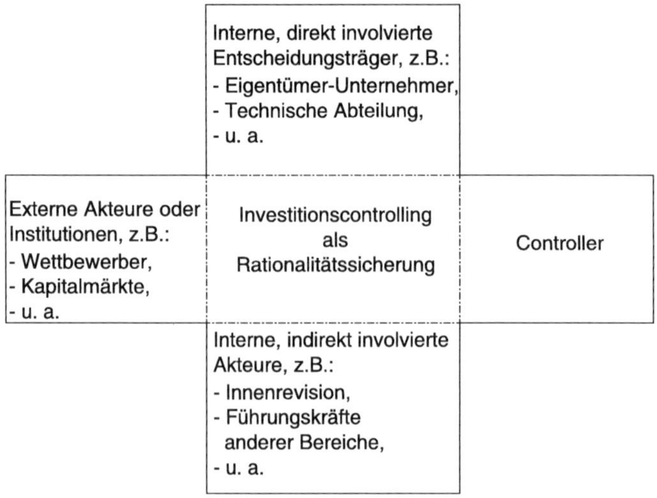

Abb. 2.23 Potenzielle Träger des Investitionscontrollings. Quelle: Eigene Darstellung, in Anlehnung an: Weber (2000: 1932); Weber (2001: 164)

Einordnung in die Organisation, also welche Personen, Organisationen oder Institutionen Träger der Controlling-Aufgaben sind.[244]

Träger der Aufgabe der Rationalitätssicherung können unterschiedliche Personen oder auch organisatorische Einheiten sein, was sich aus der Konzeption des Controllings ergibt. Zielsetzung in dieser Konzeption ist es, Rationalitätsengpässe in der Willensbildung zu identifizieren und anschließend zu vermeiden bzw. zu verringern. Dies ist prinzipiell durch mehrere Personen oder auch Institutionen möglich, die am Willensbildungsprozess direkt oder indirekt beteiligt sind. Dazu zählen unternehmensinterne Personen oder Institutionen (z. B. Innenrevision, andere Abteilungsleiter) oder unternehmensexterne Personen bzw. Institutionen (z. B. Kapital- oder Absatzmärkte, Unternehmensberater) (vgl. Abb. 2.23).

Alle Personen und Institutionen, die folgende zentrale funktionale Anforderungen erfüllen, sind potenzielle Träger der Rationalitätssicherung und der Controlling-Funktion:[245]

- Motivation zur Identifikation von Rationalitätsengpässen,
- Wissen zur Identifikation von Rationalitätsengpässen,
- Macht zum Abbau der Rationalitätsengpässe sowie
- Akzeptanz bei dem Objekt der Rationalitätssicherung.

[244] Vgl. Littkemann (2018: 13–24); Lingnau/Seewald (2017: 67–73).

[245] Vgl. Langenbach (2001: 198). Motivation und Wissen als Grundvoraussetzungen gelten nur für natürliche Personen, da z. B. Kapital- oder Absatzmärkte zur Rationalitätssicherung beitragen, ohne über diese Komponenten zu verfügen.

Grundsätzliche Voraussetzung für eine Rationalitätssicherung besteht in dem **Wollen**, diese Aufgabe zu erfüllen. Dieses notwendige Wollen wird für die weitere Betrachtung als gegeben angenommen.

Zur Identifikation von Rationalitätsengpässen wird der Soll-Zustand mit dem Ist-Zustand verglichen. Die Anforderungen an eine rationale Willensbildung müssen dem Träger der Controlling-Funktion bekannt sein. Das setzt **Wissen und Informationsverarbeitungskapazitäten** voraus. Als Wissen werden die auf verarbeiteten Daten und Informationen beruhenden Kenntnisse und Fähigkeiten verstanden, die zur Definition des Soll-Zustands, dem darauf aufbauenden Vergleich sowie zum Finden des Ergebnisses notwendig sind. Wissen stellt damit eine Kompetenz zur Lösung spezifischer Probleme sowie die kognitive Befähigung zum Handeln dar.

Aufgrund der **Wissens- und Fähigkeitsbasis** ist einzuschätzen, ob die Person resp. Institution Träger der Controllingaufgabe sein kann. Von hohem Interesse ist die Frage, welche Form von Wissen bereits im Unternehmen vorliegt und wie diese ergänzt werden kann. Daraus folgt, dass Personen bzw. Institutionen dann einen großen Beitrag zur Rationalitätssicherung leisten können, wenn sie für das Unternehmen nicht verfügbares Wissen (z. B. Insiderwissen) leicht zugänglich bereitstellen. Die Einschätzung der Wissens- und Fähigkeitsbasis ist, wie die Controlling-Konzeption impliziert, stark kontextabhängig. Die zur Rationalitätssicherung einer Investition in einen neuen Büro-PC erforderliche Wissens- und Fähigkeitsbasis unterscheidet sich deutlich von den zur Rationalitätssicherung einer Investition in eine neue Produktionsanlage notwendigen Wissens- und Fähigkeitsanforderungen.

Die Frage nach der **Macht** zum Abbau von identifizierten Rationalitätsengpässen ist eng verbunden mit der **Akzeptanz** der avisierten Rationalitätssicherung und wird deshalb gemeinsam mit dieser diskutiert. Macht ist die Fähigkeit, Veränderungen herbeizuführen, wohingegen Einfluss die erfolgreiche Ausübung von Macht beinhaltet. Es können unterschiedliche Arten von Macht vorliegen.

Soziale Macht ist die Form des Einflusses, bei der eine Person über die Möglichkeit verfügt, den eigenen Willen auch gegen den Willen der anderen Person durchzusetzen. Im Wesentlichen existieren folgende Grundlagen der Macht:[246]

- Macht durch Amtsautorität,
- Macht durch Belohnung bzw. Bestrafung,
- Macht durch Persönlichkeitswirkung und
- Macht durch Wissen und Fähigkeiten.

Organisationen legitimieren die Macht von Personen durch deren Einordnung in die **Hierarchie**. Aufgrund ihrer Position verfügen sie über das Recht, Anweisungen zu erteilen und Folgebereitschaft zu erwarten. Die Mitarbeiter akzeptieren diese Weisungen, da sie das Recht der Vorgesetzten anzuerkennen haben, wenn sie Mitglied der Organisa-

[246] Vgl. Weibler (2016: 139).

tion bleiben wollen. Die Macht basiert also auf formalen Gegebenheiten. Das bedeutet, dass entsprechende Kompetenzen zuzuweisen sind. Aus diesem Umstand resultieren auch sämtliche Überlegungen zur Einordnung einer Controlling-Abteilung in die Unternehmenshierarchie. Auf diese Darstellungen wird hier nicht eingegangen, sondern stattdessen auf die Literatur verwiesen.[247]

Eine weitere Grundlage von Macht bietet die Möglichkeit, Mitarbeiter zu **belohnen** oder zu **bestrafen**. Ein Vorgesetzter verfügt mit Lohnerhöhung oder Beförderung über verhaltenssteuernde Anreize, die jedoch nur wirksam werden können, wenn Mitarbeiter diese auch als erstrebenswert einschätzen. Im Unterschied zur Macht durch Belohnung basiert Macht durch Bestrafung auf Abschreckung. Der Vorgesetzte droht dem Mitarbeiter mit einer Strafe im Falle der Nichtbefolgung einer Anordnung. Um verhaltenswirksam zu werden, muss eine Drohung jedoch folgende Voraussetzungen erfüllen:[248]

- Die Drohung muss glaubhaft und bestimmt sein.
- Die Drohung muss den Mitarbeiter rechtzeitig, d. h. vor dem zu sanktionierenden Verhalten erreichen, und er muss diese auch verstehen.
- Der Mitarbeiter muss in der Lage sein, der Drohung durch eine Verhaltensänderung nachzukommen.

Attraktive Persönlichkeitsmerkmale eines Vorgesetzten räumen diesem unter Umständen Macht ein, zumindest bei denjenigen Personen, die den Vorgesetzten aufgrund dieser Merkmale schätzen bzw. verehren. Diese Macht durch Persönlichkeitswirkung ist eine Frage der persönlichen Empfindungen und deshalb schwer steuerbar bzw. herstellbar.

Expertenmacht gründet sich auf den von den Mitarbeitern wahrgenommenen Wissensvorsprung des Vorgesetzten, der i. d. R. auf einen Wissensbereich begrenzt ist. Je größer der Wissensvorsprung ist, umso größer ist die Bereitschaft der Mitarbeiter, seinen Anweisungen Folge zu leisten. Entscheidend für Expertenmacht ist, dass die Mitarbeiter den Wissensvorsprung auch als solchen wahrnehmen und anerkennen. Nicht jeder Wissensvorsprung führt automatisch zu Expertenmacht im Unternehmen, sondern nur der Vorsprung auf einem Wissensgebiet, das von den Mitarbeitern als wesentlich eingeschätzt wird.

Neben der sozialen Macht sind weitere Formen, wie z. B. wirtschaftliche oder politische Macht, zu erwähnen. Auf diese wird hier nicht detailliert eingegangen, sondern es wird festgehalten, dass der Träger der Rationalitätssicherung über eine Form dieser Macht verfügen muss, um zur Beseitigung identifizierter Engpässe beitragen zu können.[249]

Die tatsächliche Einflussnahme des Trägers der Rationalitätssicherung ist trotz gegebener Machtverteilungen jedoch auch von den Charakteristika des rationalitätsgesicherten Akteurs und dessen **Akzeptanz der Machtverteilungen** abhängig. Akzeptanz setzt das

[247] Vgl. Küpper et al. (2013: 681–693); Hans/Warschburger (2009: 16–20).
[248] Vgl. Watzlawick (2002: 111–122).
[249] Vgl. Langenbach (2001: 201–205).

Einverständnis und das Verstehen der Einflussnahme voraus, womit die Charakteristika des rationalitätsgesicherten Akteurs angesprochen sind. Darüber hinaus ist die Akzeptanz auf der einen Seite abhängig von der Motivation und den Wissens- und Fähigkeitsbarrieren des Trägers der Rationalitätssicherung und auf der anderen Seite von der Form der Einflussnahme, der Art des Rationalitätsengpasses sowie der Persönlichkeit bzw. den Charakteristika des rationalitätssichernden Akteurs. Die Art des Rationalitätsengpasses ist deshalb akzeptanzbestimmend, weil davon die vom Controller geforderte Verhaltens- oder Einstellungsänderung abhängt. Je unangenehmer diese Änderung für den rationalitätsgesicherten Akteur ist, desto geringer ist i. d. R. dessen Akzeptanz für die geforderte Maßnahme.[250]

Um die Stellung des Controllers im Unternehmen zu versinnbildlichen, wird dieser oftmals mit Bezeichnungen anderer Berufe bzw. Tätigkeiten assoziiert. Häufig wird der Controller als Lotse interpretiert, der das Schiff „Unternehmen" auf der Fahrt zum Unternehmensziel (z. B. Wertorientierung, Rentabilität u. ä.) ausrichten bzw. navigieren soll.[251] Weitere assoziative Beschreibungen bestehen in dem Vergleich des Controllers mit dem Steuermann, dem Navigator, dem Arzt, dem Thermostat oder Co-Pilot.[252]

Für den Controller werden häufig Eigenschaften sowie persönliche und fachliche Anforderungen definiert, die erforderlich bzw. wünschenswert sind, um die Controlling-Aufgaben erfüllen zu können.[253] Diese Aufzählungen werden hier nicht wiedergegeben und es wird auf die Festlegung derartiger Anforderungen verzichtet, was wie folgt begründet werden kann:

- Ein Großteil der Anforderungen wird auch für andere Positionen im Unternehmen benötigt.
- Da es sich um normative Aussagen handelt, kann nicht über deren Wahrheitsgehalt entschieden werden.
- Derartige Beschreibungen vernachlässigen das Problem der internen Sozialstruktur.[254] Jede Person erfüllt in unterschiedlichen Kontexten und zu verschiedenen Zeitpunkten unterschiedliche Rollen. So kann ein und dieselbe Person nach der Controller-Rolle die Manager-Rolle übernehmen oder nach einem Unternehmenswechsel den Rollentausch in umgekehrter Richtung vollziehen. Die Persönlichkeit bleibt dieselbe, es ändert sich lediglich die zu übernehmende Rolle.

Auf eine detailliertere Ausformulierung der Anforderungen wird hier deshalb verzichtet und festgehalten, dass an die Rolle des Controllers unterschiedlichste Erwartungen

[250] Vgl. Langenbach (2001: 208).
[251] Vgl. Steinle/Bruch/Michels (1998: 445–446); Fischer/Möller/Schultze (2015: 38).
[252] Vgl. Harbert (1982: 32); Ernst et al. (2008: 734).
[253] Vgl. Küpper et al. (2013: 694–699); Jung (2014: 22–24); Weber/Schäffer (2016: 41–42); Hans/Warschburger (2009: 21–22).
[254] Zur ausführlichen Darstellung der internen Sozialstruktur und des Rollenverständnisses vgl. Abschn. 4.3.1.

herangetragen werden, die personen-, unternehmens- und zeitabhängig sind.[255] Controller empfangen jedoch nicht ausschließlich Anforderungen an ihre Rolle, sondern gestalten dieses Rollenbild aktiv mit.[256] Wichtig ist in diesem Zusammenhang, dass das Selbstverständnis der Controllingakteure in der Praxis ebenso differenziert ist wie die Erwartungen an diese Akteure.[257]

In dieser Beziehung wird der Vorteil der rationalitätsorientierten Sichtweise für die Gruppe der kleinen und mittelständischen Unternehmen (KMU) deutlich. Aufgrund der personellen Restriktionen ist in KMU oft keine eigenständige Controlling-Abteilung resp. keine Person, welche als Controller bezeichnet wird oder ausschließlich mit dem Controlling beschäftigt ist, zu finden. Die Controlling-Aufgabe wird kontextabhängig von verschiedenen Personen wahrgenommen.

Prinzipiell ist darauf zu achten, dass die Aufgabe der Rationalitätssicherung nicht immer durch dieselben Personen übernommen wird, da es dann häufig zu einer von Anfang an bekannten, destruktiven Rollenverteilung kommt. In der Aufgabe der Rationalitätssicherung durch ständiges Hinterfragen, In-Frage-Stellen oder auch Überprüfen von Modellen oder Informationen der handelnden Akteure läuft der Controller Gefahr, als advocatus diaboli zur Personifizierung von Kritik und negativ empfundener Kontrolle zu werden und auf diese Weise eine wichtige Basis seiner Tätigkeit, die Akzeptanz bei den rationalitätsgesicherten Akteuren, zu verlieren, was unzweifelhaft die Erfüllung seiner Aufgaben behindern dürfte.[258] Es soll hier nicht verschwiegen werden, dass Controller aufgrund dieser einseitigen Aufgabenzuweisung auch negativ konnotierte Bezeichnungen erhalten, wie z. B. Erbsenzähler, Zahlenknecht, Hofnarr oder Bremser.[259]

Literatur

Adam, D. (1997): Planung und Entscheidung: Modelle – Ziele – Methoden. Mit Fallstudien und Lösungen. 4. Aufl., Wiesbaden: Gabler.

Adam, D. (2000): Investitionscontrolling. 3. Aufl., München: Oldenbourg.

Ahn, H. (1997): Optimierung von Produktentwicklungsprozessen: Entscheidungsunterstützung bei der Umsetzung des simultaneous engineering. Wiesbaden: DUV.

[255] Vgl. Hoffjan (2003); Rieg (2017).

[256] Vgl. Weber/Hirsch/Spatz (2007: 50); Knollmann/Hirsch/Weber (2007).

[257] *„Der Eigentümer-Manager-Controller des KMU versteht sich als Informationszentrale des Unternehmens. Die Controllerin der Division reproduziert in ihrem Selbstverständnis das Controllingverständnis der Controllerakademie, der Controller der Konzernzentrale das des koordinationsorientierten Ansatzes; beide sind damit von ihren akademischen bzw. postakademischen Ausbildungen bzw. ihrer spezifischen beruflichen Sozialisation geprägt.“* Scheytt/Unterrieder/Becker (2005: 104).

[258] Zum Begriff des „konstruktiven Teufelsadvokaten“ im Controlling-Kontext vgl. Pritsch (2000: 95–96); Zayer (2007: 210–211); Scherpereel/Gaul/Muhr (2015: 36–37).

[259] Vgl. Weber (2012: 159).

Ahn, H. (2003): Effektivitäts- und Effizienzsicherung: Controlling-Konzept und Balanced Scorecard. Frankfurt/M.: Peter Lang.

Ahn, H./Dyckhoff, H. (2004): Zum Kern des Controllings: Von der Rationalitätssicherung zur Effektivitäts- und Effizienzsicherung. In: Scherm, E./Pietsch, G. (Hg.): Controlling: Theorien und Konzeptionen. München: Vahlen, S. 501–525.

Arbeitskreis „Finanzierung" der Schmalenbach-Gesellschaft – Deutsche Gesellschaft für Betriebswirtschaft e. V. (1994): Investitions-Controlling: Zum Problem der Informationsverzerrung bei Investitionsentscheidungen in dezentralisierten Unternehmen. In: Schmalenbachs Zeitschrift für betriebswirtschaftliche Forschung, 46 (11): 899–925.

Ashby, W. R. (1956): An introduction to cybernetics. London: Chapman & Hall.

Ashby, W. R. (1968): Variety, constraint, and the law of requisite variety. In: Buckley, W. (Hg.): Modern systems research for the behavioral scientist: a sourcebook. Chicago: Aldine, S. 129–136.

Baltzer, B. (2013): Einsatz und Erfolg von Controlling-Instrumenten: Begriffsbestimmung, empirische Untersuchung und Erfolgsbeurteilung. Wiesbaden: Springer Gabler.

Bamberg, G./Trost, R. (1998): Informationsasymmetrie und moral hazard bei Investitionsentscheidungen. In: Runzheimer, B./Barković, D. (Hg.): Investitionsentscheidungen in der Praxis. Wiesbaden: Gabler, S. 209–220.

Bathe, J./Müller, D. (2002): Zur entscheidungsorientierten Phasenstruktur des Investitionscontrollings. In: Zeitschrift für Planung, 13 (4): 323–343.

Baum, H.-G./Coenenberg, A. G./Günther, T. (2013): Strategisches Controlling. 5. Aufl., Stuttgart: Schäffer-Poeschel.

Baumann, F. (1991): Industrielles Anlagen-Controlling. Berlin: Erich Schmidt.

Becker, W./Baltzer, B./Ulrich, P. (2014): Wertschöpfungsorientiertes Controlling: Konzeption und Umsetzung. Stuttgart: Kohlhammer.

Beer, S. (1995): Brain of the firm. 2. Aufl., Chichester u. a.: John Wiley & Sons.

Berens, W./Delfmann, W./Schmitting, W. (2004): Quantitative Planung. 4. Aufl., Stuttgart: Schäffer-Poeschel.

Berens, W./Knauer, T./Sommer, F./Wöhrmann, A. (2013): Gemeinsamkeiten deutscher Controlling-Ansätze. In: Controlling, 25 (4/5): 223–229.

Berwanger, J./Kullmann, S. (2012): Interne Revision: Funktion, Rechtsgrundlagen und Compliance. 2. Aufl., Berlin u. a.: Springer.

Betham, H. E. (1963): Control. In: Brech, E. F. L. (Hg.): The principles and practice of management. 2. Aufl., London: Longmans, S. 631–841.

Bieg, H./Kußmaul, H./Waschbusch, G. (2016): Investition. 3. Aufl., München: Vahlen.

Binder, C. (2006): Die Entwicklung des Controllings als Teildisziplin der Betriebswirtschaftslehre: Eine explorativ-deskriptive Untersuchung. Wiesbaden: DUV.

Bitz, M. (1977): Strukturierung ökonomischer Entscheidungsmodelle. Wiesbaden: DUV.

Bliss, C. (2000): Management von Komplexität: Ein integrierter, systemtheoretischer Ansatz zur Komplexitätsreduktion. Gabler: DUV.

Blohm, H./Lüder, K./Schaefer, C. (2012): Investition. 10. Aufl., München: Vahlen.

Bomm, H. (1992): Ein Ziel- und Kennzahlensystem zum Investitionscontrolling komplexer Produktionssysteme. Berlin u. a.: Springer.

Borer, D. (1978): Innerbetriebliche Investitionskontrolle in Theorie und Praxis. Bern: Paul Haupt.

Borghoff, T. (1994): Systemorientiertes Investitions-Controlling: Ein Beitrag unter Berücksichtigung internationaler Direktinvestitionen im Sozialkontext des Unternehmens. Bovenden: Unitext.

Boucoiran, T. (2010): Einfluss nationaler Kultur auf das Controlling: Eine Exploration deutscher und französischer Controllingpraxis aus Sicht deutscher Unternehmen. Hamburg: Dr. Kovač.

Boysen, N./Ringle, C. (2008): Die Definition in der betriebswirtschaftlichen Forschung – Reflexionen und empirischer Befund. In: Zeitschrift für Betriebswirtschaft, 78 (1): 9–32.
Brech, E. F. L. (1963): Management in principle. In: Brech, E. F. L. (Hg.): The principles and practice of management. 2. Aufl., London: Longmans, S. 1–110.
Bretzke, W.-R. (1980): Der Problembezug von Entscheidungsmodellen. Tübingen: J. C. B. Mohr.
Buchholz, L. (2013): Strategisches Controlling. 2. Aufl., Wiesbaden: Springer Gabler.
Buchner, M. (1981): Controlling – ein Schlagwort? Eine kritische Analyse der betriebswirtschaftlichen Diskussion um die Controlling-Konzeption. Frankfurt/M.: Peter Lang.
Bühl, W. L. (2000): Luhmanns Flucht in die Paradoxie. In: Merz-Benz, P.-U./Wagner, G. (Hg.): Die Logik der Systeme: Zur Kritik der systemtheoretischen Soziologie Niklas Luhmanns. Konstanz: UVK, S. 225–256.
Chmielewicz, K. (1994): Forschungskonzeptionen der Wirtschaftswissenschaft. 3. Aufl., Stuttgart: Schäffer-Poeschel.
Christl, M. (2007): 1,7-Diaza[12]annulene-Derivates? 100-Year-Old Pyridinium Salts! In: Angewandte Chemie, Int. Ed. 119 (48): 9152–9153.
Corsten, H./Gössinger, R./Schneider, H. (2006): Grundlagen des Innovationsmanagements. München: Vahlen.
Cronjäger, H. (2005): Komplexitätscontrolling am Beispiel Nutzfahrzeugbau. Aachen: Shaker.
Dahlhaus, C. (2009): Investitions-Controlling in dezentralen Unternehmen: Anreizsysteme als Instrument zur Verhaltenssteuerung im Investitionsprozess. Wiesbaden: DUV.
Dane, E./Pratt, M. G. (2007): Exploring intuition and its role in managerial decision making. In: The Academy of Management Review, 32 (1): 33–54.
Dechant, H. (1998): Investitions-Controlling für mittelständische Unternehmen. Aachen: Shaker.
Derfuß, K./Littkemann, J. (2005): Zielbildung bei Innovationsprozessen. In: Littkemann, J. (Hg.): Innovationscontrolling. München: Vahlen, S. 155–177.
Diederichs, M. (2018): Risikomanagement und Risikocontrolling. 4. Aufl., München: Vahlen.
Duscher, I./Meyer, M./Spitzner, J. (2012): Volatilität kalkulieren und steuern im Sinne eines wertorientierten Investitionscontrollings. In: Zeitschrift für Controlling und Management, 56 (Sonderheft 2): 46–51.
Dvir, D./Lechler, T. (2004): Plans are nothing, changing plans is everything: the impact of changes on project success. In: Research Policy, 33 (1): 1–15.
Dyckhoff, H./Ahn, H. (2001): Sicherstellung der Effektivität und Effizienz der Führung als Kernfunktion des Controlling. In: Kostenrechnungs-Praxis, 45 (2): 111–121.
Dyckhoff, H./Ahn, H. (2002): Kernaufgaben des Controlling: Grundlegende Anmerkungen im Hinblick auf die Sicherstellung der Effektivität und Effizienz. In: Weber, J. (Hg.): Controlling als akademische Disziplin: Eine Bestandsaufnahme, Wiesbaden: Gabler, S. 113–122.
Dyckhoff, H./Spengler, T. S. (2010): Produktionswirtschaft: Eine Einführung. 3. Aufl., Berlin u. a.: Springer.
Eilenberger, G./Ernst, D./Toebe, M. (2013): Betriebliche Finanzwirtschaft: Einführung in Investition und Finanzierung, Finanzpolitik und Finanzmanagement von Unternehmungen. 8. Aufl., München u. a.: Oldenbourg.
Ernst, E./Vater, H./Reinhard, H./Poschmann, S. (2008): Focus Praxis – Veränderungen im Rollenbild des Controllers. In: Die Betriebswirtschaft, 68 (6): 729–742.
Ewert, R./Wagenhofer, A. (2014): Interne Unternehmensrechnung. 8. Aufl., Berlin u. a.: Springer.
Faaß, K. H. (2007): Der Realoptionsansatz als Controllinginstrument in jungen Wachstumsunternehmen. Wiesbaden: DUV.
Faber, M./Proops, J. (1998): Evolution, time, production and the environment. Berlin: Springer.
Ferraro, F./Pfeffer, J./Sutton, R. I. (2005): Economic language and assumptions: How theories can become self-fulfilling. In: The Academy of Management Review, 30 (1): 8–24.

Financial Executives Institute (Hg.) (1962): Controllership and treasurership functions defined by FEI. In: The Controller, 30 (6): 289.
Fischer, J. (1981): Heuristische Investitionsplanung. Berlin: Erich Schmidt.
Fischer, T. M./Möller, K./Schultze, W. (2015): Controlling: Grundlagen, Instrumente und Entwicklungsperspektiven. 2. Aufl., Stuttgart: Schäffer-Poeschel.
Fischer-Winkelmann, W. F. (1971): Methodologie der Betriebswirtschaftslehre. München: Goldmann.
Fischer-Winkelmann, W. F. (1975): Entscheidungsorientierte Prüfungslehre. Berlin: Duncker & Humblot.
Franz, K.-P. (2017): Controllingkonzeptionen – mehr Gemeinsamkeiten als Unterschiede. In: Hoffjan, A./Knauer, T./Wömpener, A. (Hg.): Controlling: Konzeptionen – Instrumente – Anwendungen. Stuttgart: Schäffer-Poeschel, S. 63–77.
Friedl, B. (2013): Controlling. 2. Aufl., Konstanz: UVK.
Friedl, G. (2007): Real options and investment incentives. Berlin u. a.: Springer.
Gäfgen, G. (1974): Theorie der wirtschaftlichen Entscheidung: Untersuchung zur Logik und Bedeutung des rationalen Handelns. 3. Aufl., Tübingen: J. C. B. Mohr.
Götze, U. (2014): Investitionsrechnung. 7. Aufl., Berlin u. a.: Springer.
Grün, O. (2004): Taming giant projects: management of multi-organization enterprises. Berlin u. a.: Springer.
Guenther, T. W. (2013): Conceptualisations of 'controlling' in German-speaking countries: analysis and comparison with Anglo-American management control frameworks. In: Journal of Management Control, 23 (4): 269–290.
Hahmann, M. (2000): Komplementäre Managementdiskurse: Polarisierung oder Paradigmenvielfalt? Wiesbaden: DUV.
Hahn, D./Hungenberg, H. (2001): PuK: Wertorientierte Controllingkonzepte. 6. Aufl., Wiesbaden: Gabler.
Hammann, P. (1969): Entscheidungsmodelle in der betriebswirtschaftlichen Theorie. In: Schmalenbachs Zeitschrift für betriebswirtschaftliche Forschung, 21 (5): 457–467.
Hannig, W. (1969): Die Beurteilung von Entscheidungsbegrenzungen im Möglichkeitenfeld von Unternehmungen. In: Schmalenbachs Zeitschrift für betriebswirtschaftliche Forschung, 21 (5): 468–483.
Hans, L./Warschburger, V. (2009): Controlling. 3. Aufl., München: Oldenbourg.
Harbert, L. (1982): Controlling-Begriffe und Controlling-Konzeptionen: Eine kritische Betrachtung des Entwicklungsstandes des Controlling und Möglichkeiten seiner Fortentwicklung. Bochum: Studienverlag Brockmeyer.
Hauschildt, J./Salomo, S. (2007): Innovationsmanagement. 4. Aufl., München: Vahlen.
Hauser, K./Panzau, P. (2012): Investitionscontrolling in kapitalmarktorientierten und mittelständischen Unternehmen in Deutschland: status quo und Ausblick. In: Zeitschrift für Controlling und Management, 56 (2): 133–141.
Hauser, T. (1991): Intuition und Innovationen. Wiesbaden: DUV.
Heckert, U. (2002): Informations- und Kommunikationstechnologie beim Wissensmanagement. Wiesbaden: DUV.
Helm, R. (2001): Planung und Vermarktung von Innovationen: die Präferenz von Konsumenten für verschiedene Innovationsumfänge unter Berücksichtigung des optimalen Simulationsniveaus und marktbezogener Einflussfaktoren. Stuttgart: Schäffer-Poeschel.
Hering, T. (2017): Investitionstheorie. 5. Aufl., München u. a.: Oldenbourg.
Herrmann, C. (2010): Ganzheitliches Life Cycle Management: Nachhaltigkeit und Lebenszyklusorientierung in Unternehmen. Berlin u. a.: Springer.

Herrmann, L. (2009): Innovationsmanagement in Business-to-Business-Geschäftsbeziehungen: Eine informationsbezogene Perspektive. Wiesbaden: DUV.

Hinners-Tobrägel, L. (2000): Zur Analyse der Überlebensfähigkeit von Unternehmen: Methodisch-theoretische Grundlagen und Simulationsergebnisse. Göttingen: Cuvillier.

Hirsch, B. (2007): Controlling und Entscheidungen: Zur verhaltenswissenschaftlichen Fundierung des Controllings. Tübingen: Mohr Siebeck.

Hirsch, B./Volnhals, M. (2012): Information overload im betrieblichen Berichtswesen – ein unterschätztes Phänomen. In: Die Betriebswirtschaft, 72 (1): 23–55.

Hoffjan, A. (2003): Das Rollenbild des Controllers in Werbeanzeigen. In: Zeitschrift für Betriebswirtschaft, 73 (10): 1025–1050.

Hoffjan, A. (2009): Internationales Controlling. Stuttgart: Schäffer-Poeschel.

Holtfort, T. (2013): Intuition als effektive Ressource moderner Organisationen: Eine theoretische und empirische Analyse. Wiesbaden: Springer Gabler.

Hoogen, M./Lingnau, V. (2009): Perspektiven eines kognitionsorientierten Controllings für KMU. In: Müller, D. (Hg.): Controlling für kleine und mittlere Unternehmen. München u. a.: Oldenbourg, S. 101–126.

Horváth, P. (1978): Controlling: Entwicklung und Stand einer Konzeption zur Lösung der Adaptions- und Koordinationsprobleme der Führung. In: Zeitschrift für Betriebswirtschaft, 48 (3): 194–208.

Horváth, P. (2011): Controlling. 12. Aufl., München: Vahlen.

Horváth, P./Gleich, R./Seiter, M. (2015): Controlling. 13. Aufl., München: Vahlen.

Huege, C. (1994): Strategisches Investitionscontrolling bezogen auf Schlüsseltechnologien der Informationstechnik in Industrieunternehmen. Diss., Bremen.

Husmann, C. (1996): Investitions-Controlling: Ansätze zur Überwindung von Informationsasymmetrien im Entscheidungsprozeß über Investitionen in dezentralisierten Industrieunternehmen. Bergisch Gladbach u. a.: Eul.

International Group of Controlling (Hg.)(2006): Controller und IFRS: Konsequenzen für die Controlleraufgaben durch die Finanzberichterstattung nach IFRS. Freiburg u. a.: Haufe.

Irle, C. (2011): Rationalität von Make-or-buy-Entscheidungen in der Produktion. Wiesbaden: Gabler.

Irrek, W. (2002): Controlling als Rationalitätssicherung der Unternehmensführung? – Denkanstöße zur jüngsten Entwicklung der Controllingdiskussion. In: Kostenrechnungs-Praxis, 46 (1): 46–51.

Jacob, H. (1964): Neuere Entwicklungen in der Investitionsrechnung. Wiesbaden: Gabler.

Jacobs, J./Letmathe, P./Urigshardt, T./Zielinski, M. (2017): Typologiebezogene Controllinganforderungen und -instrumente von kleinen und mittleren Unternehmen des produzierenden Gewerbes. In: Müller, D. (Hg.): Controlling für kleine und mittlere Unternehmen. 2. Aufl., München: DeGruyter-Oldenbourg, S. 34–61.

Janzen, H. (1996): Ökologisches Controlling im Dienste von Umwelt- und Risikomanagement. Stuttgart: Schäffer-Poeschel.

Jung, H. (2014): Controlling. 4. Aufl., München: Oldenbourg.

Kantowski, J. (2011): Einsatz von Realoptionen im Investitionscontrolling am Beispiel Biotechnologie. Lohmar u. a.: Eul.

Kappler, E. (2002): Controlling und Ästhetik. In: Kostenrechnungs-Praxis, 46 (6): 377–386.

Kappler, E. (2004): Bild und Realität: Controllingtheorie als kritische Bildtheorie. In: Scherm, E./Pietsch, G. (Hg.): Controlling: Theorien und Konzeptionen. München: Vahlen, S. 581–610.

Keller, J./Bohner, G./Erb, H.-P. (2000): Intuitive und heuristische Urteilsbildung – verschiedene Prozesse? In: Zeitschrift für Sozialpsychologie, 31 (2): 87–101.

Kersten, F. (1996): Simulation in der Investitionsplanung. Wiesbaden: DUV.

Kesten, R./Berkemeier, S./Schönteich, F. (2013): Investitionsbudgetierung und -controlling im Konzern: Ergebnisse einer empirischen Erhebung bei deutschen CDAX-Unternehmen. Arbeitspapier der Nordakademie Nr. 2013-02.

Keuper, F. (2004): Kybernetische Simultaneitätsstrategie. Berlin: Logos.

Keuper, F. (2005): Gestaltung der Unternehmungskomplexität im Lichte von ASHBY und LUHMANN. In: Zeitschrift für Planung & Unternehmenssteuerung, 16 (2): 211–238.

Kißler, M. (2017): Corporate Governance und Controlling. In: Reichmann, T./Kißler, M./Baumöl, U. (Hg.): Controlling mit Kennzahlen: Die systemgestützte Controlling-Konzeption. 9. Aufl., München: Vahlen, S. 667–700.

Klein, R./Scholl, A. (2011): Planung und Entscheidung. 2. Aufl., München: Vahlen.

Knauer, T./Nuss, A./Wömpener, A. (2012): Der instrumentelle Kern des Controllings. In: Controller-Magazin, 37 (1): 67–73.

Knollmann, R./Hirsch, B./Weber, J. (2007): Role making für Controllerbereiche? Eine empirische Analyse zu den Auswirkungen von Gestaltungsfreiräumen für Controllerbereiche. In: Zeitschrift für Planung & Unternehmenssteuerung, 18 (4): 365–386.

Koch, C. (2013): Einsatz der Risikoanalyse als Instrument des Investitionscontrolling. In: Betz, S. (Hg.): Industrielles Controlling. Hamburg: Dr. Kovač, S. 179–206.

Kramer, M./Müller, D. (2004): Realoptionsmodelle als Instrumente des Investitionscontrollings von Umweltinnovationen. In: Schwarz, E. (Hg.): Nachhaltiges Innovationsmanagement. Wiesbaden: Gabler, S. 275–306.

Krieg, W. (1971): Kybernetische Grundlagen der Unternehmungsgestaltung. Bern, Stuttgart: Paul Haupt.

Krug, H. (1991): So optimieren Sie Ihre Investitionen: Praxisleitfaden für das Investitionsmanagement und Investitionscontrolling. Köln: TÜV.

Kruschwitz, L. (2014): Investitionsrechnung. 14. Aufl., München u. a.: Oldenbourg.

Küpper, H.-U. (1991): Gegenstand, theoretische Fundierung und Instrumente des Investitions-Controlling. In: Zeitschrift für Betriebswirtschaft, 61 (Ergänzungsheft 3): 167–192.

Küpper, H.-U. (1992): Kapazität und Investition als Gegenstand des Investitions-Controlling. In: Corsten, H./Köhler, R./Müller-Merbach, H./Schröder, H.-H. (Hg.): Kapazitätsmessung, Kapazitätsoptimierung: Eine betriebswirtschaftliche Kernfrage. Festschrift für Professor Dr. Werner Kern zum 65. Geburtstag. Stuttgart: Schäffer-Poeschel, S. 115–132.

Küpper, H.-U. (1993): Controlling. In: Wittmann, W. et al. (Hg.): Handwörterbuch der Betriebswirtschaft. Teilband 1: A–H. 5. Aufl., Stuttgart: Schäffer-Poeschel, S. 647–661.

Küpper, H.-U./Friedl, G./Hofmann, C./Hofmann, Y./Pedell, B. (2013): Controlling: Konzeption – Aufgaben – Instrumente. 6. Aufl., Stuttgart: Schäffer-Poeschel.

Küpper, H.-U./Weber, J./Zünd, A. (1990): Zum Verständnis und Selbstverständnis des Controlling. In: Zeitschrift für Betriebswirtschaft, 60 (3): 281–293.

Kuo, F.-Y. (1998): Managerial intuition and the development of executive support systems. In: Decision Support Systems, 24 (1): 89–103.

Lange, C. (1993): Investitionscontrolling und Investitionscontrollingaktivitäten. In: Horváth, P./Reichmann, T. (Hg.): Vahlens großes Controllinglexikon. München: Vahlen, S. 311–316.

Langen, H. (1964): Der Betrieb als Regelkreis. In: Grochla, E. (Hrsg.): Organisation und Rechnungswesen. Berlin: Duncker & Humblot, S. 81–101

Langenbach, W. (2001): Rationalitätssicherung durch externe Märkte. In: Weber, J./Schäffer, U. (Hg.): Rationalitätssicherung der Führung. Wiesbaden: Gabler, S. 196–232.

Legenhausen, C. (1998): Controllinginstrumente für den Mittelstand. Wiesbaden.

Leybourne, S./Sadler-Smith, E. (2006): The role of intuition and improvisation in project management. In: International Journal of Project Management, 24 (3): 483–492.

Liebsch, D. (1987): Investitions-Controlling – Begriff, Voraussetzungen, Instrumente und Hindernisse des Investitionserfolges. In: Controller Magazin, o. A. (1): 35–42.

Linder, S. (2006): Investitionskontrolle: Grundzüge einer verhaltensorientierten Theorie. Wiesbaden: DUV.

Lingnau, V. (1998): Geschichte des Controlling. In: WIST, 27 (6): 274–281.

Lingnau, V. (2004): Kognitionsorientiertes Controlling. In: Scherm, E./Pietsch, G. (Hg.): Controlling: Theorien und Konzeptionen. München: Vahlen, S. 729–749.

Lingnau, V./Koffler, U. (2013a): Wilhelm Riegers Privatwirtschaftslehre und seine Bedeutung für das Controlling: Eine Würdigung zum 135. Geburtstag. Beiträge zur Controlling-Forschung, Nr. 23. TU Kaiserslautern.

Lingnau, V./Koffler, U. (2013b): Auswirkungen des Konsistenzpostulates auf die konzeptionelle Controllingforschung. In: Controlling, 25 (7): 394–400.

Lingnau, V./Seewald, Y. (2017): Perspektiven eines verhaltensorientierten Controllings für KMU. In: Müller, D. (Hg.): Controlling für kleine und mittlere Unternehmen. 2. Aufl., München: DeGruyter-Oldenbourg, S. 62–86.

Littkemann, J. (2018): Grundlagen des Controllings. In: Littkemann, J./Derfuß, K./Holtrup, M. (Hg.): Unternehmenscontrolling: Konzepte, Instrumente, praktische Anwendungen mit durchgängiger Fallstudie. 2. Aufl., Herne/Berlin: NWB, S. 1–51.

Lüder, K. (1966): Die Investitionskontrolle. In: Der Betrieb, 19 (30/31): 1141–1144.

Lüder, K. (1969): Investitionskontrolle. Wiesbaden: Gabler.

Lüder, K. (1980): Investitionskontrolle in industriellen Großunternehmen. In: Zeitschrift für Betriebswirtschaft, 50 (4): 351–376.

Luhmann, N. (1990): Die Wissenschaft der Gesellschaft. Frankfurt/M.: Suhrkamp.

Luhmann, N. (1993): Soziale Systeme: Grundriß einer allgemeinen Theorie. 4. Aufl., Frankfurt/M.: Suhrkamp.

Mäder, O. B./Hirsch, B. (2017): Streben nach Transparenz – Die zentrale Controllingaufgabe in KMU. In: Müller, D. (Hg.): Controlling für kleine und mittlere Unternehmen. 2. Aufl., München u. a.: De Gruyter-Oldenbourg, S. 87–109.

Männel, W. (1991): Anlagencontrolling. In: Zeitschrift für Betriebswirtschaft, 61 (Ergänzungsheft 3): 193–216.

Männel, W. (1998): Thesen zum Investitionscontrolling. In: Kostenrechnungs-Praxis, 42 (3): 173–174.

Männel, W. (2000): Rentabilitätsorientiertes Investitionscontrolling nach der Methode des internen Zinssatzes. In: Kostenrechnungs-Praxis, 44 (6): 325–341.

Malik, F. (2015): Strategie des Managements komplexer Systeme. 11. Aufl., Bern u. a.: Haupt.

Martin, A./Bartscher-Finzer, S. (2006): Die Führung mittelständischer Unternehmen: Zwischen Defizit und Äquivalenz. In: Krüger, W./Klippstein, G./Merk, R./Wittberg, V. (Hg.): Praxishandbuch des Mittelstands. Wiesbaden: Gabler, S. 203–217.

Matschke, M. J. (1993): Investitionsplanung und Investitionskontrolle. Herne/Berlin: NWB.

Meier, R. E. (1970): Planung, Kontrolle und Organisation des Investitionsentscheides. Bern: Paul Haupt.

Messner, M. (2008): Controlling und Kritik in Organisationen. Lohmar u. a.: Eul.

Müller, D. (2004): Realoptionsmodelle und Investitionscontrolling im Mittelstand. Wiesbaden: DUV.

Müller, D. (2005): Modell der Tauschrealoptionen als Instrument des Investitionscontrollings. In: Zeitschrift für Controlling und Management, 49 (1): 47–62.

Müller, D. (2008): Controller als Beobachter zweiter Ordnung des Einsatzes von Investitionsrechenmodellen in KMU. In: Lingnau, V. (Hg.): Rolle des Controllers im Mittelstand. Lohmar u. a.: Eul, S. 245–267.

Müller, D. (2009): Einsatz und Beurteilung formaler und mentaler Modelle des Investitionscontrollings. In: Müller, D. (Hg.): Controlling für kleine und mittlere Unternehmen. München u. a.: Oldenbourg, S. 475–505.

Müller, D./Münnich, A. (2008): Implikationen internationaler Rechnungslegung für das Investitionscontrolling international tätiger Unternehmen. In: Funk, W./Rossmanith, J. (Hg.): Internationale Rechnungslegung und Internationales Controlling. Wiesbaden: Gabler, S. 517–543.

Müller, K. (1996): Allgemeine Systemtheorie: Geschichte, Methodologie und sozialwissenschaftliche Heuristik eines Wissenschaftsprogramms. Opladen: Westdt. Verl.

Müller, W. (1974): Die Koordination von Informationsbedarf und Informationsbeschaffung als zentrale Aufgabe des Controlling. In: Schmalenbachs Zeitschrift für betriebswirtschaftliche Forschung, 26 (10): 683–693.

Nagel, M. (2003): Flexibilitätsmanagement: Ein systemdynamischer Ansatz zur quantitativen Bewertung von Produktionsflexibilität. Wiesbaden: DUV.

Niedermayr, A. (1995): Die Realität des Controlling. In: Eschenbach, R. (Hg.): Controlling. Stuttgart: Schäffer-Poeschel, S. 125–168.

Nippa, M. (2001): Intuition und Emotion in der Entscheidungsforschung – State of the art und aktuelle Forschungsrichtungen. In: Schreyögg, G./Sydow, J. (Hg.): Emotionen und Management. Wiesbaden: Gabler, S. 213–247.

Nonaka, I./Takeuchi, H. (1997): Die Organisation des Wissens: Wie japanische Unternehmen eine brachliegende Ressource nutzbar machen. Frankfurt/Main u. a.: Campus-Verl.

Ossadnik, W. (2009): Controlling. 4. Aufl., München u. a.: Oldenbourg.

Osterloh, B. W. (1974): Die betriebliche Investitionskontrolle: Probleme der Kontrolle betrieblicher Investitionen unter besonderer Berücksichtigung der Kontrolle der Investitionsplanung. Berlin: o. A.

Ott, F. M. (2000): Strategisches Investitionscontrolling in internationalen Konzernen. Wiesbaden: DUV.

Pearson, A. (1990): Innovation strategy. In: Technovation, 10 (3): 185–192.

Peemöller, V. H. (1993): Investitions-Controlling. In: Seicht, G. (Hg.): Jahrbuch für Controlling und Rechnungswesen. Wien: Orac, S. 363–386.

Peemöller, V. H. (1995): Investitions-Controlling als integrierter Bestandteil des Anlagen-Controlling. In: Buchführung, Bilanz, Kostenrechnung, o. A. (3): 643–654.

Peffekoven, F. P. (2004): Erkenntnistheoretische Grundlagen einer reflexionsorientierten Controllingforschung. In: Scherm, E./Pietsch, G. (Hg.): Controlling: Theorien und Konzeptionen. München: Vahlen, S. 555–579.

Pfeiffer, W. (1971): Allgemeine Theorie der technischen Entwicklung als Grundlage einer Planung und Prognose des technischen Fortschritts. Göttingen: Vandenhoeck & Ruprecht.

Pietsch, G./Scherm, E. (2000): Die Präzisierung des Controlling als Führungs- und Führungsunterstützungsfunktion. In: Die Unternehmung, 54 (5): 395–411.

Pritsch, G. (2000): Realoptionen als Controlling-Instrument: Das Beispiel pharmazeutische Forschung und Entwicklung. Wiesbaden: Gabler.

Pritsch, G./Weber, J. (2001): Realoptionen als Controlling-Instrument. In: Weber, J./Schäffer, U. (Hg.): Rationalitätssicherung der Führung. Wiesbaden: Gabler, S. 171–195.

Puhl, H. (1999): Komplexitätsmanagement: Ein Konzept zur ganzheitlichen Erfassung, Planung und Regelung der Komplexität in Unternehmensprozessen. Kaiserslautern: Universitätsverlag.

Rautenstrauch, T./Müller, C. (2006): Investitionscontrolling in kleinen und mittleren Unternehmen (KMU). In: Zeitschrift für Controlling und Management, 50 (2): 100–105.

Rehäuser, J./Krcmar, H. (1996): Wissensmanagement im Unternehmen. In: Schreyögg, G./Conrad, P. (Hg.): Wissensmanagement. Berlin: de Gruyter, S. 1–40.

Rehkugler, H./Schindel, V. (1990): Entscheidungstheorie. 5. Aufl., München: VVF.

Reichmann, T. (1985): Grundlagen einer systemgestützten Controlling-Konzeption mit Kennzahlen. In: Zeitschrift für Betriebswirtschaft, 55 (9): 887–898.
Reichmann, T./Kißler, M./Baumöl, U. (2017): Controlling mit Kennzahlen und Managementberichten. 9. Aufl., München: Vahlen.
Reichmann, T./Lange, C. (1985): Aufgaben und Instrumente des Investitions-Controlling. In: Die Betriebswirtschaft, 45 (4): 454–466.
Reihlen, M. (1997): Ansätze in der Modelldiskussion: Eine Analyse der Passivistischen Abbildungsthese und der Aktivistischen Konstruktionsthese. Köln: Arbeitsbericht Nr. 92 des Seminars für Allgemeine Betriebswirtschaftslehre, Betriebswirtschaftliche Planung und Logistik der Universität zu Köln.
Richter, H. J. (1987): Theoretische Grundlagen des Controlling. Frankfurt/M.: Peter Lang.
Richter, M. (2012): Modelle wissensintensiver Dienstleistungen: Ansätze einer modernen Produktionstheorie auf Basis der graphischen Aktivitätsanalyse. Wiesbaden: Springer Gabler.
Richter, M. (2013): Modelle in der Betriebswirtschaft: Ein systematischer Überblick über Merkmale, Ziele und Erscheinungsformen. In: WIST 42(6):280–285.
Rieg, R. (2017): Biltroller, Controller, Business Partner: Mythen und Wahrheiten des Rollenwandels für KMU. In: Müller, D. (Hg.): Controlling für kleine und mittlere Unternehmen. 2. Aufl., München: DeGruyter-Oldenbourg, S. 110–124.
Rieper, B. (1985): Hierarchische Entscheidungsmodelle in der Produktionswirtschaft. In: Zeitschrift für Betriebswirtschaft, 55 (8): 770–789.
Rieper, B. (1992): Betriebswirtschaftliche Entscheidungsmodelle. Herne/Berlin: NWB.
Riesenhuber, M. (2006): Die Fehlentscheidung: Ursache und Eskalation. Wiesbaden: DUV.
Röpke, J. (1977): Die Strategie der Innovation: Eine systemtheoretische Untersuchung der Interaktion von Individuum, Organisation und Markt im Neuerungsprozess. Tübingen: J. C. B. Mohr.
Rösgen, K. (2000a): Investitionscontrolling: Konzeption eines lebenszyklusorientierten Controllings von Sachanlagen. Frankfurt/M.: Peter Lang.
Rösgen, K. (2000b): Aufgabenfelder des Investitionscontrollings. In: Kostenrechnungs-Praxis, 44 (4): 251–261.
Rößl, D. (1994): Gestaltung komplexer Austauschbeziehungen: Analyse zwischenbetrieblicher Kooperation. Wiesbaden: DUV.
Rollberg, R. (2012): Operativ-taktisches Controlling. München: Oldenbourg.
Rosenkranz, F./Missler-Behr, M. (2005): Unternehmensrisiken erkennen und managen. Berlin u. a.: Springer.
Rücker, U.-C. (1999): Finanzierung von Umweltrisiken im Kontext eines systematischen Risikomanagements. Berlin: Wissenschaft und Praxis.
Schaefer, C./Streitferdt, L. (2005): Wertorientiertes Investitionscontrolling. In: Keuper, F./Roesing, D./Schomann, M. (Hg.): Integriertes Risiko- und Ertragsmanagement: Kunden- und Unternehmenswert zwischen Risiko und Ertrag. Wiesbaden: Gabler, S. 321–351.
Schaefer, S. (1993): Datenverarbeitungsgestütztes Investitions-Controlling. München: Vahlen.
Schaefer, S./Lange, C. (2004): Informationsorientierte Controllingkonzeptionen: Ein Überblick und Ansatzpunkte zur Weiterentwicklung. In: Scherm, E./Pietsch, G. (Hg.): Controlling: Theorien und Konzeptionen. München: Vahlen, S. 103–123.
Schäfer, H. (2005): Unternehmensinvestitionen. 2. Aufl., Heidelberg: Physica.
Schäffer, U. (2001): Kontrolle als Lernprozess. Wiesbaden: Gabler.
Schäffer, U./Binder, C./Gmür, M. (2006): Struktur und Entwicklung der Controllingforschung: Eine Zitations- und Kozitationsanalyse von Controllingbeiträgen in deutschsprachigen wissenschaftlichen Zeitschriften von 1970 bis 2003. In: Zeitschrift für Betriebswirtschaft, 76 (4): 394–440.
Schäffer, U./Steiners, D. (2003): Zum Begriff des Controllinginstruments. European Business School Working Papers on Management Accounting & Control, No. 6.

Schätzle, G. (1965): Forschung und Entwicklung als unternehmerische Aufgabe. Köln u. a.: Westdt. Verl.

Schanz, G. (1997): Intuition als Managementkompetenz. In: Die Betriebswirtschaft, 57 (5): 640–654.

Schanz, G. (2006): Implizites Wissen: Phänomen und Erfolgsfaktor, neurobiologische und soziokulturelle Grundlagen, Möglichkeiten problembewussten Gestaltens. München: Hampp.

Schaub, H. (1997): Sunk Costs, Rationalität und ökonomische Theorie: Eine Querschnittsanalyse zum Einfluss von Irreversibilität auf Entscheidungen und Institutionen unter Berücksichtigung psychologischer Effekte. Stuttgart: Schäffer-Poeschel.

Schauer, H. (2004): Impulse der Erkenntnistheorie und des Wissenschaftsbetriebs für eine betriebliche Wissensbewertung. In: Frank, U. (Hg.): Wissenschaftstheorie in Ökonomie und Wirtschaftsinformatik. Wiesbaden: DUV, S. 289–309.

Scherpereel, P./Gaul, J./Muhr, M. (2015): Entscheidungsverhalten bei Investitionen steuern. In: Controlling & Management Review, 59 (Sonderheft 2): 32–38.

Scheuble, S. (1998): Wissen und Wissenssurrogate: Eine Theorie der Unternehmung. Wiesbaden: DUV.

Scheytt, T./Unterrieder, A./Becker, A. (2005): Controllingbilder und Controllingpraxis: Epistemologische und methodologische Aspekte internationaler Controllingforschung. In: Weber, J./ Meyer, M. (Hg.): Internationalisierung des Controllings: Standortbestimmung und Optionen. Wiesbaden: DUV, S. 85–109.

Schiller, J. (2002): Umweltprobleme und Zeit: Bestände als konzeptionelle Grundlage ökologischer Ökonomik. Marburg: Metropolis.

Schlitt, M. (2003): Grundlagen und Methoden für Interpretation und Konstruktion von Informationssystemmodellen. Bamberg: o. A.

Schmidt, R. H./Schor, G. (1987): Modell und Erklärung in den Wirtschaftswissenschaften. In: Schmidt, R. H./Schor, G. (Hg.): Modelle in der Betriebswirtschaftslehre. Wiesbaden: Gabler, S. 9–36.

Schneider, D. (1971): Flexible Planung als Lösung der Entscheidungsprobleme unter Ungewißheit? In: Schmalenbachs Zeitschrift für betriebswirtschaftliche Forschung, 23 (12): 831–851.

Schneider, D. (1991): Das Versagen des Controlling durch eine überholte Kostenrechnung. In: Der Betrieb, 44 (15): 765–772.

Schneider, D. (2001): Betriebswirtschaftslehre. Bd. 4: Geschichte und Methoden der Wirtschaftswissenschaft. München: Oldenbourg.

Schneider, W. (2011): Früherkennung und Intuition. Wiesbaden: DUV.

Schön, A. (2001): Innovationscontrolling: Eine Controlling-Konzeption zur effektiven und effizienten Gestaltung innovativer Prozesse in Unternehmen. Frankfurt/M.: Peter Lang.

Schönbohm, A. (2005): Reflexives Controlling: Rationalität und Revolution unternehmerischer Wirklichkeit in der Postmoderne. Lohmar u. a.: Eul.

Schreyögg, G. (1993): Unternehmensstrategie: Grundfragen einer Theorie strategischer Unternehmensführung. Berlin u. a.: de Gruyter.

Schütte, R. (1998): Grundsätze ordnungsgemäßer Referenzmodellierung. Wiesbaden: Gabler.

Schulte, K./Körner, S./Shalchi, S. (2018): Investitionscontrolling. In: Littkemann, J./Derfuß, K./ Holtrup, M. (Hg.): Unternehmenscontrolling: Konzepte, Instrumente, praktische Anwendungen mit durchgängiger Fallstudie. 2. Aufl., Herne/Berlin: NWB, S. 463–578.

Schultz, M. B. (2005): Anreizorientiertes Investitionscontrolling mit vollständigen Finanzplänen: Ein Referenzmodell für Investment Center. Berlin: Logos.

Schwarz, R. (2002): Controlling-Systeme: Eine Einführung in Grundlagen, Komponenten und Methoden des Controlling. Wiesbaden: Gabler.

Schweitzer, M. (1972): Struktur und Funktion der Bilanz. Grundfragen der betriebswirtschaftlichen Bilanz in methodologischer und entscheidungstheoretischer Sicht. Berlin: Duncker & Humblot.

Schwellnuss, A. G. (1991): Investitions-Controlling. München: Vahlen.

Sierke, B. R. A. (1990): Investitions-Controlling im Controlling-System: Darstellung eines integrierten Ansatzes mit Hilfe ausgewählter linearer Dekompositionsverfahren. Korbach: Bing.

Sierke, B. R. A. (1992): Funktionales Investitions-Controlling auf unterschiedlichen hierarchischen Ebenen. In: Lücke, W./Schulz, K. (Hg.): Umweltschutz und Investitionen. Wiesbaden: Gabler, S. 201–233.

Sjurts, I. (1995): Kontrolle, Controlling und Unternehmensführung. Wiesbaden: Gabler.

Steinle, C./Bruch, H./Michels, T. (1998): Controller-Rollen: Anforderungsprofile, Persönlichkeit und Selbstverständnis. Ein empirisches Schlaglicht. In: Steinle, C./Eggers, B./Lawa, D. (Hg.): Zukunftsgerichtetes Controlling. 3. Aufl., Wiesbaden: Gabler, S. 443–468.

Stölzle, W./Pfohl, H.-C. (1997): Planung und Kontrolle. 2. Aufl., München: Vahlen.

Troßmann, E. (2018): Controlling als Führungsfunktion: Eine Einführung in die Mechanismen betrieblicher Koordination. 2. Aufl., München: Vahlen.

Urigshardt, T. (2010): Forstliches Controlling: Gründe für ein branchenspezifisches Controlling, typenbezogene Anforderungen und Lösungsansätze für ausgewählte Problemfelder. Köln: Wissenschaftsverlag.

Vikas, K./Zehetner, K. (1999): Prozessorientiertes Controlling von Investitionen. In: Kostenrechnungs-Praxis, 43 (4): 209–213.

Voigt, K.-I. (1992): Strategische Planung und Unsicherheit. Wiesbaden: Gabler.

Wall, F. (2000): Koordinationsfunktion des Controlling: Überlegungen zur Eigenständigkeit eines koordinationsorientierten Controlling. In: Kostenrechnungs-Praxis, 44 (5): 295–304.

Wall, F. (2008): Controlling zwischen Entscheidungs- und Verhaltenssteuerungsfunktion. In: Die Betriebswirtschaft, 68 (4): 463–482.

Warkotsch, N. (2010): Investitionscontrolling in Konzernstrukturen. Controller-Magazin, 35 (10): 70–75.

Watzlawick, P. (2002): Wie wirklich ist die Wirklichkeit? 28. Aufl., München, Zürich: Pieper.

Weber, J. (1991): Versagen des Controllings? Ein Beitrag zur Theoriefindung. In: Der Betrieb, 44 (35): 1785–1788.

Weber, J. (1995): Einführung in das Controlling. 6. Aufl., Stuttgart: Schäffer-Poeschel.

Weber, J. (2000): Neue Perspektiven des Controlling. In: Betriebs-Berater, 53 (38): 1931–1935.

Weber, J. (2001): Neue Perspektiven des Controlling. In: Weber, J./Schäffer, U. (Hg.): Rationalitätssicherung der Führung. Wiesbaden: Gabler, S. 152–170.

Weber, J. (2004): Möglichkeiten und Grenzen der Operationalisierung des Konstrukts „Rationalitätssicherung". In: Scherm, E./Pietsch,G. (Hrsg.): Controlling: Theorien und Konzeptionen. München: Vahlen, S. 467–485.

Weber, J. (2012): Erfolg des Controllings: Konzeption – Messung – Ergebnisse. In: Altenburger, O. A. (Hg.): Instrumente und Aufgaben des Controllings: mit zahlreichen empirischen Befunden. Wien: Linde, S. 131–168.

Weber, J. (2013): Verhaltensorientiertes Controlling. In: Controlling, 25 (4/5): 217–222.

Weber, J./Hirsch, B./Spatz, A. (2007): Perspektiven des Controllings. Weinheim: WILEY-VCH.

Weber, J./Meyer, M./Birl, H./Knollmann, R./Schlüter, H./Sieber, C. (2006): Investitionscontrolling in deutschen Großunternehmen: Ergebnisse einer Benchmarking-Studie. Weinheim: WILEY-VCH.

Weber, J./Kosmider, A. (1991): Controlling-Entwicklung in der Bundesrepublik Deutschland im Spiegel der Stellenanzeigen. In: Zeitschrift für Betriebswirtschaft, 61 (Ergänzungsheft 3): 17–35.

Weber, J./Schäffer, U. (1999a): Sicherung der Rationalität in der Willensbildung durch die Nutzung des fruchtbaren Spannungsverhältnisses von Reflexion und Intuition. In: Zeitschrift für Planung, 10 (2): 205–224.

Weber, J./Schäffer, U. (1999b): Sicherstellung der Rationalität von Führung als Aufgabe des Controlling? In: Die Betriebswirtschaft, 59 (6): 731–747.

Weber, J./Schäffer, U. (2016): Einführung in das Controlling. 15. Aufl., Stuttgart: Schäffer-Poeschel.

Weber, J./Schäffer, U./Langenbach, W. (1999): Gedanken zur Rationalitätskonzeption des Controlling. WHU Koblenz: Forschungspapier Nr. 70.

Weibler, J. (2016): Personalführung. 3. Aufl., München: Vahlen.

Weidlich, T./Neumüller, K. (2013): Compliance: Auslandsrisiken erkennen und steuern. In: Wecker, G./Ohl, B. (Hg.): Compliance in der Unternehmenspraxis: Grundlagen, Organisation und Umsetzung. 3. Aufl., Wiesbaden: Springer Gabler, S. 101–127.

Weinberger, O. (2000): Neo-Institutionalismus versus Systemtheorie: Ein Streit um die philosophischen Grundlagen der Rechtstheorie und Rechtssoziologie. In: Merz-Benz, P.-U./Wagner, G. (Hg.): Die Logik der Systeme: Zur Kritik der systemtheoretischen Soziologie Niklas Luhmanns. Konstanz: UVK, S. 305–326.

Wildemann, H. (1986): Strategische Investitionsplanung für neue Technologien in der Produktion. In: Zeitschrift für Betriebswirtschaft, 56 (Ergänzungsheft 1): 1–48.

Wildemann, H. (1997): Produktionscontrolling: Systemorientiertes Controlling schlanker Produktionsstrukturen. München: Transfer-Centrum-Verlag.

Willke, H. (2005): Komplexität als Formprinzip. In: D. Baecker (Hg.): Schlüsselwerke der Systemtheorie. Wiesbaden: VS, S. 303–324.

Wilms, F. E. P. (2001): Systemorientiertes Management. München: Vahlen.

Wittenbecher, I. (1999): Verstehen ohne zu verstehen: Soziologische Systemtheorie und Hermeneutik in vergleichender Differenz. Wiesbaden: DUV.

Wittmann, W. (1959): Unternehmung und unvollkommene Information: Unternehmerische Voraussicht, Ungewissheit und Planung. Köln u. a.: Westdt. Verl.

Woiceshyn, J. (2009): Lessons from „good minds": how CEOs use intuition, analysis and guiding principles to make strategic decisions. In: Long Range Planning, 42 (3): 298–320.

Wolf, J. (2013): Organisation, Management, Unternehmensführung: Theorien und Kritik. 5. Aufl., Wiesbaden: Gabler.

Yamaguchi, I./Gobara, Y./Sato, M. (2006): One-Pot Synthesis of N-Substituted Diaza[12]annulenes. In: Organic Letters, 8 (19): 4279–4282.

Zayer, E. (2007): Verspätete Projektabbrüche in F&E: eine verhaltensorientierte Analyse. Wiesbaden: DUV.

Zayer, E./Hirsch, B. (2006): Fehlentscheidungen bei Investitionsprojekten: Fehlerquellen und Gegenmaßnahmen. In: Controlling, 18 (12): 647–657.

Zschocke, D. (1995): Modellbildung in der Ökonomie: Modell – Information – Sprache. München: Vahlen.

3 Theorie und Praxis individueller Entscheidungen

Unter einer Entscheidung wird im Folgenden ein Problemlösungsprozess verstanden, der aus Beobachtungen, Beurteilungen und Wahlen besteht. Um die Rationalität individueller Entscheidungen beurteilen zu können, ist es erforderlich, menschliches Entscheidungsverhalten aus zwei Richtungen zu betrachten: Aus **präskriptiver** und aus **deskriptiver** Sicht. Ziel der präskriptiven Entscheidungstheorie ist die Entscheidungsunterstützung durch Vorgabe von Verfahren, Regeln und Annahmen zur Entwicklung einer optimalen Problemlösung. Hierbei stehen die Entwicklung und Überprüfung von optimalen Entscheidungsregeln und Verfahren zur Entscheidungsfindung im Mittelpunkt. Deshalb wird diese auch als normative Entscheidungstheorie bezeichnet.

Demgegenüber versucht die deskriptive Entscheidungstheorie das tatsächliche Entscheidungsverhalten von Individuen mit dem Ziel der Entwicklung von Theorien und Modellen zur Abbildung des Entscheidungsverhaltens und ihrer empirischen Überprüfung zu beschreiben. Im Gegensatz zu dem von der präskriptiven Entscheidungstheorie verfolgten Postulat des rationalen Verhaltens ist das tatsächliche Verhalten oft nur beschränkt rational. Die Ursachen hierfür sind vielfältig: neben der begrenzten Kapazität zur Informationsverarbeitung und -speicherung von realen Entscheidungsträgern sind unterschiedliche Wahrnehmungen identischer Sachverhalte ebenso anzuführen wie die mangelnde Motivation zur Suche nach der optimalen Lösung. Mittels Beschreibung und Systematisierung versucht der deskriptive Bereich der Entscheidungstheorie die Abweichungen vom rationalen bzw. optimalen Verhalten zu erfassen, zu begründen und ebenfalls zu prognostizieren.

Die Erkenntnisse des präskriptiven Teilbereiches werden im ersten Teil des Kapitels vorgestellt. Im Anschluss daran werden ausgewählte Erklärungsansätze der deskriptiven Entscheidungstheorie behandelt.

D. Müller, *Investitionsrechnung und Investitionscontrolling*, Springer-Lehrbuch,
https://doi.org/10.1007/978-3-662-57609-0_3

3.1 Präskriptive Betrachtungen

3.1.1 Grundmodell

Das Grundmodell der präskriptiven Entscheidungstheorie besteht aus den Bereichen „Zielinformationen" und „Entscheidungsfeldinformationen" (vgl. Abb. 3.1).

Die prinzipiellen Eigenschaften von Zielen, Alternativen, Präferenzen und Umweltzuständen wurden schon im ersten Kapitel dargestellt.[1] Diese Bestandteile machen die sog. **Primärdeterminanten** einer Entscheidung aus.[2]

Für den weiteren Verlauf wird an dieser Stelle festgehalten, dass es sich bei den Alternativen um unterschiedliche Möglichkeiten der Zielerreichung handelt. Es muss hier noch einmal darauf hingewiesen werden, dass die Alternativen in der Realität selten vorgegeben sind, sondern gesucht bzw. erarbeitet werden müssen. Auf die Besonderheiten des Alternativensuch- und -bewertungsprozesses wurde ebenfalls schon eingegangen.[3] Die Gesamtmenge der Alternativen bildet den Alternativen- bzw. Aktionsraum.[4] Die Alter-

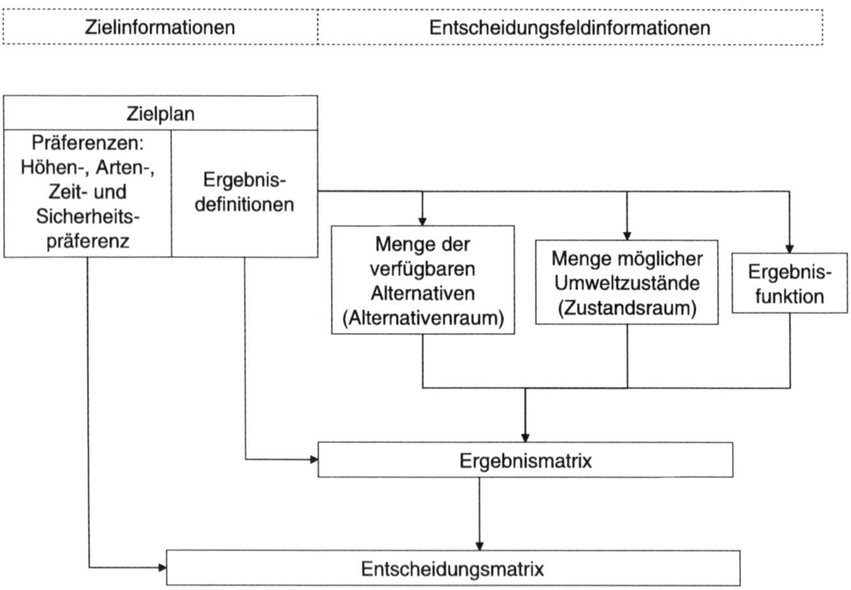

Abb. 3.1 Elemente des Grundmodells der Entscheidungstheorie. Quelle: Sieben/Schildbach (1975: 12); Berens/Delfmann/Schmitting (2004: 51)

[1] Vgl. Abschn. 1.2.2.

[2] Vgl. Laux/Liermann (2005: 63–65). Zu den Sekundärdeterminanten des Entscheidungsverhaltens vgl. Abb. 3.13.

[3] Vgl. Abb. 2.12.

[4] Vgl. Obermaier/Saliger (2013: 5).

Tab. 3.1 Grundstruktur der Entscheidungsmatrix bei Unsicherheit. Quelle: Bamberg/Coenenberg/Krapp (2012: 110)

Aktion \ Zustand	z_1	z_2	z_3	…	z_n
a_1	u_{11}	u_{12}	u_{13}	…	u_{1n}
a_2	u_{21}	u_{22}	u_{23}	…	u_{2n}
a_3	u_{31}	u_{32}	u_{33}	…	u_{3n}
⋮	⋮	⋮	⋮	…	⋮
a_m	u_{m1}	u_{m2}	u_{m3}	…	u_{mn}

nativen werden im weiteren Verlauf bezeichnet mit a_i, wobei $i = (1, \ldots, m)$. Werden Situationen unter Unsicherheit betrachtet,[5] sind mehrere zukünftige Umweltzustände zu berücksichtigen, denen unter Umständen Eintrittswahrscheinlichkeiten zugeordnet werden können. Diese **Zustände** sind einander ausschließende Konstellationen zukünftiger Ereignisse und geben die Erwartungsstruktur des Akteurs wider. Die Gesamtmenge der Umweltzustände bildet den Zustandsraum. Die Zustände werden im weiteren Verlauf bezeichnet mit z_p, mit $p = (1, \ldots, n)$.

Jeder Alternative muss für jeden Zustand ein Resultat zugeordnet werden, welches als **Ergebnis** bezeichnet wird. Dies geschieht über die Ergebnisfunktion wie folgt: $e_{ip} = e(a_i, z_p)$. Ein Ergebnis resultiert aus der Wahl einer Alternative und dem Eintritt eines bestimmten Umweltzustands.

Auf Basis der Ergebnisse allein lässt sich noch keine Entscheidung fällen, da noch nicht geklärt ist, welchen **Nutzen** der Akteur welchem Ergebnis zuweist. Dies geschieht mittels der Nutzenfunktion wie folgt: $u_{ip} = u(e_{ip})$. Die Nutzenfunktion führt die Bewertung des Ergebnisses aus Akteurssicht durch.[6]

Der Akteur kann ein Ziel oder mehrere Ziele verfolgen. Im weiteren Verlauf werden die Ziele mit k_r bezeichnet, wobei $r = (1, \ldots, l)$. Jede der betrachteten Alternativen a_i kann die Teilziele in unterschiedlichem Maße erfüllen. Dies kann wiederum für mehrere zukünftige Zustände spezifiziert werden. Auch in diesem Fall muss der Akteur den für ihn damit verbundenen Nutzen bestimmen.

Wenn alle diese Komponenten festgelegt wurden, ist die Ausgangsbasis für die Entscheidungsfindung geschaffen. Die daraus resultierenden Informationen können in unterschiedlicher Weise grafisch dargestellt werden. Sehr verbreitet ist die Darstellung in tabellarischer Form, der sog. **Entscheidungsmatrix** (vgl. Tab. 3.1).

Als weitere verbreitete Darstellungsform ist der sog. **Entscheidungsbaum** anzuführen. Dieser beinhaltet dieselben Informationen, welche jedoch anders grafisch aufbereitet sind (vgl. Abb. 3.2).

[5] Zur Definition und Unterscheidung von Unsicherheit, Ungewissheit und Risiko vgl. Abschn. 1.2.2.3.

[6] Es sei an dieser Stelle auf die grundlegenden Skalenarten der Bewertung hingewiesen. Vgl. Abb. 1.3.

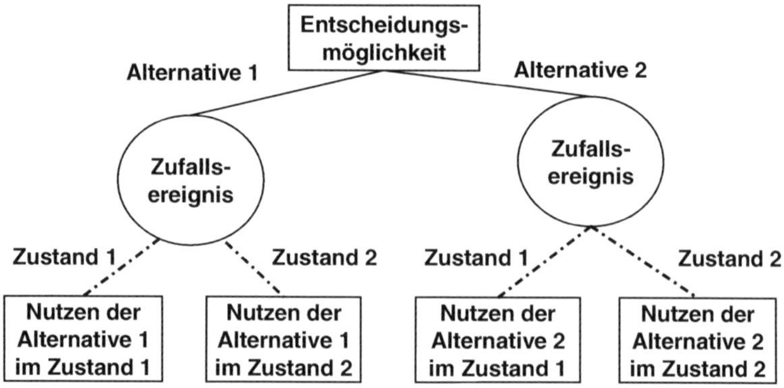

Abb. 3.2 Grundstruktur des Entscheidungsbaumes. Quelle: Eigene Darstellung, in Anlehnung an: Szyperski/Winand (1974: 50)

Im Fall von mehrperiodigen Entscheidungen ist die Darstellung mittels eines Entscheidungsbaumes im Vergleich zur Entscheidungsmatrix zu bevorzugen. Im weiteren Verlauf wird die Entscheidungsmatrix verwendet, da lediglich einperiodige Probleme betrachtet werden. Mehrperiodige Darstellungen mittels Entscheidungsbäumen werden im späteren Verlauf behandelt.[7]

Eine weitere Darstellungsform besteht in dem **Flussdiagramm**. Mit dieser Darstellungsform lassen sich nicht nur einmalig ablaufende Entscheidungen, sondern auch mehrfache Wiederholungen und Rückkopplungen im Entscheidungsverlauf berücksichtigen. Diese Art der Darstellung wird an einigen Stellen dieses Buches verwendet,[8] nicht jedoch in diesem Kapitel.

3.1.2 Entscheidungen bei Sicherheit

3.1.2.1 Entscheidungen bei einem Ziel

Die einfachste Form der Entscheidung liegt bei einfacher Zielsetzung und sicheren Erwartungen vor. In diesem Fall ist diejenige Alternative zu wählen, welche den höchsten Nutzenbeitrag liefert. Die optimale Alternative a_{opt} wird definiert durch:

$$a_{\text{opt}} = \max(u_i).$$

Dieser Entscheidungstyp liegt z. B. dem Kapitalwertkriterium unter Sicherheit zugrunde. Es wird diejenige Alternative gewählt, welche aus der Menge der absolut vorteilhaften Alternativen den maximalen Kapitalwert erzielt.[9] Da derartige Entscheidungssituationen

[7] Vgl. Abschn. 3.1.2.3 sowie Abschn. 7.5.

[8] Vgl. Abb. 2.12 sowie Abb. 1.8.

[9] Vgl. Abschn. 5.3.2.

in der Realität selten vorliegen, werden in den folgenden Abschnitten realistischere Situationen vorgestellt.

3.1.2.2 Entscheidungen bei mehreren Zielen

3.1.2.2.1 Grundlagen

Bevor ein Entscheidungsproblem mit mehrfacher Zielsetzung analysiert wird, ist es daraufhin zu untersuchen, ob es die grundlegenden Anforderungen erfüllt, welche an rationale Zielsysteme gestellt werden.[10] Wenn ein Zielsystem nach dieser Überprüfung immer noch Zielkonflikte beinhaltet, bieten sich zur Lösung dieser Konflikte prinzipiell folgende Vorgehensweisen an:[11]

- **Zielunterdrückung:** Das als dominant erkannte Ziel wird unter Vernachlässigung der anderen Ziele minimiert bzw. maximiert, so dass Zieldominanz vorliegt. Während bei diesen Varianten ein Ziel dauerhaft zum Primärziel erklärt wird, kann eine solche Festlegung jedoch auch fallweise geschehen. Das bedeutet, mehrere Ziele existieren gleichberechtigt nebeneinander und je nach Entscheidungssituation wird einem Ziel der Vorrang vor den anderen Zielen eingeräumt. Dies wird als Zielschisma bezeichnet.
- **Zielkompromiss:** Die Unterdrückung von Zielen (temporär oder dauerhaft) ist in den Unternehmen selten durchsetzbar bzw. sinnvoll, da i. d. R. mehrere Ziele verfolgt werden. Deshalb versucht der Akteur einen **Zielkompromiss** zu finden.
- **Anspruchsniveaufestlegung:** Neben diesen Vorgehensweisen kann für ein oder mehrere Ziele ein Erfüllungsgrad vorgegeben werden, der mindestens zu erreichen ist. Unter Berücksichtigung dieses Anspruchsniveaus kann ein dominantes Ziel verfolgt werden, so dass die Zielrestriktion folgt. Denkbar ist jedoch auch, für jedes Teilziel ein Mindestniveau vorzugeben und alle Teilziele gleichberechtigt zu verfolgen.

Wird ein Ziel unter Vernachlässigung anderer Ziele als dominant eingestuft, handelt es sich streng genommen nicht um eine Lösung des Zielkonfliktes, sondern um eine definitorische Beseitigung bzw. Ignoranz des Zielkonfliktes, um eine Zielunterdrückung. Die Berücksichtigung von weiteren Zielen neben dem dominanten Ziel erfolgt durch die Festlegung von zu erfüllenden Anspruchsniveaus für diese Ziele. Die untergeordneten Ziele dienen in diesem Fall als zu beachtende Restriktionen bei der Erreichung des dominanten Zieles.[12]

Als erstes zu überprüfendes Kriterium der Alternativenbewertung ist die Überprüfung der Alternativenmenge auf ineffiziente Alternativen voranzustellen.[13] Wird eine Alternative a_i von der Alternative a_q dominiert, so ist die Alternative a_i ineffizient und kann aus der weiteren Betrachtung ausgeschlossen werden.

[10] Zu diesen Anforderungen vgl. Abschn. 1.2.2.2.1.
[11] Vgl. Bitz (1981: 29); Küpper et al. (2013: 146).
[12] Vgl. Schneeweiß (1991: 108–109); Adam (1997: 108–109).
[13] Für das Goal-Programming kann diese Überprüfung nicht durchgeführt werden.

Tab. 3.2 Beispielhafte Entscheidungsmatrix bei mehrfacher Zielsetzung. Quelle: Eigene Darstellung

Aktion \ Teilziel	k_1	k_2	k_3
a_1	10	20	16
a_2	14	19	18
a_3	15	19	15
a_4	15	13	15
a_5	16	18	12

Definition 3.1 *Gegeben sind l Ziele $k_r (r = 1, \dots, l)$ und der Aktionenraum A. Eine Aktion $a_i \in A$ heißt genau dann effizient bezüglich der Aktionenmenge A und der Ziele $k_1, \dots, k_l$, wenn es keine Aktion $a_q \in A$ gibt, für welche gilt:*[14]

$$u_{qr} \geq u_{ir} \quad \forall r = 1, \dots, l \quad \textit{und}$$
$$u_{qr} > u_{ir} \quad \textit{für mindestens ein } r.$$

Wenn es eine Aktion $a_q \in A$ gibt, welche diese beiden Kriterien erfüllt, so dominiert a_q die Alternative a_i. Dies ist gleichbedeutend damit, dass die Aktion a_i ineffizient ist. Für die weiteren Darstellungen wird das Beispiel aus Tab. 3.2 eingeführt.

Es ist festzustellen, dass in dem Beispiel die Alternative a_4 durch a_3 dominiert wird, da:

$$u_{3r} > u_{4r} \text{ für } r = 2 \text{ sowie } u_{3r} = u_{4r} \text{ für } r = 1 \text{ und } r = 3.$$

Zur Lösung bzw. Reduktion von Zielkonflikten unter Sicherheit steht eine Reihe von Verfahren zur Auswahl, welche in Kompromissmodelle und multiattributive Methoden unterteilt werden können und im Folgenden vorgestellt werden. Kompromissmodelle bilden die Arten- und Höhenpräferenz des Akteurs implizit, multiattributive Methoden hingegen explizit ab.[15] Es werden folgende Verfahren und Entscheidungsregeln zur Lösung bzw. Reduktion von Zielkonflikten vorgestellt:[16]

- die Zielgewichtung,
- die lexikografische Ordnung,
- das Goal-Programming,
- die KÖRTH-Regel,

} Kompromissmodelle

- die Nutzwertanalyse sowie
- der analytische Hierarchieprozess.

} Multiattributive Methoden

[14] Vgl. Schneeweiß (1991: 110–113); Bamberg/Coenenberg/Krapp (2012: 51).
[15] Vgl. Klein/Scholl (2011: 348–349).
[16] Zu einer Übersicht über weitere Verfahren vgl. Ossadnik (1998: 23); Götze (2014: 191).

3.1.2.2.2 Kompromissmodelle

Zielgewichtung Die Methode der Zielgewichtung ist weit verbreitet und besteht in der Bildung einer übergeordneten Meta-Zielfunktion und der Zuweisung einer relativen Bedeutung der Ziele für diese übergeordnete Funktion. Jedem Teilziel wird ein Gewichtungsfaktor g_r zugewiesen, der den Anteil des Teilzieles am Gesamtziel darstellt. Anschließend wird für jede Alternative die Gesamtsumme aus erreichtem Nutzen je gewichtetem Teilziel ermittelt. Die optimale Alternative a_{opt} ist definiert durch:[17]

$$a_{\text{opt}} = \max_i \left(\sum_{r=1}^{l} g_r \cdot u_{ir} \right) \text{ mit } 0 \leq g_r \leq 1, \text{ sowie } \sum_{r=1}^{l} g_r = 1.$$

Diese Darstellung verdeutlicht, dass die schon erläuterte Vorgehensweise der Zieldominanz und der Zielunterdrückung über die Zuweisung der Teilgewichte möglich ist. Demzufolge stellen Zieldominanz und Zielunterdrückung Sonderfälle der Zielgewichtung dar.

Zentrale Fragestellung bei diesem Verfahren ist die Ermittlung bzw. Festlegung der Zielgewichte. Dazu können die folgenden Verfahren verwendet werden:[18]

- direkter, vollständiger Paarvergleich bzw.
- holistische Zuweisung.

Im Rahmen der holistischen Zuweisung werden sämtliche Zielstellungen in einem Verfahrensschritt betrachtet und die jeweiligen Gewichte zugeteilt. Dabei findet eine ganzheitliche Betrachtung der Wichtigkeit eines Teilzieles in Bezug auf die anderen Teilziele statt. Diese Methode kann auf Basis einer Ordinal-, Intervall- oder Verhältnisskala durchgeführt werden,[19] ist jedoch relativ ungenau, da sämtliche Ziele auf einmal betrachtet werden.

Aufgrund höherer Aussagekraft besser geeignet ist der direkte Paarvergleich, welcher ebenfalls auf Basis einer Ordinal-, Intervall- oder Verhältnisskala durchgeführt werden kann. Bei Verwendung einer **Ordinalskala** muss der Akteur für jedes Ziel angeben, ob er dieses Ziel für wichtiger oder für unwichtiger im Vergleich zu dem anderen Ziel einordnet. Diese Einordnung wird für jedes Zielpaar vorgenommen. Das Ergebnis kann als Dominanzmatrix dargestellt werden. Wird in dem Einführungsbeispiel angenommen, der Akteur schätze das Teilziel k_2 wichtiger ein als die Ziele k_1 und k_3 und gleichzeitig schätze er das Ziel k_3 wichtiger ein als das Ziel k_1, resultiert die Dominanzmatrix in Tab. 3.3.

Die Ergebnisse der Dominanzmatrix wiederum können auf zwei Wegen verwendet werden. Entweder es wird eine einfache Präferenzrelation erstellt, die in diesem Falle

[17] Vgl. Berens/Delfmann/Schmitting (2004: 62).

[18] Vgl. Zangemeister (1976: 158–226); Adam (1997: 416–417); Schneeweiß (1991: 123).

[19] Zur Beschreibung der Skalentypen vgl. Abb. 1.3.

Tab. 3.3 Ordinalskalierte Paarvergleichsmatrix des Beispiels. Quelle: Eigene Darstellung, in Anlehnung an: Zangemeister (1976: 161)

Teilziel \ Teilziel	k_1	k_2	k_3	Summe
k_1	–			0
k_2	1	–	1	2
k_3	1		–	1

Tab. 3.4 Alternative ordinalskalierte Paarvergleichsmatrix des Beispiels. Quelle: Eigene Darstellung, in Anlehnung an: Adam (1997: 416–417)

Teilziel \ Teilziel	k_1	k_2	k_3	Summe
k_1	1			1
k_2	1	1	1	3
k_3	1		1	2

lauten würde: $k_2 \succ k_3 \succ k_1$. Oder die Summe der dominierten Paarvergleiche für jedes Teilziel wird auf die Gesamtsumme der dominierten Ziele bezogen. Dies würde ein Gewicht für das Ziel k_2 von $\frac{2}{3}$ und für das Ziel k_3 von $\frac{1}{3}$ ergeben.

Der in Tab. 3.3 dargestellte Paarvergleich kann auch variiert werden, indem für den Vergleich jeder Alternative mit sich selbst ein Punkt vergeben wird. Dies führt zwar nicht zu einer anderen ordinalen Präferenz, jedoch zu einer anderen Gewichtung (vgl. Tab. 3.4).

Bei dieser Vorgehensweise erhält Ziel k_1 ein Gewicht von $\frac{1}{6}$, k_2 erhält ein Gewicht von $\frac{1}{2}$ und k_3 einen Anteil von $\frac{1}{3}$.

Als Verfahren der vollständigen Paarvergleiche auf Basis einer **Intervallskala** ist der analytische Hierarchieprozess zu nennen, der auf der Verwendung einer 9-Punkte-Skala basiert. Diese Vorgehensweise wird im Zusammenhang mit dem zugrunde liegenden Verfahren im Abschn. 3.1.2.2.3 detailliert vorgestellt.

Die Methode der paarweisen Vergleiche kann jedoch auch auf Basis einer **Verhältnisskala** durchgeführt werden. Dabei wird angegeben, um wie viel wichtiger ein Ziel im Verhältnis zu dem anderen Ziel ist. Dies wird durch den Faktor α_{ij} ausgedrückt, der angibt, wieviel Mal das Ziel i wichtiger ist als das Ziel j. Dabei gilt:[20]

$$\alpha_{ij} = \frac{g_i}{g_j}.$$

Damit die daraus resultierende Matrix – und damit die Gesamtbetrachtung – konsistent ist, sind die folgenden drei Bedingungen zu erfüllen:[21]

- Konsistenzbedingung,
- Reziprozitätsbedingung und
- Endlichkeitsbedingung.

[20] Vgl. Zimmermann/Gutsche (1991: 55).
[21] Vgl. Schneeweiß (1991: 160–162).

Für das Verhältnis der relativen Wichtigkeiten der Ziele h, i, j muss im Falle konsistenter Relationen gelten:

$$\alpha_{hi} \cdot \alpha_{ij} = \alpha_{hj} \forall 1 \leq h, i, j \leq l.$$

Auf Basis dieser Beziehung der relativen Wichtigkeiten muss für die Zielgewichte gelten:[22]

$$\frac{g_h}{g_i} \cdot \frac{g_i}{g_j} = \frac{g_h}{g_j} \forall 1 \leq h, i, j \leq l.$$

Die zweite Grundanforderung an konsistente Paarvergleiche beinhaltet, dass die Austauschraten der Gewichte zweier Ziele zueinander reziprok sind. Es gilt:[23]

$$\alpha_{hi} = \frac{1}{\alpha_{ih}}.$$

Als dritte Bedingung ist korrekterweise noch zu fordern $\alpha_{hi} \neq \infty \forall 1 \leq h, i \leq l$. Damit wird ausgedrückt, dass eine Alternative nie unendlich besser sein kann als die Vergleichsalternative.[24]

Wenn diese Bedingungen erfüllt sind, können die normierten Zielgewichte aus folgender Beziehung ermittelt werden:[25]

$$g_i = \frac{\alpha_{ij}}{\sum_{r=1}^{l} \alpha_{rj}} \forall 1 \leq i \leq l.$$

Zum Verständnis wird das bisherige Beispiel aus Tab. 3.2 an dieser Stelle fortgeführt. Für die dort aufgeführten drei Teilziele kann der Akteur im direkten Paarvergleich angeben, dass:

- das Ziel k_2 drei mal so wichtig ist wie das Ziel k_1,
- das Ziel k_2 doppelt so wichtig ist wie das Ziel k_3,
- er für die Beziehung der Ziele k_1 und k_3 keine Relation angeben kann.

Trotzdem ist der Akteur bestrebt, einen konsistenten Paarvergleich durchzuführen.

Aus diesen Informationen ergibt sich: $\alpha_{21} = 3$ und $\alpha_{23} = 2$. Nun stellt sich noch die Frage nach der Relation von k_1 und k_3. Dies wird mit der Beziehungsanforderung an konsistente Paarvergleiche wie folgt ermittelt: $\alpha_{12} \cdot \alpha_{23} = \alpha_{13}$ führt zu $\frac{1}{3} \cdot 2 = \frac{2}{3}$.

Aus den Anforderungen an die konsistente Zielgewichtung ist bekannt, dass $\alpha_{12} = \frac{1}{\alpha_{21}}$. Demzufolge muss $\alpha_{12} = \frac{1}{3}$ sowie $\alpha_{32} = \frac{1}{2}$ gelten. Außerdem ergibt sich die Relation $\alpha_{31} = \frac{3}{2}$. Mit diesen Werten kann die Paarvergleichsmatrix aufgestellt werden, die in Tab. 3.5 zu sehen ist.

[22] Vgl. Bamberg/Coenenberg/Krapp (2012: 58–59); Rommelfanger/Eickemeier (2002: 146–152).

[23] Vgl. Rommelfanger/Eickemeier (2002: 146–152).

[24] Vgl. Riedl (2006: 102).

[25] Vgl. Zimmermann/Gutsche (1991: 56).

Tab. 3.5 Verhältnisskalierte Paarvergleichsmatrix des Beispiels. Quelle: Eigene Darstellung

Teilziel \ Teilziel	k_1	k_2	k_3
k_1	1	$^1/_3$	$^2/_3$
k_2	3	1	2
k_3	$^3/_2$	$^1/_2$	1

Nun ist noch die Frage nach den normierten Gewichtungsfaktoren zu beantworten. Dazu werden folgende Relationen verwendet:

$$g_1 = \frac{\alpha_{11}}{\alpha_{11} + \alpha_{21} + \alpha_{31}}; \quad g_2 = \frac{\alpha_{21}}{\alpha_{11} + \alpha_{21} + \alpha_{31}}; \quad g_3 = \frac{\alpha_{31}}{\alpha_{11} + \alpha_{21} + \alpha_{31}}.$$

Es resultieren: $g_1 = \frac{2}{11}$, $g_2 = \frac{6}{11}$ sowie $g_3 = \frac{3}{11}$. Alternativ könnten auch die folgenden Relationen verwendet werden:

$$g_1 = \frac{\alpha_{12}}{\alpha_{12} + \alpha_{22} + \alpha_{32}}; g_2 = \frac{\alpha_{22}}{\alpha_{12} + \alpha_{22} + \alpha_{32}}; g_3 = \frac{\alpha_{32}}{\alpha_{12} + \alpha_{22} + \alpha_{32}}.$$

Die damit ermittelten Gewichtungsfaktoren sind identisch mit den zuvor errechneten Faktoren. Diese Gewichtungsfaktoren werden auf die Ausgangsstellung aus Tab. 3.2 angewendet und führen zu den Resultaten in Tab. 3.6.

Alternative a_2 ist bei dieser Konstellation die optimale Alternative. Die Vorgehensweise verdeutlicht, dass es bei einer steigenden Anzahl an Teilzielen zu erheblichen Bewertungsschwierigkeiten kommen kann bzw. dass die resultierende Vergleichsmatrix die Konsistenzanforderungen nicht mehr erfüllt.[26]

Lexikografische Ordnung Eine weitere Möglichkeit der Verfolgung eines dominanten Zieles unter Berücksichtigung untergeordneter Ziele besteht in der Methode der lexiko-

Tab. 3.6 Anwendungsbeispiel der Zielgewichtung. Quelle: Eigene Darstellung

Teilziel \ Aktion	k_1	k_2	k_3	$\sum_{r=1}^{l} g_r \cdot u_{ir}$	
a_1	$10 \cdot \frac{2}{11}$	$20 \cdot \frac{6}{11}$	$16 \cdot \frac{3}{11}$	$\frac{188}{11}$	
a_2	$14 \cdot \frac{2}{11}$	$19 \cdot \frac{6}{11}$	$18 \cdot \frac{3}{11}$	$\frac{196}{11}$	$\Leftarrow max$
a_3	$15 \cdot \frac{2}{11}$	$19 \cdot \frac{6}{11}$	$15 \cdot \frac{3}{11}$	$\frac{189}{11}$	
a_5	$16 \cdot \frac{2}{11}$	$18 \cdot \frac{6}{11}$	$12 \cdot \frac{3}{11}$	$\frac{176}{11}$	

[26] Vgl. Adam (1997: 416–417).

grafischen Ordnung.[27] Bei diesem Verfahren wird im ersten Schritt eine Rangordnung der Ziele gebildet und im Anschluss daran werden die Alternativen lediglich hinsichtlich ihres Erfüllungsgrades des Zieles der ersten Ordnung beurteilt. Existiert auf der Ebene der Ziele der ersten Ordnung keine relativ vorteilhafte Alternative, wird der Vergleich auf den nachrangigen Ebenen fortgesetzt, bis eine vorteilhafte Alternative identifiziert ist. Allgemeingültig werden k Ziele $k_r (r = 1, \ldots, l)$ betrachtet. Diese Ziele werden vom Akteur in der **Reihenfolge absteigender Wichtigkeit** geordnet, so dass k_1 das wichtigste Ziel, k_2 das zweitwichtigste Ziel und k_l das unwichtigste Ziel darstellt. Die Ergebnisse der Alternative a_A werden entsprechend der Wichtigkeit der Ziele geordnet in $u_{A;1}, u_{A;2}, \ldots, u_{A;l}$ und die Ergebnisse der Alternative a_B werden geordnet in $u_{B;1}, u_{B;2}, \ldots, u_{B;l}$. Die Alternative a_A ist lexikografisch kleiner bzw. gleich a_B, wenn gilt:[28]

$$
\begin{aligned}
&(u_{A;1}, u_{A;2}, \ldots u_{A;l}) = (u_{B;1}, u_{B;2}, \ldots u_{B;l}) \\
&\qquad \text{oder} \quad (u_{A;1}) < (u_{B;1}) \\
&\qquad \text{oder} \quad (u_{A;1}) = (u_{B;1}) \text{ und } (u_{A;2}) < (u_{B;2}) \\
&\qquad \text{oder} \quad (u_{A;1}) = (u_{B;1}) \text{ und } (u_{A;2}) = (u_{B;2}) \text{ und } (u_{A;3}) < (u_{B;3}) \\
&\qquad \text{oder} \quad \ldots \\
&\qquad \text{oder} \quad (u_{A;1}) = (u_{B;1}) \text{ und } \ldots \text{ und } (u_{A;l-1}) = (u_{B;l-1}) \text{ und } (u_{A;l}) < (u_{B;l}).
\end{aligned}
$$

Wird für das Beispiel aus Tab. 3.2 eine Zielordnung aufgestellt, so dass $k_2 \succ k_3 \succ k_1$, ist Alternative a_1 die optimale Alternative. Auf Rang zwei folgt Alternative a_2, die zwar wie Alternative a_3 denselben Zielerreichungsgrad, jedoch bei dem nächstwichtigen Ziel k_3 einen höheren Zielerreichungsgrad aufweist. Demzufolge folgen a_3 und a_5 auf den nächsten Positionen.

Goal-Programming Im Rahmen des Goal-Programming wird unterstellt, dass der Akteur diejenige Alternative wählt, die in der Summe die gegebenen Ziele am besten erreicht. Es wird diejenige Alternative gewählt, bei der die Summe der absoluten Abweichungen minimal ist. Das bedeutet, dass im Unterschied zu den bisherigen Ansätzen nicht ausschließlich die Extremierung der Zielgröße, sondern auch die Satisfizierung als Ziel berücksichtigt werden kann. Dazu wird für jedes Ziel aus $k_r (r = 1, \ldots, l)$ ein Wert u_r^* vorgegeben. Der Entscheidungsträger sucht nun diejenige Alternative, welche diesem „Wunschziel" am Nächsten kommt. Demzufolge wird das Minimum der Differenz zwischen tatsächlicher Zielerreichung und Wunschziel gesucht. Die optimale Alternative a_{opt} ergibt sich aus:[29]

$$a_{\text{opt}} = \min_i \left(\sum_{r=1}^{l} |u_{ir} - u_r^*| \right).$$

[27] Vgl. Klein/Scholl (2011: 361–362).

[28] Vgl. Henze/Last (2005: 53). Vgl. auch die Verwendung der lexikografischen Ordnung im Rahmen der kooperativen Spieltheorie im Abschn. 6.4.3.

[29] Vgl. Bamberg/Coenenberg/Krapp (2012: 56).

Tab. 3.7 Anwendungsbeispiel des Goal-Programming. Quelle: Eigene Darstellung auf Basis der Eingangsdaten von Tab. 3.2

Aktion	$\lvert u_{i1} - u_1^* \rvert$	$\lvert u_{i2} - u_2^* \rvert$	$\lvert u_{i3} - u_3^* \rvert$	$\sum_{r=1}^{l} \lvert u_{ir} - u_r^* \rvert$	
a_1	3	0	1	4	
a_2	1	1	1	3	$\Leftarrow min$
a_3	2	1	2	5	
a_5	3	2	5	10	

Als Beispiel werden die Eingangsdaten aus der Tab. 3.2 verwendet und es werden zusätzlich folgende Wunschzielwerte angenommen: $u_1^* = 13$, $u_2^* = 20$ sowie $u_3^* = 17$. Damit ergeben sich die Abweichungswerte in der Tab. 3.7.

Da bei Alternative a_2 die Summe aller Abweichungen zum Wunschziel am geringsten ist, wird diese gemäß des Goal-Programming-Ansatzes als optimale Alternative identifiziert.

Körth-Regel[30] Dieser Ansatz wurde 1969 entwickelt[31] und entspricht dem Minimax-Kriterium unter Unsicherheit, weshalb er auch als Maximierung des minimalen Zielerreichungsgrades bezeichnet wird.[32] In einem ersten Schritt wird für jedes Teilziel k_r diejenige Alternative $\max_h u_{hr}$ ermittelt, die das Optimum bzw. Maximum in Bezug auf dieses Teilziel erreicht. Im nächsten Schritt werden die Resultate der übrigen Alternativen in Relation zu diesem erreichbaren Optimum gesetzt. Es resultiert: $\frac{u_{ir}}{\max_h u_{hr}}$.

Im Anschluss wird dasjenige Teilziel ermittelt, bei dem jede Alternative den minimalen Wert dieses Quotienten erzielt, d. h. $\min_r \left(\frac{u_{ir}}{\max_h u_{hr}} \right)$.

Das Maximum dieser minimalen Quotienten definiert im letzten Schritt die optimale Alternative. Die optimale Alternative a_{opt} ergibt sich aus:[33]

$$a_{\text{opt}} = \max_i \left[\min_r \left(\frac{u_{ir}}{\max_h u_{hr}} \right) \right].$$

Unter Verwendung der Eingangsdaten aus Tab. 3.2 ergeben sich die Werte in Tab. 3.8.

Die optimale Alternative gemäß der KÖRTH-Regel ist demzufolge die Alternative a_2. Während diese Regel im betrachteten Beispielfall plausibel erscheint, lassen sich Situationen konstruieren, in denen diese Plausibilität nicht mehr gegeben ist. Dazu sei das Beispiel in Tab. 3.9 betrachtet.

Die Feststellung der Alternative a_2 als optimale Alternative der KÖRTH-Regel ist vor dem Hintergrund, dass diese Alternative in Bezug auf das Maximum im Ziel k_1 nur unwe-

[30] Benannt nach deren Begründer HEINZ KÖRTH.

[31] Vgl. Bamberg/Coenenberg/Krapp (2012: 54–55).

[32] Vgl. Abschn. 3.1.3.1.

[33] Vgl. Berens/Delfmann/Schmitting (2004: 65).

Tab. 3.8 Anwendungsbeispiel der KÖRTH-Regel. Quelle: Eigene Darstellung auf Basis der Eingangsdaten von Tab. 3.2

Teilziel / Aktion	k_1	k_2	k_3	$\min_r \left(\frac{u_{ir}}{max_h\ u_{hr}}\right)$	
a_1	$\frac{10}{16}$	$\frac{20}{20}$	$\frac{16}{18}$	$\frac{10}{16} = 0{,}625$	
a_2	$\frac{14}{16}$	$\frac{19}{20}$	$\frac{18}{18}$	$\frac{14}{16} = 0{,}875$	$\Leftarrow max$
a_3	$\frac{15}{16}$	$\frac{19}{20}$	$\frac{15}{18}$	$\frac{15}{18} \approx 0{,}833$	
a_5	$\frac{16}{16}$	$\frac{18}{20}$	$\frac{12}{18}$	$\frac{12}{18} \approx 0{,}667$	

sentlich besser ist als die Alternative a_1, die jedoch in Bezug auf die drei anderen Teilziele eine bessere Ausprägung besitzt, fraglich.

3.1.2.2.3 Multiattributive Methoden

Nutzwertanalyse Das Verfahren der Nutzwertanalyse (NWA) wurde von ZANGEMEISTER entwickelt.[34] Das Verfahren basiert auf einer additiven multiattributiven Gesamtnutzenfunktion. Deshalb ist es sehr wichtig, dass die zugrunde liegenden Ziele neben den prinzipiellen Anforderungen auch die Forderung nach **wechselseitiger Präferenzunabhängigkeit** und **Differenzunabhängigkeit** erfüllen.[35]

Tab. 3.9 Modifiziertes Anwendungsbeispiel der KÖRTH-Regel. Quelle: Bamberg/Coenenberg/Krapp (2012: 55)

Teilziel / Aktion	k_1	k_2	k_3	k_4	$\min_r \left(\frac{u_{ir}}{max_h\ u_{hr}}\right)$	
Ausgangsdaten						
a_1	1	1000	1000	1000		
a_2	1001	1	1	1		
$\Rightarrow$ Das führt zu den folgenden Ergebniswerten						
a_1	$\frac{1}{1001}$	1	1	1	$\frac{1}{1001}$	
a_2	1	$\frac{1}{1000}$	$\frac{1}{1000}$	$\frac{1}{1000}$	$\frac{1}{1000}$	$\Leftarrow max$

[34] Vgl. Zangemeister (1971).

[35] Vgl. Eisenführ/Weber/Langer (2010: 136); Klein/Scholl (2011: 365). Zu diesen Anforderungen vgl. Abschn. 1.2.2.2.2.

ZANGEMEISTER definierte die NWA als *„Analyse einer Menge komplexer Handlungsalternativen mit dem Zweck, die Elemente dieser Menge entsprechend den Präferenzen des Entscheidungsträgers bezüglich eines multidimensionalen Zielsystems zu ordnen.“*[36]

Im Rahmen dieses Verfahrens (auch als Scoring-Modell bezeichnet) werden die Ausprägungen aller Alternativen bezüglich der relevanten, mit Zielgewichtungen versehenen Teilziele in Zahlenwerte transformiert und anschließend zusammengefasst. Als Bewertungsskala wird eine Nutzenskala verwendet, mit der die Zielerreichungsgrade abgebildet werden. Dabei findet folgende Vorgehensweise Anwendung:[37]

a. Zielkriterienbestimmung
b. Zielkriteriengewichtung
c. Teilnutzenbestimmung
d. Nutzwertermittlung
e. Beurteilung der relativen Vorteilhaftigkeit

Schritt (a.) wurde in den vorliegenden Darstellungen als abgeschlossen betrachtet, da die Zielkriterien als schon vorgegeben gesehen wurden. Dabei wurde unterstellt, dass bei der Auswahl der Kriterien die allgemeinen und speziellen Anforderungen an Zielsysteme (besonders die o. g. Unabhängigkeitsforderungen) berücksichtigt werden![38] Demzufolge dürfen lediglich diejenigen Attribute ausgewählt werden, für die der Akteur differenzunabhängig seine Präferenzen festlegen kann, und es dürfen keine Attribute mit identischer Bedeutung mehrfach enthalten sein. Diese Eigenschaft der Zielkriterien ist zu überprüfen und ggfs. sind Ziele, die diese Forderung nicht erfüllen, zu eliminieren, reformulieren oder zusammenzufassen.

Im Schritt (b.) geschieht die Bestimmung der Artenpräferenz (Gewicht) jedes Zieles. Es wurden bei der Vorstellung der Zielgewichtung schon unterschiedliche Verfahren und prinzipielle Anforderungen vorgestellt, weshalb an dieser Stelle darauf verwiesen werden kann.[39]

In welchem Maße die zur Auswahl stehenden Alternativen die Teilziele erfüllen, wird im Schritt (c.) festgelegt. Dabei besteht die Schwierigkeit, quantitativ festzustellen, in welchem Ausmaß eine Alternative ein Teilziel erfüllt. Die häufig in qualitativer Form vorliegenden Informationen sind in quantitative Aussagen zu transformieren. Dazu stehen unterschiedliche Varianten zur Auswahl.[40] Wenn der Zielerreichungsgrad lediglich ordinal messbar ist, können Zielerreichungsklassen gebildet werden, in die dann die Alternativen eingeordnet werden. Dies wird als diskrete Transformation bezeichnet. Ist die Zielerreichung kardinal messbar, kann mittels stetiger Transformation die Zielerreichung

[36] Zangemeister (1976: 45).
[37] Vgl. Götze (2014: 193); Rosenkranz/Missler-Behr (2005: 127–129).
[38] Die Differenz- bzw. Präferenzunabhängigkeit wird in diesem Zusammenhang auch als Nutzenunabhängigkeit bezeichnet. Vgl. Schneeweiß (1991: 123).
[39] Vgl. Abschn. 3.1.2.2.2.
[40] Vgl. Blohm/Lüder/Schaefer (2012: 158–161).

Tab. 3.10 Nutzwertanalyse zur Standortauswahl

Zielkriterien	g_r	a_1		a_2		a_3		a_4	
		W	u_{1r}	W	u_{2r}	W	u_{3r}	W	u_{4r}
Grundstücksgröße	0,50	10	5	5	2,5	10	5	1	0,5
Ästhetik	0,25	10	2,5	10	2,5	5	1,25	5	1,25
Entfernung	0,25	5	1,25	8	2	3	0,75	10	2,50
Nutzwert			**8,75**		**7,00**		**7,00**		**4,25**

erfasst werden, so dass auch geringe Unterschiede zwischen den Alternativen berücksichtigt werden. Dies ist der Schritt, der noch mehr als die vorangegangenen Schritte durch subjektive Einschätzungen beeinflusst wird. Auch können im Gegensatz zur Festlegung der Zielgewichtung keine normativen Vorschriften zur Einschätzung gemacht werden. Im Endresultat wird der Zielerreichungsgrad der Alternative und damit der Nutzen a_i für das Teilziel r festgelegt mit u_{ir}.

Schritt (d.) besteht nun lediglich in der Ermittlung der Nutzwerte. Dazu werden die gewichteten Teilnutzenwerte für jede Alternative summiert. Es ergibt sich der Nutzwert NW_{a_i} einer Alternative a_i bei den Teilzielen $k_r (r = 1, \ldots, l)$ und dem Nutzen der r Teilziele u_{ir} aus:[41]

$$NW_{a_i} = \sum_{r=1}^{l} \underbrace{g_r}_{\text{Artenpräferenz}} \cdot \underbrace{u_{ir}}_{\text{Höhenpräferenz}}$$

Im letzten Verfahrensschritt (e.) wird diejenige Alternative als optimal identifiziert, die den höchsten Nutzwert erreicht. Es gilt: $a_{\text{opt}} = \max_i (NW_{a_i})$.

Als Kurzbeispiel wird ein Akteur betrachtet, der ein Grundstück mit Gebäude sucht. Der Akteur kann nach einiger Überlegung die folgenden wechselseitig präferenzunabhängigen Entscheidungskriterien festhalten:

- Größe (k_1),
- Ästhetik als Summe architektonischer Merkmale (k_2) sowie
- Entfernung vom Zentrum (k_3).

Die Festlegung der Wichtigkeit der einzelnen Teilziele wird vom Akteur wie folgt vorgenommen: $g_1 = 0{,}50$, $g_2 = 0{,}25$ und $g_3 = 0{,}25$. Dem Akteur stehen vier Alternativen a_1, a_2, a_3 sowie a_4 zur Auswahl. Die Bewertung der Erfüllung der einzelnen Teilziele durch die Alternativen ist in der Tab. 3.10 zu sehen. Der Akteur verwendet dabei eine Skala von 1 bis 10, wobei der Wert 1 eine sehr schlechte Erfüllung und der Wert 10 eine sehr gute Erfüllung des Teilzieles durch die jeweilige Alternative zum Ausdruck bringt.

Auf Basis dieser Darstellung resultiert die Präferenzfolge $a_1 \succ a_2 \sim a_3 \succ a_4$.

Positiv an der Nutzwertanalyse hervorzuheben sind die einfache Handhabung und die vielfältigen Anwendungsmöglichkeiten. **Kritisch** ist anzumerken, dass mittels der Nutzenwerte eine Objektivität suggeriert wird, die auf Basis einer Reihe von subjektiven

[41] Vgl. Schneeweiß (1991: 122).

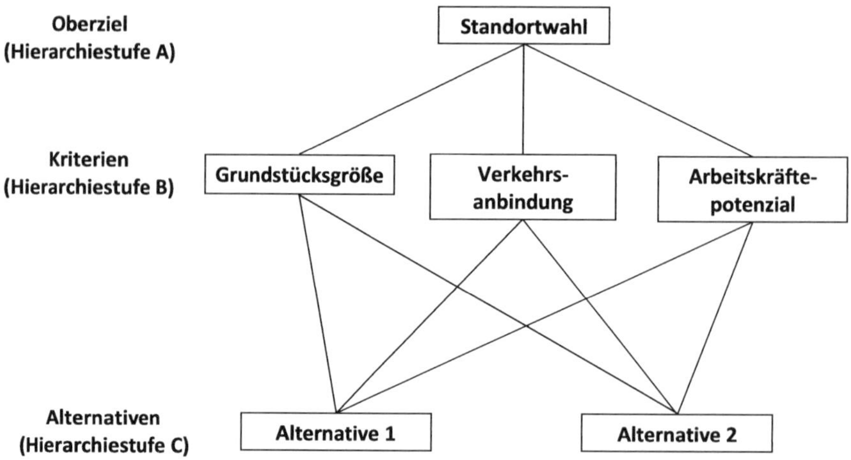

Abb. 3.3 Hierarchische Grundstruktur des AHP. Quelle: Eigene Darstellung, in Anlehnung an: Saaty (1977a: 258–259); Saaty (1986: 842); Saaty (1990: 14)

Entscheidungen und Einschätzungen ermittelt wurde. Darüber hinaus wird das Kriterium der Präferenzunabhängigkeit häufig verletzt.

Analytischer Hierarchieprozess Dieses Verfahren wurde von SAATY theoretisch begründet und auch frühzeitig praktisch eingesetzt.[42] Der Analytische Hierarchieprozess (AHP) weist in der grundsätzlichen Vorgehensweise einige Ähnlichkeiten zur NWA auf. Darüber hinaus liegt bei der NWA dieselbe **wesentliche Voraussetzung** für die Durchführung des AHP vor, nämlich die wechselseitige Präferenzunabhängigkeit der Merkmale.[43] Die wesentlichen Unterschiede im Vergleich mit der NWA sind:

1. die **hierarchische Ableitung** von Teilzielen aus übergeordneten Oberzielen,
2. die Durchführung von direkten Paarvergleichen auf Basis einer 9-Punkte-Skala sowie
3. die Ermittlung der Beiträge aller Instrumentalziele bzw. Alternativen zu den übergeordneten Zielen mittels **Eigenwertverfahren**.

Zur Erfüllung eines Fundamentalzieles werden beim AHP mehrere Instrumentalziele in streng hierarchischer Beziehung abgeleitet. Dies ermöglicht die Ermittlung der Zielbeiträge für alle Hierarchiestufen (vgl. Abb. 3.3).

Diese Vorgehensweise, die zur Namensgebung des Verfahrens beitrug, wird mittels direkter Paarvergleiche und auf Basis einer **Neun-Punkte-Skala** durchgeführt. Dabei wird der Entscheidungsträger gefragt, wie wichtig ein Unterziel k_1 im Vergleich zu einem an-

[42] Vgl. Saaty (1977a); Saaty (1977b); Saaty (1980). THOMAS SAATY (1926–2017).
[43] Vgl. Ossadnik (2009: 367); Obermaier/Saliger (2013: 56–57). Zu dieser Anforderung vgl. Abschn. 1.2.2.2.2.

Tab. 3.11 Skala der relativen Wichtigkeit. Quelle: Eigene Darstellung, in Anlehnung an: Saaty (1980: 54); Saaty (1986: 843); Ossadnik (2009: 369)

Intensität der relativen Bedeutung	Definition	Erklärung
1	Gleiche Bedeutung	Zwei Unterziele weisen dieselbe Wichtigkeit für die Erreichung des Oberzieles auf.
3	Gering höhere Bedeutung eines Unterzieles im Vergleich zum anderen	Erfahrung und Einschätzung indizieren eine leicht höhere Bedeutung eines Unterzieles.
5	Wesentlich oder stark höhere Bedeutung eines Unterzieles im Vergleich zum anderen	Erfahrung und Einschätzung indizieren eine wesentlich höhere Bedeutung eines Unterzieles.
7	Erwiesene Bedeutung	Ein Unterziel ist wesentlich bedeutender als das andere, so dass dessen Dominanz in der Praxis schon gezeigt wurde.
9	Extreme Bedeutung	Ein Unterziel ist extrem bedeutender als das andere, so dass der größtmögliche Bedeutungsunterschied erreicht wird.
2, 4, 6, 8	Zwischenwerte	Werte, die zur Abstufung dienen.
Reziprokwerte der oberen Zeilen	Wenn einem Unterziel k_1 im Vergleich mit dem Unterziel k_2 einer der oberen Werte zugeteilt wurde, bedeutet dies eine reziproke Wichtigkeit des Unterzieles k_2 in Bezug auf k_1.	

deren Unterziel k_2 im Hinblick auf die Erfüllung des übergeordneten Zieles ist. Bei der Aufstellung der Zielhierarchie ist darauf zu achten, dass die Ziele einer Ebene miteinander konkurrieren können, jedoch in Bezug auf das übergeordnete Ziel in einer komplementären Beziehung stehen müssen. Zur Beurteilung der relativen Bedeutung wird die ordinale Skalierung entsprechend der Tab. 3.11 verwendet.

Für die Bewertung der Alternativen der einzelnen Hierarchiestufen greift der AHP auf ein spezielles Verfahren, das Eigenwertverfahren zurück. Ausgangspunkt des Verfahrens ist die Matrix der paarweisen Vergleiche der relativen Bedeutung der Teilziele entsprechend der Skala aus Tab. 3.11 sowie die hierarchischen Beziehungen. Im ersten Schritt wird der Beitrag der Elemente der zweitwichtigsten Hierarchiestufe B zur Zielerreichung der wichtigsten Hierarchiestufe A ermittelt. Werden zwei Teilziele der zweiten Hierarchiestufe b_1 und b_2 betrachtet, so wird das Verhältnis der relativen Bedeutungsgewichte bezeichnet mit $\alpha_{12} = \frac{g_{b_1}}{g_{b_2}}$. Diese Matrix weist bei B Instrumentalzielen folgende Grundstruktur auf:[44]

$$A = \begin{pmatrix} \alpha_{11} & \alpha_{12} & \alpha_{13} & \cdots & \alpha_{1B} \\ \alpha_{21} & \alpha_{22} & \alpha_{23} & \cdots & \alpha_{2B} \\ \vdots & \vdots & \vdots & \ddots & \vdots \\ \alpha_{B1} & \alpha_{B2} & \alpha_{B3} & \cdots & \alpha_{BB} \end{pmatrix}$$

[44] Vgl. Schneeweiß (1991: 160).

Werden die Konsistenz- und die Reziprozitätsbedingung für konsistente Paarvergleiche berücksichtigt bzw. erfüllt,[45] resultiert die konsistente Paarvergleichsmatrix in dieser Form:

$$\overline{A} = \begin{pmatrix} 1 & \alpha_{12} & \alpha_{13} & \cdots & \alpha_{1B} \\ \dfrac{1}{\alpha_{12}} & 1 & \alpha_{23} & \cdots & \alpha_{2B} \\ \vdots & \vdots & \vdots & \ddots & \vdots \\ \dfrac{1}{\alpha_{1B}} & \dfrac{1}{\alpha_{2B}} & \dfrac{1}{\alpha_{3B}} & \cdots & 1 \end{pmatrix}$$

Festzuhalten ist an dieser Stelle, dass der AHP von empirischen, möglicherweise inkonsistenten Paarvergleichen ausgeht und diese in eine möglichst konsistente Darstellung übersetzt. Dies soll derart geschehen, dass die konsistente Paarvergleichsmatrix möglichst wenig von der empirischen Matrix abweicht.[46] Ausgehend von einer inkonsistenten Vergleichsmatrix A wird mittels des Eigenwertverfahrens der Vektor $\vec{a}$ bestimmt, der zu einer annähernd konsistenten Paarvergleichsmatrix führt.[47] Ist A eine **quadratische Matrix** der Ordnung l, werden ein Eigenwert λ und ein zugehöriger Eigenvektor $\vec{a}$ gesucht, für welche gilt: $A \cdot \vec{a} = \lambda \cdot \vec{x}$.

Die Spur der Matrix A ist definiert durch:[48]

$$\text{Spur } A = \sum_{r=1}^{l} \alpha_{rr}.$$

Aufgrund der Identität der Spur einer Matrix mit der Summe der Eigenwerte kann formuliert werden:

$$\sum_{r=1}^{l} \alpha_{rr} = \sum_{r=1}^{l} \lambda_r.$$

Dies führt im Fall der konsistenten Vergleichsmatrix zu:

$$\sum_{r=1}^{l} \frac{\alpha_r}{\alpha_r} = l = \sum_{r=1}^{l} \lambda_r.$$

Durch l ist bereits ein Eigenwert bekannt, also kann geschlussfolgert werden, dass die übrigen Eigenwerte den Wert null aufweisen und deshalb l der maximale Eigenwert ist, mit: $\lambda_{\max} = l$. Auf Basis dieser Beziehungen wird derjenige Eigenvektor der inkonsistenten Paarvergleichsmatrix A gesucht, welcher zum **maximalen Eigenwert** gehört. Ausgehend von der Darstellung $A \cdot \vec{a} = \lambda \vec{a}$ und einigen Umformungen[49] folgt das Gleichungssystem:

$$(A - \lambda_{\max} \cdot E) \cdot \vec{a}_{\max} = 0.$$

[45] Vgl. Abschn. 3.1.2.2.2.

[46] Vgl. Ossadnik (2009: 371); Schneeweiß (1991: 163); Klein/Scholl (2011: 392–393).

[47] Vgl. Saaty (1980: 49–51).

[48] Vgl. Schneeweiß (1991: 166).

[49] Vgl. Saaty (1990: 12–13); Ossadnik (1998: 99–116); Ossadnik (2009: 372); Schneeweiß (1991: 167–168).

Tab. 3.12 Durchschnittliche Konsistenzwerte. Quelle: Saaty (1980: 21); Donegan/Dodd (1991: 136)

Matrixdimension	1	2	3	4	5	6	7	8	9	10
DW_{Saaty}	0,00	0,00	0,58	0,90	1,12	1,24	1,32	1,41	1,45	1,49
$DW_{Don/Dodd}$	0,00	0,00	0,4887	0,8045	1,0591	1,1797	1,2519	1,3171	1,3733	1,4055
Matrixdimension	11	12	13	14	15	20	40	60	80	100
DW_{Saaty}	1,51	1,48	1,56	1,57	1,59	–	–	–	–	–
$DW_{Don/Dodd}$	1,4213	1,4497	1,4643	1,4822	1,4969	1,5375	1,5976	1,6178	1,6277	1,6339

Dabei wird mit E die Einheitsmatrix bezeichnet. Die Lösung dieses Gleichungssystems führt zum gesuchten maximalen Eigenwert $\lambda_{\max}$ und zum maximalen Eigenvektor $\vec{a}_{\max}$.

Zur Beurteilung der Konsistenz der resultierenden Matrix ist der Konsistenzindex KI zu ermitteln. Dieser ist definiert durch:[50]

$$KI = \frac{\lambda_{\max} - n}{n - 1}.$$

Bei der Beurteilung der Konsistenz einer Matrix ist zu berücksichtigen, dass mit zunehmender Größe der Matrix – was gleichbedeutend ist mit einer steigenden Anzahl an Alternativen bzw. Attributen – das Ausmaß der Inkonsistenzen tendenziell zunimmt. Aus diesem Grunde wird versucht, diesen Effekt durch den Vergleich des ermittelten Konsistenzindex KI mit einem „Durchschnittswert" DW zu relativieren. Die Werte dieses Durchschnitts sind in Tab. 3.12 zu sehen, wobei DW_{Saaty} die durchschnittlichen Werte nach SAATY und $DW_{\text{Don/Dodd}}$ die durchschnittlichen Werte nach DONEGAN und DODD bezeichnen.

Auf Basis dieser Referenzwerte wird eine Konsistenzrelation KR berechnet, die das Verhältnis zwischen dem Konsistenzindex KI und dem Durchschnittswert gleich großer Matrizen angibt und wie folgt ermittelt wird:[51]

$$KR = \frac{KI}{DW}.$$

Konsistenzrelationen von $KR > 0{,}10$ gelten als kritisch.[52] In diesem Fall sollten die Paarvergleiche nochmals überprüft werden, um die Konsistenz zu verbessern.

Die Bewertung der Alternativen der nächst geringeren Hierarchiestufe C erfolgt nach derselben Systematik und Skalierung wie bei der Bewertung der übergeordneten Teilziele. Mittels direkter Paarvergleiche muss der Akteur feststellen, in welchem Maße die Alternativen der Hierarchie C zur Erfüllung der übergeordneten Teilziele B beitragen. Dabei wird wiederum der Beitrag einer Alternative c_1 in Relation zur Alternative c_2 gesetzt. Zur Abbildung dieser Relation wird der Term β verwendet, welcher definiert ist durch $\beta_{12} = \frac{g_{c_1}}{g_{c_2}}$. Damit wird die relative Wichtigkeit des Beitrags einer Alternative c_1 mit g_1

[50] Vgl. Saaty (1990: 13); Saaty/Vargas (2012: 9).
[51] Vgl. Zimmermann/Gutsche (1991: 59–60).
[52] Vgl. Saaty/Vargas (2012: 9).

bezeichnet und ins Verhältnis gesetzt zur Wichtigkeit der Alternative c_2, welche mit g_2 bezeichnet wird. Der Eigenvektor der derart strukturierten Paarvergleichsmatrizen liefert die Beiträge der Alternativen zur Teilzielerfüllung, also die Wertfunktion der Alternativen.

Nach der Ermittlung der Beiträge aller Alternativen der verschiedenen Hierarchiestufen wird der Gesamtnutzwert aller Alternativen ermittelt. Auf diese Weise werden für die Hierarchieebenen sowohl Höhen- als auch Artenpräferenzen festgelegt. Der AHP-Nutzwert der Alternative c_i, welche sich auf dem untersten Hierarchieniveau C befindet, resultiert aus dem Beitrag, den c_i für die direkt übergeordnete Hierarchiestufe B erbringt, und aus der Summe der Beiträge, welche die Alternativen der Hierarchiestufe B zur nächst höheren Hierarchiestufe A erbringen.[53] Es gilt:

$$NW(AHP)_{c_i;C \to A} = \sum_{b=1}^{B} \omega_b \cdot \rho_{ib}.$$

Dabei bezeichnet:

- ω_b den Beitrag, den die Elemente der Hierarchiestufe B zur Erfüllung der Teilziele der übergeordneten Hierarchiestufe A leisten und
- ρ_{ib} den Beitrag der Alternative c_i der Stufe C zur Erfüllung der Teilziele der direkt übergeordneten Hierarchiestufe B.

Im letzten Verfahrensschritt wird diejenige Alternative als optimal identifiziert, die über alle Hierarchiestufen den höchsten AHP-Nutzwert erreicht. Nach diesen Darstellungen kann die Vorgehensweise des AHP wie folgt zusammengefasst werden:[54]

a. Bestimmung und Hierarchisierung der Zielkriterien,
b. Ermittlung der Zielbeiträge einer Hierarchiestufe zu den Zielen der übergeordneten Ebene mittels direkter Paarvergleiche und Eigenwertverfahren (inklusive Konsistenzprüfung),
c. Ermittlung der Zielbeiträge für alle weiteren Hierarchiestufen – einschließlich der Ebene der Alternativen – mittels direkter Paarvergleiche und Eigenwertverfahren (inklusive Konsistenzprüfung),
d. Ermittlung der Gesamtnutzenwerte der Alternativen,
e. Beurteilung der relativen Vorteilhaftigkeit.

Zum Verständnis wird das Beispiel aus der Nutzwertanalyse aufgegriffen.[55] Im Gegensatz zur Vorgehensweise bei der NWA verwendet der Akteur zur Ableitung von Zielgewichten den direkten Paarvergleich und die 9-Punkte-Skala. In diesem Zusammenhang werden die Zielgewichte interpretiert als Instrumentalziele der Hierarchieebene B, die zur Erreichung des Oberzieles auf der Hierarchiestufe A beitragen. Es resultiert die Paarvergleichsmatrix in Tab. 3.13.

[53] Vgl. Abb. 3.3.
[54] Vgl. Götze (2014: 201); Obermaier/Saliger (2013: 62).
[55] Vgl. Tab. 3.10.

Tab. 3.13 Paarvergleichsmatrix der Kriterien der Hierarchiestufe B. Quelle: Eigene Darstellung

Teilziel \ Teilziel	b_1 (Größe)	b_2 (Ästhetik)	b_3 (Entfernung)
b_1 (Größe)	1	1/3	7
b_2 (Ästhetik)	3	1	9
b_3 (Entfernung)	1/7	1/9	1

Zur Ermittlung des Eigenvektors wird auf ein Näherungsverfahren zurückgegriffen. Dabei wird aus der quadrierten Ausgangsmatrix der Eigenvektor so oft ermittelt, bis zwischen den Ergebnissen der einzelnen Iterationen lediglich ein geringer Unterschied festzustellen ist (vgl. Tab. 3.14).

Das Verfahren wird nach der vierten Iteration abgebrochen, da die Differenz der Eigenwerte im Vergleich zur dritten Iteration lediglich minimal ist. Zur Konsistenzprüfung ist der maximale Eigenwert $\lambda_{\max}$ zu ermitteln. Bei Verwendung des Eigenvektors der dritten Iteration aus Tab. 3.14 als $\vec{a}_{\max}$ resultiert:

$$A \cdot \vec{a}_{\max} = \begin{pmatrix} 1 & \frac{1}{3} & 7 \\ 3 & 1 & 9 \\ \frac{1}{7} & \frac{1}{9} & 1 \end{pmatrix} \cdot \begin{pmatrix} 0{,}289744 \\ 0{,}655355 \\ 0{,}054900 \end{pmatrix} = \begin{pmatrix} 0{,}89250 \\ 2{,}01869 \\ 0{,}16911 \end{pmatrix}$$

Der maximale Eigenwert $\lambda_{\max}$ beträgt demzufolge 3,0803. Eine Überprüfung der Resultate mit dem zugrunde liegenden Gleichungssystem zeigt:

$$(A - \lambda_{\max} \cdot E) \cdot \vec{a}_{\max} \stackrel{!}{=} 0$$

$$\left[\begin{pmatrix} 1 & \frac{1}{3} & 7 \\ 3 & 1 & 9 \\ \frac{1}{7} & \frac{1}{9} & 1 \end{pmatrix} - \begin{pmatrix} 3{,}0803 & 0 & 0 \\ 0 & 3{,}0803 & 0 \\ 0 & 0 & 3{,}0803 \end{pmatrix}\right] \cdot \begin{pmatrix} 0{,}289744 \\ 0{,}655355 \\ 0{,}054900 \end{pmatrix} = 0$$

Die Ergebnisse $\lambda_{\max}$ und $\vec{a}_{\max}$ stellen demzufolge die Lösung des Ausgangsproblems dar. Es ergibt sich ein Konsistenzindex von $KI = \frac{3{,}0803-3}{2} = 0{,}040$. Dieser führt zu einer Konsistenzrelation von $KR = 0{,}069$. Der Wert KR weist auf eine ausreichende Konsistenz der Ergebnisse hin. Damit gelten für die Beiträge der Instrumentalziele der Hierarchieebene B zum Oberziel der Hierarchiestufe A (was gleichbedeutend ist mit den Zielgewichten für die Merkmale des Grundstückes) folgende Werte: $\omega_1 = 0{,}2897$, $\omega_2 = 0{,}6554$ und $\omega_3 = 0{,}0549$. Nach der Bestimmung der Gewichte der drei Teilziele sind die verfügbaren Alternativen, die auf der Hierarchiestufe C angesiedelt sind, auf ihre Beiträge zu den übergeordneten Teilzielen hin zu untersuchen. Annahmegemäß stehen dem Akteur vier Alternativen zur Auswahl. Diese Alternativen werden wiederum mit der 9-Punkte-Skala

Tab. 3.14 Ermittlung des Eigenvektors. Quelle: Eigene Darstellung, in Anlehnung an: Obermaier/Saliger (2013: 59)

1. Iteration			
Ausgangsmatrix	Quadrierte Matrix	Zeilensumme	Eigenvektor
$\begin{pmatrix} 1 & 1/3 & 7 \\ 3 & 1 & 9 \\ 1/7 & 1/9 & 1 \end{pmatrix}$	$\begin{pmatrix} 3 & 1{,}444 & 17 \\ 7{,}286 & 3 & 39 \\ 0{,}619 & 0{,}269 & 3 \end{pmatrix}$	$\begin{pmatrix} 21{,}444 \\ 49{,}286 \\ 3{,}889 \end{pmatrix}$	$\begin{pmatrix} 0{,}2874 \\ 0{,}6605 \\ 0{,}0521 \end{pmatrix}$
	Summe	74,619	1,0000
2. Iteration			
Ausgangsmatrix	Quadrierte Matrix	Zeilensumme	Eigenvektor
$\begin{pmatrix} 3 & 1{,}444 & 17 \\ 7{,}286 & 3 & 39 \\ 0{,}619 & 0{,}269 & 3 \end{pmatrix}$	$\begin{pmatrix} 30{,}048 & 13{,}254 & 158{,}333 \\ 67{,}857 & 30{,}048 & 357{,}857 \\ 5{,}680 & 2{,}513 & 30{,}048 \end{pmatrix}$	$\begin{pmatrix} 201{,}635 \\ 455{,}762 \\ 38{,}241 \end{pmatrix}$	$\begin{pmatrix} 0{,}2898 \\ 0{,}6552 \\ 0{,}0549 \end{pmatrix}$
	Summe	695,638	1,0000
3. Iteration			
Ausgangsmatrix	Quadrierte Matrix	Zeilensumme	Eigenvektor
$\begin{pmatrix} 30{,}048 & 13{,}254 & 158{,}333 \\ 67{,}857 & 30{,}048 & 357{,}857 \\ 5{,}680 & 2{,}513 & 30{,}048 \end{pmatrix}$	$\begin{pmatrix} 2.701{,}61 & 1.194{,}43 & 14.258{,}11 \\ 6.110{,}62 & 2.701{,}61 & 32.249{,}56 \\ 511{,}898 & 226{,}320 & 2.701{,}61 \end{pmatrix}$	$\begin{pmatrix} 18.154{,}147 \\ 41.061{,}787 \\ 3.439{,}829 \end{pmatrix}$	$\begin{pmatrix} 0{,}2897 \\ 0{,}6554 \\ 0{,}0549 \end{pmatrix}$
	Summe	62.655,763	1,0000

hinsichtlich der Erfüllung der drei übergeordneten Instrumentalziele bewertet. Die Paarvergleichsmatrizen der Bewertungen durch den Akteur sowie die daraus resultierenden Eigenwerte und Eigenvektoren sind in der Tab. 3.15 dargestellt.

Auf Basis der ermittelten Gewichte der Teilziele und der Ergebnisse aus Tab. 3.15 werden die AHP-Nutzwerte der Alternativen auf Basis der bereits eingeführten Gleichung

$$NW(AHP)_{c_i;C\to A} = \sum_{b=1}^{B} \omega_b \cdot \rho_{ib}$$

ermittelt. Es resultieren:

- $NW(AHP)_{c_1} = 0{,}2093$
- $NW(AHP)_{c_2} = 0{,}4792$
- $NW(AHP)_{c_3} = 0{,}1243$
- $NW(AHP)_{c_4} = 0{,}1872$

Die relative Vorteilhaftigkeit aus Sicht des Akteurs ist demzufolge:

$$c_2 \succ c_1 \succ c_4 \succ c_3.$$

Die **Vorteile** des AHP liegen in der erleichterten Bewertung durch die 9-Punkte-Skala. Damit wird der Akteur gezwungen, sich Gedanken über die relativen Wichtigkeiten zu

Tab. 3.15 Paarvergleiche der Hierarchiestufe C und Ergebnisse des Beispiels. Quelle: Eigene Darstellung

Bewertung der Alternativen hinsichtlich des Teilziels b_1		
Paarvergleichsmatrix	Ergebnisse:	
$\begin{pmatrix} 1 & 9 & 3 & 5 \\ 1/9 & 1 & 0{,}25 & 1/3 \\ 1/3 & 4 & 1 & 1 \\ 0{,}20 & 3 & 1 & 1 \end{pmatrix}$	$\vec{a}_{max} = \begin{pmatrix} 0{,}6019 \\ 0{,}0545 \\ 0{,}1885 \\ 0{,}1552 \end{pmatrix} = \vec{\beta}_1$	$\lambda_{max} = 4{,}0432$ $KI = 0{,}01439$ $KR = 0{,}01616$

Bewertung der Alternativen hinsichtlich des Teilziels b_2		
Paarvergleichsmatrix	Ergebnisse:	
$\begin{pmatrix} 1 & 1/9 & 1/3 & 0{,}20 \\ 9 & 1 & 8 & 5 \\ 3 & 1/8 & 1 & 0{,}25 \\ 5 & 0{,}20 & 4 & 1 \end{pmatrix}$	$\vec{a}_{max} = \begin{pmatrix} 0{,}0445 \\ 0{,}6593 \\ 0{,}0834 \\ 0{,}2129 \end{pmatrix} = \vec{\beta}_2$	$\lambda_{max} = 4{,}2316$ $KI = 0{,}0772$ $KR = 0{,}0867$

Bewertung der Alternativen hinsichtlich des Teilziels b_3		
Paarvergleichsmatrix	Ergebnisse:	
$\begin{pmatrix} 1 & 0{,}20 & 0{,}25 & 3 \\ 5 & 1 & 3 & 9 \\ 4 & 1/3 & 1 & 5 \\ 1/3 & 1/9 & 0{,}20 & 1 \end{pmatrix}$	$\vec{a}_{max} = \begin{pmatrix} 0{,}1054 \\ 0{,}5717 \\ 0{,}2739 \\ 0{,}0490 \end{pmatrix} = \vec{\beta}_3$	$\lambda_{max} = 4{,}1304$ $KI = 0{,}0435$ $KR = 0{,}0488$

machen.[56] Darüber hinaus sind mit dem Konsistenzmaß KI und der Konsistenzrelation KR Indikatoren verfügbar, die auf Inkonsistenzen bei der Bewertung hinweisen. Die Einsatzmöglichkeiten sind – trotz der nachfolgend aufgeführten Nachteile – äußerst umfangreich.[57]

Nachteilig ist der – im Vergleich zur Nutzwertanalyse – hohe Rechenaufwand und der hohe Aufwand der Datenermittlung. Letzterer resultiert aus den erforderlichen Paarvergleichen, da für alle Elemente jeder Ebene Vergleiche hinsichtlich aller Elemente der übergeordneten Ebene durchzuführen sind. Mit Blick auf die 9-Punkte-Skala ist anzuführen, dass der Unterschied zwischen den Bewertungseinheiten nicht so klar ist, wie es durch die Skala suggeriert wird. Darüber hinaus kann die 9-Punkte-Skala zu inkonsistenten Bewertungen durch die obere Limitierung führen. Die Konsistenzbedingung als eine Grundanforderung an konsistente Paarvergleiche hatte gezeigt, dass zwischen den Teilzielen die Relation $\alpha_{hi} \cdot \alpha_{ij} = \alpha_{hj}$ gelten muss.[58] Wird nun im Rahmen der Paarvergleiche $\alpha_{hi} = 5$ und $\alpha_{ij} = 5$ gesetzt, müsste resultieren: $\alpha_{hj} = 25$. Dies ist jedoch auf

[56] Vgl. Peters/Zelewski (2004: 319).
[57] Vgl. Vaidya/Kumar (2006).
[58] Vgl. Abschn. 3.1.2.2.2.

der 9-Punkte-Skala nicht möglich.[59] Darüber hinaus ist das Verfahren nicht unabhängig gegenüber irrelevanten Alternativen.[60]

3.1.2.3 Mehrstufige Entscheidungen

In den bisherigen Darstellungen wurde davon ausgegangen, dass der Entscheidungsträger lediglich zu einem Zeitpunkt seine Entscheidung treffen kann. Im Anschluss daran treten die Ergebnisse der Entscheidung ein und die Handlung ist abgeschlossen. In der Realität sind Entscheidungen jedoch häufig sequenzieller Natur. Die heutige Entscheidung ist in diesen Fällen die Basis für darauffolgende weitere Entscheidungen, die wiederum selbst die Basis für Folgeentscheidungen sind. Gesucht wird in diesen Fällen nicht eine einzige optimale Entscheidung, sondern die **Folge** an optimalen Entscheidungen.

Für eine allgemeingültige Darstellung mehrstufiger Entscheidungen ist folgende Überlegung charakteristisch:[61] Eine Abfolge von Entscheidungen ist gekennzeichnet durch eine Zustandsvariable x und eine Kontroll- bzw. Entscheidungsvariable d. Der Startpunkt dieser Folge x_0 ist gegeben. Eine Entscheidung, die zu einem Zeitpunkt t getroffen wird, bewirkt einen Zustand – ein Ergebnis – in der Folgeperiode. Dieses Ergebnis wiederum ist die Basis für die darauf aufbauende nächste Entscheidung.

In einer Entscheidungsfolge mit $i = 1, \ldots, N$ Stufen wird der Eingang der Entscheidung der Stufe i gebildet durch das Ergebnis der Vorstufe x_{i-1} sowie der in der Vorstufe getroffenen Entscheidung d_{i-1}. Bei der Analyse von Investitionen wird i. d. R. ein Zeitintervall $[0; T]$ betrachtet, welches durch die Entscheidungszeitpunkte $t = 0, 1, 2, \ldots, T-1$ unterteilt wird. Bei der hier verwendeten Notation beschreiben die Indexwerte die Zeitpunkte der Entscheidung. Demzufolge wird die erste Entscheidung in $t = 0$ getroffen und mit d_0 bezeichnet. Die letzte Entscheidungsmöglichkeit besteht in der N-ten Stufe zum Zeitpunkt $t = T - 1$, so dass gilt d_{T-1}.

Die Parameter x_{t-1} und d_{t-1} bestimmen das Ergebnis x_t. Das Ergebnis in t wird demzufolge definiert durch $x_t = f(x_{t-1}, d_{t-1})$. Diese Ergebnisfunktion muss bekannt sein. Der Akteur muss wissen, welche Kombination von Ausgangswert und Entscheidung zu welchem Ergebnis führt.[62] Jeder Zustand bzw. jedes Ergebnis einer Stufe ist für den Akteur mit einem Nutzen u_t verbunden. Es gilt deshalb: $u_t(x_{t-1}, d_{t-1})$ (vgl. Abb. 3.4).

Ziel des Akteurs ist die Maximierung der Nutzensumme der gesamten Folge durch seine Entscheidungen, d. h.:

$$\max_{d_0, \ldots, d_{T-1}} \sum_{t=1}^{T} u_t(x_{t-1}, d_{t-1}).$$

[59] Vgl. Götze (2014: 216).

[60] Vgl. Zimmermann/Gutsche (1991: 91); Ossadnik (1998: 120–129).

[61] Zur folgenden Darstellung vgl. Benker (2003: 428–435).

[62] Diese Annahme wurde auch bei der Zuordnung von Alternativen und Umweltzuständen zu den korrespondierenden Ergebnissen verwendet. Vgl. Abschn. 3.1.1.

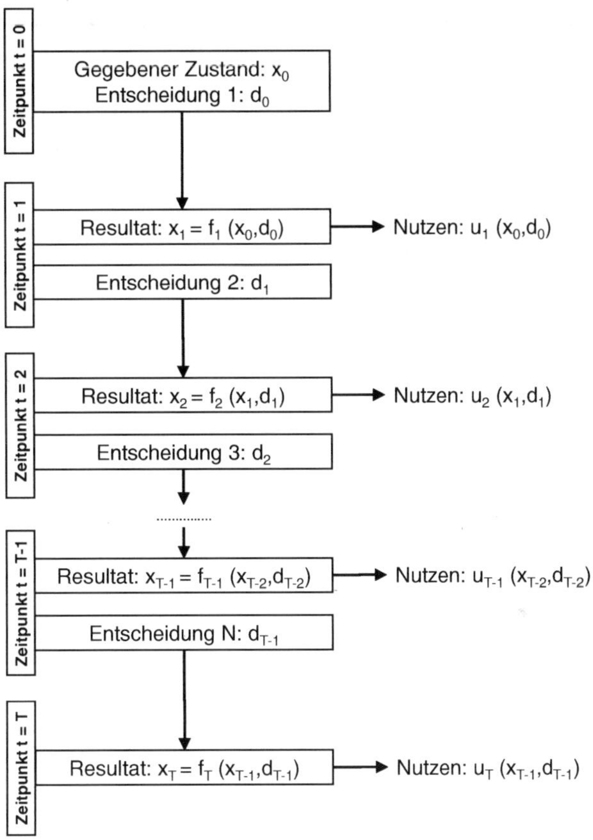

Abb. 3.4 Struktur von *N*-stufigen Entscheidungen. Quelle: Eigene Darstellung, in Anlehnung an: Benker (2003: 429)

Diejenige Folge von Entscheidungen wird als **optimale Entscheidungsfolge** bezeichnet, die den Gesamtnutzenwert maximiert. Die zentrale Frage ist, wie diese optimale Entscheidungsfolge gefunden werden kann.

Zur Bestimmung der optimalen Entscheidungsfolge wurde im Bereich der dynamischen Programmierung schon vor längerer Zeit von BELLMAN das **Optimalitätsprinzip** entwickelt.[63] Das Prinzip beruht auf der Erkenntnis, dass es für einen Akteur zum Zeitpunkt t mit einem Zustand x_t unerheblich für die zukünftigen Entscheidungen ist, **wie** er zu diesem Zustand gekommen ist. Deshalb genügt es, wenn sich der Akteur auf das – in der Zukunft liegende – Restproblem konzentriert. Die optimale Handlungsfolge entsteht also, wenn zu jedem Entscheidungszeitpunkt die in der Zukunft liegenden Handlungen optimiert werden. Die Menge der optimalen Teillösungen ergibt die optimale Gesamt-

[63] Vgl. Bellman (1954); Bellman (1957). RICHARD BELLMAN (1920–1984).

lösung.[64] Dieses Lösungsprinzip ermöglicht die konsistente Durchführung der bereits angesprochenen Dekomposition komplexer Probleme.[65]

Um diese Vorgehensweise zu erläutern, werden nun einzelne Glieder der Summe

$$\max_{d_0,\ldots,d_{T-1}} \sum_{t=1}^{T} u_t(x_{t-1}, d_{t-1})$$

analysiert.

Der Wert der optimalen Handlungsfolge zum Zeitpunkt t, der vom Ausgangszustand x_{t-1} abhängig ist, wird mit $W_t(x_{t-1})$ bezeichnet und ergibt sich in allgemeiner Form mit:[66]

$$W_t\,(x_{t-1}) = \max_{d_t}\,[u_t(x_{t-1}, d_{t-1}) + W_{t+1}(x_t)]\,.$$

Dieser Wert ist die Summe aus dem Ergebnis der heutigen Entscheidung, deren Ergebnis wiederum die Grundlage für die optimale Entscheidung in der Folgeperiode ist. Diese allgemeine Darstellung wird als BELLMANsche Gleichung bezeichnet. Zwischen den Wertfunktionen von aufeinanderfolgenden Entscheidungsstufen bestehen folgende Beziehungen:

$$\begin{aligned}
W_1\,(x_0) &= \max_{d_0}\,[u_1(x_0, d_0) + W_2(x_1)]\\
W_2\,(x_1) &= \max_{d_1}\,[u_2(x_1, d_1) + W_3(x_2)]\\
&\vdots\\
W_t\,(x_{t-1}) &= \max_{d_t}\,[u_t(x_{t-1}, d_{t-1}) + W_{t+1}(x_t)]\\
&\vdots\\
W_{T-1}\,(x_{T-2}) &= \max_{d_{T-1}}\,[u_{T-1}(x_{T-2}, d_{T-2}) + W_T(x_{T-1})]\\
W_T\,(x_{T-1}) &= u_T(x_{T-1}, d_{T-1}).
\end{aligned}$$

Offensichtlich ist der Wert der letzten Periode nur abhängig von der Entscheidung und dem Ergebnis der Vorperiode. Eine nachfolgende, zukünftige Entscheidungsstufe, die zu berücksichtigen wäre, existiert nicht.

Deshalb besteht die Lösungsmethode in einem **rekursiven Vorgehen**.[67] Der Entscheidungsträger versetzt sich gedanklich in die Zukunft, nämlich in die Situation der **letztmöglichen Entscheidungsstufe** N zum Zeitpunkt $t = T - 1$. Vor ihm liegt die letzte

[64] „*An optimal policy has the property that whatever the initial state and initial decisions are, the remaining decisions must constitute an optimal policy with regard to the state resulting from the first decisions.*" Bellman (1954: 504); Bellman (1957: 83).

[65] Vgl. Abschn. 1.2.1 und 2.1.3.1.2.

[66] Vgl. Benker (2003: 434).

[67] Vgl. Obermaier/Saliger (2013: 139).

Periode des Planungszeitraumes, die mit dem Ergebnis x_T endet. Der Akteur wird aus der Menge der Alternativen diejenige wählen, welche den **maximalen Nutzen** erwirtschaftet. Alle übrigen Alternativen fallen aus der Betrachtung heraus. Nun begibt sich der Akteur gedanklich eine Stufe zurück in die Vergangenheit, so dass er sich auf der **vorletzten Entscheidungsstufe** $t = T - 2$ befindet. Der Wert dieser Stufe ergibt sich aus dem Maximum der letzten Stufe $t = T - 1$ und dem Maximum der aktuellen Stufe $t = T - 2$. Wird diese Vorgehensweise bis zur ersten Entscheidungsstufe in $t = 0$ fortgeführt, resultiert die optimale – weil nutzenmaximale – Handlungsstrategie.[68] Aufgrund dieser Bearbeitungsstruktur wird das Verfahren auch als **Rollback-Verfahren** oder **rekursive Bewertung** bezeichnet. Im Anschluss an das rekursive Vorgehen wird durch die Vorwärtsrechnung die optimale Entscheidungsfolge bestimmt.

Zur praktischen Lösung mehrstufiger Entscheidungen wird i. d. R. das **Entscheidungsbaumverfahren** eingesetzt. Das Verfahren wurde 1964 zur Lösung mehrstufiger Entscheidungen unter Unsicherheit vorgestellt, kann jedoch auch für Entscheidungen unter Sicherheit verwendet werden.[69] Die generelle Vorgehensweise bei Anwendung dieses Verfahrens ist folgende:[70]

1. Bestimmung der Grundstruktur (Alternativen, Zeitpunkte, Handlungsfolgen, Resultate),
2. Festlegung der Zielgröße,
3. Bestimmung der erforderlichen Eingangsdaten,
4. Ermittlung der Werte aller Resultatsknoten,
5. Bestimmung der optimalen Handlungsfolge.

Die Umsetzung dieser Schritte geschieht in einem zweistufigen Verfahren. In einem **ersten Schritt** wird die Entscheidungssituation **grafisch dargestellt**. Dazu werden sämtliche Zeitpunkte, zu denen eine Entscheidung getroffen werden kann bzw. muss und sämtliche Handlungsalternativen, die zur Verfügung stehen, abgebildet. Folgende Bestandteile des Entscheidungsbaumes werden für die grafische Darstellung benötigt:[71]

E – Entscheidungsknoten:	Zeitpunkt, zu dem eine Entscheidung über die Nutzungsdauer getroffen werden kann/muss
e – Entscheidungskante:	eine Kante, die die zur Verfügung stehenden Entscheidungsalternativen repräsentiert

---

[68] Vgl. Laux/Gillenkirch/Schenk-Mathes (2014: 272–274); Bamberg/Coenenberg/Krapp (2012: 239–240).

[69] Vgl. Magee (1964a); Magee (1964b). JOHN F. MAGEE (1926–2014). Die Bezeichnung „Entscheidungsbaum" wird jedoch nicht auf MAGEE, sondern auf eine frühere Quelle zurückgeführt. Vgl. Gass (2011: 621).

[70] Vgl. Rosenkranz/Missler-Behr (2005: 87–89).

[71] Vgl. Götze (2014: 408). Zur Erweiterung bzw. Interpretation von Elementen des Entscheidungsbaumes unter Unsicherheit vgl. Abschn. 7.5.

R – Resultatsknoten:	bildet das Resultat der Entscheidung der Vorperiode ab
R/E – Resultats-Entscheidungsknoten:	kombinierter Knoten aus dem Resultat der Entscheidung der Vorperiode und der sich anschließenden Entscheidung der aktuellen Periode

Die **grafische Darstellung** dieser Elemente führt zur Struktur des mehrstufigen Entscheidungsbaumes (vgl. Abb. 3.5).

Aufbauend auf dieser Struktur kann in dem **zweiten Schritt** die **Bewertung** der Handlungsabfolgen durchgeführt werden. Eine Variante besteht in der vollständigen Berechnung sämtlicher Möglichkeiten. Diese Vorgehensweise – auch als vollständige Enumeration bezeichnet – erfordert bei vielen Entscheidungszeitpunkten und Alternativen einen sehr großen Rechenaufwand. Um dies zu vermeiden, kann auf das BELLMANsche Optimalitätsprinzip zurückgegriffen werden. Dabei befindet sich die erste Entscheidungsstufe $i = 1$ im Zeitpunkt $t = 0$, die Entscheidungsstufe $i = 2$ im Zeitpunkt $t = 1$ und so weiter.

Zum Verständnis wird das folgende Beispiel diskutiert: Ein Akteur verfügt über einen Planungshorizont von drei Jahren und kann sich heute dazu entscheiden, in eine von zwei Maschinen zu investieren. Diese Entscheidung kann er jährlich revidieren, so dass er die Maschine veräußern kann, die aktuell in seinem Besitz ist und stattdessen die andere Maschine erwerben kann. Die Anlage A ist sofort verfügbar, wohingegen die Anlage B erst in einem Jahr auf den Markt kommt. Die Informationen zu den Zahlungsreihen der Maschinen sind der Tab. 3.16 zu entnehmen.

Zielkriterium des Akteurs ist die Maximierung des Kapitalwertes.[72] Bei Verwendung eines Kalkulationszinssatzes von $i = 10\,\%$ erwirtschaftet die Anlage A bei Sofortinstalla-

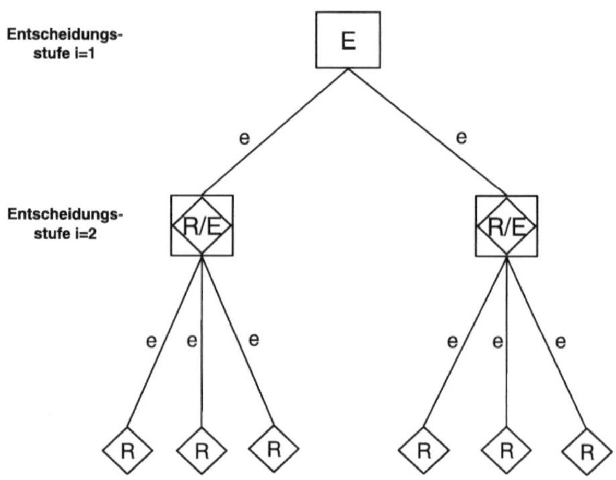

Abb. 3.5 Formalstruktur des Entscheidungsbaumes unter Sicherheit. Quelle: Eigene Darstellung, in Anlehnung an: Blohm/Lüder/Schaefer (2012: 59)

[72] Vgl. Abschn. 5.3.2.

Tab. 3.16 Ausgangsdaten des mehrstufigen Entscheidungsproblems

Zeitpunkt	t = 0	t = 1	t = 2	t = 3
Anlage A:				
Zahlung	−3.000	1.500	1.500	1.500
Restwert	3.000	2.000	1.000	0
Anlage B:				
Zahlung		−2.000	1.615	1.615
Restwert		2.000	1.000	0

tion einen Kapitalwert von ca. 730 €. Der Kapitalwert der Handlungsalternative „Warten und Installation der Anlage B in $t = 1$" beträgt auf den Zeitpunkt $t = 0$ bezogen ebenfalls ca. 730 €. In der Abb. 3.6 ist die Situation abgebildet. Es stellt sich die Frage, welche Entscheidungsfolge optimal ist. Am Ende des Planungshorizontes werden alle noch im Betrieb stehenden Anlagen rechentechnisch liquidiert. Auf diese Weise wird der Planungshorizont künstlich abgeschlossen.

Die Ermittlung der optimalen Entscheidungsfolge beginnt im **ersten Schritt** im Zeitpunkt der letztmöglichen Entscheidung, also in $t = 2$. Die Analyse beginnt auf der **linken Seite** der Grafik. Wenn sich der Akteur im Knoten R/E_1 befindet, stehen ihm zwei Alternativen zur Auswahl:

- er betreibt die Anlage A weiter oder
- er liquidiert die Anlage A und installiert stattdessen die Anlage B.

Für diese Alternativen resultieren folgende Ergebnisse:

$$A \to A: \quad 1.500\,€ \cdot 1{,}1^{-1} = 1.363{,}64\,€$$
$$A \to B: \quad 1.000\,€ - 2.000\,€ + (1.615\,€ + 1.000\,€) \cdot 1{,}1^{-1} = 1.377{,}27\,€$$

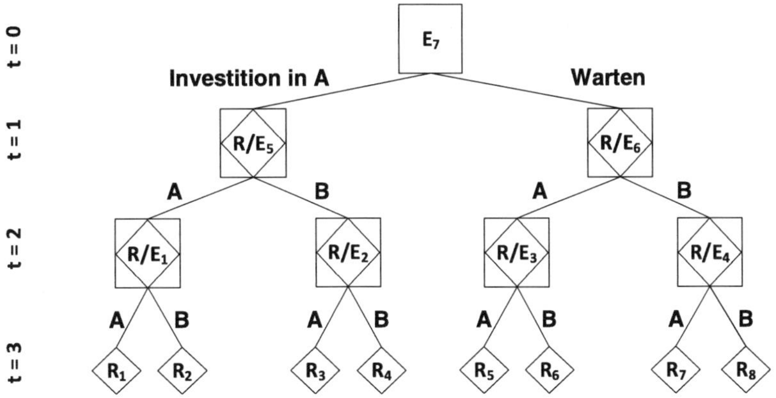

Abb. 3.6 Entscheidungsbaum des Beispiels. Quelle: Eigene Darstellung

Die Entscheidung, die im Knoten R/E_1 den Kapitalwert maximiert, ist die Liquidation der Maschine A und die Installation der Maschine B für das letzte Jahr. Wenn sich der Akteur in $t = 1$ jedoch dazu entschieden hat, die Anlage B zu installieren, gelangt er im Jahr $t = 2$ zum Knoten R/E_2. In diesem Knoten stehen ihm wiederum die zwei Alternativen zur Auswahl. Der Akteur kann die Anlage B weiter betreiben oder diese liquidieren und an deren Stelle die Anlage A installieren. Die Ergebnisse dieser Alternativen sind folgende:

$$B \to B: \quad 1.615\,€ \cdot 1{,}1^{-1} = 1.468{,}18\,€$$
$$B \to A: \quad 1.000\,€ - 3.000\,€ + (1.500\,€ + 2.000\,€) \cdot 1{,}1^{-1} = 1.181{,}82\,€$$

Die optimale Entscheidung in diesem Knoten ist der Weiterbetrieb der Anlage B. Dieselben Analysen werden für die Knoten R/E_3 und R/E_4 durchgeführt, was zu folgenden Resultaten führt:

Knoten R/E_3:

$$A \to A: \quad (1.500\,€ + 1.000\,€) \cdot 1{,}1^{-1} = 2.272{,}72\,€$$
$$A \to B: \quad 2.000\,€ - 2.000\,€ + (1.615\,€ + 1.000\,€) \cdot 1{,}1^{-1} = 2.377{,}27\,€^*$$

Knoten R/E_4:

$$B \to B: \quad 1.615\,€ \cdot 1{,}1^{-1} = 1.468{,}18\,€^*$$
$$B \to A: \quad 1.000\,€ - 3.000\,€ + (1.500\,€ + 2.000\,€) \cdot 1{,}1^{-1} = 1.181{,}82\,€$$

Die mit dem *-Zeichen versehenen Werte stellen die relativ vorteilhafte Entscheidungsalternative des jeweiligen Knotens dar. Nur diese Alternativen werden im weiteren Verfahren berücksichtigt. Nun wird im **zweiten Schritt** die Analyse der Entscheidungen in $t = 1$ durchgeführt. Dazu werden die in dem zweiten Jahr zu erwartenden Zahlungen ermittelt und mit dem Maximum der Werte aus den Entscheidungen des Jahres $t = 2$ verbunden. Es ergeben sich folgende Resultate:

Knoten R/E_5:

$$A \to \max(R/E_1): \quad (1.500\,€ + 1.377{,}27\,€) \cdot 1{,}1^{-1} = 2.615{,}70\,€$$
$$B \to \max(R/E_2): \quad 2.000\,€ - 2.000\,€ + (1.615\,€ + 1.468{,}18\,€) \cdot 1{,}1^{-1} = 2.802{,}89\,€^*$$

Knoten R/E_6:

$$A \to \max(R/E_3): \quad -3.000\,€ + (1.500\,€ + 2.377{,}27\,€) \cdot 1{,}1^{-1} = 524{,}79\,€$$
$$B \to \max(R/E_4): \quad -2.000\,€ + (1.615\,€ + 1.468{,}18\,€) \cdot 1{,}1^{-1} = 802{,}89\,€^*$$

Als **letzter Schritt** wird die Analyse in $t = 0$ durchgeführt. Die Ergebnisse lauten:

$$A \to \max(R/E_5): \quad -3.000\,€ + (1.500\,€ + 2.802{,}89\,€) \cdot 1{,}1^{-1} = 911{,}72\,€^*$$
$$\text{Warten} \to \max(R/E_6): \quad 0 + 802{,}89\,€ \cdot 1{,}1^{-1} = 729{,}90\,€$$

Die optimale Handlungsfolge ist demzufolge $A \rightarrow B \rightarrow B$, da sie zu einem maximalen Kapitalwert führt. Mit der dargestellten Vorgehensweise können auch mehrstufige Entscheidungen unter Unsicherheit getroffen werden.[73]

3.1.3 Entscheidungen bei Unsicherheit

3.1.3.1 Entscheidungen bei Ungewissheit

Im Fall von Entscheidungen unter Ungewissheit kann der Akteur zwar die prinzipiell möglichen Umweltzustände definieren, nicht jedoch die Wahrscheinlichkeit des Eintretens dieser Zustände. Wie auch bei Entscheidungen unter Berücksichtigung von mehreren Zielen ist zu Beginn des Entscheidungsprozesses die Alternativenmenge daraufhin zu überprüfen, ob ineffiziente Alternativen existieren, die aus der weiteren Betrachtung ausgeschlossen werden können.

Definition 3.2 *Gegeben sind n Zustände $z_p (p = 1, \ldots, n)$ und m Alternativen $a_i (i = 1, \ldots, m)$, die den Aktionenraum A definieren. Eine Aktion $a_q \in A$ heißt genau dann absolut dominant in Bezug auf die Aktion a_i, wenn gilt:*[74]

$$\min_p u_{qp} \geq \max_p u_{ip}.$$

Dies bedeutet, das schlechteste Ergebnis der Alternative a_q ist mindestens ebenso gut, wie das beste Ergebnis der Alternative a_i. Alternativen, welche derart dominiert werden, können aus den weiteren Analysen ausgeschlossen werden.[75] Neben dieser starken Form der Dominanz sind die Alternativen hinsichtlich der Zustandsdominanz zu überprüfen.

Definition 3.3 *Gegeben sind n Zustände $z_p (p = 1, \ldots, n)$ und der Aktionenraum A. Eine Aktion $a_i \in A$ heißt genau dann effizient bezüglich der Aktionenmenge A und der Zustände $z_1, \ldots, z_n$, wenn es keine Aktion $a_q \in A$ gibt, für welche gilt:*[76]

$$\begin{aligned} u_{qp} &\geq u_{ip} \quad \forall p = 1, \ldots, n \quad \textit{und} \\ u_{qp} &> u_{ip} \quad \textit{für mindestens ein } p. \end{aligned}$$

---

[73] Vgl. Abschn. 7.5.

[74] Vgl. Klein/Scholl (2011: 410).

[75] SCHNEIDER führt aus, dass diese Dominanzform implizit der PASCALschen Gotteswette zugrunde liegt. Der Mensch steht in dieser Wette vor den zwei Alternativen, entweder an Gott zu glauben oder nicht an ihn zu glauben. Wenn Gott existiert, führt das gottesfürchtige Leben in den Himmel, das sündhafte Leben jedoch führt in die Hölle. Existiert Gott hingegen nicht, hat der Mensch unabhängig von seinem Lebenswandel nichts zu hoffen (∅), aber auch nichts zu befürchten (∅). Wird die Präferenzordnung Himmel $\succ$ Hölle unterstellt, ist das gottesfürchtige Leben die dominante Alternative, da deren schlechtestes Ergebnis (∅) genauso gut ist wie das beste Ergebnis der Vergleichsalternative (∅). Vgl. Schneider (1997: 92); Jungermann/Pfister/Fischer (2017: 173).

[76] Vgl. Schneeweiß (1991: 113); Bamberg/Coenenberg/Krapp (2012: 110–111).

Tab. 3.17 Entscheidungsmatrix des Beispiels. Quelle: Eigene Darstellung

Zustand / Aktion	z_1	z_2	z_3	z_4
a_1	0	2	6	2
a_2	4	9	8	6
a_3	15	1	15	3
a_4	15	3	15	4
a_5	6	8	12	8
a_6	6	5	10	10

Wenn es eine Aktion $a_q \in A$ gibt, welche diese beiden Kriterien erfüllt, so dominiert a_q die Alternative a_i bzw. es kann formuliert werden: a_i ist ineffizient.

In dem Beispiel (vgl. Tab. 3.17) wird die Alternative a_1 durch a_5 absolut dominiert, da das Maximum der Alternative a_1 den Wert 6 aufweist, was dem Minimum der Alternative a_5 entspricht. Weiterhin ist festzustellen, dass in dem Beispiel die Alternative a_3 durch a_4 dominiert, da $u_{3p} < u_{4p}$ für $p = 2{,}4$ sowie $u_{3p} = u_{4p}$ für $p = 1{,}3$.

Für eine weitere Analyse werden die dominierten Alternativen ausgeschlossen. Für Entscheidungen unter Risiko ist eine weitere Form der Dominanz relevant, die an der entsprechenden Stelle vorgestellt wird.[77] Im Folgenden wird zwischen einer **Entscheidungsregel** und einem **Entscheidungsprinzip** unterschieden. Die Entscheidungsregel erlaubt ohne weitere Spezifikationen bzw. Festlegungen die Identifikation einer optimalen Alternative. Das Entscheidungsprinzip verlangt noch zusätzliche Informationen, ohne die es keine Aussage ermöglicht. Deshalb können aus einem Entscheidungsprinzip mehrere Entscheidungsregeln gebildet werden.[78]

Wald-Regel (Maximin-, Minimax-Regel)[79] Ziel dieses Kriteriums ist es, ausgehend von den ungünstigsten möglichen Zuständen aller Alternativen diejenige zu identifizieren, die von diesen Zuständen die beste ist. Gesucht ist demzufolge diejenige Alternative mit dem größten Mindesterfolg. Die optimale Alternative a_{opt} ist definiert durch:[80]

$$a_{\text{opt}} = \max_i \left(\min_p u_{ip} \right).$$

Angewendet auf das Beispiel ergibt sich in Tab. 3.18 für die WALD-Regel Alternative a_5 als optimale Alternative.

[77] Vgl. Abschn. 3.1.3.2.1.

[78] Vgl. Bitz (1981: 87–88); Laux/Gillenkirch/Schenk-Mathes (2014: 37–38).

[79] Vgl. Wald (1945: 181–183); Wald (1950: 18). Benannt nach deren Begründer ABRAHAM WALD (1902–1950).

[80] Vgl. Rosenkranz/Missler-Behr (2005: 80–81).

Tab. 3.18 Anwendung der WALD-Regel. Quelle: Eigene Darstellung

Aktion \ Zustand	z_1	z_2	z_3	z_4	$\min\limits_{p} u_{ip}$	
a_2	4	9	8	6	4	
a_4	15	3	15	4	3	
a_5	6	8	12	8	6	$\Leftarrow max$
a_6	6	5	10	10	5	

Es wird deutlich, dass es sich um eine sehr pessimistische Entscheidungsregel handelt.[81]

Maximax-Regel Als zur WALD-Regel gegenteilige Regel kann die Maximax-Regel bezeichnet werden. Entsprechend dieser Regel wird diejenige Alternative mit dem größten Maximalerfolg gewählt. Die optimale Alternative a_{opt} ist bestimmt durch:[82]

$$a_{\text{opt}} = \max_i \left(\max_p u_{ip} \right).$$

Angewendet auf das Beispiel führt die Maximax-Regel zur Alternative a_4 als optimale Alternative (vgl. Tab. 3.19).

Diese Regel ist dahingehend zu kritisieren, dass sie von einem Best-case-Szenario ausgeht und demzufolge einen unverbesserlichen Optimisten voraussetzt.[83]

Beide Regeln müssen dafür kritisiert werden, dass sie lediglich **einen zukünftigen Zustand** berücksichtigen. Damit werden implizit alle anderen Zustände ausgeschlossen, was als kaum rational einzustufen ist.[84]

Tab. 3.19 Anwendung der Maximax-Regel. Quelle: Eigene Darstellung

Aktion \ Zustand	z_1	z_2	z_3	z_4	$\max\limits_{p} u_{ip}$	
a_2	4	9	8	6	9	
a_4	15	3	15	4	15	$\Leftarrow max$
a_5	6	8	12	8	12	
a_6	6	5	10	10	10	

[81] Krelle verortete die Regel „*an der äußersten Grenze der Rationalität*“ und diagnostizierte bei Akteuren, welche diese Regel verwenden „*einen geradezu pathologischen Pessimismus.*“ Krelle (1968: 185).

[82] Vgl. Krelle (1968: 186).

[83] Vgl. Bamberg/Coenenberg/Krapp (2012: 113).

[84] Vgl. Schneider (1995: 100).

Tab. 3.20 Anwendung des HURWICZ-Prinzips. Quelle: Eigene Darstellung

Zustand / Aktion	z_1	z_2	z_3	z_4	$a_{opt}(\lambda_1)$	$a_{opt}(\lambda_2)$	
a_2	4	9	8	6	5,25	7,75	
a_4	15	3	15	4	6,00	12,00	$\Leftarrow max_{\lambda_2}$
a_5	6	8	12	8	7,50	10,50	$\Leftarrow max_{\lambda_1}$
a_6	6	5	10	10	6,25	8,75	

Hurwicz-Prinzip[85] Um die Kritikpunkte gegen die WALD-Regel und die Maximax-Regel zu beheben, entwarf HURWICZ ein Entscheidungsprinzip, das mehrere Zustände berücksichtigt. Dieses Prinzip besteht in einem Kompromiss aus den beiden kritisierten Regeln und zielt demzufolge auf die Berücksichtigung des niedrigsten und des höchsten Wertes jeder Alternative. Dies geschieht mittels Bildung eines gewogenen Durchschnitts. Die optimale Alternative a_{opt} ist definiert durch:[86]

$$a_{\text{opt}} = \max_i \left[\lambda \left(\max_p u_{ip} \right) + (1 - \lambda) \left(\min_p u_{ip} \right) \right].$$

Der Faktor λ dient in der Zielfunktion zur Gewichtung des besten bzw. des schlechtesten Ergebnisses. Im Folgenden gilt:

- $0 \leq \lambda \leq 1$, wobei
- der Maximalerfolg mit dem Faktor λ und
- der Minimalerfolg mit dem Faktor $1 - \lambda$ gewichtet wird.

Es wird deutlich, dass die Bestimmung des Parameters λ erforderlich ist. Für das vorliegende Beispiel werden zwei Werte verwendet: $\lambda_1 = 0{,}25$ und $\lambda_2 = 0{,}75$. Das Ergebnis ist in der Tab. 3.20 zu sehen.

Entsprechend dem HURWICZ-Prinzip ist die zu präferierende Alternative also entweder die Alternative a_4 oder die Alternative a_5.

Laplace-Regel[87] Bei diesem Vorgehen werden – in Ermangelung weiterer Informationen – alle Zustände als gleich wahrscheinlich eingestuft. Die Begründung lautet: Wenn keine Informationen über die Wahrscheinlichkeiten vorliegen, besteht kein Grund dafür,

---

[85] Benannt nach dem Begründer LEONID HURWICZ (1917–2008), der 2007 zusammen mit ERIC MASKIN und PAUL SAMUELSON den „Wirtschaftsnobelpreis" (Offizielle Bezeichnung: Preis für Wirtschaftswissenschaften der schwedischen Reichsbank im Gedenken an ALFRED NOBEL) erhielt.

[86] Vgl. Rosenkranz/Missler-Behr (2005: 81).

[87] Diese Regel geht auf JAKOB BERNOULLI (1655–1705) zurück, wurde später jedoch ebenfalls von PIERRE-SIMON LAPLACE (1749–1827) benutzt und ist deshalb nicht nach dem Begründer benannt. Vgl. Krelle (1968: 189); Gäfgen (1974: 389–390). JAKOB BERNOULLI war der Onkel von DANIEL BERNOULLI (1700–1782), der das BERNOULLI-Prinzip für Entscheidungen unter Risiko einführte, das im Abschn. 3.1.3.2.3 vorgestellt wird.

Tab. 3.21 Anwendung der LAPLACE-Regel. Quelle: Eigene Darstellung

Zustand / Aktion	z_1	z_2	z_3	z_4	$\frac{1}{n}\sum_{p=1}^{n} u_{ip}$	
a_2	4	9	8	6	$0{,}25 \cdot 27 = 6{,}75$	
a_4	15	3	15	4	$0{,}25 \cdot 37 = 9{,}25$	$\Leftarrow max$
a_5	6	8	12	8	$0{,}25 \cdot 34 = 8{,}50$	
a_6	6	5	10	10	$0{,}25 \cdot 31 = 7{,}75$	

die Wahrscheinlichkeit eines Zustands höher oder niedriger einzuschätzen als die Wahrscheinlichkeit eines anderen Zustands. Deshalb wird diese Regel auch als **„Regel des unzureichenden Grundes“** bezeichnet. Es wird ein Durchschnitt gebildet, dessen Maximum die optimale Alternative a_{opt} bestimmt:

$$a_{\text{opt}} = \max_i \left(\frac{1}{n} \sum_{p=1}^{n} u_{ip} \right).$$

Entsprechend der LAPLACE-REGEL ist die Alternative a_4 die zu präferierende Alternative (vgl. Tab. 3.21). Wesentlich für dieses Vorgehen ist die Einschätzung, dass für alle Zukunftslagen die gleiche Eintrittswahrscheinlichkeit vorliegt, was selten der Fall sein dürfte.[88]

Savage-Niehans-Regel[89] Dieses Vorgehen – auch als „Minimax-Regret-Regel“ bzw. „Regel des geringsten Bedauerns“ bezeichnet – besteht aus zwei Schritten: Im ersten Schritt ist aus der Ergebnismatrix die Matrix der Opportunitätskosten (Matrix des Bedauerns) zu ermitteln. Dazu wird der „Bedauernswert“ b_{ip} für jede Alternative und jeden Umweltzustand nach folgender Berechnungsvorschrift ermittelt:

$$b_{ip} = \max_i u_{ip} - u_{ip}.$$

Dies ist die Differenz aus dem Nutzen der gewählten Alternative und dem Nutzen der optimalen Alternative und gibt den Nutzenentgang an, der dann resultiert, wenn anstelle der optimalen Alternative die Alternative a_i gewählt wurde. Je größer diese Differenz,

[88] JAKOB BERNOULLI stellte 1713 fest: „*Wir sind also dahin gelangt, dass wir zuerst die Zahl dieser Fälle genau ermitteln und dann bestimmen, um wieviel die einen Fälle leichter als die anderen eintreten können. Und hier scheint uns gerade die Schwierigkeit zu liegen, da nur für die wenigsten Erscheinungen und fast nirgends anders als in Glücksspielen dies möglich ist; die Glücksspiele wurden aber [...] so eingerichtet, dass [...] alle Fälle mit gleicher Leichtigkeit eintreten können. Bei den weitaus meisten andern Erscheinungen aber, welche von dem Walten der Natur oder von der Willkür der Menschen abhängen, ist dies keineswegs der Fall.*“ Bernoulli (1999: 246).

[89] Benannt nach JÜRG NIEHANS (1919–2007) und LEONARD SAVAGE (1917–1971), die die Regel unabhängig voneinander entwickelten. Vgl. Savage (1951); Niehans (1948).

Tab. 3.22 Darstellung der maximalen Alternativen. Quelle: Eigene Darstellung

	z_1	z_2	z_3	z_4
$\max_i(u_{ip})$	**15**	**9**	**15**	**10**

desto größer ist der entgangene Nutzen und auch das „Bedauern"[90] auf Seiten des Entscheidungsträgers. Ziel des Akteurs ist die Reduktion dieses Bedauerns, d. h. die optimale Alternative resultiert aus:[91]

$$a_{\text{opt}} = \min_i \left(\max_p b_{ip} \right)$$

$$a_{\text{opt}} = \min_i \left[\max_p \left(\max_i u_{ip} - u_{ip} \right) \right].$$

Mit den bisher verwendeten Eingangsdaten ergeben sich die Maximalwerte für jeden Umweltzustand, wie sie in Tab. 3.22 dargestellt sind.

Bei Verwendung dieser Maximalwerte ergeben sich die Werte des Bedauerns bzw. die Matrix der Opportunitätskosten in Tab. 3.23. Die optimale Alternative ist a_4.

Die Darstellungen verdeutlichen, dass es sich bei diesem Prinzip um die Anwendung der Minimax-Regel auf die Matrix der Opportunitätskosten handelt, d. h. der minimale Wert des maximalen Nachteils jeder Alternative wird ermittelt. Es kann jedoch gezeigt werden, dass diese Regel die Anforderung nach Indifferenz gegenüber irrelevanten Alternativen verletzt.[92] Als Beispiel wird in dem bisher diskutierten Fall die Alternative a_7 eingeführt. Dies führt zu den Ergebnissen in Tab. 3.24.

Diese Alternative verändert keine der bisher ermittelten Ergebnisse, jedoch führt sie dazu, dass sich die Maximalvarianten der verschiedenen Umweltzustände entsprechend Tab. 3.24 ändern. Auch wenn die neue Alternative entsprechend der Regel des geringsten Bedauerns nicht als optimale Alternative gewählt wird, führt sie zu einer Veränderung der bisher mit dieser Regel ermittelten Alternative. Damit verändert sich die Matrix der

Tab. 3.23 Anwendung der Regel des geringsten Bedauerns. Quelle: Eigene Darstellung auf Basis der Eingangsdaten von Tab. 3.17

Zustand / Aktion	z_1	z_2	z_3	z_4	$\max_p b_{ip}$	
a_2	$b_{21} = 11$	$b_{22} = 0$	$b_{23} = 7$	$b_{24} = 4$	11	
a_4	$b_{41} = 0$	$b_{42} = 6$	$b_{43} = 0$	$b_{44} = 6$	6	$\Leftarrow min$
a_5	$b_{51} = 9$	$b_{52} = 1$	$b_{53} = 3$	$b_{54} = 2$	9	
a_6	$b_{61} = 9$	$b_{62} = 4$	$b_{63} = 5$	$b_{64} = 0$	9	

[90] Diese – zumindest sprachlich – auf emotionale Aspekte des Akteurs hinweisende Bezeichnung bezieht sich auf den Aspekt der Opportunitätskosten bzw. des entgangenen Nutzens und ist deshalb kennzeichnend für den rationalen Akteur der präskriptiven Entscheidungstheorie.

[91] Vgl. Laux/Gillenkirch/Schenk-Mathes (2014: 88).

[92] Vgl. Krelle (1968: 189); Yager (2004: 112).

Tab. 3.24 Einführung einer irrelevanten Alternative. Quelle: Eigene Darstellung

Eigenschaften der Alternative				
Zustand / Aktion	z_1	z_2	z_3	z_4
a_7	5	13	10	5
⇒ Resultierende Maximalwerte der Umweltzustände				
$\max_i (u_{ip})$	**15**	**13**	**15**	**10**

Opportunitätskosten und die daraus resultierende Reihenfolge dergestalt, dass die Alternativen a_5 und a_6 optimal sind (vgl. Tab. 3.25).

Regeln auf Basis des „Frohlockens" Neben der Regel des Bedauerns wird in der Literatur auch eine „Regel des Frohlockens" diskutiert.[93] Dieser Regel liegt der Gedanke zugrunde, dass sich der Akteur darüber freut, dass es nicht ganz so schlimm gekommen ist, wie es schlimmstenfalls hätte kommen können. Während bei der SAVAGE-NIEHANS-Regel das Bedauern über die Opportunitätskosten als Argumentationsbasis dient, steht im Zentrum der „Regel des Frohlockens" die Freude über nicht realisierte Verluste. Dazu wird der „Wert des Frohlockens" f_{ip} für jede Alternative und jeden Umweltzustand nach folgender Berechnungsvorschrift ermittelt:

$$f_{ip} = u_{ip} - \min_i u_{ip}.$$

Je größer diese Differenz, desto größer ist der nicht realisierte Verlust und demzufolge auch das „Frohlocken". Ähnlich wie bei der SAVAGE-NIEHANS-Regel ist die Tabelle mit den Ausgangswerten umzuwandeln in eine Matrix des Frohlockens (vgl. Tab. 3.26).

Mit den Daten aus der Tab. 3.26 ergeben sich die „Frohlocken"-Werte in Tab. 3.27.

Nach der Ermittlung der „Frohlocken"-Werte ist die Frage zu beantworten, welches Kriterium darauf angewendet wird. Prinzipiell möglich sind das Minimax-Kriterium, das Maximax-Kriterium oder ein Prinzip, welches dem HURWICZ-Prinzip entspricht. Wenn

Tab. 3.25 Einfluss der irrelevanten Alternative a_7. Quelle: Eigene Darstellung auf Basis der Eingangsdaten von Tab. 3.17

Zustand / Aktion	z_1	z_2	z_3	z_4	$\max_p b_{ip}$	
a_2	$b_{21} = 11$	$b_{22} = 4$	$b_{23} = 7$	$b_{24} = 4$	11	
a_4	$b_{41} = 0$	$b_{42} = 10$	$b_{43} = 0$	$b_{44} = 6$	10	
a_5	$b_{51} = 9$	$b_{52} = 5$	$b_{53} = 3$	$b_{54} = 2$	9	$\Leftarrow min$
a_6	$b_{61} = 9$	$b_{62} = 8$	$b_{63} = 5$	$b_{64} = 0$	9	$\Leftarrow min$
a_7	$b_{61} = 10$	$b_{62} = 0$	$b_{63} = 5$	$b_{64} = 5$	10	

[93] Vgl. Bitz (1981: 71–72).

Tab. 3.26 Darstellung der minimalen Alternative. Quelle: Eigene Darstellung

Zustand / Aktion	z_1	z_2	z_3	z_4
a_2	4	9	8	6
a_4	15	3	15	4
a_5	6	8	12	8
a_6	6	5	10	10
Minimale Alternative $\min_i(u_{ip})$				
	4	**3**	**8**	**4**

Tab. 3.27 Anwendung der Regel des Frohlockens. Quelle: Eigene Darstellung auf Basis der Eingangsdaten von Tab. 3.17

Zustand / Aktion	z_1	z_2	z_3	z_4	$\max_p f_{ip}$	
a_2	$f_{21} = 0$	$f_{22} = 6$	$f_{23} = 0$	$f_{24} = 2$	6	
a_4	$f_{41} = 11$	$f_{42} = 0$	$f_{43} = 7$	$f_{44} = 0$	11	$\Leftarrow max$
a_5	$b_{51} = 2$	$f_{52} = 5$	$f_{53} = 4$	$f_{54} = 4$	5	$\Leftarrow min$
a_6	$b_{61} = 2$	$f_{62} = 2$	$f_{63} = 2$	$f_{64} = 6$	6	

das Maximax-Prinzip zur Anwendung kommt, ist Alternative a_4 optimal. Wird hingegen das Minimax-Prinzip verwendet, ist a_5 optimal. Wichtig ist in diesem Zusammenhang, dass die Wahl des Prinzips auf der Grundlage der abzubildenden Entscheidung erfolgt.[94]

3.1.3.2 Entscheidungen bei Risiko

3.1.3.2.1 Grundlagen

Wenn dem Akteur die Eintrittswahrscheinlichkeiten bekannt sind, liegt eine Entscheidung unter Risiko vor. Um mit den Eintrittswahrscheinlichkeiten so arbeiten zu können, wie es im Folgenden dargestellt wird, sind einige Grundannahmen vorzustellen. Gegeben sind n Zustände $z_p(p = 1, \ldots, n)$, für welche die Eintrittswahrscheinlichkeiten $w(z_p)$ bekannt sind und die den Zustandsraum Z aufspannen. Für diese Wahrscheinlichkeiten muss folgendes gelten:[95]

Anforderung 3.1 *Jedem Umweltzustand kann eine Eintrittswahrscheinlichkeit gleich oder größer als null zugeordnet werden. Es gilt:* $w(z_p) \geq 0 \forall z_p \in Z$ *und* $p = 1, \ldots, n$.

Anforderung 3.2 *Die Wahrscheinlichkeit, dass mindestens ein Zustand eintritt, ist gleich 1. Es gilt:* $w(z_1 \cup z_2 \cup \ldots \cup z_n) = 1$.

[94] Vgl. Bitz (1981: 72).

[95] Vgl. Berens/Delfmann/Schmitting (2004: 73).

Tab. 3.28 Ausgangsdaten der Entscheidung unter Risiko. Quelle: Eigene Darstellung

Aktion	Zustand / Wahrscheinlichkeit $w(z_p)$	z_1	z_2	z_3	z_4
		0,1	0,2	0,5	0,2
a_2		4	9	8	6
a_4		15	3	15	4
a_5		6	8	12	8
a_6		6	5	10	10

Anforderung 3.3 *Die Wahrscheinlichkeit des Eintritts zweier Ereignisse entspricht den addierten Einzelwahrscheinlichkeiten dieser Ereignisse. Es gilt:* $w(z_j \cup z_k) = w(z_j) + w(z_k)$ *sowie* $z_j \cap z_k = \emptyset \forall z_j, z_k \in Z$.

Um zwischen mehreren Alternativen eine optimale Variante auswählen zu können, kann – zu den bereits vorgestellten Dominanzarten[96] – als weiteres Kriterium die stochastische Dominanz bzw. Wahrscheinlichkeitsdominanz herangezogen werden.[97] In Anlehnung an die bisher vorgestellten Dominanzarten werden die Ergebnisse der Alternativen in den unterschiedlichen Zuständen miteinander verglichen. Es wird untersucht, mit welcher Wahrscheinlichkeit eine Alternative einen Ergebniswert $u*$ erreicht. Dazu müssen die möglichen Ergebnisse der Alternative beginnend mit dem schlechtesten Ergebnis aufsteigend geordnet werden. Werden die Ergebnisse mit u_s bezeichnet, wobei $s = 1,2\ldots S$, so muss von zwei beliebigen Ergebnissen das größere einen höheren Index s erhalten. Der Term $w(u_s)$ bezeichnet die Eintrittswahrscheinlichkeit des Ergebnisses u_s. Dann kann für jede Alternative a_i die Verteilungsfunktion für den Eintritt des Ergebnisses $F_{a_i}(u_{s*})$ nach der folgenden Vorschrift ermittelt werden:

$$F_{a_i}(u_s*) = \sum_{s=1}^{s*} w(u_s).$$

Zum besseren Verständnis werden für die bisher betrachteten Alternativen Wahrscheinlichkeiten für das Eintreten der Zustände angenommen (vgl. Tab. 3.28).

Damit werden die Verteilungsfunktionen für die Alternativen ermittelt (vgl. Tab. 3.29).

In der Abb. 3.7 sind die Verteilungsfunktionen der Alternativen a_2 und a_5 abgebildet.

Auf dieser Basis können die Wahrscheinlichkeiten für das Überschreiten von Nutzenwerten ermittelt werden. Die Wahrscheinlichkeit, dass bei einer Alternative a_i ein Nutzenwert u_s eintritt, der größer ist als der Wert u_{s*}, wird bezeichnet als $Pr_{a_i}(u_s > u_{s*})$ und resultiert aus:[98]

$$Pr_{a_i}(u_s > u_{s*}) = 1 - F_{a_i}(u_{s*}).$$

[96] Vgl. Definitionen 3.2 und 3.3.

[97] Vgl. Laux/Gillenkirch/Schenk-Mathes (2014: 98–102).

[98] Vgl. Laux/Gillenkirch/Schenk-Mathes (2014: 100); Kruschwitz/Husmann (2012: 463).

Tab. 3.29 Verteilungsfunktion der Alternativen. Quelle: Eigene Darstellung auf Basis der Eingangsdaten von Tab. 3.28

	0	1	2	3	4	5	6	8	9	10	12	14	15
a_2	0	0	0	0	0,1	0,1	0,3	0,8	1	1	1	1	1
a_4	0	0	0	0,2	0,4	0,4	0,4	0,4	0,4	0,4	0,4	0,4	1
a_5	0	0	0	0	0	0	0,1	0,5	0,5	0,5	1	1	1
a_6	0	0	0	0	0	0,2	0,3	0,3	0,3	1	1	1	1

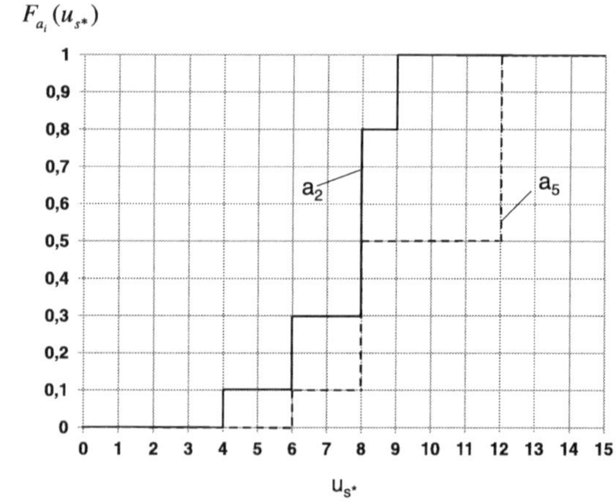

Abb. 3.7 Verteilungsfunktionen der Alternativen a_2 und a_5. Quelle: Eigene Darstellung, auf Basis der Eingangsdaten von Tab. 3.29 und in Anlehnung an: Laux/Gillenkirch/Schenk-Mathes (2014: 102)

Mit den Eingangsdaten aus der Tab. 3.28 werden über die Verteilungsfunktion aus Tab. 3.29 auf dieser Grundlage die Wahrscheinlichkeiten ermittelt, dass eine Alternative einen bestimmten Nutzenwert überschreitet (vgl. Tab. 3.30).

Die Wahrscheinlichkeiten aus Tab. 3.30 bilden die Basis für die Erstellung der Risikoprofile. In der Abb. 3.8 sind die Risikoprofile der Alternativen a_2 und a_5 abgebildet. Es wird deutlich, dass die Alternative a_5 mit einer Wahrscheinlichkeit von 50 % den Wert 12 überschreitet, wohingegen Alternative a_2 diesen Wert nie erreicht, so dass die Wahrscheinlichkeit gleich null ist. Für beide Alternativen beträgt die Wahrscheinlichkeit, Werte zu erreichen, die größer sind als 12, gleich null.

Tab. 3.30 Wahrscheinlichkeiten für das Überschreiten von Ereignissen. Quelle: Eigene Darstellung auf Basis der Eingangsdaten von Tab. 3.28

	0	1	2	3	4	5	6	8	9	10	12	14	15
a_2	1	1	1	1	0,9	0,9	0,7	0,2	0	0	0	0	0
a_4	1	1	1	0,8	0,6	0,6	0,6	0,6	0,6	0,6	0,6	0,6	0
a_5	1	1	1	1	1	1	0,9	0,5	0,5	0,5	0	0	0
a_6	1	1	1	1	1	0,8	0,7	0,7	0,7	0	0	0	0

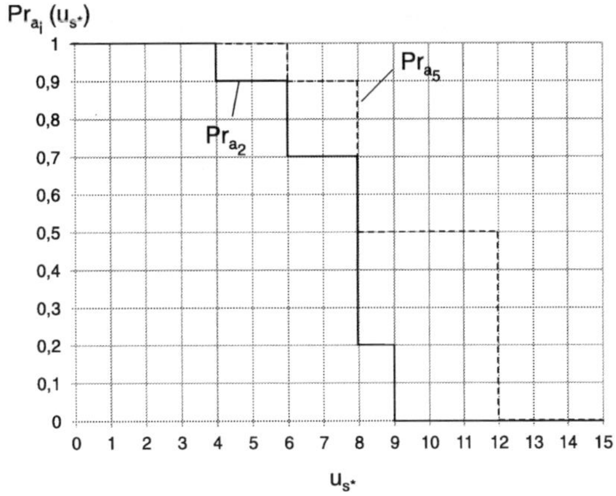

Abb. 3.8 Risikoprofile der Alternativen a_2 und a_5. Quelle: Eigene Darstellung auf Basis der Daten aus Tab. 3.30 und in Anlehnung an: Busse von Colbe/Laßmann/Witte (2015: 215); Klein/Scholl (2011: 411)

Mit den Risikoprofilen kann der Dominanzbegriff geklärt werden. Eine Aktion $a_q \in A$ heißt genau dann wahrscheinlichkeitsdominant bezüglich der Aktion $a_i \in A$, wenn gilt:[99]

$$Pr_{a_q}(u_s > u_{s*}) \geq Pr_{a_i}(u_s > u_{s*}) \quad \forall u_{s*} \quad \text{und}$$
$$Pr_{a_q}(u_s > u_{s*}) > Pr_{a_i}(u_s > u_{s*}) \quad \text{für mindestens ein } u_{s*}.$$

Aus der Abb. 3.8 ist ersichtlich, dass die Alternative 5 die Alternative 2 dominiert. Neben der stochastischen Dominanz erster Ordnung können die Alternativen auch auf stochastische Dominanz zweiter Ordnung geprüft werden. Die Darstellung dieser Dominanzform findet jedoch nicht an dieser Stelle, sondern erst im Zusammenhang mit der Risikoanalyse statt.[100]

Nachdem die Alternativen auf stochastische Dominanz untersucht wurden, ist diejenige Alternative zu identifizieren, welche optimal ist. Dazu stehen unter Berücksichtigung des Risikos die folgenden Gruppen von Entscheidungsregeln bzw. -prinzipien zur Auswahl:[101]

- **Klassische Entscheidungsregeln:** Diese basieren auf dem Erwartungswert und integrieren zusätzlich zu diesem weitere Parameter der Ergebnisverteilung in die Analyse. Streng genommen wird damit die Entscheidung unter Risiko in eine multikriterielle Entscheidung transformiert, da diese ergänzenden Parameter gemeinsam in die Entscheidung einfließen.
- **BERNOULLI-Prinzip:** Dieses Prinzip versucht im Gegensatz zu den klassischen Regeln, das Risiko durch eine übergeordnete Nutzenfunktion zu berücksichtigen.

[99] Vgl. Klein/Scholl (2011: 411); Laux/Gillenkirch/Schenk-Mathes (2014: 100).
[100] Vgl. Abschn. 7.4.
[101] Vgl. Adam (1997: 241).

3.1.3.2.2 Klassische Entscheidungsregeln

Als klassische Regeln werden im folgenden Abschnitt:

- die BAYES-Regel,
- das μ-σ-Prinzip,
- das μ-ρ-Prinzip sowie
- das HODGES-LEHMANN-Prinzip

vorgestellt. Es sei an dieser Stelle nochmals auf die Differenzierung von Entscheidungsprinzip und Entscheidungsregel hingewiesen.[102]

Bayes-Regel (μ-Regel)[103] Entsprechend dieser Regel orientiert sich der Entscheidungsträger ausschließlich an dem Erwartungswert μ_i einer Alternative, der wie folgt ermittelt wird:

$$\mu_i = \sum_{p=1}^{n} u_{ip} \cdot w_p.$$

Offensichtlich handelt es sich dabei um die Summe der Produkte aus der Eintrittswahrscheinlichkeit und dem Wert des Handlungsergebnisses der Alternative. Gesucht ist diejenige Alternative mit dem höchsten Erwartungswert, weshalb die optimale Alternative a_{opt} definiert wird durch:[104]

$$a_{\text{opt}} = \max_i (\mu_i) = \max_i \left(\sum_{p=1}^{n} u_{ip} \cdot w_p \right).$$

Tab. 3.31 enthält das Anwendungsbeispiel der BAYES-Regel. Optimal ist demnach die Alternative a_4.

Die BAYES-Regel ist leicht verständlich und einfach umzusetzen. Zu kritisieren ist, dass die Regel lediglich bei Risikoneutralität des Akteurs eine zutreffende Entscheidung ermöglicht. Dies liegt darin begründet, dass die subjektive Einstellung bzw. Einschätzung des Akteurs zu den verschiedenen Kombinationen aus Eintrittswahrscheinlichkeit und Ergebnisgröße nicht explizit berücksichtigt wird.[105]

Erwartungswert-Standardabweichungs-Prinzip (μ-σ-Prinzip) Dieses Prinzip integriert die Standardabweichung als quasi-Risikoindikator in die Betrachtung. Die

[102] Vgl. Abschn. 3.1.3.1.
[103] Benannt nach dem Begründer THOMAS BAYES (1702–1761).
[104] Vgl. Berens/Delfmann/Schmitting (2004: 74).
[105] Vgl. Bamberg/Coenenberg/Krapp (2012: 92); Laux/Gillenkirch/Schenk-Mathes (2014: 104).

Tab. 3.31 Anwendung der BAYES-Regel. Quelle: Eigene Darstellung auf Basis der Eingangsdaten von Tab. 3.28

Aktion	Zustand / Wahrscheinlichkeit w_p	z_1	z_2	z_3	z_4	$\mu_i = \sum_{p=1}^{n} u_{ip} \cdot w_p$	
	Wahrscheinlichkeit w_p	0,1	0,2	0,5	0,2		
a_2		4	9	8	6	7,40	
a_4		15	3	15	4	10,40	$\Leftarrow max$
a_5		6	8	12	8	9,80	
a_6		6	5	10	10	8,60	

Ermittlung der Standardabweichung σ_i geschieht entsprechend:

$$\sigma_i = \sqrt{\sum_{p=1}^{n} w_p \cdot \left(\mu_i - u_{ip}\right)^2}.$$

Um zu einer Entscheidung zu gelangen, muss ein Risikopräferenzfaktor γ eingeführt werden. Dieser drückt die Berücksichtigung der Standardabweichung bei der Ermittlung der optimalen Alternative aus, die wie folgt ermittelt wird:[106]

$$a_{\text{opt}} = \max_i \left(\mu_i - \gamma \cdot \sigma_i\right).$$

Der Risikopräferenzfaktor γ bringt die subjektive Risiko-Einstellung des Akteurs zum Ausdruck. Zur Erläuterung werden zwei Alternativen a_1 und a_2 betrachtet. Alternative a_1 weist denselben Erwartungswert auf wie Alternative a_2, verfügt jedoch über eine größere Standardabweichung. Ein **risikofreudiger Akteur** bevorzugt von diesen zwei Alternativen die Alternative a_1, da diese die größere Standardabweichung aufweist. Ein **risikoneutraler Akteur** hingegen ist indifferent gegenüber den beiden Alternativen. Ein **risikoscheuer Akteur** entscheidet sich für Alternative a_2, da diese die geringere Standardabweichung besitzt. Bei der Festlegung des Faktors γ ist zu berücksichtigen:

- bei Risikoneutralität gilt: $\gamma = 0$,
- bei Risikoaversion gilt: $\gamma > 0$ und
- bei Risikofreude gilt: $\gamma < 0$.

Tab. 3.32 zeigt die Ergebnisse der Verwendung der μ-σ-Regel für unterschiedliche γ-Parameter.

Der risikoscheue Akteur bevorzugt die Alternative a_5, ein risikofreudiger Investor hingegen würde die Alternative a_4 bevorzugen. Das bedeutet: ein Akteur, der nach dem

[106] Vgl. Bitz (1981: 102); Berens/Delfmann/Schmitting (2004: 75).

Tab. 3.32 Anwendung des μ-σ-Prinzips. Quelle: Eigene Darstellung auf Basis der Eingangsdaten von Tab. 3.28

Aktion	Zustand w_p	z_1 0,1	z_2 0,2	z_3 0,5	z_4 0,2	μ_i	σ_i	$\gamma = 0{,}5$	$\gamma = -0{,}5$
a_2		4	9	8	6	7,40	1,50	6,652	8,148
a_4		15	3	15	4	10,40	5,64	7,579	13,221
a_5		6	8	12	8	9,80	2,27	8,665	10,936
a_6		6	5	10	10	8,60	2,15	7,523	9,677

μ-σ-Prinzip vorgeht, wird als **risikoscheu** bezeichnet, wenn er von zwei beliebigen Alternativen mit **demselben Erwartungswert** jene mit der **kleineren Standardabweichung** bevorzugt.

Der Parameter γ hat also einen entscheidenden Einfluss auf das Ergebnis. Durch die Festlegung des Wertes des Risikoparameters γ kann es dazu kommen, dass eine Alternative, die im Rahmen der Überprüfung auf Zustandsdominanz als ineffizient ausgeschlossen wurde, nun wiederum als optimale Alternative resultiert.

Um dies zu zeigen, wird hier auf die ursprünglich verfügbaren Alternativen zurückgegriffen.[107] Alternative a_3 wurde von der weiteren Betrachtung ausgeschlossen, da diese durch die Alternative a_4 zustandsdominiert wurde. Wird zur Entscheidungsfindung der Wert $\gamma = -1$ verwendet – geht man also von einem sehr stark risikofreudigen Akteur aus – so ergeben sich folgende Werte:

Alternative	a_2	a_3	a_4	a_5	a_6
$\Phi(\mu_i, \sigma_i)$ bei $\gamma = -1$	8,897	16,200	16,043	12,072	10,754

Alternative a_3 erscheint nun als optimale Alternative. Damit wird gegen das Prinzip der Zustandsdominanz verstoßen.

Das μ-σ-Prinzip ist einfach einzusetzen und leicht verständlich. Jedoch ist das Prinzip – wie oben demonstriert – unvereinbar mit dem Kriterium der Zustandsdominanz und kann u. U. gegen das Prinzip der Invarianz verstoßen.[108]

Erwartungswert-Semistandardabweichungs-Prinzip Beim μ-ρ-Prinzip werden lediglich die unerwünschten Abweichungen vom Erwartungswert berücksichtigt. Demzufolge wird ein risikoscheuer Akteur vorausgesetzt, das Hauptaugenmerk liegt auf der Risikovermeidung. Dazu wird anstelle der Standardabweichung σ die Semistandardabweichung ρ verwendet, die wie folgt ermittelt wird:[109]

$$\rho_i = \sqrt{\sum_{p=1}^{n} w_p \cdot \left(\max\left[0; \mu_i - u_{ip}\right]\right)^2}.$$

[107] Vgl. Tab. 3.17.

[108] Vgl. Laux/Gillenkirch/Schenk-Mathes (2014: 107–109); Bamberg/Trost (1996: 652–654).

[109] Vgl. Klein/Scholl (2011: 415).

Tab. 3.33 Anwendung des μ-ρ-Prinzips. Quelle: Eigene Darstellung auf Basis der Eingangsdaten von Tab. 3.28

Aktion	Zustand w_p	z_1 0,1	z_2 0,2	z_3 0,5	z_4 0,2	μ_i	ρ_i	$\mu_i - \gamma \cdot \rho_i$	
a_2		4	9	8	6	7,40	1,244	6,778	
a_4		15	3	15	4	10,40	4,375	8,212	
a_5		6	8	12	8	9,80	1,655	8,972	$\Leftarrow max$
a_6		6	5	10	10	8,60	1,808	7,696	

Die optimale Alternative folgt damit aus:

$$a_{\text{opt}} = \max_i \left(\mu_i - \gamma \cdot \rho_i\right),$$

wobei γ den aus dem μ-σ-Prinzip bekannten Risikoparameter darstellt. Im Kontext des μ-ρ-Prinzips sind jedoch nur Werte mit $\gamma > 0$ sinnvoll. Tab. 3.33 zeigt die Ergebnisse bei Anwendung des μ-ρ-Prinzips unter Verwendung von $\gamma = 0{,}5$. Es ist ersichtlich, dass die Alternative a_5 optimal ist.

Dieses Prinzip bildet die Risikoaversion besser ab als das μ-σ-Prinzip, unterliegt jedoch in Bezug auf andere Facetten denselben Einschränkungen.[110]

Hodges-Lehmann-Prinzip[111] Dieses – 1952 entwickelte – Entscheidungsprinzip[112] kombiniert die BAYES-Regel und die Minimax-Regel mittels einem vom Akteur zu bestimmenden Vertrauensparameter. Deshalb erinnert es auch an das HURWICZ-Prinzip. Der Vertrauensparameter ε mit $0 \leq \varepsilon \leq 1$ beschreibt dabei das Vertrauen in die Informationen bezüglich der vorliegenden Wahrscheinlichkeitsverteilungen. Mit diesem Vertrauensparameter wird das Alternativenminimum – also die schlechteste Ausprägung einer jeden Alternative (Worst-Case-Fall) – sowie der Erwartungswert der Alternative gewichtet. Die Zielfunktion lautet:[113]

$$a_{\text{opt}} = \max_i \left[\varepsilon \mu_i + (1-\varepsilon)\left(\min_p u_{ip}\right)\right].$$

Bei einem Wert von $\varepsilon = 1$ ist das Vertrauen sehr groß und es resultiert eine reine BAYES-Regel. Bei einem Wert von $\varepsilon = 0$ ist das Vertrauen sehr klein und es resultiert eine reine Minimax-Regel. Wird das bisherige Beispiel fortgeführt und zur Entscheidungsfindung nach dem HODGES-LEHMANN-Prinzip der Wert $\varepsilon = 0{,}50$ verwendet – geht man also von einem sehr stark risikofreudigen Akteur aus – so ergeben sich die Werte in Tab. 3.34.

Alternative a_5 ist bei Verwendung dieses Prinzips die optimale Alternative.

[110] Vgl. Klein/Scholl (2011: 415).

[111] Benannt nach den Begründern JOSEPH L. HODGES, JR. (1922–2000) und ERICH L. LEHMANN (1917–2009).

[112] Vgl. Hodges/Lehmann (1952).

[113] Vgl. Bitz (1981: 105–106); Klein/Scholl (2011: 416).

Tab. 3.34 Anwendung des HODGES-LEHMANN-Prinzips. Quelle: Eigene Darstellung auf Basis der Eingangsdaten von Tab. 3.28

Aktion	Zustand	z_1	z_2	z_3	z_4			
	w_p	0,1	0,2	0,5	0,2	μ_i	$\varepsilon\ \mu_i + (1-\varepsilon)\left(\min\limits_p u_{ip}\right)$	
a_2		4	9	8	6	7,40	5,70	
a_4		15	3	15	4	10,40	6,70	
a_5		6	8	12	8	9,80	7,90	$\Leftarrow max$
a_6		6	5	10	10	8,60	6,80	

3.1.3.2.3 Bernoulli-Prinzip

Das BERNOULLI-Prinzip postuliert für jeden Entscheidungsträger eine subjektive Risikonutzenfunktion (RNF) und eine damit verbundene Risikoeinstellung.[114] Ausgangspunkt der Entwicklung der Erwartungsnutzentheorie war das folgende Paradoxon: Es sei die Durchführung einer Lotterie betrachtet, welche aus dem Wurf einer Münze besteht (das sog. *St.-Petersburg-Spiel*).[115] Der Spieler wettet darauf, dass entweder „Kopf" oder „Zahl" fällt und muss für die Teilnahme einen Betrag I_0 entrichten. Wenn die vom Spieler gesetzte Situation eintritt (d. h. „Kopf" oder „Zahl"), ist das Spiel beendet. Die Höhe des Gewinns hängt dabei von der Anzahl der Versuche ab. Bei einem Versuch ist $G = 2$ €, bei zwei Versuchen ist $G = 4$ €, bei drei Versuchen folgt $G = 8$ €, so dass für v Versuche formuliert werden kann: $G_v = 2^v$ €. Die Wahrscheinlichkeit, dass die vom Spieler avisierte Situation eintritt, resultiert mit:

$$w_v = \left(\frac{1}{2}\right)^v.$$

Wird auf diese Situation das BAYES-Prinzip angewendet,[116] ergibt sich das folgende zu erwartende Spielergebnis der Lotterie L:[117]

$$\mu(L) = \frac{1}{2}\cdot 2 + \frac{1}{4}\cdot 4 + \frac{1}{8}\cdot 8 + \cdots = \sum_{v=1}^{\infty}\left(\frac{1}{2}\right)^v \cdot 2^v = \sum_{v=1}^{\infty} 1^v = \infty.$$

Der Erwartungswert ist demzufolge unendlich hoch, was bei einem rational handelnden Akteur zur Folge haben müsste, dass er bereit wäre, als Teilnahmebetrag I_0 einen beliebig hohen Betrag auszugeben. Dies ist jedoch in der Realität nicht der Fall, was als

[114] Dieses Prinzip wurde 1738 von DANIEL BERNOULLI begründet. Vgl. Laux/Gillenkirch/Schenk-Mathes (2014: 105). Für die spätere Übersetzung vgl. Bernoulli (1954). Zu dem Prinzip für Entscheidungen unter Ungewissheit, das sein Onkel JAKOB BERNOULLI entwickelte, vgl. Abschn. 3.1.3.1.
[115] Vgl. Schneider (1981: 238–240); Kruschwitz (2014: 301–302).
[116] Vgl. Abschn. 3.1.3.2.2.
[117] Vgl. Klein/Scholl (2011: 425).

St.-Petersburg-Paradox bezeichnet wird. Zur Lösung dieses Dilemmas ist es erforderlich, auf Seiten des Akteurs zusätzlich zur Höhenpräferenz auch die Sicherheitspräferenz zu berücksichtigen. BERNOULLI schlug deshalb vor, dass zu einem Vergleich von Alternativen nicht die Ergebnisse selbst mit Wahrscheinlichkeiten gewichtet werden, sondern diejenigen Werte verwendet werden, die nach der Transformation von Ergebnis- in Nutzenwerte entstehen. Der Akteur kann den **Erwartungsnutzen** einer Alternative EN_i zur Entscheidungsfindung heranziehen. Dieser ergibt sich aus dem mit der Eintrittswahrscheinlichkeit gewichteten ***Risikonutzen*** $RN(e_{ip})$ der Ergebnisse der Alternative i in allen Zuständen p. Auf diese Weise wird die Alternative mit dem höchsten Wert des Erwartungsnutzens ermittelt, was die optimale Alternative darstellt.[118] Die optimale Alternative a_{opt} folgt damit:

$$a_{\text{opt}} = \max_i EN_i = \max_i \sum_{p=1}^{n} RN(e_{ip}) \cdot w_p.$$

Dieser frühe Ansatz von BERNOULLI wurde durch VON NEUMANN und MORGENSTERN reaktiviert und zur Grundlage der Erwartungsnutzentheorie verwendet.[119] Der Nutzen, den eine Kombination aus Ergebnis und Eintrittswahrscheinlichkeit besitzt, ist demnach subjektiv unterschiedlich. Wichtig für die weitere Darstellung ist die Annahme einer streng monoton steigenden RNF $RN(e)$, die impliziert, dass es sich bei den Ergebnissen der Handlungsalternativen um positiv bewertete Ergebnisgrößen (z. B. Gewinn, Kapitalwert, Rückflüsse) handelt. Deshalb gilt für die erste Ableitung des Nutzens RN nach dem Ergebnis e:[120] $\frac{\partial RNF}{\partial e} > 0$.

Als Referenzpunkt für die Bezeichnung der verschiedenen Risikoneigungen wird der Begriff des „**Sicherheitsäquivalentes**" (SÄ) verwendet. Ist der Akteur indifferent zwischen einer sicheren Auszahlung S und einer zufallsabhängigen Auszahlung Z, so ist $S\ddot{A}$ das Sicherheitsäquivalent zu Z. Die Differenz zwischen S und Z wird als Risikoprämie RP bezeichnet, es folgt $RP = Z - S\ddot{A}$.[121] Es werden die drei folgenden, grundlegenden Fälle der Risikoeinstellung unterschieden:[122]

- **Risikoneutralität:** Das $S\ddot{A}$ der subjektiven RNF entspricht dem Erwartungswert der Zufallsverteilung. Der Akteur ist beiden Zuständen gegenüber indifferent. Er wäre deshalb weder bereit, eine Prämie für die Teilnahme an der unsicheren Situation zu zahlen, noch für den Erhalt der sicheren Zahlung auf einen Teil zu verzichten. Eine Risikoprämie existiert nicht. Die RNF verläuft linear steigend, da: $\frac{\partial^2 RNF}{\partial e^2} = 0$.

[118] Vgl. Bamberg/Coenenberg/Krapp (2012: 75); Rommelfanger/Eickemeier (2002: 72).
[119] Vgl. Neumann/Morgenstern (1944: 16–30). JOHN VON NEUMANN (1903–1957) und OSKAR MORGENSTERN (1902–1977).
[120] Vgl. Bitz (1981: 162).
[121] Vgl. Schneeweiß (1991: 197–200).
[122] Vgl. Schäfer (2005: 242–247); Eisenführ/Weber/Langer (2010: 262–263); Bitz (1981: 162).

- **Risikoaversion:** Das $S\ddot{A}$ der subjektiven RNF ist geringer als der Erwartungswert der Zufallsverteilung. Der Akteur bevorzugt die sichere Alternative. Er wäre deshalb bereit, für den Erhalt der sicheren Zahlung einen Abschlag auf den Erwartungswert hinzunehmen. Die Risikoprämie ist demzufolge positiv, was als Risikoabschlag bezeichnet wird. Die RNF verläuft degressiv steigend, da: $\frac{\partial^2 RNF}{\partial e^2} < 0$.
- **Risikofreude:** Das $S\ddot{A}$ der subjektiven RNF ist größer als der Erwartungswert der Zufallsverteilung. Der Akteur bevorzugt die unsichere Alternative. Er wäre deshalb bereit, für die Teilnahme an der unsicheren Alternative einen Zuschlag auf das $S\ddot{A}$ zu zahlen. Die Risikoprämie ist negativ, was als Risikozuschlag bezeichnet wird. Die RNF verläuft progressiv steigend, da: $\frac{\partial^2 RNF}{\partial e^2} > 0$.

Zum besseren Verständnis wird ein Akteur betrachtet, der zwischen den folgenden Alternativen wählen kann:

- a_1: sichere Geldanlage mit dem Ergebnis von X €,
- a_2: risikobehaftete Geldanlage, die mit 50 %ger Wahrscheinlichkeit 0 € erzielt, und mit 50 %ger Wahrscheinlichkeit 500 € erzielt.

Ein risikofreudiger Akteur würde selbst bei Werten 250 € $< X <$ 500 € die Alternative a_2 präferieren. Aus seiner Sicht stiftet die unsichere Alternative mit dem geringeren Erwartungswert einen höheren Nutzen. Der risikoscheue Akteur hingegen würde selbst bei Werten 0 € $< X <$ 250 € die Alternative a_1 vorziehen und einen Abschlag auf den Erwartungswert hinnehmen, um das Risiko zu vermeiden. Aus seiner Sicht stiftet die unsichere Anlage einen geringeren Nutzen als die sichere Anlage, trotz des höheren Erwartungswertes.

Dieser Zusammenhang ist für den Fall der Risikoaversion schematisch in der Abb. 3.9 dargestellt. Der Punkt B bezeichnet den Erwartungswert der unsicheren Alternative bei einem Ergebniswert von 250 €. Der Risikonutzen der sicheren Anlage ist aus Sicht des risikoscheuen Anlegers jedoch durch die RNF an dieser Stelle höher (Punkt A) als der Risikonutzen der unsicheren Anlage. Er wird deshalb die sichere Anlageform wählen. Die RNF in dem Beispiel weist einen konkaven Verlauf auf, wie es für alle risikoaversen Akteure charakteristisch ist. Der zum unsicheren Erwartungswert äquivalente Nutzen der sicheren Anlage ist durch die RNF mit dem Punkt C definiert. Der mit diesem Punkt korrespondierende Wert auf der Abszisse beschreibt das $S\ddot{A}$. Der Wert des $S\ddot{A}$ ist – wie schon beschrieben – im Fall risikoscheuer Akteure geringer als der Erwartungswert, so dass eine positive Risikoprämie resultiert. Die RNF eines risikofreudigen Akteurs hingegen weist immer einen konvexen Verlauf auf.[123]

Das BERNOULLI-Prinzip resultiert aus einer Reihe von Anforderungen an rationales Handeln, die nachfolgend aufgeführt werden.[124]

[123] Vgl. Sieben/Schildbach (1975: 48); Kruschwitz (2014: 301–302).

[124] Vgl. Berens/Delfmann/Schmitting (2004: 77); Adam (1997: 245–248).

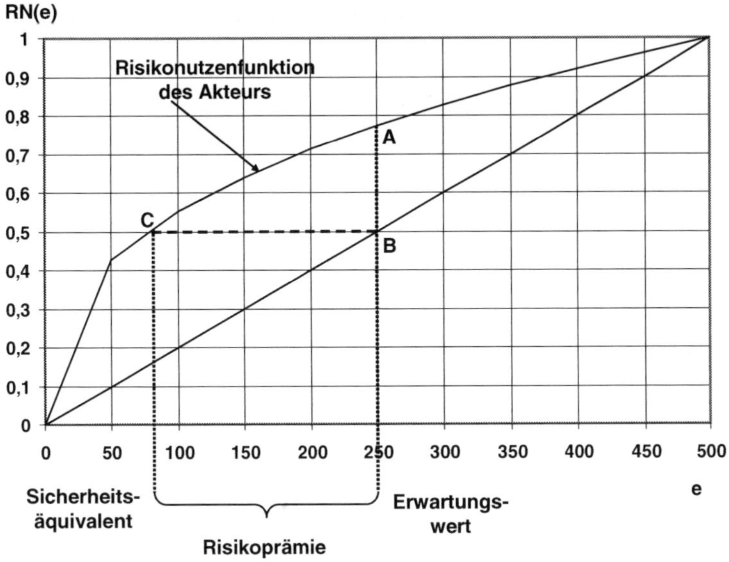

Abb. 3.9 Konkave Risikonutzenfunktion. Quelle: Eigene Darstellung, in Anlehnung an: Bitz (1981: 164); Klein/Scholl (2011: 435)

Anforderung 3.4 (Ordinalprinzip) *Dieses Prinzip besteht aus den schon dargestellten Anforderungen an Präferenzen, Vollständigkeit und Transitivität.*[125] *Diese Anforderungen werden auf die Entscheidungssituation unter Risiko übertragen und verlangen vom Akteur die Angabe vollständiger und transitiver Präferenzen für die vorliegende Situation.*

Anforderung 3.5 (Dominanzprinzip) *Auch dieses Prinzip entspricht einer bereits dargestellten Anforderung, nämlich der Forderung der Wahrscheinlichkeitsdominanz.*[126] *Deshalb wird hier auf die detaillierten Ausführungen verzichtet.*

Anforderung 3.6 (Stetigkeitsprinzip) *Dieses Prinzip verlangt vom Akteur die Angabe einer kritischen Wahrscheinlichkeit, bei der das höhere von zwei unsicheren Ereignissen eintreten muss, so dass er diese Alternative als gleichwertig mit der sicheren Alternative einstuft.*

Werden drei Lotterien betrachtet, L_A, L_B und L_C mit der Präferenzordnung $L_A \succ L_B \succ L_C$, dann gibt es eine Wahrscheinlichkeit p, die zu $L_B \sim p \cdot L_A + (1-p) \cdot L_C$ führt. Das bedeutet, dass für jede Lotterie L_B, die in der Präferenzordnung zwischen zwei anderen Lotterien L_A und L_C liegt, immer eine Kombination dieser Lotterien gefunden werden

[125] Vgl. Anforderung 1.1 und Anforderung 1.2.
[126] Vgl. Abschn. 3.1.3.2.1.

kann, die genauso gut ist wie L_B.[127] Dieses Prinzip, das der sog. BERNOULLI-Befragung zugrunde liegt, ist für die empirische Ermittlung der individuellen RNF erforderlich.[128]

Anforderung 3.7 (Reduktionsprinzip) *Dieses Prinzip setzt voraus, dass die zusammengesetzte Wahrscheinlichkeit einer Lotterie identisch zu einer einfachen Wahrscheinlichkeit ist, die denselben Erwartungswert besitzt.*

Dies impliziert, dass der Akteur indifferent gegenüber dem Zustandekommen des Ergebnisses ist und deshalb weder Spielfreude noch Spielaversion kennt („no fun in gambling"). Eine einstufige Lotterie ist für den Entscheider genauso wertvoll wie eine mehrstufige Lotterie, die denselben Erwartungswert besitzt. Damit wird die Forderung aufgestellt, dass die zu treffende Entscheidung unabhängig von der Darstellungsform des Problems, also invariant gegenüber der Problembeschreibung sein soll.[129]

Anforderung 3.8 (Substitutionsprinzip) *Dieses Prinzip ähnelt der Forderung nach Unabhängigkeit der Präferenzen von irrelevanten Alternativen, weshalb es auch als Unabhängigkeitsprinzip bezeichnet wird. Eine einmal festgelegte Rangfolge der Alternativen darf nicht durch den Wegfall einer der Alternativen aus der bisherigen Alternativenmenge beeinflusst werden bzw. darf durch den Hinzutritt von einer zusätzlichen, jedoch irrelevanten Alternative nicht beeinflusst werden.*

Als Beispiel werden die Zufallsverteilungen betrachtet, welche durch Lotterien verkörpert werden. Ein Akteur verfügt bezüglich der Lotterien L_A und L_B über die Präferenzordnung $L_A \succ L_B$ und es wird eine dritte Lotterie L_C hinzugefügt, die mit der Wahrscheinlichkeit w mit $0 \leq w \leq 1$ eine zusätzliche Ergebnisverteilung offeriert. Dann muss für die resultierenden zusammengesetzten Lotterien L'_A und L'_B wiederum gelten $L'_A \succ L'_B$, da $L'_A = [(L_A; 1-w), (L_C; w)]$ sowie $L'_B = [(L_B; 1-w), (L_C; w)]$.

Es sei das Beispiel der zwei unsicheren Investitionsprojekte A und B im Bergbau mit den folgenden Wahrscheinlichkeiten für die angegebenen Kapitalwerte betrachtet:[130] $L_A = 0{,}80 \cdot 60 + 0{,}20 \cdot 30$ und $L_B = 0{,}70 \cdot 40 + 0{,}30 \cdot 20$. Für den rationalen Akteur gilt offenbar: $L_A \succ L_B$. Nun wird für beide Szenarien berücksichtigt, dass vor Investitionsrealisierung noch geologische Erkundungen durchzuführen sind. Diese führen mit einer Eintrittswahrscheinlichkeit von 50 % zu einem Gesamtprojektwert von null, da die Kosten der Erkundung den Rückflüssen der Ausbeutung entsprechen. Zu 50 % tritt jedoch das bereits vorgestellte Ergebnis ein. Für die derartig zusammengesetzte Investitionsalternative A' resultiert $L'_A = 0{,}5 \cdot 0 + 0{,}5 \cdot [0{,}80 \cdot 60 + 0{,}20 \cdot 30]$. Für die Alternative B' resultiert:

[127] Vgl. Eisenführ/Weber/Langer (2010: 251).
[128] Vgl. Bitz (1981: 164); Adam (1997: 247); Obermaier/Saliger (2013: 71–76).
[129] Vgl. Rosenkranz/Missler-Behr (2005: 65–66); Eisenführ/Weber/Langer (2010: 254).
[130] Vgl. Eisenführ/Weber/Langer (2010: 252–255).

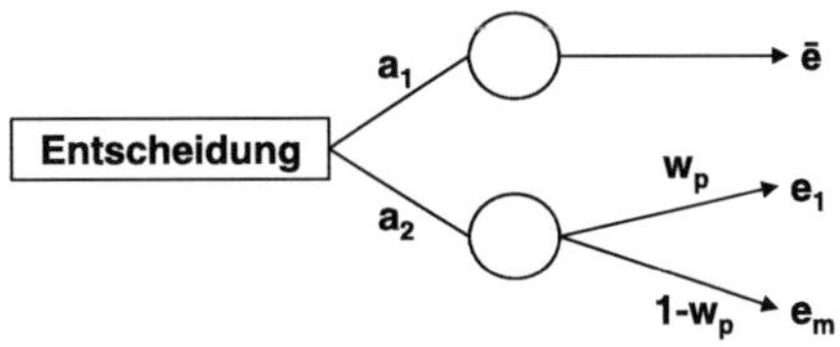

Abb. 3.10 Alternativendarstellung bei der BERNOULLI-Befragung. Quelle: Eigene Darstellung, in Anlehnung an: Bamberg/Coenenberg/Krapp (2012: 79)

$L'_B = 0{,}5 \cdot 0 + 0{,}5 \cdot [0{,}70 \cdot 40 + 0{,}30 \cdot 20]$. Für den rationalen Akteur muss nun weiterhin gelten: $L'_A \succ L'_B$, was in diesem Fall einleuchtend ist. Das bedeutet, es ist unerheblich, mit welcher Art von Lotterie das Ergebnis erzielt wird bzw. ob überhaupt eine Lotterie eingesetzt wird. Der Akteur orientiert sich ausschließlich an den Ergebnissen. Die Erfüllung des Substitutionsprinzips führt automatisch zur Erfüllung des Reduktionsprinzips.

Nach dieser Darstellung muss noch geklärt werden, wie das Bernoulli-Prinzip zur Entscheidungsfindung eingesetzt und wie die RNF des Akteurs ermittelt werden kann. Dazu sind die folgenden Schritte notwendig:[131]

1. Normierung der RNF
2. Durchführung hypothetischer Wahlakte
3. Bestimmung der kritischen Wahrscheinlichkeit
4. Bestimmung des Nutzenwertes
5. grafische Darstellung und Ermittlung der RNF

Als **erster Schritt** muss die Normierung der RNF geschehen. Aus der Menge der vorliegenden Ereignisse werden der Maximal- und der Minimalwert ermittelt und deren Nutzwerte wie folgt definiert:

$$RN(e_{\max}) = 1 \quad \text{sowie} \quad RN(e_{\min}) = 0.$$

Im **zweiten Schritt** wird die BERNOULLI-Befragung durchgeführt. In dieser Befragung wird die vorliegende Situation abgebildet durch eine Basisreferenzlotterie (BRL) und umformuliert (vgl. Abb. 3.10). Der Akteur muss angeben, bei welcher Wahrscheinlichkeitsverteilung er dieses unsichere Ereignis (a_2) für ebenso nutzenstiftend einschätzt wie einen sicheren Äquivalenzwert (a_1).[132] Dieser sichere Wert stellt das schon bekannte SÄ dar. Es wird durch die Befragung derjenige sichere Wert gesucht, der aus Akteurssicht äquivalent zu der vorgegebenen unsicheren Verteilung ist.[133]

Ausgehend von der bisherigen Notation mit e_{ip} als Ergebnis der Alternative a_i im Zustand z_p, werden sämtliche Ergebnisse betrachtet und mit e_j bezeichnet, wobei $j =$

[131] Vgl. Bitz (1981: 158–159).

[132] Vgl. Bamberg/Coenenberg/Krapp (2012: 79–82); Obermaier/Saliger (2013: 78–81).

[133] Alternativ kann auch ein sicherer Wert vorgegeben werden und der Akteur muss die äquivalente Eintrittswahrscheinlichkeit angeben.

Tab. 3.35 Ausgangsdaten des BERNOULLI-Beispiels. Quelle: Eigene Darstellung

	Zustand	z_1	z_2	z_3	z_4	$\mu_i = \sum_{p=1}^{n} u_{ip} \cdot w_p$
Aktion	$w(z_p)$	0,2	0,3	0,4	0,1	
a_1		500	225	175	0	237,50
a_2		450	310	210	0	267,00
a_3		440	190	125	10	196,00
a_4		500	290	190	20	265,00

$1, \ldots, m$. Diese Ergebnisse müssen in eine vollständige konsistente Reihe der Form $e_1 \succsim e_2 \succsim e_3 \succsim \ldots \succsim e_m$ gebracht werden.

Im **dritten Schritt** muss der Akteur nun für jedes Ergebnis $e_j (j = 2, 3, \ldots, m - 1)$ eine kritische Wahrscheinlichkeit w_p^* angeben, mit der das Maximalergebnis e_1 eintreten kann, so dass bei Verwendung dieser Wahrscheinlichkeitsverteilung, die ausschließlich e_1 und e_m beinhaltet, die unsichere Alternative gleichwertig zu dem sicheren Ergebnis $\overline{e_j}$ ist. Es muss gelten:

$$\overline{e}_{j_{e_1;w_p^*;e_m}} \sim (e_1; w_p^*; e_m).$$

Dann muss bei Äquivalenz der Alternativen a_1 und a_2 für den Risikonutzen der beiden Ergebnisse gelten:[134]

$$RN(BRL) = w_p^* \cdot RN(e_1) + (1 - w_p^*) \cdot RN(e_m) = RN(\overline{e}_{j_{e_1;w_p^*;e_m}}).$$

Die daraus resultierenden Werte werden im **vierten Schritt** herangezogen, um die Nutzenwerte der Alternativen zu ermitteln und die optimale Alternative entsprechend der dargestellten Definition zu identifizieren. Die resultierenden Werte sind im **fünften Schritt** grafisch abzutragen, um die RNF des Akteurs zu bestimmen. Dies ist erforderlich, um für diejenigen Ergebniswerte, die nicht explizit in der Befragung enthalten waren, ebenfalls Nutzwerte ermitteln zu können.

Zur Veranschaulichung werden die vier Alternativen betrachtet, deren Kapitalwerte für die möglichen Zukunftslagen in Tab. 3.35 zu sehen sind.

Würde der Akteur nach dem BAYES-Prinzip entscheiden, wäre die Alternative a_2 die optimale Alternative, da deren Erwartungswert mit $\mu_2 = 267{,}00$ am größten ist. Der minimale Kapitalwert wird mit 0,– EUR angegeben, der maximale Wert beträgt 500,– EUR. Der Nutzen des Maximalergebnisses wird deshalb normiert auf $RN(e_{\max}) = 1$ und der Nutzen des geringsten Resultates auf $RN(e_{\min}) = 0$. Die Ergebnisse der BERNOULLI-Befragung sind in Tab. 3.36 zu sehen.

Diese Zuordnung aus Sicht des Akteurs ist in der Abb. 3.11 zu sehen.

[134] Vgl. Bitz (1981: 159–160).

Tab. 3.36 Ergebnisse der BERNOULLI-Befragung. Quelle: Eigene Darstellung

Vorgegebene Ergebnisverteilung		Abgefragtes
$1 - w_p^*$ für $e_{min} = 0$	w_p^* für $e_{max} = 500$	Sicherheitsäquivalent
0	1	500
0,20	0,80	300
0,40	0,60	175
0,50	0,50	125
0,60	0,40	75
0,80	0,20	25
1	0	0

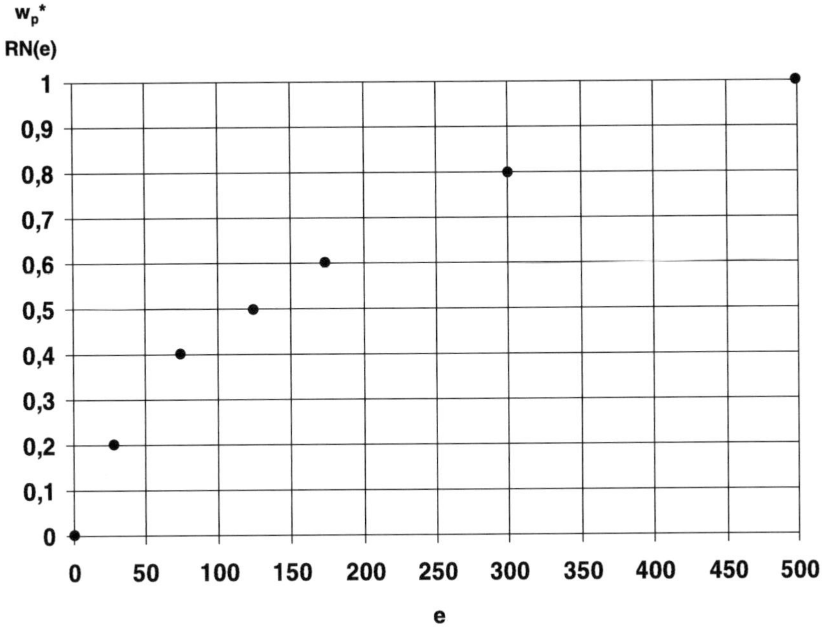

Abb. 3.11 Ergebnisse der BERNOULLI-Befragung. Quelle: Eigene Darstellung

Wird diese Zuordnung verwendet und werden die fehlenden Werte durch Approximation ergänzt, resultiert die Darstellung in Abb. 3.12. Diese Funktion kann näherungsweise durch $RN(e) = 0{,}04475 \cdot \sqrt{e}$ beschrieben werden.

Mit dieser Approximation der RNF können im nächsten Schritt die Erwartungswerte des Risikonutzens für sämtliche Zustands-Ergebnis-Kombinationen des Ausgangstableaus ermittelt werden (vgl. Tab. 3.37).

Es zeigt sich, dass Alternative a_4 den Maximalwert erreicht und deshalb die optimale Alternative darstellt. Es wird noch einmal deutlich, dass im Rahmen des BERNOUL-

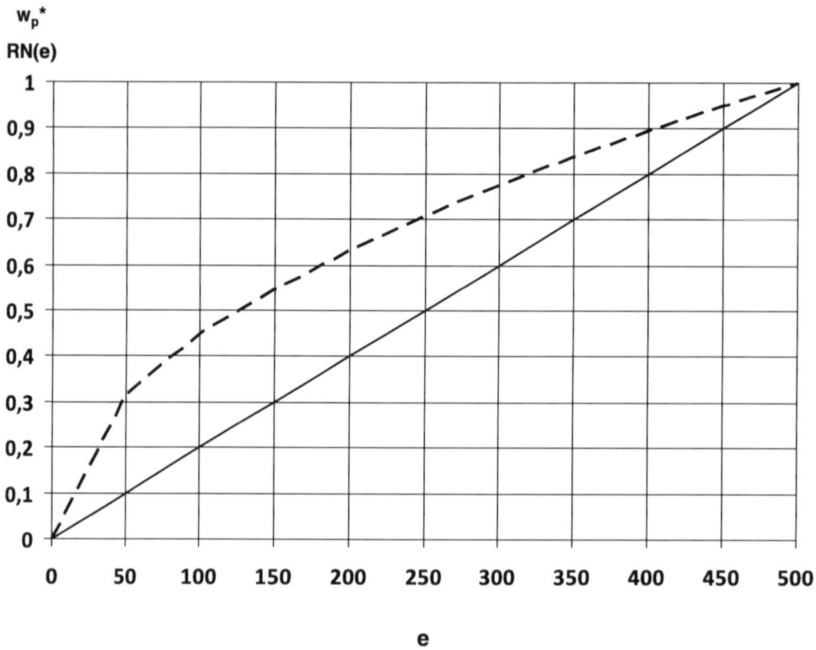

Abb. 3.12 Darstellung der approximierten Risikonutzenfunktion des Akteurs. Quelle: Eigene Darstellung

LI-Prinzips nicht der Erwartungswert des Ergebnisses, sondern der Erwartungswert des Risikonutzens verwendet wird.

Kritisiert wird am BERNOULLI-Prinzip folgendes:[135] In **theoretischer Hinsicht** ist es strittig, ob die Nutzenfunktion lediglich Höhenpräferenzen oder nicht auch Sicherheitspräferenzen abbildet. Neben dieser Diskussion wird aus **praktischer Perspektive** die Erzeugung der individuellen RNF kritisch gesehen. Zum einen ist es in der Realität

Tab. 3.37 Erwartungswerte des Risikonutzens. Quelle: Eigene Darstellung

	z_1	z_2	z_3	z_4	$EN_i = \sum_{p=1}^{n} RN(e_{ip}) \cdot w_p$	
Aktion	0,2	0,3	0,4	0,1		
a_1	0,200	0,201	0,237	0,000	0,638	
a_2	0,190	0,236	0,259	0,000	0,686	
a_3	0,188	0,185	0,200	0,014	0,587	
a_4	0,200	0,229	0,247	0,020	0,695	$\Leftarrow max$

135 Vgl. Klein/Scholl (2011: 438–441); Berens/Delfmann/Schmitting (2004: 82–83); Adam (1997: 248–249). Zu einer detaillierten Darstellung der deutschsprachigen Diskussion über dieses Prinzip vgl. Fischer (2004: 58–66).

kaum möglich, die Axiome ohne Einschränkungen zu befolgen. Besonders das Substitutionsprinzip und das Ordinalprinzip stehen bei einer großen Alternativenmenge als kaum praktikabel in der Kritik. Die Anforderungen des Stetigkeitsprinzips werden ebenfalls kritisch gesehen, da diese den realen Entscheidungsträger durch die erforderliche Angabe der kritischen Wahrscheinlichkeit überfordern dürften. Auch wenn die dargestellten Anforderungen ohne Einschränkungen erfüllt werden könnten, bleibt die Frage zu beantworten, ob der Akteur den Aufwand der Ermittlung seiner individuellen RNF in Kauf nimmt, um vollständig rational zu handeln. Beobachtungen des realen Verhaltens scheinen diese Theorie zu widerlegen bzw. in einem kritischen Licht darzustellen.[136]

3.1.4 Zusammenfassung und Kritik

In der Tab. 3.38 sind die Ergebnisse der Anwendung der bisher behandelten Entscheidungsregeln und -prinzipien auf die Ausgangssituation zusammengefasst.

Es wird deutlich, dass trotz der Reihe an objektivierten Entscheidungsmaßstäben, welche sämtlich dasselbe Ziel verfolgen – die Identifizierung **der** optimalen Alternative – ver-

Tab. 3.38 Zusammenfassung der Ergebnisse individueller Entscheidungsregeln. Ergebnisse auf Basis der Eingangsdaten in Tab. 3.17 und 3.28

Entscheidungsregel bzw. Entscheidungsprinzip	Optimale Alternative
Minimax	a_5
Maximax	a_4
Hurwicz	
$\lambda = 0{,}25$	a_5
$\lambda = 0{,}75$	a_4
Savage-Niehans	
Bei Verwendung der bisher betrachteten Alternativen	a_4
Bei Hinzufügen einer irrelevanten Alternative	a_5 und a_6
Frohlocken	
Minimieren	a_5
Maximieren	a_4
Laplace	a_4
μ-Regel	a_4
μ-σ-Prinzip	
$\gamma = 0{,}50$	a_5
$\gamma = -0{,}50$	a_4
$\gamma = -1$	a_3
μ-ρ-Prinzip	a_5
Hodges-Lehmann	a_5

[136] Vgl. den Abschn. 3.2.2.3 sowie Schneider (2011: 191); Hampton (1994).

schiedene „optimale" Alternativen resultieren. Daraus folgt, dass trotz aller methodischer Vorschriften im Sinne der präskriptiven Entscheidungstheorie keine „objektiv richtige Rationalität" feststellbar ist, sondern Rationalität immer subjektiv bleibt. Dies ist jedoch vor dem Hintergrund der vielfältigen möglichen Entscheidungskonstellationen nicht verwunderlich, stellt doch die Entscheidungstheorie einen gedanklichen Rahmen zur Verfügung, in dem sich der Akteur bewegen kann und das jeweils bestmöglich passende Modell auswählen kann.[137] Ob und in welchem Ausmaß reale Akteure auf diese Entscheidungshilfen zurückgreifen bzw. welche Charakteristika das reale Entscheidungsverhalten von Individuen aufweist, ist Gegenstand des folgenden Kapitels.

3.2 Deskriptive Betrachtungen

Grundlage und Ausgangspunkt deskriptiver Betrachtungen sind die bisher verwendeten Annahmen in Bezug auf den Prozess und den Akteur, von denen in der Realität nur wenige als erfüllt angesehen werden. Diese Anforderungen beschreiben einen idealtypischen „homo oeconomicus", der jedoch in der Realität nicht – bzw. äußerst selten – anzutreffen ist. SIMON, der Begründer der Sichtweise der begrenzten Rationalität, fundiert dies folgendermaßen: *„The capacity of the human mind for formulating and solving complex problems is very small compared with the size of the problems whose solutions is required for objectively rational behaviour in the real world – or even for a reasonable approximation to such objective rationality."*[138] Besondere Kritik erfahren die folgenden Annahmen:[139]

- Der Akteur verfügt über vollständige Informationen in Bezug auf die zukünftigen Konsequenzen der gewählten Alternative.
- Der Akteur ist in der Lage, zum heutigen Zeitpunkt zukünftige Ergebnisse und Eintrittswahrscheinlichkeiten zu kennen und auch bewerten zu können.
- Der Akteur sucht die optimale Alternative aus der Menge aller Alternativen.
- Der Akteur verfügt über den Willen und über das Können, die aufwendigen Verfahren der Problemanalyse und Problemlösung sachgerecht durchzuführen.
- Der Akteur verfügt über eine unbegrenzte Informationsverarbeitungs- und Speicherkapazität.
- Es existieren keinerlei kognitiven, emotionalen und/oder physiologischen Einschränkungen.

---

[137] Vgl. Bitz (1981: 73–74).

[138] Simon (1957: 198). HERBERT A. SIMON (1916–2001) erhielt 1978 den „Wirtschaftsnobelpreis".

[139] Vgl. March/Simon (1958: 138-142); Kirsch (1970: 64–65). WOLF beschreibt den „homo oeconomicus" folgendermaßen: *„Er ist weder groß noch klein, dick noch dünn, verheiratet noch ledig. Man weiß nicht, ob er seinen Hund liebt, seine Frau prügelt oder Spielautomaten der Poesie vorzieht. Wir wissen nicht, was er will. Aber wir wissen, dass er, was es auch sein mag, skrupellos maximieren wird."* Wolf (2013: 155).

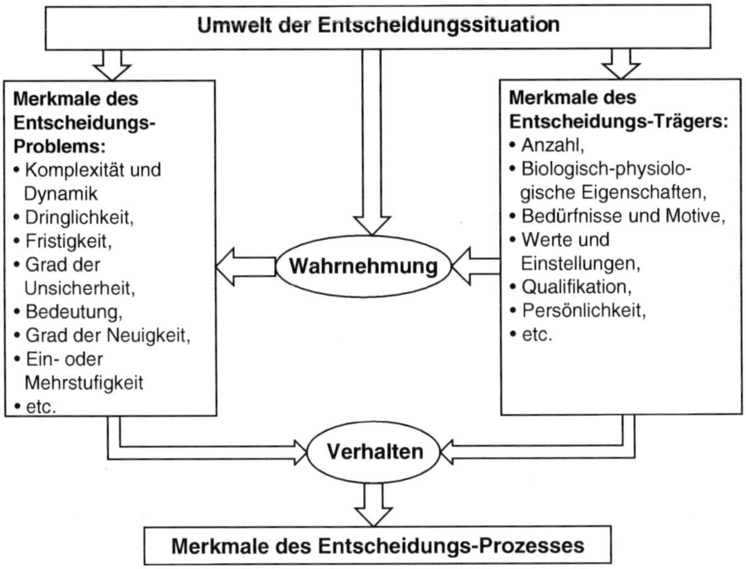

Abb. 3.13 Sekundärdeterminanten des Entscheidungsverhaltens. Quelle: Eigene Darstellung, in Anlehnung an: Lachhammer (1977: 51); Bronner (1993: 715); Laux/Liermann (2005: 67)

- Der Akteur entscheidet und handelt allein, ohne auf andere Akteure Rücksicht nehmen zu müssen.
- Die Bewältigung des Entscheidungsproblems erfolgt ohne Zeitbedarf und ohne Kosten.

Der reale Entscheidungsträger bewegt sich nicht in dem bisher dargestellten Raum, der durch die Primärdeterminanten der Entscheidung aufgespannt wird, sondern unterliegt dem Einfluss von Sekundärdeterminanten (vgl. Abb. 3.13).

Um die bisherigen theoretischen Darstellungen in die realen Verhältnisse einzupassen, werden im vorliegenden Buch zwei Teilbereiche vorgestellt: Ein Bereich ist die deskriptive Entscheidungstheorie, die versucht, das tatsächliche Entscheidungsverhalten von Individuen mit dem Ziel der Entwicklung von Theorien und Modellen zur Abbildung des Entscheidungsverhaltens und ihrer empirischen Überprüfung zu beschreiben. Einige dieser Forschungsansätze werden später dargestellt.[140] Aus dem Bereich der Organisationstheorie stammen weitere Erklärungsansätze, die jedoch im Wesentlichen auf das Verhalten von Gruppen ausgerichtet sind und ebenfalls an anderer Stelle vorgestellt werden.[141]

Um einige der Gründe für die Abweichungen vom Rationalitätspostulat wenigstens ansatzweise zu erklären, werden im folgenden Abschnitt die Eigenschaften bzw. Eigenarten von Personen etwas näher beleuchtet.

[140] Vgl. Abschn. 3.2.2.2.
[141] Vgl. Abschn. 4.3.

3.2.1 Aspekte und Wahrnehmung von Individualakteuren

3.2.1.1 Eigenschaften von Individuen

Das Verhalten von Personen hängt von den Aspekten der Person, von der Wahrnehmung der Situation sowie von der Motivation der Person ab. Im Folgenden wird lediglich auf die Aspekte der Person und auf die Wahrnehmung eingegangen. Für die Darstellung und Diskussion der Motivation wird auf die Literatur verwiesen.[142]

Wesentliche Eigenschaften einer Person, die für die Problemlösung relevant sind, werden durch folgende Aspekte beschrieben:[143]

- Bedürfnisse/Motive,
- Werte,
- Einstellungen,
- Qualifikationen und
- Persönlichkeit.

Bedürfnisse und Motive

Grundlage menschlichen Handelns sind angeborene Instinkte und Triebe, die jedoch durch individuelle Erfahrung verändert werden. Bedürfnisse und Motive hingegen sind stärker kulturell beeinflusst und sozial gestaltet. Ausgangspunkt des immer an Zielen ausgerichteten menschlichen Verhaltens ist ein Bedürfnis. Ein **Bedürfnis** beschreibt ein Mangelempfinden, das angeboren oder durch Sozialisation erworben wurde. Als **Motiv** wird eine latent vorhandene Verhaltensbereitschaft bezeichnet, die noch nicht aktiviert ist. Im Gegensatz zu den Bedürfnissen werden Motive während der Sozialisation erworben und durch Motivation aktualisiert. Durch einen internen oder externen Anreiz wird ein Motiv aktiviert und bis zur Zielerreichung oder zur Erreichung eines als befriedigend eingeschätzten Anspruchsniveaus beibehalten. Die Aktivierung des Motivs löst ein Verhalten aus, dessen Ziel die Bedürfnisbefriedigung ist. Mit der Zielerreichung ist ein Erfolgserlebnis verbunden, das wiederum zu einem erhöhten künftigen Anspruchsniveau führt.[144]

Werte und Einstellungen

Werte und Einstellungen eines Individuums prägen die **Wahrnehmung** der Umwelt und die Verhaltensweisen in hohem Maße.[145] Werte als die Auffassung vom Gewünschten beschreiben die von einer Gesellschaft erwarteten bzw. hoch angesehenen Sicht- und Verhaltensweisen.[146] In Abhängigkeit von der Ausformung der einzelnen Werte sind Gesellschaften und deren Individuen charakteristisch geprägt. Als wesentlich erweist sich

[142] Vgl. Wiswede (2012: 58–78); Staehle (1999: 204–228).
[143] Neben diesen Aspekten beeinflussen weitere Faktoren (wie z. B. biologisch-genetische oder physiologische Faktoren) das reale Entscheidungsverhalten, werden hier jedoch nicht betrachtet.
[144] Vgl. Staehle (1999: 167).
[145] Vgl. Winkler/Hofbauer (2010: 144–154).
[146] Vgl. Hirsch (2002: 10–13).

im Zusammenhang mit Investitionsprozessen die Einstellung zu Planungsaktivitäten und zum Risiko. Die Einstellung zu diesen Faktoren ist sehr stark durch die nationale Kultur geprägt und differiert selbst zwischen Nachbarstaaten erheblich.[147]

Werte erfüllen eine verhaltensbeeinflussende und -legitimierende Funktion bei der Wahl von Zielen und Mitteln. Werte prägen die Erwartungen der Mitarbeiter an das Unternehmen und die Ansprüche der Unternehmensleitung an Leistung und Verhalten der Mitarbeiter. Werte bestimmen, welche Denk- und Verhaltensweisen als wünschenswert gelten, und üben so einen starken Einfluss auf das Verhalten von Personen aus.

Im Gegensatz zu Werten sind **Einstellungen** konkret auf bestimmte Objekte, Personen und Situationen gerichtet. Einstellungen können aus Vorurteilen, Stereotypen und Überzeugungen bestehen und stellen ein relativ stabiles System von Gedanken, Gefühlen und Handlungsprädispositionen dar, durch das das menschliche Verhalten beeinflusst wird. Einstellungen werden durch Lernprozesse im Zuge langjähriger Erfahrung gebildet, woraus folgt, dass diese in Abhängigkeit vom Individuum veränderlich sind.[148]

Grundlage von Normen und Werten ist die Kultur. In diesem Zusammenhang sind zwei Kulturebenen relevant: die **nationale Kultur** und die **Unternehmenskultur**. Kultur von Nationen und Unternehmen existiert auf zwei Ebenen: auf der Concepta-Ebene und auf der Percepta-Ebene. Auf der Concepta-Ebene wird die Gesamtheit von Normen, Wertvorstellungen und Denkhaltungen eingeordnet, wohingegen auf der Percepta-Ebene die physischen, quasi-materialisierten Elemente einer Kultur (z. B. Gebäude, Kleidung, Frisuren, aber auch sprachliche Elemente) zu finden sind. Kultur:[149]

- ist den Trägern teilweise sowohl bewusst als auch unbewusst,
- gilt als überliefert, verweist also auf die Vergangenheit,
- ist jedoch nicht statisch, sondern dynamisch,
- drückt sich in einer Vielzahl von Verhaltensweisen und Artefakten aus.

Die nationale Kultur wird von frühester Kindheit an die Mitglieder tradiert und ermöglicht auf diese Weise ein möglichst reibungsfreies Miteinander, da den Mitgliedern eine Orientierung dessen vermittelt wird, was als erstrebenswertes Verhalten und was als nicht erstrebenswertes Verhalten erwartet wird. Auf diese Weise dient Kultur der Komplexitätsreduktion im Alltagsleben, indem bestimmte Handlungen, die komplexe Ursachen und Wirkungen besitzen, durch einen kulturellen Filter besser verstanden und verarbeitet werden. Diese Ausführungen verdeutlichen, dass sich die Kultur von Nationen schlecht bzw. nur unzureichend erfassen und beschreiben lässt. Der elaborierteste Ansatz stammt von

---

[147] Für einen Vergleich zwischen französischer und deutscher Kultur mit Blick auf Planungsaktivitäten vgl. Boucoiran (2010: 130–139).

[148] Vgl. Jost (2008: 49–51).

[149] Vgl. Kutschker/Schmid (2011: 674–676).

HOFSTEDE und beschreibt bzw. differenziert nationale Kulturen durch folgende Dimensionen:[150]

- **Machtdistanz**:[151] Diese Dimension beschreibt das Ausmaß, bis zu dem die weniger mächtigen Mitglieder von Institutionen und Organisationen eines Landes erwarten und akzeptieren, dass Macht ungleich verteilt ist. Für Entscheidungsprozesse wird in Organisationen mit großer Machtdistanz erwartet, dass nur der Vorgesetzte Anweisungen und Rückmeldungen gibt und dass die Initiative zur Problemlösung ebenfalls vom Vorgesetzten ausgeht. Eigeninitiative ohne Autorisierung ist nicht zu erwarten, da die Individuen im Unternehmen stark durch formelle Autoritäten beeinflusst sind und auf das richtige Problemlösungsverhalten der Vorgesetzten vertrauen.
- **Individualismus vs. Kollektivismus**:[152] In individualistischen Gesellschaften sind die Bindungen zwischen den Individuen eher locker. Es wird von jedem erwartet, dass er für sich selbst und seine unmittelbare Familie sorgt. Kollektivistische Gesellschaften hingegen zeichnen sich dadurch aus, dass der Mensch von Geburt an in starke, geschlossene Wir-Gruppen integriert ist, die das Individuum ein Leben lang schützen und dafür bedingungslose Loyalität erwarten. Die gesamte Gruppe steht für das Fehlverhalten einzelner ein, weshalb Entscheidungen nur im Konsens getroffen werden. Vergütungen und Beförderungsentscheidungen werden in der Gruppe geregelt.
- **Maskulinität vs. Femininität**:[153] In maskulin orientierten Gesellschaften sind die Rollen der Geschlechter klar gegeneinander abgegrenzt. Männer haben bestimmt, hart und materiell orientiert zu sein. Frauen hingegen müssen bescheidener und sensibler sein und Wert auf Lebensqualität legen. Gesellschaften, in denen sich die Rollen der Geschlechter überschneiden, sind eher feminin geprägt, und sowohl Frauen als auch Männer sollen die femininen Werte leben. Diese Dimension ist auch für den Einsatz und die Akzeptanz von Anreizsystemen im Hinblick auf die Wahl des Beurteilungsmaßstabes und der Vergütungsart bestimmend.
- **Langfristige vs. kurzfristige Orientierung**:[154] Das Ausmaß der Berücksichtigung weit in der Zukunft liegender Ereignisse sowie langfristige Folgen aktueller Aktionen bestimmen die Orientierung. Langfristig orientierte Gesellschaften sind durch langfristig angelegte Zielsysteme, durch am Status orientierte Rangordnungen sowie durch ein ausgeprägtes Schamgefühl gekennzeichnet. Diese Dimension ist auch für den Einsatz und die Akzeptanz von Anreizsystemen im Hinblick auf die Wahl des Beurteilungszeitraumes bestimmend.

[150] Vgl. Duelfer/Joestingmeier (2011: 260); Hofstede (1994: 2–6); Haller/Nägele (2013: 29–38). Zu weiteren Ansätzen vgl. Boucoiran (2010: 44–64).
[151] Vgl. Elele/Fields (2010); Ybema/Byun (2009).
[152] Vgl. Earley/Laubach (2002: 266); Sugimoto (2005: 273); Hendry (2006: 251).
[153] Vgl. Beckmann/Menkhoff/Suto (2008: 635–636); Geiger et al. (2006).
[154] Vgl. Keys/Denton/Miller (1994: 387–388); Kobelko (2009: 441).

- **Unsicherheitsvermeidung**:[155] Das Ausmaß, bis zu dem die Mitglieder einer Nation bzw. Organisation Unsicherheit akzeptieren und nicht reduzieren kann ebenfalls als Beschreibungsmerkmal der Kultur verwendet werden. Charakteristika hoher Unsicherheitsvermeidung sind die Vermeidung unklarer Situationen, die Existenz und Befolgung vieler und klarer Regeln. Gleichzeitig wird der Unternehmensalltag durch einen sehr bürokratischen und formellen Ablauf geprägt und ist verbunden mit vielen Regeln und Grundsätzen. Die Mitglieder derartig geprägter Organisationen sind selten offen für neue, unerwartete Situationen und unterschiedliche Erwartungen, weshalb innovative Produkte und Ideen schlecht akzeptiert werden. Die Rolle der Planung und Vorbereitung ist groß, wobei eine offene und zeitnahe Kommunikation anzustreben ist. Aufgrund der vorherrschenden Risikoaversion sind sämtliche Eventualitäten und Risiken genau darzustellen.

Die nationale Kultur spielt eine bedeutende Rolle bei der Beantwortung der Frage nach der **Soll-Rationalität** eines Entscheidungsprozesses, womit untrennbare Auswirkungen auf die Struktur des Prozesses sowie auf die Zuweisung von Verantwortlichkeiten verbunden sind.[156] Damit wird deutlich, dass für die Feststellung und Beseitigung von Rationalitätsengpässen dic kulturelle Prägung der Akteure eine wesentliche, weil **normative Rolle** spielt.[157] Dass diese Prägung im Zeitablauf **veränderlich** ist,[158] erschwert die Ableitung weiterführender genereller Aussagen bzw. Handlungsempfehlungen, die über die Feststellung von Unterschieden und Gemeinsamkeiten hinausgehen. Die Zusammenfassung von Auswirkungen der dargestellten Dimensionen nationaler Kultur auf ausgewählte Elemente des Führungsprozesses sind in der Tab. 3.39 zu sehen.

Geprägt von der nationalen Kultur entwickeln Unternehmen ihre jeweils eigene Unternehmenskultur. Diese erfüllt im Wesentlichen dieselben Funktionen wie die nationale Kultur, jedoch ist sie durch andere Beschreibungsmerkmale gekennzeichnet. Ein Unternehmen **verfügt über eine** Unternehmenskultur und **gleichzeitig ist es** gelebte Unternehmenskultur. Unternehmenskultur basiert auf den Grundpfeilern „Werte und Normen" und vermittelt den Mitarbeitern auf diese Weise **Orientierung** und **Handlungsmotivation**. Gleichzeitig dient die Unternehmenskultur der **Abgrenzung** von und zu anderen Unternehmen.[159] Nationale Kultur und Unternehmenskultur beeinflussen sich gegenseitig.

Als **Vorzüge** einer starken Unternehmenskultur sind die klare Handlungsorientierung und starke Motivationswirkung ebenso anzuführen wie die Stabilität und hohe Umsetzungsgeschwindigkeit von Projekten. Als **negative** Effekte sind festzuhalten, dass starke Unternehmenskulturen dazu tendieren können, Konformität zu erzwingen sowie interne Kritik und konträre Meinungen zu behindern, da die Motivation, den kulturellen Rahmen zu erhalten, größer ist als die Bereitschaft, internen Widerstand zuzulassen. Ebenso kann

[155] Vgl. Frijns et al. (2013); Aram/Walochik (1996).
[156] Vgl. Thomas (2008: 93–116); Mead (1994: 465–472); Fontaine (2008).
[157] Vgl. Müller/Münnich (2008: 531).
[158] Vgl. Carr (2005); Kono (1984).
[159] Vgl. Deitmar (2012: 24–25); Fichtner (2008: 24–26).

Tab. 3.39 Auswirkungen der Kulturdimensionen auf Führungsphasen. Quelle: Eigene Darstellung, in Anlehnung an: Hoffjan (2009: 52)

	Machtdistanz	Individualismus Kollektivismus	Maskulinität Femininität	Unsicherheits-vermeidung	Langfrist-orientierung
Planung	Partizipation bei Budgeter-stellung	- Unabhängig-keitsstreben - Bedeutung gemeinsamer Entscheidungen	Bedeutung materieller Anreize	Detailgrad und Akzeptanz der Planung	Bedeutung langfristiger Betrachtun-gen
Kontrolle	Partizipation im Kontroll-prozess	- Kontrollform - Zuweisung von Verantwortung für Abweichungen	Eindeutigkeit der Kontroll-ergebnisse	Träger der Rückkopplung	Zeitliche Merkmale der Rückkopplung
Information	Häufigkeit und Pünktlichkeit	Unterschiede im Wissenstransfer	Direktheit der Kommunika-tion	Offenheit und Zeitnähe der Kommunika-tion	Pünktlichkeit der Berichter-stattung

in starken Unternehmenskulturen eine Tendenz zur Abschottung entstehen, die externe Warnsignale und Kritiken unterdrückt bzw. nicht in die Entscheidungsprozesse des Unternehmens eindringen lässt.[160]

Die Betrachtung der normativen Grundlagen von Akteuren verdeutlicht, dass die Prägung der Akteure sowohl im individuellen als auch im kollektiven Problemlösungsprozess eine entscheidende Rolle spielt.

Qualifikation

Die Qualifikation eines Individuums beschreibt die Gesamtheit der Fähigkeiten, Fertigkeiten und des Wissens, die ihm zur Aufgabenerfüllung zur Verfügung stehen. Fähigkeiten beschreiben das gesamte Potenzial einer Person, ihre Umwelt zu beherrschen. Fertigkeiten sind die durch Übung entstandenen Potenzialbestandteile, die automatisiert gehandhabt werden. Diese können durch Trainingsmaßnahmen vervollkommnet werden. Als Wissen werden die auf verarbeiteten Daten und Informationen beruhenden Kenntnisse verstanden, die zur Problemlösung eingesetzt werden können. Wissen stellt damit eine Kompetenz zur Lösung spezifischer Probleme sowie die kognitive Befähigung zum Handeln dar.

Qualifikationen können in funktionale und in extrafunktionale Qualifikationen unterteilt werden. Spezifisch technisch-fachliche, prozessgebundene Qualifikationen sind funktionale Qualifikationen. Qualifikationen, die sich auf prozessunabhängige Komponenten beziehen, wie z. B. Flexibilität, Verantwortungsbereitschaft, Arbeitsdisziplin, sind extrafunktionale Qualifikationen. Diese können nicht in derselben Weise gelehrt und erlernt werden wie funktionale Qualifikationen. Sowohl Über- als auch Unterqualifikation von Mitarbeitern führt im Rahmen der Aufgabenübertragung langfristig zu sinkender Leis-

[160] Vgl. Steinmann/Schreyögg/Koch (2013: 670–671).

tungsbereitschaft. Für die Motivation von Personen ist es wichtig, dass diese im Rahmen der Aufgabenerfüllung Qualifikationen einsetzen können, die sie selbst hoch einschätzen.

Persönlichkeit

Definition und Erfassung der Persönlichkeit ist in der Psychologie nicht eindeutig geklärt, so dass verschiedene Ansätze existieren. Persönlichkeit wird im Folgenden als Gesamtheit der Eigenschaften einer Person beschrieben, die ein beständiges Verhaltensmuster darstellen.[161] Muster von charakteristischen Gedanken, Gefühlen und Verhaltensweisen, die eine Person von einer anderen unterscheiden und die über Zeit und Situationen fortdauern, beschreiben die Persönlichkeit. Dazu zählen das Temperament als individuelle Eigenart der Reaktionen im Bereich des Gefühls-, Willens- und Trieblebens sowie der Charakter als Gesamtgefüge von konstanten Einstellungen, Gesinnungen und Handlungsweisen.[162] Aus den Merkmalen der Persönlichkeit resultieren Bedürfnisse, die als Ansatzpunkte einer Motivation dienen können. Aufgrund der Vielfalt, Unterschiedlichkeit und Komplexität des Menschen sind unterschiedliche Persönlichkeitstypologien entstanden, die durch Reduktion auf einige wenige Merkmale bzw. Verhaltensweisen versuchen, den Gesamtcharakter einer Persönlichkeit zu erfassen, so z. B. die Typologie von HIPPOKRATES oder von RIEMANN.[163] Diese Typologien unterliegen jedoch einer **enormen Beschränktheit**, weil Menschen in Abhängigkeit von der jeweiligen Situation unterschiedlich reagieren und verschiedenen Typen entsprechen.

3.2.1.2 Wahrnehmung

Neben den Aspekten der Person ist die Wahrnehmung von Situation, Problem und Personen durch reale Akteure für den Entscheidungsprozess von großer Bedeutung. Alle Personen handeln auf Basis dessen, was sie wahrnehmen, weshalb lediglich die **subjektiv wahrgenommene Situation** relevant für ihr Verhalten ist.[164] Diese Wahrnehmung betrifft die konkrete Situation, andere Personen, aber auch die eigene Person. Die gedankliche Verarbeitung von Reizen aus der Umwelt wird als Wahrnehmung bezeichnet. Diese Verarbeitung kann bewusst und auch unbewusst erfolgen.[165]

Ein sehr frühes und allgemeingültiges Modell ist das Linsenmodell von BRUNSWIK, auch als BRUNSWIKsche Linse bezeichnet.[166] Da es für die verhaltenswissenschaftliche Entscheidungstheorie von grundlegender Bedeutung ist und den Ausgangspunkt weiterer Modelle bildet,[167] wird es hier kurz eingeführt. Ausgangspunkt des Modells ist die Umwelt des Akteurs, welche sich in einem objektiv wahren Zustand befindet, der durch

[161] Vgl. Pervin/Cervone/John (2005: 31).
[162] Vgl. Weber/Rammsayer (2016: 12–16).
[163] Vgl. Jung (2009: 67–70).
[164] Vgl. Abb. 1.8 sowie Staehle (1999: 183); Winkler/Hofbauer (2010: 144–154).
[165] Vgl. Comelli/Rosenstiel/Nerdinger (2014: 54–56).
[166] Benannt nach dem Begründer EGON BRUNSWIK (1903–1955). Vgl. Brunswik (1943); Brunswik (1952).
[167] Vgl. Abschn. 3.2.2.4.

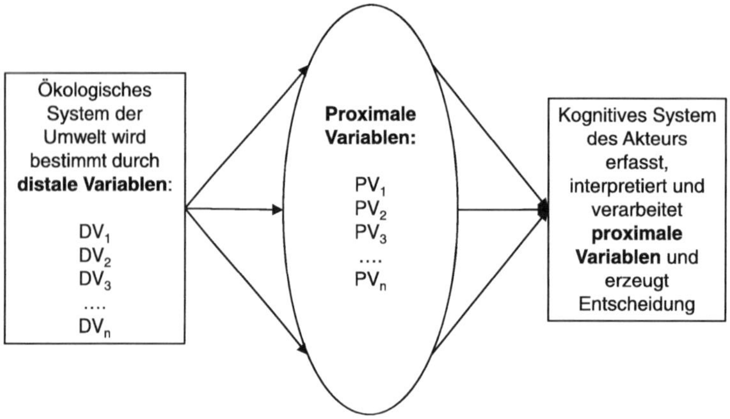

Abb. 3.14 Linsenmodell von BRUNSWIK. Eigene Darstellung, in Anlehnung an: Jungermann/Pfister/Fischer (2017: 129)

distale Variablen definiert ist. Da diese Variablen jedoch nicht direkt wahrnehmbar sind, wird der Zustand durch den Akteur mittels wahrnehmbarer Variablen wahrgenommen. Diese Variablen werden als **proximale Variablen** bezeichnet.[168] Wichtig für die Relation von distalen und proximalen Variablen ist der Umstand, dass der Akteur **aus der Vergangenheit weiß**, **welche proximalen Variablen** er **wie zu verwenden** und zu interpretieren hat. Der Akteur hat also aus früherer Erfahrung gelernt, dass ein Auftreten bestimmter proximaler Variablen häufig oder i. d. R. kennzeichnend für einen bestimmten, objektiven Umweltzustand ist. Dieser Zusammenhang zwischen distalen und proximalen Variablen wird als **„ökologische Validität"** bezeichnet.[169] Diese Hinweisreize interpretiert der Akteur, wertet sie also aus. Auf Basis dieser Auswertung wird dann ein Urteil gefällt bzw. eine Entscheidung getroffen (vgl. Abb. 3.14).

Zwischen der Entscheidung und der Umwelt besteht eine **funktionale Validität** dadurch, dass mit der Entscheidung diese Umwelt beeinflusst wird. Das Ergebnis der Beeinflussung lässt sich wieder an Hinweisreizen ablesen. Das Modell beinhaltet explizit Wahrscheinlichkeitselemente,[170] da für den Akteur nicht mit Sicherheit feststeht:

- ob die gewählten Hinweisreize die Umwelt korrekt abbilden und
- ob das Urteil auf Basis der Hinweisreize korrekt ist.

Ein weiteres Modell des Wahrnehmungsprozesses ist in Abb. 3.15 zu sehen. In diesem Modell wird berücksichtigt, dass im Prozessverlauf bestimmte Reize herausgefiltert (Se-

[168] Synonym werden auch die Begriffe „Hinweisreize" oder „cues" verwendet. Vgl. Brunswik (1943: 256–257); Brunswik (1952: 20); Jungermann/Pfister/Fischer (2017: 128–129).

[169] Vgl. Guski (1996: 38–40). Im Original werden diese Beziehungen als „environmental validities" bezeichnet. Vgl. Brunswik (1943: 260).

[170] Deshalb wird es auch als probabilistisches Modell bzw. wird die Wahrnehmung als probabilistische Wahrnehmung bezeichnet.

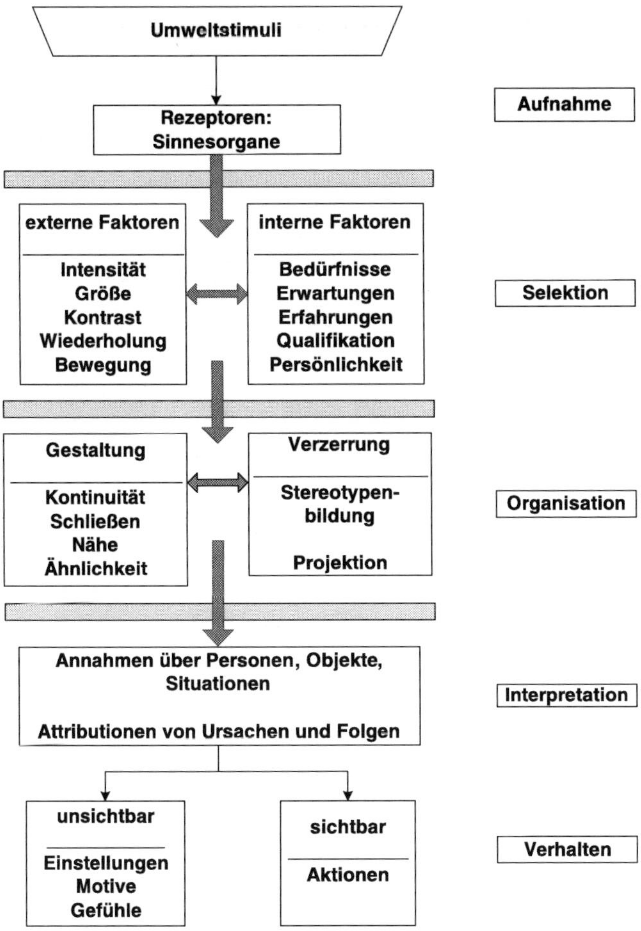

Abb. 3.15 Stufen des Wahrnehmungsprozesses. Quelle: Eigene Darstellung, in Anlehnung an: Staehle (1999: 185)

lektion), fehlende Reize hinzugefügt (Organisation) und anschließend interpretiert werden. In Abhängigkeit davon, wie ein Problem und eine Situation wahrgenommen werden, erfolgt auch die Problembearbeitung. Wahrnehmung ist ein Prozess, in dem Signale bzw. Hinweisreize aus der Umwelt vollständig oder teilweise aufgenommen, interpretiert und verarbeitet werden. Die Selektion von Informationen durch das Individuum geschieht nach verschiedenen Kriterien.[171]

Neben diesen Modellen ist noch eine ganze Reihe weiterer Modelle entwickelt worden. Diese werden hier nicht vorgestellt, stattdessen wird auf die weiterführende Literatur

[171] Vgl. Staehle (1999: 185–187); Kirsch (1970: 81).

verwiesen.[172] Für die folgenden Darstellungen ist die große Relevanz der menschlichen Wahrnehmung für das Entscheidungsverhalten entscheidend und mit den bisherigen Ausführungen zu diesem Themenbereich ausreichend begründet.

3.2.2 Konsequenzen für den Entscheidungsprozess

Ausgehend von den bisherigen Darstellungen der Aspekte von Akteuren sowie der Wahrnehmung sind die Modelle und Prämissen der präskriptiven Entscheidungstheorie auf ihre Realitätsnähe hin und damit auf ihren Erklärungs-, Gestaltungs- und Prognosewert hin zu hinterfragen. In vielen empirischen Untersuchungen wurde gezeigt, dass Handlungsträger sich in der Realität nicht so verhalten, wie es dieser Theoriebereich vorschreibt und wie es zu fordern wäre. Diese Erkenntnis ist nicht verwunderlich, da es sich immer um reale Personen in realen Situationen handelt, und eine entscheidungstheoretisch korrekte Vorgehensweise selten idealtypisch umgesetzt werden kann. Aus dieser Tatsache lassen sich zwei wesentliche Schlussfolgerungen ziehen: einerseits kann weiterhin eine entscheidungstheoretisch korrekte Vorgehensweise – zumindest – angestrebt werden. Andererseits kann untersucht werden, ob die Abweichungen vom Rationalitätspostulat nicht vielleicht selbst wiederum einer Systematik unterworfen sind. Wenn diese Abweichungssystematik offengelegt wird, können auch die entscheidungstheoretischen Modelle daraufhin ausgerichtet bzw. angepasst werden.

Der zweite Weg wird in den folgenden Abschnitten beschritten, indem ein Ausschnitt aus den umfangreichen Erkenntnissen der deskriptiven Entscheidungs- und Organisationstheorie dargestellt wird. Ziel der Ausführungen ist es nicht, jede Abweichung von der entscheidungslogischen Vorgehensweise zu rechtfertigen. Vielmehr soll durch die Darstellung der häufigsten Abweichungsformen das Augenmerk auf die wesentlichen Schwachstellen der entscheidungslogischen Modelle gelenkt werden. Damit wird ein erster Ansatzpunkt zur Verbesserung des tatsächlichen Problemlösungshandelns geliefert.

3.2.2.1 Begrenzte Rationalität und Inkrementalismus

Ausgehend von der Kritik des „homo oeconomicus" entstand in einem frühen Erklärungsansatz die Theorie der **begrenzten Rationalität**. Diese beschreibt, dass reale Akteure zur Problemlösung folgende Handlungsschritte nutzen, die das Vorgehen vereinfachen:[173]

- Die Menge an Lösungsalternativen wird ohne Bewertung derselben bewusst reduziert.
- Entscheidungsprozesse werden nicht solange durchlaufen, bis eine optimale Lösung gefunden ist. Stattdessen werden diese bereits abgebrochen, wenn eine zufriedenstellende Lösung erreicht wurde.

[172] Vgl. Guski (1996: 13–57).
[173] Vgl. Wolf (2013: 239–240).

- Anstelle der bisher dargestellten quantitativen Bewertungsalgorithmen werden sog. Heuristiken eingesetzt.[174]
- Das Verhalten wird routinisiert, was eine bewusste Problemlösungshandlung unterbindet und stattdessen zur Nutzung von Auswahlroutinen führt.

Die Akteure streben demzufolge nicht nach optimalen, sondern nach befriedigenden Lösungen. Die Einschätzung darüber, welche Lösung als befriedigend empfunden wird, ist abhängig vom subjektiven Anspruchsniveau.

Ein ähnlicher Ansatz entstand mit dem Modell des **Inkrementalismus**.[175] Die bisher als rational dargestellte Vorgehensweise entspricht dem synoptischen bzw. holistischen Verständnis der Planung. Ziel dieser Vorgehensweise ist es, die Komplexität eines Planungsproblems in ganzheitlicher, umfassender Weise zu handhaben und das zugrundeliegende Problem vollständig zu lösen. Ausgehend von der Problemdefinition wird nach Mitteln und Wegen gesucht, um das Problem zu lösen. Das heißt, der Aufwand ordnet sich der Problemlösung unter. Das Komplexproblem wird in lösbare Teilprobleme zerlegt, deren Lösungen demzufolge zur Lösung des Gesamtproblems beitragen.[176]

Diese Vorgehensweise stellt in der Realität jedoch eher die Ausnahme als die Regel dar. Es wurde bereits darauf hingewiesen, dass viele Akteure nicht die optimale Lösung suchen, sondern lediglich eine befriedigende Lösung. Weiterhin wurde festgestellt, dass ohne vordergründige Formulierung und Erklärung von Zielen ein besonders drängendes Teilproblem eines komplexen Gesamtproblems identifiziert und bewältigt wird. Eine exakte Trennung von Zielen und Mitteln wird nicht angestrebt.[177] Diese Vorgehensweise – auch als **„Methode des Durchwurstelns“** oder **„muddling through“** bezeichnet, wird wie folgt charakterisiert:[178]

- Der Entscheider sucht nur diejenigen Ziele und Mittel, die in der Nähe des Vertrauten liegen.
- Die Veränderung des Bestehenden erfolgt in kleinen Schritten.
- Es erfolgt keine endgültige Problemlösung, diese wird auch nicht angestrebt. Stattdessen werden immer wieder neue Korrekturen vorgenommen und auch bewusst in Kauf genommen.

Diese Vorgehensweise ist kennzeichnend für Problemlösungen in komplexen und dynamischen Umgebungen. Klassischerweise wird die Politik dazugerechnet. Dieses Verhalten ist symptomatisch für Gruppenentscheidungen, da die Bewertung von Alternativen und die letztendliche Entscheidung häufig in Verhandlungen durchzusetzen ist. Mit diesem Be-

[174] Zum Begriff der Heuristik vgl. Abschn. 3.2.2.2.
[175] Vgl. Lindblom (1959).
[176] Vgl. Berens/Delfmann/Schmitting (2004: 16–17).
[177] Vgl. Picot/Lange (1979: 572).
[178] Vgl. Voigt (1992: 76–78).

schreibungsmodell wird deshalb die deskriptive kollektive Entscheidungstheorie berührt, welche in einem anderen Abschnitt dargestellt wird.[179]

Diese frühen Erklärungs- bzw. Beschreibungsansätze wurden durch umfangreiche Forschungsprogramme verfeinert und weiter untersucht. Im Folgenden werden einige Ergebnisse dieser Untersuchungen vorgestellt.

3.2.2.2 Klassische Heuristiken und Phänomene

Da in realen Situationen i. d. R. häufig eine der Voraussetzungen der rationalen Entscheidungsfindung nicht erfüllt ist (z. B. verfügbare Zeit, vorhandenes Wissen und Informationen, Informationsaufnahme- und -verarbeitungskapazität, Motivation), verwenden Akteure bei der Problemlösung Heuristiken. Heuristiken werden allgemein definiert als: *„problem-solving methods which tend to produce efficient solutions to difficult problems by restricting the search through the space of possible solutions. The restriction on the search is based on evaluation of the structure of the problem"*.[180]

Eine Heuristik ist demzufolge ein effektives Problemlösungsverfahren, welches auf der Vernachlässigung einiger Problemmerkmale beruht und zu einer realisierbaren Lösung führt, jedoch über keine Lösungsgarantie verfügt.[181] Die Verwendung von Heuristiken erleichtert die Entscheidungsfindung bzw. macht diese in bestimmten Situationen überhaupt erst möglich. Deshalb ist die Verwendung von Heuristiken nicht per se als negativ einzustufen.[182]

Die aus der Verwendung einer Heuristik resultierenden Fehler werden – wenn sie systematisch auftreten – als biases bezeichnet. Aus der Menge der festgestellten Heuristiken und Verzerrungen werden im Folgenden einige für das Investitionscontrolling relevante Phänomene vorgestellt. Für eine vertiefende Darstellung wird auf die angegebene Literatur verwiesen.

Schon an dieser Stelle muss darauf hingewiesen werden, dass einige dieser Phänomene durch andere Fachvertreter zu einem späteren Zeitpunkt widerlegt bzw. korrigiert wurden. An den entsprechenden Stellen wird dies kenntlich gemacht. Die Phänomene werden trotzdem hier vorgestellt, da zum einen die Widerlegung nicht unumstritten ist und zum anderen diese Phänomene häufig in der Literatur zu finden sind.

Als prominente und gut untersuchte Heuristiken, die schon frühzeitig entdeckt wurden, werden im Folgenden die:[183]

- Verfügbarkeits-Heuristik,
- Repräsentativitäts-Heuristik sowie die
- Anker-Heuristik

vorgestellt.

---

[179] Vgl. Abschn. 4.3.2.1.

[180] Braunstein (1976: 154–155).

[181] Vgl. Kirsch (1971: 155–156); Klein/Scholl (2011: 61–62).

[182] Vgl. Berkeley/Humphreys (1982: 236).

[183] Vgl. Kahneman/Tversky (1972); Kahneman/Tversky (1973); Tversky/Kahneman (1974); Wiswede (2012: 30–31).

Die **Verfügbarkeits-Heuristik** wird von Akteuren in Situationen eingesetzt, in denen sie über die Wahrscheinlichkeit eines Ereignisses urteilen müssen, jedoch über zu geringe Informationen, zu wenig Zeit bzw. keine Motivation zur intensiveren Beschäftigung mit dem Problem verfügen. Dann greifen Akteure auf identische oder ähnliche Situationen der Vergangenheit zurück, die im Gedächtnis gespeichert wurden. Diese werden als Beurteilungsgrundlage herangezogen. Je besser verfügbar eine entsprechende Situation ist, desto wahrscheinlicher erscheint sie dem Akteur. Systematische Verzerrungen, die bei Verwendung dieser Heuristik auftreten, sind:[184]

- **Beeinflussung durch die Lebhaftigkeit der Darstellung:** Je lebhafter der Akteur sich ein Ereignis vorstellen kann, umso wahrscheinlicher erscheint es.
- **Beeinflussung durch die Präsenz des Ereignisses:** Je präsenter ein Ereignis für den Akteur ist, desto größer wird dessen Wahrscheinlichkeit eingestuft. Diese Präsenz wird größtenteils durch die Verfügbarkeit der Informationen in den unterschiedlichen Medien beeinflusst.[185]
- **Beeinflussung durch Ereignisverknüpfungen:** Die Beurteilung der Wahrscheinlichkeit wird davon abhängig gemacht, welche Kombination von Ereignissen erlebt bzw. gesehen wurden. Kombinationen, die nicht erlebt bzw. gesehen wurden, werden ignoriert.

Die **Repräsentativitäts-Heuristik** kommt zum Einsatz, wenn der Akteur über die Zugehörigkeit von Elementen zu einer Klasse entscheiden muss und/oder wenn der Akteur unbekannte Ursache-Wirkungs-Beziehungen erklären bzw. prognostizieren muss. Akteure nutzen bei derartigen Problemen häufig den Umweg über die Vermutung, für wie repräsentativ sie ein Ereignis für die Grundgesamtheit halten. Typische Verzerrungen, die bei Verwendung dieser Heuristik auftreten, sind:[186]

- **Basisraten-Fehler bzw. base rate fallacy:** Dieser Fehler tritt auf, wenn bisher verwendete Wahrscheinlichkeiten (Basisrate bzw. a-priori-Wahrscheinlichkeiten) durch neu eintreffende Informationen im weiteren Verarbeitungsprozess zu a-posteriori-Wahrscheinlichkeiten ungenügend berücksichtigt werden. Gemäß dem Theorem von BAYES müssten die bisherigen Schätzwerte von bedingten Wahrscheinlichkeiten konsistent an die neuen Informationen angepasst werden.[187] Akteure scheinen in der

[184] Vgl. Jungermann/Pfister/Fischer (2017: 136–139).

[185] Als klassisches Beispiel dient der Vergleich der Wahrscheinlichkeiten der Todesursachen „Haiangriff" vs. „herabfallende Kokosnuss". Die letztgenannte Ursache wird bei Befragungen i. d. R. als weniger wahrscheinlich eingestuft, obwohl diese statistisch betrachtet zehnmal häufiger ist als die erstgenannte Ursache. Vgl. Englert (2010: 4).

[186] Vgl. Pelzmann (2012: 17–22); Jungermann/Pfister/Fischer (2017: 134–136). Es wird darauf verwiesen, dass der Basisraten-Fehler und der Konjunktions-Fehler durch GIGERENZER ET AL. kritisiert bzw. widerlegt wurden. Vgl. Abschn. 3.2.2.4.

[187] Vgl. Rosenkranz/Missler-Behr (2005: 112–115).

Realität hingegen intuitiv dazu zu neigen, die Basisrate zu unterschätzen bzw. komplett zu ignorieren.[188]

- **Gesetz der kleinen Zahl:** Die Zuverlässigkeit von Aussagen mit kleinen Stichproben wird falsch eingeschätzt, d. h. überschätzt.[189]
- **Konjunktions-Fehler:** Die Wahrscheinlichkeit des gleichzeitigen Eintritts zweier Ereignisse im Vergleich mit der Wahrscheinlichkeit des isolierten Eintritts eines dieser Ereignisse wird systematisch als zu hoch eingeschätzt.[190]

Die **Anker-Heuristik**, auch als Heuristik der Verankerung und Anpassung (anchoring and adjustment) bezeichnet, wird ebenfalls zur Schätzung von Wahrscheinlichkeiten und Beurteilung von Sachverhalten eingesetzt. Die Akteure suchen sich – in Ermangelung an ausreichenden Informationen – eine bestimmte verfügbare Information und verwenden diese als „Anker". An diesem Anker wird das Urteil festgemacht bzw. ausgerichtet.[191] Der Anker, der auch willkürlich von außen gesetzt werden kann, beeinflusst den Akteur massiv in der Urteilsfindung, selbst wenn es sich um einen Fachexperten handelt.[192] Gerade in Verhandlungssituationen ist der Anker-Effekt dann zu beobachten bzw. relevant, wenn es um die Abgabe des Initialangebotes geht.[193] Systematische Fehler bei der Verwendung dieser Heuristik sind:[194]

- **Fehleinschätzung quantitativer Größen:** Die Fixierung bzw. Vorgabe eines Ankers verleitet den Akteur bei Abgabe einer Prognose oder Beurteilung von Wahrscheinlichkeiten dazu, sich an diesem Anker zu orientieren.
- **Verzerrungen der Erinnerung:** Die Fixierung bzw. Vorgabe eines Ankers verleitet den Akteur bei Erinnerungen an die Vergangenheit dazu, sich an diesem Anker zu orientieren. Dieser Effekt wird auch als **Rückschaufehler** bzw. **hindsight bias** beschrieben. Viele Akteure sind **nach** der Bekanntgabe oder dem Auftreten eines Ereignisses der Meinung, dieses Ergebnis in dieser Form **vorausgesehen** zu haben. Die Akteure überschätzen systematisch ihr Wissen und ihre Erwartungen vor dem Eintritt des Ereignisses. Ein wesentlicher Grund dafür scheint zu sein, dass die Akteure in vielen Fällen keine oder nur noch vage Erinnerungen an ihren Wissensstand vor dem Ereignis haben. Wird ihnen ein Anker geliefert, tendieren die Schätzungen systematisch zu diesem Anker.

[188] Vgl. Jungermann/Pfister/Fischer (2017: 149–152).
[189] Vgl. Kahneman/Tversky (1971).
[190] Vgl. Tversky/Kahneman (1983); Jungermann/Pfister/Fischer (2017: 136).
[191] Vgl. Kahneman (1992).
[192] Vgl. Northcraft/Neale (1987).
[193] Vgl. Kristensen/Gärling (1997); Moran/Ritov (2002).
[194] Vgl. Jungermann/Pfister/Fischer (2017: 139–140).

Zusammenfassend kann festgestellt werden, dass reale Akteure diese Heuristiken häufig dann für Entscheidungen nutzen und demzufolge besonders dann anfällig für Fehler und Verzerrungen sind, wenn:[195]

- zu wenig quantitative Informationen vorliegen,
- Unsicherheiten in Form von Wahrscheinlichkeiten zu berücksichtigen sind und
- zusätzliche, „erklärende“ Informationen verfügbar sind, die anschaulichen Charakter haben und dem Akteur hilfreich zur Ergänzung der unzureichenden quantitativen Informationen erscheinen.

Neben den Verzerrungen, die aus der Nutzung der soeben beschriebenen Heuristiken resultieren, sind weitere Phänomene festgestellt worden. Die Phänomene, die für Investitionsentscheidungen von Relevanz sein können werden im Folgenden dargestellt. Ein Phänomen ist die **Selbstüberschätzung** bzw. **overconfidence**, die sich darin äußert, dass Akteure ihre Qualifikation (Wissen und Können) systematisch überschätzen. Diese Überschätzung kann das Wissen um zukünftige Zustände, aber auch Wissen über die verfügbaren Alternativen und deren Realisierbarkeit betreffen. Neben die Überschätzung der eigenen Person kann auch die Unterschätzung von Gegenspielern treten.[196]

Die Wahrnehmung von Verlusten ist bei vielen Akteuren häufig anders als die Wahrnehmung von Gewinnen in derselben Höhe. Dieser Umstand wird als **Verlustaversion** bezeichnet und führt dazu, dass die Darstellungsweise von Handlungskonsequenzen über deren Wahrnehmung und Einordnung entscheidet.

Werden aus einem Fundamentalziel mehrere Instrumentalziele abgeleitet,[197] muss die Summe der Teilgewichte 1 bzw. 100 % betragen. In der Realität wird jedoch den neu ausgearbeiteten und spezifizierten Teilzielen ein höheres Gewicht beigemessen, so dass die Gesamtsumme größer als der zulässige Maximalwert ist. Dies wird als **Splitting-Bias** bezeichnet.[198]

Das Verhalten entsprechend dem **sunk-cost-Effekt** bzw. der **escalation of commitment** führt dazu, dass Investitionen, die isoliert für sich betrachtet nicht getätigt werden würden, als Folgeinvestitionen realisiert werden, um vorangegangene Investitionen zu rechtfertigen. In zahlreichen Experimenten und in Analysen realer Entscheidungssituationen ist „die Tendenz, schlechtem Geld gutes Geld nachzuwerfen“, bestätigt worden. An begonnenen Investitionsprojekten wird umso mehr festgehalten, je größer die bisherigen Investitionssummen in dieses Projekt waren. Die Fortführung der schon begonnenen

---

[195] Vgl. Pelzmann (2012: 23–24).

[196] Vgl. Riesenhuber (2006: 96–98). Dieser Effekt wurde jedoch durch GIGERENZER ET AL. kritisiert bzw. widerlegt. Vgl. Abschn. 3.2.2.4.

[197] Für die Beziehung von Fundamental- und Instrumentalziel vgl. Abschn. 1.2.2.2.1 und für die Zielgewichtung vgl. Abschn. 3.1.2.2.2.

[198] Vgl. Eisenführ/Weber/Langer (2010: 160).

Alternative führt zu weiteren Ausgaben, die selbst wieder zur Ursache einer Projektweiterführung werden und zu einer Eskalation führen. Durch dieses Verhalten werden die Annahme und das Rationalitätspostulat der zukunftbezogenen Entscheidungsfindung verletzt.[199] Die Gründe für dieses Verhalten sind vielfältig.[200] Bei Investitionsentscheidungen wird diese Anforderung häufig verletzt und bei investitionsbezogenen Entscheidungsprozessen werden schon realisierte und nicht zurückgewinnbare Kosten in die Betrachtung der zukünftigen Effekte einbezogen, was eine rationale Entscheidung unmöglich macht. Diese Interpretation muss jedoch wie folgt kritisiert bzw. relativiert werden:[201]

- Viele der Studien sind durch eine mehrdeutige Informationslage gekennzeichnet. Dies lässt prinzipiell keine eindeutige Aussage über eine rationale Vorgehensweise zum Zeitpunkt der Entscheidung zu.
- Mit Blick auf Realoptionsmodelle (vgl. Abschn. 7.6) kann eine derartige Vorgehensweise unter bestimmten Umständen durchaus rational sein, um sich zukünftige Handlungschancen offen zu halten.[202]

Akteure sollten wissen und entsprechend der Rationalitätsaxiome auch berücksichtigen, dass die Eintrittswahrscheinlichkeiten von zukünftigen Ereignissen nicht durch ihre Handlungen beeinflusst werden können. Genau diese Anforderung wird häufig verletzt, was als **Kontroll-Illusion** bezeichnet wird. Akteure können sehr wohl unterscheiden zwischen einer Spielsituation, in der sie keinen Einfluss auf zukünftige Ereignisse haben und einer Risiko-Situation, in der sie durch ihr Handeln die Zukunft beeinflussen können. Jedoch wird fälschlicherweise aus der – tatsächlich existierenden – Beeinflussbarkeit interner Prozesse auf die – nicht existierende – Beeinflussbarkeit von Eintrittswahrscheinlichkeiten geschlossen.[203]

Neben diesem Effekt wird häufig festgestellt, dass Akteure die Eintrittswahrscheinlichkeit positiver Ereignisse systematisch höher einschätzen als die Wahrscheinlichkeit des Eintritts negativer Ereignisse. Dieses **Wunschdenken** kann dergestalt gesteigert werden, dass vom Akteur angenommen wird, die Eintrittswahrscheinlichkeit eines negativen Ereignisses für seine Person sei geringer als für andere Personen. Das wird als **unrealistischer Optimismus** bezeichnet.[204]

In der Übersichtstabelle 3.40 wird eine Zuordnung der Heuristiken und Phänomene zu den idealtypischen Phasen des Führungsprozesses von Investitionen vorgenommen. Das

[199] Vgl. Abschn. 1.1 des vorliegenden Buches sowie Staw (1976); Albach (1989: 39); Schäfer (2005: 15–16); Kirchler (2011: 91–94); Franck/Zellner (2001: 251); Schaub (1997: 192–195).
[200] Vgl. Zayer (2007: 65-70).
[201] Vgl. Kunz (2013: 212–213).
[202] Vgl. Groß-Schuler (2002: 228–230); O'Brien/Folta (2009).
[203] Vgl. Zayer (2007: 143–144); Jungermann/Pfister/Fischer (2017: 160).
[204] Vgl. Jungermann/Pfister/Fischer (2017: 160).

Tab. 3.40 Klassische Heuristiken und Phänomene. Quelle: Eigene Darstellung, in Anlehnung an: Eisenführ/Weber/Langer (2010: 405–411); Jungermann/Pfister/Fischer (2017: 149–162). Mit der Bezeichnung „klassische Heuristiken und Phänomene" wird deutlich gemacht, dass sowohl einige dieser Phänomene zwischenzeitlich widerlegt bzw. kritisiert wurden als auch andere Heuristiken und Phänomene bekannt und relevant sind, von denen einige an anderer Stelle vorgestellt werden. Vgl. Abschn. 3.2.2.4

Phase	Mögliche Phänomene
Nicht spezifiziert	• Rückschaufehler • Selbstüberschätzung • Verlustaversion
Zielbildung und -formulierung	• Splitting-Bias
Suche, Prognose und Bewertung von Alternativen	• Verfügbarkeits-Heuristik: – Beeinflussung durch Lebhaftigkeit der Darstellung – Beeinflussung durch Präsenz der Ereignisse – Beeinflussung durch Ereignisverknüpfungen • Repräsentativitäts-Heuristik: – Basisraten-Fehler – Konjunktions-Fehler – Fehler durch „Gesetz der kleinen Zahl" • Anker-Heuristik: – Fehleinschätzung von quantitativen Angaben – Rückschaufehler • Versunkene-Kosten-Effekt • Illusion der Kontrolle • Wunschdenken und unrealistischer Optimismus

bedeutet jedoch **nicht**, dass die geschilderten Phänomene **ausschließlich** in diesen Phasen auftreten.

3.2.2.3 Prospect-Theory

Aufbauend auf ihren eigenen Erkenntnissen zur Verwendung und zur Qualität von Heuristiken wurde von KAHNEMAN und TVERSKY ein früher Ansatz zur Deskription und Explikation des realen Entscheidungsverhaltens unter Unsicherheit geliefert, der unter dem Begriff der **„Prospect-Theory"** zusammengefasst und bekannt wurde.[205] Es han-

[205] Vgl. Kahneman/Tversky (1979); Tversky/Kahneman (1992). AMOS TVERSKY (1937–1996) und DANIEL KAHNEMAN, geb. 1934. KAHNEMAN erhielt 2002 zusammen mit VERNON SMITH den „Wirtschaftsnobelpreis". Die weiterentwickelte Version der Prospect-Theory aus dem Jahr 1992 müsste korrekterweise als kumulative Prospect-Theorie bezeichnet werden, da die ursprüngliche Version als originale Prospect-Theorie bezeichnet wird. Vgl. Eisenführ/Weber/Langer (2010: 423). Aus Gründen der Sprachvereinfachung wird in den folgenden Darstellungen die kumulative Version als Prospect-Theory (PT) bezeichnet.

delt sich dabei um einen vielfältig überprüften sowie diskutierten Ansatz, der auch in der Controlling-Literatur eine Verbreitung gefunden hat.[206] Er kann als wichtigster Revisionsversuch der Erwartungsnutzentheorie bezeichnet werden.[207]

Entscheidungen unter Unsicherheit werden von KAHNEMAN und TVERSKY als Wahl zwischen Erwartungen oder Lotterien bezeichnet, woraus sich der Name ableitet.[208] Die einzelnen Tätigkeiten bzw. Handlungsschritte des Entscheidungsprozesses werden in der PT in zwei Phasen zerlegt:[209] In der „Editier-Phase" als erster Phase wird das Problem nach bestimmten Regeln transformiert und mental repräsentiert. Daran schließt sich die „Bewertungs-Phase" an, in der ein subjektiver Wert bestimmt und eine Alternative gewählt wird.[210] Wesentliche Bestandteile der Theorie sind:

- die – an einem **Referenzpunkt** ausgerichtete – **Wertfunktion** und
- die **Entscheidungsgewichtungsfunktion**.

Gemäß der PT verwendet der Entscheidungsträger einen **Referenzpunkt**, um die Konsequenzen von Handlungsalternativen zu bewerten. In diesem Zusammenhang – und im Gegensatz zur Erwartungsnutzentheorie – wird von dem **Wert der Konsequenz** für den Akteur gesprochen und nicht vom Nutzen.[211] Dieser Wert begründet die subjektive **Wertfunktion**. Ergebnisse, die oberhalb des Referenzpunktes liegen, werden positiv bewertet und Resultate, die unter diesem Punkt liegen, werden negativ eingeschätzt.

In der Editier-Phase können vom Akteur folgende Operationen ausgeführt werden:[212]

- Kodierung des Referenzpunktes,
- Kombination von Alternativen,
- Vereinfachung von Alternativen,
- Segregation von Alternativen,
- Streichung von gemeinsamen Bestandteilen sowie
- Prüfung der Alternativen auf Dominanz.

Die **Kodierung** des Referenzpunktes ist gleichbedeutend mit der Festlegung dieses Punktes. Auf welcher Basis dies geschieht, ist unerheblich. Dies kann die aktuelle Vermögensposition sein, an der die Gewinne oder Verluste gemessen werden. Es kann jedoch auch ein anderer Punkt als Orientierungsmaßstab verwendet werden. An diesem Punkt

[206] Vgl. Hirsch (2007: 243–248); Günther/Detzner (2012).
[207] Vgl. Jungermann/Pfister/Fischer (2017: 184). Zur Darstellung der Erwartungsnutzentheorie vgl. Abschn. 3.1.3.2.3.
[208] *„Decision making under risk can be viewed as a choice between prospects or gambles."* Kahneman/Tversky (1979: 263).
[209] Vgl. Kahneman/Tversky (1979: 274).
[210] Vgl. Jungermann/Pfister/Fischer (2017: 184–188).
[211] Vgl. Kahneman/Tversky (1979: 268–269).
[212] Vgl. Kahneman/Tversky (1979: 274–275); Jungermann/Pfister/Fischer (2017: 184–186).

wird die subjektive Bewertung der positiven und negativen Abweichungen der Handlungsergebnisse festgemacht.

Die **Kombination** wird häufig eingesetzt, wenn die verfügbaren Informationen zu einer Alternative noch nicht verdichtet wurden. Durch das Zusammenfassen von Wahrscheinlichkeiten werden die Darstellungsform und die weitere Bearbeitung vereinfacht.

Die **Vereinfachung** von Alternativen besteht in der Rundung von quantitativen Informationen über die Alternative (z. B. Ergebnis- oder Wahrscheinlichkeitsgrößen). Ergänzend erfolgt oftmals die Streichung äußerst unwahrscheinlicher Ereignisse und deren Vernachlässigung im weiteren Verlauf.

Die **Segregation** von Alternativen besteht in der Abspaltung der sicheren Komponenten der Alternative von den unsicheren Komponenten derselben. Wird die Alternative betrachtet, welche mit 40 %-iger Wahrscheinlichkeit einen Verlust von 100 € erzielt und mit 60 %-iger Wahrscheinlichkeit einen Verlust von 300 € erzielt, so wird diese Konstellation von Akteuren häufig aufgespalten in einen sicheren Verlust von 100 € und eine 60 %-ige Wahrscheinlichkeit eines Verlustes von 200 €.

Während diese Operationen auf **eine einzelne Alternative** angewendet werden können, kommen die folgenden Operationen für die **Editierung einer Alternativenmenge** in Betracht. Reale Akteure eliminieren während des Vergleiches von mehreren Alternativen diejenigen Bestandteile, die bei allen Alternativen identisch ausgeprägt sind. Dies wird mit der **Streichung gemeinsamer Bestandteile** in der PT berücksichtigt.

Die **Prüfung der Menge auf dominierte Alternativen** wird vom Akteur mit Blick auf die stochastische Dominanz durchgeführt.[213]

Diese Operationen können in unterschiedlicher Reihenfolge realisiert werden. Eine grundlegende Aussage der PT besteht darin, dass das Ergebnis des Editier-Prozesses abhängig von der gewählten Reihenfolge der Operationen ist. In Abhängigkeit von der Reihenfolge können deshalb verschiedene Alternativen für den nächsten Prozessschritt zur Verfügung stehen.[214] Als Ergebnis der Editier-Phase steht eine Reihe von kodierten Alternativen für den nächsten Prozessabschnitt, die Bewertung, zur Verfügung. Als erstes Ergebnis der Bewertung entsteht eine **Wertfunktion** für jede Alternative. Die charakteristische Wertfunktion $v(x)$ nach Kahneman und Tversky weist folgende Struktur auf:[215]

$$v(x) = \begin{cases} x^{\alpha}, & \text{wenn } x \geq 0 \\ -\lambda(-x)^{\beta}, & \text{wenn } x < 0 \end{cases}$$

Zur Charakteristik der Wertfunktion (vgl. Abb. 3.16) zählen die Definitionsbereiche der einzelnen Parameter. So gilt im Allgemeinen $\lambda > 1$, $0 < \alpha$ sowie $\beta < 1$.[216] Wichtig ist in diesem Zusammenhang, dass der Nullpunkt des Koordinatensystems der Abb. 3.16

[213] Zur Definition der stochastischen Dominanz vgl. Abschn. 3.1.3.2.1.

[214] Vgl. Kahneman/Tversky (1979: 275).

[215] Vgl. Tversky/Kahneman (1992: 309).

[216] Vgl. Eisenführ/Weber/Langer (2010: 433).

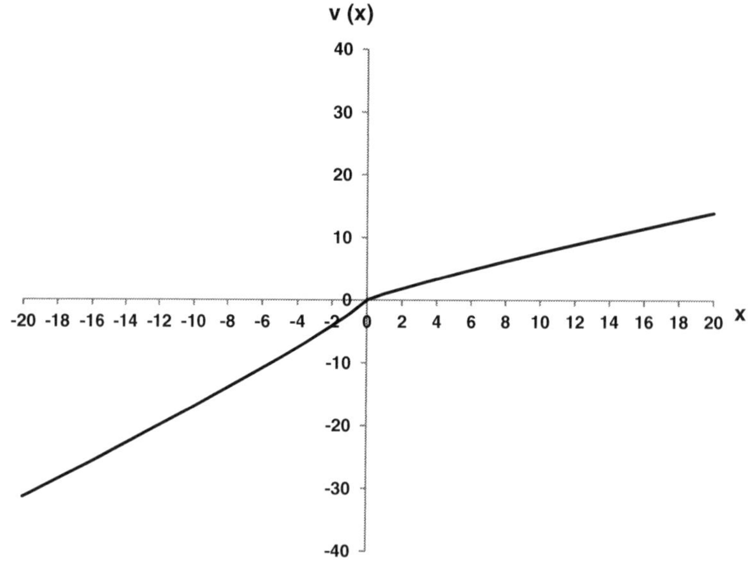

Abb. 3.16 Idealtypische Wertfunktion der Prospect-Theory. Quelle: Eigene Darstellung mit den Parametern $\alpha = \beta = 0{,}88$ und $\lambda = 2{,}25$. Vgl. Tversky/Kahneman (1992: 309)

den **Referenzpunkt** des Akteurs abbildet. Positive Ergebniswerte x stellen deshalb **positive Abweichungen** vom Referenzwert dar. Dass dies nicht zwangsläufig absolut positive Werte sein müssen, wird an dem Beispiel des erwarteten Verlustes deutlich. Der erwartete Verlust bildet den Referenzpunkt, so dass positive Abweichungen zwar immer noch einen Verlust bedeuten können, aus Akteurssicht hingegen eine positive Abweichung vom Referenzwert sind.

Die derartig definierte Funktion ist gekennzeichnet durch:[217]

- Verlustaversion des Akteurs,
- konkaven Verlauf im Bereich positiver Abweichungen (Gewinnbereich),
- konvexen Verlauf im Bereich der negativen Abweichungen (Verlustbereich).

Mit der **Verlustaversion des Akteurs** wird der empirischen Beobachtung realer Akteure Rechnung getragen, die den subjektiven Wert ein und desselben Betrages im Verlustbereich höher einstufen als im Gewinnbereich. Der in der Abb. 3.16 beschriebene idealtypische Verlauf der Wertfunktion $v(e)$ im Gewinn- und Verlustbereich wird mit einem abnehmenden Wertzuwachs einer zusätzlichen Einheit positiver Abweichungen vom Referenzwert („Gewinn") bzw. mit sinkendem Wertverlust einer zusätzlichen Einheit negativer Abweichungen („Verlust") vom Referenzwert begründet.[218]

[217] Vgl. Laux/Gillenkirch/Schenk-Mathes (2014: 178).
[218] Vgl. Laux/Gillenkirch/Schenk-Mathes (2014: 178).

Nach der Festlegung des Referenzpunktes und der Einordnung der Abweichungen ist die Zuweisung von subjektiven Wahrscheinlichkeiten für die einzelnen Zustände erforderlich. Dazu werden die Ergebnisse der Alternative so sortiert, dass an erster Stelle der Zustand mit den größten negativen Abweichungen steht und an letzter Stelle der Zustand mit der größten positiven Abweichung eingeordnet wird. Es wird eine Rangfolge der Ergebnisse gebildet, die neu nummeriert werden, so dass für die Ergebnisse x_q mit $q = 1, \ldots, K$ gilt: $x_1 < x_2 < x_n < x_{n+1} \ldots < x_{K-1} < x_K$.[219]

Ziel des Akteurs ist nun die Maximierung des darauf basierenden Erwartungsnutzens. Dieser rangplatzabhängige Erwartungsnutzen besteht aus der Summe der gewichteten positiven und negativen Abweichungen wie folgt:[220]

$$EU_{\mathrm{PT}} = \sum_{q=1}^{n} v(x_q) \cdot w^-(p_q) + \sum_{q=n+1}^{K} v(x_q) \cdot w^+(p_q).$$

Die Gewichtungen $w^-(p_q)$ und $w^+(p_q)$ resultieren aus folgenden Definitionen:[221]

$$w^-(p_q) = g^-\left(\sum_{j=1}^{q} p_j\right) - g^-\left(\sum_{j=1}^{q-1} p_j\right) \quad \text{für} \quad q = 1, \ldots, n$$

sowie

$$w^+(p_q) = g^+\left(\sum_{j=q}^{K} p_j\right) - g^+\left(\sum_{j=q+1}^{K} p_j\right) \quad \text{für} \quad q = n+1, \ldots, K.$$

Mit den Gewichtungsfaktoren g^- und g^+ wird die subjektive Einschätzung der Wahrscheinlichkeit des Eintritts eines Zustands abgebildet, wobei das Prinzip der abnehmenden Sensitivität gilt. Dies bedeutet, dass die Funktion im mittleren Bereich einen geringen Anstieg aufweist, während sie an den äußeren Enden einen starken positiven bzw. negativen Anstieg besitzt. Dies wird damit erklärt, dass reale Akteure sowohl den Übergang von der Unmöglichkeit zur Möglichkeit als auch von der quantitativen Wahrscheinlichkeit zur absoluten Sicherheit stärker bewerten als andere Zustände.[222]

Die Wahrscheinlichkeit positiver Abweichungen wird mit anderen Parametern gewichtet, als die Wahrscheinlichkeit negativer Abweichungen. Es gelten:[223]

$$g^+(p) = \frac{p^\gamma}{[p^\gamma + (1-p)^\gamma]^{\frac{1}{\gamma}}}$$

[219] Diese Ordnung wird als Rangplatzordnung bezeichnet.
[220] Vgl. Klein/Scholl (2011: 445).
[221] Vgl. Klein/Scholl (2011: 445); Eisenführ/Weber/Langer (2010: 426).
[222] Vgl. Jungermann/Pfister/Fischer (2017: 189).
[223] Vgl. Tversky/Kahneman (1992: 309); Eisenführ/Weber/Langer (2010: 431).

sowie

$$g^{-}(p) = \frac{p^{\delta}}{\left[p^{\delta} + (1-p)^{\delta}\right]^{\frac{1}{\delta}}}.$$

Beispiele dieser Funktionen sind in der Abb. 3.17 dargestellt. Es wird deutlich, dass durch den realen Akteur geringe Wahrscheinlichkeiten höher gewichtet werden als mittlere und hohe Wahrscheinlichkeiten. Diese Gewichtungsfunktion erklärt das reale Entscheidungsverhalten besser als die Erwartungsnutzentheorie, da die Risikoneigung von der Höhe der erwarteten Gewinne/Verluste abhängt.

Aufbauend auf der grafischen Darstellung der Wahrscheinlichkeitsgewichtungen kann die prototypische Risikoeinstellung realer Akteure gemäß der PT tabellarisch zusammengefasst bzw. klassifiziert werden (vgl. Tab. 3.41).

Optimal entsprechend des Bewertungskalküls der PT ist diejenige Alternative, bei welcher der Wert des erwarteten rangplatzabhängigen Nutzens EU_{PT} maximal ist. Aus der

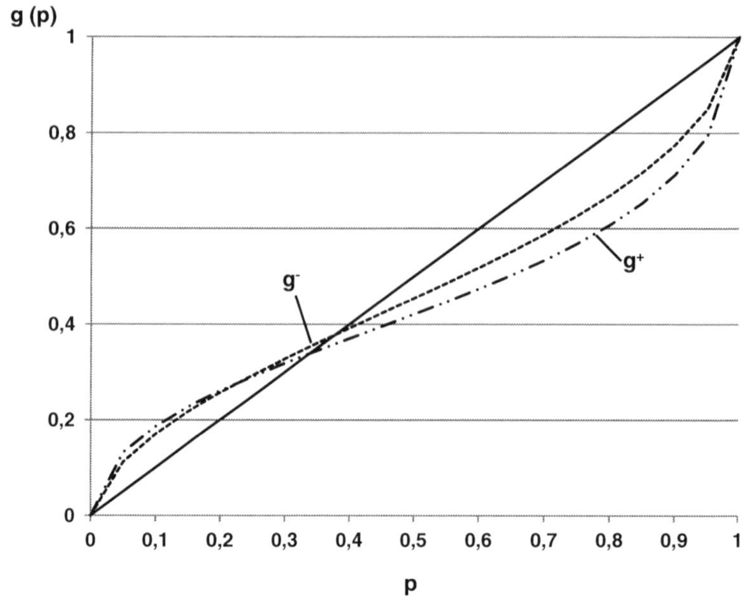

Abb. 3.17 Idealtypische Funktionen der Wahrscheinlichkeitsgewichtungen. Quelle: Eigene Darstellung mit den Parametern $\gamma = 0{,}61$ und $\delta = 0{,}69$. Vgl. Tversky/Kahneman (1992: 309–312)

Tab. 3.41 4-Felder-Muster der Risikoeinstellung gemäß der Prospect-Theory. Quelle: Tversky/Fox (1995: 270)

	Gewinn	**Verlust**
Geringe Eintrittswahrscheinlichkeit	Risikofreudig	Risikoavers
Hohe Eintrittswahrscheinlichkeit	Risikoavers	Risikofreudig

Tab. 3.42 Beispielhafte Ermittlung des Erwartungsnutzens der Prospect-Theory. Quelle: Eigene Darstellung, in Anlehnung an: Eisenführ/Weber/Langer (2010: 426)

q	**1**	**2**	**3**	**4**	**5**	**6**	**7**	**8**	**9**
x_q	−10	−7	−3	−1	0	1	3	7	10
$v(x_q)$	−17,07	−12,47	−5,92	−2,25	0	1	2,63	5,54	7,59
p_q	0,05	0,10	0,05	0,25	0,10	0,25	0,05	0,10	0,05
	$\sum_{j=1}^{q} p_j$				–	$\sum_{j=q}^{K} p_j$			
	0,05	0,15	0,20	0,45	–	0,45	0,20	0,15	0,05
	$g^-\left(\sum_{j=1}^{q} p_j\right)$				–	$g^+\left(\sum_{j=q}^{K} p_j\right)$			
	0,1341	0,2277	0,2606	0,3909	–	0,3909	0,2606	0,2277	0,1341
	$g^-\left(\sum_{j=1}^{q} p_j\right) - g^-\left(\sum_{j=1}^{q-1} p_j\right)$				–	$g^+\left(\sum_{j=q}^{K} p_j\right) - g^+\left(\sum_{j=q+1}^{K} p_j\right)$			
$w^-(p_q)$	0,1341	0,0936	0,0329	0,1303	–	–	–	–	–
$w^+(p_q)$	–	–	–	–	–	0,1303	0,0329	0,0936	0,1341
$v(x_q) \cdot w^-(p_q)$	−2,2890	−1,1667	−0,1948	−0,2934	–	–	–	–	–
$v(x_q) \cdot w^+(p_q)$	–	–	–	–	–	0,1303	0,0866	0,5185	1,0173

$$EU_{PT} = \sum_{q=1}^{n} v(x_q) \cdot w^-(p_q) + \sum_{q=n+1}^{K} v(x_q) \cdot w^+(p_q) = -3{,}9444 + 1{,}7532 = -2{,}1912$$

bisherigen Darstellung wird ein weiteres Entscheidungskriterium deutlich: Wenn der Referenzpunkt aus der aktuellen Vermögensposition besteht, sind Alternativen mit einem negativen rangplatzabhängigen Nutzen absolut nicht vorteilhaft. Diese bieten im Vergleich zur aktuellen Position eine Verschlechterung und werden nicht realisiert.

Im Folgenden wird das Bewertungsbeispiel einer Alternative dargestellt (vgl. Tab. 3.42). Die Wertfunktion $v(x_q)$ weist die bereits dargestellte Struktur auf (vgl. Abb. 3.16), mit den Parametern $\alpha = \beta = 0{,}88$ und $\lambda = 2{,}25$. Für die Ermittlung der Wahrscheinlichkeitsgewichtungen wird die Ermittlungsvorschrift $g^-(p) = g^+(p) = \frac{p^\gamma}{[p^\gamma + (1-p)^\gamma]^{\frac{1}{\gamma}}}$ herangezogen, wobei $\gamma = 0{,}60$.

Die betrachtete Alternative weist einen negativen erwarteten Nutzen aus und sollte deshalb nicht gewählt bzw. realisiert werden.

Zusammenfassend kann festgestellt werden, dass die PT als empirisch fundierte und deshalb realitätsnahe Entscheidungstheorie eingestuft werden kann. Eine Reihe von Paradoxa kann mit der PT erklärt und prognostiziert werden.[224] Damit weisen die Erkenntnisse über den rein deskriptiven Bereich hinaus. Die PT ist jedoch nicht ohne Kritik und Ergänzungen geblieben.[225] Auf diese wird hier nicht detailliert eingegangen, stattdessen wird im nächsten Abschnitt ein alternativer bzw. konkurrierender Ansatz vorgestellt.

3.2.2.4 Probabilistische mentale Modelle

In Anlehnung an das Linsen-Modell von BRUNSWIK, in dem das System der Umwelt über unterschiedliche Hinweisreize wahrgenommen und interpretiert wird,[226] entstand das Konzept der **probabilistischen mentalen Modelle** (PMM).[227] Mit diesem Konzept wird SIMON's Vorstellung von begrenzter Rationalität weiterentwickelt bzw. wieder aufgenommen, welche er in dem folgenden Scheren-Metapher verdeutlichte: *„Human rational behavior [...] is shaped by a scissors whose two blades are the structure of task environments and the computational capabilities of the actor“.*[228]

In Entscheidungssituationen unter Unsicherheit und bei Vorliegen von Informationsdefiziten kommt es vor, dass der Akteur ein PMM konstruiert und darauf aufbauende Heuristiken zur Entscheidungsfindung verwendet. Diese Heuristiken verfügen über eine große heuristische Kraft und zeichnen sich dadurch aus, dass sie einfach, schnell und robust sind.[229]

Interessant aus Sicht der Entscheidungstheorie ist der Umstand, dass einige Verhaltensweisen, die von KAHNEMAN und TVERSKY als systematische Urteilsfehler klassifiziert wurden, als rational erklärt und zutreffend prognostiziert werden, so z. B. der Basisraten-Fehler, der Konjunktions-Fehler und der Effekt der Selbstüberschätzung. Dies liegt daran, dass im Fall des Heuristics-and-biases-Programms von KAHNEMAN und TVERSKY, wie auch in der präskriptiven Entscheidungstheorie, mit **Wahrscheinlichkeiten** argumentiert wird. Diese können jedoch nicht von allen Personen fehlerfrei bzw. nur unzureichend verarbeitet werden. Werden anstelle der Wahrscheinlichkeiten jedoch **Häufigkeiten** verwendet, verschwinden einige der festgestellten Phänomene.[230] Das Konzept PMM-basierter Heuristiken impliziert, dass eine Heuristik nicht per se rational oder irrational sein kann,

[224] Vgl. Camerer (2000: 289).
[225] Zu einer umfangreichen Darstellung vgl. Laux/Gillenkirch/Schenk-Mathes (2014: 181–206).
[226] Vgl. Abb. 3.14.
[227] Vgl. Gigerenzer/Hoffrage/Kleinbölting (1991).
[228] Simon (1990: 7).
[229] Vgl. Gigerenzer/Czerlinski/Martignon (2002); Goldstein/Gigerenzer (2002). Der Begriff robust bedeutet, dass sich Heuristiken auf neue Situationen übertragen lassen. Zum Begriff der heuristischen Kraft vgl. Kirsch (1971: 155–157).
[230] Zu diesen Phänomenen vgl. Abschn. 3.2.2.2. Vgl. Gigerenzer (2005: 64); Richardson (1998: 573–574); Hertwig/Gigerenzer (1999); Brandstätter/Gigerenzer/Hertwig (2006); Jungermann/Pfister/Fischer (2017: 150–152). Zu einer kritischen Diskussion des PMM vgl. Kahneman/Frederick (2004).

sondern nur in Bezug auf eine bestimmte Umwelt, weshalb begrenzte Rationalität in diesem Zusammenhang als Umweltrationalität interpretiert wird.[231]

Der Prozess der menschlichen Entscheidungsfindung unter Zeitdruck und Unsicherheit ist durch eine selektive, weniger aufwendige Informationssuche und eine nicht-kompensatorische, heuristische Vorgehensweise gekennzeichnet. In verschiedenen Studien konnte gezeigt werden, dass Akteure in diesen Situationen einfache Entscheidungsheuristiken verwenden, die weniger kognitive Kapazität erfordern, aber in einer wesentlich kürzeren Bearbeitungszeit zu ähnlich guten, teilweise sogar zu besseren Schlussfolgerungen führen als vergleichsweise analytische Entscheidungsalgorithmen. Diese Heuristiken werden als schnell und frugal bezeichnet, wenn sie nur wenige Informationen benötigen, diese einfach zu verarbeiten sind und so schnelle und akkurate Urteile ermöglichen. Basis dieser Heuristiken ist ein PMM, das sich dadurch auszeichnet, dass:[232]

- es ein Netzwerk von alternativen Variablen in Ergänzung zur Zielvariablen nutzt,
- es auf eine Referenzklasse von ähnlichen Objekten zurückgreift,
- unbewusste Wahrscheinlichkeitsabgleiche auf Basis relativer Häufigkeiten durchgeführt und verwendet werden und
- der Akteur die Sicherheit, mit der er sich auf die Lösung verlassen kann, einordnen kann.

Gerade unter Zeitdruck führen diese Heuristiken ebenso zu einem vergleichbaren Anteil an zutreffenden Entscheidungen wie aufwendigere Vorgehensweisen, bei denen alle Informationen gesucht, integriert und für die Entscheidung berücksichtigt werden.[233]

Jede Heuristik setzt sich aus drei konstituierenden Komponenten zusammen, den sogenannten „building blocks". Hierbei handelt es sich zum einen um Suchregeln, die präzisieren, in welcher Reihenfolge Informationen (Hinweisreize – cues) eingeholt werden, zweitens um Abbruchregeln, die festlegen, wann die Suche nach Informationen beendet wird, und abschließend um Entscheidungsregeln, die Aussagen darüber treffen, wie auf Grundlage der gewonnenen Informationen Entscheidungen getroffen werden. PMM-basierte Heuristiken schaffen einerseits einen Ausgleich zwischen Allgemeingültigkeit und Spezifität und zum anderen Robustheit durch die Fokussierung auf wenige und beson-

[231] Vgl. Gigerenzer (2004: 390–402); Gigerenzer (2000: 57–58); Goldstein/Gigerenzer (2002). Der ursprüngliche Begriff der ökologischen Validität des Modells von BRUNSWIK wurde später auf das Rationalitätskonstrukt übertragen. Der Begriff der Ökologie bezeichnet die natürliche Umwelt, also Flora, Fauna, Umweltmedien wie Luft, Wasser und Boden, weshalb ökologische Rationalität eine Rationalität in dieser Hinsicht bedeuten würde. Aus diesem Grund wird der englische Originalausdruck der „ecological rationality" mit dem weiter gefassten Begriff der Umweltrationalität übersetzt.

[232] Vgl. Gigerenzer/Hoffrage/Kleinbölting (1991: 507); Anderson (2013: 241–242).

[233] Vgl. Rieskamp/Hoffrage (1999: 164–167).

ders starke Hinweisreize. Da eine Heuristik an spezifische Umweltbedingungen angepasst ist, kann sie schnelle und genaue Lösungen für diese Umgebung ermitteln.[234]

Vorgehensweise und Qualität umweltrationaler Heuristiken werden im Folgenden anhand der **Wiedererkennungs-Heuristik** und der **Take-the-Best-Heuristik** veranschaulicht. Die Wiedererkennungs-Heuristik ist ein Beleg dafür, dass Menschen selbst mit einem Minimum an Informationen korrekte Entscheidungen und Vorhersagen treffen können.[235] Die Heuristik basiert auf der Bekanntheit der zu beurteilenden Objekte, allerdings ohne zu wissen, wo das Objekt gesehen wurde oder was das Objekt bezeichnet. Dabei nutzt die Heuristik die kognitive Fähigkeit des Wiedererkennens von Objekten (z. B. Gesichtern, Namen) aus, wobei Wiedererkennung nicht mit dem Abruf semantischen oder episodischen Wissens gleichzusetzen ist.

Die Wiedererkennungs-Heuristik kann von Entscheidungsträgern angewandt werden, wenn zwischen zwei Objekten dasjenige ausgewählt werden soll, das einen höheren Wert bezüglich eines bestimmten Kriteriums aufweist. Dabei muss die Wiedererkennung mit diesem Kriterium korrelieren, um den Erfolg und damit die Umweltrationalität der Heuristik sicherzustellen. Die Heuristik des Wiedererkennens impliziert zudem das Phänomen des **„Less-is-more"-Effekts**. Dieser besagt, dass Entscheidungsträger mit einem höheren Maß an Unwissen mehr korrekte Entscheidungen treffen, als dies bei Menschen der Fall ist, die über einen höheren Wissensgrad verfügen. Insgesamt ist die Wiedererkennungs-Heuristik schnell und frugal, da neben der Fähigkeit der Wiedererkennung keine weiteren Fähigkeiten benötigt werden. Sie ist auf die Entscheidungsumwelt ausgerichtet, da sie von der Gegebenheit profitiert, dass die menschliche Fähigkeit etwas wiederzuerkennen, in vielen natürlichen Umgebungen mit dem Kriterium korreliert, welches erschlossen werden soll. Die Wiedererkennungs-Heuristik zeichnet sich dennoch durch ein hohes Maß an Gebietsspezifität aus, da sie nur in Umgebungen funktioniert, in denen eine Korrelation zwischen Wiedererkennen und gesuchtem Kriterium besteht. Darüber hinaus ist die Wiedererkennungs-Heuristik häufig nicht in der Lage, Entscheidungen zwischen zwei Objekten zu treffen, wenn besonders viele bekannte oder sehr wenige Objekte als Grundlage der Entscheidung dienen.

Eine Heuristik, die eingesetzt werden kann, wenn die Wiedererkennungs-Heuristik nicht verwendbar ist, ist die **Take-the-Best-Heuristik.** Ebenso wie die Wiedererkennungs-Heuristik begrenzt die Take-the-Best-Heuristik die Suche nach Informationen für Entscheidungsfindungen. Grundlegende Komponenten sind auch hier die schon beschriebenen „building blocks". Für die Alternativen werden zuerst Prädikatoren hinsichtlich ihrer inhaltlichen Validität geordnet und in dieser Reihenfolge abgefragt. Die Abbruchregel lautet: wenn eines der Objekte eine positive Merkmalsausprägung besitzt und ein anderes Objekt nicht oder diese unbekannt ist, dann wird die Suche beendet. Falls die Bedingung für den Abbruch nicht erfüllt ist, wird die Suche bei dem nächsten Prädikator weiterge-

[234] Vgl. Todd/Gigerenzer (2003: 149–152).
[235] Vgl. Goldstein/Gigerenzer (1999: 35–38).

führt. Die Entscheidung fällt auf das Objekt mit der positiven Merkmalsausprägung, da dieses den höheren Wert des gesuchten Kriteriums darstellt. Begrenzte Suche funktioniert bei dieser Heuristik also nach einer „Schritt-für-Schritt-Methode", bei der die Prädikatoren nacheinander abgeprüft werden, bis die Abbruchregel erfüllt ist. Im Vergleich zu klassischen, linear statistischen Methoden ist die Take-the-Best-Heuristik in der Lage, präzisere Vorhersagen und Entscheidungen zu treffen, obwohl die statistischen Methoden mehr Informationen benötigen und mehr Berechnungen anstellen. CZERLINSKI/GIGERENZER/GOLDSTEIN zeigen in detaillierten Computersimulationen deutliche Vorteile der Take-the-Best-Heuristik.[236] Eine Ursache hierfür wird in der Robustheit des Vorgehens gesehen, die insbesondere in Situationen mit begrenztem Wissen zum Tragen kommt. Ein weiterer Grund kann darin gesehen werden, dass in realen Umgebungen Informationsstrukturen auftreten können, die mit einfachen Heuristiken hoch korrelieren und mit diesen deshalb mindestens genauso gut oder besser abgebildet werden können wie mit komplexen statistischen Methoden.

Als problematisch gegenüber generalisierenden Modellen stellt sich jedoch für diese Heuristiken heraus, dass die Anwendbarkeit der gebietsspezifischen Lösungen begrenzt ist. Aufgrund dessen können verschiedene Umgebungen unterschiedliche Heuristiken begünstigen, die deren spezifische Informationsstrukturen auswerten und angepasste Entscheidungen treffen lassen. Durch diese Spezifität besteht die Gefahr, dass eine neue Heuristik benötigt würde, sobald sich das Entscheidungsumfeld minimal ändert. Dies würde zum einen zu einer unüberschaubaren Vielzahl an Heuristiken führen und zweitens könnten Verallgemeinerungen bei bisher noch nicht aufgetretenen Umweltsituationen nicht durchgeführt werden. PMM-basierte Heuristiken bewältigen dieses Problem durch ihre Einfachheit, die es ihnen ermöglicht, robust gegenüber Umweltveränderungen zu sein und gleichzeitig ein nötiges Maß an Allgemeingültigkeit zu gewährleisten.[237]

Dass es diesen Heuristiken gelingt, mindestens so genau zu sein wie komplexe Generalstrategien, die mit einer hohen Anzahl an freien Parametern arbeiten, kann damit begründet werden, dass erstgenannte nicht zu spezifisch sind. GIGERENZER beschreibt in diesem Zusammenhang das Phänomen des „overfitting", das von der Annahme ausgeht, dass jedes Detail von besonderer Relevanz ist und zu einem Scheitern der Verallgemeinerung führt. PMM-basierte Heuristiken können das Problem der „Überanpassung" dadurch reduzieren, dass sie sich lediglich auf systematische informative Hinweisreize konzentrieren, während sie variable uninformative Hinweise ignorieren. Dies befähigt sie dazu, Robustheit gegenüber Umweltveränderungen hervorzubringen und diese ohne Verminderung der Leistungsfähigkeit zu überstehen. Der Ansatz der Umweltrationalität überwindet damit die Annahme, dass eine größere Menge an Informationen und die damit verbundenen Berechnungen zu präziseren Schlussfolgerungen und Fundierungen von Entscheidungen führen.

---

[236] Vgl. Czerlinski/Gigerenzer/Goldstein (1999).

[237] Vgl. Gigerenzer/Todd (1999).

Von grundlegender Bedeutung für die Qualität der Entscheidungen ist die Konstruktion eines PMM, das auf die Spezifika der Entscheidungssituation ausgerichtet ist.[238] Akteure verwenden in unterschiedlichen Entscheidungssituationen unterschiedliche PMM-basierte Heuristiken.[239] Die lediglich teilweise bekannte Problemstruktur eines gegebenen Problems wird auf einen Problemraum mit bekannter Grundstruktur projiziert. Die Möglichkeit dieser Transformation muss erkannt und abgerufen werden. Die Abstraktion von konkreten Struktureigenschaften des gegebenen Problems und dessen allgemeine Auffassung als Vertreter einer bekannten Problemklasse wird zur wesentlichen Voraussetzung zum Auffinden der Transformationsregeln.[240] Die erfolgreiche Problemlösung mittels PMM-basierter Heuristiken sowie das Erkennen und Übertragen von Strukturen der Entscheidungssituationen wird vom Akteur erlernt.[241] Als Beispiel wird das Entscheidungsverhalten eines Experten im Vergleich zu dem eines Novizen angeführt. Das höhere Maß an Erfahrung des Experten führt nicht dazu, dass bessere Entscheidungen aufgrund von mehr verwendeten Informationen getroffen werden. Vielmehr sind Experten eher in der Lage, relevante von irrelevanten Hinweisreizen zu unterscheiden und treffen auf diese Weise bessere Entscheidungen.

Kritik erfährt das Konzept der Umweltrationalität vor allem dahingehend, dass umstritten ist, ob und unter welchen Bedingungen die schnellen und frugalen Heuristiken tatsächlich von Individuen angewandt werden. So stellen z. B. Bröder und Eichler die nicht-kompensatorische Natur der Wiedererkennungs-Heuristik in Frage. Ihrer Meinung nach verwundert es nicht, dass die Wiedererkennung ein besonderes Kriterium im Entscheidungsprozess darstellt, da per Definition für unbekannte Objekte keine weiteren Hinweisreize zur Verfügung stehen. Jedoch kann ihrerseits nicht bestätigt werden, dass das Wiedererkennen als nicht-kompensatorisches Kriterium fungiert, da bei der Nutzung der Wiedererkennungs-Heuristik im Rahmen der Auswahl zwischen zwei Objekten oftmals weitere Informationen zur Entscheidungsfindung eingeholt werden. Auch bleibt zu überprüfen, ob schnelle und frugale Heuristiken zu systematischen Fehlern führen.[242]

An dieser Stelle leistet das Konzept der Umweltrationalität von PMM einen Beitrag, indem es die Verwendung mentaler Modelle als effizient erkennt und damit der Soll-Rationalität zuordnet.[243] Aus den diskutierten Studien lassen sich Schlussfolgerungen über die Nutzung von mentalen Modellen ableiten, die auch normativen Charakter aufweisen. Entscheidungen auf Basis mentaler Modelle können vor diesem Hintergrund auf Rationalität, als Umweltrationalität interpretiert, untersucht werden und es können Vorgaben zur Realisierung umweltrationaler Entscheidungen gemacht werden.

[238] Vgl. Gigerenzer/Hoffrage/Goldstein (2008: 234).
[239] Vgl. Jungermann/Pfister/Fischer (2017: 143); Gigerenzer/Hoffrage/Kleinbölting (1991).
[240] Vgl. Klix (1976: 721–724).
[241] Vgl. Goldstein et al. (2002: 180–181); Laland (2001: 244–245); Boyd/Richardson (2001: 284–287).
[242] Vgl. Bröder (2001: 159–161); Hertwig/Hoffrage (2001: 162–164); Bröder/Eichler (2006).
[243] Vgl. Hoffrage/Hertwig/Gigerenzer (2005: 86).

3.3 Aufgaben und Lösungen

3.3.1 Aufgaben

Aufgabe 3.1
Gegeben ist die Entscheidungsmatrix in folgender Tabelle.

Teilziel / Aktion	k_1	k_2	k_3
a_1	10	30	80
a_2	50	50	90
a_3	50	110	50
a_4	70	30	80
a_5	60	90	120

a) Prüfen Sie die Alternativen auf Dominanz!
b) Ihnen ist Ziel 1 halb so wichtig wie Ziel 2. Gleichzeitig wissen Sie, dass Ihnen Ziel 2 doppelt so wichtig ist wie Ziel 3.
   1. Ermitteln Sie die fehlende Relation durch einen konsistenten Paarvergleich!
   2. Ermitteln Sie die daraus resultierenden Gewichtungsfaktoren!
   3. Ermitteln Sie die optimale Alternative durch Zielgewichtung unter Verwendung der ermittelten Gewichtungsfaktoren!
c) Ermitteln Sie die optimale Alternative mit:
   1. der KÖRTH-Regel,
   2. dem Goal-Programming, wobei folgende Wunschzielwerte angenommen werden: $u_1^* = 50, u_2^* = 100, u_3^* = 100$,
   3. der Methode der lexikografischen Ordnung bei Verwendung einer Zielordnung $k_2 \succ k_3 \succ k_1$!

Aufgabe 3.2
Im Rahmen der Weihnachtsvorbereitung möchte Bäcker BRÄSEL sein Sortiment an Weihnachtsgebäck erweitern. Nach umfangreicher Durchsicht seines Familienarchivs hat er vier Rezepte in die engere Auswahl genommen. Diese Rezepte unterscheiden sich hinsichtlich folgender Punkte:

- Reifezeit der Gesamtmenge Teig,
- Gewinn je Kilogramm verkauften Produkts,
- Belegungszeit des Backofens je Kilogramm.

Die Detailinformationen zu den Ausprägungen dieser Bewertungsdimensionen bei den vier Rezepten ist in der folgenden Tabelle dargestellt.

Rezept \ Teilziel	Reifezeit [Tage]	Gewinn [€/kg]	Belegungszeit [Stunden/kg]
R_1	20	50	6
R_2	10	50	7
R_3	20	40	5
R_4	15	45	8

Dem Bäcker ist es wichtig, dass er einen möglichst hohen Gewinn erzielt und dass sowohl die Reife- als auch die Belegungszeit möglichst gering sind. Die Nutzenmessung des Gewinns stellt für den Bäcker kein Problem dar – er verwendet die Kilogramm-Gewinn-Margen. In Bezug auf die erforderlichen Zeitdimensionen ist dem Bäcker noch nicht richtig klar, wie er die Nutzenmessung durchführen soll. Er entscheidet sich schlussendlich dazu, den jeweils höchsten Wert in der Dimension mit dem Nutzenwert null zu belegen und die Abstände der anderen Rezepte zu diesem Wert als Nutzenwerte zu verwenden.

a) Erstellen Sie mit diesen Informationen eine Entscheidungsmatrix!
b) Prüfen Sie die Rezepte auf Dominanz!
c) Zu welcher Präferenzordnung der Rezepte gelangen Sie, wenn Sie das Gewinnziel mit 75 % gewichten und die verbleibenden Ziele gleich wichtig einschätzen?
d) Zu welcher Präferenzordnung der Rezepte gelangen Sie mit der KÖRTH-Regel?

Aufgabe 3.3

Ein Akteur möchte ein Auto erwerben. Als für ihn wichtige Kriterien definiert er folgende Eigenschaften:

- Ästhetik (b_1),
- Platzangebot (b_2),
- Zuverlässigkeit (b_3),
- Umweltfreundlichkeit (b_4).

Bevor sich der Akteur auf die Suche begibt, muss er diese Kriterien gewichten. Dies geschieht mit der Paarvergleichsmatrix in folgender Tabelle.

Teilziel \ Teilziel	b_1 (Ä)	b_2 (P)	b_3 (Z)	b_4 (U)
b_1 (Ä)	1	7	5	$1/4$
b_2 (P)		1	1	$1/8$
b_3 (Z)			1	$1/5$
b_4 (U)				1

a) Ermitteln Sie die Gewichte der einzelnen Teilkriterien mittels Eigenwertverfahren!
b) Beurteilen Sie die Konsistenz der Matrix auf Basis der Konsistenzrelationen!

c) Beurteilen Sie die Kriterien im Hinblick auf die Präferenzunabhängigkeit!

Nach der Ermittlung der vier Kriteriengewichte hat sich der Akteur einen Überblick über das verfügbare Angebot verschafft. Aus der Menge der Angebote hat er vier Alternativen A, B, C und D herausgesucht. Diese bewertet er mittels der Paarvergleichsmatrizen, die in folgender Tabelle zu sehen sind.

Alternativenbewertung hinsichtlich b_1

	A	B	C	D
A	1	1/9	1	1/8
B		1	8	5
C			1	1/4
D				1

Alternativenbewertung hinsichtlich b_2

	A	B	C	D
A	1	7	9	5
B		1	1	1/2
C			1	1/5
D				1

Alternativenbewertung hinsichtlich b_3

	A	B	C	D
A	1	2	5	1
B		1	3	2
C			1	1/4
D				1

Alternativenbewertung hinsichtlich b_4

	A	B	C	D
A	1	5	1/5	1/3
B		1	1/9	1/4
C			1	4
D				1

d) Ermitteln Sie die AHP-Nutzwerte der Alternativen mittels Eigenwertverfahren!

e) Beurteilen Sie die Konsistenz der Matrizen auf Basis der Konsistenzrelationen!

f) Begründen Sie das Ergebnis mit Blick auf die Zielgewichte!

Aufgabe 3.4

Im Vorstand der Stadtwerke Berlin ist über die Zukunft der Energieversorgung der Stadt zu entscheiden. Im Zentrum steht die Festlegung der grundsätzlichen Ausrichtung, also der strategischen Planung. Aus den herrschenden Rahmenbedingungen und dem Zielsystem des Unternehmens ergeben sich die folgenden Fundamentalziele:

- Versorgungssicherheit (b_1),
- Umweltverträglichkeit (b_2) sowie
- Wirtschaftlichkeit (b_3).

In mehreren Arbeitskreisen und Vorstandsmeetings wurden die Relationen zwischen diesen Zielen so festgelegt, wie es in folgender Tabelle zu sehen ist.

Teilziel \ Teilziel	b_1 (V)	b_2 (U)	b_3 (W)
b_1 (V)	1	5	1
b_2 (U)	1/5	1	1/9
b_3 (W)	1	9	1

Für die strategische Neupositionierung wurden drei Alternativen erarbeitet. Deren Bewertung hinsichtlich der Erfüllung der drei Zielstellungen wurde bereits vorgenommen und ist in folgender Tabelle dargestellt.

Alternativenbewertung hinsichtlich b_1				Alternativenbewertung hinsichtlich b_2				Alternativenbewertung hinsichtlich b_3			
	A	B	C		A	B	C		A	B	C
A	1	5	1/3	A	1	1/3	3	A	1	1/3	1/5
B	1/5	1	1/9	B	3	1	5	B	3	1	1
C	3	9	1	C	1/3	1/5	1	C	5	1	1

a) Ermitteln Sie die optimale Alternative auf Basis der AHP-Nutzwerte!
b) Beurteilen Sie die Konsistenz der Matrizen auf Basis der Konsistenzrelationen!

Aufgabe 3.5

Gegeben ist die Entscheidungsmatrix aus folgender Tabelle.

Aktion \ Teilziel	z_1	z_2	z_3	z_4
a_1	90	10	0	0
a_2	30	10	20	30
a_3	85	3	3	4
a_4	110	10	−10	5
a_5	30	8	12	8
a_6	30	20	10	20

a) Prüfen Sie die Alternativen auf Dominanz!
b) Ermitteln Sie die optimale Alternative mit:
   1. der Mini-Max-Regel,
   2. der Maxi-Max-Regel,
   3. dem HURWICZ-Prinzip bei einem Wert von $\lambda = 0{,}25$ für den Optimismus-Parameter,
   4. der LAPLACE-Regel,
   5. der Regel des geringsten Bedauerns!
c) Wie könnte anstelle der entwickelten Regel des Bedauerns eine Regel des Frohlockens gestaltet sein? Verwenden Sie bei Ihren Überlegungen den Gedanken, dass dieses Frohlocken die Freude darüber ausdrückt, dass es nicht ganz so schlimm gekommen ist, wie es schlimmstenfalls hätte kommen können! Formulieren Sie auf Basis dieser Überlegungen:
   1. Eine der Mini-Max-Regel analoge Regel, die das minimale Frohlocken maximiert,
   2. Eine der Maxi-Max-Regel analoge Regel, die das maximale Frohlocken maximiert!

Aufgabe 3.6

Entnehmen Sie der folgenden Tabelle die prognostizierten Eintrittswahrscheinlichkeiten der Umweltzustände für die oben verwendete Entscheidungsmatrix:

Zustand	z_1	z_2	z_3	z_4
Wahrscheinlichkeit	0,20	0,40	0,25	0,15

Ermitteln Sie die optimale Alternative gemäß:

a) Der BAYES-Regel!
b) Dem Erwartungswert-Standardabweichungs-Prinzip! Verwenden Sie für den Risikopräferenzfaktor einen Wert von $\gamma = 0{,}50$!
c) Dem Erwartungswert-Semistandardabweichungs-Prinzip! Verwenden Sie für den Risikopräferenzfaktor einmal einen Wert von $\gamma = 0{,}50$ und einmal von $\gamma = -0{,}50$!
d) Dem HODGES-LEHMANN-Prinzip! Verwenden Sie für den Vertrauensfaktor einen Wert von $\varepsilon = 0{,}25$!

Aufgabe 3.7

Ein Entscheidungsträger hat bei der BERNOULLI-Befragung zu seiner Einschätzung der Kapitalwerte eines unsicheren Investitionsprojektes Angaben gemacht, die in folgender Tabelle zusammengefasst sind.

Vorgegebene Verteilung			Einschätzung des Akteurs
e	1000	600	$\sim$ 640
w_p	0,2	0,8	
e	1000	600	$\sim$ 680
w_p	0,4	0,6	
e	1000	600	$\sim$ 720
w_p	0,6	0,4	
e	1000	600	$\sim$ 800
w_p	0,8	0,2	

a) Ermitteln Sie die Risikonutzenfunktion des Akteurs! Normieren Sie dazu die RNF so, dass $RN(e_{\max}) = 1$ und $RN(e_{\min}) = 0$!
b) Stellen Sie den Zusammenhang der Werte grafisch dar!
c) Durch welche Risikoeinstellung ist der Akteur gekennzeichnet?

Aufgabe 3.8

Das Management eines Mineralölkonzerns berät über die Möglichkeit, durch gezielte Bohrungen neue Ölvorkommen zu erschließen. Die Kosten einer Bohrung betragen 100 €. Geologische Untersuchungen haben ergeben, dass in dem ausgewählten Gebiet Ölvorkommen in der Erde lagern. Es ist jedoch unsicher wie groß diese Vorkommen sind. Eine

Investition kann nach Einschätzung des Managements zu unterschiedlichen Ergebnissen führen. In der folgenden Tabelle sind die Rückflüsse e_p der möglichen Zustände und die dazugehörigen Wahrscheinlichkeiten w_p dargestellt.

z_p	z_1	z_2	z_3	z_4	z_5	z_6	z_7
e_p	25	50	75	100	125	150	175
w_p	0,01	0,1	0,18	0,12	0,1	0,3	0,19

Aufgrund von fehlerhaften Entscheidungen in der Vergangenheit herrscht im Management eine Abneigung gegenüber risikobehafteten Entscheidungen vor. Dies spiegelt sich in der Risiko-Nutzenfunktion $RN(e) = \sqrt{e}$ wieder. Alternativ besteht die Möglichkeit, durch eine Investition in neuere Fördertechnik bei bereits erschlossenen Ölfeldern die Fördermenge zu erhöhen. Für diese Alternative fallen ebenfalls Ausgaben i. H. v. 100 € an, die zu einem sicheren Rückfluss von 110 € führen.

a) Berechnen Sie das Sicherheitsäquivalent für die unsichere Alternative! Für welche Alternative entscheidet sich das Management, wenn es entweder in die unsichere Bohrung investiert oder durch eine Produktionsinvestition einen sicheren Rückfluss generieren kann?
b) Da in der Vergangenheit häufig ergebnislose Bohrungen stattgefunden haben, wird die Gefahr eines Verlusts im Vergleich zu den Gewinnmöglichkeiten deutlich überschätzt, d. h. die Eintrittswahrscheinlichkeiten der Ergebnisse und die Ergebnisse selbst werden verzerrt wahrgenommen. Berechnen Sie den erwarteten Nutzen der Investition zur Erschließung neuer Erdölvorkommen unter Berücksichtigung der Prospect-Theory. Würde das Management die Investition durchführen? Verwenden Sie die folgenden Werte: $\alpha = \beta = 0{,}88$, $\lambda = 2{,}25$ sowie $\gamma = 0{,}6$.
c) Stellen Sie den Verlauf der Wertefunktion grafisch dar.
d) Nehmen Sie an, dass bei der Ermittlung der Wahrscheinlichkeitsgewichtungen $\gamma = 1$ gilt. Welche Auswirkungen hat das auf die Alternativenauswahl? Interpretieren Sie das Ergebnis!

Aufgabe 3.9

Ein Akteur verwendet den AHP als Instrument zur Lösung eines Entscheidungsproblems zwischen drei Alternativen A, B, C. Er hat folgende Zielgewichtungen vorgenommen: $\omega_A = 0{,}25$, $\omega_B = 0{,}50$ und $\omega_C = 0{,}25$. Der Akteur verfolgt die drei Teilziele b_1, b_2 und b_3. Am Ende seiner Bewertung mittels AHP erhält er folgende Eigenvektoren:

$$\vec{b_1} = \begin{pmatrix} 0{,}40 \\ 0{,}40 \\ 0{,}20 \end{pmatrix}, \vec{b_2} = \begin{pmatrix} 0{,}10 \\ 0{,}50 \\ 0{,}40 \end{pmatrix} \text{ und } \vec{b_3} = \begin{pmatrix} 0{,}40 \\ 0{,}30 \\ 0{,}30 \end{pmatrix}.$$

Welche Alternative ist entsprechend des AHP relativ vorteilhaft?

3.3.2 Lösungen

Lösung zur Aufgabe 3.1

a) In dem Beispiel wird die Alternative a_1 dominiert:
   - durch a_2, da $u_{1r} < u_{2r}$ für $r = 1, 2, 3$;
   - durch a_4, da $u_{1r} < u_{4r}$ für $r = 1$ sowie $u_{1r} = u_{4r}$ für $r = 2, 3$;
   - durch a_5, da $u_{1r} < u_{5r}$ für $r = 1, 2, 3$;

   Weiterhin wird die Alternative a_2 durch a_5 dominiert, da $u_{2r} < u_{5r}$ für $r = 1, 2, 3$.

b) 1. Die Informationen aus der Aufgabenstellung liefern folgende Relationen: $\alpha_{12} = \frac{g_1}{g_2} = \frac{1}{2}$ sowie $\alpha_{23} = \frac{g_2}{g_3} = \frac{2}{1}$. Aus den Anforderungen an die konsistente Zielgewichtung ist bekannt, dass $\alpha_{12} = \frac{1}{\alpha_{21}}$. Demzufolge muss $\alpha_{21} = 2$ sowie $\alpha_{32} = \frac{1}{2}$ gelten.
   Aus $\alpha_{12} \cdot \alpha_{23} = \alpha_{13}$ folgt $\frac{1}{2} \cdot 2 = 1$, woraus sich die Relation $\alpha_{31} = 1$ ergibt.
   2. Mit diesen Werten kann die Paarvergleichsmatrix aufgestellt werden, die in der folgenden Tabelle zu sehen ist.

Teilziel \ Teilziel	k_1	k_2	k_3
k_1	1	1/2	1
k_2	2	1	2
k_3	1	1/2	1

   3. Nun ist noch die Frage nach den Gewichtungsfaktoren zu beantworten. Dazu werden folgende Relationen verwendet:

$$g_1 = \frac{\alpha_{11}}{\alpha_{11} + \alpha_{21} + \alpha_{31}} = \frac{1}{1+2+1} = \frac{1}{4};$$
$$g_2 = \frac{\alpha_{21}}{\alpha_{11} + \alpha_{21} + \alpha_{31}} = \frac{2}{1+2+1} = \frac{1}{2};$$
$$g_3 = \frac{\alpha_{31}}{\alpha_{11} + \alpha_{21} + \alpha_{31}} = \frac{1}{1+2+1} = \frac{1}{4}$$

   Alternativ könnten auch die folgenden Relationen verwendet werden:

$$g_1 = \frac{\alpha_{12}}{\alpha_{12} + \alpha_{22} + \alpha_{32}} = \frac{\frac{1}{2}}{\frac{1}{2}+1+\frac{1}{2}} = \frac{1}{4};$$
$$g_2 = \frac{\alpha_{22}}{\alpha_{12} + \alpha_{22} + \alpha_{32}} = \frac{1}{\frac{1}{2}+1+\frac{1}{2}} = \frac{1}{2};$$
$$g_3 = \frac{\alpha_{32}}{\alpha_{12} + \alpha_{22} + \alpha_{32}} = \frac{\frac{1}{2}}{\frac{1}{2}+1+\frac{1}{2}} = \frac{1}{4}$$

Diese Gewichte werden auf die Aufgabenstellung angewendet. Die optimale Alternative resultiert aus:

$$a_{\text{opt}} = \max_i \left(\sum_{r=1}^{l} g_r \cdot u_{ir} \right) \quad \text{mit} \quad 0 \leq g_r \leq 1, \quad \text{sowie} \quad \sum_{r=1}^{l} g_r = 1$$

Das führt zur folgenden Tabelle.

Aktion \ Teilziel	k_1	k_2	k_3	$\sum_{r=1}^{l} g_r \cdot u_{ir}$	
a_3	$50 \cdot 0{,}25$	$110 \cdot 0{,}50$	$50 \cdot 0{,}25$	80,00	
a_4	$70 \cdot 0{,}25$	$30 \cdot 0{,}50$	$80 \cdot 0{,}25$	52,50	
a_5	$60 \cdot 0{,}25$	$90 \cdot 0{,}50$	$120 \cdot 0{,}25$	90,00	$\Leftarrow max$

Alternative a_5 ist demzufolge optimal.

c) 1. Die optimale Alternative a_{opt} gemäß der KÖRTH-Regel ergibt sich aus:

$$a_{\text{opt}} = \max_i \left(\min_r \frac{u_{ir}}{\max_i u_{ir}} \right)$$

Das führt zur Darstellung der folgenden Tabelle.

Aktion \ Teilziel	k_1	k_2	k_3	$\min_r \frac{u_{ir}}{\max_i u_{ir}}$	
a_3	$\frac{50}{70}$	$\frac{110}{110}$	$\frac{50}{120}$	$\frac{50}{120}$	
a_4	$\frac{70}{70}$	$\frac{30}{110}$	$\frac{80}{120}$	$\frac{30}{110}$	
a_5	$\frac{60}{70}$	$\frac{90}{110}$	$\frac{120}{120}$	$\frac{90}{110}$	$\Leftarrow max$

Alternative a_5 ist demzufolge optimal.

2. Die optimale Alternative a_{opt} gemäß des Goal-Programming ergibt sich aus:

$$a_{\text{opt}} = \min_i \left(\sum_{r=1}^{l} |u_{ir} - u_r^*| \right)$$

Bei Verwendung der Wunschzielwerte $u_1^* = 50$, $u_2^* = 100$ sowie $u_3^* = 100$ ergibt sich die Darstellung der folgenden Tabelle.

Aktion	$\lvert u_{i1} - u_1^* \rvert$	$\lvert u_{i2} - u_2^* \rvert$	$\lvert u_{i3} - u_3^* \rvert$	$\sum_{r=1}^{l} \lvert u_{ir} - u_r^* \rvert$	
a_3	0	10	50	60	
a_4	20	70	20	110	
a_5	10	10	20	40	$\Leftarrow min$

Alternative a_5 ist optimal.

3. Da die Alternative a_3 beim wichtigsten Ziel k_2 den höchsten Wert aufweist, ist diese Alternative optimal.

Lösung zur Aufgabe 3.2

a) Mit den Eingangsdaten ergibt sich die Entscheidungsmatrix in folgender Tabelle.

Rezept \ Teilziel	Reifezeit	Gewinn	Belegungszeit
R_1	0	50	2
R_2	10	50	1
R_3	0	40	3
R_4	5	45	0

b) Das Rezept R_4 braucht nicht weiter betrachtet zu werden, da es von Rezept R_2 dominiert wird. Es gilt: $u_{4r} < u_{2r}$ für $r = 1, 2, 3$.

c) Die Zielgewichtung erfolgt für jedes a_i mittels $\sum_{r=1}^{l} g_r \cdot u_{ir}$. Für das Gewinnziel gilt $g_{\text{Gewinn}} = 0{,}75$. Für die übrigen Teilziele gilt: $g_{\text{Reife}} = g_{\text{Belegung}} = 0{,}125$. Es ergeben sich folgende Werte:

$$\left.\begin{aligned} &\text{Rezept 1: } \sum_{r=1}^{3} g_r \cdot u_{1r} = 37{,}75 \\ &\text{Rezept 2: } \sum_{r=1}^{3} g_r \cdot u_{2r} = 38{,}875 \\ &\text{Rezept 3: } \sum_{r=1}^{3} g_r \cdot u_{3r} = 30{,}375 \end{aligned}\right\} \quad \text{Rezept 2} \succ \text{Rezept 1} \succ \text{Rezept 3}$$

c) Die Lösung entsprechend der KÖRTH-Regel ergibt sich aus folgender Tabelle.

Rezept \ Teilziel	Reife-zeit	Gewinn	Belegungs-zeit	$\min\limits_r \dfrac{u_{ir}}{\max\limits_i u_{ir}}$	
R_1	0	1	$2/3$	0	
R_2	1	1	$1/3$	$1/3$	$\Leftarrow max$
R_3	0	$4/5$	1	0	

Rezept 2 ist wiederum optimal.

Lösung zur Aufgabe 3.3

Die Werte der Zielgewichte sind in der folgenden Tabelle zu sehen.

Ermittlung der Zielgewichte

Ausgangsmatrix

	Z_1	Z_2	Z_3	Z_4
Z_1	1	7	5	1/4
Z_2		1	1	1/8
Z_3			1	1/5
Z_4				1

Ergebnisse:

$$\vec{a}_{max} = \begin{pmatrix} 0,2784 \\ 0,0570 \\ 0,0713 \\ 0,5933 \end{pmatrix} = \vec{\omega}_b \qquad \lambda_{max} = 4,4268 \quad KI = 0,0823 \quad KR = 0,0914$$

Der Wert KR weist auf eine ausreichende Konsistenz der Ergebnisse hin. Damit gelten für die Zielgewichte folgende Werte: $\omega_1 = 0{,}2784$, $\omega_2 = 0{,}0570$, $\omega_3 = 0{,}0713$ und $\omega_4 = 0{,}5933$.

Im nächsten Schritt sind die Beiträge der vier Alternativen zu diesen vier Teilzielen zu ermitteln. Die dabei resultierenden Werte sind der folgenden Tabelle zu entnehmen.

Bewertung der Alternativen hinsichtlich des Teilziels 1

Ausgangsmatrix

	A	B	C	D
A	1	1/9	1	1/8
B		1	8	5
C			1	1/4
D				1

Ergebnisse:

$$\vec{a}_{max} = \begin{pmatrix} 0,0500 \\ 0,6534 \\ 0,0591 \\ 0,2375 \end{pmatrix} = \vec{\rho}_1 \qquad \lambda_{max} = 4,2300 \quad KI = 0,0767 \quad KR = 0,0852$$

Bewertung der Alternativen hinsichtlich des Teilziels 2

Ausgangsmatrix

	A	B	C	D
A	1	7	9	5
B		1	1	1/2
C			1	1/5
D				1

Ergebnisse:

$$\vec{a}_{max} = \begin{pmatrix} 0,6651 \\ 0,0808 \\ 0,0617 \\ 0,1925 \end{pmatrix} = \vec{\rho}_2 \qquad \lambda_{max} = 4,1319 \quad KI = 0,0440 \quad KR = 0,0489$$

Bewertung der Alternativen hinsichtlich des Teilziels 3

Ausgangsmatrix

	A	B	C	D
A	1	2	5	1
B		1	3	2
C			1	1/4
D				1

Ergebnisse:

$$\vec{a}_{max} = \begin{pmatrix} 0,3786 \\ 0,2902 \\ 0,0742 \\ 0,2571 \end{pmatrix} = \vec{\rho}_3 \qquad \lambda_{max} = 4,1913 \quad KI = 0,0638 \quad KR = 0,0708$$

Bewertung der Alternativen hinsichtlich des Teilziels 4

Ausgangsmatrix

	A	B	C	D
A	1	5	1/5	1/3
B		1	1/9	1/4
C			1	4
D				1

Ergebnisse:

$$\vec{a}_{max} = \begin{pmatrix} 0,1302 \\ 0,0457 \\ 0,6013 \\ 0,2228 \end{pmatrix} = \vec{\rho}_4 \qquad \lambda_{max} = 4,2492 \quad KI = 0,0831 \quad KR = 0,0923$$

Auf Basis der ermittelten Gewichte der Teilziele und der Ergebnisse aus Tab. 3.15 werden die AHP-Nutzwerte der Alternativen auf Basis der Gleichung

$$NW(AHP)_{c_i;C\rightarrow A} = \sum_{b=1}^{B} \omega_b \cdot \rho_{ib}$$

ermittelt. Es resultieren:

- $NW(AHP)_A = 0{,}1561$
- $NW(AHP)_B = 0{,}2343$
- $NW(AHP)_C = 0{,}3820$
- $NW(AHP)_D = 0{,}2276$

Die relative Vorteilhaftigkeit aus Sicht des Akteurs ist demzufolge:

$$C \succ B \succ D \succ A$$

Lösung zur Aufgabe 3.4
Im ersten Schritt sind die Gewichte der Teilziele zu ermitteln. Die ermittelten Werte sind in der folgenden Tabelle zu sehen.

Ermittlung der Zielgewichte		
Ausgangsmatrix	Ergebnisse:	
$\begin{array}{c|ccc} & U & V & W \\ \hline U & 1 & 5 & 1 \\ V & 1/5 & 1 & 1/9 \\ W & 1 & 9 & 1 \end{array}$	$\vec{a}_{max} = \begin{pmatrix} 0{,}4200 \\ 0{,}0691 \\ 0{,}5109 \end{pmatrix} = \vec{\omega}_b$	$\lambda_{max} = 3{,}0385$ $KI = 0{,}0193$ $KR = 0{,}0332$

Der Wert KR weist auf eine ausreichende Konsistenz der Ergebnisse hin. Damit gelten für die Teilziele folgende Gewichte: $\omega_1 = 0{,}4200$, $\omega_2 = 0{,}0691$ und $\omega_3 = 0{,}5109$.

Im nächsten Schritt sind die Beiträge der drei Alternativen zu diesen drei Teilzielen zu ermitteln. Die dabei resultierenden Werte sind der folgenden Tabelle zu entnehmen.

Alternativenbewertung hinsichtlich des Teilziels 1		
Ausgangsmatrix	Ergebnisse:	
$\begin{array}{c\|ccc} & A & B & C \\ \hline A & 1 & 5 & 1/3 \\ B & 1/5 & 1 & 1/9 \\ C & 3 & 9 & 1 \end{array}$	$\vec{a}_{max} = \begin{pmatrix} 0{,}2654 \\ 0{,}0629 \\ 0{,}6716 \end{pmatrix} = \vec{\rho}_1$	$\lambda_{max} = 3{,}0290$ $KI = 0{,}0145$ $KR = 0{,}0251$

Alternativenbewertung hinsichtlich des Teilziels 2		
Ausgangsmatrix	Ergebnisse:	
$\begin{array}{c\|ccc} & A & B & C \\ \hline A & 1 & 1/3 & 3 \\ B & 3 & 1 & 5 \\ C & 1/3 & 1/5 & 1 \end{array}$	$\vec{a}_{max} = \begin{pmatrix} 0{,}2583 \\ 0{,}6370 \\ 0{,}1047 \end{pmatrix} = \vec{\rho}_2$	$\lambda_{max} = 3{,}0385$ $KI = 0{,}0193$ $KR = 0{,}0332$

Alternativenbewertung hinsichtlich des Teilziels 3		
Ausgangsmatrix	Ergebnisse:	
$\begin{array}{c\|ccc} & A & B & C \\ \hline A & 1 & 1/3 & 1/5 \\ B & 3 & 1 & 1 \\ C & 5 & 1 & 1 \end{array}$	$\vec{a}_{max} = \begin{pmatrix} 0{,}1140 \\ 0{,}4054 \\ 0{,}4806 \end{pmatrix} = \vec{\rho}_3$	$\lambda_{max} = 3{,}0291$ $KI = 0{,}0145$ $KR = 0{,}0251$

Auf Basis der ermittelten Gewichte der Teilziele und der Ergebnisse aus Tab. 3.15 werden die AHP-Nutzwerte der Alternativen auf Basis der Gleichung

$$NW(AHP)_{c_i;C\rightarrow A} = \sum_{b=1}^{B} \omega_b \cdot \rho_{ib}$$

ermittelt. Es resultieren:

- $NW(AHP)_A = 0{,}1876$
- $NW(AHP)_B = 0{,}2775$
- $NW(AHP)_C = 0{,}5349$

Die relative Vorteilhaftigkeit der Strategien aus Sicht der Berliner Stadtwerke lautet: $C \succ B \succ A$.

Lösung zur Aufgabe 3.5

a) Für das Beispiel ist festzustellen, dass die Alternative a_5 durch a_2 dominiert wird, da:

$$u_{5p} < u_{2p} \text{ für } p = 2, 3, 4 \quad \text{sowie} \quad u_{5p} = u_{2p} \text{ für } p = 1$$

b) Für vier Entscheidungsregeln bzw. Entscheidungsprinzipien können die Ergebnisse in folgender Tabelle direkt mit der Ursprungsdaten aus der Entscheidungsmatrix ermittelt werden.

	Minimax-Regel	Maximax-Regel	HURWICZ-Prinzip	LAPLACE-Regel
	$\min_p u_{ip}$	$\max_p u_{ip}$	$0{,}25\left(\max_p u_{ip}\right)+0{,}75\left(\min_p u_{ip}\right)$	$\frac{1}{n}\sum_{p=1}^{n} u_{ip}$
a_1	0	90	22,50	25,00
a_2	10	30	15,00	22,50
a_3	3	85	23,50	23,75
a_4	−10	110	20,00	28,75
a_6	10	30	15,00	20,00
a_{opt}	a_2 und a_6	a_4	a_3	a_4

Für die Ermittlung der optimalen Alternative mit der Minimax-Regret-Regel bzw. Regel des geringsten Bedauerns muss im ersten Schritt aus der Ergebnismatrix die Matrix der Opportunitätskosten ermittelt werden. Die Opportunitätskosten entsprechen dem entgehenden Nutzen bei Wahl der nicht-optimalen Alternative. Die Werte für die Alternativen sind in folgender Tabelle zu sehen.

Zustand / Aktion	z_1	z_2	z_3	z_4	$\max_p b_{ip}$
a_1	20	10	20	30	30
a_2	80	10	0	0	80
a_3	25	17	17	26	26
a_4	0	10	30	25	30
a_6	80	0	10	10	80

Aus den ermittelten maximalen Opportunitätskosten wird das Minimum gewählt. Dieses wird mit der Alternative a_3 erreicht, weshalb diese Alternative optimal ist.

c) Der Regel des Frohlockens liegt der Gedanke zugrunde, dass sich der Akteur darüber freut, dass es nicht ganz so schlimm gekommen ist, wie es schlimmstenfalls hätte kommen können. Um die optimale Alternative ermitteln zu können, sind im ersten Schritt die Ursprungswerte aus der Entscheidungsmatrix umzuwandeln in eine Matrix des Frohlockens.

Die Werte für die Alternativen sind in der folgenden Tabelle zu sehen.

Zustand / Aktion	z_1	z_2	z_3	z_4	$\max_p f_{ip}$	$\min_p f_{ip}$
a_1	60	7	10	0	60	0
a_2	0	7	30	30	30	0
a_3	55	0	13	4	55	0
a_4	80	7	0	5	80	0
a_6	0	17	20	20	20	0

Bei einer Maximierung des maximalen Frohlockens ist Alternative a_4 optimal. Im Fall der Minimierung des maximalen Frohlockens hingegen ist Alternative a_6 optimal. Eine Minimierung oder Maximierung des minimalen Frohlockens ist in dem Beispiel nicht zweckdienlich, da sämtliche Alternativen denselben Wert aufweisen und keine optimale Alternative identifiziert werden kann.

Lösung zur Aufgabe 3.6

Zu Ermittlung der optimalen Alternative entsprechend der vier Entscheidungsregeln bzw. Entscheidungsprinzipien werden im ersten Schritt die erforderlichen Zwischenergebnisse Erwartungswert, Standardabweichung und Semistandardabweichung ermittelt (siehe folgende Tabelle).

	$\mu_i = \sum_{p=1}^{n} u_{ip} \cdot w_p$	$\sigma_i = \sqrt{\sum_{p=1}^{n} w_p \cdot (\mu_i - u_{ip})^2}$	$\rho_i = \sqrt{\sum_{p=1}^{n} w_p \cdot (max\ [0; \mu_i - u_{ip}])^2}$
a_1	22,00	34,29	15,85
a_2	19,50	8,65	6,01
a_3	19,55	32,73	14,64
a_4	24,25	43,60	20,74
a_6	19,50	6,69	4,75

Die optimale Alternative bei Anwendung der BAYES-Regel kann direkt aus obiger Tabelle abgelesen werden. Es ist die Alternative a_4, da diese den höchsten Erwartungswert aufweist. Für die verbleibenden drei Entscheidungsprinzipien müssen die Zwischenwerte in die Definitionsgleichungen eingesetzt werden. Auf diese Weise ergeben sich die Resultate der Entscheidungsprinzipien und die jeweilige optimale Alternative (siehe folgende Tabelle).

	$\mu_i - 0{,}50 \cdot \sigma_i$	$\mu_i + 0{,}50 \cdot \sigma_i$	$\mu_i - 0{,}50 \cdot \rho_i$	$0{,}25\ \mu_i + 0{,}75 \left(\min_p u_{ip}\right)$
a_1	4,85	39,15	14,08	5,50
a_2	15,18	23,82	16,50	12,38
a_3	3,19	35,91	12,23	7,14
a_4	2,45	46,05	13,88	-1,44
a_6	16,16	22,84	17,13	12,38
a_{opt}	a_6	a_4	a_6	a_6 und a_2

Lösung zur Aufgabe 3.7

a) Aus den Daten ergeben sich folgende Werte:

$$\begin{aligned} RN(600) &= 0 \cdot RN(1000) + 1 \cdot RN(600) = 0 \\ RN(640) &= 0{,}2 \cdot RN(1000) + 0{,}8 \cdot RN(600) = 0{,}2 \\ RN(680) &= 0{,}4 \cdot RN(1000) + 0{,}6 \cdot RN(600) = 0{,}4 \\ RN(720) &= 0{,}6 \cdot RN(1000) + 0{,}4 \cdot RN(600) = 0{,}6 \\ RN(800) &= 0{,}8 \cdot RN(1000) + 0{,}2 \cdot RN(600) = 0{,}8 \\ RN(1000) &= 1 \cdot RN(1000) + 0 \cdot RN(600) = 1 \end{aligned}$$

b) Die Darstellung der Werte ist folgender Abbildung zu entnehmen.

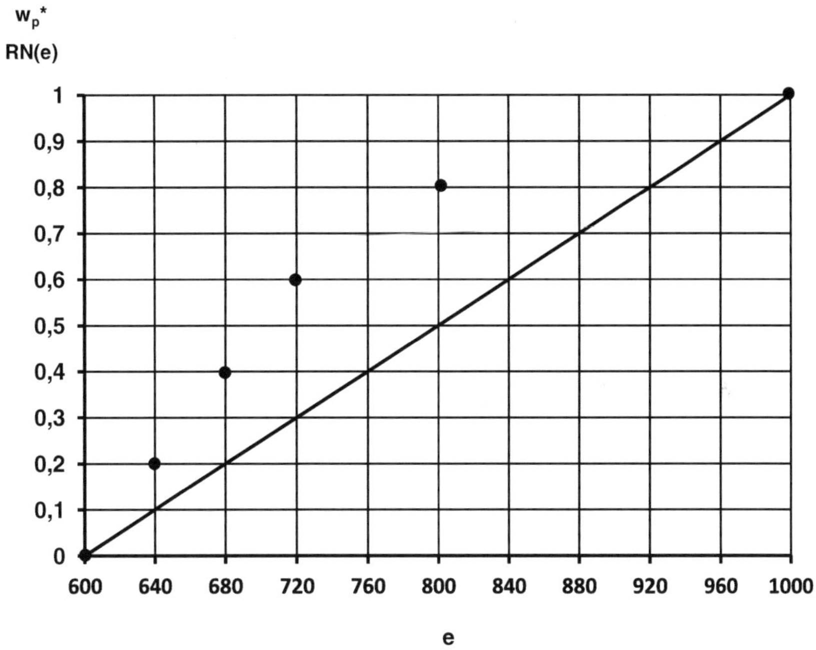

c) Der Akteur ist risikoscheu, da die Sicherheitsäquivalente jeweils geringer sind als die korrespondierenden Erwartungswerte.

Lösung zur Aufgabe 3.8

a) Der erwartete Nutzen der unsicheren Alternative a_1 hängt von der Bernoulli-Nutzenfunktion des Managements und den jeweiligen Eintrittswahrscheinlichkeiten ab. Der Erwartungsnutzen ist demnach:

$$EN = \sum_{p}^{n} RN(e_p)(w_p) \qquad p = 1, 2, \ldots, n$$

$$EN = \sqrt{25} \cdot 0{,}01 + \sqrt{50} \cdot 0{,}1 + \ldots + \sqrt{175} \cdot 0{,}19$$
$$= 10{,}82$$

Aus der Gleichung $u(CE) = RN$ ergibt sich das Sicherheitsäquivalent:

$$u(CE) = RN$$
$$\sqrt{CE} = 10{,}82$$
$$CE = 117{,}11\,€$$

Da das Sicherheitsäquivalent der unsicheren Alternative größer ist als der Rückfluss der sicheren Alternative ($117{,}11 > 110$), sollte sich das Management für die unsichere Alternative entscheiden.

b) Durch die Verlustaversion des Managements werden der Nutzen der Ergebnisse und deren Eintrittswahrscheinlichkeiten verzerrt wahrgenommen. Im **ersten Schritt** erfolgt die Ermittlung des Nutzens der Ergebnisses $v(C_q)$ mit Hilfe der Wertefunktion. Dabei werden zur Berechnung der Wertefunktionen die Kapitalwerte C_q verwendet. Im **zweiten Schritt** erfolgt die Ermittlung der Wahrscheinlichkeitsgewichtungen $w(p_q)$. Im letzten Schritt werden die Gewichtungen mit den Nutzwerten multipliziert: $v(C_q) \cdot w(p_q)$. Die Ergebnisse der Vorgehensweise sind in folgender Tabelle zu sehen.

q	z_1	z_2	z_3	z_4	z_5	z_6	z_7
x_q	−75	−50	−25	0	25	50	75
$v(C_q)$	−100,52	−70,35	−38,23	0	16,99	31,27	44,67
p_q	0,01	0,1	0,18	0,12	0,1	0,3	0,19
p_{kum}	0,01	0,11	0,29	–	0,59	0,49	0,19
$g(p_q)$	0,0575	0,1967	0,3112	–	0,4620	0,4106	0,2544
$w^-(p_q)$	0,0575	0,1392	0,1145	–	–	–	–
$w^+(p_q)$	–	–	–	–	0,0514	0,1563	0,2544
$v(C_q) \cdot w^-(p_q)$	−5,782	−9,792	−4,378	–	–	–	–
$v(C_q) \cdot w^+(p_q)$	–	–	–	–	0,873	4,886	11,364

$$EU_{PT} = \sum_{q=1}^{n} v(C_q) \cdot w^-(p_q) + \sum_{q=n+1}^{K} v(C_q) \cdot w^+(p_q) = -2{,}828$$

Die betrachtete Alternative weist aus Sicht der Prospect-Theory einen negativen Nutzen aus und sollte deshalb nicht realisiert werden. Obwohl der Erwartungswert der Alternative positiv ist ($\mu = 21{,}5$), führt die Verlustaversion des Managements zu einer verzerrten Wahrnehmung der Werte und der dazugehörigen Eintrittswahrscheinlichkeiten.

c) Die Wertefunktion $v(C)$ ist in der folgenden Abbildung dargestellt. Der Wert einer Abweichung vom Referenzpunkt wird im Verlustbereich höher eingestuft als im Gewinnbereich.

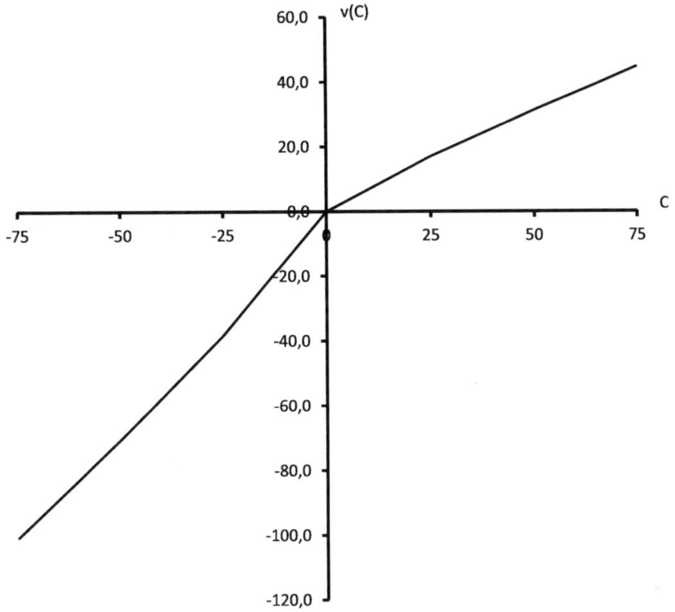

d) Der Parameter γ gibt an, wie stark die Eintrittswahrscheinlichkeiten der Ergebnisse verzerrt werden. Je größer der Parameter, desto kleiner ist die Verzerrung der Wahrscheinlichkeiten. Wenn $\gamma = 1$, dann findet keine Verzerrung bzw. Gewichtung der Wahrscheinlichkeiten w_p statt. Bei der Ermittlung des Nutzens der Alternative wird lediglich die Wertefunktion betrachtet. Die Eintrittswahrscheinlichkeiten w_p bleiben unverändert. Da sich lediglich der Nutzen der Ergebnisse ändert, kann man bei der Wertefunktion auch von einer Bernoulli-Nutzenfunktion sprechen.

Lösung zur Aufgabe 3.9

Es resultiert:

$$NW(AHP)_A = 0{,}25 \cdot 0{,}40 + 0{,}50 \cdot 0{,}10 + 0{,}25 \cdot 0{,}40 = 0{,}25$$
$$NW(AHP)_B = 0{,}25 \cdot 0{,}40 + 0{,}50 \cdot 0{,}50 + 0{,}25 \cdot 0{,}30 = 0{,}425$$
$$NW(AHP)_C = 0{,}25 \cdot 0{,}20 + 0{,}50 \cdot 0{,}40 + 0{,}25 \cdot 0{,}30 = 0{,}325$$

Alternative B ist relativ vorteilhaft.

Literatur

Adam, D. (1997): Planung und Entscheidung: Modelle – Ziele – Methoden. Mit Fallstudien und Lösungen. 4. Aufl., Wiesbaden: Gabler.

Albach, H. (1989): Kosten, Transaktionen und externe Effekte im betrieblichen Rechnungswesen. In: Albach, H. (Hg.): Organisation: Mikroökonomische Theorie und ihre Anwendungen. Wiesbaden: Gabler, S. 27–42.

Anderson, J. (2013): Kognitive Psychologie. 7. Aufl., Heidelberg u. a.: Spektrum, Akademie Verlag.

Aram, J./Walochik, K. (1996): Improvisation and the Spanish manager – cultural values and management style in Spain. In: International Studies of Management and Organization, 26 (4): 73–89.

Bamberg, G./Coenenberg, A. G./Krapp, M. (2012): Betriebswirtschaftliche Entscheidungslehre. 15. Aufl., München: Vahlen.

Bamberg, G./Trost, R. (1996): Entscheidungen unter Risiko: Empirische Evidenz und Praktikabilität. In: Betriebswirtschaftliche Forschung und Praxis, 48 (6): 640–662.

Beckmann, D./Menkhoff, L./Suto, M. (2008): Does culture influence asset managers' views and behavior? In: Journal of Economic Behavior & Organization, 67 (3/4): 624–643.

Bellman, R. (1954): The theory of dynamic programming. In: Bulletin of the American Mathematical Society, 60 (November): 503–515.

Bellman, R. (1957): Dynamic Programming. Princeton: University Press.

Benker, H. (2003): Mathematische Optimierung mit Computeralgebrasystemen: Einführung für Ingenieure, Naturwissenschaftler und Wirtschaftswissenschaftler unter Anwendung von MATHEMATICA, MAPLE, MATHCAD, MATLAB und EXCEL. Berlin u. a.: Springer.

Berens, W./Delfmann, W./Schmitting, W. (2004): Quantitative Planung. 4. Aufl., Stuttgart: Schäffer-Poeschel.

Berkeley, D./Humphreys, P. (1982): Structuring decision problems and the 'bias heuristic'. In: Acta Psychologica, 50 (3): 201–252.

Bernoulli, D. (1954): Exposition of a new theory on the measurement of risk. In: Econometrica, 22 (1): 23-36.

Bernoulli, J. (1999): Wahrscheinlichkeitsrechnung: I., II., III. und IV. Theil = Ars conjectandi. Nachdruck der Ausgabe von 1713. Frankfurt/M.: Deutsch.

Bitz, M. (1981): Entscheidungstheorie. München: Vahlen.

Blohm, H./Lüder, K./Schaefer, C. (2012): Investition. 10. Aufl., München: Vahlen.

Boucoiran, T. (2010): Einfluss nationaler Kultur auf das Controlling: Eine Exploration deutscher und französischer Controllingpraxis aus Sicht deutscher Unternehmen. Hamburg: Dr. Kovač.

Boyd, R./Richardson, P. (2001): Norms and bounded rationality. In: Gigerenzer, G./Selten, R. (Hg.): Bounded rationality – the adaptive toolbox. Cambridge: MIT Press, S. 281–296.

Brandstätter, E./Gigerenzer, G./Hertwig, R. (2006): The priority heuristic: making choices without trade-offs. In: Psychological Review, 113 (2): 409–432.

Braunstein, M. L. (1976): Depth perception through motion. New York: Academic Press.

Bröder, A. (2001): Die eingeschränkte Fruchtbarkeit eines unvollständigen Forschungsprogramms. In: Psychologische Rundschau, 52 (3): 159–162.

Bröder, A. /Eichler, A. (2006): The use of recognition information and additional cues in inference from memory. In: Acta Psychologica, 121 (3): 275–284.

Bronner, R. (1993): Entscheidungsverhalten. In: Hauschildt, J./Grün, O. (Hg.): Ergebnisse empirischer betriebswirtschaftlicher Forschung: Zu einer Realtheorie der Unternehmung. Stuttgart: Schäffer-Poeschel, S. 713–746.

Brunswik, E. (1943): Organismic achievement and environmental probability. In: Psychological Review, 50 (3): 255–272.

Brunswik, E. (1952): The conceptual framework of psychology. Chicago: University Press.
Busse von Colbe, W./Laßmann, G./Witte, F. (2015): Investitionstheorie und Investitionsrechnung. 4. Aufl., Berlin u. a.: Springer.
Camerer, C. (2000): Prospect theory in the wild: evidence from the field. In: Kahneman, D./ Tversky, A. (Hg.): Choices, values, and frames. Cambridge: University Press, S. 288–300.
Carr, C. (2005): Are German, Japanese and Anglo-Saxon strategic decision styles still divergent in the context of globalization? In: Journal of Management Studies, 42 (6): 1155–1188.
Comelli, G./Rosenstiel, L. von/Nerdinger, F. W. (2014): Führung durch Motivation: Mitarbeiter für Unternehmensziele gewinnen. 5. Aufl., München: Vahlen.
Czerlinski, J./Gigerenzer, G./Goldstein, D. G. (1999): How good are simple heuristics? In: Gigerenzer, G./Todd, P. M./ABC Research Group (Hg.): Simple heuristics that make us smart. New York: Oxford University Press, S. 97–118.
Deitmar, H. L. (2012): Die Beziehung von Unternehmenskultur und Unternehmensmarke. Wiesbaden: DUV.
Donegan, H. A./Dodd, F. J. (1991): A note on Saaty's random indexes. In: Mathematical and Coumputer Modelling, 15 (10): 135–137.
Duelfer, E./Joestingmeier, B. (2011): International management in diverse cultural areas. 2. Aufl., München u. a.: Oldenbourg.
Earley, P. C./Laubach, M. (2002): Structural identity theory and the dynamics of cross-cultural work. In: Gannon, M. J./Newman, K. L. (Hg.): The Blackwell handbook of cross-cultural management. Oxford: Blackwell Publishing, S. 256–282.
Eisenführ, F./Weber, M./Langer, T. (2010): Rationales Entscheiden. 5. Aufl., Berlin u. a.: Springer.
Elele, J./Fields, D. (2010): Participative decision making and organizational commitment: comparing Nigerian and American employees. In: Cross Cultural Management 17 (4): 368–392.
Englert, M. (2010): Einschätzung von Umweltrisiken durch Medizinstudierende: Wissensstand und Interventionsmöglichkeiten. Diss., LMU München.
Fichtner, H. (2008): Unternehmenskultur im Strategischen Kompetenzmanagement. Wiesbaden: DUV.
Fischer, K. (2004): Aspekte einer empirisch fundierten betriebswirtschaftlichen Entscheidungslehre. Wiesbaden: DUV.
Fontaine, R. (2008): Problem solving: an Islamic management approach. In: Cross Cultural Management, 15 (3): 264–274.
Franck, E./Zellner, J. (2001): Emotionale Grenzen der Vernunft. In: Schreyögg, G./Sydow, J. (Hg.): Emotionen und Management. Wiesbaden: Gabler, S. 249–276.
Frijns, B./Gilbert, A./Lehnert, T./Tourani-Rad, A. (2013): Uncertainty avoidance, risk tolerance and corporate takeover decisions. In: Journal of Banking & Finance, 37 (7): 2457–2471.
Gäfgen, G. (1974): Theorie der wirtschaftlichen Entscheidung: Untersuchung zur Logik und Bedeutung des rationalen Handelns. 3. Aufl., Tübingen: J. C. B. Mohr.
Gass, S. I. (2011): John F. Magee. In: Assad, A. A./Gass, S. I. (Hg.): Profiles in Operations Research: Pioneers and Innovators. New York u. a.: Springer, S. 613–626.
Geiger, M. A. (2006): Perceptions of earnings management: the effects of national culture. In: Advances in International Accounting, 19 (1): 175–199.
Gigerenzer, G. (2000): Adaptive thinking – rationality in the real world. Oxford: University Press.
Gigerenzer, G. (2004): Striking a blow for sanity in theories of rationality. In: Augier, M./March, J. (Hg.): Models of a man: Essays in memory of Herbert A. Simon. Cambridge: MIT Press, S. 389–409.
Gigerenzer, G. (2005): Fast and frugal heuristics: the tools of bounded rationality. In: Koehler, D./ Harvey, N. (Hg.): Blackwell Handbook of Judgement and Decision Making. Oxford: Blackwell, S. 62–88.

Gigerenzer, G./Czerlinski, J./Martignon, L. (2002): How good are fast and frugal heuristics? In: Gilovich, T./Griffin, D./Kahneman, D. (Hg.): Heuristics and biases: the psychology of intuitive judgement. Cambridge: University Press, S. 559–581.
Gigerenzer, G./Hoffrage, U./Goldstein, D. (2008): Fast and frugal heuristics are plausible models of cognition: reply to Dougherty, Franco-Watkins, and Thomas. In: Psychological Review, 115 (1): 230–239.
Gigerenzer, G./Hoffrage, U./Kleinbölting, H. (1991): Probabilistic mental models: a Brunswikian theory of confidence. In: Psychological Review, 98 (4): 506–528.
Gigerenzer, G. /Todd, P. M. (1999): Fast and frugal heuristics: the adaptive toolbox. In: Gigerenzer, G./Todd, P. M./ABC Research Group (Hg.): Simple heuristics that make us smart. New York: Oxford University Press, S. 3–36
Götze, U. (2014): Investitionsrechnung. 7. Aufl., Berlin u. a.: Springer.
Goldstein, D./Gigerenzer, G./Hogarth, R. M./Kacelnik, A./Kareev, Y./Klein, G./Martignon, L./ Payne, J. W./Schlag, K. H. (2002): Why and when do simple heuristics work? In: Gigerenzer, G./ Selten, R. (Hg.): Bounded rationality: the adaptive toolbox. Cambridge, S. 173–190.
Goldstein, D. /Gigerenzer, G. (1999): The recognition heuristic: How ignorance makes us smart. In: Gigerenzer, G./Todd, P. M./ABC Research Group (Hg.): Simple heuristics that make us smart. New York: Oxford University Press, S. 37–58.
Goldstein, D./Gigerenzer, G. (2002): Models of ecological rationality: the recognition heuristics. In: Psychological Review, 109 (1): 75–90.
Groß-Schuler, A. (2002): Irreversibilität und Unternehmensstrategie: Das Konzept der Sunk Costs und seine Entscheidungsrelevanz. Wiesbaden: DUV.
Guski, R. (1996): Wahrnehmen: Ein Lehrbuch. Stuttgart: Kohlhammer.
Günther, T./Detzner, M. (2012): Das Risiko-Entscheidungsverhalten von Managern: Ergebnisse einer empirischen Studie. In: Altenburger, O. A. (Hg.): Instrumente und Aufgaben des Controllings: Mit zahlreichen empirischen Befunden. Wien: Linde, S. 9–52.
Haller, P. M./Nägele, U. (2013): Praxishandbuch interkulturelles Management. Wiesbaden: Gabler.
Hampton, J. (1994): The failure of expected-utility theory as a theory of reason. In: Economics and Philosophy, 10 (2): 195–242.
Hendry, J. (2006): Understanding Japanese society. 3. Aufl., London u. a.: Routledge.
Henze, N./Last, G. (2005): Mathematik für Wirtschaftsingenieure und für naturwissenschaftlich-technische Studiengänge. Bd. 1: Grundlagen, Analysis, Stochastik, lineare Gleichungssysteme. Wiesbaden: Vieweg.
Hertwig, R./Gigerenzer, G. (1999): The „conjunction fallacy" revisited: how intelligent inferences look like reasoning errors. In: Journal of Behavioral Decision Making, 12 (4): 275–305.
Hertwig, R./Hoffrage, U. (2001): Eingeschränkte und ökologische Rationalität: Ein Forschungsprogramm. In: Psychologische Rundschau, 52 (1): 11–19.
Hirsch, B. (2002): Werte-Controlling: Zur Berücksichtigung von Wertvorstellungen in Unternehmensentscheidungen. Wiesbaden: Gabler.
Hirsch, B. (2007): Controlling und Entscheidungen: Zur verhaltenswissenschaftlichen Fundierung des Controllings. Tübingen: Mohr Siebeck.
Hodges, J. L./Lehmann, E. L. (1952): The use of previous experience in reaching statistical decisions. In: Annals of Mathematical Statistics, 23 (3): 396–407.
Hoffjan, A. (2009): Internationales Controlling. Stuttgart: Schäffer-Poeschel.
Hoffrage, U./Hertwig, R./Gigerenzer, G. (2005): Die ökologische Rationalität einfacher Entscheidungs- und Urteilsheuristiken. In: Siegenthaler, H. (Hg.): Rationalität im Prozess kultureller Evolution. Tübingen: Mohr Siebeck, S. 65–89.
Hofstede, G. (1994): The business of international business is culture. In: International Business Review, 3 (1): 1–14.

Jost, P.-J. (2008): Organisation und Motivation: Eine ökonomisch-psychologische Einführung. 2. Aufl., Wiesbaden: Gabler.
Jung, H. (2009): Persönlichkeitstypologie. 3. Aufl., München u. a.: Oldenbourg.
Jungermann, H./Pfister, H.-R./Fischer, K. (2017): Die Psychologie der Entscheidung. 4. Aufl., Heidelberg u. a.: Spektrum, Akademie Verlag.
Kahneman, D. (1992): Reference points, anchors, norms, and mixed feelings. In: Organizational Behaviour and Human Decision Processes, 51 (2): 296–312.
Kahneman, D./Frederick, S. (2004): Attribute substitution in intuitive judgment. In: Augier, M./ March, J. (Hg.): Models of a man: Essays in memory of Herbert A. Simon. Cambridge: MIT Press, S. 411–432.
Kahneman, D./Tversky, A. (1971): The belief in the law of small numbers. In: Psychological Bulletin, 76 (2): 105–110.
Kahneman, D./Tversky, A. (1972): Subjective probability: a judgment of representativeness. In: Cognitive Psychology, 3 (o. A.): 430–454.
Kahneman, D./Tversky, A. (1973): On the psychology of prediction. In: Psychological Review, 80 (4): 237–251.
Kahneman, D./Tversky, A. (1979): Prospect theory: an analysis of decision under risk. In: Econometrica, 47 (2): 263–292.
Keys, J. B./Denton, L. T./Miller, T. R. (1994): The Japanese management theory jungle-revisited. In: Journal of Management, 20 (2): 373–402.
Kirchler, E. M. (2011): Wirtschaftspsychologie: Individuen, Gruppen, Märkte, Staat. 4. Aufl., Göttingen: Hogrefe.
Kirsch, W. (1970): Entscheidungsprozesse. Bd. 1: Verhaltenswissenschaftliche Ansätze der Entscheidungstheorie. Wiesbaden: Gabler.
Kirsch, W. (1971): Entscheidungsprozesse. Bd. 2: Informationsverarbeitungstheorie des Entscheidungsverhaltens. Wiesbaden: Gabler.
Klein, R./Scholl, A. (2011): Planung und Entscheidung. 2. Aufl., München: Vahlen.
Klix, F. (1976): Information und Verhalten. Berlin: Deutscher Verlag der Wissenschaften.
Kobelko, M. (2009): The end of Japanese-style management? In: Long Range Planning, 42 (4): 439–462.
Kono, T. (1984): Long range planning of U. K. and Japanese corporations: a comparative study. In: Long Range Planning, 17 (2): 58–76.
Krelle, W. (1968): Präferenz- und Entscheidungstheorie. Tübingen: J. C. B. Mohr.
Kristensen, H./Gärling, T. (1997): The effect of anchor points and reference points on negotiation process and outcome. In: Organizational Behaviour and Human Decision Processes, 71 (1): 85–94.
Kruschwitz, L. (2014): Investitionsrechnung. 14. Aufl., München u. a.: Oldenbourg.
Kruschwitz, L./Husmann, S. (2012): Finanzierung und Investition. 7. Aufl., München: Oldenbourg.
Küpper, H.-U./Friedl, G./Hofmann, C./Hofmann, Y./Pedell, B. (2013): Controlling: Konzeption – Aufgaben – Instrumente. 6. Aufl., Stuttgart: Schäffer-Poeschel.
Kunz, J. (2013): Die psychologische und ökonomische Perspektive in der BWL: Eine Diskussion am Beispiel der Literatur zum Escalation of Commitment. In: Die Betriebswirtschaft, 73 (3): 205–219.
Kutschker, M./Schmid, S. (2011): Internationales Management. 7. Aufl., München u. a.: Oldenbourg.
Lachhammer, J. L. (1977): Investitionsrechnung und Investitionsentscheidungsprozess. Bd. 1: Elemente eines verhaltenswissenschaftlichen Erklärungsmodells. München u. a.: Ernst Reinhardt.

Laland, K. (2001): Imitation, social learning, and preparedness as mechanisms of bounded rationality. In: Gigerenzer, G./Selten, R. (Hg.): Bounded rationality – the adaptive toolbox. Cambridge: MIT Press, S. 233–247.

Laux, H./Gillenkirch, R. M./Schenk-Mathes, H. Y. (2014): Entscheidungstheorie. 9. Aufl., Berlin u. a.: Springer.

Laux, H./Liermann, F. (2005): Grundlagen der Organisation: Die Steuerung von Entscheidungen als Grundproblem der Betriebswirtschaftslehre. 6. Aufl., Berlin u. a.: Springer.

Lindblom, C. E. (1959): The science of "muddling through". In: Public Administration Review, 19 (2): 79–88.

Magee, J. F. (1964a): Decision trees for decision making. In: Harvard Business Review, 42 (4): 126–138.

Magee, J. F. (1964b): How to use decision trees in capital investment. In: Harvard Business Review, 42 (5): 79–96.

March, J. G./Simon, H. A. (1958): Organizations. New York: John Wiley & Sons.

Mead, R. (1994): International management – cross cultural dimensions. Cambridge: University Press.

Moran, S./Ritov, I. (2002): Initial perception in negotiations: evaluation and response to 'logrolling' offers. In: Journal of Behavioural Decision Making, 15 (2): 101–124.

Müller, D./Münnich, A. (2008): Implikationen internationaler Rechnungslegung für das Investitionscontrolling international tätiger Unternehmen. In: Funk, W./Rossmanith, J. (Hg.): Internationale Rechnungslegung und Internationales Controlling. Wiesbaden: Gabler, S. 517–543.

Neumann, J. M. von/Morgenstern, O. (1944): Theory of games and economic behavior. Princeton: University Press.

Niehans, J. (1948): Zur Preisbildung bei ungewissen Erwartungen. In: Schweizerische Zeitschrift für Volkswirtschaft und Statistik, 84 (5): 433–456.

Northcraft, G. B./Neale, M. A. (1987): Experts, amateurs, and reale estate: anchoring-and-adjustment perspective on property pricing decisions. In: Organizational Behaviour and Human Decision Processes, 39 (1): 84–97.

Obermaier, R./Saliger, E. (2013): Betriebswirtschaftliche Entscheidungstheorie: Einführung in die Logik individueller und kollektiver Entscheidungen. 6. Aufl., München: Oldenbourg.

O'Brien, J./Folta, T. (2009): Sunk costs, uncertainty and market exit: a real options perspective. In: Industrial and Corporate Change, 18 (5): 807–833.

Ossadnik, W. (1998): Mehrziel-orientiertes strategisches Controlling. Heidelberg: Physica.

Ossadnik, W. (2009): Controlling. 4. Aufl., München: Oldenbourg.

Pelzmann, L. (2012): Wirtschaftspsychologie: Behavioral Economics, Behavioral Finance, Arbeitswelt. 6. Aufl., Wien: Verlag Österreich.

Pervin, L./Cervone, D./John, O. (2005): Persönlichkeitstheorien. 5. Aufl., München, u. a.: Reinhardt.

Peters, M./Zelewski, S. (2004): Möglichkeiten und Grenzen des „Analytic Hierarchy Process" (AHP) als Verfahren der Wirtschaftlichkeitsanalyse. In: Zeitschrift für Planung & Unternehmenssteuerung, 15 (3): 295–324.

Picot, A./Lange, B. (1979): Synoptische versus inkrementale Gestaltung des strategischen Planungsprozesses: Theoretische Grundlagen und Ergebnisse einer Laborstudie. In: Schmalenbachs Zeitschrift für betriebswirtschaftliche Forschung, 31 (8): 569–596.

Richardson, R. (1998): Heuristics and satisficing. In: Bechtel, W./Graham, G. (Hg.): A companion to cognitive science. Malden u. a.: Blackwell, S. 566–575.

Riedl, R. (2006): Analytischer Hierarchieprozess vs. Nutzwertanalyse: Eine vergleichende Gegenüberstellung zweier multiattributiver Auswahlverfahren am Beispiel Application Service Providing. In: Fink, K./Ploder, C. (Hg.): Wirtschaftsinformatik als Schlüssel zum Unternehmenserfolg. Wiesbaden: Gabler, S. 99–127.

Riesenhuber, M. (2006): Die Fehlentscheidung: Ursache und Eskalation. Wiesbaden: DUV.
Rieskamp, J./Hoffrage, U. (1999): When do people use simple heuristics, and how can we tell? In: Gigerenzer, G./Todd, P. M./ABC Research Group (Hg.): Simple heuristics that make us smart. Oxford: University Press, S. 141–167.
Rommelfanger, H. J./Eickemeier, S. H. (2002): Entscheidungstheorie: Klassische Konzepte und Fuzzy-Erweiterungen. Berlin u. a.: Springer.
Rosenkranz, F./Missler-Behr, M. (2005): Unternehmensrisiken erkennen und managen. Berlin u. a.: Springer.
Saaty, T. (1977a): A scaling method for priorities in hierarchical strutures. In: Journal of Mathematical Psychology, 15 (3): 234–281.
Saaty, T. (1977b): The Sudan transport study. In: Interfaces, 8 (1/2): 37–57.
Saaty, T. (1980): The analytic hierarchy process: planning, priority setting, resource allocation. New York u. a.: McGraw-Hill.
Saaty, T. (1986): Axiomatic foundation of the analytic hierarchy process. In: Management Science, 32 (7): 841–855.
Saaty, T. (1990): How to make a decision: the analytic hierarchy process. In: European Journal of Operational Research, 48 (1): 9–26.
Saaty, T./Vargas, L. G. (2012): Models, methods, concepts & applications of the analytic hierarchy process. 2. Aufl., New York u. a.: Springer.
Savage, L. J. (1951): The theory of statistical decision. In: Journal of the American Statistical Association, 46 (o. A.): 55–67.
Schäfer, H. (2005): Unternehmensinvestitionen. 2. Aufl., Heidelberg: Physica.
Schaub, H. (1997): Sunk Costs, Rationalität und ökonomische Theorie. Stuttgart: Schäffer-Poeschel.
Schneeweiß, C. (1991): Planung. Bd. 1: Systemanalytische und entscheidungstheoretische Grundlagen. Berlin u. a.: Springer.
Schneider, D. (1981): Geschichte betriebswirtschaftlicher Theorie: Allgemeine Betriebswirtschaftslehre für das Hauptstudium. München u. a.: Oldenbourg.
Schneider, D. (1995): Informations- und Entscheidungstheorie. München u. a.: Oldenbourg.
Schneider, D. (1997): Betriebswirtschaftslehre. Bd. 3: Theorie der Unternehmung. München u. a.: Oldenbourg.
Schneider, D. (2011): Betriebswirtschaftslehre als Einzelwirtschaftstheorie der Institutionen. Wiesbaden: Gabler.
Sieben, G./Schildbach, T. (1975): Betriebswirtschaftliche Entscheidungstheorie. Tübingen: J. C. B. Mohr.
Simon, H. A. (1957): Models of man. New York u. a.: Wiley.
Simon, H. A. (1990): Invariants of human behavior. In: Annual Review of Psychology, 41 (1): 1–19.
Staehle, W. (1999): Management: Eine verhaltenswissenschaftliche Perspektive. 8. Aufl., München: Vahlen.
Staw, B. M. (1976): Knee-deep in the big muddy: a study of escalating commitment to a chosen course of action. In: Organizational Behavior and Human Performance, 16 (1): 27–44.
Steinmann, H./Schreyögg, G./Koch, J. (2013): Management: Grundlagen der Unternehmensführung. 7. Aufl., Wiesbaden: Gabler.
Sugimoto, Y. (2005): An introduction to Japanese society. 2. Aufl., Cambridge: University Press.
Szyperski, N./Winand, U. (1974): Entscheidungstheorie. Stuttgart: Poeschel.
Thomas, D. C. (2008): Cross-cultural management. 2. Aufl., Los Angeles u. a.: Sage.
Todd, P. M./Gigerenzer, G. (2003): Bounding rationality to the world. In: Journal of Economic Psychology, 24 (2): 143–165.
Tversky, A./Fox, C. R. (1995): Weighing risk and uncertainty. In: Psychological Review, 102 (2): 269–283.

Tversky, A./Kahneman, D. (1974): Judgement under uncertainty: heuristics and biases. In: Science, 185 (4157): 1124–1131.

Tversky, A./Kahneman, D. (1983): Extensional versus intuitive reasoning: the conjunction fallacy in probability judgement. In: Psychological Review, 90 (4): 293–315.

Tversky, A./Kahneman, D. (1992): Advances in prospect theory: cumulative representation of uncertainty. In: Journal of Risk and Uncertainty, 5(4): 297–323.

Vaidya, O. S./Kumar, S. (2006): Analytic hierarchy process: an overview of applications. In: European Journal of Operational Research, 169 (1): 1–29.

Voigt, K.-I. (1992): Strategische Planung und Unsicherheit. Wiesbaden: Gabler.

Wald, A. (1945): Sequential tests of statistical hypotheses. In: The Annals of Mathematical Statistics, 16 (2): 117–186.

Wald, A. (1950): Statistical Decision Functions. New York: John Wiley & Sons.

Weber, H./Rammsayer, T. (2016): Differentielle Psychologie: Persönlichkeitstheorien. 2. Aufl., Göttingen u. a.: Hogrefe.

Winkler, B./Hofbauer, H. (2010): Das Mitarbeitergespräch als Führungsinstrument. Handbuch für Führungskräfte und Personalverantwortliche. 4. Aufl., München: Hanser.

Wiswede, G. (2012): Einführung in die Wirtschaftspsychologie. 5. Aufl., Stuttgart: UTB.

Wolf, J. (2013): Organisation, Management, Unternehmensführung: Theorien, Praxisbeispiele und Kritik. 5. Aufl., Wiesbaden: Gabler.

Yager, R. R. (2004): Decision making using minimization of regret. In: International Journal of Approximate Reasoning, 36 (2): 109–128.

Ybema, S./Byun, H. (2009): Cultivating cultural differences in asymmetric power relations. In: International Journal of Cross Cultural Management, 9 (3): 339–358.

Zangemeister, C. (1971): Nutzwertanalyse in der Systemtechnik: Eine Methodik zur multidimensionalen Bewertung und Auswahl von Projektalternativen. 2. Aufl., München: Wittemann.

Zangemeister, C. (1976): Nutzwertanalyse in der Systemtechnik: Eine Methodik zur multidimensionalen Bewertung und Auswahl von Projektalternativen. 4. Aufl., München: Wittemann.

Zayer, E. (2007): Verspätete Projektabbrüche in F&E: eine verhaltensorientierte Analyse. Wiesbaden: DUV.

Zimmermann, H.-J./Gutsche, L. (1991): Multi-Criteria Analyse: Einführung in die Theorie der Entscheidungen bei Mehrfachzielsetzungen. Berlin u. a.: Springer.

Theorie und Praxis kollektiver Entscheidungen 4

4.1 Grundlagen

Es wurde schon herausgestellt, dass ein Großteil von investitionsrelevanten Entscheidungen nicht durch Einzelpersonen getroffen, sondern durch spezielle Entscheidungsgremien bzw. in Projektgruppen erarbeitet wird.[1] Eine Gruppe bzw. ein Gremium[2] ist allgemein gekennzeichnet durch:[3]

- mindestens drei Personen, zwischen denen eine direkte Kommunikation möglich ist,
- gemeinsame Aufgaben, die durch die gemeinsame Bearbeitung aller bzw. einzelner Bereiche der Problemstellung erfüllt werden,
- gemeinsame Normen und Verhaltensvorschriften,
- eine vorliegende Rollenverteilung, die dazu führt, dass die Mitglieder aufeinander angewiesen sind.

Diese Eigenschaften führen häufig dazu, dass sich die Personen selbst als Gruppe wahrnehmen („Wir-Gefühl") und einander als Gruppenmitglieder anerkennen. Zur Abgrenzung des Entscheidungsgremiums von anderen Gruppen, wie z. B. Arbeitsgruppen, ist die:

- **Autorisierung** und **klar definierte Beschlussfassungskompetenz** sowie
- **Zuweisung von Stimmrechten** für die Mitglieder

[1] Vgl. Abschn. 2.1.3.1.1.
[2] In der Literatur werden die Begriffe „Gremium", „Gruppe" und „Team" auch synonym verwendet. Vgl. Vahs (2015: 83).
[3] Vgl. Sader (2002: 39); Kirsch (1971: 53–59); Rosenstiel (2014: 330–332); Stock-Homburg (2013: 555).

D. Müller, *Investitionsrechnung und Investitionscontrolling*, Springer-Lehrbuch,
https://doi.org/10.1007/978-3-662-57609-0_4

als Definitionsmerkmal hervorzuheben. Nach verschiedenen Gesichtspunkten können unterschiedliche Gruppenarten differenziert werden.[4]

Einerseits ist für die weitere Betrachtung die Unterscheidung zwischen **formellen und informellen Gruppen** wichtig. **Formelle Gruppen** ergeben sich aus der Organisation des Unternehmens, wie z. B. Abteilungen oder Projektgruppen. Von diesen im Hinblick auf die Aufgabenerfüllung geschaffenen Gruppen sind informelle Gruppen zu unterscheiden, die auf der Grundlage persönlicher Wünsche und Ziele entstehen. **Informelle Gruppen** können einen großen Einfluss haben und kaum wahrnehmbare, nicht vorgesehene Verbindungswege zwischen den Organisationseinheiten etablieren. Das Verhalten von Mitgliedern informeller Gruppen kann im Widerspruch zu den Aufgaben und Zielen der jeweiligen Mitglieder der formellen Gruppe stehen. Andererseits bewirken informelle Gruppen auch positive Effekte, wenn z. B. Lücken in der Organisation geschlossen oder unbürokratische kurze Wege zur Aufgabenerfüllung genutzt werden, welche von formellen Gruppen nicht geschaffen werden können.[5]

Andererseits kann zwischen rein ausführenden Gruppen sowie Arbeitsgruppen und Entscheidungsgremien differenziert werden. Im weiteren Verlauf werden ausführende Gruppen, in denen keine Problemlösung erfolgt, aus der Betrachtung ausgeschlossen.

Gremien werden gebildet um letztendlich eine „bessere" Entscheidung im Vergleich mit der Individualentscheidung zu treffen. Diesen angestrebten positiven Effekten stehen häufig auch nicht beabsichtigte negative Effekte entgegen (vgl. Tab. 4.1).

Tab. 4.1 Ausgewählte Effekte von Gruppenentscheidungen. Quelle: Eigene Darstellung in Anlehnung an Eisenberg/Oldenburg-Tietjen (2018: 594–595); Heil (2007: 202–206); Ponick (2007: 31–32); Sader (2002: 214–220); Grünig/Kühn (2017: 174–178); Riesenhuber (2006: 132–135); Auer-Rizzi (1998: 4–70); Dudda et al. (2010: 251)

Beabsichtigte Effekte	Unbeabsichtigte Effekte
– erhöhte Kapazität zur Aufnahme und Verarbeitung von Informationen – breitere Wissens- und Erfahrungsbasis – erhöhte Qualität und Quantität von Prognose- und Bewertungsprozessen sowie Lösungsvorschlägen – Ausgleich von Interessen und Irrtümern – erhöhte Legitimation und Akzeptanz der Ergebnisse – erhöhte Motivation	– langwierige, kosten- und zeitintensive Diskussionsprozesse – Gefahr „fauler Kompromisse" – Gefahr von Dissens und Fehlinterpretation – Tendenz zur Konformität – Tendenz zur Polarisierung – Gruppenbefangenheit – Trittbrettfahrer-Effekte

[4] Vgl. Wegge (2014: 940–945).
[5] Vgl. Berthel/Becker (2017: 127–128).

Voraussetzung für die Abstimmung im Gremium ist dessen **Bildung**. Ein Gremium kann freiwillig oder auf Basis von Anweisungen bzw. gesetzlichen Vorschriften gebildet werden. Um ein Gremium zu bilden, ist festzulegen:

- wie groß das Gremium ist, also **wie viele Sitze** vergeben werden, und
- **nach welchen Kriterien** diese zu vergeben sind.

Diese Frage ist deshalb von grundlegender Bedeutung, da diese Festlegungen die Art der Zusammensetzung und die Größe des Gremiums determinieren und den Rahmen für alle späteren kollektiven Entscheidungen aufspannen. In diesem Zusammenhang ist zwischen den Elementen Mitglied, Sitz und Stimmrecht zu unterscheiden. Die Mitgliedschaft drückt die Zugehörigkeit zu einem Gremium aus und ist Voraussetzung für den Sitz und das Stimmrecht. Die Unterscheidung ist deshalb erforderlich, weil nicht in jedem Gremium automatisch jedes Mitglied über genau einen Sitz und genau ein Stimmrecht verfügt. Diese Relation muss durch Bestimmung der Zahl und der Vergabemodalitäten festgelegt werden.

Die Relation von Sitz und Mitglied kann nach dem einfachsten Prinzip mit einem Sitz pro Mitglied festgelegt werden. Denkbar ist jedoch auch die Zuteilung von mehreren Sitzen zu einem Mitglied.[6] Die Verteilung der Sitze kann entweder nach:

- inhaltlichen Kriterien,
- dem Rotationsprinzip oder
- dem Losverfahren

erfolgen.

Inhaltliche Kriterien, wie z. B. soziale, wirtschaftliche oder geografische Kriterien, sollen entweder die Betroffenheit von Personengruppen (z. B. Anspruchsgruppen) von den Entscheidungen des Gremiums widerspiegeln und eine adäquate Mitsprache ermöglichen oder durch die Einbindung von unbeteiligten Experten bzw. Ratgebern die Qualität der Entscheidung erhöhen.

Die **Turnus- oder Rotationsregel** ist ein Erbe der aristokratischen Staatsordnung, das schon in einigen Verfassungsentwürfen der athenischen Demokratie zu finden ist und die Idee der Gleichheit verfolgt. Dies wird erreicht, indem Entscheidungsträger turnusmäßig wechseln und deshalb nicht zu lange in der entsprechenden Position tätig sind.[7]

Das **Losverfahren** kommt i. d. R. nur zum Einsatz, wenn die soeben beschriebenen Verfahren zu einer Pattsituation der Sitzverteilung führen. Die Legitimation des Loses als quasi entscheidende Instanz ist nicht unumstritten, da anstelle von ausgesuchten und rational begründeten und begründbaren Kriterien der Zufall als Entscheidungskriterium tritt. Das Los kann jedoch als sach- und wertneutralstes Kriterium interpretiert werden,

[6] Ein Beispiel dafür ist die Sitzverteilung im Europäischen Parlament.
[7] Vgl. Thiele (2008: 200).

welches dann zum Einsatz kommt, wenn alle übrigen vorausgegangenen Begründungs- und Legitimationsverfahren zu keinem eindeutigen Ergebnis geführt haben. In diesem Falle wäre die Nichtauflösung der Pattsituation weniger rational als deren Auflösung durch das Losverfahren.[8]

Nach der Festlegung der Sitzverteilung ist zu klären, welche Mitglieder über welche **Stimmenanzahl** verfügen. In politischen Gremien ist die Stimmenanzahl i. d. R. an die Sitzanzahl gekoppelt, weshalb ein Sitz einer Stimme entspricht. Demzufolge ist über die Sitzanzahl die Zuteilung von einer oder mehreren Stimmen pro Mitglied möglich. Darüber hinaus existieren jedoch auch einige Gremien, bei denen die Sitzverteilung von der Stimmverteilung abweicht.[9]

In einigen Gremien, wie z. B. der Hauptversammlung einer AG, ist die Kopplung „Mitglied–Sitz–Stimme" unüblich, weshalb die Stimmen direkt an Mitglieder gebunden sind. Auch in diesem Fall sind mehrere Stimmen je Mitglied möglich und gewollt. Für die Verteilung der Stimmenanzahl stehen wiederum diejenigen Kriterien zur Verfügung, welche auch zur Sitzverteilung herangezogen werden können. Dies sind inhaltliche Kriterien, wie z. B. die Stimmrechte bei Kapitalgesellschaften, oder auch das Rotationsprinzip, wie z. B. beim Rat der Europäischen Zentralbank seit 2015. In Abhängigkeit davon, wie das Problem und die Situation strukturiert sind, werden die folgenden Reinformen von Gruppenentscheidungen differenziert:[10]

- **Problemlösung:** Alle Gremienmitglieder verfolgen identische Ziele. Differenzen können im Hinblick auf die Bewertung und Auswahl der optimalen Alternative bestehen.
- **Überzeugung:** Die Gremienmitglieder verfolgen keine identischen Ziele. Diese Zieldivergenzen können jedoch durch Überzeugung überwunden werden.
- **Verhandlung:** Die Gremienmitglieder verfolgen keine identischen Ziele. Diese Divergenzen können nicht durch Überzeugung behoben werden, sondern bleiben im Prozess bestehen. Durch Verhandlungen wird nach einer Alternative gesucht, die von den Mitgliedern als fair empfunden und deshalb mitgetragen wird.
- **Politik:** Die Zielkonflikte zwischen den Mitgliedern sind offensichtlich. Ziel des Prozesses ist nicht die Findung einer fairen Lösung, sondern die Durchsetzung der Eigeninteressen der Mitglieder.

In den weiteren Darstellungen werden lediglich die Situationen „Problemlösung" und „Überzeugung" betrachtet.

Die Gruppenentscheidung entspricht der kollektiven Willensbildung und unterscheidet sich von der Individualentscheidung dadurch, dass der Entscheidungsprozess in allen Phasen oder in Teilphasen von mehreren Individuen gemeinsam durchlaufen wird, weshalb beide Prozesse einander ähneln.[11] **Ein wesentlicher Unterschied** besteht im Hinblick auf

[8] Vgl. Thiele (2008: 206–207).
[9] Vgl. Thiele (2008: 263).
[10] Vgl. Eisenführ/Weber/Langer (2010: 368).
[11] Vgl. Abb. 1.1.

Abb. 4.1 Bildung der kollektiven Präferenzordnung. Quelle: Eigene Darstellung

die Information während der Teilphasen (vgl. Abb. 4.1). Die Gremienmitglieder informieren sich, aber auch andere Mitglieder, bzw. werden von diesen informiert.

Ein weiterer Unterschied besteht in der **Beeinflussung** bzw. **Veränderung** der individuellen Präferenzordnungen. Dies geschieht im Rahmen von Diskussionen und Beratungen und spielt eine entscheidende Rolle in diesem Prozess. Aus Sicht eines Individuums kann es dabei zu einer – beabsichtigten oder auch unbeabsichtigten – Veränderung der eigenen Präferenzordnung oder zur Veränderung der Ordnungen anderer Mitglieder kommen. Deshalb werden die individuellen Präferenzordnungen am Ende des Problemlösungsprozesses i. d. R. anders aussehen als zu Beginn des Prozesses.[12]

Nach dem Informations- und Beratungsprozess muss die Gruppe eine gemeinsame Lösungsalternative identifizieren. Der Fall, dass alle Mitglieder zu demselben Ergebnis kommen bzw. dieselbe Alternative als optimal identifizieren, wird höchst unwahrscheinlich sein, weshalb die individuellen Präferenzordnungen verglichen und zusammengeführt werden müssen. Die individuellen Präferenzordnungen können **kardinaler** oder **ordinaler** Natur sein.[13] Im Fall kardinaler Ordnungen können diese relativ einfach verglichen und zusammengefasst werden. Liegen jedoch lediglich ordinale Präferenzordnungen vor, stellt sich die Frage, wie aus den vielen individuellen Präferenzordnungen eine einzige, die **kollektive Präferenzordnung** gebildet werden kann. Es wird also ein Mechanismus

[12] Vgl. Laux/Gillenkirch/Schenk-Mathes (2014: 499–505).
[13] Vgl. Abschn. 1.2.2.2.2.

gesucht, der die individuellen Präferenzen aggregiert. Prinzipiell sind als Aggregationsmechanismus zur Bildung der kollektiven Präferenz folgende Verfahren möglich:

- diktatorische Vorgabe (z. B. im Falle der Mafia, Familie, Orchester, Trainer),
- traditionelle bzw. rituelle Vorgaben (z. B. Weihnachten, Hochzeit, Beerdigung),
- Zufallsverfahren (z. B. Münzwurf, Würfeln) oder
- Abstimmungsregeln.

Für die hier vorliegende Darstellung ist lediglich die rationelle Vorgehensweise der Abstimmung relevant, die im Folgenden vorgestellt wird. Bei der Stimmabgabe drücken die Akteure ihre Ansicht bzw. die Ansicht derjenigen Interessengruppe aus, die sie in diesem Gremium vertreten. Der Wille des Gremiums wird durch die Zusammenfassung der Individualwillen gebildet. Es tritt die Frage auf, welche Abstimmungsregel dazu eingesetzt wird und in welcher Form die Alternativen einander gegenübergestellt werden.

EISENBERG/OLDENBURG-TIETJEN führen aus, dass derartige Situationen in der Praxis vermieden werden, indem im Voraus die strittigen Probleme solange bearbeitet werden, bis ein Problem *„entscheidungsreif"* ist. Die Abstimmung hätte demnach lediglich deklaratorischen Charakter, da in der Sache Einmütigkeit besteht und das Problem schon vor der Abstimmung entschieden ist.[14] Dies mag oftmals zutreffen und durchaus erstrebenswert sein. Jedoch verbleibt für diejenigen Situationen, in welchen dieser Idealzustand nicht erreicht wird, die weitere Vorgehensweise zu klären. Aus diesen Gründen werden im Folgenden Abstimmungen genauer betrachtet.

4.2 Regeln für Abstimmungen in Gruppen

4.2.1 Anforderungen an eine gerechte Abstimmung

Eine Grundlage für die Durchführung der Abstimmung bzw. deren Gültigkeit ist die **Beschlussfähigkeit**. Es können verschiedene Regeln zur Festlegung der Beschlussfähigkeit unterschieden werden. Eine wichtige Form ist das **Quorum**, bei dem eine Mindestgröße – in absoluten oder relativen Größen – erforderlich ist, damit eine Entscheidung getroffen werden kann. Es kann zwischen dem Beteiligungs-, dem Zustimmungs- und dem Ablehnungsquorum unterschieden werden. Ein **Beteiligungsquorum** liegt vor, wenn eine Mindestquote an Wahlbeteiligung erreicht werden muss, so dass die Bezugsbasis die stimmberechtigten Mitglieder sind. Im Fall des **Zustimmungsquorums** ist eine Mindestquote bzw. Mindeststimmenanzahl für die Zustimmung zu einer Alternative erforderlich, wobei diese Quote/Anzahl auf die stimmberechtigten oder auf die teilnehmenden Mitglieder bezogen sein kann. Wenn anstelle der Zustimmung eine Ablehnung erforderlich ist,

[14] Vgl. Eisenberg/Oldenburg-Tietjen (2018: 592).

liegt ein **Ablehnungsquorum** vor, das als Pendant zum Zustimmungsquorum gestaltet ist.[15]

Damit ein Abstimmungsverfahren als fair und gerecht von den Beteiligten eingestuft und demzufolge akzeptiert wird, ist eine Reihe von Anforderungen zu erfüllen. Diese wünschenswerten Eigenschaften konkretisieren den Gedanken der Fairness des Aggregationsmechanismus ordinaler Präferenzordnungen und sind in Tab. 4.2 dargestellt.

Die ersten Anforderungen aus Tab. 4.2 wurden von KENNETH ARROW 1950[16] aufgestellt und sind als klassische Anforderungen an gerechte und gleichzeitig effiziente Entscheidungsregeln bekannt und weit verbreitet. Deshalb wird auf die dortige Darstellung verwiesen.[17] Von den übrigen in der Tab. 4.2 dargestellten Anforderungen werden im Folgenden das **Monotonie-Kriterium**, das **Teilnahme-Kriterium**, das **Klon-Kriterium** sowie das **Later-no-harm-Kriterium** erläutert.

Das **Monotonie-Kriterium** ist offenbar einsichtig, da es der Grundlogik von Abstimmungen Rechnung trägt. Mehr Stimmen für eine Alternative dürfen nicht dazu führen, dass diese Alternative schlechter abschneidet. Dabei ist es jedoch wichtig, dass diese Mehrstimmen für eine Alternative bei identischer Wahlbeteiligung erreicht werden. Dieses Kriterium wird jedoch im deutschen Wahlrecht – noch immer – durch die Zweitstimmenregel verletzt und wird als negatives Stimmgewicht bezeichnet. Mehr Zweitstimmen für eine Partei können u. U. dazu führen, dass diese Partei deshalb weniger Sitze erhält.[18]

Zur Erläuterung wird das Beispiel 4.1 eingeführt.

Beispiel 4.1 *Im Rahmen einer Abstimmung stehen drei Alternativen zur Auswahl, die von 35 Gremienmitgliedern bewertet werden. Diese Mitglieder zerfallen in vier Fraktionen (vgl.* Tab. 4.3*). Wird nun so vorgegangen, dass im ersten Wahlgang die Alternative mit den wenigsten Erststimmen eliminiert wird (in diesem Fall C) und im zweiten Wahlgang diejenige Alternative mit den meisten Erststimmen gewinnt, resultiert die Alternative A als optimale Alternative, da sie mit 24 zu 11 Stimmen gegen B gewinnt.*[19]

Wird nun angenommen, dass die Mitglieder der Fraktion 2 ihre Meinung ändern und sich der Präferenzordnung der Fraktion 1 anschließen, ergibt dies für die Alternative A einen Zuwachs von drei Erststimmen. Es wäre nun zu erwarten, dass A weiterhin die optimale Alternative bleibt. Eine Anwendung der soeben beschriebenen Vorgehensweise führt jedoch zur Alternative C als optimaler Alternative, da nun B im ersten Wahlgang eliminiert wird und C im zweiten Wahlgang mit 18 zu 17 Stimmen gegen A gewinnt. Damit ist das Monotonie-Kriterium verletzt, da A durch einen Stimmenzuwachs bei gleichbleibender Anzahl an Gesamtstimmen vom Gewinner zum Verlierer wird.

[15] Vgl. Thiele (2008: 384–401).
[16] Vgl. Arrow (1950: 334–339).
[17] Vgl. Altmann (1977: 81); Laukamm (1979: 89–90); Rommelfanger/Eickemeier (2002: 198–200); Ponick (2007: 37–40); Bamberg/Coenenberg/Krapp (2012: 216–219).
[18] Vgl. Nurmi (1983: 193–194); Börgers (2010: 43–45); Schauenberg (1992: 431–432); Behnke (2010).
[19] Dieses Vorgehen entspricht der sog. HARE-Regel, die im weiteren Verlauf noch vorgestellt wird.

Tab. 4.2 Anforderungen an einen Aggregationsmechanismus. Quelle: Eigene Darstellung, in Anlehnung an: Arrow (1950: 334–339); Arrow (1951: 24–30); Gäfgen (1974: 429–430); Moulin (1988); Woodall (1997: 84–86); Tideman (2009: 237); Rothe et al. (2012: 150–165); Stahl/Johnson (2007: 127); Ray (1986); Holzman (1988/89)

Klassische Anforderungen von Arrow
Anforderung 4.1 (Allgemeingültigkeit) Keine individuelle Präferenzordnung und kein Gremienmitglied darf ausgeschlossen werden.
Anforderung 4.2 (Diktaturverbot) Keine interne oder externe individuelle Präferenzordnung darf zur Präferenzordnung der Gruppe erhoben werden.
Anforderung 4.3 (Pareto-Kriterium) Wenn alle Gremienmitglieder Alternative A gegenüber Alternative B bevorzugen, so muss dies auch in der kollektiven Präferenzordnung gelten.
Anforderung 4.4 (Unabhängigkeit von irrelevanten Alternativen) Wenn durch einen Aggregationsmechanismus zwei Alternativen in eine Reihenfolge zueinander gestellt werden, darf sich diese relative Reihenfolge nicht durch Hinzufügen oder Entfernen einer anderen Alternative ändern. Diese Anforderung ist von Individualentscheidungen bekannt (vgl. Anforderung 1.3) und wird auf kollektive Entscheidungen übertragen.

Ergänzende Anforderungen
Anforderung 4.5 (Majoritäts-Kriterium) Wählt eine absolute Mehrheit eine Alternative als optimal, dann muss diese auch durch den Aggregationsmechanismus als optimale Alternative identifiziert werden.
Anforderung 4.6 (Condorcet-Kriterium) Wird eine Alternative im paarweisen Vergleich gegenüber allen anderen Alternativen bevorzugt, dann muss diese Alternative auch durch den Aggregationsmechanismus als optimale Alternative aus der Gesamtmenge identifiziert werden.
Anforderung 4.7 (Monotonie-Kriterium) Ist nach der Entscheidung die kollektive Reihenfolge $A \succ B \succ C \succ D$, dürfen Stimmveränderungen, die die bisherige individuelle Präferenzreihenfolge $B \succ A \succ C \succ D$ verändern zu $A \succ B \succ C \succ D$, nicht dazu führen, dass als kollektive Reihenfolge $B \succ A \succ C \succ D$ resultiert.
Anforderung 4.8 (Teilnahme-Kriterium) Ist nach der Entscheidung die kollektive Reihenfolge $A \succ B$, dürfen zusätzliche Stimmabgaben mit der individuellen Präferenzreihenfolge $A \succ B$ nicht dazu führen, dass als kollektive Reihenfolge $B \succ A$ resultiert.
Anforderung 4.9 (Unabhängigkeit von Klon-Alternativen) Das Ergebnis der kollektiven Abstimmung ändert sich nicht, wenn eine identische Alternative mehrfach, jedoch mit anderer Bezeichnung (geklont) zur Auswahl steht.
Anforderung 4.10 (Later-no-harm-Kriterium) Eine Alternative, welche von einem Gremienmitglied bevorzugt wird, darf nicht durch die Abgabe nachrangiger Präferenzwerte an andere Alternativen schlechter gestellt werden.
Anforderung 4.11 (Konsistenz-Kriterium) Wird das Entscheidungsgremium in zwei Gruppen geteilt und wird eine Alternative in den beiden Teilgremien als optimale Alternative identifiziert, dann muss der Aggregationsmechanismus diese Alternative auch als optimale Alternative des Gesamtgremiums identifizieren.

Tab. 4.3 Beispiel zur Nichterfüllung des Monotonie-Kriteriums. Quelle: Eigene Darstellung, in Anlehnung an: Börgers (2010: 43–44)

Ursprüngliche Stimmenverteilung			
Fraktion 1 (14 Stimmen)	Fraktion 2 (3 Stimmen)	Fraktion 3 (8 Stimmen)	Fraktion 4 (10 Stimmen)
A	*B*	*B*	*C*
B	*A*	*C*	*A*
C	*C*	*A*	*B*
Veränderte Stimmenverteilung			
A	*A*	*B*	*C*
B	*B*	*C*	*A*
C	*C*	*A*	*B*

Das **Teilnahme-Kriterium** fordert, dass es unmöglich für Gremienmitglieder sein muss, durch taktische Nicht-Teilnahme an der Abstimmung der von ihnen präferierten Alternative zum Sieg zu verhelfen. Dieses Phänomen ist auch als **No-show-Paradox** bekannt.

Zur Erläuterung des Paradoxons dient das Beispiel 4.2.

Beispiel 4.2 *21 Gremienmitglieder müssen eine Entscheidung über drei Alternativen herbeiführen.*[20] *In* Tab. 4.4 *sind die Präferenzordnungen der Gremienmitglieder zu sehen. Die Stimmenverteilung gestaltet sich so, dass im ersten Wahldurchgang die Alternativen, die sich auf den ersten beiden Präferenzplätzen befinden, je eine Stimme erhalten. Die Alternative mit den wenigsten Stimmen wird danach eliminiert. Im nächsten Wahlgang erhält lediglich die Alternative auf dem ersten Platz des Präferenzordnungsprofiles eine Stimme. Im vorliegenden Fall erhält im ersten Durchgang A 15 Stimmen, B 14 Stimmen und C erhält 13 Stimmen, weshalb C eliminiert wird. Im anschließenden Wahldurchgang siegt Alternative B mit 11 zu 10 Stimmen über Alternative A. Die kollektive Präferenzordnung wäre demnach:* $B \succ A \succ C$.

Wird nun angenommen, dass zwei Mitglieder der Fraktion 1 nicht zur Sitzung erschienen wären, so wäre das Stimmenverhältnis im ersten Durchgang gewesen: A erhält 13 Stimmen, auf B entfallen 12 Stimmen und C erhält 13 Stimmen. Dann wäre B eliminiert worden, was zu einer Stichwahl zwischen A und C geführt hätte, die A mit 11 Stim-

Tab. 4.4 Beispiel zum No-show-Paradox. Quelle: Eigene Darstellung, in Anlehnung an: Gehrlein (2006: 27–28)

Fraktion 1 (3 Stimmen)	Fraktion 2 (5 Stimmen)	Fraktion 3 (5 Stimmen)	Fraktion 4 (2 Stimmen)	Fraktion 5 (3 Stimmen)	Fraktion 6 (3 Stimmen)
A	*A*	*B*	*C*	*B*	*C*
B	*C*	*A*	*A*	*C*	*B*
C	*B*	*C*	*B*	*A*	*A*

[20] Vgl. Ray (1986); Gehrlein (2006: 27–28).

men gegen C mit 8 Stimmen gewonnen hätte. Die kollektive Präferenzordnung wäre nun: $A \succ C \succ B$. *Dies ist aus Sicht der Fraktion 1* **paradox**, *da die Mitglieder der von ihnen präferierten Alternative zum Sieg verholfen haben, indem sie* **nicht mitgestimmt** *haben.*

Das Paradox kann auch bei einer Gremienentscheidung auftreten, die als Beteiligungsquorum durchgeführt wird. In diesem Fall ist es denkbar, dass Stimmen gegen die Vorlage zu der notwendigen Überschreitung der erforderlichen Quote und damit zur Gültigkeit der Abstimmung führen. Wenn anschließend die entsprechende Vorlage angenommen wird, liegt ebenfalls das No-show-Phänomen vor. Es kann deshalb unter Umständen von Vorteil für eine Alternative sein, wenn deren Vertreter nicht an der Abstimmung teilnehmen. Es ist jedoch darauf hinzuweisen, dass aus der Nicht-Erfüllung des Monotonie-Kriteriums nicht automatisch auf die Nicht-Erfüllung des Teilnahme-Kriteriums geschlossen werden kann.[21]

Die Beispiele haben den wesentlichen Unterschied zwischen dem Monotonie- und dem Teilnahme-Kriterium gezeigt. Das Monotonie-Kriterium bezieht sich auf den Stimmenzuwachs bzw. auf Stimmenveränderungen für eine Alternative bei einer gleichbleibenden Anzahl an Gesamtstimmen. Das Teilnahme-Kriterium hingegen ist auf Stimmenveränderungen für eine Alternative bei gleichzeitig veränderter Gesamtstimmenzahl ausgerichtet.

Die **Unabhängigkeit von geklonten Alternativen** fordert, dass es unmöglich sein muss, eine Alternative B, die im direkten Vergleich mit Alternative A nicht vorteilhaft wäre, durch Hinzufügen einer inhaltlich identischen Alternative, welche jedoch nur einen anderen Namen trägt A' zur vorteilhaften Alternative zu identifizieren. Beispiel 4.3 illustriert diese Situation.

Beispiel 4.3 *Die heute als „Thunder Bay" bekannte Stadt in Kanada entstand 1969 aus der Fusion mehrerer Gemeinden. Zur Namensfindung im Zusammenhang mit der Fusion wurde eine Volksabstimmung durchgeführt, in deren Vorfeld sich zwei konkurrierende Namen herauskristallisierten: „Thunder Bay" und „Lakehead". Letztendlich wurden die Alternativen „Thunder Bay", „Lakehead" und „The Lakehead" zur Abstimmung gestellt. Durch Mehrheitswahl gewann die Alternative „Thunder Bay" mit 15870 Stimmen, während die Alternative „Lakehead" auf 15302 Stimmen kam und 8377 Wähler für „The Lakehead" stimmten. Die Variante „Thunder Bay" konnte nur deshalb gewinnen, weil sich die Anhänger der Gegenpartei aufteilten und zwei Klon-Alternativen zur Abstimmung stellten.*[22]

Zur Erklärung des **Later-no-harm-Kriteriums** wird eine Wahl betrachtet, bei der die Gremienmitglieder nicht nur eine Stimme für die von ihnen präferierte Alternative abgeben können, sondern alle zur Verfügung stehenden Alternativen in eine Rangfolge (Präferenzordnung) bringen müssen. In diesem Fall stehen die Mitglieder häufig vor fol-

[21] Vgl. Campbell/Kelly (2002).
[22] Vgl. Schulze (2011: 291).

gendem Dilemma: Wenn die Präferenzordnung ehrlich angegeben wird und die zweitbeste Alternative nach der Erstbesten gereiht wird, kann es dazu kommen, dass letztendlich die zweitbeste Alternative der individuellen Präferenzordnung als erstbeste Alternative der kollektiven Präferenzordnung resultiert. Durch die ehrliche Angabe der Zweitpräferenz hat das Gremienmitglied die eigene Erstpräferenz demzufolge ausgeschaltet. Dieser Effekt führt dazu, dass in Gremienentscheidungen mit vollständiger Präferenzordnung über alle Alternativen die Tendenz existiert, potenzielle Konkurrenten (Zweitpräferenzkandidaten) deutlich tiefer zu platzieren, um zu vermeiden, dass diese den eigenen Erstpräferenz-Kandidaten verhindern. Die Later-no-harm-Anforderung an einen Aggregationsmechanismus zielt genau auf die Vermeidung dieses taktischen Verhaltens ab. Durch die Angabe von niedrigen Präferenzplätzen darf die Alternative mit der Erstpräferenz nicht beeinträchtigt werden.

Im Laufe der Zeit ist eine ganze Reihe von Wahlregeln und Abstimmungsverfahren entstanden. Diese werden unter dem Begriff „Sozialwahltheorie" in angrenzenden Fachbereichen (wie z. B. Volkswirtschaftslehre, Politikwissenschaft) umfangreich diskutiert. An dieser Stelle wird lediglich auf einige ausgewählte Prinzipien und Regeln eingegangen, die exemplarisch für Entscheidungen im Investitionsbereich sind. Für eine umfangreichere Darstellung wird auf die Literatur verwiesen.[23]

4.2.2 Vorstellung und Analyse ausgewählter Verfahren

4.2.2.1 Grundprinzipien und Mehrheitswahlregeln

Die **Einstimmigkeitsregel** erfordert, dass sich alle Mitglieder für dieselbe Alternative entscheiden. Diese Abstimmungsform kann so ausgestaltet werden, dass nicht von jedem Mitglied die ausdrückliche Zustimmung erforderlich ist, also Stimmenthaltungen möglich sind. In diesem Fall gilt ein Beschluss als angenommen, wenn die Mitglieder dafür bzw. nicht dagegen stimmen. Aber auch die strikte Ausgestaltung ist möglich, bei der die ausdrückliche Zustimmung jedes Mitglieds erforderlich ist.[24]

In engem Zusammenhang mit dem Prinzip der Einstimmigkeit steht das **Vetorecht**. Wird das Einstimmigkeitsprinzip in der strikten Auslegung angewendet, resultiert aus der nicht erteilten ausdrücklichen Zustimmung eines Mitgliedes die Ablehnung des Beschlusses. Demzufolge verfügen die Mitglieder über ein De-facto-Vetorecht. Das explizit formulierte Vetorecht stellt den ausdrücklichen Gegenwillen heraus und erlaubt es jedem Mitglied, das über eine Stimme verfügt, den Beschluss der anderen Mitglieder durch das Dagegenstimmen zu blockieren.[25] Dies geschieht unabhängig davon, in welcher Form (absolute oder relative Mehrheit) die Abstimmung erfolgen soll. Diese Abstimmungsform bzw. die Ausstattung der Mitglieder mit diesem Stimmrecht zielt zwar auf die Einstimmigkeit der Beschlüsse und damit auf die breitest mögliche Legitimationsbasis, erweist

[23] Vgl. Sunken/Schubert (2018); Weimann (2009: 163–235); Börgers (2010).

[24] Vgl. Ponick (2007: 59–61).

[25] Zur Unterscheidung zwischen einem formalen und einem faktischen Veto-Recht des Controllers vgl. Weber et al. (2006: 19).

sich jedoch in der Praxis als äußerst kompliziert bzw. führt dazu, dass Beschlüsse selten oder erst nach langwierigen Diskussionen gefasst werden.[26]

Ebenfalls in Verbindung mit der Einstimmigkeitsregel steht der Konsens als Quasi-Einstimmigkeit. Für eine Konsensentscheidung reicht es, wenn keine Gegenstimme auftritt. Der Konsens wird deshalb zwischen der Einstimmigkeitsregel und der Mehrheitsregel eingeordnet,[27] die im Folgenden dargestellt wird.

Die Einstimmigkeitsregel erfordert die Zustimmung oder Nicht-Ablehnung einer Alternative durch alle Gremienmitglieder. Da dies besonders bei großen Gremien mit unterschiedlichen Interessen nicht praktikabel ist, entstand die Regel der Mehrheit, die die höchste Praktikabilität und weiteste Verbreitung gefunden hat. Diese Regel ermöglicht die Beschlussfassung mittels Akzeptanz durch die Mehrheit der Stimmen. Zu unterscheiden sind folgende Mehrheitsbegriffe:[28]

- **Relative Mehrheit:** Diese Mehrheit ist gegeben, wenn von zwei zu wählenden Alternativen eine Alternative mindestens eine Stimme mehr erhält als die andere. Deshalb wird in jedem Fall – unabhängig von der Grundgesamtheit der Gremienmitglieder und von Stimmenthaltungen – immer eine Alternative als vorteilhaft identifiziert, es sei denn, es resultiert Stimmengleichheit.
- **Einfache Mehrheit:** Um gewählt zu werden, muss eine Alternative mehr als 50 % der abgegebenen Stimmen erhalten. Es wird demzufolge ebenfalls kein Bezug zu der Grundgesamtheit des Gremiums hergestellt, Stimmenthaltungen reduzieren die Anzahl der abgegebenen Stimmen. Dies kann dazu führen, dass bezogen auf die Grundgesamtheit des Gremiums eine Minderheit des Gremiums eine Entscheidung durch einfache Mehrheit fällt.
- **Absolute Mehrheit:** Um den soeben beschriebenen Minderheiten-Effekt zu vermeiden, kann gefordert werden, dass mehr als 50 % der stimmberechtigten Gremienmitglieder für eine Alternative stimmen. Dies wird als absolute Mehrheit bezeichnet.
- **Qualifizierte Mehrheit:** Um als vorteilhaft identifiziert zu werden, muss eine Alternative einen Anteil, welcher 50 % einer Bezugsmenge übersteigt, auf sich vereinen. Bei dem Anteil kann es sich z. B. um $\frac{2}{3}$ oder $\frac{3}{4}$ handeln und die Bezugsmenge ist entweder die Anzahl der abgegebenen Stimmen oder die Anzahl der stimmberechtigten Mitglieder.

Im Fall der Regeln der absoluten und der qualifizierten Mehrheit ist es möglich, dass keine Alternative die erforderliche Stimmenanzahl auf sich vereint. In diesem Fall muss in der Wahlordnung festgelegt werden, wie oft diese Mehrheitsregel wiederholt angewendet

[26] Vgl. Eisenberg/Oldenburg-Tietjen (2018: 593). Es ist bezeichnend für die „Effizienz" des Vetorechtes (lat. liberum veto), dass in der Zeit von dessen Verwendung durch den Sejm in Polen von 1736 bis 1763 kein einziger Beschluss gefasst werden konnte. Vgl. Thiele (2008: 39–40).

[27] Vgl. Thiele (2008: 284).

[28] Vgl. Altmann (1977: 112–114); Thiele (2008: 304–324).

wird, bevor – für den Fall, dass auch bei wiederholten Wahlgängen keine Alternative die erforderliche Stimmenanzahl erreicht – auf eine andere Mehrheitsregel ausgewichen wird.

Das Recht der Mehrheit ist – so einleuchtend und praktikabel es erscheinen mag – nicht ohne Kritik geblieben und nicht für jede Art von Problementscheidung anwendbar. Streng genommen liegt dem Mehrheitsprinzip die Annahme zugrunde, dass die Mehrheit der Gesamtheit entspricht. Dass dabei Minderheiten benachteiligt werden, ist offensichtlich.[29] So stellten bei der Begründung der Zweidrittelmehrheit im kanonischen Recht die zwei Drittel einer Grundgesamtheit im Vergleich mit dem verbleibenden Drittel das Ganze dar, weshalb dieses Drittel vernachlässigt werden kann.[30]

Die bisherigen Darstellungen verdeutlichen das Problem, dass über die Form der kollektiven Willensbildung – also die Abstimmungsvariante – ebenfalls abzustimmen ist, wofür wiederum eine Abstimmungsvariante festzulegen ist. Zu Vermeidung eines infiniten Regresses muss die Abstimmungsform deshalb zu einem Zeitpunkt als gegeben hingenommen werden bzw. über das Losverfahren entschieden werden.

Nachdem festgelegt wurde, wie viele Stimmen die vorteilhafte Alternative auf sich vereinen muss, ist zu bestimmen, in welcher Form und Reihenfolge die Alternativen verglichen werden. Die bisher dargestellten Mehrheitsregeln können auf die Menge aller zur Verfügung stehenden Alternativen angewendet werden und mit der einmaligen Stimmabgabe entschieden werden.

Im weiteren Verlauf werden verschiedene Abstimmungsregeln vorgestellt. Dazu wird Beispiel 4.4 eingeführt.

Beispiel 4.4 *Ein Entscheidungsgremium muss über fünf Alternativen abstimmen. Das Gremium besteht aus 43 Personen, die sich in sechs Fraktionen aufgespalten haben. Die Präferenzordnungsprofile der Fraktionen sind in der* Tab. 4.5 *zu sehen.*

Es muss die Frage nach der kollektiven Präferenzordnung beantwortet werden.

Nach der Regel der einfachen Mehrheit ergibt sich folgende kollektive Präferenzordnung: $C \succ E \succ A \succ D \sim B$. Die Anwendung der Regel der absoluten Mehrheit erbringt im 1. Wahlgang keine Alternative mit der absoluten Mehrheit. Alternative C mit 13 Stimmen und Alternative E mit 10 Stimmen sind die bestplatzierten Kandidaten, die in die nächste Wahlrunde gehen. Wird davon ausgegangen, dass die übrigen Fraktionen ihre Präferenzordnungsprofile beibehalten und im zweiten Wahlgang auf den Alternativenvergleich C vs. E anwenden, resultiert ein Stimmenverhältnis von $27 : 16$ für Alternative C.

Die Mehrheitsregel ist weder unabhängig von irrelevanten Alternativen noch von Klon-Alternativen und verletzt das CONDORCET-Kriterium.[31] Eine weitere Schwäche besteht darin, dass lediglich eine Stimme vergeben werden kann, sich die Gremienmitglieder al-

[29] So bezeichnet SCHNEIDER Mehrheitsentscheidungen auch als **„Diktatur der Mehrheit"**. Vgl. Schneider (1995: 156).

[30] Vgl. Thiele (2008: 36).

[31] Vgl. Tideman (1987: 197); Tideman (2009: 237); Schulze (2011: 301); Rothe et al. (2012: 170).

Tab. 4.5 Ausgangssituation der Gremienentscheidung. Quelle: Eigene Darstellung

Fraktion 1 (8 Stimmen)	Fraktion 2 (6 Stimmen)	Fraktion 3 (6 Stimmen)	Fraktion 4 (4 Stimmen)	Fraktion 5 (9 Stimmen)	Fraktion 6 (10 Stimmen)
A	*D*	*B*	*C*	*C*	*E*
C	*B*	*E*	*A*	*A*	*B*
D	*C*	*D*	*B*	*E*	*A*
E	*E*	*A*	*E*	*D*	*D*
B	*A*	*C*	*D*	*B*	*C*

so nur für eine Alternative entscheiden und alle anderen Alternativen unbeachtet lassen. Wenn die Entscheidung im ersten Wahlgang nicht fällt, wird im 2. Wahlgang ebenfalls nur eine Erststimme vergeben.

Ein Verfahren, bei dem die Entscheidungsträger mehr als eine Stimme abgeben können, ist das sog. **approval voting** bzw. die **Wahl durch Zustimmung**. Die Mitglieder des Entscheidungsgremiums können bei diesem Verfahren all diejenigen Alternativen auswählen, die ihnen akzeptabel erscheinen. Die Alternative, die die meisten Stimmen auf sich vereint, ist die optimale Alternative. Bei der Auswahl einer Alternative wird lediglich festgelegt, ob das Gremienmitglied der Alternative zustimmt oder nicht. Es findet jedoch keine Abstufung in der Präferenz zwischen den vom Entscheider akzeptierten Alternativen statt.[32] Für das bisher diskutierte Beispiel kann keine Aussage zur optimalen Alternative gemacht werden, da weitere Annahmen zur Stimmenverteilung erforderlich sind.

Approval voting verletzt das Later-no-harm-Kriterium sowie das CONDORCET-Kriterium und ist nicht unabhängig von Klon-Alternativen.[33]

Nun ist es in der Realität jedoch häufig der Fall, dass die Akteure sehr wohl zwischen allen Alternativen eine Rangfolge bilden, so wie es auch in der Tab. 4.5 zu sehen ist. Diese Präferenzrangfolge kann zu einem differenzierten Meinungsbild genutzt werden. Regeln, die die Präferenzrangfolgen verwenden, werden als Präferenzwahlregeln bezeichnet.

4.2.2.2 Präferenzwahlregeln

Basierend auf dem Kriterium der absoluten Mehrheit entstand 1909 die BUCKLIN-Methode.[34] Basis sind die individuellen Präferenzordnungen, die in einem ersten Schritt daraufhin überprüft werden, ob eine Alternative die absolute Mehrheit der Erstpräferenzen erreicht. Ist dies nicht der Fall, werden die Zweitpräferenzen der Gremienmitglieder zu den Erstpräferenzen addiert und es wird erneut überprüft, ob diese Summe zu der absoluten Mehrheit einer Alternative führt. Ist dies nicht der Fall, wird das Verfahren so lange fortgeführt, bis eine Alternative auf diese Weise die absolute Mehrheit erreicht.

Für das Beispiel 4.4 ergibt sich nach dem 1. Wahlgang keine absolute Mehrheit. Deshalb wird ein zweiter Bewertungsschritt durchgeführt, der zu der Stimmenverteilung führt,

[32] Vgl. Brams/Fishburn (1972); Sertel (1988).

[33] Vgl. Tideman (1987: 197); Tideman (2009: 237); Schulze (2011: 301); Rothe et al. (2012: 170).

[34] Benannt nach dem Begründer JAMES W. BUCKLIN. Vgl. Haines (1921: 152).

Tab. 4.6 Ergebnisse der BUCKLIN-Methode. Quelle: Eigene Darstellung auf Basis von Tab. 4.5

Alternative	Stimmenanzahl der Erstpräferenzen	Zusätzliche Stimmen der Zweitpräferenzen	Gesamtstimmen aus Erst- und Zweitpräferenzen
A	8	13	21
B	6	16	22
C	13	8	21
D	6	0	6
E	10	6	16

Tab. 4.7 Anwendung der BORDA-Regel. Quelle: Eigene Darstellung auf Basis von Tab. 4.5

Alternative	F 1 (N=8)	F 2 (N=6)	F 3 (N=6)	F 4 (N=4)	F 5 (N=9)	F 6 (N=10)	Summe
A	5	1	2	4	4	3	140
B	1	4	5	3	1	4	123
C	4	3	1	5	5	1	131
D	3	5	3	1	2	2	114
E	2	2	4	2	3	5	137

die in Tab. 4.6 zu sehen ist. Die optimale Alternative entsprechend der BUCKLIN-Methode ist die Alternative B, die die absolute Mehrheit nach Berücksichtigung des 2. Präferenzplatzes erreicht hat.

Die BORDA-Regel[35] beruht auf der Zuweisung von Stimmen in Höhe der Anzahl der Alternativen. Möglich sind unterschiedliche Zuordnungen. So wird bei i Alternativen die Gesamtanzahl der zu vergebenden Stimmen mit i oder mit $i-1$ angegeben. Die Mitglieder teilen die maximale Stimmenzahl der von ihnen präferierten Alternative zu. Die in ihrer Präferenzordnung nächstbeste Alternative erhält dann eine Stimme weniger.

Die Fortführung des Eingangsbeispiels ergibt mit $i = 5$ und der Anwendung der BORDA-Regel die Ergebnisse in Tab. 4.7.

Nach der BORDA-Regel ergibt sich folgende kollektive Präferenzordnung: $A \succ E \succ C \succ B \succ D$. Dieses Verfahren ist weder unabhängig von irrelevanten Alternativen noch von Klon-Alternativen. Darüber hinaus verletzt es das CONDORCET-Kriterium, das Mehrheits-Kriterium sowie das Later-no-harm-Kriterium.[36] Dass dieses Verfahren nicht unabhängig gegenüber irrelevanten Alternativen ist, wird kurz demonstriert. Dazu wird aus dem ursprünglichen Alternativenset die Alternative C eliminiert. Es ergeben sich die Resultate gemäß Tab. 4.8.

Die kollektive Präferenzordnung lautet nun: $E \succ A \succ B \succ D$. Die relative Vorteilhaftigkeit von A und E hat sich verändert, obwohl eine Alternative entfernt wurde, welche auf die Relation der Rangfolge dieser Alternativen keinen direkten Einfluss haben dürfte.

---

[35] Benannt nach dem Begründer JEAN-CHARLES DE BORDA (1733–1799). Vgl. Black (1958: 156–159).

[36] Vgl. Tideman (1987: 197); Tideman (2009: 237); Schulze (2011: 301); Rothe et al. (2012: 170).

Tab. 4.8 Einfluss einer irrelevanten Alternative auf die BORDA-Regel. Quelle: Eigene Darstellung auf Basis von Tab. 4.5

Alternative	F 1 (N=8)	F 2 (N=6)	F 3 (N=6)	F 4 (N=4)	F 5 (N=9)	F 6 (N=10)	Summe
A	4	1	1	4	4	2	116
B	1	3	4	3	1	3	101
D	3	4	2	1	2	1	92
E	2	2	3	2	3	4	121

Eine Kombination aus BUCKLIN- und BORDA-Verfahren ist die NANSON-Regel.[37] Die Anzahl der zu vergebenden Stimmen ist wie bei der BORDA-Regel abhängig von der Zahl der Alternativen und die Vergabeordnung ist ebenfalls identisch. Der wesentliche Unterschied besteht jedoch darin, dass bei diesem Verfahren die Alternative mit der geringsten Gesamtstimmenzahl aus dem Verfahren eliminiert wird. In der nächsten Runde wird die Gesamtanzahl an zu vergebenden Stimmen um eine Stimme reduziert und das Verfahren wird wiederholt. Diese Prozedur wird so lange wiederholt, bis ein Gewinner feststeht.[38]

Die kollektive Präferenzordnung gemäß der NANSON-Regel ist $A \succ C \succ E \succ B \succ D$ (vgl. Tab. 4.9). Dieses Verfahren ist weder unabhängig von irrelevanten Alternativen noch von Klon-Alternativen. Darüber hinaus verletzt es das Teilnahme-, das Monotonie- und das Konsistenz-Kriterium.[39]

Ein anderes Verfahren zur Feststellung einer absoluten Mehrheit stellt ein Verfahren dar, das im englischsprachigen Raum als Instant-runoff-Voting bezeichnet im deutschsprachigen Raum häufiger HARE-Regel[40] genannt wird. Bei dieser Methode wird wiederum

Tab. 4.9 Darstellung der NANSON-Regel. Quelle: Eigene Darstellung auf Basis von Tab. 4.5

1. Wahlgang $\hat{=}$ Tabelle 4.7 → Elimination von D und 2. Wahldurchgang mit $i = 4$							
A	4	1	2	3	3	2	109
B	1	4	4	2	1	3	103
C	3	3	1	4	4	1	110
E	2	2	3	1	2	4	108
→ Elimination von B und 3. Wahldurchgang mit $i = 3$							
A	3	1	2	2	2	2	88
C	2	3	1	3	3	1	89
E	1	2	3	1	1	3	81
→ Elimination von E und 4. Wahldurchgang mit $i = 2$							
A	2	1	2	1	1	2	67
C	1	2	1	2	2	1	62

[37] Benannt nach dem Begründer EDWARD NANSON (1850–1936). Vgl. Nanson (1882: 210–228); Haines (1921: 152–153).

[38] Vgl. Meyer (1983: 39); Nurmi (2007: 112).

[39] Vgl. Tideman (1987: 197); Tideman (2009: 237); Schulze (2011: 301).

[40] Benannt nach dem Begründer THOMAS HARE (1806–1891).

auf Basis der Präferenzordnungsprofile in einem ersten Schritt geprüft, ob eine Alternative die absolute Mehrheit der Erststimmen erreicht. Ist das nicht der Fall, so wird diejenige Alternative, auf die die wenigsten Erststimmen entfallen sind, aus dem weiteren Prozess eliminiert. In der Präferenzordnung, in welcher die unterlegene Alternative eliminiert wurde, steigen die verbleibenden Alternativen einen Präferenzordnungsrang höher. Das Verfahren wird so lange fortgeführt, bis eine Alternative die absolute Mehrheit erreicht. Das Verfahren kann auch dergestalt durchgeführt werden, dass lediglich eine Stimme abgegeben und dann nach der beschriebenen Vorgehensweise verfahren wird.[41]

Für das Beispiel aus Tab. 4.5 ergibt sich nach dem 1. Wahlgang keine absolute Mehrheit. Jedoch werden die Alternativen B und D mit jeweils sechs Stimmen als diejenigen Alternativen mit der geringsten Stimmenanzahl festgestellt und aus der weiteren Betrachtung ausgeschlossen. In der zweiten Bewertungsrunde resultieren für die Alternative A weiterhin acht Stimmen. Aufgrund der veränderten Präferenzordnungsprofile der Fraktion 2 und der Fraktion 3 jedoch erhalten Alternative C und Alternative E jeweils sechs Stimmen mehr. Das führt zu 19 Stimmen für C und zu 16 Stimmen für E, womit jedoch immer noch keine absolute Mehrheit erreicht ist. Deshalb wird ein weiterer Wahlgang durchgeführt, aus dem die Alternative A ausgeschlossen wird, da diese die wenigsten Stimmen verzeichnet (lediglich acht Stimmen). Durch das damit veränderte Präferenzordnungsprofil von Fraktion 1 erhält C acht Stimmen mehr und erzielt insgesamt 27 Stimmen, womit die absolute Mehrheit erreicht ist. Die HARE-Regel verletzt das CONDORCET-Kriterium, das Konsistenz-Kriterium, das Monotonie-Kriterium sowie das Teilnahme-Kriterium und ist nicht unabhängig von irrelevanten Alternativen.[42]

Bei den bisher vorgestellten Verfahren haben die Gremienmitglieder **alle** zur Auswahl stehenden Alternativen **insgesamt** betrachtet und gegeneinander abgewogen bzw. in eine gemeinsame Reihenfolge gebracht. Es existiert jedoch eine Reihe von Abstimmungsverfahren, die auf einem direkten Vergleich von lediglich zwei Alternativen beruhen. Diese Verfahren werden als Paarvergleichsregeln oder auch CONDORCET-Verfahren bezeichnet.[43] Eines dieser Verfahren besteht in der Regel der **Mehrheit der Paarvergleiche**. Dabei werden alle Alternativenpaare paarweise gegenübergestellt. Jedes Gremienmitglied verfügt über eine Stimme, die der jeweils präferierten Alternative zugewiesen wird. Die unterlegene Alternative erhält keine Stimme. Die Gremienmitglieder müssen so oft abstimmen, wie es Alternativenpaare gibt. Eine Patt-Situation zwischen zwei Alternativen muss verhindert werden (z. B. durch Entscheid des Vorsitzenden oder durch Los). Die kol-

[41] Vgl. Schauenberg (1992: 428–430); Richie (2004).

[42] Vgl. Schulze (2011: 301); Schauenberg (1992: 431). Zur Verletzung des Monotonie-Kriteriums durch die HARE-Regel vgl. Beispiel 4.1.

[43] Benannt nach dem Begründer MARIE JEAN ANTOINE NICOLAS CARITAT, MARQUIS DE CONDORCET (1743–1794). Vgl. Black (1958: 159–180).

Tab. 4.10 Ergebnisse des direkten Paarvergleiches. Quelle: Eigene Darstellung auf Basis von Tab. 4.5

Gegenüberstellung	Stimmenverhältnis	Gegenüberstellung	Stimmenverhältnis
A *vs.* B	21 : 22	B *vs.* D	20 : 23
A *vs.* C	24 : 19	B *vs.* E	16 : 27
A *vs.* D	31 : 12	C *vs.* D	21 : 22
A *vs.* E	21 : 22	C *vs.* E	27 : 16
B *vs.* C	22 : 21	D *vs.* E	14 : 29

lektive Präferenzordnung wird im Anschluss an die paarweise Gegenüberstellung durch die Regel der einfachen Mehrheit bestimmt.[44]

Die Ergebnisse der Anwendung der Regel der Mehrheit der Paarvergleiche für das Beispiel 4.4 zeigt Tab. 4.10. Als Endergebnis ist festzuhalten, dass Alternative E drei Direktvergleiche gewinnt, die Alternativen A, B und D jeweils zwei Vergleiche für sich entscheiden und Alternative C in lediglich einem Vergleich siegt. Die kollektive Präferenzordnung ist demzufolge: $E \succ A \sim B \sim D \succ C$. Gäbe es eine Alternative, die in sämtlichen paarweisen Gegenüberstellungen siegen würde, wäre dies die CONDORCET-Alternative.

Die paarweise Gegenüberstellung kann auch derart spezifiziert werden, dass die unterlegene Alternative aus dem Betrachtungsprozess eliminiert wird. Dies geschieht bei der **Regel der sukzessiven Paarvergleiche**. Bei dieser Regel kann es zu einem Phänomen kommen, das als **Condorcet-Paradox** bezeichnet wird.

Zur Erläuterung wird das Beispiel 4.5 entwickelt.

Beispiel 4.5 *Ausgangssituation ist das Beispiel* 4.4. *Der sukzessive Paarvergleich wird eröffnet mit der Gegenüberstellung A vs. B. Das Ergebnis* (21:22) *ist bekannt und führt dazu, dass A aus der weiteren Betrachtung ausgeschlossen wird. Mit Blick auf die* Tab. 4.10 *wird deutlich, dass wiederum mehrere Alternativen als direkte Gegenkandidaten zur Auswahl stehen. Wird der Vergleich B vs. C gewählt, gewinnt wiederum B und die Alternative C wird aus der Betrachtung eliminiert. Im nächsten Schritt tritt B gegen D an, was zu dem Sieger D führt, welcher mit der verbleibenden Alternative E verglichen wird. In diesem direkten Vergleich gewinnt E mit* (14:29) *Punkten und ist deshalb die beste Alternative. Folgende alternative Abstimmungsreihenfolgen sind möglich:*

$$C \text{ vs. } E \to C \text{ vs. } B \to B \text{ vs. } D \to D \text{ vs. } A \to A \text{ dominiert}$$
$$C \text{ vs. } E \to C \text{ vs. } D \to D \text{ vs. } A \to A \text{ vs. } B \to B \text{ dominiert}$$
$$E \text{ vs. } D \to E \text{ vs. } A \to E \text{ vs. } B \to E \text{ vs. } C \to C \text{ dominiert}$$
$$A \text{ vs. } E \to E \text{ vs. } B \to E \text{ vs. } C \to C \text{ vs. } D \to D \text{ dominiert}$$
$$A \text{ vs. } B \to B \text{ vs. } C \to B \text{ vs. } D \to D \text{ vs. } E \to E \text{ dominiert}$$

[44] Vgl. Brams (1994: 1069–1075).

Tab. 4.11 Grundstruktur der Matrix der paarweisen Vergleiche. Quelle: Eigene Darstellung, in Anlehnung an: Schulze (2011: 274)

	$v[*;A]$	$v[*;B]$	$\dots$	$v[*;Y]$	$v[*;Z]$
$v[A;*]$	0	$v[A;B]$	$v[A;\dots]$	$v[A;Y]$	$v[A;Z]$
$v[B;*]$	$v[B;A]$	0	$v[B;\dots]$	$v[B;Y]$	$v[B;Z]$
$\vdots$	$\vdots$	$\vdots$	0	$\vdots$	
$v[Y;*]$	$v[Y;A]$	$v[Y;B]$	$v[Y;\dots]$	0	$v[Y;Z]$
$v[Z;*]$	$v[Z;A]$	$v[Z;B]$	$v[Z;\dots]$	$v[Z;Y]$	0

Dieses Beispiel verdeutlicht, dass nicht ausschließlich die Präferenzen der Entscheidungsträger, sondern die Reihenfolge der Abstimmung entscheidend für das Ergebnis ist. Es besteht also die Möglichkeit, dass zyklische Mehrheiten existieren und es eröffnet sich für den Wahlleiter die Möglichkeit, mit der Bestimmung der Abstimmungsreihenfolge den Wahlausgang zu beeinflussen.

Das bedeutet, dass trotz transitiver individueller Präferenzen die resultierende kollektive Präferenz intransitiv ist. Die CONDORCET-Methode verletzt das Later-no-harm-Kriterium, das Konsistenz-Kriterium sowie das Teilnahme-Kriterium. Darüber hinaus ist das Verfahren nicht unabhängig von irrelevanten Alternativen und gegenüber Klonalternativen.[45]

Ein Verfahren, das die Abhängigkeit von Klonalternativen beheben möchte und trotzdem auf dem paarweisen Alternativenvergleich beruht, ist die SCHULZE-Methode.[46] Ausgangspunkt dieses Verfahrens sind die Ergebnisse des paarweisen Alternativenvergleichs, wie sie in Tab. 4.10 dargestellt sind. Die Ergebnisse dieser Vergleiche werden nun jedoch in einer Matrix dargestellt und bilden die Grundlage für die Erstellung eines Beziehungsgraphen (vgl. Tab. 4.11).

Die Notation $v[A;B]$ gibt die Stimmenanzahl der Alternative A im paarweisen Vergleich mit B wieder. Die Stimmenanzahl von B im direkten Vergleich mit A wird durch die Notation $v[B;A]$ ausgedrückt. Für das Ausgangsbeispiel ergibt sich die Darstellung in Tab. 4.12.

Tab. 4.12 Matrix der Paarvergleiche. Quelle: Eigene Darstellung auf Basis von Tab. 4.10

	A	B	C	D	E
A	0	21	24	31	21
B	22	0	22	20	16
C	19	21	0	21	27
D	12	23	22	0	14
E	22	27	16	29	0

[45] Vgl. Tideman (1987: 194); Moulin (1988); Woodall (1997: 86); Schulze (2011: 297).

[46] Vgl. Schulze (2003); Schulze (2011); Müller (2015).

Der Lösungsansatz der SCHULZE-Methode besteht in der Identifikation der Beziehungen zwischen den Alternativen, die in diesem Fall als Pfade betrachtet werden. Ein Weg zwischen zwei Alternativen A und B ist die geordnete Menge an Alternativen $A_1, \ldots A_n$ mit den folgenden Eigenschaften:[47]

$$A_1 = A$$
$$A_n = B$$
$$v[A_i, A_{i+1}] - v[A_{i+1}, A_i] > 0 \mid i = 1, \ldots, (n-1)$$

Die Stärke eines Pfades wird definiert durch:

$$\min\left(v[A_i, A_{i+1}] - v[A_{i+1}, A_i] \mid i = 1, \ldots, (n-1)\right)$$

Das bedeutet, dass der Pfad lediglich so stark ist, wie dessen schwächstes Verbindungsstück.[48] Zur Lösung des Problems wird derjenige Pfad gesucht, bei dem das schwächste Verbindungsstück der Relationen zwischen den Alternativen ein Maximum erreicht. Dazu wird mit $p[A; B]$ die Stärke des stärksten Pfades von A nach B bezeichnet und formuliert:[49]

$$p[A; B] = \max\left[\min\left(v[A_i, A_{i+1}] - v[A_{i+1}, A_i] \mid i = 1, \ldots, (n-1)\right)\right]$$

Existiert keine Verbindung zwischen den Alternativen, folgt: $p[A; B] = 0$. Die Verbindungen zwischen den Alternativen werden nun entsprechend dieses Kriteriums analysiert, wobei neben **direkten** auch **alle indirekten Wege** zwischen den Alternativen berücksichtigt werden. Eine Begründung für diese Vorgehensweise wurde bei der Regel der sukzessiven Paarvergleiche schon mit der Problematik des CONDORCET-Paradox angeschnitten. Unterschiedliche Vergleichsreihenfolgen führten zu unterschiedlichen Siegern. Im Beispiel ging bei einem direkten Vergleich von D und E die Alternative E als Sieger hervor. Wurde jedoch die Vergleichsreihenfolge geändert und zuerst E mit C verglichen, so war C der Sieger. Trat diese Alternative nun gegen D an, ging D als Sieger hervor. Demzufolge konnte D die Alternative E schlagen, jedoch über den Umweg über C. Deshalb werden bei der SCHULZE-Methode alle Beziehungen zwischen den Alternativen auf das Maximum der minimalen Verbindungsstücke hin untersucht.[50] Zur Erläuterung wird aus der Tab. 4.10 das soeben erläuterte Beispiel der Alternativen C, D und E herausgegriffen. Aus diesen Werten resultiert der Beziehungsgraph, der in Abb. 4.2 zu sehen ist.

[47] Vgl. Schulze (2003: 16–17); Schulze (2011: 271).
[48] Vgl. Stahl/Johnson (2007: 120).
[49] Vgl. Schulze (2003: 17).
[50] Vgl. Börgers (2010: 37–42).

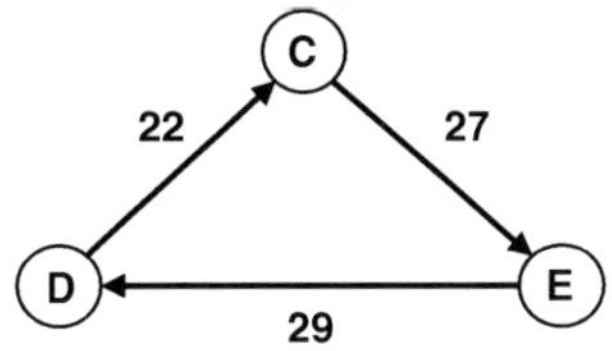

Abb. 4.2 Ausschnitt aus Pfadabbildung des Paarvergleiches. Quelle: Eigene Darstellung auf Basis von Tab. 4.10

Die Werte der schwächsten Glieder der möglichen Verbindungen werden festgestellt und jeweils dem Gegenweg gegenübergestellt. Es resultiert:

$$p\,[C;D] = 27 \Leftrightarrow p\,[D;C] = 22 \rightarrow C \text{ dominiert über } D$$
$$p\,[C;E] = 27 \Leftrightarrow p\,[E;C] = 22 \rightarrow C \text{ dominiert über } E$$
$$p\,[D;E] = 22 \Leftrightarrow p\,[E;D] = 29 \rightarrow E \text{ dominiert über } D$$

Die kollektive Präferenzfolge ist demzufolge $C \succ E \succ D$. Werden sämtliche Alternativen aus der Tab. 4.5 in die Betrachtung einbezogen, entsteht der Beziehungsgraph, der in Abb. 4.3 zu sehen ist.

Für sämtliche direkte und indirekte Verbindungen der Abb. 4.3 werden die Maxima der schwächsten Glieder ermittelt. Diese sind in Tab. 4.13 dargestellt.

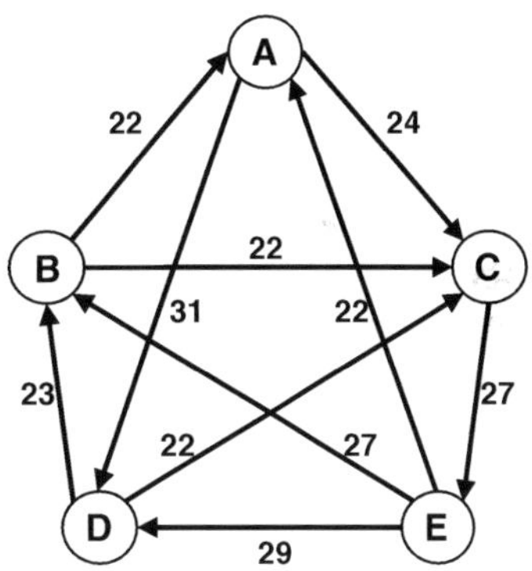

Abb. 4.3 Vollständige Pfadabbildung aller direkten Paarvergleiche. Quelle: Eigene Darstellung auf Basis von Tab. 4.10.

Tab. 4.13 Matrix der Maxima der schwächsten Glieder

von \ nach	*A*	*B*	*C*	*D*	*E*
A	0	24	24	31	24
B	22	0	22	22	22
C	22	27	0	27	27
D	22	23	22	0	22
E	22	27	22	29	0

Die Gegenüberstellung der Werte von den korrespondierenden Hin- und Rückwegen ergeben folgende Präferenzrelationen:

$$\left.\begin{array}{l} A \succ B\,(24:22) \\ A \succ C\,(24:22) \\ A \succ D\,(31:22) \\ A \succ E\,(24:22) \end{array}\right\} \Rightarrow \left.\begin{array}{l} C \succ B\,(27:22) \\ C \succ D\,(27:22) \\ C \succ E\,(27:22) \end{array}\right\} \Rightarrow \left.\begin{array}{l} E \succ B\,(27:22) \\ E \succ D\,(29:22) \end{array}\right\} \Rightarrow D \succ B\,(23:22)$$

Damit ist die Präferenzordnung mittels der SCHULZE-Methode:

$$A \succ C \succ E \succ D \succ B$$

Ein Vergleich der Tab. 4.12 mit der Tab. 4.13 erklärt den Unterschied in der kollektiven Präferenzordnung nach der SCHULZE-Methode im Vergleich zur Mehrheit der Paarvergleiche ($E \succ A \sim B \sim D \succ C$). Alternative A ist in der Lage, über „Umwege" alle anderen Alternativen zu schlagen. Diese Vorgehensweise konnte weder durch die Methode der sukzessiven Paarvergleiche noch durch die Regel der Mehrheit der Paarvergleiche abgebildet werden.

Zu kritisieren ist, dass diese Methode das Konsistenz-Kriterium, das Later-no-harm-Kriterium und das Teilnahme-Kriterium nicht erfüllt und ebenfalls nicht unabhängig von irrelevanten Alternativen ist.[51]

Die scheinbare Komplexität des Verfahrens hingegen kann durch einfache Programme deutlich reduziert werden. Dies führt dazu, dass das Verfahren in einigen Organisationen bereits standardmäßig eingesetzt wird, häufig bei Software-Unternehmen oder Internet-Plattformen wie zum Beispiel der Wikimedia Foundation und Ubuntu oder beim Berufsverband der Kinder- und Jugendärzte. Aktuell nutzen mehr als 60 Organisationen mit insgesamt mehr als 100.000 stimmberechtigten Mitgliedern dieses Verfahren.[52] Die Verwendung der SCHULZE-Methode verhindert die Möglichkeit der gezielten Einbringung einer Klon-Alternative zur Manipulation von Wahlen. Damit ist sie der in den Unternehmen sehr verbreiteten Mehrheitswahl deutlich überlegen.

4.2.2.3 Zusammenfassung und Kritik

In der Tab. 4.14 sind die Ergebnisse der Anwendung der bisher behandelten Entscheidungsregeln und -prinzipien auf die Ausgangssituation zusammengefasst.

Eine identische Ausgangslage führt in Abhängigkeit von der verwendeten Aggregationsregel zu verschiedenen Ergebnissen. Um die Qualität von Entscheidungsregeln beurteilen zu können, sind in der Tab. 4.15 die nicht erfüllten Anforderungen an die bisher dargestellten kollektiven Aggregationsregeln zusammenfassend dargestellt.

[51] Vgl. Stahl/Johnson (2007: 127); Schulze (2011: 301).

[52] Vgl. Müller (2015: 57).

Tab. 4.14 Zusammenfassung der Ergebnisse kollektiver Entscheidungsregeln. Quelle: Eigene Darstellung auf Basis der Tab. 4.5

Entscheidungsregel	Resultierende kollektive Präferenzordnung
Einfache Merheit	$C \succ E \succ A \succ D \sim B$
Absolute Mehrheit	C
BUCKLIN-Regel	B
HARE-Regel	C
Mehrheit der Paarvergleiche	$E \succ A \sim B \sim D \succ C$
Sukzessive Paarvergleiche	In Abhängigkeit von der gewählten Reihenfolge kann **jede** Alternative als optimal resultieren.
BORDA-Regel: – mit allen fünf Alternativen – ohne Alternative C	 $A \succ E \succ C \succ B \succ D$ $E \succ A \succ B \succ D$
NANSON-Regel:	$A \succ C \succ E \succ B \succ D$
SCHULZE-Methode	$A \succ C \succ E \succ D \succ B$

Tab. 4.15 Erfüllung der Anforderungen durch Abstimmungsregeln. Quelle: Eigene Darstellung in Anlehnung an: Tideman (1987); Tideman (2009: 237); Nurmi (1983: 206); Schauenberg (1992: 431); Woodall (1997); Schulze (2011: 301); Rothe et al. (2012: 170)

Aggregationsregel	**Nicht erfüllte Anforderungen** (Zur Darstellung aller Anforderungen vgl. Tab. 4.2)
Mehrheits-Regel	– Unabhängigkeit von Klon-Alternativen – Unabhängigkeit von irrelevanten Alternativen – CONDORCET-Kriterium
NANSON-Regel	– Unabhängigkeit von Klon-Alternativen – Unabhängigkeit von irrelevanten Alternativen – Teilnahme-Kriterium – Monotonie-Kriterium – Konsistenz-Kriterium
BUCKLIN-Regel	– Unabhängigkeit von Klon-Alternativen – Unabhängigkeit von irrelevanten Alternativen – Teilnahme-Kriterium – CONDORCET-Kriterium – Konsistenz-Kriterium
BORDA-Regel	– Unabhängigkeit von Klon-Alternativen – Unabhängigkeit von irrelevanten Alternativen – Majoritäts-Kriterium – CONDORCET-Kriterium
Approval voting (syn.: Wahl durch Zustimmung)	– Unabhängigkeit von Klon-Alternativen – CONDORCET-Kriterium – Later-no-harm-Kriterium
HARE-Regel (syn.: Instant-runoff-Voting)	– Unabhängigkeit von irrelevanten Alternativen – Teilnahme-Kriterium – Monotonie-Kriterium – Konsistenz-Kriterium – CONDORCET-Kriterium
SCHULZE-Regel	– Unabhängigkeit von irrelevanten Alternativen – Teilnahme-Kriterium – Konsistenz-Kriterium – Later-no-harm-Kriterium

Der Leser mag etwas irritiert sein und sich an ein ähnliches Ergebnis in Bezug auf die individuellen Entscheidungsregeln unter Unsicherheit erinnert fühlen.[53] Deshalb ist das Fazit für kollektive Entscheidungsregeln identisch zu denen der individuellen Entscheidungen: Eine objektive Rationalität kann es bei derartigen Entscheidungen nicht geben, das Ergebnis ist abhängig vom gewählten Verfahren. Während diese Feststellung bei individuellen Entscheidungen zwar als problematisch, insgesamt jedoch lediglich als desillusionierend bezeichnet werden kann, hat diese Feststellung im Fall kollektiver Entscheidungen weiter reichende Folgen. Wenn das Ergebnis von Gremienentscheidungen durch die Wahl der Abstimmungsregel beeinflusst werden kann, so ist der Ausgang der Abstimmung beeinflussbar. Anders ausgedrückt: Bei Kenntnis unterschiedlicher Abstimmungsverfahren lässt sich das Ergebnis durch die Gremienmitglieder oder allein durch den Wahlleiter „**manipulieren**".

Im Gegensatz zur Theorie individueller Entscheidungen konnten für kollektive Entscheidungen **drei fundamentale Erklärungsansätze** für die Eigenschaften von Abstimmungsregeln entwickelt werden: Das Theorem von ARROW, das Theorem von BLACK sowie das Theorem von GIBBARD und SATTERTHWAITE.

Mit Bezug auf die „klassischen" Anforderungen an kollektive Entscheidungsregeln (vgl. Tab. 4.2) konnte ARROW diejenigen Bedingungen nachweisen, bei welchen keine Entscheidung unter Erfüllung sämtlicher klassischer Anforderungen möglich ist.[54]

<u>Theorem von Arrow:</u>

Bei Existenz:

- von **mindestens drei Alternativen** und
- einem Gremium, das
  - aus **mindestens zwei Mitgliedern**,
  - aber einer **begrenzten Anzahl an Mitgliedern** besteht,

existiert **kein** kollektives Entscheidungsverfahren, das die Anforderungen:

– Unabhängigkeit von irrelevanten Alternativen, – Universalität,
– PARETO-Optimalität, – Diktatorverbot,

erfüllt.

Dies ist das bekannteste Theorem der kollektiven Entscheidungsfindung und hat eine weite Verbreitung erfahren.[55] ARROW zeigte, dass jede Methode zur Aggregation kollek-

[53] Vgl. Tab. 3.38.

[54] Vgl. Arrow (1950: 342); Arrow (1951: 51). KENNETH ARROW (1921–2017) erhielt 1972 zusammen mit JOHN HICKS den „Wirtschaftsnobelpreis".

[55] Vgl. Krelle (1968: 99); Gäfgen (1974: 430); Altmann (1977: 82–83); Laukamm (1979: 89–90); Rommelfanger/Eickemeier (2002: 200); Ponick (2007: 40); Thiele (2008: 368–369). Der Hinweis auf die endliche Anzahl an Gremienmitgliedern ist erforderlich, da schon frühzeitig nachgewiesen werden konnte, dass bei einer **unendlichen Anzahl** an Gremienmitgliedern die vier Forderungen

tiver Präferenzen, die das CONDORCET-Kriterium erfüllt, automatisch die Forderung nach Unabhängigkeit von irrelevanten Alternativen verletzt.[56]

Daraus lässt sich ein **erster Schluss** ziehen:[57] Die Reduktion auf zwei Alternativen ermöglicht eine Entscheidung, die den klassischen Anforderungen von ARROW genügt.[58] Die Gremienmitglieder – insbesondere der Wahlleiter – müssten aus Gerechtigkeits- und Rationalitätsgründen die Diskussion und die Abstimmung so steuern, dass schlussendlich nur noch über zwei Alternativen abgestimmt wird. Dies ist jedoch nur möglich, wenn andere Alternativen vorher aus dem Diskussionsprozess eliminiert werden. Mit welcher Begründung dies geschieht, ist wiederum fraglich. Auch kann diese Elimination u. U. gegen eine der Anforderungen verstoßen, weshalb das Problem nicht gelöst, sondern nur „wegdiskutiert" wurde.

Ein **zweiter Schluss** besteht in der Feststellung, dass eine Entscheidung durch einen Diktator sehr wohl die übrigen Anforderungen erfüllt. Dies begründet auch das Konstrukt des **„wohlwollenden bzw. wohlmeinenden Diktators"**, das in der Realität häufig bei kollektiven Entscheidungen in sozialen Einheiten (Familie, Orchester, Sportgruppen) auftritt und durchaus berechtigt ist. Die Lösung des Problems durch einen wohlwollenden Diktator setzt jedoch voraus, dass diesem Diktator sämtliche individuellen Präferenzordnungen bekannt sind. Demzufolge müssen diese Informationen wahrheitsgemäß an den Diktator übermittelt werden und es müsste ein – wie auch immer gestalteter – Anreiz existieren, der die Individuen zu einer solchen Bekanntgabe veranlasst. Wenn es nicht gelingt, diese Präferenzordnungen wahrheitsgemäß zu ermitteln, kann der Diktator auch keine „wohlwollende" Entscheidung treffen.[59] Für unternehmerische Entscheidungen ist dieser Lösungsansatz deshalb wenig praktikabel.

Einen anderen Lösungsansatz des Problems bietet das Konzept der **Eingipfligkeit**, das auf DUNCAN BLACK zurückgeht.[60] Bei diesem Ansatz wird versucht, ein Mindestmaß an Homogenität unter den zur Verfügung stehenden Alternativen zu fordern und im Entscheidungsprozess zu nutzen. Die Überprüfung der Präferenzordnungsprofile der Gremienmitglieder geschieht durch die grafische Darstellung derselben so, dass die Alternativen auf der Abzisse und die Präferenzen auf der Ordinate abgetragen werden.[61] Für jedes Gremienmitglied wird die Präferenz für die Alternativen eingetragen, wobei die Präferenzdimension lediglich ordinal erfasst wird. Diese Punkte werden miteinander

erfüllbar sind. Vgl. Fishburn (1970: 104–106); Taylor/Pacelli (2008: 214); Bamberg/Coenenberg/Krapp (2012: 218).

[56] Es sei hier darauf hingewiesen, dass dieses Theorem häufig auch als Unmöglichkeits-Theorem bezeichnet wird, wohingegen ARROW selbst seine Feststellung als **„General Possibility Theorem"** bezeichnete. Vgl. Arrow (1951: 59).

[57] Die theoretische Lösungsmöglichkeit einer unendlich großen Anzahl an Gremienmitgliedern wird hier als nicht praktisch verworfen.

[58] Vgl. Arrow (1951: 48). ARROW bezeichnete dies als **„Possibility Theorem for two Alternatives"**.

[59] Vgl. Weimann (2009: 208–213).

[60] DUNCAN BLACK (1908–1991).

[61] Vgl. Black (1948). Für einen Beweis des Theorems vgl. Arrow (1951: 77–79).

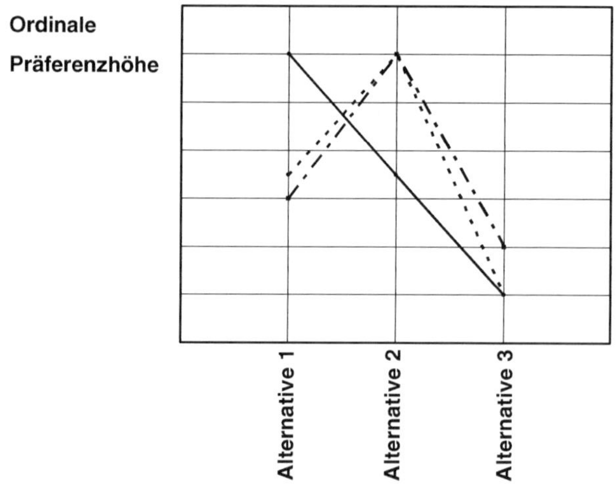

Abb. 4.4 Eingipfligkeit bei vollständiger Präferenzordnung. Quelle: Eigene Darstellung, in Anlehnung an: Ponick (2007: 97)

verbunden, was zu einem entsprechenden Polygonzug führt (vgl. Abb. 4.4). In diesem Beispiel gilt für zwei Gremienmitglieder $A_2 \succ A_1$ sowie $A_2 \succ A_3$. Weiterhin gilt für zwei Mitglieder $A_1 \succ A_3$, woraus die kollektive Präferenzordnung folgt: $A_2 \succ A_1 \succ A_3$.

Die Überprüfung auf Eingipfligkeit wird an den möglichen Darstellungsvariationen bzw. -permutationen geprüft. Eingipfligkeit ist dann gegeben, wenn eine einzige aller möglichen Darstellungen der Präferenzordnungsprofile eingipflig ist. In diesem Fall ist ein Grad an Homogenität vorhanden, der für eine bestimmte Gremienzusammensetzung die Erfüllung der Theoreme von ARROW ermöglicht. Dies ist im Theorem von BLACK zusammengefasst.[62]

Theorem von Black:

Bei Existenz:

- von **eingipfligen Präferenzordnungsprofilen** und
- einem Gremium, das aus einer **ungeraden Anzahl an Mitgliedern** besteht,

ermöglicht der **Mehrheitsentscheid** eine kollektive Entscheidung, die die Anforderungen:

- Diktatorverbot,
- PARETO-Optimalität,
- Unabhängigkeit von irrelevanten Alternativen

erfüllt.

Damit besteht eine weitere Möglichkeit, durch geringe Einschränkungen – hier wird das Universalitäts-Kriterium nicht erfüllt – eine Entscheidung zu treffen, die den übrigen Anforderungen genügt. Die Ausführungen verdeutlichen jedoch, dass es vom Prinzip her

[62] Vgl. Rommelfanger/Eickemeier (2002: 201); Coenenberg/Bamberg/Krapp (2012: 220–221).

nur durch die Einschränkung einer der Anforderungen gelingt, die übrigen zu erfüllen. Damit wird die Richtigkeit und Relevanz des Theorems von ARROW deutlich.

Ein weiteres Problem wurde im Zusammenhang mit dem No-show-Paradox und dem Later-no-harm-Kriterium schon ersichtlich. Dort wurde dargelegt, dass die Gremienmitglieder durch gezieltes, unehrliches Abstimmungsverhalten das Ergebnis zu ihren Gunsten beeinflussen können.[63] Wünschenswert wäre es, wenn es Aggregationsmechanismen gäbe, die dieses unerwünschte Verhalten unmöglich machen. Leider konnte schon frühzeitig durch ALLAN GIBBARD und MARK SATTERTHWAITE nachgewiesen werden, dass dies für alle Abstimmungsregeln, die auf Präferenzordnungsprofilen basieren, unmöglich ist.[64] Das GIBBARD–SATTERTHWAITE-Theorem besagt, dass jede Abstimmung auf Basis von Präferenzwahlregeln durch strategisches Stimmverhalten manipulierbar ist.[65]

Theorem von Gibbard und Satterthwaite:

Bei einer Abstimmung über **drei oder mehr Alternativen** auf Basis einer **Präferenzwahlregel**:

ist **entweder**

- die Diktator-Bedingung verletzt

oder

- die Souveränität der Gremienmitglieder verletzt

oder

- das Verfahren manipulierbar.

Die Souveränität der Gremienmitglieder soll sicherstellen, dass alle Alternativen dieselben Chancen haben. Demzufolge erfüllt ein Abstimmungsverfahren immer nur zwei der vorstehend genannten Bedingungen. Entweder ist es nichtmanipulierbar und nichtdiktatorisch, so existiert jedoch eine Alternative, die keine reelle Chance hat, als optimale Alternative zu resultieren. Oder alle Alternativen gehen gleichberechtigt in die Abstimmung und das Verfahren ist nichtmanipulierbar, dann ist die Abstimmung diktatorisch.[66] Als letzte Kombination bleibt eine Abstimmung, welche nichtdiktatorisch und nichtmanipulierbar ist, die jedoch eine Alternative beinhaltet, die von vornherein nicht als optimale Alternative resultieren kann.[67] Es wird deutlich, dass das Theorem von ARROW und das GIBBARD–SATTERTHWAITE-Theorem zwar auf unterschiedliche Weise, jedoch gemeinsam auf die logische Begrenztheit der Rationalität kollektiver Entscheidungen hindeuten.[68]

[63] Vgl. Beispiel 4.2.
[64] Vgl. Gibbard (1973); Satterthwaite (1975).
[65] Vgl. Rothe et al. (2012: 155–156); Taylor/Pacelli (2008: 222–224); Börgers (2010: 71–74).
[66] Vgl. Moulin (1994: 1102).
[67] Vgl. Trapp (2000: 322–323).
[68] Vgl. Reny (2001).

4.2.2.4 Indikatoren der Abstimmungsstärke

Die Möglichkeiten zur Verteilung der **nominellen Stimmengewichte** wurden an entsprechender Stelle schon dargestellt.[69] Neben diesem nominellen Gewicht der Gremienmitglieder lassen sich für **Mehrheitswahlregeln** die Verhandlungs- bzw. Abstimmungsstärken der Mitglieder ermitteln. Diese Abstimmungsstärke gibt an, über welches **reale Stimmengewicht** die einzelnen Gremienmitglieder verfügen. Die Differenz aus nominellem und reellem Stimmengewicht ergibt sich aus der erforderlichen Stimmenanzahl und den unterschiedlichen Konstellationen bzw. möglichen Koalitionen. Durch Bildung dieser Koalitionen ist es für die Mitglieder möglich, sich zusammenzuschließen, um einen Antrag oder ein Vorhaben zu unterstützen oder zu verhindern. In Abhängigkeit von der konkreten Konstellation verfügen die Mitglieder also über eine Abstimmungsstärke bzw. Verhandlungsmacht. Die Indikatoren zur Messung dieser Stärke werden deshalb auch als Machtindex bezeichnet. Aus der Reihe der verfügbaren Indizes werden im Folgenden der SHAPLEY-SHUBIK-Index und der PENROSE-BANZHAF-Index vorgestellt. Für weitere Darstellungen und Anwendungsbeispiele wird auf die Literatur verwiesen.[70]

SHAPLEY und SHUBIK begründeten 1954 in Anlehnung an die SHAPLEY-Lösung[71] den nach ihnen benannten Index.[72] Grundgedanke dieses Indizes ist die **Permutation sämtlicher prinzipieller Koalitionsbildungen**. **Im ersten Schritt** wird betrachtet, zu welcher Koalition das Mitglied einen entscheidenden Beitrag leistet. „Entscheidend“ in diesem Kontext bedeutet, dass die Koalition, zu der das Mitglied hinzutritt, zur Gewinnerkoalition wird (bzw. alternativ die Koalition, aus der das Mitglied austritt, zur Verliererkoalition wird). Dies wird als „Swing“ bezeichnet.[73] Deshalb wird im **zweiten Schritt** für diese Kombinationen der Beitrag jedes Gremienmitgliedes daraufhin untersucht, ob es sich um ein derartiges Swing-Ereignis handelt oder nicht. Von Relevanz für die weitere Analyse sind nur die Swing-Beiträge eines Mitglieds. Im **dritten Schritt** wird untersucht, wie hoch die Wahrscheinlichkeit für diese Kombination ist. Die Wahrscheinlichkeiten für das Auftreten eines Swing-Beitrags für ein Mitglied werden im **letzten Schritt** aufsummiert. Bei n Gremienmitgliedern sind $n!$ Permutationen zu berücksichtigen.

Definition 4.1 *Wird mit S_i eine Swing-Koalition benannt und wird durch $|S_i \backslash i|$ die Anzahl der Mitglieder der Swing-Koalition vor dem Beitritt des Mitglieds i zu dieser Koali-*

---

[69] Vgl. Abschn. 4.1.

[70] Vgl. Nurmi (1997); Kirstein (2010); Holler/Illing (2009: 311–317).

[71] Vgl. Abschn. 6.4.2.

[72] Vgl. Shapley/Shubik (1954). LLOYD S. SHAPLEY (1923–2016) und MARTIN SHUBIK (1926–2018). Im Jahr 2012 erhielt LLOYD S. SHAPLEY zusammen mit ALVIN E. ROTH den „Wirtschaftsnobelpreis“.

[73] Vgl. Leech (1990: 294). Dies wird in der Literatur auch als Pivotbeitrag bezeichnet bzw. das Mitglied wird als Pivotmitglied bezeichnet. Vgl. Hu (2006: 230).

tion bezeichnet, resultiert der SHAPLEY-SHUBIK-*Index des Mitglieds* $i\,(SSI_i)$ *aus:*[74]

$$SSI_i = \sum_{S_i} \frac{|S_i \backslash i|!\,(n - |S_i \backslash i| - 1)!}{n!}$$

Ausgangspunkt der Analyse ist immer die erforderliche zu erreichende Stimmenanzahl. Diese ist abhängig von der verwendeten Mehrheitsregel und von der festgelegten Beschlussfähigkeit. Ausgehend von dieser Anzahl werden anschließend sämtliche Koalitionsmöglichkeiten durchgespielt und die Anzahl der Swing-Beiträge der Gremienmitglieder wird ermittelt.

Zur Erläuterung wird das folgende Beispiel diskutiert:[75] Es werden drei Gremienmitglieder betrachtet. Demzufolge sind 3! Permutationen möglich. Mitglied 1 verfügt über 55 Stimmen, Mitglied 2 über 25 Stimmen und Mitglied 3 erhält 20 Stimmen. Die – für die Annahme oder Ablehnung eines Antrags – notwendige, zu erreichende Stimmenanzahl beträgt 70 Stimmen.

Aus der SHAPLEY-SHUBIK-Formel ergeben sich die folgenden Gewichtungsfaktoren für die Beiträge in Abhängigkeit von der Beitrittsreihenfolge:

- Eintritt an erster Stelle: $\frac{0!(3-0-1)!}{3!} = \frac{2}{6} = \frac{1}{3}$
- Eintritt an zweiter Stelle: $\frac{1!(3-1-1)!}{3!} = \frac{1}{6}$
- Eintritt an dritter Stelle: $\frac{2!(3-2-1)!}{3!} = \frac{2}{6} = \frac{1}{3}$

Die Gewichtung des Beitrags des Mitgliedes 1 ist sowohl an erster als auch an letzter Stelle identisch, da in diesen Fällen die Ergebnisse der bisher existierenden Koalitionen identisch sind. Lediglich bei dem Beitritt an zweiter Stelle ist zu unterscheiden, ob Mitglied 2 schon in der Koalition existierte oder ob Mitglied 3 schon existierte.

Mitglied 1 kann jeweils durch den Beitritt zu einem der anderen beiden Mitglieder eine Swing-Koalition herbeiführen. Darüber hinaus benötigen die anderen beiden Mitglieder, auch wenn sie schon zu einer Koalition zusammengeschlossen sind, das Mitglied 1 in jedem Fall zur Bildung einer Swing-Koalition. Mitglied 1 ist also zwei Mal an zweiter Stelle und zwei Mal an dritter Stelle an der Bildung einer Swing-Koalition beteiligt. Der Beitrag, den Mitglied 1 an dritter Stelle erbringt, ist unabhängig davon, wie die bestehende Koalition (Mitglied 2 und Mitglied 3) gebildet wurde.

[74] Vgl. Leech (1990: 294). Ein Vergleich dieser Definition mit der Ermittlungsvorschrift der SHAPLEY-Lösung in Definition 6.12 zeigt, dass es sich bei dem SHAPLEY-SHUBIK-Index um eine Anwendung der SHAPLEY-Lösung auf einfache Abstimmungsspiele handelt. Vgl. Feltkamp (1995).
[75] Vgl. Holler/Illing (2009: 296).

Deshalb resultiert der SSI für Mitglied 1 aus:

$$SSI_1 = 0 \cdot \underbrace{\frac{0!(3-0-1)!}{3!}}_{\text{Erstbeitritt}} + 1 \cdot \underbrace{\frac{1!(3-1-1)!}{3!}}_{\text{Beitritt zu Mitglied 2}} + 1 \cdot \underbrace{\frac{1!(3-1-1)!}{3!}}_{\text{Beitritt zu Mitglied 3}} + 1 \cdot \underbrace{\frac{2!(3-2-1)!}{3!}}_{\text{Beitritt an 3. Stelle}}$$
$$= \frac{1}{6} + \frac{1}{6} + \frac{2}{6}$$
$$= \frac{4}{6}$$

Es wird deutlich, dass es sich bei diesen Werten um die Wahrscheinlichkeiten des Zustandekommens der Swing-Koalition durch den Beitritt des Mitglieds 1 handelt. In $\frac{2}{6}$ aller Fälle tritt das Mitglied 1 als letztes Mitglied der Swing-Koalition bei. Die Wahrscheinlichkeit, dass Mitglied 1 zu Mitglied 2 hinzutritt und daraus eine Swing-Koalition entsteht, beträgt $\frac{1}{6}$. Für die Wahrscheinlichkeit des Hinzutritts zu Mitglied 3 gilt derselbe Wert.

Die Mitglieder 2 und 3 können jeweils nur einmal an zweiter Position zu einer Swing-Koalition führen, weshalb gilt:

$$SSI_2 = SSI_3 = \frac{1!(3-1-1)!}{3!} = \frac{1}{6}$$

Die alternative Darstellung mittels tabellarischer Auflistung der Permutationen für das Beispiel ist in der Tab. 4.16 zu sehen.

Es wird deutlich, dass das Mitglied 1 den größten Machtindex hat, da es durch den Zusammenschluss mit jedem anderen Gremienmitglied in der Lage ist, über Annahme oder Ablehnung eines Antrags zu entscheiden. Für eine Kritik dieses Ansatzes kann auf die Kritik der zugrunde liegenden SHAPLEY-Lösung an entsprechender Stelle verwiesen werden.[76]

Ein weiterer Index, der häufig nach BANZHAF benannt wird,[77] jedoch in Grundzügen erstmals von PENROSE entwickelt wurde,[78] basiert nicht wie der SHAPLEY-SHUBIK-Index auf der Analyse der Permutationen aller denkbaren Koalitionen. Stattdessen wird lediglich die **Anzahl** derjenigen Koalitionen festgestellt, die durch den Hinzutritt bzw. durch das Verlassen eines Mitglieds entscheidend beeinflusst werden, also die Swing-Ereignisse.

Für die normalisierte bzw. standardisierte Version des PENROSE-BANZHAF-Index wird in einem **ersten Schritt** für jedes Gremienmitglied festgestellt, an der Bildung welcher Anzahl Swing-Koalitionen das Mitglied beteiligt ist, also welche Anzahl an Swing-Ereignissen ein Mitglied bewirken kann. Im **nächsten Schritt** wird die Gesamtanzahl dieser Swing-Ereignisse ermittelt. Im **dritten Schritt** wird der normalisierte PENROSE-BANZHAF-Index ermittelt, indem der erste Wert zum zweiten Wert in Relation gesetzt wird.

[76] Vgl. Abschn. 6.4.2.2.

[77] Vgl. Banzhaf (1965); Banzhaf (1968). JOHN F. BANZHAF III, geb. 1940.

[78] Vgl. Penrose (1946). LIONEL S. PENROSE (1898–1972).

Tab. 4.16 Alternative Ermittlung des SHAPLEY-SHUBIK-Index. Quelle: Eigene Darstellung, in Anlehnung an: Holler/Illing (2009: 296)

	Mitglieder		
Permutationen	1 (55 Stimmen)	2 (25 Stimmen)	3 (20 Stimmen)
(1, 2, 3)	–	1	–
(1, 3, 2)	–	–	1
(2, 1, 3)	1	–	–
(2, 3, 1)	1	–	–
(3, 1, 2)	1	–	–
(3, 2, 1)	1	–	–
Summe der verursachten Swing-Ereignisse	4	1	1
SHAPLEY-SHUBIK-Index	$4/6 = 2/3$	$1/6$	$1/6$

Definition 4.2 *Der* PENROSE-BANZHAF-*Index PBI des Mitglieds i resultiert aus:*[79]

$$PBI_i = \frac{\textit{Anzahl der von i verursachten Swings}}{\textit{Gesamtanzahl an Swings}}$$

Häufig wird die PENROSE-BANZHAF-Wahrscheinlichkeit zur Ermittlung des Index herangezogen. Diese ist definiert durch die Anzahl der von einem Mitglied verursachten Swings bezogen auf die **prinzipiell möglichen Swings**. Diese ergeben sich aus der Anzahl aller Koalitionen, an denen das Mitglied i (noch) nicht beteiligt ist, wie folgt: 2^{n-1}. Damit resultiert die PENROSE-BANZHAF-Wahrscheinlichkeit (PBI-Wahrscheinlichkeit) des Mitglieds i aus:

$$PBI_i - \text{Wahrscheinlichkeit} = \frac{\text{Anzahl der von } i \text{ verursachten Swings}}{2^{n-1}}$$

Dieser Wert wird auch als nicht-normalisierter PENROSE-BANZHAF-Index bezeichnet.[80] Die Normalisierung geschieht durch die Berücksichtigung der Summe aller PBI-Wahrscheinlichkeiten wie folgt:

$$PBI_i = \frac{PBI_i - \text{Wahrscheinlichkeit}}{\text{Gesamtsumme aller } PBI\text{-Wahrscheinlichkeiten}}$$

Wird das Beispiel aus Tab. 4.16 herangezogen, so kann für Gremienmitglied 1 festgestellt werden, dass es für drei Koalitionen wesentlich ist, für die Koalitionen $(1, 2)$, $(1, 3)$ sowie $(1, 2, 3)$. Für diese Koalitionen führt Mitglied 1 das Swing-Ereignis herbei. Mitglied 2

[79] Vgl. Holler/Illing (2009: 305–306); Leech (1990: 294–295).
[80] Vgl. Holler/Illing (2009: 305).

kann lediglich für die Koalition $(1, 2)$ ein Swing-Ereignis herbeiführen, während Mitglied 3 wesentlich für die Koalition $(1, 3)$ ist. Die Gesamtsumme an Swing-Ereignissen beträgt demzufolge fünf. Mitglied 1 hat daran einen Anteil von $\frac{3}{5}$, und die Mitglieder 2 und 3 haben einen Anteil von jeweils $\frac{1}{5}$.

Die Ermittlung über die PBI-Wahrscheinlichkeit für das Mitglied 1 führt zu: PBI_1 – Wahrscheinlichkeit $= \frac{3}{4}$. Überleitung über die Summe aller PBI-Wahrscheinlichkeiten führt wiederum zu dem bereits ermittelten Wert: $PBI_1 = \frac{\frac{3}{4}}{\frac{5}{4}} = \frac{3}{5}$. Für die übrigen zwei Mitglieder ist die Vorgehensweise identisch.

Der Vergleich der Ergebnisse von PENROSE-BANZHAF-Index und SHAPLEY-SHUBIK-Index zeigt keinen Unterschied in der Rangfolge der Mitglieder. Mitglied 1 ist bei Verwendung beider Berechnungsvorschriften das mächtigste und deshalb einflussreichste Mitglied. Lediglich im Hinblick auf die absoluten Index-Werte kann festgestellt werden, dass das Mitglied 1 bei der Verwendung des SHAPLEY-SHUBIK-Index bessergestellt wird. Die grundlegende Argumentation des PENROSE-BANZHAF-Index ist im Vergleich zum SHAPLEY-SHUBIK-Index als realitätsnäher zu bezeichnen. Es ist noch einmal darauf hinzuweisen, dass diese Indizes nur auf **Mehrheitsentscheidungen** anwendbar sind.

4.3 Eigenschaften und Verhalten von Gruppen

4.3.1 Eigenschaften von Gruppen

Da die Einbindung von Personen in Gruppen häufig die Verhaltensweise der Personen verändert, wird nun auf diese Spezifika detaillierter eingegangen. Auf das Gruppenverhalten nehmen die Gruppenmitglieder und die Organisationsumwelt der Gruppe im Unternehmen Einfluss (vgl. Abb. 4.5).

Jedes einzelne Gruppenmitglied wird durch Persönlichkeitsaspekte beschrieben. Der Grad der Übereinstimmung dieser Merkmale beschreibt die Homogenität bzw. Heterogenität der Gruppe, die sich durch die Interaktion der Gruppenmitglieder mit der Organisationsumwelt formiert und entwickelt. Die idealtypischen Phasen der Gruppenbildung sind aus der Tab. 4.17 ersichtlich.

Neben der 6-Phasen-Einteilung aus Tab. 4.17 ist die 4-Phasen-Einteilung „Forming-Storming-Norming-Performing" gebräuchlich.[81]

Innerhalb von Gruppen findet in jedem Fall Kommunikation statt, also der gegenseitige Austausch von Signalen zwischen Sender und Empfänger. Dieser Austausch kann verbal oder nonverbal erfolgen, eine ausbleibende Reaktion auf eine Mitteilung ist selbst wieder eine Mitteilung.[82] Jede Nachricht wird durch vier in gleichem Maße bedeutende Dimensionen gekennzeichnet:[83]

[81] Vgl. Schulte-Zurhausen (2014: 189); Stock-Homburg (2013: 584).
[82] Vgl. Winkler/Hofbauer (2010: 216–222).
[83] Vgl. Fiege/Muck/Schuler (2014: 773).

- **inhaltliche Dimension**: Diese wird durch den Sachinhalt bzw. die Sachinformation bestimmt.
- **Dimension der Selbstoffenbarung**: Mit jeder Nachricht übermittelt der Sender, beabsichtigt oder auch nicht, Informationen über seine eigene Persönlichkeit.
- **Beziehungsdimension**: Durch die Art der Formulierung, der Mimik und Gestik während der Informationsübermittlung gibt der Sender zu verstehen, wie er den Empfänger einschätzt. Zusätzlich macht der Sender deutlich, in welcher Beziehung er zum Empfänger steht.
- **Appelldimension**: Diese Dimension der Nachricht zielt auf die Einflussnahme des Empfängers.

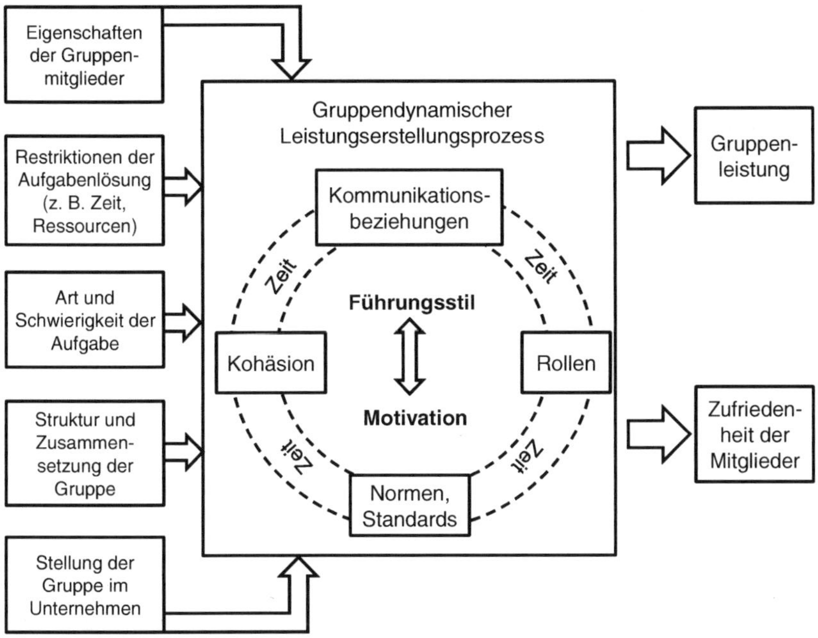

Abb. 4.5 Einflussvariablen der Gruppenarbeit. Quelle: Eigene Darstellung, in Anlehnung an: Berthel/Becker (2017: 133); Staehle (1999: 286)

Tab. 4.17 Idealtypische Phasen der Gruppenentwicklung. Quelle: Eigene Darstellung, in Anlehnung an: Jung (2011: 488)

Phase	Merkmale
Kennenlernen	Unsicherheit bezüglich anderer Personen sowie der Aufnahme der eigenen Person
Orientierung	Feststellung der Aufgabe und der Vorgehensweise
Machtkampf	Macht- und Interessenkonflikte treten offen hervor
Organisation	Hierarchie wird etabliert, Positionen werden zugeteilt, Vorgehensweise wird abgestimmt
Produktion	Erfüllung der Aufgabe, Entstehen von Gruppenkohäsion und Zufriedenheit
Auflösung	Aufgabe ist erfüllt, persönliche Distanzierung

Wenn der Empfänger in Abhängigkeit von seiner Persönlichkeit, der Beziehung zum Sender und der spezifischen Situation die einzelnen Dimensionen der Nachricht anders wahrnimmt und einstuft als vom Sender beabsichtigt, resultieren Kommunikationsstörungen. Diese sind deshalb so schwer zu erkennen und zu beheben, weil jede Person die vier Dimensionen unbewusst verwendet. Außerdem lässt sich ein Konsens in Bezug auf die Wertung der Dimensionen nur schwer herstellen.

Neben der bei Sender und Empfänger unterschiedlichen Wahrnehmung und Verarbeitung dieser vier Dimensionen resultieren Kommunikationsstörungen aus dem Informationsverlust, der im Verlauf der Erzeugung, Übermittlung, Aufnahme und Verarbeitung von Informationen auftreten kann (Stille-Post-Problem).

Neben der Kommunikation sind folgende Beschreibungs- und Ausprägungsmerkmale für Gruppen relevant:[84]

- Gruppenkohäsion,
- Normen und Standards,
- interne Sozialstruktur und
- kollektive Handlungsmuster.

Gruppenkohäsion (Zusammenhalt, Festigkeit) beschreibt die Fähigkeit der Gruppe, auch dann als Gruppe zu existieren, wenn deren Mitglieder Druck und Stress ausgesetzt sind. Gruppenkohäsion wird von folgenden Faktoren positiv beeinflusst:[85]

- geringe Mitgliederzahl,
- demokratisches Führungsverhalten,
- große Homogenität der Mitglieder,
- hohe gegenseitige Abhängigkeit,
- hohe Attraktivität der Gruppe,
- häufige Interaktion,
- Einigkeit über Gruppenziele,
- Erfolg.

Kohäsion beeinflusst auf unterschiedlichen Ebenen das Gruppenverhalten. Die Wirkung der Kohäsion auf die Gruppenleistung hängt vom Verhältnis zwischen den Zielen der Gruppe zu den Unternehmenszielen bzw. den Zielen des Aufgabenstellers ab. Wenn diese übereinstimmen, wirkt sich Kohäsion positiv auf die Gruppenleistung aus. Sind die Ziele konträr, beeinflusst eine hohe Kohäsion die Gruppenleistung negativ. Neben Auswirkungen auf das Leistungsverhalten sind psychische Folgen der Gruppenkohäsion festzustellen. So bewirkt eine hohe Kohäsion abnehmende Ängste und Spannungen sowie eine geringere wahrgenommene Belastung. Zusätzlich ist die Zufriedenheit der Mitglieder

[84] Vgl. Rosenstiel (2014: 340–342); Steinmann/Schreyögg/Koch (2013: 545).
[85] Vgl. Comelli/Rosenstiel/Nerdinger (2014: 163–164); Staehle (1999: 283).

in hochkohäsiven Gruppen größer, was zu geringeren Fehlzeiten und niedrigerer Mitarbeiterfluktuation führt.[86]

Die Herausbildung eigener Normen und Standards ergibt sich aus der Interaktion von Mitgliedern und Umwelt und bietet die Möglichkeit, sich von anderen Gruppen abzugrenzen. Gruppennormen formulieren Anforderungen der Gruppe in Bezug auf die Denk- und Verhaltensweise in bestimmten Situationen. Standards sind Verhaltenserwartungen, die durch informelle Richtlinien und Richtwerte ausgedrückt werden. Häufig setzen Gruppen eigene Leistungsstandards, an denen sich die Mitglieder orientieren bzw. nach denen sie sich verhalten müssen. Sowohl das Überschreiten (Normbrecher) als auch das Unterschreiten (Drückeberger) der Norm wird in diesen Fällen durch die übrigen Gruppenmitglieder sanktioniert (z. B. durch Kommunikationsausschluss, Beschimpfungen, Einschränkung der Kooperation).[87]

Führungsaufgabe ist es, eine Konformität von Gruppennormen und Zielvorgaben zu erreichen. Dazu ist es erforderlich, dass die Ziele herausfordernd, aber erreichbar sind. Zusätzlich können Gruppenmitglieder an der Zielformulierung beteiligt werden und durch schnelle Rückmeldung über die Qualität der Arbeitsergebnisse informiert werden. Anreizsysteme, die die Akzeptanz und Erfüllung der Zielvorgaben honorieren, können ebenfalls zur Konformitätserhöhung von Gruppennormen bzw. -zielen und Unternehmenszielen eingesetzt werden. Von Gruppen wird eine eigene Struktur entwickelt, die interne Sozialstruktur, die die Unterschiede innerhalb der Gruppe widerspiegelt und den einzelnen Mitgliedern die Zielerreichung und Bedürfnisbefriedigung ermöglicht. Die interne Sozialstruktur wird durch die:

- Statusstruktur,
- Rollenstruktur und
- Führungsstruktur

gekennzeichnet. Der Status beschreibt die Wertschätzung, die die Mitglieder eines sozialen Systems einer Position zuweisen. Die Position beschreibt wertneutral die Einordnung der Stelle in der Organisation. Status ist eine soziale Konstruktion, die von den Personen abhängig ist, die die Einstufung vornehmen, und von Organisation zu Organisation unterschiedlich sein kann. Durch den Status können sich Gruppenmitglieder gegenüber anderen Mitgliedern abgrenzen, Selbstwertgefühle verstärken und das Bedürfnis nach Fremdwertschätzung befriedigen. Mit dem Status sind die Handlungsfreiheiten und Umgangsformen von Personen vorgegeben, wodurch das Verhalten von Gruppenmitgliedern beeinflusst wird.

Während der Status das Ansehen einer Person beschreibt, umfasst die Rolle ein Bündel von Erwartungen, das vorgibt, wie sich der Inhaber einer Position zu verhalten hat. Rollen werden von allen Individuen an eine Person herangetragen, weshalb ein Positionsinhaber

[86] Vgl. Wegge (2014: 961–962).
[87] Vgl. Holtbrügge (2010: 158).

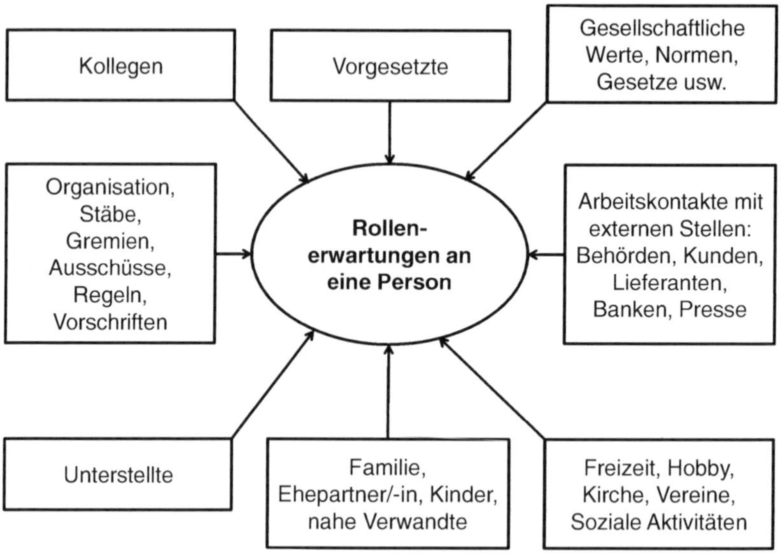

Abb. 4.6 Mögliche Rollenerwartungen an eine Person. Quelle: Eigene Darstellung, in Anlehnung an: Berthel/Becker (2017: 140)

in einem Unternehmen i. d. R. mehrere Rollen einnimmt (z. B. in den Augen aktueller Kollegen, aus der Sicht des Vorgesetzten, aus der Sicht von ehemaligen Kollegen). Neben diesen Rollen im Unternehmen werden an Personen auch außerhalb des Unternehmens Rollen herangetragen (vgl. Abb. 4.6).[88]

Für das Verhalten in Gruppen sind die Rollenerwartungen und das Rollenverhalten von wesentlicher Bedeutung.[89] Rollenanforderungen werden nicht explizit gegeben, sondern sind vom Rolleninhaber aus der Organisationsumwelt aufzunehmen und zu interpretieren. Tritt ein neues Mitglied in die Gruppe ein, kann es erst nach und nach die Rollenanforderungen erkennen, interpretieren und dann entscheiden, ob und wie es diesen Anforderungen gerecht wird. Die Vielzahl von Rollen, die ein und derselben Person zugewiesen wird, kann zu Rollenkonflikten führen.[90]

Konflikte sind zwischen unterschiedlichen Rollen einer Person, aber auch zwischen der Person und der von ihr erwarteten Rolle möglich. Mit dem Begriff „Rollensender" wird in diesem Zusammenhang die Person bezeichnet, welche die Erwartungen an eine Person heranträgt. „Rollenempfänger" ist diejenige Person, die die Rollenerwartungen erfüllen soll. Es werden unterschieden:[91]

[88] Vgl. Macharzina/Wolf (2018: 572).
[89] Vgl. Hoffjan (2003: 1026–1027).
[90] Vgl. Weibler (2016: 41–43).
[91] Vgl. Scheytt/Unterrieder/Becker (2005: 99–104); Steinmann/Schreyögg/Koch (2013: 561); Wiswede (2012: 300).

- **Intra-Sender-Konflikt:** Erwartungen und Anweisungen ein und desselben Senders sind widersprüchlich. Dies wäre der Fall, wenn der Geschäftsführer vom Controlling in einem Quartal eine prinzipiell kritische Haltung gegenüber den eingereichten Investitionsanträgen einfordert, im nächsten Quartal hingegen jedwede Kritik an diesen Plänen ablehnt.
- **Inter-Sender-Konflikt:** Erwartungen und Aufforderungen mehrerer Sender widersprechen sich. Dies ist der Fall, wenn aus dem Management und aus der Belegschaft gegensätzliche Ansprüche an den Controller herangetragen werden.
- **Inter-Rollen-Konflikt:** Aufgrund unterschiedlicher Rollen, welche an ein und dieselbe Person herangetragen werden, können Konflikte beim Rollenempfänger entstehen, die sich im Extremfall widersprechen. Wenn zu viele Rollen an ein und dieselbe Person herangetragen werden, kann es zur Rollenüberladung kommen.
- **Person-Rollen-Konflikt:** Jede Person ist durch subjektive Ansprüche und Rollenverständnisse gekennzeichnet. Die Möglichkeit und die Motivation zur aktiven Gestaltung einer Rolle wird als *role making* bezeichnet. Wenn das Selbstverständnis der Controllingakteure den Erwartungen an diese Akteure widerspricht, resultieren Konflikte zwischen diesen Rollenbildern.[92]

Zusätzliche Einflüsse auf das Gruppenverhalten gehen von formellen und informellen Gruppenführern aus. Der wesentliche Unterschied zwischen beiden besteht in der Legitimation. Während der formelle Gruppenführer durch seine Position in der Organisation legitimiert ist, wird dem informellen Gruppenführer aufgrund seiner Qualifikation oder anderer Persönlichkeitsmerkmale von der Gruppe Macht zuerkannt.[93]

4.3.2 Konsequenzen für den Entscheidungsprozess

4.3.2.1 Organisationstheoretische Sichtweisen

Aufbauend auf der bereits dargestellten Kritik der präskriptiven Entscheidungstheorie[94] und in Ergänzung zur Erforschung individueller, realer Entscheidungsprozesse[95] entstanden in dem Bereich der Unternehmensführung Strukturierungsansätze für kollektive Entscheidungsprozesse, die im Folgenden kurz dargestellt werden. Es sind dies:

- das Politik-Modell der Entscheidung,
- das Konflikt-Modell der Entscheidung sowie
- das Modell der organisierten Anarchie.

[92] Vgl. Knollmann/Hirsch/Weber (2007: 367–370).
[93] Vgl. Vahs (2015: 120).
[94] Vgl. Abschn. 3.2.
[95] Vgl. Abschn. 3.2.2.2.

Politik-Modell der Entscheidung Der bisher betrachtete Akteur kann sich allein seine Ziele setzen, kann die beste Problemlösung allein erarbeiten und muss bei deren Umsetzung nicht mit Widerstand rechnen. In realen unternehmerischen Entscheidungssituationen müssen die Ziele jedoch häufig in Verhandlungsprozessen zwischen Organisationsmitgliedern entwickelt werden und es ist sowohl in der Planungs- als auch in der Umsetzungsphase mit Widerstand bzw. Einflussnahme durch andere Akteure zu rechnen. Der Politik-Modell-Ansatz konzentriert sich auf Multipersonalität im Rahmen der **Zielsetzung** von Entscheidungsprozessen und interpretiert das Unternehmen als politisches System. Die zu erreichenden Ziele werden demzufolge zwischen den Vertretern unterschiedlicher Anspruchsgruppen ausgehandelt.

Das Modell unterscheidet zwischen zwei Gruppentypen: Die **Kerngruppe** ist kraft Satzung zur Festlegung der Unternehmensziele legitimiert. Da am Leistungserstellungsprozess des Unternehmens jedoch viele Individuen beteiligt sind, die in entsprechenden Interessen- und Anspruchsgruppen zusammengefasst werden können, sind auch diese Gruppen zu berücksichtigen. Diese werden als sog. **Satellitengruppen** in dem Modell erfasst. Satellitengruppen beeinflussen die Zielbildung durch Verhandlungen mit der Kerngruppe. Entscheidungen sind aus diesem Blickwinkel Resultat von langwierigen Verhandlungen auf mehreren Ebenen der Unternehmenshierarchie. Der Prozess ist komplex und langwierig, kann jedoch deshalb als rational bezeichnet werden, da er der Berücksichtigung aller beteiligten Interessen dient und aus langfristiger Sicht zur Stabilität des Unternehmens beiträgt.[96] Es muss jedoch die Frage gestellt werden, ob es für derartige Problemstellungen eine rationale Entscheidung bzw. einen rationalen Entscheidungsprozess gibt.[97]

Konflikt-Modell Das Konflikt-Modell integriert explizit die Gefühle der Beteiligten in die Erklärung der Entscheidungsprozesse. Oftmals sind wichtige Entscheidungen mit unsicheren Konsequenzen verbunden, verwickeln die Akteure deshalb in massive Konflikte und erzeugen Gefühle wie Hass, Angst oder Stress. Logischerweise – und aus Sicht der Individuen auch rational – versuchen diese, entsprechende Situationen zu vermeiden. Dies führt zu einem Entscheidungsprozess, der als prozedural rational zu bezeichnen ist. Die Hauptaussage des Konflikt-Modells ist, dass die Entscheidung in großem Maße von der Informationssuche abhängt, deren Qualität wiederum von dem wahrgenommen Konflikt- und Stressniveau bestimmt wird. Bei zu geringem Stressniveau wird die Informationssuche vernachlässigt, wohingegen zu viel Stress zur Resignation und ebenfalls zu einer nachlässigen Informationssuche führt. Das Modell identifiziert Situationen, in denen der

[96] Vgl. Staehle (1999: 499–500).

[97] *„Politische Entscheidungsprobleme sind also schlecht-strukturierte, komplexe Probleme, bei denen eine Vielzahl individueller, in unterschiedlichen Kontexten definierter Systeme von Werten und Überzeugungen relevant sind. Die Frage, wie derartige Entscheidungsprobleme ‚rational' und ‚sachlich' zu bewältigen sind, ist so lange eine ‚sinnlose' Frage, als nicht geklärt ist, was ‚rational' und ‚sachlich' in diesem Zusammenhang bedeutet."* Kirsch/Bamberger (1976: 343), Hervorhebungen im Original.

Akteur aufgrund der soeben beschriebenen Zusammenhänge eine qualitativ hochwertige Informationssuche betreibt.[98]

Modell der organisierten Anarchie Die bisher dargestellten Modellkonzeptionen des Planungs- und Entscheidungsverhaltens basierten auf der Annahme und auch auf der Beobachtung, dass die Beziehung von Problemlage, Entscheidungsfeld, Entscheidungsgelegenheit und Akteuren zweifelsfrei und stabil geklärt ist. Für bestimmte Problemklassen kommen nur bestimmte Lösungsalternativen in Frage, die durch bestimmte Personen bewertet und ausgewählt werden. Die Entscheidung verläuft in Entwicklungsbahnen, die den Prozess und dessen Ergebnis – zumindest zu einem gewissen Teil – prognostizierbar machen. Der Kontext des Entscheidungsprozesses hat darauf keinen Einfluss. In einer Reihe von Organisationen ist diese Relation und Kontextunabhängigkeit jedoch **nicht** gegeben, was zur Entwicklung des Modells der organisierten Anarchie führte. Dieses Modell – das auch als **Mülleimer-Modell** bezeichnet wird – zielt auf die Erklärung von Entscheidungsprozessen in Organisationen mit:[99]

- inkonsistenten und schlecht-definierten Zielen,
- wechselnden Entscheidern und unklaren Kompetenzen,
- wechselnden Interessen der Akteure sowie
- unklaren Problemursachen, Umweltbedingungen und Handlungskonsequenzen.

Die Zuordnung von Entscheidungsträgern, Problemen, Lösungen und Entscheidungsgelegenheiten ist stochastischer Natur und sehr stark abhängig vom Kontext, in dem die Entscheidungen zu fällen sind. Das Mülleimer-Modell beschreibt den Entscheidungsprozess als zufälliges Zusammenfließen der folgenden Elemente:[100]

- **Probleme** entspringen den verschiedenen Interessen, Forderungen und Ansprüchen der einzelnen Gruppen und stammen nicht zwangsläufig aus dem beruflichen Umfeld, sondern können auch privaten Ursprungs sein.
- **Lösungen** werden nicht – wie es die Bezeichnung bisher suggerierte – zur Lösung eines Problems eingesetzt und in die Entscheidung eingebracht. Aus dem Potential an Lösungsmöglichkeiten (Ideen, Technologien, Produkte) über die die Individuen verfügen, werden hingegen Lösungen angeboten, für die ein Problem noch gefunden werden muss.
- **Entscheidungen** entwickeln sich nicht durch sachliche, unternehmerische Intention als Abschluss eines vorgelagerten Prozesses, sondern entstehen en passant aus anderen Gelegenheiten.

[98] Vgl. Staehle (1999: 498–499).
[99] Vgl. Schreyögg (2003: 429–432).
[100] Vgl. Berger/Bernhard-Mehlich/Oertel (2014: 136–137).

- Anzahl und Aufmerksamkeit der **Teilnehmer** hängen nicht von dem zu betrachtenden Problem ab, sondern werden vielmehr durch andere, parallele Entscheidungen determiniert.

In den Untersuchungen konnte gezeigt werden, dass der Entscheidungsprozess abhängig ist vom **Zeitpunkt** des Eintretens bzw. Zusammentreffens der Ströme, vom **Aufwand**, der zur Problemlösung erforderlich ist, vom **Zugang** von Problemen und Teilnehmern zu Entscheidungsgelegenheiten. Als mögliche Lösungsalternativen derartiger Prozesse besteht das **Übersehen der Probleme** (trotzdem sofortige Entscheidungsfindung), die **Flucht vor Problemen** (Aufschieben der Entscheidung bis es sich von selbst löst) oder die wirkliche **Lösung des Problems**.

4.3.2.2 Kollektive Handlungsmuster

Ein für die Unternehmensführung wichtiges Verhaltensmerkmal von Gruppen sind kollektive Handlungsmuster. Dabei handelt es sich um Verhaltensweisen von Gruppenmitgliedern in Situationen, die sich durch bestimmte Merkmale auszeichnen. Von den zahlreichen prinzipiell möglichen Verhaltensweisen werden im Folgenden lediglich:[101]

- das Risikoschub-Phänomen,
- das social loafing und Trittbrettfahrer sowie
- die Gruppenbefangenheit dargestellt.

In zahlreichen Experimenten wurde nachgewiesen, dass sich Gruppen risikoreicher verhalten als der Durchschnitt der einzelnen Gruppenmitglieder (Risky-Shift-Phänomen). Dieser sog. **Risikoschub** kann durch die Verteilung von Verantwortung sowie durch das höhere Informationsniveau, das sich in der Gruppe ergibt, erklärt werden.[102] Es muss jedoch darauf hingewiesen werden, dass dieser Effekt lediglich experimentell festgestellt wurde.

Von weitaus größerer praktischer Relevanz ist das **social loafing**, das sog. „soziale Faulenzen". Einzelne Gruppenmitglieder reduzieren ihr tatsächliches Leistungsvermögen bzw. schöpfen ihr individuelles, aktuelles Leistungspotenzial nicht aus, was zu Lasten der Gesamtleistung der Gruppe geht. Das heißt, die Summe der potenziellen Einzelleistungen ist größer als die tatsächlich realisierte Gesamtleistung. Umstände, die ein derartiges Verhalten fördern, sind folgende:[103]

- Die schwere Identifizierbarkeit der Individualleistung führt zu einer ebenso schweren Bewertbarkeit.
- Mitglieder erkennen, dass die Zielstellung auch ohne ihre Unterstützung erreicht werden kann.
- Mitglieder nehmen soziales Faulenzen bei anderen Gruppenmitgliedern wahr, das nicht sanktioniert wird.

---

[101] Vgl. Steinmann/Schreyögg/Koch (2013: 566–571).
[102] Vgl. Staehle (1999: 291–293).
[103] Vgl. Stock-Homburg (2013: 585–586).

Dieser Effekt wird vom Individuum nicht beabsichtigt, sondern entsteht aus dem Motivationsverlust durch die Gruppenarbeit. In engem Zusammenhang mit dem sozialen Faulenzen steht der **Trittbrettfahrer-Effekt**. Auch bei diesem wird das individuelle Leistungsvermögen nicht voll ausgeschöpft. Der Unterschied zum sozialen Faulenzen besteht jedoch darin, dass diese Leistungsreduktion bewusst geschieht.[104]

Ein anderes Phänomen, die **Gruppenbefangenheit** (groupthink), tritt in Gruppen mit einer hohen Kohäsion und in Situationen mit hohem gesellschaftlichem und zeitlichem Druck auf.[105] Der Gruppenzwang führt zu einer stark reduzierten Problemerkennungs- und -lösungsfähigkeit. Beispiele für derartiges Gruppenverhalten sind u. a. die Entwicklung der A-Klasse bei Mercedes-Benz 1997 und die gescheiterte Schweinebucht-Invasion 1961. Randbedingungen für die Entstehung von Gruppenbefangenheit sind:[106]

- hohe Gruppenkohäsion,
- strukturelle Fehler der Organisation: Abschottung nach Außen, direktive Führung, Fehlen standardisierter Entscheidungsprozeduren, homogener sozialer und ideologischer Hintergrund,
- provokativer situationaler Kontext: hoher, extern bedingter Stress.

Die Symptome der Gruppenbefangenheit sind:

- **Selbstüberschätzung der Gruppe**: Illusion der Unverwundbarkeit sowie der Glaube, hohe moralische Standards zu vertreten.
- **Engstirnigkeit**: Kollektive Rationalisierungen in Verbindung mit der Abqualifizierung externer Kritik.
- **Uniformitätsdruck**: Selbstzensur der Mitglieder als Individuen und der Gruppe als ganzes, Illusion der Einmütigkeit.

Resultat ist eine selektive und auf Selbstbestätigung ausgerichtete Informationsverarbeitung, die Vernachlässigung von Handlungsalternativen und die Erstellung schlechter Realisierungspläne, sodass in der Konsequenz die Erfolgswahrscheinlichkeit äußerst gering ist. Um der Gefahr der Gruppenbefangenheit zu begegnen, sollte die Gruppenführung ausdrücklich Kritik einfordern und in der Frühphase der Entscheidungsfindung selbst keine Lösungsalternative eindeutig favorisieren. Zusätzlich kann eine Person zum advocatus diaboli bestimmt werden, deren Hauptaufgabe das Auffinden von Schwachstellen und Fehlern ist.[107]

---

[104] Vgl. Wegge (2014: 963–965).

[105] Vgl. Auer-Rizzi (1998: 184–189); Wunderer (2011: 284–285).

[106] Vgl. Berthel/Becker (2017: 152–153).

[107] Vgl. Comelli/Rosenstiel/Nerdinger (2014: 197–198); Scherpereel/Gaul/Muhr (2015: 36–37).

4.4 Aufgaben und Lösungen

4.4.1 Aufgaben

Aufgabe 4.1

Bei einer bevorstehenden Gremienwahl sind 47 Personen aufgerufen, ihre Stimme abzugeben. Es stehen 5 Kandidaten zur Auswahl (A bis E). Jeder Wahlberechtigte verfügt über eine eigene Präferenzordnung hinsichtlich der Kandidaten, d. h. jeder Kandidat wird einem bestimmten Rang zugeordnet. Trotz der hohen Anzahl an Wählern können sechs identische Präferenzordnungen beobachtet werden, so dass sechs Fraktionen resultieren, die in der folgenden Tabelle zu sehen sind.

Rang	F1 (3)	F2 (11)	F3 (10)	F4 (8)	F5 (9)	F6 (6)
1	A	C	B	D	E	D
2	C	E	A	B	A	B
3	D	A	E	A	D	C
4	E	D	C	C	B	E
5	B	B	D	E	C	A

a) Wenden Sie die nachfolgenden Abstimmungsregeln auf das beschriebene Beispiel an:
- BORDA-Regel,
- BUCKLIN-Regel,
- Instant-Runoff-Regel,
- NANSON-Regel,
- SCHULZE-Methode!

b) Welche Aussage lässt sich über die Wahl der Abstimmungsregel treffen?

Aufgabe 4.2

Ein siebenköpfiges Entscheidungsgremium berät über Erweiterungsinvestitionen zur Erschließung neuer internationaler Märkte. Das Ziel der Investition ist neben der Erhöhung des Absatzes auch die Ausnutzung der Produktionskapazitäten. Dabei stehen drei Alternativen zur Diskussion: Alternative A sieht den Export der Produkte, Alternative B die Gründung einer Auslandsniederlassung und Alternative C die Vergabe einer Produktionslizenz vor. Die Mitglieder des Gremiums haben hinsichtlich der Alternativen unterschiedliche Präferenzen. Vier Mitglieder bevorzugen $A \succ B \succ C$, zwei Mitglieder $B \succ A \succ C$ und ein Mitglied $C \succ B \succ A$.

a) Wenden Sie zur Entscheidungsfindung die BORDA-Regel an!

b) Welches Kriterium wird im vorliegenden Fall durch die Änderung der Präferenzordnung $B \succ A \succ C$ zu $B \succ C \succ A$ verletzt?

Aufgabe 4.3

Auf einem Parteitag stimmen die Delegierten über ihren zukünftigen Spitzenkandidaten ab. Dabei stehen drei Kandidaten zur Auswahl. Von den 145 Wahlberechtigten favorisieren 55 Wähler den Kandidaten C. Die restlichen Mitglieder lehnen diesen aber strikt ab. Als Kompromisslösung wäre für die Anhänger des Kandidaten C der Kandidat A eine denkbare Alternative. Von den restlichen Parteimitgliedern bevorzugen 40 Wahlberechtigte Kandidat A vor B und 50 Wahlberechtigte Kandidat B vor A.

a) Wenden Sie zur Entscheidungsfindung die Instant-Runoff-Methode an!
b) Welches Ergebnis resultiert, wenn 16 Mitglieder, die Kandidat C bevorzugen, sich nicht an der Wahl beteiligen? Welches Kriterium wird dabei verletzt?

Aufgabe 4.4

Bei der Hauptversammlung einer Aktiengesellschaft soll darüber abgestimmt werden, ob der erwirtschaftete Gewinn in Form einer Dividende an die Aktionäre ausgeschüttet werden soll. Die Entscheidung über eine Ausschüttung erfolgt mit einer Mehrheit von 51 % der Stimmrechte. Des Weiteren soll abgestimmt werden, ob eine Kapitalerhöhung stattfinden soll. Da es sich hierbei um eine Entscheidung mit besonderer Tragweite handelt, ist laut Aktiengesetz eine Zustimmung von 75 % der Stimmrechte nötig.

Die Aktionärsstruktur des Unternehmens setzt sich aus vier Investorengruppen zusammen. Die Mehrheit der Aktien (41 %) wird von einem Großaktionär gehalten. Weiterhin befinden sich 26 % bzw. 13 % der Aktien im Besitz zweier einzelner Aktionäre. Ein Teil der Aktien (20 %) befindet sich in Streubesitz, d. h. sie werden von privaten Kleinanlegern gehalten. Die Interessen der Kleinanleger werden auf der Hauptversammlung von einem vorab bestimmten Bevollmächtigten vertreten. Es ist anzunehmen, dass alle Investorengruppen auf der Hauptversammlung vertreten sind.

a) Berechnen Sie den SHAPLEY-SHUBIK-Index für die Abstimmung über die Dividendenausschüttung und für die Abstimmung über die Kapitalerhöhung!
b) Berechnen Sie den PENROSE-BANZHAF-Index für die Abstimmung über die Dividendenausschüttung und für die Abstimmung über die Kapitalerhöng!

Aufgabe 4.5

Ein 9-köpfiger Aufsichtsrat einer Gesellschaft setzt sich aus drei Interessengruppen zusammen. Drei Mitglieder des Aufsichtsrates vertreten die Interessen der Eigentümerfamilie. Weitere vier Mitglieder vertreten die Interessen weiterer Anteilseigner. Zusätzlich sind zwei Arbeitnehmervertreter Bestandteil des Aufsichtsrates. Da die Gesellschaft dem Drittelbeteiligungsgesetz unterliegt, besteht die Notwendigkeit den Aufsichtsrat je zu $\frac{2}{3}$ mit Vertretern der Arbeitgeber und mit $\frac{1}{3}$ aus Vertretern der Arbeitnehmer zu besetzen.

Um die gesetzlichen Vorgaben zu erfüllen und die Interessen der Belegschaft besser zu wahren, fordern die Arbeitnehmervertreter einen Platz der Anteilseigner im Aufsichtsrat mit einem zusätzlichen Vertreter der Belegschaft zu besetzten.

Beurteilen Sie den Vorschlag der Arbeitnehmervertreter im Bezug auf die drei im Aufsichtsrat vorhandenen Interessengruppen unter Verwendung des PENROSE-BANZHAF-Indexes! Entscheidungen im Aufsichtsrat werden mit einfacher Mehrheit getroffen.

Aufgabe 4.6

Zu Beginn der neunziger Jahre wurde bei Mercedes-Benz die Entwicklung eines Pkws der Kompaktklasse vorangetrieben, welche unter der Bezeichnung A-Klasse in das Produktportfolio aufgenommen wurde. Bei der Entwicklung des Modells traten verschieden Ereignisse ein, die maßgeblich den Erfolg des Projektes beeinflussten. Bereits vor Beginn der Entwicklung verließ eine Führungsfigur das Unternehmen, die bis dahin entscheidend die Entwicklung neuer Fahrzeuge beeinflusst hatte. Als Nachfolge wurden junge, z. T. unerfahrene Führungskräfte eingestellt, die jedoch hoch motiviert waren, durch innovative Ideen den Fahrzeugbau zu revolutionieren. Gleichzeitig war die Gruppe durch ein hohes Gemeinschaftsgefühl gekennzeichnet. Bei der Entwicklung des Kleinwagens sollten innovative Ideen mit einfließen. Dabei lag die Innovation in der Kombination der Eigenschaften eines Kleinwagens mit den Sicherheitseigenschaften einer Limousine, welche bis dato als konkurrierende Eigenschaften angesehen wurden. In diesem Zusammenhang wurde eine vollkommen neue Karosserie entwickelt, bei der der Motor einen höheren Schwerpunkt aufweist. Zusätzlich wurde – bisher unüblich – ein Frontantrieb entwickelt. Die nötigen Testversuche wurden hauptsächlich mit Computern simuliert. Ein nach der Markteinführung durchgeführter Test – der sog. Elchtest – legte schonungslos die Defizite des Kleinwagens offen. Bei Ausweichmanövern kippte der Pkw zur Seite und blieb auf dem Dach liegen. Mercedes-Benz musste alle Modelle nachrüsten. Neben den finanziellen Verlusten, war vor allem der Imageschaden enorm.

Erklären Sie am dargestellten Beispiel das Phänomen des Groupthink!

4.4.2 Lösungen

Lösung zur Aufgabe 4.1

a) **BORDA-Regel:** Diese Regel basiert auf Zuweisung von Stimmen, die der Präferenz der Wählergruppen entspricht. Die Alternative mit der höchsten Präferenz erhält die höchste Stimmenanzahl, die nächstbeste Alternative erhält eine Stimme weniger usw. Für Kandidat A ergibt sich folgendes Ergebnis: $5 \cdot 3 + 3 \cdot 11 + 4 \cdot 10 + 3 \cdot 8 + 4 \cdot 9 + 1 \cdot 6 = 154$. Die Ergebnisse aller Kandidaten sind in der folgenden Tabelle dargestellt.

Kandidat	I(3)	II(11)	III(10)	IV(8)	V(9)	VI(6)	Summe
A	5	3	4	3	4	1	154
B	1	1	5	4	2	4	138
C	4	5	2	2	1	3	130
D	3	2	1	5	3	5	138
E	2	4	3	1	5	2	145

Nach der Borda-Regel ergibt sich folgende kollektive Präferenzordnung: $A \succ E \succ B \sim D \succ C$.

Bucklin-Methode: Bei der Bucklin-Methode wird auf Basis der individuellen Präferenzordnung überprüft, ob eine absolute Mehrheit vorliegt.

1. Runde					
Kandidat:	A	B	C	D	E
Erstpräferenz:	3	10	11	14	9

Da in der ersten Runde kein Kandidat eine absolute Mehrheit erzielt hat (siehe obige Tabelle), werden im nächsten Schritt die Zweitpräferenzen berücksichtigt.

2. Runde					
Kandidat:	A	B	C	D	E
Erstpräferenz:	3	10	11	14	9
Zweitpräferenz:	19	14	3	0	11
Gesamt:	22	24	14	14	20

In der 2. Runde werden die Zweitpräferenzen der Wähler zu den Erstpräferenzen addiert (vgl. vorige Tabelle). Der Kandidat B erreicht unter Berücksichtigung der Zweitpräferenzen die absolute Mehrheit. Nach der Bucklin-Regel ergibt sich folgende kollektive Präferenzordnung: $B \succ A \succ E \succ C \sim D$.

Instant-Runoff-Regel Auf Basis der Präferenzordnungen wird überprüft, ob eine Alternative die absolute Mehrheit an Erststimmen erreicht:

	Präferenzordnungen					
Rang	I(3)	II(11)	III(10)	IV(8)	V(9)	VI(6)
1	A	C	B	D	E	D
2	C	E	A	B	A	B
3	D	A	E	A	D	C
4	E	D	C	C	B	E
5	B	B	D	E	C	A

Anzahl der Erstpräferenzen					
Kandidat:	A	B	C	D	E
Erstpräferenz:	3	10	11	14	9

Da keine der Alternativen eine absolute Mehrheit an Erstpräferenzen erreicht, wird aufgrund der geringen Erstpräferenzen Alternative A aus dem weiterem Prozess eliminiert. In der Präferenzordnung, in welcher die Alternative A eliminiert wurde, steigen die verbleibenden Präferenzordnungen einen Rang höher:

	Präferenzordnungen					
Rang	I(3)	II(11)	III(10)	IV(8)	V(9)	VI(6)
1	C	C	B	D	E	D
2	D	E	E	B	D	B
3	E	D	C	C	B	C
4	B	B	D	E	C	E

Anzahl der Erstpräferenzen				
Kandidat:	B	C	D	E
Erstpräferenz:	10	14	14	9

Im nächsten Schritt wird überprüft, ob nach der Elimination von Alternative A eine absolute Mehrheit vorliegt. Da wieder keine absolute Mehrheit vorliegt, erfolgt die Elimination von Alternative E und ein erneuter Wahlgang:

	Präferenzordnungen					
Rang	I(3)	II(11)	III(10)	IV(8)	V(9)	VI(6)
1	C	C	B	D	D	D
2	D	D	C	B	B	B
3	B	B	D	C	C	C

Anzahl der Erstpräferenzen			
Kandidat	B	C	D
Erstpräferenz:	10	14	23

Da wieder keine absolute Mehrheit vorliegt, erfolgt die Elimination von Alternative B und eine erneute Abstimmung:

	Präferenzordnungen					
Rang	I(3)	II(11)	III(10)	IV(8)	V(9)	VI(6)
1	C	C	C	D	D	D
2	D	D	D	C	C	C

Anzahl der Erstpräferenzen		
Kandidat:	C	D
Erstpräferenz:	24	23

Abschließend stehen sich die Alternativen C und D gegenüber. In diesem Fall erreicht Alternative C die absolute Mehrheit an Stimmen. Nach der Instant-Runoff-Regel ergibt sich folgende kollektive Präferenzordnung:

$$C \succ D \succ B \succ E \succ A$$

NANSON-Regel: Die NANSON-Regel verbindet die Eigenschaften der BORDA-Methode und der Instant-Runoff-Methode. Die Anzahl der zu vergebenden Stimmen ist wie bei der BORDA-Regel abhängig von der Zahl der Alternativen und die Vergabeordnung ist ebenfalls identisch. Bei diesem Verfahren wird jedoch die Alternative mit der geringsten Gesamtstimmenzahl aus dem Verfahren eliminiert. In jeder Runde wird die Gesamtanzahl der zu vergebenden Stimmen um eine Stimme reduziert. Für das vorliegende Beispiel erhält die Alternative C im ersten Durchgang die wenigsten Stimmen und wird deshalb eliminiert:

Kandidat	I(3)	II(11)	III(10)	IV(8)	V(9)	VI(6)	Summe
A	5	3	4	3	4	1	154
B	1	1	5	4	2	4	138
C	4	5	2	2	1	3	130
D	3	2	1	5	3	5	138
E	2	4	3	1	5	2	145

Nach der Elimination von Kandidat C werden nach diesem Prinzip weitere Wahlgänge durchgeführt:

Zweiter Wahlgang							
Kandidat	I(3)	II(11)	III(10)	IV(8)	V(9)	VI(6)	Summe
A	4	3	3	2	3	1	124
B	1	1	4	3	1	3	105
D	3	2	1	4	2	4	115
E	2	4	2	1	4	2	126
Dritter Wahlgang							
A	3	2	3	2	2	1	101
D	2	1	1	3	1	3	78
E	1	3	2	1	3	2	103
Vierter Wahlgang							
A	2	1	2	2	1	1	68
E	1	2	1	1	2	2	73

Im letzten Wahlgang setzt sich Kandidat E gegenüber Kandidat A durch. Nach der NANSON-Regel ergibt sich somit folgende kollektive Präferenzordnung:

$$E \succ A \succ D \succ B \succ C$$

Schulze-Regel: Diese Methode beruht auf dem Verfahren der paarweisen Alternativenvergleiche. Die Ergebnisse des paarweisen Alternativenvergleichs sind in folgender Tabelle dargestellt. Die Notation $v[A; B]$ gibt die Stimmenanzahl der Alternative A im paarweisen Vergleich mit Alternative B wieder. Die Stimmenanzahl von B im direkten Vergleich mit A wird durch die Notation $v[B; A]$ ausgedrückt.

von \ nach	A	B	C	D	E
A	–	23	30	33	21
B	24	–	33	10	24
C	17	14	–	24	28
D	14	37	23	–	17
E	26	23	19	30	–

Werden sämtliche Alternativen aus obiger Tabelle in die Betrachtung einbezogen, entsteht der Beziehungsgraph, der in folgender Abbildung zu sehen ist.

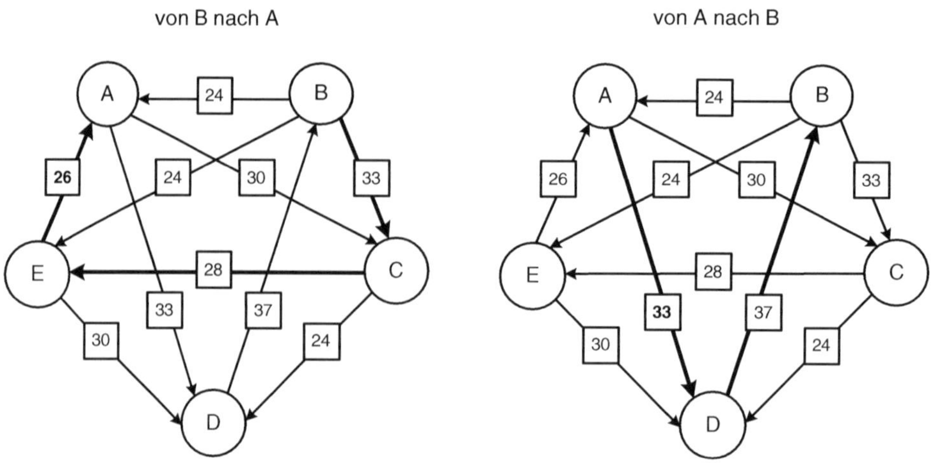

Neben den direkten Verbindungen werden bei der Schulze-Methode auch alle indirekten Verbindungen betrachtet. Die Ermittlung der direkten und indirekten Verbindungen soll am Beispiel der Alternativen A und B verdeutlicht werden (vgl. vorige Abbildung). Neben dem direkten Weg von B nach A besteht die Möglichkeit, über eine indirekte Verbindung von B über C und E nach A zu gelangen. Gesucht wird das Maximum der minimalen Verbindungsstücke. Im dargestellten Beispiel beträgt der maximale Wert des minimalen Verbindungsstückes von B nach A 26. Von A nach B beträgt der maximale Wert des minimalen Verbindungsstückes 33. Anschließend werden die ermittelten Werte der Verbindungen gegenübergestellt: $p[A; B] = 33 \Leftrightarrow p[B; A] = 26 \rightarrow A$ dominiert B.

Diese Analyse muss für alle Verbindungsrichtungen sämtlicher Alternativen durchgeführt werden, um das Maximum der schwächsten Teilstücke zu identifizieren (vgl. folgende Abbildung). Lediglich diese Maxima der schwächsten Glieder sind für das weitere Vorgehen von Interesse.

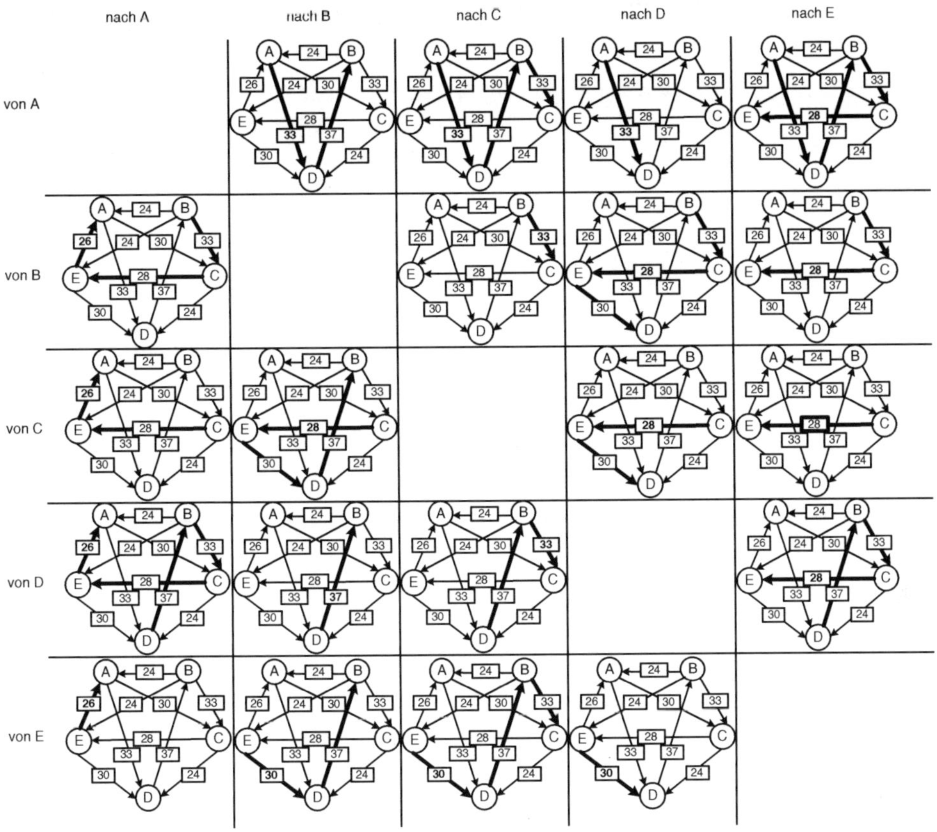

Die Werte der Maxima der schwächsten Glieder dieser Vergleiche sind in folgender Tabelle dargestellt.

von \ nach	A	B	C	D	E
A	–	33	33	33	28
B	26	–	33	28	28
C	26	28	–	28	28
D	26	37	33	–	28
E	26	30	30	30	–

Die Gegenüberstellung der Werte von den korrespondierenden Hin- und Rückwegen ergibt folgende Präferenzrelationen:

$$\left.\begin{array}{l} A \succ B\ (33:26) \\ A \succ C\ (33:26) \\ A \succ D\ (33:26) \\ A \succ E\ (28:26) \end{array}\right\} \Rightarrow \left.\begin{array}{l} E \succ B\ (30:28) \\ E \succ C\ (30:28) \\ E \succ D\ (30:28) \end{array}\right\} \Rightarrow \left.\begin{array}{l} D \succ B\ (37:28) \\ D \succ C\ (33:28) \end{array}\right\} \Rightarrow B \succ C\ (33:28)$$

Nach der SCHULZE-Methode ergibt sich deshalb folgende kollektive Präferenzordnung: $A \succ E \succ D \succ B \succ C$.

b) Die Ergebnisse der Abstimmungsregeln sind in folgender Tabelle zusammengefasst.

Abstimmungsregel	Resultierende kollektive Präferenzordnung
BORDA-Regel:	$A \succ E \succ B \sim D \succ C$
BUCKLIN-Regel:	$B \succ A \succ E \succ C \sim D$
Instant-Runoff-Regel:	$C \succ D \succ B \succ E \succ A$
NANSON-Regel:	$E \succ A \succ D \succ B \succ C$
SCHULZE-Methode:	$A \succ E \succ D \succ B \succ C$.

Eine identische Ausgangslage führt in Abhängigkeit von der verwendeten Abstimmungsregel zu verschiedenen Ergebnissen.

Lösung zur Aufgabe 4.2

Die Anzahl der Stimmen je Alternative nach der BORDA-Regel ist in der folgenden Tabelle zu sehen.

Alternative	I (4)	II (2)	III (1)	Summe
A	3	2	1	17
B	2	3	2	16
C	1	1	3	9

Demzufolge ergibt sich die kollektive Präferenzordnung: $A \succ B \succ C$. Das Gremium wird sich für die Exportalternative entscheiden. Wenn diejenigen Gremienmitglieder, die für die Reihenfolge $B \succ A \succ C$ votierten, diese Ordnung ändern würden zu $B \succ C \succ A$, verändern sich auch die Gesamtstimmenzahlen (vgl. folgende Tabelle).

Alternative	I (4)	II (2)	III (1)	Summe
A	3	1	1	15
B	2	3	2	16
C	1	2	3	11

Nach der Veränderung der Präferenzordnung ergibt sich folgende kollektive Präferenzordnung: $B \succ A \succ C$. Das Gremium entscheidet sich für die Gründung einer Auslandsniederlassung. Durch das Herunterstufen potentieller Konkurrenten wird vermieden, dass diese den eigenen Erstpräferenzkandidaten verhindern. In diesem Fall wird das **Later-no-harm-Kriterium** verletzt, da durch die Angabe von niedrigen Präferenzplätzen die Alternative mit der Erstpräferenz beeinträchtigt wird.

Lösung zur Aufgabe 4.3

Bei der Instant-Runoff-Methode wird auf Basis der individuellen Präferenzordnungen im ersten Schritt überprüft, ob ein Kandidat die absolute Mehrheit an Erststimmen erreicht (vgl. folgende Tabelle).

Mitglieder	1. Präferenz	2. Präferenz	3. Präferenz
40	A	B	C
50	B	A	C
55	C	A	B

Da kein Kandidat eine absolute Mehrheit erreicht, wird der Kandidat A eliminiert und es kommt zur Stichwahl zwischen Kandidat B und C. Bei der Stichwahl unterstützen die 40 Anhänger von Kandidat A Kandidat B. Letztendlich gewinnt Kandidat B mit 90 Stimmen vor Kandidat C mit 55 Stimmen.

Wenn aber ein Teil der Anhängerschaft (min. 16 Personen) von Kandidat C realisiert, dass ihr Kandidat keine Chance hat und stattdessen ihre Stimme nicht abgeben, führt das zur Elimination von Kandidat C in der ersten Runde. Bei der Stichwahl gewinnt dann Kandidat A mit 79 Stimmen vor Kandidat B mit 50 Stimmen. In diesem Fall spricht man von der Verletzung des **No-show-Kriteriums**, da das Nicht-Wählen zu einer Besserstellung im Vergleich mit der ehrlichen Stimmenabgabe führt.

Lösung zur Aufgabe 4.4

a) Ermittlung des SHAPLEY-SHUBIK-Index:

Zu Beginn werden die Permutationen sämtlicher prinzipieller Koalitionsbildungen betrachtet. Dabei ist entscheidend, dass durch den Beitritt eines Aktionärs die Koalition zur Gewinnerkoalition wird. Dies wird als „Swing" bezeichnet. Weiterhin wird die Wahrscheinlichkeit einer solchen Permutation betrachtet.

Aus der SHAPLEY-SHUBIK-Formel ergeben sich folgende Gewichtungen für die Beitrittsreihenfolge:

- Eintritt an erster Stelle: $\frac{0!(4-0-1)!}{4!} = \frac{1}{4}$
- Eintritt an zweiter Stelle: $\frac{1!(4-1-1)!}{4!} = \frac{1}{12}$
- Eintritt an dritter Stelle: $\frac{2!(4-2-1)!}{4!} = \frac{1}{12}$
- Eintritt an vierter Stelle: $\frac{3!(4-3-1)!}{4!} = \frac{1}{4}$

1. Fall: Gewinnausschüttung (einfache Mehrheit) Im Fall der Gewinnausschüttung kann Aktionär 1 jeweils durch sechs verschiedene Beitrittsmöglichkeiten eine Swing-Koalition herbeiführen. Dabei kann er drei mal an zweiter Stelle und drei mal an dritter Stelle an der Bildung der Swing-Koalition beteiligt sein. Unter Berücksichtigung der Gewichtung ergibt sich der SSI für Aktionär 1:

$$\begin{aligned} SSI_1 &= 0 \cdot \frac{0!(4-0-1)!}{4!} + 3 \cdot \frac{1!(4-1-1)!}{4!} + 3 \cdot \frac{2!(4-2-1)!}{4!} + 0 \cdot \frac{3!(4-3-1)!}{4!} \\ &= 3 \cdot \frac{1}{12} + 3 \cdot \frac{1}{12} \\ &= \frac{1}{2} \end{aligned}$$

Die Aktionäre 2, 3 und 4 können nur durch jeweils zwei Beitrittsmöglichkeiten eine Swing-Koalition herbeiführen. Dabei erfolgt die Bildung der Swing-Koalition einmal durch Beitritt an zweiter Stelle und einmal durch Beitritt an dritter Stelle. Unter der Berücksichtigung der Gewichtungen ergibt sich der SSI für die Aktionäre 2, 3 und 4:

$$\begin{aligned} SSI_2 = SSI_3 = SSI_4 &= 0 \cdot \frac{0!(4-0-1)!}{4!} + 1 \cdot \frac{1!(4-1-1)!}{4!} + 1 \cdot \frac{2!(4-2-1)!}{4!} \\ &\quad + 0 \cdot \frac{3!(4-3-1)!}{4!} \\ &= 1 \cdot \frac{1}{12} + 1 \cdot \frac{1}{12} \\ &= \frac{1}{6} \end{aligned}$$

Die alternative Darstellung mittels tabellarischer Auflistung der Permutation ist in folgender Tabelle zu sehen.

Permutation	1 (41%)	2 (26%)	3 (20%)	4 (13%)
(1,2,3,4)	–	1	–	–
(1,2,4,3)	–	1	–	–
(1,3,2,4)	–	–	1	–
(1,3,4,2)	–	–	1	–
(1,4,2,3)	–	–	–	1
(1,4,3,2)	–	–	–	1
(2,1,3,4)	1	–	–	–
(2,1,4,3)	1	–	–	–
(2,3,1,4)	1	–	–	–
(2,3,4,1)	–	–	–	1
(2,4,1,3)	1	–	–	–
(2,4,3,1)	–	–	1	–
(3,1,2,4)	1	–	–	–
(3,1,4,2)	1	–	–	–
(3,2,1,4)	1	–	–	–
(3,2,4,1)	–	–	–	1
(3,4,1,2)	1	–	–	–
(3,4,2,1)	–	1	–	–
(4,1,2,3)	1	–	–	–
(4,1,3,2)	1	–	–	–
(4,2,1,3)	1	–	–	–
(4,2,3,1)	–	–	1	–
(4,3,1,2)	1	–	–	–
(4,3,2,1)	–	1	–	–
Summe der verursachten Swing-Ergebnisse	12	4	4	4
SHAPLEY-SHUBIK-Index	$\frac{1}{2}$	$\frac{1}{6}$	$\frac{1}{6}$	$\frac{1}{6}$

2. Fall: Kapitalerhöhung (3/4 Mehrheit) Im Fall der Kapitalerhöhung kann Aktionär 1 durch drei verschiedene Beitrittsmöglichkeiten eine Swing-Koalition herbeiführen. Dabei kann er zweimal an dritter Stelle und einmal an vierter Stelle an der Bildung der Swing Koalition beteiligt sein. Unter der Berücksichtigung der Gewichtung ergibt sich der SSI

für Aktionär 1:

$$
\begin{aligned}
SSI_1 &= 0 \cdot \frac{0!(4-0-1)!}{4!} + 0 \cdot \frac{1!(4-1-1)!}{4!} + 2 \cdot \frac{2!(4-2-1)!}{4!} + 1 \cdot \frac{3!(4-3-1)!}{4!} \\
&= 2 \cdot \frac{1}{12} + 1 \cdot \frac{1}{4} \\
&= \frac{5}{12}
\end{aligned}
$$

Aktionär 2 kann ebenfalls durch drei verschiedene Beitrittsmöglichkeiten eine Swing-Koalition herbeiführen. Dabei tritt er entweder zweimal an dritter Stelle oder einmal an vierter Stelle der Swing-Koalition bei. Unter der Berücksichtigung der Gewichtung ergibt sich der SSI für Aktionär 2:

$$
\begin{aligned}
SSI_2 &= 0 \cdot \frac{0!(4-0-1)!}{4!} + 0 \cdot \frac{1!(4-1-1)!}{4!} + 2 \cdot \frac{2!(4-2-1)!}{4!} + 1 \cdot \frac{3!(4-3-1)!}{4!} \\
&= 2 \cdot \frac{1}{12} + 1 \cdot \frac{1}{4} \\
&= \frac{5}{12}
\end{aligned}
$$

Es ist auffällig, dass der SSI von Aktionär 1 und 2 identisch ist, obwohl Aktionär 2 über einen deutlich geringeren Anteil verfügt. In diesem Fall spricht man von einer Sperrminorität, d. h. Aktionär 2 kann mit seinem Anteil jede Abstimmung verhindern. Daraus resultiert letztendlich seine hohe Abstimmungsmacht.

Die Aktionäre 3 und 4 können nur durch eine Beitrittsmöglichkeit eine Swing-Koalition herbeiführen. Dabei erfolgt die Bildung der Swing-Koalition durch den Beitritt an dritter Stelle. Unter der Berücksichtigung der Gewichtungen ergibt sich der SSI für die Aktionäre 3 und 4:

$$
\begin{aligned}
SSI_3 = SSI_4 &= 0 \cdot \frac{0!(4-0-1)!}{4!} + 0 \cdot \frac{1!(4-1-1)!}{4!} + 1 \cdot \frac{2!(4-2-1)!}{4!} \\
&\quad + 0 \cdot \frac{3!(4-3-1)!}{4!} \\
&= 1 \cdot \frac{1}{12} \\
&= \frac{1}{12}
\end{aligned}
$$

Die alternative Darstellung mittels tabellarischer Auflistung der Permutationen ist in folgender Tabelle zu sehen.

Permutation	1 (41%)	2 (26%)	3 (20%)	4 (13%)
(1,2,3,4)	–	–	1	–
(1,2,4,3)	–	–	–	1
(1,3,2,4)	–	1	–	–
(1,3,4,2)	–	1	–	–
(1,4,2,3)	–	1	–	–
(1,4,3,2)	–	1	–	–
(2,1,3,4)	–	–	1	–
(2,1,4,3)	–	–	–	1
(2,3,1,4)	1	–	–	–
(2,3,4,1)	1	–	–	–
(2,4,1,3)	1	–	–	–
(2,4,3,1)	1	–	–	–
(3,1,2,4)	–	1	–	–
(3,1,4,2)	–	1	–	–
(3,2,1,4)	1	–	–	–
(3,2,4,1)	1	–	–	–
(3,4,1,2)	–	1	–	–
(3,4,2,1)	1	–	–	–
(4,1,2,3)	–	1	–	–
(4,1,3,2)	–	1	–	–
(4,2,1,3)	1	–	–	–
(4,2,3,1)	1	–	–	–
(4,3,1,2)	–	1	–	–
(4,3,2,1)	1	–	–	–
Summe der verursachten Swing-Ergebnisse	10	10	2	2
SHAPLEY-SHUBIK-Index	$\frac{5}{12}$	$\frac{5}{12}$	$\frac{1}{12}$	$\frac{1}{12}$

b) Ermittlung des PENROSE-BANZHAF-Index:

1. Fall: Gewinnausschüttung Aktionär 1 führt für die Koalitionen (1,2), (1,3), (1,4), (1,2,3), (1,2,4) sowie (1,3,4) das Swing-Ergebnis herbei. Aktionär 2 kann lediglich für die Koalition (1,2) und (2,3,4) ein Swing-Ergebnis herbeiführen, während Aktionär 3 für die Koalitionen (1,3) und (2,3,4) und Aktionär 4 für die Koalitionen (1,4) und (2,3,4) wesentlich sind. Die Gesamtsumme der Swing-Ereignisse beträgt demzufolge 12. Aktionär 1 hat daran einen Anteil von $\frac{1}{2}$ und die Aktionäre 2, 3 und 4 jeweils $\frac{1}{6}$.

Die Ermittlung über die PBI-Wahrscheinlichkeit für Aktionär 1 führt zu: PBI_1-Wahrscheinlichkeit $= \frac{3}{4}$. Die Überleitung der Summe aller PBI-Wahrscheinlichkeiten führt wiederum zum bereits ermittelten Wert $PBI_1 = \frac{3}{4}/\frac{3}{2} = \frac{1}{2}$. Die Ermittlung der PBI-Wahrscheinlichkeiten für die übrigen Aktionäre ergeben: PBI_2-Wahrscheinlichkeit $=$ PBI_3-Wahrscheinlichkeit $=$ PBI_4-Wahrscheinlichkeit $= \frac{1}{4}$. Daraus folgt: $PBI_2 = PBI_3 = PBI_4 = \frac{1}{4}/\frac{3}{2} = \frac{1}{6}$. Die PENROSE-BANZHAF-Indizes der Aktionäre sind in folgender Tabelle dargestellt.

Aktionär	1 (41%)	2 (26%)	3 (20%)	4 (13%)
PENROSE-BANZHAF-Index	$\frac{1}{2}$	$\frac{1}{6}$	$\frac{1}{6}$	$\frac{1}{6}$

2. Fall: Kapitalerhöhung Aktionär 1 führt für die Koalitionen (1,2,3), (1,2,4) und (1,2,3,4) das Swing-Ergebnis herbei. Aktionär 2 kann für die Koalition (1,2,3), (1,2,4) und (1,2,3,4) ein Swing-Ergebnis herbeiführen. Aktionär 3 ist für die Koalition (1,2,3) entscheidend und 4 für die Koalition (1,2,4). Die Gesamtsumme der Swing-Ereignisse beträgt demzufolge 8. Die Aktionäre 1 und 2 haben daran einen Anteil von jeweils $\frac{3}{8}$ und die Aktionäre 3 und 4 jeweils von $\frac{1}{8}$.

Die Ermittlung über die PBI-Wahrscheinlichkeit für Aktionär 1 und 2 führt zu: PBI_1-Wahrscheinlichkeit $=$ PBI_2-Wahrscheinlichkeit $= \frac{3}{8}$. Die Überleitung der Summe aller PBI-Wahrscheinlichkeiten führt wiederum zum bereits ermittelten Wert $PBI_1 = PBI_2 = \frac{3}{8}/1 = \frac{3}{8}$.

Die Ermittlung der PBI-Wahrscheinlichkeiten für die übrigen Aktionäre ergeben: PBI_3-Wahrscheinlichkeit $=$ PBI_4-Wahrscheinlichkeit $= \frac{1}{8}$. Daraus folgt: $PBI_3 = PBI_4 = \frac{1}{8}/1 = \frac{1}{8}$. Die PENROSE-BANZHAF-Indizes der Aktionäre für diese Konstellation sind in folgender Tabelle dargestellt.

Aktionär	1 (41%)	2 (26%)	3 (20%)	4 (13%)
PENROSE-BANZHAF-Index	$\frac{3}{8}$	$\frac{3}{8}$	$\frac{1}{8}$	$\frac{1}{8}$

Lösung zur Aufgabe 4.5

Im ersten Schritt werden die Machtindices der drei im Aufsichtsrat vertretenden Interessengruppen ermittelt. Die Vertreter der Eigentümerfamilie führen bei einer Koalitionen mit den Vertretern der Arbeitnehmer und bei der einer Koalition mit den weiteren Anteilseignern ein Swing-Ereignis herbei. Das gleiche gilt für die Vertreter der Anteilseigner und der Arbeitnehmer, d. h. beide Interessengruppen führen ebenfalls zwei Swing-Ereignisse herbei. Die Gesamtsumme der Swing-Ereignisse beträgt demzufolge 6 (siehe folgende Tabelle). Die Vertreter der Interessengruppen im Aufsichtsrat haben daran jeweils einen Anteil von $\frac{2}{6} = \frac{1}{3}$.

Interessengruppen	I (4 Stimmen)	II (3 Stimmen)	II (2 Stimmen)
PENROSE-BANZHAF-Index	1/3	1/3	1/3

Im zweiten Schritt werden die Machtindices unter Berücksichtigung der vorgeschlagenen Stimmenverteilung ermittelt. Die neue Stimmverteilung hat keinen Einfluss auf die bisherigen Swing-Ereignisse, d. h. sowohl die Swing-Ereignisse der jeweiligen Interessengruppen als auch die Gesamtsumme der Swing-Ereignisse bleiben unverändert. Demzufolge haben alle Gruppen einen Machtindex in Höhe von $\frac{1}{3}$.

Obwohl die Arbeitnehmervertreter aktuell lediglich ein nominelles Stimmengewicht von $\frac{2}{9} \approx 0{,}22$ aufweisen, verfügen sie tatsächlich bereits über ein reales Stimmgewicht von $\frac{1}{3}$ und haben somit das gleiche Stimmgewicht wie Vertreter der Eigentümergruppen. Eine wie im Beispiel vorgeschlagene Umverteilung der Stimmen hätte keinen Effekt auf die realen Stimmengewichte im Aufsichtsrat.

Lösung zur Aufgabe 4.6

Die dargestellte Situation ist durch verschiedene Rahmenbedingungen zur Entstehung von Groupthink (Gruppenbefangenheit) gekennzeichnet. Der homogene soziale und ideologische Hintergrund der neu eingestellten Führungskräfte führte zu einem hohen Gemeinschaftsgefühl. Diese Gruppenkohäsion reduzierte jedoch die Problemerkennungsfähigkeit. Hier lässt sich ebenfalls eine gewisse Selbstüberschätzung der Gruppe beobachten. Gleichzeitig lagen strukturelle Fehler der Organisation vor.

Neben fehlender standardisierter Entscheidungsprozeduren, führte die hohe Motivation zur Etablierung neuer Ideen im Fahrzeugbau zu einer Abschottung nach Außen. Dabei trat ebenfalls eine gewisse Engstirnigkeit gegenüber traditionellen, etablierten Vorgehensweise auf. So wurden z. B. bei den Tests schwerpunktmäßig auf Computersimulationen gesetzt, anstatt – wie üblich – ebenfalls umfangreiche Praxistests durchzuführen. Gleichzeitig führte der zeitliche und finanzielle Druck des Projektes zu einer provokativen Situation.

Abschließend lässt sich zusammenfassen, dass durch das hier beschriebene Phänomen verschiedene Handlungsalternativen vernachlässigt und demzufolge ungenügende Maßnahmen durchgeführt wurden. Die Konsequenz diese Verhaltensweise war die Durchführung eines Projektes mit geringer Erfolgswahrscheinlichkeit.

Literatur

Altmann, J. (1977): Kollektive wirtschaftliche Entscheidungen durch Amalgamation individueller Präferenzen. Zürich u. a.: Harri Deutsch.

Arrow, K. J. (1950): A difficulty in the concept of social welfare. In: The Journal of Political Economy, 58 (4): 328–346.

Arrow, K. J. (1951): Social choice and individual values. New York, NY u. a.: Wiley.

Auer-Rizzi, W. (1998): Entscheidungsprozesse in Gruppen: kognitive und soziale Verzerrungstendenzen. Wiesbaden: DUV.

Bamberg, G./Coenenberg, A. G./Krapp, M. (2012): Betriebswirtschaftliche Entscheidungslehre. 15. Aufl., München: Vahlen.

Banzhaf, J. F. III (1965): Weighted voting doesn't work: a mathematical analysis. In: Rutgers Law Review, 19 (o. A.): 317–343.

Banzhaf, J. F. III (1968): One man 3.312 votes: a mathematical analysis of the electoral college. In: Villanova Law Review, 13 (o. A.): 304–332.

Behnke, J. (2010): Negatives Stimmgewicht, Erfolgswert und Überhangmandate: Einige Anmerkungen. In: Kritische Vierteljahresschrift für Gesetzgebung und Rechtswissenschaft, 93 (1): 3–28.

Berger, U./Bernhard-Mehlich, I./Oertel, S. (2014): Die Verhaltenswissenschaftliche Entscheidungstheorie. In: Kieser, A./Ebers, M. (Hg.): Organisationstheorien. 7. Aufl., Stuttgart: Kohlhammer, S. 118–163.

Berthel, J./Becker, F. G. (2017): Personal-Management: Grundzüge für Konzeptionen betrieblicher Personalarbeit. 11. Aufl., Stuttgart: Schäffer-Poeschel.

Black, D. (1948): On the rationale of group-decision making. In: Journal of Political Economy, 56 (o. A.): 23–34.

Black, D. (1958): The theory of committees and elections. Cambridge: University Press.

Börgers, C. (2010): Mathematics of social choice: voting, compensation, and division. Philadelphia: Society for Industrial and Applied Mathematics.
Brams, S. J. (1994): Voting procedures. In: Aumann, R. J./Hart, S. (Hg.): Handbook of game theory with economic applications. Vol. II. Reprint, 2007. Amsterdam u. a.: Elsevier, S. 1055–1089.
Brams, S. J./Fishburn, P. C. (1972): Approval voting. In: American Political Science Review, 72 (3): 831–847.
Campbell, D. E./Kelly, J. S. (2002): Non-monotonicity does not imply the no-show paradox. In: Social Choice and Welfare, 19 (3): 513–515.
Comelli, G./Rosenstiel, L. von/Nerdinger, F. W. (2014): Führung durch Motivation: Mitarbeiter für Unternehmensziele gewinnen. 5. Aufl., München: Vahlen.
Dudda, M./Schmidt, K./Schmitting, W./Wömpener, A. (2010): Sind Gruppen die besseren Entscheider? – Experimentelle Evidenz am Beispiel simulierter Entscheidungen im Kontext der Lagerverwaltung. In: Zeitschrift für Planung & Unternehmenssteuerung, 20 (3): 249–268.
Eisenberg, D./Oldenburg-Tietjen, F. (2018): Schnittstellencontrolling. In: Littkemann, J./Derfuß, K./ Holtrup, M. (Hg.): Unternehmenscontrolling: Konzepte, Instrumente, praktische Anwendungen mit durchgängiger Fallstudie. 2. Aufl., Herne/Berlin: NWB, S. 579–715.
Eisenführ, F./Weber, M./Langer, T. (2010): Rationales Entscheiden. 5. Aufl., Berlin u. a.: Springer.
Feltkamp, V. (1995): Alternative axiomatic characterization of the Shapley and Banzhaf values. In: International Journal of Game Theory, 24 (2): 179–186.
Fiege, R./Muck, P. M./Schuler, H. (2014): Mitarbeitergespräche. In: Schuler, H./Kanning, U.P. (Hg.): Lehrbuch der Personalpsychologie. 3. Aufl., Göttingen u. a.: Hogrefe, S. 765–811.
Fishburn, P. C. (1970): Arrow's impossibility theorem: concise proof and infinite voters. In: Journal of Economic Theory, 2 (1): 103–106.
Gäfgen, G. (1974): Theorie der wirtschaftlichen Entscheidung: Untersuchung zur Logik und Bedeutung des rationalen Handelns. 3. Aufl., Tübingen: J. C. B. Mohr.
Gehrlein, W. V. (2006): Condorcet's paradox. Berlin u. a.: Springer.
Gibbard, A. (1973): Manipulation of voting schemes: a general result. In: Econometrica, 41 (4): 587–601.
Grünig, R./Kühn, R. (2017): Prozess zur Lösung komplexer Entscheidungsprobleme. 5. Aufl., Berlin u. a.: Springer.
Haines, C. G./Haines, B. M. (1921): Principles and problems of government. New York u. a.: Harper & Brothers.
Heil, J. (2007): Investitionsentscheidungen in der Gruppe: Empirische Untersuchung deutscher Krankenhäuser auf Basis der präskriptiven Entscheidungstheorie. Berlin: LIT.
Hoffjan, A. (2003): Das Rollenbild des Controllers in Werbeanzeigen. In: Zeitschrift für Betriebswirtschaft, 73 (10): 1025–1050.
Holler, M. J./Illing, G. (2009): Einführung in die Spieltheorie. 7. Aufl., Berlin u. a.: Springer.
Holtbrügge, D. (2010): Personalmanagement. 4. Aufl., Heidelberg u. a.: Springer.
Holzman, R. (1988/89): To vote or not to vote: what is the quota? In: Discrete Applied Mathematics, 22 (o. A.): 133–141.
Hu, X. (2006): An asymmetric Shapley-Shubik power index. In: International Journal of Game Theory, 34 (2): 229–240.
Jung, H. (2011): Personalwirtschaft. 9. Aufl., München u. a.: Oldenbourg.
Kirsch, W. (1971): Entscheidungsprozesse. Bd. 3: Entscheidungen in Organisationen. Wiesbaden: Gabler.
Kirsch, W./Bamberger, I. (1976): Strategische Unternehmensplanung, Rationalität und Philosophien der politischen Planung. In: Zeitschrift für Betriebswirtschaft, 46 (4/5): 341–356.
Kirstein, R. (2010): Volkswagen vs. Porsche: a power index analysis. In: International Journal of Corporate Governance, 2 (1): 1–20.

Knollmann, R./Hirsch, B./Weber, J. (2007): Role making für Controllerbereiche? Eine empirische Analyse zu den Auswirkungen von Gestaltungsfreiräumen für Controllerbereiche. In: Zeitschrift für Planung & Unternehmenssteuerung, 18 (4): 365–386.

Krelle, W. (1968): Präferenz- und Entscheidungstheorie. Tübingen: J. C. B. Mohr.

Laukamm, T. (1979): Kollektiventscheidungen bei mehrfacher Zielsetzung in Unternehmen: Ein integriertes computergestütztes Entscheidungssystem. Saarbrücken: o. A.

Laux, H./Gillenkirch, R. M./Schenk-Mathes, H. Y. (2014): Entscheidungstheorie. 9. Aufl., Berlin u. a.: Springer.

Leech, D. (1990): Power indices and probabilistic voting assumptions. In: Public Choice, 66 (3): 293–299.

Macharzina, K./Wolf, J. (2018): Unternehmensführung: Das internationale Managementwissen: Konzepte – Methoden – Praxis. 10. Aufl., Wiesbaden: Gabler.

Meyer, R. (1983): Die Vorgabe einer Abstimmungsregel für Gremien als Entscheidungsproblem. Diss., Frankfurt/M.

Moulin, H. (1988): Condorcet's principle implies the no show paradox. In: Journal of Economic Theory, 45 (1): 53–64.

Moulin, H. (1994): Social choice. In: Aumann, R. J./Hart, S. (Hg.): Handbook of game theory with economic applications. Vol. II. Reprint, 2007. Amsterdam u. a.: Elsevier, S. 1091–1125.

Müller, D. (2015): Abstimmungen gerechter gestalten. In: Controlling & Management Review, 59 (5): 52–58.

Nanson, E. J. (1882): Methods of election. In: Transactions of the Royal Society of Victoria, 19 (o. A.): 197–240.

Nurmi, H. (1983): Voting procedures: a summary analysis. In: British Journal of Political Science, 13 (2): 181–208.

Nurmi, H. (1997): The representation of voter groups in the European parliament: a Penrose-Banzhaf index analysis. In: Electoral Studies, 16 (3): 317–327.

Nurmi, H. (2007): Assessing Borda's rule and its modifications. In: Emerson, P. (Hg.): Designing an all-inclusive democracy: consensual voting procedures for use in parliaments, councils and committees; the modified Borda count, the quota Borda system and the matrix vote. Berlin u. a.: Springer, S. 109–119.

Penrose, L. S. (1946): The elementary statistics of majority voting. In: Journal of the Royal Statistical Society, 109 (1): 53–57.

Ponick, E. (2007): Gremienentscheidungen unter Beachtung nicht vergleichbarer Alternativen. Köln: Wissenschaftsverlag.

Ray, D. (1986): On the practical possibility of a 'no show paradox' under the single transferable vote. In: Mathematical Social Science, 11 (o. A.): 183–189.

Reny, P. J. (2001): Arrow's theorem and the Gibbard-Satterthwaite theorem: a unified approach. In: Economics Letters 70 (1): 99–105.

Richie, R. (2004): Instant runoff-voting: what Mexico (and others) could learn. In: Election Law Journal, 2 (4): 501–512.

Riesenhuber, M. (2006): Die Fehlentscheidung: Ursache und Eskalation. Wiesbaden: DUV.

Rommelfanger, H. J./Eickemeier, S. H. (2002): Entscheidungstheorie: Klassische Konzepte und Fuzzy-Erweiterungen. Berlin u. a.: Springer.

Rosenstiel, L. von (2014): Die Arbeitsgruppe. In: Rosenstiel, L. von/Regnet, E./ Domsch, M. E. (Hg.): Führung von Mitarbeitern: Handbuch für erfolgreiches Personalmanagement. 7. Aufl., Stuttgart: Schäffer-Poeschel, S. 327–344.

Rothe, J./Baumeister, D./Lindner, C./Rothe, I. (2012): Einführung in Computational Social Choice: Individuelle Strategien und kollektive Entscheidungen beim Spielen, Wählen und Teilen. Heidelberg: Spektrum, Akademie Verlag.

Sader, M. (2002): Psychologie der Gruppe. 8. Aufl., München u. a.: Juventa.
Satterthwaite, M. (1975): Strategy-proofness and Arrow's conditions: existence and correspondence theorems for voting procedures and social welfare functions. In: Journal of Economic Theory, 10 (2): 187–217.
Schauenberg, B. (1992): Die Hare-Regel und das IOC: irrationales Abstimmungsverhalten bei der Wahl von Atlanta zum Austragungsort der Olympischen Sommerspiele 1996? In: Schmalenbachs Zeitschrift für betriebswirtschaftliche Forschung, 44 (5): 426–444.
Scherpereel, P./Gaul, J./Muhr, M. (2015): Entscheidungsverhalten bei Investitionen steuern. In: Controlling & Management Review, 59 (Sonderheft 2): 32–38.
Scheytt, T./Unterrieder, A./Becker, A. (2005): Controllingbilder und Controllingpraxis: Epistemologische und methodologische Aspekte internationaler Controllingforschung. In: Weber, J./Meyer, M. (Hg.): Internationalisierung des Controllings: Standortbestimmung und Optionen. Wiesbaden: DUV, S. 85–109.
Schneider, D. (1995): Informations- und Entscheidungstheorie. München u. a.: Oldenbourg.
Schreyögg, G. (2003): Organisation. Grundlagen moderner Organisationsgestaltung. 4. Aufl., Wiesbaden: Gabler.
Schulte-Zurhausen, M. (2014): Organisation. 6. Aufl., München: Vahlen.
Schulze, M. (2003): A new monotonic and clone-independent single-winner election method. In: Voting Matters, 17 (o. A.): 9–19.
Schulze, M. (2011): A new monotonic, clone independent, reversal symmetric, and condorcet-consistent single-winner election method. In: Social Choice and Welfare, 36 (2): 267–303.
Sertel, M. R. (1988): Characterizing approval voting. In: Journal of Economic Theory, 45 (1): 207–211.
Shapley, L. S./Shubik, M. (1954): A method for evaluating the distribution of power in a committee system. In: American Political Science Review, 48 (3): 787–792.
Staehle, W. (1999): Management: Eine verhaltenswissenschaftliche Perspektive. 8. Aufl., München: Vahlen.
Stahl, S./Johnson, P. E. (2007): Understanding modern mathematics. Sudbury, Mass. u. a.: Jones and Bartlett.
Steinmann, H./Schreyögg, G./Koch, J. (2013): Management: Grundlagen der Unternehmensführung, Konzepte – Funktionen – Fallstudien. 7. Aufl., Wiesbaden: Springer Gabler.
Stock-Homburg, R. (2013): Personalmanagement: Theorien – Konzepte – Instrumente. 3. Aufl., Wiesbaden: Gabler.
Sunken, J./Schubert, K. (2018): Ökonomische Theorien der Politik. 2. Aufl., Wiesbaden: Springer.
Taylor, A. D./Pacelli, A. M. (2008): Mathematics and politics: strategy, voting, power and proof. 2. Aufl., New York u. a.: Springer.
Thiele, C. (2008): Regeln und Verfahren der Entscheidungsfindung innerhalb von Staaten und Staatenverbindungen. Berlin u. a.: Springer.
Tideman, T. N. (1987): Independence of clones as a criterion for voting rules. In: Social Choice and Welfare, 4 (3): 185–206.
Tideman, T. N. (2009): Collective decisions and voting: the potential for public choice. Aldershot u. a.: Ashgate.
Trapp, R. (2000): Wie relevant ist das Gibbard-Satterthwaite-Theorem für „den" Konsequentialismus? In: Nida-Rümelin, J. (Hg.): Rationalität, Realismus, Revision. Berlin u. a.: Walter de Gruyter, S. 322–330.
Vahs, D. (2015): Organisation: Ein Lehr- und Managementbuch. 9. Aufl., Stuttgart: Schäffer-Poeschel.

Weber, J./Meyer, M./Birl, H./Knollmann, R./Schlüter, H./Sieber, C. (2006): Investitionscontrolling in deutschen Großunternehmen: Ergebnisse einer Benchmarking-Studie. Weinheim: WILEY-VCH.

Wegge, J. (2014): Gruppenarbeit und Management von Teams. In: Schuler, H./Kanning, U. P. (Hg.): Lehrbuch der Personalpsychologie. 3. Aufl., Göttingen u. a.: Hogrefe, S. 933–983.

Weibler, J. (2016): Personalführung. 3. Aufl., München: Vahlen.

Weimann, J. (2009): Wirtschaftspolitik: Allokation und kollektive Entscheidung. 5. Aufl., Berlin u. a.: Springer.

Winkler, B./Hofbauer, H. (2010): Das Mitarbeitergespräch als Führungsinstrument. Handbuch für Führungskräfte und Personalverantwortliche. 4. Aufl., München: Hanser.

Wiswede, G. (2012): Einführung in die Wirtschaftspsychologie. 5. Aufl., Stuttgart: UTB.

Woodall, D. R. (1997): Monotonicity of single-seat preferential election rules. In: Discrete Applied Mathematics, 77 (1): 81–98.

Wunderer, R. (2011): Führung und Zusammenarbeit: Eine unternehmerische Führungslehre. 9. Aufl., Köln: Luchterhand.

Investitionsrechenverfahren unter Sicherheit 5

5.1 Grundlagen der Investitionsrechnung

5.1.1 Ziele, Begriffe und Verfahren

Rechenverfahren, die im Rahmen der Planung von Investitionsentscheidungen eingesetzt werden, werden als Investitionsrechnungen bezeichnet. In Abhängigkeit von der Realitätsnähe der Modellierung und den verwendeten Prämissen sind unterschiedliche Rechenverfahren zu differenzieren (vgl. Abb. 5.1). Das vorliegende Kapitel ist ausschließlich den Verfahren unter Annahme von Sicherheit gewidmet.[1]

Für alle Modelle, die in diesem Kapitel vorgestellt werden, bilden folgende Abschnitte die Grundlage:

- Abschn. 1.2.2 – Ablauf und Elemente der Planung sowie
- Abschn. 3.1.2 – Entscheidungen bei Sicherheit.

In Abhängigkeit von der Anzahl der berücksichtigten Ziele sind Investitionsrechenmodelle zu unterscheiden, die nur eine Zielgröße einbeziehen, und Modelle, die mehrere Zielgrößen abbilden. Im weiteren Verlauf werden ausschließlich Modelle zur Berücksichtigung einer Zielgröße vorgestellt. Die Berücksichtigung von mehreren Zielen ist mit folgenden Verfahren möglich, die bereits im Abschn. 3.1.2.2 vorgestellt wurden:

- Zielgewichtung,
- lexikografische Ordnung,
- Goal-Programming,
- KÖRTH-Regel,
- Nutzwertanalyse,
- analytischer Hierarchieprozess.

[1] Verfahren zur Berücksichtigung von Unsicherheit sind im Abschn. 3.1.3 und im Kap. 7 zu finden.

D. Müller, *Investitionsrechnung und Investitionscontrolling*, Springer-Lehrbuch,
https://doi.org/10.1007/978-3-662-57609-0_5

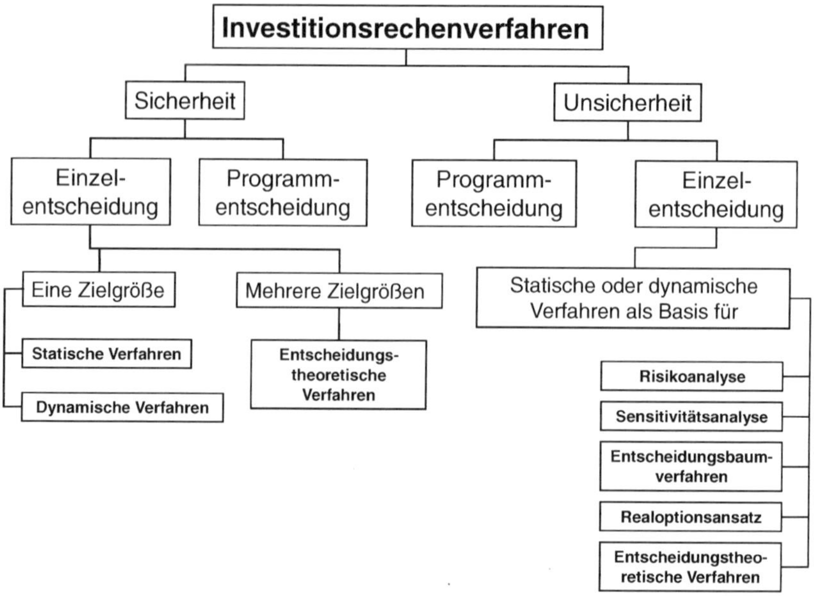

Abb. 5.1 Modelle der Investitionsrechnung. Quelle: Eigene Darstellung, in Anlehnung an: Götze (2014: 47)

Die Modelle aus dem vorliegenden Kapitel schaffen die Grundlage für die Analyse finanzieller Aspekte. Diese Ergebnisse können anschließend als ein Teilziel in die erwähnten multikriteriellen Modelle einfließen.

In einem Unternehmen wird im Verlauf eines Jahres i. d. R. mehr als ein Investitionsprojekt durchgeführt, es liegen dann sog. Investitionsprogramme vor, bei deren Planung Art und Anzahl der zu realisierenden Investitionsprojekte bestimmt werden. Diese Entscheidungssituation ist nicht Gegenstand der folgenden Darstellungen. Es werden ausschließlich Modelle vorgestellt, die eine Analyse von isolierten Investitionsobjekten ermöglichen.

Ist eine Entscheidung über eine Investitionsmaßnahme bei Vorliegen einer Zielgröße zu bewerten, so stehen zwei Verfahrensgruppen zur Verfügung: statische und dynamische Modelle. Zu den statischen Verfahren zählen die Kosten-, die Gewinn-, die Rentabilitätsvergleichsrechnung und die Amortisationsrechnung. Kapitalwertmethode, Interne-Zinssatz-Methode, dynamische Amortisationsrechnung und die Methode der vollständigen Finanzpläne (VoFi) gehören zu den dynamischen Verfahren. Ist die Unsicherheit der Entscheidungssituation abbildungsrelevant, so kann sie auf Basis eines statischen oder dynamischen Verfahrens und der zusätzlichen Durchführung der Sensitivitätsanalyse oder der Risikoanalyse in die Betrachtung integriert werden (vgl. Abb. 5.1).

Aus der Abb. 5.1 wird gleichzeitig der Zusammenhang zwischen Investitionsrechenverfahren und entscheidungstheoretischen Modellen deutlich. Die Ergebnisgrößen der Investitionsrechenverfahren bilden oftmals die Eingangsgrößen für die entscheidungstheoretischen Lösungsansätze. Deshalb können in Entscheidungssituationen unter Sicherheit sowohl Modelle der Investitionsrechnung als auch Modelle der Entscheidungstheorie eingesetzt werden bzw. ergänzen sich diese Bereiche. Dieselbe Aussage gilt für Situationen unter Unsicherheit. Ein Paradebeispiel dafür ist das Entscheidungsbaumverfahren. Es wird sowohl als Verfahren der präskriptiven Entscheidungstheorie eingeordnet[2] als auch im Rahmen der Investitionsrechnung eingesetzt.[3]

Wichtig für die weitere Betrachtung ist die **Einschränkung** auf Entscheidungen zu **Einzelinvestitionen**. Entscheidungen zu Investitionsprogrammen werden in dem vorliegenden Buch nicht behandelt.

Damit verschiedene Investitionsalternativen miteinander verglichen werden können, muss der Vergleich folgende Eigenschaften aufweisen:[4]

- Verschiedene Alternativen sind unter Verwendung derselben Zieldefinition und Entscheidungsregel zu vergleichen. Es ist ein identisches Zielsystem zu verwenden.
- Es ist sicherzustellen, dass von identischen Datenkonstellationen in Bezug auf gegenwärtige und zukünftige Zustände ausgegangen wird. Die Rahmendaten und Objektinformationen über die Alternativen müssen identisch sein.
- Planungszeitraum und Kapitaleinsatz der Alternativen müssen gleich sein. Verschiedene Alternativen können durch unterschiedliche Nutzungsdauern und Anschaffungsauszahlungen gekennzeichnet sein. Um einen konsistenten Vergleich durchführen zu können, sind die Differenzen von Investitionshöhe und Laufzeit in der Form zu berücksichtigen, dass Annahmen getroffen werden, wie Differenzbeträge bzw. bei unterschiedlichen Laufzeiten die zum früheren Zeitpunkt freiwerdenden Finanzmittel verwendet werden. Auf diese Weise werden **identische Betrachtungszeiträume** und **identische Investitionsauszahlungen** miteinander verglichen.

Ziel der Investitionsrechnung ist es, die Vorteilhaftigkeit der Durchführung einer Investitionsmaßnahme festzustellen. Dazu sind zwei Arten der Vorteilhaftigkeit zu unterscheiden:[5]

- **Absolute Vorteilhaftigkeit**: Wenn die Durchführung der Maßnahme vorteilhafter ist als deren Unterlassung, liegt eine absolute Vorteilhaftigkeit vor. Mit der Feststellung der absoluten Vorteilhaftigkeit wird die Alternative „Durchführung der Investition" mit der Alternative „Keine Durchführung der Investition" verglichen.[6]

---

[2] Vgl. Abschn. 3.2.
[3] Vgl. Abschn. 7.5.
[4] Vgl. Busse von Colbe/Laßmann/Witte (2015: 20).
[5] Vgl. Blohm/Lüder/Schaefer (2012: 41).
[6] Streng genommen ist damit eine absolut vorteilhafte Variante relativ vorteilhaft in Bezug auf die Alternative „Anlegen der finanziellen Mittel in einer alternativen Anlageform".

- **Relative Vorteilhaftigkeit**: Stehen zwei sich ausschließende Maßnahmen zur Auswahl, wird die vorteilhaftere Variante der beiden als relativ vorteilhaft bezeichnet. Diese muss zugleich absolut vorteilhaft sein. Wenn festgestellt wurde, dass die Durchführung der Investition besser ist als deren Unterlassung, wird mit der Untersuchung der relativen Vorteilhaftigkeit die beste Alternative identifiziert.

5.1.2 Gewinnmaximierung und Gewinnbegriffe

Ausgangspunkt der bisherigen und der weiteren Darstellungen ist das erwerbswirtschaftliche Prinzip, das Bestandteil der zugrunde liegenden Unternehmensdefinition ist und nun näher analysiert wird. Prinzipiell kann das erwerbswirtschaftliche Prinzip durch das Gewinnstreben konkretisiert werden. In der traditionellen Sichtweise bildete der Eigenkapitalgeber eine Personalunion mit dem Unternehmer. Unternehmensziele waren deshalb komplementär zu den Zielen des Eigenkapitalgebers. Eigenkapitalgeber streben nach Sicherheit der Kapitalanlage und verfolgen mit dieser Anlage Erwerbsziele (Wertsteigerung der Anlage und Erträge aus der Anlage) und Gestaltungsziele (Einflussnahme auf das Management und die Entscheidungsprozesse).[7] Das Gewinnstreben stellt in dieser Sicht ein Instrumentalziel zur Erreichung der Erwerbsziele der Eigenkapitalgeber dar. Die Interpretation des Gewinnstrebens als Gewinnmaximierung wird dahingehend kritisiert, dass:[8]

- der Maximierung moralische Gründe entgegenstehen und
- die Gewinnmaximierung nicht Fundamental- sondern Instrumentalziel sei.

Dem **ersten Argument** wird hier mit dem Hinweis auf die für eine langfristige Gewinnerzielung notwendige Berücksichtigung der unterschiedlichen Anspruchsgruppen des Unternehmens begegnet und geschlussfolgert, dass die Gewinnmaximierung eine Maximierung unter Berücksichtigung der zu erfüllenden Ansprüche als Nebenbedingungen darstellt.[9] In diesem Sinne kann von einer Limitierung der Gewinnmaximierung ausgegangen werden, die durch die Fixierung von Nebenbedingungen entsteht, die das Unternehmen erfüllt sehen möchte bzw. erfüllen muss. Das Gewinnprinzip stellt eine Konsequenz der sozialethischen Norm dar, die den eigenverantwortlichen Einkommenserwerb als Ausprägung eines Subsidiaritätsprinzips versteht, durch das die Gesellschaft ihren Mitgliedern diejenigen Aufgaben überlässt, die diese selbst besser lösen können als die Gesellschaft.[10] Nicht

[7] Vgl. Rieger (1928: 44–50 und 60–67); Gutenberg (1983: 464–469).
[8] Vgl. Schneider (2001a: 247).
[9] Vgl. Schiemenz/Seiwert (1979: 584–587).
[10] Es sei hier erwähnt, dass auch in der Theorie der deutschsprachigen sozialistischen Betriebswirtschaftslehre der Gewinn einen unentbehrlichen Maßstab für die ökonomische Leistung des Betriebes sowie ein grundlegendes Kriterium des ökonomischen Nutzens der betrieblichen Maßnahmen darstellte. Dieser Gewinn war wesentlicher Bestandteil des Nationaleinkommens, weshalb Gewinne für die Erhöhung des Nationaleinkommens erforderlich waren. Ohne im Detail auf die Gewinnermitt-

der Fakt, dass Unternehmen Gewinne erzielen, kann demzufolge Gegenstand ethisch-moralischer Analysen sein, sondern es bleiben lediglich die Frage zu diskutieren, auf welche Komponenten zur Berechnung herangezogen werden und auf welche Weise der Gewinn erzielt wird.[11]

Zum **zweiten Argument**, ob die Gewinnmaximierung ein fundamentales Formal- oder Instrumentalziel darstellt, wurde bereits festgestellt, dass die Einschätzung dazu vom Betrachtungskontext abhängt.[12] Zusammenfassend wird festgehalten, dass das formale Fundamentalziel in dem Streben nach einem real-objektiven bzw. real-subjektiven Gewinnmaximum unter Berücksichtigung von Nebenbedingungen besteht. Als zusätzliche Ziele sind die Liquiditätssicherung und die Risikoreduktion sowie per definitionem das ökonomische Prinzip in Form von Rentabilitätszielen und die Sicherung der Unternehmensautonomie festzuhalten.[13]

Nun stellt sich die Frage, welcher Gewinnbegriff dieser Zielsetzung zugrunde liegt, da – trotz der weitgehenden Einigkeit über die Gewinnmaximierung – verschiedene Definitionen des Gewinns existieren. Für das vorliegende Werk sind die folgenden Gewinnbegriffe relevant:[14]

- der bilanzielle Gewinn,
- der kalkulatorische Gewinn,
- der finanzwirtschaftliche Gewinn und
- der Übergewinn.

Für die weitere Lektüre sei an dieser Stelle festgehalten, dass neben den entsprechenden Gewinnbegriffen auch korrespondierende Verlustbegriffe existieren. Aus Gründen der Sprachvereinfachung werden im Folgenden jedoch nur die Gewinnbegriffe expressis verbis diskutiert.

lungsvorschriften einzugehen, bleibt festzuhalten, dass die Gewinnerzielung nicht das Primärziel des Wirtschaftens darstellte (primäres Ziel war die Planerfüllung), jedoch als Instrumentalziel notwendig war. Vgl. Gallenmüller et al. (1988: 449–450); Graichen et al. (1983: 85–87); Gutenberg (1983: 474–479).

[11] Vgl. Hax (1926: 117); Heinen (1976: 59–60); Schneider (1990: 869–873).

[12] Für die weitere Betrachtung wird von der Einordnung des Gewinnstrebens als Fundamentalziel des Unternehmens bzw. Unternehmers ausgegangen. Zu einer Darstellung der historischen Entwicklung der Diskussion des Prinzips der Gewinnmaximierung in der Betriebswirtschaftslehre vgl. Deges (1993: 161–166).

[13] Es ist darauf hinzuweisen, dass das Ziel der Rentabilitätsmaximierung nicht in jedem Fall zur Gewinnmaximierung führt, weshalb die Gewinnmaximierung das Ziel der Rentabilitätsmaximierung dominiert. Vgl. Wilts (1974). Zur Rentabilität bzw. Verzinsung vgl. Abschn. 5.2.2 sowie Abschn. 5.3.3. Vgl. zu einer ähnlichen Argumentation Hering (2017: 16–19); Hax (1963: 344); Kruschwitz (2014: 14–15).

[14] Vgl. Küting (2006: 1441); Hauschildt (1994: 288–289); Coenenberg/Fischer/Günther (2016: 802–806). Neben diesen Gewinnbegriffen existieren weitere Gewinnarten, wie z. B. der steuerliche Gewinn. Zu einer Darstellung historischer Gewinnauffassungen vgl. Schneider (1976).

Im Rahmen des handelsrechtlichen Jahresabschlusses wird für das Gesamtunternehmen der **bilanzielle Gewinn** ermittelt. Dieser stellt die Differenz von Erträgen und Aufwendungen dar und wird auch als Jahresüberschuss/Jahresfehlbetrag bezeichnet. Diese Größen beziehen sich auf die Betrachtungsperiode von einem Geschäftsjahr. Die Vorschriften zu dieser Art Gewinn- bzw. Verlustermittlung sowie zu der Ermittlung der Erträge und Aufwendungen sind größtenteils gesetzlich geregelt. Ziel dieser Vorschriften ist eine möglichst einheitliche und deshalb vergleichbare Ergebnisermittlung aller Unternehmen und der darauf basierenden Kommunikation des Unternehmens mit seinen externen und internen Anspruchsgruppen.

Für das Gesamtunternehmen und/oder einzelne Betrachtungsobjekte (z. B. Produkte, Investitionen) wird darüber hinaus ebenfalls auf Jahresebene eine andere Art des Gewinns ermittelt, der **kalkulatorische Gewinn**.[15] Dieser dient dazu, den tatsächlichen Werteverzehr im Zusammenhang mit der Leistungserstellung zu ermitteln und unternehmerische Entscheidungen zu fundieren, z. B. über das Produktionsprogramm oder über Investitionen. Ziel dieser Ergebnisermittlung sind primär interne Anspruchsgruppen.

Wird der Betrachtungshorizont auf mehrere Jahre erweitert, resultiert der **finanzwirtschaftliche Gewinn**. Zu diesem Zweck werden alle Zahlungen auf ein und denselben Betrachtungszeitpunkt transformiert. Die Differenz zwischen Ein- und Auszahlungen eines Betrachtungszeitraumes entspricht dem finanzwirtschaftlichen Gewinn und wird auch als Kapitalwert bezeichnet.[16]

Eng mit diesem finanzwirtschaftlichen Erfolgsbegriff verbunden ist der Begriff des **Übergewinns**. Dieser Gewinn entspricht der positiven Differenz der Ein- und Auszahlungen eines Projektes oder auch des Gesamtunternehmens unter Berücksichtigung der Tatsache, dass neben den direkten Kosten der Leistungserstellung (z. B. Materialkosten, Abschreibungen, Lohnkosten) und den Kosten für das Fremdkapital (Zinsen) auch die Eigenkapitalgeber (shareholder) ein Entgelt für die Überlassung ihres Kapitals einfordern. Es sind demzufolge Fremd- und Eigenkapitalkosten bei der Gewinnermittlung zu berücksichtigen. Der Wert, der nach Abzug all dieser Kosten verbleibt, ist der geschaffene Projekt-/Unternehmenswert. Dieser wird auch als Residualgewinn bzw. Übergewinn bezeichnet.[17]

Die Frage, welche dieser Gewinngrößen verwendet wird, ist abhängig von der Betrachtungsweise, also von der Art des Betrachters bzw. der Anspruchsgruppe. Der Eigenkapitalgeber stellt andere Anforderungen an den Gewinn des Unternehmens als z. B. das zuständige Finanzamt. Bereits an dieser Stelle wird deshalb der zentrale Grundsatz des betrieblichen Rechnungswesens deutlich, welcher auf die Kontextabhängigkeit der Begriffsdefinitionen hinweist.[18] Die Merkmale der beschriebenen Gewinnarten sind in der Tab. 5.1 zusammengefasst.

---

[15] Vgl. Abschn. 5.2.1.

[16] Vgl. Abschn. 5.3.2.

[17] Zur Ermittlung des Residualgewinns und darauf aufbauenden Verfahren vgl. Abschn. 5.8.

[18] Vgl. Abschn. 5.1.2.

Tab. 5.1 Merkmale relevanter Gewinnbegriffe. Quelle: Eigene Darstellung

<table>
<tr><th>Merkmale</th><th>Handelsrechtlicher Gewinn</th><th>Kalkulatorischer Gewinn</th><th>Finanzwirtschaftlicher Gewinn</th><th>Übergewinn</th></tr>
<tr><td>Betrachtungszeitraum</td><td>• 1 Jahr</td><td>• 1 Jahr</td><td colspan="2">• 1 Jahr
• mehrere Jahre
• Totalperiode</td></tr>
<tr><td>Betrachtungsobjekt</td><td>• Unternehmen</td><td colspan="3">• Unternehmen
• Unternehmensbereich
• Investitionsobjekt</td></tr>
<tr><td>Rechengrößen</td><td>• Erträge und Aufwendungen</td><td>• Kosten und Leistungen</td><td colspan="2">• Ein- und Auszahlungen</td></tr>
<tr><td>Synonym</td><td>• Jahresüberschuss</td><td>• Betriebsergebnis</td><td>• Kapitalwert</td><td>• Residualgewinn</td></tr>
<tr><td>Wichtigste Adressaten</td><td>• externe Anspruchsgruppen</td><td colspan="2">• interne Entscheidungsträger</td><td>• Eigenkapitalgeber</td></tr>
<tr><td>Hauptzweck</td><td>• normierte Gewinnermittlung im Rahmen des Jahresabschlusses</td><td colspan="2">• Entscheidungsfundierung bei Maßnahmen, wie z. B. Produktionsprogramm, Entwicklungsprojekte, Investitionsmaßnahmen</td><td>• Identifikation von Wertsteigerungspotenzialen</td></tr>
</table>

Als Fazit dieser Analyse kann der zentrale Grundsatz festgehalten werden, an dem sich das betriebliche Rechnungswesen – und somit auch die Verfahren der Investitionsrechnung – orientiert. Dieser Grundsatz lautet:[19]

Der Rechnungszweck bestimmt über das Rechnungsziel den Rechnungsinhalt!

Damit wird deutlich und auch verständlich, dass unterschiedliche Rechengrößen, Betrachtungshorizonte und auch unterschiedliche Definitionen ein und desselben Begriffes existieren und verwendet werden. Das Ziel der Gewinnmaximierung kann im Zusammenhang mit Investitionsprojekten durch drei Zielstellungen konkretisiert werden:[20]

- **Vermögensmaximierung:** Maximierung des Vermögenswertes am Ende des Planungshorizonts (Endwert) bei gegebenem Einkommen (Entnahmen) und gegebener zeitlicher Struktur,
- **Entnahmemaximierung:** Maximierung der jährlichen Entnahmen bei gegebenem Endwert und gegebener zeitlicher Struktur der Entnahmen,

[19] Schneider (1997: 46).
[20] Vgl. Adam (2000: 47–49); Perridon/Steiner/Rathgeber (2017: 15–16); Kruschwitz (2014: 11–13).

- **Rentabilitätsmaximierung:** Maximierung der Verzinsung der eingesetzten Mittel,
- **Wohlstandsmaximierung:** Verbindung optimaler Entnahmen mit gleichzeitigem Vermögenszuwachs, also Maximierung von Entnahmen und Vermögen, was jedoch eine eindeutige Austauschregel zwischen den beiden Zielen erfordert.

Die Wohlstandsmaximierung ist jedoch lediglich in denjenigen Personengesellschaften realisierbar, in denen die Festlegung einer Austauschbeziehung möglich ist. Je größer der involvierte Personenkreis, desto schwerer dürfte diese Festlegung sein.

5.2 Statische Verfahren

Charakteristisch für die statischen Verfahren ist, dass diese auf Rechnungsgrößen des internen Rechnungswesens basieren und die finanziellen Investitionswirkungen einperiodisch betrachtet werden (Ausnahme: Amortisationsrechnung). Deshalb werden die statischen Verfahren auch als kalkulatorische Verfahren bezeichnet. Mit der Verwendung durchschnittlicher Werte wird der Ein-Jahres-Zeitraum als repräsentativ für die gesamte Nutzungsdauer der Investitionsmaßnahme verwendet. Zu den in der Praxis weit verbreiteten statischen Verfahren gehören die:[21]

- Gewinnvergleichsrechnung,
- Kostenvergleichsrechnung,
- Rentabilitätsvergleichsrechnung und
- Amortisationsrechnung.

Zur Gruppe der einperiodigen statischen Investitionsrechnungen zählen die Gewinn-, die Kosten- und die Rentabilitätsvergleichsrechnung. Da den Betrachtungen nicht der gesamte Planungszeitraum zugrunde liegt, sondern nur eine Jahresabrechnungsperiode, ist die Verwendung periodisierter Erfolgsgrößen erforderlich. Kalkulatorische einperiodige Investitionsrechnungen sind Rechnungen, die sich auf eine fiktive Jahresabrechnungsperiode beziehen und mit den periodisierten Erfolgsgrößen Kosten und Erlöse arbeiten.[22]

5.2.1 Kosten- und Gewinnvergleichsrechnung

Kostenvergleichsrechnung

Eine Form der Bewertung von Investitionsalternativen stellt die ausschließliche Betrachtung der Kosten dar, die mit den Maßnahmen verbunden sind. Dieses Vorgehen bietet sich bei sog. Muss-Investitionen an, die keine Erlöse erzielen, bzw. bei Investitionen mit

[21] Vgl. Götze (2014: 57); Eilenberger/Ernst/Toebe (2013: 155).

[22] Vgl. Perridon/Steiner/Rathgeber (2017: 36–37).

identischen Erlösgrößen. Es sind die Kostenkomponenten Betriebskosten K_B und Kapitaldienst KD zu berücksichtigen. Die Summe der beiden Komponenten ergibt die Kosten der Maßnahme K_{Gesamt}:[23]

$$K_{\text{Gesamt}} = K_{\text{Betrieb}} + Ab_{\text{kalk}} + Z_{\text{kalk}}$$

Neben den Betriebskosten (Lohnkosten, Kosten für den Verbrauch von Roh-, Hilfs- und Betriebsstoffen, Energiekosten, Kosten für Instandhaltung und Wartung, Raumkosten, Werkzeugkosten) sind auch die in einer kurzfristigen Betrachtung als fix geltenden kalkulatorischen Abschreibungen und kalkulatorischen Zinsen in die Rechnung aufzunehmen, die in der langfristigen Investitionsrechnung variablen Charakter haben. Die Summe aus kalkulatorischen Abschreibungen und kalkulatorischen Zinsen wird als Kapitaldienst bezeichnet. Kalkulatorische Abschreibungen dienen der Erfassung der tatsächlichen Wertminderung des Anlagevermögens. Bei Unterstellung eines linearisierten Abschreibungsverlaufes ergibt sich der jährliche Abschreibungsbetrag Ab_{kalk} aus:

$$Ab_{\text{kalk}} = \frac{I - L}{N}$$

mit I als Investitionsauszahlungen, L als Liquidationserlös und N als Nutzungsdauer.

Der Unternehmer muss zusätzlich zu dem Werteverzehr des Anlagevermögens den Kapitaleinsatz berücksichtigen, wobei er für das in der Investitionsmaßnahme gebundene Kapital kalkulatorische Zinsen ermitteln muss. Die Existenz eines Liquidationserlöses ist bei der Ermittlung des durchschnittlich gebundenen Kapitals KB folgendermaßen zu berücksichtigen:[24]

$$\begin{aligned}\text{Durchschnittlich gebundenes Kapital} &= \frac{I - L}{2} + L \\ &= \frac{I + L}{2}\end{aligned}$$

Die Bestimmung des Kalkulationszinssatzes i_{kalk} richtet sich nach der Art der Finanzierung.[25] Ist die Investition vollständig mit eigenen Mitteln finanziert, so ist der Zinssatz zu verwenden, der bei alternativer Verwendung der Mittel erzielt worden wäre. Wird die Maßnahme ausschließlich über Kredit finanziert, ist der Kreditzinssatz anzusetzen. Es ergeben sich die kalkulatorischen Zinsen mit:

$$Z_{\text{kalk}} = \frac{I + L}{2} \cdot i_{\text{kalk}}.$$

Der Kapitaldienst ergibt sich aus der Summe von kalkulatorischen Abschreibungen und kalkulatorischen Zinsen: $KD = Ab_{\text{kalk}} + Z_{\text{kalk}}$. Bei Verwendung der detaillierten Dar-

[23] Vgl. Pape (2015: 329).
[24] Vgl. Götze (2014: 61).
[25] Zur Ermittlung eines Zinssatzes für Eigen- und Fremdkapitalanteile vgl. Abschn. 5.8.2.

stellung resultiert:

$$
\begin{aligned}
KD &= \left(\frac{I-L}{N}\right) + \left(\frac{I+L}{2}\right) \cdot i_{\text{kalk}} \\
&= (I-L)\frac{1}{N} + (I+L)\frac{i_{\text{kalk}}}{2} \\
&= (I-L)\left(\frac{1}{N} + \frac{i_{\text{kalk}}}{2}\right) + L \cdot i_{\text{kalk}}
\end{aligned}
$$

Der Ausdruck $\left(\frac{1}{N} + \frac{i_{\text{kalk}}}{2}\right)$ wird als Kapitaldienstfaktor bezeichnet. Für die Gesamtkosten einer Anlage ergibt sich dann:

$$
K_{\text{Gesamt}} = K_{\text{Betrieb}} + (I-L)\left(\frac{1}{N} + \frac{i_{\text{kalk}}}{2}\right) + L\, i_{\text{kalk}}.
$$

Stehen zwei sich ausschließende Maßnahmen zur Auswahl, ist diejenige mit den geringeren Kosten zu wählen.

Absolute Vorteilhaftigkeit: Eine Maßnahme ist durchzuführen, wenn deren Kosten geringer sind als die Variante der Unterlassung.

Relative Vorteilhaftigkeit: Es ist die Alternative mit den geringsten Kosten zu wählen.

Die Betrachtung der Gesamtkosten ist jedoch **nur zulässig**, wenn die Anlagen eine **identische Leistung** erbringen. Wenn die Anlagen jedoch eine unterschiedliche Leistung erbringen, ist eine Betrachtung auf Basis der **Kosten pro Leistungseinheit** (z. B. Stückkosten) durchzuführen.

Relative Vorteilhaftigkeit: Es ist die Alternative mit den geringsten Kosten pro Leistungseinheit zu wählen.

Zur Verdeutlichung der Kostenvergleichsrechnung wird das Beispiel in Tab. 5.2 betrachtet.

Für die Vorteilhaftigkeitsbetrachtung sind zu dem Anschaffungspreis die Errichtungs- und Frachtkosten hinzuzurechnen. Der Kapitaldienst für Anlage A resultiert aus:

$$
\begin{aligned}
KD_A &= (I-L)\left(\frac{1}{N} + \frac{i_{\text{kalk}}}{2}\right) + L \cdot i_{\text{kalk}} \\
&= (245.000\,€ - 15.000\,€)\left(\frac{1}{8a} + \frac{0{,}07/a}{2}\right) + 15.000\,€ \cdot 0{,}07/\text{a} \\
&= \underline{37.850\,€/\text{a}}
\end{aligned}
$$

Darin sind kalkulatorische Abschreibungen und kalkulatorische Zinsen in folgender Höhe enthalten:

Tab. 5.2 Eingangsdaten des Beispiels

Einflussgrößen	Anlage A	Anlage B
Nutzungsdauer in Jahren	8	8
Absatzmenge pro Jahr	25.000	25.000
Absatzpreis pro Produkteinheit [€/Stück]	8	8
Anschaffungspreis [€]	220.000	240.000
Einrichtungs- und Frachtkosten [€]	25.000	30.000
Liquidationserlös am Laufzeitende [€]	15.000	15.000
Fixe Betriebskosten [€/a]	10.000	15.000
Variable Stückkosten [€/Stück]	4,60	4,00
Kalkulationszinssatz [%/a]	7	7

$$\begin{aligned}
Ab_{\text{kalk}} &= \frac{I-L}{N} = \frac{245.000\,€ - 15.000\,€}{8\,\text{a}} \\
&= \underline{28.750\,€} \\
Z_{\text{kalk}} &= \frac{I+L}{2} \cdot i_{\text{kalk}} = \frac{245.000\,€ + 15.000\,€}{2} \cdot 0{,}07/\text{a} \\
&= \underline{9.100\,€/\text{a}}
\end{aligned}$$

Neben diesen Fixkosten sind die Betriebskosten zu berücksichtigen, die aus restlichen Fixkosten sowie den variablen Kosten bestehen. Es resultieren die Gesamtkosten von Anlage A mit:

$$\begin{aligned}
K_{\text{Gesamt } A} &= \overbrace{10.000\,€/\text{a} + 25.000 \cdot 4{,}60\,€/\text{Stück}}^{K_{\text{Betrieb } A}} + \overbrace{37.850\,€/\text{a}}^{\text{Kapitaldienst}_A} \\
&= \underline{\underline{162.850\,€/\text{a}}}
\end{aligned}$$

Für Anlage B ergeben sich mit den Eingangsdaten aus Tab. 5.2 folgende Werte:

$$\begin{aligned}
KD_B &= (I-L)\left(\frac{1}{N} + \frac{i_{\text{kalk}}}{2}\right) + L \cdot i_{\text{kalk}} \\
&= (270.000\,€ - 15.000\,€)\left(\frac{1}{8\,\text{a}} + \frac{0{,}07/\text{a}}{2}\right) + 15.000\,€ \cdot 0{,}07/\text{a} \\
&= \underline{41.850\,€/\text{a}} \\
K_{\text{Betrieb B}} &= 15.000\,€/\text{a} + 25.000 \cdot 4{,}00\,€/\text{Stück} \\
&= \underline{115.000\,€/\text{a}} \\
K_{\text{Gesamt } B} &= K_{\text{Betrieb } B} + KD_{\text{Anlage } B} \\
K_{\text{Gesamt } B} &= 115.000\,€/\text{a} + 41.850\,€/\text{a} \\
K_{\text{Gesamt } B} &= \underline{\underline{156.850\,€/\text{a}}}
\end{aligned}$$

Bei dieser Konstellation ist Anlage B der Anlage A vorzuziehen. Der Einsatz dieser Betrachtung erfordert jedoch, dass **Sicherheit** über die zu erbringende Leistung der Anlagen besteht. Aber auch wenn diese Forderung erfüllt ist, ist zu beachten, dass die relative Vorteilhaftigkeit der Anlagen häufig von der Leistungsmenge abhängt. Für diese Fälle – Unsicherheit über die Leistungsmenge bzw. variierende Leistungsmenge – ist es erforderlich, die Leistungsmenge zu ermitteln, bei der die Kosten der Anlagen identisch sind. Unterhalb und oberhalb dieser Menge wechselt die relative Vorteilhaftigkeit der Anlagen, weshalb diese Menge auch als **kritische Menge** bezeichnet wird. Die Vorgehensweise zu Ermittlung der kritischen Menge wird anhand der zwei Anlagen A und B allgemeingültig dargestellt:

$$\begin{aligned} K_{\text{Fix};A} + k_{\text{var};A}x &= K_{\text{Fix};B} + k_{\text{var};B}x \\ k_{\text{var};A}x - k_{\text{var};B}x &= K_{\text{Fix};B} - K_{\text{Fix};A} \\ x\,(k_{\text{var};A} - k_{\text{var};B}) &= K_{\text{Fix};B} - K_{\text{Fix};A} \\ x &= \underline{\underline{\frac{K_{\text{Fix};B} - K_{\text{Fix};A}}{k_{\text{var};A} - k_{\text{var};B}}}} \end{aligned}$$

Die Fixkosten resultieren dabei als Summe aus dem bereits ermittelten Kapitaldienst der Anlagen und den fixen Betriebskosten. Für das betrachtete Beispiel ergibt sich der kritische Wert der Leistung – also in diesem Fall die kritische Stückzahl – aus:

$$\begin{aligned} x &= \frac{K_{\text{Fix};B} - K_{\text{Fix};A}}{k_{\text{var};A} - k_{\text{var};B}} \\ x &= \frac{56.850\,€/\text{a} - 47.850\,€/\text{a}}{4{,}60\,€/\text{Stück} - 4{,}00\,€/\text{Stück}} \\ x &= \underline{\underline{15.000\,\text{Stück/a}}} \end{aligned}$$

Demzufolge ist die Anlage B ab einer Stückzahl von 15.000 Stück vorteilhaft, bei einer geringeren Auslastung hingegen ist die Anlage A vorteilhaft.

In den bisherigen Betrachtungen wurden die Erlöse nicht berücksichtigt. Dies geschieht im folgenden Abschnitt.

Gewinnvergleichsrechnung

Werden die Erlöse der Investitionsmaßnahme mit berücksichtigt, resultiert die Gewinnvergleichsrechnung.[26] Die Differenz aus Erlösen und Kosten ergibt den Gewinn. Eine Maßnahme ist nur dann durchzuführen, wenn sie einen Gewinn erwirtschaftet. Stehen

[26] Da kalkulatorische Werte des internen Rechnungswesens verwendet werden, ist die Bezeichnung „Gewinnvergleichsrechnung" nicht exakt. Genau genommen wird der Beitrag der Investitionsmaßnahme zum Betriebsergebnis ermittelt, die Betrachtung müsste „Betriebsergebnisvergleichsrechnung" heißen. Aufgrund der weiten Verbreitung der Bezeichnung „Gewinnvergleichsrechnung" wird der Begriff hier dennoch übernommen.

mehrere sich ausschließende Maßnahmen zur Auswahl, ist die Variante mit dem höchsten Gewinn zu wählen.

$$\text{Gewinn} = \text{Erlöse} - \text{Betriebskosten} - \text{Abschreibungen} - \text{kalkulatorische Zinsen}$$
$$G_{\text{kalk}} = E - K_B - Ab_{\text{kalk}} - Z_{\text{kalk}}$$

Absolute Vorteilhaftigkeit: Die Maßnahme muss mindestens einen positiven Beitrag zum Betriebsergebnis erwirtschaften, also $G_{\text{kalk}} \geq 0$.

Relative Vorteilhaftigkeit: Diejenige Maßnahme J ist auszuwählen, die aus der Menge der absolut vorteilhaften Objekte den höchsten Beitrag zum Betriebsergebnis leistet, d. h. $G_{\text{kalk};J} = \max\limits_{j} \left\{G_{\text{kalk};j}; G_{\text{kalk};j} \geq 0\right\}$.

Mit den Daten aus Tab. 5.2 ergeben sich Erlöse von 200.000 €/a für jede Alternative. Demzufolge sind beide Anlagen absolut vorteilhaft und die Anlage B ist die relativ vorteilhafte Anlage, da diese bei identischen Erlösen geringere Kosten verursacht.

5.2.2 Rentabilitätsvergleichsrechnung

Im Gegensatz zur Gewinn- und Kostenvergleichsrechnung berücksichtigt die Rentabilitätsvergleichsrechnung, dass Investitionen unterschiedlich viel Kapital binden können. Deshalb werden die Gewinne der Investitionsobjekte zu dem erforderlichen Kapitalbedarf ins Verhältnis gesetzt. Die Kriterien der Vorteilhaftigkeit lassen sich aus dem bisher verwendeten Kriterium der Gewinnvergleichsrechnung wie folgt ableiten:

$$\begin{aligned}
G_{\text{kalk}} &\geq 0 \\
E - K_B - Ab_{\text{kalk}} - Z_{\text{kalk}} &\geq 0 \\
E - K_B - Ab_{\text{kalk}} &\geq Z_{\text{kalk}} \\
E - K_B - Ab_{\text{kalk}} &\geq \frac{I + L}{2} i_{\text{kalk}} \\
\frac{E - K_B - Ab_{\text{kalk}}}{\frac{I+L}{2}} &\geq i_{\text{kalk}} \\
\frac{G_{\text{kalk}} + Z_{\text{kalk}}}{\frac{I+L}{2}} &\geq i_{\text{kalk}} \\
\frac{\text{Gewinn vor Zinsen}}{\text{durchschnittlicher Kapitaleinsatz}} &\geq i_{\text{kalk}} \\
\text{Rentabilität} &\geq i_{\text{kalk}}
\end{aligned}$$

Die Durchführung einer Maßnahme ist dann gerechtfertigt, wenn deren Rentabilität mindestens den vom Unternehmer geforderten Mindestwert erreicht. Diese Mindestrendite kann von Unternehmen zu Unternehmen variieren und ist von den noch im Unternehmen verfügbaren Investitionsalternativen abhängig. Stehen für die Durchführung der Maßnahme mehrere sich ausschließende Alternativen zur Verfügung, so ist diejenige mit der größten Rentabilität zu wählen.

Absolute Vorteilhaftigkeit: Die Maßnahme muss mindestens eine vorgegebene Mindestrentabilität erzielen, d. h. $r \geq r_{\min}$.

Relative Vorteilhaftigkeit: Diejenige Maßnahme J ist auszuwählen, die aus der Menge der absolut vorteilhaften Objekte die höchste Rentabilität erzielt. Es gilt $r_J = \max_j \{r_j; r_j \geq r_{\min}\}$.

Zur Veranschaulichung wird das Beispiel aus Tab. 5.2 aufgegriffen und die Rentabilitäten der Objekte werden wie folgt ermittelt:

$$r_A = \frac{G_{\text{kalk}} + Z_{\text{kalk}}}{\frac{I+L}{2}} = \frac{37.150\,€ + 9.100\,€}{130.000\,€} = \underline{\underline{35{,}58\,\%}}$$

$$r_B = \frac{G_{\text{kalk}} + Z_{\text{kalk}}}{\frac{I+L}{2}} = \frac{43.150\,€ + 9.975\,€}{142.500\,€} = \underline{\underline{37{,}28\,\%}}$$

Da dieser Wert größer ist als der Kalkulationszinssatz von 7 %, sind beide Anlagen absolut vorteilhaft. Die Anlage B ist die relativ vorteilhafte Anlage.

5.2.3 Statische Amortisationsrechnung

Die bisher vorgestellten Methoden basieren auf kalkulatorischen Größen und betrachten einen Durchschnittszeitraum von einem Jahr. Die Amortisationsrechnung ermöglicht einen Wechsel des Betrachtungszeitraums, indem sie untersucht, nach welcher Zeit das investierte Kapital durch die Umsatzerlöse zurückgewonnen wird. Hierfür werden nicht Kosten und Erlöse betrachtet, sondern die mit dem Investitionsobjekt verbundenen Ein- und Auszahlungen. Die Länge des Zeitraums, welcher zur Erwirtschaftung der Investitionsauszahlung erforderlich ist, wird von den Unternehmen als Maßstab des Investitionsrisikos verwendet.[27] Je länger die Amortisation dauert, desto größer ist das Risiko der Investition.

Die Amortisationsrechnung ist in zwei Varianten durchführbar:[28]

- Kumulationsmethode und
- Durchschnittsrechnung.

[27] In diesem Zusammenhang wird der materielle Risikobegriff verwendet. Vgl. zu den unterschiedlichen Risikobegriffen Abb. 1.4.

[28] Vgl. Perridon/Steiner/Rathgeber (2017: 46–50).

Bei dem kumulativen Verfahren werden die jährlichen Rückflüsse aufsummiert. In dem Jahr, in dem die Summe der Rückflüsse größer ist als die Investitionsauszahlung (abzüglich einer möglichen Liquidationseinzahlung), hat sich die Investition amortisiert bzw. befindet sich der Amortisationszeitpunkt t_a. Es gilt:

$$I - L = \sum_{t=1}^{t_a} R_t$$

Bei Investitionen, deren Rückflüsse jährlich in gleicher Höhe anfallen, ist die Durchschnittsmethode anwendbar. Der Zeitpunkt t_a, zu dem die Investitionsauszahlung über die Umsatzerlöse zurückgeflossen ist, ergibt sich aus:

$$t_a = \frac{I - L}{R_t}$$

Dabei beschreibt R_t die jährlichen Rückflüsse. Der durchschnittliche Rückfluss ist **nicht** mit dem durchschnittlichen Gewinn identisch. Beim Rückfluss handelt es sich um die Differenz zwischen laufenden **Ein- und Auszahlungen**, während der Gewinn die Differenz zwischen durchschnittlichen **Erlösen und Kosten** darstellt. Bei der Ermittlung der Rückflüsse bleiben die Investitionsauszahlungen und die Liquidationseinzahlungen unberücksichtigt. Die Rückflüsse lassen sich wie folgt auch aus dem kalkulatorischen Gewinn ermitteln:

$$\begin{aligned} R &= G_{\text{kalk}} + Ab_{\text{kalk}} + Z_{\text{kalk}} \\ &= \underline{G_{\text{kalk}} + KD} \end{aligned}$$

Für die Eingangsdaten aus der Tab. 5.2 ergeben sich folgende Rückflüsse:

$$\begin{aligned} R_{\text{Anlage } A} &= 37.150€/\text{a} + 37.850€/\text{a} = \underline{75.000€/\text{a}} \\ R_{\text{Anlage } B} &= 43.150€/\text{a} + 41.850€/\text{a} = \underline{85.000€/\text{a}} \end{aligned}$$

Es resultieren damit die folgenden statischen Amortisationsdauern:

$$\begin{aligned} t_{a;\text{Anlage } A} &= \frac{230.000\,€}{75.000€/\text{a}} = \underline{3{,}07\,\text{a}} \\ t_{a;\text{Anlage } B} &= \frac{255.000\,€}{85.000€/\text{a}} = \underline{3{,}00\,\text{a}} \end{aligned}$$

Die Berücksichtigung der kalkulatorischen Zinsen ist davon abhängig, ob diese schon als Auszahlung bei der Gewinnermittlung einbezogen wurden (wie im Fall der Fremdkapitalzinsen). Ist das der Fall, bedarf es keiner eigenständigen Berücksichtigung im Rahmen der

Rückflussermittlung. Aus der Darstellung lässt sich die Grenzamortisationsdauer $t_{a;\text{Grenz}}$ folgendermaßen ermitteln:

$$\begin{aligned}
G_{\text{kalk}} + Ab_{\text{kalk}} + Z_{\text{kalk}} &= R \\
R - Ab_{\text{kalk}} - Z_{\text{kalk}} &\geq 0 \\
R - \left[(I-L)\left(\frac{1}{N} + \frac{i_{\text{kalk}}}{2}\right) + L \cdot i_{\text{kalk}}\right] &\geq 0 \\
R &\geq (I-L)\left(\frac{1}{N} + \frac{i_{\text{kalk}}}{2}\right) + L \cdot i_{\text{kalk}} \\
\frac{I-L}{R} &\leq \frac{1}{\frac{1}{N} + \frac{i_{\text{kalk}}}{2} + \frac{L \cdot i_{\text{kalk}}}{I-L}} \\
t_a &\leq t_{a;\text{Grenz}}
\end{aligned}$$

Die ermittelte Amortisationsdauer t_a muss unter der Grenzamortisationsdauer $t_{a;\text{Grenz}}$ liegen. Je größer die geplante Nutzungsdauer und je geringer der Kalkulationszinssatz, desto länger ist auch die Grenzamortisationsdauer.

Für die bisher betrachtete Anlage A ergibt sich die Grenzamortisationsdauer aus:

$$\begin{aligned}
t_{a;\text{Grenz};A} &= \frac{1}{\frac{1}{N} + \frac{i_{\text{kalk}}}{2} + \frac{L \cdot i_{\text{kalk}}}{I-L}} \\
&= \frac{1}{\frac{1}{8\,\text{a}} + \frac{0{,}07/\text{a}}{2} + \frac{15.000\,€ \cdot 0{,}07/\text{a}}{230.000\,€}} \\
&= \underline{6{,}08\,\text{a}}
\end{aligned}$$

Die ermittelte Amortisationsdauer von 3,06 a ist kleiner als die Grenzamortisationsdauer. Für Anlage B resultiert eine Grenzamortisationsdauer von $t_{a;\text{Grenz};B} = 6{,}09$ a.

Wenn die jährlichen Rückflüsse nicht dieselbe Höhe aufweisen, lässt sich die Amortisationsdauer kumulativ ermitteln. Dazu werden die jährlichen Rückflüsse aufaddiert, bis deren Summe den Investitionsauszahlungen entspricht.

Unabhängig von der Ermittlungsmethode kann die relative und die absolute Vorteilhaftigkeit einer Investitionsmaßnahme auf Basis der Amortisationsdauer beurteilt werden.

Absolute Vorteilhaftigkeit: Die Maßnahme muss sich innerhalb eines Zeitraumes amortisiert haben, der die Grenzamortisationsdauer nicht übersteigt, d. h. $t_a \leq t_{a;\text{Grenz}}$.

Relative Vorteilhaftigkeit: Diejenige Maßnahme J ist auszuwählen, die aus der Menge der absolut vorteilhaften Objekte die geringste Amortisationsdauer aufweist, also $t_{a;J} = \min\limits_j \left\{t_{a,j}; t_{a,j} \leq t_{a,j;\text{Grenz}}\right\}$.

Eine Entscheidung allein auf Basis der Amortisationsdauer zu fällen, empfiehlt sich nicht, da ausschließlich der Zeitraum bis zur Rückgewinnung des Kapitaleinsatzes berücksichtigt wird. Entwicklungen nach diesem Zeitraum, die für die Ermittlung des Beitrags der

Investition zum Betriebsergebnis ebenfalls von Bedeutung sind, werden vernachlässigt. Deshalb kann die Amortisationsdauerberechnung zusätzlich zu einem weiteren Vorteilhaftigkeitskriterium, z. B. der Rentabilität, durchgeführt werden. Auf diese Weise erhält der Unternehmer eine umfassendere Entscheidungsgrundlage, die sowohl Rentabilitäts- als auch Risikogesichtspunkte umfasst.

5.2.4 Zusammenfassende Kritik

Investitionsrechnungen sind Entscheidungsmodelle, an die zwei Grundanforderungen zu stellen sind:[29]

- Das vorliegende Entscheidungsproblem soll möglichst realitätsnah abgebildet werden, was mit der Problemadäquanz beschrieben wird.
- Der Entscheidungsträger im Unternehmen muss das Modell nutzen und verstehen können und die Kosten des Modelleinsatzes sollten angemessen sein, womit die Nutzeradäquanz beschrieben ist.

Einfache Sachverhalte, also Entscheidungsprobleme mit wenigen Einflussgrößen, geringen Laufzeiten und geringen Investitionssummen erfordern ebenso einfache Modelle.[30] Mit zunehmender Komplexität der Entscheidungssituation wächst auch die Komplexität der diese Situation abbildenden Modelle. Die Beurteilung von Problem- und Nutzeradäquanz ist immer subjektiver Natur.[31]

Aus diesen Gründen wird im Folgenden nicht von Vor- und Nachteilen gesprochen, da eine Einteilung in diese Kategorien von der Entscheidungssituation, dem Entscheidungsproblem und den Akteurseigenschaften abhängt. Stattdessen werden die Eigenschaften der Verfahren wie folgt zusammengefasst:[32]

- Die zeitliche Struktur der Einflussgrößen bleibt unberücksichtigt. Gewinnmaximierung, Kostenminimierung und Renditestreben erfahren keine zeitliche Präzisierung. Im Zeitablauf steigende oder sinkende Gewinne einer Investitionsalternative führen zu keiner Änderung der Bewertung, solange die Durchschnittsgewinne identisch bleiben.
- Einmalig auftretende Einflussgrößen wie z. B. die Investitionsauszahlung oder die Liquidationseinzahlung werden gleichmäßig als Durchschnittsgrößen über die Laufzeit verteilt.
- Es werden keine vollständigen Investitionsalternativen verglichen. Nicht in dem Investitionsobjekt investierte Beträge, sog. Differenzinvestitionen, können anderweitig verwendet werden, stehen dem Unternehmer also weiterhin zur Verfügung und sind in einer Vorteilhaftigkeitsbetrachtung zu berücksichtigen.

---

[29] Da Entscheidungsmodelle auf Erklärungsmodellen basieren, müssen sie auch die Anforderungen erfüllen, die an Erklärungsmodelle gestellt werden. Vgl. dazu Abschn. 2.2.2.

[30] Vgl. Müller (2009: 484).

[31] Vgl. Abb. 2.21.

[32] Vgl. Perridon/Steiner/Rathgeber (2017: 51).

- Die Nutzungskosten der Verfahren sind gering. Da die einperiodigen Verfahren auf Daten des internen Rechnungswesens zurückgreifen, besteht nur ein geringer Aufwand zur Informationsbeschaffung und -verarbeitung.
- Die Methoden sind leicht nachvollziehbar.

Zusammenfassend wird festgestellt, dass einfache Investitionsprobleme mit geringen zeitlichen Differenzen zwischen den Ein- und Auszahlungen und geringen Investitionsvolumina mit diesen Methoden relativ gut abgebildet werden können.

5.3 Dynamische Verfahren

5.3.1 Berücksichtigung der Zeit

Ein wesentlicher Mangel der statischen Verfahren, die Nichtbeachtung der zeitlichen Unterschiede zwischen Ein- und Auszahlungen, wird mit der dynamischen Betrachtungsweise behoben.[33] Das Auf- oder Abzinsen der jeweiligen Zahlungen trägt dem zeitversetzten Anfall der Zahlungen Rechnung. Der Zinssatz, der zur Bewertung von Zahlungen herangezogen wird, die zu unterschiedlichen Zeitpunkten anfallen, ergibt sich als Zeitpräferenzrate am Kapitalmarkt. Die unterschiedlichen Vorstellungen von Kapitalgebern und Kapitalnehmern über die Verwendung von Finanzmitteln werden mit dem Kapitalmarktzins in Übereinstimmung gebracht. Die Höhe des Zinssatzes gibt an, um wie viel wertvoller ein heute verfügbarer Geldbetrag im Vergleich zu einem gleich hohen Betrag ist, über den jedoch erst später verfügt werden kann. Hohe Kapitalmarktzinsen zeigen, dass die Marktteilnehmer über Finanzmittel lieber in der Gegenwart als in der Zukunft zu verfügen wünschen. In Zeiten, in denen die Wirtschaftssubjekte die Finanzmittel sofort benötigen, wie z. B. während und kurz nach der deutschen Wiedervereinigung, steigt der Zinssatz.

Für die folgenden Ausführungen wird der Zinssatz, den ein Investor bei Anlage von Finanzmitteln erhält, als Habenzinssatz bezeichnet. Nimmt ein Marktteilnehmer Finanzmittel auf, hat er einen Sollzinssatz zu entrichten. Der Zinssatz wird i. d. R. in Prozent per annum angegeben. Der Zinsbetrag ergibt sich unter Berücksichtigung des Zinssatzes, der Verzinsungsdauer, des zu verzinsenden Betrags und der Verzinsungsform. Werden bei der Zinsberechnung die in den Vorperioden angefallenen Zinsen mit verzinst, handelt es sich um Zinseszinsen. Zur finanzmathematischen Berücksichtigung von Zins und Zinseszins werden folgende Annahmen getroffen:

[33] Die als dynamisch bezeichneten Verfahren sind nicht dynamisch in dem Sinne, dass Variablen einer Periode von der Entwicklung dieser Variablen in der Vorperiode abhängen. Die korrekte Bezeichnung müsste demzufolge „finanzmathematische Methoden" lauten. Vgl. Busse von Colbe/Laßmann/Witte (2015: 21). Aufgrund der weiten Verbreitung wird die Bezeichnung „dynamische Verfahren" im weiteren Verlauf jedoch beibehalten.

- Investitionen lassen sich auf Zahlungsreihen reduzieren, die aus Ein- und Auszahlungen bestehen.
- Zeit wird in identische äquidistante Abschnitte unterteilt. Jede Periode wird von einem Anfangs- und Endzeitpunkt begrenzt, wobei der Anfangszeitpunkt einer Periode gleichzeitig den Endzeitpunkt der Vorperiode bildet.
- Jede Zahlung erhält ein Datum, der Index kennzeichnet den Zeitpunkt der Zahlung.

Der sich nach N Jahren aus der Anlage des Betrags B_0 unter Berücksichtigung von Zins und Zinseszins ergebende Wert wird als Endwert EW_N bezeichnet. Bei **nachschüssiger** Verzinsung, d. h. wenn die Zinsen am Ende jedes Jahres gutgeschrieben werden, resultiert der Endwert aus:

$$EW_N = B_0(1 + i)^N$$

Dabei stellt i den Zinssatz dar. Mit $q = 1 + i$ wird der Aufzinsungsfaktor q^N formuliert. Der Kehrwert des Aufzinsungsfaktors q^{-N} wird zur Abzinsung eines in der Zukunft verfügbaren Betrags verwendet und als Abzinsungsfaktor bzw. Diskontierungsfaktor bezeichnet. Der durch Abzinsung ermittelte Wert eines in Zukunft verfügbaren Betrags nennt sich Barwert (Gegenwartswert):

$$B_0 = EW_N(1 + i)^{-N}$$

Je größer der Kalkulationszinssatz, desto größer fällt die Differenz zwischen Endwert und Gegenwartswert aus. Der Gegenwartswert zukünftiger Zahlungen sinkt mit steigendem Zinssatz und umgekehrt. Im Rahmen von Investitionsmaßnahmen resultieren aus einer Investitionsauszahlung i. d. R. Einzahlungen über mehrere Jahre. Deshalb ist der Barwert einer Zahlungsreihe zu betrachten. Der Barwert B_0 der auf den Betrachtungszeitpunkt $t = 0$ abgezinsten Zahlungen Z einer nachschüssigen Zahlungsreihe ergibt sich aus:

$$B_0 = \sum_{t=1}^{N} Z_t q^{-t}$$

Handelt es sich um jährlich gleich hohe Zahlungsbeträge, kann der Barwert der Zahlungsreihe mittels des Rentenbarwertfaktors wie folgt berechnet werden:

$$B_0 = Z_t \sum_{t=1}^{N} q^{-t}, \text{ bzw.}$$

$$B_0 = Z_t \frac{q^N - 1}{q^N(q-1)}, \text{ mit } \frac{q^N - 1}{q^N(q-1)} \text{ als Rentenbarwertfaktor.}$$

Der Rentenbarwertfaktor diskontiert die einzelnen Glieder der Zahlungsreihe unter Berücksichtigung von Zins und Zinseszins und addiert die Gegenwartswerte. Für unbegrenzt lange Zahlungsreihen – ewige Rente – ergibt sich der Barwert folgendermaßen:[34]

$$B_0 = \lim_{N \to \infty} Z_t \frac{q^N - 1}{q^N (q - 1)}$$

$$B_0 = \lim_{N \to \infty} Z_t \frac{1 - \frac{1}{q^N}}{q - 1}$$

$$B_0 = \frac{Z_t}{q - 1}$$

Ein zum heutigen Zeitpunkt verfügbarer Betrag B_0 kann unter Berücksichtigung des Zinssatzes i auch gleichmäßig auf N Jahre verteilt werden. Die dabei entstehende betragliche Gleichheit der jährlichen Zahlungen begründet die Verwendung der Begriffe Annuität oder auch Rente.

$$Z_t = B_0 \frac{q^N (q - 1)}{q^N - 1}$$

Der Kehrwert des Rentenbarwertfaktors $\frac{q^N(q-1)}{q^N-1}$ wird als Annuitätenfaktor (Kapitalwiedergewinnungsfaktor) bezeichnet. Der Annuitätenfaktor ist der Kapitaldienstfaktor, der die Wirkung von Zins und Zinseszins berücksichtigt. Wie auch der Rentenbarwertfaktor kann der Annuitätenfaktor für unendliche Reihen ermittelt werden. Liegt eine Zahlungsreihe von jährlich wiederkehrenden gleich hohen Zahlungen Z_t vor, die jährlich verzinst werden und deren Zinsen wiederum mitverzinst werden, lässt sich der Endwert dieser Zahlungsreihe EW_N wie folgt ermitteln:

$$EW_N = \sum_{t=1}^{N} Z_t q^{N-t} = Z_t \frac{q^N - 1}{q - 1}$$

Der Term $\frac{q^N-1}{q-1}$ wird auch als Endwertfaktor bzw. Rentenendwertfaktor bezeichnet. In Tab. 5.3 sind die wesentlichen finanzmathematischen Faktoren zusammengefasst.

Die bisherigen Darstellungen bezogen sich auf nachschüssige Zahlungen. Kennzeichnend für diese Vorgehensweise ist der Umstand, dass die Basis für die Ermittlung der Periodenzinsen in dem Anfangskapital der Periode besteht. Die Periodenzinsen werden auf dieser Basis berechnet und am Periodenende dem Anfangskapital hinzugerechnet. Im Unterschied zu diesen können auch **vorschüssige Zinszahlungen** betrachtet werden, also Zahlungen, die am Beginn jeder Periode geleistet werden. Wird eine Zahlung betrachtet, die vorschüssig verzinst wird, so resultiert deren Endwert nach N Jahren mit:[35]

$$EW_{N;\text{vor}} = B_0 (1 - i)^{-N}$$

[34] Vgl. Busse von Colbe/Laßmann/Witte (2015: 43).

[35] Vgl. Bieg/Kußmaul/Waschbusch (2016: 75).

Tab. 5.3 Übersicht finanzmathematischer Faktoren nachschüssiger Zahlungen. Quelle: Eigene Darstellung, in Anlehnung an: Däumler/Grabe (2014: 81)

Bezeichnung	Faktor	Funktion
Aufzinsungsfaktor	q^N	Zinst einen heute verfügbaren Betrag auf einen nach N Jahren verfügbaren Betrag auf
Abzinsungsfaktor	q^{-N}	Zinst einen nach N Jahren verfügbaren Betrag auf einen heute verfügbaren Betrag ab
Rentenbarwertfaktor für unendliche Reihen	$\frac{1}{q-1}$	Ermittlung des Barwertes von jährlich gleich großen Beträgen, die in einer unbegrenzten Anzahl von Jahren anfallen
Rentenbarwertfaktor für endliche Reihen	$\frac{q^N-1}{q^N(q-1)}$	Ermittlung des Barwertes einer endlichen Reihe von gleich großen Jahresbeträgen
Annuitätenfaktor für unendliche Reihen	$q-1$	Umwandlung eines heute verfügbaren Betrages in gleich große jährliche Zahlungen für unbegrenzte Zeit
Annuitätenfaktor für endliche Reihen	$\frac{q^N(q-1)}{q^N-1}$	Verteilung eines heute verfügbaren Betrages auf gleich hohe Beträge für N Jahre
Endwertfaktor für endliche Reihen	$\frac{q^N-1}{q-1}$	Zinst die Glieder einer Zahlungsreihe auf den Zeitpunkt N auf und summiert deren Endwerte
Restwertverteilungsfaktor für endliche Reihen	$\frac{q-1}{q^N-1}$	Verteilung eines nach N Jahren verfügbaren Betrages auf gleich hohe Beträge über N Jahre

Tab. 5.4 Grundlegende finanzmathematische Faktoren vorschüssiger Zahlungen. Quelle: Eigene Darstellung

Bezeichnung	Faktor
Aufzinsungsfaktor	$\frac{1}{(1-i)^N}$
Rentenbarwertfaktor für endliche Reihen	$\frac{q^N-1}{q^{N-1}(q-1)}$
Endwertfaktor für endliche Reihen	$\frac{q\left(q^N-1\right)}{q-1}$

Bei Verwendung eines identischen Zinssatzes ist der Endwert einer Zahlung mit vorschüssiger Zinszahlung größer als der Endwert derselben Zahlung mit nachschüssiger Verzinsung. Die grundlegenden Zusammenhänge zur Bildung der Summen dieser Reihen sind dieselben wie bei Verwendung nachschüssiger Zahlungen. In Tab. 5.4 sind die grundlegenden finanzmathematischen Faktoren vorschüssiger Zahlungen zusammengefasst. Für den Diskontierungs- und den Annuitätenfaktor gelten dieselben Relationen wie bei nachschüssiger Zahlung, so dass diese als Kehrwert der korrespondierenden Faktoren (Aufzinsungs- resp. Rentenbarwertfaktor) ermittelt werden.

Im Rahmen der beiden soeben vorgestellten Verfahren findet die Zinszahlung einmal während jeder Periode statt: Entweder zu Beginn oder am Ende der Periode. In Ergänzung zu diesen Berechnungsverfahren ist noch der Fall zu berücksichtigen, dass die Zinsen zu **mehreren Zeitpunkten** innerhalb einer Periode gezahlt werden. Dies geschieht mit dem Konzept der sog. **unterjährigen Verzinsung**. Dabei wird unterstellt, dass die zugrunde liegende Verzinsungsperiode (i. d. R. das Kalenderjahr) in gleich lange Teilperioden aufgespalten wird. Im Folgenden bezeichnet m die Anzahl dieser Teilperioden, wobei $m > 1$. Aus dem bisher verwendeten Jahreszinssatz i resultiert der unterjährige Zinssatz i_m mit $i_m = \frac{i}{m}$. Der Endwert EW_N eines Betrages B_0 bei m-maliger unterjähriger Verzinsung mit dem Jahreszinssatz i resultiert nach N Jahren aus:[36]

$$EW_N = B_0 \left(1 + \frac{i}{m}\right)^{m \cdot N}$$

Wird davon ausgegangen, dass die Verzinsung zeitstetig verläuft, kann die Anzahl der Zinszahlungsperioden mit unendlich angenommen werden, was zur folgenden Darstellung führt:[37]

$$EW_N = B_0 \cdot \lim_{m \to \infty} \left(1 + \frac{i}{m}\right)^{m \cdot N}$$

Da $\lim_{m \to \infty} \left(1 + \frac{i}{m}\right)^m = e^i$ (mit e als Eulerscher Zahl), resultiert der Endwert EW_N eines Betrages B_0 bei zeitstetiger Verzinsung mit dem Jahreszinssatz i nach N Jahren mit:

$$EW_N = B_0 \cdot e^{i \cdot N}$$

Für den Zusammenhang zwischen dem Barwert eines Betrags, der nach N Jahren zur Verfügung steht, und dessen Endwert gilt bei zeitstetiger Verzinsung:

$$B_0 = EW_N \cdot e^{-i \cdot N}$$

Allgemein gilt, dass bei unterjähriger nachschüssiger Verzinsung eines Betrages ein höherer Endwert resultiert als die einfache nachschüssige Verzinsung desselben Betrages. Zusätzlich ist festzustellen, dass mit zunehmender Anzahl an Teilperioden der resultierende Endwert steigt. Beide Effekte sind darauf zurückzuführen, dass die Zinseszinsen häufiger ermittelt, zugeteilt und wieder angelegt werden.

In den folgenden Betrachtungen werden **ausschließlich nachschüssige** Zahlungen verwendet. Lediglich im Zusammenhang mit der Optionsbewertung wird die **zeitstetige** Verzinsung relevant.[38]

[36] Vgl. Busse von Colbe/Laßmann/Witte (2015: 34).
[37] Vgl. Bieg/Kußmaul/Waschbusch (2016: 81).
[38] Vgl. Abschn. 7.6.

5.3.2 Kapitalwert

Der Kapitalwert (Nettobarwert, Net Present Value, Discounted Cashflow) ist ein außerordentlich häufig verwendetes Entscheidungskriterium.[39] Der Kapitalwert stellt die Summe aller auf einen Zeitpunkt ab- bzw. aufgezinsten Ein- und Auszahlungen dar.[40] Auf diese Weise repräsentiert der Kapitalwert alle Zahlungen einer Investition in einem Betrag. Verschiedene Investitionsobjekte lassen sich über die Kapitalwerte vergleichen.

Die Wahl des Bezugszeitpunktes ist für den Vergleich unerheblich, wichtig ist lediglich, dass für alle Alternativen derselbe Zeitpunkt verwendet wird. Üblicherweise wird der Zeitpunkt $t = 0$ gewählt, der den heutigen Wert verkörpert. Der Investor möchte mit dem Investitionsobjekt Einzahlungen erzielen, die größer sind als die Auszahlungen. Zur Vergleichbarkeit der Zahlungen werden diese auf den Zeitpunkt $t = 0$ transformiert, also barwertig betrachtet. Demzufolge muss der Barwert der Einzahlungen E_0 höher liegen als der Barwert der Auszahlungen A_0, die Differenz aus den beiden Werten muss größer bzw. gleich null sein. Es gilt $E_0 - A_0 \geq 0$ und mit der Bezeichnung des Kapitalwertes C_0 folgt $C_0 \geq 0$.

Der Kapitalwert einer Investition ist die Summe der Barwerte aller mit dieser Maßnahme verbundenen Ein- und Auszahlungen, also die Differenz zwischen barwertigen Ein- und Auszahlungen. Zur Formulierung der Kapitalwertfunktion wird angenommen, dass ein vollkommener Kapitalmarkt vorliegt, dessen Kennzeichen sind:[41]

- Es existiert ein einheitlicher Zinssatz für Geldanlage und Kreditaufnahme.
- Zu diesem Zinssatz können Finanzmittel in unbeschränkter Höhe angelegt und aufgenommen werden.
- Transaktionskosten, Steuern und Abgaben existieren nicht.[42]

Bei Annahme dieser Voraussetzungen ist der Kapitalwert zum Zeitpunkt $t = 0$ wie folgt definiert:[43]

$$\boxed{C_0 = -I_0 + \sum_{t=1}^{N} R_t q^{-t} + L_N \cdot q^{-N}}$$

[39] Zu einer Darstellung der historischen Entwicklung des Kapitalwertes vgl. Schneider (1981: 334–339).

[40] Vgl. Schneider (1951: 15); Busse von Colbe/Laßmann/Witte (2015: 56).

[41] Vgl. Hering (2017: 33–34).

[42] Diese Annahme wird später teilweise aufgehoben und es werden ausgewählte Steuern berücksichtigt. Vgl. Abschn. 5.6.

[43] Vgl. Pape (2015: 365).

worin:

$I_0 =$ Anschaffungsauszahlung zum Zeitpunkt $t = 0$
$R_t =$ Jährlicher Rückfluss als Einzahlungsüberschuss
$L_N =$ Liquidationseinzahlung zum Zeitpunkt $t = N$
$q = (1 + i)$ mit i als Kalkulationszinssatz
$N =$ Nutzungsdauer des Investitionsobjektes

Für konstante Einzahlungsüberschüsse $R_1 = R_2 = \cdots = R_N = R$ reduziert sich der Ausdruck zu:

$$C_0 = -I_0 + R\frac{q^N - 1}{q^N(q-1)} + L_N \cdot q^{-N}$$

Der Kapitalwert stellt die Vermögensmehrung zum Zeitpunkt des Investitionsbeginns über die gesamte Nutzungsdauer dar. Deshalb wird er auch als finanzwirtschaftlicher Gewinn bezeichnet. Aus den bisherigen Ausführungen ergibt sich, dass ein Investitionsobjekt dann durchgeführt werden sollte, wenn die barwertigen Einzahlungen größer sind als die barwertigen Auszahlungen. Selbst bei einer exakten Übereinstimmung dieser Summen ist die Investitionsmaßnahme genauso vorteilhaft wie die Anlage der Finanzmittel zum Kalkulationszinssatz. Als Beispiel wird eine Investition betrachtet, die mit einer Investitionsauszahlung in Höhe von 1.000 € über einen Zeitraum von vier Jahren jährliche Rückflüsse in Höhe von 330 € erwirtschaftet. Der Kapitalwert dieser Investition resultiert bei einem Zinssatz von 8 % p. a. mit:

$$C_0 = -1.000\,€ + \sum_{t=1}^{4} 330\,€ \cdot 1{,}08^{-t} + 0$$

Da die jährlichen Rückflüsse dieselbe Höhe aufweisen, kann formuliert werden:

$$\begin{aligned} C_0 &= -1.000\,€ + 330\,€\frac{1{,}08^4 - 1}{1.08^4 \cdot 0{,}08} \\ &= 93{,}\text{–}\,€ \end{aligned}$$

Absolute Vorteilhaftigkeit: Die Durchführung einer Investition ist vorteilhaft, wenn der Kapitalwert nicht negativ ist. Es gilt $C_0 \geq 0$.

Relative Vorteilhaftigkeit: Diejenige Maßnahme J ist auszuwählen, die aus der Menge der absolut vorteilhaften Objekte den höchsten Kapitalwert aufweist. Es gilt $C_{0;J} = \max_j \{C_{0;j}; C_{0;j} \geq 0\}$.

Die **wesentliche Voraussetzung** für den relativen Vorteilhaftigkeitsvergleich bildet die Betrachtung identischer Investitionsauszahlungen und identischer Laufzeiten.[44] Um Alternativen mit unterschiedlichen Investitionsauszahlungen und Laufzeiten vergleichbar zu

[44] Vgl. Abschn. 5.1.1.

machen, werden fiktive Ergänzungsinvestitionen betrachtet. Sind die Anschaffungsauszahlungen von zwei zu vergleichenden Alternativen unterschiedlich groß, verfügt der Investor bei der Variante mit dem geringeren Kapitaleinsatz über die Möglichkeit, die freien Differenzmittel anzulegen. Wenn diese Mittel zum Kalkulationszinssatz angelegt werden können, ist der Kapitalwert dieser Ergänzungsinvestition null und der unterschiedliche Kapitaleinsatz entscheidungsirrelevant. Um dies zu zeigen, werden zwei Investitionsalternativen $V1$ und $V2$ betrachtet, wobei gilt:

$$\begin{aligned} I_{01} &> I_{02} \quad \text{und} \\ \Delta I_0 &= I_{01} - I_{02} \end{aligned}$$

Der Kapitalwert $C_{0\Delta I_0}$ dieser Differenzinvestition ergibt sich aus:

$$C_{0\Delta I_0} = -\Delta I_0 + \sum_{t=1}^{N} R_t \cdot q^{-t} + \Delta I_0 \cdot q^{-N}$$

Da $R_t = \Delta I_0 \cdot i$, ergibt sich:

$$\sum_{t=1}^{N} R_t \cdot q^{-t} = \Delta I_0 \cdot i \frac{q^N - 1}{q^N (q-1)}$$

Es folgt:

$$\begin{aligned} C_{0\Delta I_0} &= \Delta I_0 \left(-1 + i \frac{q^N - 1}{q^N (q-1)} + q^{-N} \right) \\ &= \Delta I_0 \left(-1 + 1 - q^{-N} + q^{-N} \right) \\ &= 0 \end{aligned}$$

Sind andere Anlagemöglichkeiten verfügbar, so ist der mit dieser Ergänzungsinvestition erzielbare Kapitalwert zu ermitteln und zu dem Kapitalwert der Basisinvestition hinzuzurechnen.

Weisen die Alternativen unterschiedliche Laufzeiten auf, ist festzustellen, ob es sich um Einmalinvestitionen handelt oder ob die Investitionsobjekte nach Ablauf der Nutzungsdauer durch identische Objekte ersetzt werden. Im Fall der Einmalinvestition ist bei der Variante mit der kürzeren Nutzungsdauer nach Ablauf der Nutzungszeit die Anlage der dann frei werdenden Mittel möglich. Um einen identischen Betrachtungszeitraum herzustellen, wird angenommen, dass diese Mittel für die restliche Zeit bis zum Ablauf der Nutzungsdauer der längerlaufenden Variante zum Kalkulationszinssatz angelegt werden. Der Kapitalwert der so beschriebenen Ergänzungsinvestition ist null. Als Beispiel werden zwei Investitionen betrachtet, von denen eine Variante eine Nutzungsdauer von vier

Jahren, die andere Variante eine Nutzungsdauer von zwei Jahren aufweist:

$$V_1\colon -I_{0;V_1} + R_{1;V_1} + R_{2;V_1} + R_{3;V_1} + R_{4;V_1}$$
$$V_2\colon -I_{0;V_2} + R_{1;V_2} + R_{2;V_2}$$

Wenn die Einzahlungsüberschüsse der Variante 2 zum Kalkulationszinssatz angelegt werden können, ergibt sich der Kapitalwert dieser Ergänzungsinvestition $C_{0;E}$ aus:

$$C_{0;E} = -R_{1;V_2}q^{-1} - R_{2;V_2}q^{-2} + R_{1;V_2}q^3q^{-4} + R_{2;V_2}q^2q^{-4} = 0$$

Für jedes konkrete Problem ist zu prüfen, ob die Annahme der Anlage der frei werdenden Mittel zum Kalkulationszinssatz realistisch ist.

Ein anderes Ergebnis entsteht bei der mehrmaligen identischen Wiederholung der Investitionsmaßnahme, d. h. bei einer Investitionskette. Die Vergleichbarkeit von Alternativen mit unterschiedlichen Nutzungsdauern kann dann dadurch erreicht werden, dass jedes Investitionsobjekt so lange wiederholt wird, bis die Investitionsketten dieselben Laufzeiten aufweisen und dementsprechend identische Planungszeiträume vorliegen. Der Kapitalwert C_{0K} mit m-maliger identischer Installation ergibt sich aus:[45]

$$\begin{aligned}
C_{0;K} &= C_0 + C_0q^{-N} + \cdots + C_0q^{-(m-2)N} + C_0q^{-(m-1)N}\\
C_{0;K}q^N &= C_0q^N + C_0 + C_0q^{-N} + C_0q^{-2N} + \cdots + C_0q^{-(m-2)N}\\
C_{0;K}q^N - C_{0K} &= C_0q^N - C_0q^{-(m-1)N}\\
C_{0;K}\left(q^N - 1\right) &= C_0q^N - C_0q^{-(m-1)N}
\end{aligned}$$

Der Kapitalwert einer endlichen Investitionskette bei m-maliger Installation einer Anlage resultiert daraus mit:

$$\boxed{C_{0;K} = C_0\frac{q^N - q^{-(m-1)N}}{q^N - 1}}$$

Wird davon ausgegangen, dass die Anlage unendlich oft installiert wird, so gilt $m \to \infty$ und es resultiert:

$$\lim_{m\to\infty} C_0\frac{q^N - q^{-(m-1)N}}{q^N - 1} = C_0\frac{q^N}{q^N - 1}$$

Dies liefert den Kapitalwert einer unendlichen Investitionskette $C_{0;K;\infty}$:

$$\boxed{C_{0;K;\infty} = C_0\frac{q^N}{q^N - 1}}$$

Zur Veranschaulichung werden folgende Investitionsmaßnahmen betrachtet:

[45] Vgl. Busse von Colbe/Laßmann/Witte (2015: 75).

Bei einmaliger Durchführung ergeben sich mit $i = 0{,}08$ die Kapitalwerte $C_{0;V_1} = 93$ und $C_{0;V_2} = 70$. Zur Herstellung eines identischen Betrachtungszeitraumes kann Variante 2 im zweiten Jahr einmalig wiederholt werden, es resultiert folgende Zahlungsreihe:

$$V_{2;K}: \{-1.000_0; 600_1; 600_2; -1.000_2; 600_3; 600_4\}$$

Der Kapitalwert der erstmalig installierten Anlage und gleichzeitig des ersten Kettenglieds beträgt $C_{0;V_2} = 70$. Für das zweite Kettenglied, also die einmalig wiederholt installierte identische Anlage, ergibt sich im zweiten Jahr derselbe Kapitalwert. Der Kapitalwert der gesamten Kette resultiert aus: $C_{0;V_2;K} = 70 + 70q^{-2} = 130$. Ist von einer einmaligen Wiederholung der Variante 2 auszugehen, ist diese Variante im Vergleich zu Variante 1 relativ vorteilhaft. Wird die unendliche Investitionskette als identischer Betrachtungszeitraum gewählt, ergeben sich folgende Resultate:

$$C_{0;V_1;K;\infty} = 93\left[\frac{1{,}08^4}{1{,}08^4 - 1}\right] = 351 \quad \text{und} \quad C_{0;V_2;K;\infty} = 70\left[\frac{1{,}08^2}{1{,}08^2 - 1}\right] = 491$$

Welche der Vorgehensweisen zur Herstellung eines identischen Betrachtungszeitraumes gewählt wird, ist von den Eigenschaften des Investitionsobjektes abhängig. Im Fall von Maschinen und Anlagen, die nur geringen technologischen Entwicklungen unterliegen, kann von einem unendlichen Betrachtungszeitraum ausgegangen werden.

Entscheidende Bedeutung für die Verwendung der Kapitalwertmethode besitzt die Höhe des Kalkulationszinssatzes. Bei Annahme eines vollkommenen Kapitalmarktes ist dieser Zinssatz dem Investor vorgegeben. Da diese Annahme jedoch nicht der Realität entspricht, ist zu klären, auf welcher Grundlage der Kalkulationszinssatz effektiv bestimmt werden kann. Wird der Kalkulationszinssatz als die vom Investor geforderte Mindestverzinsung interpretiert, leitet sich der Kalkulationszins aus den alternativen internen und externen Anlagemöglichkeiten im Sinne eines Opportunitätskostensatzes ab.

Eine andere Möglichkeit zur Bestimmung des Zinssatzes besteht in der Orientierung an den Finanzierungskosten. Bei Fremdfinanzierung wird der Fremdkapitalzinssatz verwendet und bei Eigenfinanzierung der bei einer Geldanlage alternativ erzielbare Zinssatz. Bei Finanzierungen mit Fremd- und Eigenkapital können die gewichteten Kapitalkosten als Kalkulationszinssatz zum Einsatz kommen.

Wird der Kapitalwert mit dem Kapitalwiedergewinnungsfaktor (Annuitätenfaktor) multipliziert und somit gleichmäßig auf die Investitionsdauer verteilt, ergibt sich die Annuität An einer Investition:[46]

$$\boxed{An = C_0 \frac{(q-1)q^N}{q^N - 1}}$$

[46] Vgl. Franke/Hax (2009: 174).

Die Annuität gibt an, welcher Betrag in jeder Periode während der Nutzungsdauer eines Objektes dem Investor zur Verfügung steht. Sie stellt den jährlichen Zahlungsüberschuss dar.[47]

Absolute Vorteilhaftigkeit: Die Durchführung einer Investition ist vorteilhaft, wenn die Annuität nicht negativ ist. Es gilt $An \geq 0$.

Relative Vorteilhaftigkeit: Diejenige Maßnahme J ist auszuwählen, die aus der Menge der absolut vorteilhaften Objekte die höchste Annuität aufweist, $An_J = \max_j \{An_j; An_j \geq 0\}$.

Werden zwei Anlagen mit unterschiedlicher Nutzungsdauer mit Hilfe der Annuitätenmethode in einer Weise verglichen, dass keine identischen Betrachtungszeiträume gebildet werden können, da keine Ersatzinvestitionen geplant sind, ist der Annuitätenfaktor auf Basis der Anlage mit der längeren Laufzeit zu verwenden![48] Nur dann ist die Beurteilung der Vorteilhaftigkeit mit Kapitalwertmethode und Annuität identisch, da der Kapitalwiedergewinnungsfaktor derselbe ist.

5.3.3 Interner Zins

Der interne Zinssatz i_{int} wird häufig als Zielgröße zur Vorteilhaftigkeitsbetrachtung von Investitionen herangezogen. Er stellt denjenigen Zinssatz dar, bei dessen Verwendung der Kapitalwert einer Investition gleich null ist:[49]

$$\boxed{C_0 = -I_0 + \sum_{t=0}^{N} R_t (1 + i_{\text{int}})^{-t} + L_N (1 + i_{\text{int}})^{-N} = 0}$$

Der Zinssatz, bei dessen Verwendung der Barwert der Auszahlung genauso groß ist wie der Barwert der Einzahlungen, wird als interner Zinssatz bezeichnet. Die Ermittlung des internen Zinses kann über das Newton-Verfahren, die Regula falsi oder mittels Standardtabellenkalkulationsprogrammen geschehen. In Abhängigkeit von der Struktur der Zahlungsreihen liefert das Verfahren eine eindeutige Lösung (einen Zinssatz), mehrdeutige Lösungen (mehrere interne Zinssätze) oder das Ergebnis, dass kein interner Zinssatz existiert. Dies resultiert aus der Bestimmungsgleichung des internen Zinssatzes, die für eine Nutzungsdauer von N Jahren eine Polynomgleichung N-ten Grades darstellt und

[47] Vgl. VDI 6025 (2012: 40–42).
[48] Vgl. Schulte (1981); Pape (2015: 377).
[49] Vgl. Blohm/Lüder/Schaefer (2012: 81).

N Lösungen aufweisen kann.[50] Die Ermittlung einer ökonomisch sinnvoll interpretierbaren Lösung ist nur möglich, wenn Investitionen vorliegen, deren Zahlungsreihen folgende Eigenschaften aufweisen:[51]

- Die Zahlungsreihe beginnt mit einer oder mehreren Auszahlungen, nach denen ausschließlich Einzahlungen stattfinden.
- Die Summe der Einzahlungen ist größer als die Summe der Auszahlungen.

Investitionen, die derartig charakterisierte Zahlungsreihen aufweisen, werden als **Normalinvestitionen** bezeichnet, da diese in der Praxis am häufigsten vorkommen.

Absolute Vorteilhaftigkeit: Die Durchführung einer Investition ist vorteilhaft, wenn der interne Zinssatz der Maßnahme über der geforderten Mindestverzinsung liegt. Es gilt $i_{\text{int}} \geq i_{\text{min}}$.

Zur Verdeutlichung werden die zwei bekannten Zahlungsreihen betrachtet:

$$V_1\colon I_0 = 1.000;\ R_1 = R_2 = R_3 = R_4 = 330$$
$$V_2\colon I_0 = 1.000;\ R_1 = R_2 = 600$$

Bei einmaliger Durchführung ergeben sich mit $i = 0{,}08$ die Kapitalwerte $C_{0;V_1} = 93$ und $C_{0;V_2} = 70$, woraus nach dem Kapitalwertkriterium die relative Vorteilhaftigkeit der Variante 1 geschlussfolgert wird. Die internen Zinssätze ergeben sich mit:

$$i_{\text{int};V_1} = 12{,}11\,\% \quad \text{und} \quad i_{\text{int};V_2} = 13{,}06\,\%$$

Demnach ist die Variante 2 relativ vorteilhaft. Dieses Ergebnis widerspricht dem Resultat des Vorteilhaftigkeitsvergleiches auf Basis des Kapitalwertkriteriums. Es stellt sich nun die Frage, wie diese Ergebnisse zu interpretieren sind. In der Abb. 5.2 finden sich die Kapitalwertfunktionen der zwei Varianten in Abhängigkeit vom Zinssatz, woraus der kritische Zinssatz und die internen Zinssätze der Alternativen ablesbar sind. Der kritische Zinssatz i^* ist der Zinssatz, bei dessen Verwendung die Kapitalwerte der beiden Varianten identisch sind.[52] In dem Beispiel beträgt der kritische Zinssatz 10,55 % pro Jahr. Da sich die zwei Kapitalwertfunktionen im betrachteten Quadranten schneiden und der Kalkulationszinssatz geringer ist als der kritische Zinssatz, ergibt sich ein Widerspruch aus dem Alternativenvergleich mit Kapitalwertkriterium und dem Kriterium des internen Zinssatzes. Beide Methoden führen dann zur gleichen Reihenfolge der relativen Vorteilhaftigkeit

[50] Vgl. Hering (2017: 104).
[51] Vgl. Witten/Zimmermann (1977: 102–109); Busse von Colbe/Laßmann/Witte (2015: 130–131).
[52] Vgl. Breuer (2012: 135–137).

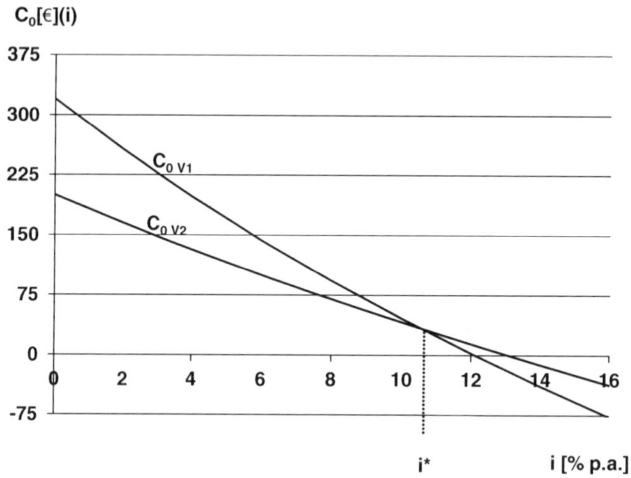

Abb. 5.2 Kapitalwertfunktionen des Beispiels in Abhängigkeit vom Zinssatz. Quelle: Eigene Darstellung auf Basis der Eingangsdaten aus dem Text

auf Basis des internen Zinssatz-Kriteriums, wenn der Zinssatz i_{kalk}, der zur Bestimmung des Kapitalwertes verwendet wird, größer ist als der kritische Zinssatz.

Als Zwischenergebnis kann festgehalten werden:[53]

Kapitalwert-Methode, Annuitäten-Methode und interne Zinssatz-Methode führen bei konsistenter Anwendung zu identischen Urteilen in Bezug auf die relative Vorteilhaftigkeit von Investitionsmaßnahmen!

Während die Kapitalwertmethode in dem ihr zugewiesenen Definitionsbereich unumstritten ist,[54] ist die Methode des internen Zinssatzes in der Literatur sehr heftig – vielleicht sogar etwas ungewöhnlich heftig – diskutiert worden.[55] Die Diskussionen versuchen, folgenden Aspekt zu klären: Wie beim Kapitalwertkalkül wird auch bei der Verwendung des internen Zinssatzes implizit angenommen, Differenzen in Bezug auf die Nutzungsdauer bzw. die Kapitalbindung können zum internen Zinssatz angelegt werden.[56] Dieser interne

[53] In der VDI 6025 wird zwar auf die möglichen unterschiedlichen Ergebnisse von Kapitalwert-Methode, Annuitäten-Methode und interner Zinssatz-Methode hingewiesen, ohne jedoch eine Lösung bzw. Erklärung anzubieten. Vgl. VDI 6025 (2012: 49).

[54] Immer unter der Beachtung der Modellprämissen des vollkommenen Kapitalmarktes!

[55] Vgl. Kilger (1965); Busse von Colbe/Laßmann/Witte (2015: 147–149); Schneider (1992: 89–93); Hering (2017: 129); Kruschwitz (2014: 92–96); Copeland/Weston/Shastri (2008: 65–69); Pape (2015: 384–385); Blohm/Lüder/Schaefer (2012: 90–92).

[56] Vgl. Götze (2014: 111).

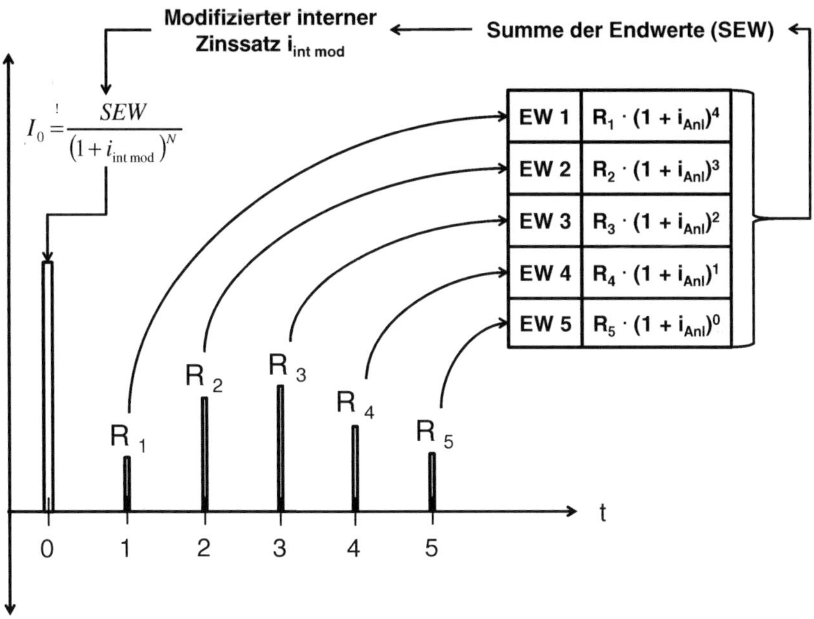

Abb. 5.3 Ermittlung des modifizierten internen Zinssatzes. Quelle: Eigene Darstellung, in Anlehnung an: Hahn/Hungenberg (2001: 403)

Zinssatz ergibt sich jedoch aus dem Investitionsobjekt und ist die gesuchte Größe! Diese Annahme ist der **wichtigste Kritikpunkt**, der – neben der mathematischen Problematik, die durch die Annahme von Normalinvestitionen „wegdefiniert" wird – gegen die Methodik des internen Zinssatzes vorgebracht wird.

Ein Ansatz, mit dem die Wiederanlageprämisse aufgegeben wird, besteht in der modifizierten internen Zinssatzmethode, auch als BALDWIN-Methode bezeichnet.[57] Gedankliche Basis ist die **Aufspaltung** des Kalkulationszinssatzes in **zwei unterschiedliche Zinssätze** (vgl. Abb. 5.3): Ein Zinssatz dient dabei zur Anlage der Rückflüsse über die Laufzeit. Bei diesem Anlagezinssatz i_{Anl} handelt es sich um den vom Unternehmen üblicherweise verwendeten Zins. Bei Verwendung dieses Zinses ergibt sich die Summe aller Endwerte aus:

$$EW_N = \sum_{t=1}^{N} R_t q^{N-t}$$

Diese Summe wird nun mit dem zweiten Zinssatz, dem modifizierten internen Zinssatz $i_{\text{int mod}}$, welcher auch als BALDWIN-Zins bezeichnet wird, auf den Zeitpunkt $t = 0$ abgezinst. Gesucht ist derjenige Zins, bei dessen Verwendung der Barwert der Endwerte dieselbe Höhe aufweist wie die Investitionsauszahlung. Das heißt:

[57] Vgl. Baldwin (1959); Pape (2015: 388–389).

Der modifizierte interne Zinssatz $i_{\text{int mod}}$ ist der Zinssatz, bei dessen Verwendung der Barwert der Summe der Rückflussendwerte genauso hoch ist wie die Investitionsauszahlung.

Es muss also gelten:[58]

$$\left[\sum_{t=1}^{N} R_t q^{N-t}\right](1 + i_{\text{int mod}})^{-N} = I_0$$

Daraus resultiert der modifizierte interne Zinssatz:

$$\boxed{i_{\text{int mod}} = \sqrt[N]{\frac{\sum_{t=1}^{N} R_t q^{N-t}}{I_0}} - 1}$$

Auch dieser Zins ist jedoch zu kritisieren, da die Aufspaltung sehr willkürlich erscheint und immer noch die Frage offen bleibt, welcher denn der Unternehmenszins zur Ermittlung der Endwerte ist.

5.3.4 Dynamische Amortisationsrechnung

Mit der dynamischen Amortisationsrechnung wird der Zeitraum ermittelt, nach dem die Investitionsauszahlungen über die Rückflüsse wieder im Unternehmen verfügbar sein werden. Im Gegensatz zur statischen Amortisationsrechnung wird bei der dynamischen Variante die Verzinsung mit berücksichtigt. Somit stellt der dynamische Amortisationszeitpunkt $t_{a\,\text{dyn}}$ den Zeitpunkt dar, bis zu dem die Investitionsauszahlung bei Berücksichtigung des Zinseszinseffektes durch die Rückflüsse – unter Berücksichtigung einer möglichen Liquidationseinzahlung – wiedergewonnen wird. Das ist demzufolge der Punkt, in dem der Kapitalwert als Funktion der Zeit den Wert null aufweist. Die Amortisationsdauer $t_{a\,\text{dyn}}$ ist definiert durch:[59]

$$\boxed{\sum_{t=1}^{t_{a\,\text{dyn}-1}} R_t q^{-t} < I_0 \leq \sum_{t=1}^{t_{a\,\text{dyn}}} R_t q^{-t}}$$

Die Entscheidungskriterien in Bezug auf die absolute und die relative Vorteilhaftigkeit gleichen denen bei der statischen Amortisationsrechnung. Für die Feststellung der abso-

[58] Vgl. Busse von Colbe/Laßmann/Witte (2015: 138); Hering (2017: 131).

[59] Vgl. Franke/Hax (2009: 182).

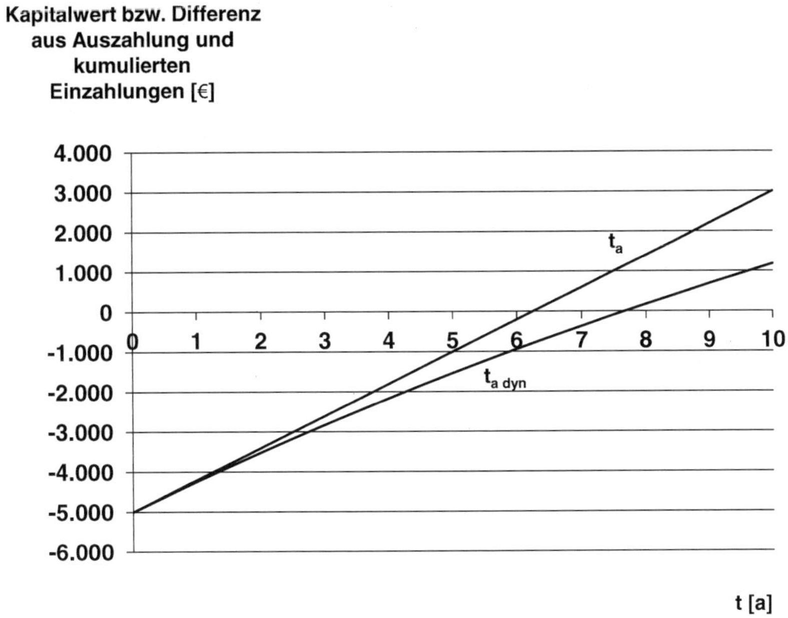

Abb. 5.4 Vergleich statischer und dynamischer Amortisationsdauer. Quelle: Eigene Darstellung mit den Eingangsdaten aus der Tab. 5.5

luten Vorteilhaftigkeit ist die ermittelte dynamische Amortisationsdauer mit der Grenzamortisationsdauer zu vergleichen. Diese ist vom Entscheidungsträger vorzugeben bzw. aus den technischen Rahmendaten abzuleiten.

Absolute Vorteilhaftigkeit: Die Investitionsauszahlung einer Maßnahme muss innerhalb eines Zeitraumes durch die Rückflüsse zurückgewonnen werden, der die Grenzamortisationsdauer nicht übersteigt. Es gilt: $t_{a\,\text{dyn}} \leq t_{a\,\text{dyn}}^{\text{Grenz}}$.

Relative Vorteilhaftigkeit: Diejenige Maßnahme J ist auszuwählen, die aus der Menge der absolut vorteilhaften Objekte die geringste dynamische Amortisationsdauer aufweist. Es gilt: $t_{a\,\text{dyn};J} = \min_j \{t_{a\,\text{dyn};j}\,;\, t_{a\,\text{dyn};j} \leq t_{a\,\text{dyn}}^{\text{Grenz}}\}$.

Zur Ermittlung des dynamischen Amortisationszeitpunktes empfiehlt sich die Kumulierung der Barwerte der jährlichen Rückflüsse und deren Addition zu den Investitionsauszahlungen.[60] Als Beispiel wird eine Zahlungsreihe betrachtet, die nach der Auszahlung von 5.000 € über einen Zeitraum von 10 Jahren jährlich 800 € Rückflüsse erzielt. Die statische Amortisationsdauer liegt bei 6,25 Jahren (vgl. Abb. 5.4), d. h. im ersten Quartal des siebten Jahres der Nutzungsdauer ist die Investitionsauszahlung ohne Berücksichtigung der Zinsen durch die Rückflüsse erwirtschaftet worden. Wird ein Zinssatz von $i = 0{,}05$ in

[60] Vgl. Däumler/Grabe (2014: 225–228).

Tab. 5.5 Ermittlung der dynamischen Amortisationsdauer

t	0	1	2	3	4	5	6	7	8	9	10
Ohne Berücksichtigung von Liquidationseinzahlungen											
R_t	−5.000	800	800	800	800	800	800	800	800	800	800
B_0	−5.000	762	726	691	658	627	597	569	541	516	491
C_0	−5.000	−4.238	−3.512	−2.821	−2.163	−1.536	−939	−371	171	686	1.177
Mit Berücksichtigung von Liquidationseinzahlungen											
L_t		4.000	3.500	3.000	2.500	2.000	1.500	1.000	500	0	0
R'_t		4.800	100	125	150	175	200	225	250	275	800
$C_0(N)$	−5.000	−429	−338	−230	−106	31	180	340	509	686	1.177

die Betrachtung einbezogen, ergibt sich ein Amortisationszeitpunkt im achten Nutzungsjahr (vgl. Tab. 5.5).

Wird das Jahr, in dem der Kapitalwert erstmals einen positiven Wert aufweist, mit $t_{a\,\text{dyn}}$ bezeichnet, kann mit folgender Beziehung ein Näherungswert $\hat{t}_{a\,\text{dyn}}$ für den Amortisationszeitpunkt ermittelt werden:[61]

$$\hat{t}_{a\,\text{dyn}} = (t_{a\,\text{dyn}} - 1) - \frac{C_0(t_{a\,\text{dyn}} - 1)}{C_0(t_{a\,\text{dyn}}) - C_0(t_{a\,\text{dyn}} - 1)}$$

Für das angegebene Beispiel ergibt sich ein Wert von $\hat{t}_{a\,\text{dyn}} = 7{,}68$. Somit fließen im dritten Quartal des achten Nutzungsjahres die Investitionsauszahlung und die Zinsen durch die Rückflüsse in das Unternehmen zurück.

Nun wird zusätzlich angenommen, dass das Projekt jährlich liquidiert werden kann und Liquidationseinzahlungen L_t im ersten Jahr in Höhe von 4.000 € erzielt, die in jedem Jahr um 500 € bis auf einen Restwert von null sinken. Der dynamische Amortisationszeitpunkt wird als der Zeitpunkt ermittelt, zu dem der Kapitalwert erstmals einen positiven Wert aufweist.

Die Ergebnisse in Tab. 5.5 zeigen, dass sich die Amortisationsdauer auf fünf Jahre verkürzt hat. Die dynamische Amortisationsrechnung ist, wie auch die statische Variante, als ergänzendes Bewertungsverfahren zu verwenden. Die Feststellung des dynamischen Amortisationszeitpunktes vernachlässigt die Entwicklung der Zahlungsreihen nach diesem Zeitpunkt. Als Risikogradmesser ist der dynamische Amortisationszeitpunkt unter Beachtung der Schwächen bedingt geeignet.

Die dynamische Amortisationsrechnung führt nicht in jedem Fall zu denselben Resultaten hinsichtlich der Vorteilhaftigkeit wie die Kapitalwertmethode. Das gilt sowohl für die absolute als auch die relative Vorteilhaftigkeit und ist auf mögliche Differenzen in der Zahlungsstruktur bzw. auf den vorzugebenden Grenzwert zurückzuführen.

[61] Vgl. Pape (2015: 397).

5.3.5 Zusammenfassende Kritik

Die dynamischen Verfahren konnten sich nur langsam in den Unternehmen durchsetzen, da sie sich einer Reihe von Kritik gegenübersahen.[62] Dieser Prozess ging nicht einher mit der Verdrängung bisher bestehender Verfahren (wie etwa der statischen Verfahren), sondern die neuen Modelle traten an die Seite der bis dahin verwendeten Verfahren, um diese in Bewertungssituationen zu ergänzen, in denen diese Verfahren nicht aussagekräftig genug sind. Während die statischen Investitionsrechenverfahren besonders in kleinen und mittelständischen Unternehmen weit verbreitet sind, ist die Kapitalwertmethode und die Annuitätenmethode in diesen Unternehmen hingegen weniger häufig anzutreffen. Das ist auch auf die hohe Kompatibilität der statischen Verfahren mit dem unternehmerischen Rechnungswesen sowie auf die relativ große Aussagequalität der statischen Verfahren bei einfach strukturierten Entscheidungssituationen zurückzuführen. Im Gegensatz dazu sind die dynamischen Verfahren in Großunternehmen weit verbreitet.[63]

Hauptkritikpunkt der Kapitalwertmethode und darauf aufbauender Verfahren ist die Annahme eines vollkommenen Kapitalmarktes. Damit werden reale Entscheidungssituation nur unzureichend abgebildet. Jedoch bilden die in diesem Abschnitt vorgestellten Verfahren oftmals die Grundlage für andere Verfahren zur Berücksichtigung weiterer Einflussfaktoren, wie z. B. das Entscheidungsbaumverfahren oder die Risikoanalyse. Ein erster Schritt zur Beseitigung dieser Unzulänglichkeiten ist die Berücksichtigung von Steuern im Kapitalwertmodell und die Vorstellung der vollständigen Finanzpläne.[64]

Als weiterer Kritikpunkt ist festzuhalten, dass die bisher skizzierten Verfahren vollkommene Sicherheit unterstellen. Bei den Investitionsalternativen sind die Höhe der Zahlungen und die Eintrittszeitpunkte der Ereignisse annahmegemäß bekannt. Die Verwendung deterministischer Daten zur Modellierung der Entscheidungssituation bedingt eine geringe Aussagequalität in den Fällen, in denen Investitionsentscheidungen auf Parametern beruhen, die nicht die vorausgesetzte vollkommene Sicherheit aufweisen. Dieses Manko wird ebenfalls im Verlauf der weiteren Darstellungen behoben.[65]

5.4 Nutzungsdauer und Ersatzzeitpunkt

In den bisherigen Analysen wurde davon ausgegangen, dass die Nutzungsdauer des Investitionsobjektes vorgegeben ist. Dies ist jedoch oftmals nicht der Fall. In diesem Zusammenhang sind die folgenden Arten von Nutzungsdauern zu unterscheiden:

[62] Zu einer beispielhaften Kritik aus dem frühen Diskussionsstadium vgl. Ganske (1966).
[63] Vgl. Weber et al. (2006: 43).
[64] Vgl. Abschn. 5.5 und 5.6.
[65] Vgl. Kap. 7.

- **Technische Nutzungsdauer:** Diese Nutzungsdauer wird ausschließlich durch technisch-physikalische Parameter bestimmt. Entscheidungen über Instandhaltungsmaßnahmen oder über den Weiterbetrieb werden ohne Rücksicht auf ökonomische Kriterien getroffen. Jede technisch realisierbare Instandhaltungsmaßnahme wird durchgeführt.
- **Ökonomisch optimale Nutzungsdauer:** Es muss jedoch berücksichtigt werden, dass nicht alle Maßnahmen, die technisch möglich sind, auch ökonomisch sinnvoll sind. Deshalb ist die Nutzungsdauer zu bestimmen, die unter Beachtung ökonomischer Gesichtspunkte optimal ist und deshalb als optimale Nutzungsdauer bezeichnet wird.
- **Steuerliche Nutzungsdauer:** Aus steuerlicher Sicht sind für viele technische Maschinen und Anlagen verbindliche Nutzungsdauern festgelegt. Diese Nutzungsdauern bilden die Grundlage für die Ermittlung der steuerlichen Abschreibungen, die als „Absetzung für Abnutzung" (AfA) bezeichnet werden.

Diese drei Formen der Nutzungsdauer werden für ein und dieselbe Anlage i. d. R. nicht identisch sein. Die wirtschaftlich optimale Nutzungsdauer ist vom Entscheidungsträger vor Beginn der Beschaffung und Installation eines Investitionsobjektes festzulegen.

Die Bestimmung dieser optimalen Nutzungsdauer zu Beginn des Lebenszyklus der Investition fußt auf der Annahme bestimmter zukünftiger Entwicklungen. Nach der Inbetriebnahme der Anlage kann sich durch nicht geplante Veränderungen im rechtlichen oder auch wirtschaftlichen Umfeld des Unternehmens bzw. durch technische Erneuerungen die bisher als optimal festgelegte Nutzungsdauer als nicht mehr aktuell herausstellen. In diesem Fall ist der optimale Ersatzzeitpunkt festzulegen. In beiden Fällen ist über die wirtschaftlich optimale Aussonderung der Anlage aus dem Produktionsprozess zu entscheiden. Der Unterschied besteht in dem Zeitpunkt der Betrachtung: die optimale Nutzungsdauer wird **vor Inbetriebnahme** und der optimale Ersatzzeitpunkt **nach Inbetriebnahme** der Anlage ermittelt.

Um die Nutzungsdauer und den Ersatzzeitpunkt ermitteln zu können, sind Annahmen über die Entscheidungssituation erforderlich. Der Entscheidungsträger muss klären, ob die betrachtete Anlage eine Nachfolgeanlage besitzt. Wenn dies der Fall ist, muss außerdem festgestellt werden, wie viele Anlagen nachfolgen und welcher Art diese Nachfolgeanlagen sind (vgl. Abb. 5.5).

Die in der Abb. 5.5 dargestellten Planungssituationen werden in den folgenden Abschnitten diskutiert.

5.4.1 Optimale Nutzungsdauer

5.4.1.1 Anlage ohne Ersatz

Zunächst wird die optimale Nutzungsdauer einer Anlage betrachtet, die am Ende ihrer Nutzungsdauer nicht durch eine andere Anlage ersetzt wird. Bei Verwendung des Kapi-

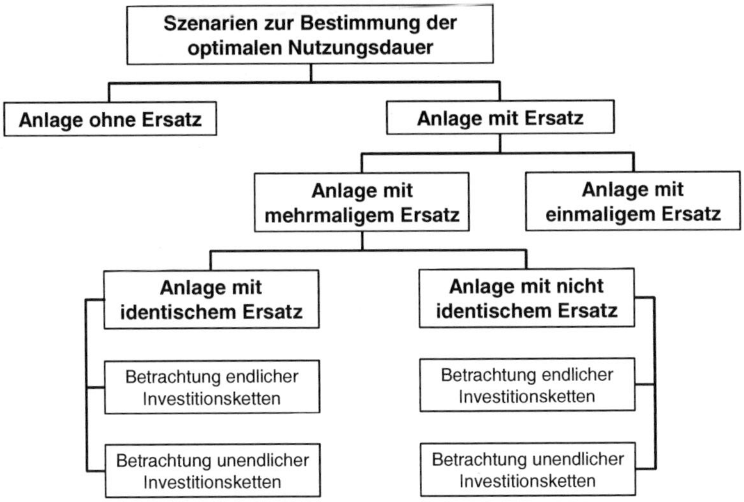

Abb. 5.5 Szenarien zur Bestimmung von Nutzungsdauer und Ersatzzeitpunkt. Quelle: Eigene Darstellung

talwertkalküls ist diejenige Nutzungsdauer optimal, bei der der Kapitalwert als Funktion der Nutzungsdauer den maximalen Wert aufweist, das bedeutet:[66]

> Realisiere diejenige Nutzungsdauer, bei der der Kapitalwert den größten positiven Wert aufweist!

Als zeitabhängige Einflussgrößen des Kapitalwertes sind die Aus- und die Einzahlungen während des Anlagenbetriebs sowie die Liquidationseinzahlungen betrachtungsrelevant. Die Rückflüsse als Differenz zwischen Ein- und Auszahlungen sinken im Zeitablauf. Das ist auf steigende Auszahlungen bzw. sinkende Einzahlungen zurückzuführen. Betriebs- und Instandhaltungsauszahlungen einer Anlage steigen oftmals im Zeitverlauf, wobei jedoch die Abhängigkeit von der gewählten Instandhaltungsstrategie zu beachten ist. Zu erzielende Liquidationseinzahlungen einer Anlage sinken ebenfalls im Zeitablauf. Sind am Ende der Nutzungsdauer noch Abbruchmaßnahmen erforderlich, so entstehen keine Einzahlungen, sondern Auszahlungen.

Aus der Zielfunktion der Maximierung des Kapitalwertes lässt sich bei Annahme **streng monoton sinkender** Einzahlungsüberschüsse und streng monoton sinkender Liquidationseinzahlungen die optimale Nutzungsdauer durch Betrachtung des Grenzrückflusses ermitteln. Als Grundlage dient die Erkenntnis, dass die Nutzungsdauer der

[66] Vgl. Kruschwitz (2014: 186).

Anlage dann optimal ist, wenn der Kapitalwert ein Maximum aufweist, es muss gelten:[67]

$$\begin{aligned}
C_0(N) &\geq C_0(N-1) \\
C_0(N) &= -I_0 + \sum_{t=1}^{N} R_t q^{-t} + L_N q^{-N} \\
&= -I_0 + \sum_{t=1}^{N-1} R_t q^{-t} + R_N q^{-N} + L_N q^{-N} \\
C_0(N-1) &= -I_0 + \sum_{t=1}^{N-1} R_t q^{-t} + L_{(N-1)} q^{-(N-1)} \\
C_0(N) &= C_0(N-1) + R_N q^{-N} + L_N q^{-N} - L_{(N-1)} q^{-(N-1)} \\
&= C_0(N-1) + R_N q^{-N} + L_N q^{-N} - L_{(N-1)} q^{-N}(1+i) \\
&= C_0(N-1) + R_N q^{-N} + (L_N - L_{(N-1)}) q^{-N} - L_{(N-1)} q^{-N} i
\end{aligned}$$

Da für ein weiteres Jahr die Nutzungsdauer nur optimal ist, wenn gilt:

$$0 \leq C_0(N) - C_0(N-1)$$

muss gelten:

$$0 \leq R_N q^{-N} + (L_N - L_{(N-1)}) q^{-N} - L_{(N-1)} q^{-N} i$$

Multiplikation mit q^N ergibt:

$$0 \leq \underbrace{R_N + L_N - L_{(N-1)} - L_{(N-1)} i}_{\text{Grenzeinzahlungsüberschuss } R'_N}$$

Es muss für R'_N gelten:

$$0 \leq R'_N$$

Das kann auch formuliert werden durch:

$$\begin{aligned}
0 &\leq R_N - \left(L_{(N-1)} - L_N\right) - L_{(N-1)} i \\
R_N &\geq \left(L_{(N-1)} - L_N\right) + L_{(N-1)} i
\end{aligned}$$

Der Grenzrückfluss bzw. Grenzeinzahlungsüberschuss R'_N einer Anlage kann als derjenige Überschuss interpretiert werden, der über den Wertverlust der Anlage und die entgehenden Zinsen auf die Liquidationseinzahlung hinaus erwirtschaftet wird. Der Rückfluss des zusätzlichen Betriebsjahres R_N muss demzufolge größer sein als die beiden

[67] Vgl. Busse von Colbe/Laßmann/Witte (2015: 158–159).

folgenden Wertkomponenten:

$$R_N \geq \underbrace{\left(L_{(N-1)} - L_N\right)}_{\text{Wertverlust der Anlage}} + \underbrace{L_{(N-1)} i}_{\text{Entgehende Zinsen auf Liqu.-Erlös}}$$

Diese Beziehung kann umformuliert werden zu:

$$i \leq \frac{R_N + L_N - L_{(N-1)}}{L_{(N-1)}}$$

Damit ist das Verhältnis von Grenzrendite und Kalkulationszinssatz im Kapitalwertmaximum beschrieben.[68]

Als Beispiel wird eine Anlage mit einer Investitionsauszahlung von 2.000 € betrachtet. Die Tab. 5.6 führt weitere Eingangsdaten, die Grenzrückflüsse sowie die Kapitalwerte bei einmaliger Durchführung der Investition bei einem Kalkulationszinssatz von $i = 0{,}05$ auf. Im Jahr $t = 5$ ist die Bedingung $C_0(N) \geq C_0(N-1)$ bzw. $R'_N \geq 0$ letztmalig erfüllt, in den darauffolgenden Jahren nicht mehr. Eine Nutzungsdauer von 5 Jahren erweist sich demzufolge als optimal.

5.4.1.2 Anlage mit einmaligem Ersatz

Nun wird die optimale Nutzungsdauer einer Anlage ermittelt, die einmal durch eine identische Anlage ersetzt wird. Identisch bedeutet in diesem Zusammenhang:[69]

- keine physische Identität der Objekte, sondern
- gleiche Ertragsfähigkeit, d. h. gleicher Kapitalwert bei gleicher Nutzungsdauer, was
- gleiche Investitionsauszahlungen, aber ungleiche Zahlungsströme zulässt.

Das Ende der Nutzung der ersten Anlage fällt auf den Zeitpunkt, an dem die Nachfolgeanlage installiert wird, es resultiert eine Investitionskette.[70] Das Bestimmungskriterium für die optimale Nutzungsdauer bildet nun die Maximierung des Kapitalwertes nicht nur für eine Anlage, sondern für die Investitionskette (vgl. Abb. 5.6).

Tab. 5.6 Optimale Nutzungsdauer ohne Wiederholung. Angaben in €, nachschüssige Zahlungen

t	0	1	2	3	4	5	6
R_t	−2.000,00	900,00	800,00	700,00	500,00	300,00	200,00
L_N	1.600,00	1.350,00	1.100,00	850,00	600,00	350,00	0
R'_N	−400,00	570,00	482,50	395,00	207,50	20,00	−167,50
C_0	−400,00	142,86	580,50	921,71	1.092,43	1.108,10	983,10

68 Vgl. Schneider (1992: 103–104).
69 Vgl. Kruschwitz (2014: 193).
70 Vgl. Abschn. 5.3.2.

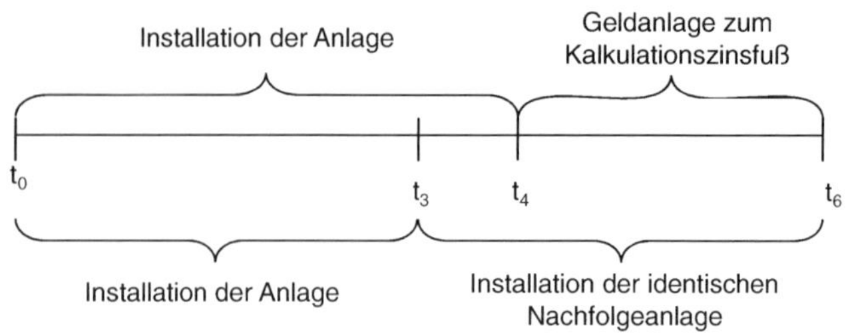

Abb. 5.6 Grundstruktur der Investitionskette. Quelle: Eigene Darstellung, in Anlehnung an: Schäfer (2005: 139)

Das Besondere an dieser „Zwei-Objekt-Kette" ist der Umstand, dass die zweite Anlage eine Anlage ohne Ersatz ist. Deren optimale Nutzungsdauer kann so ermittelt werden, wie es im vorangegangenen Abschnitt dargestellt wurde. Deshalb muss die Maximierung des Kapitalwertes der Investitionskette in Abhängigkeit von der Nutzungsdauer der ersten Anlage als Zielkriterium herangezogen werden.

Auch für eine Anlage mit einmaligem Ersatz lässt sich die optimale Nutzungsdauer mittels des Kriteriums des Grenzrückflusses ermitteln, wenn die Rückflüsse streng monoton sinken. Als Grundlage dient wiederum die Forderung, dass die Nutzungsdauer der Anlage dann optimal ist, wenn der Kapitalwert ein Maximum aufweist. Im Fall der Anlage mit einmaligem Ersatz (A) folgt im Anschluss an die betrachtete Anlage eine Anlage ohne Ersatz (B). Die optimale Nutzungsdauer der Anlage ohne Ersatz (B) wird mit der Vorgehensweise ermittelt, die oben dargestellt wurde. Deshalb ist nun lediglich die Frage nach der optimalen Nutzungsdauer der ersten Anlage – also der Anlage A – zu beantworten, und zwar unter Berücksichtigung des Kapitalwertes der Nachfolgeanlage B. Dieser Kapitalwert $C_{0;B}$ wird mit jedem weiteren Betriebsjahr der Anlage A in die Zukunft verschoben. Es ist der Kapitalwert der folgenden Investitionskette zu maximieren:[71]

$$C_{0;K} = \underbrace{C_{0;N_A}}_{\text{Kapitalwert der Anlage } A} + \underbrace{C_{0;B} \cdot q^{-N_A}}_{\text{Kapitalwert der Anlage } B \text{ ohne Ersatz}}$$

Da die optimale Nutzungsdauer der Anlage ohne Ersatz schon ermittelt wurde, ist lediglich die Frage nach der Nutzungsdauer der Anlage A zu beantworten. Um den Weiterbetrieb der Anlage A zu rechtfertigen, muss gelten:

$$C_{0;K}(N_A) \geq C_{0;K}(N_A - 1)$$

Deshalb muss gelten:

$$C_{0;K}(N_A) - C_{0;K}(N_A - 1) \geq 0$$

[71] Vgl. Schneider (1942: 105).

Der Kapitalwert der Investitionskette bei einem Betrieb der Anlage A über N_A Jahre ergibt sich mit:

$$\begin{aligned}C_{0;K}(N_A) &= -I_0 + \sum_{t=1}^{N_A} R_t q^{-t} + L_{N_A} q^{-N_A} + C_{0;B} \cdot q^{-N_A} \\ &= -I_0 + \sum_{t=1}^{N_A-1} R_t q^{-t} + R_{N_A} q^{-N_A} + L_{N_A} q^{-N_A} \\ &\quad + C_{0;B} \cdot q^{-N_A}\end{aligned}$$

Der Kapitalwert der Investitionskette bei einem Betrieb der Anlage A über $N_A - 1$ Jahre resultiert aus:

$$\begin{aligned}C_{0;K}(N_A - 1) &= -I_0 + \sum_{t=1}^{N_A-1} R_t q^{-t} + L_{(N_A-1)} q^{-(N_A-1)} \\ &\quad + C_{0;B} \cdot q^{-(N_A-1)}\end{aligned}$$

Für die Differenz des Weiterbetriebs über ein Jahr gilt:

$$\begin{aligned}C_{0;K}(N_A) - C_{0;K}(N_A - 1) &= -I_0 + \sum_{t=1}^{N_A-1} R_t q^{-t} + R_{N_A} q^{-N_A} + L_{N_A} q^{-N_A} \\ &\quad + C_{0;B} \cdot q^{-N_A} - \left[-I_0 + \sum_{t=1}^{N_A-1} R_t q^{-t}\right] \\ &\quad - \left[L_{(N_A-1)} q^{-(N_A-1)} + C_{0;B} \cdot q^{-(N_A-1)}\right] \\ &= R_{N_A} q^{-N_A} + L_{N_A} q^{-N_A} + C_{0;B} \cdot q^{-N_A} \\ &\quad - \left[L_{(N_A-1)} q^{-(N_A-1)} + C_{0;B} \cdot q^{-(N_A-1)}\right]\end{aligned}$$

Da $0 \leq C_{0;K}(N_A) - C_{0;K}(N_A - 1)$, folgt:

$$\begin{aligned}0 \leq\ & R_{N_A} q^{-N_A} + L_{N_A} q^{-N_A} + C_{0;B} \cdot q^{-N_A} \\ & - \left[L_{(N_A-1)} q^{-(N_A-1)} + C_{0;B} \cdot q^{-(N_A-1)}\right]\end{aligned}$$

Multiplizieren mit q^{N_A} führt zu:

$$0 \leq R_{N_A} + L_{N_A} + C_{0;B} - \left[L_{(N_A-1)} \cdot q + C_{0;B} \cdot q\right]$$

Umformulieren und vereinfachen führt zu:

$$\begin{aligned}0 \leq\ & R_{N_A} + L_{N_A} - L_{(N_A-1)} \cdot (1 + i) + C_{0;B} \\ & - C_{0;B} \cdot (1 + i) \\ 0 \leq\ & R_{N_A} + L_{N_A} - L_{(N_A-1)} - L_{(N_A-1)} \cdot i - C_{0;B} \cdot i\end{aligned}$$

Tab. 5.7 Optimale Nutzungsdauer bei einmaliger Wiederholung. Angaben in €, nachschüssige Zahlungen

t	0	1	2	3	4	5	6
R_t	−2.000,00	900,00	800,00	700,00	500,00	300,00	200,00
L_{NA}	1.600,00	1.350,00	1.100,00	850,00	600,00	350,00	0
R'_{NA}	−400,00	570,00	482,50	395,00	207,50	20,00	−167,50
$C_{0;B}\ i$	55,41						
$C_{0;B}\ q^{-NA}$	1.108,10	1.055,33	1.005,08	957,21	911,63	868,22	826,88
$C_{0;NA}$	−400,00	142,86	580,50	921,71	1.092,43	1.108,10	983,10
$C_{0;K}(NA)$	708,10	1.198,19	1.585,57	1.878,93	2.004,06	1.976,32	1.809,98

Mit $R'_{N_A} = R_{N_A} + L_{N_A} - L_{(N_A-1)} - L_{(N_A-1)} \cdot i$ kann formuliert werden:

$$0 \leq R'_{N_A} - C_{0;B} \cdot i$$

Es resultiert:

$$R'_{N_A} \geq C_{0;B} \cdot i$$

Der Grenzrückfluss bzw. Grenzeinzahlungsüberschuss R'_{N_A} einer Anlage mit einer Nachfolgeanlage ohne Ersatz muss größer sein als die Zinsen auf den Kapitalwert dieser Nachfolgeanlage. Der Grenzrückfluss der Anlage A während einer weiteren Nutzungsperiode muss größer sein als die in demselben Zeitraum zu erzielende Verzinsung des Kapitalwertes der Anlage B.

Der Grenzrückfluss eines weiteren Jahres Nutzungsdauer besteht aus den Rückflüssen des zusätzlichen Jahres R_{N_A}, der Minderung der Liquidationseinzahlung $\left(L_{(N_A-1)} - L_{N_A}\right)$ in der zusätzlichen Nutzungsperiode sowie den entgangenen Zinsen auf die Liquidationseinzahlung des Vorjahres $L_{(N_A-1)}i$.

Diese Betrachtungsweise ist wiederum nur bei **streng monoton sinkenden Rückflüssen** gültig. Das vorstehende Beispiel aufgreifend wird angenommen, dass die betrachtete Anlage einmalig wiederholt werden kann und als Anlage B bezeichnet wird. Diese Anlage ist eine Investition ohne Ersatz, weshalb die optimale Nutzungsdauer der Anlage aus der obigen Diskussion übernommen werden kann. Diese beträgt fünf Jahre, der Kapitalwert der Anlage B liegt bei 1.108 € (vgl. Tab. 5.7).

Aus den vorgestellten Entscheidungskriterien resultiert eine optimale Nutzungsdauer von $t = 4$ Jahren. In dieser Periode ist die Bedingung $R'_{NA} \geq C_B i$ letztmalig erfüllt. Außerdem zeigt sich, dass in dieser Periode der Kapitalwert der zweigliedrigen Investitionskette den maximalen Wert von 2.004 € aufweist.

5.4.1.3 Anlage mit identischem, mehrmaligem Ersatz

Im vorangegangenen Abschnitt wurde davon ausgegangen, dass lediglich eine Nachfolgeanlage betrachtet wird. Jedoch ist es auch denkbar, dass nach dieser Nachfolgeanlage eine weitere Anlage im Unternehmen eingesetzt wird. Um in diesen Fällen die optimale Nutzungsdauer ermitteln zu können, wird die bereits dargestellte rekursive Vorgehensweise beibehalten. Ausgehend von dem letzten Kettenglied – einer Anlage ohne Ersatz – wird die optimale Nutzungsdauer des vorletzten Kettengliedes ermittelt. Dies ist wiederum die Basis für die Ermittlung der optimalen Nutzungsdauer des vorvorletzten Gliedes. In diesem Zusammenhang tritt der sog. „Ketteneffekt" bzw. das **„Gesetz der Ersatzinvestition"** auf. Damit wird die Tatsache beschrieben, dass in einer **endlichen Kette** identischer Investitionsobjekte die optimale Nutzungsdauer eines **jeden Kettengliedes** kürzer ist als die Nutzungsdauer des Nachfolgeobjektes und länger ist als die Nutzungsdauer des Vorgängerobjektes.[72]

Kann der Akteur nicht voraussagen, ob die Anlage einmal oder mehrmals ersetzt wird, bietet es sich an, von einer identischen unendlichen Wiederholung der Investition auszugehen.[73] Diese Annahme ist hinreichend gerechtfertigt, wenn angenommen wird, dass ein Investor sein Unternehmen auf langfristige Sicht betreibt und zur Aufrechterhaltung der Produktion eine entsprechende Anlage installieren muss. In diesem Fall kann eine unendliche Investitionskette betrachtet werden. Der Kapitalwert einer solchen Kette ergibt sich mit:[74]

$$C_{0;K;\infty} = C_0(N)\frac{q^N}{q^N - 1}$$

Bei Verwendung des zur Annuität umgeformten Kapitalwertes: $An(N) = C_0(N)\frac{q^N(q-1)}{q^N-1}$ folgt:

$$C_{0;K;\infty} = \frac{An(N)}{i}$$

Dies kann umgeformt werden zu:

$$C_{0;K;\infty} \cdot i = An(N)$$

Die Annuität entspricht den Zinsen auf den Kapitalwert der unendlichen Kette. Der Kapitalwert der unendlichen Kette $C_{0;K;\infty}$ ist dann maximal, wenn die Annuität $An(N)$ den maximalen Wert erreicht. Damit wird die Ermittlung der optimalen Nutzungsdauer über ein Annuitätenkalkül möglich. Wird das bisher diskutierte Beispiel modifiziert und eine unendliche Investitionskette unterstellt, ergeben sich die in Tab. 5.8 enthaltenen Resultate.

Die optimale Nutzungsdauer beträgt drei Jahre. In dieser Periode weisen sowohl die zeitabhängige Annuität als auch der zeitabhängige Kapitalwert der unendlichen Kette ein

[72] Vgl. Preinreich (1940: 17). „*It is thus shown that, in any chain of replacements, each link must pay interest on the aggregate goodwills of all its successors. That is the general law of replacement.*" Preinreich (1953: 76). Zu einer Diskussion des Effektes für den Fall der Erweiterung bzw. Reduktion der Kapazität vgl. Zechner (1981). Dieses „Gesetz" ist jedoch nur im Fall einer flachen Zinsstruktur gültig. Vgl. Pfingsten/Ricke (2004).

[73] Vgl. Breuer (2012: 173–175).

[74] Vgl. Schneider (1942: 108); Adam (2000: 215). Vgl. zur Herleitung Abschn. 5.3.2.

Tab. 5.8 Optimale Nutzungsdauer bei unendlicher Wiederholung. Angaben in €, nachschüssige Zahlungen

t	0	1	2	3	4	5	6
R_t	−2.000,00	900,00	800,00	700,00	500,00	300,00	200,00
L_N	1.600,00	1.350,00	1.100,00	850,00	600,00	350,00	0
R'_N	−400,00	570,00	482,50	395,00	207,50	20,00	−167,50
C_0	−400,00	142,86	580,50	921,71	1.092,43	1.108,10	983,10
$C_{0;K;\infty}$	0	3.000,06	6.243,90	6.769,23	6.161,54	5.118,85	3.873,78
$C_{0;K;\infty} \cdot i$	0	150,00	312,20	338,46	308,08	255,94	193,69

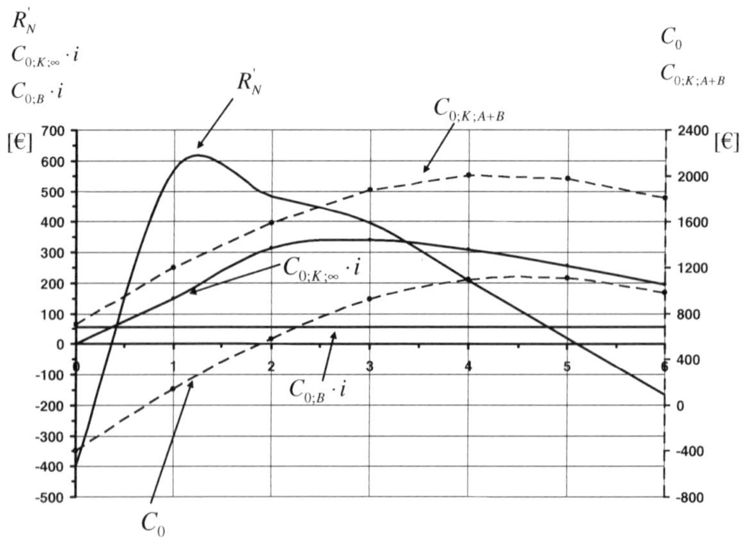

Abb. 5.7 Kapitalwerte und Grenzrückfluss in Abhängigkeit von der Nutzungsdauer. Quelle: Eigene Darstellung auf Basis der Eingangsdaten aus dem Text

Maximum auf. Gleichzeitig ist in dem Jahr der optimalen Nutzungsdauer der Grenzeinzahlungsüberschuss letztmalig größer als die Annuität. Die optimale Nutzungsdauer der Anlage mit unendlicher Investitionskette ist in dem Beispiel ein Jahr kürzer als die Nutzungsdauer einer Anlage mit einmaligem Ersatz.

Die Ergebnisse der bisherigen Analysen sind in der Abb. 5.7 zu sehen. In dieser Abbildung sind:

- die Werte des Grenzrückflusses R'_N,
- der Wert der Zinsen auf den Kapitalwert der Nachfolgeanlage $C_{0;B} \cdot i$ und
- der Wert der Zinsen auf die unendliche Investitionskette $C_{0;K;\infty} \cdot i$

auf der **linken Achse** skaliert.

Tab. 5.9 Entscheidungskriterien zur Ermittlung der optimalen Nutzungsdauer

Situation	Kapitalwertkalkül	Kalkül des Grenzrückflusses
Anlage ohne Ersatz	$C_0(N) \rightarrow max$	$R'_N \geq 0$
Anlage mit einmaligem Ersatz	$C_{0;K} = C_{0;A} + C_{0;B}\ q^{-NA} \rightarrow max$	$R'_{NA} \geq C_{0;B} \cdot i$
Anlage mit unendlich häufigem Ersatz	$C_{0;K;\infty} = C_0(N)\frac{q^N}{q^N - 1} \rightarrow max$	$R'_N \geq C_{0;K;\infty} \cdot i$

Für die Auswahl des Entscheidungskriteriums ist zu prüfen, ob eine Anlage durch identische Nachfolgeobjekte ersetzt werden kann und wie viele Wiederholungen möglich sind. Tab. 5.9 fasst noch einmal die Entscheidungskriterien der unterschiedlichen Situationen zusammen.

5.4.1.4 Anlage mit nicht identischem Ersatz

Die bisherigen Darstellungen waren dadurch gekennzeichnet, dass Investitionsketten betrachtet wurden, deren Glieder identisch sind. Diese Identität bewirkt identische Kapitalwerte und erlaubt die vereinfachte Konstruktion und Analyse von darauf basierenden Investitionsketten. Wenn die Voraussetzung identischer Investitionsobjekte nicht erfüllt ist, muss der Akteur Ketten bilden und analysieren, die aus nicht identischen Objekten bestehen. Dies impliziert einen **endlichen Betrachtungshorizont**, da detaillierte Angaben zu den Einzelobjekten erforderlich sind, die gewöhnlich nur für einen begrenzten Planungshorizont verfügbar sind. Der Fall des nicht identischen, **unendlichen Ersatzes** aus der Abb. 5.5 ist demzufolge **nicht sinnvoll** darstellbar. Aus diesem Grund wird an dieser Stelle lediglich das Szenario des **endlichen Ersatzes** nicht identischer Anlagen diskutiert. Als Entscheidungskriterium wird an der **Maximierung des Kapitalwertes** der Investitionsfolge festgehalten. Das Entscheidungskriterium lautet deshalb:[75]

Realisiere diejenige Handlungsfolge von Investitionsobjekten und Nutzungsdauern, bei der der Kapitalwert den größten positiven Wert aufweist!

Die Situation des Akteurs ist dadurch gekennzeichnet, dass er in jedem Jahr der Nutzungsdauer darüber entscheiden muss, ob die Anlage weiter genutzt oder durch eine nicht identische Nachfolgeanlage ersetzt wird. Der Akteur kann bzw. muss zu bestimmten Zeitpunkten eine Entscheidung herbeiführen. Er muss eine der Handlungsalternativen, die ihm zur Verfügung stehen, ergreifen. Die vom Akteur getroffene Entscheidung führt in der nächsten Periode zu einem Resultat. Wenn das Resultat eingetreten ist, kann der Akteur

[75] Vgl. Kruschwitz (2014: 195).

Tab. 5.10 Ausgangsdaten des Problems nicht identischer Nachfolger. Angaben in €, nachschüssige Zahlungen

Zeitpunkt	t = 0	t = 1	t = 2	t = 3
Anlage A:				
R_t	−2.000	1.000	900	800
L_N	2.000	1.000	500	0
Anlage B:				
R_t		−1.500	1.000	900
L_N		1.500	750	0

wiederum über seine weitere Vorgehensweise entscheiden. Auf diese Weise entsteht eine sequenzielle Entscheidungsabfolge, die auch als **mehrstufige Entscheidung** bezeichnet wird.

Für die weitere Betrachtung wird vorausgesetzt, dass der Akteur mit Sicherheit angeben kann, welche Resultate mit seinen Entscheidungen verbunden sind. Die Entscheidungssituation ist demzufolge durch **Sicherheit** über die eintretenden zukünftigen Ereignisse gekennzeichnet.[76]

Die Lösung dieses Problems erfolgt hier unter Rückgriff auf das **Entscheidungsbaumverfahren** in Kombination mit der rekursiven Vorgehensweise entsprechend dem **Optimalitätsprinzip**.[77] Zur Erläuterung sei folgendes Beispiel betrachtet (vgl. Tab. 5.10): Der Akteur soll die optimale Nutzungsdauer der Anlage A bestimmen. Diese hat eine technische Nutzungsdauer von drei Jahren. Jedes Jahr kann diese Anlage liquidiert werden. Anstelle der liquidierten Anlage A kann die Ersatzanlage B eingesetzt werden, die sich hinsichtlich technischer und ökonomischer Merkmale von der Maschine A unterscheidet. Alternativ kann der Akteur jedoch auch entscheiden, keine der Anlagen zu installieren. Die Anlage A steht nur in den Zeitpunkten $t = 0$ und $t = 1$ zur Auswahl. Danach kann ausschließlich in die modernere Anlage B investiert werden, die eine technische Nutzungsdauer von zwei Jahren hat und erst in einem Jahr zur Verfügung steht.

Die grafische Darstellung der Entscheidungssituation ist in der Abb. 5.8 zu sehen. Der Planungshorizont des Akteurs beträgt drei Jahre. Das bedeutet, dass im Zeitpunkt $t = 3$ der Betrachtungshorizont rechnerisch geschlossen wird. Alle zu diesem Zeitpunkt noch bestehenden Anlagen werden rechnerisch liquidiert.

Die Ermittlung der optimalen Nutzungsdauer beginnt im Zeitpunkt der letztmöglichen Entscheidung, also in $t = 2$. Die Analyse beginnt auf der **linken Seite** der Grafik. Wenn sich der Akteur im Knoten R/E_1 befindet, stehen ihm drei Alternativen zur Auswahl:

- Weiterbetrieb der Anlage A oder
- Liquidation der Anlage A und Installation der Anlage B oder
- Liquidation der Anlage A und Anlage der finanziellen Mittel zum Kalkulationszinssatz.

[76] Zur Berücksichtigung von Unsicherheit bei mehrstufigen Entscheidungen vgl. Abschn. 7.5.

[77] Zu dessen prinzipieller Erläuterung vgl. Abschn. 3.1.2.3. Zur Lösung dieses Problems mittels vollständiger Enumeration vgl. Kruschwitz (2014: 197).

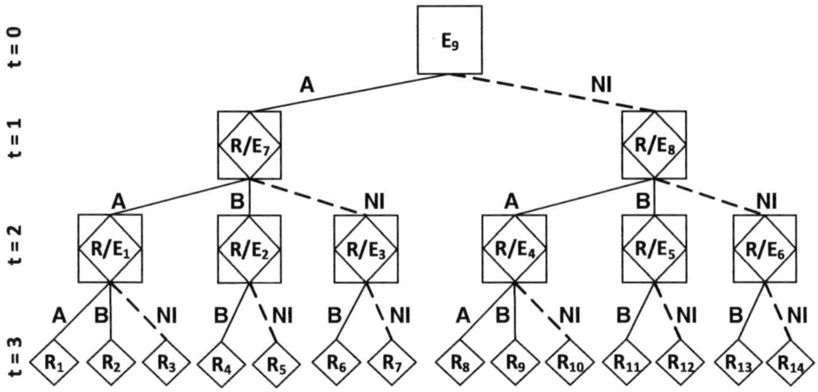

Abb. 5.8 Entscheidungsbaum der Nutzungsdauerentscheidung. Quelle: Eigene Darstellung

Bei Verwendung eines Kalkulationszinssatzes von $i = 10\,\%$ resultieren folgende Ergebnisse:

$$\begin{aligned} A \to A&: & 800\,€ \cdot 1{,}1^{-1} &= 727{,}27\,€ \\ A \to B&: & 500\,€ - 1.500\,€ + (1.000\,€ + 750\,€) \cdot 1{,}1^{-1} &= 590{,}91\,€ \\ A \to NI&: & 500\,€ &= 500\,€ \end{aligned}$$

Die Entscheidung, die im Knoten R/E_1 den Kapitalwert maximiert, ist der Weiterbetrieb der Anlage A im Jahr 3.

Der Knoten R/E_1 wird jedoch nur relevant, wenn sich der Akteur in der vorangegangenen Periode ($t = 1$) dafür entschieden hat, die Anlage A weiter zu betreiben. Er kann sich jedoch auch dazu entschließen, die Anlage A zu liquidieren und an deren Stelle die Anlage B zu installieren. Diese Entscheidung führt ihn zum Knoten R/E_2. In diesem Knoten stehen lediglich zwei Alternativen zur Auswahl. Der Akteur kann die Anlage B weiter betreiben oder diese liquidieren und die Finanzmittel anlegen. Die Ergebnisse dieser Alternativen sind folgende:

$$\begin{aligned} B \to B&: & 900\,€ \cdot 1{,}1^{-1} &= 818{,}18\,€ \\ B \to NI&: & 750\,€ &= 750\,€ \end{aligned}$$

Die optimale Entscheidung in diesem Knoten ist der Weiterbetrieb der Anlage B.

Hätte der Akteur sich in der Vorperiode ($t = 1$) dazu entschieden die Anlage A zu liquidieren und gar keine Anlage zu installieren, würde ihn diese Entscheidung zum Knoten R/E_3 führen. In diesem Knoten kann sich der Akteur dazu entschließen die Anlage B für ein Jahr zu installieren oder für ein weiteres Jahr keine Anlage zu installieren. Der Wert der Unterlassung beträgt null. Der Wert der Installation der Maschine B für ein Jahr erwirtschaftet den folgenden Kapitalwert: $-1.500\,€ + (1.000\,€ + 750\,€) \cdot 1{,}1^{-1}$. Dies ergibt einen Wert von 90,91 €, welcher größer ist als die konkurrierende Alternative. Im

Knoten R/E_3 ist deshalb die Installation der Maschine B relativ vorteilhaft im Vergleich mit der Alternative „Nichts tun."

Diese Vorgehensweise wird nun für den Knoten R/E_7 verwendet und führt zu folgenden Resultaten:

$$\begin{aligned}
&A \to A \to \max(R/E_1): && (900\,€ + 727{,}27\,€) \cdot 1{,}1^{-1} = 1.479{,}34\,€^* \\
&A \to B \to \max(R/E_2): && 1.000\,€ - 1.500\,€ \\
& && + (1.000\,€ + 818{,}18\,€) \cdot 1{,}1^{-1} = 1.152{,}89\,€ \\
&A \to NI \to \max(R/E_3): && 1.000\,€ + 90{,}91\,€ \cdot 1{,}1^{-1} = 1.082{,}65\,€
\end{aligned}$$

Die optimale Entscheidung im Knoten R/E_7 besteht im Weiterbetrieb der Anlage A. Der mit dem *-Zeichen versehenen Wert stellt die relativ vorteilhafte Entscheidungsalternative des Knotens dar.

Als nächstes muss die **rechte Hälfte** des Baumes analysiert werden. Für den Knoten R/E_4 folgt:

$$\begin{aligned}
&A \to A: && (900\,€ + 500\,€) \cdot 1{,}1^{-1} = 1.272{,}73\,€^* \\
&A \to B: && 1.000\,€ - 1.500\,€ + (1.000\,€ + 750\,€) \cdot 1{,}1^{-1} = 1.090{,}91\,€ \\
&A \to NI: && 1.000\,€ = 1.000\,€
\end{aligned}$$

Der Weiterbetrieb der Anlage A für das nächste Jahr ist die optimale Entscheidung. Da die Anlage A im Knoten R/E_4 erst das zweite Jahr in Betrieb ist, unterscheiden sich die Werte im Vergleich zum Knoten R/E_1. Für den Knoten R/E_5 hingegen resultieren dieselben Werte wie für den Knoten R/E_2, da die Situation identisch ist. Dasselbe gilt für die Relation von Knoten R/E_6 und Knoten R/E_3.

Für den Knoten R/E_8 folgt:

$$\begin{aligned}
&NI \to A \to \max(R/E_4): && -2.000\,€ \\
& && + [1.000\,€ + 1.272{,}73\,€] \cdot 1{,}1^{-1} = 66{,}11\,€ \\
&NI \to B \to \max(R/E_5): && -1.500\,€ \\
& && + 1.000\,€ \cdot 1{,}1^{-1} + 818{,}18\,€ \cdot 1{,}1^{-1} = 152{,}89\,€^* \\
&NI \to NI \to \max(R/E_5): && 90{,}91\,€ \cdot 1{,}1^{-1} = 82{,}65\,€
\end{aligned}$$

Im Knoten R/E_8 wäre die Installation der Anlage B die optimale Alternative.

Als letzter Schritt muss die Betrachtung im Knoten E_9 erfolgen, der den Zeitpunkt der Bestimmung der optimalen Nutzungsdauer in $t = 0$ darstellt. Eine Alternative besteht in der **sofortigen Installation** der Anlage A. Dies ergibt den folgenden Kapitalwert:

$$\begin{aligned}
C_0(A) &= -2.000\,€ + 1.000\,€ \cdot 1{,}1^{-1} + \max(R/E_7) \cdot 1{,}1^{-1} \\
&= -2.000\,€ + 1.000\,€ \cdot 1{,}1^{-1} + 1.479{,}34\,€ \cdot 1{,}1^{-1} \\
&\underline{= 253{,}94\,€}
\end{aligned}$$

Aus der bisherigen Betrachtung kann somit geschlussfolgert werden, dass bei einer sofortigen Installation der Maschine A und einem Betrieb dieser Anlage über drei Jahre ein Kapitalwert von 253,94 € erwirtschaftet wird. Die andere Alternative, die in $t = 0$ zur Auswahl steht, ist der Aufschub der Investition um ein Jahr. Der Kapitalwert dieser Alternative resultiert aus:

$$\begin{aligned} C_0(NI) &= 0\,€ + \max\,(R/E_8) \cdot 1{,}1^{-1} \\ &= 152{,}89\,€ \cdot 1{,}1^{-1} \\ &\underline{= 138{,}99\,€} \end{aligned}$$

Dieser Wert ist geringer als der Wert der Sofortinvestition. Demzufolge beträgt die optimale Nutzungsdauer der Anlage A drei Jahre. Die Anlage sollte sofort installiert werden.

Diese Vorgehensweise beruht auf der Annahme sicherer Eingangsdaten, welche sich im Zeitablauf nicht verändern. Aus heutiger Sicht ist die ermittelte Vorgehensweise optimal. Da trotz der angenommenen Sicherheit Veränderungen der Eingangsdaten bzw. Abweichungen von den Prognosen möglich sind,[78] sollte die Entscheidung in einem Jahr überprüft werden.

5.4.2 Optimaler Ersatzzeitpunkt

Nach der Inbetriebnahme einer Anlage sind die in der Investitionsplanung verwendeten Eingangsdaten und Annahmen zu überprüfen. Eine Reihe von finanziellen Bestimmungsgrößen wird sich nicht in dem in der Planung vorgesehenen Maße entwickeln. Deshalb ist während des Betriebs der Anlage festzustellen, ob die ursprünglich als optimal ermittelte Nutzungsdauer noch gilt. Dies erfolgt im Rahmen der Ermittlung des optimalen Ersatzzeitpunktes. Aktuelle technische, rechtliche und finanzielle Informationen werden im Investitionslebenszyklus berücksichtigt. Auf dieser Basis wird der optimale Ersatzzeitpunkt der Anlage bestimmt. Es liegt dabei folgende Alternativenkonstellation vor:

> Soll die vorhandene Anlage sofort durch eine neue Anlage ersetzt oder weiter betrieben werden?

[78] Damit ist jedoch – streng genommen – keine sichere Datenlage mehr gegeben. Dies ist ein wesentlicher Kritikpunkt gegenüber dieser Vorgehensweise. Jede Information, die als sicher angenommen wird, kann sich theoretisch im Zeitablauf als unsicher erweisen bzw. Prognosen können sich als nicht zutreffend herausstellen. Bei dem Verfahren der rekursiven Bewertung geht der Akteur jedoch rückwärts durch den Baum, in der Annahme von Sicherheit bzw. von zutreffenden Prognosen. Sind diese jedoch schlussendlich nicht gegeben, stellt sich die Frage nach der Optimalität des Ergebnisses. Vgl. Schneider (1971: 848–850).

Die Beantwortung dieser Frage kann auf Basis der **statischen** und der **dynamischen** Verfahren erfolgen. Unter der Annahme von konstanten oder nicht existierenden Erlösen kann die **Kostenvergleichsrechnung** eingesetzt werden. Das entsprechende Entscheidungskriterium wurde von SCHNEIDER schon frühzeitig wie folgt formuliert: *„Die Entscheidung über sofortigen Ersatz oder Weiterbetrieb der alten Anlage beruht auf einem Vergleich der Summe aus dem jährlichen Kapitaldienst und den jährlichen Betriebsausgaben für die neue und die alte Anlage, wobei zu beachten ist, daß bei der Berechnung des Kapitaldienstes der alten Anlage an die Stelle der Anschaffungssumme der Anlage ihr Altwert im Kalkulationszeitpunkt tritt."*[79] Das zugrunde liegende Kalkül lautet deshalb:

> Die Altanlage ist zu ersetzen, wenn ihre Kosten höher sind als diejenigen der Nachfolgeanlage.

Die Kosten der Neuanlage werden ermittelt, wie es bereits dargestellt wurde.[80] Die Kosten der Altanlage sind vom Grundsatz her **identisch strukturiert**, wie die Kosten der Neuanlage. Die Ermittlung der Betriebskosten gestaltet sich bei beiden Anlagen identisch, lediglich in Bezug auf den Kapitaldienst sind folgende Unterschiede darzustellen.

- Für die restliche Laufzeit der Anlage – die sog. Restnutzungsdauer – ist der jährliche Werteverzehr der Altanlage zu ermitteln.
- Zusätzlich ist – wie im Fall der Neuanlage auch – zu berücksichtigen, dass noch Kapital in der Altanlage gebunden ist. Auf dieses Kapital sind kalkulatorische Zinsen zu berechnen.

Die Kosten der Altanlage werden wie folgt ermittelt:[81]

$$K_{\text{Gesamt Alt}} = K_{\text{Betrieb Alt}} + \overbrace{KD_{\text{Alt}}}^{}\quad \text{mit}\quad KD_{\text{Alt}} = (L_{\text{Beginn}} - L_{\text{Ende}})\left(\frac{1}{RND} + \frac{i_{\text{kalk}}}{2}\right) + L_{\text{Ende}} \cdot i_{\text{kalk}}$$

Dabei gilt neben der bisherigen Notation:

L_{Beginn} = Liquidations-/Restwert zu Beginn der Restnutzungsdauer
L_{Ende} = Liquidations-/Restwert am Ende der Restnutzungsdauer
RND = Restnutzungsdauer

---

[79] Schneider (1951: 100). Ähnlich auch Schneider (1942: 125–126).
[80] Vgl. Abschn. 5.2.1.
[81] Vgl. Schäfer (2005: 46–47).

Diese Kosten werden den Kosten der Neuanlage gegenübergestellt. Diese Analyse kann auch mittels dynamischer Betrachtung durchgeführt werden. Dazu wird die Annuität der Auszahlungen ermittelt. Die Auszahlungsannuität der Altanlage ergibt sich aus:[82]

$$An_{\text{Alt}} = A_{\text{Betrieb Alt}} + (L_{\text{Beginn}} - L_{\text{Ende}}) \cdot \frac{i \cdot q^{RND}}{q^{RND} - 1} + L_{\text{Ende}} \cdot i$$

Darin beschreibt $A_{\text{Betrieb Alt}}$ die Auszahlungen für den Betrieb der Altanlage. Die Auszahlungsannuität der Neuanlage wird ermittelt mit:

$$An_{\text{Neu}} = A_{\text{Betrieb Neu}} + (I_0 - L_N) \cdot \frac{i \cdot q^N}{q^N - 1} + L_N \cdot i$$

Dieser Ansatz ist jedoch dahingehend nachteilig, dass lediglich Kosten bzw. Auszahlungen berücksichtigt werden und dass die Betrachtung lediglich auf die alte und eine neue Anlage konzentriert und diejenigen Anlagen vernachlässigt, welche auf die Neuanlage folgen.

Um diesen Nachteil zu überwinden, bietet sich die Verwendung des Kapitalwertes an. Die Grundlagen dafür wurden im vorangegangenen Abschnitt schon gelegt. In diesem Zusammenhang muss auch das vorliegende Szenario festgelegt werden. Es muss bestimmt werden durch **welche Art von Nachfolger** die Anlage ersetzt werden soll. Dafür bieten sich die schon vorgestellten Szenarien an,[83] die auch für die Bestimmung des optimalen Ersatzzeitpunktes verwendet werden können.

Wird von einem langfristig existierenden Unternehmen ausgegangen, kann die Annahme von **unendlich vielen** identischen **Nachfolgeobjekten** verwendet werden. Der optimale Ersatzzeitpunkt der Altanlage ist derjenige Zeitpunkt, bei dem der ersatzzeitpunktabhängige Kapitalwert der Kette – bestehend aus dem Kapitalwert der Altanlage und dem diskontierten Kapitalwert der unendlichen Nachfolgekette – maximal ist. Für den Kapitalwert dieser Investitionskette bei einem Ersatz in $t = N$ gilt:

$$C_{0;\text{Kette}} = C_{0;\text{Alt}}(N) + C_{0;\text{Nachfolger};\infty} \cdot q^{-N}$$

Der Kapitalwert der Altanlage ergibt sich aus der Summe der Rückflüsse dieser Anlage in der verbleibenden Nutzungsdauer zuzüglich der Liquidationseinzahlung:

$$C_{0;\text{Alt}}(N) = \sum_{t=0}^{N} R_{t,\text{Alt}} \cdot q^{-t} + L_N \cdot q^{-N}$$

Der Kapitalwert der unendlichen Kette von identischen Nachfolgeobjekten ergibt sich aus:[84]

$$C_{0;\text{Nachfolger};\infty} = C_0 \frac{q^N}{q^N - 1}$$

[82] Vgl. Schneider (1951: 100).

[83] Vgl. Abb. 5.5.

[84] Vgl. Abschn. 5.3.2.

Mit diesen Komponenten kann der Kapitalwert der Kette wie folgt formuliert werden:

$$C_{0;\text{Kette}} = \sum_{t=0}^{N} R_{t,\text{Alt}} \cdot q^{-t} + L_N \cdot q^{-N} + C_0 \frac{q^N}{q^N - 1} \cdot q^{-N}$$

Auch für diese Problemstellung kann das Konzept des Grenzrückflusses eingesetzt werden, wenn die Grenzrückflüsse der Altanlage streng monoton sinken. Ist dies der Fall, wird die Altanlage so lange weiter betrieben, so lange gilt:

$$R'_{\text{Alt}} \geq An_{\text{Neu}}$$

Der Grenzrückfluss der Altanlage für den Betrieb über N Jahre ergibt sich auf Basis der bereits bekannten Darstellungen aus:[85]

$$R' = R_N - (L_{N-1} - L_N) - L_{N-1} \cdot i$$

Die Annuität der Neuanlage kann ermittelt werden mit:

$$An_{\text{Neu}} = C_{0;K;\infty} \cdot i$$

Bei streng monoton sinkenden Grenzeinzahlungsüberschüssen reicht die Betrachtung von Annuität und Grenzeinzahlungsüberschüssen aus. Die alte Anlage ist so lange zu betreiben, wie deren Grenzeinzahlungsüberschüsse größer sind als die Annuität (der Durchschnittsgewinn) der neuen Anlage. Zur Erläuterung wird das Beispiel in Tab. 5.11 betrachtet, das mit einem Zinssatz von 5 % berechnet wurde. Der Kapitalwert der Neuanlage resultiert aus einer erforderlichen Investitionsauszahlung in Höhe von 3.000 €, einer avisierten Laufzeit von vier Jahren und jährlichen Rückflüssen in Höhe von 1.500 €.

Tab. 5.11 Ermittlung des optimalen Ersatzzeitpunktes. Angaben in €, nachschüssige Zahlungen

Altanlage					
t	0	1	2	3	4
R_t	0	800,00	600,00	300,00	0
L_N	600,00	400,00	200,00	100,00	-100,00
R'_N	600,00	570,00	380,00	190,00	-205,00
C_0	600,00	1.142,86	1.487,53	1.651,66	1.483,00
Neuanlage $C_0 = 2.318,93$					
$C_{0;K;\infty} \cdot q^{-N}$	10.712,27	10.202,16	9.253,66	7.993,66	6.576,40
Investitionskette aus Altanlage und Barwert der unendlichen Nachfolgekette					
$C_{0;K}$	11.312,27	11.345,02	10.741,19	9.645,32	8.059,41
$C_{0;K;\infty} \cdot i$	535,61				

[85] Vgl. Abschn. 5.4.1.1.

Das Maximum des Kapitalwertes der Kette aus Altanlage und unendlicher Kette an Nachfolgeanlagen wird im ersten Jahr erreicht. In diesem Jahr ist der Wert des Grenzeinzahlungsüberschusses der Altanlage letztmalig größer als die Annuität der Neuanlage. Die Altanlage sollte deshalb nicht sofort ersetzt, sondern noch ein weiteres Jahr betrieben werden.

Diese Vorgehensweise ist nur bei Annahme einer unendlichen Reihe identischer Nachfolgeanlagen zutreffend. Für andere Entscheidungssituationen sind diejenigen Vorgehensweisen anzuwenden bzw. zu adaptieren, die im Rahmen der Bestimmung der optimalen Nutzungsdauer vorgestellt wurden.

5.5 Methode der vollständigen Finanzpläne

In den bisherigen Darstellungen wurde von einem vollkommenen Kapitalmarkt ohne die Existenz von Steuern und von identischen Haben- und Soll-Zinsen ausgegangen. Da diese Annahmen in der Realität nicht erfüllt sind, wird die Methode der vollständigen Finanzpläne (VoFi) vorgestellt, die die Eigenschaften von unterschiedlichen Kreditkonditionen und Steuersätzen integriert. Mit dem VoFi kann berücksichtigt werden, dass:[86]

- verschiedene Kreditarten mit unterschiedlichen Zinssätzen und Tilgungsmodalitäten existieren,
- aufgenommene Kredite zuzüglich der Zinsen aus den jährlichen Rückflüssen getilgt werden und darüber hinausgehende Überschüsse als Guthaben angelegt werden,
- die Finanzierung des Investitionsobjektes mit Fremd- und Eigenkapital geschehen kann.

Eine Zielgröße im VoFi ist der Endwert der Maßnahme, der sich als Überschuss der liquiden Mittel am Ende der Nutzungsdauer definiert. Dieser Endwert wird mit dem Endwert der Alternativverwendung der eigenen Finanzmittel verglichen.

Absolute Vorteilhaftigkeit: Ein Investitionsobjekt ist dann absolut vorteilhaft, wenn dessen Endwert größer ist als der Endwert der Opportunität, $EW_{\mathrm{M}} \geq EW_{\mathrm{O}}$.

Relative Vorteilhaftigkeit: Diejenige Maßnahme ist auszuwählen, die aus der Menge der absolut vorteilhaften Objekte den höchsten Endwert aufweist, $EW_{J;\mathrm{M}} = \max_{j}\{EW_{j;\mathrm{M}}; EW_{\mathrm{M}} \geq EW_{O}\}$.

Der VoFi kann auch für das Ziel der Maximierung des Entnahmestromes eingesetzt werden. Das Vorteilhaftigkeitskriterium ist dementsprechend umzuformulieren. Im Folgenden wird lediglich die Maximierung des Endwertes als Entscheidungskriterium betrachtet. Ausgangspunkt der Darstellung sind die prognostizierten Zahlungsreihen der Investitions-

[86] Vgl. Trost/Fox (2017: 540–541); Grob (2006: 104–108).

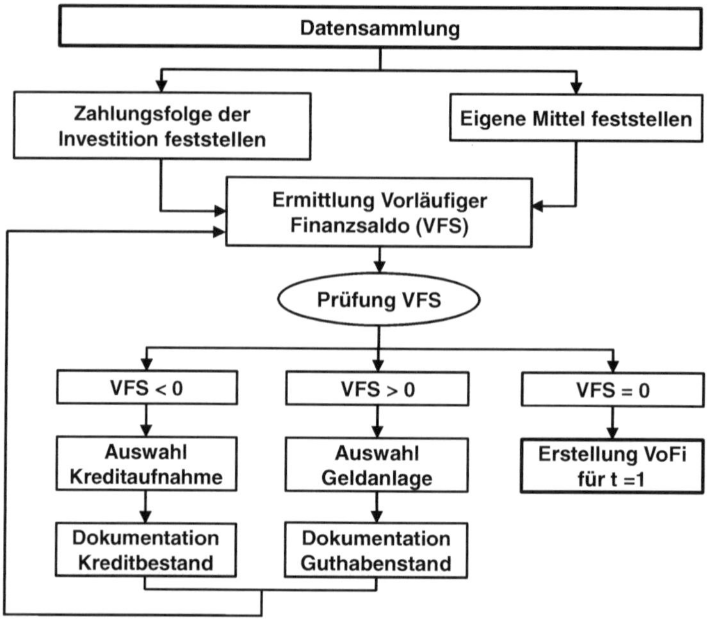

Abb. 5.9 Teilprozess der VoFi-Erstellung in $t = 0$. Quelle: Eigene Darstellung, in Anlehnung an: Grob/Bensberg (2009: 179)

maßnahme, die verfügbaren Eigenmittel und der daraus resultierende Finanzierungsbedarf (vgl. Abb. 5.9).

Die Ermittlung des Endwertes geschieht unter Berücksichtigung der Nebenbedingung „Liquidität“ in Gestalt des Finanzierungssaldos. Bei Unterdeckung der jährlichen Zahlungsströme aus dem Investitionsobjekt ist die Liquidität durch Kreditaufnahme sicherzustellen. Überschüsse aus den Zahlungsströmen werden zum Habenzinssatz angelegt. Der Finanzsaldo zum Jahresende muss den Wert null aufweisen (vgl. Abb. 5.10).

Als Zielgröße wird der Endwert der Maßnahme EW_M ermittelt. Dieser resultiert als Schlusssaldo aller Bestandskonten – also Guthaben- und Kreditbestände. Als Beispiel wird ein Investitionsobjekt mit einer Nutzungsdauer von 5 Jahren betrachtet, das Investitionsauszahlungen in Höhe von 95.000 € erfordert. Davon können 35.000 € aus Eigenmitteln des Unternehmens finanziert werden, die Differenz ist durch Kreditaufnahme zu finanzieren. Hierfür wird ein Kredit mit Ratentilgung in Höhe von 30.000 € sowie ein endfälliger Kredit in Höhe von 15.000 € aufgenommen. Zusätzlich muss im ersten Jahr ein Kontokorrentkredit in Höhe von 15.000 € aufgenommen werden. Der Zinssatz für den Ratenkredit und für den endfälligen Kredit beträgt 8 % p. a., der Zinssatz für den Kontokorrentkredit beläuft sich auf 13 % p. a. und der Habenzinssatz beträgt 6 % p. a. Aus der Investitionsmaßnahme resultieren Rückflüsse in den ersten drei Jahren von jeweils 27.000 € p. a. und in den darauffolgenden Jahren von jeweils 30.000 € p. a. Der für diese Maßnahme zu erstellende VoFi ist in der Tab. 5.12 abgebildet. Aus dem zum Ende der Nutzungsdauer geplanten, nicht-negativen Endwert lässt sich außerdem die

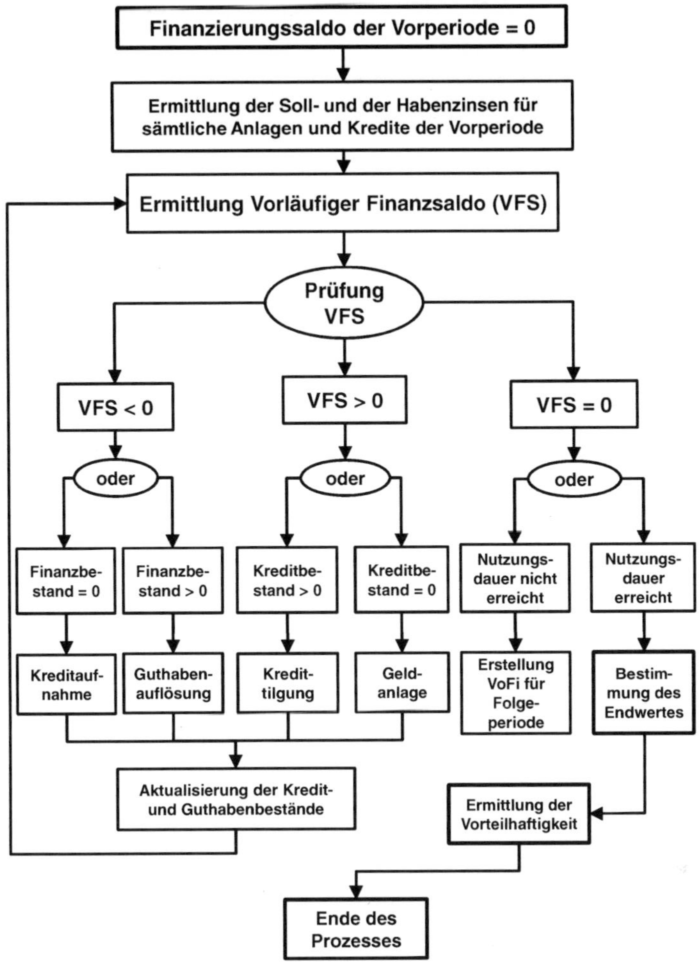

Abb. 5.10 Teilprozess der VoFi-Erstellung für $t = 1$ bis $t = N$. Quelle: Eigene Darstellung, in Anlehnung an: Grob/Bensberg (2009: 180); Schultz (2005: 158)

VoFi-Eigenkapitalrentabilität folgendermaßen ermitteln:[87]

$$r_{\text{EK; VoFi}} = \sqrt[N]{\frac{EW_{\text{M}}}{EM}} - 1$$

Diese Rentabilitätsgröße lässt sich als konstante jährliche Verzinsung der zu Beginn der Investitionsmaßnahme investierten Eigenmittel interpretieren. In dem vorliegenden Beispiel beträgt der Endwert der Maßnahme 72.963 €, woraus eine VoFi-Eigenkapitalrentabilität von 15,83 % resultiert. Wird ein Zinssatz für die alternative Verwendung der

[87] Vgl. Varnholt/Lebefromm/Hoberg (2012: 529–531); Trost/Fox (2017: 543).

Tab. 5.12 Beispiel eines VoFi. Quelle: Eigene Darstellung, in Anlehnung an: Schultz (2005: 161). Angaben in €, nachschüssige Zahlungen

Zeitraum in Jahren	t = 0	t = 1	t = 2	t = 3	t = 4	t = 5
Zahlungsgrößen	−95.000	27.000	27.000	27.000	30.000	30.000
Eigenkapital						
− Entnahme						
+ Einlage	35.000					
Kredit mit Ratentilgung						
+ Aufnahme	30.000					
− Tilgung		−6.000	−6.000	−6.000	−6.000	−6.000
− Sollzinsen		−2.400	−1.920	−1.440	−960	−480
Endfälliges Darlehen						
+ Aufnahme	15.000					
− Tilgung						−15.000
− Sollzinsen		−1.200	−1.200	−1.200	−1.200	−1.200
Kontokorrentkredit						
+ Aufnahme	15.000					
− Tilgung		−15.000				
− Sollzinsen		−1.950				
Geldanlage						
− Anlage		−450	−17.907	−19.461	−24.109	−11.036
+ Auflösung						
+ Habenzins			27	1.101	2.269	3.716
Finanzierungssaldo	**0**	**0**	**0**	**0**	**0**	**0**
Bestandsgrößen						
Kreditstand						
Ratentilgung	30.000	24.000	18.000	12.000	6.000	0
Endtilgung	15.000	15.000	15.000	15.000	15.000	0
Kontokorrent	15.000	0	0	0	0	0
Guthabenbestand		450	18.357	37.818	61.928	72.963
Bestandssaldo = Guthabenbestand −Kreditbestand	**−60.000**	**−38.550**	**−14.643**	**10.818**	**40.928**	**72.963**

Eigenmittel von 7 % p. a. angenommen, ergibt sich ein Endwert der Opportunität aus $EW_{\text{Op}} = EMq^N$ in Höhe von 49.089 €. Dieser Wert liegt niedriger als der Endwert der Maßnahme, weshalb die Durchführung der Maßnahme absolut vorteilhaft ist.

Auf diese Weise stellt der VoFi eine detailgetreue und realitätsnahe Modellierung der Investitionsmaßnahmen dar. Positiv anzumerken ist weiterhin, dass sich diese Methodik – so wie vorgestellt – auf die Endwertmaximierung ausrichten lässt, aber auch für die Zielstellung der Entnahmemaximierung geeignet ist. Mittels Optimierung bzw. Standardtabellenkalkulation lassen sich für einen gegebenen Endwert die jährlichen maximalen Entnahmen ermitteln. Problematisch ist der Umstand, dass sich für ein Investitionsprojekt mehrere zulässige Finanzpläne konstruieren lassen, was zu einer notwendigen Vereinfachung und Abstraktion führt.[88]

[88] Vgl. Kruschwitz (2014: 39–43).

Ein weiterer Kritikpunkt besteht in der Vernachlässigung von Interdependenzen der einzelnen Investitions- und Finanzierungsobjekte. Daraus resultiert die Einschätzung des VoFi als reines Partialmodell, welches nur über eine unzureichende Aussagequalität verfügt.[89]

5.6 Berücksichtigung von Steuern

5.6.1 Grundlagen

Die bisherigen Ausführungen haben von einem wichtigen Umstand abstrahiert: den Steuern. Steuern sind auf Ebene des Unternehmens relevant, aber auch auf der Ebene der Eigentümer des Unternehmens. An dieser Stelle werden lediglich die Steuern auf **Unternehmensebene** dargestellt. Die Berücksichtigung von Eigentümersteuern findet in einem späteren Abschnitt statt.[90] Von den zahlreichen Steuerarten werden hier lediglich die zwei wichtigsten vorgestellt: die **Körperschaftssteuer** und die **Gewerbesteuer**. Für die Ermittlung einer Steuer sind für das weitere Vorgehen die folgenden zwei Komponenten bestimmend: die Bemessungsgrundlage und der Steuersatz. Die Bemessungsgrundlage definiert, „worauf" Steuern zu zahlen sind. Der Steuersatz legt dann fest, wie groß der Anteil der Steuern bezogen auf diese Bemessungsgrundlage ist.

Die **Körperschaftssteuer (KST)** ist quasi die Einkommenssteuer von juristischen Personen, wie z. B. Kapitalgesellschaften. Als Bemessungsgrundlage wird für das weitere Vorgehen vereinfachend der Jahresüberschuss betrachtet. Der Steuersatz beträgt einheitlich 15 %. Ergänzend sei erwähnt, dass Unternehmen – wie auch natürliche Personen – einen Solidaritätszuschlag zu entrichten haben. Diese Abgabe beträgt 5,5 % der Einkommenssteuer. Deshalb kann der Körperschaftssteuersatz inklusive des Solidaritätszuschlags angegeben werden mit: $s_{\mathrm{KST}} = 0{,}15825$.

Die **Gewerbesteuer** ist die zweite wichtige Komponente, die zu berücksichtigen ist. Diese Steuer dient der Finanzierung der Gemeinden, weshalb diese in die Bestimmung der Erhebung eingebunden sind. Die Gemeinden legen den sog. **Hebesatz** H fest. Mit diesem Hebesatz bestimmen die Gemeinden eigenverantwortlich über die Steuerlast der Unternehmen.[91] Ausgangspunkt der Berechnung ist hier – wiederum vereinfachend dargestellt – eine Form des Jahresüberschusses, der als Gewerbeertrag ermittelt und bezeichnet wird.

Bei Personenunternehmen – also Einzelunternehmen und Personengesellschaften – wird zur Ermittlung des Gewerbeertrags vom – hier vereinfacht dargestellt – ermittelten Jahresüberschuss ein Freibetrag von aktuell 24.500 € abgezogen. Im Folgenden wird

[89] Vgl. Hering (2017: 261–265).

[90] Vgl. Abschn. 5.8.2.3.

[91] Diese Eigenverantwortlichkeit ist durch den gesetzlich vorgeschriebenen Definitionsbereich des Hebesatzes eingeschränkt. Vgl. § 16, Abs. 4, Satz 2 GewStG. Dementsprechend gilt: $H \geq 2$.

davon abstrahiert und es werden lediglich Kapitalgesellschaften betrachtet. Als weitere Besonderheit ist darauf zu verweisen, dass bei der Ermittlung des Gewerbeertrags 25 % der Fremdkapitalzinsen wieder hinzugerechnet werden müssen. Jedoch gilt für diese Hinzurechnung ein Freibetrag von 100.000 €.

Auf den resultierenden Ertrag wird ein einheitlicher Umrechnungsfaktor angewendet, die sog. **Steuermesszahl**. Diese beträgt deutschlandweit 3,5 %. Der Gewerbesteuersatz S_{GewST} resultiert demnach mit: $s_{\text{GewST}} = H \cdot 0{,}035$. Legt eine Gemeinde den Hebesatz mit $H = 4$ fest, resultiert der Gewerbesteuersatz mit: $s_{\text{GewST}} = 4 \cdot 0{,}035 = 0{,}14$.

Aus diesen Komponenten ergibt sich der Steuersatz auf Unternehmensebene s_U bei dieser groben Betrachtung mit:[92]

$$s_U = s_{\text{KST}} + s_{\text{GewST}}$$

Für das Beispiel gilt: $s_U = 0{,}15825 + 0{,}14 = 0{,}29825$.

Da diese Steuerzahlungen dem Unternehmen nicht zur Verfügung stehen und abgeführt werden müssen, muss auch eine Berücksichtigung dieser Faktoren im Rahmen der Ermittlung der absoluten und relativen Vorteilhaftigkeit geschehen. Wie dies vor sich geht, wird in den folgenden Abschnitten am Beispiel der Kapitalwertmethode und der VoFi-Methode dargestellt.

5.6.2 Steuern im Kapitalwertmodell

Als erstes muss dargestellt werden, wie die Steuern in die Kapitalwertermittlung einfließen. Dies geschieht auf zwei Wegen: Veränderung der **Zahlungsströme** und Veränderung des **Kalkulationszinssatzes**. Zuerst wird die Veränderung der Zahlungsströme dargestellt. Wird vereinfachend davon ausgegangen, dass alle Aufwendungen und Erträge zahlungswirksam sind und auch steuerlich anerkannt werden, so lässt sich der Zusammenhang wie folgt darstellen:[93]

Rückfluss	R_t
- Abschreibung	$-\ Ab_t$
= steuerpflichtiger Gewinn	$R_t - Ab_t$
daraus resultierende Steuerschuld bei einem Unternehmenssteuersatz s_U:	$-s_U(R_t - Ab_t)$
Resultierender Gewinn nach Steuern	$R_t - Ab_t - s_U(R_t - Ab_t)$
+ Abschreibung	$+\ Ab_t$
= Rückfluss nach Steuern	$R_t - s_U(R_t - Ab_t)$

Der Term $R_t - Ab_t$ verdient besondere Aufmerksamkeit. Wird von anderen Erlösen und Aufwendungen im Unternehmen abstrahiert, so stellt diese Größe den steuerpflichtigen

[92] Für eine detaillierte Betrachtung vgl. Abschn. 5.8.2.3.

[93] Vgl. Busse von Colbe/Laßmann/Witte (2015: 86).

Gewinn vor Steuern oder Jahresüberschuss vor Steuern dar. Diese Größe wird auch als EBIT bezeichnet (Earnings before Interest and Taxes).

Neben der Zahlungshöhe wird auch der **Kalkulationszinssatz** durch die Existenz von Steuern beeinflusst. Dies resultiert aus der Grundnatur des Kapitalwertes, die in dem Vergleich einer Anlage der finanziellen Mittel in einem Investitionsobjekt mit der Geldanlage besteht. Die Rückflüsse aus der Geldanlage unterliegen ebenfalls der Einkommenssteuer, weshalb der Zinssatz nach Steuern i_S wie folgt formuliert wird:[94]

$$i_S = i \cdot (1 - s_U)$$

Daraus folgt der Kalkulationszinssatz nach Steuern q_s:

$$q_S = 1 + i \cdot (1 - s_U)$$

Damit kann für den Kapitalwert nach Steuern $C_{0;\mathrm{NST}}$ formuliert werden:[95]

$$\boxed{C_{0;\mathrm{NST}} = -I_0 + \sum_{t=1}^{N} [R_t - s_U(R_t - Ab_t)]\, q_S^{-t}}$$

Als Beispiel wird die Betrachtung der Investition wieder aufgenommen, die zur Einführung des Kapitalwertes diente:[96] Es galt $I_0 = 1.000$ €, $i = 0{,}08$ sowie $R_1 = R_2 = R_3 = R_4 = 330$ €, womit ein $C_0 = 93{,}00$ € ermittelt wurde.

Es wird angenommen, dass die Investition in den 4 Jahren komplett linear abgeschrieben wird, woraus Abschreibungen in Höhe von $Ab_t = 250$ € resultieren. Weiterhin wird davon ausgegangen, dass es sich um eine Kapitalgesellschaft handelt und dass die zuständige Gemeinde einen Hebesatz von $H = 4$ festgelegt hat. Daraus ergibt sich der Steuersatz s_U mit:

$$s_U = s_{\mathrm{KST}} + s_{\mathrm{GewST}} = 0{,}15825 + 4 \cdot 0{,}035$$
$$s_U = 0{,}29825$$

Daraus folgt der Zinssatz nach Steuern:

$$i_S = 0{,}08 \cdot (1 - 0{,}29825) = 0{,}05614$$

---

[94] Vgl. Hering (2017: 91).

[95] Bei dieser Darstellung wird die Liquidationseinzahlung in die laufenden Rückflüsse integriert. Gleichzeitig wird davon ausgegangen, dass Liquidationseinzahlung und Restbuchwert dieselben Werte aufweisen. Vgl. Blohm/Lüder/Schaefer (2012: 104).

[96] Vgl. Abschn. 5.3.2.

Der Kapitalwert nach Steuern folgt mit:

$$\begin{aligned} C_{0;\mathrm{NST}} &= -1.000\,€ + \sum_{t=1}^{4} [330\,€ - 0{,}29825(330\,€ - 250\,€)] \cdot 1{,}05614^{-t} \\ &= -1.000\,€ + 306{,}14\,€ \frac{1{,}05614^4 - 1}{1{,}05614^4 \cdot 0{,}05614} \\ &= \underline{\underline{70{,}25\,€}} \end{aligned}$$

Damit ist das Projekt immer noch absolut vorteilhaft. Jedoch zeigt der Vergleich mit dem Beispiel ohne Steuern, dass der Kapitalwert durch die Besteuerung gesunken ist. Die eingangs dargestellten zwei Wege der Kapitalwertänderung durch Steuern werden nun detailliert untersucht. Die Differenz zwischen Kapitalwert nach Steuern und Kapitalwert vor Steuern wird bezeichnet mit ΔC_0 und ergibt sich aus: $\Delta C_0 = C_{0;\mathrm{NST}} - C_0$. Damit kann unter Vernachlässigung von Liquidationseinzahlungen formuliert werden:[97]

$$\begin{aligned} \Delta C_0 &= C_{0;\mathrm{NST}} && - C_0 \\ &= -I_0 + \sum_{t=1}^{N} [R_t - s_U(R_t - Ab_t)] \cdot q_S^{-t} && - \left[-I_0 + \sum_{t=1}^{N} R_t \cdot q^{-t} \right] \\ &= \sum_{t=1}^{N} [R_t - s_U(R_t - Ab_t)] q_S^{-t} && - \sum_{t=1}^{N} R_t \cdot q^{-t} \\ &= \sum_{t=1}^{N} R_t \cdot q_S^{-t} + \sum_{t=1}^{N} [-s_U(R_t - Ab_t)] q_S^{-t} && - \sum_{t=1}^{N} R_t \cdot q^{-t} \\ &= \underbrace{\sum_{t=1}^{N} R_t \cdot \left(q_S^{-t} - q^{-t}\right)}_{\text{Zinseffekt } (\Delta_{\text{Zins}})} && + \underbrace{\sum_{t=1}^{N} [-s_U(R_t - Ab_t)] q_S^{-t}}_{\text{Volumeneffekt } (\Delta_{\text{Volumen}})} \end{aligned}$$

Der **Zinseffekt** resultiert aus der Veränderung des Kalkulationszinssatzes und führt zu einem positiven Effekt auf den Kapitalwert, da eine Steuererhöhung eine Senkung des Kalkulationszinssatzes und demzufolge eine Erhöhung des Kapitalwertes bewirkt. Für das Beispiel resultiert der Zinseffekt aus:

$$330{,}00\,€ \cdot \sum_{t=1}^{4} \left(1{,}05614^{-t} - 1{,}08^{-t}\right) = 60{,}66\,€$$

Der **Volumeneffekt** müsste korrekterweise „Steuerzahlungseffekt" heißen, da er nichts anderes beinhaltet als den Barwert der gezahlten Steuern. Für den betrachteten Fall ergibt sich der Volumeneffekt mit:

$$-0{,}29825 \cdot 80{,}00\,€ \cdot \frac{1{,}05614^4 - 1}{1{,}05614^4 \cdot 0{,}05614} = -83{,}41\,€$$

[97] Vgl. Bitz/Ewert/Terstege (2012: 207); Hirth (2012: 81).

In der Summe resultiert die Differenz der Kapitalwerte aus:

$$\begin{aligned}\Delta C_0 &= C_{0;\text{NST}} - C_0\\ &= 70{,}25\,€ - 93{,}00\,€\\ &= \text{Zinseffekt} + \text{Volumeneffekt}\\ &= 60{,}66\,€ - 83{,}41\,€\\ &= \underline{-22{,}75\,€}\end{aligned}$$

Im vorliegenden Fall ist der negative Volumeneffekt größer als der positive Zinseffekt, so dass die Kapitalwertdifferenz negativ ist. Es ist jedoch auch der Fall denkbar, dass der Zinseffekt größer als der Volumeneffekt ist. Dies führt zu der paradoxen Situation der positiven Kapitalwertänderung bei steigendem Steuersatz. Dieses Resultat wird als **Steuerparadoxon** bezeichnet, da es paradox erscheint, durch Steuererhöhungen gleichzeitig den Kapitalwert zu erhöhen.[98] Die Bestimmungsgleichung für die Ermittlung der Kapitalwertdifferenz macht jedoch deutlich, in welchen Fällen es zu diesem Resultat kommt.

Zur Demonstration wird das bisher betrachtete Beispiel modifiziert. Die Summe der Rückflüsse in Höhe von 1.320 € wird nicht gleichmäßig verteilt über die Laufzeit von vier Jahren erwirtschaftet, sondern fällt in einer Summe **nach vier Jahren** an. Der Kapitalwert dieser Maßnahme wäre negativ und würde $C_0 = -29{,}76\,€$ betragen. Wird das bisher betrachtete Steuerregime verwendet, ergibt sich ein Kapitalwert nach Steuern in Höhe von $C_{0;\text{NST}} = 5{,}18\,€$. Das Verhältnis dieser Werte kann wie bereits dargestellt detailliert werden:

$$\begin{aligned}\Delta C_0 &= C_{0;\text{NST}} - C_0\\ &= 5{,}18\,€ - (-29{,}76\,€)\\ &= \text{Zinseffekt} + \text{Volumeneffekt}\\ &= 90{,}70\,€ - 55{,}76\,€\\ &= \underline{34{,}94\,€}\end{aligned}$$

Der positive Effekt des durch die Steuern gesenkten Kalkulationszinssatzes ist größer als der Negativeffekt der veränderten Zahlungsreihe. Die Beziehungen von Zins- und Volumeneffekt für dieses Beispiel sind in der Abb. 5.11 dargestellt.

In der Abb. 5.11 wird ersichtlich, dass der Zinseffekt Δ_{Zins} in Höhe von ca. 90 € alternativ auch dadurch ermittelt werden kann, dass auf der Funktion des Kapitalwertes vor Steuern der Punkt gesucht wird, bei dem der Kapitalwert vor Steuern und bei Verwendung des Kalkulationszinssatzes i_S resultiert. Dies führt ebenfalls zu einem Kapitalwert von ca. 60 € und somit zu dem bereits erwähnten Wert des Zinseffektes.

In den bisherigen Darstellungen wurde der Liquidationserlös nicht betrachtet. Um diesen Bestandteil im Zusammenhang mit steuerlichen Aspekten in den Kapitalwert inte-

[98] Vgl. Schneider (1969: 297–300); Adam (2000: 182–185).

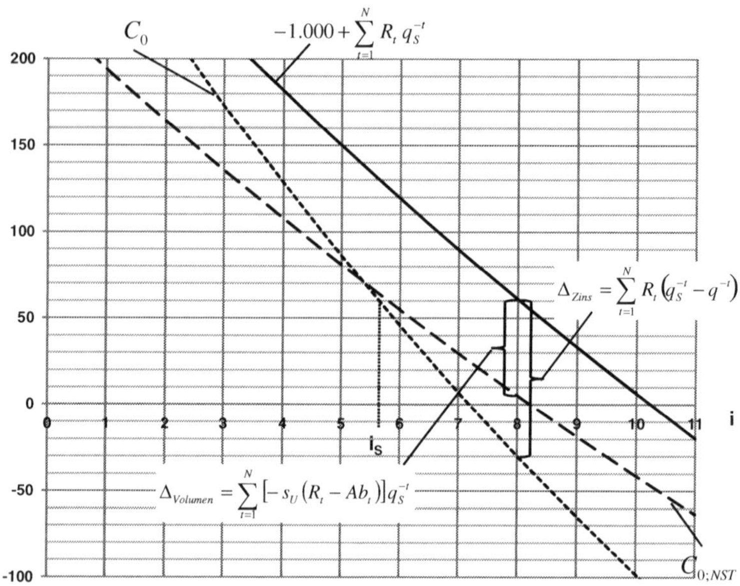

Abb. 5.11 Relation von Zins- und Volumeneffekt. Quelle: Eigene Darstellung auf Basis der Eingangsdaten aus dem Text

grieren zu können, muss die Nutzungsdauer bekannt sein. Auf die verschiedenen Arten von Nutzungsdauern wurde ebenso schon hingewiesen, wie auf die Tatsache, dass sich die steuerliche und tatsächliche Nutzungsdauer unterscheiden können.[99] Um diese Unterschiede berücksichtigen zu können, wird im weiteren Verlauf die steuerliche Nutzungsdauer mit N_S und der steuerliche Restbuchwert mit RBW bezeichnet. Für den Fall, dass die Nutzungsdauern identisch sind und der Liquidationserlös L_N denselben Wert aufweist wie der Restbuchwert RBW, lautet die Kapitalwertgleichung:

$$C_{0;\mathrm{NST}} = -I_0 + \sum_{t=1}^{N} [R_t - s_U(R_t - Ab_t)] \cdot q_S^{-t} + [L_N(1 - s_U)] \cdot q_S^{-N}$$

Für den Fall, dass die steuerliche Nutzungsdauer größer ist als die tatsächliche Nutzungsdauer, unterliegt die Differenz zwischen Liquidationserlös und Restbuchwert der Besteuerung. Für den Kapitalwert gilt deshalb bei $N_S > N$:[100]

$$C_{0;\mathrm{NST}} = -I_0 + \sum_{t=1}^{N} [R_t - s_U(R_t - Ab_t)] \cdot q_S^{-t} + [L_N - s_U(L_N - RBW_N)] \cdot q_S^{-N}$$

[99] Vgl. Abschn. 5.4.

[100] Vgl. Perridon/Steiner/Rathgeber (2017: 84).

Tritt jedoch der Umstand ein, dass die steuerliche Nutzungsdauer geringer als die tatsächliche Nutzungsdauer ist ($N_S < N$), so muss berücksichtigt werden, dass nach Ablauf der steuerlichen Nutzungsdauer keine steuerlich wirksamen Abschreibungen vorgenommen werden können. Ein steuerlicher Restwert ist ebenfalls nicht mehr vorhanden. Es gilt:

$$\begin{aligned} C_{0;\mathrm{NST}} = & - I_0 + \sum_{t=1}^{N_S} [R_t - s_U(R_t - Ab_t)] \cdot q_S^{-t} \\ & + \sum_{t=N_S+1}^{N} [R_t - s_U(R_t)] q_S^{-t} + (L_N - s_U \cdot L_N) \cdot q_S^{-N} \end{aligned}$$

5.6.3 Steuern im VoFi

Im VoFi wird prinzipiell dieselbe Vorgehensweise zur Berücksichtigung steuerlicher Effekte gewählt. Zuerst findet die Anpassung der Zahlungsreihen und die Ermittlung des Endwertes der Maßnahme nach Steuern $EW_{M:\mathrm{NST}}$ statt. Danach wird der Kalkulationszinssatz angepasst und die darauf aufbauende Berechnung des Endwertes der Opportunität nach Steuern $EW_{O:\mathrm{NST}}$ durchgeführt. Jedoch ist die Anpassung der Zahlungsreihen etwas umfangreicher als beim Kapitalwert, da sich die Höhe der freien Mittel, die zur Tilgung der Kredite eingesetzt werden können, mit steigender Steuerbelastung verringert. Dies führt zu einer Erhöhung der Zinszahlungen für Kredite und auf diese Weise zu einem verringerten Rückfluss aus dem Projekt. Der VoFi ist aus diesen Gründen um ein Modul zu erweitern, in dem die Steuerzahlungen oder Steuererstattungen ermittelt werden. In diesem Modul wird quasi die Ermittlung des Jahresüberschusses nachgebildet. Neben den Abschreibungen, die auch beim Kapitalwert berücksichtigt wurden, sind die Zinszahlungen und Zinserträge sowie die relevanten unternehmensrechtsform-spezifischen Sonderregelungen in Bezug auf weitere Hinzurechnungen oder Kürzungen zu berücksichtigen. Wie schon erwähnt, wird im weiteren Vorgehen von einer Kapitalgesellschaft ausgegangen. Zur Verdeutlichung wird das Beispiel aus Tab. 5.12 an dieser Stelle aufgegriffen. In der Tab. 5.13 ist das Ergänzungsmodul zur Ermittlung der Steuerbelastung bzw. Steuerentlastung dargestellt. Bei Ermittlung der Gewerbesteuer wurde der Freibetrag von 100.000 € berücksichtigt, so dass keine Hinzurechnungen vorgenommen wurden und die Einkünfte aus dem Investitionsobjekt die Basis sowohl für die Körperschafts- als auch für die Gewerbesteuer bilden. Der Hebesatz beträgt $H = 4$, Solidaritätszuschlag ist bei der Ermittlung der Körperschaftssteuer ebenfalls zu berücksichtigen. Das Investitionsobjekt wird komplett linear über die Laufzeit abgeschrieben. Das Steuermodul muss simultan mit dem Hauptmodul des VoFi erstellt werden, da wiederum für jedes Jahr alle Transaktionen so zu gestalten sind, dass der Finanzierungssaldo den Wert null aufweist.

Mit diesen Ergänzungsinformationen resultiert simultan der modifizierte VoFi, der in Tab. 5.14 zu sehen ist.

Tab. 5.13 Modul zur Ermittlung der Steuerlast/-erstattung. Quelle: Eigene Darstellung. Angaben in €, nachschüssige Zahlungen

Zeitraum in Jahren	t = 1	t = 2	t = 3	t = 4	t = 5
Einzahlungen	27.000	27.000	27.000	30.000	30.000
− Abschreibungen	19.000	19.000	19.000	19.000	19.000
− Zinsaufwand	5.550,00	3.156,49	2.640,00	2.160,00	1.680,00
+ Zinserträge	0	0	967,09	2.013,50	3.250,48
Einkommen aus dem Objekt	2.450,00	4.843,51	6.327,09	10.853,50	12.570,48
Steuerzahlung ($s_U = 0{,}29825$)	730,71	1.444,58	1.887,06	3.237,06	3.749,15

Tab. 5.14 Beispiel des VoFi unter Berücksichtigung von Steuern. Quelle: Eigene Darstellung, in Anlehnung an: Schultz (2005: 161). Angaben in €, nachschüssige Zahlungen

Zeitraum in Jahren	t = 0	t = 1	t = 2	t = 3	t = 4	t = 5
Zahlungsgrößen	−95.000	27.000	27.000	27.000	30.000	30.000
Eigenkapital						
− Entnahme						
+ Einlage	35.000					
Ratenkredit						
+ Aufnahme	30.000					
− Tilgung		−6.000	−6.000	−6.000	−6.000	−6.000
− Sollzinsen		−2.400	−1.920	−1.440	−960	−480
Endfälliges Darlehen						
+ Aufnahme	15.000					
− Tilgung						−15.000
− Sollzinsen		−1.200	−1.200	−1.200	−1.200	−1.200
Kontokorrentkredit						
+ Aufnahme	15.000					
− Tilgung		−14.719,29	−280,71			
− Sollzinsen		−1.950	−36,49			
Ertragssteuern						
− Zahlung		−730,71	−1.444,58	−1.887,06	−3.237,06	−3.749,15
+ Erstattung						
Geldanlage						
− Anlage		0	−16.118,22	−17.440,04	−20.616,44	−6.821,34
+ Auflösung						
+ Habenzins				967,09	2.013,50	3.250,48
Finanzierungssaldo	**0**	**0**	**0**	**0**	**0**	**0**
Bestandsgrößen						
Kreditstand						
Ratentilgung	30.000	24.000	18.000	12.000	6.000	0
Endtilgung	15.000	15.000	15.000	15.000	15.000	0
Kontokorrent	15.000	280,71	0	0	0	0
Guthabenbestand		0	16.118,22	33.558,26	54.174,70	60.996,03
Bestandssaldo= Guthabenbestand −Kreditbestand	**−60.000**	**−39.280,71**	**−16.881,78**	**6.558,26**	**33.174,70**	**60.996,03**

Der Endwert der Maßnahme nach Steuern beträgt demzufolge $EW_{M;\text{NST}} = 60.996{,}03$. Um die absolute Vorteilhaftigkeit beurteilen zu können, ist als Vergleichswert der Endwert der Opportunität nach Steuern $EW_{O;\text{NST}}$ zu ermitteln. Dies geschieht unter Verwendung

Tab. 5.15 Alternative Ermittlung des Opportunitätsendwertes. Quelle: Eigene Darstellung. Angaben in €, nachschüssige Zahlungen

Zeitraum in Jahren	t = 1	t = 2	t = 3	t = 4	t = 5
Guthabenbestand am Periodenbeginn	35.000	36.719,29	38.523,03	40.415,38	42.400,68
Zinserträge aus laufender Periode	2.450,00	2.570,35	2.696,61	2.829,08	2.968,05
– Steuerlast auf Zinserträge	730,71	766,61	804,26	843,77	885,22
= Für Wiederanlage verfügbarer Zinsbetrag	1.719,29	1.803,74	1.892,35	1.985,30	2.082,83
Guthabenbestand am Periodenende	36.719,29	38.523,03	40.415,38	42.400,68	44.483,51

des steuer-adjustierten Kalkulationszinssatzes q_S, mit $q_S = 1 + i \cdot (1 - s_U)$ wie folgt:

$$EW_{O;\mathrm{NST}} = EM \cdot q_S^N$$

Für den Beispielfall resultiert ein Endwert von $EW_{O;\mathrm{NST}} = 44.483{,}51$. Dieser Endwert kann alternativ auch durch eine tabellarische Darstellung ermittelt werden (vgl. Tab. 5.15).

Da der Endwert der Maßnahme größer ist als der Endwert der Opportunität, ist das Investitionsprojekt absolut vorteilhaft. Mit diesen Darstellungen wird die Betrachtung steuerlicher Wirkungen vorerst abgeschlossen. Gleichzeitig wird jedoch darauf hingewiesen, dass es sich lediglich um prinzipielle Darstellungen handelt. Für eine detaillierte Betrachtung ist die konkrete Analyse und Beachtung der vielfältigen steuerlichen Vorschriften und Besonderheiten in jedem Fall erforderlich. Die Diskussion steuerlicher Aspekte wird im Rahmen der wertorientierten Unternehmenssteuerung wieder aufgenommen.[101]

5.7 Lebenszyklusrechnung

5.7.1 Technologische Grundlagen

Wichtige Anwendungsbereiche von Investitionsrechenmodellen bilden die Analyse und Gestaltung von Kosten und Erlösen im gesamten Produktlebenszyklus. In den letzten Jahren hat sich bei Herstellern und Kunden von langlebigen Wirtschaftsgütern die Erkenntnis durchgesetzt, dass nicht nur der Kauf des Produktes mit Kosten verbunden ist, sondern auch dessen Gebrauch und Entsorgung (vgl. Abb. 5.12). Die Entscheidung zum Erwerb des Produktes ist demzufolge nicht nur vom Kaufpreis abhängig, sondern auch von den Folgekosten. Dies erfordert eine Betrachtung sämtlicher Kosten über den gesamten Lebenszyklus eines Produktes.

Um die Konzentration der Betrachtung auf die Herstellkosten zu überwinden sind verschiedene Lebenszyklusmodelle entwickelt worden. Analyse und Gestaltung von un-

[101] Vgl. Abschn. 5.8.2.3.

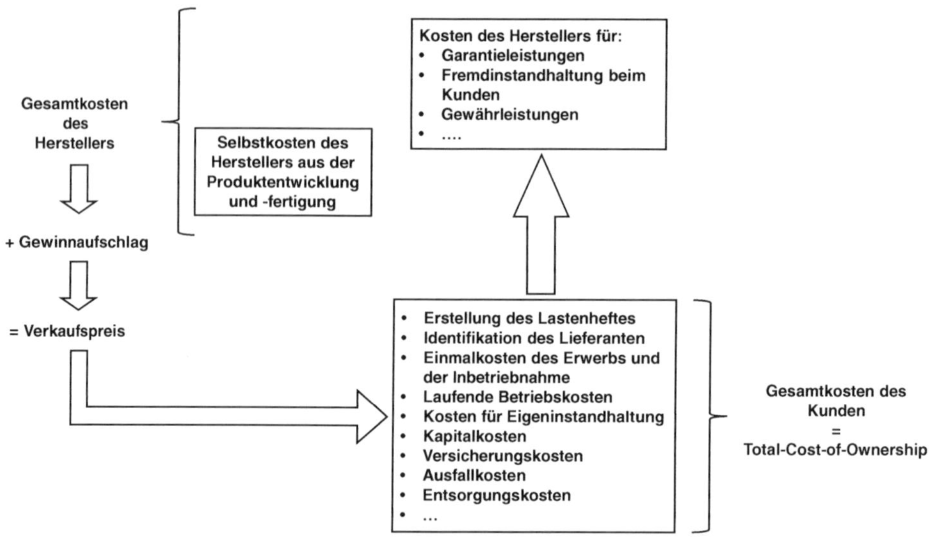

Abb. 5.12 Kostendimensionen aus unterschiedlicher Sicht. Quelle: Eigene Darstellung, in Anlehnung an: Ehrlenspiel et al. (2014: 128)

ternehmerischen Aktivitäten während des gesamten Produktlebenszyklus werden mit unterschiedlichen Begriffen (z. B. Lebenszyklusrechnung, Lebenszykluskostenrechnung, Total-Cost-of-Ownership, Life-cycle-costing) bezeichnet.[102] Im technischen Bereich ist der Ansatz des Life-cycle-design entstanden, der die Berücksichtigung sämtlicher mit der Herstellung, Nutzung und Entsorgung eines Produktes verbundenen Effekte beinhaltet. Im weiteren Verlauf wird der Begriff Lebenszyklusrechnung als summierender Oberbegriff für diese Ansätze verwendet.

Die Lebenszyklusrechnung dient **aus Herstellersicht** neben der Produktgestaltung auch der Bestimmung von Konditionen für Verkauf, Kundendienst, Wartung und Rücknahme des Produktes. **Aus Kundensicht** erfolgt der Erwerb von Investitionsgütern i. d. R. immer unter Berücksichtigung der Lebenszyklusrechnungen, äußerst selten jedoch der Erwerb von Konsumgütern.

Der Lebenszyklus ist beschrieben als Zeitintervall zwischen der Konzipierung und Aussonderung eines Produktes.[103] In einer Lebenszyklusbetrachtung werden die Beschaffungs-, Besitz- und Entsorgungskosten eines Produktes analysiert. Diese Analyse liefert Informationen zur Gestaltung und Beeinflussung der Kosten im Rahmen von Entwurf, Entwicklung, Nutzung und Entsorgung des Produktes, was als Lebenszykluskostenmanagement bezeichnet wird.[104] Eine Lebenszyklusrechnung ist gekennzeichnet durch die Orientierung auf:

[102] Vgl. Geissdörfer/Gleich/Wald (2009: 705–711); Schweitzer et al. (2016: 237–239).
[103] Vgl. Abb. 1.16.
[104] Vgl. VDI 2884 (2005).

- ein klar definiertes Projekt, Produkt, Einheit,
- sämtliche Lebenszyklusphasen,
- die Identifikation von zahlungs- bzw. kostenrelevanten Einflussgrößen und Entscheidungen sowie
- die Integration verschiedener betrieblicher Funktionsbereiche.

Die Bezeichnung Lebenszykluskosten lässt vermuten, dass es sich um eine Kostenbetrachtung handelt. Im Rahmen der Lebenszyklusbetrachtung werden mehrere Perioden in die Analyse einbezogen, woraus mit einem Blick auf die Kostendefinition folgt, dass streng genommen keine Kosten betrachtet werden, sondern Ein- und Auszahlungen. Kennzeichen der Lebenszyklusrechnung ist demzufolge die Verwendung der mit einem Projekt oder Produkt verbundenen Ein- und Auszahlungen.

Ziel der Lebenszyklusrechnung ist die Ermittlung der wichtigsten, zahlungswirksamen Einflussgrößen und die Darstellung der Auswirkungen von Entscheidungen auf die Zahlungsgrößen. Dazu ist die Integration verschiedener Funktionsbereiche (F&E, Produktion, Kundendienst etc.) sowie eine enge Zusammenarbeit zwischen Herstellern und Kunden erforderlich. Für jedes Produkt bzw. jede Einheit ergeben sich spezielle Einflussfaktoren der Lebenszykluskosten, so z. B.:[105]

- Produktart einschließlich des Fertigungsverfahrens,
- Entwicklungszeit und -kosten,
- Konstruktionsprinzip,
- Produktnutzung,
- Wartung und Instandhaltungsstrategie,
- Kostenstrukturen des Nutzers,
- Kosten für einzusetzende Roh-, Hilfs- und Betriebsstoffe,
- Produktlebensdauer und Zuverlässigkeit sowie
- gesetzliche Vorgaben, Verordnungen.

In der Abb. 5.12 sind die zwei Sichtweisen auf den Lebenszyklus eines Produktes deutlich erkennbar. Diese werden nun getrennt analysiert.

5.7.2 Betrachtung von Lebenszykluskosten aus Kundensicht

Im Rahmen der Beschaffungsentscheidung wird die Investitionsrechnung eingesetzt, um verschiedene Alternativen zu bewerten. Ob eine umfassende Lebenszyklusrechnung durchgeführt wird ist abhängig:[106]

---

[105] Vgl. DIN EN 60300-3-3 (2014: 9–10).

[106] Vgl. VDI 2884 (2005: 8).

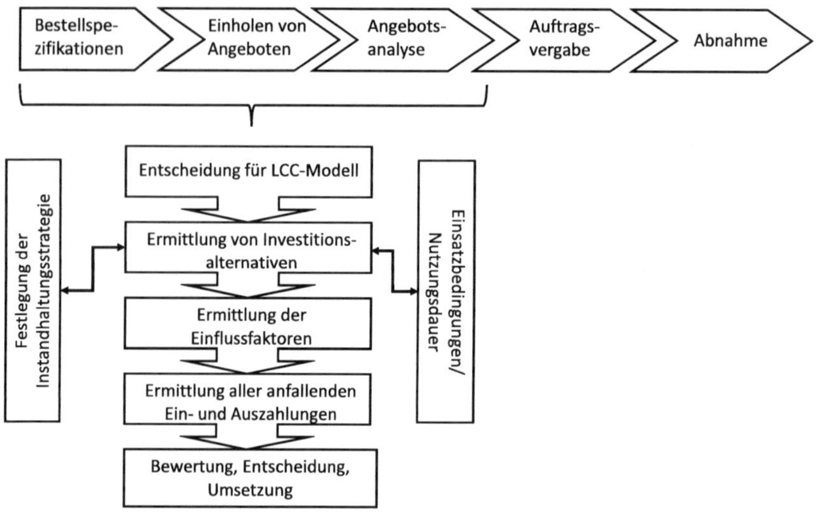

Abb. 5.13 Lebenszyklusanalyse im Beschaffungsprozess von Ressourcen. Quelle: Eigene Darstellung, in Anlehnung an: VDI 2884 (2005: 7)

- vom Investitionsvolumen,
- von der Relation der Folgekosten zu dem Investitionsvolumen und
- von der geplanten Nutzungsdauer.

Wenn die Entscheidung für die Durchführung einer Lebenszyklusrechnung getroffen wurde, sind die unterschiedlichen, auf dem Investitionsgütermarkt verfügbaren Anschaffungsalternativen zu ermitteln. Nach der Alternativensuche sind die Einflussgrößen der Lebenszykluskosten festzulegen. Einflussgrößen in der Nutzungsphase sind die geforderte Zuverlässigkeit, die Instandhaltungsstrategie, die Einsatzbedingungen und die Nutzungsdauer (vgl. Abb. 5.13).

Die Instandhaltungsstrategie bestimmt, nach welchen Grundsätzen und in welchem Umfang Instandhaltung betrieben wird. Instandhaltung umfasst alle technischen und administrativen Maßnahmen und Managementmaßnahmen während des Lebenszyklus einer Einheit zur Erhaltung des funktionsfähigen Zustands oder der Rückführung in diesen, so dass die Einheit die geforderte Funktion erfüllen kann. Mit der Instandhaltungsstrategie werden die Nutzungskosten in erheblichem Maße beeinflusst.[107]

Einsatzbedingungen von Ressourcen werden durch Nutzungshäufigkeit, Nutzungsintensität, Umfeld und Umweltbedingungen festgelegt. Die Einsatzbedingungen beeinflussen die erforderlichen Instandhaltungs- bzw. Instandsetzungsmaßnahmen. Die Nutzungsdauer ergibt sich aus technischen und wirtschaftlichen Rahmendaten.[108]

[107] Vgl. VDI 2891 (2008).
[108] Vgl. Abschn. 5.4.

Ein Vertreter der Lebenszyklusanalyse von Ressourcen ist der Ansatz der **Total-Cost-of-Ownership** (TCO). Dieser wurde ursprünglich für die Beschaffung von IT-Systemen (PC, Netzwerke, Drucker, etc.) entwickelt.[109] Es wurde frühzeitig erkannt, dass die originären Beschaffungskosten lediglich ca. 20 % der Lebenszykluskosten betragen. Der überwiegende restliche Teil entfällt auf – bisher kaum – beachtete Komponenten. Neben dem erforderlichen geplanten technischen Support und der Verwaltung der EDV-Abteilungen sind indirekte Kosten zu berücksichtigen. Dazu zählen einerseits die sog. **end-user-operations**, wie z. B.:[110]

- erforderliche Schulungen,
- Lernen im Arbeitsalltag, self- und peer-to-peer-support,
- Entwicklung von Software durch Endanwender (z. B. Makroprogrammierung, Entwicklung von Datenbankanwendungen) sowie
- Nutzung der zur Verfügung stehenden Infrastruktur für private Zwecke.

Andererseits sind **Ausfallzeiten** zu berücksichtigen, die mit dem Ausfall der IT-Struktur verbunden sind.

Der Ansatz findet zunehmende Verbreitung in anderen Branchen. Grundgedanke ist die Berücksichtigung sämtlicher mit der Beschaffung von Ressourcen anfallenden direkten und indirekten Kosten (vgl. Abb. 5.12). Diese werden üblicherweise wie folgt unterteilt:[111]

- Vor-Transaktions-Kosten,
- Transaktions-Kosten,
- Nach-Transaktions-Kosten.

In der VDI 2884 erfolgt die Unterteilung wie folgt:[112]

- Vor-Nutzungsphase,
- Nutzungsphase,
- Nach-Nutzungsphase.

Im Industriegüterbereich stellen die **vom Kunden festgelegten** Produktanforderungen den Ausgangspunkt für die Produktentwicklung dar. Die Anforderungen, die ein Produkt erfüllen muss, definieren die Produktkosten zu einem Großteil.[113] Deshalb ist es ein Trugschluss zu vermuten, dass die Kunden die Produktkosten nicht beeinflussen können. Die Kundenanforderungen werden im **Lastenheft** zusammengetragen. Es wird definiert „was" und „wofür" zu lösen ist. Das Lastenheft wird durch den Hersteller „übersetzt" in das

[109] Vgl. Gartner Group (1997).
[110] Vgl. Wild/Herges (2000: 13–15).
[111] Vgl. Coenenberg/Fischer/Günther (2016: 620).
[112] Vgl. VDI 2884 (2005: 5).
[113] Vgl. Ehrlenspiel et al. (2014: 168–169).

Pflichtenheft. Damit wird festgelegt „wie" und „womit" diese Anforderungen zu erfüllen sind.[114]

Während das Lastenheft die Anforderungen aus Nutzersicht enthält, beinhaltet das Pflichtenheft das Lastenheft, die daraus abgeleiteten Angaben zur Realisierung der Kundenanforderungen sowie die normativen Anforderungen, Vermarktungsanforderungen und die Unternehmensanforderungen aus Herstellersicht. Das Pflichtenheft stellt demzufolge das Verzeichnis sämtlicher Forderungen in der „Sprache" des Herstellers dar.

Nach dem Abschluss der Produktentwicklung durch den Hersteller bzw. vor der Beschaffung durch den Nutzer können die Kosten des gesamten Lebenszyklus intern prognostiziert werden und es wird mittels eines Investitionsrechenverfahrens die relativ vorteilhafte Alternative ausgewählt. Da es sich um Betrachtungen zukünftiger Zahlungen handelt, ist es i. d. R. angebracht, unsichere Einflussgrößen adäquat zu modellieren.[115]

5.7.3 Management von Lebenszykluskosten aus Herstellersicht

Auf der anderen Seite der Lebenszyklusbetrachtung einer Investition steht der Hersteller der Maschine. Die im Industriegüterbereich zunehmende Berücksichtigung von Produkteigenschaften, welche nach dem Produkterwerb zahlungsrelevante Effekte haben, führt zu einer steigenden Bedeutung von Gesamtlebenszyklusanalysen auf Kunden- und demzufolge auch auf Herstellerseite.[116] Die Grundlage für Höhe und Struktur dieser Zahlungen wird zu einem Großteil durch den Hersteller in der Phase der Konstruktion und Entwicklung gelegt. In dieser Phase werden, in Abhängigkeit von dem Produkt, 70–90 % der Herstellungsauszahlungen und ein ähnlich hoher Anteil der Zahlungen der Nutzungs- und Entsorgungsphase festgelegt. Die Einfluss- und Gestaltungsmöglichkeiten sind in dieser Phase am größten und die Beeinflussung der Zahlungsströme ist am effizientesten möglich.[117]

Deshalb muss der Hersteller:

- nicht nur die Kosten der Produktherstellung, sondern
- auch die Kosten der Produktnutzung berücksichtigen.

Im Gegensatz zum Kunden kann der Hersteller die Kosten der Produktnutzung in den Lebenszyklusphasen Konzept und Definition, Entwurf und Entwicklung sowie Herstellung entscheidend beeinflussen. Die gezielte Steuerung der Lebenslaufkosten dient dazu, den Produktnutzen aus Kundensicht zu erhöhen und bildet die Basis für eine geeignete Preisgestaltung.[118]

---

[114] Vgl. VDI 2519-1 (2001).
[115] Vgl. das Kap. 7 zur Berücksichtigung von Unsicherheit.
[116] Vgl. Müller (2013: 175–181).
[117] Vgl. Müller (2013: 201–203).
[118] Vgl. Abb. 5.12.

Unter Umständen kann es zum **Zielkonflikt** zwischen den einzelnen Lebenszyklusphasen kommen: eine **Senkung** der Lebenslaufkosten aus **Kundensicht** erfordert aus **Herstellersicht erhöhte Aufwendungen** in der Forschung und Entwicklung sowie in Konstruktion und Herstellung. Diese Konflikte werden im weiteren Verlauf genauer analysiert.

5.7.3.1 Zielkonflikte zwischen Lebenszyklusphasen

Für die Berücksichtigung des Einflusses konstruktiver Aktivitäten auf die für den Hersteller relevanten Zahlungsströme späterer Lebenszyklusphasen stehen verschiedene Ansätze und Modelle zur Verfügung. Analyse und Beeinflussung der Auszahlungen, die in der Produktherstellung entstehen, sind Gegenstand sowohl von Modellen der konstruktionsbegleitenden Kalkulation als auch des Zielkostenmanagements.

Im Rahmen der **konstruktionsbegleitenden Kalkulation** werden unterschiedliche Verfahren zur stückbezogenen Kosteninformationsermittlung und -bereitstellung während des Konstruktionsprozesses eingesetzt.[119] Im Rahmen der Entwicklung und Konstruktion können die Zahlungen der späteren Lebenszyklusphasen entscheidend beeinflusst werden. Dabei kann es sich:

- um Auszahlungen in der Forschung & Entwicklung oder der Herstellung, aber auch
- um eine Erhöhung des Produktpreises durch eine Verbesserung der Produktqualität

Gesenkte Nutzungskosten werden vom Kunden im Rahmen seiner Wirtschaftlichkeitsbetrachtung herangezogen und dem von ihm zu zahlenden Produktpreis gegenübergestellt. Geringere Nutzungskosten ermöglichen dann einen höheren Produktpreis, wenn die Preisdifferenz aus Kundensicht die geringeren Auszahlungen der Nutzung widerspiegelt.

Besonders bei Produkten, bei denen der Anteil der Nutzungsauszahlungen sehr hoch ist – Schienenfahrzeuge, Flugzeuge, Schiffe – liegt ein wesentlicher Schwerpunkt der Produktentwicklung deshalb auf der Senkung dieser Zahlungsgröße. Darüber hinaus besteht für die Produktentwicklung die Möglichkeit, die mit dem Produktbetrieb erzielbaren Einzahlungen zu erhöhen, indem entsprechende Produktfunktionen (z. B. Qualitätsgrad, Fertigungsleistung) verbessert werden. Dies spiegelt sich für den Hersteller ebenfalls in einem höheren erzielbaren Preis wider, da aus Kundensicht der Produktwert steigt.

Um derartige nutzenorientierte Preise ermitteln zu können, ist eine enge Zusammenarbeit von Hersteller und Kunde erforderlich, damit die erforderlichen Informationen sowohl in Bezug auf die Produktnutzung als auch bezüglich der vom Kunden verwendeten Wirtschaftlichkeitsrechnung für den Hersteller verfügbar sind.[120]

Unter Umständen kann es jedoch zu folgenden **Zielkonflikten** zwischen den einzelnen Lebenszyklusphasen kommen:[121]

[119] Vgl. Ehrlenspiel et al. (2014: 457–492).

[120] Vgl. Müller (2010: 210).

[121] Vgl. ISO/TR 14062 (2003: 32); Belecheanu/Riedel/Pawar (2006: 517); Woodward (1997: 340); Mueller (2011: 207–209).

- **Entwicklungsauszahlungen ⇔ Auszahlungen der Herstellung:**[122] Die Beziehung zwischen Entwicklungsaktivitäten und Auszahlungen der Produktherstellung ist konfliktärer Natur, da die Suche nach Lösungsalternativen mit geringen Herstellungsauszahlungen i. d. R. höhere Entwicklungsauszahlungen verursacht. So können Auszahlungen der Herstellung durch geringe Montagezeiten und die Senkung des Materialeinsatzes reduziert werden, zwei Effekte, die jedoch größere Anstrengungen in der Entwicklung erfordern.
- **Entwicklungsauszahlungen ⇔ zahlungsrelevanten Eigenschaften der Nutzungs- und Entsorgungsphase:**[123] Ein ähnlicher Zielkonflikt kann zwischen Entwicklungsauszahlungen sowie zahlungsrelevanten Eigenschaften der Nutzung und Entsorgung vorliegen. Eine Senkung der nutzungs- und entsorgungsbedingten Auszahlungen erfordert aus Herstellersicht i. d. R. erhöhte Entwicklungsauszahlungen. So sind z. B. für die Gewichtsreduktion eines Flugzeugs um 1 kg zur Senkung des Treibstoffverbrauches innerhalb einer Flugzeugbaureihe Entwicklungsauszahlungen in Höhe von 1 Mio. € ökonomisch vorteilhaft, da Flugzeuge sehr lange Lebensdauern aufweisen und der Anteil der Nutzungsauszahlungen an den Gesamtauszahlungen hoch ist.[124]
- **Auszahlungen der Herstellung ⇔ zahlungsrelevanten Eigenschaften der Nutzungs- und Entsorgungsphase:** Zusätzlich zu diesen Zielkonflikten, die als unidirektional beschrieben werden können, da die Zahlungserhöhung einer Lebenszyklusphase – Entwicklungszahlungen – die Senkung anderer Phasenzahlungen zur Folge hat, sind die Beziehungen zwischen Herstellungsauszahlungen und zahlungsrelevanten Nutzungs- und Entsorgungseigenschaften zu analysieren. Produkte, die geringe Nutzungs- und Entsorgungsauszahlungen aufweisen, können höhere Anforderungen an die Herstellung stellen.[125] Eine ähnliche konfliktäre Zielbeziehung zwischen diesen Phasen entsteht, wenn die Verwendung von billigerem Material, die Miniaturisierung und Verbundbauweise von komplexen Bauteilen oder eine geringere Auslegung des Produktes zu sinkenden Auszahlungen der Herstellung, jedoch gleichzeitig zu steigenden nutzungs- und entsorgungsbedingten Auszahlungen führt. Demzufolge kann die Senkung der Herstellungsauszahlungen zu einer Erhöhung der Nutzungs- und Entsorgungsauszahlungen führen und vice versa. Daraus können bidirektionale Zielkonflikte entstehen, da eine Erhöhung der Entwicklungsauszahlungen zwar zu einer Senkung von Herstellungsauszahlungen, aber auch zu einer Erhöhung der Nutzungs- und Entsorgungsauszahlungen führen kann.[126]

---

[122] Vgl. Curran et al. (2007: 31–32).

[123] Vgl. Kleyner/Sandborn (2008: 798); Byggeth/Hochschorner (2006: 1421–1422); Sandberg/Boart/Larsson (2005: 338).

[124] Vgl. Ehrlenspiel et al. (2014: 205).

[125] Vgl. Lee/Cho/Choi (2004: 1587); Yadav/Goel (2008: 1004–1008).

[126] Vgl. Cromberg (2007: 192-193); Scanlan et al. (2006: 1027–1028); Ibusuki/Kaminski (2007: 463–464).

Aus Herstellersicht ist es wichtig, die Relationen zwischen den Lebenszyklusphasen zu identifizieren und zu berücksichtigen. Im Folgenden werden die Beziehungen zwischen den ersten beiden Phasen – Produktentwicklung und Herstellung – untersucht. Damit fügt sich die Betrachtung in die Zielkostenrechnung ein, stellt jedoch den Investitionscharakter der Produktentwicklung heraus.

5.7.3.2 Modellierungsansatz

Vor dem Hintergrund der obigen Ausführungen stellt sich die Frage, in welcher Höhe die Investitionsauszahlungen getätigt werden sollen. Es ist also zu klären, welches Niveau an F&E-Investitionen für den Hersteller optimal ist. Da der überwiegende Teil von Produktentwicklungen (ca. zwei Drittel) auf Änderungen eines bestehenden Produktes basiert (sog. Anpassungs- bzw. Variantenkonstruktionen),[127] ist der Ausgangspunkt der folgenden Betrachtung ein bestehendes Produkt, für das eine Anpassungskonstruktion durchzuführen ist. Die Dauer von Anpassungskonstruktionen ist nach empirischen Daten durchschnittlich geringer als ein Jahr zu veranschlagen.[128] Im Folgenden wird deshalb davon ausgegangen, dass die Konstruktionsaktivitäten inklusive einer Reifezeit und Umsetzungszeit für die Konstruktionsergebnisse maximal 1 Jahr dauern. Zusätzlich wird davon ausgegangen, dass die erforderlichen Ressourcen und die benötigte Zeit zur Verfügung stehen. Für dieses Produkt sind die Auszahlungen der Herstellung bekannt. Die Aus- und Einzahlungen der Nutzungs- und Entsorgungsphase werden aus Platzgründen nicht in die Betrachtung eingeschlossen.

Die Summe der Auszahlungen auf Herstellerseite ergibt sich aus der Summe der Investitionsauszahlungen für Forschung und Entwicklung sowie Konstruktion und der Summe der Auszahlungen für die Herstellung des Produktes. Es gilt:

GA_0 Gesamtauszahlungen zum Zeitpunkt $t = 0$
$I_{0;\text{F\&E}}$ Investitionsauszahlungen für F&E zum Zeitpunkt $t = 0$
$A_{0;H}$ Auszahlungen für Herstellung zum Zeitpunkt $t = 0$

Damit resultiert:

$$GA_0 = I_{0;\text{F\&E}} + A_{0;H} \tag{1}$$

Die Summe der Auszahlungen für die Herstellung zum Zeitpunkt $t = 0$ ergibt sich aus der Menge der hergestellten Produkteinheiten und den Herstellauszahlungen pro Stück aus:

$$A_{0;H} = \sum_{t=1}^{N} a_{H;\text{ALT}}\, q^{-t} m_t \tag{2}$$

[127] Vgl. VDMA (2017: 163); Ehrlenspiel/Meerkamm (2017: 330–331).

[128] So beträgt die Durchlaufzeit eines Entwicklungsauftrags für eine Anpassungskonstruktion im Maschinenbau ca. 17 Wochen. Für Neukonstruktionen liegt die Durchlaufzeit bei 43,5 Wochen. Vgl. VDMA (2017: 157).

worin:

$a_{H;\mathrm{ALT}}$ Auszahlungen der Herstellung je Stück vor der Optimierung
m_t Menge der in t produzierten Einheiten
$q = 1 + i$ Diskontierungsfaktor mit i als Kalkulationszinssatz

Bei Verwendung von (2) in (1) ergibt sich:

$$GA_0 = I_{0;\mathrm{F\&E}} + \sum_{t=1}^{N} a_{H;\mathrm{ALT}}\, q^{-t} m_t \tag{3}$$

Folgende Annahmen werden verwendet:

- Es handelt sich um ein Produkt, welches vom Zeitraum $t = 1$ bis $t = N$ von dem Unternehmen selbst produziert wird.
- Zum Zeitpunkt $t = 0$ kann das Produkt durch F&E-Investitionen im Hinblick auf die Herstelleigenschaften verbessert werden.
- Eine Erhöhung der bisherigen F&E-Auszahlungen um $\Delta I_{0;\mathrm{F\&E}}$ führt zu einer Senkung der Herstellauszahlungen pro Stück um den Betrag a, mit $a > 0$.
- Jede nochmalige Erhöhung der F&E-Investitionen um $\Delta I_{0;\mathrm{F\&E}}$ führt jedoch nicht zu einer nochmaligen Senkung der Herstellauszahlungen um a, sondern lediglich um $a \cdot b$, wobei $0 < b < 1$. Dies spiegelt den abnehmenden Grenznutzen der Konstruktionsaktivitäten wider.

Gesucht ist das Minimum der Auszahlungen von Investitionen in den Entwicklungsprozess und Auszahlungen für die Produktherstellung. Für die M-malige, endliche **wiederholte** Erhöhung der F&E-Investitionen resultiert eine geometrische Reihe der Form:[129]

$$\begin{aligned} s &= ab^0 + ab^1 + ab^2 + \ldots + ab^{M-1} \\ sb &= ab^1 + ab^2 + \ldots + ab^{M-1} + ab^M \\ s - sb &= a - ab^M \\ s(1-b) &= a(1-b^M) \\ s &= a\frac{(1-b^M)}{1-b} \end{aligned}$$

Da es sich um eine Reduktion der Herstellauszahlungen handelt, kann für die Summe formuliert werden:

$$s = -a\frac{(1-b^M)}{1-b} \tag{4}$$

[129] Vgl. Schild (2005: 349); Müller (2010: 211); Mueller (2011: 478).

Sehr hohe Werte von b deuten darauf hin, dass jeder Verbesserungsschritt fast dieselben Effekte erzielt. Die Anzahl der identischen, wiederholten Erhöhungen der F&E-Investitionen M ergibt sich aus:

$$M = \frac{I_{0;\text{F\&E;OPT}} - I_{0;\text{F\&E}}}{\Delta I_{0;\text{F\&E}}} \tag{5}$$

wobei

$I_{0;\text{F\&E;OPT}}$ Investitionsauszahlungen für die Produktentwicklung nach der Produktverbesserung

$I_{0;\text{F\&E}}$ Investitionsauszahlungen für die Produktentwicklung vor der Produktverbesserung

$\Delta I_{0;\text{F\&E}}$ F&E-Investitionen pro Produktverbesserungsschritt

Für die Herstellauszahlungen pro Stück nach der Produktverbesserung $a_{H;\text{NEU}}$ resultiert damit aus (4) und (5):

$$a_{H;\text{NEU}} = \left(-a\frac{1-b^M}{1-b}\right) + a_{H;\text{ALT}} \tag{6}$$

Für die neuen Gesamtauszahlungen nach der Produktverbesserung $GA_{0;\text{NEU}}$ folgt:

$$GA_{0;\text{NEU}} = I_{0;\text{F\&E;OPT}} + \sum_{t=1}^{N} a_{H;\text{NEU}} q^{-t} m_t \tag{7}$$

Da q und m_t konstant sind, kann die Summe vereinfacht werden mit:

$$\sum_{t=1}^{N} q^{-t} m_t = \gamma \tag{8}$$

Einsetzen von (6) und (8) in (7) ergibt:

$$GA_{0;\text{NEU}} = I_{0;\text{F\&E;OPT}} + \left[\left(-a\frac{1-b^M}{1-b}\right) + a_{H;\text{ALT}}\right]\gamma$$

Umformulieren führt zu:

$$GA_{0;\text{NEU}} = I_{0;\text{F\&E;OPT}} + a_{H;\text{ALT}}\gamma - a\gamma\frac{1-b^M}{1-b}$$

Mit Gleichung (5) kann formuliert werden:

$$GA_{0;\text{NEU}} = I_{0;\text{F\&E;OPT}} + a_{H;\text{ALT}}\gamma - \frac{a\gamma}{1-b} + \frac{a\gamma}{1-b} b^{\frac{I_{0;\text{F\&E;OPT}} - I_{0;\text{F\&E}}}{\Delta I_{0;\text{F\&E}}}}$$

Ableiten nach $I_{0;\text{F\&E;OPT}}$ führt zu:

$$\frac{\partial GA_{0;\text{NEU}}}{\partial I_{0;\text{F\&E;OPT}}} = 1 + \frac{a\gamma}{1-b} b^{\frac{I_{0;\text{F\&E;OPT}} - I_{0;\text{F\&E}}}{\Delta I_{0;\text{F\&E}}}} \ln b \frac{1}{\Delta I_{0;\text{F\&E}}}$$

Null setzen ergibt:

$$1 = -\frac{a\gamma \ln b}{(1-b)\Delta I_{0;\text{F\&E}}} b^{\frac{I_{0;\text{F\&E;OPT}} - I_{0;\text{F\&E}}}{\Delta I_{0;\text{F\&E}}}}$$

Nach $I_{0;\text{F\&E;OPT}}$ umstellen:

$$-\frac{(1-b)\Delta I_{0;\text{F\&E}}}{a\gamma \ln b} = b^{\frac{I_{0;\text{F\&E;OPT}} - I_{0;\text{F\&E}}}{\Delta I_{0;\text{F\&E}}}}$$

$$\ln\left(-\frac{(1-b)\Delta I_{0;\text{F\&E}}}{a\gamma \ln b}\right) = \frac{I_{0;\text{F\&E;OPT}} - I_{0;\text{F\&E}}}{\Delta I_{0;\text{F\&E}}} \ln b$$

Letztendlich resultiert:

$$\boxed{I_{0;\text{F\&E;OPT}} = I_{0;\text{F\&E}} + \frac{\Delta I_{0;\text{F\&E}} \cdot \ln\left(-\frac{(1-b)\Delta I_{0;\text{F\&E}}}{a\gamma \ln b}\right)}{\ln b}}$$

Zum besseren Verständnis sei ein Beispiel mit den folgenden Eingangsdaten betrachtet:

$I_{0;F\&E}$	$\Delta I_{0;F\&E}$	$a_{H;ALT}$	b	a	q	m_t	N
10.000 €	1.000 €	$50,-\frac{€}{Stück}$	0,80	$5,-\frac{€}{Stück}$	1,06	500	5

Damit ergibt sich ein γ von 2.106,18 Stück und Gesamtauszahlungen vor der Investition in Forschung, Entwicklung und Konstruktion in Höhe von $GA_0 = 115.309$ €. Optimale – weil zu einem Gesamtminimum an Auszahlungen führende – Gesamtinvestitionsauszahlungen für F&E ergeben sich mit $I_{0;\text{F\&E;OPT}} = 21.041{,}38$ €. Diese resultieren aus:

$$21.041{,}38\,€ = 10.000\,€ + \frac{1.000\,€ \cdot \ln\left(-\frac{(1-0{,}8)\,1.000\,€}{5\,\frac{€}{\text{Stück}} \cdot 2.106{,}18\,\text{Stück} \cdot \ln 0{,}8}\right)}{\ln 0{,}8}$$

Damit werden Gesamtauszahlungen für Produktentwicklung und Produktherstellung in Höhe von $GA_{0;\text{NEU}} = 78.177$ € erzielt. Neue Auszahlungen für die Produktherstellung

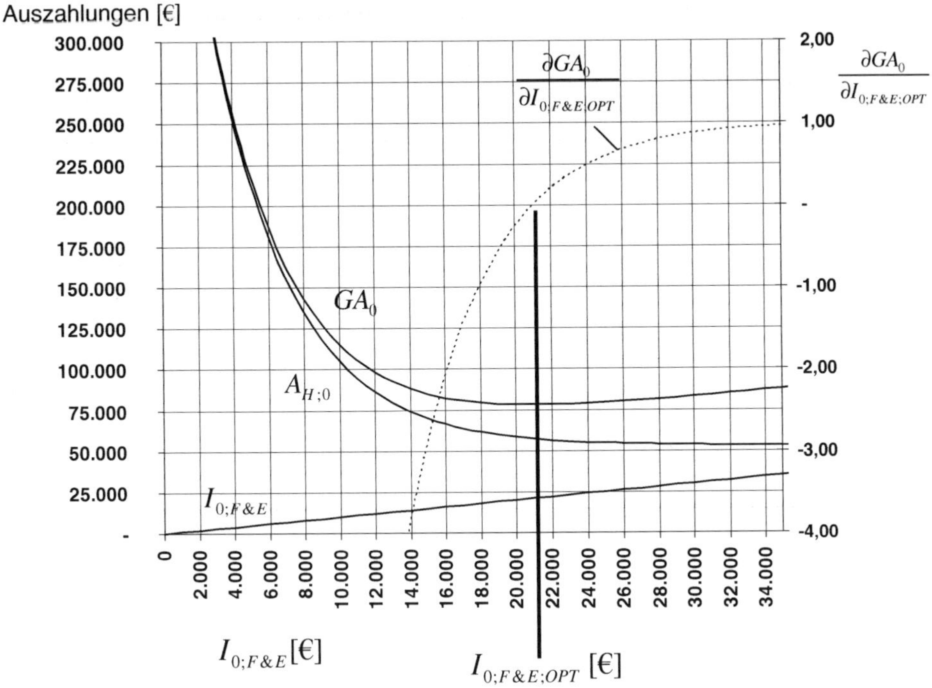

Abb. 5.14 Abbildung optimaler F&E-Investitionen. Quelle: Eigene Darstellung auf Basis der Eingangsdaten aus dem Text

resultieren mit $a_{H;\text{NEU}} = 27{,}127\,\frac{€}{\text{Stück}}$. Diese ergeben sich aus:

$$27{,}127\,\frac{€}{\text{Stück}} = \left(-5\,\frac{€}{\text{Stück}}\,\frac{1-0{,}8^{\frac{21.041{,}38\,€-10.000\,€}{1.000\,€}}}{1-0{,}8} \right) + 50\,\frac{€}{\text{Stück}}$$

An diesem Punkt erreicht die Summe aus Investitionsauszahlungen und Auszahlungen zur Produktherstellung ein Minimum (vgl. Abb. 5.14).

Diese Vorgehensweise kann auf die übrigen Phasen des Lebenszyklus ausgeweitet werden, um weitere Zielbeziehungen zu analysieren.[130] Zu kritisieren ist an dieser Modellierung zum einen, dass Konstruktionsmaßnahmen die einzigen Einflussfaktoren der Zahlungen für die Produktherstellung sind, und zum anderen die Annahme, die Wirkungen konstruktiver Maßnahmen bestimmen und quantifiziert prognostizieren zu können (hier die Faktoren a, b und $\Delta I_{0;\text{F\&E;OPT}}$).[131] In der Realität sind die zahlungsrelevanten

[130] Vgl. Müller (2010).

[131] Vgl. Mueller/Ganseforth (2012) zu einer Bestimmung der Faktoren.

Auswirkungen und die Effizienz konstruktiver Maßnahmen jedoch häufig abhängig von Personen, Situationen und der Organisation des Konstruktionsprozesses und demzufolge auch unsicher.[132]

5.8 Wertorientierte Steuerung

5.8.1 Relation unterschiedlicher Gewinnbegriffe

Einführend wird die Beziehung zwischen dem Residualgewinn und dem Kapitalwert vertiefend dargestellt. Die positive Differenz zwischen Ein- und Auszahlungen einer Totalperiode entspricht dem finanzwirtschaftlichen Gewinn, der als Einzahlungsüberschuss bzw. Kapitalwert bezeichnet wird. Dieser Wert kann in jährlich gleich hohe Beträge – die Annuität – umgewandelt werden, so dass eine entsprechende Jahresgewinngröße entsteht. Diese Gewinngrößen werden primär zur Bewertung der Vorteilhaftigkeit einzelner Projekte herangezogen.[133]

Wird eine periodisierte Rechnung durchgeführt, tritt das Problem von periodenübergreifenden Ein- und Auszahlungen auf, das durch eine zeitliche Abgrenzung gelöst wird. In diesem Zusammenhang werden aus den Einzahlungen Erträge und aus den Auszahlungen Aufwendungen abgeleitet. Die bei deren Verwendung resultierende positive Differenz stellt den bilanziellen bzw. buchhalterischen Gewinn, den Jahresüberschuss bzw. Reinvermögenszuwachs dar. Werden anstelle von Aufwendungen und Erträgen die betrieblichen Leistungen und Kosten als Rechengrößen verwendet, resultiert der kostenrechnerische bzw. kalkulatorische Gewinn.[134]

Werden lediglich die Werte der Einzelperioden miteinander verglichen, treten starke Differenzen zwischen den Gewinngrößen auf. Wird für einen Vergleich jedoch die Totalperiode verwendet, entsprechen sich die Werte der unterschiedlichen Gewinngrößen.[135] Bei Annahme von Sicherheit und der Existenz eines vollkommenen und vollständigen Kapitalmarktes kann gezeigt werden, dass bei Durchführung von Korrekturrechnungen, die die unterschiedlichen Betrachtungsweisen der Rechnungssysteme kompensieren, jede Reihe aus periodisierten Erfolgsgrößen (z. B. Kosten- und Leistungsgrößen, Aufwands- und Ertragsgrößen) unter Berücksichtigung von kalkulatorischen Zinsen in eine Reihe von Periodengewinnen (Residualgewinnen) transformiert werden kann, deren Kapitalwert dem Kapitalwert der Zahlungsgrößen entspricht.[136] Dieser Zusammenhang wird durch das

[132] Vgl. Mueller (2011) zur Berücksichtigung von Unsicherheit.
[133] Vgl. Abschn. 5.3.2.
[134] Vgl. Abschn. 5.2.1.
[135] Vgl. Küting (2006: 1441).
[136] Vgl. Drukarczyk/Schüler (2016: 391–395).

LÜCKE-Theorem bzw. PREINREICH-LÜCKE-Theorem beschrieben.[137] Es wird dabei vorausgesetzt, dass:[138]

a) die Summe der Zahlungsüberschüsse $Z\ddot{U}$ aller Perioden denselben Wert aufweist wie die Summe aller handelsbilanziell ermittelten Periodengewinne HG,
b) nachschüssige Zahlungen vorliegen,
c) die Zahlungsreihe mit Auszahlungen beginnt,
d) im Zeitpunkt $t = 0$ kein Gewinn resultiert und
e) der handelsbilanzielle Periodengewinn HG als Differenz von Kosten und Erlösen bzw. Erträgen und Aufwendungen um kalkulatorische Zinsen Z_{kalk} auf den Kapitalbestand der Vorperiode verringert wird.

Die Voraussetzungen a) bis d) werden in der Literatur unter dem Begriff „Kongruenzprinzip" zusammengefasst und wie folgt dargestellt:

$$\sum_{t=0}^{N} HG_t = \sum_{t=0}^{N} Z\ddot{U}_t$$

Der Residualgewinn einer Periode RG ergibt sich aus dem handelsrechtlichen Gewinn HG, der um kalkulatorische Zinsen zu vermindern ist. Die kalkulatorischen Zinsen werden auf das Kapital verrechnet, das in der Vorperiode gebunden war. Der Residualgewinn ergibt sich aus:

$$RG_t = HG_t - Z_{\text{kalk};t}$$
$$RG_t = HG_t - KB_{t-1} \cdot i$$

Die Kapitalbindung KB ist definiert als Differenz zwischen den bis dato kumulierten Zahlungen und den kumulierten Gewinnen und wird wie folgt ermittelt:[139]

$$KB_t = \sum_{s=0}^{t} HG_s - \sum_{s=0}^{t} Z\ddot{U}_s$$

Dabei wird angenommen, dass:

$$KB_N = KB_{-1} = 0$$

[137] Benannt nach GABRIEL PREINREICH (1893–1951) und WOLFGANG LÜCKE (geb. 1926).
[138] Vgl. Preinreich (1937: 224); Lücke (1955: 313–316); Lücke (1960: 371–375); Schweitzer et al. (2016: 253–255). Zu einer kritischen Diskussion dieser Voraussetzungen vgl. Schneider (2001b: 2510–2511); Schneider (1997: 57–58).
[139] Vgl. Kruschwitz (2014: 106); Küpper et al. (2013: 202–205).

Dann kann für die Kapitalbindung der Vorperiode auch formuliert werden:

$$KB_{t-1} = \sum_{s=0}^{t-1} HG_s - \sum_{s=0}^{t-1} Z\ddot{U}_s$$

Für die Differenz zwischen den Beträgen der Kapitalbindung resultiert:

$$KB_t - KB_{t-1} = \sum_{s=0}^{t} \left(HG_s - Z\ddot{U}_s\right) - \sum_{s=0}^{t-1} \left(HG_s - Z\ddot{U}_s\right)$$
$$KB_t - KB_{t-1} = HG_t - Z\ddot{U}_t$$

Dann kann der Gewinn der Periode auch formuliert werden als:

$$HG_t = Z\ddot{U}_t + KB_t - KB_{t-1}$$

Für die Ermittlung des Residualgewinns RG_t kann deshalb auch formuliert werden:

$$\begin{aligned} RG_t &= HG_t - KB_{t-1} \cdot i \\ &= Z\ddot{U}_t + KB_t - KB_{t-1} - KB_{t-1} \cdot i \\ &= Z\ddot{U}_t + KB_t - KB_{t-1} \cdot (1 + i) \end{aligned}$$

Nun wird die Gesamtsumme aller derartigen Periodengewinne betrachtet und es wird formuliert:

$$\begin{aligned} \sum_{t=0}^{N} RG_t \cdot q^{-t} &= \sum_{t=0}^{N} \left[Z\ddot{U}_t + KB_t - KB_{t-1} \cdot (1 + i)\right] \cdot q^{-t} \\ &= \sum_{t=0}^{N} Z\ddot{U}_t \cdot q^{-t} + \sum_{t=0}^{N} [KB_t - KB_{t-1} \cdot q] \cdot q^{-t} \\ &= \sum_{t=0}^{N} Z\ddot{U}_t \cdot q^{-t} + \sum_{t=0}^{N} KB_t \cdot q^{-t} - \sum_{t=0}^{N} KB_{t-1} \cdot q \cdot q^{-t} \\ &= \sum_{t=0}^{N} Z\ddot{U}_t \cdot q^{-t} + \underbrace{\sum_{t=0}^{N} KB_t \cdot q^{-t} - \sum_{t=-1}^{N-1} KB_t \cdot q^{-t}}_{= KB_N \cdot q^{-N} - KB_{-1} \cdot q} \end{aligned}$$

Da laut Annahme gilt $KB_N = KB_{-1} = 0$, kann formuliert werden:

$$\sum_{t=0}^{N} RG_t \cdot q^{-t} = \sum_{t=0}^{N} Z\ddot{U}_t \cdot q^{-t}$$

Die Summe der diskontierten Residualgewinne ist gleich der Summe der diskontierten Rückflüsse mittels Kapitalwertmethode, oder anders formuliert:[140]

Der Barwert aller Rückflüsse einer Investition ist ebenso groß wie der Barwert der Residualgewinne dieser Investition.

D. h.: der Kapitalwert einer Investition ist genauso groß wie die Summe der diskontierten Gewinne, wenn diese um kalkulatorische Zinsen auf die Mittelbindung der Vorperiode reduziert werden. Deshalb wird das Theorem bzw. der zugrundeliegende Sachverhalt als **Barwertidentität** oder auch **Barwertkompatibilität** bezeichnet.[141] Zur Veranschaulichung sei folgendes Beispiel betrachtet: Eine Investition erfordert eine Auszahlung von $I_0 = 200\,€$ und erwirtschaftet über den Zeitraum von 4 Jahren Rückflüsse von $R_t = 80\,€/\mathrm{a}$. Die Abschreibung erfolgt linear, der Zinssatz beträgt $i = 0{,}1/\mathrm{a}$. Die resultierenden Ergebnisse sind in Tab. 5.16 zu sehen.

Zusammenfassend ist darauf hinzuweisen, dass die mittels dieses Theorems gewonnenen Aussagen durch Deduktion aus anderen Aussagen – den Grundannahmen sowie den zugrunde liegenden Definitionen von Rechengrößen – gewonnen werden und lediglich einen logischen, jedoch keinen empirischen Wahrheitsgehalt aufweisen.[142] Da es für das Verständnis des Zusammenhangs zwischen den Rechensystemen jedoch hilfreich erscheint und im weiteren Verlauf noch relevant sein wird, wurde das Theorem an dieser Stelle kurz präsentiert. Dieses Aussagensystem beinhaltet demzufolge die Definitionen, Rechenregeln und Axiome, die zur Überführung von Aussagen aus **einem System** – dem System der Zahlungsgrößen – in ein **anderes System** – das System von Kosten- und Leistungsgrößen – notwendig sind.[143] Es zeigt also die logischen Verknüpfungen zwischen **zwei axiomatisierten** Aussagensystemen auf. Der Vorwurf, bei dem Theorem handele es sich um eine tautologische Transformation,[144] ist zum einen der Natur von Theoremen geschuldet. Zum anderen kann er dahingehend abgeschwächt werden, dass das auf diese Weise gewonnene Ergebnis Informationen enthält, die aus den zugrunde liegenden Aussagesystemen nicht unmittelbar ersichtlich sind. Wesentliche Erkenntnis ist die Äquivalenz von Kapitalwertmaximierung und Residualgewinnmaximierung unter Berücksichtigung der skizzierten Annahmen.

Auf diesen Zusammenhängen basieren die Konzepte wertorientierter Unternehmensführung. Wertorientierte Steuerungskonzepte (value based management) haben sich in

[140] Vgl. Breuer (2012: 106–107).

[141] Vgl. Laux (2006: 462–466); Copeland/Weston/Shastri (2008: 641–642); Fischer/Möller/Schultze (2015: 362–363).

[142] Vgl. Ewert/Wagenhofer (2014: 62–63). SCHNEIDER formuliert: *„Die Lücke, die ein Verzicht auf das Lücke-Theorem hinterlässt, ersetzt es vollkommen."* Schneider (1997: 58). Zur Unterscheidung von logischer und faktischer Wahrheit vgl. Chmielewicz (1994: 90–95).

[143] Vgl. Schweitzer (1981: 101–102); Schweitzer (1972: 65–67).

[144] Vgl. Schweitzer et al. (2016: 258).

Tab. 5.16 Barwertidentität von Residualgewinnen und Kapitalwert. Quelle: Eigene Darstellung. Angaben in €, nachschüssige Zahlungen

t	0	1	2	3	4
$Z\ddot{U}_t$	– 200	80	80	80	80
$Z\ddot{U}_t \cdot q^{-t}$	– 200,00	72,73	66,12	60,10	54,64
$C_0 = \sum_{t=0}^{4} Z\ddot{U}_t \cdot q^{-t}$	53,59				
Ab_t		50	50	50	50
$HG_t = Z\ddot{U}_t - Ab_t$		30	30	30	30
KB_t	200	150	100	50	0
$Z_{kalk;t} = KB_{t-1} \cdot i$		20	15	10	5
$RG_t = HG_t - Z_{kalk;t}$		10	15	20	25
$RG_t \cdot q^{-t}$		9,09	12,39	15,03	17,08
$\sum_{t=0}^{4} RG_t \cdot q^{-t}$	53,59				
KB_t	200	150	100	50	0
$KB_{t-1} \cdot q$	0	220	165	110	55
$(KB_t - KB_{t-1} \cdot q)$	200	-70	-65	-60	-55
$(KB_t - KB_{t-1} \cdot q) \cdot q^{-t}$	200	$-63,64$	$-53,72$	$-45,08$	$-37,56$
$\sum_{t=0}^{4} (KB_t - KB_{t-1} \cdot q) \cdot q^{-t}$	0				

den letzten drei Dekaden in der betriebswirtschaftlichen Praxis verbreitet und sind heutzutage in vielen Unternehmen auch in Deutschland Standard geworden.[145] Es muss an dieser Stelle erwähnt werden, dass diese Konzepte nicht unumstritten sind. Auf diese Diskussion wird hier nicht eingegangen, sondern stattdessen auf die Literatur verwiesen.[146] Die Grundidee wertorientierter Unternehmensführung ist folgende: Sinn und oberstes Formalziel unternehmerischer Tätigkeit ist die Erzielung eines Einkommens für den/die Eigentümer des Unternehmens.[147] Da der Eigentümer der Eigenkapitalgeber ist, bedeutet dies:

> Primäres Ziel unternehmerischer Tätigkeit ist die Erwirtschaftung von Gewinnen für die Eigenkapitalgeber!

[145] Vgl. Baum/Coenenberg/Günther (2013: 310–312); Schweickart/Töpfer (2006); Weber et al. (2006: 43).

[146] Vgl. Schneider (1998); Schneider (2001b); Friedl (2013: 280).

[147] Vgl. dazu die Diskussion des Gewinnbegriffes in Abschn. 5.1.2.

Der Gewinn, der in diesem Zusammenhang betrachtet wird, ist jedoch **nicht** der handelsrechtliche Gewinn. Vielmehr ist zu berücksichtigen, dass auch die Bereitstellung des Eigenkapitals zu entlohnen ist, weshalb das **Eigenkapital auch zu verzinsen** ist. Der Wert, der nach **Abzug sämtlicher Kosten** – also **auch der Eigenkapitalkosten** – verbleibt, ist der Gewinn für den Eigenkapitalgeber und wird als **Residualgewinn** bezeichnet. Allein dieser Wert – und nicht der handelsrechtliche Gewinn – trägt zu einer Erhöhung des **Unternehmenswertes** bei.[148]

Ausgangspunkt der Erläuterung des Residualgewinns ist die einfache Gewinnformel. Mit G_{NST} als Gewinn nach Steuern, U als Umsatzbetrag, K als Kostensumme und ST als Steuersumme folgt:

$$\begin{aligned} G_{\text{NST}} &= U - K - ST \\ &= U - K - [(U - K) \cdot s] \\ &= (U - K) \cdot (1 - s) \end{aligned}$$

Zahlungswirksame Erlöse und zahlungswirksame Kosten werden als Rückfluss bezeichnet. Dabei werden Zinszahlungen erst einmal nicht berücksichtigt, so dass ein Rückfluss vor Zinsen R_{vZ} verwendet wird. Außerdem werden Abschreibungen als nicht zahlungs-, aber ergebnisrelevante Größe betrachtet. Somit kann formuliert werden:

$$G_{\text{NST}} = (R_{vZ} - Ab) \cdot (1 - s)$$

Bei einer Betrachtung der Gesamtkosten sind die Kapitalkosten K_K zu berücksichtigen. Es folgt der Residualgewinn nach Steuern RG_{NST}:

$$\begin{aligned} RG_{\text{NST}} &= (R_{vZ} - Ab - K_K) \cdot (1 - s) \\ &= \underbrace{(R_{vZ} - Ab) \cdot (1 - s)}_{\substack{\text{Gewinn nach Steuern,} \\ \text{aber vor Zinsen}}} - \underbrace{K_K \cdot (1 - s)}_{\text{Gesamtkapitalkosten}} \end{aligned}$$

Fremdkapitalkosten wirken als Zinszahlungen steuermindernd in der GuV, wohingegen Eigenkapitalkosten in der GuV nicht relevant sind. Deshalb kann formuliert werden:

$$RG_{\text{NST}} = \underbrace{(R_{vZ} - Ab) \cdot (1 - s)}_{\substack{\text{Gewinn nach Steuern,} \\ \text{aber vor Zinsen}}} - \underbrace{K_{FK} \cdot (1 - s) - K_{EK}}_{\text{Gesamtkapitalkosten}}$$

Mit $K_{FK} = Z$ folgt:

$$\begin{aligned} RG_{\text{NST}} &= \underbrace{(R_{vZ} - Ab - Z) \cdot (1 - s)}_{\substack{\text{Gewinn nach Steuern,} \\ \text{und nach Zinsen}}} - K_{EK} \\ RG_{\text{NST}} &= G_{\text{NST}} - K_{EK} \end{aligned}$$

[148] Vgl. Drukarczyk/Lobe (2015: 138–143).

Diese Erkenntnis ist in der Betriebswirtschaftslehre nicht neu,[149] geriet jedoch mit der steigenden Berücksichtigung weiterer Anspruchsgruppen zunehmend in den Hintergrund. Erst mit der Entstehung und Verbreitung des **Shareholder-Value-Konzeptes** Anfang der 1990-er Jahre rückte diese Ziel- bzw. Feststellung wieder in den Mittelpunkt der Betrachtung.[150]

Wertorientierte Führung zielt auf die Berücksichtigung, Gestaltung und Steigerung eines derart verstandenen Unternehmenswertes. Begründet und motiviert werden die wertorientierten Konzepte mit folgender Kritik traditioneller Erfolgsmessung:[151]

- mangelnder Zusammenhang zwischen Kennzahlen aus dem Jahresabschluss und der Wertentwicklung am Kapitalmarkt,
- keine Abbildung des Kapitalbedarfes zur Wachstumsfinanzierung,
- Vergangenheitsorientierung der Betrachtung,
- unterschiedliche Ermittlung gewinnorientierter Größen aufgrund von Spielräumen in Rechnungslegungsnormen,
- mangelnde Berücksichtigung des Zeitwertes des Geldes und des Vermögens sowie
- keine Berücksichtigung ökonomischer Wirkungen nach dem Betrachtungszeitraum.

Traditionelle Erfolgsmaße geben deshalb nur ein unzutreffendes Bild der realen Verhältnisse ab, das darüber hinaus auch noch vergangenheitsorientiert ist. Die „Unzulänglichkeiten“ traditioneller Kennzahlen[152] werden im Wesentlichen durch die Anwendung von Verfahren der Investitionsrechnung und der Unternehmensbewertung „behoben“. Aus der vergangenheitsorientierten Betrachtung wird eine zukunftsorientierte Betrachtung. Eine in diesem Zusammenhang wichtige Größe ist der $EBIT$ (Earnings Before Interest and Taxes). Zu dessen Ermittlung wird die Bestimmungsgleichung des Jahresüberschusses stark vereinfacht und wie folgt umgeformt:[153]

$$\begin{aligned} R_t - Ab_t - Z_t - ST_t &= J\ddot{U}_t \\ R_t - Ab_t &= \underbrace{J\ddot{U}_t + Z_t + ST_t}_{EBIT_t} \end{aligned}$$

Die Rückflüsse können in diesem Zusammenhang als $EBITDA$ bezeichnet werden, als Earnings Before Interest, Taxes, Depreciation and Amortization. In der Abb. 5.15 sind diese Zusammenhänge noch einmal zusammengefasst.

Grundlage der wertorientierten Steuerung bilden die wertorientierten Kennzahlen. Die Vielzahl der verfügbaren Konzepte und Methoden kann wie folgt gruppiert werden:[154]

[149] Vgl. Rieger (1928: 44–50 und 60–67).
[150] Vgl. Bühner (1990); Rappaport (1998); Lingnau (2008: 10–12); Lingnau/Koffler (2013).
[151] Vgl. Schaefer/Streitferdt (2005: 336–338); Baum/Coenenberg/Günther (2013: 316–317).
[152] Zu einer kritischen Diskussion dieser „Unzulänglichkeiten“ vgl. Raab (2001: 149–155).
[153] Vgl. Spremann (2010: 244).
[154] Vgl. Ewert/Wagenhofer (2014: 516); Troßmann (2013: 396).

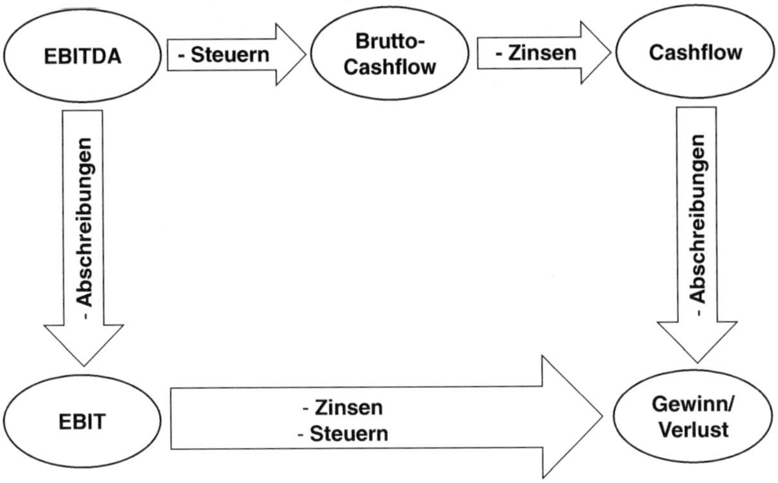

Abb. 5.15 Zusammenhang unterschiedlicher Jahresabschlussdaten. Quelle: Eigene Darstellung, in Anlehnung an: Spremann (2010: 69)

- **Periodenbezogene Überschussgrößen:** Cash Value Added (CVA), Economic Value Added (EVA),
- **Rentabilitätsgrößen:** Cashflow Return on Investment ($CFRoI$), Return on Net Assets ($RONA$), Return on Capital Employed ($ROCE$),
- **Gesamtwertgrößen:** Shareholder Value, Market Value Added (MVA).

Einige Vertreter dieser Gruppen werden im Folgenden vorgestellt.

5.8.2 Ausgewählte Steuerungsgrößen

5.8.2.1 Periodenbezogene Überschussgrößen

Als erster Vertreter dieser Gruppe wird der **Economic Value Added (EVA)** vorgestellt. Der EVA[155] ist ein periodenspezifischer Residualgewinn und resultiert demzufolge durch die Erhöhung der Gewinnschwelle um die Ansprüche der Eigenkapitalgeber.[156] Dieses Konzept basiert auf Daten des externen Rechnungswesens und auf dem Residualgewinnbegriff sowie der Barwertidentität.[157] Ausgangspunkt der Ermittlung ist der Jahresüberschuss **nach Steuern** und **vor Kapitalkosten**, der Net Operating Profit After

[155] EVA® ist eine von der Unternehmensberatung STERN STEWART & CO. registrierte Marke. Das deutsche Pendant, der Geschäftswertbeitrag (GWB®), ist von der Siemens AG urheberrechtlich geschützt. Vgl. Hahn/Hungenberg (2001: 1059); Heese (2011: 132).

[156] Vgl. Damodaran (2012: 869–874).

[157] Vgl. Tab. 5.16 sowie Eilenberger/Ernst/Toebe (2013: 233–235).

Taxes ($NOPAT$). Von diesem werden die Kapitalkosten abgezogen. Es resultiert:[158]

$$EVA_t = NOPAT_t - \text{Kosten des Gesamtkapitals}_t$$

Ein positiver EVA indiziert Wertschaffung, ein negativer EVA bedeutet Wertvernichtung. Zur Ermittlung des EVA müssen die Bestimmungsgrößen vorgestellt werden. Der ***NOPAT*** als Ergebnisgröße wird unter Verwendung der Annahme ermittelt, dass das Unternehmen **komplett eigenfinanziert** wäre. Deshalb werden aus den Jahresabschlussdaten die Fremdkapitalzinsen und die damit verbundene Steuerreduktion (der sog. *tax shield*) herausgerechnet. Das führt zu einem Ergebnis, das hypothetisch entstanden wäre, wenn kein Fremdkapital aufgenommen worden und zu bedienen gewesen wäre. Der tax shield wird in einem späteren Schritt mit dem gewichteten Kapitalkostensatz wieder in die Betrachtung integriert.

Zur Ermittlung des $NOPAT$ ist ein direkter und ein indirekter Weg möglich:[159]

	Direkte Methode		Indirekte Methode
1.	Umsatz	1.	Jahresergebnis
2.	− Operative Aufwendungen	2.	+ Anpassungen
3.	= Operatives Ergebnis	3.	= Modifiziertes Jahresergebnis
4.	+ Anpassungen	4.	+ Fremdkapitalzinsen
5.	− Steuern	5.	− Steuervorteil aus Fremdkapitalzinsen
6.	= NOPAT	6.	= NOPAT

Die Anpassungen, von denen es insgesamt 164 gibt, sind erforderlich, da die Bilanzierungs- und Bewertungsgrundsätze der handelsrechtlichen Rechnungslegung nicht die Ermittlung von Eigenkapitalrenditen als Zweck verfolgen. Der NOPAT muss deshalb von einer Größe des externen Rechnungswesens in eine ökonomische Erfolgsgröße überführt werden. Auf diese Anpassungen wird hier nicht im Detail eingegangen, sondern auf die weiterführende Literatur verwiesen.[160]

Zu erläutern ist nun noch die **Ermittlung der Kapitalkosten**. Diese ergeben sich aus dem gebundenen, betriebsnotwendigen Kapital der Vorperiode, welches mit dem Kapitalkostensatz multipliziert wird. Der dabei verwendete Zinssatz ist ein **gewichteter Gesamtkapitalkostensatz** (Weighted Average Cost of Capital – WACC) und resultiert aus:[161]

$$\boxed{k_{GK} = k_{EK} \cdot \frac{EK}{GK} + k_{FK} \cdot (1-s) \cdot \frac{FK}{GK}}$$

[158] Vgl. Küting/Weber (2015: 462); Bieg/Kußmaul/Waschbusch (2016: 334).
[159] Vgl. Fackler/Wimschulte (2009: 317).
[160] Vgl. Nowak (2003: 142–148). Zu einer Kritik dieser Anpassungen vgl. Schneider (2008: 33–34).
[161] Vgl. Perridon/Steiner/Rathgeber (2017: 245); Richter (2017: 708).

worin:

k_{GK} Gesamtkapitalkostensatz
k_{EK} Eigenkapitalkostensatz
k_{FK} Fremdkapitalkostensatz
EK Marktwert des Eigenkapitals
FK Marktwert des Fremdkapitals
s Ertragssteuersatz

Die Eigen- und Fremdkapitalbestandteile werden auf Basis der sog. Zielkapitalstruktur ermittelt. Während die Fremdkapitalkosten leicht aus Kreditverträgen oder Anleihebedingungen zu ermitteln sind, ist zur Bestimmung der Eigenkapitalkosten eine zusätzliche Betrachtung notwendig. Dazu wird hier das sog. $CAPM$ (Capital Asset Pricing Model) herangezogen. Dessen Grundgedanke ist folgender:[162]

Aus Sicht eines Anlegers wird das Risiko einer Geldanlage aufgeteilt in:[163]

- einen systematischen Teil und
- einen unsystematischen Anteil.

Das systematische Risiko stellt das Marktrisiko dar, das **alle Unternehmen** aus einer Branche betrifft. Dieser Risikobestandteil kann von dem Anleger **nicht** durch eine geeignete Auswahl an Wertpapieren „wegdiversifiziert" werden, er ist nicht eliminierbar. Im Gegensatz dazu kann das **unsystematische Risiko** sehr wohl **eliminiert werden**, nämlich durch eine geeignete Auswahl an Wertpapieren. Der Kapitalmarkt honoriert **nur** die Übernahme des **systematischen Risikos**, so dass für die Übernahme des unsystematischen Risikos auch keine Prämie zu erwarten ist. Für die Kosten des Eigenkapitals gilt dann:[164]

$$k_{EK} = r_f + \beta \cdot \left(r_{\mathrm{M}} - r_f\right)$$

worin:

r_f Zinssatz einer risikolosen Anlage
r_{M} Rendite des Marktportfolios
β Gradmesser der Entwicklung des einzelnen Wertpapiers im Verhältnis zum Gesamtmarkt

Der Faktor β repräsentiert die Veränderung des betrachteten Wertpapieres in Abhängigkeit von der Veränderung des Gesamtmarktes. Ist $\beta = 1$, reagiert die Rendite des Wertpapieres proportional zur Entwicklung der Marktrendite. Ist $\beta < 1$, reagiert die

[162] Vgl. Ballwieser/Hachmeister (2016: 102–104).
[163] Vgl. Pape (2015: 412–413).
[164] Vgl. Copeland/Weston/Shastri (2008: 210).

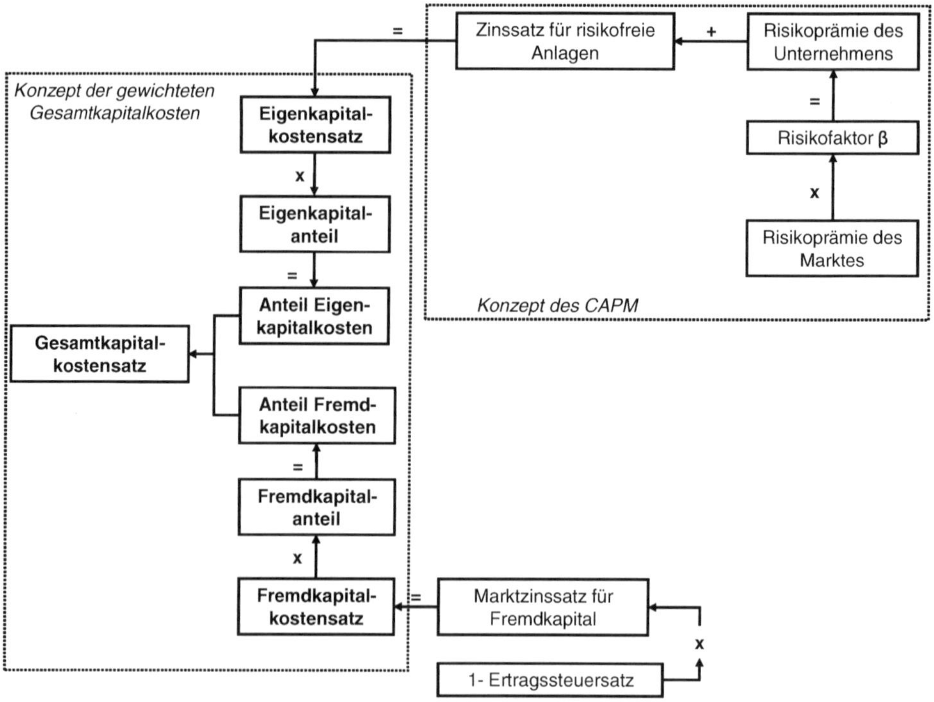

Abb. 5.16 Berechnungsschema der gewichteten Kapitalkosten. Quelle: Eigene Darstellung, in Anlehnung an: Hahn/Hungenberg (2001: 160)

Wertpapierrendite unterproportional. Als Marktrendite können die Renditen von entsprechenden Indizes (z. B. DAX, S&P 500) herangezogen werden. Der Term $\beta \cdot (r_M - r_f)$ stellt die Risikoprämie des betrachteten Unternehmens dar.[165] Es wird ersichtlich, dass für die risikolose Anlage $\beta = 0$ und für das Marktportfolio selbst $\beta = 1$ gilt.[166]

Streng genommen lässt sich die dargestellte Bestimmungsgleichung der Gesamtkapitalkosten nicht empirisch testen, was auch durch zahlreiche Untersuchungen bestätigt wurde.[167] Die kritisierte Vorgehensweise wird hier jedoch als Näherung verwendet. Dies erfolgt in dem Wissen um die Unzulänglichkeit und mit dem – aus theoretischer Sicht nicht akzeptablen – Hinweis auf die weite Verbreitung. In der Abb. 5.16 ist der Gesamtzusammenhang der Ermittlung der Kapitalkosten nochmals dargestellt.

Die zu verzinsende Kapitalbasis ist das betriebsnotwendige Vermögen – auch als Net Operating Assets (NOA) bezeichnet – welches zur Erwirtschaftung des $NOPAT$ erfor-

[165] Vgl. Eilenberger/Ernst/Toebe (2013: 248).

[166] Vgl. Perridon/Steiner/Rathgeber (2017: 295).

[167] Vgl. Schneider (2001a: 848).

derlich war. Zur Ermittlung dieser Position ist ein aktivischer und ein passivischer Weg möglich:[168]

	Aktivische Methode		**Passivische Methode**
1.	Umlaufvermögen	1.	Eigenkapital
2.	– kurzfristige, nicht verzinsliche Verbindlichkeiten	2.	+ Fremdkapital
3.	= Working Capital	3.	= Bilanzsumme
4.	+ Anlagevermögen	4.	– unverzinsliche Verbindlichlichkeiten
5.	= Nettovermögen		
6.	+ Anpassungen	5.	+ Anpassungen
7.	= Investiertes Kapital	6.	= Investiertes Kapital

Die Kapitalkosten, die zur Ermittlung des EVA erforderlich sind, lassen sich demzufolge ermitteln aus:

$$\text{Kapitalkosten}_t = \text{Investiertes Kapital}_{t-1} \cdot k_{GK}$$

Der EVA resultiert dann aus:[169]

$$\begin{aligned} EVA_t &= (\text{Gewinn vor Zinsen und nach Steuern})_t - \text{Kapitalkosten}_t \\ &= NOPAT_t - \text{Kapitalkosten}_t \\ &= NOPAT_t - [\text{betriebsnotwendiges Vermögen}_{t-1} \cdot k_{GK;t}] \end{aligned}$$

Es ergibt sich der EVA auf Basis der sog. **Capital-Charge-Formel**:

$$\boxed{EVA_t = NOPAT_t - (NOA_{t-1} \cdot k_{GK;t})}$$

Der EVA kann auch auf einem anderen Weg ermittelt werden. Dazu wird das folgende Verhältnis von $NOPAT$ und investiertem Kapital verwendet, welches auch als STEWART'S R bezeichnet wird:[170]

$$\text{Stewart's R} = \frac{NOPAT_t}{NOA_{t-1}}$$

Damit ergibt sich der EVA mit der sog. **Value-Spread-Formel**:[171]

$$\boxed{EVA_t = \underbrace{\left(\frac{NOPAT_t}{NOA_{t-1}} - k_{GK}\right)}_{\text{Überrendite bzw. Spread}} \cdot NOA_{t-1}}$$

168 Vgl. Fackler/Wimschulte (2009: 319).

169 Vgl. Küpper et al. (2013: 330–333); Hahn/Hungenberg (2001: 185).

170 Vgl. Günther (1997: 234).

171 Vgl. Fischer/Möller/Schultze (2015: 361); Schabel (2003: 69–70).

In beiden Darstellungen wird deutlich, dass ein Wertbeitrag nur dann resultiert, wenn über alle Kosten hinaus – auch über die Kapitalkosten hinaus – Werte geschaffen werden. Wertorientierte Unternehmensführung besteht nach diesem Konzept in sämtlichen Maßnahmen, welche den EVA erhöhen. Ansatzpunkte für derartige Maßnahmen ergeben sich aus der Bestimmungsgleichung des EVA sowie aus der Ermittlungsvorschrift für die Gesamtkapitalkosten. Demzufolge sind die Kapitalkosten zu senken und der Jahresüberschuss ist zu erhöhen.

Eine ebenfalls periodenorientierte Größe, die jedoch auf Zahlungsströmen basiert, ist der **Cash Value Added** (CVA). Wie beim EVA lässt sich der Übergewinn durch den Vergleich der tatsächlich erzielten Rentabilität mit der geforderten Mindestverzinsung ermitteln. Die tatsächliche Rentabilität wird durch den **Cashflow Return on Investment** ($CFRoI$) abgebildet. Die Mindestverzinsung folgt aus den Gesamtkapitalkosten. Es resultiert der Cash Value Added (CVA) wie folgt:[172]

$$\boxed{CVA_t = (CFROI - WACC)_t \cdot BIB}$$

Die Bruttoinvestitionsbasis (BIB) stellt das gesamte investierte Kapital abzüglich nicht verzinslicher Verbindlichkeiten dar. Der Wert wird wie folgt ermittelt:[173]

	Buchwert des Sachanlagevermögens (SAV)
+	Summe aller darauf getätigten Abschreibungen
=	Anschaffungs- und Herstellungskosten des SAV
+	Inflationsaufschlag
=	Marktwert des SAV
+	Sonstige Vermögenswerte (Anlage- und Umlaufvermögen)
−	nicht zu verzinsendes Fremdkapital
=	Brutto-Investitionsbasis (BIB)

Deutlich ist das Ziel zu erkennen, als Bezugsbasis der Renditeermittlung eine möglichst **umfassende** und **aktuelle** Grundlage zu verwenden.[174] Deshalb werden die Werte des Anlagevermögens auch mit einem Inflationsaufschlag versehen.

Aus der Darstellung wird jedoch auch deutlich, dass es in der Realität kaum möglich sein wird, eine BIB für das Gesamtunternehmen zu ermitteln. Dazu würden die bisherigen Abschreibungen sowie die bisherigen und zukünftigen Nutzungsdauern sämtlicher Positionen des SAV benötigt. Deshalb ist es realistischer, die BIB für einzelne Projekte bzw. Produkte zu ermitteln.

Der $CFRoI$ kann in unterschiedlichen Varianten ermittelt werden. Diese werden im folgenden Abschnitt dargestellt.

[172] Vgl. Günther (1997: 219); Fischer/Möller/Schultze (2015: 375).
[173] Vgl. Hahn/Hungenberg (2001: 207–208); Gräfer/Gerenkamp (2016: 146).
[174] Vgl. Drukarczyk (2008: 150–152).

5.8.2.2 Rentabilitätsgrößen

Rentabilitätsgrößen beziehen den Wertbeitrag bzw. die Wertvernichtung auf das eingesetzte Kapital. Als erstes Konzept wird der $CFRoI$ vorgestellt, der in drei Varianten ermittelt werden kann:[175]

- als kalkulatorische Variante $CFRoI_{\text{kalk}}$,
- in erweiterter Form $CFRoI_{\text{erw}}$,
- auf Basis der Internen-Zinssatz-Methode $CFRoI_{\text{int}}$.

Die kalkulatorische Variante ist wie folgt definiert:[176]

$$\boxed{CFRoI_{\text{kalk};t} = \frac{BCF_t}{BIB}}$$

Der Brutto-Cashflow wird unterschiedlich definiert. Im weiteren Verlauf wird er wie folgt ermittelt:[177]

	Jahresüberschuss nach Steuern
+	Zinsaufwand
+	Abschreibungen
=	Brutto-Cashflow

Dieses Verhältnis ähnelt sehr stark der statischen Rentabilitätsvergleichsrechnung[178] und weist die Nachteile der statischen Verfahren auf.[179]

Der $CFRoI$ kann dadurch dynamisiert werden, dass der Brutto-Cashflow um eine sog. ökonomische Abschreibung $Ab_{\text{ök}}$ bereinigt wird. Ziel dieser Abschreibung ist die Ermittlung und „Rücklage" von jährlichen Beträgen, die unter Berücksichtigung von Zinseszinseffekten erforderlich sind, um die abschreibbaren Bestandteile des Vermögens (BIB_{Ab}) in Zukunft wiederbeschaffen zu können. Die ökonomische Abschreibung $Ab_{\text{ök}}$ wird wie folgt berechnet:[180]

$$Ab_{\text{ök}} = BIB_{\text{Ab}} \cdot \frac{k_{GK}}{(1 + k_{GK})^N - 1}$$

[175] Vgl. Hachmeister (1997: 557–561); Plaschke (2003: 142–146). Die erweiterte Form wird in der Literatur auch als algebraische Variante bezeichnet. Vgl. Stelter (1999: 233); Crasselt/Pellens/Schremper (2000: 205).

[176] Vgl. Hachmeister (1997: 559); Gräfer/Gerenkamp (2016: 147).

[177] Vgl. Gräfer/Gerenkamp (2016: 146).

[178] Vgl. Abschn. 5.2.2.

[179] Vgl. Abschn. 5.2.4.

[180] Vgl. Plaschke (2003: 142–146); Stelter (1999: 235).

Tab. 5.17 Barwertidentität von Kapitalwert und erweitertem $CFRoI$. Quelle: Eigene Darstellung

t	1	2	3	4
BCF_t [€]	80	80	80	80
$Ab_{\ddot{o}k} = BIB_{Ab} \cdot \frac{k_{GK}}{(1+k_{GK})^N - 1}$ [€]	43,09			
$BCF_t - Ab_{\ddot{o}k;t}$ [€]	36,91	36,91	36,91	36,91
$CFRoI_{erw;t}$	0,1845	0,1845	0,1845	0,1845
$CVA_t = (CFRoI_{erw;t} - k_{GK})_t \cdot BIB$ [€]	16,9058	16,9058	16,9058	16,9058
$CVA_t \cdot (1+k_{GK})^{-t}$ [€]	15,3689	13,9718	12,7016	11,5469
$\sum_{t=1}^{4} CVA_t \cdot (1+k_{GK})^{-t}$ [€]	53,5892			

Der Term $\frac{k_{GK}}{(1+k_{GK})^N - 1}$ stellt den Restwertverteilungsfaktor (RVF) dar.[181] Damit wird der $CFRoI_{\text{erw}}$ folgendermaßen ermittelt:

$$\boxed{CFRoI_{\text{erw};t} = \frac{BCF_t - Ab_{\text{ök};t}}{BIB}}$$

Zur Erläuterung wird das Beispiel aus Tab. 5.16 aufgegriffen und in Tab. 5.17 fortgeführt. Vereinfachend wird angenommen, dass $BIB = BIB_{\text{Ab};0} = 200\,€$, $k_{GK} = 0{,}10/a$ und $BCF_t = 80\,€\,\forall t$. Gleichzeitig wird in der Tab. 5.17 der CVA-Ansatz auf Basis des $CFRoI_{\text{erw}}$ dargestellt.

Im Vergleich mit der Tab. 5.16 wird deutlich, dass der Barwert der CVA's identisch mit dem Kapitalwert ist. Demzufolge ist auch mit diesem Ansatz die Barwertidentität gewährleistet. Die Bestimmungsgleichung des $CFRoI_{\text{erw}}$ kann wie folgt formuliert werden:

$$CFRoI_{\text{erw};t} = \frac{BCF_t - Ab_{\text{ök};t}}{BIB}$$

mit $Ab_{\text{ök}} = BIB_{\text{Ab}} \cdot RVF$ folgt:

$$\begin{aligned} CFRoI_{\text{erw};t} &= \frac{BCF_t - BIB_{\text{Ab}} \cdot RVF}{BIB} \\ &= \frac{BCF_t}{BIB} - RVF \\ CFRoI_{\text{erw};t} + RVF &= \frac{BCF_t}{BIB} \end{aligned}$$

Offensichtlich bestimmt das Verhältnis von BCF und BIB den $CFRoI_{\text{erw}}$ ebenso, wie der RVF. Der RVF wiederum wird von dem Gesamtkapitalkostensatz k_{GK} und der Betrachtungszeit bzw. der Nutzungsdauer N beeinflusst. Bei einem konstanten Verhältnis

[181] Vgl. Tab. 5.3.

von BCF und BIB bewirkt eine Erhöhung des RVF eine Senkung des $CFRoI_{\text{erw}}$ und vice versa. Gleichzeitig entspricht die rechte Seite der Gleichung dem $CFRoI_{\text{kalk};t}$.

Bei Verwendung des $CFRoI_{\text{erw}}$ in der Bestimmungsgleichung des CVA ergibt sich folgende Darstellung:

$$\begin{aligned} CVA_t &= (CFROI_{\text{erw};t} - k_{GK}) \cdot BIB \\ &= \left(\frac{BCF_t - Ab_{\text{ök};t}}{BIB} - k_{GK} \right) \cdot BIB \\ &= BCF_t - Ab_{\text{ök};t} - k_{GK} \cdot BIB \end{aligned}$$

Damit wird deutlich, dass der CVA den Wert darstellt, der nach Abzug von ökonomischer Abschreibung und Kapitalkosten verbleibt.

Für das Verhältnis von Kapitalwert, Kapitalkosten und $CFRoI_{\text{erw}}$ gelten folgende Relationen:[182]

$$C_0 \overset{>}{\underset{<}{=}} 0 \Leftrightarrow CFRoI_{\text{erw}} \overset{>}{\underset{<}{=}} k_{GK}$$

Wenn der $CFRoI_{\text{erw}}$ geringer ist als die Kapitalkosten, sind sowohl Kapitalwert als auch der Barwert der CVA's negativ. Ein Wertzuwachs erfolgt nur, wenn der $CFRoI_{\text{erw}}$ größer ist als die Kapitalkosten.

Die dritte Variante des $CFRoI$ – der $CFRoI_{\text{int}}$ – basiert auf der Methode des internen Zinssatzes.[183] Es wird derjenige Zinssatz $CFRoI_{\text{int}}$ gesucht, bei dessen Verwendung der Barwert aller zukünftigen BCF's dem aktuellen Wert der BIB entspricht, wobei die Nutzungsdauer des Sachanlagevermögens geschätzt wird. Auch bei diesem Ansatz wird ein zusätzlicher Restwert für den Zeitraum nach der Detailbetrachtung (RW_N) berücksichtigt. Der $CFRoI_{\text{int}}$ resultiert mit:[184]

$$\boxed{BIB = \sum_{t=1}^{N} BCF_t (1 + CFRoI_{\text{int}})^{-t} + RW_N (1 + CFRoI_{\text{int}})^{-N}}$$

Der kalkulatorische $CFRoI$ entspricht bei einer unendlichen Betrachtungsweise dem Internen-Zinssatz-$CFRoI$.[185] Zur Kritik an diesem Ansatz wird auf die Kritik am internen Zinssatz verwiesen.[186]

Zur Demonstration wird das Beispiel aus Tab. 5.17 fortgeführt und der $CFRoI_{\text{int}}$ wird ermittelt. Es ergibt sich ein Wert von $CFRoI_{\text{int}} = 0{,}218623$ (vgl. Tab. 5.18). In dieser Tabelle wird gleichzeitig der $CFRoI_{\text{erw}}$ berechnet.

182 Vgl. Pfaff/Bärtl (1999: 97).
183 Vgl. dazu Abschn. 5.3.3.
184 Vgl. Günther (1997: 214); Pape (2010: 137).
185 Vgl. Hachmeister (1997: 559).
186 Vgl. Abschn. 5.3.3.

Tab. 5.18 Beispiel zum Internen-Zinssatz-$CFRoI$. Quelle: Eigene Darstellung

t	1	2	3	4
BCF_t [€]	80	80	80	80
Ermittlung des $CFRoI_{int}$ per Kalkulationsprogramm				
$CFRoI_{int}$	0,218623			
Probe				
$BCF_t \cdot (1+CFRoI_{int})^{-t}$ [€]	65,65	53,87	44,20	36,28
$\sum_{t=1}^{4} BCF_t \cdot (1+CFRoI_{int})^{-t}$ [€]	200,00			
Ermittlung des $CFRoI_{erw}$ mit $k_{GK} = CFRoI_{int}$				
$Ab_{ök} = BIB_{Ab} \cdot \frac{k_{GK}}{(1+k_{GK})^N - 1}$ [€]	36,275461			
$BCF_t - Ab_{ök;t}$ [€]	43,724539			
$k_{GK} \cdot BIB$ [€]	43,724539			
$CFRoI_{erw;t} = \frac{BCF_t - Ab_{ök;t}}{BIB}$	0,218623			
$CVA_t = BCF_t - Ab_{ök;t} - k_{GK} \cdot BIB$ [€]	0,00			

Es zeigt sich, dass in diesem Punkt gilt: $CFRoI_{\text{erw}} = CFRoI_{\text{int}} = k_{GK}$. In dieser Konstellation ist der CVA Null, da die Summe aus ökonomischer Abschreibung und Kapitalkosten genauso groß ist, wie die BCF. Aufgrund der Barwertkompatibilität ist der Kapitalwert ebenfalls Null. Das liegt darin begründet, dass in diesem Fall die Wiederanlage der Mittel zum Zinssatz $CFRoI_{\text{int}}$ der Verzinsung zum k_{GK} entspricht. Für das Verhältnis der beiden Größen für $CFRoI_{\text{erw}} \neq CFRoI_{\text{int}}$ gilt folgender Zusammenhang:

$$CFRoI_{\text{int}} > CFRoI_{\text{erw}}, \text{ wenn } k_{GK} < CFRoI_{\text{int}},$$
$$CFRoI_{\text{int}} < CFRoI_{\text{erw}}, \text{ wenn } k_{GK} > CFRoI_{\text{int}}.$$

Für den Zusammenhang zwischen Kapitalwert, internem Zins und den Kapitalkosten gilt:[187]

$$C_0 \underset{<}{\overset{>}{=}} 0 \Leftrightarrow CFRoI_{\text{int}} \underset{<}{\overset{>}{=}} k_{GK}$$

Als weitere rentabilitätsbasierte Kennzahlen sind der Return on Net Assets ($RONA$) und der Return on Capital Employed ($ROCE$) vorzustellen.

[187] Vgl. Pfaff/Bärtl (1999: 97).

Der $ROCE$ ergibt sich aus:[188]

$$ROCE_t = \frac{EBIT_t}{(\text{Capital Employed})_{t-1}} = \frac{EBIT_t}{(\text{Eigenkapital} + \text{Verzinsliches Fremdkapital})_{t-1}}$$

Der $RONA$ wird berechnet mit:[189]

$$RONA_t = \frac{EBIT_t}{(\text{Net Assets})_{t-1}} = \frac{EBIT_t}{(\text{Anlagevermögen} + \text{Nettoumlaufvermögen})_{t-1}}$$

Beide Kennzahlen konzentrieren auf die Abbildung der Verzinsung der eingesetzten Mittel. Der wesentliche Unterschied liegt in der Bezugsbasis: der $RONA$ nähert sich dem Ziel von der Aktivseite und der $ROCE$ verwendet als Bezugsbasis Größen von der Passivseite.

5.8.2.3 Gesamtwertgrößen

Als erster Vertreter dieser Gruppe wird das Konzept des Shareholder Value vorgestellt. Wesentliches Hauptmerkmal dieses Konzeptes ist, dass es sich um ein Verfahren der Unternehmensbewertung handelt, welches als Gesamtbewertungsverfahren durchgeführt wird. Dabei wird der Unternehmenswert **nicht** als Saldo aus Aktiva und Passiva ermitteln. Stattdessen werden **ausschließlich** die Rückflüsse betrachtet, die mit dem betriebsnotwendigen Vermögen erwirtschaftet werden können.[190]

Grundlage ist die Idee der Unternehmensfortführung, woraus folgt, dass das nichtbetriebsnotwendige Vermögen veräußert wird und das Unternehmen nur mit dem Vermögen wirtschaftet, das zur Generierung von Rückflüssen erforderlich ist. Gleichzeitig sind betriebsnotwendige Schulden zu berücksichtigen, die zurückgezahlt werden müssen.[191]

Eine Steigerung des Unternehmenswertes – und damit auch des Eigenkapitalwertes – wird über die Wertsteigerung von einzelnen Investitionsprojekten realisiert. Die Ermitt-

---

[188] Vgl. Fischer/Möller/Schultze (2015: 345); Gräfer/Gerenkamp (2016: 149).

[189] Vgl. Fischer/Möller/Schultze (2015: 345); Gräfer/Gerenkamp (2016: 149).

[190] „*Companies create value for their owners by investing cash now to generate more cash in the future. The amount of value they create is the difference between cash inflows and the cost of the investments made, …* “. Koller/Goedhart/Wessels (2015: 17–18).

[191] Vgl. Ballwieser/Hachmeister (2016: 8–10).

lungsweise ist folgende:[192]

	Barwert der prognostizierten betrieblichen freien Rückflüsse (Free Cashflows - FCF)
+	Barwert des Restwertes
+	Marktwert der nicht-betriebsnotwendigen Vermögensgegenstände
=	Wert des Gesamtunternehmens
−	Marktwert des Fremdkapitals
=	Wert des Eigenkapitals (Shareholder Value)

Der gesamte Barwert der FCF resultiert aus:[193]

$$\text{Barwert der } FCF = \sum_{t=1}^{D} FCF_t \cdot (1 + k_{GK})^{-t} + \frac{FCF_{D+1}}{k_{GK} \cdot (1 + k_{GK})^D}$$

Darin stellt der erste Summand den Barwert der FCF des Detailplanungszeitraumes dar und der zweite Summand beschreibt den Barwert des Restwertes der unendlichen Laufzeit.

In einer vereinfachten Betrachtungsweise wird der zukünftige FCF_t auf Basis historischer bzw. prognostizierter Informationen wie folgt ermittelt:[194]

$$FCF_t = \underbrace{U_{t-1} \cdot (1 + \delta_U) \cdot r_U}_{\substack{\text{Zukünftiges Ergebnis} \\ \text{nach Abschreibungen,} \\ \text{und vor Zinsen} \\ \text{und Steuern}}} \cdot (1 - s) - \underbrace{U_{t-1} \cdot \delta_U \cdot \delta_I}_{\substack{\text{Zukünftige Investitionen,} \\ \text{die die Abschreibungen} \\ \text{übersteigen}}}$$

worin:

U_{t-1} Umsatz des Vorjahres
δ_U Umsatzwahstumsrate
r_U Umsatzrentabilität[195]
s Ertragssteuersatz
δ_I Rate der gesamten Erweiterungsinvestitionen als Summe der Erweiterungsinvestitionen in das Anlagevermögen $\delta_{I(AV)}$ und in das Working Capital $\delta_{I(\mathrm{WC})}$

[192] Vgl. Rappaport (1998: 33); Koller/Goedhart/Wessels (2015: 139–140).
[193] Vgl. Perridon/Steiner/Rathgeber (2017: 245).
[194] Vgl. Rappaport (1998: 34); Lachnit/Müller (2012: 260); Friedl (2013: 274).
[195] Rappaport bezeichnet diesen Term als *operating profit margin*. Das ist die Relation von Gewinn vor Steuern und vor Zinsen zum Umsatz. In dieser Größe sind auch die – nicht zahlungs- aber ergebniswirksamen – Abschreibungen enthalten. Vgl. Rappaport (1998: 35). Es handelt sich also um die Relation von $EBIT$ zu Umsatz.

Der Minuend in der obigen Gleichung ist der $NOPAT$.[196] Es kann also formuliert werden:

$$FCF_t = NOPAT_{t-1} - U_{t-1} \cdot \delta_U \cdot \delta_I$$

Der Subtrahend in der Gleichung enthält Investitionszahlungen, die über die Abschreibungen hinaus getätigt werden und als Netto-Investitionen bezeichnet werden.[197] Diese Größe wird auch als Werttreiber bezeichnet, da sie zeigt, in welchem Maße das Unternehmen die Basis für zukünftige Rückflüsse schafft. Zur Erläuterung wird das folgende Beispiel betrachtet:

U_{t-1}:	100 Mio. €,	k_{GK}:	15,00 %
δ_U:	10,50 %,	$\delta_{I(AV)}$:	24,00 %
r_U:	8,00 %,	$\delta_{I(WC)}$:	20,00 %
s:	40,00 %,		

Der Detailplanungszeitraum beträgt 5 Jahre. Nach Ablauf des Detailplanungszeitraumes werden annahmegemäß keine Erweiterungsinvestitionen mehr getätigt.[198] Gesucht ist der Gesamtwert der FCF. Mit diesen Daten ergeben sich die Resultate in Tab. 5.19.

An diesem Beispiel wird deutlich, dass der Fortführungswert (bzw. Restwert) einen erheblichen Anteil am Gesamtunternehmenswert darstellt. Dabei stellt sich die Frage, wie valide die Prognosen für diesen Zeitraum sind.

Die Beziehungen von unternehmerischen Entscheidungen und Unternehmenswert sind in der Abb. 5.17 zusammengefasst.

Es wird deutlich, dass die sog. „Wertgeneratoren“ bzw. „Werttreiber“ schon aus dem Kapitalwertmodell bekannt sind.[199] Es handelt sich um die **Nutzungsdauer**, den **Kalkulationszinssatz** und die **Rückflüsse**. Zusätzlich dazu werden die Erweiterungsinvestitionen als Werttreiber charakterisiert.[200]

Der Verdienst des Shareholder-Value-Ansatzes besteht darin, diese – grundsätzlich bekannten – Zusammenhänge mit der Konzentration auf die Eigenkapitalgeber zu verbinden.[201] Damit wird der Zusammenhang zwischen Investitionserfolg und Unternehmenserfolg sowie deren Einflussfaktoren prägnant herausgehoben. Nachteilig ist, dass mit der Verortung des Verfahrens in dem Bereich der Unternehmensbewertung sämtliche Fragen

[196] In einigen Quellen wird dieser Term als $NOPLAT$ (*Net operating profit less adjusted taxes*) bezeichnet, um darauf hinzuweisen, dass die Fremdkapitalzinsen bei der Ermittlung der Steuerlast nicht berücksichtigt werden. Vgl. Koller/Goedhart/Wessels (2015: 40); Kuhner/Maltry (2017: 137–138). Da auf diesen Fakt schon hingewiesen wurde (vgl. Abschn. 5.8.2.1), wird der Begriff $NOPAT$ beibehalten.

[197] Vgl. Kuhner/Maltry (2017: 137–138). Andere Bezeichnungen sind *incremental capital investment* – vgl. Rappaport (1998: 35) – oder *net investment* – vgl. Koller/Goedhart/Wessels (2015: 40).

[198] Vgl. Rappaport (1998: 40–42).

[199] Vgl. Abschn. 5.3.2.

[200] Vgl. Rappaport (1998: 35).

[201] Auch wenn der Sinn und die Ausgestaltung einer derartigen Verbindung umstritten ist.

Tab. 5.19 Vereinfachte Ermittlung der FCF und des Restwertes. Quelle: Eigene Darstellung. Angaben in €

t	$U_{t-1} \cdot (1+\delta_U) \cdot r_U \cdot (1-s)$	$U_{t-1} \cdot \delta_U \cdot \delta_I$	FCF_t	$\frac{FCF_t}{(1+k_{GK})^t}$
1	5.304.000	4.620.000	684.000	594.783
2	5.860.920	5.105.100	755.820	571.509
3	6.476.317	5.641.136	835.181	549.145
4	7.156.330	6.233.455	922.875	527.657
5	7.907.744	6.887.967	1.019.777	507.009
Summe der diskontierten *FCF* für den Detailplanungszeitraum:				2.750.103

Ermittlung des Fortführungswertes:

Basiswert für die Ermittlung: 7.907.744

Ermittlung der ewigen Rente: $\frac{7.907.744}{0,15} = 52.718.293$

Diskontierung der ewigen Rente: $\frac{52.718.293}{(1,15)^5} = 26.210.309$

Ermittlung des Gesamtwertes: $2.750.103 + 26.210.309 = 28.960.412$

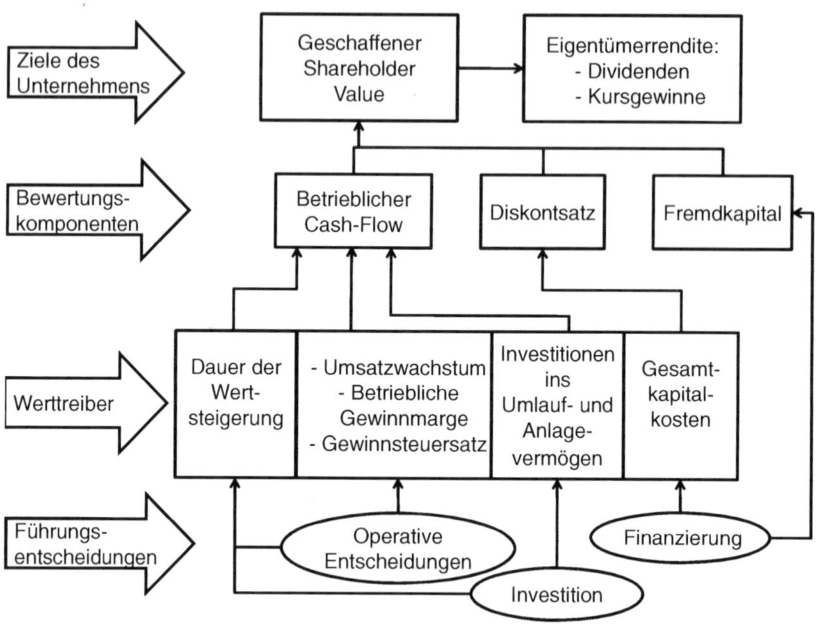

Abb. 5.17 Shareholder-Value-Netzwerk. Quelle: Eigene Darstellung, in Anlehnung an: Rappaport (1998: 56)

und Diskussionen aus diesem Bereich (insbesondere die Frage nach Funktion, Zweck und Konzept der Bewertung)[202] mit übernommen werden.

In der bisherigen Betrachtung wurde lediglich die steuerliche Abzugsfähigkeit im Rahmen der Ermittlung der Gesamtkapitalkosten berücksichtigt, also auf Ebene des Unternehmens.[203] Da jedoch auch die Eigenkapitalgeber Steuern auf ihre Einkünfte aus eben diesen Eigenkapitalerträgen entrichten müssen ($s_{\text{Kapitalgeber}}$), ist zur Ermittlung der Eigenkapitalkosten folgende Nachsteuerrendite zu verwenden:[204]

$$k_{EK;\,\text{NST}} = k_{EK} \cdot \left(1 - s_{\text{Kapitalgeber}}\right)$$
$$k_{EK;\,\text{NST}} = [r_f + \beta \cdot (r_{\text{M}} - r_f)] \cdot \left(1 - s_{\text{Kapitalgeber}}\right)$$

Darin beschreibt $s_{\text{Kapitalgeber}}$ den Steuersatz der Kapitalgeber. Auch bei der Ermittlung von Fremdkapitalkosten sind steuerliche Effekte zu berücksichtigen, was im ersten Schritt wie folgt geschieht:

$$k_{FK;\text{NST}} = \left(1 - s_{\text{Kapitalgeber}}\right) \cdot k_{FK} \cdot (1 - s_U)$$

Hierbei bezeichnet s_U den Steuersatz des Unternehmens. Dieser beinhaltet Gewerbe- und Körperschaftssteuer sowie den Solidaritätszuschlag. Bei der Ermittlung der Fremdkapitalkosten nach Steuern muss berücksichtigt werden, dass im Rahmen der Ermittlung der Bemessungsgrundlage für die Gewerbesteuer 25 % der Zinszahlungen dem Jahresüberschuss wieder hinzuzurechnen sind. Deshalb muss formuliert werden:[205]

$$k_{FK;\text{NST}} = \left(1 - s_{\text{Kapitalgeber}}\right) \cdot k_{FK} \cdot [1 - (s_{\text{KST}} + 0{,}75 \cdot s_{\text{GewST}})]$$

Mit diesen Bestandteilen resultiert der Gesamtkapitalkostensatz nach Steuern mit:[206]

$$\begin{aligned} k_{GK;\text{NST}} =& k_{EK} \cdot \left(1 - s_{\text{Kapitalgeber}}\right) \cdot \frac{EK}{GK} \\ &+ \left(1 - s_{\text{Kapitalgeber}}\right) \cdot k_{FK} \cdot [1 - (s_{\text{KST}} + 0{,}75 \cdot s_{\text{GewST}})] \cdot \frac{FK}{GK} \end{aligned}$$

Zur Verdeutlichung des Shareholder-Value-Ansatzes sei folgendes Beispiel betrachtet:[207] Die Rendite risikofreier Anleihen beträgt 4 % jährlich. Für die Branche, in welchem das Unternehmen tätig ist, wird am Aktienmarkt eine Rendite von 8 % prognostiziert. Der

---

[202] Zur Dogmengeschichte der Unternehmensbewertung vgl. Kuhner/Maltry (2017: 37–82).

[203] Zur Berücksichtigung von Steuern im Kapitalwertmodell vgl. Abschn. 5.6.2.

[204] Vgl. Eilenberger/Ernst/Toebe (2013: 217).

[205] Vgl. Ballwieser/Hachmeister (2016: 146–147). Es sei erwähnt, dass auf den Gesamtbetrag der Finanzierungsentgelte aktuell ein Freibetrag von 100.000 € angerechnet wird, der hier vernachlässigt wird.

[206] Dabei wird davon ausgegangen, dass der Einkommenssteuersatz von Eigenkapitalgeber und Fremdkapitalgeber identisch ist.

[207] Vgl. Perridon/Steiner/Rathgeber (2017: 245); Eilenberger/Ernst/Toebe (2013: 220–222); Ballwieser/Hachmeister (2016: 180–185).

β-Faktor des Unternehmens wurde mit 1,5 ermittelt. Vereinfachend wird angenommen, dass sowohl Eigen- als auch Fremdkapitalgeber ihre Kapitaleinkünfte mit 25 % zzgl. des Solidaritätszuschlags von 5,5 % besteuern müssen, so dass ein Steuersatz der Kapitalgeber von 26,375 % resultiert. Die Steuerlast des Unternehmens resultiert aus:

- der Körperschaftssteuer (15 %) zzgl. dem darauf aufbauenden Solidaritätszuschlag (5,5 % der Körperschaftssteuer), so dass $s_{\text{KST}} = 0{,}15825$, sowie
- einer Gewerbesteuer von 14 % (resultierend aus der Steuermesszahl von 3,5 % sowie der Annahme einer Gemeinde mit einem Hebesatz von 400 %), so dass $s_{\text{GewST}} = 0{,}14$.

Es resultiert ein Wert der Ertragssteuern auf Unternehmensebene von: $s_U = 0{,}29825$.

Der bilanzielle Fremdkapitalbestand beträgt 833 Tsd. €. Dieser wird künftig angepasst, um einen angestrebten Verschuldungsgrad auf Basis der Marktwerte von 1/3 zu erreichen. Die Fremdkapitalkosten nach Steuern ergeben sich mit:

$$\begin{aligned} k_{FK;\text{NST}} &= k_{FK} \cdot [1 - (s_{\text{KST}} + 0{,}75 \cdot s_{\text{GewST}})] \cdot \left(1 - s_{\text{Kapitalgeber}}\right) \\ &= 0{,}09 \cdot [1 - (0{,}1585 + 0{,}75 \cdot 0{,}14)] \cdot (1 - 0{,}26375) \\ &= 0{,}04880. \end{aligned}$$

Die Eigenkapitalkosten nach Steuern ergeben sich aus:

$$\begin{aligned} k_{EK;\text{NST}} &= [r_f + \beta \cdot \left(r_{\text{M}} - r_f\right)] \cdot \left(1 - s_{\text{Kapitalgeber}}\right) \\ &= [0{,}04 + 1{,}5 \cdot (0{,}08 - 0{,}04)] \cdot (1 - 0{,}26375) \\ &= 0{,}073625. \end{aligned}$$

Für die Gesamtkapitalkosten nach Steuern ergibt sich:

$$\begin{aligned} k_{GK;\text{NST}} &= k_{EK;\text{NST}} \cdot \frac{EK}{GK} + k_{FK;\text{NST}} \cdot \frac{FK}{GK} \\ &= 0{,}073625 \cdot \frac{2}{3} + 0{,}04880 \cdot \frac{1}{3} \\ &= 0{,}065367. \end{aligned}$$

Für die Ermittlung der freien Rückflüsse sind – ebenso wie bei der Ermittlung der Kapitalkosten – folgende steuerliche Aspekte zu beachten: Der Jahresüberschuss – der annahmegemäß auch die Bemessungsgrundlage für Körperschafts- und Gewerbesteuer ist – wird zunächst mit Unternehmenssteuern belastet, welche im vorliegenden Beispiel mit 29,825 % angegeben wurden. Auf den verbleibenden Restbetrag, der den Kapitalgebern zusteht, müssen diese ebenfalls Steuern – ihre Einkommensssteuer – entrichten. Für den

Tab. 5.20 Beispielhafte Ermittlung der freien Rückflüsse (Free Cashflow – FCF). Quelle: Eigene Darstellung, in Anlehnung an: Perridon/Steiner/Rathgeber (2017: 245)

Folgende Daten (Angaben in Tsd. €) resultieren aus den Jahresabschlüssen

Zahlungs- bzw. Bestandsgrößen \ Periode	0	1	2	3	4	$t = 5 \ldots \infty$
Jahresüberschuss vor Zinsen und Steuern (EBIT)		150	135	120	100	100
Abschreibungen		350	400	360	300	300
Bestand Sachanlagevermögen	1.750	2.000	1.800	1.500	2.000	2.000
Bestand Vorräte	40	60	20	100	50	50
Bestand Forderungen aus Lieferungen und Leistungen	10	10	20	15	10	10

Daraus ergeben sich die freien Rückflüsse (Angaben in Tsd. €) mit:

Jahresüberschuss vor Zinsen und Steuern (EBIT)		150	135	120	100	100
fiktive Steuern (48,334%)		- 72,50	- 65,25	- 58,00	- 48,33	- 48,33
Abschreibungen		+ 350	+ 400	+ 360	+ 300	+ 300
Investitionen in das Anlagevermögen		- 250	+ 200	+ 300	- 500	- 300
Veränderung des Umlaufvermögens (Vorräte und Forderungen)		- 20	+ 30	- 75	+ 55	0
= Freier Rückfluss (Free Cashflow)		157,50	699,75	647,00	- 93,33	51,67

gesamten Steuersatz ergibt sich damit:[208]

$$\begin{aligned} s_{\text{Gesamt}} &= s_U + (1 - s_U) \cdot s_{\text{Kapitalgeber}} \\ &= 0{,}29825 + (1 - 0{,}29825) \cdot 0{,}26375 \\ &= \underline{\underline{0{,}48334}}. \end{aligned}$$

Die weiteren Informationen und Zwischenergebnisse sind in der Tab. 5.20 enthalten.

[208] Vgl. Fox (2010: 152–153). Es sei hier am Rande darauf hingewiesen, dass bei diesem Vorgehen von einem fiktiven, rein eigenfinanzierten Unternehmen ausgegangen wird. Die tatsächliche Abzugsfähigkeit der Fremdkapitalzinsen wurde bereits im Rahmen der Anpassung der gewichteten Kapitalkosten vorgenommen. Aus diesem Grunde wird die Steuerlast in Tab. 5.20 als fiktiv bezeichnet.

Damit ergibt sich die Summe aller zukünftigen, auf den heutigen Betrachtungszeitpunkt abgezinsten Free Cashflows aus:

$$\begin{aligned}
\text{Gesamtwert} &= \sum_{t=1}^{\infty} FCF_t \cdot (1 + k_{GK;\text{NST}})^{-t} \\
&= \sum_{t=1}^{D} FCF_t \cdot (1 + k_{GK;\text{NST}})^{-t} + \frac{FCF_{D+1}}{k_{GK;\text{NST}} \cdot (1 + k_{GK;\text{NST}})^{D}} \\
&= 157{,}50 \text{ Tsd. €} \cdot 1{,}065367^{-1} + 699{,}75 \text{ Tsd. €} \cdot 1{,}065367^{-2} \\
&\quad + 647 \text{ Tsd. €} \cdot 1{,}065367^{-3} - 93{,}33 \text{ Tsd. €} \cdot 1{,}065367^{-4} \\
&\quad + \frac{51{,}67 \text{ Tsd. €}}{0{,}065367 \cdot 1{,}065367^{4}} \\
&\approx \underline{\underline{1.840{,}5 \text{ Tsd. €}}}
\end{aligned}$$

Ausgehend von dem eingangs beschriebenen Marktwert des Fremdkapitals von 833 Tsd. € beläuft sich der Wert des Eigenkapitals auf ca. 1.007,5 Tsd. €. Für das Beispiel ist festzustellen, dass der Anteil des Fortführungswertes einen erheblichen Bestandteil am Gesamtunternehmenswert darstellt. Im vorliegenden Fall beträgt dieser Wert 614 Tsd. €, was fast $\frac{1}{3}$ des Gesamtwertes entspricht. Der Einfluss des Kalkulationszinssatzes ist ebenfalls erheblich. Ein niedriger Kalkulationszinssatz führt zu hohen Barwerten, was besonders für den Wert der „ewigen" Rückflüsse relevant ist.

Ein ähnliches Verfahren ist der **Market Value Added (MVA)**. Dieser wird auf Basis des EVA als Summe aller zukünftigen, auf den heutigen Tag diskontierten Wertbeiträge ermittelt.[209] Der gesamte Marktwert des Unternehmens ergibt sich aus der Summe des MVA und des investierten Vermögens. Der MVA ergibt sich als Summe der jährlichen Wertbeiträge des Detailbetrachtungszeitraumes zuzüglich der Wertbeiträge des darüber hinausgehenden Betrachtungszeitraumes als **barwertige Summe aller zukünftigen EVA**:

$$MVA = \sum_{t=1}^{\infty} EVA_t \cdot (1 + k_{GK})^{-t}$$

Dieser Betrachtungshorizont wird üblicherweise unterteilt in einen **Detailplanungshorizont** und einen **Fortführungshorizont**. Es ergibt sich für den MVA:[210]

$$MVA = \sum_{t=1}^{D} EVA_t \cdot (1 + k_{GK})^{-t} + \text{Fortführungswert} \cdot (1 + k_{GK})^{-D}$$

Bei der Ermittlung des Fortführungswertes wird eine unendliche Laufzeit unterstellt und es wird angenommen, dass auch in dieser „Restphase" Rückflüsse erzielt werden. Es re-

[209] Vgl. Eilenberger/Ernst/Toebe (2013: 232–233).
[210] Vgl. Pape (2017: 869).

sultiert für den Wert dieser „ewigen" Überschüsse EVA_{D+1} zum Zeitpunkt D:

$$\text{Fortführungswert} = \sum_{t=D+1}^{\infty} EVA_t \cdot (1 + k_{GK})^{-t} = \frac{EVA_{D+1}}{k_{GK}}$$

Somit ergibt sich der Gesamt-MVA aus:

$$\boxed{MVA = \sum_{t=1}^{D} EVA_t \cdot (1 + k_{GK})^{-t} + \frac{EVA_{D+1}}{k_{GK} \cdot (1 + k_{GK})^D}}$$

Der MVA und das investierte Kapital ergeben zusammen dieselbe Summe wie der Marktwert des Eigen- und des Fremdkapitals. Das bedeutet, dass nur ein Wert für die Eigenkapitalgeber geschaffen wird, wenn über das investierte Kapital hinaus Werte geschaffen werden.

5.8.3 Zusammenfassende Kritik

Nach der Vorstellung wertorientierter Konzepte müssen einige Kritikpunkte vorgebracht werden. Einerseits wird das Ziel der Maximierung des Eigenkapitals als solches kritisiert. Eine ähnliche Diskussion wurde im vorliegenden Werk schon in Bezug auf die Gewinnmaximierung geführt, weshalb nun auf diese Ausführungen verwiesen wird.[211] Für die vorliegende Problematik verbleibt lediglich festzustellen, dass die Maximierung des Eigenkapitalwertes als Maximierung unter Nebenbedingungen zu verstehen ist.

Kritisiert wird darüber hinaus die Verwendung bzw. Ermittlung der gewichteten Kapitalkosten im Zusammenhang mit den WACC. Grundlage dieser Kritik ist der Hinweis auf die Verwendung des CAPM, welches ein Konkurrenzgleichgewicht für den Gesamtmarkt unterstellt. In einem derartigen Gleichgewicht ist jedoch die Kapitalstruktur und somit die Höhe des Marktwertes des Eigenkapitals irrelevant. Das Rechnen mit gewichteten Kapitalkosten jedoch basiert auf einer entgegengesetzten Theorie, welche die Irrelevanz der Irrevelanz-Theorie beweisen möchte.[212] Weiterhin ist zu hinterfragen, auf welcher Basis die verwendete Zielkapitalstruktur zu ermitteln ist und wann die Erreichung dieser Zielstellung festgestellt werden kann.

Ein weiterer schwerwiegender methodischer Einwand resultiert aus folgendem **Zirkularitätsproblem** im Zusammenhang mit der Ermittlung des Marktwertes des Eigenkapitals.[213] Im Rahmen der Ermittlung des Gesamtunternehmens sind Angaben zum Anteil und damit zur Höhe des Eigenkapitalanteils erforderlich. Dies ist jedoch genau die Größe, welche erst ermittelt werden soll. Anders formuliert: **Um den Wert des Eigenkapitalanteils zu ermitteln, muss dieser bekannt sein** (vgl. Abb. 5.18).

[211] Vgl. dazu Abschn. 5.1.2.

[212] Vgl. Schneider (2001c: 45–50).

[213] Vgl. Schneider (2001a: 849); Raab (2001: 80).

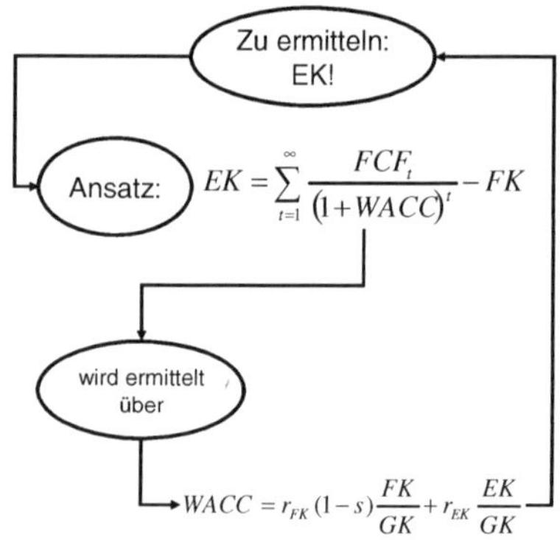

Abb. 5.18 Zirkularitätsproblem der Eigenkapitalwertermittlung. Quelle: Eigene Darstellung, in Anlehnung an: Perridon/Steiner/Rathgeber (2017: 248); Enzinger/Kofler (2011: 3).

Das Zirkelproblem lässt sich mathematisch mittels computergestützten Rechenprogrammen lösen.[214] Dabei wird jedoch der ökonomische Zusammenhang zwischen Verschuldungsgrad und Höhe der Eigenkapitalkosten nicht erfasst.

Abschließend kann festgestellt werden, dass die Konzepte der wertorientierten Unternehmensführung den Fokus richtigerweise zurück auf die Interessen der Eigenkapitalgeber gerichtet haben, ohne deren Risikobereitschaft kein Unternehmertum möglich wäre. Gleichzeitig muss den Konzepten Methodenkritik mit auf den Weg gegeben werden, die für eine zutreffende Interpretation der erzielten Ergebnisse unverzichtbar ist. Es ist zu vermeiden, dass in späteren Jahren rückblickend wiederum festgestellt werden muss „... *wie sehr in der Betriebswirtschaftslehre die Lust am Rechnen das Nachdenken über die Anwendungsvoraussetzungen von Kalkülen verdrängt hat.*“[215]

5.9 Aufgaben und Lösungen

5.9.1 Aufgaben

Hinweis: Bei sämtlichen Zahlungen handelt es sich um nachschüssige Zahlungen!

Aufgabe 5.1

Eine Investition verursacht eine Anschaffungszahlung von 80.000 €. Innerhalb der folgenden fünf Jahre ist mit laufenden Auszahlungen für den Anlagebetrieb von 25.000 €/a zu rechnen. Die Erlöse aus dem Betrieb der Anlage belaufen sich in den ersten beiden Jahren auf jeweils 35.000 € und in den restlichen Jahren auf jeweils 50.000 €. Nach der Nutzungsdauer wird mit einem Liquidationserlös von 5.000 € gerechnet. Der Kalkulationszinssatz beträgt 7 %. Berechnen Sie:

[214] Vgl. dazu Übungsaufgabe 5.20.

[215] Schneider (1984: 121).

- den statischen Durchschnittsgewinn pro Jahr
- die statische Durchschnittsrendite und
- die statische Amortisationsdauer!

Aufgabe 5.2

Ein Unternehmen plant die Durchführung eines Investitionsprojektes. Es liegen die zwei Alternativen *A* und *B* mit folgenden Daten vor:

Einflussgrößen	Anlage A	Anlage B
Nutzungsdauer in Jahren	8	
Absatzmenge pro Jahr	25.000	24.000
Absatzpreis pro Produkteinheit [€/Stück]	8	
Anschaffungspreis [€]	220.000	240.000
Einrichtungs- und Frachtkosten [€]	25.000	30.000
Liquidationserlös am Laufzeitende [€]	15.000	
Fixe Betriebskosten [€/a]	10.000	24.000
Variable Stückkosten [€/Produkteinheit]	4,60	4,40
Kalkulationszinssatz [%/a]	7	

Ermitteln Sie das vorteilhaftere Projekt mit der:

a) Gewinnvergleichsrechnung,
b) Rentabilitätsvergleichsrechnung sowie
c) statischen Amortisationsrechnung!

Aufgabe 5.3

Ein Unternehmen plant die Durchführung eines Investitionsprojektes und kann zwischen den beiden folgenden Alternativen wählen:

Einflussgrößen	Anlage A	Anlage B
Nutzungsdauer [Jahre]	6	
Auslastung [Stück/Jahr]	12.000	15.000
Anschaffungskosten [€]	60.000	90.000
Liquidationserlös am Laufzeitende [€]	0	
Fixe Betriebskosten [€/a]	2.850	3.150
Variable Stückkosten [€/Stück]	2,10	1,20
Kalkulationszinssatz [%/a]	7	

- Ermitteln Sie die relative Vorteilhaftigkeit der Anlagen!
- Da die Auslastung unsicher ist, werden Sie gebeten, die kritische Menge der Auslastung, bei der die Anlagen gleich vorteilhaft sind, zu ermitteln!

Aufgabe 5.4
Zu einer bereits installierten Anlage und zu deren potenzieller Nachfolge-Anlage stehen folgende Daten zur Verfügung:

Einflussgrößen	Altanlage	Neuanlage
geplante Nutzungsdauer der Neuanlage		8 Jahre
Restnutzungsdauer der Altanlage	3 Jahre	
Auslastung [Stück/Jahr]	12.000	
Fixe Betriebskosten [€/a]	2.000	
Anschaffungskosten [€]	40.000	90.000
Liquidationserlös zu Beginn der Restnutzungsdauer [€]	18.000	
Liquidationserlös am Ende der Nutzungsdauer [€]	0	10.000
Variable Stückkosten [€/a]	19.000	10.000
Kalkulationszinssatz [%/a]	10	

Ermitteln Sie die Vorteilhaftigkeit des Sofort-Ersatzes mit der Kostenvergleichsrechnung!

Aufgabe 5.5
Gegeben seien di beiden Projekte A und B bei einem Kalkulationszinssatz von $i = 8\,\%$ und folgenden Zahlungsreihen:

t =	0	1	2	3	4	5
Projekt A	−100	30	40	30	20	20
Projekt B	−60	25	25	25		

Welches der Projekte ist bei Verwendung der:

a) Kapitalwertmethode,
b) Annuitätenmethode,
c) Internen-Zinssatz-Methode vorteilhaft?

Aufgabe 5.6
Ermitteln Sie die Vorteilhaftigkeit der Projekte aus der vorangegangenen Aufgabe mittels der Kapitalwertmethode und unter Berücksichtigung von Ertragssteuern! Gehen Sie dabei von den folgenden Annahmen aus:

- die Anlagen werden linear und vollständig über die Laufzeit abgeschrieben,
- die Anlagen werden komplett über Eigenkapital finanziert,
- es handelt sich um eine Kapitalgesellschaft,
- als Ertragssteuern sind zu berücksichtigen:
  - die Körperschaftssteuer zzgl. des Solidaritätszuschlages,
  - die Gewerbesteuer mit einem Hebesatz von 400 %.

Aufgabe 5.7
Die Betonhuber AG hat die Möglichkeit, ein Kiesvorkommen über einen Zeitraum von 10 Jahren auszubeuten. Dabei treten folgende Zahlungsströme auf:

	E_t [€]	A_t [€]
Erstes bis einschließlich fünftes Jahr	1.500.000	900.000
Sechstes bis einschließlich zehntes Jahr	2.000.000	1.000.000

Zum Erwerb und zur Erschließung sind insgesamt 5 Mio. € erforderlich, wovon eine Hälfte bei Vertragsabschluss in $t = 0$ und die zweite Hälfte nach einem Jahr zu zahlen ist. Zum Ende der Nutzungsdauer kann das Grundstück nach Rekultivierungsmaßnahmen als Naherholungsgebiet genutzt werden. Die in $t = 11$ erforderlichen Auszahlungen zur Rekultivierung belaufen sich auf 1 Mio. €. Die erzielbaren Einzahlungsüberschüsse aus der touristischen Nutzung werden mit jährlich 100.000 € angenommen, die beginnend ab $t = 12$ über einen unendlichen Zeitraum erzielt werden. Der Kalkulationszinssatz beträgt 8 %. Beurteilen Sie die Vorteilhaftigkeit der Maßnahme mit der Kapitalwertmethode!

Aufgabe 5.8
Der Planungszeitraum eines Investors beträgt 7 Jahre, das zu analysierende Investitionsobjekt verursacht Investitionsauszahlungen in Höhe von 2.000 GE. Damit werden jährlich Rückflüsse in Höhe von 700 GE erzielt. In Periode $t = 2$ werden Instandhaltungsauszahlungen in Höhe von 100 GE erforderlich, die in den darauf folgenden Jahren jährlich um 100 GE ansteigen. Ein Verkauf des Investitionsobjektes ist zu jedem Zeitpunkt möglich. Die dabei erzielbaren Einzahlungen sinken bezogen auf den Vorjahreswert jährlich um 20 %.

a) Welche Nutzungsdauer ist bei einem Kalkulationszinssatz von 10 % optimal?
b) Wie groß ist der Grenzeinzahlungsüberschuss in $t = 3$ und was besagt diese Zahl?
c) Welche Nutzungsdauer ist bei einem unendlichen Planungszeitraum und unter Annahme unendlicher, identischer Wiederholungen optimal?

Aufgabe 5.9
Eine Anlage ist durch folgende Zahlungsströme gekennzeichnet:

t	0	1	2	3	4	5	6
R_t	−580	180	150	150	140	140	85
L_N		490	410	310	250	210	150

a) Wie lautet die optimale Nutzungsdauer ohne Ersatzanlage bei einem Kalkulationszinssatz von 10 %?
b) Welchen Betrag weist der Kapitalwert in dieser Periode auf?

c) Wie lautet die optimale Nutzungsdauer mit einmaliger, identischer Ersatzanlage bei einem Kalkulationszinssatz von 10 %? Welchen Betrag weist der Kapitalwert in dieser Periode auf?

Aufgabe 5.10

Der Kapitalwert einer Investition mit sechsjähriger Nutzungsdauer und bei Verwendung eines Kalkulationszinssatzes von 9 % beträgt 1.000 €. Wie groß ist der Kapitalwert einer unendlichen Kette identischer Investitionen?

Aufgabe 5.11

Zu einer Investitionsmaßnahme sind folgende Ausgangsdaten gegeben:

Investitionssumme:	$I_0 = 90.000$ €
Rückflüsse:	$R_1 = R_2 = R_3 = 35.000$ €
Eigenmittel:	30.000 €
Kredit mit Endtilgung:	25.000 € zu 6 % p. a.
Ratenkredit:	30.000 € zu 5 % p. a.
Kontokorrentkredit:	5.000 € zu 11 % p. a.
Guthabenzinssatz:	4 % p. a.
Opportunitätszinssatz:	4,5 % p. a.

a) Ermitteln Sie die absolute Vorteilhaftigkeit mit der Methode des vollständigen Finanzplanes! Nutzen Sie folgende Struktur:

	$t=0$	$t=1$	$t=2$	$t=3$
Zahlungsreihe				
Eigenmittel				
Kredit mit Ratentilgung				
Tilgung				
Zinsen				
Kredit mit Endtilgung				
Tilgung				
Zinsen				
Kontokorrentkredit				
Tilgung				
Zinsen				
Geldanlage				
Habenzinsen				
Finanzierungssaldo				
Bestandsgrößen				
Ratentilgung				
Endtilgung				
Kontokorrent				
Guthabenbestand				
Bestandssaldo (EW_M)				

b) Ermitteln Sie die Rentabilität der eingesetzten eigenen Finanzmittel!
c) Welches ist der wesentliche Unterschied zwischen der Kapitalwertmethode und der Methode der vollständigen Finanzpläne?

Aufgabe 5.12
Verwenden Sie die Ausgangsdaten aus Aufgabe 5.11 und erweitern Sie die Analyse um Ertragssteuern inkl. des Solidaritätszuschlags. Berücksichtigen Sie dabei folgende Punkte:

- Es handelt sich um eine Kapitalgesellschaft.
- Der Hebesatz der Gemeinde, in der die Gesellschaft ihren Sitz hat, beträgt $H = 3$.
- Das Investitionsobjekt wird linear und vollständig während der Laufzeit abgeschrieben.

a) Ermitteln Sie die absolute Vorteilhaftigkeit auf Basis des VoFi-Endwertes nach Steuern!
b) Ermitteln Sie die VoFi-Eigenkapitalrentabilität nach Steuern und interpretieren Sie diese!

Aufgabe 5.13
Die Interne-Zinssatz-Methode ist ein weit verbreitetes Entscheidungsinstrument zur Beurteilung der Vorteilhaftigkeit von Investitionsalternativen.

a) Nennen Sie zwei grundsätzliche Probleme, die mit der Verwendung der Methode des internen Zinssatzes verbunden sind!
b) Für welche Vorteilhaftigkeitsentscheidung ist die Interne-Zinssatz-Methode geeignet?
c) Für welche Art der Investition ist die Interne-Zinssatz-Methode geeignet? Wodurch sind diese Investitionen gekennzeichnet?

Aufgabe 5.14
In der Abteilung, in der Sie tätig sind, wird die verbesserte Entwicklung und Herstellung eines Betonmischers diskutiert. Die Herstellkosten auf Basis der gegenwärtigen Technologie betragen 33.000 €, pro Jahr werden ca. 50 Stück abgesetzt. Die Kosten der verschiedenen Baugruppen sind nachfolgend zusammengestellt.

Antrieb	12.000 €
Mischtrog	10.000 €
Mischwelle/Lager	4.000 €
Mischwerk	2.000 €
Entleerschieber	750 €
Entleerschieberantrieb	3.500 €
Sonstiges	750 €
Summe	33.000 €

Die Preisverhandlungen mit den Kunden ergaben einen maximal möglichen Preis, aus dem zulässige Herstellkosten in Höhe von 25.100 € resultieren.

Im Rahmen des Lebenszyklusmanagements besteht für den Hersteller eines Produktes die Möglichkeit, durch gezielte Maßnahmen in der Konstruktion die Herstellkosten des Produktes zu senken. Dazu bedarf es jedoch Anstrengungen in der Produktentwicklung, die selbst wiederum Kosten verursachen. Dazu müssen Sie den Konstruktionsprozess analysieren, um zu erfahren, mit welchen Kosten für Veränderungen zu rechnen ist.

Sie gehen bei Ihrer Betrachtung davon aus, dass die Konstruktionsmaßnahmen zum Zeitpunkt $t = 0$ durchgeführt werden. Das Produkt wird danach in einem Zeitraum von 5 Jahren unverändert hergestellt. Weiterhin gehen Sie von einem Kalkulationszinssatz in Höhe von 5 % pro Jahr aus. Die bisherigen Maßnahmen der Produktentwicklung haben Kosten in Höhe von 10.000 € verursacht. Die Konstrukteure versichern Ihnen, dass sie im ersten Schritt zur Senkung der Herstellkosten um 1.500 € je Stück Konstruktionskosten in Höhe von 2.000 € benötigen. Darüber hinaus wissen die Konstrukteure, dass die Schritte zur weiteren Kostensenkung schwieriger, d. h. kostenintensiver werden. Die Relation von Konstruktionsanstrengung zur Senkung der Herstellkosten wird dabei immer ungünstiger. Sie als Ökonom wissen, dass es sich hierbei um den abnehmenden Grenznutzen der Konstruktionsaktivitäten handelt, der mit b bezeichnet wird. Dieser Wert b ist aus den Analysen bisheriger Entwicklungsprojekte bekannt. Jedoch ist es fraglich, ob sich dieser Wert für das aktuelle Projekt einstellen wird.

Aufgabenstellungen:

a) ermitteln sie den Wert des abnehmenden Grenznutzens zusätzlicher Entwicklungskosten b, der bei den avisierten Zielkosten der Herstellung in Höhe von 25.100 € je Stück zu einem Minimum der Gesamtkosten für Produktentwicklung und Herstellung führt! (Hinweis: Geben Sie das Ergebnis mit fünf Stellen nach dem Komma an!)
b) ermitteln sie die:
   1. resultierenden Konstruktionskosten,
   2. Gesamtkosten vor der Optimierung sowie
   3. Gesamtkosten nach der Optimierung!
c) Stellen Sie die Gesamtkosten grafisch als Funktion der Konstruktionskosten dar! Wählen Sie für diese Darstellung ein Intervall der Konstruktionskosten von [0; 70.000 €].
d) Stellen Sie – in derselben Grafik oder in einer gesonderten Grafik – die 1. Ableitung der Gesamtkosten nach den Konstruktionskosten dar, damit Sie das Gesamtkostenminimum besser identifizieren können!

Die Angaben zu den bisherigen Kosten aus der Aufgabenstellung gelten für die Herstellung des ersten Produktes. Sie wissen jedoch um Kostenreduktionen bei steigender Produktionsmenge aufgrund von Lerneffekten.

Aufgabenstellungen:

e) Welche Stückzahl müsste bei einer Lernrate von 0,95 mit den bisher verwendeten Eingangsdaten hergestellt werden, damit die **durchschnittlichen** Zielkosten pro Stück ohne die in den bisherigen Teilaufgaben diskutierten Maßnahmen zur Kostenreduktion erreicht werden können?

f) Stellen Sie die Entwicklung der Stückkosten in Abhängigkeit von der hergestellten Stückzahl vom ersten bis zum 150. Stück im Intervall [22.000 €; 33.000 €] grafisch dar!

Aufgabe 5.15

In einer Kapitalgesellschaft soll ein Investitionsprojekt mit der folgenden Zahlungsreihe beurteilt werden:

t =	0	1	2	3	4	5
Z_t	−2.000	600	600	600	600	600

Ermitteln Sie die Vorteilhaftigkeit des Projektes auf Basis der Kapitalwertmethode bei Verwendung eines Kalkulationszinssatzes von $i = 0{,}05$:

a) ohne Berücksichtigung von Ertragssteuern und
b) mit Berücksichtigung von Ertragssteuern!

Gehen Sie dabei von den folgenden Annahmen aus:

- Die Anlage wird komplett über Eigenkapital finanziert und die Abschreibung geschieht linear und vollständig über die Laufzeit.
- Als Ertragssteuern sind die Körperschaftssteuer zzgl. des Solidaritätszuschlages sowie die Gewerbesteuer mit einem Hebesatz von 200 % zu berücksichtigen.

c) Analysieren Sie die Kapitalwertdifferenz indem Sie eine Aufspaltung in den Volumeneffekt und in den Zinseffekt vornehmen!
d) Welche Zahlungen verkörpert der Volumeneffekt?
e) Durch welche Relation von Volumen- und Zinseffekt kann es zu dem sog. Steuerparadoxon kommen?

Aufgabe 5.16

Ihnen liegen folgende Informationen für die Produktion des nächsten Abrechnungsjahres vor:

- Absatzmenge: 20.000 Stück,
- Stückpreis: 100 € pro Stück,

- Fixkosten: 100.000 €,
- Ziel-EVA: 250.000 €,
- Gesamte Kapitalkosten: 150.000 €,
- Steuersatz: 40 %.

Ermitteln Sie die zulässigen variablen Kosten pro Stück! (Hinweis: Die Fixkosten sind zahlungswirksam.)

Aufgabe 5.17
Für ein Unternehmen sind folgende Informationen verfügbar:

Aktiva	Bilanz zum 01.01.2018 in Tsd. €		Passiva
Anlagevermögen:		Eigenkapital:	
Immaterielle VG:	27.045	Gezeichnetes Kapital:	15.400
Gebäude, Maschinen, BGA:	43.471	Gewinnrücklage:	11.394
Umlaufvermögen:		Verbindlichkeiten:	
Vorräte	9.554	Langfristige Verb.:	57.995
Forderungen:	12.423	Verb. aus LuL	16.433
Kasse, Bankguthaben:	8.729		
Summe:	101.222	Summe:	101.222

GuV vom 01.01. bis 31.12.2018 in Tsd. €	
Umsatzerlöse	92.145
– Material- und Personalaufwand	– 48.121
– Abschreibungen	– 29.749
= EBIT	= 14.275
– Zinsaufwand	– 2.319,8
– Ertragssteuern	– 3.586,56
= Jahresüberschuss	= 8.368,64

Aus den Unterlagen können Sie darüber hinaus entnehmen, dass der Eigenkapitalkostensatz mit 9,80 % angegeben wird und dass sich die Zinsaufwendungen nur auf die langfristigen Verbindlichkeiten beziehen.

a) Ermitteln Sie den EVA!
b) Interpretieren Sie das Resultat!

Aufgabe 5.18
Ein mittelständiges Industrieunternehmen besteht aus drei Geschäftsbereichen. In der nachfolgenden Tabelle sind die jeweiligen Finanzdaten des aktuellen Geschäftsjahres dargestellt (Angabe in Tausend €). Entsprechende Zinsen fallen nur auf der Gesamtunternehmensebene an. Der Steuersatz beträgt 30 %.

GuV	Bereich 1	Bereich 2	Bereich 3	Gesamt
Umsatzerlöse	10.483	12.367	14.285	37.135
Variable Kosten	7.114	9.038	10.138	26.289
Fixe Kosten	2.900	2.430	3.100	8.430
Betriebsergebnis (EBIT)	470	900	1.047	2.416
Zinsen				747
Ergebnis vor Steuern				1.669
Ertragssteuern				501
Jahresüberschuss				1.169
Bilanz				
Anlagevermögen	3.500	7.000	7.000	17.500
Umlaufvermögen	1.050	1.700	1.100	3.850
Gesamtvermögen	4.550	8.700	8.100	21.350
kurzfr. Verbindlichkeiten				2.450
langfr. Verbindlichkeiten				10.000
Eigenkapital				8.900
Bilanzsumme				21.350

a) Berechnen Sie den Return on Capital Employed (ROCE) für das gesamte Unternehmen und bewerten Sie anschließend das Ergebnis!
b) Berechnen Sie die Gesamtkapitalrentabilität für die drei Geschäftsbereiche!
c) Berechnen Sie den Economic Value Added (EVA) für die drei Geschäftsbereiche! Zinsfreie Verbindlichkeiten sind nicht vorhanden. Der gewichtete Kapitalkostensatz (WACC) beträgt 7,1 %.
d) Beurteilen Sie die Leistung der drei Geschäftsbereiche unter Berücksichtigung der ermittelten Performance-Kennzahlen! Diskutieren Sie mögliche Schwächen aus der Perspektive eines Shareholders!

Aufgabe 5.19

In Ihrem Unternehmen muss eine Nachfolgeinvestition getätigt werden. Es stehen Ihnen zwei Anlagen mit den Informationen aus der folgenden Tabelle zur Auswahl.

	Anlage A	Anlage B
Anschaffungsauszahlung [€]	9.000	12.000
Nutzungsdauer [Jahren]	3	4
Liquidationseinzahlung [€]	0	0
Rückflüsse [€]		
t=1	3.000	3.000
t=2	4.000	4.000
t=3	5.000	4.000
t=4	0	6.000

Die Anlagen werden vollständig in Übereinstimmung mit den Steuervorschriften linear abgeschrieben, der Kalkulationszinssatz beträgt $i = 10\,\%$ p. a. Die Anlagen befinden sich im Besitz einer Kapitalgesellschaft, der Hebesatz der betreffenden Gemeinde beträgt 300 %.

Ermitteln Sie die relative Vorteilhaftigkeit der Anlagen mit der Kapitalwertmethode unter Berücksichtigung der Gewerbesteuer und der Körperschaftssteuer (inkl. Solidaritätszuschlag)!

Aufgabe 5.20
Sie sind als Controller bei der *Prometheus AG* eingesetzt und werden beauftragt, den Wert des Eigenkapitals zu ermitteln. Es liegen Ihnen die folgenden Informationen vor:

$$\begin{array}{llll} U_{t-1}: & 100\text{ Mio. €}, & k_{EK}: & 10{,}00\,\% \\ s: & 39{,}50\,\%, & k_{FK}: & 5{,}00\,\% \\ \delta_U: & 10{,}50\,\%, & \delta_{I(AV)}: & 15{,}00\,\% \\ r_U: & 8{,}00\,\%, & \delta_{I(WC)}: & 10{,}00\,\% \end{array}$$

Ein Marktwert für nicht-betriebsnotwendige Vermögensgegenstände ist nicht zu berücksichtigen. Der Marktwert des Fremdkapitals beträgt 10 Mio. €. Der Detailplanungszeitraum beträgt 5 Jahre. Sie sehen sich mit dem Problem konfrontiert, dass Sie die Gesamtkapitalkosten – also die Finanzierungsstruktur – simultan mit dem Wert des Eigenkapitals ermitteln müssen. Nach Ablauf des Detailplanungszeitraumes werden annahmegemäß keine Erweiterungsinvestitionen mehr getätigt. Beantworten Sie die folgenden Fragen:

a) Wie hoch ist der Wert des Eigenkapitals?
b) Wie hoch sind die damit verbundenen Gesamtkapitalkosten?

5.9.2 Lösungen

Lösung zur Aufgabe 5.1

a) Statischer Durchschnittsgewinn pro Jahr
Ermittlung der durchschnittlichen Erlöse E pro Jahr €/Jahr:

$$E = \frac{2 \cdot 35.000\,€ + 3 \cdot 50.000\,€}{5\text{ Jahre}} = 44.000\,€/\text{Jahr}$$

Ermittlung des kalkulatorischen Abschreibungsbetrags Ab_{kalk} und der kalkulatorischen Zinsen Z_{kalk}:

$$\begin{aligned} Ab_{\text{kalk}} &= \frac{I - L}{N} = \frac{\text{Investitionszahlungen} - \text{Liquidationserlöse}}{\text{Nutzungsdauer}} \\ &= \frac{80.000\,€ - 50.000\,€}{5\text{ Jahre}} \\ &= \underline{15.000\,€/\text{Jahr}} \end{aligned}$$

$$
\begin{aligned}
Z_{\text{kalk}} &= \frac{I + L}{2} \cdot i_{\text{kalk}} \\
&= \frac{\text{Investitionszahlungen} + \text{Liquidationserlös}}{2} \cdot \text{Zinssatz} \\
&= \frac{€ + 5.000\,€}{2} \cdot 0{,}07 \\
&= \underline{2.975\,€}
\end{aligned}
$$

Ermittlung des statischen Gewinns G_{kalk}:

$$
\begin{aligned}
G_{\text{vor Zinsen}} &= E - K_{\text{B}} - AB_{\text{kalk}} \\
G_{\text{kalk}} &= G_{\text{vor Zinsen}} - Z_{\text{kalk}} \\
&= 44.000\,€ - 25.000\,€ - 15.000\,€ - 2.975\,€ \\
&= \underline{1.025\,€}
\end{aligned}
$$

Die Anlage ist vorteilhaft.

b) Statische Durchschnittsrendite r:

$$
\begin{aligned}
r &= \frac{G_{\text{kalk}} + Z_{\text{kalk}}}{KB} = \frac{\text{Gewinn vor Zinsen}}{\text{durchschnittlicher Kapitaleinsatz}} \\
KB &= \frac{I + L}{2} = \frac{80.000\,€ + 5.000\,€}{2} = 42.500\,€ \\
r &= \frac{1.025\,€ + 2.975\,€}{42.500\,€} \\
r &= \underline{0{,}0941}
\end{aligned}
$$

Die Rendite beträgt 9,41 %. Der Wert ist größer als der Kalkulationszinssatz von 7 %, die Anlage ist absolut vorteilhaft.

c) Statische Amortisationsdauer
Vorgegebene Zahlungsreihe:

$$-75.000\,€;\ 10.000\,€;\ 10.000\,€;\ 25.000\,€;\ 25.000\,€;\ 25.000\,€.$$

Es muss das kumulative Verfahren angewendet werden, da Rückflüsse in verschiedener Höhe vorliegen!

Jahr	Rückflüsse in €	kumulierte Rückflüsse in €
0	−75.000	−70.000
1	10.000	−65.000
2	10.000	−55.000
3	25.000	−30.000
4	25.000	−5.000
5	25.000	20.000

Aus den Zahlungsgrößen dieser Tabelle ergibt sich die Amortisationsdauer wie folgt:

$$t_a = 5$$

$$\hat{t}_a = t_{a-1} - \frac{\sum_{t=1}^{t_{a-1}} R}{\sum_{t=1}^{t_a} R - \sum_{t=1}^{t_{a-1}} R}$$

$$\hat{t}_a = 4 - \frac{-5.000\,€}{20.000\,€ - (-5.000\,€)}$$

$$\hat{t}_a = 4{,}2$$

Lösung zu Aufgabe 5.2

a) Gewinnvergleichsrechnung

Anlage A:

Ermittlung der durchschnittlichen Erlöse E pro Jahr $[\frac{€}{\text{a}}]$:

$$\begin{aligned} E &= \text{Absatzmenge} \cdot \text{Absatzpreis} \\ &= 25.000\,€ \cdot 8\,€/\text{Stück} \\ &= 200.000\,€ \end{aligned}$$

Ermittlung der variablen Kosten pro Jahr K_{var}:

$$\begin{aligned} K_{\text{var}} &= \text{Absatzmenge} \cdot \text{variable Stückkosten} \\ &= 25.000\,\text{Stück} \cdot 4{,}60\,€/\text{Stück} \\ &= 115.000\,€ \end{aligned}$$

Ermittlung der fixen Kosten pro Jahr K_{fix}:

$$K_{\text{fix}} = 10.000\,€$$

Ermittlung der kalkulatorischen Abschreibungen Ab_{kalk} und der kalkulatorischen Zinsen Z_{kalk}:

$$\begin{aligned} Ab_{\text{kalk}} &= \frac{I - L}{N} = \frac{\text{Investitionszahlungen} - \text{Liquidationserlöse}}{\text{Nutzungsdauer}} \\ &= \frac{(220.000\,€ + 25.000\,€) - 15.000\,€}{8\,\text{Jahre}} \\ &= 28.750\,€/\text{Jahr} \end{aligned}$$

$$\begin{aligned} Z_{\text{kalk}} &= \frac{I + L}{2} \cdot i_{\text{kalk}} \\ &= \frac{\text{Investitionszahlungen} + \text{Liquidationserlös}}{2} \cdot \text{Zinssatz} \\ &= \frac{(220.000\,€ + 25.000\,€) + 15.000€}{2} \cdot 0{,}07 \\ &= 9.100\,€ \end{aligned}$$

Ermittlung des statischen Gewinns G_{kalk}:

$$\begin{aligned} G_{\text{vor Zinsen}} &= E - K_{\text{var}} - K_{\text{fix}} - Ab_{\text{kalk}} \\ G_{\text{kalk}} &= G_{\text{vor Zinsen}} - Z_{\text{kalk}} \\ &= 37.150\,€ \end{aligned}$$

Dieselbe Vorgehensweise ergibt für die Anlage B folgende Resultate:
Anlage B:

$$E = 192.000\,€; \quad K_{\text{var}} = 105.600\,€; \quad K_{\text{fix}} = 24.000\,€;$$
$$Ab_{\text{kalk}} = 31.875\,€; \quad Z_{\text{kalk}} = 9.975\,€; \quad G_{\text{kalk}} = 20.550\,€.$$

b) Rentabilitätsvergleichsrechnung
Anlage A:

$$\begin{aligned} r &= \frac{G_{\text{kalk}} + Z_{\text{kalk}}}{KB} = \frac{\text{Gewinn vor Zinsen}}{\text{durchschnittlicher Kapitaleinsatz}} \\ KB &= \frac{I + L}{2} = 130.000\,€ \\ r &= \frac{37.150\,€ + 9.100\,€}{130.000\,€} \\ r &= 0{,}3557 \end{aligned}$$

Die Rendite beträgt bei Anlage A 35,6 %. Da der Kalkulationszinssatz 7 % beträgt, ist die Anlage absolut vorteilhaft.
Anlage B:

$$r = \frac{20.550\,€ + 9.975\,€}{142.500\,€} = 0{,}2142$$

Die Rendite von Anlage B beträgt 21,42 %.

c) statische Amortisationsrechnung

Anlage A:

$$t_a = \frac{I - L}{R_t} = \frac{(220.000\,€ + 25.000\,€) - 15.000\,€}{75.000\,€} = 3{,}067$$

$$R_t = G_{\text{kalk}} + Ab_{\text{kalk}} + Z_{\text{kalk}}$$

$$= 37.150\,€ + 28.750\,€ + 9.100\,€ = 75.000\,€$$

$$t_a^{\text{Grenz}} = \frac{1}{\frac{1}{N} + \frac{i_{\text{kalk}}}{2} + \frac{L \cdot i_{\text{kalk}}}{I - L}}$$

$$= \frac{1}{\frac{1}{8} + \frac{0{,}07}{2} + \frac{150.000\,€ \cdot 0{,}07}{230.000\,€}} = 6{,}08$$

Die Anlage ist absolut vorteilhaft, da $t_a < t_a^{\text{Grenz}}$.

Anlage B:

$$t_a = \frac{I - L}{R_t} = \frac{(240.000\,€ + 30.000\,€) - 15.000\,€}{62.400\,€} = 4{,}09$$

$$t_a^{\text{Grenz}} = \frac{1}{\frac{1}{8} + \frac{0{,}07}{2} + \frac{150.000\,€ \cdot 0{,}07}{255.000\,€}} = 6{,}09$$

Die Anlage ist ebenfalls absolut vorteilhaft, da $t_a < t_a^{\text{Grenz}}$. Anlage A ist relativ vorteilhaft gegenüber Anlage B.

Lösung zu Aufgabe 5.3

a) relative Vorteilhaftigkeit

Anlage A:

$$Ab_{\text{kalk}} = \frac{I - L}{N} = \frac{\text{Investitionszahlungen} - \text{Liquidationserlöse}}{\text{Nutzungsdauer}}$$

$$= 10.000\,€/\text{Jahr}$$

$$Z_{\text{kalk}} = \frac{I + L}{2} \cdot i_{\text{kalk}}$$

$$= \frac{\text{Investitionszahlungen} + \text{Liquidationserlös}}{2} \cdot \text{Zinssatz}$$

$$= 2.100\,€/\text{Jahr}$$

$$K_{\text{Betrieb, fix}} = 2.850\,€/\text{Jahr}$$

$$K = K_{\text{fix}} + K_{\text{var}}$$

$$K = 14.950\,€/\text{Jahr} + 25.200\,€/\text{Jahr} = 40.150\,€/\text{Jahr}$$

Aus diesen Gesamtkosten resultieren bei einer Auslastung von 12.000 Stück Stückkosten von $\approx 3{,}35$ €/Stück.

Anlage B:

$$\begin{aligned}
Ab_{\text{kalk}} &= 15.000\,\text{€/Jahr}\\
Z_{\text{kalk}} &= 3.150\,\text{€/Jahr}\\
K_{\text{Betrieb, fix}} &= 3.150\,\text{€/Jahr}\\
K &= K_{\text{fix}} + K_{\text{var}}\\
K &= 21.300\,\text{€/Jahr} + 18.000\,\text{€/Jahr}\\
K &= 39.300\,\text{€/Jahr}
\end{aligned}$$

Aus diesen Gesamtkosten resultieren bei einer Auslastung von 15.000 Stück Stückkosten von $\approx 2{,}62$ €/Stück. Im Hinblick auf die Stückkosten ist bei der gegebenen Auslastung deshalb die Anlage B die relativ vorteilhafte Anlage. Da die Auslastung unterschiedlich und unsicher ist, stellt sich die Frage nach derjenigen Auslastung, bei der sich die relative Vorteilhaftigkeit verändert. Dies ist die kritische Menge, die im Folgenden ermittelt wird.

b) Kritische Menge

$$\begin{aligned}
K_{\text{fix},A} + k_{\text{var},A} \cdot x &= K_{\text{fix},B} + k_{\text{var},B} \cdot x\\
K_{\text{fix},A} - K_{\text{fix},B} &= (k_{\text{var},B} - k_{\text{var},A}) \cdot x\\
x &= \frac{K_{\text{fix},A} - K_{\text{fix},B}}{k_{\text{var},B} - k_{\text{var},A}}\\
&= \frac{14.950\,\text{€/Jahr} - 21.300\,\text{€/Jahr}}{1{,}2\,\text{€/Stück} - 2{,}1\,\text{€/Stück}}\\
&= 7.056\,\text{Stück/Jahr}
\end{aligned}$$

Bis zu einer Auslastung von 7.055 Stück pro Jahr ist die Anlage A relativ vorteilhaft im Vergleich zu Anlage B.

Lösung zu Aufgabe 5.4

$$\begin{aligned}
K_{\text{Gesamt,ALT}} &= K_{B,\text{ALT}} + KD_{\text{ALT}}\\
&= K_{B,\text{ALT}} + (L_{\text{Beginn}} - L_{\text{Ende}}) \cdot \left(\frac{1}{RND} + \frac{i_{\text{kalk}}}{2}\right) + L_{\text{Ende}} \cdot i_{\text{kalk}}\\
&= 27.900\,\text{€/Jahr}
\end{aligned}$$

$$\begin{aligned} K_{\text{Gesamt,NEU}} &= (K_{\text{fix}} + K_{\text{var}}) + Ab_{\text{kalk}} + Z_{\text{kalk}} \\ &= 12.000\,€/\text{Jahr} + 10.000\,€/\text{Jahr} + 5.000\,€/\text{Jahr} \\ &= 27.000\,€/\text{Jahr} \end{aligned}$$

Das Fazit lautet: Der Sofortersatz ist zu empfehlen, da die jährlichen Kosten der Neuanlage geringer sind als die Kosten der Altanlage.

Lösung zu Aufgabe 5.5

a) Kapitalwertmethode

$$\begin{aligned} C_{0,A} &= -100\,€ + \frac{30\,€}{1{,}08^1} + \frac{40\,€}{1{,}08^2} + \frac{30\,€}{1{,}08^3} + \frac{20\,€}{1{,}08^4} + \frac{20\,€}{1{,}08^5} \\ &= 14{,}20\,€ \\ C_{0,B} &= -60\,€ + \frac{25\,€}{1{,}08^1} + \frac{25\,€}{1{,}08^2} + \frac{25\,€}{1{,}08^3} \\ &= 4{,}43\,€ \end{aligned}$$

Beide Anlagen sind absolut vorteilhaft. A ist relativ vorteilhaft im Vergleich mit B.

b) Annuitätenmethode

$$\begin{aligned} An_A &= C_{0,A} \cdot \frac{q^N i}{q^N - 1} = 14{,}20\,€ \cdot \left(\frac{1{,}08^5 \cdot 0{,}08}{1{,}08^5 - 1}\right) \\ &= 3{,}56\,€ \\ An_B &= C_{0,B} \cdot \frac{q^N i}{q^N - 1} = 4{,}43\,€ \cdot \left(\frac{1{,}08^5 \cdot 0{,}08}{1{,}08^5 - 1}\right) \\ &= 1{,}11\,€ \end{aligned}$$

Beide Anlagen sind absolut vorteilhaft. A ist relativ vorteilhaft im Vergleich mit B. Falsch wäre folgende Vorgehensweise für die Anlage B:

$$An_B = C_{0,B} \cdot \frac{q^N i}{q^N - 1} = 4{,}43\,€ \cdot \left(\frac{1{,}08^3 \cdot 0{,}08}{1{,}08^3 - 1}\right) = 1{,}72\,€$$

c) Interne-Zinssatz-Methode

Der interne Zinssatz der Anlagen ergibt sich durch Programmierung bzw. die regula falsi mit $i_{\text{INT},A} = 13{,}805\,\%$ und $i_{\text{INT},B} = 12{,}045\,\%$. Deshalb sind beide Anlagen absolut vorteilhaft. A ist relativ vorteilhaft im Vergleich mit B.

Lösung zu Aufgabe 5.6
Bei Berücksichtigung von Steuern müssen:

- sowohl die Zahlungsreihen,
- als auch der Kalkulationszinssatz korrigiert werden.

Korrektur des Kalkulationszinssatzes:
$i_s = i(1 - s_U)$, mit s_U als Steuersatz des Unternehmens. Aus den Eingangsdaten ergibt sich dieser mit: $S_U = 0{,}15825 + 4 \cdot 0{,}035 = 0{,}29825$

Daraus resultiert der korrigierte Kalkulationszinssatz i_S:

$$i_S = 0{,}08(1 - 0{,}29825) = 0{,}05614$$

Der Kapitalwert nach Steuern ergibt sich aus:

$$C_{0,\mathrm{NST}} = -I_0 + \sum_{t=1}^{N} [R_t - s_U(R_t - Ab_t)] \cdot q_s^{-t}$$

Anlage A:

t=	0	1	2	3	4	5
R_t	−100	30	40	30	20	20
Ab		20	20	20	20	20
$R_t - s_U(R_t - Ab_t)$		27,02	34,04	27,02	20	20
$\{R_t - s_U(R_t - Ab_t)\}\, q_s^{-t}$		25,58	30,52	22,93	16,07	15,22

Daraus resultiert der Kapitalwert nach Steuern:

$$\underline{\underline{C_{0;\mathrm{NST};A} = 10{,}32\,€}}$$

Für Anlage B ergibt sich:

$$C_{0;\mathrm{NST};B} = -60\,€ + \sum_{t=1}^{3} [25\,€ - 0{,}29825 \cdot (25\,€ - 20\,€)] \cdot 1{,}05614^{-t}$$

$$= -60\,€ + 23{,}50875\,€ \cdot \frac{1{,}05614^3 - 1}{1{,}05614^3 \cdot 0{,}05614}$$

$$\underline{\underline{C_{0;\mathrm{NST};B} = 3{,}29\,€}}$$

Lösung zu Aufgabe 5.7

Die folgenden Zahlenwerte sind Angaben in Mio €.

$$\begin{aligned} C_0 &= -2{,}5 - 2{,}5 \cdot q^{-1} + 0{,}6 \cdot \sum_{t=1}^{5} q^{-t} + 1 \cdot \sum_{t=6}^{10} q^{-t} - 1 \cdot q^{-11} + 0{,}1 \cdot \sum_{t=12}^{\infty} q^{-t} \\ &= -2{,}5 - 2{,}5 \cdot q^{-1} + 0{,}6 \cdot \frac{q^5 - 1}{q^5 \cdot (q-1)} + 1 \cdot \frac{q^5 - 1}{q^{10} \cdot (q-1)} - 1 \cdot q^{-11} + \frac{0{,}1}{i} \cdot q^{-12} \\ &= 0{,}365692 \end{aligned}$$

Mit 365.692 € Kapitalwert ist die Maßnahme vorteilhaft.

Lösung zu Aufgabe 5.8

t =	0	1	2	3	4	5	6	7
L_N	2.000	1.600	1.280	1.024	819,20	655,36	521,29	429,43
R_t		700	600	500	400	300	200	100
$R'(N)$		100	120	116	92,80	54,24	3,39	−57,29
$R'(N)q^{-N}$		90,91	99,17	87,15	63,38	33,68	1,91	−29,4
$C_0(N)$		90,91	190,08	277,23	340,61	374,29	376,20	346,8

a) Daraus resultiert eine optimale Nutzungsdauer bei einem Kalkulationszinssatz von 10 % von 6 Jahren.

b) Der Grenzrückfluss von 116,00 € bedeutet, dass der Kapitalwert um 116,00 € steigt, wenn die Anlage 3 statt 2 Jahre genutzt wird.

c) aus $An(N) = C_0(N) \cdot \frac{q^N \cdot 1}{q^N - 1}$ folgt $C_{0;K;\infty} = An(N) \cdot \frac{1}{i}$

t =	0	1	2	3	4	5	6	7
$An(N)$		100	109,52	111,49	107,45	98,75	86,74	71,24
C		1000	1095,20	1114,90	1074,50	987,4	863,8	712,4

Lösung zu Aufgabe 5.9

t=	0	1	2	3	4	5	6
R_t	-580	180	150	150	140	140	85
L_N	580	490	410	310	250	210	150
Grenzrückfluss (GRF)		32	21	9	49	75	4
GRF abgezinst		29,09	17,36	6,76	33,47	46,57	2,26
Kapitalwert	-580	29,09	46,45	53,21	86,68	133,24	135,50
$C_0B \cdot i$	13,55	13,55	13,55	13,55	13,55	13,55	13,55
Barwert von C_0B		123,18	111,99	101,81	92,55	84,14	76,49
C_0K		152,28	158,43	155,01	179,23	217,38	211,99

Aus dieser Darstellung resultieren die folgenden Ergebnisse:

a) $N_{\text{opt}} = 6$
b) $C_0 = 135{,}5\,€$
c) $N_{\text{opt}} = 5 \qquad C_{0;K;\infty} = 217{,}38\,€$

Lösung zu Aufgabe 5.10

$$\begin{aligned} C_{0;K;\infty} &= C_0 \cdot \frac{q^N}{q^N - 1} \\ &= 1.000\,€ \cdot \frac{1{,}09^6}{1{,}09^6 - 1} \\ &= 2.476{,}89\,€ \end{aligned}$$

Lösung zu Aufgabe 5.11

a)

	$t=0$	$t=1$	$t=2$	$t=3$
Zahlungsreihe	−90.000	35.000	35.000	35.000
Eigenmittel	30.000			
Ratenkredit	30.000			
Tilgung		−10.000	−10.000	−10.000
Zinsen		−1.500	−1.000	−500
Kredit mit Endtilgung	25.000			
Tilgung				−25.000
Zinsen		−1.500	−1.500	−1.500
Kontokorrentkredit	5.000			
Tilgung		5.000		
Zinsen		−550		
Geldanlage				
Anlage		−16.450	−23.158	
Auflösung				416
Habenzinsen			658	1.584
Finanzierungssaldo	**0**	**0**	**0**	**0**
Bestandsgrößen				
Ratentilgung	30.000	20.000	10.000	0
Endtilgung	25.000	25.000	25.000	0
Kontokorrent	5.000	0	0	0
Guthabenbestand	0	16.450	39.608	39.192
Bestandssaldo (EW_M)	−60.000	−28.550	4.608	39.192

Beurteilung der Vorteilhaftigkeit: Der Endwert der alternativen Anlageform (Opportunität) ergibt sich aus: $EW_{\text{OP}} = 30.000\,€ \cdot 1{,}045^3 = 34.234{,}98\,€$. Dieser Wert ist geringer als der Endwert der Maßnahme 39.192 €, weshalb die Realisierung der Maßnahme vorteilhaft ist.

b) Die Rentabilität der eingesetzten Mittel ergibt sich aus:

$$\begin{aligned} r_{\text{VOFI};EK} &= \sqrt[N]{\frac{EW_{\text{M}}}{\text{Eigenmittel}}} - 1 \\ &= \sqrt[3]{\frac{39.192}{30.000}} - 1 \\ &= 0{,}0932 \end{aligned}$$

Die Rentabilität liegt bei 9,32 %. Da dieser Wert größer ist als der Opportunitätszinssatz von 4,50 %, ist die Maßnahme absolut vorteilhaft.

c) In der Kapitalwertmethode wurde von einem vollkommenen Kapitalmarkt ohne die Existenz von Steuern und von identischen Haben- und Sollzinsen ausgegangen. Die Methode der Vollständigen Finanzpläne (VoFi) erfüllt die Annahmen der Realität, indem sie die Eigenschaften von unterschiedlichen Kreditkonditionen und Steuersätzen integriert. Mit dem VoFi kann berücksichtigt werden, dass:
   - verschiedene Kreditarten mit unterschiedlichen Zinssätzen und Tilgungsmodalitäten existieren,
   - aufgenommene Kredite zuzüglich der Zinsen aus den jährlichen Rückflüssen getilgt werden und darüber hinausgehende Überschüsse als Guthaben angelegt werden,
   - die Finanzierung des Investitionsobjektes mit Fremd- und Eigenkapital stattfinden kann.

Lösung zu Aufgabe 5.12

a) Zur Ermittlung des Endwertes ist im ersten Schritt der Steuersatz s_U zu ermitteln. Bei einem Hebesatz von $H = 3$ resultiert:

$$\begin{aligned} s_U &= s_{\text{KST}} + s_{\text{GewST}} \cdot \\ &= 0{,}15825 + 3 \cdot 0{,}035 \\ &= 0{,}26325 \end{aligned}$$

Im nächsten Schritt ist die Tabelle mit der steuerlichen Nebenrechnung zu erstellen, wofür jedoch die vorige Tabelle die Ausgangswerte liefert. Beide Module müssen simultan jahresweise erstellt werden!

Zeitraum in Jahren	t = 1	t = 2	t = 3
Einzahlungen	35.000	35.000	35.000
− Abschreibungen	30.000	30.000	30.000
− Zinsaufwand	3.550,00	2.500,00	2.000,00
+ Zinserträge	0	642,73	1.535,35
Einkommen aus dem Objekt	1.450,00	3.142,73	4.535,35
Steuerzahlung ($s_U = 0{,}26325$)	381,71	827,32	1.193,93

Im Zusammenhang mit dieser Tabelle entsteht die folgende Tabelle mit dem VoFi (Angaben in €).

	t = 0	t = 1	t = 2	t = 3
Zahlungsreihe	−90.000	35.000	35.000	35.000
Eigenmittel	30.000			
Ratenkredit	30.000			
Tilgung		−10.000	−10.000	−10.000
Zinsen		−1.500	−1.000	−500
Kredit mit Endtilgung	25.000			
Tilgung				−25.000
Zinsen		−1.500	−1.500	−1.500
Kontokorrentkredit	5.000			
Tilgung		−5.000		
Zinsen		−550		
Ertragssteuern				
Zahlung		−381,71	−827,32	−1.193,93
Erstattung				
Geldanlage				
Anlage		−16.068,29	−22.315,41	
Auflösung				1.658,58
Habenzinsen			642,73	1.535,35
Finanzierungssaldo	**0**	**0**	**0**	**0**
Bestandsgrößen				
Ratentilgung	30.000	20.000	10.000	0
Endtilgung	25.000	25.000	25.000	0
Kontokorrent	5.000	0	0	0
Guthabenbestand	0	16.068,29	38.383,69	36.725,11
Bestandssaldo (EW_M)	**−60.000**	**−28.931,71**	**3.383,69**	**36.725,11**

Der Endwert der Maßnahme beträgt nach Steuern 36.725,11 €. Um die absolute Vorteilhaftigkeit beurteilen zu können, ist als Vergleichswert der Endwert der Opportunität nach Steuern $EW_{\text{O;NST}}$ zu ermitteln. Dies erfolgt unter Verwendung des steueradjustierten Kalkulationszinssatzes. Für das Beispiel ergibt sich dieser mit $q_S = 1 + 0{,}045 \cdot (1 - 0{,}26325) = 1{,}03315375$. Der Endwert der Opportunität nach Steuern ergibt sich wie folgt: $EW_{\text{O;NST}} = 30.000\,€ \cdot 1{,}03315375^3 = 33.083{,}86\,€$. Dieser Endwert kann alternativ auch durch eine tabellarische Darstellung ermittelt werden (siehe folgende Tabelle).

Zeitraum in Jahren	t = 1	t = 2	t = 3
Guthabenbestand am Periodenbeginn	30.000	30.994,61	32.022,20
Zinserträge aus laufender Periode	1.350,00	1.394,76	1.441,00
– Steuerlast auf Zinserträge	355,39	367,17	379,34
= Für Wiederanlage verfügbarer Zinsbetrag	994,64	1.027,59	1.061,66
Guthabenbestand am Periodenende	30.994,61	32.022,20	33.083,86

Dieser Wert ist geringer als der Endwert der Maßnahme, weshalb die Realisierung der Maßnahme vorteilhaft ist.

b) Die Rentabilität der eingesetzten Mittel ergibt sich aus:

$$\begin{aligned} r_{\text{VOFI};EK} &= \sqrt[N]{\frac{EW_{\text{M}}}{\text{Eigenmittel}}} - 1 \\ &= \sqrt[3]{\frac{36.725{,}11}{30.000}} - 1 \\ &= 0{,}06975 \end{aligned}$$

Die Rentabilität nach Steuern liegt bei 6,975 %. Da dieser Wert größer ist als der Opportunitätszinssatz **nach Steuern** von 3,315375 %, ist die Maßnahme auch bei Verwendung dieses Entscheidungskalküls absolut vorteilhaft.

Lösung zu Aufgabe 5.13

a) Der Zinssatz, bei dessen Verwendung der Barwert der Auszahlung genauso groß ist wie der Barwert der Einzahlungen, wird als interner Zinssatz bezeichnet. Die Ermittlung des internen Zinses kann über das Newton-Verfahren, die Regula falsi oder mittels Standardtabellenkalkulationsprogrammen geschehen. In Abhängigkeit von der Struktur der Zahlungsreihen liefert das Verfahren eine eindeutige Lösung (einen Zinssatz), mehrdeutige Lösungen (mehrere interne Zinssätze) oder das Ergebnis, dass kein interner Zinssatz existiert. Dies resultiert aus der Bestimmungsgleichung des internen Zinssatzes, die für eine Nutzungsdauer von N Jahren eine Polynomgleichung N-ten Grades darstellt und N Lösungen aufweisen kann. Neben diesem mathematischen Problem ist die Wiederanlageprämisse kritisch zu diskutieren.

b) Die Interne-Zinssatz-Methode ist nur für die absolute Vorteilhaftigkeitsentscheidung geeignet. Die Durchführung einer Investition ist absolut vorteilhaft, wenn der interne Zinssatz der Maßnahme über der geforderten Mindestverzinsung liegt. Es gilt: $i_{\text{int}} \geq i_{\text{min}}$.

c) Die Interne-Zinssatz-Methode ist aus mathematischen Gründen nur eindeutig für Normalinvestitionen definiert und liefert nur für diese ökonomisch sinnvolle Lösungen. Eigenschaften einer Normalinvestition:
   - Die Zahlungsreihe beginnt mit einer oder mehreren Auszahlungen, nach denen ausschließlich Einzahlungen erfolgen.
   - Die Summe der Einzahlungen ist größer als die Summe der Auszahlungen.

Lösung zu Aufgabe 5.14

a) Für die Herstellauszahlungen pro Stück nach der Produktverbesserung $a_{H;\text{NEU}}$ gilt:

$$a_{H;\text{NEU}} = \left(-a\frac{1-b^M}{1-b}\right) + a_{H;\text{ALT}}$$

Nach der Produktverbesserung soll resultieren: $a_{H;\text{NEU}} = 25.100\,€$. Für die neuen Gesamtauszahlungen nach der Produktverbesserung $GA_{0;\text{NEU}}$ folgt:

$$GA_{0;\text{NEU}} = I_{0;\text{F\&E;OPT}} + \sum_{t=1}^{N} a_{H;\text{NEU}} q^{-t} m_t$$

Es resultiert mit $\sum_{t=1}^{N} q^{-t} m_t = \gamma$:

$$GA_{0;\text{NEU}} = I_{0;\text{F\&E;OPT}} + \left[\left(-a\frac{1-b^M}{1-b}\right) + a_{H;\text{ALT}}\right]\gamma$$

Umformulieren führt zu:

$$GA_{0;\text{NEU}} = I_{0;\text{F\&E;OPT}} + a_{H;\text{ALT}}\gamma - a\gamma\frac{1-b^M}{1-b}$$

Weiterhin gilt:

$$I_{0;\text{F\&E;OPT}} = I_{0;\text{F\&E}} + \frac{\Delta I_{0;\text{F\&E}} \cdot \ln\left(-\frac{(1-b)\Delta I_{0;\text{F\&E}}}{a\gamma \ln b}\right)}{\ln b}$$

Der Wert des abnehmenden Grenznutzens b kann aus diesen Beziehungen nur durch Programmierung ermittelt werden und beträgt: $b = 0{,}81118$.

b) Mit einem γ von 216,47 Stück und diesem Wert resultieren folgende Ergebnisse:
   1. Optimale – weil zu einem Gesamtminimum an Auszahlungen führende – Gesamtinvestitionen für F&E ergeben sich mit $I_{0;\text{F\&E;OPT}} = 59.627{,}44\,€$ aus:

$$59.627{,}44\,€ \approx 10.000\,€ + \frac{2.000\,€ \cdot \ln\left(-\frac{(1-0{,}81118)\,2.000\,€}{1.500\,\frac{€}{\text{Stück}} \cdot 216{,}47\,\text{Stück} \cdot \ln 0{,}81118}\right)}{\ln 0{,}81118}$$

   2. Gesamtauszahlungen vor der Optimierung: $GA_0 = 7.153.636{,}51\,€$
   3. Damit werden Gesamtauszahlungen für Produktentwicklung und Produktherstellung in Höhe von $GA_{0;\text{NEU}} = 5.493.120{,}66\,€$ erzielt.

c), d) Die grafischen Darstellungen sind in folgender Abbildung zu sehen.

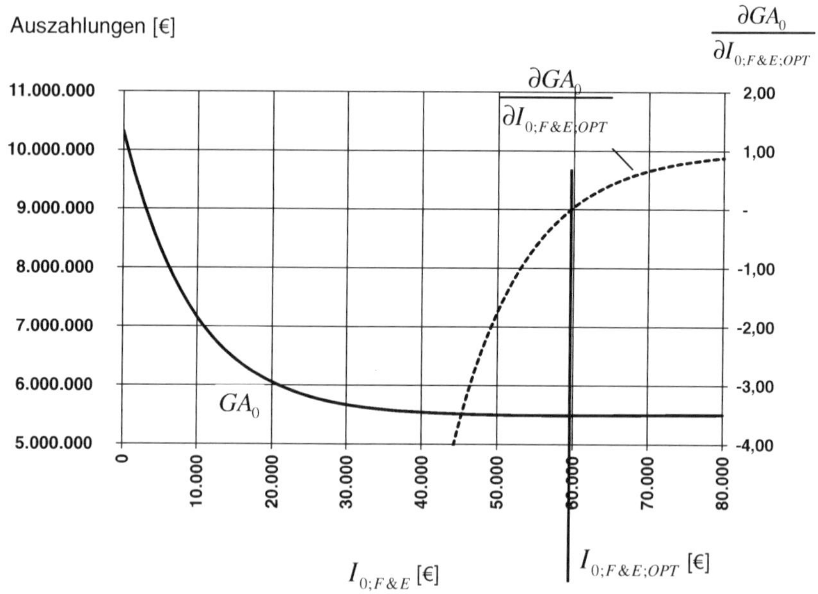

e) In der Aufgabe wurde nach der Stückzahl gefragt, die bei einer Lernrate von 0,95 hergestellt werden müsste, damit die **durchschnittlichen** Zielkosten pro Stück ohne die Maßnahmen zur Kostenreduktion erreicht werden können. Das heißt, bei welcher produzierten Gesamtstückzahl sinken die Kosten von anfänglich 33.000 € auf 25.100 €? Gesucht ist also das x_β, das zu folgender Darstellung passt:

$$25.100\,€ = \frac{K_{\text{Gesamt}}}{x_\beta}$$

Dazu müssen die Gesamtkosten für die Herstellung von x_β Einheiten unter Berücksichtigung von Lerneffekten ermittelt werden. Die exakte Lösung besteht in der folgenden Summe:

$$\begin{aligned} K_{\text{Gesamt}} &= \sum_{x_\alpha}^{x_\beta} k_\alpha x^{-d} \\ &= \sum_{1}^{x_\beta} 33.000\,€\, x^{-d} \end{aligned}$$

Damit ist zu formulieren:

$$25.100\,€ = \frac{\sum_1^{x_\beta} 33.000\,€\, x^{-d}}{x_\beta}$$

Aufsummieren und Umstellen dieser Gleichung führt zu:

- einer Stückzahl von $\boldsymbol{x_\beta = 111}$ Stück und
- Gesamtkosten in Höhe von **2.784.419 €**.

Dies ist die exakte Lösung. Diese kann auch näherungsweise ermittelt werden. In einigen Literaturquellen wird die Summe der Gesamtkosten näherungsweise ermittelt durch:

$$K_{\text{Gesamt}} \approx \int_{x_\alpha}^{x_\beta} 33.000\,€\, x^{-d}\, dx$$

Bei Verwendung dieser Approximation ergibt sich:

$$25.100\,€ = \frac{K_{\text{Gesamt}}}{x_\beta} = \frac{\int_{x_\alpha}^{x_\beta} 33.000\,€\, x^{-d}\, dx}{x_\beta} = \frac{\frac{33.000\,€ \cdot x_\beta^{(1-0{,}074)}}{1-0{,}074} - \frac{33.000\,€}{1-0{,}074}}{x_\beta}$$

Umstellen und Auflösen führt zu einer Lösung von $x_\beta = 93$ und zu Gesamtkosten von 2.334.193 €.

Eine verbesserte Approximation wird über die Veränderung der Integrationsgrenzen erreicht. Dies erfolgt mit:[216]

$$K_{\text{Gesamt}} \approx \int_{x_\alpha - 0{,}5}^{x_\beta + 0{,}5} 33.000\,€\, x^{-d}\, dx$$

Bei Verwendung dieser Vorgehensweise ergibt sich:

$$25.100\,€ = \frac{K_{\text{Gesamt}}}{x_\beta} = \frac{\int_{x_\alpha - 0{,}5}^{x_\beta + 0{,}5} 33.000\,€\, x^{-d}\, dx}{x_\beta}$$

$$\boxed{25.100\,€ = \frac{\frac{33.000\,€ \cdot \left(x_\beta + 0{,}5\right)^{(1-0{,}074)}}{1-0{,}074} - \frac{33.000\,€ \cdot 0{,}5^{(1-0{,}074)}}{(1-0{,}074)}}{x_\beta}}$$

[216] Vgl. Laarmann (2005: 48).

Umstellen und Auflösen dieser Gleichung führt zu einer Stückzahl von $x_\beta = 110{,}17$ bei Gesamtkosten von 2.765.343 €. Sinnvoll gerundet resultiert $x_\beta = 111$ bei Gesamtkosten von 2.784.601 € und durchschnittlichen Stückkosten von 25.086,50 €. Das entspricht viel besser dem exakten – über Summenbildung – ermittelten Wert.

f) Die grafische Darstellung der Entwicklung der Stückkosten ist in folgender Abbildung zu sehen.

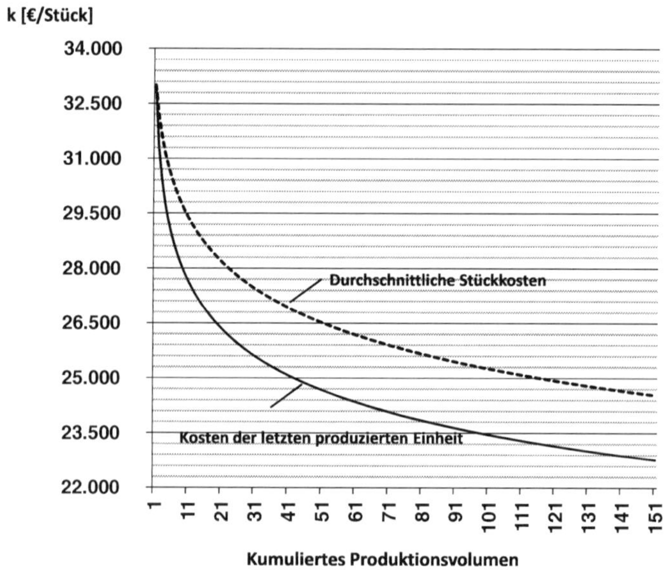

Lösung zu Aufgabe 5.15

a) Der Kapitalwert ohne Ertragssteuern ergibt sich mit:

$$C_0 = -2.000\,€ + 600{,}00\,€ \cdot \frac{1{,}05^5 - 1}{1{,}05^5 \cdot 0{,}05} = \underline{597{,}69\,€}$$

b) Mit den Eingangsdaten resultiert ein Unternehmenssteuersatz von $s_U = 0{,}22825$ und ein Diskontierungsfaktor nach Steuern von $q_S = 1{,}0385875$. Der Kapitalwert ergibt sich damit aus:

$$\begin{aligned} C_{0;\text{NST}} &= -2.000\,€ + \sum_{t=1}^{4} [600\,€ - 0{,}22825 \cdot 600\,€] \cdot 1{,}0385875^{-t} \\ &= -2.000\,€ + 554{,}35\,€ \cdot \frac{1{,}0385875^5 - 1}{1{,}0385875^5 \cdot 0{,}0385875} \\ &= \underline{477{,}69\,€} \end{aligned}$$

Die Kapitalwertdifferenz beträgt $\Delta C_0 = C_{0;\text{NST}} - C_0 = -120{,}00\,€$. Die Berücksichtigung der Steuereffekte führt demzufolge zu einer Senkung des Kapitalwertes.

c) Diese Differenz der Kapitalwerte kann aufgespalten werden:

$$\begin{aligned} \Delta C_0 &= C_{0;\text{NST}} - C_0 \\ &= \Delta_{\text{Zins}} + \Delta_{\text{Volumen}} \end{aligned}$$

Der Zinseffekt resultiert mit:

$$\begin{aligned} \Delta_{\text{Zins}} &= \sum_{t=1}^{4} 600{,}00\,€ \cdot \left(1{,}0385875^{-t} - 1{,}05^{-t}\right) \\ &= \underline{84{,}04\,€} \end{aligned}$$

Der Volumeneffekt resultiert mit:

$$\begin{aligned} \Delta_{\text{Volumen}} &= \sum_{t=1}^{N} [-s_U(R_t - Ab_t)]\, q_S^{-t} \\ &= -200{,}00\,€ \cdot 0{,}22825 \cdot \frac{1{,}0385875^5 - 1}{1{,}0385875^5 \cdot 0{,}0385875} \\ &= \underline{-204{,}04\,€} \end{aligned}$$

In der Gesamtdarstellung resultiert die bekannte Differenz:

$$\begin{aligned} \Delta C_0 &= 84{,}04\,€ - 204{,}04\,€ \\ &= \underline{-120{,}00\,€} \end{aligned}$$

d) Der Volumeneffekt entspricht dem Barwert sämtlicher Steuerzahlungen während der Projektlaufzeit. Er verkörpert die Reduktion der Zahlungsreihe aufgrund der Steuerzahlungen.
e) Im Fall des Steuerparadoxons führt die Berücksichtigung von Steuereffekten zu einer Erhöhung des Kapitalwertes. Damit es zu dem Paradoxon kommt, muss der Volumeneffekt, der immer negativ ist, kleiner sein als der Zinseffekt. Dies ist in dem vorliegenden Beispiel nicht der Fall.

Lösung zu Aufgabe 5.16
Herleitung der allgemeinen Bestimmungsgleichung:

$$\begin{aligned} EVA &= (U - K_V - K_F)(1 - s) - \text{Kapitalkosten } (KK) \\ \frac{EVA + KK}{1 - s} &= (U - K_V - K_F) \\ \frac{EVA + KK}{1 - s} - U + K_F &= K_V \\ K_V &= U - \frac{EVA + KK}{1 - s} - K_F \end{aligned}$$

Einsetzen der Eingangsdaten:

$$K_V = 2.000.000\,€ - \frac{400.000\,€}{0{,}60} - 100.000\,€$$

$$K_V = 1.233.333\frac{1}{3}\,€$$

$$k_V = 61\frac{2}{3}\,€ \text{ pro Stück}$$

Lösung zur Aufgabe 5.17

a) **Ermittlung des EVA:**
Bestimmungsgleichung des EVA:

$$\begin{aligned} EVA_t &= NOPAT_t - \text{Gesamtkapitalkosten}_t \\ &= NOPAT_t - k_{GK} \cdot NOA_{t-1} \end{aligned}$$

Zur Ermittlung der GK-Kosten wird der k_{GK} benötigt. Dieser ist wie folgt definiert:

$$k_{GK} = k_{EK} \cdot \frac{EK}{GK} + k_{FK} \cdot (1-s) \cdot \frac{FK}{GK}$$

Der Fremdkapitalkostensatz k_{FK} muss aus den Informationen abgeleitet werden. Es resultiert:

$$k_{FK} = \frac{\text{Zinsaufwand}}{\text{Langfristige Verbindlichkeiten}} = \frac{2.319{,}80}{57.995} = 0{,}04$$

Der Steuersatz s muss ebenfalls aus den Unterlagen abgeleitet werden. Das führt zu:

$$s = \frac{\text{Steueraufwand}}{\text{Ergebnis vor Steuern}} = \frac{\text{Steueraufwand}}{EBIT - \text{Zinsaufwand}} = \frac{3.586{,}56}{11.955{,}22} = 0{,}30$$

Damit kann k_{GK} folgendermaßen berechnet werden:

$$k_{GK} = 0{,}098 \cdot \frac{26.794}{101.222} + 0{,}04 \cdot (0{,}70) \cdot \frac{74.428}{101.222} = 0{,}04653$$

Die NOA ergeben sich aus:

$$NOA = 101.222 - 16.433 = 84.789$$

Der $NOPAT$ resultiert aus:

$$NOPAT = EBIT \cdot (1-s) = 14.275 \cdot 0{,}7 = 9.992{,}50$$

Schlussendlich folgt der EVA mit:

$$EVA = 9.992{,}50 - 0{,}04653 \cdot 84.789 = 6.047{,}32$$

b) **Interpretation:**
Der Wert von 6.047,32 ist der Residualgewinn, der nach Abzug sämtlicher Kosten erwirtschaftet wurde. Im Gegensatz zum Jahresüberschuss von 8.368,64 beträgt der EVA lediglich 6.047,32. Das ist damit zu begründen, dass beim EVA die Verzinsung des Eigenkapitals mit berücksichtigt wird. Aus Sicht der Eigenkapitalgeber ist deshalb der EVA relevant.

Lösung zur Aufgabe 5.18

a) Der Return on Capital Employed ($ROCE$) ergibt sich aus dem Verhältnis des Betriebsergebnisses ($EBIT$) zum Capital Employed:

	Gesamt
EBIT	2.416
Capital Employed	18.900
ROCE	0,128
ROCE in %	12,8%

Der $ROCE$ misst den operativen Rückfluss von Investitionen und ist deshalb besonders als Kennzahl für zentrale Entscheidungsträger geeignet. Im vorliegenden Fall weist der $ROCE$ darauf hin, dass durch die getätigten Investitionen zusätzliche Werte im Unternehmen geschaffen wurden.

b) Die Gesamtkapitalrentabilität r_{GK} ergibt sich aus dem Verhältnis des Betriebsergebnisses ($EBIT$) zum Gesamtvermögen:

	Bereich 1	Bereich 2	Bereich 3
EBIT	470	900	1.047
Gesamtvermögen	4.550	8.700	8.100
r_{GK}	10,3%	10,3%	12,9%

c) Der Economic Value Added (EVA) setzt sich aus den Net Operating Profit After Taxes abzüglich der Kapitalkosten zusammen:

	Bereich 1	Bereich 2	Bereich 3
NOPAT = EBIT ·(1-Steuersatz)	329	630	732,9
NOA	4.550	8.700	8.100
NOA · WACC	323,05	617,7	575,1
EVA	5,95	12,3	157,8

d) In der nachfolgenden Tabelle sind die berechneten Kennzahlen der Geschäftsbereiche dargestellt und gemäß ihrer Höhe eingestuft:

	Bereich 1	Bereich 2	Bereich 3
r_{GK}	10,3 %	10,3 %	12,9 %
Rang	2	2	1
EVA	5,95	12,3	157,8
Rang	3	2	1

Bei der Betrachtung der Kennzahlen werden die z. T. konträren Ergebnisse deutlich. So wird im Vergleich der Geschäftsbereiche die Leistung des ersten Geschäftsbereichs bei der Verwendung der r_{GK} höher eingeschätzt als bei der Verwendung des EVA. Die r_{GK} repräsentiert eine traditionelle Kennzahl, die aus Sicht der Shareholder zur Leistungsbeurteilung ungeeignet ist. Während die r_{GK} weder die Kapitalverteilung noch die Anpassung aller Kosten – inklusive Eigenkapitalkosten – berücksichtigt, werden diese Sachverhalte beim EVA entsprechend abgebildet. Somit stellt der EVA im Vergleich zur r_{GK} eine geeignetere Kennzahl zur Leistungsmessung im Unternehmen dar.

Lösung zur Aufgabe 5.19

In einem ersten Schritt wird der Steuersatz des Unternehmens s_U wie folgt berechnet:

$$\begin{aligned} s_U &= s_{\text{KST}} + s_{\text{GewST}} \\ &= 0{,}035 \cdot 3 + 0{,}15825 = 0{,}26325 \end{aligned}$$

Damit können der steuerkorrigierte Kalkulationszinssatz i_S und der steuerkorrigierte Diskontierungsfaktor q_s wie folgt ermittelt werden:

$$\begin{aligned} q_S &= 1 + i_S \\ i_S &= i \cdot (1 - s_U) \\ &= 0{,}10 \cdot 0{,}73675 \\ &= 0{,}073675 \\ q_S &= 1 + i_S \\ &= 1{,}073675 \end{aligned}$$

Die Grundgleichung zur Berechnung des Kapitalwertes nach Steuern lautet:

$$C_{0;\text{NST}} = -I_0 + \sum_{t=1}^{N} [R_t - s_U(R_t - Ab_t)]\, q_S^{-t}$$

Für Anlage A ergeben sich Abschreibungen von 3.000 € jährlich und der Kapitalwert folgt mit:

$$\begin{aligned}C_{0;\mathrm{NST};A} = &-9.000\,€ + 3.000\,€ \cdot 1{,}073675^{-1}\\ &+ [4.000\,€ - 0{,}26325\,(4.000\,€ - 3.000\,€)] \cdot 1{,}073675^{-2}\\ &+ [5.000\,€ - 0{,}26325\,(5.000\,€ - 3.000\,€)] \cdot 1{,}073675^{-3}\\ =&\ 650{,}00\,€\end{aligned}$$

Für Anlage B ergeben sich ebenfalls Abschreibungen von 3.000 € jährlich und es resultiert:

$$\begin{aligned}C_{0;\mathrm{NST};B} = &-12.000\,€ + 3.000 \cdot 1{,}073675^{-1}\\ &+ [4.000\,€ - 0{,}26325\,(4.000\,€ - 3.000\,€)] \cdot 1{,}073675^{-2}\\ &+ [4.000\,€ - 0{,}26325\,(4.000\,€ - 3.000\,€)] \cdot 1{,}073675^{-3}\\ &+ [6.000\,€ - 0{,}26325\,(6.000\,€ - 3.000\,€)] \cdot 1{,}073675^{-4}\\ =&\ 975{,}48\,€\end{aligned}$$

Beide Anlagen sind absolut vorteilhaft. Anlage B ist relativ vorteilhaft im Vergleich zu Anlage A.

Lösung zur Aufgabe 5.20
Die Bestimmungsgleichung des Gesamtwertes lautet:

	Barwert der prognostizierten betrieblichen freien Rückflüsse (Free Cashflows – FCF)
+	Barwert des Restwertes
+	Marktwert der nicht-betriebsnotwendigen Vermögensgegenstände
=	Wert des Gesamtunternehmens
–	Marktwert des Fremdkapitals
=	Wert des Eigenkapitals (Shareholder Value)

Damit ergibt sich für die vorliegende Konstellation:

	Gesamtwert der FCF (für Detailplanungszeitraum und unendlichen Restwert)
+	0
=	Wert des Gesamtunternehmens
–	10 Mio. €
=	Wert des Eigenkapitals (Shareholder Value)

Für den Gesamtwert der FCF gilt:

$$\text{Gesamtwert der } FCF = \sum_{t=1}^{D} FCF_t \cdot (1 + k_{GK})^{-t} + \frac{FCF_{D+1}}{k_{GK} \cdot (1 + k_{GK})^D}$$

Die gewichteten Gesamtkapitalkosten resultieren aus:

$$k_{GK} = k_{EK} \cdot \frac{EK}{GK} + k_{FK} \cdot (1 - s) \cdot \frac{FK}{GK}$$

Mit den Eingangsdaten folgt:

$$k_{GK} = 0{,}10 \cdot \frac{EK}{GK} + 0{,}05 \cdot (1 - 0{,}40) \cdot \frac{10 \text{ Mio. €}}{GK}$$

Damit wird das Zirkelproblem deutlich: der Wert des Eigenkapitals EK ist gesucht, jedoch ist dieser Wert erforderlich, um die Gesamtkapitalkosten k_{GK} zu ermitteln.

Die Lösung ist mittels computergestützten Rechenprogrammen möglich. Im vorliegenden Fall ergibt sich durch Programmierung:

$$k_{GK} = 0{,}10 \cdot \frac{60.342.579 \text{ €}}{70.342.579 \text{ €}} + 0{,}05 \cdot (1 - 0{,}395) \cdot \frac{10.000.000 \text{ €}}{70.342.579 \text{ €}}$$
$$k_{GK} = 0{,}090084$$

Mit diesen Daten ergeben sich simultan die Resultate in folgender Tabelle.

t	$U_{t-1} \cdot (1+\delta_U) \cdot r_U \cdot (1-s)$	$U_{t-1} \cdot \delta_U \cdot \delta_I$	FCF_t	$\frac{FCF_t}{(1+k_{GK})^t}$
1	5.348.200	2.625.000	2.723.200	2.498.156
2	5.909.761	2.900.625	3.009.136	2.532.338
3	6.530.286	3.205.191	3.325.095	2.566.988
4	7.215.966	3.541.736	3.674.230	2.602.113
5	7.973.642	3.913.618	4.060.024	2.637.718
Summe der diskontierten FCF für den Detailplanungszeitraum				12.837.313

Ermittlung des Fortführungswertes:

Ermittlung der ewigen Rente: $\frac{7.973.642 \text{ €}}{0{,}090084} = 88.513.176 \text{ €}$

Diskontierung der ewigen Rente: $\frac{88.513.176 \text{ €}}{(1{,}090084)^5} = 57.505.266 \text{ €}$

Ermittlung des Gesamtwertes: 12.837.313 € + 57.505.266 € = 70.342.579 €

Abzug des FK: 70.342.579 € − 10.000.000 € = 60.342.579 €= Marktwert des EK

Literatur

Adam, D. (2000): Investitionscontrolling. 3. Aufl., München: Oldenbourg.

Baldwin, R. H. (1959): How to assess investment proposals. In: Harvard Business Review, 37 (3): 98–104.

Ballwieser, W./Hachmeister, D. (2016): Unternehmensbewertung: Prozess, Methoden und Probleme. 5. Aufl., Stuttgart: Schäffer-Poeschel.

Baum, H.-G./Coenenberg, A. G./Günther, T. (2013): Strategisches Controlling. 5. Aufl., Stuttgart: Schäffer-Poeschel.

Belecheanu, R./Riedel, J./Pawar, K. (2006): A conceptualisation of design context to explain design trade-offs in the automotive industry. In: R&D-Management, 36 (5): 517–529.

Bieg, H./Kußmaul, H./Waschbusch, G. (2016): Investition. 3. Aufl., München: Vahlen.

Bitz, M./Ewert, J./Terstege, U. (2012): Investition: Multimediale Einführung in finanzmathematische Entscheidungskonzepte. 2. Aufl., Wiesbaden u. a.: Springer Gabler.

Blohm, H./Lüder, K./Schaefer, C. (2012): Investition. 10. Aufl., München: Vahlen.

Breuer, W. (2012): Investition I: Entscheidungen bei Sicherheit. 4. Aufl., Wiesbaden: Gabler.

Bühner, R. (1990): Das Management-Wert-Konzept. Stuttgart: Schäffer.

Busse von Colbe, W./Laßmann, G./Witte, F. (2015): Investitionstheorie und Investitionsrechnung. 4. Aufl., Berlin u. a.: Springer.

Byggeth, S./Hochschorner, E. (2006): Handling trade-offs in Ecodesign tools for sustainable product development and procurement. In: Journal of Cleaner Production, 14 (15): 1420–1430.

Chmielewicz, K. (1994): Forschungskonzeptionen der Wirtschaftswissenschaft. 3. Aufl., Stuttgart: Schäffer-Poeschel.

Coenenberg, A./Fischer, T. M./Günther, T. (2016): Kostenrechnung und Kostenanalyse. 9. Aufl., Stuttgart: Schäffer-Poeschel.

Copeland, T. E./Weston, J. F./Shastri, K. (2008): Finanzierungstheorie und Unternehmenspolitik: Konzepte der kapitalmarktorientierten Unternehmensfinanzierung. 4. Aufl., München: Pearson.

Crasselt, N./Pellens, B./Schremper, R. (2000): Konvergenz wertorientierter Erfolgskennzahlen (II). In: Das Wirtschaftsstudium, 29 (2): 205–208.

Cromberg, C. (2007): Selbstorganisation bei Koordination komplexer Produktentwicklungsprozesse. Frankfurt/M.: Peter Lang.

Curran, R./Gomis, G./Castagne, S./Butterfield, J./Edgar, T./Higgins, C./McKeever, C. (2007): Integrated digital design for manufacture for reduced life cycle costs. In: International Journal of Production Economics, 109 (1): 27–40.

Damodaran, A. (2012): Investment valuation: tools and techniques for determining the value of any asset. 3. Aufl., New York: John Wiley & Sons.

Däumler, K.-D./Grabe, J. (2014): Grundlagen der Investitions- und Wirtschaftlichkeitsrechnung. 13. Aufl., Herne/Berlin: NWB.

Deges, F. (1993): Die Beschäftigung mit den Unternehmerzielen in der Literatur der alten und neuen Betriebswirtschaftslehre bis 1966. Köln: Wirtschaftsverlag Bachem.

Drukarczyk, J. (2008): Finanzierung. 10. Aufl., Stuttgart: Lucius & Lucius.

Drukarczyk, J./Lobe, S. (2015): Finanzierung. 11. Aufl., Stuttgart: Lucius & Lucius.

Drukarczyk, J./Schüler, A. (2016): Unternehmensbewertung. 7. Aufl., München: Vahlen.

Ehrlenspiel, K./Kiewert, A./Lindemann, U./Mörtl, M. (2014): Kostengünstig Entwickeln und Konstruieren. 7. Aufl., Berlin u. a.: Springer.

Ehrlenspiel, K./Meerkamm, H. (2017): Integrierte Produktentwicklung. 6. Aufl., München u. a.: Hanser.

Eilenberger, G./Ernst, D./Toebe, M. (2013): Betriebliche Finanzwirtschaft: Einführung in Investition und Finanzierung, Finanzpolitik und Finanzmanagement von Unternehmungen. 8. Aufl., München u. a.: Oldenbourg.

Enzinger, A./Kofler, P. (2011): Das Roll-Back-Verfahren zur Unternehmensbewertung. In: Bewertungspraktiker, Nr. 4: 2–10.

Ewert, R./Wagenhofer, A. (2014): Interne Unternehmensrechnung. 8. Aufl., Berlin u. a.: Springer.

Fackler, M./Wimschulte, J. (2009): Residualgewinnverfahren zur Unternehmensbewertung und -steuerung. In: Schacht, U./Fackler, M. (Hg.): Praxishandbuch Unternehmensbewertung: Grundlagen, Methoden, Fallbeispiele. 2. Aufl., Wiesbaden: Gabler, S. 313–334.

Fischer, T. M./Möller, K./Schultze, W. (2015): Controlling: Grundlagen, Instrumente und Entwicklungsperspektiven. 2. Aufl., Stuttgart: Schäffer-Poeschel.

Fox, A. (2010): Die Bewertung von Content-Anbietern unter besonderer Berücksichtigung von Web 2.0. Wiesbaden: Gabler Research.

Franke, G./Hax, H. (2009): Finanzwirtschaft des Unternehmens und Kapitalmarkt. 6. Aufl., Berlin u. a.: Springer.

Friedl, B. (2013): Controlling. 2. Aufl., Konstanz: UVK.

Gallenmüller, O./Hieke, H./Hülsenberg, F./Neubert, J. (1988): Leistung, Kosten, Ergebnis. 4. Aufl., Leipzig: Dt. Verlag für Grundstoffindustrie.

Ganske, H. (1966): Investitionstheorie und ökonomische Realität. In: Zeitschrift für Betriebswirtschaft, 36 (6): 381–402.

Gartner Group (1997) (Hg.): TCO Analyst. A White Paper on Gartner Group's Next Generation Total Cost of Ownership Methodology. Online verfügbar unter http://www.netvoyager.co.uk/pdf/TCO_analyst.pdf.

Geissdörfer, K./Gleich, R./Wald, A. (2009): Standardisierungspotentiale lebenszyklusbasierter Modelle des strategischen Kostenmanagements. In: Zeitschrift für Betriebswirtschaft, 79 (6): 693–716.

Götze, U. (2014): Investitionsrechnung. 7. Aufl., Berlin u. a.: Springer.

Gräfer, H./Gerenkamp, T. (2016): Bilanzanalyse. 13. Aufl., Herne/Berlin: NWB.

Graichen, D. et al. (1983): Sozialistische Betriebswirtschaft: Industrie. Berlin: Die Wirtschaft.

Grob, H. L. (2006): Einführung in die Investitionsrechnung. 5. Aufl., München: Vahlen.

Grob, H. L./Bensberg, F. (2009): Controllingsysteme: Entscheidungstheoretische und informationstechnische Grundlagen. München: Vahlen.

Günther, T. (1997): Unternehmenswertorientiertes Controlling. München: Vahlen.

Gutenberg, E. (1983): Grundlagen der Betriebswirtschaftslehre. Bd. 1: Die Produktion. 24. Aufl., Berlin u. a.: Springer.

Hachmeister, D. (1997): Der Cash Flow Return on Investment als Erfolgsgröße einer wertorientierten Unternehmensführung. In: Zeitschrift für betriebswirtschaftliche Forschung, 49 (6): 556–579.

Hahn, D./Hungenberg, H. (2001): PuK: Wertorientierte Controllingkonzepte. 6. Aufl., Wiesbaden: Gabler.

Hauschildt, J. (1994): Gewinn. In: Busse von Colbe, W./Pellens, B. (Hg.): Lexikon des Rechnungswesens: Handbuch der Bilanzierung und Prüfung, der Erlös-, Finanz-, Investitions- und Kostenrechnung. 3. Aufl., München u. a.: Oldenbourg, S. 288–290.

Hax, H. (1926): Der Gewinnbegriff in der Betriebswirtschaftslehre. In: Zeitschrift für handelswissenschaftliche Forschung, Ergänzungsband 5. Leipzig: Gloeckner.

Hax, H. (1963): Rentabilitätsmaximierung als unternehmerische Zielsetzung. In: Zeitschrift für handelswissenschaftliche Forschung, 15 (7): 337–344.

Heese, V. (2011): Aktienbewertung mit Kennzahlen: Kurschancen und -risiken fundiert beurteilen. Wiesbaden: Gabler.

Heinen, E. (1976): Grundlagen betriebswirtschaftlicher Entscheidungen. 3. Aufl., Wiesbaden: Gabler.

Hering, T. (2017): Investitionstheorie. 5. Aufl., München u. a.: Oldenbourg.

Hirth, H. (2012): Grundzüge der Finanzierung und Investition. 3. Aufl., München u. a.: Oldenbourg.

Ibusuki, U./Kaminski, P. (2007): Product development process with focus on value engineering and target-costing: a case study in an automotive company. In: International Journal of Production Economics, 105 (2): 459–474.

Kilger, W. (1965): Zur Kritik am internen Zinsfuß. In: Zeitschrift für Betriebswirtschaft, 35 (12): 765–798.

Kleyner, A./Sandborn, P. (2008): Minimizing life-cycle cost by managing product reliability via validation plan and warranty return cost. In: International Journal of Production Economics, 112 (2): 796–807.

Koller, T./Goedhart, M./Wessels, D. (2015): Valuation – measuring and managing the value of companies. 6. Aufl., Hoboken: Wiley.

Kruschwitz, L. (2014): Investitionsrechnung. 14. Aufl., München u. a.: Oldenbourg.

Küpper, H.-U./Friedl, G./Hofmann, C./Hofmann, Y./Pedell, B. (2013): Controlling: Konzeption – Aufgaben – Instrumente. 6. Aufl., Stuttgart: Schäffer-Poeschel.

Küting, K. (2006): Auf der Suche nach dem richtigen Gewinn: Die Gewinnkonzeption von HGB und IFRS im Vergleich. In: Der Betrieb, 59 (27/28): 1441–1450.

Küting, K./Weber, C.-P. (2015): Die Bilanzanalyse: Beurteilung von Abschlüssen nach HGB und IFRS. 11. Aufl., Stuttgart: Schäffer-Poeschel.

Kuhner, C./Maltry, H. (2017): Unternehmensbewertung. 2. Aufl., Berlin u. a.: Springer Gabler.

Laarmann, A. (2005): Lerneffekte in der Produktion. Wiesbaden: DUV.

Lachnit, L./Müller, S. (2012): Unternehmenscontrolling – Managementunterstützung bei Erfolgs-, Finanz-, Risiko- und Erfolgspotenzialsteuerung. 2. Aufl., Wiesbaden: Springer Gabler.

Laux, H. (2006): Wertorientierte Unternehmenssteuerung und Kapitalmarkt. 2. Aufl., Berlin u. a.: Springer.

Lee, K.-M./Cho, H.-N./Choi, Y.-M. (2004): Life-cycle cost effective optimum design of steel bridges. In: Journal of Constructional Steel Research, 60 (11): 1585–1613.

Lingnau, V. (2008): Controlling, BWL und Privatwirtschaftslehre. Beiträge zur Controlling-Forschung, Nr. 14. TU Kaiserslautern.

Lingnau, V./Koffler, U. (2013): Wilhelm Riegers Privatwirtschaftslehre und seine Bedeutung für das Controlling: Eine Würdigung zum 135. Geburtstag. Beiträge zur Controlling-Forschung, Nr. 23. TU Kaiserslautern.

Lücke, W. (1955): Investitionsrechnungen auf der Grundlage von Ausgaben oder Kosten? In: Zeitschrift für handelswissenschaftliche Forschung, 7 (o. A.): 310–324.

Lücke, W. (1960): Wesen und Bedeutung der kalkulatorischen Zinsen. In: Zeitschrift für handelswissenschaftliche Forschung, 12 (6): 353–375.

Müller, D. (2009): Einsatz und Beurteilung formaler und mentaler Modelle des Investitionscontrollings. In: Müller, D. (Hg.): Controlling für kleine und mittlere Unternehmen. München u. a.: Oldenbourg, S. 475–505.

Müller, D. (2010): Konstruktionsbegleitende Analyse und Modellierung intertemporaler Beziehungen im Produktlebenszyklus von Investitionsgütern. In: Die Betriebswirtschaft, 70 (3): 205–222.

Müller, D. (2013): Betriebswirtschaftslehre für Ingenieure. 2. Aufl., Berlin u. a.: Springer.

Mueller, D. (2011): A cost calculation model for the optimal design of size ranges. In: Journal of Engineering Design, 22 (7): 467–485.

Mueller, D./Ganseforth, M.-M. (2012): Analysis and modelling of intertemporal relationships in lifecycle design: a case study for investment goods. In: Research in Engineering Design, 23 (3): 191–202.

Nowak, K. (2003): Marktorientierte Unternehmensbewertung: Discounted Cash Flow, Realoption, Economic Value Added und der Direct Comparison Approach. 2. Aufl., Wiesbaden: DUV.

Pape, U. (2010): Wertorientierte Unternehmensführung. 4. Aufl., Sternenfels: Wissenschaft und Praxis.

Pape, U. (2015): Grundlagen der Finanzierung und Investition. 3. Aufl., Berlin/Boston: De Gruyter Oldenbourg.

Pape, U. (2017): Wertorientierte Unternehmensführung. In: Petersen, K./Zwirner, C. (Hg.): Handbuch Unternehmensbewertung. 2. Aufl., Köln: Bundesanzeiger-Verlag, S. 861–876.

Perridon, L./Steiner, M./Rathgeber, A. (2017): Finanzwirtschaft der Unternehmung. 17. Aufl., München: Vahlen.

Pfaff, D./Bärtl, O. (1999): Wertorientierte Unternehmenssteuerung – Ein kritischer Vergleich ausgewählter Konzepte. In: Gebhard, G./Pellens, B. (Hg.): Rechnungswesen und Kapitalmarkt. Zeitschrift für betriebswirtschaftliche Forschung, Sonderheft 41, S. 85–115.

Pfingsten, A./Ricke, M. (2004): Das „Gesetz" der Ersatzinvestition bei nicht-flachen Zinsstrukturen. ifk Discussion Paper Series DB 04-01.

Plaschke, F. J. (2003): Wertorientierte Management-Incentivesysteme auf Basis interner Wertkennzahlen. Wiesbaden: DUV.

Preinreich, G. A. (1937): Valuation and Amortization. In: The Accounting Review, (12) 3: 209–226.

Preinreich, G. A. (1940): The economic life of industrial equipment. In: Econometrica, 8 (1): 12–44.

Preinreich, G. A. (1953): Replacement in the theory of the firm. In: Metroeconomica, 5 (2): 68–86.

Raab, H. (2001): Shareholder Value und Verfahren der Unternehmensbewertung – Leitmaxime für das Management? Herne/Berlin: NWB.

Rappaport, A. (1998): Creating shareholder value – a guide for managers and investors. 2. Aufl., New York: Free Press.

Richter, H. (2017): Wertorientiertes Konzern-Controlling. In: Reichmann, T./Kißler, M./Baumöl, U.: Controlling mit Kennzahlen: Die systemgestützte Controlling-Konzeption. 9. Aufl., München: Vahlen, S. 701–760.

Rieger, W. (1928): Einführung in die Privatwirtschaftslehre. Nürnberg: Krische.

Sandberg, M./Boart, P./Larsson, T. (2005): Functional product life-cycle simulation model for cost estimation in conceptual design of jet engine components. In: Concurrent Engineering, 13 (4): 331–342.

Scanlan, J./Rao, A./Bru, C./Hale, P./Marsh, R. (2006): DATUM Project: cost estimating environment for support of aerospace design decision making. In: Journal of Aircraft, 43 (4): 1022–1028.

Schabel, M. (2003): Investitionssteuerung, Periodenerfolgsrechnung und Economic Value Added. Wiesbaden: DUV.

Schaefer, C./Streitferdt, L. (2005): Wertorientiertes Investitionscontrolling. In: Keuper, F./Roesing, D./Schomann, M. (Hg.): Integriertes Risiko- und Ertragsmanagement: Kunden- und Unternehmenswert zwischen Risiko und Ertrag. Wiesbaden: Gabler, S. 321–351.

Schäfer, H. (2005): Unternehmensinvestitionen. 2. Aufl., Heidelberg: Physica.

Schiemenz, B./Seiwert, L. (1979): Ziele und Zielbeziehungen in der Unternehmung. In: Zeitschrift für Betriebswirtschaft, 49 (7): 581–603.

Schild, U. (2005): Lebenszyklusrechnung und lebenszyklusbezogenes Zielkostenmanagement. Wiesbaden: DUV.

Schneider, D. (1969): Korrekturen zum Einfluß der Besteuerung auf die Investitionen. In: Schmalenbachs Zeitschrift für betriebswirtschaftliche Forschung, 21 (5): 297–325.

Schneider, D. (1971): Flexible Planung als Lösung der Entscheidungsprobleme unter Ungewißheit? In: Schmalenbachs Zeitschrift für betriebswirtschaftliche Forschung, 23 (12): 831–851.

Schneider, D. (1976): Der Gewinnbegriff vor der Betriebswirtschaftslehre und die Substanzerhaltungsdiskussion. In: Schmalenbachs Zeitschrift für betriebswirtschaftliche Forschung, 28 (10/11): 724–743.
Schneider, D. (1981): Geschichte betriebswirtschaftlicher Theorie: Allgemeine Betriebswirtschaftslehre für das Hauptstudium. München u. a.: Oldenbourg.
Schneider, D. (1984): Managementfehler durch mangelndes Geschichtsbewusstsein in der Betriebswirtschaftslehre. In: Zeitschrift für Unternehmensgeschichte, 29 (2): 114–130.
Schneider, D. (1990): Unternehmensethik und Gewinnprinzip in der Betriebswirtschaftslehre. In: Schmalenbachs Zeitschrift für betriebswirtschaftliche Forschung, 42 (10): 869–891.
Schneider, D. (1992): Investition, Finanzierung und Besteuerung. 7. Aufl., Wiesbaden: Gabler.
Schneider, D. (1997): Betriebswirtschaftslehre. Bd. 2: Rechnungswesen. 2. Aufl., München u. a.: Oldenbourg.
Schneider, D. (1998): Marktwertorientierte Unternehmensrechnung: Pegasus mit Klumpfuß. In: Der Betrieb, 51 (30): 1473–1478.
Schneider, D. (2001a): Betriebswirtschaftslehre. Bd. 4: Geschichte und Methoden der Wirtschaftswissenschaft. München u. a.: Oldenbourg.
Schneider, D. (2001b): Oh, EVA, EVA, schlimmes Weib: Zur Fragwürdigkeit einer Zielvorgabe-Kennzahl nach Steuern im Konzerncontrolling. In: Der Betrieb, 54 (48): 2509–2514.
Schneider, D. (2001c): Substanzerhaltung bei Preisregulierungen: Ermittlung der „Kosten der effizienten Leistungsbereitstellung" durch Wiederbeschaffungsabschreibungen und WACC-Salbereien mit Steuern? In: Laßmann, G. (Hg.): Neuere Ansätze der Betriebswirtschaftslehre: In memoriam Karl Hax: anlässlich der 100. Wiederkehr des Geburtstages von Professor Dr. Dres. h. c. Karl Hax am 13.11.2001. Schmalenbachs Zeitschrift für betriebswirtschaftliche Forschung, Sonderheft, S. 37–59.
Schneider, D. (2008): Wider ein Controlling mit *EVA* und WACC (Economic Value Added und Weighted Average Cost of Capital). In: Altenburger, O. A. (Hg.): Steuern: Steuern, Steuerung, Regulierung und Prüfung. Wien: Linde, S. 31–45.
Schneider, E. (1942): Die wirtschaftliche Lebensdauer industrieller Anlagen: Grundlagen einer einzelwirtschaftlichen Theorie der Reinvestition. In: Weltwirtschaftliches Archiv, 55 (o. A.): 90–128.
Schneider, E. (1951): Wirtschaftlichkeitsrechnung. Tübingen: J. C. B Mohr.
Schulte, K.-W. (1981): Zehn Thesen zur Annuität. In: Zeitschrift für Betriebswirtschaft, 51 (1): 3–49.
Schultz, M. B. (2005): Anreizorientiertes Investitionscontrolling mit vollständigen Finanzplänen: Ein Referenzmodell für Investment Center. Berlin: Logos.
Schweickart, N./Töpfer, A. (Hg.) (2006): Wertorientiertes Management: Werterhaltung – Wertsteuerung – Wertsteigerung ganzheitlich gestalten. Berlin u. a.: Springer.
Schweitzer, M. (1972): Struktur und Funktion der Bilanz. Grundfragen der betriebswirtschaftlichen Bilanz in methodologischer und entscheidungstheoretischer Sicht. Berlin: Duncker & Humblot.
Schweitzer, M. (1981): Axiomatik des Rechnungswesens. In: Kosiol, E./Chmielewicz, K./Schweitzer, M. (Hg.): Handwörterbuch des Rechnungswesens. 2. Aufl., Stuttgart: Poeschel, Sp. 100–110.
Schweitzer, M./Küpper, H.-U./Friedl, G./Hofmann, C./Pedell, B. (2016): Systeme der Kosten- und Erlösrechnung. 11. Aufl., München: Vahlen.
Spremann, K. (2010): Finance. 4. Aufl., München u. a.: Oldenbourg.
Stelter, D. (1999): Wertorientierte Anreizsysteme. In: Bühler, W./Siegert, T. (Hg.): Unternehmenssteuerung und Anreizsysteme: Kongress-Dokumentation – 52. Deutscher Betriebswirtschafter Tag 1998. Stuttgart: Schäffer-Poeschel, S. 207–241.

Trost, R./Fox, A. (2017): Investitionsplanung bei unvollkommenen Kapitalmärkten: die VOFI-Methode. In: Müller, D. (Hg.): Controlling für kleine und mittlere Unternehmen. 2. Aufl., München: Oldenbourg, S. 523–552.

Troßmann, E. (2013): Investition als Führungsentscheidung. 2. Aufl., München: Vahlen.

Varnholt, N./Lebefromm, U./Hoberg, P. (2012): Controlling: Betriebswirtschaftliche Grundlagen und Anwendungen mit SAP® ERP®. 2. Aufl., München u. a.: Oldenbourg.

VDMA (Verband Deutscher Maschinen- und Anlagenbau) (Hg.) (2017): Kennzahlenkompass: Informationen für Unternehmer und Führungskräfte. Frankfurt/M.: VDMA.

Weber, J./Meyer, M./Birl, H./Knollmann, R./Schlüter, H./Sieber, C. (2006): Investitionscontrolling in deutschen Großunternehmen. Weinheim: WILEY-VCH.

Wild, M./Herges, S. (2000): Total Cost of Ownership (TCO) – Ein Überblick. Universität Mainz, Arbeitspapier WI 1/2000.

Wilts, J. (1974): Zur ökonomischen Bedeutung von Rentabilitätsgrößen. In: Schmalenbachs Zeitschrift für betriebswirtschaftliche Forschung, 26 (7): 473–479.

Witten, P./Zimmermann, H.-G. (1977): Zur Eindeutigkeit des internen Zinssatzes und seiner numerischen Bestimmung. In: Zeitschrift für Betriebswirtschaft, 47 (2): 99–114.

Woodward, D. (1997): Life cycle costing – theory, information acquisition and application. In: International Journal of Project Management, 15 (6): 335–344.

Yadav, O./Goel, P. (2008): Customer satisfaction driven quality improvement target planning for product development in automotive industry. In: International Journal of Production Economics, 113 (2): 997–1011.

Zechner, J. (1981): Der Ketteneffekt bei Investitionsentscheidungen in wachsenden und schrumpfenden Unternehmungen. In: Zeitschrift für Betriebswirtschaft, 51 (6): 559–572.

Normen und Richtlinien

DIN EN 60300-3-3 (09/2014): Entwurf – Zuverlässigkeitsmanagement – Teil 3-3: Anwendungsleitfaden Lebenszykluskosten.

ISO/TR 14062 (2003): Umweltmanagement – Integration von Umweltaspekten in Produktdesign und -entwicklung.

VDI 2519-1 (12/2001): Vorgehensweise bei der Erstellung von Lasten-/Pflichtenheften.

VDI 6025 (11/2012): Betriebswirtschaftliche Berechnungen für Investitionsgüter und Anlagen.

VDI 2884 (12/2005): Beschaffung, Betrieb und Instandhaltung von Produktionsmitteln unter Anwendung von Life Cycle Costing

VDI 2891 (11/2008): Instandhaltungskriterien bei der Beschaffung von Investitionsgütern.

6 Kooperative Spieltheorie und Gemeinschaftsinvestitionen

6.1 Einführung und Motivation

Eine ganze Reihe von Investitionen wird nicht durch einen einzelnen Akteur (z. B. Unternehmen, Kostenstelle, Gemeinde) sondern durch mehrere Akteure realisiert. Es resultieren Kooperationen, die in unterschiedlichen Funktionsbereichen angesiedelt sein können (z. B. im Forschungs- und Entwicklungsbereich, in der Produktion, im Absatz) und in verschiedensten Formen auftreten, so z. B. **strategische Allianzen**, **Joint-Ventures** oder **Konsortien**. Ein anderes Beispiel sind Infrastrukturprojekte, die durch mehrere kommunale oder private Investoren gemeinschaftlich realisiert und genutzt werden (so z. B. Wasser- und Elektrizitätsversorgung, Straßen, Schienenwege).[1] Je größer das Investitionsvolumen und je langfristiger die Kapitalbindung, umso größer ist tendenziell auch das Bestreben, eine kooperative Lösung anzustreben.

Kooperationen können allgemein beschrieben werden als freiwillige, vertraglich vereinbarte, längerfristige Zusammenarbeit, die die einmalige Transaktion übersteigt. Umfang und Intensität der Zusammenarbeit sind für die weitere Betrachtung von nachrangigem Interesse. Dabei kann es sich um vertikale, horizontale oder auch konglomerate Wertschöpfungsstufen handeln. Neben der Kooperation von rechtlich selbstständigen Einheiten ist auch die innerbetriebliche Leistungserstellung durch die Kooperation unterschiedlicher Unternehmensbereiche (z. B. cost center, investment center, profit center) gekennzeichnet.[2]

Das Fundamentalziel der Erzielung von Kooperationsvorteilen wird durch die beteiligten Akteure mittels Ableitung und Umsetzung formaler und/oder sachlicher Instrumentalziele untersetzt. Zu den am häufigsten angeführten Instrumentalzielen zählen:[3]

[1] Vgl. Zelewski (2009: 25–28).
[2] Vgl. Müller/Müller (2017).
[3] Vgl. Müller (2017: 264).

D. Müller, *Investitionsrechnung und Investitionscontrolling*, Springer-Lehrbuch,
https://doi.org/10.1007/978-3-662-57609-0_6

- Reduktion:
  - von variablen Kosten,
  - der Fixkosten,
  - des Risikos,
  - der Steuerlast.
- Erhöhung:
  - des Umsatzes,
  - des Produktionsvolumens,
  - der Flexibilität,
  - der Arbeitsqualität,
  - des Wachstums.

Diese Ziele werden in einer Kooperation ursächlich mittels Skalen- und/oder Verbundeffekten erreicht. Neben den angestrebten und beabsichtigten Zielen bzw. Effekten müssen die Akteure jedoch auch mit eher unbeabsichtigten Nebenwirkungen und Effekten rechnen, diesen begegnen und ggfs. Abhilfe schaffen. Dazu zählen negative Effekte, wie z. B. Kosten-, Abhängigkeits- oder Schnittstellennachteile.

In diesem Zusammenhang entsteht die Frage nach der Verteilung des erzielten Gemeinschaftsgewinns. Diese Verteilung soll fair in dem Sinne sein, dass eine möglichst stabile und langfristige Zusammenarbeit möglich ist. Dieses Verteilungsproblem – auf welches schon seit Langem hingewiesen wurde[4] – ist das **zentrale Problem** einer Kooperation: *„Ohne die Lösung dieses Verteilungsproblems ist Kooperation nicht möglich."*[5]

Zur Lösung dieses Problems bietet sich u. a. die Spieltheorie an, als deren „Gründungsväter" John von Neumann und Oskar Morgenstern bezeichnet werden können.[6] Die **Spieltheorie** kann in zwei grundlegende Gebiete unterteilt werden: die nicht-kooperative Spieltheorie – die auch als strategische Spieltheorie bezeichnet wird – und die kooperative Spieltheorie. Der zweifellos bekanntere Bereich – aus dem z. B. das Gefangenen-Dilemma stammt – ist die **strategische Spieltheorie**, in deren Vordergrund die Frage steht, welche Aktion (Strategie) ein Spieler – unter Berücksichtigung der möglichen und dem Gegenspieler (teilweise) bekannten Handlungsalternativen (Strategiemenge) – wählen soll. Dazu ist es erforderlich, einen oder mehrere Gegenspieler sowie deren mögliche, zukünftige Handlungsoptionen zumindest teilweise zu kennen und explizit zu modellieren. Erkenntnisse aus diesem Teil der Spieltheorie haben mittlerweile vielfältige Berücksichtigung in der Betriebswirtschaftslehre gefunden.[7]

Der andere Teilbereich der Spieltheorie, der in der Betriebswirtschaftslehre eine geringere Aufmerksamkeit erfuhr und erfährt, ist die **kooperative Spieltheorie**. Diese beschäftigt sich mit der Frage, wie die in einer Kooperation erzielten Ergebnisse aufzuteilen sind.

---

[4] Vgl. Barnard (1938: 58–61).

[5] Plaßmann (1974: 124).

[6] Vgl. Neumann/Morgenstern (1944). John von Neumann (1903–1957); Oskar Morgenstern (1902–1977).

[7] Vgl. Meyer (2009); Ehrhart/Güth/Berninghaus (2010: 1–8).

Die englischsprachige Diskussion kooperativer Modelle im ökonomischen Kontext weist eine große Tradition, Quantität und Intensität auf, was im weiteren Verlauf deutlich wird. Die Diffusion der Konzepte und Ergebnisse in den deutschsprachigen Raum erfolgte zu Beginn eher sporadisch,[8] hat sich jedoch in jüngerer Vergangenheit etwas erhöht.[9]

6.2 Eigenschaften kooperativer Spiele

Bei der Modellierung eines kooperativen Spiels wird nicht von Akteuren als Gegenspielern ausgegangen, sondern von Akteuren als Kooperationspartnern. Damit erübrigen sich Annahmen über die Art der Gegenspieler sowie über deren mögliche Handlungsstrategien. Es wird vorausgesetzt, dass feste, bindende **Abmachungen** zwischen den Koalitionären getroffen werden und die Koalitionäre ihre Aktionen aufeinander abstimmen können.[10] Eine **Koalition** ist ein **Zusammenschluss von Spielern**, welche ihre Handlungen aufeinander abstimmen, um ein Ergebnis gemeinsam zu erzielen. Für die folgenden Darstellungen gelten folgende Annahmen:[11]

- Zwischen den Spielern können feste, bindende **Abmachungen** getroffen werden.
- Die Spieler streben die gemeinsame Erreichung eines Ergebnisses an und können das Ergebnis durch ihre Aktivitäten beeinflussen.
- Die Koalitionäre verhalten sich rational und eigennutzenmaximierend. Emotionale Aspekte (z. B. Schadenfreude oder Mitleid) werden nicht berücksichtigt.
- Der von einer Koalition erwirtschaftete Gewinn ist **vollständig transferierbar**, so dass dieser zwischen den Koalitionären aufgeteilt werden kann. Dies wird als **Seitenzahlung** bezeichnet.
- Mit der Transferierbarkeit des Nutzens werden **lineare Nutzenfunktionen** der Spieler angenommen. Damit kann auf die Betrachtung individueller Nutzenfunktionen verzichtet werden.
- Es existiert eine **Zentralinstanz**, die über die erforderlichen Informationen verfügt bzw. diese Daten erhebt, die das Verteilungsproblem löst und welche die Seitenzahlungen koordiniert.

Des weiteren wird vorausgesetzt, dass die Situation durch eine **charakteristische Funktion** abgebildet werden kann. Diese wird im Folgenden als Koalitionsfunktion bezeichnet.

[8] Vgl. Wild (1967); Krelle (1968: 348–365); Reichardt (1969); Wild (1969); Rosenmüller (1971); Kaluza (1972: 76–98); Winand (1978); Schichtel (1981); Bitz (1981); Zelewski (1988).
[9] Vgl. Fromen (2004); Mandl (2005); Wiese (2005); Scherpereel (2006); Fischer (2008); Kluth (2009); Zelewski (2009); Hiller (2011); Jene (2015); Müller (2016); Müller (2017); Müller/Müller (2017).
[10] Vgl. Neumann/Morgenstern (1944: 221–222).
[11] Vgl. Maschler/Solan/Zamir (2013: 659–662); Müller (2017: 265–266).

Auf diese Weise wird die Klasse der „transferable utility games" definiert, die als TU-games oder TU-Spiele bezeichnet werden. Nur diese Spielklasse wird im weiteren Verlauf betrachtet. Mathematisch wird ein TU-Spiel mit Koalitionsfunktion entsprechend Definition 6.1 beschrieben.[12]

Definition 6.1 *Ein kooperatives n-Personen-Spiel Γ ist das Tupel (N, v), wobei $N = \{1, 2, 3 \ldots, n\}$ die endliche Menge der Spieler und v die Koalitionsfunktion ist.*

Wichtig ist dabei nicht nur die Menge aller Spieler N, sondern auch alle Teilmengen von N. Eine derartige Teilmenge $S \subseteq N$ wird als Koalition S bezeichnet, wobei N selbst als große Koalition bezeichnet wird.

Jede Koalition S erwirtschaftet ein bestimmtes Ergebnis und ist demzufolge durch eine Wertfunktion $v(S)$ gekennzeichnet. Die Koalitionsfunktion v ordnet jeder Teilmenge S einen Wert zu, der die ökonomische Leistungsfähigkeit dieser Koalition darstellt.

Definition 6.2 *Die Koalitionsfunktion v eines Spiels $\Gamma(N, v)$ ordnet jeder Koalition S einen Wert zu, so dass gilt: $v : 2^N \to \mathbb{R}$ und $v(\emptyset) = 0$.*

Im weiteren Verlauf bezeichnet Γ^N die Menge der kooperativen TU-Spiele mit der Spielermenge N. Mit einer Kooperation werden unterschiedliche Ziele und Zwecke verfolgt. Es gibt also Eigenschaften von Kooperationen, die von den Spielern angestrebt werden. Diese werden als wünschenswerte Eigenschaften beschrieben, da sie das Ziel jeder Kooperation darstellen. Als erste wünschenswerte Eigenschaft ist festzuhalten, dass die Kooperation keine negativen Resultate erzielt.

Eigenschaft 6.1 *Das Ergebnis keiner Koalition ist negativ. Es gilt: $v(S) \geq 0$ für alle $S \subseteq N$.*

In der Koalitionsfunktion wird die Gesamtklasse der reellen Zahlen als Geltungsbereich angegeben, da es u. U. möglich ist, dass Koalitionen ein negatives Ergebnis erzielen. Die Eigenschaft der Nicht-Negativität ist deshalb einerseits als ökonomisch wünschenswert zu bezeichnen. Andererseits ist die Nicht-Negativität wichtig in Verbindung mit der **Monotonie**. Diese beschreibt, dass der Beitritt eines neuen Spielers der Koalition nicht schadet.

Eigenschaft 6.2 *Ein Spiel $\Gamma(N, v)$ ist monoton, wenn: $v(S) \leq v(R) \forall S \subseteq R \subseteq N$.*

[12] Vgl. Neumann/Morgenstern (1944: 238–239).

Auch diese Eigenschaft ist ökonomisch nachvollziehbar, wird doch gefordert, dass das Ergebnis eines Spielers nicht größer sein soll als das Resultat einer Koalition, in welcher dieser Spieler teilnimmt.

Mit einer Kooperation wird angestrebt, dass der Gewinn der Kooperation mindestens genauso groß, wenn nicht noch größer ist als die Einzelgewinne der teilnehmenden Koalitionäre. Diesem Umstand wird mit der Charaktereigenschaft der **Superadditivität** (Synergie) Rechnung getragen (vgl. Eigenschaft 6.3).[13]

Eigenschaft 6.3 *Ein Spiel $\Gamma(N, v)$ ist superadditiv, wenn gilt:*

$$v(R \cup S) \geq v(R) + v(S) \forall R, S \subseteq N \text{ mit } R \cap S = \emptyset.$$

Für die weitere Betrachtung wird von superadditiven Spielen ausgegangen, da dies ein wesentlicher Grund für die Bildung von Kooperationen ist. Demzufolge kann $v(R \cup S) - (v(R) + v(S)) \geq 0$ als Synergiegewinn bezeichnet werden.

Für Koalitionsfunktionen mit nicht-negativen Werten folgt aus der Superadditivität die Monotonie, d. h. jedes superadditive Spiel ist gleichzeitig auch monoton. Die Umkehrbeziehung hingegen gilt nicht.

Mit Blick auf die Eigenschaft 6.3 kann festgehalten werden, dass für den Fall $v(R \cup S) = v(R) + v(S) \forall R, S \subseteq N$ weder ein Synergiegewinn, noch ein Verteilungsproblem resultiert. Das Ergebnis der großen Koalition ist $v(N) = \sum_{i \in N} v(\{i\})$.

Deshalb werden die folgenden Darstellungen auf Situationen beschränkt, in denen für mindestens eine Beziehung gilt: $v(R \cup S) > v(R) + v(S)$. Das führt zur Betrachtung der **wesentlichen Spiele**.

Eigenschaft 6.4 *Ein Spiel $\Gamma(N, v)$ ist wesentlich, wenn: $v(N) > \sum_{i \in N} v(\{i\})$.*

Im weiteren Verlauf bezeichnet W^N die Klasse der wesentlichen Spiele mit der Spielermenge N. Als letzte Eigenschaft ist festzuhalten, dass eine zahlenmäßig größere Koalition auch ein ökonomisch besseres Ergebnis erzielt. Dies wird durch die **Konvexität** ausgedrückt.[14]

Eigenschaft 6.5 *Ein Spiel $\Gamma(N, v)$ ist konvex, wenn für:*

a) *alle $R, S \subseteq N$ gilt: $v(S \cup R) + v(S \cap R) \geq v(R) + v(S)$*

oder

b) *alle $i \in N$ und $S \subseteq R \subseteq N \backslash \{i\}$ gilt: $v(S \cup \{i\}) - v(S) \leq v(R \cup \{i\}) - v(R)$.*

[13] Vgl. Wiese (2005: 103).
[14] Vgl. Wiese (2005: 106–108); Holler/Illing (2009: 262).

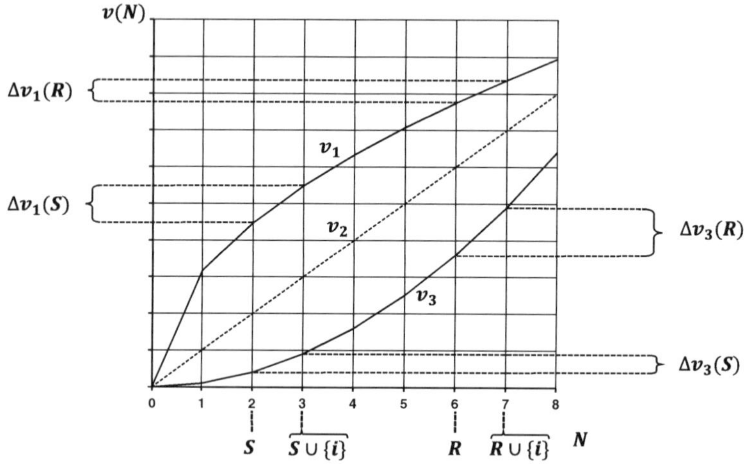

Abb. 6.1 Konvexer und konkaver Funktionsverlauf. Quelle: Eigene Darstellung

Im weiteren Verlauf bezeichnet K^N die Klasse der konvexen Spiele mit der Spielermenge N. Konvexität formuliert die schärfste Anforderung an die Effizienz von Koalitionen und kann mit steigenden Skalenerträgen verglichen werden. Der Begriff der Konvexität wird in der Abb. 6.1 unter Verwendung der Eigenschaft 6.5 b) dargestellt.[15] Aus der Konvexitätsdefinition folgt, dass sowohl v_3 als auch v_2 konvex sind, wobei im Fall von v_3 in der Eigenschaft 6.5 b) das Kleiner-als-Zeichen gilt und für v_2 das Gleichheitszeichen gilt. Funktion v_3 ist streng konvex, Funktion v_2 ist linear und damit sowohl konvex als auch konkav. Funktion v_1 hingegen ist streng konkav. In dieser Abbildung gilt neben $S \subseteq R$ sowohl $\Delta v(S) = v(S \cup \{i\}) - v(S)$ als auch $\Delta v(R) = v(R \cup \{i\}) - v(R)$. Es ist ersichtlich, dass Funktion v_3 streng konvex ist, da gilt: $\Delta v_3(S) < \Delta v_3(R)$. Die steigende Anzahl an Spielern führt zu einem größeren Anstieg des Spielwertes. Für Funktion v_2 gilt: $\Delta v_2(S) = \Delta v_2(R)$. Für die Funktion v_1 hingegen gilt: $\Delta v_1(S) > \Delta v_1(R)$, so dass die Konvexitätsbedingung nicht erfüllt ist.

Aufgrund dieser – und einer weiteren, noch vorzustellenden[16] – Eigenschaft stellen konvexe Spiele eine bedeutende Spielklasse dar.[17] In der Abb. 6.2 sind die Beziehungen zwischen den bisher vorgestellten Eigenschaften zusammengefasst. Dabei wird noch einmal darauf hingewiesen, dass die Abb. 6.2 nur für Koalitionsfunktionen mit nichtnegativen Werten gilt, d. h. $v(S) \geq 0 \forall S \subseteq N$.

[15] Abb. 6.1 stellt stetige und differenzierbare Funktionen dar, um die Konvexität zu veranschaulichen. Dass die Koalitionsfunktionen kooperativer Spiele weder stetig noch differenzierbar sind, ist selbstverständlich.

[16] Vgl. Eigenschaft 6.9.

[17] Für zwei Klassen von Spielen, die immer konvex sind, vgl. Abschn. 6.5.3 und 6.6.2.

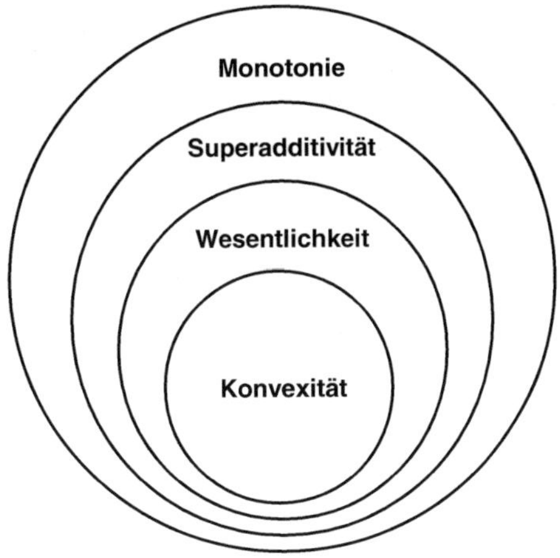

Abb. 6.2 Relation von Spielklassen. Quelle: Eigene Darstellung, in Anlehnung an: Fromen (2004: 92).

6.3 Anforderungen an eine gerechte Lösung

Die bisher beschriebenen Eigenschaften können aber nicht die wesentliche Frage beantworten, welche Auszahlung – also **welchen Anteil** an dem gemeinsam erwirtschafteten Ergebnis – die einzelnen Spieler erhalten. Diese Frage wird mit dem zweiten wesentlichen Bestandteil der kooperativen Spieltheorie beantwortet, der Lösung bzw. dem Lösungskonzept.

Ziel der Verfahren der kooperativen Spieltheorie ist die Identifizierung einer **gerechten Aufteilung**. Die Kardinalfrage dabei ist, wie Gerechtigkeit interpretiert bzw. quantifiziert werden kann. Es werden folgende Prinzipien der Verteilungsgerechtigkeit unterschieden:[18]

- Gleichheitsprinzip,
- Aufteilungsgerechtigkeit,
- Leistungsprinzip,
- Bedarfsgerechtigkeit.

Gleichverteilung liegt vor, wenn jede Person einer Gesellschaft einen identischen Betrag erhält. Bei diesem Prinzip wird jede Person identisch behandelt, unabhängig von Herkunft, Bedürftigkeit, Leistung, Namen, Beziehung oder anderen Kriterien. Auch in der Vergangenheit getroffene Zusagen oder erworbene Ansprüche werden nicht berücksichtigt.

Die Frage nach der **Aufteilungsgerechtigkeit** entsteht bei der Verteilung einer Vermögensmasse unter einer Gruppe von Anspruchsberechtigten. Erhält jede dieser Personen den ihm zustehende Teil, liegt eine gerechte Aufteilung vor. Dieser Grundsatz *„suum cuique"* ist sehr alt, jedoch auch sehr vage, da die Aussage *„Jedem das Seine"* offen lässt, wie

[18] Vgl. Helmstädter (1999: 9); Nutzinger/Hecker (2008: 568–569).

Tab. 6.1 Koalitionsfunktion des (Bei-)Spiels. Quelle: Eigene Darstellung

S	$\{\emptyset\}$	$\{A\}$	$\{B\}$	$\{C\}$	$\{A,B\}$	$\{A,C\}$	$\{B,C\}$	$\{A,B,C\}$
$v(S)$	0	200	200	200	700	500	500	1200

das „Seine" zu konkretisieren ist. Dies kann z. B. bedeuten, jedem nach seinen Leistungen, jedem nach seinem Vermögen, jedem nach seinen Bedürfnissen oder jedem die gleichen Chancen.[19] Im weiteren Verlauf wird dieses Prinzip auf die ursprünglich festgelegten Anteile von Personen im Fall der Vermögensaufteilung bezogen und als Suum-cuique-Prinzip bezeichnet. Das bedeutet, die Aufteilung orientiert sich an historisch definierten Anteilen.

Leistungsgerechtigkeit stellt auf den Zusammenhang von Leistung und Entlohnung bzw. Zuteilung ab. Dieses Prinzip – das Leistungsprinzip – ist das zentrale Prinzip wirtschaftlichen Handelns. Die Aufteilung erfolgt nach den erbrachten Leistungen der Individuen.

Richtet sich die Aufteilung ausschließlich nach dem Bedarf der Empfänger und wird dieser erfüllt, liegt **Bedarfsgerechtigkeit** vor. Es gibt eine Reihe von Bereichen, in denen das Bedarfsprinzip handlungsleitend ist, wie z. B. das Gesundheitswesen.[20] Im Zentrum der folgenden Darstellungen steht zweifellos die Identifikation einer leistungsgerechten Aufteilung. Die Aufteilungsgerechtigkeit wird in einem späteren Abschnitt diskutiert.[21]

Zur Veranschaulichung sei folgendes Beispiel betrachtet: 3 Koalitionäre können ein Investitionsprojekt allein (als Stand-alone-Koalition), in Zwei-Spieler-Koalitionen oder zu dritt realisieren. Die jeweiligen Kapitalwerte ergeben sich aus der Tab. 6.1.

Es stellt sich die Frage, wie der Wert der großen Koalition aufzuteilen ist. Eine einfache Lösung wäre eine Gleichverteilung, so dass jeder Spieler 400 € erhält. Für diesen Fall werden sich die Spieler A und B fragen, warum sie dem Spieler C zu einem derart hohen Anteil verhelfen sollten. Der Spieler C erhält in der Stand-alone-Koalition 200 € und in jeder 2-Spieler-Koalition 250 €. Das betrachtete Spiel ist konvex. In der Abb. 6.3 ist die Ausgangssituation grafisch dargestellt. Durch die Eingangsdaten aus dem Beispiel wird eine Ebene möglicher Lösungen in einem dreidimensionalen Raum aufgespannt. Diese Hyperebene stellt die Menge aller prinzipiell möglichen Auszahlungsvektoren dar, die effizient sind.[22]

Ein Lösungskonzept wird auf die Koalitionsfunktion angewendet und definiert die Auszahlungen für die einzelnen Spieler (vgl. Definition 6.3).

Definition 6.3 *Ein Lösungskonzept ist eine Funktion f, welche einem kooperativen Spiel $\Gamma(N, v)$ eine Teilmenge $f(v) \in \mathbb{R}^N$ zuweist.*

---

[19] Vgl. Kersting (2000: 55); Honecker (2004: 634).

[20] Vgl. Behrens (2009: 70).

[21] Vgl. Abschn. 6.6.1.

[22] Vgl. Tijs/Driessen (1986: 1021).

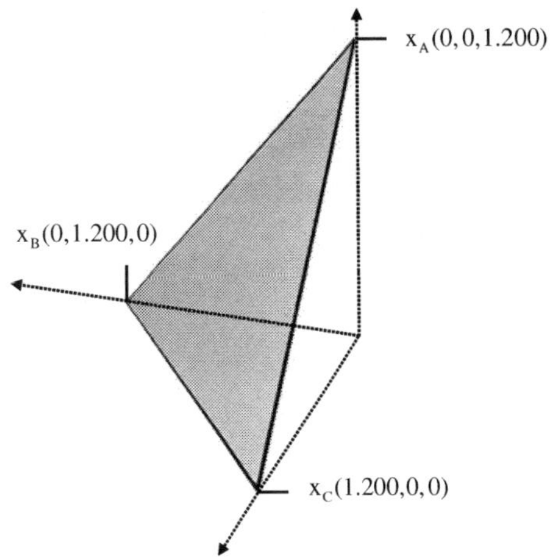

Abb. 6.3 Grafische Darstellung der Ausgangssituation. Quelle: Eigene Darstellung, in Anlehnung an: Zelewski (2009: 104)

Eine erste – scheinbar triviale – Forderung an ein Lösungskonzept ist, dass das Konzept eine eindeutige Lösung generiert (vgl. Anforderung 6.1).

Anforderung 6.1 *Die Lösung f ist eindeutig wenn $|f(v)| = 1$ für jedes Spiel (N, v).*

Mit dieser Forderung („single valuedness") soll sichergestellt werden, dass eine Lösung existiert, welche auch genau einen Wert liefert. In diesem Fall erzeugt das Lösungskonzept genau einen eindeutigen Auszahlungsvektor $x = (x_1, x_2, x_3 \ldots x_n)$ mit $x \in \mathbb{R}^N$ und verteilt auf diese Weise den Wert der großen Koalition $v(N)$. Dass diese Forderung **nicht trivial** ist, wird in Abschn. 6.4.1 und in Abschn. 6.4.5 deutlich.

Für ein und dieselbe Koalitionsfunktion existieren mehrere unterschiedliche Möglichkeiten der Ergebnisverteilung. **Grundlegendes Ziel** dieser Lösungskonzepte ist die Identifizierung einer **fairen Aufteilung**. Um eine Lösung zu erhalten, die von allen Spielern als fair empfunden wird, werden im Folgenden die wesentlichen Anforderungen formuliert.

Generell wird davon ausgegangen, dass lediglich diejenigen Lösungskonzepte akzeptiert werden und demzufolge durchsetzbar sind, die den sozialen Normen der Spieler entsprechen.[23] Schon frühzeitig ist festgestellt worden, dass dabei diskriminierende Verteilungen zu vermeiden sind, da diese keine Basis für langfristige Kooperationen bieten können.[24]

[23] Vgl. Wild (1967: 708); Wißler (1997: 38). *„In this connection we emphasize again that any game is a model of a possible social or economic organization and any solution is a possible stable standard of behavior in it."* Neumann/Morgenstern (1944: 436).
[24] Vgl. Plaßmann (1974: 130).

Folgende Anforderungen werden im weiteren Verlauf vorgestellt:[25]

1. individuelle Rationalität,
2. Effizienz,
3. Dummy-Spieler-Eigenschaft,
4. Anonymität,
5. Additivität sowie
6. Monotonie.

1. Individuelle Rationalität

Eine Lösung ist dann individuell rational, wenn jeder Spieler mindestens den Wert der stand-alone-Koalition erhält.[26]

Anforderung 6.2 *Ein Lösungskonzept f ist individuell rational, wenn gilt:* $f_i(v) \geq v(\{i\}) \forall i \in N$.

2. Effizienz

Als weitere Eigenschaft ist zu fordern, dass das gesamte Ergebnis verteilt werden soll.[27]

Anforderung 6.3 *Ein Lösungskonzept f ist effizient, wenn gilt:* $\sum_{i \in N} f_i(v) = v(N)$.

Die Effizienz-Anforderung spiegelt gleichzeitig kollektive Rationalität im Sinn der Pareto-Optimalität wider. Es werden nur Auszahlungen betrachtet, bei denen es nicht möglich ist, einen Spieler besser zu stellen, ohne einen anderen Spieler schlechter zu stellen.

Eine Zuteilung, die sowohl die Anforderung der individuellen Rationalität als auch der Effizienz erfüllt, wird als Imputation bezeichnet.[28]

Definition 6.4 *Der Vektor $x = (x_1, x_2, \ldots, x_n)$ wird in einem Spiel $\Gamma(N, v)$ als Imputation bezeichnet, wenn gilt:*

a) $x_i \geq v(\{i\})$

sowie

b) $\sum_{i \in N} x_i = v(N)$.

Zur weiteren Darstellung wird die Menge der Imputationen definiert.

[25] Vgl. Müller (2017: 268). Zu einer Reihe weiterer Anforderungen vgl. Fromen (2004: 153–180); Meinhardt (2018: 242); Zelewski (2018: 226–231).

[26] Zu einer weiterführenden Diskussion individueller Rationalität, welche sich auf die Eigenschaften der einzelnen Akteure bezieht vgl. Zelewski (2009: 95–100).

[27] Vgl. Wiese (2005: 144).

[28] Vgl. Fromen (2004: 93).

Definition 6.5 *Die Menge aller Imputationen eines Spiels $\Gamma(N, v)$ ist definiert durch*

$$I(v) = \left\{ x \in \mathbb{R}^N \mid \sum_{i \in N} x_i = v(N) \text{ und } x_i \geq v(\{i\})\, \forall i \in N \right\}.$$

Die Menge der Imputationen der wesentlichen Spiele ist immer nicht-leer, d. h. $I(v) \neq \emptyset \forall v \in W^N$.[29]

3. Dummy-Spieler-Eigenschaft
Als weitere Anforderung ist festzuhalten, dass ein Spieler, der keinen Beitrag zu einer Koalition leistet, auch keinen Anteil am Koalitionsgewinn erhält, da die Koalition ohne diesen Spieler denselben Gewinn erzielen kann.[30] Der Spieler trägt nur so viel zum Kooperationsergebnis bei, wie er in einer Ein-Spieler-Koalition erzielen würde.

Definition 6.6 *Ein Spieler $i \in N$ ist dann ein Dummy-Spieler, wenn für jede Koalition $S \subseteq N$ mit $i \notin S$ gilt: $v(S \cup \{i\}) = v(S) + v(\{i\})$.*

Für die Auszahlung an diesen Spieler muss die Dummy-Spieler-Eigenschaft gelten.[31]

Anforderung 6.4 *Ein Lösungskonzept f erfüllt die Dummy-Spieler-Eigenschaft, wenn für jeden Dummy-Spieler i gilt: $f_i(v) = v(\{i\})$.*

Die Zusammenarbeit mit einem solchen Spieler bietet keiner Koalition einen Kooperationsvorteil.

4. Anonymität
Weiterhin ist zu fordern, dass zwei Spieler, die einen identischen Beitrag leisten, gleich behandelt werden. Die Auszahlungen an die Spieler hängen demzufolge ausschließlich von ihren Beiträgen zur Koalition und nicht von anderen Faktoren (z. B. Herkunft, Bedürftigkeit, Einkommen oder Name) ab.[32] Diese Eigenschaft wird auch als Equal-Treatment-Property, als Symmetrie und im Folgenden als Anonymität bezeichnet.

Anforderung 6.5 *Ein Lösungskonzept f ist anonym, wenn für zwei Spieler i und j mit: $v(S \cup \{i\}) = v(S \cup \{j\})$ für alle $S \subseteq N$ und $i, j \notin S$ gilt: $f_i(v) = f_j(v)$.*

---

[29] Vgl. González-Díaz/García-Jurado/Fiestras-Janeiro (2010: 218).
[30] Vgl. Brânzei/Dimitrov/Tijs (2008: 10).
[31] Vgl. Wiese (2005: 201).
[32] Vgl. Fiestras-Janeiro/García-Jurado/Mosquera (2011: 4); Wiese (2005: 206–207).

5. Additivität

Die Additivität als Anforderung wurde sehr frühzeitig eingeführt,[33] jedoch ebenso frühzeitig kritisiert.[34] Die Grundidee besteht in der Forderung, dass es unerheblich sein muss, ob ein Spieler an zwei Spielen oder an einem – aus diesen beiden Spielen – zusammengesetzten Spiel teilnimmt.

Zur Erläuterung und Definition wird im Folgenden das Spiel $\Gamma_3(N, u)$ aufgeteilt in das Spiel $\Gamma_1(N, v)$ und in das Spiel $\Gamma_2(N, w)$, so dass gilt: $\Gamma_3(N, u) = \Gamma_3(N, v + w)$. Das bedeutet, dieselbe Spielermenge spielt anstelle eines Spiels zwei unabhängige Spiele, deren Wertfunktionen additiv verknüpft sind. Zur besseren Unterscheidung von der – später noch vorzustellenden – Bezeichnung „Teilspiel"[35] wird hier der Begriff **Ergänzungsspiel** eingeführt. Dabei ist es unerheblich, ob diese Spiele zeitgleich oder nacheinander gespielt werden. Wichtig ist lediglich, dass die Wertfunktionen additiv verknüpft sind.

Ein Lösungskonzept ist dann additiv, wenn es einem Spieler bei Teilnahme an zwei Spielen in der Summe denselben Anteil zuordnet, wie bei der Teilnahme an dem zusammengesetzten Spiel.[36]

Anforderung 6.6 *Ein Lösungskonzept f ist additiv, wenn für alle $i \in N$ gilt:* $f_i(v + w) = f_i(v) + f_i(w)$.

Als ökonomisch motivierte Interpretation können z. B. zwei Kostenstellen (KST) eines Unternehmens betrachtet werden. Diese werden von einem KST-Leiter verantwortet, welcher an der Höhe der Kosten gemessen und entsprechend entlohnt wird. Die Additivität fordert, dass das Entlohnungsschema dieses Verantwortlichen so gestaltet sein muss, dass die Entlohnung identisch ist, wenn sowohl beide KST einzeln oder gemeinsam abgerechnet bzw. betrachtet werden. Die Entlohnung des Verantwortlichen darf nicht durch die rechnerische Aufteilung des Unternehmens in KST beeinflusst werden – vorausgesetzt, der Produktionsprozess und die daraus resultierende Kostenhöhen und Kostenstrukturen bleiben identisch.[37] Die grundlegende Frage dieser – mathematisch einleuchtenden – Forderung ist, ob es in der (ökonomischen) Realität möglich ist, zwei **isolierte, von einander unabhängige Spiele** zu einem gemeinsamen Spiel zusammenzufassen, ohne die Wertfunktionen zu verändern.[38] Zur weiteren Analyse wird ein Beispiel eingeführt.[39]

[33] SHAPLEY führte diese Forderung als ein grundlegendes Axiom unter dem Begriff *„law of aggregation"* ein. Vgl. Shapley (1953: 309).

[34] Zu einer Gegenargumentation vgl. Luce/Raiffa (1957: 250–252). So wird z. B. festgestellt, diese Forderung sei schwer zu rechtfertigen – vgl. Fromen (2004: 175) – oder es wird darauf hingewiesen, dass diese Forderung prinzipiell aus keiner Fairnessargumentation resultiert – vgl. González-Díaz/García-Jurado/Fiestras-Janeiro (2010: 227).

[35] Vgl. Definition 6.8.

[36] Vgl. Wiese (2005: 203); Peleg/Sudhölter (2007: 152).

[37] Vgl. Müller (2017: 270).

[38] Vgl. Spinetto (1975: 486).

[39] Vgl. Luce/Raiffa (1957: 251–252).

Tab. 6.2 (Bei-)Spiele für das Additivitätsaxiom. Quelle: Eigene Darstellung

S	$\{\emptyset\}$	$\{A\}$	$\{B\}$	$\{C\}$	$\{A,B\}$	$\{A,C\}$	$\{B,C\}$	$\{A,B,C\}$
$v(S)$	0	0	0	0	0	0	0	1
$w(S)$	0	0	0	0	1	0	0	1
$u(S)$	0	0	0	0	1	0	0	2

Beispiel 6.1 *Es werden zwei isolierte Spiele $\Gamma(N,v)$ und $\Gamma(N,w)$ sowie das daraus gebildete zusammengesetzte Spiel $\Gamma(N,u) = \Gamma(N,v) + \Gamma(N,w)$ mit den Koalitionsfunktionen aus* Tab. 6.2 *betrachtet.*

Alle drei Spiele sind konvex. An diesem Beispiel wird bei Vorstellung der unterschiedlichen Lösungskonzepte untersucht, ob sie die Additivitätseigenschaft erfüllen.

6. Monotonie

Die Monotonie des Lösungskonzepts soll sicherstellen, dass sich die Anteile der Spieler nicht in die entgegengesetzte Richtung ändern, wie der Koalitionswert. Folgende, wesentliche Monotoniearten wurden für Einzelwertlösungen[40] definiert:[41]

a) Aggregatsmonotonie,
b) Koalitionsmonotonie,
c) strenge Monotonie sowie
d) Populationsmonotonie.

Diese Monotoniearten werden im weiteren Verlauf kurz erläutert.

6. a) Aggregatsmonotonie

Diese Monotonieform wurde früh eingeführt[42] und fordert bei steigendem Wert der großen Koalition nicht-sinkende Anteile der Spieler.

Anforderung 6.7 *Ein einzelwertiges Lösungskonzept f ist aggregatsmonoton, wenn für alle v und w mit:*

- $v(N) > w(N)$ *und*
- $v(S) = w(S)$ *für alle* $S \subsetneq N$

gilt: $f_i(v) \geq f_i(w)$ *für alle* $i \in N$.

[40] Vgl. Anforderung 6.1.
[41] Vgl. Arin/Katsev (2018: 305); Mueller (2018a: 408).
[42] Vgl. Megiddo (1974).

Aggregatsmonotonie bezieht sich auf den Wert der großen Koalition und ist ein intuitiv einsichtiges Kriterium,[43] da es „unlogisch“ wäre, wenn ein Anstieg des Gesamtergebnisses der Koalition zu sinkenden Anteilen der Koalitionäre führen würde. Um die verschiedenen Lösungskonzepte auf die Erfüllung der Aggregatsmonotonie zu untersuchen, wird das Beispiel 6.2 eingeführt.

Beispiel 6.2 *Es wird ein Spiel $\Gamma(N, v)$ mit $N = \{A, B, C, D\}$ und folgenden Werten betrachtet:*[44]

$$v(S) = \begin{cases} 10 & \textit{wenn } S = N, \\ 6 & \textit{für } |S| = 3 \textit{ und } \{A, B, C\} \notin S, \\ 4 & \textit{für } S = \{A, B, C\}, \\ 2 & \textit{für } |S| = 2 \textit{ und } \{A, C\} \notin S, \\ 0 & \textit{ansonsten.} \end{cases}$$

Wird der Wert der großen Koalition um den Wert 2 erhöht, resultiert das Spiel $\Gamma(N, w)$ mit $w(N) = 12$. Beide Spiele sind konvex. Wenn eine Lösung die Forderung der Aggregatsmonotonie erfüllt, ist sichergestellt, dass alle Spieler in dem Spiel $\Gamma(N, w)$ keinen geringeren Anteil erhalten als in dem Spiel $\Gamma(N, v)$.

6. b) Koalitionsmonotonie

Neben dem Umstand, dass sich der Wert der großen Koalition ändert, ist es denkbar, dass sich der Wert einer anderen, beliebigen Koalition ändert. In diesem Fall ist es legitim zu fordern, dass sich die Anteile derjenigen Spieler, welche dieser Koalition angehören, nicht in die andere Richtung bewegen, wie das Koalitionsergebnis. Diese Idee wurde von SHUBIK bei der Analyse von Kostenreduktionen im Unternehmen entwickelt. Er forderte, dass die Verantwortlichen, die Kostensenkungen erwirtschaftet haben, nicht dafür bestraft werden sollten. Dies muss auch dann gelten, wenn sich das Ergebnis des Gesamtunternehmens nicht verändert.[45]

Anforderung 6.8 *Ein einzelwertiges Lösungskonzept f ist koalitionsmonoton, wenn für alle v und w mit:*

- $v(T) > w(T)$ *für eine Koalition* $T \subseteq N$ *und*
- $v(S) = w(S)$ *für alle* $S \neq T$

gilt: $f_i(v) \geq f_i(w)$ *für alle* $i \in T$.

[43] Vgl. Young (1985: 66); Megiddo (1974: 355); Hokari (2000a: 135); Fromen (2004: 166).
[44] Vgl. Hokari (2000a: 135).
[45] *„There should always be an incentive for a manager to implement an efficiency or report a new idea if it benefits the firm as a whole no matter what changes it may cause to take place in his own operation.“* Shubik (1962: 329).

Forderung 6.8 beinhaltet Forderung 6.7. Demzufolge ist die Koalitionsmonotonie umfassender als die Aggregatsmonotonie.[46] Wenn ein Lösungskonzept die Koalitionsmonotonie erfüllt, ist automatisch die Erfüllung der Aggregatsmonotonie sichergestellt. In umgekehrter Richtung kann geschlussfolgert werden, dass eine Lösung, die die Aggregatsmonotonie nicht erfüllt, auch die Koalitionsmonotonie nicht erfüllt. Um im späteren Verlauf die Erfüllung der Koalitionsmonotonie prüfen zu können, wird das Beispiel 6.3 betrachtet.

Beispiel 6.3 *Es wird ein 4-Personen-Spiel $\Gamma(N, v)$ mit folgenden Werten eingeführt:*[47]

$$v(S) = \begin{cases} 0 & \textit{wenn } |S| = 1, \\ 0 & \textit{für } S = \{A, B\} \textit{ und für } S = \{C, D\}, \\ 2 & \textit{wenn } S = N, \\ 1 & \textit{ansonsten.} \end{cases}$$

Dieses Spiel ist nicht konvex, aber es ist superadditiv. Die zu klärende Frage wird sein, wie die unterschiedlichen Lösungskonzepte auf Änderungen dieser Wertfunktion reagieren. Dazu wird für alle im Folgenden behandelten Lösungskonzepte die Wertfunktion für $T = \{B, C, D\}$ so geändert, dass das Spiel $\Gamma(N, w)$ entsteht, mit $w(S) = v(S)$, jedoch für $w(\{B, C, D\}) = 2$.

6. c) Strenge Monotonie

Diese Monotonieform bezieht sich auf die marginalen Beiträge der Spieler zu den unterschiedlichen Koalitionen, weshalb sie manchmal auch als Marginalitätseigenschaft (*marginality property*)[48] oder Beitragsmonotonie (*contributional monotonicity*)[49] bezeichnet wird. Dabei spielt der marginale Beitrag eines Spielers i die entscheidende Rolle. Der marginale Beitrag beschreibt die Differenz zwischen dem Wert, den eine Koalition ohne den Spieler i erwirtschaftet und dem Wert, der gemeinsam mit Spieler i erreicht wird. Strenge Monotonie fordert, dass ein Spieler mit steigenden Marginalbeiträgen keine sinkenden Anteile erhalten soll. In Abhängigkeit von der Betrachtungsweise, kann der marginale Beitrag m_i des Spielers i in zwei Varianten entsprechend Definition 6.7 notiert werden.

Definition 6.7 *Der marginale Beitrag m_i des Spielers i zum Koalitionswert $v(S)$ resultiert aus:*

$$m_i v(S) = \begin{cases} v(S) - v(S \setminus \{i\}) & \textit{wenn } i \in S, \\ v(S \cup \{i\}) - v(S) & \textit{wenn } i \notin S. \end{cases}$$

Mit Definition 6.7 kann die strenge Monotonie in Anforderung 6.9 beschrieben werden.

[46] Vgl. Young (1985: 68); Housman/Clark (1998: 611); Fromen (2004: 167).
[47] Vgl. Housman/Clark (1998: 612).
[48] Vgl. Maschler/Solan/Zamir (2013: 760).
[49] Vgl. Young (1985: 69); Hokari/van Gellekom (2002: 597).

Anforderung 6.9 *Ein einzelwertiges Lösungskonzept f ist streng monoton, wenn für alle v und w mit $m_i v(S) > m_i w(S)$ für alle $S \subseteq N$ gilt: $f_i(v) \geq f_i(w)$.*

Diese Form der Monotonie fordert einen höheren Anteil am Kooperationsergebnis auf Basis höherer marginaler Beiträge. YOUNG zeigte, dass die strenge Monotonie die *Dummy-Spieler-Eigenschaft* und die *Additivität* ersetzt.[50] Das wird auch als Theorem von YOUNG bezeichnet. Es kann an dieser Stelle schon festgestellt werden, dass die Idee des marginalen Beitrags von zentraler Bedeutung für die SHAPLEY-Lösung ist.[51] Dies ist auch die Begründung dafür, dass diese Anforderung **nur von der SHAPLEY-Lösung** erfüllt wird. Alle anderen hier vorgestellten Lösungskonzepte erfüllen diese Anforderung – auch für konvexe Spiele – **nicht**.[52]

6. d) Populationsmonotonie

In den bisherigen Betrachtungen blieb die Zahl der beteiligten Spieler konstant. Jedoch ist es ebenso möglich und auch nicht ungewöhnlich, dass eine bestehende Spielermenge durch den Beitritt eines zusätzlichen Spielers vergrößert wird. In diesem Fall ist aus Fairnessgründen zu fordern, dass sich die Anteile der „alten" Spieler in dem – auf diese Weise erweiterten – neuen Spiel nicht verringern. Diese Forderung wurde als *"monotonicity with respect to changes in the number of agents"*[53] eingeführt. In einer anders gerichteten Interpretation kann formuliert werden, der Austritt eines Spielers soll bei keinem der verbleibenden Spieler zu einem steigenden Anteil führen.[54]

Zur Erläuterung und Definition wird im Folgenden aus dem Spiel $\Gamma(N, v)$ durch Austritt eines Spielers das Teilspiel $\Gamma(N', w)$ mit $N' \subsetneq N$ gebildet. Die Koalitionsfunktion des Teilspiels $\Gamma(N', w)$ besteht aus den Ergebnissen derjenigen Koalitionen, die nach Austritt des Spielers noch übrig sind, so dass gilt: $w(S) = v(S)$ für alle $S \subseteq N'$.[55]

Definition 6.8 *Ein Teilspiel von $\Gamma(N, v)$ ist das Spiel $\Gamma(N', w)$, wobei $\emptyset \neq N' \subsetneq N$ und $w(S) = v(S)$ für alle $S \subseteq N'$.*

Mit Definition 6.8 kann die Populationsmonotonie in Anforderung 6.10 beschrieben werden.

Anforderung 6.10 *Ein einzelwertiges Lösungskonzept f ist populationsmonoton, wenn für das Teilspiel $\Gamma(N', w)$ des Spiels $\Gamma(N, v)$ gilt: $f_i(w) \leq f_i(v)$ für alle $i \in N'$.*

Ökonomisch relevant ist die Populationsmonotonie z. B. bei der Umstrukturierung eines Unternehmens, bei einer Fusion oder bei einer Aufspaltung, so dass sich die Anzahl

50 Vgl. Young (1985: 71); Gilles (2010: 81); Carreras/Owen (2013: 701).
51 Vgl. Definition 6.12.
52 Vgl. Young (1985: 70); Hokari/van Gellekom (2002: 600); Peleg/Sudhölter (2007: 157).
53 Thomson (1983a: 321); Thomson (1983b: 214).
54 Vgl. Sönmez (1994: 4); Getán/Montes (2010: 495).
55 Vgl. Hokari (2000b: 329–331); Peleg/Sudhölter (2007: 33).

der Verantwortungsbereiche (z. B. cost center, profit center, investment center) und/oder die Anzahl der darin zusammengefassten Mitarbeiter verändert. Wenn davon ausgegangen wird, dass die Vergrößerung eines Bereiches (Erhöhung der Spieleranzahl) zu einem besseren Ergebnis der neuen Koalition führt (wenigstens jedoch zu keinem schlechteren Ergebnis), so dass eine der wünschenswerten Eigenschaften – Monotonie, Superadditivität oder Konvexität – erfüllt ist,[56] so ist die Forderung plausibel, dass die Mitglieder der „Alt-Bereiche" keine geringere Erfolgsbeteiligung erhalten als vor der Erweiterung.

Die Veränderung der Spielerzahl führt demzufolge auch zu einer veränderten Wertfunktion. Hier erscheint ein Vergleich mit der **Additivität**[57] notwendig. Im Fall der Additivität ändert sich weder der Gesamtwert eines Spiels durch die Aufspaltung oder Zusammenlegung, noch die Anzahl der Spieler. Deshalb wurden diese Spiele als Ergänzungsspiele bezeichnet. Gleichzeitig wurde kritisiert, dass es im realen Leben kaum möglich ist, zwei Spiele entweder komplett isoliert voneinander oder zusammen zu spielen, so dass sich die Summe des zusammengelegten Spiels aus den Summen der Ergänzungsspiele ergibt.

Im Fall eines Teilspiels nach Definition 6.8 hingegen entsteht durch den Austritt eines Spielers oder den Beitritt eines neuen Spielers auch eine Wertfunktion mit veränderter Spielerzahl und neuem Wert der großen Koalition. Zur Erläuterung wird die Situation in Beispiel 6.4 betrachtet.

Beispiel 6.4 *Ein 4-Personen-Spiel $\Gamma(N, v)$ wird durch den Austritt des Spielers D auf ein 3-Personen-Spiel $\Gamma(N', w)$ reduziert (vgl.* Tab. 6.3). *Zur besseren Unterscheidung werden die Teilkoalitionen von $\Gamma(N, v)$ mit $S \subseteq N$ und die Teilkoalitionen von $\Gamma(N', w)$ mit $T \subseteq N'$ bezeichnet.*

Tab. 6.3 (Bei-)Spiel für die Populationsmonotonie. Quelle: Eigene Darstellung

Ausgangssituation des 4-Personen-Spiels $\Gamma(N,v)$							
S	$v(S)$	S	$v(S)$	S	$v(S)$	S	$v(S)$
$\emptyset$	0	$\{D\}$	0	$\{B,C\}$	1	$\{A,B,D\}$	3
$\{A\}$	0	$\{A,B\}$	2	$\{B,D\}$	1	$\{A,C,D\}$	3
$\{B\}$	0	$\{A,C\}$	2	$\{C,D\}$	1	$\{B,C,D\}$	3
$\{C\}$	0	$\{A,D\}$	0	$\{A,B,C\}$	4	$\{A,B,C,D\}$	6
Reduziertes 3-Personen-Spiel $\Gamma(N',w)$							
T	$w(T)$	T	$w(T)$	T	$w(T)$		
$\emptyset$	0			$\{B,C\}$	1		
$\{A\}$	0	$\{A,B\}$	2				
$\{B\}$	0	$\{A,C\}$	2				
$\{C\}$	0			$\{A,B,C\}$	4		

[56] Wenn keine der Eigenschaften erfüllt ist, stellt sich die Frage nach der ökonomischen Sinnhaftigkeit der Erweiterung.

[57] Vgl. Anforderung 6.6.

Beide Spiele sind konvex. Eine populationsmonotone Lösung stellt sicher, dass die Anteile der Spieler A, B und C in dem reduzierten 3-Personen-Spiel nicht größer sind als in dem ursprünglichen 4-Personen-Spiel. Keiner der Spieler A, B und C soll demzufolge einen Anreiz haben, den Spieler D aus dem Spiel zu verdrängen. Das Beispiel lässt sich auch in der umgekehrten Richtung wie folgt interpretieren: ausgehend von einem 3-Personen-Spiel darf keiner der Spieler A, B und C einen Anreiz haben, den Beitritt eines neuen Spielers D zu verhindern. Dies ist dann der Fall, wenn die Anteile der Spieler A, B und C durch den Beitritt nicht sinken.

Dieses Beispiel wird bei der Analyse der unterschiedlichen Lösungskonzepte wieder aufgegriffen. Nachdem diese Anforderungen[58] vorgestellt wurden, können die Lösungskonzepte eingeführt werden.

6.4 Vorstellung und Analyse ausgewählter Lösungskonzepte

6.4.1 Kern

6.4.1.1 Beschreibung und Definition

Ein wesentliches Lösungskonzept für kooperative Spiele ist der Kern.[59] Grundgedanke ist die Identifikation von Auszahlungen, die keinen Anreiz bieten, die Koalition zu verlassen. Das ist der Fall, wenn keine andere Zuteilung existiert, die einem Koalitionär eine höhere Auszahlung bietet. Dies wird als Dominanz bezeichnet.

Definition 6.9 *Die Zuteilung x dominiert die Zuteilung y bezüglich der Koalition S, wenn es eine nicht-leere Koalition gibt, für die gilt:*[60]

a) $x_i \geq y_i \forall i \in S$ *und für mindestens ein* $i \in S$ *gilt:* $x_i > y_i$

sowie

b) $\sum_{i \in S} x_i \leq v(S)$.

[58] Eine Anforderung wird im weiteren Verlauf noch vorgestellt. Vgl. Anforderung 6.11.

[59] Vgl. Gillies (1959). Ein alternativer Lösungsansatz besteht in dem Konzept stabiler Mengen, das durch VON NEUMANN und MORGENSTERN entwickelt wurde. Da die Umsetzbarkeit dieses Konzepts jedoch mit einigen Schwierigkeiten verbunden ist, wird es hier nicht vorgestellt. Stattdessen wird auf die Literatur verwiesen. Vgl. Wiese (2005: 177–183); Holler/Illing (2009: 278–280).

[60] Diese Form der Dominanz wird als schwache Dominanz bezeichnet. Gilt die Beziehung $x_i > y_i \forall i \in S$, liegt strikte Dominanz vor. Für kooperative Spiele mit transferierbarem Nutzen ist die Unterscheidung in strikte und schwache Dominanz jedoch nicht relevant, da der Vorteil eines Spielers umverteilt werden kann. Vgl. Holler/Illing (2009: 265–266).

Die Menge der Imputationen, die nicht dominiert werden, wird als Kern eines Spiels $C(v)$ bezeichnet. Diese Imputationen werden durch keine anderen Auszahlungsvektoren dominiert.

Definition 6.10 *Der Kern des Spiels $\Gamma(N, v)$ wird definiert durch:*

$$C(v) = \left\{ x \in I(v) | \sum_{i \in S} x_i \geq v(S) \forall S \subseteq N \right\}.$$

Der Kern besteht aus Auszahlungsvektoren, die:[61]

- individuell rational,
- kollektiv rational und
- durch keine – nicht-große – Koalition blockierbar sind.

Der Kern eines Spiels gibt eine Menge an Auszahlungen an, liefert jedoch keinen exakten Aufteilungsvorschlag. Diese Menge kann:

- sehr groß, aber auch
- leer sein.

Ausgehend von den bisherigen Darstellungen können die Rahmenbedingungen für eine mögliche Lösung des Beispiels aus Tab. 6.1 wie folgt zusammengefasst werden:[62]

$$\begin{aligned} x_A, x_B, x_C &\geq 200 && \text{Individuelle Rationalität (Anford. 6.2)} \\ x_A + x_B + x_C &= 1.200 && \text{Effizienz bzw. Pareto-Optimalität (Anford. 6.3)} \\ \left.\begin{aligned} x_A + x_B &\geq 700 \\ x_A + x_C &\geq 500 \\ x_B + x_C &\geq 500 \end{aligned}\right\} && && \text{Nicht-Blockierbarkeit (Anford. an den Kern)} \end{aligned}$$

Zusammenfassung der Bedingungen der Nicht-Blockierbarkeit:

$$\begin{aligned} 2 \cdot (x_A + x_B + x_C) &\geq 1.700 \\ x_A + x_B + x_C &\geq 850 \end{aligned}$$

Die Menge von Auszahlungen, die diesem System von Ungleichungen entspricht, stellt den Kern dar. Aus der Abb. 6.4 wird ersichtlich, dass das Konzept des Kerns lediglich eine Menge an möglichen Vektoren liefert, weshalb das Konzept auch als „Mengenansatz" bezeichnet wird.

[61] Vgl. Fromen (2004: 98–99); Bamberg/Coenenberg/Krapp (2012: 202–203).

[62] Vgl. Karagök (2006: 29).

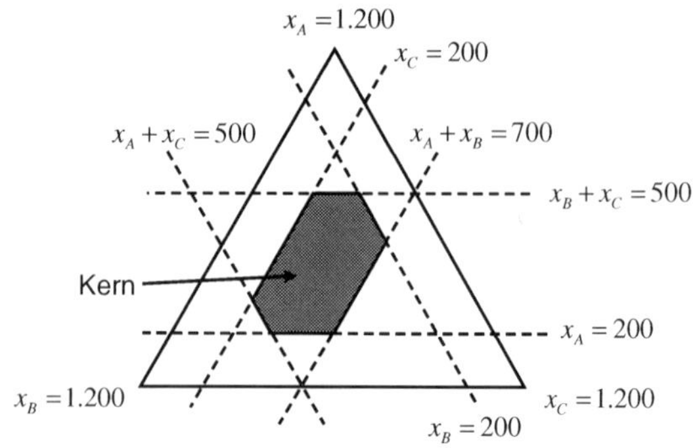

Abb. 6.4 Grafische Darstellung des Kerns. Quelle: Eigene Darstellung mit den Eingangsdaten aus der Tab. 6.1

6.4.1.2 Eigenschaften

Der Lösungsraum für das Verteilungsproblem wird mit dem Kern auf diejenigen Zuteilungen beschränkt, die fair und deshalb langfristig stabil sind. Das bedeutet, lediglich Spiele mit einem nicht-leeren Kern verfügen über eine stabile Lösungsmenge und können einen Anreiz zur Kooperation bieten. Deshalb wäre es wünschenswert, diejenigen Spiele zu identifizieren, die über einen nicht-leeren Kern verfügen. Um diese Spiele zu identifizieren, wird die folgende Argumentation verwendet:[63]

Jeder Spieler $i \in N$ verfügt über bestimmte Ressourcen, z. B. personelle bzw. finanzielle Ressourcen oder Arbeitszeit. Diese Ressourcen kann er für die Erwirtschaftung des Koalitionsergebnisses einsetzen. Nun sind jedoch viele Koalitionen denkbar, in denen der Spieler i mitarbeiten kann. Wenn dieser Spieler nicht sämtliche ihm zur Verfügung stehende Ressourcen einsetzt, kann geschlussfolgert werden, dass ihm diese ungenutzten Ressourcen keinen zusätzlichen Nutzen stiften. Als rationaler Akteur würde er diese sonst einsetzen, um seinen Nutzen zu vergrößern. Offensichtlich ist es für alle Akteure nur dann ökonomisch sinnvoll, sich an einer Koalition zu beteiligen, wenn jeder Akteur seine Ressourcen voll in die Koalition einbringt. Zur Beschreibung der Zugehörigkeit eines Spielers i zu einer Koalition S wird der Zugehörigkeitsvektor z_S eingeführt. Dabei handelt es sich um einen (0,1)-Vektor mit $z_S = (z_S(1), z_S(2), \dots z_S(n))$.[64]

Definition 6.11 *Für $S \subseteq N$ ist der charakteristische Zugehörigkeitsvektor $z_S(i)$ von S definiert durch:*

$$z_S(i) = \begin{cases} 1: & \textit{für } i \in S, \\ 0: & \textit{für } i \in N \backslash S. \end{cases}$$

Der Umstand, dass ein Spieler seine gesamten Ressourcen in die möglichen Koalitionen einbringt, wird mit dem Begriff der **Balanciertheit** bzw. **Ausgewogenheit** beschrieben. Im Folgenden wird eine Menge von nicht-leeren Koalitionen als Koalitionsfamilie

[63] Vgl. Karagök (2006: 37); Wiese (2005: 161–162).
[64] Vgl. Driessen (1988: 47); Karagök (2006: 36).

$\mathfrak{B}$ mit $\mathfrak{B} = \{S_1, S_2, \ldots, S_m\}$ bezeichnet. Weiterhin wird der Gewichtungsfaktor α_j mit $j = 1, \ldots, m$ eingeführt, der beschreibt, welchen Anteil die Koalition S_j an der Gesamtzahl der Koalitionen aufweist, an denen der Spieler i beteiligt ist.[65]

Eigenschaft 6.6 *Eine Koalitionsfamilie $\mathfrak{B} \subseteq 2^N \backslash \emptyset$ heißt balanciert, wenn es für jeden Spieler $i \in N$ reellwertige Koeffizienten $0 \leq \alpha_j \leq 1$ gibt, so dass gilt:*

$$\sum_{j=1}^{m} \alpha_j z_{S_j}(i) = 1 \forall S_j \in \mathfrak{B}.$$

Mit dem Produkt $\alpha_j z_{S_j}(i)$ wird das Gewicht der Koalition S_j aus Sicht des Spielers i beschrieben, an der er beteiligt ist. Mit dem Konzept der balancierten Koalitionsfamilie kann der Begriff des balancierten Spiels definiert werden.[66]

Eigenschaft 6.7 *Ein Spiel $\Gamma(N, v)$ heißt balanciert, wenn für jede balancierte Koalitionsfamilie $\mathfrak{B} \subseteq 2^N \backslash \emptyset$ gilt:*

$$\sum_{S \in \mathfrak{B}} \alpha_S v(S) \leq v(N), \textit{ wobei } \sum_{S \in \mathfrak{B}: i \in S} \alpha_S = 1 \textit{ für alle } i \in N.$$

Alternativ und gleichbedeutend zur obigen Darstellung kann formuliert werden, dass das Spiel balanciert ist, wenn gilt: $\sum_{j=1}^{m} \alpha_j v(S_j) \leq v(N)$. Als Beispiel sei die Koalitionsfunktion des Ausgangsspiels in Tab. 6.1 herangezogen und es wird die Koalitionsfamilie $\mathfrak{B} = \{\{B\}, \{C\}, \{A, B\}, \{A, C\}\}$ betrachtet. Als Gewichtungsvektor wird $(\frac{2}{5}, \frac{3}{5}, \frac{3}{5}, \frac{2}{5})$ gewählt und die Koalitionsfamilie wird als erstes auf Balanciertheit untersucht. Der Zugehörigkeitsvektor für den Spieler A ergibt sich somit durch $z_S(A) = (0, 0, 1, 1)$. Für die übrigen Spieler resultieren $z_S(B) = (1, 0, 1, 0)$ sowie $z_S(C) = (0, 1, 0, 1)$. Damit ergeben sich die folgenden Zwischenresultate:

- Spieler A: $\sum_{j=1}^{4} \alpha_j z_{S_j}(A) = \frac{2}{5} \cdot 0 + \frac{3}{5} \cdot 0 + \frac{3}{5} \cdot 1 + \frac{2}{5} \cdot 1 = 1.$
- Spieler B: $\sum_{j=1}^{4} \alpha_j z_{S_j}(B) = \frac{2}{5} \cdot 1 + \frac{3}{5} \cdot 0 + \frac{3}{5} \cdot 1 + \frac{2}{5} \cdot 0 = 1.$
- Spieler C: $\sum_{j=1}^{4} \alpha_j z_{S_j}(C) = \frac{2}{5} \cdot 0 + \frac{3}{5} \cdot 1 + \frac{3}{5} \cdot 0 + \frac{2}{5} \cdot 1 = 1.$

Die betrachtete Koalitionsfamilie ist demzufolge balanciert. Die Überprüfung des zugrunde liegenden Spiels auf Balanciertheit mit dieser einen balancierten Koalitionsfamilie

[65] Vgl. Peleg/Sudhölter (2007: 28); Karagök (2006: 37); Jain/Mahdian (2007: 388).

[66] Vgl. Shapley (1967: 456); Peleg/Sudhölter (2007: 28–29); Karagök (2006: 40).

ergibt folgende Werte:

$$\begin{aligned}\sum_{j=1}^{4} \alpha_j v(S_j) &= \alpha_1 \cdot v(\{B\}) + \alpha_2 \cdot v(\{C\}) + \alpha_3 \cdot v(\{A, B\}) + \alpha_4 \cdot v(\{A, C\}) \\ &= \frac{2}{5} \cdot 200 + \frac{3}{5} \cdot 200 + \frac{3}{5} \cdot 700 + \frac{2}{5} \cdot 500 \\ &= 820 < v(N) = 1.200.\end{aligned}$$

Es konnte schon frühzeitig gezeigt werden, dass die Eigenschaft der Balanciertheit eine notwendige und hinreichende Bedingung für die Existenz eines nicht-leeren Kerns ist.[67] Es gilt:[68]

Eigenschaft 6.8 *Die Balanciertheit eines Spiels ist sowohl eine* ***notwendige*** *als auch eine* ***hinreichende Bedingung*** *für die Existenz eines nicht-leeren Kerns.*

Im weiteren Verlauf wird mit B^N die Klasse der balancierten Spiele mit der Spielermenge N bezeichnet. Später konnte bewiesen werden, dass auch der Kern konvexer Spiele ebenfalls niemals leer ist.[69] Jedoch ist die Konvexität[70] nur eine hinreichende Bedingung für die Existenz eines nicht-leeren Kerns.[71]

Eigenschaft 6.9 *Konvexität ist eine* ***hinreichende*** *– jedoch* ***keine notwendige*** *– Bedingung für die Existenz eines nicht-leeren Kerns.*

Demzufolge existieren auch Spiele, die einen nicht-leeren Kern haben, jedoch trotzdem nicht konvex sind. Die konvexen Spiele sind demzufolge eine Teilmenge der balancierten Spiele. Es ist deshalb eine wünschenswerte Eigenschaft eines Lösungskonzepts, dass es – immer dann, wenn der Kern nicht-leer ist – eine Lösung erzeugt, die im Kern liegt. Diese Anforderung ist die letzte fehlende Eigenschaft und wird als Kernselektion („core selection“) bezeichnet.[72]

Anforderung 6.11 *Eine Einzelwertlösung f erfüllt die Eigenschaft der Kernselektion, wenn $f(v) \in C(v)$ für alle $v \in B^N$.*

---

[67] Diese Aussage wird auch als BONDAREVA-SHAPLEY-Theorem (in schwacher Form) bezeichnet, da es auf Arbeiten von OLGA BONDAREVA (1937–1991) und LLOYD S. SHAPLEY (1923–2016) zurückgeht. Vgl. Bondareva (1963); Shapley (1967).

[68] Vgl. Peleg/Sudhölter (2007: 29); Maschler/Solan/Zamir (2013: 696–701).

[69] Vgl. Shapley (1971: 24).

[70] Vgl. Eigenschaft 6.5.

[71] Vgl. Wißler (1997: 43).

[72] Vgl. Calleja/Rafels/Tijs (2012: 901).

Damit soll sichergestellt werden, dass eine Lösung „automatisch" im Kern liegt, wenn dieser nicht leer ist. So kann die Überprüfung – ob die gefundene Lösung Bestandteil des nicht-leeren Kerns ist – entfallen. Lösungen mit dieser Eigenschaft werden auch als **Kernlösungen** bezeichnet.

Hier ist es wichtig, auf den Zusammenhang von „Kernselektion" und zweier Monotoniearten hinzuweisen. Die Aggregatsmonotonie[73] ist für alle Klassen kooperativer Spiele problemlos mit der Kernselektion zu vereinbaren. Für die Koalitionsmonotonie[74] hingegen ist ein fundamentaler Gegensatz hervorzuheben. Es existiert ein Zielkonflikt zwischen „Kernselektion" und „Koalitionsmonotonie" für balancierte Spiele (vgl. Eigenschaft 6.10).

Eigenschaft 6.10 *Für Spiele mit $v \in B^{|N|\geq 4}$ gibt es kein Lösungskonzept, das die Anforderungen „Kernselektion" und „Koalitionsmonotonie" erfüllt.*

Somit ist es für balancierte Spiele mit mindestens 4 Spielern nicht möglich, ein Lösungskonzept zu identifizieren, dass beide Anforderungen erfüllt.[75] Werden jedoch konvexe Spiele betrachtet die – wie bereits dargestellt wurde – eine Teilmenge der balancierten Spiele sind, existieren Lösungskonzepte, die beide Anforderungen vereinen. Im weiteren Verlauf werden zwei davon – die SHAPLEY-Lösung[76] und die DUTTA-RAY-Lösung[77] – vorgestellt.

Um eine Aussage zur Balanciertheit des Spiels insgesamt treffen zu können, muss diese Überprüfung für alle balancierten Koalitionsfamilien durchgeführt werden. Dabei ist es erforderlich, sämtliche mögliche Gewichtungsvektoren zu überprüfen. Zur Veranschaulichung sei das Spiel in Tab. 6.4 betrachtet.[78] Wird die Koalitionsfamilie $\mathfrak{B} = \{\{A\}, \{A, B\}, \{A, C\}, \{B, C\}\}$ gewichtet mit dem Vektor $(\frac{1}{2}, \frac{1}{4}, \frac{1}{4}, \frac{3}{4})$, so resultiert:

$$\sum_{j=1}^{4} \alpha_j v(S_j) = \frac{1}{2} \cdot 2 + \frac{1}{4} \cdot 8 + \frac{1}{4} \cdot 8 + \frac{3}{4} \cdot 4 = 8 = v(N).$$

Dies könnte auf ein balanciertes Spiel hinweisen. Wird jedoch dieselbe Koalitionsfamilie mit dem Vektor $(\frac{1}{4}, \frac{3}{8}, \frac{3}{8}, \frac{5}{8})$ gewichtet, so ergibt sich:

$$\sum_{j=1}^{4} \alpha_j v(S_j) = \frac{1}{4} \cdot 2 + \frac{3}{8} \cdot 8 + \frac{3}{8} \cdot 8 + \frac{5}{8} \cdot 4 = 9 \nleq v(N).$$

73 Vgl. Anforderung 6.7.

74 Vgl. Anforderung 6.8.

75 Vgl. Young (1994b: 1211); Housman/Clark (1998: 612); Hougaard (2009: 85). *„There is no escape from this fact: if you want a unique outcome in the core you must face some undesirable nonmonotonicity consequences."* Maschler (1992: 614).

76 Vgl. Abschn. 6.4.2.

77 Vgl. Abschn. 6.4.5.

78 Vgl. Lohman/Borm/Herings (2012: 129).

Tab. 6.4 (Bei-)Spiel für unterschiedliche Gewichtungsfaktoren. Quelle: Eigene Darstellung

S	$\{\emptyset\}$	$\{A\}$	$\{B\}$	$\{C\}$	$\{A,B\}$	$\{A,C\}$	$\{B,C\}$	$\{A,B,C\}$
$v\,(S)$	0	2	0	0	8	8	4	8

Das Spiel ist demzufolge nicht balanciert. Es wird deutlich, dass für ein und dieselbe Koalitionsfamilie mehrere Gewichtungsvektoren möglich sind. Dies erschwert die Prüfung eines Spiels auf Balanciertheit ebenso, wie die stark ansteigende Anzahl an prinzipiell möglichen Koalitionsfamilien bei steigender Spielermenge. So existieren für ein 3-Personen-Spiel 42 mögliche Koalitionsfamilien und bei einem 4-Personen-Spiel existieren schon 18.878 Familien.[79] Eine Reduktion dieser Menge ist realisierbar durch die Definition einer weiteren Klasse von Spielen – den **minimal balancierten Spielen**.[80]

Eigenschaft 6.11 *Wenn in einer balancierten Koalitionsfamilie $\mathfrak{B}$ keine echte Teilmenge balanciert ist, so ist sie eine minimal balancierte Koalitionsfamilie $\mathfrak{B}_{\text{min}}$.*

Jede balancierte Familie besteht aus minimal balancierten Familien.[81] Bei den minimal balancierten Familien handelt es sich um Familien mit nur einem **einzigen möglichen Gewichtungsvektor**.[82]

Eigenschaft 6.12 *Ein Spiel $\Gamma(N, v)$ heißt minimal balanciert, wenn für jede minimal balancierte Koalitionsfamilie $\mathfrak{B}_{\text{min}} \subseteq 2^N \backslash \emptyset$ gilt:*

$$\sum_{S \in \mathfrak{B}_{\text{min}}} \alpha_S v(S) \leq v(N), \text{ wobei } \sum_{S \in \mathfrak{B}_{\text{min}}: i \in S} \alpha_S = 1 \text{ für alle } i \in N.$$

Auf Basis der Eigenschaft der minimalen Balanciertheit wird das BONDAREVA-SHAPLEY-Theorem in starker Form formuliert (vgl. Eigenschaft 6.13).[83]

Eigenschaft 6.13 *Die Minimal-Balanciertheit eines Spiels ist sowohl eine **notwendige** als auch eine **hinreichende Bedingung** für die Existenz eines nicht-leeren Kerns.*

In jedem 3-Personen-Spiel sind folgende minimal balancierte Familien möglich:

$$\mathfrak{B}_{\text{min};1} = \{\{A\}, \{B\}, \{C\}\},\ \mathfrak{B}_{\text{min};2} = \{\{A, B\}, \{C\}\},\ \mathfrak{B}_{\text{min};3} = \{\{A, C\}, \{B\}\},$$
$$\mathfrak{B}_{\text{min};4} = \{\{B, C\}, \{A\}\},\ \mathfrak{B}_{\text{min};5} = \{\{A, B\}, \{A, C\}, \{B, C\}\}.$$

[79] Vgl. Lohman/Borm/Herings (2012: 130).
[80] Vgl. Shapley (1967: 453–454); Gilles (2010: 38–39); Karagök (2006: 39).
[81] Vgl. Shapley (1967: 457); Peleg/Sudhölter (2007: 30–31); Karagök (2006: 43).
[82] Vgl. Peleg (1965: 155–156).
[83] Vgl. Peleg/Sudhölter (2007: 30–31); Karagök (2006: 43).

Dabei beträgt der Gewichtungsvektor für die erste Familie $(1, 1, 1)$, für die Zwei-Spieler-Koalitionsfamilien jeweils $(1, 1)$ und für die fünfte Familie $(\frac{1}{2}, \frac{1}{2}, \frac{1}{2})$. Für ein 4-Personen-Spiel existieren 41 mögliche minimal balancierte Familien, was im Vergleich zur Gesamtzahl an balancierten Familien sehr gering ist.[84] Für das Eingangsbeispiel aus Tab. 6.1 wird die Überprüfung auf minimale Balanciertheit durchgeführt. Es resultieren die folgenden Werte:

$$\sum_{S \in \mathfrak{B}_{\min;1}} \alpha_S \cdot v(S) = 1 \cdot 200 + 1 \cdot 200 + 1 \cdot 200 = 600 < 1.200 = v(N)$$

$$\sum_{S \in \mathfrak{B}_{\min;2}} \alpha_S \cdot v(S) = 1 \cdot 700 + 1 \cdot 200 = 900 < 1.200 = v(N)$$

$$\sum_{S \in \mathfrak{B}_{\min;3}} \alpha_S \cdot v(S) = 1 \cdot 500 + 1 \cdot 200 = 700 < 1.200 = v(N)$$

$$\sum_{S \in \mathfrak{B}_{\min;4}} \alpha_S \cdot v(S) = 1 \cdot 500 + 1 \cdot 200 = 700 < 1.200 = v(N)$$

$$\sum_{S \in \mathfrak{B}_{\min;5}} \alpha_S \cdot v(S) = \frac{1}{2} \cdot 700 + \frac{1}{2} \cdot 500 + \frac{1}{2} \cdot 500 = 850 < 1.200 = v(N)$$

Das Spiel ist demzufolge minimal balanciert und besitzt einen nicht-leeren Kern, der schon in Abb. 6.4 dargestellt wurde.

Der Kern wurde als Lösungskonzept auch im ökonomischen Kontext schon frühzeitig eingesetzt.[85] Bei der Analyse der Prozesskostenrechnung konnte gezeigt werden, dass die damit ermittelten Zuteilungen – d. h. die auf die Produkte verrechneten Gemeinkosten – immer im nicht-leeren Kern liegen.[86]

Der Kern liefert als mengenwertiges Lösungskonzept keine eindeutige Lösung, sondern lediglich – wenn vorhanden – eine nicht-leere Lösungsmenge. Somit ist die Anforderung 6.1 nicht erfüllt, was ein wesentlicher Nachteil ist.

In den letzten Jahrzehnten ist eine Reihe von Lösungskonzepten entstanden, die zu eindeutigen Ergebnissen führen.[87] In den folgenden Abschnitten werden vier dieser Lösungskonzepte vorgestellt.

[84] Vgl. Shapley (1967: 459); Lohman/Borm/Herings (2012: 130). Vgl. auch die Übungsaufgabe 6.5.
[85] Vgl. Sääksjärvi (1986: 248–249); Hof (1993: 31–33).
[86] Vgl. Charles/Hansen (2008: 292).
[87] Vgl. Fromen (2004: 95–138); Curiel (1997: 2–15); Güth (1999: 222–245).

6.4.2 Shapley-Lösung

6.4.2.1 Beschreibung und Definition

Dieses Lösungskonzept ist das älteste der hier vorgestellten Konzepte, wurde 1953 von LLOYD S. SHAPLEY entwickelt,[88] und in der Folgezeit nach ihm benannt. Der Grundgedanke ist: Jeder Spieler erhält einen Anteil, der von seinen Beiträgen zu den prinzipiell möglichen – also allen denkbaren – Koalitionen abhängt. Der Beitrag des Spielers besteht in der Wertsteigerung, die er durch die Teilnahme an der Koalition bewirkt. Dieser Wert wird als **marginaler Beitrag** bezeichnet.[89]

Zur Ermittlung des Anteils werden **alle möglichen Reihenfolgen**, mittels derer die Koalitionen unter Teilnahme des Spielers i gebildet werden, festgestellt und für jede dieser Reihenfolgen wird der marginale Beitrag des Spielers i ermittelt. Es existieren $n!$ Reihenfolgen, in denen die einzelnen Spieler der Koalition beitreten können.

Weiterhin wird angenommen, dass alle Reihenfolgen **gleich wahrscheinlich** sind. Der so gebildete **gewichtete marginale Beitrag** des Spielers $\phi_i(v)$ wird als SHAPLEY-Wert des Spielers bezeichnet[90] und entsprechend Definition 6.12 ermittelt.

Definition 6.12 *Für ein Spiel $\Gamma(N, v)$ ist der* SHAPLEY-*Wert $\phi_i(v)$ für alle $i \in N$ wie folgt bestimmt:*

$$\phi_i(v) = \sum_{S \subseteq N \setminus \{i\}} \frac{|S|!(n - |S| - 1)!}{n!} [v(S \cup \{i\}) - v(S)] .$$

Bei Verwendung derjenigen Koalitionen S, denen Spieler i angehört, lässt sich der SHAPLEY-Wert alternativ zur Definition 6.12 wie folgt formulieren:

$$\phi_i(v) = \sum_{i \in S; S \subseteq N} \frac{(|S| - 1)!(n - |S|)!}{n!} [v(S) - v(S \setminus \{i\})] .$$

Es werden nun beispielhaft die Wahrscheinlichkeiten für den Beitritt eines Spielers in einem 3-Personen-Spiel nach Definition 6.12 demonstriert:[91]

- Eintritt an erster Stelle: $\frac{0!(3-0-1)!}{3!} = \frac{1}{3}$
- Eintritt an zweiter Stelle: $\frac{1!(3-1-1)!}{3!} = \frac{1}{6}$
- Eintritt an dritter Stelle: $\frac{2!(3-2-1)!}{3!} = \frac{1}{3}$

[88] Vgl. Shapley (1953). LLOYD S. SHAPLEY (1923–2016) erhielt im Jahr 2012 zusammen mit ALVIN E. ROTH den „Wirtschaftsnobelpreis".

[89] Vgl. Definition 6.7.

[90] Vgl. Shapley (1953: 311); Fiestras-Janeiro/García-Jurado/Mosquera (2011: 5); Schichtel (1981: 18); Bitz (1981: 275).

[91] Dabei gilt die Konvention, dass $0! = 1$.

Es muss darauf hingewiesen werden, dass für einen Spieler zwei Möglichkeiten bestehen, an zweiter Stelle einzutreten. Dies führt in der Summe zu der Gesamtwahrscheinlichkeit von 1. Der SHAPLEY-Wert für das Beispiel in Tab. 6.1 für den Spieler A resultiert aus Definition 6.12 mit:

$$\phi_A(v) = \underbrace{\frac{1}{3}\cdot 200}_{\substack{\text{Beitritt}\\ \text{an 1. Stelle}}} + \underbrace{\frac{1}{6}\cdot 500}_{\substack{\text{Beitritt}\\ \text{an 2. Stelle zu B}}} + \underbrace{\frac{1}{6}\cdot 300}_{\substack{\text{Beitritt}\\ \text{an 2. Stelle zu C}}} + \underbrace{\frac{1}{3}\cdot 700}_{\substack{\text{Beitritt}\\ \text{an 3. Stelle}}}$$

$$\underline{\underline{\phi_A(v) = \frac{1300}{3}}}$$

Der SHAPLEY-Wert von Spieler B ist in diesem Spiel identisch mit dem Anteil des Spielers A, weshalb folgt:

$$\underline{\underline{\phi_B(v) = \frac{1300}{3}}}$$

Der SHAPLEY-Wert für den Spieler C resultiert mit:

$$\phi_C(v) = \underbrace{\frac{1}{3}\cdot 200}_{\substack{\text{Beitritt}\\ \text{an 1. Stelle}}} + \underbrace{\frac{1}{6}\cdot 300}_{\substack{\text{Beitritt}\\ \text{an 2. Stelle zu A}}} + \underbrace{\frac{1}{6}\cdot 300}_{\substack{\text{Beitritt}\\ \text{an 2. Stelle zu B}}} + \underbrace{\frac{1}{3}\cdot 500}_{\substack{\text{Beitritt}\\ \text{an 3. Stelle}}}$$

$$\underline{\underline{\phi_C(v) = \frac{1000}{3}}}$$

Die Gesamtheit aller SHAPLEY-Werte ergibt die SHAPLEY-Lösung.[92] Alternativ lässt sich die SHAPLEY-Lösung auch mittels einer tabellarischen Auflistung der Marginalbeiträge aller Permutationen ermitteln (vgl. Tab. 6.5). Ein Vergleich mit der Tab. 4.16 zeigt die Gemeinsamkeiten mit dem SHAPLEY-SHUBIK-Index.

Die Lage der SHAPLEY-Lösung für das Beispiel ist in der Abb. 6.5 zu sehen. Die Darstellung zeigt in Verbindung mit der Abb. 6.4, dass die SHAPLEY-Lösung im Kern liegt.

„*Der* Shapley-*Wert kann auch als Richtschnur für ‚schiedsgerichtliche Entscheidungen' benützt werden.*"[93] Es ist das bekannteste Lösungskonzept. Die verfügbare Literatur ist äußerst umfangreich.[94]

---

[92] In der englischsprachigen Literatur wird die SHAPLEY-Lösung durchgängig als „Shapley-*value*" oder lediglich „*value*" bezeichnet. Da mit Definition 6.12 jedoch lediglich der Anteil eines Spielers ermittelt wird, wird im weiteren Verlauf das Konzept bzw. der Vektor aller SHAPLEY-Werte als SHAPLEY-Lösung bezeichnet.

[93] Reichardt (1969: 286), Hervorhebungen im Original.

[94] Beispielhaft seien hier angeführt Littlechild/Owen (1973); Faulhaber (1975); Loehman/Whinston (1976); Suzuki/Nakayama (1976); Hamlen/Hamlen/Tschirhart (1980); Tijs/Driessen (1986); Rideout/Wagner (1988); Roth (1988), Moulin (1992). Überblicksbeiträge zu ökonomischen Anwendungen enthalten Winter (2002); Fischer (2008: 170–174); Serrano (2013); Guajardo/Rønnqvist (2016: 380). Zu einer umfassenden Diskussion vgl. Zelewski (2009: 43–53).

Tab. 6.5 Tabellarische Ermittlung der SHAPLEY-Lösung. Quelle: Eigene Darstellung auf Basis der Tab. 6.1

	$m_i v(S) = v(S) - v(S \setminus \{i\})$		
Permutationen	$m_A v(S)$	$m_B v(S)$	$m_C v(S)$
A, B, C	200	500	500
A, C, B	200	700	300
B, A, C	500	200	500
B, C, A	700	200	300
C, A, B	300	700	200
C, B, A	700	300	200
Summe	2.600	2.600	2.000
SHAPLEY-Wert	$\frac{2.600}{6} = \frac{1.300}{3}$	$\frac{2.600}{6} = \frac{1.300}{3}$	$\frac{2.000}{6} = \frac{1.000}{3}$

Abb. 6.5 Lage der SHAPLEY-Lösung. Quelle: Eigene Darstellung auf Basis der Tab. 6.1

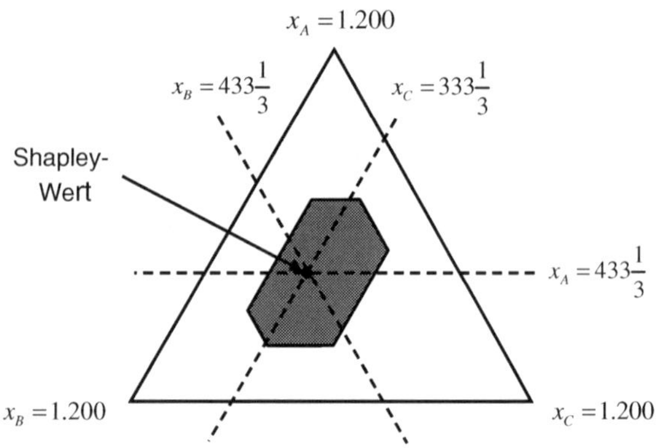

6.4.2.2 Eigenschaften

Die SHAPLEY-Lösung erfüllt für **alle kooperativen Spiele** die Forderung nach:[95]

- Existenz und Eindeutigkeit,
- Effizienz,
- Anonymität,
- Dummy-Spieler-Eigenschaft,
- Additivität.

Sie ist das einzige Lösungskonzept, das alle diese Eigenschaften erfüllt.[96] Für jedes wesentliche Spiel ist die SHAPLEY-Lösung individuell rational. Die SHAPLEY-Lösung ist zwar immer existent und eindeutig definiert, ist jedoch nicht notwendigerweise Bestandteil des Kerns. Sie erfüllt die Anforderung der Kernselektion nicht für alle Spielklassen

[95] Vgl. Mueller (2018a: 412).

[96] Vgl. Peleg/Sudhölter (2007: 152–154).

Tab. 6.6 SHAPLEY-Werte für das Additivitätsbeispiel. Quelle: Eigene Darstellung

	A	B	C
$\phi_i(v)$	1/3	1/3	1/3
$\phi_i(w)$	1/2	1/2	0
$\phi_i(u)$	5/6	5/6	1/3

und ist deshalb **keine Kernlösung**. Die SHAPLEY-Lösung **konvexer Spiele** befindet sich **immer im nicht-leeren Kern**.[97]

Zu Überprüfung der **Additivität** wird hier das Beispiel 6.1 aufgegriffen. Die in Tab. 6.2 angegeben Spiele sind konvex. Demzufolge ist der Kern nicht-leer und die SHAPLEY-Lösung ist eine Kernlösung. Aus der Definition 6.12 ergeben sich die SHAPLEY-Werte in Tab. 6.6.

Die SHAPLEY-Lösung ist demzufolge additiv. Mit Blick auf den Koalitionär C stellt sich jedoch die Frage, welchen ökonomischen Beitrag dieser Spieler leistet. Der Wert sämtlicher nicht-großer Koalitionen, an denen dieser Spieler beteiligt ist, ist Null. Aus Sicht dieses Spielers ist das Spiel $\Gamma(N, u)$ erstrebenswert. Zur Lösung des Spiels $\Gamma(N, u)$ würde sich – neben der SHAPLEY-Lösung – die Verhandlung zwischen Spieler C einerseits und Koalition A, B andererseits um den Wert $u(N)$ anbieten. Dabei würde der marginale Beitrag von C in Höhe von 1 aufzuteilen sein. Würde dem Spieler die Hälfte dieses Wertes angeboten, würde die Lösung $\left(\frac{3}{4}, \frac{3}{4}, \frac{1}{2}\right)$ resultieren. Im Vorgriff auf die folgenden Lösungskonzepte sei hier festgestellt, dass der NUCLEOLUS[98] genau die Verhandlungslösung von $\left(\frac{3}{4}, \frac{3}{4}, \frac{1}{2}\right)$ liefert. Würde marginale Beitrag von C in Höhe von 1 jedoch gleich verteilt, resultiert die SHAPLEY-Lösung.

Eine wichtige Eigenschaft der SHAPLEY-Lösung ist die Erfüllung der **Aggregatsmonotonie**.[99] Dazu werden die zwei konvexen Spiele aus Beispiel 6.2 herangezogen. Für das Spiel $\Gamma(N, v)$ mit $v(N) = 10$ resultieren die folgenden Werte:

$$\phi_A(v) = 2\frac{1}{6}, \quad \phi_B(v) = \frac{5}{2}, \quad \phi_C(v) = 2\frac{1}{6} \text{ und } \phi_D(v) = 3\frac{1}{6}.$$

Für das Spiel $\Gamma(N, w)$ mit $w(N) = 12$ ergeben sich folgende Resultate:

$$\phi_A(w) = 2\frac{2}{3}, \quad \phi_B(w) = 3, \quad \phi_C(w) = 2\frac{2}{3} \text{ und } \phi_D(w) = 3\frac{2}{3}.$$

Die Aggregatsmonotonie ist demnach für dieses Beispiel erfüllt. Es kann darüber hinaus gezeigt werden, dass die SHAPLEY-Lösung die Aggregatsmonotonie für alle kooperativen Spiele erfüllt.[100]

[97] Vgl. Shapley (1971: 29).
[98] Vgl. Abschn. 6.4.3.
[99] Vgl. Anforderung 6.7.
[100] Vgl. Megiddo (1974: 355).

Um zu untersuchen, ob die SHAPLEY-Lösung die **Koalitionsmonotonie**[101] erfüllt, wird nun das Beispiel 6.3 aufgegriffen. Die betrachteten Spiele $\Gamma(N, v)$ und $\Gamma(N, w)$ sind **nicht konvex**, jedoch **balanciert** und superadditiv. Für die Wertefunktion des Ursprungsspiels $\Gamma(N, v)$ ergeben sich die SHAPLEY-Werte:

$$\phi_A(v) = \phi_B(v) = \phi_C(v) = \phi_D(v) = \frac{1}{2}.$$

Diese Werte liegen im nicht-leeren Kern des Spiels. Nun wird die SHAPLEY-Lösung auf die veränderte Wertfunktion $w(N)$ des Spiels $\Gamma(N, w)$ angewendet. Es galt: $v(\{B, C, D\}) = 1 < w(\{B, C, D\}) = 2$. Das führt zu folgenden Resultaten:

$$\phi_A(w) = \frac{1}{4}, \quad \phi_B(w) = \phi_C(w) = \phi_D(w) = \frac{7}{12}.$$

Alle Spieler der Koalition mit dem erhöhten Ergebnis erhalten demzufolge auch eine Erhöhung ihrer Anteile. Damit wird die Koalitionsmonotonie von der SHAPLEY-Lösung erfüllt. Diese Aussage gilt für **alle kooperativen Spiele**.[102]

Jedoch muss darauf hingewiesen werden, dass die SHAPLEY-Lösung des Spiels $\Gamma(N, w)$ **nicht** im nicht-leeren Kern des Spiels liegt. Damit wird der erwähnte Zielkonflikt zwischen den Anforderungen „Kernselektion“ und „Koalitionsmonotonie“ verdeutlicht.[103] Die Lösung erfüllt die Koalitionsmonotonie, liegt jedoch nicht im Kern.

Für konvexe Spiele kann hingegen festgestellt werden, dass die SHAPLEY-Lösung die Eigenschaften „Kernselektion“ und „Koalitionsmonotonie“ miteinander vereint.[104]

Die SHAPLEY-Lösung sichert **Populationsmonotonie**[105] für die Klasse der **konvexen Spiele**.[106] Wird das Beispiel 6.4 herangezogen, resultieren die SHAPLEY-Werte für das 3-Personen-Spiel $\Gamma(N', w)$ mit:

$$\phi_A(w) = \frac{5}{3} \text{ und } \phi_B(w) = \phi_C(w) = \frac{7}{6}.$$

Die Analyse des erweiterten 4-Personen-Spiels $\Gamma(N, v)$ führt zu:

$$\phi_A(v) = \phi_B(v) = \phi_C(v) = \frac{5}{3} \text{ und } \phi_D(v) = 1.$$

Der Beitritt des zusätzlichen Spielers D schadet bei Verwendung der SHAPLEY-Lösung keinem Spieler der bisher bestehenden Koalition.

Wenn jedoch **nicht-konvexe Spiele** vorliegen, ist auch die SHAPLEY-Lösung nicht in der Lage, Populationsmonotonie sicherzustellen. Das zeigt das Beispiel in Tab. 6.7.

[101] Vgl. Anforderung 6.8.
[102] Vgl. Shubik (1962: 336); Young (1985: 69); Maschler (1992: 614).
[103] Vgl. Eigenschaft 6.10.
[104] Vgl. Arin/Katsev (2016: 1026); Hougaard/Peleg/Østerdal (2005: 432).
[105] Vgl. Anforderung 6.10.
[106] Vgl. Sprumont (1990: 382); Rosenthal (1990: 49–50); Hokari (2000b: 328).

Tab. 6.7 (Bei-)Spiel für die nicht populationsmonotone SHAPLEY-Lösung. Quelle: Eigene Darstellung

Ausgangssituation des 4-Personen-Spiels $\Gamma(N,v)$							
S	$v(S)$	S	$v(S)$	S	$v(S)$	S	$v(S)$
$\emptyset$	0	$\{D\}$	4	$\{B,C\}$	10	$\{A,B,D\}$	15
$\{A\}$	2	$\{A,B\}$	10	$\{B,D\}$	8	$\{A,C,D\}$	15
$\{B\}$	3	$\{A,C\}$	6	$\{C,D\}$	8	$\{B,C,D\}$	15
$\{C\}$	4	$\{A,D\}$	6	$\{A,B,C\}$	15	$\{A,B,C,D\}$	21

Reduziertes 3-Personen-Spiel $\Gamma(N',w)$							
T	$w(T)$	T	$w(T)$	T	$w(T)$		
$\emptyset$	0			$\{B,C\}$	10		
$\{A\}$	2	$\{A,B\}$	10				
$\{B\}$	3	$\{A,C\}$	6				
$\{C\}$	4			$\{A,B,C\}$	15		

Beide Spiele sind nicht konvex, jedoch sind sie superadditiv und balanciert. Für das Ursprungsspiel $\Gamma(N,v)$ resultieren die folgenden SHAPLEY-Werte:

$$\phi_A(v) = \frac{9}{2}, \quad \phi_B(v) = \frac{35}{6}, \quad \phi_C(v) = \frac{11}{2} \quad \text{und} \quad \phi_D(v) = \frac{31}{6}.$$

Der Austritt von Spieler D führt zu dem 3-Personen-Spiel $\Gamma(N',w)$, welches folgende SHAPLEY-Werte produziert:

$$\phi_A(w) = \frac{23}{6}, \quad \phi_B(w) = \frac{19}{3} \quad \text{und} \quad \phi_C(w) = \frac{29}{6}.$$

Beide Lösungen befinden sich im nicht-leeren Kern, jedoch erhöht sich der Anteil von Spieler B durch den Austritt von D, was der Forderung der Populationsmonotonie widerspricht. Es stellt sich jedoch die Frage, ob im Fall nicht-konvexer Spiele prinzipiell eine populationsmonotone Zuteilung existiert.[107]

Ergänzend zu den Ausführungen zur strengen Monotonie[108] wird hier noch einmal darauf hingewiesen, dass die SHAPLEY-Lösung das **einzige Lösungskonzept** ist, dass diese Forderung erfüllt.[109] Gemäß dem Theorem von YOUNG[110] ersetzt die strenge Monotonie die Dummy-Spieler-Eigenschaft und die Additivität. Damit ist die SHAPLEY-Lösung das einzige Lösungskonzept, das die Forderung nach:[111]

[107] Hier kann darauf verwiesen werden, dass eine populationsmonotone Lösung für nicht konvexe Spiele existiert. Dabei handelt es sich um eine spezielle Klasse nicht konvexer, balancierter Spiele, die sog. Externalitätenspiele. Vgl. Grafe/Iñarra/Zarzuelo (1998).

[108] Vgl. Anforderung 6.9

[109] Vgl. Young (1985: 70); Hokari/van Gellekom (2002: 600); Peleg/Sudhölter (2007: 157).

[110] Vgl. Young (1985: 71).

[111] Vgl. Young (1985: 70); Peleg/Sudhölter (2007: 156–158); Gilles (2010: 80–82).

- Existenz und Eindeutigkeit,
- Effizienz,
- Anonymität und
- strenger Monotonie

erfüllt.

Mit Blick auf die zugrunde liegende Argumentation ist die Annahme der gleich wahrscheinlichen Bildung der Koalitionen sowie der Fakt, dass jede der prinzipiell möglichen Koalitionen berücksichtigt wird, zu kritisieren. Die diskutierten Eigenschaften der SHAPLEY-Lösung sind in der Tab. 6.16 zusammengefasst.

6.4.3 Nucleolus

6.4.3.1 Beschreibung und Definition

Der NUCLEOLUS wurde 1969 von DAVID SCHMEIDLER entwickelt. Die Argumentation des NUCLEOLUS basiert auf folgendem Gedankenspiel: Zum Zweck der gerechten Aufteilung soll ein unabhängiger „Schlichter" entsprechende Vorschläge unterbreiten. **Ziel** ist es, den Gewinn der großen Koalition so zu verteilen, dass **kein Spieler benachteiligt** wird. Wenn ein Spieler durch die Aufteilung benachteiligt würde, hätte er die Möglichkeit, die große Koalition zu verlassen. Dann würde der Spieler eine Außenseiterkoalition bilden, in der er zwar weniger erwirtschaften würde als in der großen Koalition, diesen Gewinn jedoch auch mit weniger Koalitionären bzw. im Fall der Stand-alone-Lösung gar nicht teilen müsste. Genau das soll der „Schlichter" verhindern. Um über das Maß der Benachteiligung der Spieler zu entscheiden, wird der sog. Koalitionsüberschuss herangezogen.

Der Begriff des Koalitionsüberschusses spielt in diesem Konzept die zentrale Rolle. Der Begriff scheint auf einen positiven Umstand hinzudeuten, wie ähnliche Begriffe in der Betriebswirtschaftslehre vermuten lassen, so z. B. Jahresüberschuss, Einzahlungsüberschuss. An dieser Stelle ist jedoch genau das Gegenteil gemeint. Im Prinzip wird ein **Defizit** ermittelt, das durch die Differenz zwischen Koalitionswert und Koalitionsauszahlung bestimmt wird.[112]

Definition 6.13 *In einem Spiel $\Gamma(N, v)$ wird der Überschuss einer Koalition $S \subseteq N$ in Bezug auf einen Auszahlungsvektor $x \in I(v)$ definiert durch:*

$$e(S, x) = v(S) - \sum_{i \in S} x_i .$$

[112] Vgl. Schmeidler (1969: 1163).

Der Überschuss $e(S, x)$ stellt demnach die Differenz zwischen dem Koalitionswert und der Auszahlung an diese Koalition dar. Eine Koalition ist bezüglich eines Auszahlungsvektors x umso schlechtergestellt, je größer der Koalitionsüberschuss $e(S, x)$ ist. Deshalb wird der Koalitionsüberschuss auch als „Maß der Unzufriedenheit" der Koalition S bezüglich des Auszahlungsvektors x interpretiert.[113]

Die Vorgehensweise besteht nun darin, dass der „Schlichter" einen Auszahlungsvorschlag unterbreitet, für den im Anschluss das Maß der Unzufriedenheit aller Koalitionen ermittelt wird, ausgedrückt durch den Vektor der Koalitionsüberschüsse.[114] Im nächsten Schritt wird der „Schlichter" versuchen, diese Unzufriedenheit zu reduzieren, indem er einen neuen Vorschlag unterbreitet.

Dieses Vorgehen wird so lange fortgesetzt, bis es keinen besseren Vorschlag mehr gibt. Es wird versucht, den Vektor der Überschüsse zu minimieren. Dazu wird der Vektor der Überschüsse geordnet, beginnend mit dem höchsten Wert – also der größten Unzufriedenheit. Für den Überschuss einer Koalitionspartei S_i in Bezug auf den Auszahlungsvektor x wird formuliert: $e(S_i, x) = \theta_i(x)$.[115]

Definition 6.14 *Der Vektor der – in nicht-aufsteigender Reihenfolge – geordneten Koalitionsüberschüsse $\Theta(x)$ ist definiert durch:*

$$\Theta(x) = (\theta_1(x); \theta_2(x); \theta_3(x); \ldots; \theta_{2^n}(x))$$

mit

$$\theta_i(x) \geq \theta_j(x) \text{ wobei } 1 \leq i \leq j \leq 2^n.$$

Ziel ist die Minimierung **aller** Koalitionsüberschüsse.[116] Der Überschuss der großen Koalition beträgt Null, da:

$$e(N, x) = v(N) - \sum_{i \in N} x_i = v(N) - v(N) = 0.$$

Dasselbe gilt für die leere Koalition $\emptyset$. Der „Schlichter" schlägt mehrere Vektoren vor, welche miteinander zu vergleichen sind. Für diesen Vergleich wird das Konzept der lexikografischen Ordnung herangezogen.[117]

[113] Vgl. Schichtel (1981: 14).
[114] Vgl. Fischer (2008: 68).
[115] Vgl. Karagök (2006: 45).
[116] Vgl. Driessen (1988: 38); Schichtel (1981: 15).
[117] Vgl. Karagök (2006: 46). Vgl. auch die Verwendung der lexikografischen Ordnung im Rahmen von multikriteriellen Entscheidungen im Abschn. 3.1.2.2.2.

Definition 6.15 *Ein Vektor $\Theta(x)$ ist lexikografisch kleiner als der Vektor $\Theta(y)$, falls es eine Indexzahl m gibt, so dass gilt:*

a) $\theta_i(x) = \theta_i(y) \forall 1 \leq i < m$

sowie

b) $\theta_m(x) < \theta_m(y)$.

In diesem Fall gilt: $\Theta(x) <_{\text{Lex}} \Theta(y)$. Das Schlichter-Verfahren wird so lange fortgesetzt, bis es keine Auszahlung mehr gibt, die den Vektor der geordneten Überschüsse weiter minimiert. Die dann gefundene Lösung ist der NUCLEOLUS. Der NUCLEOLUS nuc(v) eines Spiels ist die Menge aller Imputationen x, die $\Theta(x)$ lexikografisch minimieren.[118]

Definition 6.16 *Der* NUCLEOLUS nuc(v) *eines Spiels $\Gamma(N, v)$ mit $v \in W^N$ ist definiert mit:* $\text{nuc}(v) = \{x \in I(v) | \Theta(x) \leq_{\text{Lex}} \Theta(y) \forall y \in I(v)\}$.

Zur Veranschaulichung wird das Beispiel aus Tab. 6.1 aufgegriffen. Es wird angenommen, der Schlichter begönne mit dem Lösungsvorschlag der Gleichverteilung. Demzufolge ist $x_1(400, 400, 400)$. Die weiteren Schritte, Zwischenergebnisse und das Endergebnis sind in der Tab. 6.8 zu sehen.
Der NUCLEOLUS ergibt sich aus dieser Tabelle mit $\text{nuc}(v) = (425, 425, 350)$. Dieser Wert kann durch keine alternative Zuteilung verbessert werden. Diese Zuteilung bietet also den lexikografisch kleinsten Vektor der geordneten Überschüsse. Zum Vergleich wird der Vektor der geordneten Überschüsse herangezogen, der bei Verwendung der zuvor ermittelten SHAPLEY-Lösung resultieren würde. Dies ist $x_{\text{Shapley}} = (433\frac{1}{3}, 433\frac{1}{3}, 333\frac{1}{3})$. Der Vektor der geordneten Überschüsse resultiert mit:

$$\Theta(x_{\text{Shapley}}) = \left(0, 0, -133\frac{1}{3}, -166\frac{2}{3}, -233\frac{1}{3}, -233\frac{1}{3}, -266\frac{2}{3}, -266\frac{2}{3}\right).$$

Im Vergleich mit $\Theta(x_4)$ muss geschlussfolgert werden:

$$\Theta(x_{\text{Shapley}}) >_{\text{Lex}} \Theta(x_4).$$

Somit stellt die SHAPLEY-Lösung keine Verbesserung im Vergleich zu x_4 im Sinne des NUCLEOLUS dar.

[118] Vgl. Fiestras-Janeiro/García-Jurado/Mosquera (2011: 6); Driessen (1988: 38).

Tab. 6.8 Ermittlung des NUCLEOLUS für das (Bei-)Spiel. Quelle: Eigene Darstellung auf Basis von Tab. 6.1

S	$\{\emptyset\}$	$\{A\}$	$\{B\}$	$\{C\}$	$\{A,B\}$	$\{A,C\}$	$\{B,C\}$	$\{A,B,C\}$
$v\ (S)$	0	200	200	200	700	500	500	1.200
$e\ (S,x)$	0	$200-x_A$	$200-x_B$	$200-x_C$	$700-(x_A+x_B)$	$500-(x_A+x_C)$	$500-(x_B+x_C)$	0
1. Schritt: Vorschlag: $x_1(400,400,400)$								
$e\ (S,x_1)=\theta(x_1)$	0	−200	−200	−200	−100	−300	−300	0
Resultat: Vektor der geordneten Überschüsse: $\Theta(x_1)=(0,0,-100,-200,-200,-200,-300,-300)$. Fazit: Koalition A,B ist am unzufriedensten. Schlussfolgerung: Anteil der Koalition $\{A,B\}$ im 2. Schritt erhöhen.								
2. Schritt: Vorschlag: $x_2(450,450,300)$								
$e\ (S,x_2)=\theta(x_2)$	0	−250	−250	−100	−200	−250	−250	0
Resultat: Vektor der geordneten Überschüsse: $\Theta(x_2)=(0,0,-100,-200,-250,-250,-250,-250)$. Vergleich der beiden Vektoren: Vektor $\Theta(x_2)$ ist lexikografisch kleiner als Vektor $\Theta(x_1)$. Es kann formuliert werden: $\Theta(x_2)<_{Lex}\Theta(x_1)$. Fazit: Der 2. Schritt ging in die richtige Richtung, jedoch ist jetzt Koalitionär C am unzufriedensten. Schlussfolgerung: Anteil des Koalitionärs $\{C\}$ im 3. Schritt erhöhen.								
3. Schritt: Vorschlag: $x_3(420,420,360)$								
$e\ (S,x_3)=\theta(x_3)$	0	−220	−220	−160	−140	−280	−280	0
Resultat: Vektor der geordneten Überschüsse: $\Theta(x_3)=(0,0,-140,-160,-220,-220,-280,-280)$. Vergleich der beiden Vektoren: Vektor $\Theta(x_3)$ ist lexikografisch kleiner als Vektor $\Theta(x_2)$. Es kann formuliert werden: $\Theta(x_3)<_{Lex}\Theta(x_2)$. Fazit: Der 3. Schritt ging in die richtige Richtung, jedoch ist jetzt Koalition A,B wieder am unzufriedensten. Schlussfolgerung: Anteil der Koalition $\{A,B\}$ im 4. Schritt erhöhen.								
4. Schritt: Vorschlag: $x_4(425,425,350)$								
$e\ (S,x_4)=\theta(x_4)$	0	−225	−225	−150	−150	−275	−275	0
Resultat: Vektor der geordneten Überschüsse: $\Theta(x_4)=(0,0,-150,-150,-225,-225,-275,-275)$. Vergleich der beiden Vektoren: Vektor $\Theta(x_4)$ ist lexikografisch kleiner als Vektor $\Theta(x_3)$. Es kann formuliert werden: $\Theta(x_4)<_{Lex}\Theta(x_3)$. Fazit: Der 4. Schritt stellt für dieses Beispiel den letzten Schritt dar. Eine weitere Verbesserung im Sinne des NUCLEOLUS ist nicht möglich. Schlussfolgerung: NUCLEOLUS: **(425, 425, 350)**								

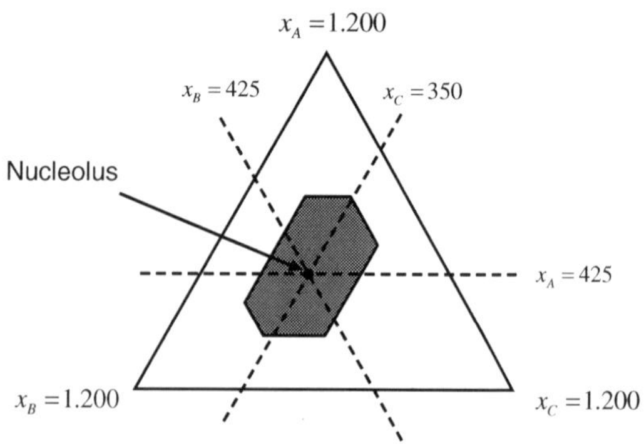

Abb. 6.6 Lage des NUCLEOLUS. Quelle: Eigene Darstellung auf Basis von Tab. 6.1

Tab. 6.9 SHAPLEY-Werte und NUCLEOLUS für das Additivitätsbeispiel. Quelle: Eigene Darstellung

	A	B	C
$nuc_i(v)$	$1/3$	$1/3$	$1/3$
$nuc_i(w)$	$1/2$	$1/2$	0
$nuc_i(u)$	$3/4$	$3/4$	$1/2$
$\phi_i(u)$	$5/6$	$5/6$	$1/3$

Die Definition und Lage des NUCLEOLUS für das Beispiel aus Tab. 6.1 ist in der Abb. 6.6 zu sehen. Die Darstellung zeigt in Verbindung mit der Abb. 6.4, dass der NUCLEOLUS des Beispiels im Kern liegt.

6.4.3.2 Eigenschaften

Der NUCLEOLUS erfüllt in der Klasse der **wesentlichen Spiele** die Forderung:[119]

- Existenz und Eindeutigkeit,
- Kernselektion,
- individuelle Rationalität,
- Effizienz,
- Dummy-Spieler-Eigenschaft und
- Anonymität.

Somit ist der NUCLEOLUS eine **Kernlösung**. Mit Blick auf die **Additivität** sind in Tab. 6.9 die NUCLEOLUS-Werte der Spiele aus Tab. 6.2 aufgeführt. Es wird deutlich, dass der NUCLEOLUS – im Gegensatz zur SHAPLEY-Lösung – **nicht** additiv ist.

Als nächstes wird die Erfüllung der **Aggregatsmonotonie**[120] untersucht. Dazu werden die zwei konvexen Spiele aus Beispiel 6.2 herangezogen. Der NUCLEOLUS ergibt sich für $\Gamma(N, v)$ mit $v(N) = 10$ mit: $\text{nuc}(v) = (2, 2, 2, 4)$. Für das Spiel $\Gamma(N, w)$ mit $w(N) = 12$ folgt: $\text{nuc}(w) = (3, 3, 3, 3)$.

[119] Vgl. Mueller (2018a: 414).
[120] Vgl. Anforderung 6.7.

Für den Spieler D führt die Erhöhung des Spielwertes zu einer Verringerung seines Anteils. Dies steht im Widerspruch zur Forderung der Aggregatsmonotonie.[121] Damit wurde gezeigt, dass der NUCLEOLUS die Aggregatsmonotonie für Spiele mit $v \in K^{|N| \geq 4}$ nicht erfüllt.

Bei der Einführung der Kernselektion[122] wurde darauf hingewiesen, dass die Aggregatsmonotonie mit der Kernselektion vereinbart werden kann. Dies scheint im Widerspruch zur soeben nachgewiesenen Verletzung der Aggregatsmonotonie durch den NUCLEOLUS zu stehen. Es existieren jedoch Kernlösungen, die beide Anforderungen erfüllen,[123] jedoch im vorliegenden Buch nicht behandelt werden.

Aus der Nichterfüllung der Aggregatsmonotonie folgt gleichzeitig, dass die **Koalitionsmonotonie**[124] ebenfalls **nicht erfüllt** wird. Zur Erläuterung wird das Beispiel 6.3 aufgegriffen. Die betrachteten Spiele $\Gamma(N, v)$ und $\Gamma(N, w)$ sind **nicht konvex**, jedoch **balanciert** und superadditiv. Für die Wertefunktion des Ursprungsspiels $\Gamma(N, v)$ ergibt sich der NUCLEOLUS mit:

$$\text{nuc}(v) = \left(\frac{1}{2}, \frac{1}{2}, \frac{1}{2}, \frac{1}{2}\right).$$

Nun wird der NUCLEOLUS auf die veränderte Wertfunktion $w(N)$ des Spiels $\Gamma(N, w)$ ermittelt. Es galt: $v(\{B, C, D\}) = 1 < w(\{B, C, D\}) = 2$. Das führt zum NUCLEOLUS mit:

$$\text{nuc}(w) = (0, 0, 1, 1).$$

Der Spieler B ist Mitglied derjenigen Koalition, welche ein erhöhtes Ergebnis erwirtschaftet. Jedoch erhält er einen geringeren Anteil als vor dieser Wertsteigerung. Das verstößt gegen die Forderung der Koalitionsmonotonie. Jedoch kann festgestellt werden, dass der NUCLEOLUS des Spiels $\Gamma(N, w)$ im nicht-leeren Kern des Spiels liegt. Damit wird der erwähnte Zielkonflikt zwischen den Anforderungen „Kernselektion" und „Koalitionsmonotonie" verdeutlicht.[125] Der NUCLEOLUS erfüllt die Koalitionsmonotonie nicht, liegt jedoch immer im Kern (wenn der Kern nicht-leer ist).

Jedoch muss für die konvexen Spiele – als Teilklasse der balancierten Spiele – festgehalten werden, dass der NUCLEOLUS die Eigenschaften „Kernselektion" und „Koalitionsmonotonie" nicht vereinen kann.[126]

Die **Populationsmonotonie**[127] wird für die wichtige Klasse der konvexen Spiele vom NUCLEOLUS ebenfalls **nicht** erfüllt, wie ein Blick auf das Beispiel 6.4 zeigt. Der

---

[121] *„Der ... Nukleolus erkauft sich den Vorteil, immer zum nichtleeren Kern zu gehören, mit der Verletzung des Monotonie-Axioms."* Wiese (2005: 239).

[122] Vgl. Anforderung 6.11.

[123] Vgl. Calleja/Rafels/Tijs (2012: 902).

[124] Vgl. Anforderung 6.8.

[125] Vgl. Eigenschaft 6.10.

[126] Vgl. Hougaard/Peleg/Østerdal (2005: 432).

[127] Vgl. Anforderung 6.10.

NUCLEOLUS für das reduzierte 3-Personen-Spiel $\Gamma(N', w)$ ergibt sich mit:

$$\text{nuc}(w) = (2, 1, 1).$$

Wird das ursprüngliche 4-Personen-Spiel $\Gamma(N, v)$ betrachtet, resultiert:

$$\text{nuc}(v) = \left(\frac{5}{3}, \frac{5}{3}, \frac{5}{3}, 1\right).$$

Der Anteil von Spieler A erhöht sich durch den Austritt von Spieler D (oder anders formuliert: der Beitritt von Spieler D schadet dem Spieler A), was im Widerspruch zur Populationsmonotonie steht.

Jedoch kann an dieser Stelle auf den Abschn. 6.5.3 verwiesen werden. In diesem Abschnitt wird eine Klasse von Spielen vorgestellt, die zwar auch konvex sind, für die der NUCLEOLUS die Populationsmonotonie jedoch erfüllt.

Der NUCLEOLUS wurde ebenfalls schon mehrfach zur Analyse von ökonomischen Fragestellungen eingesetzt.[128] Nachteilig beim NUCLEOLUS ist der Berechnungsaufwand,[129] weshalb dieses Lösungskonzept nicht so verbreitet ist wie die SHAPLEY-Lösung. Darüber hinaus sind fehlerhafte Ergebnisse zu konstatieren, die darauf basieren, dass zur Berechnung ein lineares Programm erforderlich ist, welches unter Umständen mehrere Lösungen haben kann.[130]

Die diskutierten Eigenschaften des NUCLEOLUS sind in der Tab. 6.16 zusammengefasst.

6.4.4 Tijs-Wert

6.4.4.1 Beschreibung und Definition

Ansetzend an der Kritik der SHAPLEY-Lösung wurde schon vor längerer Zeit das Konzept des TIJS-Wertes entwickelt, der häufiger als τ-Wert bezeichnet wird.[131] Dieses Konzept zeichnet sich dadurch aus, dass es auf Basis der sachlogischen Verhandlungssituation entwickelt wird, die sich den Spielern darstellt. Bei diesem Konzept werden in einem ersten Schritt eine Ober- und eine Untergrenze festgelegt.

Als obere Grenze wird der Vektor der Grenzbeiträge der einzelnen Spieler zur großen Koalition ermittelt. Der Grenzbeitrag eines Spielers i ist die Differenz zwischen dem

[128] Vgl. Suzuki/Nakayama (1976); Littlechild/Thompson (1977); Legros (1986); Hof (1993: 35–38); Hallefjord/Helming/Jørnsten (1995); Tsukamoto/Iyoda (1996); Fromen (1997); Stamtsis/Erlich (2004); Homburg/Scherpereel (2008); Bhakar et al. (2010); Songhuai et al. (2006); Fischer (2008: 70); Massol/Tchung-Ming (2010); Frisk et al. (2010); Kimms/Çetiner (2012); Guajardo/Rønnqvist (2016: 380).

[129] Vgl. Schmeidler (1969: 1164); Arin/Feltkamp (2005: 333); Karagök (2006: 65).

[130] Vgl. Guajardo/Jørnsten (2015); Mueller (2018b).

[131] Vgl. Tijs (1981); Driessen/Tijs (1985). Benannt nach dem Begründer STEF TIJS, geb. 1937.

Wert, den die große Koalition erreichen kann und dem Wert, den diese Koalition ohne den Spieler i erzielen kann. Diese Differenz stellt die obere Grenze für die Auszahlung an den Spieler i dar. Dem Spieler wird keine höhere Auszahlung gewährt als der Wert, den er durch seine Teilnahme an der großen Koalition beiträgt.[132]

Definition 6.17 *In einem Spiel $\Gamma(N, v)$ wird der Obervektor b wie folgt definiert:* $b_i = v(N) - v(N \setminus \{i\})\ \forall i \in N.$

Die i-te Koordinate b_i dieses Obervektors ist der marginale Beitrag des Spielers i in Bezug auf die große Koalition. Dieser Vektor wird auch als Utopia-Vektor bezeichnet. Zur Ermittlung der unteren Grenze wird folgende Überlegung angestellt: im Fall, dass sich der Spieler i nicht an der großen Koalition beteiligt, besteht die Möglichkeit, dass i sich an einer anderen Koalition – der sog. Außenseiterkoalition S – beteiligt bzw. diese bildet. Der Spieler i erhält in dieser Konstellation mindestens denjenigen Betrag, mit dem er durch Gründung wenigstens einer Außenseiterkoalition glaubhaft zu drohen vermag.

Um jedoch andere Spieler für die Außenseiterkoalition zu gewinnen, muss der Spieler i diesen Mitgliedern jeweils mindestens denjenigen Betrag bieten, den diese in der großen Koalition bestenfalls erzielen könnten. Der nach diesen Seitenzahlungen resultierende Betrag verbleibt dem Spieler i und stellt die Untergrenze – auch als Drohpunkt oder Konzessionsgrenze bezeichnet – dar. Der Spieler i strebt nun rationalerweise die Koalition an, bei der diese Differenz maximal ist.

Definition 6.18 *In einem Spiel $\Gamma(N, v)$ wird der Unter-Vektor a wie folgt definiert:*

$$a_i = \max_{S \subseteq N : i \in S} \left\{ v(S) - \sum_{j \in S \setminus \{i\}} b_j \right\} \forall i \in N.$$

Eine Anforderung an eine Imputation resultiert aus dem Umstand, dass für alle Spieler die Komponenten a_i nicht größer sein dürfen als die Komponenten b_i. Wenn eine Imputation zwischen diesen beiden Vektoren liegen soll, muss als weitere Bedingung gelten, dass die Summe der a_i den Spielwert nicht überschreiten, während die Summe der b_i diesen Wert nicht unterschreiten darf. Spiele, die diese beiden Forderungen erfüllen, werden als **quasi-balanciert** bezeichnet.[133]

Eigenschaft 6.14 *Ein Spiel $\Gamma(N, v)$ ist quasi-balanciert, wenn für alle $i \in N$ gilt:* $a_i \le b_i$ *sowie* $\sum_{i \in N} a_i \le v(N) \le \sum_{i \in N} b_i.$

[132] Vgl. Driessen (1988: 57).

[133] Vgl. Brânzei/Dimitrov/Tijs (2008: 31); Bilbao (2000: 6).

Im weiteren Verlauf bezeichnet QB^N die Klasse der quasi-balancierten Spiele mit der Spielermenge N. Für quasi-balancierte Spiele existiert eine eindeutig bestimmte Imputation, die zwischen dem oberen und dem unteren Vektor liegt und als τ-Wert bezeichnet wird.[134]

Definition 6.19 *Der τ-Wert eines Spiels $\Gamma(N, v)$ mit $v \in QB^N$ ist definiert durch:*

$$\tau(v) = a + \lambda(b - a), \text{ wobei:}$$
$$\lambda = 0, \text{ wenn } a = b, \text{ ansonsten:}$$
$$\lambda = \frac{v(N) - \sum_{i \in N} a_i}{\sum_{i \in N} b_i - \sum_{i \in N} a_i}.$$

Zum Abschluss wird das Eingangsbeispiel aus Tab. 6.1 betrachtet. Der Obervektor b resultiert aus Definition 6.17 mit:

$$b = \begin{pmatrix} b_A \\ b_B \\ b_C \end{pmatrix} = \begin{pmatrix} v(\{A, B, C\}) - v(\{B, C\}) \\ v(\{A, B, C\}) - v(\{A, C\}) \\ v(\{A, B, C\}) - v(\{A, B\}) \end{pmatrix} = \begin{pmatrix} 700 \\ 700 \\ 500 \end{pmatrix}.$$

Der Untervektor a resultiert aus Definition 6.18 mit:

$$a = \begin{pmatrix} \max(v(\{A\}), v(\{A, B\}) - b_B, v(\{A, C\}) - b_C, v(\{A, B, C\}) - (b_B + b_C)) \\ \max(v(\{B\}), v(\{A, B\}) - b_A, v(\{B, C\}) - b_C, v(\{A, B, C\}) - (b_A + b_C)) \\ \max(v(\{C\}), v(\{A, C\}) - b_A, v(\{B, C\}) - b_B, v(\{A, B, C\}) - (b_A + b_B)) \end{pmatrix}$$

$$a = \begin{pmatrix} a_A \\ a_B \\ a_C \end{pmatrix} = \begin{pmatrix} 200 \\ 200 \\ 200 \end{pmatrix}.$$

Definition 6.19 liefert den Wert für λ mit:

$$\lambda = \frac{1.200 - 600}{1.900 - 600} = \frac{6}{13}.$$

[134] Vgl. Tijs (1986: 5–7) sowie zu einem Beweis der Existenz des τ-Wertes vgl. Tijs (1981: 126–127); Tijs (1986: 5–7).

Abb. 6.7 Lage des τ-Wertes in der Ebene. Quelle: Eigene Darstellung mit den Eingangsdaten aus der Tab. 6.1

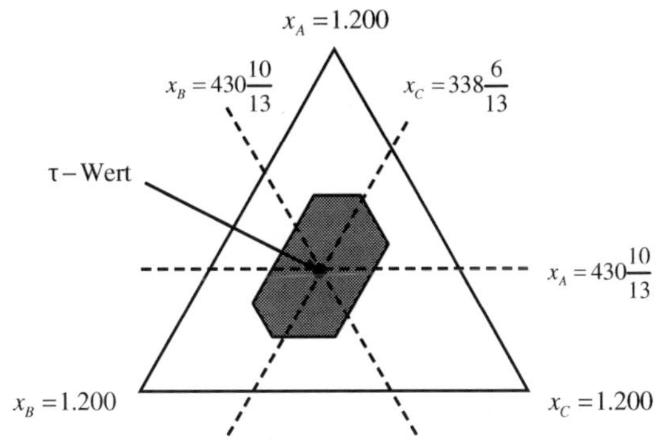

Mit diesem Wert und den Vektoren a und b sowie mit Definition 6.19 resultiert der τ-Vektor mit:

$$\tau = \begin{pmatrix} 200 \\ 200 \\ 200 \end{pmatrix} + \frac{6}{13} \begin{pmatrix} 500 \\ 500 \\ 300 \end{pmatrix} = \begin{pmatrix} \frac{5600}{13} \\ \frac{5600}{13} \\ \frac{4400}{13} \end{pmatrix}.$$

Die Definition und Lage des τ-Wertes für das Eingangsbeispiel aus Tab. 6.1 ist in der Abb. 6.7 zu sehen. Die Darstellung zeigt in Verbindung mit der Abb. 6.4, dass der τ-Wert des Beispiels im Kern liegt.

Zusätzlich lässt sich die Lage des τ-Wertes im Raum veranschaulichen. Dazu werden der Ober- und der Untervektor eingetragen und miteinander verbunden. An der Stelle, an der diese Gerade die Fläche der effizienten Lösungen kreuzt, liegt der τ-Wert (vgl. Abb. 6.8).

Auch der τ-Wert lässt sich mit dem NUCLEOLUS vergleichen. Dazu wird der Vektor der geordneten Überschüsse ermittelt, der bei Verwendung der Zuteilung entsprechend dem τ-Wert resultiert. Es folgt:[135]

$$\Theta(x_\tau) = \left(0, 0, -138\frac{6}{13}, -161\frac{7}{13}, -230\frac{10}{13}, -230\frac{10}{13}, -269\frac{3}{13}, -269\frac{3}{13}\right).$$

Der zuvor ermittelte Vektor[136] der geordneten Überschüsse des NUCLEOLUS resultierte mit: $\Theta(x_4) = (0, 0, -150, -150, -225, -225, -275, -275)$. Durch den Vergleich der beiden Vektoren kann festgestellt werden: $\Theta(x_4) <_{\text{Lex}} \Theta(x_\tau)$. Demzufolge ist auch die Zuteilung nach dem τ-Wert keine Verbesserung im Sinne des NUCLEOLUS.

[135] Vgl. Definition 6.14.

[136] Vgl. Tab. 6.8.

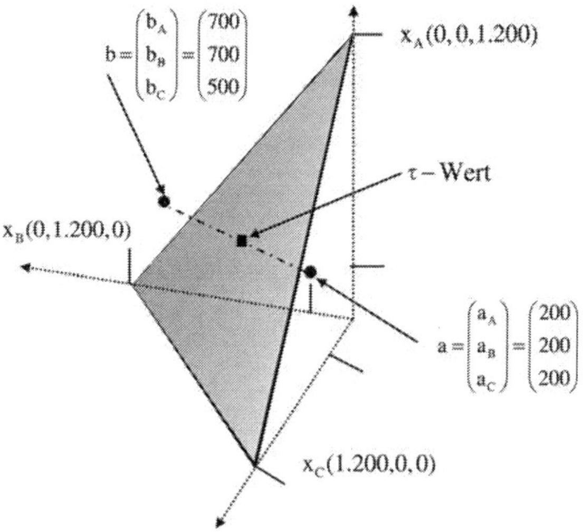

Abb. 6.8 Lage des τ-Wertes im Raum. Quelle: Eigene Darstellung, in Anlehnung an: Zelewski (2009: 150)

6.4.4.2 Eigenschaften

Der τ-Wert erfüllt für die Klasse der **quasi-balancierten Spiele** die Anforderungen:[137]

- Existenz und Eindeutigkeit,
- individuelle Rationalität,
- Effizienz,
- Anonymität und
- Dummy-Spieler-Eigenschaft.

Kernselektion ist jedoch lediglich für $\Gamma(N, v)$ mit $v \in QB^2$ und $v \in QB^3$ gesichert.[138] Auch für konvexe Spiele stellt der τ-Wert keine Kernselektion sicher.[139] Zur Demonstration wird das Beispiel in Tab. 6.10 betrachtet. Das in Tab. 6.10 definierte Spiel ist konvex. Der τ-Wert folgt mit: $\tau(v) = (\frac{128}{25}, \frac{32}{5}, \frac{32}{5}, \frac{576}{25}, \frac{576}{25})$. Wird die Koalition $\{A, B, C\}$ betrachtet, so zeigt sich, dass $\tau_{A,B,C}(v) = \frac{448}{25} = 17{,}92$. Dieser Wert ist geringer als $v(\{A, B, C\})$, weshalb der τ-Wert nicht im Kern liegt.

Zur Analyse der **Additivitätseigenschaft** sind in Tab. 6.11 die τ-Werte der Spiele aus Tab. 6.2 aufgeführt. Es wird deutlich, dass der τ-Wert nicht additiv ist.

Als nächstes wird die Erfüllung der **Aggregatsmonotonie**[140] untersucht. Dazu werden die zwei konvexen Spiele aus Beispiel 6.2 herangezogen.

[137] Vgl. Mueller (2018a: 416).
[138] Vgl. Tijs (1981: 128); Driessen/Tijs (1985: 234); Driessen (1988: 65).
[139] Vgl. Driessen (1988: 131).
[140] Vgl. Anforderung 6.7.

Tab. 6.10 (Bei-)Spiel für den nicht zum Kern gehörenden τ-Wert. Quelle: Eigene Darstellung in Anlehnung an Driessen (1988: 131)

S	$v(S)$	S	$v(S)$	S	$v(S)$	S	$v(S)$
$\emptyset$	0	$\{A,D\}$	8	$\{A,B,C\}$	18	$\{B,D,E\}$	46
$\{A\}$	0	$\{A,E\}$	8	$\{A,B,D\}$	18	$\{C,D,E\}$	46
$\{B\}$	0	$\{B,C\}$	10	$\{A,B,E\}$	18	$\{A,B,C,D\}$	28
$\{C\}$	0	$\{B,D\}$	10	$\{A,C,D\}$	18	$\{A,B,C,E\}$	28
$\{D\}$	0	$\{B,E\}$	10	$\{A,C,E\}$	18	$\{A,B,D,E\}$	54
$\{E\}$	0	$\{C,D\}$	10	$\{A,D,E\}$	44	$\{A,C,D,E\}$	54
$\{A,B\}$	8	$\{C,E\}$	10	$\{B,C,D\}$	20	$\{B,C,D,E\}$	56
$\{A,C\}$	8	$\{D,E\}$	36	$\{B,C,E\}$	20	$\{A,B,C,D,E\}$	64

Tab. 6.11 SHAPLEY- und τ-Werte für das Additivitätsbeispiel. Quelle: Eigene Darstellung

	A	B	C
$\tau_i(v)$	$1/3$	$1/3$	$1/3$
$\tau_i(w)$	$1/2$	$1/2$	0
$\tau_i(u)$	$4/5$	$4/5$	$2/5$
$\phi_i(u)$	$5/6$	$5/6$	$1/3$

Die τ-Werte ergeben sich für $\Gamma(N, v)$ mit $v(N) = 10$ aus Definition 6.19 mit:

$$\tau_A(v) = \tau_B(v) = \tau_C(v) = \frac{20}{9} \text{ und } \tau_D(v) = \frac{10}{3}.$$

Für das zweite Spiel $\Gamma(N, w)$ mit $w(N) = 12$ resultiert:

$$\tau_A(w) = \tau_B(w) = \tau_C(w) = \frac{36}{13} \text{ und } \tau_D(w) = \frac{48}{13}.$$

Die Anteile aller Spieler sind mit steigendem Spielwert ebenfalls gestiegen. Damit ist die Aggregatsmonotonie erfüllt. Das gilt jedoch nur für diesen Fall. Beispiel 6.5 zeigt, dass die Eigenschaft nicht für alle konvexen Spiele erfüllt ist.

Beispiel 6.5 *Es liegt ein 7-Personen-Spiel $\Gamma(N, v)$ mit folgenden Werten vor:*[141]

$$v(S) = \begin{cases} 100 & \textit{wenn } S = N, \\ 60 & \textit{für } |S| = 6 \textit{ und } A \in S, \\ 20 & \textit{für } |S| = 5 \textit{ und } A \in S, \\ 0 & \textit{ansonsten.} \end{cases}$$

Dieses Spiel ist konvex. Der τ-Wert des Spielers A resultiert mit $\tau_A(v) = \frac{500}{17} \approx 29{,}4118$. Nun wird ein Spiel $\Gamma(N, w)$ erzeugt, indem der Wert der großen Koalition auf $w(N) =$

[141] Vgl. Hokari/van Gellekom (2002: 604–605).

101 erhöht wird. Als Resultat ergibt sich der τ-Wert für den Spieler A mit $\tau_A(w) = \frac{10201}{347} \approx 29{,}3977$. Die Erhöhung des Wertes der großen Koalition führt zur Reduktion des Anteils eines Spielers, womit die Forderung der Aggregationsmonotonie ***nicht erfüllt*** *wird.*

Mit der Feststellung, dass der τ-Wert die Aggregatsmonotonie für konvexe Spiele nicht erfüllt, folgt gleichzeitig, dass die **Koalitionsmonotonie**[142] für **konvexe Spiele** ebenfalls **nicht erfüllt** wird.

Der τ-Wert erfüllt – ebenso wie der NUCLEOLUS – die Forderung der **Populationsmonotonie**[143] für die wichtige Klasse der konvexen Spiele ebenfalls **nicht**. Es wird wiederum das Beispiel 6.4 herangezogen.

Der τ-Wert für das reduzierte 3-Personen-Spiel $\Gamma(N', w)$ ergibt sich mit:

$$\tau(w) = \left(\frac{12}{7}, \frac{8}{7}, \frac{8}{7}\right).$$

Die Analyse des 4-Personen-Spiels $\Gamma(N, v)$ führt zu:

$$\tau(v) = \left(\frac{18}{11}, \frac{18}{11}, \frac{18}{11}, \frac{12}{11}\right).$$

Der Beitritt von Spieler D schadet dem Spieler A (oder anders formuliert: der Anteil von Spieler A erhöht sich durch den Austritt von Spieler D), was im Widerspruch zur Populationsmonotonie steht.

Der τ-Wert wurde erst in – vergleichsweise – jüngerer Zeit in die ökonomische Diskussion eingeführt.[144] Sein Bekanntheitsgrad ist deshalb wesentlich geringer im Vergleich mit dem NUCLEOLUS und der SHAPLEY-Lösung.

Auf einer ähnlichen Argumentationsbasis wie der τ-Wert (Ableitung einer oberen und einer unteren Grenze sowie Bestimmung eines Kompromisswertes) wurde der χ-Wert entwickelt. Dieser wird hier nicht diskutiert, sondern es wird auf die weiterführende Literatur verwiesen.[145]

Die diskutierten Eigenschaften des τ-Wertes sind in der Tab. 6.16 zusammengefasst. Dabei wird deutlich, dass der τ-Wert im Vergleich mit dem NUCLEOLUS und der SHAPLEY-Lösung nur wenige der Anforderungen an gerechte Aufteilungsmechanismen erfüllt.

---

[142] Vgl. Anforderung 6.8.

[143] Vgl. Anforderung 6.10.

[144] Vgl. Tijs/Driessen (1986); Zelewski (2009); Zelewski/Peters (2010); Jene/Zelewski (2011a: 321–335); Jene/Zelewski (2011b: 303–313); Jene/Zelewski (2011c: 118–130); Zelewski/Jene (2011: 3–18); Jene/Zelewski (2012: 171–184); Jene/Zelewski (2013); Jene (2015); Müller (2015); Mueller (2016).

[145] Vgl. Bergantiños/Massó (1996); Bergantiños/Massó (2002); Jene (2015: 128–258); Zelewski/Heeb (2018).

6.4.5 Dutta-Ray-Lösung

6.4.5.1 Beschreibung und Definition

Die DUTTA–RAY–Lösung (DRL) wurde erst in vergleichsweise jüngerer Zeit entwickelt.[146] Kennzeichen dieses Konzepts ist die Orientierung an der LORENZ-Dominanz, welche an der Gleichverteilung ausgerichtet ist.[147]

LORENZ[148] wollte die Einkommensverteilung statistisch messen und gewichten und entwickelte die nach ihm benannte LORENZ-Kurve. Bei Verwendung von diskreten Verteilungen ist der Betrachtungsrahmen eine Gesellschaft mit $i = 0, 1, 2, \ldots, n$ Individuen, in der das Gesamteinkommen S_n durch die nicht-negativen Zuteilungen x_i verteilt werden soll.[149] Die Verteilung des Einkommens aller Individuen kann durch die LORENZ-Kurve abgebildet werden.

Der Vektor $\hat{x}$ ordnet die Anteile der Personen in nicht-absteigender Reihenfolge ($0 \leq x_1 \leq x_2 \leq, \ldots, \leq x_n$). Die LORENZ-Kurve $L(F)$ wird gebildet aus den Punkten (F_i, L_i), die für $i = 1, 2, \ldots, n$ wie folgt definiert sind:[150]

- $F_i = \frac{i}{n}$,
- $L_i = \frac{S_i}{S_n}$ sowie
- $S_i = \sum_{j=1}^{i} x_j$.

Per definitionem gilt: $L(0) = 0$ und $F(0) = 0$.

Die y-Koordinaten der Kurve werden definiert durch den relativen Anteil L_i am Gesamteinkommen, den die „ärmsten" Personen auf sich vereinigen und deren relativen Anteil an der Gesamtpersonenzahl F_i, wodurch die x-Koordinaten der Kurve determiniert werden.[151] Als Resultat entsteht die auf dem Intervall [0; 1] definierte LORENZ-Kurve.[152] Eine Gleichverteilung des Einkommens S_n führt zum Verlauf der Kurve exakt auf der Winkelhalbierenden. Empirisch festgestellte Verteilungen weisen i. d. R. eine konvexe Gestalt auf und verlaufen unterhalb der 45°-Geraden.

Als Beispiel wird ein Einkommen $S_n = 150$ betrachtet, dass unter fünf Personen aufzuteilen ist. Dazu werden folgende Vorschläge unterbreitet: $\hat{x} = (15, 20, 30, 35, 50)$ sowie $\hat{y} = (5, 10, 20, 35, 80)$. Damit ergeben sich die Werte in Tab. 6.12.

In der Abb. 6.9 sind die resultierenden LORENZ-Kurven dargestellt. Es wird deutlich, dass die Verteilung mittels des Vektors $\hat{x}$ zu einer LORENZ-Kurve führt, die näher an der

[146] Vgl. Dutta/Ray (1989); Dutta (1990).
[147] Vgl. Lorenz (1905) sowie Abschn. 6.3.
[148] MAX OTTO LORENZ (1876–1959).
[149] Vgl. Herlyn (2012: 36).
[150] Vgl. Bankhofer/Vogel (2008: 45–46).
[151] Vgl. Herlyn (2012: 36).
[152] Vgl. Auer/Rottmann (2015: 70–72).

Tab. 6.12 Koordinaten der LORENZ-Kurven. Quelle: Eigene Darstellung

F_i	$L_i(F_i(\hat{x}))$	$L_i(F_i(\hat{y}))$
0	0	0
0,2	$0,100 = \frac{15}{150}$	$0,033 = \frac{5}{150}$
0,4	$0,233 = \frac{15+20}{150}$	$0,100 = \frac{5+10}{150}$
0,6	$0,433 = \frac{15+20+30}{150}$	$0,233 = \frac{5+10+20}{150}$
0,8	$0,667 = \frac{15+20+30+35}{150}$	$0,467 = \frac{5+10+20+35}{150}$
1	1	1

Gleichverteilung liegt. Demzufolge ist die Verteilung mittels Vektor $\hat{x}$ gerechter als bei Verwendung des Vektors $\hat{y}$. Das Verhältnis unterschiedlicher LORENZ-Kurven kann durch die **LORENZ-Dominanz** beschrieben werden.[153] Eine Verteilung $\hat{x}$ LORENZ-dominiert eine Verteilung $\hat{y}$, wenn die resultierende Kurve $L(F(\hat{x}))$ in jedem Punkt oberhalb der

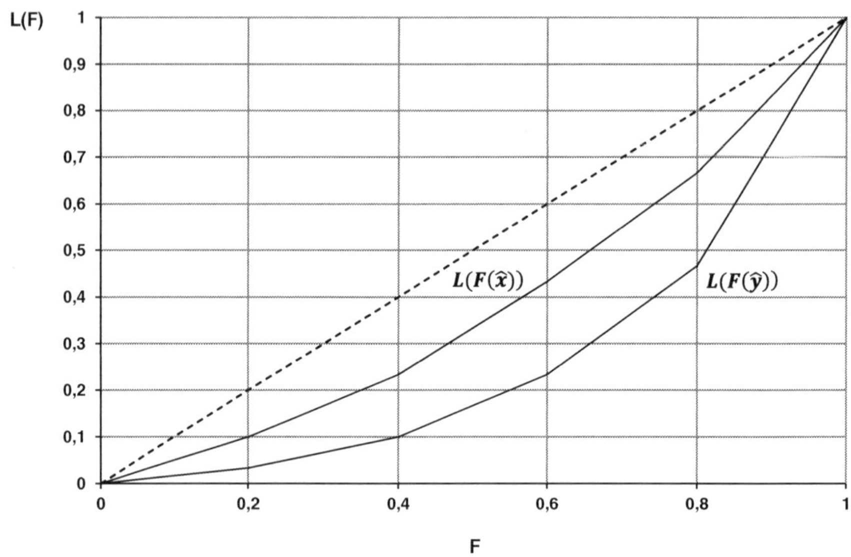

Abb. 6.9 Beispielhafte LORENZ-Kurven. Quelle: Eigene Darstellung

[153] Zur Verwendung von LORENZ-Kurven im Fall von Rationierungsproblemen vgl. Abb. 6.21.

Kurve $L(F(\hat{y}))$ verläuft.[154] Für diesen Fall wird formuliert: $\hat{x} \succ_{\text{Lor}} \hat{y}$. In der Abb. 6.9 wird ersichtlich, dass Vektor $\hat{x}$ den Vektor $\hat{y}$ LORENZ-dominiert.

Zur Lösung kooperativer Spiele wird das Konzept der LORENZ-Dominanz verwendet, wobei jedoch direkt diejenigen Zuteilungsvektoren miteinander verglichen werden, die die Basis zur Berechnung der LORENZ-Kurven bilden. Dies führt zur Beschreibung der LORENZ-Dominanz in Definition 6.20.[155]

Definition 6.20 *Der Vektor $\hat{x}$ LORENZ-dominiert den Vektor $\hat{y}$ für jedes $x, y \in \mathbb{R}^n_+$ mit $\sum_{i=1}^n x_i = \sum_{i=1}^n y_i = S_n$, wenn gilt:*

(1) $x_1 + \ldots + x_k \geq y_1 + \ldots + y_k, \quad k = 1, \ldots, n-1$
(2) $x_1 + \ldots + x_n = y_1 + \ldots + y_n$.

Auf Basis der LORENZ-Dominanz (vgl. Definition 6.20) kann die **LORENZ-Menge** gemäß Definition 6.21 beschrieben werden.

Definition 6.21 *In einem Spiel $\Gamma(N, v)$ mit $v \in B^N$ ist die LORENZ-Menge $LM(v)$ wie folgt definiert:*[156]

$$LM(v) = \{x \in C(v) | \nexists y \in C(v) : y \succ_{\text{Lor}} x\}.$$

Demzufolge bilden sämtliche, nicht LORENZ-dominierte Kernzuteilungen die LORENZ-Menge. Es wird deutlich, dass $LM(v) \subseteq C(v)$ und für alle $v \in B^N$ gilt: $C(v) \neq \emptyset$ und somit $LM(v) \neq \emptyset$.

Die LORENZ-Menge liefert darüber hinaus für nicht konvexe, balancierte Spiele eine eindeutig definierte Lösung – die **LORENZ-Lösung**. Das ist diejenige Zuteilung, die den **euklidischen Abstand** zwischen dem Kern und der Gleichverteilung **minimiert**.[157] Im Folgenden bezeichnet $||x||$ die euklidische Länge der Zuteilung x mit $\sqrt{\sum_{i \in N} x_i^2}$.[158] Damit kann die LORENZ-Lösung in Definition 6.22 beschrieben werden.

Definition 6.22 *In einem Spiel $\Gamma(N, v)$ mit $v \in B^N$ ist die LORENZ-Lösung $LL(v)$ wie folgt definiert:*

$$LL(v) = \{x \in C(v) | ||x|| \leq ||y|| \forall y \in C(v)\}.$$

[154] Vgl. Herlyn (2012: 39–40).
[155] Vgl. Brânzei/Dimitrov/Tijs (2008: 37); Hougaard (2009: 22).
[156] $\nexists$ ist die Negation des Existenzquantors $\exists$. $\nexists y$ bedeutet: es existiert kein Element y.
[157] Vgl. Hougaard/Smilgins (2016: 153).
[158] Vgl. Arin/Kuipers/Vermeulen (2008: 569); Mueller (2018b: 532).

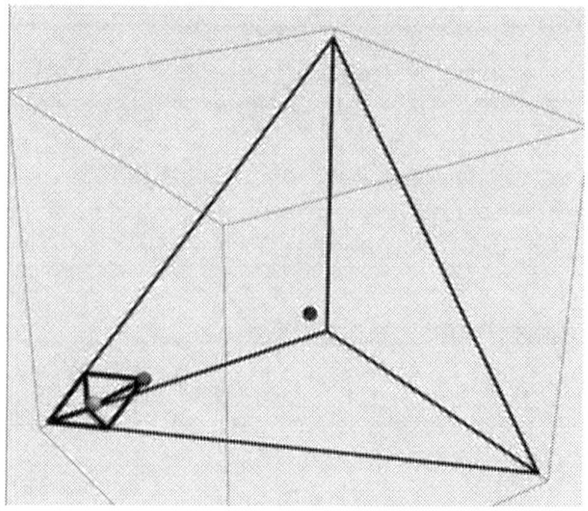

Abb. 6.10 Gleichverteilung, Kern, LORENZ-Lösung und NUCLEOLUS. Quelle: Eigene Darstellung auf Basis von Meinhardt (2016)

Grundidee der LL ist es, auf Basis der LORENZ-Dominanz eine Lösung zu identifizieren, die im Kern liegt. Die Gleichverteilung ist diejenige Lösung, welche jede andere Lösung LORENZ-dominiert. Jedoch ist die Gleichverteilung nicht notwendigerweise Bestandteil des nicht-leeren Kerns. Deshalb wird mit der LL nach derjenigen Kernlösung gesucht, welche der Gleichverteilung am nächsten kommt.

Es existieren neben der LORENZ-Lösung weitere egalitäre, eindeutig definierte Kernzuteilungen, für deren Darstellung jedoch auf die Literatur verwiesen wird.[159] Zu Erläuterung der LORENZ-Lösung wird das Beispiel 6.6 betrachtet.

Beispiel 6.6 *Ein 4-Personen-Spiel weist folgende Koalitionsfunktion auf:*

$$v(S) = \begin{cases} 7 & \textit{wenn } S = \{A, B\} \textit{ oder } S = \{A, C\}, \\ 8 & \textit{für } S = N, \\ 0 & \textit{ansonsten.} \end{cases}$$

Das Spiel ist weder monoton, noch superadditiv und auch nicht konvex. Es ist jedoch balanciert, der Kern ist nicht-leer. Der Tetraeder in Abb. 6.10 *stellt die Menge aller effizienten Aufteilungen dar. Der Kern wird durch die kleine Pyramide im Tetraeder beschrieben. Die Gleichverteilung* $(2, 2, 2, 2)$ *ist jedoch kein Bestandteil des Kerns (vgl. blauer bzw. rechter Punkt in* Abb. 6.10*), da die Koalitionen* $\{A, B\}$ *sowie* $\{A, C\}$ *jeweils nur den Wert* 4 *zugeteilt bekommen. Es existieren mehrere* LORENZ*-undominierte Kernlösungen, von denen einige in* Tab. 6.13 *dargestellt sind.*

[159] Vgl. Arin/Kuipers/Vermeulen (2008: 569).

Tab. 6.13 LORENZ-undominierte Kernzuteilungen. Quelle: Eigene Darstellung

Zuteilung x	Geordneter Vektor $\hat{x}$	$\sum_{i=1}^{1}$	$\sum_{i=1}^{2}$	$\sum_{i=1}^{3}$	$\sum_{i=1}^{4}$
$x_1 = (6, 1, 1, 0)$	$\hat{x}_1 = (0, 1, 1, 6)$	0	1	2	8
$x_2 = (6.5, 0.5, 1, 0)$	$\hat{x}_2 = (0, 0.5, 1, 6.5)$	0	0.5	2	8
$x_3 = (7, 1/3, 1/3, 1/3)$	$\hat{x}_3 = (1/3, 1/3, 1/3, 7)$	1/3	2/3	1	8

Zuteilung x_3 aus Tab. 6.13 *ist der* NUCLEOLUS *des Spiels der per definitionem eine Kernlösung ist (vgl. grüner bzw. linker Punkt in* Abb. 6.10*). Es ergeben sich folgende euklidische Längen:* $||x_1|| = \sqrt{38}$, $||x_2|| = \sqrt{43{,}5}$ *und* $||x_3|| = \sqrt{49\frac{1}{3}}$. *In diesem Spiel gilt:* $x_1 = LL(v)$*, da diese den euklidischen Abstand zur Gleichverteilung minimiert (vgl. roter bzw. mittlerer Punkt in* Abb. 6.10*).*

Da die LORENZ-Lösung bisher wenig analysiert und eingesetzt wurde, wird die weitere Betrachtung auf die Klasse der **konvexen Spiele** reduziert.

Für alle $v \in K^N$ gilt $|LM(v)| = 1$,[160] d. h. es existiert genau eine Lösung. Diese Lösung ist die DUTTA-RAY-Lösung (DRL), die für konvexe Spiele mit Definition 6.23 beschrieben ist.[161]

Definition 6.23 *Die* DUTTA–RAY*-Lösung eines Spiels* $\Gamma(N, v)$ *mit* $v \in K^N$ *ist definiert durch:*

$$DRL(v) = \arg\min_{x \in C(v)} \sum_{i \in N} \left(x_i - \frac{v(N)}{|N|} \right)^2.$$

Ein Blick auf Definition 6.23 zeigt, dass die DRL den euklidischen Abstand zwischen der Gleichverteilung und dem Kern minimiert. Die DRL ist bei konvexen Spielen immer Bestandteil des nicht-leeren Kerns. Die DRL LORENZ-dominiert jede andere Zuteilung aus dem Kern.[162] Die Eindeutigkeit der DRL ist nur für konvexe Spiele gesichert.[163] Für andere Spielklassen hat die DRL nicht notwendigerweise eine Beziehung zum Kern. Einerseits ist es möglich, dass der Kern nicht-leer ist, aber die DRL nicht existiert. Andererseits ist es möglich, dass der Kern leer ist, jedoch die DRL trotzdem existiert. Selbst für den Fall des nicht-leeren Kerns ist nicht garantiert, dass die DRL ein Bestandteil des Kerns ist.[164]

[160] Vgl. Hougaard/Smilgins (2016: 153).
[161] Vgl. Hokari/van Gellekom (2002: 596).
[162] Vgl. Dutta/Ray (1989: 627); Dutta (1990: 154).
[163] Vgl. Dutta/Ray (1989: 627–628); Hougaard/Peleg/Thorlund-Petersen (2001: 159).
[164] Vgl. Mueller (2018a: 417).

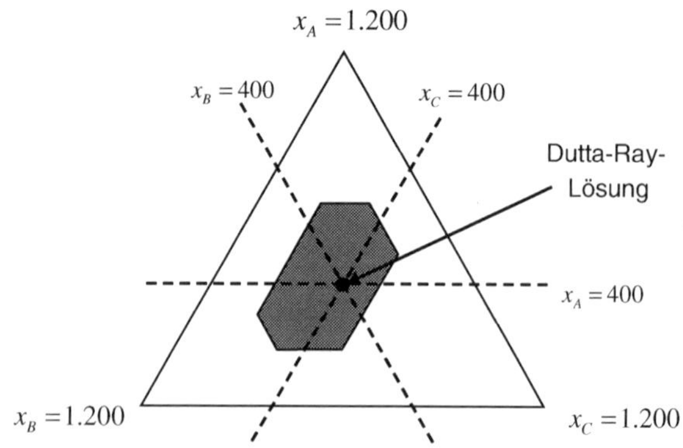

Abb. 6.11 Lage der DUTTA-RAY-Lösung. Quelle: Eigene Darstellung auf Basis von Tab. 6.1

Für das Beispiel aus Tab. 6.1 resultiert die DRL aus Definition 6.23 mit $DRL(v) = (400, 400, 400)$. Dies ist exakt die Gleichverteilung, welche sich im nicht-leeren Kern befindet, wie in der Abb. 6.11 deutlich wird. Interessant ist, dass diese Zuteilung der Ausgangspunkt für die Ermittlung des NUCLEOLUS war.[165] Jedoch wurde die Lösung nach der Logik des NUCLEOLUS verworfen, da der resultierende Vektor der geordneten Überschüsse lexikografisch größer war als andere Vektoren.

6.4.5.2 Eigenschaften

Die Dutta-Ray-Lösung erfüllt für **alle konvexen Spiele** die Forderungen nach:[166]

- Existenz und Eindeutigkeit,
- Kernselektion,
- individuelle Rationalität,
- Effizienz,
- Anonymität,
- Dummy-Spieler-Eigenschaft.

Zur Betrachtung der **Additivität** sind in Tab. 6.14 die DUTTA-RAY-Lösungswerte der Spiele aus Tab. 6.2 aufgeführt. Es wird deutlich, dass die DRL, wie auch der NUCLEOLUS und der τ-Wert, im Gegensatz zur SHAPLEY-Lösung, nicht additiv ist.

Als nächstes wird die Erfüllung der **Aggregatsmonotonie**[167] untersucht. Dazu werden die zwei konvexen Spiele aus Beispiel 6.2 herangezogen.

[165] Vgl. Tab. 6.8.
[166] Vgl. Mueller (2018a: 417–418).
[167] Vgl. Anforderung 6.7.

Tab. 6.14 SHAPLEY-Werte und DUTTA-RAY-Lösungen für das Additivitätsbeispiel. Quelle: Eigene Darstellung

	A	B	C
$DRL_i(v)$	$1/3$	$1/3$	$1/3$
$DRL_i(w)$	$1/2$	$1/2$	0
$DRL_i(u)$	$2/3$	$2/3$	$2/3$
$\phi_i(u)$	$5/6$	$5/6$	$1/3$

Die DRL ergibt sich für $\Gamma(N, v)$ mit $v(N) = 10$ aus Definition 6.23 mit:

$$DRL(v) = \left(\frac{5}{2}, \frac{5}{2}, \frac{5}{2}, \frac{5}{2}\right).$$

Für das zweite Spiel $\Gamma(N, w)$ mit $w(N) = 12$ resultiert:

$$DRL(v) = (3, 3, 3, 3).$$

Die Anteile aller Spieler sind mit steigendem Spielwert ebenfalls gestiegen. Das lässt auf die Erfüllung der Aggregatsmonotonie schließen. Diese Aussage gilt für alle konvexen Spiele.[168]

Um zu untersuchen, ob die DRL die **Koalitionsmonotonie**[169] erfüllt, kann das Beispiel 6.3 nicht aufgegriffen werden, da es nicht konvex ist. Es kann hier jedoch festgehalten werden, dass für **konvexe Spiele** die Koalitionsmonotonie **erfüllt** ist. In dieser Klasse vereint die DRL die Eigenschaften „Kernselektion" und „Koalitionsmonotonie" miteinander. Die DRL sichert – ebenso wie die SHAPLEY-Lösung – **Populationsmonotonie**[170] für die Klasse der konvexen Spiele.[171] Zur Demonstration wird das Beispiel 6.4 herangezogen. Für das 3-Personen-Spiel $\Gamma(N', w)$ resultieren die Zuteilungen mit:

$$DRL(w) = \left(\frac{4}{3}, \frac{4}{3}, \frac{4}{3}\right).$$

Die Analyse des 4-Personen-Spiels $\Gamma(N, v)$ führt zu:

$$DRL(v) = \left(\frac{3}{2}, \frac{3}{2}, \frac{3}{2}, \frac{3}{2}\right).$$

Der Beitritt des zusätzlichen Spielers D schadet keinem Spieler der bisher bestehenden Koalition bei Verwendung der DRL.

[168] Vgl. Hokari/van Gellekom (2002: 600).
[169] Vgl. Anforderung 6.8.
[170] Vgl. Anforderung 6.10.
[171] Vgl. Hokari (2000b: 328); Hougaard/Peleg/Østerdal (2005: 432).

Tab. 6.15 Zusammenfassende Darstellung der Ergebnisse (Angaben in Tsd. €). Quelle: Eigene Darstellung

Lösungskonzept \ Zuteilung für Spieler	A	B	C
SHAPLEY-Lösung	$\frac{1300}{3} = 433\frac{1}{3}$	$\frac{1300}{3} = 433\frac{1}{3}$	$\frac{1000}{3} = 333\frac{1}{3}$
NUCLEOLUS	425	425	350
τ-Wert	$\frac{5600}{13} = 430\frac{10}{13}$	$\frac{5600}{13} = 430\frac{10}{13}$	$\frac{4400}{13} = 338\frac{6}{13}$
DUTTA–RAY-Lösung	400	400	400

Es wurde gezeigt, dass die DRL eine Vielzahl wünschenswerter Eigenschaften erfüllt. Für die wichtige Klasse der konvexen Spiele ist die DRL sowohl dem τ-Wert als auch dem NUCLEOLUS überlegen. Die diskutierten Eigenschaften der DRL sind in der Tab. 6.16 zusammengefasst.

Mit der Verwendung der LORENZ-Dominanz verfolgt die DRL das **Gleichheitsprinzip**.[172] Da dieses Prinzip jedoch ausschließlich auf die Kernzuteilungen begrenzt wird, erfolgt eine **Kombination** mit dem **Leistungsprinzip**.

Es sind keine Anwendungsbeispiele der DRL im ökonomischen Bereich dokumentiert, wohingegen die LORENZ-Lösung – wenn auch sehr vereinzelt – eingesetzt wurde.[173]

6.4.6 Vergleichende Darstellung

Zusammenfassend sind die unterschiedlichen Ergebnisse für die Eingangssituation aus Tab. 6.1 in der Tab. 6.15 dargestellt.

Diese Darstellungen zeigen, dass das Kriterium der Fairness in den Lösungskonzepten **unterschiedlich konkretisiert** wird. Alle Lösungen werden den prinzipiellen Anforderungen an eine faire Aufteilung gerecht, können jedoch u. U. zu verschiedenen Zuteilungen führen. Die Erfüllung der einzelnen Kriterien der Leistungsgerechtigkeit sind in der Tab. 6.16 zusammengefasst. Es wird deutlich, dass die SHAPLEY-Lösung und die DUTTA-RAY-Lösung die Anforderungen am Besten erfüllen. Der NUCLEOLUS ist in der Lage, einen überwiegenden Teil der Anforderungen für wichtige Spielklassen zu erfüllen, wohingegen der τ-Wert als nicht so leistungsfähig einzustufen ist.

[172] Vgl. Abschn. 6.3.

[173] Vgl. Hougaard/Smilgins (2016); Mueller (2018b).

Tab. 6.16 Eigenschaften der Lösungskonzepte. Quelle: Eigene Darstellung in Anlehnung an Hokari/van Gellekom (2002: 600); Calleja/Rafels/Tijs (2012: 903–904); Mueller (2018a: 422)

Anforderung / Lösungskonzept	SHAPLEY-Lösung	NUCLEOLUS	τ-Wert	DUTTA-RAY-Lösung
Existenz und Eindeutigkeit (Anf. 6.1)	Erfüllt für $v \in \Gamma^N$	Erfüllt für $v \in W^N$	Erfüllt für $v \in QB^N$	Erfüllt für $v \in K^N$
Individuelle Rationalität (Anf. 6.2)	Erfüllt für $v \in W^N$	Erfüllt für $v \in W^N$	Erfüllt für $v \in QB^N$	Erfüllt für $v \in K^N$
Effizienz (Anf. 6.3)	Erfüllt für $v \in \Gamma^N$	Erfüllt für $v \in W^N$	Erfüllt für $v \in QB^N$	Erfüllt für $v \in K^N$
Dummy-Spieler (Anf. 6.4)	Erfüllt für $v \in \Gamma^N$	Erfüllt für $v \in W^N$	Erfüllt für $v \in QB^N$	Erfüllt für $v \in K^N$
Anonymität (Anf. 6.5)	Erfüllt für $v \in \Gamma^N$	Erfüllt für $v \in W^N$	Erfüllt für $v \in QB^N$	Erfüllt für $v \in K^N$
Additivität (Anf. 6.6)	Erfüllt für $v \in \Gamma^N$	Nicht erfüllt für $v \in W^N$	Nicht erfüllt für $v \in QB^N$	Nicht erfüllt für $v \in K^N$
Aggregatsmonotonie (Anf. 6.7)	Erfüllt für $v \in \Gamma^N$	Nicht erfüllt für $v \in K^{\lvert N \rvert \geq 4}$	Nicht erfüllt für $v \in K^N$	Erfüllt für $v \in K^N$
Koalitionsmonotonie (Anf. 6.8)	Erfüllt für $v \in \Gamma^N$	Nicht erfüllt für $v \in K^N$	Nicht erfüllt für $v \in K^N$	Erfüllt für $v \in K^N$
Strenge Monotonie (Anf. 6.9)	Erfüllt für $v \in \Gamma^N$	Nicht erfüllt für $v \in K^N$	Nicht erfüllt für $v \in K^N$	Nicht erfüllt für $v \in K^N$
Populationsmonotonie (Anf. 6.10)	Erfüllt für $v \in K^N$	Nicht erfüllt für $v \in K^N$	Nicht erfüllt für $v \in K^N$	Erfüllt für $v \in K^N$
Kernselektion (Anf. 6.11)	Erfüllt für $v \in K^N$	Erfüllt für $v \in W^N$	Erfüllt für $v \in QB^2$ und $v \in QB^3$	Erfüllt für $v \in K^N$

Γ^N - Menge der kooperativen Spiele mit Spielermenge N; W^N - Menge der wesentlichen Spiele mit Spielermenge N
K^N - Menge der konvexen Spiele mit Spielermenge N; QB^N - Menge der quasi-balancierten Spiele mit Spielermenge N

6.5 Sonderformen kooperativer Szenarien

6.5.1 Kooperative Kostenreduktionen

Bei den bisherigen Darstellungen wurde davon ausgegangen, dass es sich bei der Koalitionsfunktion um positive Ergebnisdefinitionen handelt, wie z. B. den Kapitalwert oder den EVA. Darüber hinaus ist es jedoch denkbar, dass ausschließlich aufwandseitige Größen – wie z. B. Kosten – betrachtet werden. Diese werden im weiteren Verlauf als **Kostenspiele** benannt und mit $\Gamma(N, c)$ bezeichnet.

Definition 6.24 *Die Kostenfunktion c eines Spiels $\Gamma(N, c)$ ordnet jeder Koalition S einen Kostenwert zu, so dass gilt: $c : 2^N \rightarrow \mathbb{R}$ und $c(\emptyset) = 0$.*

Das Ziel von Kooperationen bei Betrachtung dieser Ergebnisgrößen ist nicht die Maximierung, sondern die Minimierung des Ergebnisses. Die Superadditivität[174] ist in diesem Fall nicht ökonomisch sinnvoll anwendbar und muss übersetzt werden. Dies erfolgt durch die Subadditivität.

Eigenschaft 6.15 *Ein Spiel $\Gamma(N, c)$ ist subadditiv, wenn gilt:*

$$c(R \cup S) \leq c(R) + c(S) \forall R, S \subseteq N \text{ mit } R \cap S = \emptyset.$$

Als weitere wünschenswerte Eigenschaft von Kooperationen wurde die Konvexität angeführt.[175] Diese wird für ein Kostenspiel als Konkavität definiert.[176]

Eigenschaft 6.16 *Ein Spiel $\Gamma(N, c)$ ist konkav, wenn für:*

a) *alle $R, S \subseteq N$, gilt: $c(S \cup R) + c(S \cap R) \leq c(R) + c(S)$*

oder

b) *alle $i \in N$ und $S \subseteq R \subseteq N \backslash \{i\}$ gilt: $c(S \cup \{i\}) - c(S) \geq c(R \cup \{i\}) - c(R)$.*

Auf Basis der Kostenfunktion wird die Funktion der Kostenreduktion ermittelt. Diese ist die Koalitionsfunktion des korrespondierenden Kostenreduktionsspiels. Die Überführung erfolgt durch die Definition 6.25.[177]

[174] Vgl. Eigenschaft 6.3.
[175] Vgl. Eigenschaft 6.5.
[176] Vgl. Fiestras-Janeiro/García-Jurado/Mosquera (2011: 4).
[177] Vgl. Wiese (2005: 111); Müller (2017: 267).

Definition 6.25 *Die Koalitionsfunktion für $\Gamma(N, v)$ ergibt sich aus der Kostenfunktion von $\Gamma(N, c)$ wie folgt: $v(S) = -c(S) + \sum_{i \in S} c(\{i\})$ für alle $S \subseteq N$.*

Daraus folgt, dass die Subadditivität der Kostenfunktion bei konstanten Größen auf der Erlösseite zu einer superadditiven Koalitionsfunktion führt.[178] Zugleich wird deutlich, dass aus einer konkaven Kostenfunktion – bei identischen Erlösgrößen – eine konvexe Koalitionsfunktion entsteht.

Die übliche Vorgehensweise zur Lösung von Kostenreduktionsspielen ist folgende:

1. Die Kostenfunktion $\Gamma(N, c)$ wird mit Definition 6.25 in die Koalitionsfunktion $\Gamma(N, v)$ umgewandelt.
2. Auf diese Koalitionsfunktion $\Gamma(N, v)$ wird eines der dargestellten Lösungskonzepte (SHAPLEY-Lösung, NUCLEOLUS, τ-Wert oder DUTTA-RAY-Lösung) angewendet.
3. Damit ergeben sich die Anteile der Spieler an der gemeinsam erzielten Kostenreduktion. Der Anteil eines Spielers i an dem Kostenreduktionsspiel (N, v) wird mit $\lambda_i(v)$ bezeichnet.
4. Damit ist jedoch noch nicht die Frage beantwortet, welchen Anteil jeder Spieler an den Gesamtkosten zu tragen hat. Deshalb wird im nächsten Schritt der Anteil eines Spielers an der Kostenreduktion $\lambda_i(v)$ von den Kosten der Stand-alone-Alternative $c(\{i\})$ abgezogen.

Es resultiert der Anteil des Spielers i an den Gesamtkosten (nicht an der Kostenreduktion) mit Definition 6.26.

Definition 6.26 *Der Anteil des Spielers i an den Gesamtkosten resultiert mit $c_i = c(\{i\}) - \lambda_i(v)$ für alle $i \in N$.*

Es wird deutlich, dass aus dem Ziel der kooperativen Spieltheorie auf Basis der Koalitionsfunktion (Identifikation eines leistungsgerechten Anteils) bei Verwendung von Kostenfunktionen das Ziel **„Identifikation von verursachungsgerechten Anteilen"** resultiert.

Zur Verdeutlichung werden vier landwirtschaftliche Betriebe betrachtet, die im Bereich der Milchverarbeitung tätig sind.[179] Die Unternehmen sind durch den gestiegenen Wettbewerbsdruck gezwungen, die bisher getrennten Molkereien zusammenzulegen. Die Unternehmen haben folgende Milchmengen prognostiziert, die zu verarbeiten sind: Unternehmen A und C jeweils 1.500 hl, Unternehmen B 1.000 hl und Unternehmen D 2.000 hl. Die technischen Restriktionen erlauben die Dimensionierung der Anlagen entsprechend der Tab. 6.17.

Nun stellt sich die Frage, welche Anlagekombination ökonomisch vorteilhaft ist und wie die Kosten dieser Anlage auf die Unternehmen zu verteilen sind.

[178] Vgl. Holler/Illing (2009: 273).

[179] Dieses Beispiel basiert auf Müller (2017: 275–280).

Tab. 6.17 Eingangsdaten des Beispiels

Anlagentyp	Jährliche Leistung [hl]	Gesamtkosten [€]	Kosten je Einheit [€/hl]
Klein	1.500	200.000	133,33
Mittel	3.000	280.000	93,33
Gross	4.000	330.000	82,50
Kooperativ	6.000	500.000	83,33

Tab. 6.18 Kostenfunktion der Molkereivarianten

S	$c(S)$	S	$c(S)$	S	$c(S)$	S	$c(S)$
$\emptyset$	0	$\{D\}$	280	$\{B,C\}$	280	$\{A,B,D\}$	480
$\{A\}$	200	$\{A,B\}$	280	$\{B,D\}$	280	$\{A,C,D\}$	500
$\{B\}$	200	$\{A,C\}$	280	$\{C,D\}$	330	$\{B,C,D\}$	480
$\{C\}$	200	$\{A,D\}$	330	$\{A,B,C\}$	330	$\{A,B,C,D\}$	500

Tab. 6.19 Kostenreduktionsfunktion der Molkereivarianten

S	$v(S)$	S	$v(S)$	S	$v(S)$	S	$v(S)$
$\emptyset$	0	$\{D\}$	0	$\{B,C\}$	120	$\{A,B,D\}$	200
$\{A\}$	0	$\{A,B\}$	120	$\{B,D\}$	200	$\{A,C,D\}$	180
$\{B\}$	0	$\{A,C\}$	120	$\{C,D\}$	150	$\{B,C,D\}$	200
$\{C\}$	0	$\{A,D\}$	150	$\{A,B,C\}$	270	$\{A,B,C,D\}$	380

Folgende traditionelle Aufteilungsmöglichkeiten bieten sich an:

- Mittels der Gleichverteilung würden pro Unternehmen 125.000 € Kosten kalkuliert. Dies wäre jedoch gegenüber Unternehmen B ungerecht, da dieses Unternehmen lediglich ein Sechstel des Gesamtvolumens verursacht.
- Die Gesamtkosten der Großanlage könnten dem Verursachungsprinzip entsprechend nach der Menge der zu verarbeitenden Milch geschlüsselt werden. Unternehmen A und C würden bei der Kooperativanlage und dem Preis von $83\frac{1}{3}$ € je hl jeweils 125.000 € bezahlen, Unternehmen B hingegen lediglich 83.333,33 €, und Unternehmen D müsste 166.666,67 € Kosten übernehmen. Gegen eine derartige Schlüsselung spricht der Umstand, dass sich die Unternehmen A, B und C zusammenschließen und eine kleinere Anlage für 330.000 € errichten könnten. Damit würden diese Unternehmen Kosten von 270.000 € im Vergleich zur Stand-alone-Lösung reduzieren. Gleichzeitig wäre der bei dieser Anlage resultierende Kostensatz von 82,50 € je hl geringer als im Fall der Kooperativanlage. Deshalb stellt sich aus Sicht dieser Unternehmen die Frage, warum sie mit dem Unternehmen D eine Kooperativanlage errichten sollen.

Die Kostenfunktion dieser Konstellation ist in der Tab. 6.18 zu sehen. Um die Frage der Kostenaufteilung zu beantworten, wird im ersten Schritt aus der Kostenfunktion unter Verwendung der Definition 6.25 die Kostenreduktionsfunktion gebildet (vgl. Tab. 6.19). Dies ist die Koalitionsfunktion, auf welche die beschriebenen Lösungsverfahren angewendet

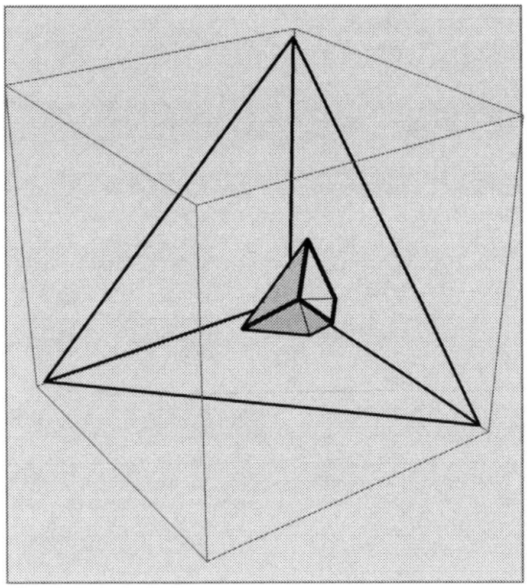

Abb. 6.12 Kern des Kostenaufteilungsspiels. Quelle: Eigene Darstellung auf Basis von Meinhardt (2016)

werden können. Das vorliegende Spiel ist superadditiv, jedoch nicht konvex. Da das Spiel nicht konvex ist, besteht die Möglichkeit, dass keine stabile Lösung existiert. Eine Analyse des Spiels auf die Existenz eines nicht-leeren Kerns zeigt jedoch, dass dieser existiert (vgl. Abb. 6.12).

Demzufolge gibt es eine stabile Lösung, d. h. eine gerechte Aufteilung der gemeinsam erzielten Kostenreduktion. Im ersten Schritt werden die SHAPLEY-Werte ermittelt. Es resultieren mit Definition 6.12 die Werte (in Tsd. €):

$$\phi_A(v) = 92{,}5, \phi_B(v) = 107{,}5, \phi_C(v) = 92{,}5 \quad \text{sowie} \quad \phi_D(v) = 87{,}5.$$

Die SHAPLEY-Lösung liegt jedoch nicht im Kern. Das wird bei der Betrachtung der Koalition $\{B, D\}$ deutlich. Diese Koalition erwirtschaftet eine Kostenreduktion in Höhe von 200 Tsd. €, erhält mittels der SHAPLEY-Verteilung jedoch nur 195 Tsd. € zugeteilt. Demzufolge besteht kein Anreiz für diese Unternehmen, sich an der 4-Unternehmens-Koalition zu beteiligen. Dies wird auch in der Abb. 6.13 deutlich.

Da festgestellt wurde, dass ein nicht-leerer Kern existiert, muss eine Lösung gefunden werden, welche Bestandteil des Kerns ist. Es wurde darauf hingewiesen, dass der Nucleolus immer zum nicht-leeren Kern gehört.[180] Für das beschriebene Kostenreduktionsspiel ergibt sich der Nucleolus mit: $\text{nuc}(v) = (80.000, 130.000, 80.000, 90.000)$.

Dies stellt eine faire Kostenaufteilung dar. In der grafischen Darstellung wird deutlich (vgl. Abb. 6.14), dass der NUCLEOLUS – per definitionem – zum nicht-leeren Kern gehört. Die Aufteilung der Gesamtkostenreduktion von 380.000 € entsprechend des NUCLEOLUS führt zu der Kostenaufteilung zwischen den Unternehmen gemäß Definition 6.26. Es

[180] Vgl. Tab. 6.16.

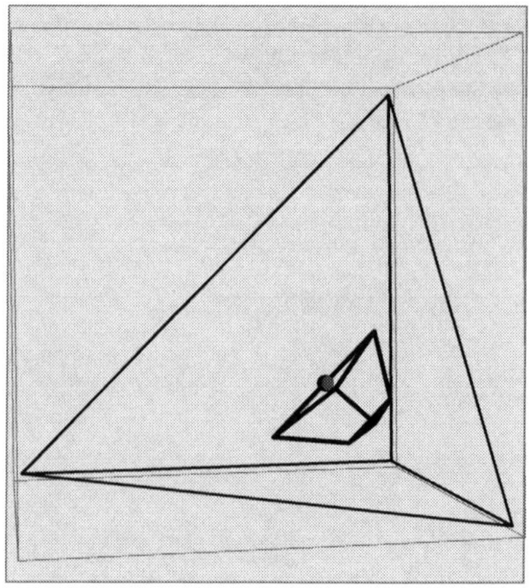

Abb. 6.13 Lage der SHAPLEY-Lösung. Quelle: Eigene Darstellung auf Basis von Meinhardt (2016)

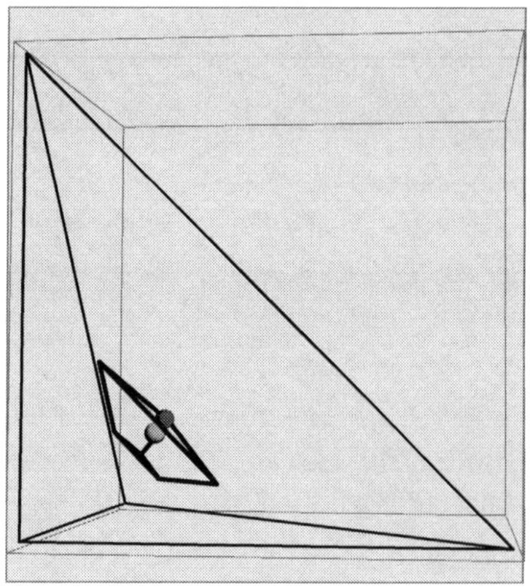

Abb. 6.14 Lage von SHAPLEY-Lösung und NUCLEOLUS. Quelle: Eigene Darstellung auf Basis von Meinhardt (2016)

ergeben sich die folgenden Kostenanteile:

$$c_A = 200.000\,€ - 80.000\,€ = 120.000\,€,$$
$$c_B = 200.000\,€ - 130.000\,€ = 70.000\,€,$$
$$c_C = 200.000\,€ - 80.000\,€ = 120.000\,€,$$
$$c_D = 280.000\,€ - 90.000\,€ = 190.000\,€.$$

Diese Ergebnisse werden mit der Tab. 6.17 verglichen. Es hätte für die Unternehmen A, B, und C die Möglichkeit bestanden, gemeinsam eine Großanlage mit 4.000 hl Volumen zu errichten. Dies hätte zu Kosten von 82,50 € pro hl geführt. Mit der Gemeinschaftsanlage fallen für diese Unternehmen Kosten von lediglich 77,50 € pro hl an. Damit ist die Kooperation vorteilhaft.

6.5.2 Minimalkostenverbindungen

Eine weitere Klasse von Spielen besteht in den sog. Minimalkostenspannbaum-Spielen („minimum cost spanning tree game"). Diese Modelle gehen von einer zweidimensionalen Ebene aus und versuchen, ein Versorgungsnetz zwischen gegebenen Punkten zu finden, welches kostenminimal ist. Darauf aufbauend wird ein kooperatives Spiel definiert und es werden die verursachungsgemäßen Kostenanteile für die Versorgungsorte bestimmt.

Die Menge der Spieler $N = \{1, 2, \ldots, n\}$ besteht aus Orten (Knoten) i, welche mittels stationärer Leitungen vom Punkt $0 \notin N$ zu versorgen sind. Das Netz besteht aus der nicht-leeren, endlichen Menge an Knoten $N_0 = N \cup \{0\}$.[181]

Die Verbindung zweier Knoten i und j mit $i, j \in N_0$ und $i \neq j$ erfolgt durch die Sehne $d_{ij} = d_{ji}$. Die Menge aller Verbindungen wird bezeichnet mit A. Der Graph G wird definiert durch die Menge der Knoten N_0 und die Menge der Verbindungen A, so dass $G = (N_0, A)$. Dieses Netz weist keine Schleifen auf.[182] Ein Teilgraph g über N_0 ist definiert mit $g = \{(i, j)|i, j \in N_0\}$.

Um die Frage nach der kostenminimalen Gestaltung dieses Versorgungsnetzes zu beantworten, werden in einem ersten Schritt aus allen, potenziell möglichen Verbindungswegen diejenigen Verbindungen ausgewählt, welche die geringsten Kosten verursachen. D. h. aus G wird die kostenminimale Teilmenge an Knoten und Verbindungen $g_{\min}$ ausgewählt. Damit entsteht ein Spannbaum minimaler Kosten. Die Kosten der Verbindung von i mit j werden beschrieben mit $c_{ij} = c_{ji} \in \mathbb{R}$, wobei $i, j = (0, 1, 2, \ldots n)$. Der resultierende Graph $g_{\min}$ resultiert aus Definition 6.27.[183]

Definition 6.27 *Der Graph der kostenminimalen Verbindungen $g_{\min}$ ist definiert durch:*

$$g_{\min} = \arg\min_{g \in A} \left[\sum_{(i,j) \in g} c_{ij} \right].$$

Darauf aufbauend wird ein kooperatives Spiel – das Minimalkostenspannbaum-Spiel (MKSS) – generiert, in dem die zu versorgenden Orte die Spieler darstellen. Der Teilgraph des Netzes, der zur kostenminimalen Versorgung der Koalition S erforderlich ist, wird bezeichnet mit $S_{g_{\min}}$. Die Kosten der verschiedenen Verbindungs-Koalitionen werden nach

181 Vgl. Alidaee (1999: 109–110); Rosenthal (2013: 133); Trudeau (2014: 138–139).
182 Vgl. Curiel (1997: 131).
183 Vgl. Kar (2002: 267).

Definition 6.28 ermittelt und bilden die Kostenfunktion.[184] Auf dieser Basis entsteht ein Kostenspiel $\Gamma(N, c)$.

Definition 6.28 *Die Kostenfunktion* $c : 2^N \to \mathbb{R}$ *eines Minimalkostenspannbaum-Spiels* $\Gamma(N, c)$ *ist definiert durch*

$$c(S) = \sum_{(i,j)\in S_{g_{\min}}} c_{ij}$$

für $\emptyset \neq S \subseteq N$ *und* $c(\emptyset) = 0$.

Die weitere Vorgehensweise gestaltet sich – identisch zu den Kostenreduktionsspielen – wie folgt:

1. Umwandlung der Kostenfunktion aus Definition 6.28 in die Koalitionsfunktion der Kostenreduktion mittels Definition 6.25,
2. Anwendung eines Lösungskonzepts und Ermittlung des Anteils an der Kostenreduktion $\lambda_i(v)$.
3. Ermittlung der Kostenanteile c_i auf Basis von Definition 6.26.

Zum besseren Verständnis sei das folgende Beispiel betrachtet:[185] Ein Wasserversorger plant den Neubau des Rohrleitungssystems vom Zentralbrunnen zu drei Verbrauchern. Dabei besteht die Möglichkeit, jeden Verbraucher separat anzuschließen oder die Leitung unter Nutzung des Grundstückes eines Verbrauchers zu einem anderen Verbraucher zu verlegen (vgl. Abb. 6.15). Diese Alternative ist sowohl beim Anschluss von zwei Verbrauchern als auch beim Anschluss aller Verbraucher möglich. In der Abb. 6.15 sind die Kosten der verschiedenen Trassenführungen vermerkt.

Aus diesen Informationen resultiert die Funktion der minimalen Kosten der Anschlussvarianten gemäß Definition 6.28 in Tab. 6.20. Bei der Erstellung der Kostenfunktion ist zu beachten, dass entsprechend Definition 6.27 aus der Menge aller Verbindungen A zur Versorgung von i, j nur diejenige Verbindung mit den minimalen Kosten gewählt wird.

Die kürzeste und damit kostengünstigste Variante ist offensichtlich die Verbindung aller Verbraucher über den Verbraucher A als Verteiler. Dies erfordert Investitionen in Höhe von 140 €. Daraus resultiert jedoch die Frage, wie diese Kosten zu verteilen sind. Da sämtliche Leitungen durch das Grundstück von Verbraucher A verlaufen, erbringt dieser einen hohen Anteil für das Verteilernetz. Werden die Informationen aus der Tab. 6.20 in der bekannten Form grafisch dargestellt, resultiert die Abb. 6.16. Die Darstellung zeigt, dass der Kern dieses Spiels nicht leer ist.

Um die Frage der Kostenaufteilung zu beantworten, wird im ersten Schritt aus der Kostenfunktion die Koalitionsfunktion gebildet (vgl. Tab. 6.21). Dafür wird die Differenz

[184] Vgl. Granot/Huberman (1981: 3); Granot/Huberman (1984: 325).

[185] Vgl. Tijs/Driessen (1986: 1025–1026). Zu Anwendungsbeispielen aus dem Bereich der Stromtrassenplanung vgl. Müller (2016); Mueller (2017c).

Abb. 6.15 Verbindungsmöglichkeiten der Wasserversorgung. Quelle: Eigene Darstellung

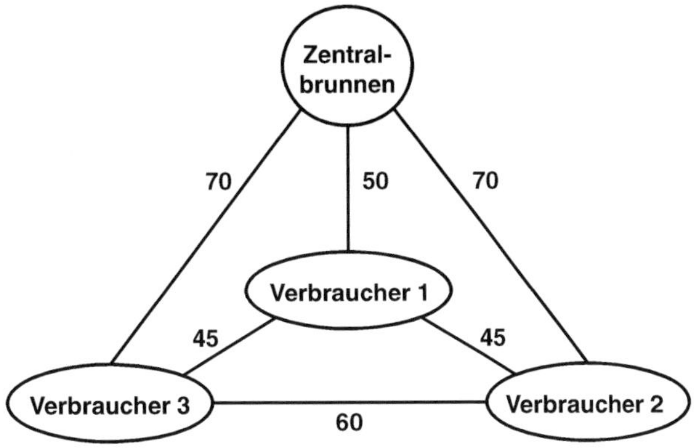

Tab. 6.20 Kostenfunktion der Wasserversorgung. Quelle: Eigene Darstellung

S	$\{\emptyset\}$	$\{A\}$	$\{B\}$	$\{C\}$	$\{A,B\}$	$\{A,C\}$	$\{B,C\}$	$\{A,B,C\}$
$c(S)$	0	50	70	70	95	95	130	140

Abb. 6.16 Kern des Kostenspiels. Quelle: Eigene Darstellung mit den Eingangsdaten aus der Tab. 6.20

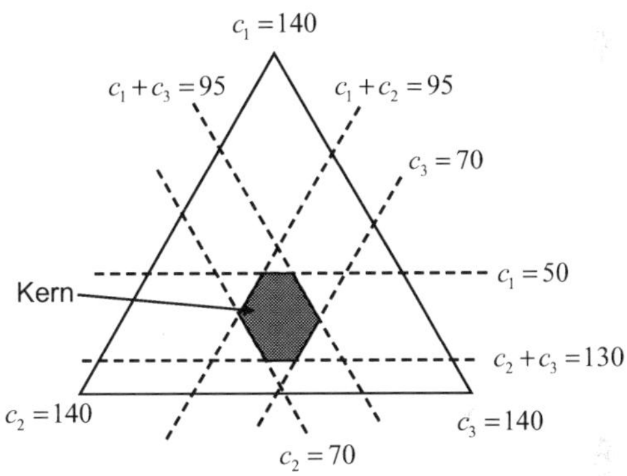

zwischen dem Minimum der getrennten Leitungsführung und der gemeinsamen Leitungsführung ermittelt. So ergeben sich z. B. für die getrennte Versorgung der Verbraucher $\{A\}$ und $\{B\}$ Gesamtkosten in Höhe von: $c(\{A\}) + c(\{B\}) = 120$ €. Dieser Wert ist der gemeinsamen Verbindung über den Verbraucher A von 95 € gegenüber zu stellen. Dies führt zum Wert der Koalition $v(\{A, B\}) = 25$. Im Vergleich zu der isolierten Verbindung aller Verbraucher werden durch die zentrale Trassenführung über Verbraucher $\{A\}$ Kosten in Höhe von 50 € reduziert, so dass $v(N) = 50$.

Tab. 6.21 Kostenreduktionsfunktion der Wasserversorgung. Quelle: Eigene Darstellung

S	$\{\emptyset\}$	$\{A\}$	$\{B\}$	$\{C\}$	$\{A,B\}$	$\{A,C\}$	$\{B,C\}$	$\{A,B,C\}$
$v(S)$	0	0	0	0	25	25	10	50

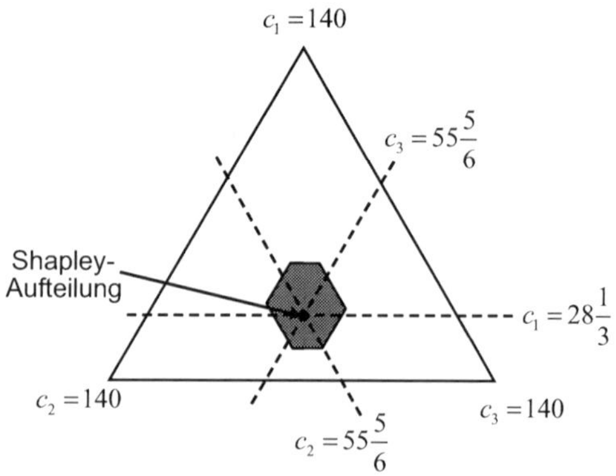

Abb. 6.17 Lage der SHAPLEY-Aufteilung des Kostenspiels. Quelle: Eigene Darstellung mit den Eingangsdaten aus der Tab. 6.20

Die Anwendung der SHAPLEY-Lösung auf die Kostenreduktionsfunktion ergibt $\phi_A(v) = \frac{65}{3}$, $\phi_B(v) = \phi_C(v) = \frac{85}{6}$. Diese Werte werden von den Kosten der isolierten Leitungsführung zu dem jeweiligen Verbraucher abgezogen, was mit Definition 6.26 zu den Kostenanteilen mit folgenden Werten führt:

$$c_A = 50 - \frac{65}{3} = 28\frac{1}{3}; \quad c_B = c_C = 70 - \frac{85}{6} = 55\frac{5}{6}.$$

Damit werden die Gesamtkosten in Höhe von 140 € von Verbraucher 1 zu einem geringeren Teil getragen, da dieser am meisten zu dem Koalitionsergebnis beiträgt. Die Kostenzuteilung mit der SHAPLEY-Lösung ist Bestandteil des Kerns (vgl. Abb. 6.17) und deshalb stabil. Anstelle der SHAPLEY-Lösung kann auch ein anderes Lösungskonzept zum Einsatz kommen. Die prinzipielle Vorgehensweise ist identisch.

Die Klasse der MKSS wird schon lang und intensiv diskutiert.[186] Eine interessante Eigenschaft der MKSS ist der Fakt, dass der Kern dieser Spiele **niemals leer** ist.[187] Jedoch muss darauf hingewiesen werden, dass ein MKSS zwar **immer balanciert**, jedoch **nicht immer konvex** ist,[188] wie das Beispiel aus Abb. 6.18 zeigt.

Aus der Abb. 6.18 werden die Kosten- und die Koalitionsfunktion abgeleitet, die in der Tab. 6.22 zusammengefasst sind. Die SHAPLEY-Lösung lautet: $\phi_A(v) = 9\frac{1}{6}$, $\phi_B(v) = 6\frac{4}{6}$, $\phi_C(v) = 19\frac{1}{6}$. Der Blick auf die Koalition $\{A, C\}$ zeigt, dass die Lösung kein Kernbestandteil ist. Eine Überprüfung des Spiels auf Minimalbalanciertheit[189] zeigt, dass der

[186] Vgl. Claus/Kleitman (1973); Bird (1976); Granot/Huberman (1984); Estévez-Fernández/Reijnierse (2014).

[187] Vgl. Granot/Huberman (1981: 6–7); Tijs et al. (2006: 309).

[188] Vgl. Granot/Huberman (1982).

[189] Vgl. Eigenschaft 6.12.

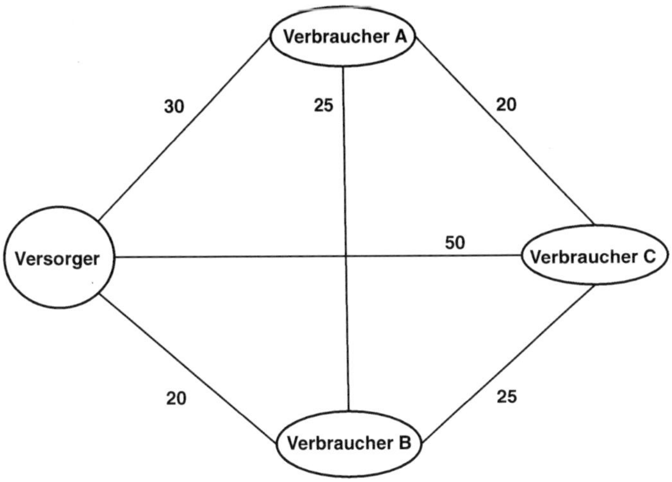

Abb. 6.18 Beispiel eines nicht konvexen MKSS. Quelle: Eigene Darstellung

Kern nicht leer ist. Der NUCLEOLUS beträgt $\text{nuc}(v) = (6\frac{1}{4}, \frac{5}{2}, 26\frac{1}{4})$ und liegt definitionsgemäß im Kern.

Situationen, die mit dem Modell minimaler Kostenspannbäume abgebildet werden, sind klassischerweise Versorgungsnetzwerke.[190] Mit Blick auf die erforderliche Erneuerung und Erweiterung der Elektroenergienetze in Deutschland kann ebenfalls ein kooperatives Szenario beobachtet werden.

Alle Grundstückseigentümer können als Teilnehmer einer großen Energieverbrauchskooperation interpretiert werden. Darüber hinaus existiert mit der Bundesnetzagentur und den angeschlossenen bzw. untergeordneten Behörden ein reales Pendant zum theoretischen Konstrukt der Zentralinstanz. Die Kosten der Netznutzung und des Netzausbaus werden ermittelt und die daraus resultierenden Netzentgelte werden von den Endkunden eingezogen. Zusätzlich kann festgestellt werden, dass die Planung der Trassen – unter Einbindung lokaler Akteure und unter Berücksichtigung derer Interessen – zentral koordiniert und abgestimmt wird.

Tab. 6.22 Kosten- und Koalitionsfunktion des nicht konvexen MKSS. Quelle: Eigene Darstellung

S	$\{\emptyset\}$	$\{A\}$	$\{B\}$	$\{C\}$	$\{A,B\}$	$\{A,C\}$	$\{B,C\}$	$\{A,B,C\}$
$c(S)$	0	30	20	50	45	50	45	65
$v(S)$	0	0	0	0	5	30	25	35

[190] Vgl. Junqueira et al. (2007); Lima et al. (2008); Nikoukar/Haghifam (2012); Hasan et al. (2014).

Für die Gesamtheit der Nutzer ist es das Ziel, die kostenminimale Trassenführung zu realisieren. Davon profitieren sämtliche Nutzer, da der Netzausbau von allen Teilnehmern über das Netzentgelt finanziert wird. Seitenzahlungen zwischen den Netznutzern sind in Deutschland demzufolge gesetzlich vorgeschrieben.[191] Mit den MKSS können für diese Situationen die kostenminimalen Routen und gerechte Ausgleichszahlungen für die Eigentümer der Grundstücke identifiziert werden, über welche diese kostenminimalen Trassen geführt werden.[192]

6.5.3 Kostenteilung kollektiver Infrastrukturprojekte

In einigen Fällen sind Investitionen in Ressourcen erforderlich, die von verschiedenen Nutzern gemeinsam genutzt, dabei aber unterschiedlich ausgelastet werden. Bei der Errichtung der Ressource wurde derjenige Nutzer mit dem höchsten Belastungsprofil als Referenznutzer definiert und die Anlage auf sein Profil hin dimensioniert. Die gesamte Anlage wird jedoch auch von Nutzern mit einem geringeren Anforderungsprofil genutzt. Damit stellt sich die Frage nach einer gerechten Aufteilung der Gemeinkosten dieser Anlage in einer Abrechnungsperiode. Diese Frage wurde erstmals bei der Ermittlung der verursachungsgerechten Verteilung von Gemeinkosten der Rollbahnnutzung gestellt und beantwortet, worauf die Bezeichnung „airport games" zurückzuführen ist.[193] In diesem Fall sind Rollbahnen auf die Ansprüche des größten Flugzeugtyps ausgerichtet, selbstverständlich wird die Landebahn auch von kleineren Flugzeugtypen genutzt.

Die zugrunde liegende Argumentation ist folgende: Die Gemeinkosten setzen sich aus dem Kapitaldienst (Abschreibungen und kalkulatorische Zinsen) und aus anderen nicht nutzungsabhängigen, fixen Kosten zusammen. Diese Faktoren werden maßgeblich von der Dimensionierung (Länge, Breite und Auslegung) der Rollbahn determiniert. Es wird nun angenommen, dass für jeden Typ eine separate Bahn zu errichten ist. Die flugzeugtypabhängigen Gemeinkosten werden auf Basis derjenigen Dimensionierung ermittelt, die dieser Flugzeugtyp erfordern würde, wenn die Rollbahn ausschließlich und exklusiv für ihn gebaut und betrieben worden wäre. Das führt zur Summe aus annualisierten Investitionskosten und jährlichen Fixkosten pro Flugzeugtyp c_k. Der Kostenwert c_k ist demzufolge ausschließlich **typabhängig**, jedoch nicht **nutzungsabhängig**.

Das kooperative Spiel mit $N = \{1, 2, \ldots, n\}$ wird wie folgt definiert: Es existieren m unterschiedliche Flugzeugtypen, mit der Anzahl von n_k Bewegungen des Typs k, so dass $n = \sum_{k=1}^{m} n_k$. Die Menge der Bewegungen von Typ k wird beschrieben durch N_k, woraus

[191] Vgl. Müller (2016: 254–255).
[192] Vgl. Müller (2016: 257–264); Mueller (2017c).
[193] Vgl. Littlechild/Owen (1973); Littlechild/Thompson (1977).

sich die Menge aller Bewegungen ergibt mit $N = \bigcup_{k=1}^{m} N_k$.[194] Auf diese Weise wird **jede Bewegung** (Start und Landung) eines Flugzeugtyps als ein **Spieler** interpretiert. Wichtig für die weitere Vorgehensweise ist die Anordnung der Kosten für jeden Flugzeugtyp c_k in aufsteigender Reihenfolge, so dass: $0 < c_1 < \ldots < c_m$. Auf Basis dieser Festlegungen kann die Kostenfunktion entsprechend Definition 6.29 ermittelt werden.

Definition 6.29 *Die Kostenfunktion eines Flughafenspiels $\Gamma(N, c)$ ist definiert durch: $c(\emptyset) = 0$ und $c(S) = \max\{c_k | S \cap N_k \neq \emptyset\}$ für alle $S \subseteq N$.*

Aus der Definition 6.29 wird deutlich, dass die Kosten jeder Koalition ausschließlich durch den Spieler mit den höchsten Kosten definiert werden. Die Interpretation ist nachvollziehbar: die Ressource wurde mit Blick auf den Spieler mit dem höchsten Anforderungsprofil dimensioniert. Deshalb richten sich die Kosten jeder Koalition, zu der dieser Spieler gehört, auch ausschließlich nach diesem Spieler. Das ursprünglich vorgeschlagene Aufteilungsprocedere war folgendes:[195]

- Verteile die Kosten des kleinsten Flugzeugtyps gleichmäßig auf die gesamte Spielermenge.
- Verteile die Zusatzkosten, welche der zweitkleinste Flugzeugtyp im Vergleich zum kleinsten Flugzeugtyp verursacht, gleichmäßig auf die gesamte Spielermenge außer auf den kleinsten Flugzeugtyp.
- Setze das Vorgehen fort, bis alle Kosten verteilt sind.

Allgemeingültig kann der Kostenanteil für einen Spieler i mit $i \in N$ gemäß Definition 6.30 bestimmt werden. Darin beschreibt r_l die Anzahl an Nutzungsaktivitäten von Typen, welche genauso groß oder größer sind wie der Typ i.

Definition 6.30 *Der Kostenanteil des Nutzertyps i lässt sich ermitteln aus:*

$$x_i = \sum_{k=1}^{i} \frac{c_k - c_{k-1}}{r_l}.$$

Zur Erläuterung wird das Beispiel 6.7 betrachtet.

Beispiel 6.7 *Es wird eine Rollbahn betrachtet, welche von drei Flugzeugtypen genutzt wird. Es gilt für die vorliegende Periode $|N_1| = 1$, $|N_2| = |N_3| = 2$. D. h. Flugzeugtyp 1 verzeichnet eine Bewegung, während die anderen Typen jeweils zwei Bewegungen verzeichneten. Daraus folgt: $N_1 = \{A\}$, $N_2 = \{B\}, \{C\}$ und $N_3 = \{D\}, \{E\}$. Typabhängige*

[194] Vgl. Peleg/Sudhölter (2007: 15); González-Díaz/García-Jurado/Fiestras-Janeiro (2010: 256).
[195] Vgl. Littlechild/Owen (1973: 370); González-Díaz/García-Jurado/Fiestras-Janeiro (2010: 257).

Gemeinkosten in der Periode für die Flugzeugtypen ergeben sich mit: $c_1 = 10$, $c_2 = 15$ *sowie* $c_3 = 35$. *Als Lösung resultieren die Kostenanteile aus Definition* 6.30 *mit:*

$$\begin{aligned}
x_A &= \frac{10}{5} && = 2,\\
x_B &= \frac{10}{5} + \left(\frac{15-10}{4}\right) && = \frac{13}{4},\\
x_C &= \frac{10}{5} + \left(\frac{15-10}{4}\right) + \left(\frac{15-15}{4}\right) && = \frac{13}{4},\\
x_D &= \frac{10}{5} + \left(\frac{15-10}{4}\right) + \left(\frac{15-15}{4}\right) + \left(\frac{35-15}{2}\right) && = \frac{53}{4},\\
x_E &= \frac{10}{5} + \left(\frac{15-10}{4}\right) + \left(\frac{15-15}{4}\right) + \left(\frac{35-15}{2}\right) + \left(\frac{35-35}{2}\right) && = \frac{53}{4},\\
& \qquad\qquad\qquad\qquad\qquad\qquad\qquad\qquad\qquad \textit{Summe} && = 35.
\end{aligned}$$

Es konnte gezeigt werden, dass diese Resultate identisch zur SHAPLEY*-Lösung des korrespondierenden Kostenreduktionsspiels sind.*[196] *Um dies zu demonstrieren, wird in einem ersten Schritt die Kostenfunktion entwickelt. Allgemeingültig lässt sich die Kostenfunktion mit Definition* 6.29 *wie folgt formulieren:*

$$c(S) = \begin{cases} 0 & \textit{wenn } S = \{\emptyset\},\\ 10 & \textit{wenn } S = \{A\},\\ 15 & \textit{für } S \cap N_2 \neq \emptyset \textit{ und } S \cap N_3 = \emptyset,\\ 35 & \textit{ansonsten.} \end{cases}$$

Die ausführliche Darstellung der Kostenfunktion auf Basis der Definition 6.29 *ist in* Tab. 6.23 *zu sehen.* Tab. 6.23 *verdeutlicht anschaulich die Kostenstruktur. Jede Koalition, die den Typ mit den höchsten Kosten beinhaltet, weist genau diesen Kostenwert auf, unabhängig davon, ob und wie viele andere Typen in der Koalition beteiligt sind. Aus der Kostenfunktion in* Tab. 6.23 *wird mit der Definition* 6.25 *die Koalitionsfunktion* v *des Spiels* $\Gamma(N, v)$ *ermittelt (vgl.* Tab. 6.24*). Mit den Eingangsdaten aus der* Tab. 6.24 *ergeben sich folgende* SHAPLEY*-Werte:* $\phi_A(v) = 8$, $\phi_B(v) = \phi_C(v) = \frac{47}{4}$, $\phi_D(v) = \phi_E(v) = \frac{87}{4}$. *Die anschließende Verwendung der Definition* 6.26 *führt zu denselben Ergebnissen, wie die Anwendung der Definition* 6.30 *auf die Kostenfunktion.*

Ein Flughafenkostenspiel ist immer konkav und das damit verbundene Reduktionsspiel ist demzufolge **immer konvex**. Deshalb ist der Kern dieser Spiele niemals leer, diese Spiele sind also immer balanciert.[197] Daraus folgt auch, dass sämtliche anderen vorgestellten Konzepte auf die Koalitionsfunktion angewendet werden können.

[196] Vgl. Littlechild/Owen (1973).

[197] Vgl. Potters/Sudhölter (1999: 88); González-Díaz et al. (2016: 107).

Tab. 6.23 Kostenfunktion des Flughafenspiels. Quelle: Eigene Darstellung

S	$c(S)$	S	$c(S)$	S	$c(S)$	S	$c(S)$
$\emptyset$	0	$\{A, D\}$	35	$\{A, B, C\}$	15	$\{B, D, E\}$	35
$\{A\}$	10	$\{A, E\}$	35	$\{A, B, D\}$	35	$\{C, D, E\}$	35
$\{B\}$	15	$\{B, C\}$	15	$\{A, B, E\}$	35	$\{A, B, C, D\}$	35
$\{C\}$	15	$\{B, D\}$	35	$\{A, C, D\}$	35	$\{A, B, C, E\}$	35
$\{D\}$	35	$\{B, E\}$	35	$\{A, C, E\}$	35	$\{A, B, D, E\}$	35
$\{E\}$	35	$\{C, D\}$	35	$\{A, D, E\}$	35	$\{A, C, D, E\}$	35
$\{A, B\}$	15	$\{C, E\}$	35	$\{B, C, D\}$	35	$\{B, C, D, E\}$	35
$\{A, C\}$	15	$\{D, E\}$	35	$\{B, C, E\}$	35	$\{A, B, C, D, E\}$	35

Interessant ist, dass der **NUCLEOLUS** für diese Spiele die Anforderung der **Populationsmonotonie**[198] erfüllt.[199] Aus dem Fakt, dass der NUCLEOLUS diese Anforderung jedoch **nicht für die gesamte Klasse konvexer Spiele** erfüllt,[200] kann geschlussfolgert werden, dass konvexe Spiele und Flughafenspiele eine nicht-leere Schnittmenge aufweisen.

Der **τ-Wert** hingegen erfüllt auch für Flughafenspiele die Populationsmonotonie **nicht**.[201]

Die Kernfrage bei diesem Vorgehen ist die Ermittlung der – hypothetischen – Gemeinkosten der kleiner dimensionierten Anlagenvarianten. Im Gegensatz zur real existierenden Anlage, die für den größten Nutzertyp dimensioniert wurde, werden die kleinen Varianten nicht errichtet. Einen Ausweg bieten hier die Kostenwachstumsgesetze.[202] Mit diesen können auf Grundlage der technisch-physikalischen Dimensionen die Kostenrelationen abgeleitet werden.

Die Definition 6.30 weist Ähnlichkeiten mit der mehrstufigen Divisionskalkulation auf.[203] Jedoch ist kein Produktionsprozess so gestaltet, wie ein Flughafenspiel konstruiert ist, weshalb die Verfahren nicht übertragbar sind. Deshalb muss festgestellt werden, dass die potenziellen Einsatzgebiete primär im Infrastrukturbereich zu finden sind, wo die Investitionen und die daraus resultierenden Gemeinkosten durch lasten- oder größenabhängige Nutzungseigenschaften determiniert werden. So lassen sich z. B. Nutzungsentgelte für Wasserwege bzw. Wasserinfrastrukturprojekte (z. B. Schiffshebewerke), Liegegebühren in Häfen oder Maut-Entgelt-Systeme für Straßen oder Schienenwege gestalten. In der betrieblichen Produktion werden die Kostenstrukturen kaum von diesen Parametern definiert.

[198] Vgl. Anforderung 6.10.
[199] Vgl. Mueller (2018a: 414).
[200] Vgl. die Diskussion des Beispiels 6.4 im Abschn. 6.4.3.2.
[201] Vgl. Mueller (2018a: 416).
[202] Vgl. Müller (2013: 367–372).
[203] Vgl. Müller (2013: 365); Coenenberg/Fischer/Günther (2016: 142).

Tab. 6.24 Koalitionsfunktion des Flughafenkostenreduktionsspiels. Quelle: Eigene Darstellung

S	$v(S)$	S	$v(S)$	S	$v(S)$	S	$v(S)$
$\emptyset$	0	$\{A,D\}$	10	$\{A,B,C\}$	25	$\{B,D,E\}$	50
$\{A\}$	0	$\{A,E\}$	10	$\{A,B,D\}$	25	$\{C,D,E\}$	50
$\{B\}$	0	$\{B,C\}$	15	$\{A,B,E\}$	25	$\{A,B,C,D\}$	40
$\{C\}$	0	$\{B,D\}$	15	$\{A,C,D\}$	25	$\{A,B,C,E\}$	40
$\{D\}$	0	$\{B,E\}$	15	$\{A,C,E\}$	25	$\{A,B,D,E\}$	60
$\{E\}$	0	$\{C,D\}$	15	$\{A,D,E\}$	45	$\{A,C,D,E\}$	60
$\{A,B\}$	10	$\{C,E\}$	15	$\{B,C,D\}$	30	$\{B,C,D,E\}$	65
$\{A,C\}$	10	$\{D,E\}$	35	$\{B,C,E\}$	30	$\{A,B,C,D,E\}$	75

6.6 Rationierungsprobleme und Rationierungsspiele

6.6.1 Rationierungsprobleme und Aufteilungsregeln

Es gibt eine Reihe von Situationen, in denen einem Angebot eine höhere Nachfrage gegenübersteht, und bei denen kein Preisbildungsmechanismus zu einem Ausgleich dieser Faktoren führt. Die Darstellung wird im weiteren Verlauf auf Situationen eingegrenzt, in denen einer verfügbaren Menge einer beliebig teilbaren Ressource (z. B. Geld, Zeit, Wasser, Elektroenergie) eine größere Summe von Ansprüchen gegenübersteht. Aus dieser Situation resultiert die prinzipielle Frage nach einer gerechten Aufteilung. Dabei steht – wie bereits dargelegt wurde[204] – die **Aufteilungsgerechtigkeit** im Mittelpunkt.

Ein klassischer Fall ist die Insolvenz, woher die Bezeichnung „bankruptcy problem" stammt. Das Insolvenzrecht regelt die Rangfolge der Ansprüche, so dass diese Problematik nur noch von geringer Relevanz ist. Ökonomisch relevante Fragestellungen sind in folgenden Konstellationen anzutreffen:

- Der verfügbare Gewinn reicht nicht aus, um zugesagte Gewinnanteile ausschütten zu können. Dies ist bei Personengesellschaften wie der OHG oder der KG relevant, da den Eigentümern – wenn vertraglich keine andere Regelung getroffen wurde – gemäß § 121 HGB 4 % auf die Kapitaleinlage zustehen.[205]
- Im Fall der Überzeichnung der Erstplatzierung von Aktien und Anleihen sind Zuteilungsregeln festzulegen.
- Kapazitätsausfälle führen zu einer vorübergehenden Einschränkung der Produktion bzw. der Versorgung, was zur Notwendigkeit der Festlegung von Kontingenten führt.
- Nachträgliche Budgetkürzungen führen in Unternehmen und öffentlichen Haushalten ebenfalls zu Rationierungssituationen.

[204] Vgl. Abschn. 6.3.

[205] Vgl. §121, Abs. 1 HGB.

Diese Situationen werden im weiteren Verlauf allgemeingültig als **Rationierungsproblem** bezeichnet und sind durch folgende Struktur gekennzeichnet:

- Eine **Instanz** hat in der Vergangenheit Ansprüche von Personen bzw. Institutionen festgelegt. Die Personen bzw. Institutionen werden im weiteren Verlauf als Agenten bezeichnet.
- **Nach dieser Festlegung** stellt sich heraus, dass das verfügbare Budget bzw. die verfügbaren Ressourcen **nicht ausreicht**, um alle Ansprüche zu befriedigen.
- Weder die Höhe der Ansprüche, noch das verfügbare Budget lassen sich beeinflussen. Das ist ein wesentlicher Unterschied zu den kooperativen Spielen, bei denen das Koalitionsergebnis ein Resultat der Aktivitäten der Spieler ist.[206]
- Es bestehen **keine Möglichkeiten** zu **strategischem Verhalten** der Agenten. Wenn die Agenten z. B. ex-ante wissen, dass es zu einer Verknappung kommen wird, können sie durch Abgabe einer überhöhter Meldung ihren Anteil erhöhen. Diese Fälle sind mit Mitteln der **strategischen Spieltheorie** zu lösen.
- Es stehen keine Preisbildungsmechanismen (z. B. Märkte, Auktionen) zur Verfügung, um das Budget (Angebot) und die Ansprüche (Nachfrage) in Übereinstimmung zu bringen.
- Alle Agenten verfügen über **identische, lineare Nutzenfunktionen**. Die Gerechtigkeit der Zuteilung bemisst sich deshalb einzig und allein an der **Menge** der zugeteilten Ressource und **nicht** nach dem damit verbundenen, **individuell unterschiedlichen Nutzen**. Deshalb können weitergehende normativ-ethische Diskussionen ausgeklammert werden.

Im Folgenden wird die Summe der Ansprüche mit Q und das verfügbare Budget mit E bezeichnet. Wird nun eine Reihe von Agenten betrachtet, so beschreibt q_i den Einzelanspruch des Agenten i und es gilt $Q = \sum_{i \in N} q_i$. Sämtliche Ansprüche werden im Anspruchsvektor $\hat{q}$ in nicht absteigender Reihenfolge geordnet, so dass gilt: $0 \leq q_1 \leq q_2 \leq q_1 \ldots \leq q_n$. Damit erfolgt die Beschreibung des Rationierungsproblems in Definition 6.31.[207]

Definition 6.31 *Ein Rationierungsproblem* $(N, E, \hat{q})$ *besteht aus einer endlichen Menge an Agenten* $N = \{1, 2, \ldots, n\}$ *sowie* $E \in \mathbb{R}$ *und* $\hat{q} \in \mathbb{R}^N$ *so, dass für jedes* $i \in N$ *gilt* $q_i \geq 0$ *und* $0 \leq E \leq \sum_{i=1}^{n} q_i$.

Dieses Problem wird gelöst, indem E durch einen Auszahlungvektor verteilt wird (vgl. Definition 6.32).

[206] Vgl. Abschn. 6.2.

[207] Vgl. González-Díaz/García-Jurado/Fiestras-Janeiro (2010: 262); Moreno-Ternero (2018: 269).

Definition 6.32 *Der Auszahlungsvektor ist eine Funktion f, die für ein Rationierungsproblem $(N, E, \hat{q})$ eine Aufteilung $f(N, E, \hat{q}) \in \mathbb{R}^N$ ermittelt, so dass*

a) $\sum_{i \in N} f_i(N, E, \hat{q}) = E$

sowie

b) *für jedes* $i \in N$ *gilt* $0 \leq f_i(N, E, \hat{q}) \leq q_i$.

Diese Definition ähnelt stark der Definition der Imputation eines kooperativen Spiels.[208] Bedingung a) spiegelt die Effizienz bzw. kollektive Rationalität wider und Anforderung b) wird als Beschränktheit bezeichnet, da gefordert wird, dass der Anteil eines Agenten nicht größer sein kann als seine ursprüngliche Forderung. Zur Vereinfachung wird im weiteren Verlauf $f_i(N, E, \hat{q})$ durch $f_i(\hat{q})$ ersetzt.

Es stellt sich die Frage, welche Möglichkeiten es gibt, Zuteilungsvektoren zu bestimmen, die den Anforderungen von Definition 6.32 entsprechen und gerecht sind. Jedoch können die Gerechtigkeitsaxiome, die der Entwicklung der Lösungskonzepte kooperativer Spiele zugrunde liegen,[209] nicht herangezogen werden. Die Agenten haben **keinen Einfluss** auf die Menge der aufzuteilenden Ressource. Dies ist ein wesentlicher Unterschied zu der grundsätzlichen Situation der kooperativen Spiele, bei denen der Wert der Koalitionen Ergebnis von Aktivitäten der Spieler ist.[210]

Demzufolge wird die Leistungsgerechtigkeit durch die **Aufteilungsgerechtigkeit** als Handlungsmaxime ersetzt. Wie im Abschn. 6.3 dargestellt wurde, ist in diesem Fall das Suum-cuique-Prinzip handlungsleitend.

In Abhängigkeit von der Branche werden in der Praxis u. a. folgende Zuteilungsverfahren vorgeschlagen:[211]

- Losverfahren,[212]
- First-come-first-serve-Prinzip,
- Zuteilung nach dem Kriterium der Ordergröße,
- Zuteilung von Mindestvolumina,
- Gleichverteilung,
- Auswahl nach anderen Kriterien (z. B. regionale Kriterien).

Ziel der folgenden Darstellungen ist es, verschiedene Aufteilungsvarianten vorzustellen, die eine gerechte Zuteilung ermöglichen. Aus der Vielzahl von – theoretisch diskutierten und teilweise auch praktisch realisierten – Verfahren werden die:[213]

[208] Vgl. Definition 6.4.
[209] Vgl. Abschn. 6.3.
[210] Vgl. Abschn. 6.2.
[211] Vgl. Börsensachverständigenkommission (2000: 20); Becker (2016: 177).
[212] Auf die Rationalität des Losverfahrens wurde bereits hingewiesen. Vgl. Abschn. 4.1.
[213] Für weitere Aufteilungsregeln vgl. Thomson (2003: 252–259).

- Proportionalitätsregel,
- angepasste Proportionalitätsregel,
- Zufallsbeitrittsregel,
- bedingte Ertrags-Gleichverteilung,
- bedingte Verlust-Gleichverteilung sowie
- Talmud-Regel

vorgestellt. Zur Erläuterung dieser Regeln wird das Beispiel 6.8 eingeführt.

Beispiel 6.8 *Es besteht ein Budget von* $E = 350$. *Dem stehen Agenten mit folgenden Ansprüchen gegenüber:* $q_A = 50$, $q_B = 100$, $q_C = 150$ *und* $q_D = 175$.

Proportionale Aufteilung

Die Proportionalitätsregel (PR) (*proportional rule*) wurde erstmals von ARISTOTELES erwähnt.[214] Bei diesem Verfahren wird das Verhältnis von Gesamtvermögen und Gesamtansprüchen gebildet und jeder Agent wird entsprechend dieser Relation beteiligt (vgl. Definition 6.33).[215]

Definition 6.33 *Für ein Rationierungsproblem* $(N, E, \hat{q})$ *ergibt sich der Anteil des Agenten* i bei Anwendung der PR aus: $f_i^P(\hat{q}) = q_i \cdot \frac{E}{Q}$.

Für das Beispiel 6.8 ergeben sich folgende Werte:

$$f_A^P(\hat{q}) = 50 \cdot \frac{350}{475} = 36\frac{400}{475}, \quad f_B^P(\hat{q}) = 100 \cdot \frac{350}{475} = 73\frac{325}{475},$$
$$f_C^P(\hat{q}) = 150 \cdot \frac{350}{475} = 110\frac{250}{475}, \quad f_D^P(\hat{q}) = 175 \cdot \frac{350}{475} = 128\frac{450}{475}.$$

Das Verfahren ist leicht verständlich und weit verbreitet.

Angepasste Proportionalitätsregel

Die angepasste Proportionalitätsregel (APR) wurde vor längerer Zeit vorgeschlagen.[216] Dazu wird in einem **ersten Schritt** der minimale Anspruch m_i jedes Agenten ermittelt, der von keinem anderen Agenten beansprucht wird (vgl. Definition 6.34).

Definition 6.34 *Der minimale Anteil eines Agenten* m_i *bei einem Rationierungsproblem* $(N, E, \hat{q})$ *ist definiert mit:* $m_i = \max\{0, E - \sum_{j \in N \setminus \{i\}} q_j\}$.

[214] Vgl. Young (1994a: 64–65).
[215] Vgl. Hougaard (2009: 20–21).
[216] Vgl. Curiel/Maschler/Tijs (1987).

Im **zweiten Schritt** wird die Summe dieser minimalen Ansprüche von dem verfügbaren Budget abgezogen. Es verbleibt das Restbudget $E^* = E - \sum_{i \in N} m_i$, das aufzuteilen ist. Die im ersten Schritt ermittelten Einzelansprüche werden im **dritten Schritt** von den Gesamtansprüchen abgezogen. Für jeden Agenten ergibt sich ein Restanspruch gemäß Definition 6.35.

Definition 6.35 *Der Restanspruch eines Agenten* d_i *bei einem Rationierungsproblem* $(N, E, \hat{q})$ *ist definiert mit:* $d_i = q_i - m_i$.

Die Summe aller individuellen Restansprüche ergibt sich aus $Q^* = \sum_{i \in N} d_i$. Das Restbudget E^* wird im **nächsten Schritt** in Relation zur Summe der Restansprüche Q^* gesetzt.

Im **letzten Schritt** wird der Anteil eines Agenten aus der Summe seines unstrittigen Minimalanteils m_i und dem – mit dem Verhältnis von Restbudget zu Restansprüchen – gewichteten Restanspruch d_i gebildet. Im Endergebnis ergibt sich der angepasste proportionale Anteil entsprechend der Definition 6.36.[217]

Definition 6.36 *Der Anteil eines Agenten i ist für ein Rationierungsproblem* $(N, E, \hat{q})$ *bei Anwendung der APR definiert mit:*

$$f_i^A(\hat{q}) = \begin{cases} m_i & \text{wenn } E^* = 0, \\ m_i + d_i \cdot \dfrac{E^*}{Q^*} & \text{ansonsten.} \end{cases}$$

Für das Beispiel 6.8 ergibt sich das korrigierte Budget mit $E^* = 275$, die angepasste Summe der Ansprüche beträgt $Q^* = 400$. In der Tab. 6.25 sind die mit Definition 6.36 ermittelten Anteile abgebildet.

Das Verfahren ist nicht so leicht verständlich, wie die einfache PR, basiert jedoch auf einer schlüssigen Argumentation.

Zufallsbeitrittsregel

Das Problem kann auch dadurch gelöst werden, dass angenommen wird, jeder Agent erschiene physisch, um seinen Anspruch anzumelden, d. h. er tritt der Gruppe der Agenten in der Liquidationsversammlung bei. Dies kann zufällig und in unterschiedlicher Reihenfolge geschehen, woraus der Name Zufallsbeitrittsregel (ZBR) (*random arrival rule* oder auch *run-to-the-bank-rule*) abgeleitet ist. Bei seinem Eintreffen erhält der Agent das Minimum aus seinem Anspruch und dem noch verfügbaren Restvermögen. Offensichtlich ist sein Anteil davon abhängig, wie viele andere Agenten ihre Ansprüche bereits geltend gemacht haben. Um gerecht zu sein, werden nun alle Beitrittsmöglichkeiten der Agenten als gleich wahrscheinlich eingestuft und anschließend wird der Durchschnitt ermittelt. Zur

[217] Vgl. Curiel/Maschler/Tijs (1987: 146).

Tab. 6.25 APR für Beispiel 6.8. Quelle: Eigene Darstellung

Agent i	q_i	m_i	Korrigierter Anteil d_i	Proportionaler Anteil an Restsumme	Gesamtanteil f_i^A
A	50	0	50	34,3750	34,3750
B	100	0	100	68,7500	68,7500
C	150	25	125	85,9375	110,9375
D	175	50	125	85,9375	135,9375
Summe	475	75	400	275	350

Beschreibung wird in Definition 6.37 mit $\Pi(N)$ die Menge aller Permutationen der Elemente in N beschrieben. Für jede Permutation $\pi \in \Pi(N)$ bezeichnet π_j die geordnete Menge von Spielern, die ihre Ansprüche **vor dem Eintreffen** des Agenten i angemeldet haben.[218]

Definition 6.37 *Der Anteil eines Agenten i ist für ein Rationierungsproblem* $(N, E, \hat{q})$ *bei Anwendung der ZBR definiert mit:*

$$f_i^Z(\hat{q}) = \frac{1}{n!} \sum_{\pi \in \Pi(N)} \min\left\{q_i, \max\left\{0, E - \sum_{j \in N, \pi_j < \pi_i} q_j\right\}\right\}.$$

Mit Definition 6.41 ergeben sich die Anteile der vier Agenten in Abhängigkeit von der Reihenfolge ihres Erscheinens in Tab. 6.26.

Diese Vorgehensweise ist aufwändiger und nicht so leicht verständlich wie die proportionale Aufteilung. Gerechtigkeit wird durch die Annahme gleich wahrscheinlicher Beitrittsreihenfolgen impliziert.

Bedingte Ertrags-Gleichverteilung

Die bedingte Ertrags-Gleichverteilung (BEG) (*constrained equal-awards rule*) wurde im 12. Jhd. erstmals von MAIMONIDES erwähnt.[219] Ziel ist die Gleichverteilung des Budgets, wobei jedoch sicherzustellen ist, dass kein Agent mehr erhält als seinen Anspruch.[220]

Definition 6.38 *Der Anteil eines Agenten i ist für ein Rationierungsproblem* $(N, E, \hat{q})$ *bei BEG definiert mit:*

$$f_i^{Ü}(\hat{q}) = \min\{q_i, \alpha_i\}, \text{ wobei } \alpha_i = \frac{E - \sum_{j=0}^{i-1} f_j^{Ü}}{n - (i-1)}.$$

218 Vgl. González-Díaz/García-Jurado/Fiestras-Janeiro (2010: 263); Chakravarty/Mitra/Sarkar (2015: 103).

219 Vgl. Young (1994a: 73–74); Thomson (2015: 42).

220 Vgl. Hougaard (2009: 20–21).

Tab. 6.26 ZBR für Beispiel 6.8. Quelle: Eigene Darstellung

	Anteil des Agenten am Budget in Abhängigkeit von der Reihenfolge des Eintreffens			
Permutationen	$f_A^Z(\hat{q})$	$f_B^Z(\hat{q})$	$f_C^Z(\hat{q})$	$f_D^Z(\hat{q})$
A, B, C, D	50	100	150	50
A, B, D, C	50	100	25	175
A, C, B, D	50	100	150	50
A, C, D, B	50	0	150	150
A, D, B, C	50	100	25	175
A, D, C, B	50	0	125	175
B, A, C, D	50	100	150	50
B, A, D, C	50	100	25	175
B, C, A, D	50	100	150	50
B, C, D, A	0	100	150	100
B, D, A, C	50	100	25	175
B, D, C, A	0	100	75	175
C, A, B, D	50	100	150	50
C, A, D, B	50	0	150	150
C, B, A, D	50	100	150	50
C, B, D, A	0	100	150	100
C, D, A, B	25	0	150	175
C, D, B, A	0	25	150	175
D, A, B, C	50	100	25	175
D, A, C, B	50	0	125	175
D, B, A, C	50	100	25	175
D, B, C, A	0	100	75	175
D, C, A, B	25	0	150	175
D, C, B, A	0	25	150	175
Summe	850	1.650	2.650	3.250
Durchschnitt	$35\frac{5}{12}$	$68\frac{3}{4}$	$110\frac{5}{12}$	$135\frac{5}{12}$

In der Tab. 6.27 sind die Resultate der Anwendung der BEG für das Beispiel 6.8 abgebildet. Das Verteilungsschema der BEG ist in Abb. 6.19 erkennbar. Bei geringen Budgetwerten erhält jeder Agent denselben Anteil. Dies entspricht dem **Gleichheitsprinzip**.[221] Bei steigenden Budgetsummen wird dieses Gleichheitsprinzip so lange fortgesetzt, bis ein Agent die Obergrenzen seines ihm zustehenden Anteils erreicht. Die Verteilung wird auf Basis des Gleichheitsprinzips fortgesetzt, bis der nächste Agent den ihm zustehenden Anteil erhält. So wird das Gleichheitsprinzip kombiniert bzw. überführt in das **Suum-cuique-Prinzip**, wodurch Aufteilungsgerechtigkeit erreicht werden soll. Es konnte gezeigt werden, dass die BEG jede andere Verteilungsregel LORENZ-dominiert.[222]

[221] Vgl. Abschn. 6.3.

[222] Vgl. Thomson (2015: 51–52). Zum Begriff der LORENZ-Dominanz vgl. Definition 6.20.

Tab. 6.27 BEG für Beispiel 6.8. Quelle: Eigene Darstellung

Agent i	q_i	$\alpha_i = \frac{E - \sum_{j=0}^{i-1} f_j^{Ü}}{n-(i-1)}$	$f_i^{Ü} = min\{q_i, \alpha_i\}$
A	50	$\alpha_A = \frac{350}{4} = 87,50$	50
B	100	$\alpha_B = \frac{350-50}{3} = 100$	100
C	150	$\alpha_C = \frac{350-50-100}{2} = 100$	100
D	175	$\alpha_D = 350 - 50 - 100 - 100 = 100$	100
Summe	475		350

Bedingte Verlust-Gleichverteilung

Ebenfalls von MAIMONIDES wurde diese – am Verlust orientierte – Aufteilung erwähnt.[223] Im Mittelpunkt der bedingten Verlust-Gleichverteilung (BVG) (*constrained equal-losses rule*) steht die angestrebte Gleichverteilung der Differenz der Summe der Ansprüche und des verfügbaren Budgets. Diese Differenz wird als Verlust $V = E - Q$ be-

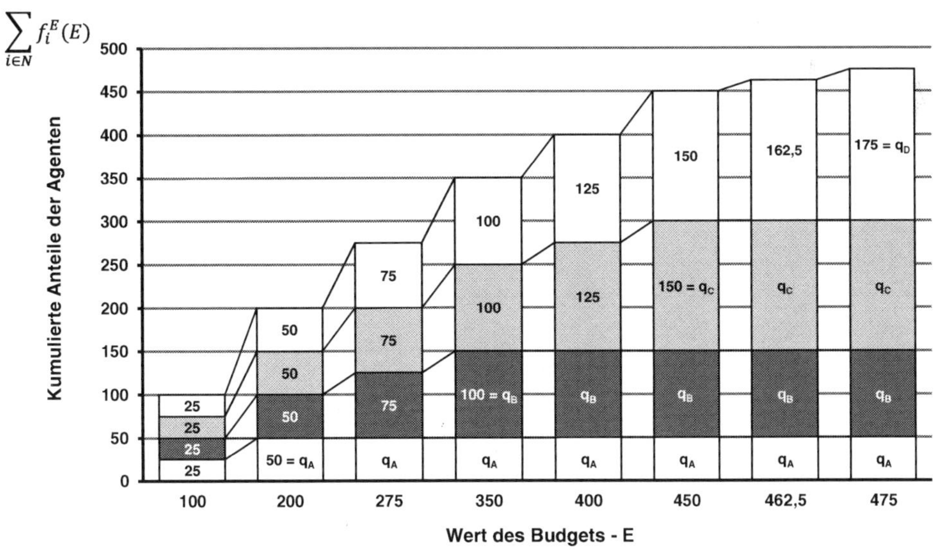

Abb. 6.19 Schema der bedingten Ertrags-Gleichverteilung. Quelle: Eigene Darstellung

[223] Vgl. Thomson (2015: 42).

Tab. 6.28 BVG für Beispiel 6.8. Quelle: Eigene Darstellung

Agent i	q_i	$\gamma_i = \frac{V - \sum_{j=0}^{i-1} \beta_j}{n-(i-1)}$	$\beta_i = min\{q_i, \gamma_i\}$	$f_i^V = q_i - \beta_i$
A	50	$\gamma_A = \frac{125}{4} = 31,25$	$31,25$	$18,75$
B	100	$\gamma_B = \frac{125-31,25}{3} = 31,25$	$31,25$	$68,75$
C	150	$\gamma_C = \frac{125-31,25-31,25}{2} = 31,25$	$31,25$	$118,75$
D	175	$\gamma_D = 125-31,25-31,25-31,25 = 31,25$	$31,25$	$143,75$
Summe	475		125	350

zeichnet. Ziel des Verfahrens ist die Gleichverteilung des Verlustes unter der Bedingung, dass kein Agent eine negative Auszahlung erhält.[224]

Definition 6.39 *Der Anteil eines Agenten i ist für ein Rationierungsproblem* $(N, E, \hat{q})$ *bei BVG definiert mit:*

$$f_i^V(\hat{q}) = q_i - \beta_i, \text{ wobei } \beta_i = \min\{q_i, \gamma_i\} \text{ und } \gamma_i = \frac{V - \sum_{j=0}^{i-1} \beta_j}{n - (i-1)}.$$

Der Term β_i beschreibt den auf den Agenten i verrechneten Anteil am Verlust. In der Tab. 6.28 sind die Resultate der Anwendung der BVG für das Beispiel 6.8 abgebildet.

Es wird deutlich, dass $\sum_{i \in N} \beta_i = V$. Somit ist der gesamte Verlust verteilt. Die BVG ist die LORENZ-minimierende Verteilungsregel. Damit ist sie diejenige Verteilungsregel, die am ungerechtesten im Sinne der LORENZ-Dominanz ist. Sie steht damit im Gegensatz zur BEG, welche LORENZ-maximierend ist.[225]

Talmud-Regel

Eine weitere Lösung besteht in einer Kombination aus der bedingten Gleichverteilung von Verlust und Ertrag. Dieser Ansatz wurde schon sehr frühzeitig im Talmud erwähnt,

[224] Vgl. Hougaard (2009: 20).
[225] Vgl. Hougaard (2009: 23).

jedoch gelang es erst sehr viel später, die dort aufgeführte Lösung zu verallgemeinern.[226] Die zugrunde liegende Idee ist folgende:[227]

Die Verteilung **beginnt als Gleichverteilung**. Diese wird so lange durchgeführt, bis der Agent mit dem geringsten Anspruch die **Hälfte** dieser Summe erhalten hat. Dieser Agent wird vorübergehend aus der weiteren Verteilung **ausgeschlossen** und der Rest seines Anspruches wird zur Befriedigung der Ansprüche der anderen Agenten herangezogen. Die Gleichverteilung wird so lange fortgesetzt, bis auch der Agent mit dem zweit-geringsten Anspruch die Hälfte seines Anteils erhält und ebenfalls ausgeschlossen wird. Auf diese Weise wird versucht, jedem Agenten mindestens die Hälfte seines Anspruches zuzuweisen. Ist die Summe $\frac{Q}{2}$ erreicht und es gilt $\frac{Q}{2} < E$, kann eine **weitere Zuteilungsrunde** eröffnet werden. An dieser zweiten Phase können wieder alle Agenten – auch diejenigen, die bisher sukzessive ausgeschlossen wurden – teilnehmen. Nun wird jedoch bei denjenigen Agenten begonnen, welche die größten Ansprüche haben. Es wird versucht, deren Verluste gleich zu verteilen. Dieses Schema ist in der Abb. 6.20 dargestellt. Formal gilt folgende Vorgehensweise:[228]

- Ist das Budget exakt so groß wie die Hälfte der Ansprüche, erhält jeder Agent genau die Hälfte seines Anspruches.
- Ist das Budget kleiner als die Hälfte der Ansprüche, wird die BEG so eingesetzt, dass jeder Agent **maximal** die Hälfte seines Anspruches erhält.
- Ist das Budget größer als die Hälfte der Ansprüche, wird die BVG so angewendet, dass jeder Agent **mindestens** die Hälfte seines Anspruches erhält.

Das ist formal in Definition 6.40 dargestellt.

Definition 6.40 *Der Anteil eines Agenten i für ein Rationierungsproblem* $(N, E, \hat{q})$ *bei Anwendung der Talmud-Regel ist definiert mit:*

$$f_i^T(\hat{q}) = \begin{cases} \min\left\{\frac{q_i}{2}, \alpha_i\right\} & \text{wenn } 0 \leq E < \frac{Q}{2}, \\ q_i - \lambda_i mit \lambda_i = \min\left\{\frac{q_i}{2}, \delta_i\right\} & \text{wenn } E \geq \frac{Q}{2} \geq 0. \end{cases}$$

Der Faktor δ_i in Definition 6.40 ergibt sich aus:

$$\delta_i = \frac{V - \sum_{j=0}^{i-1} \lambda_j}{n - (i-1)}.$$

[226] Vgl. O'Neill (1982); Aumann/Maschler (1985). ROBERT J. AUMANN (geb. 1930) erhielt 2005 den „Wirtschaftsnobelpreis".

[227] Vgl. Thomson (2003: 255–256); Hougaard (2009: 20); Moreno-Ternero (2018: 268).

[228] Vgl. Hougaard (2009: 20); Moreno-Ternero (2018: 268).

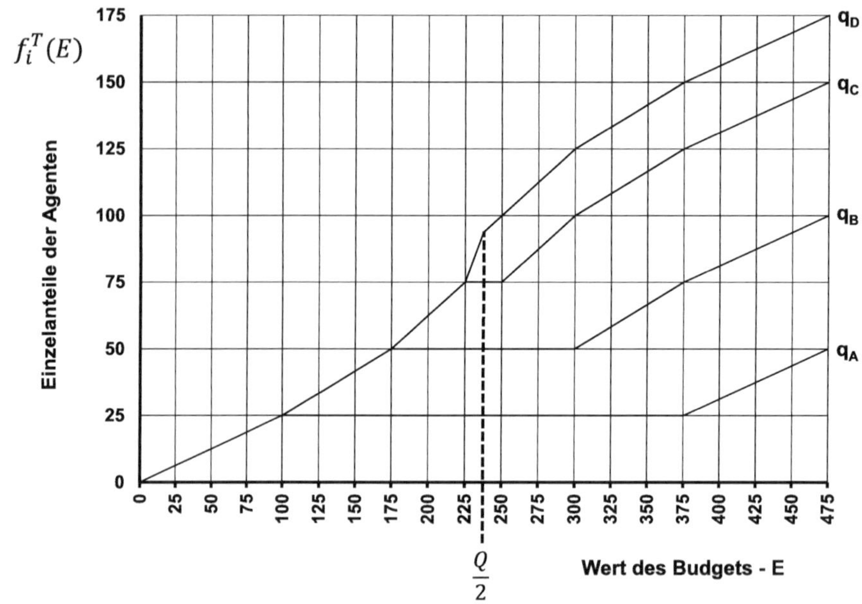

Abb. 6.20 Schema der Talmud-Regel. Quelle: Eigene Darstellung in Anlehnung an Thomson (2003: 252)

In der Tab. 6.29 sind die Resultate der Anwendung der Talmud-Regel für das Beispiel 6.8 abgebildet. Auch bei der Talmud-Regel beschreibt der Term λ_i den – auf den Agenten i verrechneten – Anteil am Verlust, so dass $\sum_{i \in N} \lambda_i = V$.

Tab. 6.29 Talmud-Regel für Beispiel 6.8. Quelle: Eigene Darstellung

Agent i	$\frac{q_i}{2}$	$\delta_i = \frac{V - \sum_{j=0}^{i-1} \lambda_j}{n-(i-1)}$	$\lambda_i = min\left\{\frac{q_i}{2}, \delta_i\right\}$	$f_i^T = q_i - \lambda_i$
A	25	$\delta_A = \frac{125}{4} = 31,25$	25	25
B	50	$\delta_B = \frac{125-25}{3} = 33\frac{1}{3}$	$33\frac{1}{3}$	$66\frac{2}{3}$
C	75	$\delta_C = \frac{125-25-33\frac{1}{3}}{2} = 33\frac{1}{3}$	$33\frac{1}{3}$	$116\frac{2}{3}$
D	87,5	$\delta_D = 125-25-33\frac{1}{3}-33\frac{1}{3} = 33\frac{1}{3}$	$33\frac{1}{3}$	$141\frac{2}{3}$
Summe			125	350

Tab. 6.30 Alternative Ermittlung der Talmud-Anteile für Beispiel 6.8. Quelle: Eigene Darstellung

Agent i	q_i^{korr}	γ_i	$\beta_i = min\{q_i, \gamma_i\}$	$f_{i_{Q/2}}^T = q_i^{korr} - \beta_i$	$f_i^T = f_{i_{Q/2}}^T + \frac{q_i}{2}$
A	25	31,25	25	0	25
B	50	$33\frac{1}{3}$	$33\frac{1}{3}$	$16\frac{2}{3}$	$66\frac{2}{3}$
C	75	$33\frac{1}{3}$	$33\frac{1}{3}$	$41\frac{2}{3}$	$116\frac{2}{3}$
D	87,5	$33\frac{1}{3}$	$33\frac{1}{3}$	$54\frac{1}{6}$	$141\frac{2}{3}$
Summe			125		350

Tab. 6.31 Zusammenfassung der Ergebnisse für Beispiel 6.8. Quelle: Eigene Darstellung

	A	B	C	D
Proportionale Zuteilung	$36\frac{400}{475}$	$73\frac{325}{475}$	$110\frac{250}{475}$	$128\frac{450}{475}$
Angepasste Proportionale Zuteilung	34,3750	68,7500	110,9375	135,9375
Zufallsbeitrittsregel	$35\frac{5}{12}$	$68\frac{3}{4}$	$110\frac{5}{12}$	$135\frac{5}{12}$
BEG	50	100	100	100
BVG	18,75	68,75	118,75	143,75
Talmud-Regel	25	$66\frac{2}{3}$	$116\frac{2}{3}$	$141\frac{2}{3}$

Aus der Interpretation der Talmud-Regel kann auch eine andere Vorgehensweise abgeleitet werden, wenn $E \geq \frac{Q}{2}$. In diesem Fall erhält jeder Agent mindestens die Hälfte seines Anteils. Das Problem kann um die Summe dieser Anteile verringert werden. Die zu verteilende Summe, auf welche die BVG angewendet wird, bleibt konstant. Nun wird noch derjenige Anteil an $f_i^T(\hat{q})$ ermittelt, der jedem Agenten zusätzlich zu $\frac{q_i}{2}$ zuzuweisen ist. Dieser Anteil wird mit $f_{i_{\frac{Q}{2}}}^T$ bezeichnet und ist in Tab. 6.30 dargestellt.

In der Tab. 6.31 sind die Zuteilungen für die Agenten in Abhängigkeit von der gewählten Regel zusammengefasst.

Die Ergebnisse der Regeln differieren teilweise stark. Jedoch liegen die Ergebnisse beider Proportionalitäts-Regeln und der Zufallsbeitrittsregel sehr dicht beieinander. In der

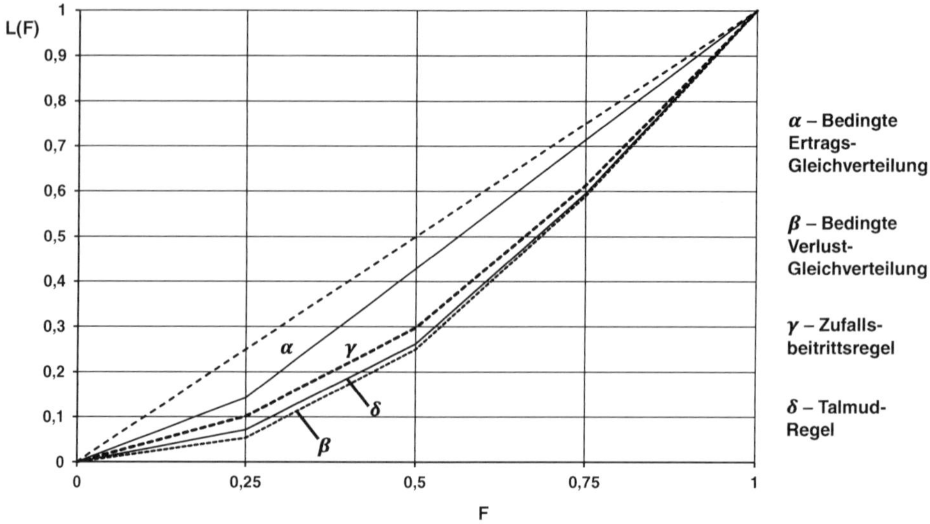

Abb. 6.21 LORENZ-Kurven der Zuteilungsregeln. Quelle: Eigene Darstellung

Abb. 6.21 sind die LORENZ-Kurven der ermittelten Zuteilungen abgebildet.[229] Deutlich erkennbar ist die – schon bei der Vorstellung der BEG angeführte – LORENZ-Dominanz dieser Regel über alle anderen Regeln.

Dabei wird die Problematik des Gerechtigkeitsbegriffes deutlich. Die LORENZ-Dominanz ist an dem Gleichheitsprinzip orientiert. Dies scheint zu einer Nivellierung der ursprünglichen Ansprüche der Agenten zu führen. Agenten D und B erhalten denselben Anteil, obwohl ihre Ansprüche äußerst unterschiedlich sind. So stellt sich die Frage, ob diese Lösung weniger der Aufteilungsgerechtigkeit, als vielmehr der Bedarfsgerechtigkeit entspricht.[230]

Im weiteren Verlauf wird jedoch gezeigt, dass die BEG viele wünschenswerte Anforderungen erfüllt und deshalb als aufteilungsgerecht bezeichnet werden kann.

6.6.2 Rationierungsspiele und Lösungskonzepte

Um ein Rationierungsproblem lösen zu können, ist es auch möglich, dieses Problem in ein Rationierungsspiel umzuformulieren. Es bestehen mehrere Möglichkeiten, aus dem vorliegenden Realproblem eine charakteristische Funktion zu ermitteln.[231] Im weiteren

[229] Die PR sowie die APR wurden aufgrund der hohen Übereinstimmung mit der ZBR nicht abgebildet.

[230] Vgl. Abschn. 6.3.

[231] Vgl. Aumann (2010: 5–8).

Verlauf wird jedoch nur eine Variante vorgestellt. In Definition 6.41 wird die Ermittlung des Rationierungsspiels aus einem Rationierungsproblem beschrieben.[232]

Definition 6.41 *Basierend auf einem Rationierungsproblem* $(N, E, \hat{q})$ *wird das kooperative Rationierungsspiel* $\Gamma(N, v)$ *gebildet, wobei* $v : 2^N \to \mathbb{R}$ *und* $v(\emptyset) = 0$ *sowie für jedes* $S \subseteq N$ *gilt:*

$$v(S) = \max\left\{0, E - \sum_{j \in N \setminus \{i\}} q_i\right\}.$$

Diese Vorgehensweise hat den Vorteil, dass das resultierende Spiel nicht nur superadditiv, sondern sogar konvex ist.[233]

Eigenschaft 6.17 *Das zu einem Rationierungsproblem gehörende Spiel ist – bei Ermittlung der Koalitionsfunktion nach Definition* 6.41 *– immer konvex.*

Es konnte gezeigt werden, dass die Ergebnisse einiger beschriebener Zuteilungsverfahren für Rationierungsprobleme mit bereits vorgestellten Lösungskonzepten für kooperative Spiele übereinstimmen. Wenn die Koalitionsfunktion nach Definition 6.41 gebildet wird, existieren Übereinstimmungen zwischen:[234]

- der Zufallsbeitrittsregel (ZBR) und der SHAPLEY-Lösung,
- der angepassten Proportionalitätsregel (APR) und dem τ-Wert,
- der Talmud-Regel und dem NUCLEOLUS sowie
- der bedingten Ertrags-Gleichverteilung und der DUTTA-RAY-Lösung.

Diese Übereinstimmungen werden am Beispiel 6.9 demonstriert.

Beispiel 6.9 *Es besteht ein Budget von* $E = 120$. *Dem stehen Agenten mit folgenden Ansprüchen gegenüber:* $q_A = 30$, $q_B = 40$, $q_C = 60$ *und* $q_D = 100$.

In einem ersten Schritt wird für das Beispiel 6.9 die Koalitionsfunktion auf Basis der Definition 6.41 abgeleitet und in Tab. 6.32 dargestellt.

[232] Vgl. González-Díaz/García-Jurado/Fiestras-Janeiro (2010: 262).
[233] Vgl. González-Díaz/García-Jurado/Fiestras-Janeiro (2010: 263); Chakravarty/Mitra/Sarkar (2015: 100).
[234] Vgl. Thomson (2003: 265).

Tab. 6.32 Koalitionsfunktion für Beispiel 6.9. Quelle: Eigene Darstellung

S	$v(S)$	S	$v(S)$	S	$v(S)$	S	$v(S)$
$\emptyset$	0	$\{D\}$	0	$\{B,C\}$	0	$\{A,B,D\}$	60
$\{A\}$	0	$\{A,B\}$	0	$\{B,D\}$	30	$\{A,C,D\}$	80
$\{B\}$	0	$\{A,C\}$	0	$\{C,D\}$	50	$\{B,C,D\}$	90
$\{C\}$	0	$\{A,D\}$	20	$\{A,B,C\}$	20	$\{A,B,C,D\}$	120

Tab. 6.33 Kooperative Lösungswerte für Beispiel 6.9. Quelle: Eigene Darstellung

	A	B	C	D
SHAPLEY-Lösung	$15\frac{5}{6}$	$20\frac{5}{6}$	$30\frac{5}{6}$	$52,5$
τ-Wert	$15\frac{15}{23}$	$20\frac{20}{23}$	$31\frac{7}{23}$	$52\frac{4}{23}$
NUCLEOLUS	15	20	30	55
DUTTA–RAY-Lösung	30	30	30	30

Diese Funktion ist konvex. Die SHAPLEY-Werte,[235] der NUCLEOLUS,[236] der τ-Wert[237] sowie die DUTTA-RAY-Lösung[238] sind in Tab. 6.33 dargestellt.

Aufgrund der Konvexität existieren SHAPLEY-Lösung, NUCLEOLUS sowie DUTTA-RAY-Lösung eindeutig und sind Bestandteile des nicht-leeren Kerns. Auch der τ-Wert liegt im nicht-leeren Kern.

Nun wird die ZBR auf das Beispiel 6.9 angewendet. Mit Definition 6.41 ergeben sich die Anteile der vier Agenten in Abhängigkeit von ihrer Reihenfolge des Erscheinens in Tab. 6.34. Die Summen der durchschnittlichen Anteile in Tab. 6.34 sind identisch mit den SHAPLEY-Anteilen aus Tab. 6.33.

Es kann gezeigt werden, dass die Bestimmungsgleichung aus Definition 6.37 und die SHAPLEY-Formel[239] identisch sind.[240] Hier erfolgt kein Beweis, sondern lediglich eine kurze Darstellung des Zusammenhanges.[241] Dazu wird aus der Definition 6.37 der Term

$$E - \sum_{j \in N, \pi_j < \pi_i} q_j$$

[235] Vgl. Definition 6.12.
[236] Vgl. Definition 6.16.
[237] Vgl. Definition 6.19.
[238] Vgl. Definition 6.23.
[239] Vgl. Definition 6.12.
[240] Für einen formalen Beweis vgl. Borrero et al. (2018: 975–976).
[241] Vgl. O'Neill (1982: 360).

Tab. 6.34 ZBR für Beispiel 6.9. Quelle: Eigene Darstellung

	Anteil des Agenten am Restvermögen in Abhängigkeit von der Reihenfolge des Eintreffens			
Permutationen	$f_A^Z(\hat{q})$	$f_B^Z(\hat{q})$	$f_C^Z(\hat{q})$	$f_D^Z(\hat{q})$
A, B, C, D	30	40	50	0
A, B, D, C	30	40	0	50
A, C, B, D	30	30	60	0
A, C, D, B	30	0	60	30
A, D, B, C	30	0	0	90
A, D, C, B	30	0	0	90
B, A, C, D	30	40	50	0
B, A, D, C	30	40	0	50
B, C, A, D	20	40	60	0
B, C, D, A	0	40	60	20
B, D, A, C	0	40	0	80
B, D, C, A	0	40	0	80
C, A, B, D	30	30	60	0
C, A, D, B	30	0	60	30
C, B, A, D	20	40	60	0
C, B, D, A	0	40	60	20
C, D, A, B	0	0	60	60
C, D, B, A	0	0	60	60
D, A, B, C	20	0	0	100
D, A, C, B	20	0	0	100
D, B, A, C	0	20	0	100
D, B, C, A	0	20	0	100
D, C, A, B	0	0	20	100
D, C, B, A	0	0	20	100
Summe	380	500	740	1.260
Durchschnitt	$15\frac{5}{6}$	$20\frac{5}{6}$	$30\frac{5}{6}$	52,50

als die Restsumme RS_{π_j} bezeichnet, die zur Verteilung an Spieler i zur Verfügung steht. Weiterhin wird aus der Berechnungsvorschrift 6.37 der Term

$$\min\left\{q_i, \max\left\{0, E - \sum_{j \in N, \pi(j) < \pi(i)} q_j\right\}\right\}$$

im weiteren Verlauf mit $\rho_i(\pi_j)$ bezeichnet. Dieser Term definiert den Betrag, den der Agent i in Abhängigkeit von dem verfügbaren Restbetrag RS_{π_j} bei seinem Eintreffen in jeder Permutation erhält. Dann kann formuliert werden:

$$\rho_i(\pi_j) = \begin{cases} q_i & \text{wenn } RS_{\pi_j} \geq q_i, \\ RS_{\pi_j} & \text{wenn } q_i > RS_{\pi_j} > 0, \\ 0 & \text{wenn } 0 \geq RS_{\pi_j}. \end{cases}$$

Damit kann formuliert werden:

$$f_i^Z(\hat{q}) = \frac{1}{n!} \sum_{\pi \in \Pi(N)} \rho_i(\pi_j).$$

Bei der inhaltlichen Beschreibung der ZBR wurde angenommen, dass Agent i zu einer Gruppe von bereits anwesenden Agenten hinzutritt. Anschließend erscheint der Rest der Agenten. Es kann formuliert werden, dass Agenten der Menge S anwesend sind, i tritt hinzu, so dass $S \cup \{i\}$ und anschließend treten die Agenten aus der Menge $N \setminus (S \cup \{i\})$ bei.

Jetzt kann die Anzahl der Permutationen betrachtet werden. Die Anzahl der möglichen Reihungen der Agenten in S beträgt $|S|!$. Die Menge der nach i eintretenden Spieler – $N \setminus (S \cup \{i\})$ – kann in $(n - |S| - 1)!$ Reihenfolgen angeordnet werden. Die Gesamtanzahl an möglichen Reihenfolgen kann demzufolge angegeben werden mit $|S|!\,(n - |S| - 1)!$. Damit ergibt sich:

$$f_i^Z(\hat{q}) = \sum_{S \subseteq N \setminus \{i\}} \left(\frac{|S|!\,(n - |S| - 1)!}{n!} \right) \rho_i(\pi_j).$$

Diese Darstellung ist bis auf den Faktor $\rho_i(\pi_j)$ identisch zur SHAPLEY-Formel. Der Term $\rho_i(\pi_j)$ beschreibt die Summe, die Agent i vom verbleibenden Restbudget erhält. Mit der Darstellung ergeben sich für das Beispiel 6.9 folgende Wahrscheinlichkeiten für die Beitrittsreihenfolge:

- Eintritt an erster Stelle: $\frac{0!(4-0-1)!}{4!} = \frac{1}{4}$,
- Eintritt an zweiter Stelle: $\frac{1!(4-1-1)!}{4!} = \frac{1}{12}$,
- Eintritt an dritter Stelle: $\frac{2!(4-2-1)!}{4!} = \frac{1}{12}$,
- Eintritt an vierter Stelle: $\frac{3!(4-3-1)!}{4!} = \frac{1}{4}$.

Es muss darauf hingewiesen werden, dass für einen Agenten drei Möglichkeiten bestehen, an zweiter Stelle einzutreten und ebenfalls drei Möglichkeiten bestehen, an dritter Stelle beizutreten. Dies führt in der Summe zu der Gesamtwahrscheinlichkeit von 1. Ein Blick auf Tab. 6.34 liefert die dazugehörigen Werte. Für den Agenten A resultiert beispielsweise:

$$f_A^Z = \underbrace{\frac{1}{4}\cdot 30}_{\substack{\text{Beitritt}\\ \text{an 1. Stelle}}} + \underbrace{\frac{1}{12}\cdot(30+30+20)}_{\substack{\text{Beitritt}\\ \text{an 2. Stelle}}} + \underbrace{\frac{1}{12}\cdot(20+0+0)}_{\substack{\text{Beitritt}\\ \text{an 3. Stelle}}} + \underbrace{\frac{1}{4}\cdot 0}_{\substack{\text{Beitritt}\\ \text{an 4. Stelle}}} = 15\frac{5}{6}.$$

Diese Werte können als **Marginalanteile** des Agenten am Restbudget interpretiert werden. Der Agent **reduziert** mit seinem Anteil den Wert des verbleibenden Budgets. Je früher er beitritt, desto größer ist sein Anteil. Der Term $f_i^Z(\hat{q})$ bringt die Summe der gewichteten Marginalanteile zum Ausdruck. Bei Verwendung der SHAPLEY-Formel resultiert:[242]

$$\phi_i(v) = \frac{1}{n!}\sum_{\pi\in\Pi(N)}\left[v\left(\{j\in N : \pi(j)<\pi(i)\}\cup\{i\}\right) - v\left(\{j\in N : \pi(j)<\pi(i)\}\right)\right]$$

Wird der Term $v(\{j\in N : \pi(j)<\pi(i)\}\cup\{i\}) - v(\{j\in N : \pi(j)<\pi(i)\})$ als Marginalbeitrag des Agenten i mit m_i bezeichnet, kann formuliert werden:

$$\phi_i(v) = \sum_{S\subseteq N\setminus\{i\}}\left(\frac{|S|!\,(n-|S|-1)!}{n!}\right)m_i.$$

Eine Verwendung der SHAPLEY-Formel erfordert einen Blick auf die Ermittlungsvorschrift der Koalitionsfunktion der Reduktionsspiele.[243] Die Konvexität dieser Funktion bedingt, dass der Wert der Koalition durch den Beitritt eines Agenten steigt bzw. **nicht sinkt**. Die Differenz zwischen den Werten vor und nach dem Beitritt des Agenten wird als **Marginalbeitrag**[244] bezeichnet. Diese Werte nehmen mit späterem Eintritt in die Koalition zu. Im Beispiel ergibt sich demnach für Agent A:

$$\phi_A(v) = \underbrace{\frac{1}{4}\cdot 0}_{\substack{\text{Beitritt}\\ \text{an 1. Stelle}}} + \underbrace{\frac{1}{12}\cdot(20+0+0)}_{\substack{\text{Beitritt}\\ \text{an 2. Stelle}}} + \underbrace{\frac{1}{12}\cdot(30+30+20)}_{\substack{\text{Beitritt}\\ \text{an 3. Stelle}}} + \underbrace{\frac{1}{4}\cdot 30}_{\substack{\text{Beitritt}\\ \text{an 4. Stelle}}} = 15\frac{5}{6}.$$

Demzufolge kann geschlussfolgert werden, dass $f_i^Z(\hat{q}) = \phi_i(v)$. Damit wird deutlich, dass eine Zuteilung entsprechend der ZBR für ein Rationierungsproblem identisch mit der SHAPLEY-Lösung des korrespondierenden Rationierungsspiels ist.

Die Anwendung der **APR** führt zu den Ergebnissen in Tab. 6.35. Für diese Ergebnisse lässt sich die Identität mit dem τ-Wert exemplarisch zeigen.[245] Zur weiteren Analyse

[242] Vgl. Thomson (2003: 264).
[243] Vgl. Definition 6.41.
[244] Vgl. Definition 6.7.
[245] Für einen formalen Beweis der Identität vgl. Curiel/Maschler/Tijs (1987: 152).

Tab. 6.35 APR für Beispiel 6.9. Quelle: Eigene Darstellung

Agent i	q_i	m_i	Korrigierter Anteil d_i	Proportionaler Anteil an Restsumme	Gesamtanteil f_i^A
A	30	0	30	$15\frac{15}{23}$	$15\frac{15}{23}$
B	40	0	40	$20\frac{20}{23}$	$20\frac{20}{23}$
C	60	0	60	$31\frac{7}{23}$	$31\frac{7}{23}$
D	100	0	100	$52\frac{4}{23}$	$52\frac{4}{23}$
Summe	230	0	230	120	120

wird der Ober- und der Untervektor für die Wertfunktion der Tab. 6.32 entsprechend der Definition 6.17 und Definition 6.18 wie folgt ermittelt:

$$\text{Obervektor: } b = \begin{pmatrix} 30 \\ 40 \\ 60 \\ 100 \end{pmatrix}; \text{ Untervektor: } a = \begin{pmatrix} 0 \\ 0 \\ 0 \\ 0 \end{pmatrix}.$$

Es wird ersichtlich, dass der Obervektor b identisch mit den Werten q_i in Tab. 6.35 ist. Dies entspricht der Interpretation des „Utopia-Vektors" als den marginalen Beiträgen zur großen Koalition. Diese sind im Fall des Rationierungsproblems nur zu erreichen, wenn die anderen Agenten auf ihren Anteil verzichten würden. Demgegenüber steht der Untervektor a, der im kooperativen Spiel den Drohpunkt markierte. D. h. diese Werte verbleiben dem Spieler nach Bildung der Außenseiterkoalition und Realisierung der Seitenzahlung an die anderen Mitglieder dieser Koalition. Im Fall des Rationierungsproblems sind dies die unstrittigen Anteile m_i.

Die Definition 6.19 liefert den Wert für λ mit: $\lambda = \frac{120-0}{230-0} = \frac{12}{23}$. Dies entspricht exakt dem Verhältnis aus E^* und Q^* für das Rationierungsproblem. Der τ-Wert entsprechend Definition 6.19 folgt aus:

$$\tau = \begin{pmatrix} 0 \\ 0 \\ 0 \\ 0 \end{pmatrix} + \frac{12}{23} \begin{pmatrix} 30 \\ 40 \\ 60 \\ 100 \end{pmatrix}.$$

Damit ergeben sich exakt die Anteile f_i^A.

Als nächstes wird die **BEG** herangezogen und es ergeben sich die Resultate in Tab. 6.36.

Tab. 6.36 BEG für Beispiel 6.9. Quelle: Eigene Darstellung

Agent i	q_i	α_i	$f_i^E = min\{q_i, \alpha_i\}$
A	30	$\frac{120}{4} = 30$	30
B	40	$\frac{120-30}{3} = 30$	30
C	60	$\frac{120-30-30}{2} = 30$	30
D	100	$120 - 30 - 30 - 30 = 30$	30
Summe	230		120

Der Vergleich der Anteile aus Tab. 6.36 mit den Werten der DUTTA-RAY-Lösung in Tab. 6.33 zeigt die Identität der Lösungskonzepte. Demzufolge kann die zum Ende des vorigen Abschnittes geäußerte Kritik an der BEG mit dem Hinweis auf die Erfüllung vieler Anforderungen durch die DUTTA-RAY-Lösung entkräftet werden.[246] Diese Lösung ist für Rationierungsspiele immer Bestandteil des Kerns und kann demzufolge von keiner – nicht-großen – Koalition blockiert werden.

Die Anwendung der **Talmud-Regel** entsprechend der Definition 6.40 auf das Beispiel 6.9 führt zu den in Tab. 6.37 abgebildeten Ergebnissen. Dabei gilt $V = 110$ sowie $\frac{Q}{2} = 115$.

Tab. 6.37 Talmud-Regel für Beispiel 6.9. Quelle: Eigene Darstellung

Agent i	$\frac{q_i}{2}$	δ_i	$\lambda_i = min\left\{\frac{q_i}{2}, \delta_i\right\}$	$f_i^T = q_i - \lambda_i$
A	15	$\frac{110}{4} = 27{,}5$	15	15
B	20	$\frac{110-15}{3} = 31\frac{2}{3}$	20	20
C	30	$\frac{110-15-20}{2} = 37{,}5$	30	30
D	50	$110 - 15 - 20 - 30 = 45$	45	55
Summe			110	120

[246] Vgl. Tab. 6.16.

Der Vergleich der Anteile aus Tab. 6.37 mit dem NUCLEOLUS in Tab. 6.33 zeigt, dass beide Konzepte zu identischen Ergebnissen führen.

Abschließend muss jedoch darauf hingewiesen werden, dass die Re-Formulierung des Rationierungsproblems in ein Rationierungsspiel einen Wechsel der Beurteilungsgrundlagen impliziert. Die Lösungen kooperativer Spiele orientieren sich am Leistungsprinzip, und versuchen dieses durch eine Reihe von Anforderungen zu spezifizieren. Stillschweigend wird dieses Gerechtigkeits-Verständnis auf das Rationierungsproblem übertragen, welches jedoch an der Aufteilungsgerechtigkeit orientiert ist.

6.7 Kritische Würdigung

Die kooperative Spieltheorie lenkt den Blick weg von einer durch Gegenspieler gekennzeichneten Situation. Im Hinblick auf den tatsächlichen Einsatz der vorgestellten Lösungsverfahren ist deshalb die Realitätsnähe der Annahmen zu untersuchen. Von den getroffenen Annahmen[247] sind die folgenden Punkte diskussionswürdig:

1. Die Situation wird durch eine charakteristische Funktion abgebildet.
2. Es besteht die Möglichkeit von Seitenzahlungen zwischen den Spielern.
3. Eine Zentralinstanz koordiniert die Kooperation.
4. Die beteiligten Spieler treffen ex ante verbindliche Abmachungen, die auch ex post eingehalten werden.
5. Die Annahme 2. impliziert für alle Spieler lineare Nutzenfunktionen.

Mit der **ersten Annahme** wird davon ausgegangen, dass sich das Realproblem durch die charakteristische Funktion abbilden lässt.[248] Bereits bei der Vorstellung der Rationierungsspiele wurde auf die verschiedenen Möglichkeiten zur Ableitung der charakteristischen Funktion hingewiesen.[249] Der Beobachter der Situation bzw. der Konstrukteur des Modells muss demzufolge entscheiden, wie er das Realproblem in das Modell überführt.[250]

Weiterhin ist es erforderlich, die Ergebnisse für alle Koalitions-Varianten benennen zu können. Dies erscheint gerade im Hinblick auf einen praktischen Einsatz das Kardinalproblem zu sein.[251] Mit Verwendung der charakteristischen Funktion wird außerdem impliziert, dass die Spieler:

[247] Vgl. Abschn. 6.2.

[248] Zu einer ausführlichen Kritik der Abbildung eines Realproblems durch eine charakteristische Funktion vgl. Luce/Raiffa (1957: 190–192).

[249] Vgl. Abschn. 6.6.2.

[250] Vgl. Abb. 2.21.

[251] Vgl. Jähn (2008: 151).

- die Ergebnisse der jeweiligen Koalitionsvarianten zu Beginn der Kooperation kennen, was Sicherheit über die Zukunft voraussetzt.
- diese Werte wahrheitsgemäß berichten und keinen Anreiz zur Manipulation der Daten haben.

Die Annahme einer zentralen Instanz und einer Spielermenge zeigt Parallelen zu den Prinzipal-Agenten-Modellen. Deshalb muss hinterfragt werden, wie bei der Erstellung der Koalitionsfunktion mit den Anreizen der Spieler zur Abgabe von **nicht wahrheitsgemäßen Berichten** umgegangen wird.

Bei der Betrachtung der **zweiten** und der **dritten Annahme** muss prinzipiell unterschieden werden, ob eine unternehmensinterne oder eine unternehmensexterne Kooperation vorliegt. Für unternehmensinterne Kooperationen können die Annahmen als durchaus realistisch eingestuft werden.[252] Bei der Zusammenarbeit von cost centern oder profit centern sind Seitenzahlungen möglich und die Unternehmensleitung fungiert als Zentralinstanz. Fraglich bleibt wiederum die **wahrheitsgemäße Berichterstattung** der Verantwortlichen.

Für unternehmensexterne Kooperationen ist die Annahme einer **Zentralinstanz** nur in seltenen Fällen erfüllt.[253] Die Frage nach der Verbindlichkeit bzw. Durchsetzbarkeit von Absprachen ist für diese Kooperationsform ebenfalls nicht unkritisch.

Mit Blick auf die **vierte Annahme** muss gefragt werden, in welchem Maße sich Unternehmen bei einer Zusammenarbeit wirklich kooperativ verhalten, oder ob nicht eher eine Konfliktsituation vorliegt, welche mit den Instrumenten der strategischen Spieltheorie zu analysieren und zu lösen ist. So erscheinen die kooperativen Lösungskonzepte z. B. wenig oder gar nicht dazu geeignet, Fragestellungen im Zusammenhang mit dem Open-Book-Accounting zu klären.[254]

Von grundlegender Bedeutung für die hier diskutierten Modelle ist die **Annahme linearer Nutzenfunktionen**. Diese Annahme ist erforderlich, damit die Spieler ihren Anteil nicht durch Seitenzahlungen vergrößern können. Gleichzeitig wird die Analyse vereinfacht, da eine **identische Menge** an Geld für jeden Spieler **identischen Nutzen** stiftet. Gerade bei der Zusammenarbeit von Spielern mit unterschiedlichen Normen und Werten sowie unterschiedlichem Einkommen muss diese Prämisse kritisch hinterfragt werden. Diese Annahme lässt sich aufheben und führt zur Gruppe der Spiele mit nichttransferierbarem Nutzen („Non-transferable-utility-games“ bzw. NTU-games). Diese lassen sich jedoch nicht so einfach handhaben wie die hier vorgestellten Modelle und sind nur begrenzt einsetzbar.

Ob ein Modell im Unternehmen eingesetzt wird, hängt auch in wesentlichem Maße von seiner Verständlichkeit ab.[255] Allgemein kann für die Verständlichkeit des Grundmodells

[252] Vgl. Mueller (2017a); Mueller (2017b); Müller/Müller (2017).
[253] Vgl. Müller (2016); Mueller (2017c).
[254] Vgl. Agndal/Nilsson (2010); Alenius/Lind/Strömsten (2015).
[255] Vgl. Abb. 2.22.

und der Zuteilungsverfahren festgestellt werden, dass die mathematisch-exakte, logisch-stringente Methodik vorteilhaft im Hinblick auf die theoretische Lösungsmächtigkeit ist. Mit Blick auf die Einsatzmöglichkeiten in der Unternehmenspraxis hingegen scheint es jedoch genau diese Methodik zu sein, welche das Verständnis, die Kommunikation und die Anwendung begrenzt. Die mathematisch abstrakte Formulierung ökonomischer Sachverhalte ist einer der frühesten und stärksten Kritikpunkte der Spieltheorie.[256]

In Bezug auf den Nutzen, welche die Modelle der kooperativen Spieltheorie erbringen, kann angemerkt werden, dass die Feststellung dieses Nutzens abhängig vom Betrachter und dem vorliegenden Problem ist.[257]

Es erscheint wichtig, darauf hinzuweisen, dass die Spieltheorie als Bestandteil der Mathematik **keine Realwissenschaft**, sondern eine **Formalwissenschaft** ist.[258] Damit sind die Stärken, Schwächen und Einsatzgrenzen der Spieltheorie definiert, die auch für andere mathematische Instrumente im Unternehmen gelten.

6.8 Aufgaben und Lösungen

6.8.1 Aufgaben

Aufgabe 6.1
In der folgenden Tabelle ist die Koalitionsfunktion eines Spiels abgebildet.

S	$\{\emptyset\}$	$\{A\}$	$\{B\}$	$\{C\}$	$\{A,B\}$	$\{A,C\}$	$\{B,C\}$	$\{A,B,C\}$
v (S)	0	-100	100	100	200	200	200	300

Sie wissen aus der Vorlesung, dass Superadditivität Monotonie impliziert.

a) Untersuchen Sie die Funktion auf Monotonie und Superadditivität!
b) Wie können Sie das Ergebnis erklären!

Aufgabe 6.2
Die Stadtwerke „Schauinsland“ müssen für drei Gemeinden die Wasserversorgung erneuern. Dies erfordert die Errichtung eines Brunnens sowie die Verlegung von Rohrleitungen zu den Abnehmern. Jede Gemeinde hat einen Jahresbedarf von 1.000 hl. Ein lokales Rohrsystem erfordert für jede Gemeinde Investitionen in Höhe von 100.000 €. Das Unternehmen, das den Brunnenbau durchführt, legt das folgende Angebot vor:

---

256 Vgl. Ischboldin (1960: 218); Winand (1977: 486); Rößl (1994: 85).

257 Vgl. Abb. 2.19.

258 *„Die Spieltheorie ist von ihrem Ausgangspunkt und ihrem Anspruch her eine mathematische Theorie. Wie diese besteht sie aus Axiomen, Ableitungsregeln und Theoremen. Als Formaltheorie beansprucht die Spieltheorie keinen empirischen Wahrheitsgehalt.“* Winand (1978: 30). Zur Unterscheidung von logischer und empirischer Wahrheit vgl. Chmielewicz (1994: 90–95).

a) kleine Anlage: Fördervolumen 1.000 hl pro Jahr, Kosten 150.000 €,
b) mittlere Anlage: Fördervolumen 2.000 hl pro Jahr, Kosten 225.000 €,
c) große Anlage: Fördervolumen 3.000 hl pro Jahr, Kosten 350.000 €.

Die Kosten für das Rohrleitungssystem ändern sich durch die Lage und Dimension des Brunnens nicht.

a) Interpretieren Sie die Situation als kooperatives Spiel und erstellen Sie die charakteristische Funktion!
b) Überprüfen Sie die folgenden Eigenschaften des Spiels:
   - Superadditivität,
   - Monotonie,
   - Wesentlichkeit,
   - Konvexität!
c) Was können Sie aus diesen Ergebnissen in Bezug auf die Existenz einer stabilen Lösung vermuten?
d) Untermauern Sie Ihre Vermutung durch folgende Schritte:
   1. Formulieren Sie die Anforderungen an die Existenz eines Kerns für diese Konstellation!
   2. Untersuchen Sie das Spiel auf Balanciertheit!
   3. Ab welchem Wert $v(N)$ ist das Spiel balanciert?

Aufgabe 6.3
Vier Kommunen müssen aufgrund von veränderten Umweltauflagen ihre Klärwerke erneuern. Würde jede Gemeinde allein ein Klärwerk errichten, würde dies Kosten in Höhe von jeweils 400.000 € verursachen. Würde ein gemeinsames Klärwerk für zwei Gemeinden errichtet, so würde dies in Zusammenarbeit mit der Gemeinde A (aufgrund der günstigen Lage) 600.000 € kosten. Wenn Gemeinde A nicht daran beteiligt ist, würden Kosten in Höhe von 700.000 € entstehen. Es besteht auch die Möglichkeit ein Klärwerk für drei Kommunen zu errichten, das bei Beteiligung von Gemeinde A 800.000 € kosten würde. Ist die Kommune A jedoch nicht an dem Gemeinschaftsprojekt für drei Kommunen beteiligt, entstehen Kosten von 900.000 €. Eine Zentralanlage für alle vier Gemeinden würde 1.000.000 € kosten.

a) Interpretieren Sie die Situation als kooperatives Spiel und erstellen Sie die charakteristische Funktion!
b) Welche Form der Kooperation würden Sie empfehlen?
c) Wie würden Sie die Kosten für die von Ihnen empfohlene Kooperation aufteilen? Begründen Sie diese Aufteilung!

Aufgabe 6.4

Für den mit einer Gemeinschaftsinvestition erzielten Gewinn stellt sich die Frage nach einer gerechten Aufteilung. In der folgenden Tabelle sind die Kapitalwerte der unterschiedlichen Investitionsobjekte enthalten, die die drei Unternehmen realisieren können.

S	$\{\emptyset\}$	$\{A\}$	$\{B\}$	$\{C\}$	$\{A,B\}$	$\{A,C\}$	$\{B,C\}$	$\{A,B,C\}$
v (S)	0	100	100	100	700	500	500	900

a) Ermitteln Sie zur Beantwortung der Frage nach der Gewinnverteilung die Anteile:
   1. auf Basis der SHAPLEY-Lösung sowie
   2. auf Basis des τ-Wertes

   für alle 3 Unternehmen!

b) Die SHAPLEY-Aufteilung wird in diesem Beispiel jedoch durch andere Aufteilungsmöglichkeiten dominiert. Begründen Sie die Ineffizienz der SHAPLEY-Lösung aus einer der wesentlichen Eigenschaften (Nicht-Negativität, Superadditivität, Monotonie, Konvexität) dieses (Bei)Spiels.

c) Wie können Sie prüfen, ob das Spiel überhaupt eine Lösung besitzt?

d) Ihnen ist neben den beiden oben genannten Lösungskonzepten das Konzept des NUCLEOLUS bekannt. In diesem Konzept spielt der **Vektor der geordneten Koalitionsüberschüsse** eine wesentliche Rolle. Ermitteln Sie diesen Vektor für die Zuteilungen:
   1. entsprechend der von Ihnen ermittelten SHAPLEY-Werte und
   2. entsprechend des von Ihnen ermittelten τ-Wertes!

   Existiert eine Zuteilung, die lexikografisch noch kleiner ist als die kleinste dieser zwei? Was schlussfolgern Sie für den NUCLEOLUS des Spiels?

Aufgabe 6.5

Ermitteln Sie für ein 4-Personen-Spiel:

- die Anzahl und
- die Gewichtungsvektoren

der minimal balancierten Koalitionsfamilien!

Aufgabe 6.6

Vier Unternehmen planen die Durchführung einer Innovation. Diese können die Unternehmen allein oder in unterschiedlichen Koalitionen realisieren. In der folgenden Tabelle sind die Kapitalwerte enthalten, die die Unternehmen realisieren können.

S	$v(S)$	S	$v(S)$	S	$v(S)$	S	$v(S)$
$\emptyset$	0	$\{D\}$	3.000	$\{B,C\}$	5.500	$\{A,B,D\}$	14.000
$\{A\}$	1.500	$\{A,B\}$	4.000	$\{B,D\}$	5.000	$\{A,C,D\}$	11.000
$\{B\}$	2.000	$\{A,C\}$	5.000	$\{C,D\}$	6.500	$\{B,C,D\}$	15.000
$\{C\}$	2.500	$\{A,D\}$	6.500	$\{A,B,C\}$	12.000	$\{A,B,C,D\}$	30.000

a) Ermitteln Sie zur Beantwortung der Frage nach der Gewinnverteilung die Anteile:
   1. auf Basis der SHAPLEY-Lösung sowie
   2. auf Basis des τ-Wertes

   für alle 4 Unternehmen!
b) Ermitteln Sie den **Vektor der geordneten Koalitionsüberschüsse** für die Zuteilungen:
   1. entsprechend des von Ihnen ermittelten SHAPLEY-Werte,
   2. entsprechend des von Ihnen ermittelten τ-Wertes sowie
   3. entsprechend (6.750; 7.250; 7.750; 8.250).
c) Vergleichen Sie diese Vektoren lexikografisch! Was können Sie aus der von Ihnen aufgestellten Reihenfolge schlussfolgern?

Aufgabe 6.7

Ein Wasserversorger plant den Neubau des Rohrleitungssystems vom Zentralbrunnen zu drei Verbrauchern. Dabei besteht die Möglichkeit, jeden Verbraucher separat anzuschließen oder die Leitung unter Nutzung des Grundstückes eines Verbrauchers zu einem anderen Verbraucher zu verlegen (siehe folgende Abbildung). In der folgenden Abbildung sind die Kosten der verschiedenen Trassenführungen vermerkt.

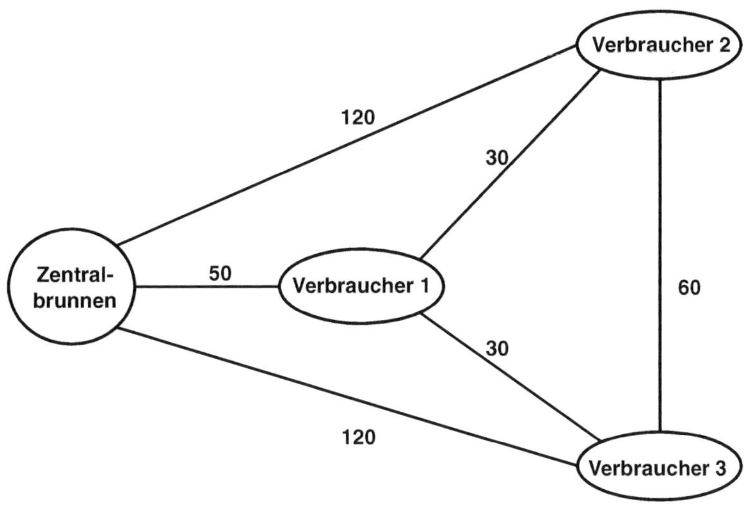

a) Ermitteln Sie die Kostenfunktion für diese Konstellation!
b) Ermitteln Sie die Kostenreduktionsfunktion für diese Konstellation!
c) Bestimmen Sie die Anteile der Verbraucher an den Gesamtkosten in Höhe von 110 €:
   1. auf Basis der SHAPLEY-Lösung und
   2. auf Basis des τ-Wertes!

Aufgabe 6.8
Populationsmonotonie ist eine wichtige Anforderung an die spieltheoretischen Lösungskonzepte. Ihnen ist ein 4-Personen-Spiel mit der charakteristischen Funktion aus der folgenden Abbildung gegeben.

a) Prüfen Sie in einem ersten Schritt, ob dieses Spiel konvex ist!
b) Welche Schlussfolgerungen können Sie im Hinblick auf die Erfüllung der Populationsmonotonie durch die Lösungskonzepte SHAPLEY-Lösung, NUCLEOLUS, τ-Wert und DUTTA-RAY-Lösung ziehen?
c) Erzeugen Sie durch Eliminierung eines geeigneten Spielers ein konvexes Teilspiel $\Gamma(N', w)$!
d) Ermitteln Sie die vier genannten Lösungswerte für das Spiel $\Gamma(N, v)$ und für das Teilspiel $\Gamma(N', w)$!
e) Vergleichen und interpretieren Sie diese Werte!

Ausgangssituation des 4-Personen-Spiels $\Gamma(N, v)$							
S	$v(S)$	S	$v(S)$	S	$v(S)$	S	$v(S)$
$\emptyset$	0	$\{D\}$	0	$\{B,C\}$	1	$\{A,B,D\}$	2
$\{A\}$	0	$\{A,B\}$	1	$\{B,D\}$	1	$\{A,C,D\}$	2
$\{B\}$	0	$\{A,C\}$	1	$\{C,D\}$	1	$\{B,C,D\}$	5
$\{C\}$	0	$\{A,D\}$	1	$\{A,B,C\}$	2	$\{A,B,C,D\}$	6

Aufgabe 6.9
Drei Kostenstellenleiter haben beschlossen, die Produktion zu reorganisieren. In der Diskussion über die Ausgestaltung ergibt sich die Kostenfunktion für die verschiedenen Ausgestaltungsmöglichkeiten in folgender Tabelle.

S	$\{\emptyset\}$	$\{A\}$	$\{B\}$	$\{C\}$	$\{A,B\}$	$\{A,C\}$	$\{B,C\}$	$\{A,B,C\}$
c (S)	0	10.000	15.000	11.000	18.500	14.000	17.500	20.000

Im Anschluss haben sich die Verantwortlichen auf folgende Kostenteilung geeinigt: (2.000; 11.000; 7.000).

a) Erstellen Sie die charakteristische Funktion des Spiels!
b) Überprüfen Sie die Eigenschaften Wesentlichkeit, Monotonie, Superadditivität und Konvexität!
c) In einem nächsten Schritt untersuchen Sie, ob der Kern leer oder nicht-leer ist!
d) Liegt die vorgeschlagene Kostenaufteilung im Kern?
e) Ermitteln Sie für das Spiel SHAPLEY-Lösung, τ-Wert und DUTTA-RAY-Lösung!
f) Da die Verantwortlichen Schwierigkeiten haben, die Ableitung der Wertfunktion aus der Kostenfunktion nachzuvollziehen, stellen Sie den Kern und die vorgeschlagene Kostenaufteilung grafisch:
   - auf Basis der Wertfunktion sowie
   - auf Basis der Kostenfunktion dar!

Aufgabe 6.10
Aus Anwendersicht ergibt sich die Frage, wie viele Gleichungen erforderlich sind, um ein Spiel auf bestimmte Eigenschaften zu überprüfen. Geben Sie jeweils eine allgemeingültige Beschreibung der Anzahl an Relationen, die erforderlich sind, um ein Spiel auf:

a) Monotonie,
b) Superadditivität sowie
c) Konvexität

zu überprüfen!

Aufgabe 6.11
Es ist ein 4-Personen-Spiel in folgender Tabelle gegeben.

S	$v(S)$	S	$v(S)$	S	$v(S)$	S	$v(S)$
$\emptyset$	0	$\{D\}$	0	$\{B,C\}$	7	$\{A,B,D\}$	7
$\{A\}$	0	$\{A,B\}$	1	$\{B,D\}$	4	$\{A,C,D\}$	14
$\{B\}$	0	$\{A,C\}$	11	$\{C,D\}$	2	$\{B,C,D\}$	10
$\{C\}$	0	$\{A,D\}$	6	$\{A,B,C\}$	16	$\{A,B,C,D\}$	17

a) Überprüfen Sie das Spiel auf Balanciertheit und Konvexität!
b) Ermitteln Sie die SHAPLEY-Lösung, den NUCLEOLUS und den τ-Wert!
c) Prüfen Sie die Ergebnisse auf Kernzugehörigkeit!
d) Welche der von Ihnen ermittelten Zuteilungen sind LORENZ-dominant?
e) Gelingt es Ihnen, die LORENZ-Lösung zu ermitteln?

Aufgabe 6.12
Sie werden zur Kostenanalyse eines Schiffshebewerkes herangezogen. Bei der Dimensionierung der Anlage wurden Großmotorgüterschiffe vom Typ „Taifun" bzw. häufig genutzte Schubverbände mit ähnlicher Dimension als größte Nutzer festgelegt. Ihre Aufgabe ist es, eine verursachungsgerechte Passagegebühr zu ermitteln. Das Bauwerk wird jedoch auch von kleineren Schiffstypen genutzt. Aus Praktikabilitätsgründen werden sämtliche Schiffe – neben der „Taifun"-Klasse – in zwei weitere Klassen gruppiert. Dies ist die mittlere „Delfin"-Klasse und die kleine „Hering"-Klasse. Um einen Überblick zu erhalten, haben Sie die Bewegungen in dem Hebewerk in der letzten Woche beobachtet. Sie stellten fest, dass je zwei Schiffe von der „Hering"-Klasse und von der „Delfin"-Klasse und nur ein Schubverband der „Taifun"-Klasse befördert wurden. Bei der Kostenanalyse stellen Sie fest, dass der Hauptbestandteil Kapitalkosten sind. Da die variablen Kosten pro Hub bekannt sind, konzentrieren Sie sich auf die Kapitalkosten. Ausgehend von einer geschätzten Gesamtnutzungsdauer ermitteln Sie jährliche Kapitalkosten für die Anlage von 52 Mio. €. Wäre die Anlage für Schiffe der „Delfin"-Klasse errichtet worden, würde sich dieser Wert auf 39 Mio. € belaufen. Für die „Hering"-Klasse würden jährlich 13 Mio. € entstehen. Ermitteln Sie nutzungsabhängige Passagegebühren für die beobachteten Bewegungen! Sie unterteilen das Jahr in 52 Wochen.

Aufgabe 6.13
Die Gesellschafter A, B, C und D gründen eine OHG mit folgenden Anteilen:

Gesellschafter	A	B	C	D
Kapitaleinlage	12.500 €	37.500 €	50.000 €	100.000 €

Im Gesellschaftervertrag wurde für die Gewinnverteilung § 121 HGB vereinbart. Nach dem ersten Geschäftsjahr wird der Gewinn mit 6.000 € festgestellt. Da diese Summe offensichtlich nicht ausreicht, um die gesetzlichen Ansprüche zu erfüllen, werden Sie um Rat gebeten. Um eine gerechte Aufteilung vorschlagen zu können, ermitteln Sie die Gewinnanteile der Gesellschafter mittels der:

- proportionalen Verteilung,
- angepassten proportionalen Verteilung,
- Zufallsbeitrittsregel,
- bedingten Ertragsgleichverteilung,
- bedingten Verlustgleichverteilung,
- Talmud-Regel!

6.8.2 Lösungen

Lösung zur Aufgabe 6.1

a) Monotonie wird definiert durch: $v(S) \leq v(R)$ für alle $R, S \subseteq N$ mit $S \subseteq R$. Im vorliegenden Spiel gilt für $R = \{A\}$ und $S = \{\emptyset\}$ jedoch: $v(S) \not\leq v(R)$. Die Funktion ist nicht monoton.
Superadditivität ist jedoch erfüllt.
b) Die Aussage, dass eine superadditive Funktion auch gleichzeitig monton ist, gilt nur für alle $v(S) \geq 0 \forall S \subseteq N$. Diese Bedingung ist nicht erfüllt, weshalb zwar Superadditivität, nicht jedoch Monotonie erfüllt ist.

Lösung zur Aufgabe 6.2

a) Folgende Werte sind zu verwenden:
   - Kosten der Stand-alone-Alternative: 150.000 € für den Brunnen und 100.000 € für das Rohrsystem,
   - Kosten der Koalition aus zwei Gemeinden: 225.000 € für den Brunnen und 200.000 € für das Rohrsystem,
   - Kosten der großen Koalition: 350.000 € für den Brunnen und 300.000 € für das Rohrsystem.

Die Funktion der Kostenreduktion wird mit Definition 6.25 ermittelt und ist in folgender Tabelle zu sehen.

S	$\{\emptyset\}$	$\{A\}$	$\{B\}$	$\{C\}$	$\{A,B\}$	$\{A,C\}$	$\{B,C\}$	$\{A,B,C\}$
v (S)	0	0	0	0	75.000	75.000	75.000	100.000

b) Überprüfung der Eigenschaften des Spiels:
- Superadditivität, Monotonie und Wesentlichkeit sind erfüllt.
- Konvexität: Konvexität erfordert, dass gilt:

$$v(S \cup \{i\}) - v(S) \leq v(R \cup \{i\}) - v(R).$$

Wird die Koalition A, B mit R bezeichnet und wird die Koalition A als S bezeichnet und Unternehmen C mit i bezeichnet, resultiert: $75.000 - 0 \not\leq 100.000 - 75.000$. Deshalb ist das Spiel nicht konvex.

c) Da das Spiel nicht konvex ist, kann es sein, dass der Kern leer ist. Demzufolge existiert unter Umständen keine stabile Lösung.

d) Die detaillierte Untersuchung ergibt folgende Resultate:

1. Die Anforderungen an die Existenz des Kerns sind folgende:

$$\left.\begin{aligned} x_A + x_B &\geq 75.000 \\ x_A + x_C &\geq 75.000 \\ x_B + x_C &\geq 75.000 \end{aligned}\right\} \text{Nicht-Blockierbarkeit}$$

Aufsummiert ergeben diese Restriktionen:

$$2 \cdot (x_A + x_B + x_C) \geq 225.000$$

Umformuliert ergibt sich:

$$x_A + x_B + x_C \geq 112.500$$

Zusätzlich ist jedoch noch zu beachten:

$$\begin{aligned} x_A, x_B, x_C &\geq 0 && \text{Individuelle Rationalität} \\ x_A + x_B + x_C &= 100.000 && \text{Kollektive Rationalität} \end{aligned}$$

Da die Forderungen der kollektiven Rationalität und der Nicht-Blockierbarkeit in diesem Beispiel unvereinbar sind, ist der Kern leer.

2. Zuerst wird die minimal-balancierte Koalitionsfamilie $\mathfrak{B}_{\min}$ wie folgt erzeugt:

$$\mathfrak{B}_{\min;1} = \{\{A\}, \{B\}, \{C\}\}, \mathfrak{B}_{\min;2} = \{\{A, B\}, \{C\}\}, \mathfrak{B}_{\min;3} = \{\{A, C\}, \{B\}\},$$
$$\mathfrak{B}_{\min;4} = \{\{B, C\}, \{A\}\}, \mathfrak{B}_{\min;5} = \{\{A, B\}, \{A, C\}, \{B, C\}\}.$$

Dabei beträgt der Gewichtungsvektor für die erste Familie $(1, 1, 1)$, für die Zwei-Spieler-Koalitionsfamilien jeweils $(1, 1)$ und für die fünfte Familie $(\frac{1}{2}, \frac{1}{2}, \frac{1}{2})$. Die Überprüfung ergibt die folgenden Werte:

$$\sum_{S \in \mathfrak{B}_{\min;1}} \alpha_S \cdot v(S) = 1 \cdot 0 + 1 \cdot 0 + 1 \cdot 0 = 0 < 100 = v(N)$$

$$\sum_{S \in \mathfrak{B}_{\min;2}} \alpha_S \cdot v(S) = 1 \cdot 75 + 1 \cdot 0 = 75 < 100 = v(N)$$

$$\sum_{S \in \mathfrak{B}_{\min;3}} \alpha_S \cdot v(S) = 1 \cdot 75 + 1 \cdot 0 = 75 < 100 = v(N)$$

$$\sum_{S \in \mathfrak{B}_{\min;4}} \alpha_S \cdot v(S) = 1 \cdot 75 + 1 \cdot 0 = 75 < 100 = v(N)$$

$$\sum_{S \in \mathfrak{B}_{\min;5}} \alpha_S \cdot v(S) = \frac{1}{2} \cdot 75 + \frac{1}{2} \cdot 75 + \frac{1}{2} \cdot 75 = 112{,}5 \not\leq 100 = v(N)$$

Das Spiel ist nicht minimal-balanciert und besitzt deshalb einen leeren Kern. In der 2-Unternehmens-Koalition erwirtschaftet jedes Unternehmen 37.500 € Kostenreduktion, in der großen Koalition hingegen lediglich 33.333 €. Deshalb besteht kein Anreiz, die große Koalition zu bilden.

3. Wenn der Wert der großen Koalition mindestens 112.500 € beträgt, ist das Spiel balanciert und der Kern ist nicht-leer.

Lösung zur Aufgabe 6.3

a) Die zugrundeliegende Kostenfunktion ist in der folgenden Tabelle zu sehen (Sämtliche folgende Angaben in Tsd. €).

S	$c(S)$	S	$c(S)$	S	$c(S)$	S	$c(S)$
$\emptyset$	0	$\{D\}$	400	$\{B,C\}$	700	$\{A,B,D\}$	800
$\{A\}$	400	$\{A,B\}$	600	$\{B,D\}$	700	$\{A,C,D\}$	800
$\{B\}$	400	$\{A,C\}$	600	$\{C,D\}$	700	$\{B,C,D\}$	900
$\{C\}$	400	$\{A,D\}$	600	$\{A,B,C\}$	800	$\{A,B,C,D\}$	1.000

Mit Definition 6.25 ergibt sich die Funktion der Kostenreduktion in der folgenden Tabelle.

S	$v(S)$	S	$v(S)$	S	$v(S)$	S	$v(S)$
$\emptyset$	0	$\{D\}$	0	$\{B,C\}$	100	$\{A,B,D\}$	400
$\{A\}$	0	$\{A,B\}$	200	$\{B,D\}$	100	$\{A,C,D\}$	400
$\{B\}$	0	$\{A,C\}$	200	$\{C,D\}$	100	$\{B,C,D\}$	300
$\{C\}$	0	$\{A,D\}$	200	$\{A,B,C\}$	400	$\{A,B,C,D\}$	600

b) Die große Koalition ist zu bevorzugen, da die Funktion konvex ist. Dies bedeutet, dass die zahlenmäßig wachsende Koalition auch ein ökonomisch besseres Ergebnis erwirtschaftet.

c) Für die Aufteilung der Kosten bietet es sich an, ein Lösungskonzept auf die Kostenreduktionsfunktion anzuwenden und mit den ermittelten Zuteilungen die Kostenbeiträge zu bestimmen. Der Kostenanteil wird entsprechend Definition 6.26 ermittelt. Für das Beispiel werden SHAPLEY-Lösung und der NUCLEOLUS herangezogen, was zu folgenden Werten führt:

- Die Anwendung der SHAPLEY-Lösung ergibt die Aufteilung der gemeinsamen Kostenreduktion auf die einzelnen Kommunen mit Definition 6.12:

$$\phi_A(v) = 200.000\,€ \text{ sowie } \phi_B(v) = \phi_C(v) = \phi_D(v) = \frac{400.000\,€}{3}.$$

  Aus Definition 6.26 resultieren die Anteile an den Gesamtkosten in Höhe von 1.000.000 €:

$$c_A = 200.000\,€ \text{ und } c_B = c_C = c_D = \frac{800.000\,€}{3}.$$

- Bei Anwendung des NUCLEOLUS resultieren die Anteile der Kommunen an der Gesamtkostenreduktion aus Definition 6.16 mit:

$$\text{nuc}(225.000, 125.000, 125.000, 125.000).$$

  Die Anteile an den Gesamtkosten ergeben sich bei dieser Aufteilung aus Definition 6.26 mit: $c_A = 175.000\,€$ und $c_B = c_C = c_D = 275.000\,€$.

Lösung zur Aufgabe 6.4

a) 1. Der SHAPLEY-Wert für das Unternehmen A resultiert mit:

$$\begin{aligned}\phi_A(v) &= \frac{0!(3-0-1)!}{3!}100 + \frac{1!(3-1-1)!}{3!}600 + \frac{1!(3-1-1)!}{3!}400 \\ &\quad + \frac{2!(3-2-1)!}{3!}400 \\ &= \underline{\underline{\frac{1.000}{3}}}.\end{aligned}$$

Für Unternehmen B folgt:

$$\phi_B(v) = \phi_A(v) = \underline{\underline{\frac{1.000}{3}}}.$$

Der SHAPLEY-Wert für das Unternehmen C resultiert aus Definition 6.12 mit:

$$\begin{aligned}\phi_C(v) &= \frac{0!(3-0-1)!}{3!}100 + \frac{1!(3-1-1)!}{3!}400 + \frac{1!(3-1-1)!}{3!}400\\ &\quad + \frac{2!(3-2-1)!}{3!}200\\ &= \underline{\underline{\frac{700}{3}}}.\end{aligned}$$

Alternativ können die Ergebnisse mittels der folgenden Tabelle ermittelt werden.

	$m_i v(S) = v(S) - v(S \backslash \{i\})$		
Permutationen	$m_A v(S)$	$m_B v(S)$	$m_C v(S)$
A, B, C	100	600	200
A, C, B	100	400	400
B, A, C	600	100	200
B, C, A	400	100	400
C, A, B	400	400	100
C, B, A	400	400	100
Summe	2.000	2.000	1.400
SHAPLEY-Wert	$\frac{2.000}{6} = \frac{1.000}{3}$	$\frac{2.000}{6} = \frac{1.000}{3}$	$\frac{1.400}{6} = \frac{700}{3}$

2. Der Obervektor ergibt sich aus Definition 6.17 mit:

$$b = \begin{pmatrix} b_A \\ b_B \\ b_C \end{pmatrix} = \begin{pmatrix} v(\{A,B,C\}) - v(\{B,C\}) \\ v(\{A,B,C\}) - v(\{A,C\}) \\ v(\{A,B,C\}) - v(\{A,B\}) \end{pmatrix} = \begin{pmatrix} 400 \\ 400 \\ 200 \end{pmatrix}$$

Der Untervektor ergibt sich aus Definition 6.18 mit:

$$\begin{aligned} a &= \begin{pmatrix} \max(v(\{A\}), v(\{A,B\}) - b_B, v(\{A,C\}) - b_C, v(\{A,B,C\}) - (b_B + b_C)) \\ \max(v(\{B\}), v(\{B,A\}) - b_A, v(\{B,C\}) - b_C, v(\{B,A,C\}) - (b_A + b_C)) \\ \max(v(\{C\}), v(\{C,A\}) - b_A, v(\{C,B\}) - b_B, v(\{C,A,B\}) - (b_A + b_B)) \end{pmatrix} \\ &= \begin{pmatrix} 300 \\ 300 \\ 100 \end{pmatrix} \end{aligned}$$

Der τ–Wert folgt mit diesen Werten und mit Definition 6.19:

$$\tau = \begin{pmatrix} 300 \\ 300 \\ 100 \end{pmatrix} + \frac{2}{3} \begin{pmatrix} 100 \\ 100 \\ 100 \end{pmatrix} = \begin{pmatrix} \frac{1.100}{3} \\ \frac{1.100}{3} \\ \frac{500}{3} \end{pmatrix}$$

b) Für die Unternehmen A und B ergibt die große Koalition mit der SHAPLEY-Aufteilung keinen Sinn, da beide Unternehmen in der Zweier-Koalition bessergestellt sind und z. B. jeweils einen Anteil von 350 erhalten könnten. Die SHAPLEY-Lösung liegt nicht im Kern! Begründung: Das Spiel ist nicht konvex, da bei Konvexität gelten muss:

$$v(S \cup \{i\}) - v(S) \leq v(R \cup \{i\}) - v(R)$$

Im Beispiel ist jedoch:

$$v(\{A, B\}) - v(\{B\}) > v(\{A, B, C\}) - v(\{B, C\})$$
$$700 - 100 > 900 - 500$$

Monotonie und Superadditivität sind jedoch erfüllt.

c) Die Überprüfung auf Balanciertheit liefert eine Aussage darüber, ob der Kern des Spiels nicht-leer ist, also eine Lösung existiert.
Zuerst ist eine balancierte Koalitionsfamilie zu erzeugen. Dazu wird die Koalitionsfamilie $\mathfrak{B}$ mit

$$\mathfrak{B} = \{\{A, B\}, \{A, C\}, \{B, C\}, \{A, B, C\}\}$$

betrachtet. Diese wird mit den Gewichtungsfaktoren $\frac{1}{3}, \frac{1}{3}, \frac{1}{3}, \frac{1}{3}$ balanciert. Die Überprüfung des zugrunde liegenden Spiels auf Balanciertheit mit dieser einen balancierten Koalitionsfamilie ergibt folgende Werte:

$$\sum_{j=1}^{4} \alpha_j v(S_j) = 866\frac{2}{3} < v(N)$$

Wenn folgende Koalitionsfamilie verwendet wird

$$\mathfrak{B} = \{\{A\}, \{B\}, \{C\}, \{A, B\}, \{A, C\}, \{B, C\}, \{A, B, C\}\}$$

und jede der Koalitionen mit dem Wert $\frac{1}{4}$ gewichtet wird, resultiert ebenfalls eine balancierte Koalitionsfamilie. Die Verwendung desselben ergibt:

$$\sum_{j=1}^{7} \alpha_j v(S_j) = 725 < v(N)$$

Diese Werte lassen darauf schließen, dass das zugrunde liegende Spiel balanciert ist. Um dies zweifelsfrei festzustellen, wird die folgende, minimal-balancierte Koalitionsfamilie gebildet.

$$\mathfrak{B}_{\text{min};1} = \{\{A\},\{B\},\{C\}\}, \quad \mathfrak{B}_{\text{min};2} = \{\{A,B\},\{C\}\}, \quad \mathfrak{B}_{\text{min};3} = \{\{A,C\},\{B\}\},$$
$$\mathfrak{B}_{\text{min};4} = \{\{B,C\},\{A\}\}, \quad \mathfrak{B}_{\text{min};5} = \{\{A,B\},\{A,C\},\{B,C\}\}.$$

Dabei beträgt der Gewichtungsvektor für die erste Familie $(1, 1, 1)$, für die Zwei-Spieler-Koalitionsfamilien jeweils $(1, 1)$ und für die fünfte Familie $\left(\frac{1}{2}, \frac{1}{2}, \frac{1}{2}\right)$. Die Überprüfung ergibt die folgenden Werte:

$$\sum_{S\in\mathfrak{B}_{\text{min};1}} \alpha_S \cdot v(S) = 1 \cdot 100 + 1 \cdot 100 + 1 \cdot 100 = 300 < 900 = v(N)$$
$$\sum_{S\in\mathfrak{B}_{\text{min};2}} \alpha_S \cdot v(S) = 1 \cdot 700 + 1 \cdot 100 = 800 < 900 = v(N)$$
$$\sum_{S\in\mathfrak{B}_{\text{min};3}} \alpha_S \cdot v(S) = 1 \cdot 500 + 1 \cdot 100 = 600 < 900 = v(N)$$
$$\sum_{S\in\mathfrak{B}_{\text{min};4}} \alpha_S \cdot v(S) = 1 \cdot 500 + 1 \cdot 100 = 600 < 900 = v(N)$$
$$\sum_{S\in\mathfrak{B}_{\text{min};5}} \alpha_S \cdot v(S) = \frac{1}{2} \cdot 700 + \frac{1}{2} \cdot 500 + \frac{1}{2} \cdot 500 = 850 < 900 = v(N)$$

Das Spiel ist minimal-balanciert und besitzt einen nicht-leeren Kern.

c) Der Vektor der geordneten Koalitionsüberschüsse ist:

1. für die SHAPLEY-Lösung:

$$\left(0, 0, \frac{100}{3}, -\frac{200}{3}, -\frac{200}{3}, -\frac{400}{3}, -\frac{700}{3}, -\frac{700}{3}\right)$$

2. für den τ-Wert:

$$\left(0,0,-\frac{100}{3},-\frac{100}{3},-\frac{100}{3},-\frac{200}{3},-\frac{800}{3},-\frac{800}{3}\right).$$

Der Vektor der Überschüsse gemäß der Zuteilung entsprechend dem τ-Wert ist lexikografisch kleiner als der Vektor der Überschüsse gemäß der SHAPLEY-Zuteilung. Es existiert darüber hinaus kein kleinerer Vektor der geordneten Überschüsse. Der NUCLEOLUS ist damit identifiziert und resultiert mit einer identischen Zuteilung wie der τ-Wert.

Lösung zur Aufgabe 6.5

Die Definition der Minimalbalanciertheit lautete:[259] Wenn in einer balancierten Koalitionsfamilie $\mathfrak{B}$ keine echte Teilmenge balanciert ist, so ist sie eine minimal balancierte Koalitionsfamilie $\mathfrak{B}_{\text{min}}$. Auf dieser Basis ergeben sich für ein 4-Personen-Spiel die 41 minimal balancierten Koalitionsfamilien in der folgenden Tabelle.[260]

Grundstruktur der Koalitionsfamilie $\mathfrak{B}_{min}$	Gewichtungsvektor	Anzahl dieser Koalitionsfamilien
$\{\{A\},\{B\},\{C\},\{D\}\}$	$(1,1,1,1)$	1
$\left\{\overline{\{A,B\}},\overline{\{C,D\}}\right\}$	$(1,1)$	3
$\left\{\overline{\{A,B,C\}},\overline{\{D\}}\right\}$	$(1,1)$	4
$\left\{\overline{\{A,B\}},\overline{\{C\}},\overline{\{D\}}\right\}$	$(1,1,1)$	6
$\left\{\overline{\{A,B,C\}},\overline{\{A,B,D\}},\overline{\{C,D\}}\right\}$	$\left(\frac{1}{2},\frac{1}{2},\frac{1}{2}\right)$	6
$\left\{\overline{\{A,B\}},\overline{\{A,C\}},\overline{\{B,C\}},\overline{\{D\}}\right\}$	$\left(\frac{1}{2},\frac{1}{2},\frac{1}{2},1\right)$	4
$\left\{\overline{\{A,B,C\}},\overline{\{A,D\}},\overline{\{B,D\}},\overline{\{C\}}\right\}$	$\left(\frac{1}{2},\frac{1}{2},\frac{1}{2},\frac{1}{2}\right)$	12
$\left\{\overline{\{A,B,C\}},\overline{\{A,D\}},\overline{\{B,D\}},\overline{\{C,D\}}\right\}$	$\left(\frac{2}{3},\frac{1}{3},\frac{1}{3},\frac{1}{3}\right)$	4
$\{\{A,B,C\},\{A,B,D\},\{A,C,D\},\{B,C,D\}\}$	$\left(\frac{1}{3},\frac{1}{3},\frac{1}{3},\frac{1}{3}\right)$	1
Summe		41

[259] Vgl. Eigenschaft 6.11.
[260] Vgl. Shapley (1967: 459).

Lösung zur Aufgabe 6.6

a) Es ergeben sich folgende Gewinnanteile:

1. Die SHAPLEY-Lösung ergibt sich entsprechend der folgenden Tabelle.

	Marginalbeitrag $(m_i v(S) = v(S) - v(S \setminus \{i\}))$			
Permutationen	$m_A v(S)$	$m_B v(S)$	$m_C v(S)$	$m_D v(S)$
A,B,C,D	1.500	2.500	8.000	18.000
A,B,D,C	1.500	2.500	16.000	10.000
A,C,B,D	1.500	7.000	3.500	18.000
A,C,D,B	1.500	19.000	3.500	6.000
A,D,B,C	1.500	7.500	16.000	5.000
A,D,C,B	1.500	19.000	4.500	5.000
B,A,C,D	2.000	2.000	8.000	18.000
B,A,D,C	2.000	2.000	16.000	10.000
B,C,A,D	6.500	2.000	3.500	18.000
B,C,D,A	15.000	2.000	3.500	9.500
B,D,A,C	9.000	2.000	16.000	3.000
B,D,C,A	15.000	2.000	10.000	3.000
C,A,B,D	2.500	7.000	2.500	18.000
C,A,D,B	2.500	19.000	2.500	6.000
C,B,A,D	6.500	3.000	2.500	18.000
C,B,D,A	15.000	3.000	2.500	9.500
C,D,A,B	4.500	19.000	2.500	4.000
C,D,B,A	15.000	8.500	2.500	4.000
D,A,B,C	3.500	7.500	16.000	3.000
D,A,C,B	3.500	19.000	4.500	3.000
D,B,A,C	9.000	2.000	16.000	3.000
D,B,C,A	15.000	2.000	10.000	3.000
D,C,A,B	4.500	19.000	3.500	3.000
D,C,B,A	15.000	8.500	3.500	3.000
Summe	155.000	187.000	177.000	201.000
SHAPLEY-Wert	$\frac{19.375}{3} \approx 6.458,33$	$\frac{23.375}{3} \approx 7.791,67$	7.375	8.375

2. Für die Ermittlung des τ-Wertes wird zuerst der Obervektor berechnet, der sich aus Definition 6.17 ergibt mit:

$$b = \begin{pmatrix} b_A \\ b_B \\ b_C \\ b_D \end{pmatrix} = \begin{pmatrix} v(\{A,B,C,D\}) - v(\{B,C,D\}) \\ v(\{A,B,C,D\}) - v(\{A,C,D\}) \\ v(\{A,B,C,D\}) - v(\{A,B,D\}) \\ v(\{A,B,C,D\}) - v(\{A,B,C\}) \end{pmatrix} = \begin{pmatrix} 15.000 \\ 19.000 \\ 16.000 \\ 18.000 \end{pmatrix}$$

Der Untervektor ergibt sich aus Definition 6.18 mit:

$$a = \begin{pmatrix} \max(v(\{A\}), v(\{A,B\}) - b_B, v(\{A,C\}) - b_C, v(\{A,D\}) - b_D, \\ \max(v(\{B\}), v(\{B,A\}) - b_A, v(\{B,C\}) - b_C, v(\{B,D\}) - b_D, \\ \max(v(\{C\}), v(\{C,A\}) - b_A, v(\{C,B\}) - b_B, v(\{C,D\}) - b_D, \\ \max(v(\{D\}), v(\{D,A\}) - b_A, v(\{D,B\}) - b_B, v(\{D,C\}) - b_C, \end{pmatrix}$$

$$\begin{matrix} v(\{A,B,C\}) - (b_B + b_C), v(\{A,B,D\}) - (b_B + b_D), \\ v(\{B,A,C\}) - (b_A + b_C), v(\{B,A,D\}) - (b_A + b_D), \\ v(\{C,A,B\}) - (b_A + b_B), v(\{C,A,D\}) - (b_A + b_D), \\ v(\{D,A,B\}) - (b_A + b_B), v(\{D,A,C\}) - (b_A + b_C), \end{matrix}$$

$$\begin{pmatrix} v(\{A,C,D\}) - (b_C + b_D), v(\{A,B,C,D\}) - (b_B + b_C + b_D)) \\ v(\{B,C,D\}) - (b_C + b_D), v(\{B,A,C,D\}) - (b_A + b_C + b_D)) \\ v(\{C,B,D\}) - (b_B + b_D), v(\{C,A,B,D\}) - (b_A + b_B + b_D)) \\ v(\{D,B,C\}) - (b_B + b_C), v(\{D,A,B,C\}) - (b_A + b_B + b_C)) \end{pmatrix}$$

$$a = \begin{pmatrix} a_A \\ a_B \\ a_C \\ a_C \end{pmatrix} = \begin{pmatrix} 1.500 \\ 2.000 \\ 2.500 \\ 3.000 \end{pmatrix}$$

Der τ–Wert folgt mit diesen Werten und mit Definition 6.19:

$$\tau = \begin{pmatrix} 1.500 \\ 2.000 \\ 2.500 \\ 3.000 \end{pmatrix} + \frac{21}{59} \begin{pmatrix} 13.500 \\ 17.000 \\ 13.500 \\ 15.000 \end{pmatrix} = \begin{pmatrix} \frac{372.000}{59} \\ \frac{475.000}{59} \\ \frac{431.000}{59} \\ \frac{492.000}{59} \end{pmatrix}$$

b) Der Vektor der geordneten Koalitionsüberschüsse ergibt für:

1. die SHAPLEY-Lösung: Exakte Werte:

$$\left(0, 0, -\frac{14.625}{3}, -\frac{14.875}{3}, -\frac{16.125}{3}, -\frac{17.375}{3}, -\frac{25.000}{3}, -\frac{25.625}{3}, -\frac{25.875}{3}\right.$$
$$\left.-\frac{26.500}{3}, -\frac{27.750}{3}, -\frac{28.875}{3}, -\frac{29.000}{3}, -\frac{30.750}{3}, -\frac{33.500}{3}, -\frac{33.625}{3}\right)$$

Gerundete Werte:

$$(0, 0, -4.875, -4.958, -5.375, -5.792, -8.333, -8.542, -8.625, \\ -8.833, -9.250, -9.625, -9.667, -10.250, -11.167, -11.208)$$

2. den τ-Wert: Exakte Werte:

$$\left(0, 0, -\frac{283.500}{59}, -\frac{283.500}{59}, -\frac{315.000}{59}, -\frac{357.000}{59}, \right. \\ -\frac{480.500}{59}, -\frac{508.000}{59}, -\frac{513.000}{59}, -\frac{513.000}{59}, -\frac{539.500}{59}, \\ \left. -\frac{570.000}{59}, -\frac{581.500}{59}, -\frac{611.000}{59}, -\frac{646.000}{59}, -\frac{672.000}{59}\right)$$

Gerundete Werte:

$$(0, 0, -4.805, -4.805, -5.339, -6.051, -8.144, -8.610, -8.695 \\ -8.695, -9.144, -9.661 - 9.856, -10.356, -10.949, -11.390)$$

3. die Zuteilung $(6.750, 7.250, 7.750, 8.250)$:

$$(0, 0, -5.250, -5.250, -5.250, -5.250, -8.250, -8.250, -8.500) \\ -9.500, -9.500, -9.500, -9.750, -10.000, -10.500, -11.750)$$

c) Der Vektor der geordneten Überschüsse der letzten Zuteilung ist der lexikografisch kleinste der drei Vektoren. Der aus der SHAPLEY-Zuteilung resultierende Vektor ist der lexikografisch zweitkleinste der drei Vektoren. Der τ-Wert liefert den lexikografisch größten Vektor. Bei der letzten Zuteilung handelt es sich um den NUCLEOLUS.

Lösung zur Aufgabe 6.7

a) Aus den Ausgangsinformationen resultiert die Funktion der minimalen Kosten der Anschlussvarianten in folgender Tabelle.

S	$\{\emptyset\}$	$\{1\}$	$\{2\}$	$\{3\}$	$\{1,2\}$	$\{1,3\}$	$\{2,3\}$	$\{1,2,3\}$
c (S)	0	50	120	120	80	80	180	110

b) Die Funktion der Kostenreduktion wird mit Definition 6.25 ermittelt und in der folgenden Tabelle dargestellt.

S	$\{\emptyset\}$	$\{A\}$	$\{B\}$	$\{C\}$	$\{A,B\}$	$\{A,C\}$	$\{B,C\}$	$\{A,B,C\}$
v (S)	0	0	0	0	90	90	60	180

c) Zur Ermittlung der Kostenanteile wird zuerst das entsprechende Lösungskonzept angewendet und im Anschluss den Stand-alone-Kosten gegenübergestellt.
   1. Die Anwendung der SHAPLEY-Lösung auf die Kostenreduktionsfunktion ergibt $\phi_A(v) = 70$, $\phi_B(v) = \phi_C(v) = 55$. Diese Werte werden von den Kosten der isolierten Leitungsführung zu dem jeweiligen Verbraucher abgezogen, was zu dem Kostenbetrag jedes Verbrauchers für die Kooperationslösung mit folgenden Werten führt: $c_a = 50 - 70 = -20$; $c_B = c_C = 120 - 55 = 65$.
      Verbraucher A hat einen derart hohen Anteil am Gesamtergebnis, dass er selbst keine Kosten zu tragen hat, sondern von den anderen Verbrauchern für die Nutzung seines Grundstückes zu entschädigen ist.
   2. Die τ-Werte resultieren mit: $\tau_A = 72$ und $\tau_B = \tau_C = 54$. Der Kostenanteil für den Verbraucher A ist weiterhin negativ mit einem Wert von -22, wohingegen Verbraucher B und Verbraucher C Kosten in Höhe von jeweils 66 tragen müssen.

Lösung zur Aufgabe 6.8

a) Das Spiel ist konvex.
b) Daraus folgt, dass sowohl die SHAPLEY-Lösung als auch die DUTTA-RAY-Lösung populationsmonotone Ergebnisse liefern müssten. Der NUCLEOLUS und der τ-Wert hingegen sind auch für konvexe Spiele nicht populationsmonoton.
c) Durch Elimination des Spielers D entsteht ein konvexes Teilspiel $\Gamma(N', w)$ mit der charakteristischen Funktion aus der folgenden Tabelle.

T	$\{\emptyset\}$	$\{A\}$	$\{B\}$	$\{C\}$	$\{A,B\}$	$\{A,C\}$	$\{B,C\}$	$\{A,B,C\}$
$w\ (T)$	0	0	0	0	1	1	1	2

d) Für das Teilspiel $\Gamma(N', w)$ ergibt sich mit jedem Lösungskonzept für jeden Spieler der Anteil von $\frac{2}{3}$.
   Für das ursprüngliche 4-Personen-Spiel $\Gamma(N, v)$ ergeben sich folgende Lösungswerte:
   - SHAPLEY-Werte: $\phi_A(v) = \frac{3}{4}$, $\phi_B(v) = \phi_C(v) = \phi_D(v) = \frac{7}{4}$,
   - NUCLEOLUS: $\text{nuc}(v) : \left(\frac{1}{2}, \frac{11}{6}, \frac{11}{6}, \frac{11}{6}\right)$,
   - $\tau(v)$: $\left(\frac{6}{13}, \frac{24}{13}, \frac{24}{13}, \frac{24}{13}\right)$,
   - DRL: $DR_A(v) = 1$, $DR_B(v) = DR_C(v) = DR_D(v) = \frac{5}{3}$.

e) Der Vergleich der Lösungen für diese beiden Spiele ergibt folgendes Ergebnis:
   - SHAPLEY-Werte und DUTTA-RAY-Lösungswerte der Spieler A, B und C im Spiel $\Gamma(N, v)$ sind größer als im Teilspiel $\Gamma(N', w)$, die Anforderung der Populationsmonotonie ist erfüllt.
   - Sowohl der NUCLEOLUS als auch der τ-Wert teilen dem Spieler A im Teilspiel $\Gamma(N', w)$ mehr zu als im Spiel $\Gamma(N, v)$. Damit hat dieser Spieler:
     – ausgehend von einer 3-Personen-Koalition keinen Anreiz, einen weiteren Spieler aufzunehmen oder

- ausgehend von einer 4-Personen-Koalition, einen Anreiz, den Spieler D aus der Koalition hinauszudrängen.

Damit ist die Eigenschaft der Populationsmonotonie durch diese beiden Lösungskonzepte verletzt.

Lösung zur Aufgabe 6.9

a) Die Wertfunktion ist in folgender Tabelle zu sehen.

S	$\{\emptyset\}$	$\{A\}$	$\{B\}$	$\{C\}$	$\{A,B\}$	$\{A,C\}$	$\{B,C\}$	$\{A,B,C\}$
v (S)	0	0	0	0	6.500	7.000	8.500	16.000

b) Das Spiel ist wesentlich, monoton, superadditiv und konvex.
c) Die Überprüfung des Kerns ergibt folgende Resultate:

$$\begin{aligned} x_A, x_B, x_C &\geq 0 \\ x_A + x_B + x_C &= 16.000 \\ x_A + x_B &\geq 6.500 \\ x_A + x_C &\geq 7.000 \\ x_B + x_C &\geq 8.500 \\ 2 \cdot (x_A + x_B + x_C) &\geq 22.000 \\ x_A + x_B + x_C &\geq 11.000 \\ x_A + x_B + x_C &\leq v(N) = 16.000 \end{aligned}$$

Der Kern ist demzufolge nicht-leer. Alternativ kann ein Gleichungssystem erzeugt werden und geprüft werden, ob dafür ein Lösungsvektor existiert.

$$\begin{aligned} x_A &\geq v(A) = 0 \\ x_B &\geq v(B) = 0 \\ x_C &\geq v(C) = 0 \\ x_A + x_B &\geq v(A,B) = 6.500 \\ x_A + x_C &\geq v(A,C) = 7.000 \\ x_B + x_C &\geq v(B,C) = 8.500 \\ x_A + x_B + x_C &\geq v(A,B,C) = 16.000 \end{aligned}$$

Es existiert eine Menge an möglichen Lösungen für dieses System, z. B. $c = (5.000; 5.000; 6.000)$.

d) Die vorgeschlagene Lösung beträgt $x = (2.000; 11.000; 7.000)$. Die Gleichung zur Überführung der Kostenfunktion in die Wertfunktion lautet:

$$v(S) = \sum_{i \in S} c(\{i\}) - c(S), \forall S \subseteq N.$$

Für die große Koalition folgt daraus:

$$v(N) = \sum_{i \in N} c(\{i\}) - c(N).$$

Aus der Aufgabenstellung folgt:

$$16.000 = (10.000 + 15.000 + 11.000) - 20.000$$
$$16.000 = 36.000 - 20.000.$$

Gesucht ist die Aufteilung der 16.000 auf $\begin{pmatrix} v_A \\ v_B \\ v_C \end{pmatrix}$.

Um Anteile der einzelnen Spieler ermitteln zu können, werden die gegebenen Informationen auf der rechten Seite der Gleichung wie folgt reformuliert:

$$36.000 = \begin{pmatrix} c_A \\ c_B \\ c_C \end{pmatrix} = \begin{pmatrix} 10.000 \\ 15.000 \\ 11.000 \end{pmatrix}$$
$$20.000 = \begin{pmatrix} x_A \\ x_B \\ x_C \end{pmatrix} = \begin{pmatrix} 2.000 \\ 11.000 \\ 7.000 \end{pmatrix}$$

Damit können die gesuchten Werte wie folgt errechnet werden:

$$\begin{pmatrix} v_A \\ v_B \\ v_C \end{pmatrix} = \begin{pmatrix} c_A \\ c_B \\ c_C \end{pmatrix} - \begin{pmatrix} x_A \\ x_B \\ x_C \end{pmatrix}$$
$$\begin{pmatrix} v_A \\ v_B \\ v_C \end{pmatrix} = \begin{pmatrix} 10.000 \\ 15.000 \\ 11.000 \end{pmatrix} - \begin{pmatrix} 2.000 \\ 11.000 \\ 7.000 \end{pmatrix}$$
$$\begin{pmatrix} v_A \\ v_B \\ v_C \end{pmatrix} = \begin{pmatrix} 8.000 \\ 4.000 \\ 4.000 \end{pmatrix}$$

Dies sind die Anteile der Spieler an $v(N)$. Es wird deutlich, dass dies keine Kernzuteilung sein kann, da: $v_B + v_C = 8.000 \not\geq 8.500 = v(B, C)$.

e) Es ergeben sich folgende Ergebnisse:

SHAPLEY-Werte:

Für $v(N)$: $\phi_A(v) = 4.750$, $\phi_B(v) = 5.500$, $\phi_C(v) = 5.750$.

Anteile für $c(N)$: $\phi_A(c) = 5.250$, $\phi_B(c) = 9.500$ sowie $\phi_C(c) = 5.250$.

τ-Werte:
Für $v(N)$: $\tau_A(v) = \frac{60.000}{13}$, $\tau_B(v) = \frac{72.000}{13}$ sowie $\tau_C(v) = \frac{76.000}{13}$.
Anteile für $c(N)$: $\tau_A(c) = \frac{70.000}{13}$, $\tau_B(c) = \frac{123.000}{13}$ und $\tau_C(c) = \frac{67.000}{13}$.
DRL:
Für $v(N)$: $DRL(v) = (\frac{16.000}{3}, \frac{16.000}{3}, \frac{16.000}{3})$.
Anteile für $c(N)$: $DRL(c) = (\frac{14.000}{3}, \frac{29.000}{3}, \frac{17.000}{3})$.

f) In der folgenden Abbildung ist die Lage des Kerns und der vorgeschlagenen Aufteilung bei Verwendung der Wertfunktion ersichtlich.

Kostenreduktionsspiel $\Gamma(N, v)$

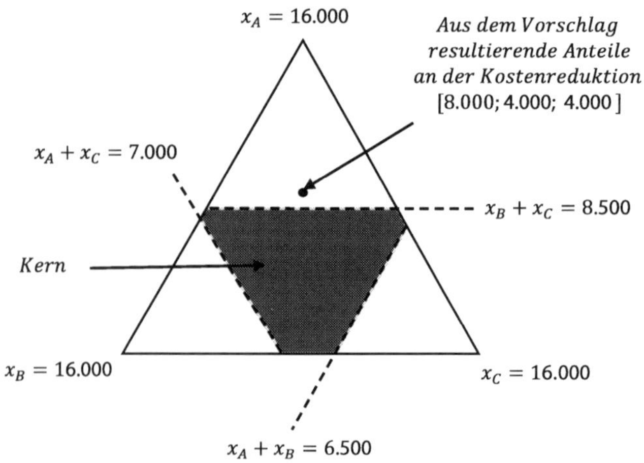

In der nächsten Abbildung hingegen ist der Kern und die vorgeschlagenen Aufteilung auf Basis der Kostenfunktion dargestellt.

Kostenspiel $\Gamma(N, c)$

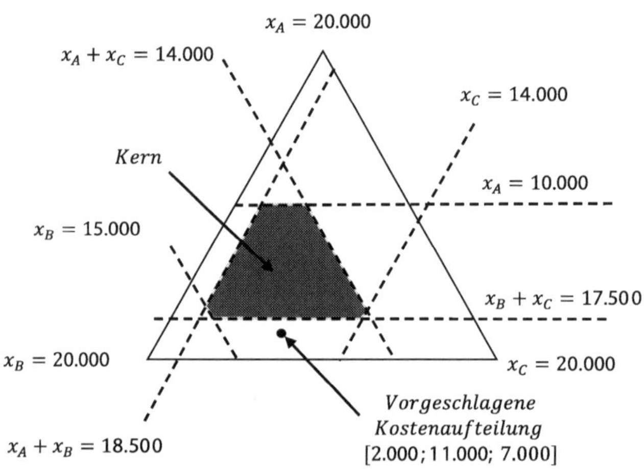

Lösung zur Aufgabe 6.10

a) **Prüfung der Monotonie:**
Die Bestimmungsgleichung der Monotonie ist mit Eigenschaft 6.2 wie folgt gegeben:
Ein Spiel $\Gamma(N, v)$ ist monoton, wenn: $v(S) \leq v(R)$ für alle $S \subseteq R \subseteq N$.
Beispielsweise sind für $n = 2$ fünf Relationen zu überprüfen. In drei Relationen fungiert die leere Menge als Koalition S und die Spieler A und B bilden die Menge R als 1-Spieler-Menge oder zusammen. In zwei Relationen fungiert jeweils A oder B als Menge S und die Menge A, B stellt die Menge R dar. Das führt zu:

$$\binom{2}{0} \cdot (2^{2-0} - 1) + \binom{2}{1} \cdot (2^{2-1} - 1) + \binom{2}{2} \cdot (2^{2-2} - 1)$$
$$= 1 \cdot (4 - 1) + 2 \cdot (2 - 1) + 1 \cdot (1 - 1) = 5$$

Für $n = 3$ ergibt sich folgender Zusammenhang:

$$\binom{3}{0} \cdot (2^{3-0} - 1) + \binom{3}{1} \cdot (2^{3-1} - 1) + \binom{3}{2} \cdot (2^{3-2} - 1) + \binom{3}{3} \cdot (2^{3-3} - 1)$$
$$= 1 \cdot (8 - 1) + 3 \cdot (4 - 1) + 3 \cdot (2 - 1) + 1 \cdot (1 - 1) = 19$$

Das kann mit Definition 6.42 verallgemeinert werden.

Definition 6.42 *Die Anzahl der zu überprüfenden Monotonie-Relationen eines Spiels $\Gamma(N, v)$ resultiert aus:* $\sum_{k=0}^{n} \binom{n}{k} \cdot (2^{n-k} - 1)$.

1. **Prüfung der Superadditivität:**
Die Superadditivität ist mit Eigenschaft 6.3 wie folgt definiert:
Ein Spiel $\Gamma(N, v)$ ist superadditiv, wenn gilt: $v(R \cup S) \geq v(R) + v(S)$ für alle $R, S \subseteq N$ mit $R \cap S = \emptyset$.
Zur Bestimmung der Anzahl der zu überprüfenden Relationen kann auf die Menge der Partitionen zurückgegriffen werden, da der Eigenschaft 6.3 disjunkte Mengen zugrunde liegen. Die BELLsche Zahl $B(n)$ gibt die Anzahl disjunkter, nicht-leerer Teilmengen an, die aus der Zerlegung einer n-elementigen Menge resultiert. Per definitionem gilt $B_0 = 1$, ansonsten gilt:

$$B_n{+}1 = \sum_k \binom{n}{k} B_k \quad \text{für alle} \quad n \geq 0.$$

Die ersten BELLschen Zahlen lauten: $B_1 = 1$, $B_2 = 2$, $B_3 = 5$, $B_4 = 15$ sowie $B_5 = 52$.[261]

[261] Vgl. Tittmann (2014: 20).

Bei der Ermittlung der Anzahl der notwendigen, zu prüfenden Relationen wird die große Koalition nicht berücksichtigt. Beispielsweise liegen für $n = 3$ drei 2-Spieler-Koalitionen mit jeweils einer nicht-leeren Partitionsmöglichkeit und eine 3-Spieler-Koalition mit vier nicht-leeren Partitionsmöglichkeiten vor. Somit resultiert aus 6.43:

$$\binom{3}{0} \cdot (B_0 - 1) + \binom{3}{1} \cdot (B_1 - 1) + \binom{3}{2} \cdot (B_2 - 1) + \binom{3}{3} \cdot (B_3 - 1)$$
$$= 1 \cdot (1-1) + 3 \cdot (1-1) + 3 \cdot (2-1) + 1 \cdot (5-1) = 3 \cdot 1 + 1 \cdot 4 = 7$$

Schematisch ergibt sich für die Spielermengen $n = 2$ bis $n = 5$ die Darstellung in folgender Tabelle.

n	2	3	4	5
B_n	2	5	15	52
Anzahl 2-Spieler Koalition	1	3	6	10
Anzahl 3-Spieler Koalition	/	1	4	10
Anzahl 4-Spieler Koalition	/	/	1	5
Anzahl 5-Spieler Koalition	/	/	/	1
Anzahl der Relationen	$1 \cdot 1 = 1$	$3 \cdot 1 + 1 \cdot 4 = 7$	$6 \cdot 1 + 4 \cdot 4 + 1 \cdot 14 = 36$	$10 \cdot 1 + 10 \cdot 4 + 5 \cdot 14 + 1 \cdot 51 = 171$

Allgemeingültig ist dieser Zusammenhang in der Definition 6.43 dargestellt.

Definition 6.43 *Die Anzahl der zu überprüfenden Superadditivitäts-Relationen eines Spiels $\Gamma(N, v)$ resultiert aus:* $\sum_{k=0}^{n} \binom{n}{k} \cdot (B_k - 1)$.

2. **Prüfung der Konvexität:**
Konvexität wurde in der Eigenschaft 6.5 in zwei Varianten beschrieben. Zuerst wird die folgende Formulierung verwendet:
Ein Spiel $\Gamma(N, v)$ ist konvex, wenn für alle $i \in N$ und $S \subseteq R \subseteq N \setminus \{i\}$ gilt: $v(S \cup \{i\}) - v(S) \leq v(R \cup \{i\}) - v(R)$.
Die Vorgehensweise zur Bestimmung der Mengen S und R ist vergleichbar mit der Monotonierelation. Die Bestimmung der Gleichungen bei $i = B$ und $i = C$ ist identisch. So ergibt sich z. B. für $n = 3$ und $i = A$ die Darstellung in folgender Tabelle.

i	S	R
A	∅	B
A	∅	C
A	∅	BC
A	B	BC
A	C	BC
$\sum 5$		

Es sind demzufolge 15 (= 3 · 5) Ungleichungen zur Überprüfung notwendig. Dies kann allgemein dargestellt werden mit:

$$\left[\binom{3-1}{0}\cdot(2^{3-1-0}-1)+\binom{3-1}{1}\cdot(2^{3-1}-1)+\binom{3-1}{2}\cdot(2^{3-1-2}-1)\right]\cdot 3$$
$$=(1\cdot 3+2\cdot 1)\cdot 3=15$$

Für $n = 4$ und $i = A$ resultiert die Darstellung in der folgenden Tabelle.

i	S	R
A	∅	B
A	∅	C
A	∅	D
A	∅	BC
A	∅	BD
A	∅	CD
A	∅	BCD
A	B	BC
A	B	BD
A	B	BCD
A	C	BC
A	C	CD
A	C	BCD
A	D	BD
A	D	CD
A	D	BCD
A	BC	BCD
A	BD	BCD
A	CD	BCD
$\sum$ 19		

Das kann formuliert werden zu:

$$\left[\binom{4-1}{0}\cdot(2^{4-1-0}-1)+\binom{4-1}{1}\cdot(2^{4-1-1}-1)\right]\cdot 4$$
$$+\left[\binom{4-1}{2}\cdot(2^{4-1-2}-1)+\binom{4-1}{3}\cdot(2^{4-1-3}-1)\right]\cdot 4$$
$$=(1\cdot 7+3\cdot 3+3\cdot 1+1\cdot 0)\cdot 4$$
$$=76$$

Dieser Zusammenhang ist allgemeingültig in Definition 6.44 formuliert.

Definition 6.44 *Die Anzahl der zu überprüfenden Konvexitäts-Relationen eines Spiels $\Gamma(N, v)$ resultiert aus:* $(\sum_{k=0}^{n-1} \binom{n-1}{k} \cdot (2^{n-1-k} - 1)) \cdot n$

In der Eigenschaft 6.5 wurde eine weitere Beschreibung der Konvexität erwähnt. Diese lautet:
Ein Spiel $\Gamma(N, v)$ ist konvex, wenn $v(S \cup R) + v(S \cap R) \geq v(R) + v(S)$ für alle $R, S \subseteq N$ gilt.
Nach dieser Definition dürfen sich die Mengen S und R schneiden. Die Menge S darf aber keine Teilmenge von R und R darf keine Teilmenge von S sein. Daraus folgt, dass weder die Menge S noch die Menge R als Gesamtmenge N dargestellt werden können. Diese Bedingung schließt die Darstellung der Mengen S oder R als die Gesamtmenge N aus. Die leere Menge wird hier nicht betrachtet, da die leere Menge eine Teilmenge jeder Menge ist. Für $n = 3$ sind neun Koalitionssysteme zu überprüfen:

$$
\begin{aligned}
&\sum_{k=1}^{2}\left[\sum_{b=0}^{\binom{3}{k}-1}\left(\sum_{a=1}^{k}\left(\binom{3}{a}-\binom{k}{a}\right)-b\right)\right] \\
&= \sum_{b=0}^{\binom{3}{1}-1}\left(\sum_{a=1}^{1}\left(\binom{3}{a}-\binom{1}{a}\right)-b\right)+\sum_{b=0}^{\binom{3}{2}-1}\left(\sum_{a=1}^{2}\left(\binom{3}{a}-\binom{2}{a}\right)-b\right) \\
&= \left(\binom{3}{1}-\binom{1}{1}-0+\binom{3}{1}-\binom{1}{1}-1+\binom{3}{1}-\binom{1}{1}-2\right) \\
&\quad+\left(\left(\binom{3}{1}-\binom{2}{1}+\binom{3}{2}-\binom{2}{2}\right)-0+\left(\binom{3}{1}-\binom{2}{1}+\binom{3}{2}-\binom{2}{2}\right)-1\right. \\
&\quad+\left.\left(\binom{3}{1}-\binom{2}{1}+\binom{3}{2}-\binom{2}{2}\right)-2\right)=9
\end{aligned}
$$

Für $n = 4$ müssen 55 Koalitionssysteme und für $n = 5$ 285 Koalitionssysteme überprüft werden. Allgemein kann der Zusammenhang wie in Definition 6.45 beschrieben werden.

Definition 6.45 *Die Anzahl ϵ der zu überprüfenden Koalitionssysteme für die Konvexität eines Spiels $\Gamma(N, v)$ resultiert aus:*

$$
\epsilon = \sum_{k=1}^{n-1}\left[\sum_{b=0}^{\binom{n}{k}-1}\left(\sum_{a=1}^{k}\left(\binom{n}{a}-\binom{k}{a}\right)-b\right)\right]
$$

Für $n = 4$ müssen 55 Koalitionssysteme und für $n = 5$ müssen 285 Koalitionssysteme überprüft werden.

Lösung zur Aufgabe 6.11

a) Das Spiel ist nicht konvex, jedoch balanciert.
b) • Die SHAPLEY-Lösung liefert folgende Ergebnisse:
$\phi_A(v) = \frac{21}{4}$, $\phi_B(v) = 2\frac{35}{12}$, $\phi_C(v) = \frac{79}{12}$ sowie $\phi_D(v) = 2\frac{9}{4}$.
• Der τ-Wert resultiert mit $\tau(v) = (5\frac{2}{3}, 3, 7\frac{1}{3}, 1)$
• Der NUCLEOLUS ist $\text{nuc}(v) = (6, 3, 7, 1)$.
c) Die SHAPLEY-Lösung ist kein Kernbestandteil, da die Koalition A, B, C einen geringeren Wert erhält, als sie erwirtschaftet ($v(A, B, C) = 16$). Der τ-Wert ist ein Kernbestandteil. Der NUCLEOLUS ist Kernbestandteil per definitionem
d) Es gilt $\tau(v) = x_1$ und $\text{nuc}(v) = x_2$. Damit resultieren die geordneten Vektoren: $\hat{x}_1 = (1, 3, 5\frac{2}{3}, 7\frac{1}{3})$ und $\hat{x}_2 = (1, 3, 6, 7)$. Es ergibt sich die folgende Relation: $\hat{x}_2 \succ_{\text{Lor}} \hat{x}_1$. Die euklidischen Längen der Lösungen lauten: $||x_1|| = \sqrt{95{,}889}$ sowie $||x_2|| = \sqrt{95}$.
e) Die LORENZ-Lösung folgt mit $L(v) = (\frac{13}{2}, 3, \frac{13}{2}, 1) = x_3$. Die euklidische Länge beträgt $||x_3|| = \sqrt{94{,}5}$.
Es resultiert $\hat{x}_3 = (1, 3, \frac{13}{2}, \frac{13}{2})$ und somit gilt: $\hat{x}_3 \succ_{\text{Lor}} \hat{x}_2 \succ_{\text{Lor}} \hat{x}_1$.

Lösung zur Aufgabe 6.12

Es handelt sich um ein Spiel mit fünf Spielern. Die Jahreskosten werden zuerst in wöchentliche Gemeinkosten umgerechnet. Es ergeben sich: $c_H = 0{,}25$ Mio. €, $c_D = 0{,}75$ Mio. € und $c_T = 1$ Mio. €. Die Schiffstypen werden der Größe nach aufsteigend geordnet. Es gilt für den Betrachtungsmonat $|N_1| = |N_2| = 2$ und $|N_3| = 1$. Daraus folgt: $N_1 = \{A\}, \{B\}$, $N_2 = \{C\}, \{D\}$ und $N_3 = \{E\}$.

Die Aufgabe lässt sich auf zwei Wegen lösen: entweder durch die Konstruktion eines Flughafenspiels oder durch Anwendung der Definition 6.30.

Zuerst werden die Kostenanteile mit Definition 6.30 ermittelt, wobei die Wert in Tsd. € angegeben sind:

$$
\begin{aligned}
x_A &= \frac{250}{5} = 50,\\
x_B &= \frac{250}{5} = 50,\\
x_C &= \frac{250}{5} + \frac{750-250}{3} = \frac{650}{3} = 216\frac{2}{3},\\
x_D &= \frac{250}{5} + \frac{750-250}{3} = \frac{650}{3} = 216\frac{2}{3},\\
x_E &= \frac{250}{5} + \frac{750-250}{3} + (1.000-750) = \frac{1.400}{3} = 466\frac{2}{3},\\
\text{Summe} &= 1.000.
\end{aligned}
$$

Der andere Weg besteht in der Entwicklung der Kostenfunktion auf Basis der Definition 6.29. Das Resultat ist in der folgenden Tabelle zu sehen.

S	$c(S)$	S	$c(S)$	S	$c(S)$	S	$c(S)$
$\emptyset$	0	$\{A,D\}$	750	$\{A,B,C\}$	750	$\{B,D,E\}$	1.000
$\{A\}$	250	$\{A,E\}$	1.000	$\{A,B,D\}$	750	$\{C,D,E\}$	1.000
$\{B\}$	250	$\{B,C\}$	750	$\{A,B,E\}$	1.000	$\{A,B,C,D\}$	750
$\{C\}$	750	$\{B,D\}$	750	$\{A,C,D\}$	750	$\{A,B,C,E\}$	1.000
$\{D\}$	750	$\{B,E\}$	1.000	$\{A,C,E\}$	1.000	$\{A,B,D,E\}$	1.000
$\{E\}$	1.000	$\{C,D\}$	750	$\{A,D,E\}$	1.000	$\{A,C,D,E\}$	1.000
$\{A,B\}$	250	$\{C,E\}$	1.000	$\{B,C,D\}$	750	$\{B,C,D,E\}$	1.000
$\{A,C\}$	750	$\{D,E\}$	1.000	$\{B,C,E\}$	1.000	$\{A,B,C,D,E\}$	1.000

Aus der Kostenfunktion in obiger Tabelle wird mit der Definition 6.25 die Koalitionsfunktion v des Spiels $\Gamma(N,v)$ ermittelt (siehe folgende Tabelle).

S	$v(S)$	S	$v(S)$	S	$v(S)$	S	$v(S)$
$\emptyset$	0	$\{A,D\}$	250	$\{A,B,C\}$	500	$\{B,D,E\}$	1.000
$\{A\}$	0	$\{A,E\}$	250	$\{A,B,D\}$	500	$\{C,D,E\}$	1.500
$\{B\}$	0	$\{B,C\}$	250	$\{A,B,E\}$	500	$\{A,B,C,D\}$	1.250
$\{C\}$	0	$\{B,D\}$	250	$\{A,C,D\}$	1.000	$\{A,B,C,E\}$	1.250
$\{D\}$	0	$\{B,E\}$	250	$\{A,C,E\}$	1.000	$\{A,B,D,E\}$	1.250
$\{E\}$	0	$\{C,D\}$	750	$\{A,D,E\}$	1.000	$\{A,C,D,E\}$	1.750
$\{A,B\}$	250	$\{C,E\}$	750	$\{B,C,D\}$	1.000	$\{B,C,D,E\}$	1.750
$\{A,C\}$	250	$\{D,E\}$	750	$\{B,C,E\}$	1.000	$\{A,B,C,D,E\}$	2.000

Mit den Eingangsdaten aus der vorangegangenen Tabelle ergeben sich folgende SHAPLEY-Werte: $\phi_A(v) = \phi_B(v) = 200$, $\phi_C(v) = \phi_D(v) = \phi_E(v) = \frac{1.600}{3} = 533\frac{1}{3}$. Die anschließende Verwendung der Definition 6.26 führt zu: $c_A = c_B = 250 - 200 = 50$, $c_C = c_D = 750 - 533\frac{1}{3} = 216\frac{2}{3}$ und $c_E = 1.000 - 533\frac{1}{3} = 466\frac{2}{3}$. Das sind dieselben Werte wie bei Anwendung von Definition 6.30.

Lösung zur Aufgabe 6.13

Gewinnanteile bzw. Ansprüche q_i laut HGB:

Gesellschafter	gesetzliche Ansprüche q_i		zusätzliche Ansprüche p_i
A	12.500 € · 0,04	500 €	je $\dfrac{Gewinn - \sum_{i=1}^{n} q_i}{n}$
B	37.500 € · 0,04	1.500 €	
C	50.000 € · 0,04	2.000 €	
D	100.000 € · 0,04	4.000 €	
Summe	Q= 8.000€		E - 8.000 €

- **Proportionale Verteilung:**
Mit Definition 6.33 ergeben sich:

$$f_A^P(\hat{q}) = 500 \cdot \frac{6}{8} = 375, \qquad f_B^P(\hat{q}) = 1.500 \cdot \frac{6}{8} = 1.125,$$

$$f_C^P(\hat{q}) = 2.000 \cdot \frac{6}{8} = 1.500, \qquad f_D^P(\hat{q}) = 4.000 \cdot \frac{6}{8} = 3.000.$$

- **Angepasste proportionale Verteilung:**
Im **ersten Schritt** werden die minimalen Ansprüche m_i aller Agenten nach Definition 6.34 ermittelt, was zu folgenden Ergebnissen führt:

$$\begin{aligned} m_i &= \max\{0; E - \sum_{j \in N \setminus \{i\}} q_j\} \\ m_A &= \max\{0; 6.000 - (1.500 + 2.000 + 4.000)\} = 0 \\ m_B &= \max\{0; 6.000 - (500 + 2.000 + 4.000)\} \quad = 0 \\ m_C &= \max\{0; 6.000 - (500 + 1.500 + 4.000)\} \quad = 0 \\ m_D &= \max\{0; 6.000 - (500 + 1.500 + 2.000)\} \quad = 2.000 \\ \sum_{i=1}^{n} m_i & \qquad\qquad\qquad\qquad\qquad\qquad\qquad = 2.000 \end{aligned}$$

Im **zweiten Schritt** wird die Summe dieser minimalen Ansprüche von dem verfügbaren Budget abgezogen. Es verbleibt das Restbudget $E^* = E - \sum_{i \in N} m_i$, das aufzuteilen ist. Für das Beispiel gilt: $6.000 - 2.00 = 4.000$. Im **dritten Schritt** ergibt sich ein Restanspruch für jeden Agenten gemäß Definition 6.35 wie folgt:

$$\begin{aligned} d_i &= q_i - m_i \\ d_A &= 500 - 0 \qquad\quad = 500 \\ d_B &= 1.500 - 0 \qquad = 1.500 \\ d_C &= 2.000 - 0 \qquad = 2.000 \\ d_D &= 4.000 - 2.000 = 2.000 \\ Q^* &= \sum_{i=1}^{n} d_i \qquad\quad = 6.000 \end{aligned}$$

Mit diesen Zwischenergebnissen kann im **letzten Schritt** Definition 6.36 angewendet werden. Es resultieren die endgültigen Anteile:

$$\begin{aligned} x_i &= m_i + d_i \cdot \frac{E^*}{Q^*} \\ x_A &= 0 + 500 \cdot \tfrac{4}{6} \qquad\qquad = 333\tfrac{1}{3} \\ x_B &= 0 + 1.500 \cdot \tfrac{4}{6} \qquad\quad = 1.000 \\ x_C &= 0 + 2.000 \cdot \tfrac{4}{6} \qquad\quad = 1.333\tfrac{1}{3} \\ x_D &= 2.000 + 2.000 \cdot \tfrac{4}{6} = 3.333\tfrac{1}{3} \\ \sum_{i=1}^{n} x_i & \qquad\qquad\qquad\qquad = 6.000 \end{aligned}$$

- **Zufallsbeitrittsregel:**
  Der Anteil eines Agenten entsprechend der Zufallsbeitrittsregel ist in Definition 6.37 beschrieben. Die Ergebnisse für das Beispiel sind in der folgenden Tabelle dargestellt.

	Anteil des Agenten am Budget in Abhängigkeit von der Reihenfolge des Eintreffens			
Permutationen	$f_A^Z(\hat{q})$	$f_B^Z(\hat{q})$	$f_C^Z(\hat{q})$	$f_D^Z(\hat{q})$
A,B,C,D	500	1.500	2.000	2.000
A,B,D,C	500	1.500	0	4.000
A,C,B,D	500	1.500	2.000	2.000
A,C,D,B	500	0	2.500	3.000
A,D,B,C	500	1.500	0	4.000
A,D,C,B	500	0	1.500	4.000
B,A,C,D	500	1.500	1.500	2.500
B,A,D,C	500	1.500	0	4.000
B,C,A,D	500	1.500	2.000	2.000
B,C,D,A	0	1.500	2.000	2.500
B,D,A,C	500	1.500	0	4.000
B,D,C,A	0	1.500	500	4.000
C,A,B,D	500	1.500	2.000	2.000
C,A,D,B	500	0	2.000	3.500
C,B,A,D	500	1.500	2.000	2.000
C,B,D,A	0	1.500	2.000	2.500
C,D,A,B	0	0	2.000	4.000
C,D,B,A	0	0	2.000	4.000
D,A,B,C	500	1.500	0	4.000
D,A,C,B	500	0	1.500	4.000
D,B,A,C	500	1.500	0	4.000
D,B,C,A	0	1.500	500	4.000
D,C,A,B	0	0	2.000	4.000
D,C,B,A	0	0	2.000	4.000
Summe	8.000	24.000	32.000	80.000
Durchschnitt	$333\frac{1}{3}$	1.000	$1.333\frac{1}{3}$	$3.333\frac{1}{3}$

- **Bedingte Ertrags-Gleichverteilung:**
  Die bedingte Ertrags-Gleichverteilung ergibt sich mit Definition 6.38 wie folgt:

$$f_A^{\ddot{U}} = \min\left\{500; \frac{(6.000-0)}{4-(1-1)}\right\} = 500$$

$$f_B^{\ddot{U}} = \min\left\{1.500; \frac{(6.000-0)-(500)}{4-(2-1)}\right\} = 1.500$$

$$f_C^{\ddot{U}} = \min\left\{2.000; \frac{(6.000-0)-(500)-(1.500)}{4-(3-1)}\right\} = 2.000$$

$$f_D^{\ddot{U}} = \min\left\{4.000; \frac{(6.000-0)-(500)-(1.500)-(2.000)}{4-(4-1)}\right\} = 2.000$$

- **Bedingte Verlust-Gleichverteilung:**
Die bedingte Verlust-Gleichverteilung ergibt sich mit Definition 6.39 wie folgt:

$$\begin{aligned}
f_A^V &= 500 - \min\left\{500; \frac{(8.000 - 6.000) - 0}{4 - (1 - 1)}\right\} &&= 0\\
f_B^V &= 1.500 - \min\left\{1.500; \frac{(8.000 - 6.000) - 0 - 500}{4 - (2 - 1)}\right\} &&= 1.000\\
f_C^V &= 2.000 - \min\left\{2.000; \frac{(8.000 - 6.000) - 0 - 500 - 500}{4 - (3 - 1)}\right\} &&= 1.500\\
f_D^V &= 4.000 - \min\left\{4.000; \frac{(8.000 - 6.000) - 0 - 500 - 500 - 500}{4 - (4 - 1)}\right\} &&= 3.500
\end{aligned}$$

- **Talmud-Regel:**
Im vorliegenden Fall gilt: $E > \frac{Q}{2}$. Damit folgt: $L = Q - E$ und somit $2.000 = 8.000 - 6.000$. Die Aufteilung nach der Talmud-Regel erfolgt mit Definition 6.40 und bringt folgende Resultate:

$$\begin{aligned}
f_1^T &= 500 - \min\left\{\tfrac{1}{2} \cdot 500; \frac{2.000 - 0}{4 - (1 - 1)}\right\} &&= 250\\
f_2^T &= 1.500 - \min\left\{\tfrac{1}{2} \cdot 1.500; \frac{2.000 - 0 - 250}{4 - (1 - 1)}\right\} &&= 916\tfrac{2}{3}\\
f_3^T &= 2.000 - \min\left\{\tfrac{1}{2} \cdot 2.000; \frac{2.000 - 0 - 250 - 583\frac{1}{3}}{4 - (1 - 1)}\right\} &&= 1.416\tfrac{2}{3}\\
f_4^T &= 4.000 - \min\left\{\tfrac{1}{2} \cdot 4.000; \frac{2.000 - 0 - 250 - 583\frac{1}{3} - 583\frac{1}{3}}{4 - (1 - 1)}\right\} &&= 3.416\tfrac{2}{3}
\end{aligned}$$

Literatur

Agndal, H./Nilsson, U. (2010): Different open book accounting practices for different purchasing strategies. In: Management Accounting Research, 21 (3): 147–166.

Alenius, E./Lind, J./Strömsten, T. (2015): The role of open book accounting in a supplier network: creating and managing interdependencies across company boundaries. In: Industrial Marketing Management, 45 (2): 195–206.

Alidaee, B. (1999): Three-person spanning tree games. In: Mathematical and Computer Modelling, 29 (1): 107–123.

Arin, J./Feltkamp, V. (2005): Monotonicity properties of the Nucleolus on the domain of veto balanced games. In: TOP, 13 (2): 331–341.

Arin, J./Katsev, I. (2016): A monotonic core solution for convex TU games. In: International Journal of Game Theory, 45 (4): 1013–1029.

Arin, J./Katsev, I. (2018): The SD-prenucleolus for TU-Games: coalitional monotonicity and core stability. In: Mueller, D./Trost, R. (Hg.): Game theory in management accounting – implementing incentives and fairness. Berlin et al.: Springer, S. 301–321.

Arin, J./Kuipers, J./Vermeulen, D. (2008): An axiomatic approach to egalitarianism in TU-games. In: International Journal of Game Theory, 37 (4): 565–580.

Auer, B./Rottmann, H. (2015): Statistik und Ökonometrie für Wirtschaftswissenschaftler. 3. Aufl., Wiesbaden: Gabler.

Aumann, R. J. (2010): Some non-superadditive games, and their Shapley values, in the Talmud. In: International Journal of Game Theory, 39 (1/2): 3–10.

Aumann, R. J./Maschler, M. (1985): Game theoretic analysis of a bankruptcy problem from the Talmud. In: Journal of Economic Theory, 36 (2): 195–213.

Bamberg, G./Coenenberg, A. G./Krapp, M. (2012): Betriebswirtschaftliche Entscheidungslehre. 15. Aufl., München: Vahlen.

Bankhofer, U./Vogel, J. (2008): Datenanalyse und Statistik. Wiesbaden: Gabler.

Barnard, C. (1938): The functions of the executive. Cambridge: Harvard University Press.

Becker, H. P. (2016): Investition und Finanzierung. 7. Aufl., Wiesbaden: Springer.

Behrens, J. (2009): Meso-soziologische Ansätze und die Bedeutung gesundheitlicher Unterschiede für die allgemeine Soziologie sozialer Ungleichheit. In: Richter, M./Hurrelmann, K. (Hg.): Gesundheitliche Ungleichheit. 2. Aufl., Wiesbaden: VS, S. 55–76.

Bergantiños, G./Massó, J. (1996): Notes on a new compromise value: the χ-value. In: Optimization, 38 (3): 277–286.

Bergantiños, G./Massó, J. (2002): The chi-compromise value for non-transferable utility games. In: Mathematical Methods of Operations Research, 56 (2): 269–286.

Bhakar, R./Sriram, V. S./Padhy, N. P./Gupta, H. O. (2010): Probabilistic game approaches for network cost allocation. In: IEEE Transactions on Power Systems, 25 (1): 51–58.

Bilbao, J. M. (2000): Cooperative games on combinational structures. Dordrecht: Kluwer.

Bird, C. G. (1976): On cost allocation for a spanning tree: a game theoretic approach. In: Network, 6 (4): 335–350.

Bitz, M. (1981): Entscheidungstheorie. München: Vahlen.

Bondareva, O. (1963): Nekotorjye primeneniya metodov linynogo programmorovaniya k teorii kooperativnikh igr. In: Problemi Kibernetiki 10: 119–139. Übersetzung und Veröffentlichung unter dem Titel: Some applications of linear programming methods to the theory of cooperative games. In: Morgenstern, O. (Hg.): Selected Russian papers on game theory 1959–1965. Princeton: University Press, S. 79–114.

Borrero, D. V./Sánchez, F. J./Hinojosa, M. A./Mármol, A. M. (2018): A random arrival rule for division problems with multiple references. In: International Transactions in Operational Research, 25 (3): 963–982.

Börsensachverständigenkommission beim Bundesministerium der Finanzen (Hg.)(2000): Grundsätze für die Zuteilung von Aktienemissionen an Privatanleger. Frankfurt/M.: o. A.

Brânzei, R./Dimitrov, D./Tijs, S. H. (2008): Models in cooperative game theory. 2. Aufl., Berlin.

Calleja, P./Rafels, C./Tijs, S. H. (2012): Aggregate monotonic stable single-valued solutions for cooperative games. In: International Journal of Game Theory, 41 (4): 899–913.

Carreras, F./Owen, G. (2013): Pure bargaining problems and the Shapley rule. In: Holler, M. J./ Nurmi, H. (Hg.): Power, voting, and voting power: 30 years after. New York et al.: Springer, S. 681–702.

Chakravarty, S. R./Mitra, M./Sarkar, P. (2015): A course on cooperative game theory. Cambridge: University Press.

Charles, S. L./Hansen, D. R. (2008): An evaluation of activity-based costing and functional-based costing: a game-theoretic approach. In: Internationa Journal of Production Economics, 113 (1): 282–296.

Chmielewicz, K. (1994): Forschungskonzeptionen der Wirtschaftswissenschaft. 3. Aufl., Stuttgart: Schäffer-Poeschel.

Claus, A./Kleitman, D. J. (1973): Cost allocation for spanning tree. In: Network, 3 (4): 289–304.
Coenenberg, A. G./Fischer, T. M./Günther, T. (2016): Kostenrechnung und Kostenanalyse. 9. Aufl., Stuttgart: Schäffer-Poeschel.
Curiel, I. (1997): Cooperative game theory and applications: cooperative games arising from combinatorial optimization problems. Boston u. a.: Springer.
Curiel, I./Maschler, M./Tijs, S. H. (1987): Bankruptcy games. In: Zeitschrift für Operations Research, 31 (5): A 143–A 159.
Driessen, T. (1988): Cooperative games, solutions and applications. Dordrecht: Kluwer.
Driessen, T. S. H./Tijs, S. H. (1985): The τ-value, the core and semiconvex games. In: International Journal of Game Theory, 4 (4): 229–248.
Dutta, B. (1990): The egalitarian solution and reduced game properties in convex games. In: International Journal of Game Theory, 19 (2): 153–169.
Dutta, B./Ray, D. (1989): A concept of egalitarianism under participation constraints. In: Econometrica, 57 (3): 615–635.
Ehrhart, K.-M./Güth, W./Berninghaus: K. (2010): Strategische Spiele. 3. Aufl., Berlin u. a.: Springer.
Estévez-Fernández, A./Reijnierse, H. (2014): On the core of cost-revenue games: minimum cost spanning tree games with revenues. In: European Journal of Operational Research, 237 (2): 606–616.
Faulhaber, G. R. (1975): Cross-subsidization: pricing in public enterprises. In: American Economic Review, 65 (5): 966–977.
Fiestras-Janeiro, M./García-Jurado, I./Mosquera, M. (2011): Cooperative games and cost allocation problems. In: Top, 19 (1): 1–22.
Fischer, D. (2008): Leistungsgerechte Zuteilung von Erlösen in Netzwerkorganisationen: Am Beispiel von Verkehrsverbünden. Baden-Baden: Nomos.
Frisk, M./Göthe-Lundgren, M./Jørnsten, K./Rönnqvist, M. (2010): Cost allocation in collaborative forest transportation. In: European Journal of Operations Research, 205 (2): 448–458.
Fromen, B. (1997): Reducing the number of linear programs needed for solving the nucleolus problem of n-person game theory. In: European Journal of Operational Research, 98(3): 626–636.
Fromen, B. (2004): Faire Aufteilung in Unternehmensnetzwerken: Lösungsvorschläge auf der Basis der kooperativen Spieltheorie. Wiesbaden: DUV.
Getán, J./Montes, J. (2010): On cooperative games with large monotonic core. In: TOP, 18 (2): 493–508.
Gilles, R. P. (2010): The cooperative game theory of networks and hierarchies. Berlin u. a.: Springer.
Gillies, D. B. (1959): Solutions to general non-zero-sum-games. In: Tucker, A. W./Luce, R. D. (Hg.): Contributions to the theory of games. Vol. 4. Princeton: University Press, S. 47–87.
González-Díaz, J./García-Jurado, I./Fiestras-Janeiro, M. G. (2010): An introductory course on mathematical game theory. Providence.
González-Díaz, J./Mirás Calvo, M. Á./Quinteiro Sandomingo, C./Sánchez Rodríguez, E. (2016): Airport games: the core and its center. In: Mathematical Social Sciences, 82 (July): 105–115.
Grafe, F./Iñarra, E./Zarzuelo, J. (1998): Population monotonic allocation schemes on externality games. In: Mathematical Methods of Operations Research, 48 (1): 71–80.
Granot, D./Huberman, G. (1981): Minimum cost spanning tree games. In: Mathematical Programming, 21 (1): 1–18.
Granot, D./Huberman, G. (1982): The relationship between convex games and minimum cost spanning tree games: a case for permutationally convex games. In: SIAM Journal on Algebraic Discrete Methods, 3 (3): 288–292.
Granot, D./Huberman, G. (1984): On the core and the nucleolus of minimum cost spanning tree games. In: Mathematical Programming, 29 (3): 323–347.

Guajardo, M./Jørnsten, K. (2015): Common mistakes in computing the Nucleolus. In: European Journal of Operations Research, 241 (3): 931–935.
Guajardo, M./Rønnqvist, M. (2016): A review on cost allocation methods in collaborative transportation. In: International Transactions in Operational Research, 23 (3): 371–392.
Güth, W. (1999): Spieltheorie und ökonomische (Bei)Spiele. 2. Aufl., Berlin u. a.: Springer.
Hallefjord, Å./Helming, R./Jørnsten, K. (1995): Computing the Nucleolus when the characteristic function is given implicitly: a constraint generation approach. In: International Journal of Game Theory, 24 (4): 357–372.
Hamlen, S./Hamlen, W. A./Tschirhart, J. (1980): The use of the generalized Shapley allocation in joint cost allocation. In: The Accounting Review, 55 (2): 269–287.
HGB (2018): Handelsgesetzbuch in der Fassung vom 17.07.2017. 62. Aufl., München.
Hasan, K. N./Saha, T. K./Chattopadhyay, D./Eghbal, M. (2014): Benefit-based expansion cost allocation for large scale remote renewable power integration into Australian grid. In: Applied Energy, 113 (1): 836–847.
Helmstädter, E. (1999): Gerechtigkeit und Fairneß in Wirtschaft und Gesellschaft. In: Nordrhein-Westfälische Akademie der Wissenschaften (Hg.): Vorträge N 442. Wiesbaden: Westdeutscher Verlag, S. 7–36.
Herlyn, E. L. A. (2012): Einkommensverteilungsbasierte Präferenz- und Koalitionsanalysen auf der Basis selbstähnlicher Equity-Lorenzkurven. Wiesbaden: Gabler.
Hiller, T. (2011): Analyse ausgewählter Problemstellungen der Organisations- und Personalwirtschaft mit Hilfe der kooperativen Spieltheorie. Wiesbaden: DUV.
Hof, J. (1993): Coactive forest management. London.
Hokari, T. (2000a): The Nucleolus is not aggregate-monotonic on the domain of convex games. In: International Journal of Game Theory, 29 (1): 133–137.
Hokari, T. (2000b): Population monotonic solutions on convex games. In: International Journal of Game Theory, 29 (3): 327–338.
Hokari, T./van Gellekom, A. (2002): Population monotonicity and consistency in convex games: some logical relations. In: International Journal of Game Theory, 31 (4): 593–607.
Holler, M. J./Illing, G. (2009): Einführung in die Spieltheorie. 7. Aufl., Berlin u. a.: Springer.
Homburg, C./Scherpereel, P. (2008): How should the cost of joint risk capital be allocated for performance measurement? In: European Journal of Operations Research, 187 (1): 208–227.
Honecker, M. (2004): Die Begrenzung von Gesundheitsleistungen als ethisches Problem. In: Zeitschrift für die gesamte Versicherungswirtschaft, 93 (4): 623–637.
Hougaard, J. L. (2009): An introduction to allocation rules. Berlin, et al.: Springer.
Hougaard, J. L./Peleg, B./Østerdal, L. P. (2005): The Dutta–Ray solution on the class of convex games: a generalization and monotonicity properties. In: International Journal of Game Theory, 7 (4): 431–442.
Hougaard, J. L./Peleg, B./Thorlund-Petersen, L. (2001): On the set of Lorenz-maximal imputations in the core of a balanced game. In: International Journal of Game Theory, 30 (2): 147–165.
Hougaard, J. L./Smilgins, A. (2016): Risk capital allocation with autonomous subunits: The Lorenz set. In: Insurance: Mathematics and Economics, 67 (C): 151–157.
Housman, D./Clark, L. (1998): Core and monotonic allocation methods. In: International Journal of Game Theory, 27 (4): 611–616.
Ischboldin, B. (1960): Zur Kritik der mathematischen Methode in den Wirtschaftswissenschaften. In: Zeitschrift für handelswissenschaftliche Forschung, 12 (4): 209–224.
Jähn, H. (2008): Leistungsanalyse und Gewinnverteilung in vernetzten Produktionsstrukturen: Möglichkeiten im Rahmen des Extended Value Chain Management-Ansatzes. Hamburg: Dr. Kovač.
Jain, K./Mahdian, M. (2007): Cost sharing. In: Nisan, N./Roughgarden, T./Tardos, E./Vazirani, V. V. (Hg.): Algorithmic game theory. Cambridge: University Press, S. 385–410.

Jene, S. (2015): Die faire Verteilung von Effizienzgewinnen in Kooperationen – Eine kritische Analyse der Eignung des τ-Werts und des χ-Werts. Wiesbaden: Gabler.

Jene, S./Zelewski, S. (2011a): Fair distribution of added values in networks of autonomous actors. In: Jodlbauer, H./Olhager, J./Schonberger, R. J. (Hg.): Modelling value. Pre-Proceedings – Vol. II. Aachen: Shaker, S. 317–337.

Jene, S./Zelewski, S. (2011b): Fair distribution of profit in supply chains. In: Kersten, W./Blecker, T./Jahn, C. (Hg.): International supply chain management and collaboration practices. Lohmar et al.: Eul, S. 299–313.

Jene, S./Zelewski, S. (2011c): Distributive justice in supply chains – fair distribution of collectively earned profits in supply chains. In: Sucky, E./Asdecker, B./Dobhan, A./Haas, S./Wiese, J. (Hg.): Logistikmanagement – Herausforderungen, Chancen & Lösungen, Vol. III. Bamberg, S. 115–132.

Jene, S./Zelewski, S. (2012): Fair distribution of added values in networks of autonomous actors. In: Jodlbauer, H./Olhager, J./Schonberger, R. J. (Hg.): Modelling value. Selected papers of the 1st international conference on value change management. Berlin, S. 167–186.

Jene, S./Zelewski, S. (2013): Practical application of cooperative solution concepts for distribution problems: an analysis of selected game theoretic solution concepts from an economic point of view. In: Meunier, F./Carre, F. (Hg.): Game theory – economics, theoretical concepts and finance applications. New York: Nova Science Publishers, S. 25–49.

Junqueira, M./da Costa, L./Barroso, L./Oliviera, G./Thomé, L./Pereira, M. (2007): An Aumann-Shapley approach to allocate transmission service cost among network users in electricity markets. In: IEEE Transactions on Power Systems, 22 (4): 1532–1546.

Kaluza, B. (1972): Spieltheoretische Modelle und ihre Anwendungsmöglichkeiten im Versicherungswesen. Berlin: Duncker & Humblot.

Kar, A. (2002): Axiomatization of the Shapley value on minimum cost spanning tree games. In: Games and Economic Behavior, 38 (2): 265–277.

Karagök, Y. (2006): Methoden zur Berechnung des Nukleolus kooperativer Spiele mit einer Anwendung für die Schweiz. Diss., Tübingen.

Kersting, W. (2000): Theorien der sozialen Gerechtigkeit. Stuttgart u. a.: Metzler.

Kimms, A./Çetiner, D. (2012): Approximate nucleolus-based revenue sharing in airline alliances. In: European Journal of Operational Research, 220 (2): 510–521.

Kluth, M. (2009): Kooperationsverträge und Gewinnverteilungsmodelle landwirtschaftlicher Betriebsgesellschaften – Anwendungsmöglichkeiten der Spieltheorie. In: Berg, E./Hartmann, M./Heckelei, T./Holm-Müller, K./Schiefer, G. (Hg.): Risiken in der Agrar- und Ernährungswirtschaft und ihre Bewältigung. Münster, S. 529–531.

Krelle, W. (1968): Präferenz- und Entscheidungstheorie. Tübingen: J. C. B. Mohr.

Legros, P. (1986): Allocating joint costs by means of the Nucleolus. In: International Journal of Game Theory, 15 (2): 109–119.

Lima, D. A./Contreras, J./Padilha-Feltrin, A. (2008): A cooperative game theory analysis for transmission loss allocation. In: Electric Power Systems Research, 78 (2): 264–275.

Littlechild, C./Owen, G. (1973): A simple expression for the Shapley value in a special case. In: Management Science, 20 (3): 370–372.

Littlechild, C./Thompson, G. F. (1977): Aircraft landing fees: a game theory approach. In: The Bell Journal of Economics, 8 (1): 186–204.

Loehman, E. T./Whinston, A. B. (1976): A generalized cost allocation scheme. In: Lin, S. A. Y. (Hg.): Theory and measurement of economic externalities, S. 87–101, 103–106.

Lohman, E./Borm, P./Herings, P. J. J. (2012): Minimal exact balancedness. In: Mathematical Social Sciences, 64 (2): 127–135.

Lorenz, M. O. (1905): Methods of measuring the concentration of wealth. In: Publications of the American Statistical Association, 9 (70): 209–219.
Luce, R. D./Raiffa, H. (1957): Games and decisions – introduction and critical survey. New York: Dover Publication.
Mandl, J. (2005): Spieltheoretische Verfahren der Kapitalallokation im Versicherungsunternehmen. In: Zeitschrift für die gesamte Versicherungswissenschaft, 94 (1): 79–103.
Maschler, M. (1992): The bargaining set, Kernel and Nucleolus. In: Aumann, R. J./Hart, S. (Ed.): Handbook of game theory with economic applications – Vol. I. Reprint, Amsterdam u. a.: Elsevier, 2006, S. 591–667.
Maschler, M./Solan, E./Zamir, S. (2013): Game theory. Cambridge.
Massol, O./Tchung-Ming, S. (2010): Cooperation among liquefied natural gas suppliers: is rationalization the sole objective? In: Energy Economics, (32) 4: 933–948.
Megiddo, N. (1974): On the nonmonotonicity of the bargaining set, the Kernel, and the Nucleolus of a game. In: SIAM Journal of Applied Mathematics, 27 (2): 355–358.
Meinhardt, H. I. (2018): The pre-kernel as a fair division rule for some cooperative game models. In: Mueller, D./Trost, R. (Hg.): Game theory in management accounting – implementing incentives and fairness. Berlin et al.: Springer, S. 235–266.
Meyer, F. (2009): Spieltheorie und ihre Anwendung in der BWL. In: Schwaiger, M./Meyer, A. (Hg.): Theorien und Methoden der Betriebswirtschaft. München: Vahlen, S. 207–224.
Moreno-Ternero, J. D. (2018): A Talmudic approach to bankruptcy problems. In: Mueller, D./Trost, R. (Hg.): Game theory in management accounting – implementing incentives and fairness. Berlin et al.: Springer, S. 267–285.
Moulin, H. (1992): An application of the Shapley-value to fair division with money. In: Econometrica, 60 (6): 1331–1349.
Mueller, D. (2016): What's in it for me? – An analysis of environmental investments through a game theoretic lens. In: International Journal of Innovation and Sustainable Development, 10 (2): 198–218.
Mueller, D. (2017a): Fair allocation of cost reductions for a scale-based product family in a hierarchically structured firm. In: International Journal of Product Development, 22 (1): 1–20.
Mueller, D. (2017b): ... and justice for all – cost fairness in Volkswagen's product family. In: Journal of Applied Accounting Research, 18 (2): 261–271.
Mueller, D. (2017c): Grid extension in German backyards: a game-theory rationale. In: Journal of Environmental Planning and Management, 60 (3): 437–461.
Mueller, D. (2018a): The usability and suitability of allocation schemes for corporate cost accounting. In: Mueller, D./Trost, R. (Hg.): Game theory in management accounting: implementing incentives and fairness. Berlin et al.: Springer, S. 401–427.
Mueller, D. (2018b): A reply to Ponte et al. (2016) Supply chain collaboration: Some comments on the nucleolus of the beer game. In: Journal of Industrial Engineering and Management, 11 (3): 528–534
Müller, D. (2013): Betriebswirtschaftslehre für Ingenieure. 2. Aufl., Berlin: Springer.
Müller, D. (2015): Erweiterung des Instrumentariums des Kooperationscontrollings durch Lösungskonzepte der kooperativen Spieltheorie – eine Analyse. In: Betriebswirtschaftliche Forschung und Praxis, 67 (4): 457–481.
Müller, D. (2016): Lösung von NIMBY-Problemen beim Ausbau des deutschen Stromnetzes. In: Zeitschrift für öffentliche und gemeinwirtschaftliche Unternehmen, 39 (3): 248–269.
Müller, D. (2017): Faire Kostenaufteilung von Kooperationen in der Forst- und Landwirtschaft. In: Müller, D. (Hg.): Controlling für kleine und mittlere Unternehmen. 2. Aufl., München: DeGruyter-Oldenbourg, S. 260–286.

Müller, D./Müller, M. (2017): Ermittlung fairer Transferpreise in internationalen Unternehmen. In: Funk, W./Rossmanith, J. (Hg.): Internationale Rechnungslegung und Internationales Controlling. Wiesbaden: Springer Gabler, 3. Aufl., S. 341–361.
Neumann, J. M. von/Morgenstern, O. (1944): Theory of games and economic behavior. Princeton: University Press.
Nikoukar, J./Haghifam, M. R. (2012): Transmission cost allocation based on the use of system and considering the congestion cost. In: Electrical Power & Energy Systems, 43 (1): 961–968.
Nutzinger, H. G./Hecker, C. (2008): Gerechtigkeit in der Ökonomie – ein unlösbarer Widerspruch? In: Leviathan, 36 (4): 543–575.
O'Neill, B. (1982): A problem of rights arbitration from the Talmud. In: Mathematical Social Sciences, 4 (2): 345–371.
Peleg, B. (1965): An inductive method for constructing minimal balanced collections of finite sets. In: Naval Research Logistics Quarterly, 12 (2): 155–162.
Peleg, B./Sudhölter, P. (2007): Introduction to the theory of cooperative games. 2. Aufl., Berlin, u. a.: Springer.
Plaßmann, M. (1974): Die Kooperationsentscheidung des Unternehmers. Diss., Münster.
Potters, J./Sudhölter, P. (1999): Airport problems and consistent allocation rules. In: Mathematical Social Sciences, 38 (1): 83–102.
Reichardt, R. (1969): Kompromiß-Schemata in kollektiven Wertentscheidungen. In: Zeitschrift für Nationalökonomie, 29 (3/4): 267–290.
Rideout, D./Wagner, J. E. (1988): Testing cost-sharing techniques on a multiple-use timber sale. In: Forest Ecology and Management, 23 (4): 285–296.
Rosenmüller, J. (1971): Kooperative Spiele und Märkte. Berlin u. a.: Springer.
Rosenthal, E. C. (1990): Monotonicity of the Core and Value in Dynamic Cooperative Games. In: International Journal of Game Theory, 19 (1): 45–57.
Rosenthal, E. C. (2013): Shortest path games. In: European Journal of Operational Research, 224 (1): 132–140.
Rößl, D. (1994): Gestaltung komplexer Austauschbeziehungen: Analyse zwischenbetrieblicher Kooperation. Wiesbaden: DUV.
Roth, A. E. (Hg.) (1988): The Shapley value: essays in honor of Lloyd S. Shapley. Cambridge: University Press.
Sääksjärvi, M. (1986): Cost allocation in cooperative wood procurement: A game theoretic approach. In: Kallio, M./Andersson, Å. E./Seppälä, R./Morgan, A. (Hg.): System analysis in forestry and forest industries. Amsterdam: North-Holland, S. 245–254.
Scherpereel, P. (2006): Risikokapitalallokation in dezentral organisierten Unternehmen. Wiesbaden: Gabler.
Schichtel, U. (1981): Aufteilung gemeinsamer Kosten. Diss., Augsburg.
Schmeidler, D. (1969): The nucleolus of a characteristic function game. In: Journal of Applied Mathematics, 17 (6): 1163–1170.
Serrano, R. (2013): Lloyd Shapley's matching and game theory. In: Scandinavian Journal of Economics, 115 (3): 599–618.
Shapley, L. S. (1953): A value for n-person games. In: Kuhn, H. W./Tucker, A. W. (Hg.): Contributions to the theory of games. Vol. II, Princeton: University Press, S. 307–317.
Shapley, L. S. (1967): On balanced sets and cores. In: Naval Research Logistics Quarterly, 14 (4): 453–460.
Shapley, L. S. (1971): Cores of convex games. Santa Monica: RAND.
Shubik, M. (1962): Incentives, decentralized control, the assignment of joint costs, and internal pricing. In: Management Science, 8 (3): 325–343.

Songhuai, D./Xinghua, Z./Lu, M./Hui, X. (2006): A novel nucleolus-based loss allocation method in bilateral electricity markets. In: IEEE Transactions on Power Systems, 21 (1): 28–33.

Sönmez, T. (1994): Populational-monotonicity of the Nucleolus on a class of public good problems. University of Rochester: o. A.

Spinetto, R. D. (1975): Fairness in cost allocation and cooperative games. In: Decision Sciences, 6 (3): 482–491.

Sprumont, Y. (1990): Population monotonic allocation schemes for cooperative games with transferable utility. In: Games and Economic Behavior, 2 (4): 378–394.

Stamtsis, G. C./Erlich, I. (2004): Use of cooperative game theory in power system fixed-cost allocation. In: IEE proceedings, 151 (3): 401–406.

Suzuki, M./Nakayama, M. (1976): The cost assignment of the cooperative water resource development: a game theoretical approach. In: Management Science, 22 (10): 1081–1086.

Thomson, W. (1983a): The fair division of a fixed supply among a growing population. In: Mathematics of Operations Rsearch, 8 (3): 319–326.

Thomson, W. (1983b): Problems of fair division and the egalitarian solution. In: Journal of Economic Theory, 31 (2): 211–226.

Thomson, W. (2003): Axiomatic and game-theoretic analysis of bankruptcy and taxation problems: a survey. In: Mathematical Social Sciences, 45 (3): 249–297.

Thomson, W. (2015): Axiomatic and game-theoretic analysis of bankruptcy and taxation problems: an update. In: Mathematical Social Sciences, 74 (March): 41–59.

Tijs, S. H. (1981): Bounds for the core of a game and the τ-value. In: Moeschlin, O./Pallaschke, D. (Hg.): Game theory and mathematical economics. Amsterdam: North Holland, S. 123–132.

Tijs, S. H. (1986): An axiomatization of the [tau]-value. Nijmegen.

Tijs, S. H./Driessen, T. (1986): Game theory and cost allocation problems. In: Management Science, 32 (8): 1015–1028.

Tijs, S. H./Moretti, S./Brânzei, R./Norde, H. (2006): The Bird core for minimum cost spanning tree problems revisited: monotonicity and additivity aspects. In: Seeger, A. (Hg.): Recent advances in optimization. Berlin, Springer, S. 305–322.

Tittmann, P. (2014): Einführung in die Kombinatorik. 2. Aufl., Berlin, u. a.: Springer.

Trudeau, C. (2014): Minimum cost spanning tree problems with indifferent agents. In: Games and Economic Behavior, 84 (3): 137–151.

Tsukamoto, Y./Iyoda, I. (1996): Allocation of fixed transmission cost to wheeling transactions by cooperative game theory. In: IEEE Transactions on Power Systems, 11 (2): 620–629.

Wiese, H. (2005): Kooperative Spieltheorie. München, u. a.: Oldenbourg.

Wild, J. (1967): Spieltheorie und Organisation. In: Schmalenbachs Zeitschrift für betriebswirtschaftliche Forschung, 19 (11): 704–723.

Wild, J. (1969): Unternehmerische Entscheidungen, Prognosen und Wahrscheinlichkeit. In: Zeitschrift für Betriebswirtschaft, 33 (Ergänzungsheft 2): 60–89.

Winand, U. (1977): Spieltheoretische Beiträge zur Konflikthandhabung. In: Die Betriebswirtschaft, 37 (3): 485–492.

Winand, U. (1978): Spieltheorie und Unternehmungsplanung: Anwendungsbedingungen und konzeptionelle Erweiterungen spieltheoretischer Modelle und Lösungskonzepte für betriebswirtschaftliche Planungsprozesse. Berlin: Duncker & Humblot.

Winter, E. (2002): The Shapley value. In: Aumann, R. J./Hart, S. (Hg.): Handbook of game theory with economic applications – Vol. III. Reprint, 2007, Amsterdam u. a.: Elsevier, S. 2025–2054.

Wißler, W. (1997): Unternehmenssteuerung durch Gemeinkostenzuteilung: Eine spieltheoretische Untersuchung. Wiesbaden: DUV.

Young, H. P. (1985): Monotonic solutions of cooperative games. In: International Journal of Game Theory, 14 (2): 65–72.

Young, H. P. (1994a): Equity: in theory and practice. Princeton: University Press.
Young, H. P. (1994b): Cost allocation. In: Aumann, R. J./Hart, S. (Hg.): Handbook of game theory with economic applications – Vol. II. Reprint, Amsterdam u. a.: Elsevier, 2007, S. 1193–1235.
Zelewski, S. (1988): Ein spieltheoretischer Ansatz zur „fairen", kostenorientierten Preisbildung bei Energieversorgungsunternehmen. In: Zeitschrift für öffentliche und gemeinwirtschaftliche Unternehmen, 11 (2): 155–169.
Zelewski, S. (2009): Faire Verteilung von Effizienzgewinnen in Supply Webs – ein spieltheoretischer Ansatz auf Basis des τ-Wertes. Berlin: Logos.
Zelewski, S. (2018): Fair distribution of cooperation gains in supply chains – a justification program from an economic point of view. In: Mueller, D./Trost, R. (Hg.): Game theory in management accounting – implementing incentives and fairness. Berlin et al.: Springer, S. 211–234.
Zelewski, S./Heeb, T. (2018): Characteristics of the τ-value and the χ-value. In: Mueller, D./Trost, R. (Hg.): Game theory in management accounting – implementing incentives and fairness. Berlin et al.: Springer, S. 379–400.
Zelewski, S./Jene, S. (2011): Fairness: a challenge for the distribution of cooperation gains in value chains. In: International Journal of Managing Value and Supply Chains, 2 (1): 1–20.
Zelewski, S./Peters, M. L. (2010): Fair distribution of efficiency gains in supply networks from a cooperative game theory point of view. In: International Journal of Information Systems and Supply Chain Management, 3 (2): 1–24.

Technische Dokumentation

Meinhardt, H. I. (2016): TuGamesView3dV6: A basic introduction general remarks. Verfügbar unter: http://library.wolfram.com/infocenter/MathSource/5709/

Investitionsrechenverfahren unter Unsicherheit 7

7.1 Einführung und Einordnung

In diesem Kapitel werden Verfahren zur Berücksichtigung von Unsicherheit vorgestellt. Diese Verfahren basieren auf Modellen, die im Kap. 5 vorgestellt wurden. Ebenfalls wurden folgende wesentliche Charakteristika von Entscheidungen unter Unsicherheit bereits vorgestellt:

- Abschn. 1.2.2.3: Definition und Unterscheidung verschiedener Arten von Unsicherheit und Risiko,
- Abschn. 2.1.3.1.3: grundlegende Reaktionsformen bei Unsicherheit,
- Abschn. 3.1.2.3: Charakteristika und Lösungsansätze für mehrstufige Entscheidungen,
- Abschn. 3.1.3: Definition von absoluter Dominanz, Zustandsdominanz und Wahrscheinlichkeitsdominanz (stochastische Dominanz erster Ordnung).

Diese Darstellungen bilden die Grundlage für das vorliegende Kapitel. Darüber hinaus wurde im Abschn. 3.1.3 eine Reihe von Entscheidungsregeln bei Ungewissheit (Minimax-Regel, HURWICZ-Prinzip, LAPLACE-Regel, SAVAGE-NIEHANS-Regel) und bei Risiko (BAYES-Regel, μ-σ-Prinzip, μ-ρ-Prinzip, HODGES-LEHMANN-Prinzip, BERNOULLI-Prinzip) dargestellt. Diese **entscheidungstheoretischen Verfahren** können **ebenfalls** zur Feststellung der relativen Vorteilhaftigkeit von Investitionsalternativen unter Unsicherheit eingesetzt werden. Im vorliegenden Kapitel werden fünf weitere Verfahren vorgestellt. Es ist wichtig darauf hinzuweisen, dass alle diese Verfahren – quasi gleichberechtigt – zur Entscheidungsfindung unter Unsicherheit eingesetzt werden können.

D. Müller, *Investitionsrechnung und Investitionscontrolling*, Springer-Lehrbuch,
https://doi.org/10.1007/978-3-662-57609-0_7

7.2 Korrekturverfahren

Als Korrekturverfahren werden Methoden bezeichnet, bei denen durch die Korrektur eines oder mehrerer Berechnungsparameter die Unsicherheit berücksichtigt wird. Dabei werden sog. Risikozuschläge oder Risikoabschläge in die Eingangsdaten des Basisverfahrens eingerechnet.[1] Bei Verwendung des Kapitalwertkriteriums können

- der Kalkulationszinssatz,
- die Zahlungsgrößen und/oder
- die Nutzungsdauer

entsprechend korrigiert werden. Rückflüsse werden in diesem Verständnis an eine steigende Unsicherheit angepasst, indem deren Werte reduziert werden. Wenn der Kapitalwert nach der Anpassung der Rückflüsse immer noch positiv ist, so scheint die Investitionsmaßnahme selbst bei der auf diese Weise berücksichtigten Unsicherheit vorteilhaft zu sein.

In der Erhöhung des Kalkulationszinssatzes aus Vorsichtsgründen um einen Risikozuschlag besteht eine andere Möglichkeit, die Unsicherheit zu berücksichtigen. In der einfachsten, aber zugleich am wenigsten aussagekräftigen Variante geschieht die Adjustierung durch einen pauschalen Zinsfuß für Planungsunsicherheit. Offen bleibt dabei, aufgrund welcher inhaltlichen Annahmen und in welcher Höhe diese Zinserhöhung erfolgt. Eine so berücksichtigte Unsicherheit führt tendenziell zu sinkenden Kapitalwerten. Dahinter steht dasselbe Entscheidungskalkül wie bei der Reduktion der Rückflüsse: eine Investition, die trotz Erhöhung des Kalkulationszinssatzes noch einen positiven Kapitalwert aufweist, scheint absolut vorteilhaft zu sein. Die Erhöhung des Kalkulationszinssatzes führt aufgrund des Zinseszinseffektes jedoch zu einer überproportionalen Belastung weiter in der Zukunft liegender Zahlungsgrößen.

Eine Reduktion der geplanten Nutzungsdauer soll ebenfalls einer gestiegenen Unsicherheit Rechnung tragen. Auch damit lässt sich eine Verringerung des Kapitalwertes in Abhängigkeit von der Unsicherheit abbilden.

Korrekturverfahren sind in keiner Weise geeignet, Unsicherheiten von Investitionsmaßnahmen zu berücksichtigen. Das gründet in der pauschalen Vorgehensweise und der mangelnden Transparenz bei der Behandlung der Unsicherheit und deren Ursachen. Mit den vorgestellten Verfahren werden ausschließlich negative Abweichungen, also Risiken im materiellen Sinn, und nicht die dafür die Grundlage bildende Unsicherheit berücksichtigt. Möglicherweise mit unsicheren Zukunftsszenarien verbundene Chancen werden nicht abgebildet, es besteht deshalb die Gefahr, Projekte ungerechtfertigterweise als nicht vorteilhaft abzulehnen.

[1] Vgl. Adam (2000: 353–354); Grob (2006: 434–438).

7.3 Sensitivitätsanalyse

Im Rahmen der Sensitivitätsanalyse werden Zusammenhänge zwischen den angenommenen Parametern der Investition (z. B. Durchsätze, Preise, Nutzungsdauer) und den ermittelten Wirtschaftlichkeitskriterien aufgezeigt. Dabei wird die Sensitivität der Bewertungsergebnisse in Bezug auf die angenommenen Werte der Parameter ermittelt. Sensitivitätsanalysen sind unter zwei Gesichtspunkten durchführbar:

- Verfahren der kritischen Werte:[2] In welchem Maße dürfen die Parameter von den Planwerten abweichen, ohne dass der Wert des ermittelten Wirtschaftlichkeitskriteriums einen kritischen Wert über- oder unterschreitet?
- Wie ändert sich der Wert des ermittelten Wirtschaftlichkeitskriteriums (z. B. Kapitalwert), wenn die angenommenen Parameter von den Planwerten abweichen?

Im Rahmen des Verfahrens der kritischen Werte wird analysiert, wie weit die Werte der als unsicher betrachteten Eingangsgrößen von den zur Bewertung verwendeten Werten abweichen dürfen, ohne die Vorteilhaftigkeit der Investitionsmaßnahme zu gefährden. Die Vorgehensweise ist folgende:[3]

1. Bestimmung des Kriteriums der Vorteilhaftigkeit und der als unsicher zu betrachtenden Eingangsgröße.
2. Formulierung der Bestimmungsgleichung zur Ermittlung der Vorteilhaftigkeit unter Berücksichtigung der unsicheren Determinanten einzelner Einflussgrößen.
3. Auflösung der Gleichung nach der bzw. den ausgewählten Determinanten.

Ein grundlegendes Beispiel zur Bedeutung und Bestimmung kritischer Werte wurde schon bei der Vorstellung der Kostenvergleichsrechnung diskutiert.[4] Ein weiteres Beispiel für die Bestimmung eines kritischen Wertes ist die schon vorgestellte Ermittlung der dynamischen Amortisationsdauer.[5] Sie stellt die kritische Nutzungsdauer eines Objektes dar und ergibt sich aus der Umstellung und Auflösung der Kapitalwertgleichung nach der Nutzungsdauer.

Die andere Variante der Sensitivitätsanalyse variiert einen oder mehrere Eingangswerte um einen bestimmten Prozentsatz und stellt fest, um wie viel Prozent sich die Zielgröße

[2] Vgl. Kilger (1965).
[3] Vgl. Schneider (1951: 62–66); Blohm/Lüder/Schaefer (2012: 232).
[4] Vgl. Abschn. 5.2.1.
[5] Vgl. Abschn. 5.3.4.

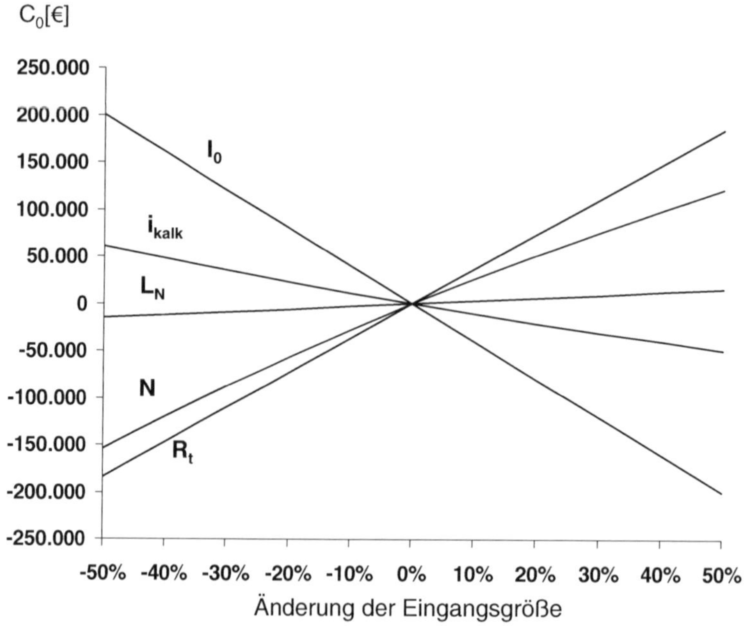

Abb. 7.1 Ergebnisse der Sensitivitätsanalyse. Quelle: Eigene Darstellung mit den Eingangsdaten aus dem Text

ändert. Als Beispiel für diese Variante wird eine Anlage mit den folgenden Eingangsdaten betrachtet:

$$I_0 = 400.000\,€;\quad R_t = 100.000\,€;\quad L_N = 50.000\,€;\quad i = 10\,\%\text{ p. a.};\quad N = 5.$$

Der Kapitalwert beträgt $C_0 = 10.124{,}74\,€$. Da der kritische Wert der Rückflüsse 97.329 € beträgt, möchte der Entscheidungsträger klären, wie der Kapitalwert auf Änderungen der Eingangsgrößen reagiert. Das Ergebnis der dazu durchgeführten Sensitivitätsanalyse gibt Abb. 7.1 wieder. Den größten Einfluss auf den Kapitalwert üben in dem Beispiel die Investitionsauszahlung, die Rückflüsse und die Nutzungsdauer aus. Einen geringeren Einfluss dagegen besitzen der Kalkulationszinssatz und die Liquidationseinzahlung.

Die Sensitivitätsanalyse liefert mit relativ geringem Rechenaufwand wertvolle Informationen über die Struktur der Investition und zeigt mögliche Schwachstellen auf. Mit diesem Verfahren lassen sich die für das jeweilige Entscheidungskriterium besonders relevanten Einflussparameter und möglichen Zusammenhänge zwischen diesen aufdecken und analysieren. Wechselwirkungen zwischen den Einflussgrößen können jedoch nicht dargestellt werden.

7.4 Risikoanalyse

Die Risikoanalyse, welche unter diesem Namen erstmals 1964 vorgestellt wurde,[6] ist implizit schon bei den entscheidungstheoretischen Betrachtungen von Individualentscheidungen vorgestellt worden.[7] Die zur Gewinnung von Wahrscheinlichkeitsverteilungen für ein Entscheidungskriterium eingesetzten Verfahren (analytische oder simulative Methoden) werden unter dem Begriff Risikoanalyse subsumiert. Auf der Basis von Wahrscheinlichkeitsverteilungen für die Bewertungsparameter wird eine vollständige Wahrscheinlichkeitsverteilung für die Ergebnisgröße ermittelt. Dabei werden folgende Schritte durchlaufen:[8]

- In der Voruntersuchung müssen ein geeignetes Modell (Investitionsrechenverfahren) gewählt und die als unsicher betrachteten Parameter definiert werden.
- Im Anschluss daran werden die notwendigen Wahrscheinlichkeiten ermittelt und mögliche stochastische Abhängigkeiten zwischen den unsicheren Inputparametern abgebildet.
- Als nächstes werden die Eingabedaten entsprechend dem Modell verarbeitet, eine Wahrscheinlichkeitsverteilung für die Zielgröße ermittelt sowie die Ergebnisse interpretiert.

Im einfachsten Fall kommt ein statisches Verfahren zum Einsatz, für welches die Wahrscheinlichkeit des Über- oder Unterschreitens eines vorgegebenen Wertes ermittelt wird. Im Folgenden wird dargestellt, wie Unsicherheit bezüglich der Absatzmenge im Rahmen der Gewinnvergleichsrechnung berücksichtigt werden kann. Allgemein ergibt sich die erforderliche Absatzmenge $x_{G_{\text{krit}}}$ bei vorgegebenem kritischen Gewinn G_{krit}:[9]

$$x_{G_{\text{krit}}} = \frac{K_{\text{Fix}} + G_{\text{krit}}}{p - k_{\text{var}}}$$

In Abhängigkeit von der erwarteten, unsicheren Absatzmenge $\tilde{x}$ ergibt sich ein erwarteter Gewinn aus:

$$E\left[\tilde{G}\right] = E[\tilde{x}](p - k_{\text{var}}) - K_{\text{Fix}}.$$

Die Wahrscheinlichkeit, dass ein Gewinn erzielt wird, also $Pr\{\tilde{G} \geq 0\}$, ergibt sich aus der Wahrscheinlichkeit, dass die unsichere Absatzmenge mindestens so groß ist wie die

[6] Dies erfolgte durch David B. Hertz (1919–2011). Vgl. Hertz (1964).
[7] Vgl. Abschn. 3.1.3.2.1.
[8] Vgl. Perridon/Steiner/Rathgeber (2017: 144–145); Kruschwitz (2014: 322–324).
[9] Die ersten Betrachtungen zur Problematik der Gewinnschwelle unter Sicherheit erfolgten bereits 1822. Vgl. Schneider (1984: 116).

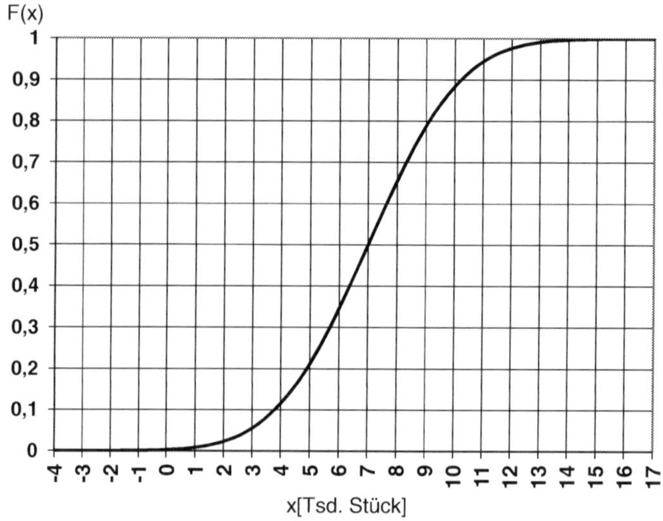

Abb. 7.2 Verteilungsfunktion des Gewinns. Quelle: Eigene Darstellung mit den Eingangsdaten aus dem Text

Break-even-Absatzmenge $x_{G=0}$, d. h. $Pr\{\tilde{x} \geq x_{G=0}\}$. Bei Verwendung einer stetigen Zufallsverteilung ergibt sich diese Wahrscheinlichkeit aus:[10]

$$Pr\{\tilde{x} \geq x_{G=0}\} = 1 - F(x_{G=0})$$

mit $F(x_{G=0})$ als Wert der Verteilungsfunktion der Break-even-Absatzmenge.

Die Berücksichtigung von Werten für den kalkulatorischen Gewinn, die größer sind als null, geschieht auf identischem Weg. Ausgangspunkt ist die Ermittlung der kritischen Absatzmenge $x_{G_{\text{krit}}}$. Als Beispiel wird ein fiktives Ein-Produkt-Unternehmen mit $K_{\text{Fix}} =$ 120.000 € und einem Stückdeckungsbeitrag von $db = 15{,}00$ € betrachtet. Für die Deckung der Gesamtkosten ist eine Absatzmenge von 8.000 Stück erforderlich. Deshalb gilt: $x_{G=0} = 8.000$. Nun wird unterstellt, die Absatzmenge sei mit einem Mittelwert von 7.000 und einer Standardabweichung von 2.500 normalverteilt. Die Verteilungsfunktion für diese Konstellation ist in der Abb. 7.2 zu sehen.

Der Wert der Verteilungsfunktion für die Break-even-Menge von 8.000 Stück beträgt $F(8.000) = 0{,}655$. Mit der Transformation der Verteilungsfunktion in die Wahrscheinlichkeitsfunktion lässt sich die Gewinnschwellenwahrscheinlichkeit bestimmen (vgl. Abb. 7.3).

Im vorliegenden Fall beträgt die Wahrscheinlichkeit für die Erreichung der Gewinnschwelle 34,5 %. Diese Vorgehensweise liefert folgende mögliche Entscheidungskriterien:

[10] Vgl. Coenenberg/Fischer/Günther (2016: 348).

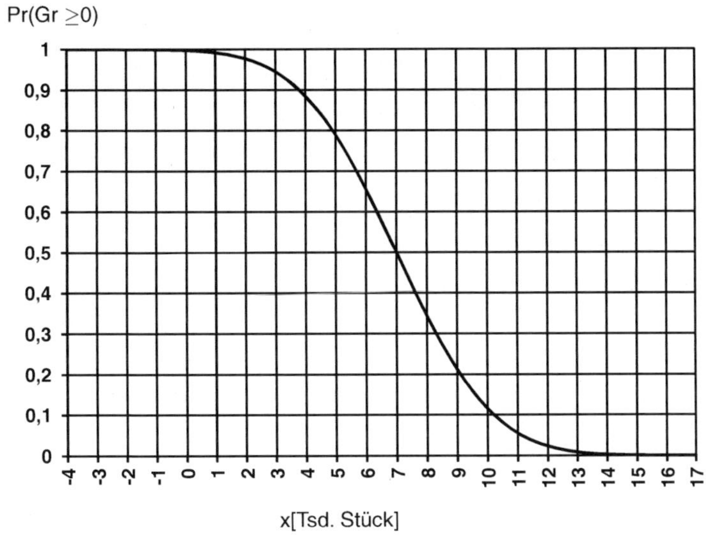

Abb. 7.3 Wahrscheinlichkeitsfunktion des Gewinns. Quelle: Eigene Darstellung mit den Eingangsdaten aus dem Text

- Wähle diejenige Alternative, die bei vorgegebenem Ergebnis die maximale Wahrscheinlichkeit einer positiven Ergebniserreichung aufweist.
- Wähle diejenige Alternative, die bei vorgegebener Wahrscheinlichkeit den höheren Gewinn erzielt.

Neben der Verwendung statischer Verfahren und einfacher Verteilungsfunktionen werden oftmals dynamische Verfahren als Grundlage eingesetzt. Darauf aufbauend werden ein oder mehrere Eingangsparameter ebenfalls als unsicher angenommen und adäquat modelliert. Dies ist auf analytischem oder simulativem Weg möglich. Die analytischen Ansätze sind aufgrund der restriktiven Annahmen nur beschränkt verwendbar. Im Rahmen der simulativen Ermittlung wird für mehrere unterschiedliche, zufallsverteilte Datensätze die Zielgröße ermittelt.[11] Nach einer hinreichend großen Anzahl von Simulationsläufen ergibt sich eine Verteilungsfunktion der Zielfunktionswerte, aus der sich das Risikoprofil der Investition ableitet. Zur Durchführung einer Risikoanalyse ist es i. d. R. unerlässlich, auf eine standardisierte Software zurückzugreifen. Die Lage und Form der Verteilungsfunktion ermöglicht Schlussfolgerungen in Bezug auf die Verteilung und Höhe des Zielfunktionswertes. Zusätzlich sind Aussagen über die Verlustwahrscheinlichkeit möglich.

Im Folgenden wird das Beispiel aus Abschn. 7.3 wieder aufgegriffen. Die dort verwendeten Eingangsdaten werden nun mit folgenden Zufallsverteilungen belegt:

[11] Vgl. Troßmann (2013: 274–284).

Eingangsparameter	Verteilung
R_t	Normalverteilung (100.000; 40.000)
L_N	Dreiecksverteilung (30.000; 50.000; 70.000)
N	Dreiecksverteilung (4; 5; 6)
i	Normalverteilung (0,10; 0,03)

Das Ergebnis der Risikoanalyse auf Simulationsbasis ist in Abb. 7.4 dargestellt. Auf dieser Basis können die Wahrscheinlichkeiten für das Überschreiten von Kapitalwerten ermittelt werden. Die Wahrscheinlichkeit, dass bei einer Alternative a_i ein gegebener kritischer Kapitalwert $C_{0;\text{Kritisch}}$ erreicht bzw. überschritten wird, resultiert aus:[12]

$$Pr_{a_i}\left(C_0 \geq C_{0;\text{Kritisch}}\right) = 1 - F_{a_i}\left(C_{0;\text{Kritisch}}\right)$$

Für das Beispiel ist die Wahrscheinlichkeit, einen Kapitalwert von $C_0 = 600$ € zu erreichen bzw. zu überschreiten, gleich null. Mit absoluter Sicherheit hingegen wird ein Kapitalwert von $C_0 = -400$ € erreicht. Die Wahrscheinlichkeit, einen Kapitalwert von $C_0 \geq 0$ € zu erwirtschaften, beträgt ca. 56 %, woraus eine Verlustwahrscheinlichkeit von ca. 44 % resultiert. Der Graph bildet das aus der unsicheren, zukünftigen Entwicklung der wichtigsten Eingangswerte resultierende Risiko ab. Verschiedene Investitionsalternativen können durch die Gegenüberstellung der kumulierten Wahrscheinlichkeiten verglichen werden.

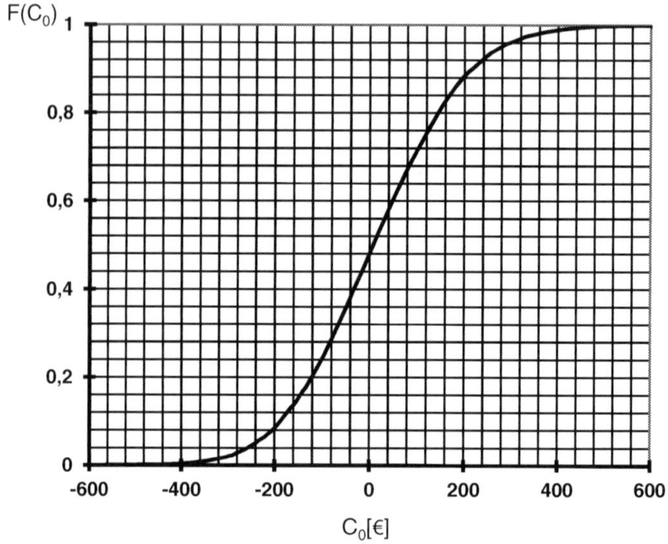

Abb. 7.4 Verteilungsfunktion des Kapitalwertes. Quelle: Eigene Darstellung mit den Eingangsdaten aus dem Text und bei Verwendung des Simulationsprogramms @RISK

[12] Vgl. Laux/Gillenkirch/Schenk-Mathes (2014: 100); Kruschwitz/Husmann (2012: 463).

Die Ergebnisse der Risikoanalyse sind dahingehend zu interpretieren, dass aus einer Investitionsalternative, die auf keinen Fall einen negativen Kapitalwert zur Folge hat, kein Risiko resultiert. Diese Alternative ist durchzuführen und demzufolge absolut vorteilhaft.[13]

Absolute Vorteilhaftigkeit Beträgt bei einer Investitionsalternative die Wahrscheinlichkeit eines negativen Kapitalwertes null, ist diese Alternative absolut vorteilhaft.

Ergänzend kann auf Basis der Verteilungsfunktion die stochastische Dominanz analysiert werden. Diese wurde schon vorgestellt und als **stochastische Dominanz erster Ordnung** bezeichnet.[14] Deshalb wird der Sachverhalt hier nur kurz rekapituliert. Eine Aktion $a_1 \in A$ heißt genau dann wahrscheinlichkeitsdominant bezüglich der Aktion $a_2 \in A$ wenn gilt:[15]

$$F_{a_1}(x) \leq F_{a_2}(x) \forall x \quad \text{und}$$
$$F_{a_1}(x) < F_{a_2}(x) \quad \text{für mindestens ein } x.$$

Die stochastische Dominanz auf Basis der Verteilungsfunktion lässt sich ergänzend durch die Transformation in die Wahrscheinlichkeitsfunktion erläutern. Die Wahrscheinlichkeit, dass bei einer Alternative a_i mit einer stetigen, unsicheren Ergebnisgröße $\tilde{x}$ ein Wert z erreicht oder überschritten wird, wird bezeichnet mit $Pr_{a_i}(\tilde{x} \geq z)$ und resultiert aus:[16]

$$Pr_{a_i}(\tilde{x} \geq z) = 1 - F_{a_i}(z)$$

Hohe Werte der Verteilungsfunktion bedeuten demzufolge geringe Werte der Wahrscheinlichkeitsfunktion. Je geringer die Wahrscheinlichkeit des Erreichens positiver Ergebnisgrößen ist, desto weniger attraktiv ist eine Alternative.

Diese Form der Dominanz ist relativ stark, da eine Alternative für jede Ergebnisausprägung mindestens genauso gut ist wie die Vergleichsalternative, und für ein Ergebnis eine bessere Ausprägung aufweist. Es ist jedoch auch denkbar, dass keine derart starke, sondern eine abgeschwächte Dominanzform auftritt. Ein mögliches Szenario ist in der Abb. 7.5 zu sehen, die die Verteilungsfunktionen der Kapitalwerte der Alternativen a_2 und a_1 im Intervall $[-1; 20]$ darstellt. Bei der Alternative a_1 sind die Werte normalverteilt, mit $\mu = 7{,}00$ und $\sigma = 2{,}50$, wohingegen a_2 ebenfalls normalverteilt ist, jedoch mit $\mu = 8{,}00$ und $\sigma = 4{,}50$. Nun ist zu klären, ob eine der Alternativen die andere Alternative stochastisch dominiert. Stochastische Dominanz erster Ordnung ist offensichtlich nicht gegeben. Deshalb wird das Konzept der **stochastischen Dominanz zweiter Ordnung** eingeführt. Dazu muss zusätzlich zu einer monotonen Nutzenfunktion noch **Risikoaversion** des Akteurs angenommen werden.

[13] Vgl. Götze (2014: 404).
[14] Vgl. Abschn. 3.1.3.2.1.
[15] Vgl. Klein/Scholl (2011: 411); Laux/Gillenkirch/Schenk-Mathes (2014: 100).
[16] Vgl. Laux/Gillenkirch/Schenk-Mathes (2014: 100); Kruschwitz/Husmann (2012: 463).

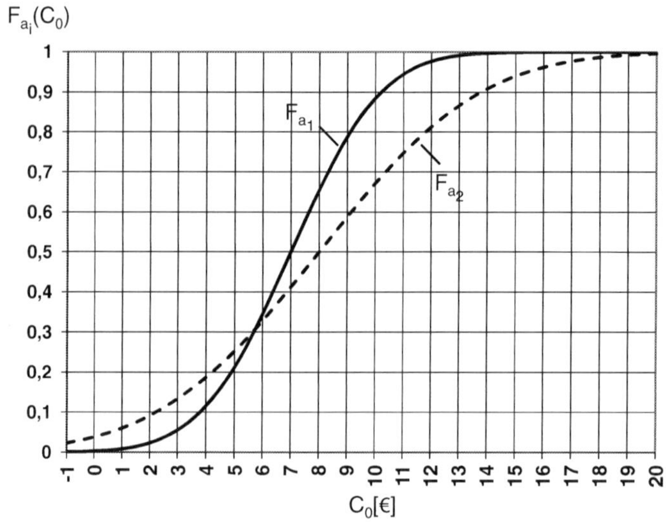

Abb. 7.5 Verteilungsfunktionen der Kapitalwerte zweier Projekte. Quelle: Eigene Darstellung

Eine Aktion $a_1 \in A$ dominiert die Aktion $a_2 \in A$ stochastisch in zweiter Ordnung, wenn gilt:[17]

$$\int_{-\infty}^{y} \left(F_{a_2}(x) - F_{a_1}(x)\right) dx \geq 0 \quad \forall y \in \mathbb{R} \quad \text{und}$$

$$\int_{-\infty}^{y} \left(F_{a_2}(x) - F_{a_1}(x)\right) dx > 0 \quad \text{für mindestens ein } y \in \mathbb{R}.$$

Diese Relation wird wie folgt erläutert: Ein risikoaverser Akteur wird bei der Entscheidung zwischen mehreren Alternativen diejenige wählen, die bei gleichem Erwartungswert das geringere Risiko hinsichtlich des Ergebnisses aufweist. Somit wird die Alterative mit geringerer Standardabweichung und folglich steilerem Anstieg der Verteilungsfunktion präferiert.

Der Akteur vergleicht die Verteilungsfunktionen der Alternativen und bildet die Differenz zwischen diesen. Er startet den Vergleich bei $-\infty$ und summiert die Differenzen. Diese Summe darf für keinen Wert y einen negativen Wert annehmen. Ist das der Fall, dominiert eine Funktion stochastisch in zweiter Ordnung die andere Funktion.

[17] Vgl. Kruschwitz/Husmann (2012: 96); Schmid/Trede (2006: 241–242).

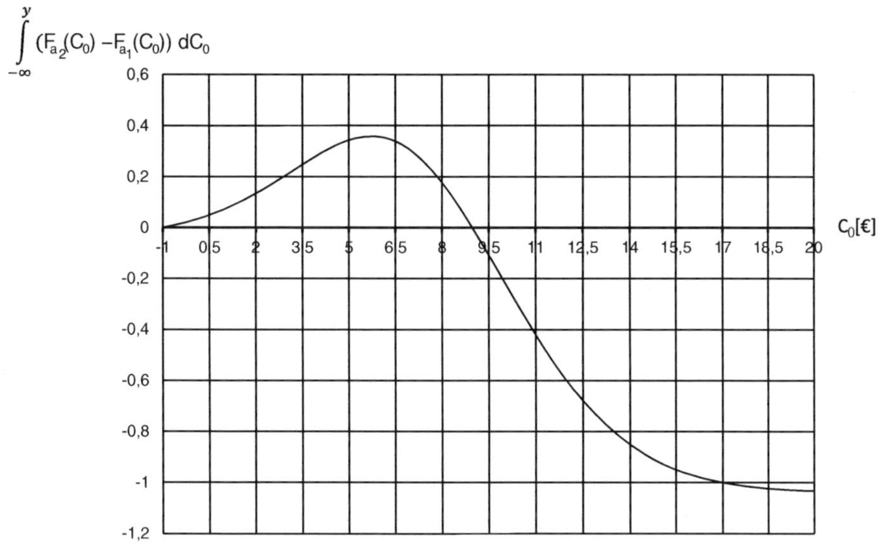

Abb. 7.6 Differenzfunktion der integrierten Verteilungsfunktionen. Quelle: Eigene Darstellung

Im Betrachtungsbeispiel beginnt der Vergleich bei dem Wert $C_0 = -1$ (vgl. Abb. 7.5). Die Differenz der Flächen $F_{a_1} - F_{a_2}$ ist negativ, weshalb a_2 nicht über a_1 dominieren kann. Hingegen ist die Differenz der Flächen $F_{a_2} - F_{a_1}$ positiv, so dass a_1 über a_2 dominieren könnte. Die Summe dieser Differenzen steigt weiter bis zum Wert $C_0 \approx 5{,}6$ (vgl. Abb. 7.6). Das ist der Schnittpunkt der Verteilungsfunktionen, ab dem erstmals $F_{a_1} > F_{a_2}$ und ab welchem die Summe der Differenzen beginnt, geringer zu werden. Bei dem Wert $C_0 = 9$ beträgt die Summe dieser Differenzen Null, d. h. an diesem Punkt ist die Fläche mit $F_{a_1} > F_{a_2}$ genauso groß, wie die Fläche mit $F_{a_2} > F_{a_1}$. Ab diesem Wert ist die Summe der Differenzen negativ, so dass auch für a_1 keine stochastische Dominanz zweiter Ordnung über a_2 vorliegt.

Der Vorteil der Risikoanalyse liegt in der simultanen Berücksichtigung unterschiedlicher Wahrscheinlichkeitsverteilungen und deren Aggregation im Endergebnis. Damit wird die Bandbreite der zukünftigen Entwicklungen der Zielgröße abgebildet. Nachteilig bei der Risikoanalyse ist, dass auch die verwendeten Wahrscheinlichkeitsverteilungen der Eingangsdaten beschafft bzw. gewonnen werden müssen. Für die Gewinnung dieser Daten auf Basis von Analysen historischer Entwicklungen sind die Datenverfügbarkeit und der Auswertungsaufwand zu überprüfen. Darüber hinaus ist ein entsprechendes Simulationsprogramm erforderlich, was in Großunternehmen jedoch häufig zur Verfügung steht.[18]

[18] Vgl. Götze (2014: 406–407); Kruschwitz (2014: 331).

7.5 Entscheidungsbaumverfahren

Ein Verfahren zur Berücksichtigung von **endlich vielen** möglichen **Entscheidungsalternativen** und **Handlungsfolgen** unter Unsicherheit stellt das Entscheidungsbaumverfahren dar.[19] Dieses Verfahren wurde für mehrstufige Entscheidungen unter Sicherheit in den vorherigen Kapiteln schon eingeführt.[20] In Situationen unter Unsicherheit ist es häufig hilfreich, eine Entscheidung in eine Folge von Teilentscheidungen zu zerlegen. Auf diese Weise kann:[21]

- das Risiko der Entscheidung gesenkt und
- der Wissensstand im Zeitablauf verbessert

werden.

Das Verfahren zur Berücksichtigung von Unsicherheit besteht – wie die sequentielle Entscheidungsfindung unter Sicherheit – aus den zwei Hauptbestandteilen der **grafischen Abbildung** der Situation und der **Ermittlung der optimalen Handlungsfolge**.[22] Als Ergänzung zu der **detaillierten Prognose** der zukünftigen Alternativen ist die **Prognose der Wahrscheinlichkeiten** für den Eintritt der Handlungsergebnisse erforderlich. Damit wird berücksichtigt, dass im Anschluss an die Entscheidungen des Akteurs mehrere Umweltzustände möglich sind, die der Akteur nicht beeinflussen kann.[23] Der Akteur kann jedoch die Eintrittswahrscheinlichkeiten der Ereignisse angeben. Nach dem Eintritt des jeweiligen Zustands kann der Akteur wiederum eine Entscheidung treffen. Dies geschieht wiederum vor dem Hintergrund von sich daran anschließenden Zufallsereignissen. Entscheidungsknoten und Entscheidungskante wurden bereits als Bestandteile des Entscheidungsbaumes unter Sicherheit eingeführt. Zur Entscheidungsfindung unter Unsicherheit sind folgende zusätzliche Elemente bzw. Änderungen der bisherigen Interpretationen erforderlich:[24]

Z – Zufallsknoten:	Eintritt des Zufallsereignisses
z – Zufallskante:	eine Kante, die eine Folge des Zufallsereignisses und deren Wahrscheinlichkeit repräsentiert
R – Resultatsknoten:	bildet das Resultat der Entscheidung bei Eintritt des Zufallsereignisses ab
R/E – Resultats-Entscheidungsknoten:	kombinierter Knoten aus dem Resultat eines Zufallsereignisses und der sich anschließenden Entscheidung

[19] Das Verfahren wurde 1964 von John F. Magee (1926–2014) vorgestellt. Vgl. Magee (1964a); Magee (1964b). Die Bezeichnung „Entscheidungsbaum" wird jedoch nicht auf Magee, sondern auf eine frühere Quelle zurückgeführt. Vgl. Gass (2011: 621).

[20] Vgl. Abschn. 3.1.2.3 sowie den Abschn. 5.4.1.4.

[21] Vgl. Jacob (1967a: 158).

[22] Vgl. Rosenkranz/Missler-Behr (2005: 87–89).

[23] Vgl. Franke/Hax (2009: 286–291); Schneider (1981: 200); Bitz (1981: 334–337).

[24] Vgl. Götze (2014: 408); Eisenführ/Weber/Langer (2010: 48–49).

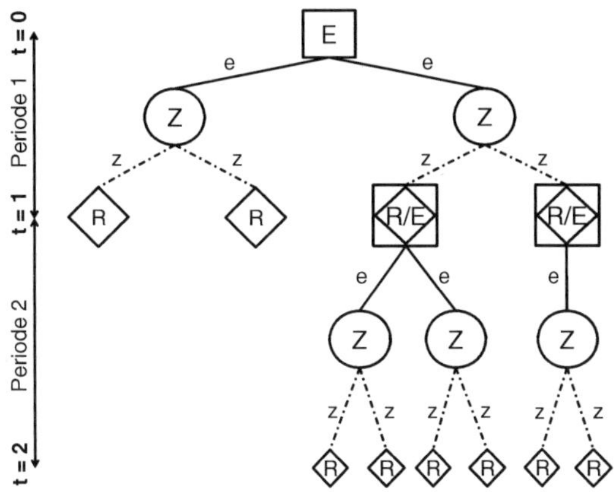

Abb. 7.7 Formalstruktur eines Entscheidungsbaumes unter Unicherheit. Quelle: Eigene Darstellung, in Anlehnung an: Blohm/Lüder/Schaefer (2012: 262); Götze (2014: 408)

Werden diese Bestandteile zusammengefügt, entsteht der Entscheidungsbaum unter Unsicherheit (vgl. Abb. 7.7). Auf diesem basiert der **zweite Hauptbestandteil** des Verfahrens, die Ermittlung der optimalen Handlungsreihenfolge. Dazu werden in einem **ersten Schritt alle möglichen Alternativen** und Ergebnisse (z. B. Kosten, Umsätze, Kapitalwerte oder EVA) ermittelt. Es resultiert eine große Anzahl an möglichen Ergebnissen, die als Erwartungswerte für die gewählte Zielgröße unter Berücksichtigung der Zufallsereignisse zu interpretieren sind.

In einem **zweiten Schritt** wird die relativ vorteilhafte Entscheidungsalternative ermittelt. Als Verfahren stehen dafür die vollständige Enumeration oder das Optimalitätsprinzip von BELLMAN zur Auswahl.[25]

Für die weiteren Darstellungen wird das Optimalitätsprinzip verwendet und zusätzlich wird vorausgesetzt, dass der Akteur **risikoneutral** sei. Im Bereich der Investitionsrechnung wird i. d. R. das Kapitalwertverfahren als Grundlage des Entscheidungsbaumverfahrens verwendet. Ziel ist es dann, den Erwartungswert der Kapitalwerte zu maximieren.

Als Beispiel wird die Installation einer Maschine und ein zweijähriger Planungshorizont betrachtet. Der Entscheidungsträger verfügt dabei im Zeitpunkt $t = 0$ über die Möglichkeit, eine große Anlage (G) oder eine kleine Anlage (K) zu installieren. Die große Anlage erfordert Investitionsauszahlungen in Höhe von 50 Tsd. €, die kleine Anlage lediglich 30 Tsd. €. Zum Zeitpunkt $t = 1$ kann der Akteur die große Anlage verkleinern (GK), die kleine Anlage vergrößern (KG) oder seine in $t = 0$ getroffene Entscheidung auch für die zweite Periode beibehalten und keine Aktion einleiten (NT). Die Vergrößerung der kleinen Anlage in $t = 1$ erfordert nochmals Investitionsauszahlungen in Höhe von 25 Tsd. €. Wird jedoch die große Anlage verkleinert, wird in $t = 1$ eine Liquidationseinzahlung von 20 Tsd. € erzielt. Gesucht ist die optimale Investitionsentscheidung auf Basis des Kapitalwertkriteriums im Zeitpunkt $t = 0$. Die Höhe der Rückflüsse ist abhängig von der Investitionsentscheidung selbst und von der unsicheren

[25] Vgl. Abschn. 3.1.2.3.

Tab. 7.1 Wahrscheinlichkeiten des Beispieles

In der 1. Periode		In der 2. Periode	
niedrig	$\varpi(N) = 0,6$	niedrig	$\varpi(N,N) = 0,5$
		hoch	$\varpi(N,H) = 0,5$
hoch	$\varpi(H) = 0,4$	niedrig	$\varpi(H,N) = 0,2$
		hoch	$\varpi(H,H) = 0,8$

Nachfrageentwicklung. Die Entwicklung der Nachfrage wird unterteilt in zwei Kategorien: hohe Nachfrage und geringe Nachfrage. Die kleine Anlage erzielt in jeder dieser Kategorien Rückflüsse von 50 Tsd. € pro Jahr. Die große Anlage erzielt im Fall der geringen Nachfrage ebenfalls 50 Tsd. € pro Jahr, im Fall der hohen Nachfrage hingegen werden Rückflüsse von 100 Tsd. € pro Jahr erzielt. Die Wahrscheinlichkeiten, dass eine hohe oder geringe Nachfrage eintritt, sind der Tab. 7.1 zu entnehmen.

Die Wahrscheinlichkeiten der 2. Periode sind als bedingte Wahrscheinlichkeiten zu verstehen. Diese resultieren, wenn in der 1. Periode eine entsprechende Entwicklung stattgefunden hat. In der Abb. 7.8 ist die Entscheidungssituation abgebildet.

Im nächsten Schritt werden für den letzten Zeitpunkt, zu dem eine Entscheidung möglich ist – Zeitpunkt $t = 1$ – die Erwartungswerte der Kapitalwerte $\mathbb{E}[\tilde{C}_1]$ ermittelt. Von den 4 Knoten wird der Resultats- und Entscheidungsknoten R/E_1 detailliert betrachtet. In diesem Knoten muss sich der Akteur zum Zeitpunkt $t = 1$ entscheiden, ob er die große Anlage verkleinert (GK) oder ob er nichts tut (NT). Er muss also zwischen den zwei

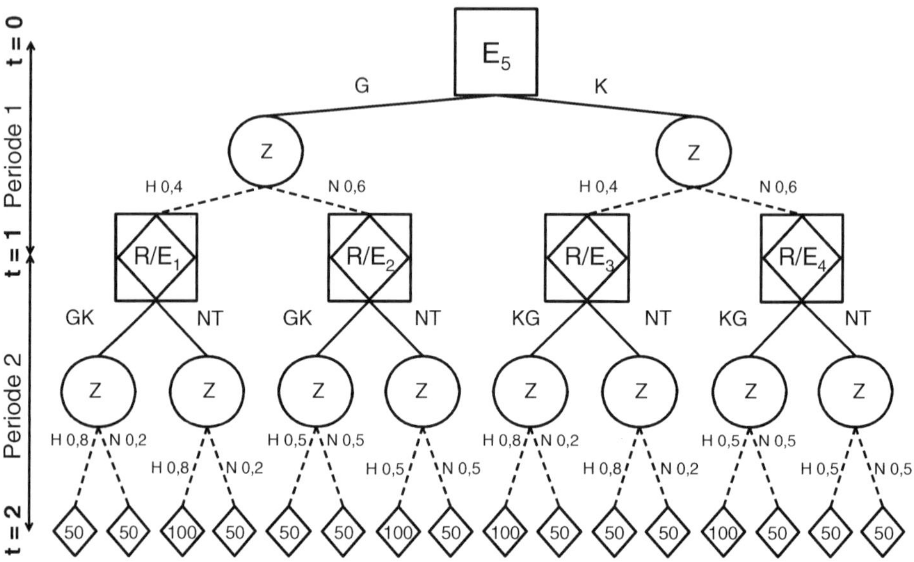

Abb. 7.8 Struktur des Entscheidungsbaum-Beispieles

Erwartungswerten der Kapitalwerte $\mathbb{E}_1$ und $\mathbb{E}_2$ entscheiden.

$$\begin{aligned}\mathbb{E}_1[\tilde{C}_{1;GK}] &= 20 + [(0{,}8 \cdot 50) + (0{,}2 \cdot 50)] \cdot 1{,}1^{-1} = 65{,}46 \\ \mathbb{E}_2[\tilde{C}_{1;NT}] &= [(0{,}8 \cdot 100) + (0{,}2 \cdot 50)] \cdot 1{,}1^{-1} = 81{,}82\end{aligned}$$

Es zeigt sich, dass der Erwartungswert der Alternative „*Nichts tun*" im Entscheidungsknoten R/E_1 größer ist als der Erwartungswert der Alternative „*Anlage verkleinern*". Diese Betrachtung wird für die anderen 3 Resultats- und Entscheidungsknoten verwendet, was zu den folgenden Ergebnissen führt:

Knoten R/E_2:

$$\begin{aligned}\mathbb{E}_3[\tilde{C}_{1;GK}] &= 20 + [(0{,}5 \cdot 50) + (0{,}5 \cdot 50)] \cdot 1{,}1^{-1} = 65{,}46 \\ \mathbb{E}_4[\tilde{C}_{1;NT}] &= [(0{,}5 \cdot 100) + (0{,}5 \cdot 50)] \cdot 1{,}1^{-1} = 68{,}18^*\end{aligned}$$

Knoten R/E_3:

$$\begin{aligned}\mathbb{E}_5[\tilde{C}_{1;KG}] &= -25 + [(0{,}8 \cdot 100) + (0{,}2 \cdot 50)] \cdot 1{,}1^{-1} = 56{,}82^* \\ \mathbb{E}_6[\tilde{C}_{1;NT}] &= [(0{,}8 \cdot 50) + (0{,}2 \cdot 50)] \cdot 1{,}1^{-1} = 45{,}46\end{aligned}$$

Knoten R/E_4:

$$\begin{aligned}\mathbb{E}_7[\tilde{C}_{1;KG}] &= -25 + [(0{,}5 \cdot 100) + (0{,}5 \cdot 50)] \cdot 1{,}1^{-1} = 43{,}19 \\ \mathbb{E}_8[\tilde{C}_{1;NT}] &= [(0{,}5 \cdot 50) + (0{,}5 \cdot 50)] \cdot 1{,}1^{-1} = 45{,}46^*\end{aligned}$$

Die mit dem *-Zeichen versehenen Werte stellen die relativ vorteilhaften Werte des jeweiligen Knotens dar. Für diese Handlungsalternativen wird sich der rational handelnde Entscheidungsträger in $t = 1$ entscheiden. In die Ausgangsdarstellung aus Abb. 7.8 werden nun die ermittelten Erwartungswerte der Kapitalwerte eingetragen und die jeweils relativ nicht-vorteilhafte Alternative wird durch Streichung des Entscheidungskantens aus der weiteren Betrachtung eliminiert (vgl. Abb. 7.9). Es verbleibt noch die Frage nach der optimalen Handlungsalternative in $t = 0$ zu beantworten. Dazu werden die Erwartungswerte der Kapitalwerte im Knoten E_5 unter Verwendung der soeben ermittelten vorteilhaften Handlungsalternativen wie folgt ermittelt:

$$\begin{aligned}\mathbb{E}_9[\tilde{C}_{0;G}] &= -50 + [(0{,}4 \cdot 100) + (0{,}6 \cdot 50)] \cdot 1{,}1^{-1} \\ &\quad + [(0{,}4 \cdot 81{,}82) + (0{,}6 \cdot 68{,}18)] \cdot 1{,}1^{-1} = 80{,}58 \\ \mathbb{E}_{10}[\tilde{C}_{0;K}] &= -30 + [(0{,}5 \cdot 50) + (0{,}5 \cdot 50)] \cdot 1{,}1^{-1} \\ &\quad + [(0{,}4 \cdot 56{,}82) + (0{,}6 \cdot 45{,}46)] \cdot 1{,}1^{-1} = 60{,}65\end{aligned}$$

Der Erwartungswert der großen Anlage $\mathbb{E}_9$ ist der größere der beiden und stellt die optimale Investitionsalternative dar. Der Investor sollte also in $t = 0$ die große Anlage installieren, um den Erwartungswert des Kapitalwertes zu maximieren. Die unterlegene Alternative wird wiederum durch Streichung der Entscheidungskante eliminiert (vgl.

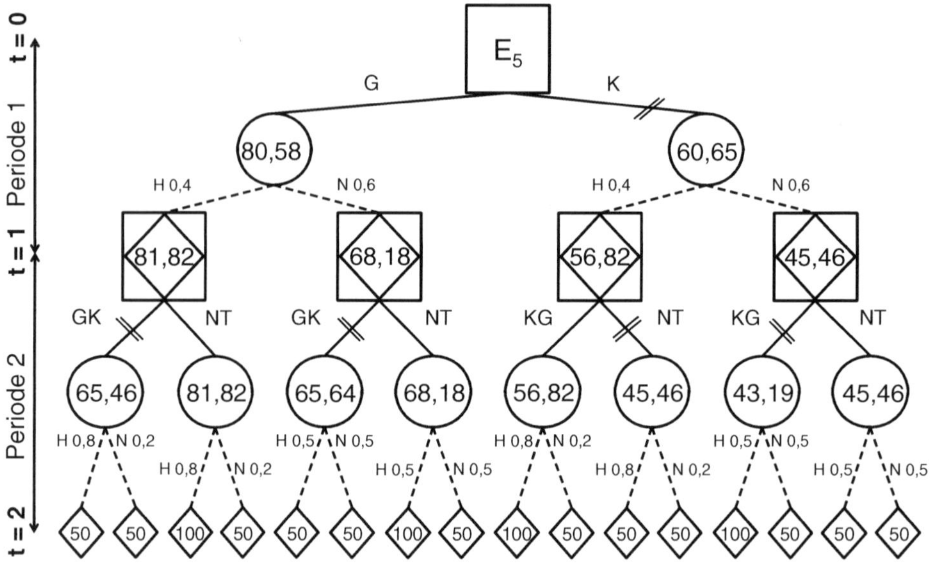

Abb. 7.9 Ergebnisse des Entscheidungsbaum-Beispieles

Abb. 7.9). Mit diesem Verfahren können die Handlungssequenzen detailliert abgebildet werden und eine Entscheidung unter Berücksichtigung von Zufallsereignissen kann getroffen werden.

Die Kritik an dem Verfahren kann in den folgenden Punkten zusammengefasst werden:[26]

- die Eintrittswahrscheinlichkeiten müssen bekannt sein,
- die Ergebnisse der Handlungsalternativen müssen bekannt sein,
- das roll-back-Verfahren liefert nur für einen risikoneutralen Akteur und für den Erwartungswert die optimale Alternative und Vorgehensweise,
- der Abbildungs- und Berechnungsaufwand steigt mit zunehmender Alternativenanzahl und mit steigendem Betrachtungszeitraum enorm an, so dass
- die Übersichtlichkeit nur bei wenig komplexen Situationen gewährleistet ist.

Die steigende Rechnerleistung und die verbesserten Grafikfähigkeiten der Soft- und Hardware kann diese Nachteile zu einem gewissen Teil jedoch reduzieren. Damit lässt sich das Verfahren bei Projekten einsetzen, welche durch eine lange Dauer, mehrere Entscheidungsstufen und Unsicherheit gekennzeichnet sind.

[26] Vgl. Blohm/Lüder/Schaefer (2012: 267–268); Bamberg/Coenenberg/Krapp (2012: 251).

Zu kritisieren ist einerseits die Sicherheit über die Unsicherheit. Der Akteur nimmt an, dass er sowohl die Art und Anzahl der zukünftigen Umweltzustände angeben kann, als auch deren Eintrittswahrscheinlichkeiten. Andererseits ist das verwendete Optimalitätskriterium kritisch zu hinterfragen, was bereits an anderer Stelle getan wurde.[27]

7.6 Realoptionsmodelle

7.6.1 Grundlagen

Handlungsmöglichkeiten im Zusammenhang mit Investitionsentscheidungen über Real- bzw. Sachwerte werden unter dem Begriff „Realoption" seit ca. drei Dekaden in der Literatur entwickelt und diskutiert.[28] Ein wesentlicher Ausgangspunkt der jüngeren Entwicklung waren Analysen in der Umweltökonomie. Diese zielten auf die Berücksichtigung von irreversiblen Entscheidungen bzw. hatten die Bewertung von einmaligen Naturressourcen zum Inhalt.[29] In diesem Zusammenhang entstanden die ersten Überlegungen, auch Investitionsentscheidungen als irreversiblen Prozess zu modellieren.[30]

Realoptionsmodelle finden Verbreitung in verschiedenen Bereichen, wie z. B. der strategischen Planung, der Unternehmensbewertung oder – wie im vorliegenden Buch – zur Bewertung von Investitions- und Desinvestitionsentscheidungen.[31] Die Realoptionsmodelle konzentrieren auf die folgenden Eigenschaften von Realinvestitionen:[32]

- Investitionsprojekte sind häufig durch das **Recht**, aber nicht die Verpflichtung gekennzeichnet, das Projekt zu beginnen, fortzuführen oder abzubrechen, wenn es für den Entscheidungsträger wirtschaftlich sinnvoll erscheint.
- In Bezug auf wesentliche Einflussgrößen der Investition besteht **Unsicherheit**.

[27] Vgl. Abschn. 5.4.1.4 sowie Schneider (1971: 848–850).

[28] Vgl. Myers (1977); Emery et al. (1978); Rao/Martin (1981). OLBRICH wendet richtigerweise ein, dass der Begriff „Realoption" unpassend sei, da auch im Fall von Finanzoptionen eine reale Handlungsoption vorliegt. Besser wäre daher der Begriff „Sachoption". Vgl. Olbrich (2002: 693). Mit Blick auf die für das vorliegende Buch vorgenommene Unterscheidung zwischen Real- und Finanzinvestitionen (vgl. Abb. 1.15) wird der Begriff der Realoption hier beibehalten. Dies erfolgt auch aufgrund der weiten Verbreitung des Begriffes.

[29] Vgl. Weisbrod (1964: 472); Arrow/Fisher (1974: 312–319); Henry (1974a). *„Because options are traded on the market in connection with other economic values, one may ask why no market has developed where option value exists for the preservation of natural environment."* Krutilla (1967: 780).

[30] Vgl. Arrow (1968).

[31] Vgl. Damodaran (2012: 781–825); Baum/Coenenberg/Günther (2013: 349–355); Müller (2017).

[32] Vgl. Weber (2002: 50); Friedl (2007: 73–76).

- Investitionsentscheidungen sind in der Regel **unumkehrbar** oder wenigstens teilweise irreversibel bzw. nicht ohne Zeitverlust und zusätzliche Kosten rückgängig zu machen.[33] Diese **Irreversibilität** von Investitionsentscheidungen ermöglicht die Interpretation der Handlungsmöglichkeit als Option.[34] Beispielsweise sind die Installationsauszahlungen von güterwirtschaftlichen Anlagen bei einem vorzeitigen Abbruch schwerlich zurückzugewinnen.[35]

Diese Analogie ermöglicht die Bewertung von Investitionsszenarien mit den Instrumenten zur Bewertung von Finanzoptionen, denn Finanzoptionen und reale Handlungsspielräume sind durch ähnliche Strukturen von Flexibilität, Unsicherheit und Irreversibilität gekennzeichnet. Der Käufer einer Kaufoption erwirbt vom Verkäufer (Stillhalter) gegen Zahlung des Optionspreises:

- das Recht, aber nicht die Verpflichtung,
- einen bestimmten Vermögensgegenstand (Basiswert)
- zu einem festgelegten Preis (Ausübungspreis),
- zu oder bis zu einem bestimmten Zeitpunkt (Verfallstermin)
- zu erwerben.

Für diejenigen Entscheidungen, die irreversibel und mit Wahlmöglichkeiten verbunden sind, bestehen Analogien zu den Finanzoptionen. Der Akteur ist in der Lage, die Handlungsmöglichkeit gegen Zahlung eines Preises zu erwerben und im Anschluss daran über diese Handlungsmöglichkeit zu entscheiden.[36] Er verfügt damit über ein bestimmtes Maß an Flexibilität. Der Begriff „Realoption" wurde erstmalig von MYERS geprägt, der den Unternehmenswert als Summe aus realen Vermögensgegenständen (real assets) und realen Optionen (real options) bestimmte.[37] Die Berücksichtigung und Bewertung realer Optionen für einzelwirtschaftliche Investitionsentscheidungen ist seit Mitte der 1980er Jahre in der wirtschaftswissenschaftlichen Forschung sehr umfangreich diskutiert worden.[38]

---

[33] JACOB formulierte schon frühzeitig: „*Charakteristisch für nahezu eine jede Investitionsentscheidung ist die Tatsache, daß sie das Unternehmen für einen längeren Zeitraum bindet. Eine solche Entscheidung nachträglich abzuändern oder gar aufzuheben ist in der Regel mit relativ großen Opfern verbunden.*" Jacob (1967b: 1).

[34] Die Irreversibilität als Entscheidungsmerkmal wurde im Abschn. 1.2.2 schon einführend erwähnt. Zu einer umfassenden Diskussion der Irreversibilität von Investitionsentscheidungen vgl. Abschn. 7.6.5.

[35] Vgl. Müller (2005a: 65–67).

[36] Vgl. Crasselt (2004: 64–68).

[37] Vgl. Myers (1977: 150 und 163).

[38] Vgl. Pindyck (1988); Dixit/Pindyck (1994); Bowman/Hurry (1993); Zimmermann (1998); Koch (1999); Tomaszewski (2000); Werner (2000); Bockemühl (2001); Bathe/Kramer/Müller (2002); Götze (2014: 420–435); Schwartz/Trigeorgis (2001); Kruschwitz (2014: 388–428).

Tab. 7.2 Merkmale einer finanziellen Kauf- und einer realen Investitionsoption. Quelle: Eigene Darstellung, in Anlehnung an: Müller (2004: 95)

Merkmale der finanziellen Kaufoption	Symbol	Merkmale der realen Investitionsoption
Recht, den Basiswert gegen Zahlung des Ausübungspreises zu erwerben		Recht, die aus der Investition resultierenden Rückflüsse gegen Zahlung der Investitionssumme zu erwerben
Aktueller Kurs des Basisobjektes (Basiswert)	$S \leftrightarrow B$	Barwert der Rückflüsse
Ausübungspreis	$X \leftrightarrow I$	Investitionsauszahlung
Laufzeit der Option	T	Zeitraum, in dem die Investitionsmöglichkeit besteht
Risikofreier Zinssatz	r	Risikofreier Zinssatz
Dividendenrendite	δ	Jährliche Rückflüsse in % von B
Volatilität des Basisobjektes	σ	Volatilität der Rückflüsse

Im Verlauf der Entwicklung der Realoptionstheorie haben sich vier wesentliche Konzepte von Realoptionen herausgebildet. Es sind dies die Sichtweisen von Realoptionen als:[39]

a) Bestandteile des Unternehmenswertes,
b) Flexibilität eines Akteurs, eine irreversible Maßnahme veranlassen zu können,
c) Investitionsprojekte bzw. -objekte mit Optionscharakter oder
d) strategische Heuristik.

Für die weiteren Darstellungen sind lediglich die Interpretationen b) und c) relevant.

Für die Bewertung einer Handlungsmöglichkeit ist es von entscheidender Bedeutung, dass die Investition aufgeschoben werden kann und eventuell nicht durchgeführt werden muss. Gegenüber einer Investition, die sofort und nur heute realisiert werden muss, weist die Möglichkeit zu warten einen zusätzlichen Wert auf, den Flexibilitätswert. Im Zeitverlauf sinkt dieser Wert, da die Wahrscheinlichkeit geringer wird, dass dem Entscheider zusätzliche Informationen zugehen. Sind die Voraussetzungen bezüglich Handlungsmöglichkeiten, Irreversibilität und Unsicherheit erfüllt, wird eine Analogie zwischen Finanz- und Realoptionen entsprechend Tab. 7.2 ersichtlich.

Die gesamte Investitionsmöglichkeit entspricht einem Recht, aber nicht einer Verpflichtung, die Investition zu tätigen. Die Summe der barwertigen Einzahlungsüberschüsse stellt den aktuellen Wert des Basiswertes dar. Die an die Aktieninhaber, nicht aber die Optionsinhaber gezahlten Dividenden werden mit den aus dem Investitionsprojekt resultierenden Rückflüssen abgebildet. Der Ausübungspreis ist der Wert, zu dem bei einer finanziellen Kaufoption die Aktie bezogen werden kann. Im Falle der realen Investitionsmöglichkeit

[39] Vgl. McGrath/Ferrier/Mendelow (2004: 86–88).

entspricht dieser Wert den Investitionsauszahlungen. Die Laufzeit der Option wird durch den Zeitraum, in dem die Investitionsmöglichkeit besteht, abgebildet.[40]

Die Volatilität bezeichnet die jährliche zeitkontinuierliche Standardabweichung der Rendite, die der Basiswert erzielt, also der Kursänderung. Die Ermittlung der Volatilität wird in einem eigenständigen Abschnitt vorgestellt.[41]

Wichtig ist die Unterscheidung in europäische und amerikanische Optionen. Kann die Option zu jedem Zeitpunkt innerhalb der Laufzeit ausgeübt werden, spricht man von einer amerikanischen Option. Ist die Ausübung nur am Ende der Optionslaufzeit möglich, so handelt es sich um eine europäische Option. Realoptionen sind in der Regel amerikanische Optionen, da zeitstetig über die Ausübung entschieden werden kann.

Als ein früher Beleg für die Existenz und Nutzung von Realoptionen wird in einigen Quellen das Beispiel des THALES VON MILET aus der Antike angeführt.[42] Dieser erwarb – nach Berichten des ARISTOTELES – schon im Winter des Vorjahres die Nutzungsrechte sämtlicher Ölmühlen in MILET und CHIOS und spekulierte auf eine gute Ernte in der nächsten Saison. Als die Ernte wie von ihm prognostiziert eintraf, nutzte er die Pressen nicht selbst, sondern verpachtete sie – mit einem Gewinnaufschlag versehen – an die Bauern weiter.[43] Dieses Beispiel ist jedoch in der verwendeten Interpretation nicht aussagefähig.[44]

Es existiert eine ganze Reihe unterschiedlicher Finanz- und Realoptionen. Die wichtigsten Typen der Finanzoptionen sind die:

- Kaufoption,
- Verkaufsoption,
- Kombinationen aus Kauf- und Verkaufsoptionen, z. B. die Kaufoption auf eine Verkaufsoption,
- Optionen auf einen oder mehrere Basiswerte sowie
- Tauschoption.

Daraus folgt, dass neben der in Tab. 7.2 dargestellten realen Option zur Investition auch eine Reihe weiterer Realoptionen existiert, so z. B. die Option, ein bereits bestehendes

[40] Vgl. Müller (2017: 423–424).
[41] Vgl. Abschn. 7.6.2.3.
[42] Vgl. Copeland/Keenan (1998: 40); Wieland (2002: 120); Adams/Rudolf (2009: 365–366); Fink/Siebe (2011: 307).
[43] Vgl. Aristoteles: Politik, 1. Buch, 11. Kapitel, zitiert nach: Bernays (1872: 40–41).
[44] THALES VON MILET erwarb keine Option auf die Nutzung der Ölpressen. Er pachtete diese Ölpressen im Voraus, schloss demzufolge einen bindenden Pachtvertrag. Die Pacht musste er in jedem Fall entrichten – unabhängig von der Güte der Ernte. Eine Analogie zu Realoptionen wäre nur dann erfüllt, wenn THALES VON MILET frühzeitig das Recht erworben hätte, die Ölmühlen zu einem festen Betrag pachten oder nutzen zu können. Darauf geben die Quellen jedoch keinen Hinweis. THALES VON MILET hat die Nutzungsrechte jedoch sofort erworben. Das Beispiel wird zu einem späteren Zeitpunkt wieder aufgegriffen. Vgl. Abschn. 7.6.4.

Projekt abzubrechen. In der Literatur werden häufig folgende Gruppen von Realoptionen unterschieden:[45]

- Lern- bzw. Flexibilitätsoption,
- Versicherungsoption,
- Wachstumsoption.

Bei genauer Betrachtung wird jedoch deutlich, dass allen diesen Optionen die Flexibilität des Entscheidungsträgers innewohnt. Dass diese Flexibilität in unterschiedlichen Kontexten unterschiedlich genutzt wird, ergibt sich aus den vielfältigen möglichen Situationen.

Die Realisierung einer Investitionsmaßnahme entspricht, bei entsprechend abstrahierter Betrachtung, einem Tauschgeschäft. Der Investor tauscht den Vermögensgegenstand „Investitionssumme" gegen den Vermögensgegenstand „Barwert der Rückflüsse". Der Ausübungspreis von Investitionsoptionen, also die Investitionsauszahlung, ist realiter häufig stochastischer Natur, so z. B. bei F&E-Projekten und bei Projekten zur Exploration und Gewinnung von Rohstoffen. Dasselbe gilt für die Entscheidungssituation einer Abbruchoption, da Liquidationseinzahlungen i. d. R. ebenfalls mit Unsicherheiten verbunden sind. In dieser Situation steht dem Akteur die Möglichkeit offen, die unsicheren Rückflüsse, über die er verfügt, gegen den Erwerb der Liquidationseinzahlung, die ebenfalls unsicher ist, zu tauschen. Vor diesem Hintergrund betrachtet sind alle Realoptionen Tauschoptionen, beinhalten diese doch immer die Umwandlung von Zahlungsströmen in unterschiedlichen Projekten oder Handlungsalternativen. Die Investitions- und die Abbruchoption sind demzufolge Sonderformen der Tauschoptionen und durch den deterministischen Ausübungspreis charakterisiert.[46]

Eine Realoption beschreibt die Handlungsmöglichkeit des Akteurs, eine Tauschtransaktion von Vermögensgegenständen realisieren zu können, aber nicht zu müssen. Mit der Ausübung der Handlungsmöglichkeit wird diese aufgegeben.

7.6.2 Bewertung

Die Ansätze der Optionspreisfindung basieren auf zwei zentralen Prinzipien. Ein Prinzip ist die Konstruktion eines äquivalenten risikolosen, selbstfinanzierenden Portfolios. Dieses Portfolio repliziert bzw. dupliziert die möglichen Rückflüsse der Option exakt. Zur Zusammensetzung des Portfolios und der daraus resultierenden Formel zur Optionsbewertung existieren unterschiedliche Ansätze. Allen gemeinsam ist die Schlussfolgerung,

[45] Vgl. Schäfer (2005: 389); Meise (1998: 97); Weber (2002: 144); Hilpisch (2006: 65–67).
[46] Vgl. Müller (2005b: 50–52); Mueller (2013: 25–26).

dass die Gegenwartswerte von Portfolio und Option auf einem vollkommenen und somit arbitragefreien Kapitalmarkt identisch sein müssen, da auch die zukünftigen Rückflüsse identisch sind. Aus der Annahme eines vollkommenen Kapitalmarktes wird das zweite wichtige Prinzip der Optionspreistheorie abgeleitet. Die Präferenzen der Marktteilnehmer sind auf einem vollkommenen Kapitalmarkt bewertungsirrelevant. Da somit auch der Wert einer Option nicht von der Risikopräferenz abhängt, kann jede beliebige Risikopräferenz unterstellt werden. Damit kann das Modell einer risikoneutralen Welt angenommen werden, in der jeder zukünftige Zahlungsstrom mit dem risikolosen Zinssatz diskontiert werden kann. Diese Vorgehensweise der risikoneutralen Bewertung vereinfacht die Optionsbewertung. Je nach der Vorgehensweise bei der Lösung des Bewertungsproblems und den Annahmen, die hinsichtlich des Entwicklungsprozesses des Basiswertes getroffen werden, lassen sich unterschiedliche Optionspreismodelle differenzieren, die in zwei Gruppen unterteilt werden – in numerische und in analytische Verfahren.[47]

Grundannahme für die Entwicklung von Aktienkursen ist die Random-Walk-Hypothese. Diese geht davon aus, dass ausschließlich künftige Informationen den Kurs von Aktien beeinflussen. Da zum heutigen Zeitpunkt aber unklar ist, ob sich diese Informationen positiv oder negativ auf die Kursentwicklung auswirken, kann auch keine Prognose über die zukünftige Entwicklung getroffen werden. Deshalb wird davon ausgegangen, dass Aktienkurse einem Zufallspfad (Random Walk) folgen, also stochastischer Natur sind. In Abhängigkeit davon, welche Arten von Zufallsprozessen verwendet werden, können zwei grundlegende Herangehensweisen unterschieden werden:

- analytische Verfahren und
- numerische Verfahren.

Analytische Verfahren basieren auf einer zeitstetigen Modellierung des Kursverlaufes, wohingegen numerische Verfahren eine zeitdiskrete Modellierung verwenden.

7.6.2.1 Analytische Verfahren

Ausgangspunkt der analytischen Verfahren ist die Annahme der zeitstetigen, stochastischen Wertentwicklung des Basiswertes. Der bekannteste analytische Ansatz zur Bewertung von Finanzoptionen stammt von Black und Scholes sowie Merton (BSM-Modell) und wurde für europäische Optionen entwickelt.[48] Kennzeichnend für zeitstetige Prozesse ist die Möglichkeit einer kontinuierlichen Änderung der Zufallsvariablen. Für die Modellierung zeitstetiger, stochastischer Prozesse wird angenommen, die Zufallsvariable x vollziehe in einem infinitesimal kleinen Zeitintervall eine infinitesimal kleine Veränderung dz.[49] Ein einfacher Wiener-Prozess (auch als Brown'sche Bewegung

[47] Vgl. Meyer (2006: 191).

[48] Benannt nach Fischer Black (1938–1995), Myron Scholes (geb. 1941) und Robert C. Merton (geb. 1944). Scholes und Merton erhielten für ihren Beitrag 1997 den „Wirtschaftsnobelpreis". Vgl. Black/Scholes (1973: 637–659); Merton (1973: 141–183).

[49] Zur folgenden Darstellung vgl. Pindyck (1991: 1144); Hull (2015: 383–388).

oder GAUSS-WIENER-Prozess bezeichnet)[50] liegt vor, wenn die Veränderung dz vom Zeitintervall dt in folgender Form abhängig ist: $dz = \epsilon \cdot \sqrt{dt}$, wobei ϵ die Zufallsstichprobe aus einer Standardnormalverteilung ist. Daraus folgt, dass dz eine Normalverteilung mit dem Mittelwert $\mu(dz) = 0$ und eine Standardabweichung $\sigma(dz) = \sqrt{dt}$ aufweist.

Da diese Eigenschaften die Eignung des Prozesses zur Abbildung der Kursverläufe am Kapitalmarkt einschränken, wird der Zufallsvariablen x eine pro Zeiteinheit dt definierte Wachstumsrate a mit $a = \frac{dx}{dt}$, sowie eine allgemeine Diffusionskomponente b hinzugefügt. Damit entsteht ein genereller bzw. allgemeiner WIENER-Prozess (auch als BROWN'sche Bewegung mit Drift bezeichnet) der Form $dx = adt + bdz$ wobei a als Driftrate und b als Varianzrate Konstanten sind. Eine Zufallsvariable, die der BROWN'schen Bewegung mit Drift folgt, kann auch negative Werte aufweisen.[51] Das schränkt die Verwendung dieses Prozesses zur Modellierung von Aktienkursverläufen ein, da diese Werte realiter niemals negativ sind.

Wenn a und b von der Zufallsvariablen x und der Zeit t abhängig sind, handelt es sich um einen ITÔ-Prozess, der wie folgt formuliert wird: $dx = a(x,t)dt + b(x,t)dz$. Ein Wiener-Prozess ist demzufolge ein spezieller ITÔ-Prozess mit $a = 0$ und $b = 1$.[52] ITÔ's Lemma erlaubt es, den stochastischen Prozess der Funktion einer Variablen aus dem stochastischen Prozess selbst, dem die Variable folgt, zu errechnen. Es handelt sich also um eine Differentiationsregel, mit der Zufallsvariablen, die einem stetigen Prozess folgen, differenziert werden.[53]

Eine Eigenschaft der bisher dargestellten Prozesse ist die Markov-Eigenschaft. Ein Prozess, bei dem nur der augenblickliche Wert von x relevant für den zukünftigen Werteverlauf ist, d. h. die Vergangenheit bereits im augenblicklichen Wert berücksichtigt ist, besitzt die Markov-Eigenschaft und wird auch als Markov-Prozess bezeichnet. Die bisherige Entwicklung der Zufallsvariablen zu dem augenblicklichen Wert ist für die zukünftige Entwicklung dieses Wertes ohne Bedeutung. Die Markov-Eigenschaft ist konsistent mit der schwachen Form der Informationseffizienz, die besagt, dass die historische Entwicklung keinen Einfluss auf die zukünftige Entwicklung hat. Würde keine schwache Effizienz auf den Märkten existieren, könnten durch die Interpretation historischer Aktiencharts überdurchschnittliche Renditen erzielt werden.[54]

Durch die Koeffizientenwahl $a(x,t) = ax$ und $b(x,t) = \sigma x$ lässt sich die BROWN'sche Bewegung mit Drift zu einem geometrischen BROWN'schen Prozess der Form $dx =$

---

[50] Auf einen Tropfen Wasser aufgetragene Teilchen (z. B. Blütenpollen) bewegen sich in zufälliger Weise, was erstmals 1827 vom Botaniker ROBERT BROWN (1773–1858) festgestellt und 1923 vom Mathematiker NORBERT WIENER (1894–1964) mathematisch exakt erfasst wurde. Deshalb werden die Begriffe WIENER-Prozess und BROWN'sche Bewegung häufig auch synonym verwendet. Vgl. Wilkens (2000: 74–75); Schäfer (1994: 34–41).

[51] Vgl. Hilzenbecher (2002: 155).

[52] Vgl. Seydel (2017: 33).

[53] Zum ITÔ-Integral und zur ITÔ-Formel vgl. Korn (2014: 73–101).

[54] Vgl. Hull (2015: 383).

$axdt + \sigma xdz = x(adt + \sigma dz)$ erweitern, bei dem die Entwicklung der Werte a und b von der Zufallsvariablen x und der Zeit t abhängig ist. Der BROWN'sche Prozess bildet sowohl die Standardabweichung als auch den Erwartungswert proportional zum Zustand ab und definiert auf diese Weise eine logarithmisch normalverteilte Zufallsvariable. Eine Zufallsvariable, die einer geometrischen BROWN'schen Bewegung folgt, kann grundsätzlich niemals negative Werte aufweisen. Das macht die geometrische BROWN'sche Bewegung besonders für die Modellierung von Preis- und Kursverläufen geeignet. Schon 1900 wurde von LOUIS BACHELIER eine Optionspreistheorie vorgestellt, die nicht in der von BLACK, SCHOLES und MERTON begründeten Formel mündet, weil bei diesem Ansatz die Preise selbst und nicht die logarithmierten Preise normalverteilt sind.[55] Die log-normale Verteilung der Aktienpreise wurde erst später unter Verwendung des aus der Psychologie stammenden WEBER-FECHNER-Gesetzes begründet und in die Finanzmarkttheorie eingeführt.[56]

Ausgangspunkt des Ansatzes von BLACK und SCHOLES ist die Modellierung des Aktienkurses $S(t)$ als zeitkontinuierlicher ITÔ-Prozess mit dem Wachstumsparameter μ und der Streuung σ, so dass gilt: $dS = \mu Sdt + \sigma Sdz$. Die Optionsbewertung wird durch den folgenden Gedankengang ermöglicht:[57] Die Abbildung eines risikofreien Hedge-Portfolios (HP) geschieht durch den Kauf von N Stück des Basiswertes zum Kurs von S und dem Verkauf einer auf diesem Basiswert beruhenden Kaufoption C. Die Verzinsung des risikofreien HP findet mit dem risikolosen Zinssatz r_F statt. Dieses risikolose Portfolio wird im Zeitablauf stetig an die Wertentwicklung angepasst. Dies geschieht durch den zeitstetigen Handel mit der zugrundeliegenden Aktie und der Kaufoption. Der Term $\frac{\partial C}{\partial S}$ wird als Delta der Option bezeichnet und gibt die Wertänderung der Option mit der Änderung des Aktienkurses an. Der Wert des Portfolios ergibt sich mit:

$$HP = \frac{\partial C}{\partial S} S - C$$

Eine Wertänderung des Portfolios wird beschrieben durch:

$$dHP = \frac{\partial C}{\partial S} \cdot dS - dC$$

Ausgehend von der beschriebenen geometrischen BROWN'schen Bewegung, ergibt sich die Wertänderung der Kaufoption aus ITÔs Lemma mit:

$$dC = \frac{\partial C}{\partial t} \cdot dt + \frac{\partial C}{\partial S} \cdot dS + \frac{1}{2} \frac{\partial^2 C}{\partial S^2} \cdot dS^2$$

[55] Vgl. van de Locht (2009: 11); Briys et al. (1998: 88–89); Merk (2011: 20–21).
[56] Vgl. Singer (1999: 205–209); Black/Scholes (1973: 640).
[57] Zur folgenden Darstellung vgl. Hilzenbecher (2002: 193–195); Schäfer (2005: 377–380).

Die Wertänderung des Portfolios dHP ergibt sich aus:

$$dHP = \frac{\partial C}{\partial S} \cdot dS - \left(\frac{\partial C}{\partial t} \cdot dt + \frac{\partial C}{\partial S} \cdot dS + \frac{1}{2} \frac{\partial^2 C}{\partial S^2} \cdot dS^2 \right)$$

Daraus folgt:

$$dHP = - \left(\frac{\partial C}{\partial t} \cdot dt + \frac{1}{2} \frac{\partial^2 C}{\partial S^2} \cdot \sigma^2 \cdot S^2 \cdot dt \right)$$

Da das Portfolio risikofrei ist, muss es sich mit dem risikofreien Zinssatz verzinsen, woraus folgt:

$$dHP = \left(\frac{\partial C}{\partial S} S - C \right) \cdot r_F \cdot dt$$

Die Wertänderung, die durch diese beiden Darstellungen beschrieben wird, muss auf einem vollkommenen, effizienten Kapitalmarkt identisch sein. Deshalb gilt:[58]

$$\left(\frac{\partial C}{\partial S} S - C \right) \cdot r_F \cdot dt = - \left(\frac{\partial C}{\partial t} \cdot dt + \frac{1}{2} \frac{\partial^2 C}{\partial S^2} \cdot \sigma^2 \cdot S^2 \cdot dt \right)$$

Diese Gleichung und einige Umformungen ergeben eine partielle Differentialgleichung zweiter Ordnung, deren Lösung aus der Theorie der Wärmeleitung bekannt ist (vgl. Abb. 7.10).[59] Um diese Gleichung lösen zu können, müssen folgende Randbedingungen erfüllt sein:[60]

- Die Endbedingung $C(S; 0; X) = \max(S - X; 0)$ bedeutet, dass der Wert einer Option am Ende der Laufzeit gleich dem inneren Wert als Differenz aus dem Aktienkurs S und dem Ausübungspreis X ist, wenn dieser Wert positiv ist. Ist diese Differenz negativ, beträgt der Optionswert null.
- Die untere Randbedingung $C(0; T; X) = 0$ besagt, dass der Optionswert während der gesamten Laufzeit niemals negativ sein kann. D. h., ist der Basiswert null, so muss der Wert einer Kaufoption ebenfalls null sein.

Zusätzlich ist die Randbedingung zu erwähnen, dass die Kaufoption auf eine Aktie nie mehr wert sein kann als die Aktie selbst: $\frac{C(S;T;X)}{S} \rightarrow 1$ für $S \rightarrow \infty$.[61]

Als Lösung des Bewertungsproblems ergibt sich der Wert einer europäischen Kaufoption C ohne Dividendenzahlungen bei zeitstetiger Verzinsung[62] mit:[63]

$$C = SN(d_1) - Xe^{-rT} N(d_2).$$

[58] Vgl. Hilzenbecher (2002: 194).
[59] Vgl. Black/Scholes (1973: 644).
[60] Vgl. Merton (1973: 143); Black/Scholes (1973: 643).
[61] Vgl. Hilzenbecher (2002: 195).
[62] Vgl. Abschn. 5.3.1.
[63] Vgl. Black/Scholes (1973: 644).

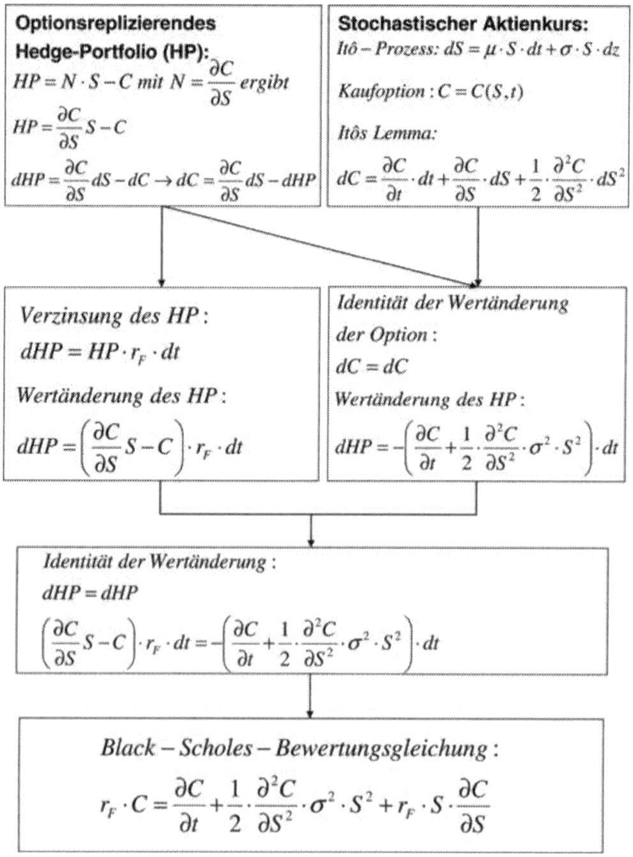

Abb. 7.10 Schematische Darstellung des BLACK-SCHOLES-Ansatzes zur Bewertung einer europäischen Option auf eine dividendenlose Aktie. Quelle: Eigene Darstellung, in Anlehnung an: Hilzenbecher (2002: 196). Die Herleitung des BSM ist neben dem Konstrukt des Hedge-Portfolios durch zwei weitere Argumentationswege möglich. Vgl. Merk (2011: 42–48)

wobei (vgl. Tab. 7.2):

S – Kurs des Basiswertes zum Zeitpunkt $t = 0$,
T – Restlaufzeit der Option in Jahren,
r – risikofreier Zinssatz,
X – Ausübungspreis.

Der Wert der europäischen Verkaufsoption P ohne Dividendenzahlungen resultiert mit:

$$P = Xe^{-rT} N(-d_2) - SN(-d_1).$$

Der Term $N(d_i)$ bezeichnet den Wert der Verteilungsfunktion der Standardnormalverteilung an der Stelle d_i und ist definiert mit:[64]

$$N(d_i) = \frac{1}{\sqrt{2\pi}} \int_{-\infty}^{d_i} e^{\frac{x^2}{2}}\, dx.$$

In den Bestimmungsgleichungen sind d_1 und d_2 wie folgt definiert:

$$d_1 = \frac{\ln\left(\frac{S}{X}\right) + \left(r + \frac{\sigma^2}{2}\right) T}{\sigma \sqrt{T}};$$

$$d_2 = \frac{\ln\left(\frac{S}{X}\right) + \left(r - \frac{\sigma^2}{2}\right) T}{\sigma \sqrt{T}} = d_1 - \sigma \sqrt{T}.$$

Bei Berücksichtigung von Dividendenzahlungen durch eine konstante, jährliche Dividendenrate δ der zugrunde liegenden Aktie resultiert:[65]

für die Kaufoption: $C = Se^{-\delta T} N(d_1) - Xe^{-rT} N(d_2)$,
und für die Verkaufsoption: $P = Xe^{-rT} N(-d_2) - Se^{-\delta T} N(-d_1)$.

Dabei sind d_1 und d_2 wie folgt definiert:

$$d_1 = \frac{\ln\left(\frac{S}{X}\right) + \left(r - \delta + \frac{\sigma^2}{2}\right) T}{\sigma \sqrt{T}};$$

$$d_2 = \frac{\ln\left(\frac{S}{X}\right) + \left(r - \delta - \frac{\sigma^2}{2}\right) T}{\sigma \sqrt{T}} = d_1 - \sigma \sqrt{T}.$$

Im Fall einer Kaufoption stellt die Dividendenrendite Zahlungen dar, die dem Optionsinhaber entgehen, dem Aktieninhaber jedoch zufließen. Demzufolge reduzieren Dividendenzahlungen den Wert von Kaufoptionen. Für Verkaufsoptionen gilt die gegensätzliche Argumentation. Die Existenz von Dividendenzahlungen ist mit Blick auf Realoptionen von besonderer Bedeutung.[66]

[64] Vgl. Steiner/Uhlir (2001: 248). Zu einer Ableitung der in der Optionspreisformel verwendeten Standard-Normalverteilung aus der postulierten log-Normalverteilung der Wertpapierpreise vgl. Loistl (1994: 188–190).

[65] Vgl. Steiner/Uhlir (2001: 258–259); Schäfer (2005: 384).

[66] Vgl. Abschn. 7.6.4.

Mit diesen Annahmen und der Vorgehensweise lassen sich sowohl einfache als auch verbundene europäische Optionen bewerten.[67] Bei einer analytischen Bewertung amerikanischer Optionen sind zusätzliche Randbedingungen zu beachten. Dies resultiert aus der Tatsache, dass bei amerikanischen Optionen mit der Bewertung auch die optimale Ausübungsstrategie identifiziert werden muss. Die Möglichkeit, eine Option zu unterschiedlichen Zeitpunkten ausüben zu können, beeinflusst den Wert der Option. Bei der Preisfindung amerikanischer Derivate ist der kritische Wert zu ermitteln, bei dem die Ausübung der Option optimal ist. Bei Erreichen des kritischen Optionswertes (engl. trigger value, trigger oder auch treshold) wird die Option ausgeübt. Dieses Vorgehen entspricht der Ermittlung der optimalen Stoppzeit zur formalen Beschreibung der Ausübungsstrategie amerikanischer Optionen. Zu beachten ist, dass es in einigen Fällen optimal sein kann, nicht zu stoppen, d. h. der Trigger wird nicht erreicht. Zur analytischen Bewertung amerikanischer Derivate ergeben sich folgende zusätzliche Randbedingungen:[68]

- Der Wert einer amerikanischen Option muss zu jedem Zeitpunkt mindestens so groß sein wie das Maximum aus dem inneren Wert und null.
- Durch die Einhaltung der Bedingung „Smooth-Pasting-Condition" wird erreicht, dass das Stoppen an der Stelle optimal ist, an der der Optionswert und ihr innerer Wert sich tangential treffen. An dieser Stelle ist die erste Ableitung von Optionswert und innerem Wert identisch. Somit ist die Smooth-Pasting-Condition eine notwendige Voraussetzung für die Optimalität der Ausübungsstrategie, denn dadurch wird für die Maximierung des Optionswertes gesorgt.
- Die „Value-Matching-Condition" besagt, dass der Wert des Ausübens der Option dem Wert des Haltens der Option entspricht. Zum Zeitpunkt der Optionsausübung muss der Optionswert mit dem Ausübungswert übereinstimmen.

Gerade bei der Bewertung amerikanischer Optionen ist die Bandbreite der Anwendung analytischer Verfahren durch die zahlreichen Nebenbedingungen und die Spezifität der mathematischen Lösung auf einige wenige Optionstypen beschränkt. Die Bewertung führt entweder zu geschlossenen Lösungen, mittels derer konkrete Werte ermittelt werden können, oder zu unendlichen Reihen, die nur komparativ-statische Betrachtungen erlauben.

7.6.2.2 Numerische Verfahren

Numerische Verfahren versuchen, entweder den stochastischen Prozess der Entwicklung des Basiswertes zu approximieren (Gitterverfahren und Monte-Carlo-Analyse) oder die partiellen Differentialgleichungen der Optionsbewertung in diskrete Differenzengleichungen zu transformieren und zu lösen (finite Differenzierung).

Die Gitterverfahren approximieren den Wertentwicklungsprozess des Basispapiers. Bekanntester Vertreter der Gitterverfahren ist das Binomialmodell von Cox/Ross/Ru-

[67] Vgl. Geske (1979); Kwok (2008: 135–138); Kramer/Müller (2004).
[68] Vgl. Lucke (2001: 65–94); Wirl/Dangl (2000: 215); Dixit/Pindyck (1994: 128–134).

BINSTEIN (CRR-Modell), das erstmals im Jahr 1979 vorgestellt wurde.[69] Die Grundannahmen bezüglich der Eigenschaften des Marktes sowie die Prinzipien der risikoneutralen Bewertung und der Bildung eines risikofreien Duplikationsportfolios für die Entwicklung des CRR-Modells sind identisch mit den Voraussetzungen des BSM-Modells. Wichtigster Unterschied im Vergleich zum BSM-Modell ist die Modellierung der Entwicklung des Basiswertes nicht als zeitstetiger Prozess, sondern als zeitdiskreter Prozess. Das CRR-Modell geht von der Annahme aus, dass der Kurs des zugrunde liegenden Wertes einem multiplikativen binomialverteilten Prozess in zeitlich gleichen Abständen folgt. Die Kurzbezeichnung lautet deshalb Binomialmodell. Der dem CRR-Modell zugrunde liegende Binomialbaum basiert auf einer konstanten Volatilität und wird als Standardbinomialbaum bezeichnet. Die Optionslaufzeit T unterteilt sich in n diskrete, äquidistante Intervalle der Länge $\Delta t = \frac{T}{n}$. Der Kurs des Basisobjektes S kann am Ende einer Periode nur zwei mögliche Werte haben. Er kann mit der Wahrscheinlichkeit w um den Wert u steigen oder mit der Wahrscheinlichkeit $1 - w$ um den Wert d fallen (mit $u > 1, d < 1$ und $0 < w < 1$). Diese Wahrscheinlichkeit wird als **Pseudowahrscheinlichkeit** bezeichnet, da sie aus den Werten u und d abgeleitet wird. Zur Ermittlung dieser Pseudowahrscheinlichkeit sind keine detaillierten Informationen über die tatsächlich erwarteten Wahrscheinlichkeiten und auch keine Informationen über die Risikopräferenzen der Marktteilnehmer notwendig. Diese Parameter haben annahmegemäß für die Entwicklung des aktuellen Kurses des Basiswertes gesorgt, weshalb davon ausgegangen wird, dass die Informationen schon im Kurs enthalten sind.[70] Mit dieser Vorgehensweise werden die möglichen Werte des Basispapiers zu den einzelnen diskreten Zeitpunkten bestimmt, woraus sich ein Binomialbaum ergibt (vgl. Abb. 7.11). Dazu werden folgende Parameter verwendet:[71]

$$u = e^{\sigma\sqrt{\Delta t}}; \quad d = e^{-\sigma\sqrt{\Delta t}}; \quad w = \frac{e^{r\Delta t} - d}{u - d}; \quad 1 - w = \frac{u - e^{r\Delta t}}{u - d}.$$

Gemäß den Modellannahmen zur Optionsbewertung liegt ein arbitragefreier Markt vor. Um diese Voraussetzung bei der Konstruktion des Binomialbaums zu berücksichtigen, muss der risikolose Zinssatz r so gewählt werden, dass gilt: $d < e^{r\Delta t} < u$, womit sichergestellt wird, dass kein risikoloser Arbitragegewinn (free lunch) möglich ist. In einem ersten Schritt können durch Festlegung und Ermittlung der Parameter die Auf- und Abwärtsbewegungen des Basiswertes ermittelt werden.

Nach der Modellierung der Entwicklung des Basiswertes wird der Wert der Option vom Ende des Binomialbaumes her (retrograd bzw. rekursiv) ermittelt.[72] Grundlage bildet das Optimalitätsprinzip von BELLMAN.[73] Dazu wird der Knoten j zum Zeitpunkt i bezeichnet als Knoten (i, j), wobei $0 \leq i \leq N$ sowie $0 \leq j \leq i$. Der Wert einer Kaufoption in

[69] Benannt nach JOHN C. COX (geb. 1943), STEPHEN ROSS (1944–2017) und MARK RUBINSTEIN (geb. 1944). Vgl. Cox/Ross/Rubinstein (1979).
[70] Vgl. Cox/Ross/Rubinstein (1979: 235).
[71] Vgl. Kruschwitz/Husmann (2012: 299); Hull (2015: 562).
[72] Vgl. Hull (2015: 563–566).
[73] Vgl. Abschn. 3.1.2.3.

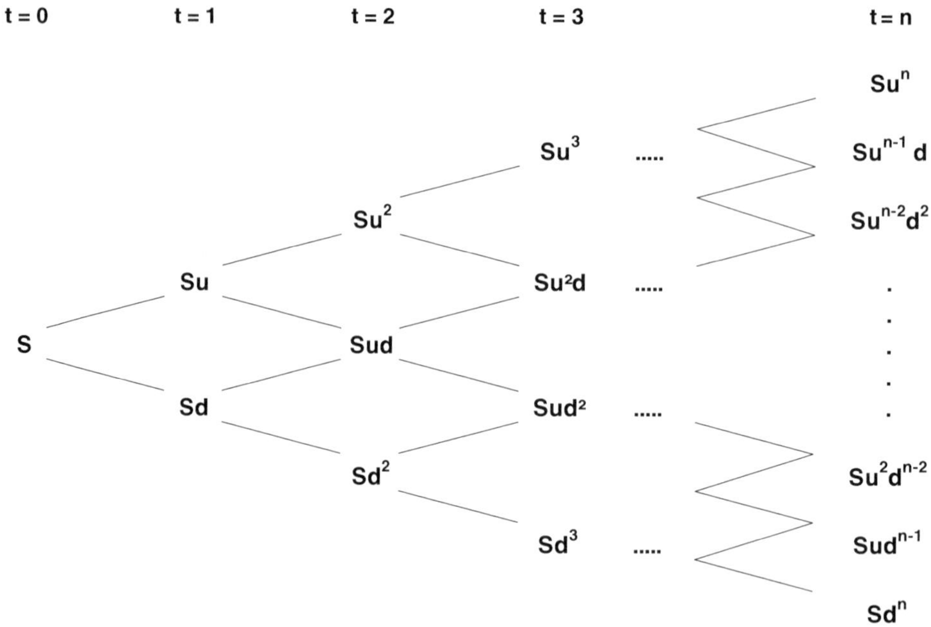

Abb. 7.11 Kursbewegungen im Binomialbaum über n Perioden. Quelle: Eigene Darstellung, in Anlehnung an: Schäfer (2005: 369)

diesem Knoten wird bezeichnet als $C_{i,j}$. Der Basiswert in diesem Knoten weist den Wert $S_0 u^j d^{i-j}$ auf. Der Wert der Kaufoption am Laufzeitende T beträgt: $\max(S_T - X; 0)$. Das kann auch formuliert werden mit: $C_{n;j} = \max(S_0 u^j d^{n-j} - X; 0)$. Ausgehend von diesem Zeitpunkt wird der unmittelbar davor liegende Zeitpunkt betrachtet und es werden die Optionswerte in den einzelnen Knoten ermittelt. Der Wert der Option eine Periode vor dem Laufzeitende ist dabei abhängig von der Wahrscheinlichkeit, dass sich der Optionswert in der letzten Periode aufwärts w oder abwärts $1 - w$ bewegt. Der Wert der europäischen Kaufoption im Knoten i, j wird deshalb wie folgt ermittelt:[74]

$$C_i = e^{-r\Delta t}\left[w \cdot C_{\text{up};i+1} + (1-w) \cdot C_{\text{down};i+1}\right].$$

Der Wert der europäischen Verkaufsoption am Laufzeitende T beträgt: $\max(X - S_T; 0)$. Zum Zeitpunkt t folgt der Optionswert aus:

$$P_i = e^{-r\Delta t}\left[w \cdot P_{\text{up};i+1} + (1-w) \cdot P_{\text{down};i+1}\right].$$

[74] Vgl. Hull (2015: 566).

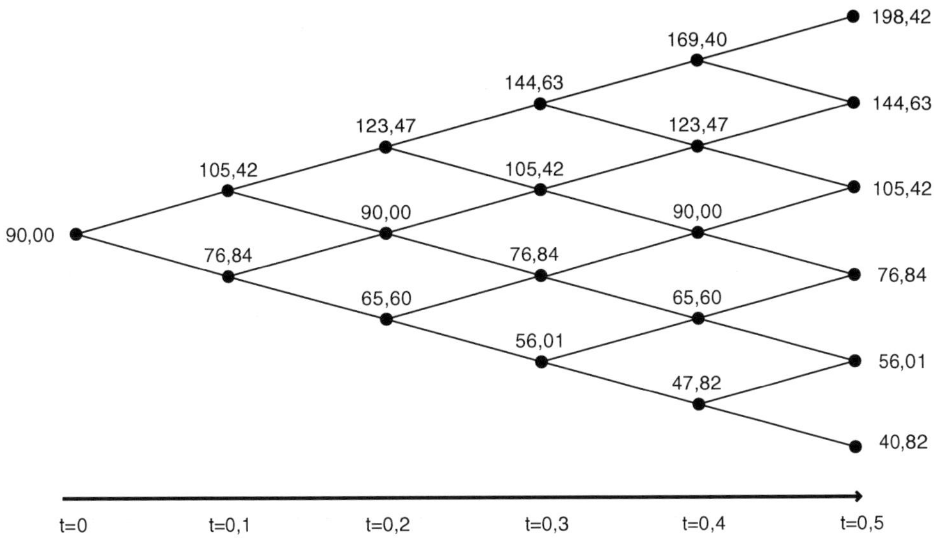

Abb. 7.12 Binomialbaum des Basiswertes. Quelle: Eigene Darstellung

Auf diese Weise werden alle Knoten bis zum Zeitpunkt $t = 0$ bewertet. Die Vorgehensweise wird an einer europäischen Option mit den folgenden Eingangswerten dargestellt:

$$S = 90{,}00\,€;\quad X = 100{,}00\,€;\quad r = 10\,\%; \sigma = 50\,\%; T = 0{,}5;\quad n = 5.$$

Die Entwicklung des Basiswertes ist in der Abb. 7.12 zu sehen.

Aufbauend auf diesem Baum wird die betrachtete Option nach der geschilderten Vorgehensweise bewertet. In der Abb. 7.13 ist die rekursive Bewertung sowohl einer europäischen Kauf- als auch einer Verkaufsoption auf die Aktie mit den bisher betrachteten Spezifikationen zu sehen.

Der Vorteil des Binomialmodells im Vergleich zum BLACK-SCHOLES-MERTON-Modell ist die Möglichkeit, auch amerikanische Optionen bewerten zu können. Dazu wird die Modellierung des Basiswertes beibehalten. Die rekursive Vorgehensweise wird grundsätzlich ebenfalls übernommen, jedoch wird in jedem Knoten die Möglichkeit der vorzeitigen Ausübung geprüft. Diese Maximalwertregel stellt sicher, dass der Optionswert der vorangegangenen Periode aus dem Maximalwert der Optionswerte bei Ausübung und bei Nichtausübung der nachfolgenden Periode ermittelt wird. Im Zuge der rekursiven Bewertung wird in jedem Knoten des Binomialbaums geprüft, ob der bei Ausübung realisierbare Wert der Option größer ist als der Optionswert bei Nichtausübung. Der Wert der Kaufoption im Knoten i, j wird deshalb wie folgt ermittelt:[75]

$$C_{i,j} = \max\left(S_0 u^j d^{i-j} - X; e^{-r\Delta t}\left[w \cdot C_{\text{up};i+1} + (1-w) \cdot C_{\text{down};i+1}\right]\right).$$

[75] Vgl. Hull (2015: 566).

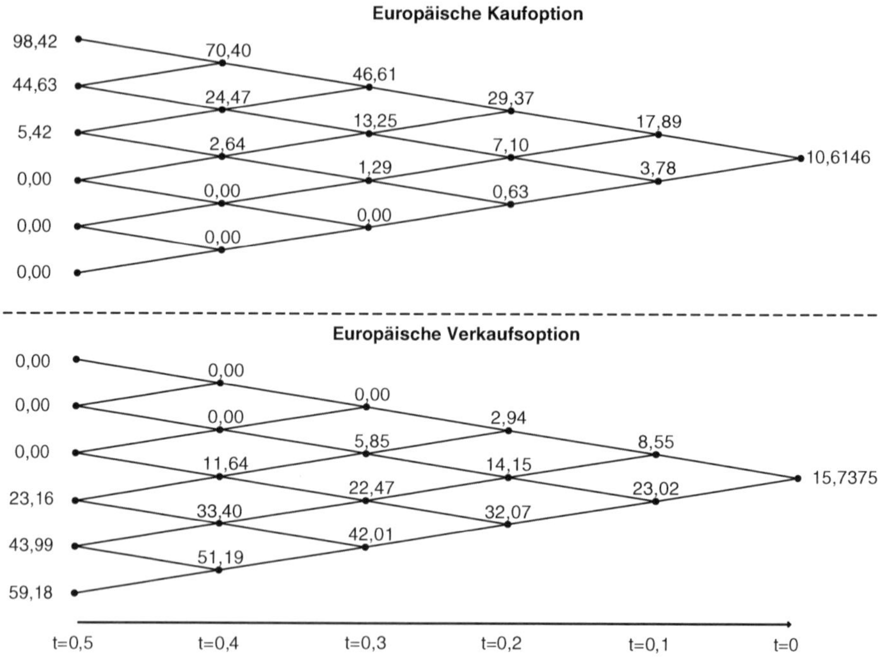

Abb. 7.13 Rekursive Ermittlung der Werte europäischer Optionen. Quelle: Eigene Darstellung

Der Wert der amerikanischen Verkaufsoption zum Zeitpunkt i folgt aus:

$$P_{i,j} = \max\left(X - S_0 u^j d^{i-j}; e^{-r\Delta t}\left[w \cdot P_{\text{up};i+1} + (1-w) \cdot P_{\text{down};i+1}\right]\right).$$

In der Abb. 7.14 ist die rekursive Bewertung sowohl einer amerikanischen Kauf- als auch einer Verkaufsoption auf die Aktie mit den bisher betrachteten Spezifikationen dargestellt.[76]

Im Vergleich zu den korrespondierenden Werten der europäischen Optionen ist der Wert der amerikanischen Verkaufsoption größer als der Wert der europäischen Verkaufsoption. Da in dem Fall keine Dividendenrendite existiert, besitzt die Möglichkeit der vorzeitigen Ausübung der Verkaufsoption einen positiven Wert. Dieser Wert sinkt jedoch mit steigender Dividendenrendite. Die Wertidentitäten der europäischen und der amerikanischen Kaufoptionen sind ebenfalls auf die nicht existierende Dividendenrendite zurückzuführen. Für die Kaufoption ist eine vorzeitige Ausübung zu keinem Zeitpunkt vorteilhaft, weshalb auch kein Wertunterschied existiert.

Die Berücksichtigung von Dividenden ist auch im Binomialmodell möglich. Dies kann wie bei den analytischen Verfahren durch die Annahme einer konstanten Dividendenrate geschehen. Diese jährliche Rate wird als Prozentsatz des Basiswertes angegeben und

[76] Die Entwicklung des Basiswertes ist in Abb. 7.12 dargestellt.

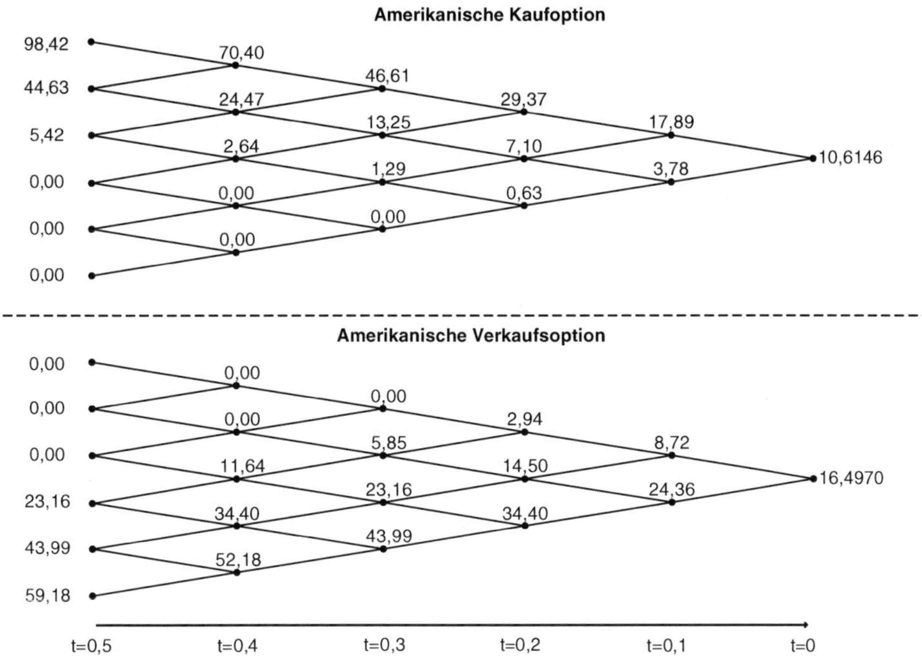

Abb. 7.14 Rekursive Ermittlung der Werte amerikanischer Optionen. Quelle: Eigene Darstellung

mit δ bezeichnet. Der Anpassung liegt die folgende Argumentation zugrunde: Wenn die Wertentwicklung des Basiswertes bei S_0 beginnt, beträgt nach dem Zeitintervall Δt der erwartete Basiswert $S_0 e^{(r-\delta)\cdot\Delta t}$. Demzufolge muss gelten:[77]

$$w \cdot S_0 \cdot u + (1-w) \cdot S_0 \cdot d = S_0 e^{(r-\delta)\cdot\Delta t}.$$

Dies führt zu der angepassten Wahrscheinlichkeit w, wobei:

$$w = \frac{e^{(r-\delta)\cdot\Delta t} - d}{u-d}.$$

Ebenfalls möglich ist die Berücksichtigung diskreter Dividendenzahlungen, deren absolute Höhe als bekannt vorausgesetzt wird, indem der Kurs des Basiswertes zum entsprechenden Zeitpunkt um diese Zahlung verringert wird. Wie auch das BSM-Modell wurde das CRR-Modell durch zahlreiche Spezifikationen und Beiträge weiterentwickelt und dadurch sein Einsatzbereich erweitert. Mit der relativ einfachen Konstruktion der spezifischen Binomialbäume lassen sich auch exotische Optionen mit einem vertretbaren Rechenaufwand

[77] Vgl. Hull (2015: 571).

bewerten. Die mathematischen Restriktionen erweisen sich im Vergleich zum BSM als weniger umfangreich.[78]

Alternativ zu den Binomialbäumen werden Trinomialbäume verwendet, die eine Entwicklung des Basiswertes in jedem diskreten Zeitpunkt zu drei Werten erlauben und die auf den dargestellten Bewertungsgrundlagen der Binomialbäume basieren. Der Basiswert kann sich vom Ausgangspunkt entweder mit der Wahrscheinlichkeit w_u zu dem Wert Su oder mit der Wahrscheinlichkeit w_d zum Wert Sd entwickeln oder der Wert in der Folgeperiode entspricht mit einer Wahrscheinlichkeit w_m dem Ausgangswert (vgl. Abb. 7.15). Die zur Konstruktion des Gitters des Basiswertes und der anschließenden rekursiven Optionswertermittlung notwendigen Parameter sind folgende:[79]

$$
\begin{aligned}
u &= e^{\sigma\sqrt{2\Delta t}};\quad d = \frac{1}{u} = e^{-\sigma\sqrt{2\Delta t}} \\
w_u &= \left(\frac{e^{\frac{r\Delta t}{2}} - e^{-\sigma\sqrt{\frac{\Delta t}{2}}}}{e^{\sigma\sqrt{\frac{\Delta t}{2}}} - e^{-\sigma\sqrt{\frac{\Delta t}{2}}}} \right)^2;\quad w_d = \left(\frac{e^{\sigma\sqrt{\frac{\Delta t}{2}}} - e^{\frac{r\Delta t}{2}}}{e^{\sigma\sqrt{\frac{\Delta t}{2}}} - e^{-\sigma\sqrt{\frac{\Delta t}{2}}}} \right)^2 \\
w_m &= 1 - w_u - w_d \\
C_{n-1} &= e^{-r\Delta t}\left[w_u C_u + w_d C_d + w_m C_m\right].
\end{aligned}
$$

Im Vergleich zum Binomialmodell besitzt das Trinomialmodell den Vorteil, dass durch die drei möglichen Umweltzustände, die von einem Ausgangswert möglich sind, eine bessere Approximation des zeitstetigen Entwicklungsprozesses erreicht wird, was zu einer verbesserten Berechnungseffizienz des Verfahrens führt.

Das Trinomialmodell kann als ein spezielles Finite-Differenzen-Verfahren aufgefasst werden, womit die konzeptionelle Verwandtschaft dieser numerischen Verfahren deutlich wird. Die Approximationsgüte von numerischen Verfahren kann anhand der drei Kriterien Stabilität, Konvergenz und Konsistenz überprüft werden. Numerische Lösungen sind:[80]

- stabil, wenn sich Fehler bei geringer Variation der Schrittweite nur wenig ändern
- konvergent, wenn sie bei zunehmend feiner Diskretisierung gegen einen bestimmten Wert streben
- konsistent, wenn diese Lösungen gegen den analytisch ermittelten Wert streben.

Zur Veranschaulichung der Approximationsgüte der Gitterverfahren wird kurz ein Beispiel diskutiert. Der Wert einer europäischen Kaufoption auf eine dividendenlose Aktie

[78] Zur Bewertung komplexer Realoptionen mit einem dreidimensionalen Binomialbaum vgl. Müller (2005b: 53–54).

[79] Vgl. Clewlow/Strickland (1998: 52–57); Kwok (2008: 323–324).

[80] Vgl. Loistl (1996: 368–369).

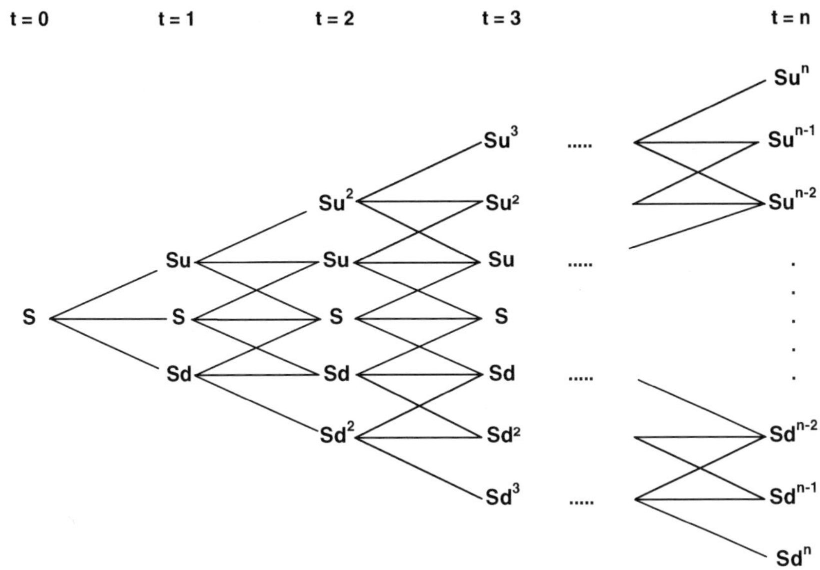

Abb. 7.15 Kursbewegungen im Trinomialbaum über n Perioden. Quelle: Eigene Darstellung, in Anlehnung an: Hull (2015: 579)

wird mit dem BSM-Modell, dem Binomialmodell und dem Trinomialmodell berechnet. Es gelten folgende Ausgangswerte:

$$S = 90{,}00\,€;\quad X = 100{,}00\,€;\quad r = 10\,\%;\quad \sigma = 50\,\%;\quad T = 0{,}5$$

Mit dem BSM-Modell werden folgende Werte ermittelt:

$$d_1 = \frac{\ln\left(\frac{90{,}00\,€}{100{,}00\,€}\right) + \left(0{,}10 + \frac{0{,}50^2}{2}\right)0{,}50}{0{,}50\sqrt{0{,}50}}$$

$$d_2 = d_1 - 0{,}50\sqrt{0{,}50}$$

$$N(d_1) = 0{,}508056;\quad N(d_2) = 0{,}369431;$$

$$C_{\text{BSM}} = 90{,}00\,€\,N(d_1) - 100{,}00\,€\,e^{-0{,}05}\,N(d_2)$$

$$\underline{C_{\text{BSM}} = 10{,}5836\,€}$$

Mit dem Binomialmodell ergeben sich für $n = 1$ folgende Werte:

$$u = e^{0{,}50\sqrt{0{,}50}} = 1{,}424119;\quad d = e^{-0{,}50\sqrt{0{,}50}} = 0{,}702189;\quad w = 0{,}483540;$$

Der Basiswert in $t = 1$ nach einer Aufwärtsbewegung beträgt:

$$90{,}00\,€ \cdot 1{,}424119 = 128{,}17\,€.$$

Der Wert der Kaufoption in $t = 1$ nach der Aufwärtsbewegung resultiert mit:

$$C_{\text{up}} = \max(S - X; 0) = \max(128{,}17\,€ - 100\,€; 0) = 28{,}17\,€.$$

Für den Wert der Kaufoption nach einer Abwärtsbewegung ergibt diese Vorgehensweise den Wert: $C_{\text{down}} = 0$.
Für den Wert der Kaufoption in $t = 0$ folgt:

$$C_{\text{CRR}} = e^{-0{,}05}\,[w \cdot 28{,}17\,€ + (1 - w) \cdot 0\,€] = \underline{12{,}9573\,€}.$$

Mit dem Trinomialmodell ergeben sich für $n = 1$ folgende Werte:

$$\begin{aligned}
u &= e^{0{,}50} = 1{,}648721; d = \frac{1}{u} = e^{-0{,}50} = 0{,}606531 \\
w_d &= \left(\frac{e^{0{,}25} - e^{0{,}025}}{e^{0{,}25} - e^{-0{,}25}}\right)^2 = 0{,}262216; w_u = \left(\frac{e^{0{,}025} - e^{-0{,}25}}{e^{0{,}25} - e^{-0{,}25}}\right)^2 = 0{,}238076; \\
w_m &= 0{,}499709 \\
C_{\text{TRIN}} &= e^{-0{,}05}\,[w_u \cdot 48{,}3849\,€ + w_d \cdot 0 + w_m \cdot 0] \\
\underline{C_{\text{TRIN}}} &\underline{= 10{,}9575\,€}
\end{aligned}$$

Die Güte der numerischen Approximation für eine größere Anzahl an Teilperioden (in diesem Beispiel wurden die Optionswerte mit jeweils 1 bis 100 Teilperioden berechnet) mittels der Gitterverfahren ist in der Abb. 7.16 ersichtlich. Sowohl die Ergebnisse des Binomial- als auch des Trinomialverfahrens sind stabil, konvergent und konsistent. Es wird deutlich, dass die mit dem Trinomialmodell ermittelten Optionswerte konsistenter sind und besser gegen den analytisch ermittelten Optionswert konvergieren.[81]

Mit diesen Darstellungen wird deutlich, dass bei Verwendung entsprechend großer Teilperioden die numerischen Verfahren im Vergleich mit den analytischen Verfahren hinreichend genaue und konsistente Ergebnisse liefern. Die Implementierung der Gitterverfahren erweist sich als relativ einfach. Amerikanische Optionen können hinreichend genau bewertet und Dividendenzahlungen auf einfachem Wege berücksichtigt werden. Auch bei diskreten Dividendenzahlungen mit unterschiedlicher absoluter Höhe ändert sich der Rechenaufwand nur unwesentlich.

Als Nachteil der Gitterverfahren ist festzuhalten, dass die Effizienz der Berechnung stark vom Optionstyp abhängt. Zu beachten ist stets, dass es sich um approximierende

[81] Nachteilig ist die Unmöglichkeit der Duplikation der Zahlungsströme einer Option im Rahmen des Trinomialverfahrens. Mathematisch sind mehrere Lösungen möglich, was mit der Grundannahme des vollständigen Marktes unvereinbar ist. Um das Verfahren konsistent einsetzen zu können, müsste eine eigenständige Optionspreistheorie für unvollständige Märkte entwickelt werden. Diese Faktoren schränken einen umfassenden Einsatz der Trinomialmodelle ein. Vgl. Wilkens (2000: 162).

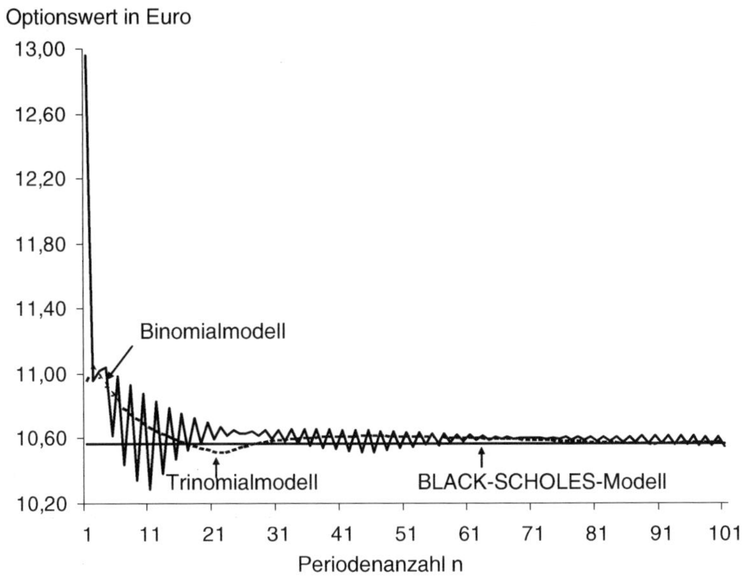

Abb. 7.16 Konvergenz der Gitterverfahren. Quelle: Eigene Darstellung

Verfahren handelt, deren Lösungen teilweise langsam (und erst bei einer hohen Zahl von Intervallen) und unregelmäßig gegen die analytisch exakten Werte konvergieren. Hinzu kommen Schwierigkeiten beim Nachweis des Konvergenzverhaltens.[82] Der Rechenaufwand der Gitterverfahren steigt in Abhängigkeit von der Anzahl der Zeitintervalle und der zugrunde liegenden Basiswerte stark an. Damit wird die Nutzung der Gitterverfahren für große Baumtiefen und mehrere Basisvariablen erschwert. Die Anwendungsvielfalt und Flexibilität der Gitterverfahren, die Möglichkeit, mit diesen Verfahren Optionen zu bewerten, die sich geschlossenen analytischen Lösungen entziehen, und die für Anwender leicht nachvollziehbare Bewertungsmethodik sind geeignet, die Genauigkeitsdefizite in der Bewertung gegenüber den analytischen Lösungen zu kompensieren bzw. mehr als auszugleichen.

7.6.2.3 Ermittlung der Volatilität

Die Volatilität bezeichnet die jährliche zeitkontinuierliche Standardabweichung der Rendite, die eine Aktie erzielt.[83] Die Volatilität hat einen hohen Einfluss auf den Optionswert, ist jedoch nicht direkt beobachtbar. Es stehen zwei Möglichkeiten zur Auswahl, Informationen über die Volatilität für die Optionsbewertung – also für die Bewertung von zukünftigen Entwicklungen – zu gewinnen:

---

[82] Vgl. Wilkens (2000: 152–153).

[83] Vgl. Batran (2008: 226–229)

- **historische Volatilität:** Analyse historischer Aktienkursentwicklungen und Fortschreibung in die Zukunft oder
- **implizite Volatilität:** Analyse aktueller Optionspreise.

Zur Ermittlung der **historischen Volatilität** wird die Standardabweichung historischer Kursnotierungen verwendet. Ausgangspunkt ist die Grundgleichung der Schätzfunktion der Stichprobenvarianz von n beobachteten Renditen r_i:[84]

$$\hat{\sigma}^2 = \frac{1}{n-1} \cdot \sum_{i=1}^{n} (r_i - \overline{r})^2 .$$

Die Volatilität als Standardabweichung resultiert dann aus: $\hat{\sigma} = \sqrt{\hat{\sigma}^2}$.

Der Term r_i beschreibt die Rendite zwischen zwei Handelszeitpunkten, so dass n die Anzahl der Kursveränderungen zwischen den Zeitpunkten darstellt. Allgemein gilt für die Rendite r auf der Basis der Kursnotierungen K zwischen zwei Handelszeitpunkten i und $i-1$ folgende Beziehung:

$$r_i = \frac{K_i - K_{i-1}}{K_{i-1}}.$$

Da bei der Optionsbewertung annahmegemäß eine zeitstetige Betrachtung erfolgt, resultiert die Rendite r_i mit:[85]

$$r_i = \ln\left(\frac{K_i}{K_{i-1}}\right).$$

Der Mittelwert $\overline{r}$ resultiert auf dieser Basis aus:

$$\overline{r} = \frac{1}{n} \sum_{i=1}^{n} r_i = \frac{1}{n} \sum_{i=1}^{n} \ln\left(\frac{K_i}{K_{i-1}}\right).$$

Damit kann für die Schätzung der Varianz formuliert werden:

$$\hat{\sigma}^2 = \frac{1}{n-1} \cdot \sum_{i=1}^{n} \left[\ln\left(\frac{K_i}{K_{i-1}}\right) - \frac{1}{n} \sum_{i=1}^{n} \ln\left(\frac{K_i}{K_{i-1}}\right) \right]^2$$

[84] Vgl. Auer/Rottmann (2015: 313).

[85] Zur Erläuterung der zeitstetigen Verzinsung vgl. Abschn. 5.3.1.

Mit $\sum_{i=1}^{n} \ln\left(\frac{K_i}{K_{i-1}}\right) = \sum_{i=1}^{n} (\ln K_i - \ln K_{i-1}) = \ln\left(\frac{K_n}{K_0}\right)$ folgt:

$$
\begin{aligned}
\hat{\sigma}^2 &= \frac{1}{n-1} \cdot \sum_{i=1}^{n} \left[\ln\left(\frac{K_i}{K_{i-1}}\right) - \frac{1}{n} \cdot \ln\left(\frac{K_n}{K_0}\right)\right]^2 \\
&= \frac{1}{n-1} \cdot \left[\sum_{i=1}^{n} \left[\ln\left(\frac{K_i}{K_{i-1}}\right)\right]^2 - \frac{2}{n} \cdot \sum_{i=1}^{n} \ln\left(\frac{K_i}{K_{i-1}}\right) \cdot \ln\left(\frac{K_n}{K_0}\right)\right] \\
&\quad + \frac{1}{n-1} \cdot \frac{1}{n^2} \cdot \sum_{i=1}^{n} \left[\ln\left(\frac{K_n}{K_0}\right)\right]^2 \\
&= \frac{1}{n-1} \cdot \sum_{i=1}^{n} \left[\ln\left(\frac{K_i}{K_{i-1}}\right)\right]^2 - \frac{2}{n \cdot (n-1)} \cdot \left[\ln\left(\frac{K_n}{K_0}\right)\right]^2 \\
&\quad + \frac{1}{(n-1) \cdot n^2} \cdot n \cdot \left[\ln\left(\frac{K_n}{K_0}\right)\right]^2 \\
&= \frac{1}{n-1} \cdot \sum_{i=1}^{n} \left[\ln\left(\frac{K_i}{K_{i-1}}\right)\right]^2 - \frac{1}{n \cdot (n-1)} \cdot \left[\ln\left(\frac{K_n}{K_0}\right)\right]^2 \\
\hat{\sigma}^2 &= \frac{1}{n-1} \cdot \sum_{i=1}^{n} \ln\left(\frac{K_i}{K_{i-1}}\right)^2 - \frac{1}{n \cdot (n-1)} \cdot \left[\sum_{i=1}^{n} \ln\left(\frac{K_i}{K_{i-1}}\right)\right]^2
\end{aligned}
$$

Bei n beobachteten Änderungen des **Schlusskurses** (SK) (z. B. Tage, Wochen oder Monate) ergibt sich aus den bisherigen Darstellungen die Schätzung der Volatilität wie folgt:[86]

$$
\hat{\sigma} = \sqrt{\frac{1}{n-1} \cdot \sum_{i=1}^{n} \ln\left(\frac{SK_i}{SK_{i-1}}\right)^2 - \frac{1}{n \cdot (n-1)} \cdot \left[\sum_{i=1}^{n} \ln\left(\frac{SK_i}{SK_{i-1}}\right)\right]^2}.
$$

Im Rahmen der Optionsbewertung beziehen sich die Angaben auf ein Jahr. So werden Zinssatz und Dividendenrate pro Jahr angegeben und die Optionslaufzeit wird ebenfalls in Jahren gemessen. Deshalb müssen auch die beobachteten Volatilitätsdaten auf diesen Zeitraum skaliert werden. Dazu dient die sog. **„Wurzel-t-Regel"**. Diese unterstellt Unabhängigkeit zwischen den Renditen des beobachteten Zeitraumes und den Renditen für den

[86] Vgl. Hull (2015: 410). Zur Vertiefung bzw. Erläuterung dient die Übungsaufgabe 7.11.

„umgerechneten" Zeitraum. Folgende Gleichung beschreibt die Relation der Volatilität eines Gesamtzeitraumes L zur Volatilität eines Subzeitraumes l:[87]

$$\sigma_L = \sqrt{t} \cdot \sigma_l, \text{ wobei } L = t \cdot l.$$

Damit resultiert der Faktor t aus dem Verhältnis $t = \frac{L}{l}$. L stellt die Länge des Gesamtzeitraumes dar, gemessen in Einheiten des Subzeitraumes l. Im Gegensatz zur Verzinsung, die auf Basis von Kalendertagen erfolgt, werden bei der Volatilität nur die Handelstage berücksichtigt. Dabei gelten folgende Konventionen:[88]

$$\begin{aligned} 1 \text{ Jahr} &= 252 \text{ Handelstage}, \quad & 1 \text{ Monat} &= 20 \text{ Handelstage}, \\ 1 \text{ Woche} &= 5 \text{ Handelstage}, \quad & 1 \text{ Jahr} &= 52 \text{ Wochen}. \end{aligned}$$

Für die Ermittlung der Jahresvolatilität auf Basis von Tageswerten gilt z. B.:

$$\hat{\sigma}_{\text{Jahr}} = \hat{\sigma}_{\text{Tag}} \sqrt{\frac{252}{1}}.$$

Für die Berechnung der Jahresvolatilität auf Basis von wöchentlich beobachteten Daten gilt z. B.:

$$\hat{\sigma}_{\text{Jahr}} = \hat{\sigma}_{\text{Woche}} \sqrt{\frac{52}{1}}.$$

Wird beispielsweise eine Wochenvolatilität auf Basis der Tagesvolatilität ermittelt, folgt:

$$\hat{\sigma}_{\text{Woche}} = \hat{\sigma}_{\text{Tag}} \sqrt{\frac{5}{1}}.$$

Die oben dargestellte Schätzung der Volatilität auf Basis historischer Daten berücksichtigt lediglich die Tagesschlusskurse, ignoriert jedoch die Schwankungen während des Handelstages (sog. intraday-Schwankungen). Diese sind ein Bestandteil der Schwankungsbreite des Aktienkurses. Zur Berücksichtigung dieser Schwankungen kann die Volatilität auf der Basis von Tageshöchstkursen (HK) und Tagestiefstkursen (TK) (*high-low volatility*) wie folgt geschätzt werden:[89]

$$\hat{\sigma}_{\text{Tag}} = \frac{1}{2n \cdot \sqrt{\ln(2)}} \cdot \sum_{i=1}^{n} \ln\left(\frac{HK_i}{TK_i}\right).$$

Diese Tagesvolatilität muss ebenfalls in eine Jahresvolatilität umgerechnet werden. Zusätzlich ist es möglich, die beiden bisher dargestellten Verfahren zu kombinieren, was zur

[87] Vgl. Wenninger (2004: 28).

[88] Die Anzahl der Handelstage pro Zeitraum lässt sich aufgrund von Feiertagen u. ä. nicht durch Multiplikation bzw. Division ineinander überführen.

[89] Vgl. Haug (2007: 447).

Schätzung der Tagesvolatilität auf Basis von Höchst-, Tiefst- und Schlusskursen (*high-low-close volatility*) führt:[90]

$$\hat{\sigma}_{\text{Tag}} = \sqrt{\frac{1}{n} \cdot \sum_{i=1}^{n} \frac{1}{2} \cdot \left[\ln\left(\frac{HK_i}{TK_i}\right)\right]^2 - \frac{1}{n} \cdot \sum_{i=1}^{n} (2 \cdot \ln(2) - 1) \cdot \left[\ln\left(\frac{SK_i}{SK_{i-1}}\right)\right]^2}.$$

Mit dem beschriebenen Verfahren wird diese Tagesvolatilität auf ein Jahr skaliert.

Charakter und wichtiger Nachteil der beschriebenen Verfahren ist die Orientierung an vergangenen Werten und der Fortschreibung dieser Werte in die Zukunft. Die **implizite Volatilität** vermeidet diesen Nachteil, indem aus den aktuell zu beobachtenden Optionspreisen die Volatilität abgeleitet wird. Diese Werte verkörpern die von den Marktteilnehmern geteilte Annahme über die zukünftige Volatilität. Folgende Vorgehensweise stehen dabei zur Auswahl:

- **Einerseits** können diese Werte für jede Option selbst ermittelt werden. Dazu wird am Markt eine Option mit identischen Rahmendaten (Basiswert, Ausübungspreis, Laufzeit, risikofreier Zinssatz, Dividendenrendite) identifiziert. Der Marktpreis dieser Option wird als Eingangsgröße verwendet. Im Anschluss wird diejenige Volatilität ermittelt, die diesem Preis entspricht. Dazu wird die Optionsbewertungsgleichung nach der Volatilität umgestellt und gelöst. Dies erfolgt i. d. R. mittels computergestütztem Berechnungsprogramm.
- **Andererseits** stellen die Börsen Volatilitätsindizes zur Verfügung. So ermittelt z. B. der VDAX® die implizite Volatilität für den *Deutschen Aktienindex – DAX* für die nächsten 45 Tage und der VDAX-NEW® ermittelt diesen Wert für die nächsten 30 Tage. Pendants dazu existieren an anderen Börsen, z. B. an der *New York Stock Exchange* mit dem *Dow Jones Industrial Average Volatility Index – DJIA VIX.*

Die Volatilität in den vorgestellten Optionsmodellen ist als **konstante Eingangsgröße** unterstellt. In der Realität ist sie jedoch veränderlich, was zu unterschiedlichen empirisch festgestellten Phänomenen führt (so z. B. das Volatility-Smile und das Volatility-Skew).[91] Um diese Ergebnisse theoretisch fundieren zu können, wurden verschiedene Modelle in die Finanzoptionsbewertung eingeführt. Dazu gehören die ARCH-Modelle (AutoRegressive Conditional Heteroskedasticity) und die daraus entstandene verallgemeinerte Form der GARCH-Modelle (Generalised ARCH-Modelle).[92] Für die Bewertung von Optionen mit ARCH-Modellen existieren keine geschlossenen Lösungen, da die ARCH-Prozesse per definitionem diskreter Natur sind. Daraus folgt die Notwendigkeit des Einsatzes numerischer Verfahren oder von Simulationsmodellen. Die Schätzung von zusätzlichen Parametern und Probleme bei der Parametergenerierung führen jedoch zu Anwendungspro-

[90] Vgl. Haug (2007: 448).
[91] Vgl. van de Locht (2009: 25–29).
[92] Der Begriff „Heteroskedastizität" steht für die Nichtkonstanz der Varianz.

blemen. Aus diesem Grunde werden die Modelle zur Abbildung einer nicht-konstanten Volatilität im weiteren Verlauf nicht berücksichtigt.

7.6.3 Werteinfluss der Bestimmungsgrößen

Aus den Darstellungen zu den Optionspreisverfahren geht hervor, dass unabhängig vom verwendeten Verfahren:

- der Wert des Basisobjektes,
- der Ausübungspreis,
- die Laufzeit,
- die Volatilität,
- der risikofreie Zinssatz und
- die Höhe der Dividendenzahlungen

wertbestimmend sind.[93] Diese sechs Werttreiber der Optionen werden kurz genauer dargestellt, weil auf diese Weise die grundlegenden Relationen der wertbestimmenden Parameter von Realoptionen identifiziert werden. Ausgangspunkt sind die folgenden Bewertungsgleichungen europäischer Optionen auf Aktien mit konstanter Dividendenrendite:[94]

$$\text{Kaufoption: } C = Se^{-\delta T} N(d_1) - Xe^{-rT} N(d_2),$$
$$\text{Verkaufsoption: } P = Xe^{-rT} N(-d_2) - Se^{-\delta T} N(-d_1).$$

Auf Basis dieser Gleichungen wird die Sensitivität des Optionswertes auf die Variation der Bewertungsparameter analysiert. Dazu werden die Bestimmungsgleichungen nach den jeweiligen Einflussparametern abgeleitet.[95] Traditionell erhalten die einzelnen Ableitungen eigenständige Bezeichnungen und werden als „Greek letters" bzw. „Greeks" bezeichnet. Diese Sensitivitätskennzahlen werden im Folgenden erläutert.[96]

Eine wesentliche Einflussgröße auf den Optionswert ist der aktuelle Kurs des Basiswertes, dargestellt durch **Delta** (Δ). Delta misst die Reaktion des Optionspreises auf Änderungen des Basiswertes. Die detaillierten Bestimmungsgleichungen für das Delta von europäischer Kauf- und Verkaufoption sind in Tab. 7.3 dargestellt. Das Delta einer Kaufoption ist **immer positiv**, wohingegen das Delta einer Verkaufoption **immer negativ** ist.

---

[93] Neben diesen in der mathematischen Bewertung berücksichtigten Wertbestimmungsfaktoren beeinflussen zusätzlich die Transaktionskosten, steuerliche und rechtliche Vorschriften, das Handelsvolumen und die organisatorischen Regelungen des Optionshandels den Wert von Finanzoptionen.

[94] Die Sensitivitätskennzahlen lassen sich auch auf Basis der numerischen Verfahren ermitteln. Vgl. Hull (2015: 567–568); Haug (2007: 287–289). Da die Werte jedoch für jeden Knoten einzeln ermittelt werden müssen, wird hier auf eine Darstellung verzichtet.

[95] Zu einer ausführlichen Darstellung der Ableitungen vgl. Haug (2007: 90–95).

[96] Zur Vertiefung bzw. Erläuterung dient die Übungsaufgabe 7.12.

Tab. 7.3 Sensitivitätskennzahlen für europäische Optionen. Quelle: Eigene Darstellung in Anlehnung an Kolb/Overdahl (2013: 478–479); Haug (2007: 22–25)

Name	Bestimmungsgleichung für Kaufoption	Bestimmungsgleichung für Verkaufoption
Delta - Δ	$\Delta_C = \frac{\partial C}{\partial S} = e^{-\delta \cdot T} \cdot N(d_1) > 0$	$\Delta_P = \frac{\partial P}{\partial S} = e^{-\delta \cdot T} \cdot [N(d_1) - 1] < 0$
Gamma - Γ	$\Gamma_C = \frac{\partial \Delta_C}{\partial S} = \frac{\partial^2 C}{\partial S^2} = \Gamma_P = \frac{\partial \Delta_P}{\partial S} = \frac{\partial^2 P}{\partial S^2} = \frac{N'(d_1) \cdot e^{-\delta \cdot T}}{S \cdot \sigma \cdot \sqrt{T}} > 0$	
Theta - Θ	$\Theta_C = -\frac{\partial C}{\partial T} = -\frac{S \cdot N'(d_1) \cdot \sigma \cdot e^{-\delta \cdot T}}{2 \cdot \sqrt{T}} + \delta \cdot S \cdot N(d_1) \cdot e^{-\delta \cdot T} - r \cdot X \cdot e^{-r \cdot T} \cdot N(d_2) \lessgtr 0$	$\Theta_P = -\frac{\partial P}{\partial T} = -\frac{S \cdot N'(d_1) \cdot \sigma \cdot e^{-\delta \cdot T}}{2 \cdot \sqrt{T}} - \delta \cdot S \cdot N(-d_1) \cdot e^{-\delta \cdot T} + r \cdot X \cdot e^{-r \cdot T} \cdot N(-d_2) \lessgtr 0$
Vega - $\mathcal{V}$	$\mathcal{V}_C = \frac{\partial C}{\partial \sigma} = \mathcal{V}_P = \frac{\partial P}{\partial \sigma} = S \cdot \sqrt{T} \cdot N'(d_1) \cdot e^{-\delta \cdot T} > 0$	
Rho - ρ	$\rho_C = \frac{\partial C}{\partial r} = T \cdot X \cdot N(d_2) \cdot e^{-r \cdot T} > 0$	$\rho_P = \frac{\partial P}{\partial r} = -T \cdot X \cdot N(-d_2) \cdot e^{-r \cdot T} < 0$
Phi - Φ	$\Phi_C = \frac{\partial C}{\partial \delta} = -T \cdot S \cdot N(d_1) \cdot e^{-\delta \cdot T} < 0$	$\Phi_P = \frac{\partial P}{\partial \delta} = T \cdot S \cdot N(-d_1) \cdot e^{-\delta \cdot T} > 0$
$N'(x)$ ist der Wert der Dichtefunktion einer standardnormalverteilten Variablen. Es gilt: $N'(d_1) = \frac{1}{\sqrt{2 \cdot \pi}} \cdot e^{-0,5 \cdot (d_1)^2}$		

Gamma (Γ) spiegelt nicht die Sensitivität des Optionspreises, sondern die Sensitivität des Delta einer Option in Abhängigkeit vom Basiswert wider. Das Gamma von Kauf- und Verkaufoption ist **immer identisch**. Die detaillierte Bestimmungsgleichung für das Gamma ist in Tab. 7.3 dargestellt.

Ein weiterer wertrelevanter Bestandteil der quantitativen Bewertung ist die **Optionslaufzeit**, berücksichtigt durch **Theta** (Θ), die erste Ableitung der Optionspreisgleichung nach der Zeit. Für alle Optionen gilt: Je mehr sich die Restlaufzeit verringert, desto stärker reduziert sich c. p. der Zeitwert, da die Wahrscheinlichkeit von Kursschwankungen in der verbleibenden Zeit sinkt. Am Verfallstag ist der Zeitwert gleich Null, übrig bleibt, wenn vorhanden, der innere Wert. Die detaillierten Bestimmungsgleichungen für das Theta von europäischer Kauf- und Verkaufoption sind in Tab. 7.3 dargestellt. Da die Laufzeit der Option fix ist, kann in der Zukunft nur eine Reduktion der Restlaufzeit erfolgen. Deshalb wird die erste Ableitung der Optionspreisformel üblicherweise mit einem negativen Vorzeichen versehen.[97]

Eine weitere Eigenschaft der Finanzoptionen – amerikanischer und europäischer Art – ist die, dass eine steigende **Volatilität** des Basiswertes einen steigenden Optionswert zur Folge hat. Abgebildet wird das durch den Faktor **Vega** ($\mathcal{V}$), der die erste Ableitung der Optionsgleichung nach der Volatilität darstellt.[98] Das Vega ist **für Kauf- und für Verkaufoption identisch**. Das liegt darin begründet, dass eine Änderung der Volatilität bei Kauf- und auch bei Verkaufoptionen zu einer identischen Wertänderung führt. Die detaillierte Bestimmungsgleichung für das Vega ist in Tab. 7.3 dargestellt. Die erhöhte Volatilität steigert den Zeitwert der Option, was sich im Gesamtoptionspreis niederschlägt. Das Vega von europäischen und von amerikanischen Optionen ist **immer positiv**.

Das wird auch bei der Betrachtung des bisher verwendeten Beispiels deutlich. Zusätzlich zu den bisher verwendeten Bewertungsparametern wird die Volatilität variiert, so dass $\sigma_1 = 0{,}5$ und $\sigma_2 = 1$. Mit der steigenden Volatilität erhöht sich die Wahrscheinlichkeit, dass sich der Basiswert in einer für den Optionsinhaber positiven Richtung verändert. Je höher diese Wahrscheinlichkeit ist, desto größer ist der Zeitwert der Option (vgl. Abb. 7.17).

Der Einfluss des Zinssatzes wird abgebildet durch **Rho** (ρ), welcher die erste Ableitung der Optionspreisgleichung nach dem risikolosen Zinssatz verkörpert. Die detaillierten Bestimmungsgleichungen für Rho sind in Tab. 7.3 dargestellt. Steigende **Zinsen** haben als einen Effekt erhöhte Kaufoptionswerte und sinkende Verkaufsoptionspreise zur Folge. Deshalb ist das Rho von **Kaufoptionen immer positiv** und das Rho von **Verkaufoptionen ist immer negativ**. Das lässt sich damit begründen, dass steigende Zinsen zu einem verringerten Gegenwartswert aller zukünftigen Rückflüsse führen. Die Ausübungskosten bei der Kaufoption und der Ausübungsnutzen der Verkaufsoption fallen in der Zukunft an.

[97] Vgl. Haug (2007: 64). Zum Sonderfall einer Option mit einem positiven Theta vgl. Kolb/Overdahl (2013: 511).

[98] Dieses Symbol entstammt nicht dem griechischen Alphabet, wird jedoch üblicherweise zu den „Greeks“ dazugezählt.

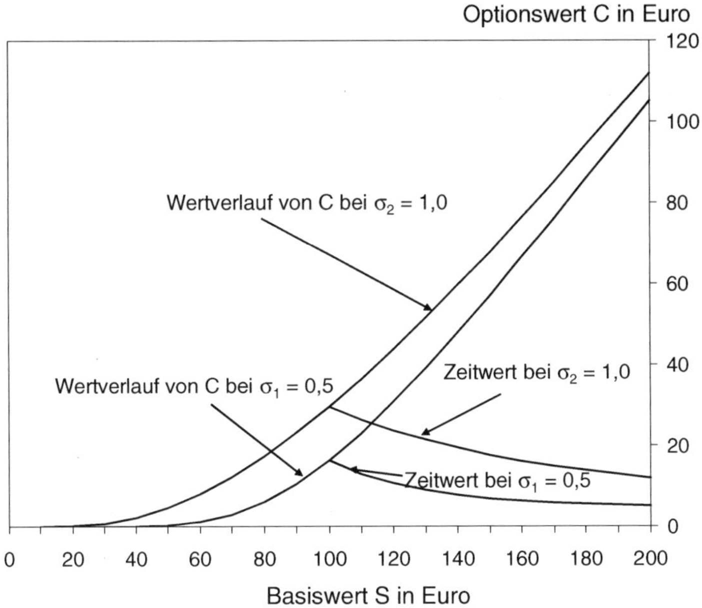

Abb. 7.17 Einfluss der Volatilität auf Zeit- und Gesamtwert einer Kaufoption. Quelle: Eigene Darstellung

Je höher der risikolose Zinssatz ist, desto geringer sind beide Werte. Während der Besitzer einer Kaufoption den Kaufbetrag bis zur Optionsausübung anlegen kann, entgehen dem Verkaufsoptionsbesitzer entsprechende Zinserträge während der Nichtausübung.

Einen großen Einfluss auf den Optionswert haben **Dividenden**. Bei der Optionsbewertung wird zwischen dividendengeschützten und dividendenungeschützten Optionen unterschieden. Im Falle dividendengeschützter Optionen erhalten die Optionsbesitzer eine adäquate Kompensation, was dazu führt, dass Dividendenzahlungen nicht in der Bewertung berücksichtigt werden. Optionsinhaber ungeschützter Optionen erfahren keine derartige Kompensation, weshalb der Einfluss der Dividenden auf den Optionspreis zu berücksichtigen ist.[99] Da dividendengeschützte Optionen selten vorkommen und über die Berücksichtigung der Dividendenzahlung der Finanzoptionen ein Analogon zu den Erträgen von realen Investitionsprojekten verfügbar ist, werden im weiteren Verlauf ausschließlich die ungeschützten Optionen analysiert.

Da Dividendenzahlungen im ursprünglichen BLACK-SCHOLES-Modell nicht vorgesehen waren, existierte auch kein standardisiertes griechisches Zeichen für diese Sensitivität. Inzwischen ist in einigen Quellen das Symbol **Phi** (Φ) zu finden, das in der BLACK-SCHOLES-MERTON-Formel die erste Ableitung des Optionspreises nach der stetigen Di-

[99] Vgl. Steiner/Bruns/Stöckl (2017: 358–363); Steiner/Uhlir (2001: 255–274).

Tab. 7.4 Explizite Determinanten des Wertes von Finanzoptionen. Quelle: Eigene Darstellung, in Anlehnung an: Müller (2004: 95)

	Wertänderung einer einfachen amerikanischen	
Erhöhung	**Kaufoption**	**Verkaufsoption**
des Basiswertes	+	−
des Ausübungspreises	−	+
der Laufzeit der Option	+	+
des risikofreien Zinssatzes	+	−
der Dividendenrendite	−	+
der Volatilität des Basisobjektes	+	+

videndenrendite δ beschreibt.[100] Die detaillierten Bestimmungsgleichungen für Phi von europäischer Kauf- und Verkaufoption sind in Tab. 7.3 dargestellt. Es wird deutlich, dass der Wert Phi für **Kaufoptionen immer negativ** ist, da die Dividendenzahlungen dem Aktieninhaber und nicht dem Optionsinhaber zufliessen. Das bewirkt eine Reduktion des Optionswertes bei steigender Dividendenrendite. Das ist gleichzeitig die Begründung dafür, dass Phi für **Verkaufoptionen immer positiv** ist.

Dividendenzahlungen bewirken eine Preissenkung der Kaufoptionen und eine Preissteigerung der Verkaufsoptionen. Eine Ausübung vor dem Verfallstag ist bei amerikanischen Kaufoptionen auf dividendenlose Aktien niemals optimal, bei entsprechenden Verkaufsoptionen kann die vorzeitige Ausübung optimal sein. Bei amerikanischen Kaufoptionen kann der Effekt der Dividendenzahlung die vorzeitige Ausübung optimal werden lassen.[101]

In der Tab. 7.4 sind die beschriebenen Effekte für Finanzoptionen in vereinfachter Weise zusammengefasst. Diese sechs Faktoren stellen somit die expliziten Wertbestimmungsfaktoren bzw. Werttreiber von Finanz- und Realoptionen dar.

Der Optionswert setzt sich aus

- dem inneren Wert und
- dem Zeitwert

zusammen.

Der **innere Wert** einer Kaufoption ist der Wert, um den der Wert des Basisobjektes (Aktienkurs) den Ausübungspreis übersteigt und stellt den Gewinn dar, den der Inhaber einer Option bei deren Ausübung (unter Vernachlässigung von Transaktionskosten) realisieren kann. Im Rahmen der Optionsbewertung gilt für den inneren Wert die Nicht-Negativitätsbedingung, so dass ein Minimalwert der Option von Null resultiert. Wie bei der Vorstellung von Delta bereits dargestellt wurde, gewinnen Kaufoptionen bei steigendem Wert des Basisobjektes an Wert, bei steigendem Ausübungspreis verlieren sie an

[100] Vgl. Haug (2007: 71–73).

[101] Vgl. das einführende Beispiel im Abschn. 7.6.2.2.

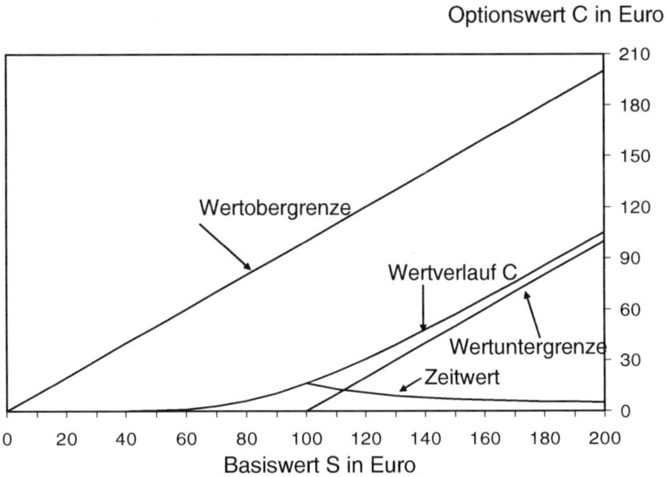

Abb. 7.18 Einfluss des Basiswertes auf Zeit- und Gesamtwert einer Kaufoption. Quelle: Eigene Darstellung

Wert. Verkaufsoptionen verhalten sich genau umgekehrt. Der **Zeitwert** ist der Wert, den die Chance darstellt, dass sich der Kurs des Basispapiers günstig entwickelt.

Im Kontext der Realoptionen wird der traditionelle Kapitalwert, wenn dieser positiv ist, als innerer Wert bezeichnet. Das ist der Wert, der bei der sofortigen Ausübung existieren würde. Der Flexibilitätswert der Handlungssituation entspricht in diesem Verständnis dem Zeitwert einer Finanzoption. Diese Interpretation ist jedoch nur dann zulässig, wenn der traditionelle Kapitalwert positiv ist, da der innere Wert von Finanzoptionen mindestens einen Wert von null aufweist.[102]

Zur Veranschaulichung wird eine europäische Kaufoption auf eine dividendenlose Aktie mit folgenden Ausgangswerten betrachtet:

$$S = 90{,}00\,€;\quad X = 100{,}00\,€;\quad r = 10\,\%;\quad \sigma = 50\,\%;\quad T = 0{,}5$$

Für eine Betrachtung der Optionspreisentwicklung in Abhängigkeit vom Basiswert wird derselbe variiert und die Entwicklung des Gesamtwertes sowie des Zeitwertes der Option ermittelt (vgl. Abb. 7.18). Bei diesem Beispiel werden die Ober- und Untergrenzen des Optionspreises deutlich. Der Kaufoptionspreis ergibt sich mit: $C = \max(0; S - Xe^{-rT})$. Die Wertobergrenze der Kaufoption entspricht dem Kurs des Basiswertes und ergibt sich aus: $C = S$. Diese Grenze wird theoretisch erreicht, wenn die Laufzeit gegen unendlich strebt, also $T = \infty$. Dann konvergiert der Term Xe^{-rT} gegen null. In diesem Fall kann die Aktie als Option auf sich selbst interpretiert werden, und die Laufzeit der Option resp. Aktie ist mit der Lebensdauer der emittierenden Aktiengesellschaft gegeben. Für die

[102] Vgl. Dixit/Pindyck (1994: 37).

Wertuntergrenze gilt, dass der Wert der Kaufoption nie negativ ist, sondern mindestens den Wert null aufweist. Der Wert der Kaufoption bewegt sich innerhalb dieser theoretischen Grenzen. Der Zeitwert der Option erreicht in dem Beispiel sein Maximum bei $S = X$. Bei einer Wertentwicklung von $S \leq X$ besteht der Optionspreis komplett aus dem Zeitwert der Option, da der innere Wert null ist. Eine weitere Erhöhung des Basiswertes über diesen Wert hinaus verringert den Zeitwert der Option, da der innere Wert steigt.

Nach der Bewertung der Option ist die wesentliche Frage zu beantworten, ob die Option ausgeübt werden soll. Dies führt zur Frage der optimalen Ausübung von Realoptionen, die im nächsten Abschnitt beantwortet wird.

7.6.4 Optimale Ausübung

Da der Akteur über die Möglichkeit zur freien Entscheidung verfügt, muss er bestimmen, wann die Investition realisiert, die reale Option also ausgeübt wird. Mit der Ausübung der Option geht der Optionswert verloren. Dieser Ansatz führt zu dem Kriterium des kritischen Barwertes der Rückflüsse. Bei Verwendung des Kapitalwertkriteriums muss der Barwert aller Einzahlungsüberschüsse mindestens genauso groß sein wie die Investitionsauszahlung. Der Kapitalwert C_0 wird in der ausführlichen Darstellung wie folgt definiert:[103]

$$C_0 = -I_0 + \sum_{t=1}^{N} R_t q^{-t} + L_N q^{-N}$$

Wird der Barwert der Rückflüsse B_0 wie folgt definiert:

$$B_0 = \sum_{t=1}^{N} R_t q^{-t} + L_N q^{-N}$$

kann der Kapitalwert als Differenz der Summe der Barwerte der Rückflüsse B_0 und der Investitionszahlungen I_0 dargestellt werden:

$$C_0 = B_0 - I_0$$

Damit kann der Wert der barwertigen Rückflüsse ermittelt werden, die notwendig sind, um eine Durchführung der Investition nach dem Kapitalwertkriterium zu rechtfertigen, und wie folgt formuliert werden:

$$B_0 - I_0 \geq 0$$

Die Umstellung nach B_0 ergibt die notwendigen Barwerte der Rückflüsse, den Wert der kritischen Rückflüsse B_0^*, die für eine Ausübung erforderlich sind. Es folgt $B_{0;\mathrm{KW}}^* = I_0$,

[103] Vgl. Abschn. 5.3.2.

was heißt, dass der Barwert der Rückflüsse mindestens genauso groß sein muss wie die Investitionsauszahlungen I_0.

Ein grundlegender Ansatz zur Bestimmung der für eine sofortige Ausübung erforderlichen Rückflüsse stammt von PINDYCK.[104] Dieser Ansatz – der Dividendenzahlungen während der Optionslaufzeit in Form einer kontinuierlichen Dividendenrate δ berücksichtigt – basiert auf der analytischen Optionsbewertung. Ausgangspunkt ist die schon beschriebene geometrische BROWN'sche Bewegung des Basiswertes $dS = \alpha S dt + \sigma S dz$. Zur Bestimmung der optimalen Ausübung ist der Optionswert zu ermitteln. Dazu wird – wie auch im Rahmen der BLACK-SCHOLES-Herleitung[105] – ein risikoloses Hedge-Portfolio HP gebildet. Dieses besteht aus der Option C sowie dem Leerverkauf von Teilen der Investition. Dies ist nur möglich, wenn am Markt ein perfekt korrelierter Vermögenswert existiert. Die Anzahl der Anteile beträgt C_S. Der Wert des Portfolios folgt somit aus:

$$HP = C - C_S S$$

Aus Sicht des Stillhalters der Kaufoption resultiert eine risikoadjustierte Gesamtrendite von μS. Diese umfasst neben dem stochastischen Wertzuwachs des Basiswertes αS auch die Dividendenrendite δS. Damit folgt die Gesamtrendite $\mu = \alpha + \delta$. Der Besitzer der Kaufoption muss dem Stillhalter deshalb den Wert δS bezahlen. Da der Besitzer der Option die Anzahl von C_S Anteilen am Investitionsprojekt erwirbt, ergibt sich insgesamt eine Ausgleichszahlung von $\delta S C_S$. Die Wertänderung des Portfolios in einem Zeitintervall dt entspricht der Rendite und resultiert aus:

$$dHP = dC - C_S dS - \delta S C_S dt$$

Aus der Annahme des arbitragefreien Marktes folgt die Identität der Wertänderung des Portfolios und dessen risikoloser Verzinsung. Es muss gelten:

$$dC - C_S dS - \delta S C_S dt = r(C - C_S S)dt$$

Unter Verwendung von ITÔs Lemma wird das Bewertungsproblem gelöst. Dabei müssen die Randbedingungen beachtet werden, welche bei einer analytischen Lösung für amerikanische Optionen gelten.[106] Aus diesen Randbedingungen werden die folgenden wesentlichen Relationen von Optionswert und Basiswert abgeleitet:[107]

a) $C(0) = 0$: Wenn der Wert des Basiswertes Null ist, so ist auch der Wert der Kaufoption Null.

---

[104] Vgl. Pindyck (1991: 1118–1122); Carr (1988: 1248); Groß-Schuler (2002: 74–80).
[105] Vgl. Abb. 7.10.
[106] Vgl. Abschn. 7.6.2.1. Zur Kritik der Verwendung derartiger Differentialgleichungen und deren analytischer Lösung für reale Entscheidungsprobleme vgl. Wirl/Dangl (2000).
[107] Vgl. Pindyck (1991: 1121); Keiber (2003: 438).

b) $C(S^*) = S^* - I_0$: Diese Bedingung (value-matching) fordert, dass der Wert der Investitionsoption bei dem Wert S^* der Differenz aus eben diesem Wert und der Investitionsauszahlung entspricht. Damit wird deutlich, dass der zur Ausübung erforderliche Wert des Basisobjektes (Rückflüsse aus dem Projekt) S^* aus der Summe von Optionswert $C(S^*)$ sowie I_0 resultieren.
c) $C_S(S^*) = 1$: Diese Bedingung (smooth-pasting) bedeutet, dass an der Stelle S^* die erste Ableitung von Optionswert und innerem Wert identisch ist.

Aus der Darstellung wird jedoch das folgende Problem ersichtlich: Der kritische Barwert der Rückflüsse wird ermittelt durch den Wert der Option auf diese Rückflüsse. Um diesen Zirkelschluss zu umgehen, wird eine **unendliche Laufzeit** der amerikanischen Optionen angenommen, so dass eine ewige Option vorliegt.[108] Bei Verwendung dieser Annahme ergibt sich der Wert des Basisobjektes, welcher zu einer sofortigen Ausübung erforderlich ist, aus:[109]

$$S^* = \frac{\beta \cdot I_0}{\beta - 1},$$
$$\beta = \frac{1}{2} - \frac{r - \delta}{\sigma^2} + \sqrt{\left(\frac{r - \delta}{\sigma^2} - \frac{1}{2}\right)^2 + \frac{2r}{\sigma^2}}.$$

Der Wert der Investitionsmöglichkeit $C(S)$ resultiert mit $C(S) = aS^\beta$, worin $a = \frac{S^* - I_0}{(S^*)^\beta}$.

Aus diesen Darstellungen wird deutlich, dass bei Verwendung des Realoptionskriteriums zusätzlich zur Erwirtschaftung der investierten Summe der Verlust der Handlungsmöglichkeit, dargestellt durch den Realoptionswert $InvRO$, zu berücksichtigen ist.[110] Die Summe der barwertigen Rückflüsse muss demzufolge die Investitionsauszahlungen **und** den aufgegebenen Realoptionswert kompensieren. Aus dieser Überlegung folgt:

$$B_0 - I_0 - InvRO \geq 0.$$

und somit gilt: Zur Veranlassung der sofortigen Ausübung einer Investitionsoption muss der Barwert der Rückflüsse mindestens ebenso groß sein wie die Summe aus den Investitionsauszahlungen und dem Wert der bei der sofortigen Ausübung aufgegebenen Handlungsmöglichkeit $InvRO$. Der kritische Wert der Rückflüsse B_0^* resultiert somit:

$$\boxed{B_0^* = I_0 + InvRO(B_0^*)}$$

Daraus folgt, dass die barwertigen Einzahlungsüberschüsse der Investition zur Veranlassung einer sofortigen Durchführung, also der Wert der kritischen barwertigen Rückflüsse

[108] Vgl. Pindyck (1991: 1118).
[109] Vgl. Pindyck (1991: 1121).
[110] Vgl. Pindyck (1991: 1123); Dixit/Pindyck (1994: 141); Schäfer (2005: 400–402).

$B^*_{0;InvRO}$, um den Wert der aufgegebenen Investitionsoption $InvRO$ größer sein müssen als bei Verwendung des Kapitalwertkriteriums.[111]

Zur Veranschaulichung sei das folgende Beispiel betrachtet: Dem Akteur liegt die Möglichkeit vor, für Investitionsauszahlungen in Höhe von 10 € einen Zahlungsstrom mit dem Barwert von 15 € zu erwerben. Bei Annahme eines sicheren Zahlungsstromes würde ein Kapitalwert von $C_0 = 5$ € resultieren, die Alternative wäre absolut vorteilhaft. Nun wird jedoch von unsicheren Rückflüssen ausgegangen, die eine jährliche Volatilität von $\sigma = 30\,\%$ aufweisen und es wird zusätzlich berücksichtigt, dass dem Investor im Falle der Verzögerung der Investition jährlich Rückflüsse in Höhe von 5 % entgehen. Der risikolose Zinssatz beträgt ebenfalls 5 % jährlich. Die Investitionsmöglichkeit steht dem Investor zeitlich unbegrenzt zur Verfügung. Mit diesen Informationen resultieren die folgenden Zwischenwerte:

$$\begin{aligned}\beta &= \frac{1}{2} - \frac{r-\delta}{\sigma^2} + \sqrt{\left(\frac{r-\delta}{\sigma^2} - \frac{1}{2}\right)^2 + \frac{2r}{\sigma^2}}\\ &= \frac{1}{2} + \sqrt{\left(-\frac{1}{2}\right)^2 + \frac{2\cdot 0{,}05}{0{,}30^2}}\\ &= \frac{10}{6}\end{aligned}$$

Der kritische Barwert der Rückflüsse kann damit wie folgt ermittelt werden: $B_0^* = \frac{\beta \cdot I_0}{\beta - 1} = \frac{\frac{10}{6}\cdot 10}{\frac{2}{3}} = 25{,}00$ €. Der daraus resultierende Wert für a beträgt $a = 0{,}07017$. Mit diesen Zwischenwerten ergibt sich der Wert der Investitionsoption von $InvRO(B_0) = 6{,}4024$ €. Dieser Optionswert würde bei sofortiger Realisierung der Investition aufgegeben und ist deshalb zu den Investitionsauszahlungen hinzuzurechnen. Der Summe aus diesen beiden Komponenten steht jedoch lediglich ein Barwert der Rückflüsse von 15 € gegenüber. Eine sofortige Ausübung ist deshalb nicht vorteilhaft.

Es wird nun noch kurz der kritische Barwert der Rückflüsse B_0^* untersucht bzw. interpretiert. Wenn Rückflüsse in der ermittelten Höhe von 25,00 € vorliegen würden, ergäbe sich ein Wert der Investitionsoption von $InvRO(B_0) = 15{,}00$ €. Zusammen mit der erforderlichen Investitionsauszahlung resultiert eine Summe von 25,00 €. Diese Summe wird durch die sofortige Realisierung der Maßnahme „investiert".[112] In diesem Punkt wären beide Werte identisch, der Akteur wäre indifferent gegenüber beiden Alternativen. Bei Barwerten größer als 25,00 € hingegen ist die sofortige Ausübung vorteilhaft, da neben der getätigten Investitionsauszahlung auch der Wert der aufgegebenen Handlungsmöglichkeit erwirtschaftet wird.

[111] Diese Aussage gilt nur, wenn eine Volatilität vorliegt, die einen Zeitwert der Option begründet.

[112] Bei korrekter Betrachtung werden lediglich 10 € investiert. Der Wert der aufgegebenen Investitionsmöglichkeit ist als aufgegebene Handlungsoption zu interpretieren.

Tab. 7.5 Bewertungsdaten der Investitionsoption

Bewertungsparameter	Wert	Bewertungsparameter	Wert
Barwert der Rückflüsse B_0[€]	900	Volatilität σ [% pro Jahr]	20
Investitionsauszahlung I_0[€]	800	Dividendenrendite δ [% pro Jahr]	10
Laufzeit der Option T [Jahre]	5	Risikofreier Zinssatz r [% pro Jahr]	5

Diese Vorgehensweise ist jedoch nur für unendliche Optionen anwendbar. Für Optionen mit begrenzter Laufzeit muss die Bestimmung der Optionswerte und der Werte der kritischen Rückflüsse iterativ ablaufen. Zum Verständnis sei das folgende Beispiel betrachtet: Mit einer Investitionsauszahlung von $I_0 = 800$ € lassen sich sichere barwertige Rückflüsse i. H. v. $B_0 = 900$ € erzielen. Der Kapitalwert bei Investition in $t = 0$ beträgt demzufolge $C_0 = 100$ €. Der kritische Barwert der Rückflüsse, der zu einer sofortigen Investition erforderlich ist, beträgt $B^*_{0;\mathrm{KW}} = 800$ €. Wenn es sich um sichere Rückflüsse handelt, ist eine sofortige Investition deshalb vorteilhaft.

Wird nun angenommen, dass die Rückflüsse der Investition unsicher sind und dass das Unternehmen nicht zur Investition zum heutigen Zeitpunkt verpflichtet ist, sondern im Verlauf der folgenden fünf Jahre über die Investition entscheiden kann, stellt sich wiederum die Frage nach der Vorteilhaftigkeit der sofortigen Investition. Die Situation kann als amerikanische Option interpretiert werden. Die übrigen zur Bewertung erforderlichen Daten werden aus den entsprechenden Marktinformationen abgeleitet und sind der Tab. 7.5 zu entnehmen.

Der Wert dieser Investitionsoption $InvRO$ beträgt 125,80 €.[113] Das bedeutet, es besteht eine Differenz zum Kapitalwert in Höhe von 25,80 €. Diese Differenz stellt den Flexibilitätswert dar. Der Flexibilitätswert ist demzufolge Bestandteil der Realoption.

Nach der Bewertung der Beispieloption ist die Frage nach der optimalen Ausübung zu klären. Wenn die Option sofort ausgeübt wird, wird auch der gesamte Optionswert in Höhe von 125,80 € aufgegeben. Der Barwert der Rückflüsse muss diesen Verlust kompensieren. Der kritische Barwert der Rückflüsse wird durch ein Berechnungsprogramm ermittelt und resultiert mit $B^*_{0;InvRO} = 1.015{,}86$ €.[114] In diesem Punkt beträgt der Flexibilitätswert Null und der Wert der Investitionsoption entspricht dem inneren Wert dieser Option, also dem Kapitalwert (vgl. Abb. 7.19).

Ein wesentlicher Bestimmungsparameter des Optionswertes ist die Volatilität der Rückflüsse. Wird statt der bisher angenommenen Volatilität ein Wert von $\sigma = 0{,}30$ verwendet, resultiert ein Wert der Investitionsoption von $InvRO = 176{,}64$ €. Der kritische Barwert der Rückflüsse steigt in diesem Fall auf $B^*_{0;InvRO} = 1.223{,}83$ € (vgl. Abb. 7.20).

In dieser Darstellung wird der Zusammenhang zwischen Unsicherheit und Investitionstätigkeit deutlich und quantifizierbar: Eine erhöhte Unsicherheit führt zu einem erhöhten Wert der aufgegebenen Option. Deshalb sind höhere Rückflüsse erforderlich, um eine

[113] Die Ermittlung wurde mit dem Binomialmodell und 100 Zeitintervallen durchgeführt.

[114] Würde es sich um eine unendliche Investitionsoption handeln, würde die Vorgehensweise von PINDYCK zu folgenden Werten führen: $\beta = 4{,}1085$ und $B^*_{0;InvRO} = 1.057{,}36$ €.

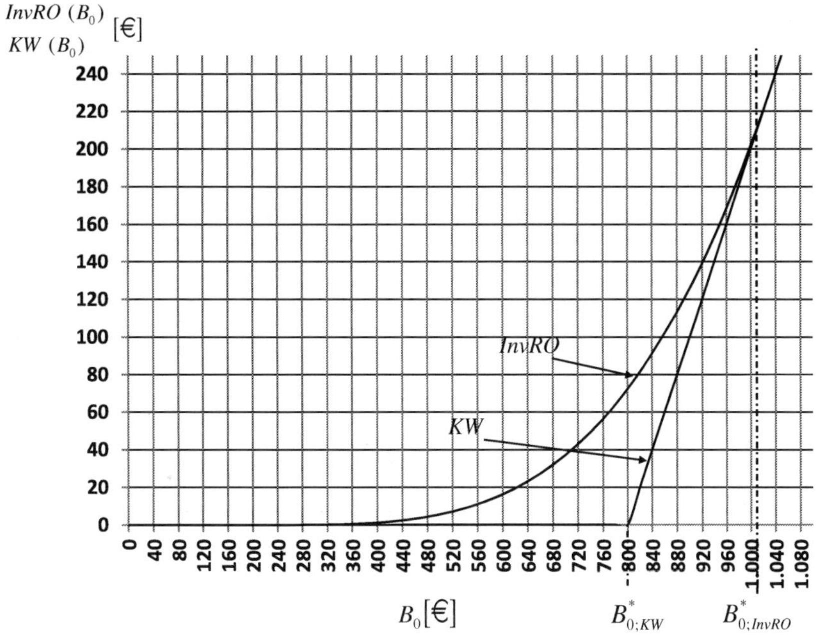

Abb. 7.19 Kritischer Wert der Rückflüsse der Investitionsoption. Quelle: Eigene Darstellung

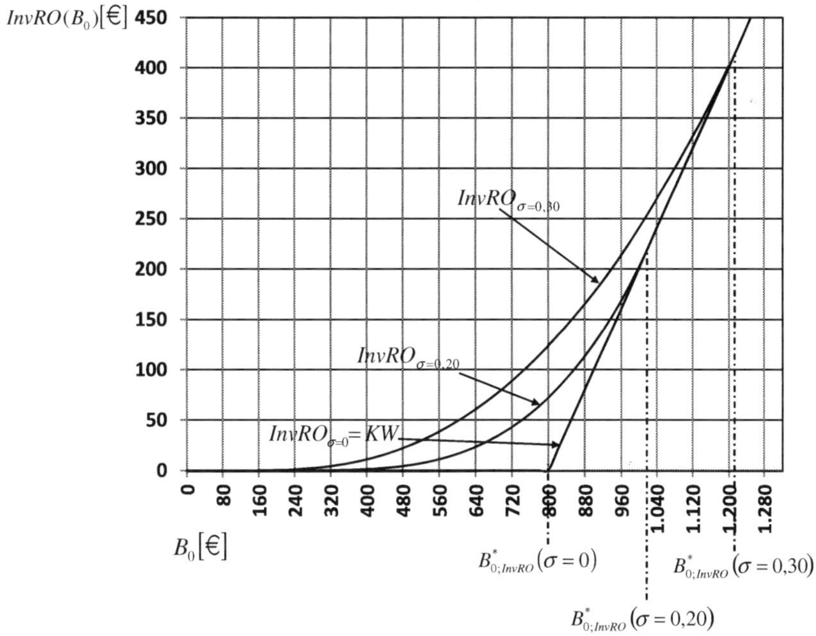

Abb. 7.20 Einfluss der Volatilität auf Optionswert und kritischen Wert. Quelle: Eigene Darstellung

sofortige Investition zu rechtfertigen. Dies führt zu einer Senkung der Investitionstätigkeit.[115]

Der Wert einer Investitionsoption steigt mit zunehmender Unsicherheit. Damit steigt jedoch **gleichzeitig** auch der Wert der Rückflüsse, die zu einer sofortigen Ausübung dieser Option erforderlich sind!

Dieser Zusammenhang ist von zentraler Bedeutung und eine der wesentlichen Aussagen von Realoptionsmodellen.[116]

Vor diesem Hintergrund kann das bereits eingeführte Beispiel des THALES VON MILET wieder aufgegriffen werden.[117] Dieser pachtete die Ölmühlen im Winter des Vorjahres, womit er die Option sehr frühzeitig ausübte, seine Handlungsflexibilität aufgab und bindende Pachtverträge abschloss. Dies kann so interpretiert werden, dass er den Wert des unsicheren Basisobjektes – Entgelte der Bauern für die Nutzung der Ölmühlen in der nächsten Ernteperiode – aufgrund seiner Ernteprognose für so hoch einschätzte, dass dies die Vernichtung des Optionswertes – sofortiger Abschluss des Pachtvertrages im Winter – rechtfertigte. Selbst bei dieser Argumentation verbleibt noch zu viel spekulativer Interpretationsspielraum, weshalb diese Überlieferung lediglich als rudimentäre Illustration eingestuft werden sollte.

In den bisherigen Betrachtungen wurde untersucht, welcher Barwert zum Zeitpunkt $t = 0$ vorliegen müsste, um eine Option sofort auszuüben. Die numerischen Verfahren bieten jedoch auch die Möglichkeit zu prognostizieren, zu welchem Zeitpunkt in der Zukunft die Ausübung der Option vorteilhaft ist. Zur Erläuterung wird das Beispiel aus Tab. 7.5 aufgegriffen. Es wird angenommen, dass die **Laufzeit** von fünf Jahren in **fünf Intervalle unterteilt** wird.

Mit diesen Eingangsdaten werden die notwendigen Parameter zur Modellierung der Basiswertentwicklung wie folgt ermittelt:

$$u = e^{\sigma\sqrt{\Delta t}} = e^{0,20} = 1{,}22140; \quad d = e^{-\sigma\sqrt{\Delta t}} = e^{-0,20} = 0{,}81873;$$

$$w = \frac{e^{(r-\delta)\cdot\Delta t} - d}{u - d} = \frac{e^{(-0,05)\cdot\Delta t} - 0{,}81873}{1{,}22140 - 0{,}81873} = 0{,}32905.$$

Die daraus resultierende Entwicklung des Basiswertes ist in Abb. 7.21 zusehen.

Ausgehend von den Endwerten im Jahr $t = 5$ werden die folgenden Werte rekursiv bis zum Zeitpunkt $t = 0$ entwickelt und dargestellt (vgl. Abb. 7.22):

[115] Vgl. Dangl/Wirl (1998); Böhm/Funke/Siegfried (1999); Dunne/Mu (2010); Bredin/Elder/Fountas (2011).

[116] Vgl. Müller (2017: 425).

[117] Vgl. Abschn. 7.6.1.

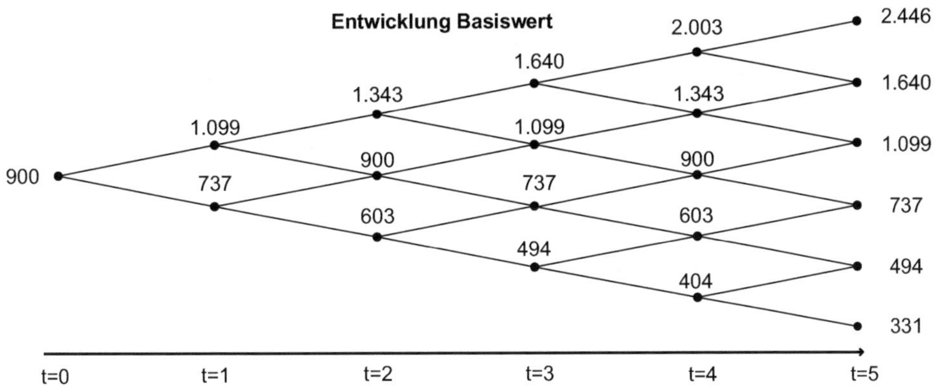

Abb. 7.21 Entwicklung des Basiswertes. Quelle: Eigene Darstellung

- Optionswert aus der Beziehung:

$$C_{i,j} = \max\left(S_0 u^j d^{i-j} - X; e^{-r\Delta t}\left[w \cdot C_{\text{up};i+1} + (1-w) \cdot C_{\text{down};i+1}\right]\right),$$

- innerer Wert, definiert durch: $S_0 u^j d^{i-j} - X$,
- diskontierter Wert der Nichtausübung, ermittelt aus:

$$e^{-r\Delta t}\left[w \cdot C_{\text{up};i+1} + (1-w) \cdot C_{\text{down};i+1}\right].$$

Es wird noch einmal auf die zwei Bestandteile des Optionswertes hingewiesen:

$$\text{Optionswert} = \text{innerer Wert} + \text{Zeitwert}.$$

Der Zeitwert ergibt sich demzufolge aus folgender Beziehung:

$$\text{Zeitwert} = \text{Optionswert} - \text{innerer Wert}.$$

Es wurde in den bisherigen Ausführungen dargestellt, dass die Ausübung der Realoption nur dann vorteilhaft ist, wenn der aufgegebene Zeitwert Null ist. D. h. wenn der innere Wert größer bzw. gleich dem diskontierten Wert der Nichtausübung ist, entspricht der Optionswert dem inneren Wert und die Ausübung ist vorteilhaft. In der Abb. 7.22 sind die Zeit- und Zustandsknoten, in denen eine Ausübung vorteilhaft ist, mit gestricheltem Rahmen versehen. Es wird deutlich, dass eine Ausübung in $t = 0$ nicht vorteilhaft ist. In diesem Zeitpunkt beträgt der innere Wert 100 €, der Optionswert hingegen beträgt 120 €. Bei sofortiger Ausübung würde ein Zeitwert von 20 € aufgegeben bzw. vernichtet.

Die Abb. 7.22 zeigt, dass eine Ausübung der Option im Zeitpunkt $t = 1$ vorteilhaft ist, wenn sich der Basiswert positiv entwickelt hat. Das ist der frühestmögliche Zeitpunkt einer vorteilhaften Optionsausübung.

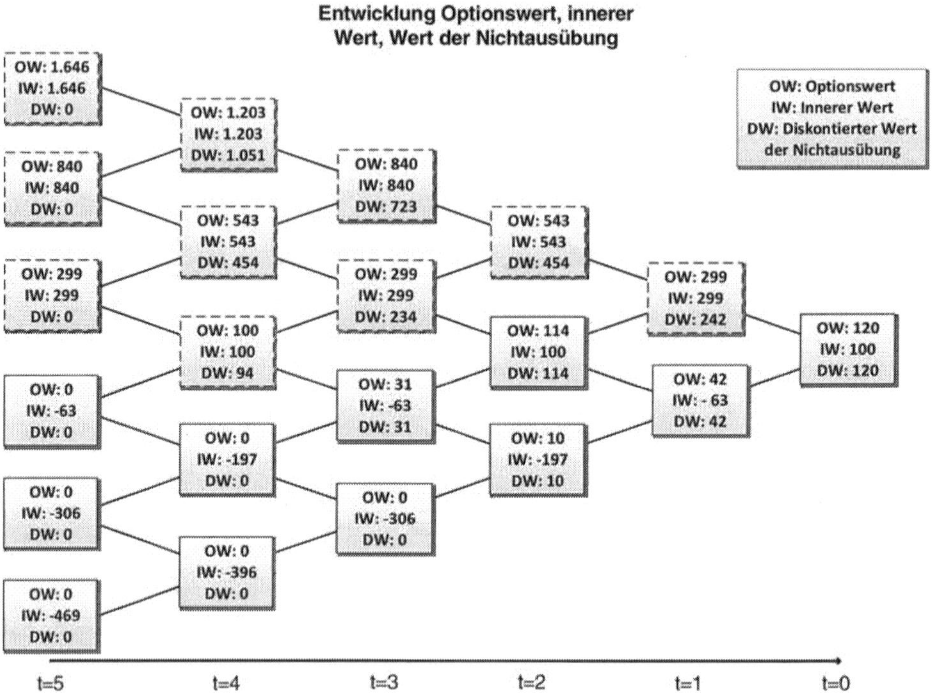

Abb. 7.22 Identifikation des Ausübungsbereiches. Quelle: Eigene Darstellung

In diesem Zusammenhang muss noch einmal der **Einfluss der Dividendenrendite** auf die Ausübung diskutiert werden. Im Fall einer Kaufoption stellt die Dividendenrendite Zahlungen dar, die dem Optionsinhaber entgehen, dem Aktieninhaber jedoch zufließen. Je größer die Dividendenzahlungen, desto geringer ist der Optionswert. Zur Demonstration des Effektes wird das Beispiel aus Tab. 7.5 so modifiziert, dass keine Dividendenrendite existiert, d. h. $\delta = 0$. Die Entwicklung des Basiswertes wird nicht beeinflusst, wohl aber die Höhe der Optionswerte (vgl. Abb. 7.23). Offensichtlich ist es zu keinem Zeitpunkt vor dem Verfallstermin vorteilhaft, die Option auszuüben. Lediglich am Laufzeitende ist in drei Zuständen eine Optionsausübung vorteilhaft.

Die Ausübung einer amerikanischen Investitionsoption auf einen Basiswert ohne entgehende Rückflüsse ist vor dem Verfallstag niemals optimal.

Der Grund dafür ist, dass dem Optionsinhaber während der Wartezeit keine Rückflüsse entgehen. Die „Kosten des Wartens" sind demzufolge Null. Ohne entgehende Rückflüsse stellt sich die Frage der vorzeitigen Ausübung einer Investitionsoption deshalb nicht.

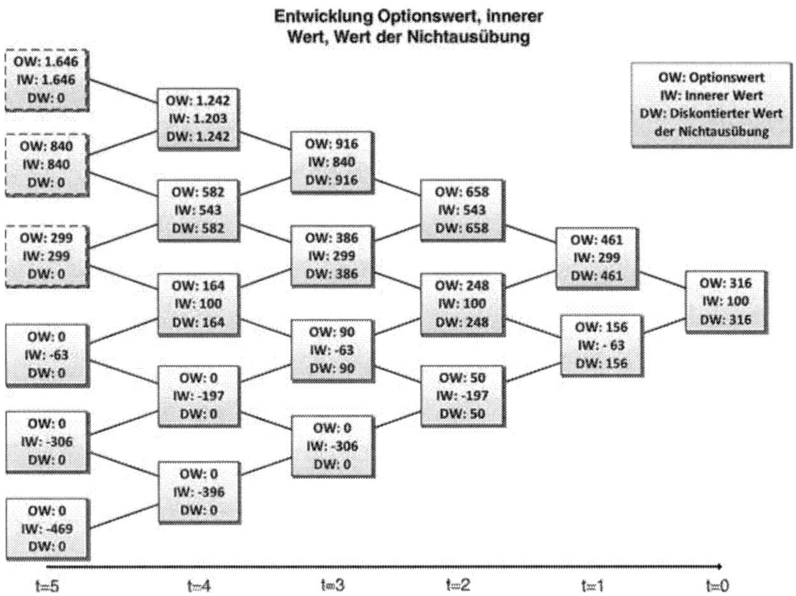

Abb. 7.23 Entwicklung einer dividendenlosen Investitionsoption. Quelle: Eigene Darstellung

7.6.5 Kritik

Als erster Punkt ist festzuhalten, dass ein Vergleich des Kapitalwertverfahrens mit Realoptionsmodellen ein unvollständiger Alternativenvergleich ist, da das Kapitalwertmodell in seiner Grundform nicht zur Berücksichtigung von Unsicherheit konzipiert ist. Ein Vergleich der Realoptionsmethodik hat deshalb mit anderen Verfahren zur Berücksichtigung von Unsicherheit stattzufinden. Deshalb ist als Vergleichsmethodik das Entscheidungsbaumverfahren heranzuziehen. Eine Überlegenheit von realoptionsbasierten Bewertungsmethoden gegenüber dem Entscheidungsbaumverfahren wird oft mit der bei diesem Verfahren häufig festgestellten Verwendung eines konstanten Zinssatzes bzw. der schwierigen oder willkürlichen Generierung eines risikoadäquaten Zinssatzes begründet.[118] Die modell-konsistente Anwendung zeigt jedoch, dass bei identischen Kapitalmarktannahmen und Eingangswerten das Entscheidungsbaumverfahren und der Realoptionsansatz **identische quantitative Ergebnisse** liefern, da die Verfahren auf den Time-State-Preference-Ansatz zurückgeführt werden können.[119] Im Vergleich zum Entscheidungsbaumverfahren ist positiv hervorzuheben, dass eine „präferenzfreie", marktorientierte Bewertung erfolgt. Die für das Entscheidungsbaumverfahren erforderlichen Eintrittswahrscheinlichkeiten für die verschiedenen möglichen Zukunftszustände sind ebensowenig erforderlich wie sub-

[118] Vgl. Koch (1999: 34); Zimmermann (1998: 56); Meise (1998: 90–92).

[119] Vgl. Fischer/Hahnenstein/Heitzer (1999: 1208); Friedl (2003: 383–384); Crasselt (2003: 37–42); Ballwieser (2002: 188–190); Dangl/Kopel (2003: 51–55).

jektive Risikopräferenzen. Ein weiterer praktischer Vorteil des Realoptionsverfahrens liegt darin, dass der Gegenwartswert der zeit- und zustandsabhängigen Zahlungen über die Kursentwicklung des Vermögenswertes an einem Markt ermittelt wird. Mit dem Rückgriff auf die beobachtbaren Marktwerte lassen sich die Gegenwartswerte und demzufolge implizit die verwendeten Kalkulationszinssätze ermitteln.

Darüber hinaus erlauben die kompakten Bewertungsformeln der Realoptionsmodelle eine einfachere Analyse der Handlungssituation bei Explikation des Wertes der Flexibilität und des Zusammenhangs zwischen Unsicherheit und Investitionstätigkeit.[120] Das äußert sich auch darin, dass Realoptionsmodelle theoretische Erklärungsansätze für empirisch beobachtetes Investitionsverhalten liefern, die mit dem schon längere Zeit verfügbaren Entscheidungsbaumverfahren in dieser Form nicht aufgezeigt wurden.

Wie auch bei anderen Modellen führt im Fall der Realoptionsmodelle die Nichterfüllung der Annahmen zu einer beschränkten Qualität der damit erzielten Aussagen. Von der Erfüllung der Übertragungsvoraussetzungen hängt es ab, ob die mit Realoptionsmodellen gemachten Aussagen wahr und wie informativ sie in Bezug auf die Realität sind. Nach der Darstellung der verschiedenen Bewertungsmodelle sind die zu treffenden bzw. getroffenen Annahmen deshalb kritisch zu reflektieren. Prinzipiell sind zwei Gruppen von Annahmen zu diskutieren:

- Annahmen, die notwendig sind, um Finanzoptionen bewerten zu können.
- Annahmen, die zur Übertragung des finanzrechtlichen Konstruktes „Option“ auf reale Entscheidungsszenarien erforderlich sind.

Annahmen, die zur Bewertung der Finanzoptionen notwendig werden, betreffen im Wesentlichen die Charakteristika des Kapitalmarktes sowie die Stochastik der Entwicklung der Basiswerte. Mit der empirischen Überprüfung von Finanzoptionsmodellen hat sich eine Vielzahl von Studien beschäftigt. Das grundlegende Problem empirischer Tests von Optionspreisformeln besteht darin, dass eine zusammengesetzte Hypothese geprüft werden muss. Es ist die Gemeinschaftshypothese zu überprüfen, dass:

a) die Märkte effizient sind und
b) die Optionspreisformel korrekt ist.

Damit bestehen drei Möglichkeiten der Widerlegung von Bewertungsformeln: entweder ist nur a), oder es ist nur b), oder a) und b) sind nicht korrekt.

Auf finanzoptionstheoretische Fundamentalkritik wird hier nicht eingegangen, sondern auf die weiterführende Literatur verwiesen.[121] Die Annahmen des vollkommenen und

[120] Vgl. Ballwieser (2002: 197); Friedl (2003: 384).

[121] Vgl. Schneider (1992: 533–536); Schneider (2001: 860–866); Campbell/Lo/MacKinlay (1997: 391–393). Zu dem mit der Optionsbewertung verbundenen Zirkelschluss vgl. Andres (1998: 163) und Bös (1991: 165).

vollständigen Marktes gelten nicht nur für die Theorie der realen und der finanziellen Optionen, sondern auch für andere Investitionsbewertungsverfahren.

Die Interpretation von Entscheidungsmöglichkeiten im Verlauf des Investitionsprozesses als Realoption basiert auf der Annahme der **Irreversibilität** der getroffenen Entscheidung. Wenn eine Entscheidung getroffen wird, ist sie nicht mehr rückgängig zu machen. Dies kennzeichnet die Ausübung von Finanzoptionen. Für reale Investitionsszenarien ist jedoch eine genauere Betrachtung erforderlich, welche folgende Punkte betrifft:

- Im Fall der Investition in eine Maschine erwirbt der Investor mit der Ausübung der Option sowohl die Maschine als auch die aus deren Betrieb resultierenden **Rückflüsse**. Durch diese Rückflüsse **amortisiert** sich die Anlage, so dass nach Erreichen des Amortisationszeitpunktes der ursprüngliche Zustand – aus finanzieller Sichtweise – wiederhergestellt ist. Die Investitionsauszahlungen sind deshalb nur selten in vollständiger Höhe als versunkene Kosten einzustufen – durch Amortisation oder Veräußerung sind sie oftmals zumindest teilweise wieder zu erwirtschaften.
- **Neben** der Möglichkeit der Amortisation besteht i. d. R. jederzeit die Möglichkeit, die Maschine wieder zu veräußern.[122] Das bedeutet, mit der Ausübung der **Option zum Erwerb** der Maschine erwirbt der Investor gleichzeitig die **Option zum Abbruch** der Maßnahme. Nach dem Abbruch des Objektes kann das Unternehmen jedoch wiederum investieren – die Ausübung der Abbruchoption führt zum Erwerb einer erneuten Investitionsoption.[123] Resultat ist ein „infiniter Realoptions-Kreislauf".

Wenn die Entscheidungen also reversibel wären, wäre die Optionsanalogie nicht erfüllt. Die Beantwortung der Frage nach dem Grad oder der Bestimmung von Irreversibilität ist folglich essenziell. Zur Beschreibung von Irreversibilität ist im naturwissenschaftlich-technischen Bereich die Entropie die bekannteste und grundlegendste Beschreibungsdimension. Frühe Ansätze der Übertragung der Erkenntnisse und Denkansätze der Entropie sowie der Energieerhaltung auf ökonomische Fragestellungen haben gezeigt, dass die wesentlichen Zusammenhänge der Energieerhaltung auch für die betriebliche Leistungserstellung gelten.[124] Als Beschreibungsmerkmal zur Irreversibilität von Investitionsentscheidungen ist die Entropie jedoch wenig geeignet.

Einigkeit besteht darüber, dass der Verlauf der **Zeit** ausschließlich in die Zukunft gerichtet und nicht umkehrbar ist. Ein wesentliches Kriterium zur Beschreibung von Irreversibilität ist demzufolge die Zeit.[125] Ein Anhaltspunkt zur Umschreibung irreversibler Prozesse scheint der Zeitraum zu sein, welcher nach einer Entscheidung erforderlich ist,

[122] Vgl. Abb. 3.6.

[123] Vgl. Groß-Schuler (2002: 89–95); Müller (2004: 147–148).

[124] *„The conclusion is that, from the purely physical viewpoint, the economic process is entropic: it neither creates nor concumes matter or energy, but only transforms low into high entropy."* Georgescu-Roegen (1971: 281).

[125] Darauf wurde schon hingewiesen. Vgl. Abschn. 1.2.2.1.

um denselben Zustand zu erreichen, wie vor der Entscheidung. „*A decision is considered irreversible if it significantly reduces for a long time the variety of choices that would be possible in the future.*“[126] Bei Verwendung der Zeit als Maßstab muss geklärt werden, was ein langer Zeitraum ist bzw. was eine signifikante Einschränkung der Handlungsoptionen ist.

Ein weiteres Beschreibungsmerkmal von Irreversibilität sind **Kosten**. Kosten bezeichnen den Werteverzehr, welcher im Zusammenhang mit der Leistungserstellung entstanden ist. Hohe Kosten deuten auf hohe Irreversibilität hin. Diejenigen Auszahlungen, die nicht durch Rückflüsse amortisiert werden können, werden als versunkene Kosten (sunk costs) bezeichnet.[127] Der in psychologischen Studien diskutierte Effekt des Escalation-of-commitment wurde schon dargestellt.[128] Aufgrund der Möglichkeit der Amortisation bzw. der anderweitigen Veräußerung sind Investitionsauszahlungen jedoch selten vollständig sondern lediglich teilweise irreversibel.[129] Das Beschreibungsmerkmal der Kosten ist jedoch als absoluter Wert wenig geeignet, Irreversibilität zu messen. Großunternehmen können hohe Finanzmittel schneller und leichter aufbringen und die Folgen von Entscheidungen rückgängig machen als kleine Unternehmen.

Um die Irreversibilität einzugrenzen, kann zwischen physischer (technischer) und dynamischer Irreversibilität unterschieden werden.[130] **Physische Irreversibilität** bezeichnet Prozesse, die zu einem Ergebnis führen, welches unumkehrbar ist. Dazu zählt z. B. das Aussterben einer Spezies, der Verbrauch von Rohstoffen oder die Emission von Schadstoffen. Die **dynamische Irreversibilität** hingegen ist auf die Prozesse in sozialen Systemen gerichtet. Der Zustand eines sozialen Systems kann nach einer Veränderung unter Umständen wiederhergestellt werden, die Entscheidung demzufolge rückgängig gemacht werden. So ist z. B. die Einführung des Euro als Währung prinzipiell reversibel – die Umkehr des Prozesses dauert lediglich Zeit und verursacht Kosten. Aber auch wenn die Einführung vollständig rückgängig gemacht würde und die beteiligten Staaten zu ihren ursprünglichen Landeswährungen zurückkehren würden, hätte sich der **Informationsstand** der Beteiligten verändert – die bisherige Entwicklung verbleibt im kollektiven Gedächtnis. Der ursprüngliche Zustand der Gesellschaft wäre ein anderer als vor der Einführung des Euro, selbst wenn jedes Land wieder seine Ursprungswährung eingeführt hätte. Eine vollständige Reversibilität von wirtschaftlichen bzw. sozialen Prozessen ist aus diesen Gründen nicht realisierbar. Jeder Prozess ist zu einem gewissen Grad irreversibel. Auch für den bereits angeführten infiniten Realoptions-Kreislauf muss festgestellt werden, dass sich der Informationsstand der Entscheidungsträger ebenso ändert, wie das Wettbewerbsumfeld.

[126] Henry (1974b: 1006).
[127] Vgl. Schäfer (2005: 15–16); Groß-Schuler (2002: 16–25).
[128] Vgl. Abschn. 3.2.2.2 .
[129] Vgl. Pindyck (2002: 1696); Müller (2004: 62).
[130] Vgl. Hule (2000: 20–13).

Da sich Unternehmen i. d. R. im Wettbewerb befinden, verändert sich während der Amortisationsdauer das Umfeld durch die Aktionen der Wettbewerber, durch den technischen Fortschritt oder durch das veränderte Kundenverhalten – die ursprüngliche Situation ist trotz amortisierter Investition nicht wieder herstellbar.

Als **wesentliche weitere Annahmen** sind die folgenden Bewertungskomponenten der Optionen zu diskutieren.

Mangelnde vertragliche Fixierung und Handelbarkeit

Während im Vertrag von Finanzoptionen wesentliche Parameter determiniert werden, werden reale Optionen hingegen selten vertraglich festgeschrieben. Damit sind wesentliche Parameter nicht festgelegt. Finanzoptionen sind einseitig verpflichtende Geschäfte, was durch Vertragsabschluss und die Pflicht zur Leistung von Einschüssen sichergestellt wird. Realoptionen dagegen besitzen diesen Charakter häufig nicht. Der Effekt der Nichterfüllung dieser Annahme für die Aussagequalität ist umstritten. Der Meinung, dies stelle eine vernichtende Kritik am Realoptionsmodell dar,[131] steht die Auffassung gegenüber, dass die Unternehmensumwelt als Stillhalter zu betrachten ist[132] resp. durch andere rechtliche Konstruktionen Quasi-Stillhalter festgelegt werden können. Zur Feststellung fairer Marktpreise realer Optionen sind liquide und annähernd vollkommene Märkte erforderlich. Der Handel mit Finanzoptionen findet auf breiten und tiefen Optionsmärkten statt, ist durch explizite Reglements, implizite Usancen, standardisierte Produkte und eine Börsenaufsicht gekennzeichnet. Realoptionen werden, wenn überhaupt, auf höchst unvollkommenen und illiquiden Märkten gehandelt bzw. sind äußerst selten handelbar, weil sie in hohem Maße firmenspezifisch sind.[133]

Eigenschaften des Basiswertes

Investitionsprojekte mit einem starken Bezug zu marktgängigen Vermögenswerten können leichter auf Basis der Optionspreistheorie bewertet werden. Je weiter das Investitionsprojekt auf der Wertschöpfungskette von dem primären Sektor entfernt ist, desto schwieriger ist es, am Markt gehandelte Basiswerte zu identifizieren. Ist der zugrunde liegende Vermögensgegenstand nicht handelbar und wird ein sonst vollkommener Markt unterstellt, dann können die Zahlungsströme aus dieser Vermögensposition durch andere, gehandelte Vermögensgegenstände mit derselben Risikostruktur repliziert werden. Über die Annahme des vollkommenen und vollständigen Marktes lässt sich die Bewertung realisieren.[134]

[131] Vgl. Mayer (2001: 598).

[132] Vgl. Bockemühl (2001: 64).

[133] Vgl. Myers (1977: 163–164); Trigeorgis (1996: 128–129).

[134] Vgl. Laux (1993: 954); Kilka (1995: 132); Nippa/Petzold (2003: 19); Reinhardt (1997: 116–117); Lucke (2001: 65); Batran (2008: 233–234). Als klassische Beispiele für Projekte, welche mit

Ermittlung der Volatilität

Stellt die Ermittlung der Volatilität schon bei Finanzoptionen den Gegenstand umfangreicher Diskussionen und verschiedenster Methoden dar,[135] ist die Ermittlung der Volatilität der Basiswerte realer Investitionsprojekte entsprechend schwierig.[136] Im Gegensatz zu Finanzoptionen weisen reale Optionen unterschiedliche Formen von Unsicherheit auf, die oft nicht zusammengefasst werden können und deren Ableitung aus einem Markt unmöglich ist, weil ein Markt nicht existiert. Für Zwecke der Unternehmensbewertung erweist sich der Realoptionsansatz auch deshalb als schwierig realisierbar, weil die Volatilität der Aktien des zu bewertenden Unternehmens nicht gleichzusetzen sind mit der Volatilität des Unternehmenswertes und die notwendigen Daten schwer ermittelbar sind.[137]

Laufzeit und Exklusivität

Ein beträchtlicher Teil der Arbeiten zum Thema der Realoptionsbewertung basiert auf der Annahme einer unendlichen Optionslaufzeit.[138] Das ist erforderlich, um in zeitstetigen Modellen den optimalen Ausübungszeitpunkt amerikanischer Optionen ermitteln zu können. Die Annahme einer unendlichen Optionslaufzeit ist jedoch wenig realistisch und schränkt den Geltungsbereich der auf diese Weise ermittelten Lösung ein. Der Einfluss der Laufzeit auf den Wert realer Optionen ist ähnlich dem Einfluss auf Finanzoptionen, jedoch nur dann, wenn keine Wettbewerbseffekte auftreten, also exklusive Optionen vorliegen. Das Recht zur Ausübung der Finanzoption steht nur dem Optionsinhaber zu, es liegt eine exklusive Option vor. Über Realoptionen verfügen aber häufig mehrere Akteure simultan, d. h. es handelt sich um eine gemeinschaftliche Option. Sind zwei Wettbewerber in der Lage dieselbe Option auszuüben, so beeinflussen Wettbewerbseffekte den Optionswert. Durch bestimmte Maßnahmen (z. B. Erwirkung von Patentschutz) lässt sich dieser Effekt vermeiden resp. verzögern. Der Werteinfluss der Laufzeit von Realoptionen kann aus diesen Gründen nicht losgelöst von der Exklusivität derselben festgestellt werden.

7.6.6 Fazit

Zur Überprüfung realer Optionspreismodelle existieren mittlerweile eine Reihe empirischer Studien.[139] Die in diesen Studien benötigte Datenbasis erweist sich jedoch als

dem Realoptionsansatz relativ gut bewertet werden können, dienen Investitionen mit starkem Bezug zu börsennotierten Rohstoffen.

[135] Vgl. Andres (1998); Campenhausen (1996); Schmitt (2012).

[136] So vertritt z. B. DAVIS die Meinung, dass die Volatilität eines gesamten Projektes mindestens genauso hoch ist wie die Volatilität der Rückflüsse, möglicherweise auch doppelt oder dreifach so hoch. Vgl. Davis (1998: 735).

[137] Vgl. Ballwieser (2002: 190).

[138] Vgl. Brennan/Schwartz (1985: 145); Pindyck (1988: 972); Pindyck (1991); Dixit/Pindyck (1994: 137); Grenadier/Weiss (1997: 401); McDonald (2000: 16); Huisman (2001: 16); Friedl (2001); Lucke (2001).

[139] Vgl. Kester (1984); Berger/Ofek/Swary (1996); Seppelfricke (1996: 174–176); Werner (2000: 121–122); Seppä/Laamanen (2001); Tufano/Moel (2002); Quigg (1993); Chiang/So/Yeung (2006).

schwer ermittelbar, was nicht selten zur Notwendigkeit der Schätzung von wichtigen Modellparametern führt. Bei den Untersuchungen zu Optionsprämien ist die Problematik des nicht existenten Handels von Realoptionen deutlich geworden. In den untersuchten Fällen existierten keine vergleichbaren, beobachtbaren Marktpreise für die theoretisch ermittelten Realoptionswerte und somit konnte auch kein Vergleich mit den theoretisch festgestellten Modellpreisen stattfinden. Aus den Untersuchungen folgen jedoch Durchschnittswerte für den Anteil der Optionskomponenten an den beobachtbaren Preisen, so dass die Aussagen auch quantitativ fundiert werden konnten. Während die Existenz optionaler Wertbestandteile grundsätzlich bestätigt wird, erweist sich eine Feststellung und Überprüfung monetärer Werte als problematisch.

Die Begrenzung der Lösungsmächtigkeit finanzmathematischer Modelle für reale Bewertungsprobleme wird auch bei der Verwendung von Realoptionsmodellen deutlich. Dies wurde schon frühzeitig festgestellt und wird auch aktuell intensiv und kontrovers diskutiert.[140] Die vorstehenden Darstellungen zeigten, dass die Frage nach dem Wert und dem Preis von Investitionen bei Verwendung des Realoptionsansatzes lediglich in eine andere Frage transformiert wird, nämlich die Frage nach Wert und Preis von Finanzoptionen. Demzufolge muss geklärt werden, ob diese Transformation zulässig ist, und wenn ja, wie die Frage in Bezug auf Wert und Preis von Finanzoptionen zu beantworten ist.[141] Realoptionen als neues Paradigma zu bezeichnen,[142] erscheint angesichts der aufgezeigten theoretischen und praktischen Probleme als nicht zielführend.

7.7 Aufgaben und Lösungen

7.7.1 Aufgaben

Hinweis: Bei sämtlichen Zahlungen handelt es sich um nachschüssige Zahlungen!

Aufgabe 7.1
Das Ein-Produkt-Unternehmen „MUTABOR-GmbH“ plant, im nächsten Geschäftsjahr Waschmaschinen zu produzieren und zu verkaufen. Der Preis je Gerät beträgt 1.150 €, die variablen Stückkosten betragen 800 €. Es fallen Fixkosten in Höhe von insgesamt 2.900.000 € pro Jahr an. Das Unternehmen verfügt über Eigenkapital in Höhe von 5 Mio. €, welches im nächsten Geschäftsjahr konstant bleibt. Die Absatzmenge sei im Intervall [0; 15.000] gleichverteilt!

[140] Vgl. Merton (1998); Emery et al. (1978: 363); Schneider (2011: 167–168); Kruschwitz (2014: 424–428).
[141] Vgl. Figlewski (1989).
[142] Vgl. Hilpisch (2006: 58–60).

a) Wie hoch ist die Wahrscheinlichkeit, dass das Unternehmen in der kommenden Planungsperiode eine Eigenkapitalrentabilität von 5 % erwirtschaftet?
b) Welche Möglichkeiten können Sie empfehlen, um diese Wahrscheinlichkeit zu erhöhen?

Aufgabe 7.2
Eine Gebäudesanierungsmaßnahme verursacht Investitionsauszahlungen in Höhe von 250.000 €. Damit können Auszahlungen für die Heizung des Gebäudes in Höhe von jährlich 50.000 € reduziert werden. Nach wie vielen Jahren ist zumindest der investierte Betrag unter Berücksichtigung von Zins und Zinseszins wiedergewonnen, wenn der Kalkulationszinssatz 8 % pro Jahr beträgt?

Aufgabe 7.3
Es liegt Ihnen eine Investition mit den folgenden Eingangsdaten vor:

$$\begin{aligned} I_0 &= 175.000\,€ & x &= 500 \text{ Stück/Jahr} \\ p &= 100,\!-\,€/\text{Stück} & i &= 0{,}10 \\ N &= 5 \text{ Jahre} & L_N &= 0 \end{aligned}$$

a) Ermitteln Sie den Kapitalwert der Investition!
b) Ermitteln Sie den kritischen Wert der jährlichen Rückflüsse!
c) Führen Sie eine erweiterte Sensitivitätsanalyse für die Eingangsgrößen „Investitionsauszahlung“, „Jährliche Rückflüsse“ sowie „Kalkulationszinssatz“ durch und stellen Sie die Ergebnisse grafisch dar! Variieren Sie die Größen dabei im Intervall von −50 % bis +50 % um jeweils 10 %!
d) Welcher dieser Parameter hat den größten Einfluss und welcher Bestimmungsfaktor hat den geringsten Einfluss?

Aufgabe 7.4
Ihnen als Leiter der Controlling-Abteilung wird die folgende Abbildung vorgelegt. Auf dieser sind die Verteilungsfunktionen zweier Investitionsalternativen dargestellt.

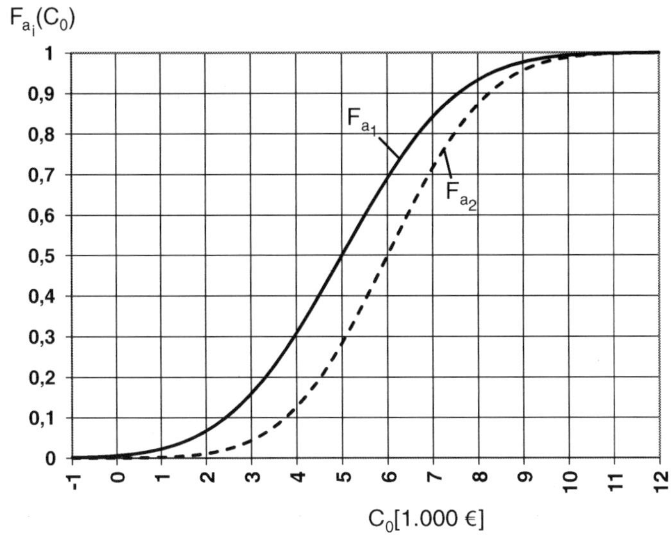

a) Interpretieren Sie die Funktionen und erläutern Sie das Konzept der stochastischen Dominanz!
b) Welchen prinzipiellen Verlauf müssen die aus den Verteilungsfunktionen abgeleiteten Wahrscheinlichkeitsfunktionen im vorliegenden Fall aufweisen?
c) Welche Entscheidung können Sie in Bezug auf die relative Vorteilhaftigkeit der Alternativen treffen?

Aufgabe 7.5

Für eine Investitionsmaßnahme, die in $t = 0$ sichere Investitionsauszahlungen in Höhe von 90.000 € erfordert, hat die Controlling-Abteilung feststellen müssen, dass die Rückflüsse unsicher sind. Sie unterliegen jährlichen Schwankungen von 5.000 €. Ursprünglich hat die Abteilung mit einem Barwert der Rückflüsse von jährlich 50.000 € gerechnet. Da keine anderen Informationen vorliegen, wird in der Abteilung beschlossen, die Wahrscheinlichkeiten der Schwankungen gleich zu gewichten. Demzufolge sind positive und negative Abweichungen gleich wahrscheinlich. Der Planungshorizont beträgt 2 Jahre, der Kalkulationszinssatz beträgt 5 % jährlich.

a) Ermitteln Sie die diskrete Verteilungsfunktion des Kapitalwertes!
b) Ermitteln Sie die Wahrscheinlichkeitsfunktion bzw. das Risikoprofil des Kapitalwertes!

Aufgabe 7.6

Das Land Brandenburg verfügt seit mehreren Jahrzehnten über die Information, dass im südlichen Teil des Bundeslandes Erzvorkommen lagern. Aus früheren Untersuchungen – die jedoch schon ca. 30 Jahre alt sind – ist bekannt, dass es sich zu einem großen Teil um Kupferschiefer handelt. Da der Kupferpreis in den letzten Jahren gestiegen ist und gleichzeitig die technologischen Möglichkeiten zur Ausbeutung dieser Vorkommen verbessert wurden, reifen in dem zuständigen Ministerium detaillierte Pläne zur weiteren Vorgehensweise. Das Land ist Eigentümer einer Bergbaugesellschaft, die die Ausbeutung durchführen soll. Die Kosten der Ausbeutung belaufen sich auf 2 Mio. €. Es stehen die folgenden zwei Handlungsmöglichkeiten zur Auswahl:

- **Variante A:** Es werden keine weiteren Untersuchungen vorgenommen, da die vorliegenden Ergebnisse als ausreichend eingestuft werden. Deshalb wird sofort (in $t = 0$) mit der Ausbeutung begonnen. Dies verspricht mit einer Wahrscheinlichkeit von 50 % in $t = 1$ den Barwert einer langjährigen Zahlungsreihe von 5 Mio. €. Mit einer Wahrscheinlichkeit von 50 % ist jedoch lediglich mit einem Barwert in Höhe von 1 Mio. € zu rechnen.
- **Variante B:** Da die Untersuchungsergebnisse so alt sind, werden in $t = 0$ weitere Untersuchungen durchgeführt. Diese verursachen Kosten in Höhe von 500.000 €. Mit jeweils einer 50 %igen Wahrscheinlichkeit liegt im Zeitpunkt $t = 1$ entweder ein günstiges oder ein ungünstiges Ergebnis vor. Das ungünstige Ergebnis ist so zu interpretieren, dass mit einer Wahrscheinlichkeit von 90 % in $t = 2$ ein Barwert der Zahlungsreihe in Höhe von 1 Mio. € erwirtschaftet wird und mit einer Wahrscheinlichkeit von 10 % ein Barwert von 5 Mio. € erzielt werden kann. Im Fall des günstigen Ergebnisses wird mit einer Wahrscheinlichkeit von 90 % in $t = 2$ ein Barwert der Zahlungsreihe in Höhe von 5 Mio. € erreicht und mit einer 10 %igen Wahrscheinlichkeit wird in $t = 2$ lediglich ein Barwert von 1 Mio. € erwirtschaftet. In jeder Stufe besteht die Möglichkeit zum Abbruch des Verfahrens.

Ermitteln Sie die optimale Vorgehensweise bei einem Kalkulationszinssatz von 10 % jährlich! Entwerfen Sie dazu den Entscheidungsbaum und ermitteln Sie die Alternative mit dem maximalen Erwartungswert des Kapitalwertes!

Aufgabe 7.7

Ein Unternehmen verfügt über die Möglichkeit, für ein neu patentiertes und auf dem Markt einzuführendes Produkt in $t = 0$ entweder:

- eine große Produktionsanlage (MA_0) zu errichten und diese über 2 Jahre zu betreiben, oder
- eine kleine Produktionsanlage zu errichten (MB_0), die zum Zeitpunkt $t = 1$ je nach Marktlage entweder:
  - ohne Ersatz liquidiert wird, oder
  - durch eine Folgeanlage für eine weitere Periode ersetzt wird.

Aus heutiger Sicht stehen als Folgeanlage zwei Varianten zur Auswahl: die Anlage MC_1 und die Anlage MD_1. Die Entwicklung des Absatzes ist unsicher. Das Unternehmen plant mit zwei Szenarien: im Fall einer guten Absatzentwicklung werden die Anlagen auf Höchstlast betrieben, wohingegen im Fall einer ungünstigen Entwicklung eine verschleißarme Nutzung der Anlagen möglich ist. Daraus resultierende Unterschiede in den Stückkosten werden durch unterschiedliche Stückerlöse kompensiert. Es gelten weitere Eingangsgrößen aus folgender Tabelle.

Kenngrößen \ Anlage	MA_0	MB_0	MC_1	MD_1
I_0 [€]	1.000.000	500.000		
I_1 [€]			500.000	550.000
K_{Fix} [€/$Jahr$]	120.000	50.000	50.000	40.000
db [€/$Stück$]	40	50	50	60
L_N [€]	100.000	50.000	50.000	50.000
Produktionsmengen [Stück/Jahr]				
Große Menge	20.000	10.000	25.000	20.000
Geringe Menge	10.000	10.000	15.000	12.000

Die Wahrscheinlichkeiten für die Entwicklung der Nachfrage nach den Produkten sind der folgenden Tabelle zu entnehmen.

In der 1. Periode		**In der 2. Periode**	
niedrig	$\varpi(N) = 0,5$	niedrig	$\varpi(N,N) = 0,6$
		hoch	$\varpi(N,H) = 0,4$
hoch	$\varpi(H) = 0,5$	niedrig	$\varpi(H,N) = 0,3$
		hoch	$\varpi(H,H) = 0,7$

Ermitteln Sie die kapitalwertmaximale Investitionsvariante bei einem Kalkulationszinssatz von $i = 10\,\%$ mit dem Entscheidungsbaumverfahren! Verwenden und vervollständigen Sie die folgende Abbildung!

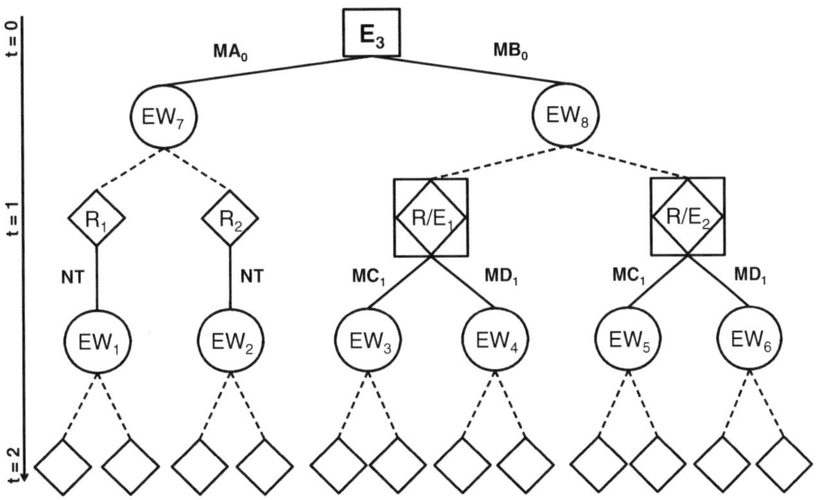

Aufgabe 7.8

Ein Landwirt erhält zu seinem 60. Geburtstag das Angebot, sich zehn Jahre früher als ursprünglich geplant zur Ruhe zu setzen. Ein jüngerer Nachbar bietet ihm 340.000 € Sofortzahlung an, wenn der Landwirt dem Nachbarn sein Grundstück zur Nutzung überlässt. Nach dem 70. Lebensjahr des Landwirtes endet dessen Nutzungsrecht an dem Grundstück ebenfalls. Der Landwirt möchte nun von Ihnen wissen, wie er auf dieses Angebot reagieren soll. Der Landwirt weiß, dass die Preise für seine Produkte in der Vergangenheit jährlich um ca. 20 % schwankten. Die Gesamtsumme an Einzahlungen über die zehn Jahre schätzt der Landwirt auf 300.000 €. Sie ermitteln einen Wert für den risikolosen Zinssatz mit 5 % jährlich. Auf Nachfrage gibt der jüngere Nachbar an, das Angebot während der gesamten 10 Jahre aufrecht erhalten zu wollen.

a) Welcher Optionsart entspricht die vorliegende Situation?
b) Ermitteln Sie den aktuellen Wert dieses Angebotes! Verwenden Sie das Binomialmodell mit einer Unterteilung in fünf Intervalle! Stellen Sie dazu die Entwicklung des Basiswertes und des Optionswertes grafisch dar!
c) Wie lautet Ihre Empfehlung an den Landwirt?

Aufgabe 7.9

Eine Gemeinde verfügt über ein Waldstück mit einer Fläche von 100 Hektar, auf dem verschiedene Nutzholzarten unterschiedlicher Qualitätsklassen wachsen. Die Gemeinde kann das Grundstück nicht selbst bewirtschaften, möchte es jedoch auch nicht vollständig veräußern. Deshalb wird im Gemeinderat die Möglichkeit der Veräußerung des Nutzungsrechtes an dem Waldstück diskutiert. Das Recht soll für 10 Jahre nach dem Erwerb bestehen. Wenn das Recht ausgeübt wird, erhält die Gemeinde eine einmalige Zahlung in Höhe von 1 Mio. €. Der Investor HOLZMICHL hört von dieser Möglichkeit und prüft den Erwerb dieses Nutzungsrechtes. Er ist sich jedoch noch nicht sicher, ob er das Recht selbst ausübt oder lediglich zu Spekulationszwecken erwirbt, um es bei steigender Holznachfrage gewinnbringend weiter zu veräußern. Um gut vorbereitet in die Verhandlungen mit der Gemeinde gehen zu können, möchte er den Wert dieses Nutzungsrechtes ermitteln. Aufgrund der schwankenden Nachfrage nach Holz ist jedoch nicht sicher, welche Rückflüsse aus der Nutzung des Waldes erzielt werden können. Im Sinne einer nachhaltigen Forstwirtschaft liegt die maximale Obergrenze an Holz, das entnommen werden kann, bei 15 Festmetern je Hektar. Dies entspricht auch der durchschnittlichen jährlichen Zuwachsmenge. Der Durchschnittsbestand beträgt 300 Festmeter je Hektar. Der Durchschnittspreis für diesen Mischbestand liegt aktuell bei ca. 80 € je Festmeter. Davon müssen ca. 20 € je Festmeter für Aufarbeitungs- und Rückekosten abgezogen werden. Der Holzpreis schwankte in den letzten 5 Jahren um ca. 20 % jährlich. Der aktuelle risikolose Zinssatz liegt bei 5 % jährlich.

a) Ermitteln Sie für den Investor den aktuellen Wert dieses Nutzungsrechtes bei Interpretation als europäische Option mit dem BLACK-SCHOLES-MERTON-Modell!

b) Ermitteln Sie für den Investor den aktuellen Wert dieses Nutzungsrechtes bei Interpretation als amerikanische Option mit dem COX-ROSS-RUBINSTEIN-Modell! Verwenden Sie dabei fünf Intervalle! Stellen Sie dazu die Entwicklung des Basiswertes und des Optionswertes grafisch dar!
c) Erläutern Sie den wesentlichen Unterschied zwischen diesen Bewertungsmodellen!

Aufgabe 7.10

Einem Investor steht die Möglichkeit offen, für 30 Mio. € das Fischnutzungsrecht eines Gewässers zu erwerben, in welchem ca. 500 t Speisefisch leben. In dem Gewässer hat sich ein biologisches Gleichgewicht eingestellt, so dass die Menge an Fisch weder zu- noch abnimmt. Der Preis für die in dem Gewässer lebenden Speisefische liegt aktuell bei 45 € pro kg. Kosten für den Fischfang und die Pflege des Bestands und des Gewässers entstehen für jedes Kilogramm Fangfisch in Höhe von 10 €. Der Investor konnte beobachten, dass der Preis für Fische seiner Sorten durchschnittlich jährlichen Schwankungen von ca. 10 % unterworfen ist. Mit der Nutzung ist jedoch aus umweltrechtlichen Gründen die Restriktion verbunden, den Bestand jährlich nur um 10 % zu reduzieren. Die auf diese Weise reduzierte Menge muss im darauffolgenden Jahr wieder eingesetzt und nachgezogen werden, wofür Kosten in Höhe von 5 € pro kg Fangfisch veranschlagt werden. Der aktuelle risikolose Zinssatz liegt bei 5 % jährlich.

a) Ermitteln Sie den aktuellen Wert dieses Nutzungsrechtes! Gehen Sie davon aus, dass die Möglichkeit dem Investor unbegrenzt zur Verfügung steht!
b) Wie hoch ist der kritische Barwert der Rückflüsse? Erläutern Sie diesen Begriff!

Aufgabe 7.11

Es liegen Ihnen die historischen Kursnotierungen einer Aktie aus folgender Tabelle vor.

Tag	Schlusskurs	Höchstkurs	Tiefstkurs
1	139,125	140,450	137,550
2	140,175	140,175	137,550
3	141,750	144,160	140,700
4	139,650	145,220	139,650
5	139,650	144,160	139,650
6	143,850	145,220	139,650
7	141,750	144,690	141,750
8	141,750	144,160	141,750
9	149,625	152,110	143,850
10	150,150	153,700	149,100
11	151,725	155,820	149,100
12	152,250	156,350	152,250
13	153,300	153,300	150,150
14	156,450	156,450	155,400
15	155,400	157,940	153,825
16	154,350	158,470	154,350

Ermitteln Sie die geschätzte annualisierte Volatilität auf Basis:

- Schlusskurse,
- Höchst- und Tiefstkurse sowie
- Schluss-, Höchst- und Tiefstkurse!

Aufgabe 7.12
Ihnen liegen folgende Informationen zu einer europäischen Kaufoption vor:

$$\begin{aligned} S &= 100\,€, & \sigma &= 20{,}00\,\%/a \\ X &= 80\,€, & \delta &= 5{,}00\,\%/a \\ r &= 8{,}00\,\%/\text{a}, & T &= 1\text{ Jahr} \end{aligned}$$

a) Ermitteln Sie den Wert der Option!
b) Ermitteln Sie die Sensitivitätskennzahlen für diese Option!
c) Interpretieren Sie die Ergebnisse!

7.7.2 Lösungen

Lösung zu Aufgabe 7.1

a) Im ersten Schritt ist der erforderliche Jahresgewinn zu ermitteln. Dieser ergibt sich aus: $G_{\text{krit}} = EK \cdot r_{EK} = 250.000,-€$. Mit diesem Zwischenwert kann die Stückzahl x_{krit} ermittelt werden, die zur Erreichung dieses Gewinns erforderlich ist. Es folgt:

$$x_{\text{krit}} = \frac{K_{\text{Fix}} + G_{\text{krit}}}{p - k_v} = 9.000$$

Die kritische Stückzahl beträgt demzufolge 9.000 Stück. Im nächsten Schritt ist der Wert der Verteilungsfunktion für diesen Wert zu ermitteln. Da es sich um eine gleichverteilte Absatzmenge handelt, kann dieser Wert folgendermaßen analytisch bestimmt werden:

$$F\left(x_{\text{krit}}\right) = \frac{x_{\text{krit}} - \underline{x}}{\overline{x} - \underline{x}} = \frac{9.000}{15.000} = 0{,}60$$

Die Wahrscheinlichkeit, dass der Gewinn größer ist als 250.000 € ergibt sich aus der Wahrscheinlichkeit, dass die Absatzmenge größer ist als 9.000 Stück. Deshalb gilt:

$$\begin{aligned} Pr\{\tilde{x} \geq x_{\text{krit}}\} &= 1 - F(x_{\text{krit}}) \\ Pr\{\tilde{x} \geq 9.000\} &= 1 - F(x_{\text{krit}}) \\ &= 0{,}40 \end{aligned}$$

Alternativ kann die Wahrscheinlichkeit auch direkt auf folgendem Wege ermittelt werden:

$$Pr\{\tilde{x} \geq x_{\text{krit}}\} = 1 - F(x_{\text{krit}}) = \frac{\overline{x} - x_{\text{krit}}}{\overline{x} - \underline{x}} = \frac{15.000}{9.000} = 0{,}40$$

Die Wahrscheinlichkeit, dass eine Eigenkapitalrendite von 5 % erwirtschaftet wird, liegt demzufolge bei 40 %.

b) Zu empfehlen sind sämtliche Maßnahmen,die den kritischen Wert der Absatzmenge x_{krit} reduzieren, wie z. B. die variablen Stückkosten oder die Fixkosten zu senken.

Lösung zu Aufgabe 7.2

Gesucht ist die dynamische Amortisationsdauer *tad*. Diese kann als kritischer Wert der Nutzungsdauer interpretiert werden. Sie wird wie folgt ermittelt:

$$\begin{aligned} C_0 &= -I_0 + \sum_{t=1}^{tad} R_t q^{-t} + L_{tad}\, q^{-tad} \stackrel{!}{=} 0 \\ I_0 &= \sum_{t=1}^{tad} R_t q^{-t} \\ I_0 &= R_t \cdot \frac{q^{tad} - 1}{q^{tad} \cdot i} \\ \frac{I_0 \cdot i}{R_t} &= \frac{q^{tad} - 1}{q^{tad}} \\ \frac{I_0 \cdot i}{R_t} &= 1 - q^{-tad} \\ q^{-tad} &= 1 - \frac{I_0 \cdot i}{R_t} \\ -tad \ln q &= \ln\left(1 - \frac{I_0 \cdot i}{R_t}\right) \end{aligned}$$

$$
\begin{aligned}
tad &= \frac{-\ln\left(1-\dfrac{I_0 \cdot i}{R_t}\right)}{\ln q} \\
&= \frac{-\ln\left(1-\dfrac{250.000 \cdot 0{,}08}{50.000}\right)}{\ln 1{,}08} \\
&= 6{,}64\mathrm{a}
\end{aligned}
$$

Nach 6,64 Jahren sind die Investitionsauszahlungen durch die reduzierten Auszahlungen für die Gebäudeheizung wieder amortisiert.

Lösung zu Aufgabe 7.3

a) Der Kapitalwert der Investition folgt aus:

$$
\begin{aligned}
C_0 &= -I_0 + \sum_{t=1}^{N} R_t q^{-t} + L_N q^{-N} \\
&= -175.000\,€ + 50.000\,€ \cdot \frac{1{,}1^5 - 1}{1{,}1^5 \cdot 0{,}1} + 0 \\
&= 14.539{,}34\,€
\end{aligned}
$$

b) Der kritische Wert der jährlichen Rückflüsse ergibt sich mit:

$$
\begin{aligned}
C_0 &\overset{!}{=} 0 \\
I_0 &\overset{!}{=} \sum_{t=1}^{N} R_t q^{-t} \\
I_0 &\overset{!}{=} R_t \cdot \frac{q^N - 1}{q^N \cdot i} \\
R_t &\overset{!}{=} I_0 \cdot \frac{q^N \cdot i}{q^N - 1} \\
R_t &\overset{!}{=} 46.164{,}56\,€
\end{aligned}
$$

Demzufolge müssen jährlich mindestens 46.164,56 € an Rückflüssen erwirtschaftet werden, damit ein positiver Kapitalwert erzielt werden kann.

c) Die Ergebnisse der Sensitivitätsanalyse sind in der folgenden Abbildung zu sehen.

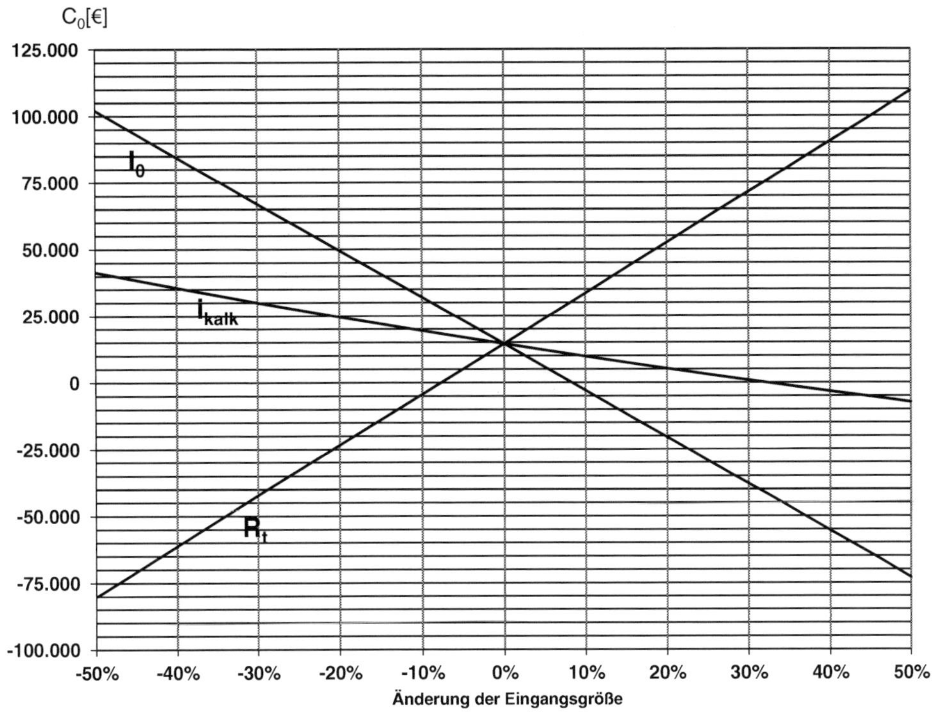

d) Die jährlichen Rückflüsse haben den größten Einfluss. Der Einfluss des Kalkulationszinssatzes ist am geringsten.

Lösung zu Aufgabe 7.4

a) Mit dem Konzept der stochastischen Dominanz kann auf Basis der Verteilungsfunktion mehrerer Alternativen die relative Vorteilhaftigkeit derselben analysiert werden. Eine Aktion $a_2 \in A$ heißt genau dann wahrscheinlichkeitsdominant bezüglich der Aktion $a_1 \in A$, wenn gilt:

$$F_{a_2}(x) \leq F_{a_1}(x) \quad \forall x \quad \text{und}$$
$$F_{a_2}(x) < F_{a_1}(x) \quad \text{für mindestens ein } x$$

Im vorliegenden Fall ist stochastische Dominanz erster Ordnung der Alternative a_2 gegeben, da diese Alternative durchgängig geringere Werte der Verteilungsfunktion aufweist.

b) Die Wahrscheinlichkeit, dass bei einer Alternative a_i mit einer stetigen, unsicheren Ergebnisgröße $\tilde{x}$ ein Wert z erreicht oder überschritten wird ($Pr_{a_i}(\tilde{x} \geq z)$), resultiert aus:

$$Pr_{a_i}(\tilde{x} \geq z) = 1 - F_{a_i}(z)$$

Eine Alternative mit geringeren Werten der Verteilungsfunktion an einer Stelle führt zu höheren Werten der Wahrscheinlichkeitsfunktion an derselben Stelle. Je geringer die Werte der Verteilungsfunktion, desto größer sind die Werte der Wahrscheinlichkeitsfunktion. Der Verlauf der Wahrscheinlichkeitsfunktionen, die häufig auch als Risikoprofil bezeichnet wird, muss deshalb so gestaltet sein, dass die Funktion der Alternative a_2 über der Funktion der Alternative a_1 verläuft, da sämtliche Werte der Verteilungsfunktion von a_2 geringer sind als die Funktionswerte von a_1 (siehe folgende Abbildung). Beispielsweise beträgt die Wahrscheinlichkeit, einen Kapitalwert von 60.000 € zu erwirtschaften, bei a_1 lediglich ca. 30 %, bei a_2 hingegen ca. 50 %.

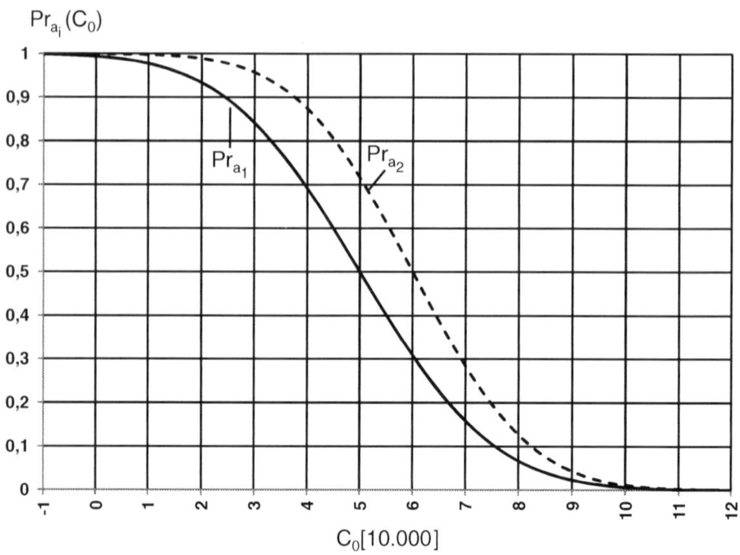

c) Diejenige Alternative ist bei Verwendung der Risikoanalyse relativ vorteilhaft, die die Bedingung der stochastischen Dominanz erster oder zweiter Ordnung erfüllt. In dem Beispiel dominiert die Alternative a_2 die Konkurrenzalternative in erster Ordnung, weshalb Alternative a_2 relativ vorteilhaft ist.

Lösung zu Aufgabe 7.5

In einem ersten Schritt ist zu ermitteln, zu welchen Zeitpunkten die Rückflüsse welchen Wert aufweisen können. Wenn die Rückflüsse in $t = 0$ einen Wert von 50.000 €

aufweisen, können diese in $t = 1$ entweder 55.000 € oder 45.000 € betragen. Wird angenommen, dass die Rückflüsse im ersten Jahr den Wert 55.000 € erreicht haben, können im zweiten Jahr entweder 60.000 € erreicht werden, oder es ist ein Rückgang auf 50.000 € zu verzeichnen. Dieselbe Entwicklung ist möglich, wenn im ersten Jahr lediglich der Wert von 45.000 € erreicht wurde. Diese Entwicklung ist in der folgenden Abbildung zu sehen.

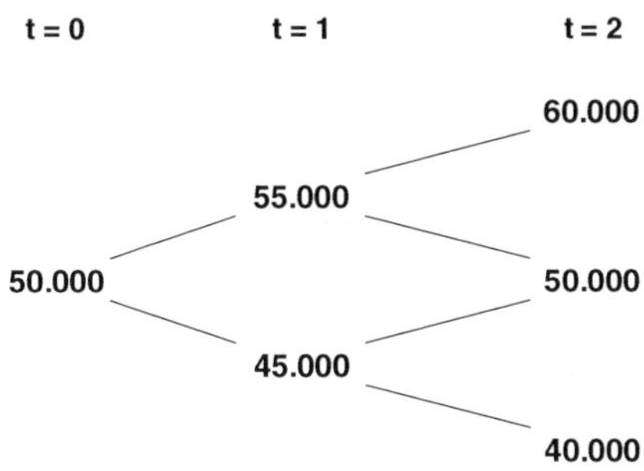

Mit diesen Entwicklungspfaden können die Kapitalwerte der verschiedenen Kombinationen wie folgt ermittelt werden:

- Kapitalwert bei zweimalig positiver Entwicklung:

$$C_{0;\mathrm{pp}} = -90.000\,€ + 55.000\,€ \cdot 1{,}05^{-1} + 60.000\,€ \cdot 1{,}05^{-2} \approx 16.803\,€$$

- Kapitalwert bei positiver Entwicklung im ersten Jahr und negativer Entwicklung im zweiten Jahr:

$$C_{0;\mathrm{pn}} = -90.000\,€ + 55.000\,€ \cdot 1{,}05^{-1} + 50.000\,€ \cdot 1{,}05^{-2} \approx 7.732\,€$$

- Kapitalwert bei negativer Entwicklung im ersten Jahr und positiver Entwicklung im zweiten Jahr:

$$C_{0;\mathrm{pn}} = -90.000\,€ + 45.000\,€ \cdot 1{,}05^{-1} + 50.000\,€ \cdot 1{,}05^{-2} \approx -1.791\,€$$

- Kapitalwert bei zweimalig negativer Entwicklung:

$$C_{0;\mathrm{pp}} = -90.000\,€ + 45.000\,€ \cdot 1{,}05^{-1} + 40.000\,€ \cdot 1{,}05^{-2} \approx -10.862\,€$$

Mit diesen Daten können die Teilaufgaben gelöst werden.

a) Die diskrete Verteilungsfunktion ist in der folgenden Abbildung zu sehen.

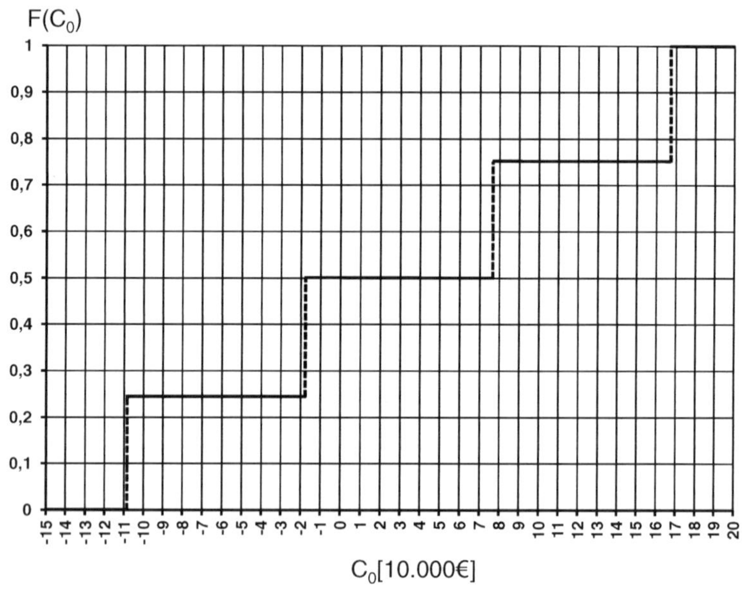

b) Aufbauend auf der Verteilungsfunktion kann die Funktion der kumulierten Wahrscheinlichkeit ermittelt werden, welche auch als Risikoprofil bezeichnet wird. Diese ist in der folgenden Abbildung dargestellt.

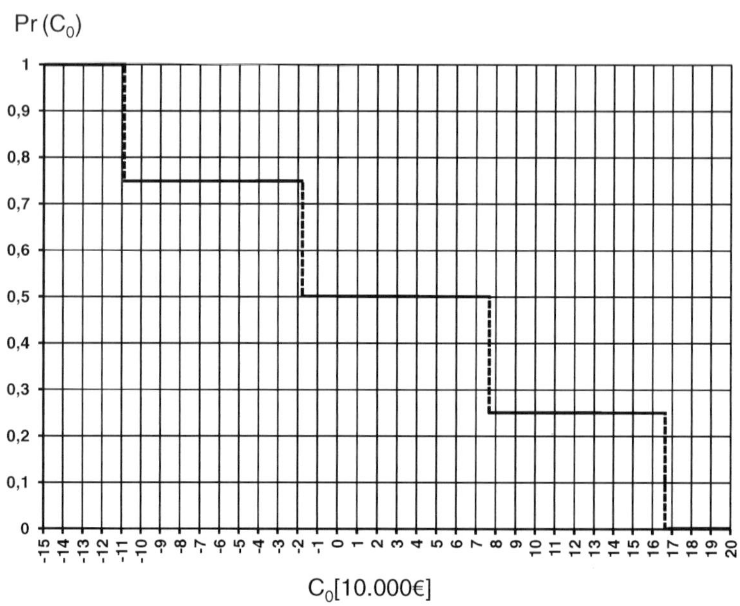

Die Wahrscheinlichkeit, einen positiven Kapitalwert zu erwirtschaften, beträgt demnach 50 %. Mit einer 25 %igen Wahrscheinlichkeit wird ein Kapitalwert zwischen 7.432 € und 16.803 € erzielt. Die Wahrscheinlichkeit, einen Kapitalwert zu erreichen, der größer ist als 16.803 €, beträgt 0 %.

Lösung zu Aufgabe 7.6

Die Struktur der Entscheidungssituation mit den Eintrittswahrscheinlichkeiten und den Ergebniswerten ist in der folgenden Abbildung zu sehen.

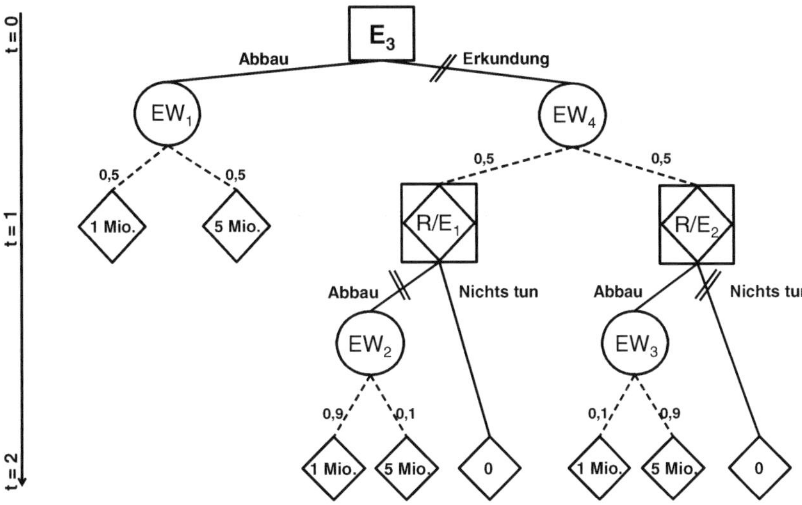

Als erstes wird der Erwartungswert der Handlungsalternative A ermittelt. Dies ist die Alternative, bei welcher der Abbau des Vorkommens sofort geschieht. Der Erwartungswert des Kapitalwertes dieser Option zum Zeitpunkt $t = 0$ ergibt sich aus:

$$EW_1[\tilde{C}_{0;\text{Abbau}}] = -2 \text{ Mio. €} + 3 \text{ Mio. €} \cdot 1{,}1^{-1} = 727.272{,}73 \text{ €}$$

Für die Alternative B ist eine Handlungssequenz zu bewerten, bei welcher zuerst eine Erkundung durchgeführt wird und in Abhängigkeit von den – zu einem späteren Zeitpunkt vorliegenden – Ergebnissen über das weitere Vorgehen entschieden wird. Die Bewertung beginnt zu dem spätesten Zeitpunkt, zu dem eine Entscheidung getroffen werden kann. Dies ist der Zeitpunkt $t = 1$. Zuerst wird die Situation untersucht, dass im Zeitpunkt $t = 1$ ein ungünstiges Ergebnis vorliegt. Das bedeutet, dass sich der Entscheidungsträger im Knoten R/E_1 befindet.

Der Erwartungswert des Kapitalwertes der Alternative „Abbau" folgt in $t = 1$ mit:

$$EW_2[\tilde{C}_{1;\text{Abbau}}] = -2 \text{ Mio. €} + 1{,}4 \text{ Mio. €} \cdot 1{,}1^{-1} = -727.272{,}73 \text{ €}$$

Es kann jedoch auch in $t = 1$ entschieden werden, nicht mit dem Abbau zu beginnen. Der Kapitalwert dieser Möglichkeit beträgt $EW[\tilde{C}_{1;\text{Nichts tun}}] = 0$.

Für die Entscheidung im Knoten R/E_1 ist demzufolge die Variante „Nichts tun" vorteilhaft im Vergleich zur Alternative „Abbau". Die Kante zu der Alternative „Abbau" wird deshalb gestrichen.

Wird nun jedoch der Fall untersucht, dass zum Zeitpunkt $t = 1$ ein günstiges Ergebnis vorliegt, so befindet sich der Entscheidungsträger im Knoten R/E_2. Der Erwartungswert des Kapitalwertes der Alternative „Abbau" folgt in diesem Fall in $t = 1$ mit:

$$EW_3[\tilde{C}_{1;\text{Abbau}}] = -2\text{ Mio. €} + 4{,}6\text{ Mio. €} \cdot 1{,}1^{-1} = 2.181.818{,}18\text{ €}$$

Wie auch im Knoten R/E_1 kann jedoch auch in diesem Knoten entschieden werden, nicht mit dem Abbau zu beginnen. Der Kapitalwert dieser Möglichkeit beträgt $EW[\tilde{C}_{1;\text{Nichts tun}}] = 0$. Für die Entscheidung im Knoten R/E_2 ist demzufolge die Variante „Abbau" relativ vorteilhaft. Die Kante zu der Alternative „Nichts tun" wird deshalb gestrichen.

Als letztes ist der Erwartungswert des Kapitalwertes der Handlungsalternative „Erkundung und anschließende Entscheidung" im Zeitpunkt $t = 0$ zu ermitteln. Dieser Wert ergibt sich aus:

$$\begin{aligned} EW_4[\tilde{C}_{0;\text{Erkundung}}] = &- 500.000\text{ €} \\ &+ \left[0{,}5 \cdot 0\text{ €} + (0{,}5 \cdot 2.181.818{,}18\text{ €}) \cdot 1{,}1^{-1}\right] \\ = &\ 491.735{,}54\text{ €} \end{aligned}$$

Dieser Erwartungswert ist geringer als der Erwartungswert der Alternative des sofortigen Abbaus. Deshalb ist der sofortige Beginn des Abbaus die vorteilhafte Vorgehensweise.

Lösung zu Aufgabe 7.7

Im Folgenden werden die Ergebnisse für die einzelnen Knoten ermittelt. Im ersten Schritt werden die Erwartungswerte der Kapitalwerte $EW[\tilde{C}_1]$ für die verschiedenen Zustände in $t = 1$ berechnet.

Zeitpunkt $t = 1$:

Knoten R_1:

$$\begin{aligned} EW_1[\tilde{C}_{1:R_1}] = &[(0{,}7 \cdot 20.000 + 0{,}3 \cdot 10.000) \cdot 40\text{ €/St}] \cdot 1{,}1^{-1} \\ &+ (100.000\text{ €} - 120.000\text{ €}) \cdot 1{,}1^{-1} = \underline{600.000,-\text{€}} \end{aligned}$$

Knoten R_2:

$$\begin{aligned} EW_2[\tilde{C}_{1:R_2}] = &[(0{,}4 \cdot 20.000 + 0{,}6 \cdot 10.000) \cdot 40\text{ €/St}] \cdot 1{,}1^{-1} \\ &+ (100.000\text{ €} - 120.000\text{ €}) \cdot 1{,}1^{-1} = \underline{490.909{,}09\text{ €}} \end{aligned}$$

Da in $t = 1$ auf diesem Ast des Baumes keine Entscheidung mehr getroffen werden kann, ist auch keine Auswahl einer vorteilhaften Alternative vorzunehmen.

Knoten R/E_1:

$$\begin{aligned} EW_3[\tilde{C}_{1;MC_1}] &= [(0{,}7 \cdot 25.000 + 0{,}3 \cdot 15.000) \cdot 50\,€/\mathrm{St}] \cdot 1{,}1^{-1} \\ &\quad + (50.000\,€ - 50.000\,€) \cdot 1{,}1^{-1} - 500.000\,€ = \underline{500.000,-€} \\ EW_4[\tilde{C}_{1;MD_1}] &= [(0{,}7 \cdot 20.000 + 0{,}3 \cdot 12.000) \cdot 60\,€/\mathrm{St}] \cdot 1{,}1^{-1} \\ &\quad + (50.000\,€ - 40.000\,€) \cdot 1{,}1^{-1} - 550.000\,€ = \underline{419.090{,}91\,€} \end{aligned}$$

Das bedeutet, dass im Knoten R/E_1 die Alternative MC_1 relativ vorteilhaft in Bezug auf MD_1 ist. Deshalb wird die Kante zu MD_1 gestrichen.

Knoten R/E_2:

$$\begin{aligned} EW_5[\tilde{C}_{1;MC_1}] &= [(0{,}4 \cdot 25.000 + 0{,}6 \cdot 15.000) \cdot 50\,€/\mathrm{St}] \cdot 1{,}1^{-1} \\ &\quad + (50.000\,€ - 50.000\,€) \cdot 1{,}1^{-1} - 500.000\,€ = \underline{363.636{,}36\,€} \\ EW_6[\tilde{C}_{1;MD_1}] &= [(0{,}4 \cdot 20.000 + 0{,}6 \cdot 12.000) \cdot 60\,€/\mathrm{St}] \cdot 1{,}1^{-1} \\ &\quad + (50.000\,€ - 40.000\,€) \cdot 1{,}1^{-1} - 550.000\,€ = \underline{288.181{,}82\,€} \end{aligned}$$

Das bedeutet, dass im Knoten R/E_2 die Alternative MC_1 wiederum relativ vorteilhaft in Bezug auf MD_1 ist. Auch in diesem Fall wird die Kante zu MD_1 gestrichen.

Zeitpunkt $t = 0$:
Im letzten Schritt sind die Ergebnisse für den Zeitpunkt $t = 0$ zu ermitteln. Dies erfolgt im Knoten E_3. Für die Anlage MA_0 ergibt sich der Erwartungswert:

$$\begin{aligned} EW_7[\tilde{C}_{0;MA_0}] &= -\,1.000.000\,€ \\ &\quad + [(0{,}5 \cdot 20.000 + 0{,}5 \cdot 10.000) \cdot 40\,€/\mathrm{St} - 120.000\,€] \cdot 1{,}1^{-1} \\ &\quad + (0{,}5 \cdot 490.909{,}09\,€ + 0{,}5 \cdot 600.000\,€) \cdot 1{,}1^{-1} \\ &= \underline{-\,67.768{,}60\,€} \end{aligned}$$

Für die Anlage MB_0 ergibt sich der Erwartungswert des Kapitalwertes der Handlungsalternative:

$$\begin{aligned} EW_8[\tilde{C}_{0;MB_0}] &= -\,500.000\,€ \\ &\quad + [(0{,}5 \cdot 10.000 + 0{,}5 \cdot 10.000) \cdot 50\,€/\mathrm{St}] \cdot 1{,}1^{-1} \\ &\quad + (50.0000\,€ - 50.0000\,€) \cdot 1{,}1^{-1} \\ &\quad + (0{,}5 \cdot 500.000,-€ + 0{,}5 \cdot 363.636{,}36\,€) \cdot 1{,}1^{-1} \\ &= \underline{347.107{,}44\,€} \end{aligned}$$

Die Installation der Maschine MB_0 in Kombination mit der anschließenden Installation der Anlage MC_1 ist die vorteilhafte Strategie. Der Erwartungswert dieser Handlungsfolge ist positiv und darüber hinaus größer als der Erwartungswert der Installation der Anlage MA_0. Die Grundstruktur sowie die Bezeichnungen und darstellbaren Lösungsinformationen sind in der folgenden Abbildung dargestellt.

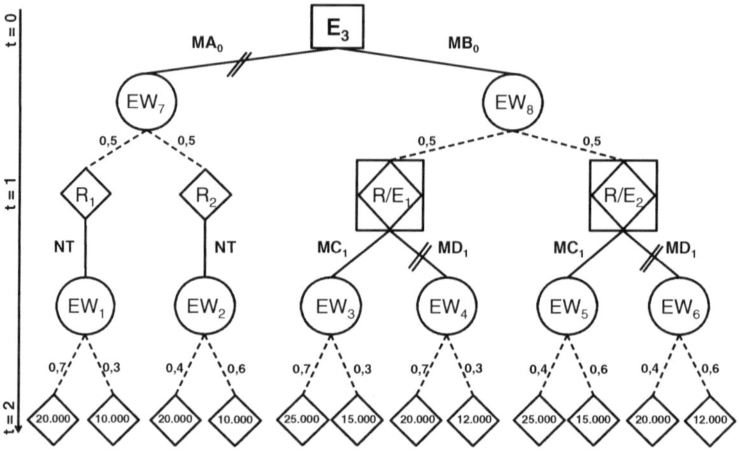

Lösung zu Aufgabe 7.8

a) Die vorliegende Situation kann als amerikanische Verkaufsoption bzw. reale Abbruchoption interpretiert werden. Der Landwirt verfügt über die Option, die unsicheren Rückflüsse seiner Tätigkeit gegen eine sichere Sofortzahlung zu tauschen. Da diese Möglichkeit während der gesamten 10 Jahre besteht, handelt es sich um eine amerikanische Verkaufsoption.

b) Zur Bewertung mit dem Binomialmodell ist die Ermittlung der Werte der Aufwärts- und Abwärtsbewegungen des Basiswertes sowie der korrespondierenden Wahrscheinlichkeiten erforderlich. Diese Zwischenwerte ergeben sich wie folgt:

$$u = e^{0,20\sqrt{2}} = 1{,}326896;$$
$$d = e^{-0,20\sqrt{2}} = 0{,}753638;$$
$$w = \frac{e^{(r-\delta)\cdot\Delta t} - d}{u - d} = 0{,}263754$$

Der Wert der Verkaufsoption am Laufzeitende T beträgt: $\max(X - S_T; 0)$. Für den Wert im Knoten j folgt:

$$P_{i,j} = \max\left(X - S_0 u^j d^{i-j}; e^{-r\Delta t}\left[wP_{\text{up};i+1} + (1-w)P_{\text{down};i+1}\right]\right)$$

Die Entwicklung des Basiswertes und die rekursive Ermittlung des Optionswertes ist in der folgenden Abbildung dargestellt, wobei die Werte in 1.000 € angegeben sind. Der Wert der amerikanischen Abbruchoption beträgt ca. 109.970 €.

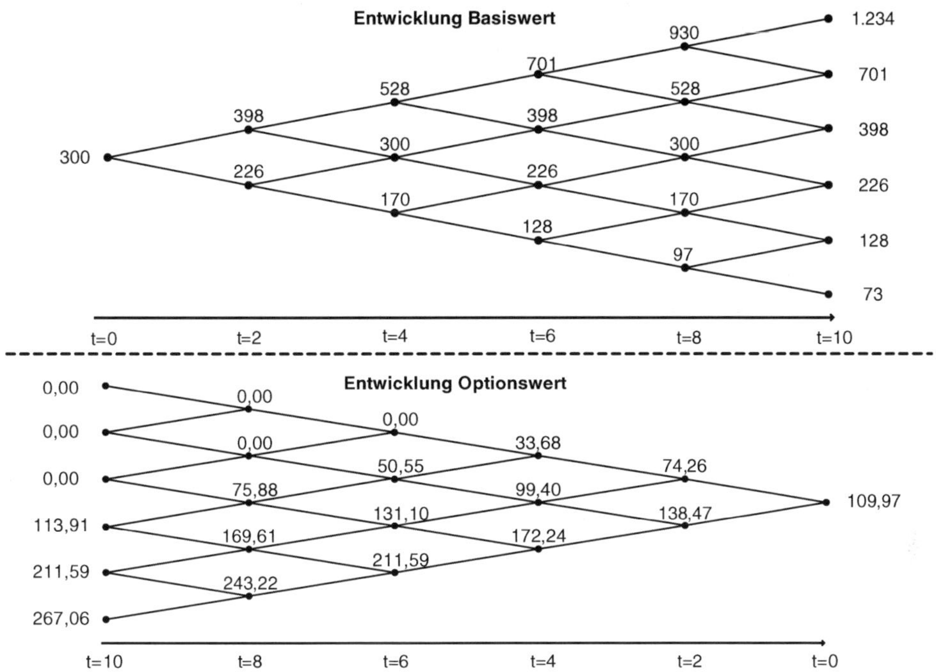

c) Der Landwirt sollte die Option zu diesen Konditionen nicht ausüben. Dem Verkaufspreis von 340.000,– € stehen zwar geringere Rückflüsse in Höhe von 300.000,– € gegenüber. Jedoch muss zusätzlich der aufgegebene Optionswert von 109.970,– € berücksichtigt werden. Dies liegt zum einen in dem geringen Verkaufspreis begründet. Zum anderen muss berücksichtigt werden, dass dem Landwirt jährlich Rückflüsse in Höhe von 10 % aus der Nutzung zufließen – die risikolose Anlage erbringt lediglich 5 % jährlich.

Lösung zu Aufgabe 7.9

Die Situation kann als Investitionsoption interpretiert werden. Um mit der Bewertung dieser realen Option beginnen zu können, ist der Barwert der Rückflüsse zu ermitteln. Mit den angegebenen Informationen ergibt sich $B_0 = 900.000\,€$. Die jährlich zu entnehmende maximale Holzmenge entgeht dem Investor, wenn die Option nicht ausgeübt wird. Diese kann als jährliche Dividendenrendite $\delta = 0{,}10$ interpretiert werden.

a) Die analytische Berechnung des Wertes einer Kaufoption nach dem BLACK-SCHOLES-MERTON-Modell geschieht nach folgender Gleichung:

$$C = Se^{-\delta T} N(d_1) - Xe^{-rT} N(d_2)$$

Mit den Eingangsdaten ergeben sich folgende Zwischenwerte für d_1 und d_2:

$$d_1 = \frac{\ln\left(\frac{900}{1000}\right) + \left(0{,}05 - 0{,}10 + \frac{0{,}20^2}{2}\right) 10}{0{,}20\sqrt{10}} \approx -0{,}640931$$

Der Wert der Verteilungsfunktion der Standardnormalverteilung für diesen Wert ist: $N(d_1) \approx 0{,}260784$.
Damit ergibt sich für den ersten Term: $Se^{-\delta T} N(d_1) \approx 86.343$ €.

$$\begin{aligned} d_2 &= \frac{\ln\left(\frac{900}{1000}\right) + \left(0{,}05 - 0{,}10 - \frac{0{,}20^2}{2}\right) 10}{0{,}20\sqrt{10}} \\ &= d_1 - 0{,}20\sqrt{10} \approx -1{,}273387 \end{aligned}$$

Der Wert der Verteilungsfunktion der Standardnormalverteilung für diesen Wert ist: $N(d_2) \approx 0{,}101440$
Mit diesem Zwischenergebnis resultiert der zweite Term:

$$Xe^{-rT} N(d_2) \approx 61.527 \text{ €}$$

Der Wert der Kaufoption ergibt sich demzufolge mit ca. 24.816 €.

b) Zur Bewertung mit dem Binomialmodell ist die Ermittlung der Werte der Aufwärts- und Abwärtsbewegungen des Basiswertes sowie der korrespondierenden Wahrscheinlichkeiten erforderlich. Diese Zwischenwerte ergeben sich wie folgt:

$$\begin{aligned} u &= e^{0{,}20\sqrt{2}} = 1{,}326896; \quad d = e^{-0{,}20\sqrt{2}} = 0{,}753638; \\ w &= \frac{e^{(r-\delta)\cdot\Delta t} - d}{u - d} = 0{,}263754 \end{aligned}$$

Der Wert der Kaufoption im Knoten i, j wird wie folgt ermittelt:

$$C_{i,j} = \max\left(S_0 u^j d^{i-j} - X; e^{-r\Delta t}\left[w C_{\text{up};i+1} + (1-w) C_{\text{down};i+1}\right]\right)$$

Die Entwicklung des Basiswertes und die rekursive Ermittlung des Optionswertes ist in der folgenden Abbildung dargestellt, wobei die Werte in 100.000 € angegeben sind. Der Wert der amerikanischen Investitionsoption beträgt ca. 56.060 €.

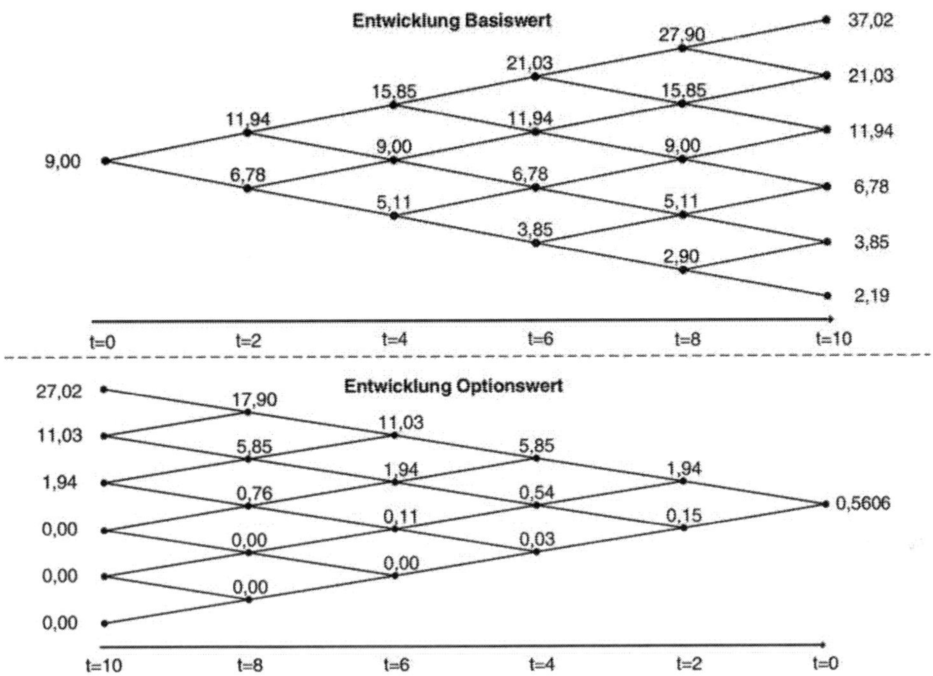

c) Der wesentliche Unterschied liegt in der Berücksichtigung einer möglichen vorzeitigen Ausübung. Im vorliegenden Fall ist es realistischer, von einer amerikanischen Option auszugehen, da das Nutzungsrecht während der gesamten Laufzeit von 10 Jahren ausgeübt werden kann.

Lösung zu Aufgabe 7.10

a) Im ersten Schritt ist der Barwert der Rückflüsse zu ermitteln, welcher mit der Nutzung erwirtschaftet werden kann. Bei 50 t Fisch pro Jahr zu 30 € pro kg ergeben sich 1,5 Mio. € jährliche Rückflüsse. Da keine Zeitbegrenzung angegeben ist, kann von einer unendlichen Nutzungszeit dieses Rechtes ausgegangen werden. Der Barwert einer unendlichen Zahlungsreihe mit den Jahreszahlungen in Höhe von 1,5 Mio. € folgt mit: $B_0 = \frac{1.500.000}{0{,}05}$. Das ergibt: 30 Mio. €.
Im nächsten Schritt kann der Wert der Investitionsoption $InvRO(B_0)$ ermittelt werden. Der Wert der unendlichen amerikanischen Investitionsoption resultiert mit: $InvRO(B_0) = a\,B_0^{\beta}$, wobei:

$$a = \frac{B_0^* - I_0}{\left(B_0^*\right)^{\beta}}$$

Zuerst ist der Wert von β zu ermitteln. Dieser folgt aus:

$$\begin{aligned}\beta &= \frac{1}{2} - \frac{r-\delta}{\sigma^2} + \sqrt{\left(\frac{r-\delta}{\sigma^2} - \frac{1}{2}\right)^2 + \frac{2r}{\sigma^2}} \\ &= \frac{1}{2} - \frac{0{,}05 - 0{,}10}{0{,}10^2} + \sqrt{\left(\frac{0{,}05 - 0{,}10}{0{,}10^2} - \frac{1}{2}\right)^2 + \frac{2 \cdot 0{,}05}{0{,}10^2}} \\ &= 11{,}84429\end{aligned}$$

Damit resultieren die Zwischenwerte:

$$a = 2{,}67305 \cdot 10^{-83} \text{ sowie } B_0^* = \frac{\beta \cdot I_0}{\beta - 1} = 32.766.243\,€$$

Damit resultiert der Wert der Investitionsmöglichkeit in Höhe von:

$$InvRO(B_0) = 973.173\,€$$

b) Der kritische Barwert der Rückflüsse beträgt 32.766.243 €. Das bedeutet, dass für eine sofortige Ausübung der Investitionsmöglichkeit Rückflüsse in dieser Höhe erforderlich sind. Diese kompensieren die Vernichtung der Option und die Investitionsauszahlung. Die Option kann im vorliegenden Fall sofort ausgeübt werden.

Lösung zu Aufgabe 7.11

- **Volatilität auf Basis der Schlusskurse:**
  Bestimmungsgleichung:

$$\hat{\sigma} = \sqrt{\frac{1}{n-1} \cdot \sum_{i=1}^{n} \ln\left(\frac{SK_i}{SK_{i-1}}\right)^2 - \frac{1}{n \cdot (n-1)} \cdot \left[\sum_{i=1}^{n} \ln\left(\frac{SK_i}{SK_{i-1}}\right)\right]^2}$$

Mit den Eingangsdaten folgt die geschätzte tägliche Volatilität:

$$\hat{\sigma}_{\text{Tag}} = \sqrt{\frac{1}{14} \cdot 0{,}00510707 - \frac{1}{15 \cdot (14)} \cdot 0{,}01078481} = \sqrt{0{,}00031343} = 0{,}01770408$$

Umrechnung auf das Gesamtjahr:

$$\hat{\sigma}_{\text{Jahr}} = \hat{\sigma}_{\text{Tag}} \cdot \sqrt{252} = 0{,}01770408 \cdot \sqrt{252} = 0{,}28104357.$$

Die geschätzte Jahresvolatilität liegt bei 28,10 %.

- **Volatilität auf der Basis von Tageshöchst- und -tiefstkursen:**
Bestimmungsgleichung:

$$\hat{\sigma} = \frac{1}{2n \cdot \sqrt{\ln(2)}} \cdot \sum_{i=1}^{n} \ln\left(\frac{HK_i}{TK_i}\right)$$

Da hier die Tageswerte verwendet werden, folgt $n = 16$. Mit den Eingangsdaten folgt die geschätzte tägliche Volatilität:

$$\hat{\sigma} = \frac{1}{32 \cdot \sqrt{\ln(2)}} \cdot 0{,}44856899 = 0{,}01683707$$

Umrechnung auf das Gesamtjahr:

$$\hat{\sigma}_{\text{Jahr}} = \hat{\sigma}_{\text{Tag}} \cdot \sqrt{252} = 0{,}01683707 \cdot \sqrt{252} = 0{,}26728022.$$

Die geschätzte Jahresvolatilität liegt demzufolge bei 26,73 %.
- **Volatilität auf Basis von Höchst-, Tiefst- und Schlusskursen:**
Bestimmungsgleichung:

$$\hat{\sigma} = \sqrt{\frac{1}{n} \cdot \sum_{i=1}^{n} \frac{1}{2} \cdot \left[\ln\left(\frac{HK_i}{TK_i}\right)\right]^2 - \frac{1}{n} \cdot \sum_{i=1}^{n} (2 \cdot \ln(2) - 1) \cdot \left[\ln\left(\frac{SK_i}{SK_{i-1}}\right)\right]^2}$$

Mit den Eingangsdaten folgt die geschätzte tägliche Volatilität:

$$\hat{\sigma} = \sqrt{\frac{1}{15} \cdot (0{,}00714007 - 0{,}00197283)} = \sqrt{0{,}00034448} = 0{,}01856024$$

Umrechnung auf das Gesamtjahr:

$$\hat{\sigma}_{\text{Jahr}} = \hat{\sigma}_{\text{Tag}} \cdot \sqrt{252} = 0{,}01856024 \cdot \sqrt{252} = 0{,}29463474.$$

Die geschätzte Jahresvolatilität beträgt 29,46 %.

Lösung zu Aufgabe 7.12
In einem ersten Schritt werden die Werte d_1 und d_2 für die Option ermittelt. Es folgt:

$$d_1 = \frac{\ln\left(\frac{100}{80}\right) + \left(0{,}08 - 0{,}05 + \frac{0{,}20^2}{2}\right) \cdot 1}{0{,}20 \cdot \sqrt{1}} = 1{,}365718;$$

$$d_2 = d_1 - 0{,}20 \cdot \sqrt{1} = 1{,}165718$$

Es resultieren folgende Werte der Verteilungsfunktion der standardisierten Normalverteilung: $N(d_1) = 0{,}913986$; $N(d_2) = 0{,}878136$. Diese lassen sich z. B. mit EXCEL durch den Befehl „STANDARDNORMVERT(Zelle)“ ermitteln.

Für den Wert der Dichtefunktion der standardisierten Normalverteilung für (d_1) folgt: $N'(d_1) = 0{,}156997$. Dieser Wert lässt sich mit der Formel aus Tab. 7.3 berechnen. Mit EXCEL ist der Wert ermittelbar durch den Befehl „NORM.S.VERT(ZELLE;FALSCH)“.

a) Ermittlung des Optionswertes:
Die Bestimmungsgleichung lautet: $C = Se^{-\delta T} N(d_1) - Xe^{-rT} N(d_2)$
Mit den Eingangs- und Zwischenwerten folgt:

$$C = 100\,€\, e^{-0{,}05\cdot 1} \cdot 0{,}913986 - 80\,€\, e^{-0{,}08\cdot 1} \cdot 0{,}878136 = 22{,}091343\,€.$$

b) Ermittlung der Sensitivitätskennziffern (vgl. Tab. 7.3):
(a) Delta:

$$\Delta_C = e^{-\delta\cdot T} \cdot N(d_1) = e^{-0{,}05\cdot 1} \cdot 0{,}913986 = \underline{\underline{0{,}869411}}$$

(b) Gamma:

$$\Gamma_C = \frac{N'(d_1) \cdot e^{-\delta\cdot T}}{S \cdot \sigma \cdot \sqrt{T}} = \frac{0{,}156997 \cdot e^{-0{,}05\cdot 1}}{100 \cdot 0{,}20 \cdot \sqrt{1}} = \underline{\underline{0{,}007467}}$$

(c) Theta:

$$\begin{aligned}\Theta_C &= -\frac{S \cdot N'(d_1) \cdot \sigma \cdot e^{-\delta\cdot T}}{2 \cdot \sqrt{T}} + \delta \cdot S \cdot N(d_1) \cdot e^{-\delta\cdot T} - r \cdot X \cdot e^{-r\cdot T} \cdot N(d_2)\\ &= -\frac{100 \cdot 0{,}156997 \cdot 0{,}20 \cdot e^{-0{,}05\cdot 1}}{2 \cdot \sqrt{1}} + 0{,}05 \cdot 100 \cdot 0{,}913986 \cdot e^{-0{,}05\cdot 1}\\ &\quad - 0{,}08 \cdot 80 \cdot e^{-0{,}08\cdot 1} \cdot 0{,}878136\\ &= \underline{\underline{-2{,}334322}}\end{aligned}$$

(d) Vega:

$$\mathcal{V}_C = S \cdot \sqrt{T} \cdot N'(d_1) \cdot e^{-\delta\cdot T} = 100 \cdot \sqrt{1} \cdot 0{,}156997 \cdot e^{-0{,}05\cdot 1} = \underline{\underline{14{,}93400}}$$

(e) Rho:

$$\rho_C = T \cdot X \cdot N(d_2) \cdot e^{-r\cdot T} = 1 \cdot 80 \cdot 0{,}878136 \cdot e^{-0{,}08\cdot 1} = \underline{\underline{64{,}849710}}$$

(f) Phi:

$$\Phi_C = -T \cdot S \cdot N(d_1) \cdot e^{-\delta\cdot T} = -1 \cdot 100 \cdot 0{,}913986 \cdot e^{-0{,}05\cdot 1} = \underline{\underline{-86{,}941058}}$$

c) Interpretation der Sensitivitätskennziffern:
   (a) **Delta:** Die Variable verkörpert die Sensitivität des Optionswertes auf Änderungen des Basiswertes und ist für Kaufoptionen prinzipiell positiv. Die Erhöhung des Basiswertes um eine Einheit führt zu einer Erhöhung des Optionswertes um das 0,87-fache. Konkret bedeutet dies: Eine Basiswerterhöhung um 1 € erhöht den Optionspreis um 0,87 €.
   (b) **Gamma:** Gamma misst die Reaktion des Delta auf eine Basiswertänderung. Dieser Wert ist für Kauf- und Verkaufoptionen identisch und immer positiv. Gamma gibt an, in welchem Maße sich Delta ändert, wenn sich der Basiswert um eine Einheit verändert. In dem Beispiel weist Gamma den Wert 0,007467 auf. Somit ändert sich das Delta um das 0,007467-fache der Änderung des Basiswertes.
   (c) **Theta:** Diese Variable gibt die Veränderung des Optionswertes bei einer Laufzeitänderung an. Hierbei wird ein Tag als kleinste Zeiteinheit verwendet und die Laufzeitänderung wird auf 365 Tage pro Jahr umgerechnet. Für das Beispiel mit $\Theta = -2{,}334322$ bedeutet eine Reduktion des Optionspreises in Höhe von $\frac{2{,}334322}{365} = 0{,}006395$ € bei einer Laufzeitreduktion um einen Tag.
   (d) **Vega:** Für den Wert von Optionen hat Vega einen sehr großen Einfluss. Eine Änderung der Volatilität um 1 % ist schnell und einfach möglich. Die Erhöhung der Volatilität um eine Einheit führt zu einer Erhöhung des Optionswertes um ca. das 15-fache. Konkret bedeutet dies: Eine Erhöhung der Volatilität um einen Prozentpunkt erhöht den Optionspreis um ca. 0,15 €. Der Wert von Vega ist im vorliegenden Beispiel relativ gering, da die Option tief im Geld steht.
   (e) **Rho:** Die Änderung des Optionswertes bei einer Änderung des Zinssatzes um eine Einheit beträgt ca. das 65-fache dieser Änderung. D. h. eine Erhöhung des Zinssatzes um den Wert 0,01 (also um einen Prozentpunkt) führt zu einer Erhöhung des Optionspreises um 0,6485 €. Für den Wert von Optionen hat Rho einen eher geringen Einfluss. Eine Änderung der Zinssätze um mehrere Prozentpunkte ist kaum festzustellen, so dass auch der Einfluss auf Optionswerte gering ist.
   (f) **Phi:** Die Änderung des Optionswertes bei einer Änderung der Dividendenrate um eine Einheit beträgt ca. das −87-fache dieser Änderung. D. h. eine Erhöhung der Dividendenrate um den Wert 0,01 (also um einen Prozentpunkt) führt zu einer Reduktion des Optionspreises um ca. 0,87 €. Damit wird der große Werteinfluss der Dividendenrendite deutlich. Diese steht nicht dem Inhaber einer Kaufoption zu. Deshalb kann diese Rendite, die dem Optionsinhaber entgeht, auch als „Kosten des Wartens" bezeichnet werden.

Literatur

Adam, D. (2000): Investitionscontrolling. 3. Aufl., München: Oldenbourg.

Adams, M./Rudolf, M. (2009): Unternehmensbewertung auf Basis von Realoptionen. In: Schacht, U./Fackler, M. (Hg.): Praxishandbuch Unternehmensbewertung: Grundlagen, Methoden, Fallbeispiele. 2. Aufl., Wiesbaden: Gabler, S. 359–381.

Andres, P. (1998): Von der Black/Scholes-Optionspreisformel zum GARCH-Optionsbewertungsmodell. Bergisch Gladbach u. a.: Eul.

Arrow, K. J. (1968): Optimal capital policy with irreversible investment. In: Wolfe, J. N. (Hg.): Value, capital, and growth: papers in honour of Sir John Hicks. Edinburgh: University Press, S. 1–19.

Arrow, K. J./Fisher, A. C. (1974): Environmental preservation, uncertainty and irreversibility. In: Quarterly Journal of Economics, 88 (2): 312–319.

Auer, B./Rottmann, H. (2015): Statistik und Ökonometrie für Wirtschaftswissenschaftler. 3. Aufl., Wiesbaden: Gabler.

Ballwieser, W. (2002): Unternehmensbewertung und Optionspreistheorie. In: Die Betriebswirtschaft, 62 (2): 184–201.

Bamberg, G./Coenenberg, A. G./Krapp, M. (2012): Betriebswirtschaftliche Entscheidungslehre. 15. Aufl., München: Vahlen.

Bathe, J./Kramer, M./Müller, D. (2002): Die Berücksichtigung von zwei unsicheren Bewertungsparametern mit dem Realoptionsansatz im Rahmen des Investitionscontrolling bei der DaimlerChrysler AG. In: Controlling, 14 (2): 93–98.

Batran, A. (2008): Realoptionen in der Lieferantenentwicklung. Wiesbaden: Gabler Edition Wissenschaft.

Baum, H.-G./Coenenberg, A. G./Günther, T. (2013): Strategisches Controlling. 5. Aufl., Stuttgart: Schäffer-Poeschel.

Berger, P. G./Ofek, E./Swary, I. (1996): Investor valuation of the abandonment option. In: Journal of Financial Economics, 42 (2): 257–287.

Bernays, J. (1872): Aristoteles' Politik: erstes, zweites und drittes Buch – mit erklärenden Zusätzen. Berlin: Hertz.

Bitz, M. (1981): Entscheidungstheorie. München: Vahlen.

Black, F./Scholes, M. (1973): The pricing of options and corporate liabilities. In: Journal of Political Economy, 81 (3): 637–654.

Blohm, H./Lüder, K./Schaefer, C. (2012): Investition. 10. Aufl., München: Vahlen.

Bockemühl, M. (2001): Realoptionstheorie und die Bewertung von Produktinnovationen. Wiesbaden: Gabler.

Böhm, H./Funke, M./Siegfried, N. (1999): Discovering the link between uncertainty and investment – macroeconometric evidence from Germany. HWWA-Diskussionspapier, Nr. 80.

Bös, M. (1991): Optionsbewertung und Kapitalmarkt. Bergisch Gladbach u. a.: Eul.

Bowman, E. H./Hurry, D. (1993): Strategy through the option lens: an integrated view of resource investments and the incremental choice process. In: Academy of Management Review, 18 (4): 760–782.

Bredin, D./Elder, J./Fountas, S. (2011): Oil volatility and the option value of waiting: an analysis of the G-7. In: Journal of Future Markets, 31 (7): 679–703.

Brennan, M. J./Schwartz, E. S. (1985): Evaluating natural resource investments. In: Journal of Business, 58 (2): 135–157.

Briys, E./Bellalah, M./Mai, H.-M./Varenne, F. de (1998): Options, futures and exotic derivatives: theory, application and practice. Chichester: John Wiley & Sons.

Campbell, J. Y./Lo, A. W./MacKinlay, A. C. (1997): The econometrics of financial markets. Princeton: University Press.

Campenhausen, C. F. von (1996): Optionsbewertung bei stochastischer Volatilität: Theorie und Empirie. Bamberg: Difo-Druck.

Carr, P. (1988): The valuation of sequential exchange opportunities. In: The Journal of Finance, 43 (5): 1235–1256.

Chiang, Y.-H./So, C.-K./Yeung, C.-W. (2006): Real option premium in Hong Kong land prices. In: Journal of Property Investment & Finance, 24 (3): 239–258.

Clewlow, L./Strickland, C. (1998): Implementing derivatives models. Chichester: John Wiley & Sons.

Coenenberg, A./Fischer, T. M./Günther, T. (2016): Kostenrechnung und Kostenanalyse. 9. Aufl., Stuttgart: Schäffer-Poeschel.

Copeland, T. E./Keenan, P. T. (1998): How much is flexibility worth? In: McKinsey Quarterly, o. A. (2): 38–49.

Cox, J. C./Ross, S. A./Rubinstein, M. (1979): Option pricing: a simplified approach. In: Journal of Financial Economics, 7 (3): 229–263.

Crasselt, N. (2003): Wertorientierte Managemententlohnung, Unternehmensrechnung und Investitionssteuerung. Frankfurt/M.: Peter Lang.

Crasselt, N. (2004): Accounting-based investment incentives and real options. In: Dangl, T./Kopel, M./Kürsten, W. (Hg.): Zeitschrift für Betriebswirtschaft, 74 (Ergänzungsheft 3): 55–76.

Damodaran, A. (2012): Investment valuation: tools and techniques for determining the value of any asset. 3. Aufl., New York: John Wiley & Sons.

Dangl, T./Kopel, M. O. (2003): Die Bedeutung vollständiger Märkte für die Anwendung des Realoptionsansatzes. In: Hommel, U./Scholich, M./Baecker, P. (Hg.): Reale Optionen: Konzepte, Praxis und Perspektiven strategischer Unternehmensführung. Berlin u. a.: Springer, S. 37–62.

Dangl, T./Wirl, F. (1998): Investition bei Unsicherheit als Erklärung für hohe implizite Diskontraten bei Energiesparinvestitionen. In: OR Spektrum, 20 (4): 259–267.

Davis, G. A. (1998): Estimating volatility and dividend yield when valuing real options to invest or abandon. In: The Quarterly Review of Economics and Finance, 38 (Special Issue): 725–754.

Dixit, A. K./Pindyck, R. S. (1994): Investment under uncertainty. Princeton: University Press.

Dunne, T./Mu, X. (2010): Investment spikes and uncertainty in the petroleum refining industry. In: Journal of Industrial Economics, 58 (1): 190–213.

Eisenführ, F./Weber, M./Langer, T. (2010): Rationales Entscheiden. 5. Aufl., Berlin u. a.: Springer.

Emery, D. R./Parr, P. C./Mokkelbost, P. B./Gandhi, D./Saunders, A. (1978): An investigation of real investment decision making with the options pricing model. In: Journal of Business Finance & Accounting, 5 (4): 363–369.

Figlewski, S. (1989): What does an option pricing model tell us about option prices? In: Financial Analysts Journal, 45 (5): 12–15.

Fink, A./Siebe, A. (2011): Handbuch Zukunftsmanagement: Werkzeuge der strategischen Planung und Früherkennung. Frankfurt/M.: Campus.

Fischer, T. R./Hahnenstein, L./Heitzer, B. (1999): Kapitalmarkttheoretische Ansätze zur Berücksichtigung von Handlungsspielräumen in der Unternehmensbewertung. In: Zeitschrift für Betriebswirtschaft, 69 (10): 1207–1232.

Franke, G./Hax, H. (2009): Finanzwirtschaft des Unternehmens und Kapitalmarkt. 6. Aufl., Berlin u. a.: Springer.

Friedl, G. (2001): Sequentielle Investitionsentscheidungen unter Unsicherheit. Berlin: Duncker & Humblot.

Friedl, G. (2003): Bewertung von Investitionen in die Entwicklung neuer Produkte mit Hilfe des Realoptionsansatzes. In: Hommel, U./Scholich, M./Baecker, P. (Hg.): Reale Optionen: Konzepte, Praxis und Perspektiven strategischer Unternehmensführung. Berlin u. a.: Springer, S. 377–397.

Friedl, G. (2007): Real options and investment incentives. Berlin u. a.: Springer.

Gass, S. I. (2011): John F. Magee. In: Assad, A. A./Gass, S. I. (Hg.): Profiles in Operations Research: Pioneers and Innovators. New York u. a.: Springer, S. 613–626.

Georgescu-Roegen, N. (1971): The entropy law and the economic process. Cambridge: University Press.

Geske, R. (1979): The valuation of compound options. In: Journal of Financial Economics, 7 (1): 63–81.

Götze, U. (2014): Investitionsrechnung. 7. Aufl., Berlin u. a.: Springer.

Grenadier, S. R./Weiss, A. M. (1997): Investment in technological innovations: an option pricing approach. In: Journal of Financial Economics, 44 (3): 397–416.

Grob, H. L. (2006): Einführung in die Investitionsrechnung. 5. Aufl., München: Vahlen.

Groß-Schuler, A. (2002): Irreversibilität und Unternehmensstrategie: Das Konzept der Sunk Costs und seine Entscheidungsrelevanz. Wiesbaden: DUV.

Haug, E. G. (2007): The complete guide to option pricing formulas. 2. Aufl., New York u. a.: McGraw-Hill.

Henry, C. (1974a): Option values in the economics of irreplaceable assets. In: Review of Economic Studies, 41 (5): 89–114.

Henry, C. (1974b): Investment decisions under uncertainty: the "irreversibility effect". In: The American Economic Review, 64 (6): 1006–1012.

Hertz, D. B. (1964): Risk analysis in capital investment. In: Harvard Business Review, 42 (1): 95–106.

Hilpisch, Y. (2006): Options Based Management: vom Realoptionsansatz zur optionsbasierten Unternehmensführung. Wiesbaden: Gabler.

Hilzenbecher, U. (2002): Realoptionen in Investitions- und Wettbewerbstrategien des Produkt- und Profitcentermanagement. Hamburg: Dr. Kovač.

Huisman, K. J. M. (2001): Technology investment: a game theoretic real options approach. Boston: Kluwer.

Hule, R. (2000): Irreversibilität in der Ökonomie. Frankfurt/M.: Peter Lang.

Hull, J. (2015): Optionen, Futures und andere Derivate. 9. Aufl., München u. a.: Pearson.

Jacob, H. (1967a): Zum Problem der Unsicherheit bei Investitionsentscheidungen. In: Zeitschrift für Betriebswirtschaft, 37 (3): 153–187.

Jacob, H. (1967b): Flexibilitätsüberlegungen in der Investitionsrechnung. In: Zeitschrift für Betriebswirtschaft, 37 (1): 1–34.

Keiber, K. L. (2003): Wagnisfinanzierung bei Konkurrenz. In: Hommel, U./Scholich, M./Baecker, P. (Hg.): Reale Optionen: Konzepte, Praxis und Perspektiven strategischer Unternehmensfinanzierung. Berlin u. a.: Springer, S. 431–449.

Kester, W. C. (1984): Today's options for tomorrow's growth. In: Harvard Business Review, o. A. (3): 153–160.

Kilger, W. (1965): Kritische Werte in der Investitions- und Wirtschaftlichkeitsrechnung. In: Zeitschrift für Betriebswirtschaft, 35 (6): 338–353.

Kilka, M. (1995): Realoptionen – Optionspreistheoretische Ansätze bei Investitionsentscheidungen unter Unsicherheit. Frankfurt/M.: Fritz Knapp.

Klein, R./Scholl, A. (2011): Planung und Entscheidung. 2. Aufl., München: Vahlen.

Koch, C. (1999): Optionsbasierte Unternehmensbewertung. Wiesbaden: Gabler.

Kolb, R. W./Overdahl, J. A. (2013): Futures, options, and swaps. 5. Aufl., Oxford u. a.: Blackwell.

Korn, R. (2014): Moderne Finanzmathematik – Theorie und praktische Anwendung. Bd. 1: Optionsbewertung und Portfolio-Optimierung. Berlin u. a.: Springer Spektrum.

Kramer, M./Müller, D. (2004): Realoptionsmodelle als Instrumente des Investitionscontrollings von Umweltinnovationen. In: Schwarz, E. (Hg.): Nachhaltiges Innovationsmanagement. Wiesbaden: Gabler, S. 275–306.

Kruschwitz, L. (2014): Investitionsrechnung. 14. Aufl., München u. a.: Oldenbourg.

Kruschwitz, L./Husmann, S. (2012): Finanzierung und Investition. 7. Aufl., München: Oldenbourg.

Krutilla, J. V. (1967): Conservations reconsidered. In: American Economic Review, 57 (4): 777–786.

Kwok, Y.-K. (2008): Mathematical models of financial derivatives. 2. Aufl., Berlin u. a.: Springer.

Laux, C. (1993): Handlungsspielräume im Leistungsbereich des Unternehmens: Eine Anwendung der Optionspreistheorie. In: Schmalenbachs Zeitschrift für betriebswirtschaftliche Forschung, 45 (11): 933–958.

Laux, H./Gillenkirch, R. M./Schenk-Mathes, H. Y. (2014): Entscheidungstheorie. 9. Aufl., Berlin u. a.: Springer.

Loistl, O. (1994): Kapitalmarkttheorie. 3. Aufl., München u. a.: Oldenbourg.

Loistl, O. (1996): Computergestütztes Wertpapiermanagement. 5. Aufl., München u. a.: Oldenbourg.

Lucke, C. (2001): Investitionsprojekte mit mehreren Realoptionen: Bewertung und Analyse. Sternenfels: Wissenschaft und Praxis.

Magee, J. F. (1964a): Decision trees for decision making. In: Harvard Business Review, 42 (4): 126–138.

Magee, J. F. (1964b): How to use decision trees in capital investment. In: Harvard Business Review, 42 (5): 79–96.

Mayer, M. D. (2001): Zur Eignung der Optionspreistheorie für die Aussprache von Finanzierungsempfehlungen an innovative Unternehmungen. In: Finanz-Betrieb, 3 (11): 595–599.

McDonald, R. L. (2000): Real options and rules of thumb in capital budgeting. In: Brennan, M. J./Trigeorgis, L. (Hg.): Project flexibility, agency, and competition. New York: Oxford University Press, S. 13–33.

McGrath, R./Ferrier, W./Mendelow, A. (2004): Real options as engines of choice and heterogenity. In: Academy of Management Review, 29 (1): 86–101.

Meise, F. (1998): Realoptionen als Investitionskalkül: Bewertung von Investitionen unter Unsicherheit. München u. a.: Oldenbourg.

Merk, A. (2011): Optionsbewertung in Theorie und Praxis: Theoretische und empirische Überprüfung des Black/Scholes-Modells. Wiesbaden: Gabler Research.

Merton, R. C. (1973): Theory of rational option pricing. In: Bell Journal of Economics and Management Science, 4 (1): 141–183.

Merton, R. C. (1998): Applications of option-pricing theory: twenty-five years later. In: American Economic Review, 88 (3): 323–349.

Meyer, B. H. (2006): Stochastische Unternehmensbewertung: der Wertbeitrag von Realoptionen. Wiesbaden: DUV.

Müller, D. (2004): Realoptionsmodelle und Investitionscontrolling im Mittelstand. Wiesbaden: DUV.

Müller, D. (2005a): Investitionsentscheidungen in der Elektrizitätswirtschaft: Eine betriebswirtschaftliche Analyse. In: Zeitschrift für Energiewirtschaft, 29 (1): 65–76.

Müller, D. (2005b): Modell der Tauschrealoptionen als Instrument des Investitionscontrollings. In: Zeitschrift für Controlling und Management, 49 (1): 47–62.

Mueller, D. (2013): Optimal excercise and profit sharing of joint real investments in the energy industry. In: Problems and Perspectives in Management, 11 (3): 24–36.

Müller, D. (2017): Realoptionsmodelle. In: Petersen, K./Zwirner, C. (Hg.): Handbuch Unternehmensbewertung. 2. Aufl., Köln: Bundesanzeiger-Verlag, S. 421–434.

Myers, C. (1977): Determinants of corporate borrowing. In: Journal of Financial Economics, 5 (2): 147-175.

Nippa, M./Petzold, K. (2003): Zur Anwendbarkeit des Realoptionsansatzes als Instrument zur Unterstützung strategischer Entscheidungsprozesse – Indizien kontingenztheoretischer Bewertungsnotwendigkeiten. In: Schreyögg, G./Sydow, J. (Hg.): Strategische Prozesse und Pfade. Wiesbaden: Gabler, S. 151–193.

Olbrich, M. (2002): Zur Unternehmensnachfolge im elektronischen Geschäft. In: Keuper, F. (Hg.): Electronic Business und Mobile Business: Ansätze, Konzepte und Geschäftsmodelle. Wiesbaden: Gabler, S. 677–708.

Perridon, L./Steiner, M./Rathgeber, A. (2017): Finanzwirtschaft der Unternehmung. 17. Aufl., München: Vahlen.

Pindyck, R. S. (1988): Irreversible investment, capacity choice, and the value of the firm. In: The American Economic Review, 78 (5): 969–985.

Pindyck, R. S. (1991): Irreversibility, uncertainty, and investment. In: Journal of Economic Literature, 29 (3): 1110–1148.

Pindyck, R. S. (2002): Optimal timing problems in environmental economics. In: Journal of Economic Dynamics & Control, 26 (9): 1677–1697.

Quigg, L. (1993): Empirical testing of real option-pricing models. In: Journal of Finance, 48 (2): 621–640.

Rao, R. K. S./Martin, J. D. (1981): Another look at the use of options pricing theory to evaluate real asset investment opportunities. In: Journal of Business Finance & Accounting, 8 (3): 421–429.

Reinhardt, H. C. (1997): Kapitalmarktorientierte Bewertung industrieller F&E-Projekte. Wiesbaden: DUV.

Rosenkranz, F./Missler-Behr, M. (2005): Unternehmensrisiken erkennen und managen. Berlin u. a.: Springer.

Schäfer, H. (2005): Unternehmensinvestitionen. 2. Aufl., Heidelberg: Physica.

Schäfer, K. (1994): Optionsbewertung mit Monte-Carlo-Methoden. Bergisch Gladbach u. a.: Eul.

Schmid, F./Trede, M. (2006): Finanzmarktstatistik. Berlin u. a.: Springer.

Schmitt, C. (2012): Stochastische Volatilität. In: Schröder, M. (Hg.): Finanzmarkt-Ökonometrie. 2. Aufl., Stuttgart: Schäffer-Poeschel, S. 267–312.

Schneider, D. (1971): Flexible Planung als Lösung der Entscheidungsprobleme unter Ungewißheit? In: Schmalenbachs Zeitschrift für betriebswirtschaftliche Forschung, 23 (12): 831–851.

Schneider, D. (1981): Geschichte betriebswirtschaftlicher Theorie: Allgemeine Betriebswirtschaftslehre für das Hauptstudium. München u. a.: Oldenbourg.

Schneider, D. (1984): Managementfehler durch mangelndes Geschichtsbewusstsein in der Betriebswirtschaftslehre. In: Zeitschrift für Unternehmensgeschichte, 29 (2): 114–130.

Schneider, D. (1992): Investition, Finanzierung und Besteuerung. 7. Aufl., Wiesbaden: Gabler.

Schneider, D. (2001): Betriebswirtschaftslehre. Bd. 4: Geschichte und Methoden der Wirtschaftswissenschaft. München u. a.: Oldenbourg.

Schneider, D. (2011): Betriebswirtschaftslehre als Einzelwirtschaftstheorie der Institutionen. Wiesbaden: Gabler.

Schneider, E. (1951): Wirtschaftlichkeitsrechnung. Tübingen: J. C. B Mohr.

Schwartz, E. S./Trigeorgis, L. (2001): Real options and investment under uncertainty: classical readings and recent contributions. Cambridge: MIT Press.

Seppä, T. J./Laamanen T. (2001): Valuation of venture capital investments: empirical evidence. In: R&D-Management, 31 (2): 215–230.

Seppelfricke, P. (1996): Investitionen unter Unsicherheit: eine theoretische und empirische Untersuchung für die Bundesrepublik Deutschland. Frankfurt/M.: Haag und Herchen.

Seydel, R. (2017): Einführung in die numerische Berechnung von Finanz-Derivaten. 2. Aufl., Berlin: Springer.

Singer, H. (1999): Finanzmarktökonometrie: Zeitstetige Systeme und ihre Anwendung in Ökonometrie und empirischer Kapitalmarktforschung. Berlin: Physica.

Steiner, M./Bruns, C./Stöckl, S. (2017): Wertpapiermanagement: professionelle Wertpapieranalyse und Portfoliostrukturierung. 11. Aufl., Stuttgart: Schäffer-Poeschel.

Steiner, M./Uhlir, H. (2001): Wertpapieranalyse. 4. Aufl., Heidelberg: Physica.

Tomaszewski, C. (2000): Bewertung strategischer Flexibilität beim Unternehmenserwerb. Berlin: Peter Lang.

Trigeorgis, L. (1996): Real options: managerial flexibility and strategy in resource allocation. Cambridge: MIT Press.

Troßmann, E. (2013): Investition als Führungsentscheidung. 2. Aufl. München: Vahlen.

Tufano, P./Moel, A. (2002): When are real options exercised? An empirical study of mine closings. In: Review of Financial Studies, 15 (1): 35–64.

Van de Locht, N. (2009): Informationsgewinnung aus Optionspreisen – Eine empirische Analyse des US-Dollar/Euro-Wechselkurses. Wiesbaden: Gabler Research.

Weber, M.-W. (2002): Portfeuille- und Real-Optionspreis-Theorie und forstliche Entscheidungen. Frankfurt/M.: Sauerländer.

Weisbrod, B. A. (1964): Collective-consumption services of individual-consumption goods. In: Quarterly Journal of Economics, 78 (3): 471–477.

Wenninger, C. (2004): Markt- und Kreditrisiken für Versicherungsunternehmen. Wiesbaden: DUV.

Werner, T. (2000): Investitionen, Unsicherheit und Realoptionen. Wiesbaden: DUV.

Wieland, A. (2002): Claimholder Value: Implikationen der Optionspreistheorie für die Wachstumsfinanzierung. Wiesbaden: DUV.

Wilkens, S. (2000): Zur Eignung numerischer Verfahren für die Optionsbewertung. Karlsruhe: Verlag Versicherungswirtschaft.

Wirl, F./Dangl, T. (2000): Was Dixit und Pindyck bei der Analyse von Managementproblemen unter Unsicherheit verschweigen am Beispiel der optimalen Wartung und Ausmusterung einer Maschine. In: Zeitschrift für Betriebswirtschaft, 70 (2): 211–230.

Zimmermann, J. (1998): Investitionsbewertung mit Real Options: ein mehrstufiges Verfahren für flexibel automatisierte Fertigungssysteme. Wien: Service.

Sachverzeichnis

D. Müller, *Investitionsrechnung und Investitionscontrolling*, Springer-Lehrbuch,
https://doi.org/10.1007/978-3-662-57609-0

Made in the USA
Monee, IL
24 October 2026

66036557R10396